**2024학년도**

유·초·중 특수교사 임용시험의 모든 것

# 특수교사 임용의 정석

## 특수교육 교육과정

### 중등편

박해인 · 박연지 공편저

2022 개정 특수교육교육과정 완벽 반영
특수교육교육과정 출제 범위 모두 포함
[총론·기본교육과정·특수교육 공통교육과정·선택중심교육과정]

동영상 강의 [쌤플러스]
www.ssamplus.com

저자 카페 [박해인 특수교육]
cafe.daum.net/specialhaein

모두
edu for everyone

# Preface

이 책의 머리말

### 1. 특수교사 임용시험 시험 범위

특수교사 임용시험의 시험 범위는 교육학 외에 특수교육학, 특수교육법, 그리고 특수교육 교육과정으로 구성됩니다. 이 모든 내용을 1년 안에 머릿속에 많이 담을수록 합격 확률이 높아집니다. 그래서 우리는 이 내용을 잘 정리하여 차곡차곡 쌓아야 합니다.

### 2. 특수교육 교육과정 개정 안내

특수교육 교육과정은 2022년 12월 22일, 제2022-34호로 개정되었습니다. 특수학교교사(중등)의 출제 범위 기본 원칙은 '개정된 교육과정까지'입니다. 따라서 이 교재는 새로운 2022개정 교육과정을 쉽게, 빠르게, 체계적으로 학습할 수 있도록 구성하였습니다.

### 3. 교재 구성

이 교재는 시험 범위에 해당하는 '특수교육 교육과정'의 모든 내용이 담겨있습니다.

| | |
|---|---|
| PART 1. 특수교육 교육과정 공부 시작하기 | • 교육과정 공부에 앞서 교육과정 구성, 맵, 기출분석을 제시하여 공부의 방향을 세울 수 있도록 구성하였습니다. |
| PART 2. 빈칸으로 완성하는 특수교육 교육과정 | • 2022개정 특수교육교육과정의 전체 원문을 수록하였고, 키워드를 빈칸으로 제시하였습니다. 빈칸을 채우며 자연스럽게 교육과정 원문을 익힐 수 있습니다. |
| PART 3. 기출문제 완전 분석 | • 특수교사 임용시험의 서답형 기출문제 중 특수교육 교육과정 관련 문항을 정리하였습니다. 개정 전 교육과정 문항은 새로운 교육과정 내용으로 변형하여 수록하였습니다. |
| PART 4. 암기-인출 반복 점검하기 | • 서답형 유형에 대비하여 인출을 연습할 수 있도록 구성하였습니다. '암기-인출'을 여러 번 반복하여 실전감각을 기를 수 있습니다. 처음엔 막막하지만 회독을 거듭하다 보면 점차 익숙해지고 숙달될 것입니다. 목표는 잘게 자르면 달성률이 높아집니다. |

특수교육 교육과정
**중등편**

## 4. 특수교사 임용의 정석 「특수교육 교육과정」 교재 200% 활용하기

(1) **목차부터 머릿속에 그려두자**

학습 부담을 줄이기 위해 전체 목차, 교육과정별 목차, 과목별 목차로 촘촘하게 구성하였습니다.
공부를 시작하기 전에, 공부를 마친 후에, 그리고 수시로 목차를 머릿속에 그린다면 학습의 효율이 높아질 것입니다. 이러한 과정을 거치면 자연스럽게 딱딱한 교육과정 원문이 이미지화될 것입니다.

(2) **지루한 원문, 혼자 읽기 어렵다면? 강의를 활용하자.**

무작정 암기보다는 이해가 중요합니다. 이 문장이 학교 현장에서는 어떻게 쓰일지 고민해보며 암기한다면 훨씬 효과적일 것입니다. 강의에서는 이해를 기반으로 교육과정을 꼼꼼히 살펴보고, 기출을 분석하고 앞으로 나올 만한 키워드를 체크합니다.

(3) **이 책의 순서대로 공부하자.**

'빈칸 원문 → 기출문제 → 암기 인출' 3단계의 학습 과정을 통해서 교육과정에 대한 이해도를 높이고 문제해결력을 키울 수 있도록 교재를 구성하였습니다. 문제의 흐름과 맥락을 이해하고 적절한 내용을 원문에서 찾아 쓸 수 있어야 합니다. 따라서 다양한 유형으로 교육과정 문제를 연습하고 풀어보는 것이 실제 시험에 대비할 수 있는 가장 확실한 방법입니다.

## 5. 마치며

딱딱한 교육과정 문장들이지만, 차근차근 접하다 보면 점점 익숙해지고 명확해질 것입니다. 이를 통해서 방대한 양의 교육과정에 대한 막연한 두려움을 이겨내고, 교육과정에 대한 확신과 자신감을 가지길 바랍니다. 다들 어려워하는 교육과정을 정복하면 이는 나만의 차별화된 강점이 됩니다. 우리는 이렇게 고득점 합격에 매우 가까워질 것입니다!

2023. 3.
늘 노력하는 특수임용강사 **박해인**
그리고 총괄 연구원 **박연지** 드림

교재 정오표
박해인 특수교육 교육과정 강의

QR코드로 바로 확인 ▶

이 책은 교육부 고시 제2023-34호(2022.12.22)까지 반영되어 있습니다.
이후 추가 개정 자료는 박해인 특수교육 카페 또는 ncic 국가교육과정정보센터를 확인하시면 됩니다.

# Contents
이 책의 차례

## PART 01 특수교육 교육과정 공부 시작하기

1. 2022개정 특수교육 교육과정의 구성, 한눈에 보기 ········· 10
2. 2022개정 특수교육 교육과정 맵 ········· 12
3. 중등특수 임용시험 특수교육 교육과정 11개년 기출 분석 ········· 15

## PART 02 빈칸으로 완성하는 특수교육 교육과정

1. 특수교육 교육과정 총론 ········· 20
2. 기본 교육과정 ········· 63
   - 01 국어 ········· 65
   - 02 사회 ········· 86
   - 03 수학 ········· 109
   - 04 과학 ········· 141
   - 05 진로와 직업 ········· 173
   - 06 체육 ········· 204
   - 07 음악 ········· 227
   - 08 미술 ········· 249
   - 09 선택-정보통신활용 ········· 273
   - 10 선택-생활영어 ········· 293
   - 11 선택-보건 ········· 313
   - 12 창의적 체험활동 ········· 337
   - 13 일상생활 활동 ········· 353
3. 특수교육 공통 교육과정 ········· 383
   - 01 국어(청각장애) ········· 384
   - 02 체육(시각장애) ········· 387
   - 03 체육(지체장애) ········· 392
   - 04 미술(시각장애) ········· 395
   - 05 시각장애인 자립생활 ········· 397
   - 06 농인의 생활과 문화 ········· 426
   - 07 점자 ········· 440
   - 08 수어 ········· 471
4. 선택 중심 교육과정 ········· 495
   - 01 직업·생활 ········· 496
   - 02 이료 ········· 498

PART 03 **기출문제 완전 분석**

1. 특수교육 교육과정 총론 ·········· 504
2. 기본 교육과정 ··················· 532
3. 특수교육 공통 교육과정 ·········· 558
4. 선택 중심 교육과정 ··············· 568

PART 04 **암기 - 인출 반복 점검하기**

1. 특수교육 교육과정 총론 ········· 573
2. 기본 교육과정 ······················ 601
 01 국어 ······························ 602
 02 사회 ······························ 608
 03 수학 ······························ 615
 04 과학 ······························ 622
 05 진로와 직업 ··················· 630
 06 체육 ······························ 637
 07 음악 ······························ 644
 08 미술 ······························ 652
 09 선택-정보통신활용 ·········· 664
 10 선택-생활영어 ················ 671
 11 선택-보건 ······················ 678
 12 창의적 체험활동 ············· 681
 13 일상생활 활동 ················ 688
3. 특수교육 공통 교육과정 ········· 695
 01 국어(청각장애) ················ 696
 02 체육(시각장애) ················ 700
 03 체육(지체장애) ················ 704
 04 미술(시각장애) ················ 706
 05 시각장애인 자립생활 ······· 708
 06 농인의 생활과 문화 ········· 710
 07 점자 ······························ 712
 08 수어 ······························ 714
4. 선택 중심 교육과정 ··············· 717
 01 직업·생활 ······················· 718
 02 이료 ······························ 720

# Contents
이 책의 차례

 **기출문제 답안 및 해설**

1. 특수교육 교육과정 총론 ·································································· 724
2. 기본 교육과정 ······································································································ 740
3. 특수교육 공통 교육과정 ·································································· 752
4. 선택 중심 교육과정 ·································································· 755

특수교육 교육과정
**중등편**

P·A·R·T 01

# 특수교육 교육과정 공부 시작하기

1. 2022개정 특수교육 교육과정의 구성, 한눈에 보기
2. 2022개정 특수교육 교육과정 맵
3. 중등특수 임용시험 특수교육 교육과정 11개년 기출 분석

# PART 01 특수교육 교육과정 공부 시작하기

## 01 2022개정 특수교육 교육과정의 구성, 한눈에 보기

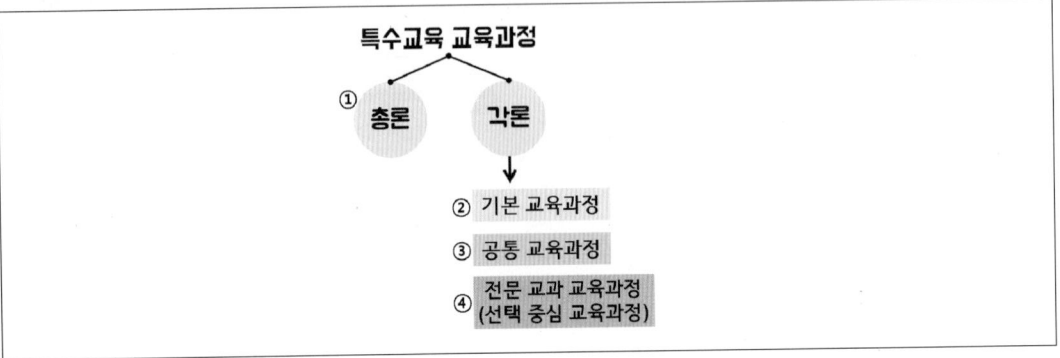

특수교육 교육과정이란 유치원, 초·중등학교 및 특수학교에서의 장애학생을 위한 교육과정이다.

> 특수교육 대상 학생이 취학하는 유치원, 초·중등학교 및 특수학교의 교육 목적과 교육 목표를 달성하기 위한 국가 수준의 교육과정이며, 유치원, 초·중등학교 및 특수학교에서 편성·운영하여야 할 학교 교육과정의 공통적이고 일반적인 기준을 제시한 것이다.
>
> 출처 : 특수교육 교육과정 총론

> 초·중등학교 교육과정(또는 일반교육과정)을 근간으로 특수교육 대상 학생의 교육적 요구의 보편성과 특수성을 반영하여 연관, 조정한 교육과정
>
> 출처 : 2015 개정 특수교육 교육과정 길라잡이

(1) 총론
- 특수교육 교육과정을 총괄한 내용

(2) 기본교육과정
- 대안적 교육과정
- 일반교육과정을 수정하여도 적용이 어려운 중도 지적장애 학생을 대상으로 함
- 교과 구성 : 국어, 사회, 수학, 과학, 진로와 직업, 체육, 음악, 미술, 선택(정보통신활용, 생활영어, 보건), 창의적 체험활동, 일상생활활동 (초등 : 통합교과, 실과)
- 초·중·고등학교에서 사용

(3) 공통교육과정
- 일반교육과정을 재구성
- 시각·청각·지체 장애 학생을 대상으로 함
- 교과 구성(7개) : 국어, 체육, 미술, 시각장애인 자립 생활, 농인의 생활과 문화, 점자, 수어
- 초·중학교에서 사용(점자와 수어는 고등학교에서도 사용)

(4) 전문 교과 교육과정(선택 중심 교육과정)
- 직업 교육과정
- 시각·청각·지체 장애 학생과 경도 지적장애 학생을 주 대상으로 한 모든 장애 학생을 대상으로 함
- 2개 교과(직업생활·이료), 25개 과목으로 이루어짐
- 고등학교에서 사용

〈중등특수교사를 준비하는 우리가 공부할 부분〉
(1) 특수교육 교육과정 총론
(2) 기본교육과정 : 국어, 사회, 수학, 과학, 진로와 직업, 체육, 음악, 미술, 선택, 창의적 체험활동, 일상생활 활동
(3) 특수교육 공통교육과정 : 국어, 체육, 미술, 시각장애인 자립 생활, 농인의 생활과 문화, 점자, 수어
(4) 전문 교과 교육과정(선택 중심 교육과정) : 직업생활·이료

# 02 2022개정 특수교육 교육과정 맵

**활용법** 1. 언제나 지금 공부하는 내용이 어느 분류에 속하는지 인지하기
**활용법** 2. 맵을 보며 그 내용 떠올리기

**특수교육 교육과정**
- 특수교육 교육과정 총론
- 기본교육과정
- 특수교육 공통교육과정
- 선택 중심 교육과정

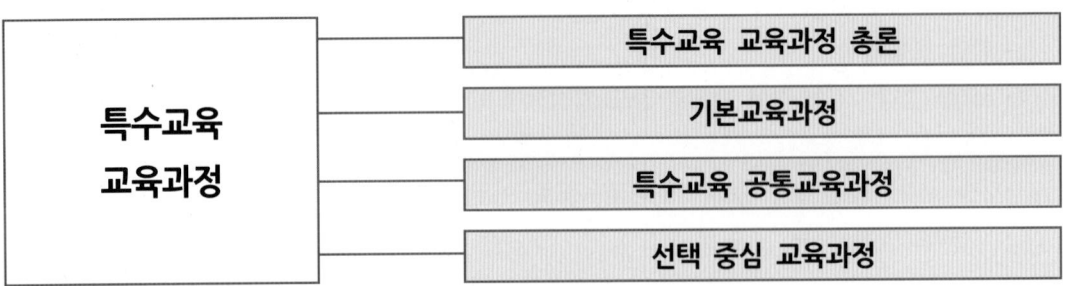

**특수교육 교육과정 총론**
- 0. 교육과정의 성격
- Ⅰ. 교육과정 구성의 방향
  - 1. 교육과정 구성의 중점
  - 2. 추구하는 인간상과 핵심역량
  - 3. 학교급별 교육 목표
- Ⅱ. 학교 교육과정 설계와 운영
  - 1. 설계의 원칙
  - 2. 교수·학습
  - 3. 평가
  - 4. 모든 학생을 위한 교육기회의 제공
- Ⅲ. 학교급별 교육과정 편성 · 운영의 기준
  - 1. 기본 사항
  - 2. 공통 교육과정 및 선택 중심 교육과정 편성 · 운영
  - 3. 기본 교육과정 편성·운영
- Ⅳ. 학교 교육과정 지원
  - 1. 교육과정의 질 관리
  - 2. 학습자 맞춤교육 강화
  - 3. 학교의 교육 환경 조성

| 기본 교육과정 | 국어 | 교육과정 설계의 개요 | 1. 성격 및 목표 | 3. 내용 체계 및 성취기준 | 4. 교수·학습 및 평가 |
|---|---|---|---|---|---|
| | 사회 | 교육과정 설계의 개요 | 1. 성격 및 목표 | 3. 내용 체계 및 성취기준 | 4. 교수·학습 및 평가 |
| | 수학 | 교육과정 설계의 개요 | 1. 성격 및 목표 | 3. 내용 체계 및 성취기준 | 4. 교수·학습 및 평가 |
| | 과학 | 교육과정 설계의 개요 | 1. 성격 및 목표 | 3. 내용 체계 및 성취기준 | 4. 교수·학습 및 평가 |
| | 진로와 직업 | 교육과정 설계의 개요 | 1. 성격 및 목표 | 3. 내용 체계 및 성취기준 | 4. 교수·학습 및 평가 |
| | 체육 | 교육과정 설계의 개요 | 1. 성격 및 목표 | 3. 내용 체계 및 성취기준 | 4. 교수·학습 및 평가 |
| | 음악 | 교육과정 설계의 개요 | 1. 성격 및 목표 | 3. 내용 체계 및 성취기준 | 4. 교수·학습 및 평가 |
| | 미술 | 교육과정 설계의 개요 | 1. 성격 및 목표 | 3. 내용 체계 및 성취기준 | 4. 교수·학습 및 평가 |
| | 선택 | 정보통신 활용 | 생활영어 | 보건 | |
| | 창의적 체험활동 | 교육과정 설계의 개요 | 1. 성격 및 목표 | 3. 설계 및 운영 | |
| | 일상생활 활동 | 교육과정 신설 배경 및 개요 | 1. 성격 및 목표 | 2. 영역 및 내용 요소 | 3. 설계 및 운영 | 4. 평가 |

| 특수교육 공통 교육과정 | 국어 (청각장애) | 교육과정 설계의 개요 | 1. 성격 및 목표 | 3. 내용 체계 및 성취기준 | 4. 교수·학습 및 평가 |
|---|---|---|---|---|---|
| | 체육 (시각장애) | 교육과정 설계의 개요 | 1. 성격 및 목표 | 3. 내용 체계 및 성취기준 | 4. 교수·학습 및 평가 |
| | 체육 (지체장애) | 교육과정 설계의 개요 | 1. 성격 및 목표 | 3. 내용 체계 및 성취기준 | 4. 교수·학습 및 평가 |
| | 미술 (시각장애) | 교육과정 설계의 개요 | 1. 성격 및 목표 | 3. 내용 체계 및 성취기준 | 4. 교수·학습 및 평가 |
| | 시각장애인 자립생활 (초, 중) | 교육과정 설계의 개요 | 1. 성격 및 목표 | 3. 내용 체계 및 성취기준 | 4. 교수·학습 및 평가 |
| | 농인의 생활과 문화 (초, 중) | 교육과정 설계의 개요 | 1. 성격 및 목표 | 3. 내용 체계 및 성취기준 | 4. 교수·학습 및 평가 |
| | 점자 (초, 중, 고) | 교육과정 설계의 개요 | 1. 성격 및 목표 | 3. 내용 체계 및 성취기준 | 4. 교수·학습 및 평가 |
| | 수어 (초, 중, 고) | 교육과정 설계의 개요 | 1. 성격 및 목표 | 3. 내용 체계 및 성취기준 | 4. 교수·학습 및 평가 |

| 선택 중심 교육과정 - 특수교육 전문 교과 | 직업·생활 | 직업준비, 안정된 직업생활, 기초작업기술Ⅰ, 기초작업기술Ⅱ, 정보처리, 농생명, 사무지원, 대인서비스, 외식서비스, 직업현장실습, 직업과 자립, 사회적응, 시각장애인 자립생활(고), 농인의 생활과 문화(고) |
|---|---|---|
| | 이료 | 해부·생리, 병리, 이료보건, 안마·마사지·지압, 전기치료, 한방, 침구, 이료임상, 진단, 이료실기실습 |

# 03 중등특수 임용시험 특수교육 교육과정 11개년 기출 분석

| 특수교육 교육과정 | | 기출년도 ('추'는 추가시험) | | | | | | | | | | 횟수 |
|---|---|---|---|---|---|---|---|---|---|---|---|---|
| | | 13추 | 14 | 15 | 16 | 17 | 18 | 19 | 20 | 21 | 22 | 23 | |
| 총론 | | ○ | ○ | ○ | ○ | ○ | ○ | ○ | ○ | ○ | ○ | ○ | 11 |
| 기본 교육과정 | 국어 | ○ | | | ○ | | | | | | | | 2 |
| | 사회 | | | | | | | ○ | | | | | 1 |
| | 수학 | | ○ | | | | | | | | | | 1 |
| | 과학 | | | | | | | ○ | | | | | 1 |
| | 진로와 직업 | ○ | | ○ | | ○ | ○ | | | ○ | | | 5 |
| | 체육 | | | | | | | | | | | | 0 |
| | 미술 | | | | | | | | | | | | 0 |
| | 음악 | | | | | | | | | | | | 0 |
| | 창체 | | | | | | | ○ | | | ○ | | 2 |
| | 일상생활 (신설) | | | | | | | | | | | | — |
| 특수교육 공통 교육과정 | 국어 | | | | ○ | | | | | ○ | | | 2 |
| | 체육 | | | | | | | | | | | | 0 |
| | 영어(삭제) | | | | | ○ | | | | | | | 1 |
| | 미술(신설) | | | | | | | | | | | | — |
| | 시각자립 (신설) | | | | | | | | | | | | — |
| | 농인생활 문화(신설) | | | | | | | | | | | | — |
| | 점자·수어 (신설) | | | | | | | | | | | | — |
| 전문 교과 교육과정(선택 중심 교육과정) | | | | | | | | | ○ | | ○ | | 2 |

- ✓ 매년 출제되는 「총론」은 꽉 잡고 가야 합니다. 단순 암기가 아닌 이해가 필요한 적용 문제도 출제되니 분석해야 합니다.
- ✓ 「기본교육과정」 교과의 경우 '진로와 직업' 교과에서 가장 많이 출제되었습니다. 비중을 두고 한 번 더 살펴봅시다. 깊이 있는 적용 문제보다는 단순한 암기로도 풀 수 있는 문항들이 출제되므로, 원문 중 키워드를 체크하여 암기하도록 합니다.
- ✓ 「공통교육과정」은 시각·청각·지체장애 영역과 함께 출제되므로 연계하여 공부하면 효율을 높일 수 있습니다.

특수교육 교육과정
**중등편**

# P·A·R·T 02
# 빈칸으로 완성하는 특수교육 교육과정

1. 특수교육 교육과정 총론
2. 기본 교육과정
   01 국어
   02 사회
   03 수학
   04 과학
   05 진로와 직업
   06 체육
   07 음악
   08 미술
   09 선택 – 정보통신활용
   10 선택 – 생활영어
   11 선택 – 보건
   12 창의적 체험활동
   13 일상생활 활동
3. 특수교육 공통 교육과정
   01 국어(청각장애)
   02 체육(시각장애)
   03 체육(지체장애)
   04 미술(시각장애)
   05 시각장애인 자립생활
   06 농인의 생활과 문화
   07 점자
   08 수어
4. 선택 중심 교육과정 – 특수교육 전문 교과
   01 직업 · 생활
   02 이료

특수의 정석

특수교육 교육과정
**중등편**

# 01 특수교육 교육과정 총론

I. 교육과정 구성의 방향
   1. 교육과정 구성의 중점
   2. 추구하는 인간상과 핵심역량
   3. 학교급별 교육 목표

II. 학교 교육과정 설계와 운영
   1. 설계의 원칙
   2. 교수·학습
   3. 평가
   4. 모든 학생을 위한 교육기회의 제공

III. 학교급별 교육과정 편성·운영의 기준
   1. 기본 사항
   2. 공통 교육과정 및 선택 중심 교육과정 편성·운영
   3. 기본 교육과정 편성·운영

IV. 학교 교육과정 지원
   1. 교육과정의 질 관리
   2. 학습자 맞춤교육 강화
   3. 학교의 교육 환경 조성

# 01 특수교육 교육과정 총론

## 01 교육과정의 성격

이 교육과정 기준의 성격은 다음과 같다.

가. 국가 수준의 공통성을 바탕으로 지역, 학교, 개인 수준의 다양성을 추구할 수 있도록 학교 교육과정의 기준과 내용에 관한 기본사항을 제시한다.

나. 학교 교육과정이 학생을 중심에 두고 주도성과 자율성, 창의성의 신장 등 학습자 성장을 지원할 수 있도록 교육과정의 기준과 내용을 제시한다.

다. 학교의 전반적인 교육 체제를 교육과정 중심으로 운영할 수 있도록 교육과정의 기준과 내용을 제시한다.

라. 학교 교육과정이 추구하는 교육 목적의 실현을 위해 학교와 시·도 교육청, 지역사회, 학생·학부모·교원이 함께 협력적으로 참여하는 데 필요한 사항을 제시한다.

마. 학교 교육의 질적 수준을 국가와 시·도 교육청, 학교 수준에서 관리하고 개선하기 위해 기반으로 삼아야 할 교육과정의 기준과 내용을 제시한다.

*신은 2015와 비교하여 새로 생긴 내용, 변은 2015와 비교하여 변화한 내용

# Ⅰ 교육과정 구성의 방향

신 이 장에서는 국가 교육과정의 개정 배경과 중점을 설명하고, 이 교육과정으로 교육을 받는 사람이 갖출 것으로 기대하는 모습과 중점적으로 기르고자 하는 핵심역량 및 교육 목표를 제시한다.

- '**교육과정 구성의 중점**'에서는 교육과정 개정의 주요 배경과 이에 따른 개정 중점을 제시한다.
- '**추구하는 인간상**'은 초·중등 교육을 통해 학생들이 갖출 것으로 기대하는 특성을 나타낸 것으로, 교육의 본질과 방향을 제시하는 기능을 한다.
- '**핵심역량**'은 추구하는 인간상을 구현하기 위해 학교 교육의 전 과정을 통해 중점적으로 기르고자 하는 능력이다.
- '**학교급별 교육 목표**'는 추구하는 인간상과 핵심역량을 바탕으로 초·중·고등학교별로 달성하기를 기대하는 교육 목표이다.

## 1. 교육과정 구성의 중점

신 우리나라 초·중등학교 교육과정은 사회 변화와 시대적 요구를 반영하여 지속적으로 개정되고 발전해 왔다. 우리 사회는 새로운 변화와 도전에 직면해 있으며, 이에 대응하기 위해 교육과정을 개정할 필요성이 제기되었다. **교육과정의 변화를 요청하는 주요 배경**은 다음과 같다.

첫째, 인공지능 기술 발전에 따른 디지털 전환, 감염병 대유행 및 기후·생태환경 변화, 인구 구조 변화 등에 의해 사회의 불확실성이 증가하고 있다.
둘째, 사회의 복잡성과 다양성이 확대되고 사회적 문제를 해결하기 위한 협력의 필요성이 증가함에 따라 <sup>1)</sup>_____을 함양하는 것이 더욱 중요해지고 있다.
셋째, 학생 개개인의 특성과 진로에 맞는 학습을 지원해 주는 <sup>2)</sup>_____에 대한 요구가 증가하고 있다.
넷째, 교육과정 의사 결정 과정에 다양한 교육 주체들의 참여를 확대하고 교육과정 <sup>3)</sup>_____를 활성화해야 한다는 요구가 높아지고 있다.

이에 그동안의 교육과정 발전 방향을 계승하면서 미래 사회를 살아갈 학생들이 주도적으로 삶을 이끌어가는 능력을 함양할 수 있도록 교육과정을 구성한다.

1) 상호 존중과 공동체 의식
2) 맞춤형 교육
3) 자율화 및 분권화

이 교육과정은 우리나라 교육과정이 추구해 온 교육 이념과 인간상을 바탕으로, 미래 사회가 요구하는 핵심역량을 함양하여 포용성과 창의성을 갖춘 주도적인 사람으로 성장하게 하는 데 중점을 둔다.

이를 위한 **교육과정 구성의 중점**은 다음과 같다. 〈18초〉

　가. 디지털 전환, 기후·생태환경 변화 등에 따른 미래 사회의 불확실성에 능동적으로 대응할 수 있는 능력과 자신의 삶과 학습을 스스로 이끌어가는 4)_____을 함양한다.
　나. 학생 개개인의 인격적 성장을 지원하고, 사회 구성원 모두의 행복을 위해 서로 존중하고 배려하며 협력하는 공동체 의식을 함양한다.
　다. 모든 학생이 학습의 기초인 5)_____을 갖출 수 있도록 하여 학교 교육과 평생 학습에서 학습을 지속할 수 있게 한다.
　라. 학생들이 자신의 진로와 학습을 주도적으로 설계하고, 적절한 시기에 학습할 수 있도록 6)_____ 체제를 구축한다.
　마. 교과 교육에서 깊이 있는 학습을 통해 역량을 함양할 수 있도록 교과 간 연계와 통합, 학생의 삶과 연계된 학습, 학습에 대한 성찰 등을 강화한다.
　바. 다양한 학생 참여형 수업을 활성화하고, 문제 해결 및 사고의 과정을 중시하는 평가를 통해 학습의 질을 개선한다.
　사. 7)_____를 기반으로 학교, 교사, 학부모, 시·도 교육청, 교육부 등 교육 주체들 간의 협조 체제를 구축하여 학습자의 특성과 학교 여건에 적합한 학습이 이루어질 수 있도록 한다.

## 2. 추구하는 인간상과 핵심역량

우리나라의 교육은 홍익인간의 이념 아래 모든 국민으로 하여금 인격을 도야하고, 자주적 생활 능력과 민주시민으로서 필요한 자질을 갖추어 인간다운 삶을 영위하고, 민주 국가의 발전과 인류 공영의 이상을 실현할 수 있도록 함을 목적으로 한다.

이러한 교육 이념과 교육 목적을 바탕으로, 이 교육과정이 추구하는 인간상은 다음과 같다.

　4) 주도성
　5) 언어·수리·디지털 기초소양
　6) 학습자 맞춤형 교육과정
　7) 교육과정 자율화·분권화

가. 전인적 성장을 바탕으로 자아정체성을 확립하고 자신의 진로와 삶을 스스로 개척하는 8)_____

나. 폭넓은 기초 능력을 바탕으로 진취적 발상과 도전을 통해 새로운 가치를 창출하는 9)_____

다. 문화적 소양과 다원적 가치에 대한 이해를 바탕으로 인류 문화를 향유하고 발전시키는 10)_____

라. 공동체 의식을 바탕으로 다양성을 이해하고 서로 존중하며 세계와 소통하는 민주시민으로서 배려와 나눔, 협력을 실천하는 11)_____

이 교육과정이 추구하는 인간상을 구현하기 위해 교과 교육과 창의적 체험활동을 포함한 학교 교육 전 과정을 통해 중점적으로 기르고자 하는 핵심역량은 다음과 같다. `22초 / 20중`

가. 자아정체성과 자신감을 가지고 자신의 삶과 진로를 스스로 설계하며 이에 필요한 기초 능력과 자질을 갖추어 자기주도적으로 살아갈 수 있는 _____

나. 문제를 합리적으로 해결하기 위하여 다양한 영역의 지식과 정보를 깊이 있게 이해하고 비판적으로 탐구하며 활용할 수 있는 _____

다. 폭넓은 기초 지식을 바탕으로 다양한 전문 분야의 지식, 기술, 경험을 융합적으로 활용하여 새로운 것을 창출하는 _____

라. 인간에 대한 공감적 이해와 문화적 감수성을 바탕으로 삶의 의미와 가치를 성찰하고 향유하는 _____

마. 다른 사람의 관점을 존중하고 경청하는 가운데 자신의 생각과 감정을 효과적으로 표현하며 상호협력적인 관계에서 공동의 목적을 구현하는 _____

바. 지역·국가·세계 공동체의 구성원에게 요구되는 개방적·포용적 가치와 태도로 지속 가능한 인류 공동체 발전에 적극적이고 책임감 있게 참여하는 _____

8) 자기주도적인 사람
9) 창의적인 사람
10) 교양 있는 사람
11) 더불어 사는 사람
12) 자기관리 역량, 지식정보 처리 역량, 창의적 사고 역량, 심미적 감성 역량, 협력적 소통 역량, 공동체 역량

## 3. 학교급별 교육 목표  13초 / 13추초 / 15초

### 가. 중학교 교육 목표

중학교 교육은 초등학교 교육의 성과를 바탕으로, 학생의 일상생활과 학습에 필요한 기본 능력을 기르고, 13)_____을 함양하는 데 중점을 둔다.

1) 심신의 조화로운 발달을 바탕으로 자아존중감을 기르고, 다양한 지식과 경험을 통해 책임감을 가지고 적극적으로 삶의 방향과 진로를 탐색한다.
2) 학습과 생활에 필요한 기본 능력 및 문제 해결력을 바탕으로, 도전정신과 창의적 사고력을 기른다.
3) 자신을 둘러싼 세계에서 경험한 내용을 토대로 우리나라와 세계의 다양한 문화를 이해하고 공감하는 태도를 기른다.
4) 공동체 의식을 바탕으로 타인을 존중하고 서로 소통하는 민주시민의 자질과 태도를 기른다.

### 나. 고등학교 교육 목표

고등학교 교육은 중학교 교육의 성과를 바탕으로, 학생의 적성과 소질에 맞게 진로를 개척하며 14)_____을 함양하는 데 중점을 둔다.

1) 성숙한 자아의식과 인간의 존엄성에 대한 존중을 바탕으로 일의 가치를 이해하고, 자신의 진로에 맞는 지식과 기능을 익히며 평생 학습의 기본 능력을 기른다.
2) 다양한 분야의 지식과 경험을 융합하여 창의적으로 문제를 해결하고, 새로운 상황에 능동적으로 대처하는 능력을 기른다.
3) 다양한 문화에 대한 이해를 바탕으로 자신의 삶을 성찰하고 새로운 문화 창출에 기여할 수 있는 자질과 태도를 기른다.
4) 국가 공동체에 대한 책임감을 바탕으로 배려와 나눔을 실천하며 세계와 소통하는 민주시민으로서의 자질과 태도를 기른다.

---

13) 바른 인성 및 민주시민의 자질
14) 세계와 소통하는 민주시민으로서의 자질

# Ⅱ 학교 교육과정 설계와 운영

> 신 이 장에서는 초·중등교육법에 근거한 국가 교육과정에 따라 학교 교육과정을 설계하고 운영할 때 지향해야 할 방향과 고려해야 할 일반적인 원칙을 제시한다.
> - '**설계의 원칙**'에서는 학교 교육과정을 설계하고 운영할 때 반영해야 할 주요 원칙들과 유의사항 및 절차 등을 안내한다.
> - '**교수·학습**'에서는 학습의 일반적 원리에 근거하여 수업을 설계하고 운영할 때 고려해야 할 주요 원칙들을 제시한다.
> - '**평가**'에서는 학교 교육과정 설계·운영의 맥락에서 평가가 학습자의 성장을 지원하는 데 고려해야 할 원칙과 유의사항을 제시한다.
> - '**모든 학생을 위한 교육기회의 제공**'에서는 다양한 특성을 가진 학습자들이 차별을 받지 않고 적합한 교육기회를 갖게 하는 데 필요한 지원 과제를 안내한다.

## 1. 설계의 원칙 〔13추초 / 17초 / 19중 / 21초 / 23중 / 23초〕

가. 학교는 이 교육과정을 바탕으로 학교 교육과정을 자율적으로 설계·운영하며, 학생의 특성과 학교 여건에 적합한 학습 경험을 제공한다.

1) 신 학습자의 발달 수준에 적합한 폭넓고 균형 있는 교육과정을 통해 다양한 영역의 세계를 탐색해보는 기회를 제공하고, 학습자의 전인적인 성장·발달이 가능하도록 학교 교육과정을 설계하여 운영한다.

2) 학생 실태와 요구, 교원 조직과 교육 시설·설비 등 학교 실태, 학부모 의견 및 지역사회 실정 등 학교의 교육 여건과 환경을 종합적으로 고려하여 학습자에게 적합한 학습 경험을 제공한다.

3) 신 학교는 학생의 필요와 요구에 따라 학교의 특성을 고려하여 다양한 교육 활동을 설계하여 운영할 수 있다.

4) 신 학교 교육 기간을 포함한 평생 학습에 필요한 기초소양과 15)_____을 갖출 수 있도록 지원하며 학습 격차를 줄이도록 노력한다.

5) 학생들의 자발적인 참여를 원칙으로 하여 학교와 시·도 교육청은 학생과 학부모의 요구에 따라 16)_____을 운영·지원할 수 있다.

6) 학교는 학교 교육과정의 효율적인 설계와 운영을 위하여 17)_____을 계획적으로 활용한다.

15) 자기주도 학습 능력
16) 방과 후 활동 또는 방학 중 활동
17) 지역사회의 인적, 물적 자원

7) 학교는 가정 및 지역과 연계하여 학생이 건전한 생활 태도와 행동 양식을 가지고 학습할 수 있도록 지도한다.

나. 학교 교육과정은 모든 교원이 전문성을 발휘하여 참여하는 민주적인 절차와 과정을 거쳐 설계·운영하며, 지속적인 개선을 위해 노력한다.
1) 교육과정의 합리적 설계와 효율적 운영을 위해 교원, 교육 전문가, 학부모 등이 참여하는 18)_____를 구성·운영하며, 이 위원회는 학교장의 교육과정 운영 및 의사 결정에 관한 자문 역할을 담당한다. 단, 특성화 고등학교와 산업수요 맞춤형 고등학교의 경우에는 산업계 전문가가 참여할 수 있고, 통합교육이 이루어지는 학교의 경우에는 특수교사가 참여할 것을 권장한다.
2) 학교는 학습 공동체 문화를 조성하고 동학년 모임, 19)_____, 현장 연구, 자체 연수 등을 통해서 교사들의 교육 활동 개선이 이루어지도록 한다.
3) 학교는 학교 교육과정 설계·운영의 적절성과 효과성 등을 자체 평가하여 문제점과 개선점을 추출하고, 다음 학년도의 교육과정 설계·운영에 그 결과를 반영한다.

## 2. 교수·학습  13초 / 16초 / 19중 / 20중 / 22초 / 23초

가. 학교는 학생들이 깊이 있는 학습을 통해 핵심역량을 함양할 수 있도록 교수·학습을 설계하여 운영한다.
1) 단편적 지식의 암기를 지양하고 각 교과목의 20)_____를 중심으로 지식·이해, 과정·기능, 가치·태도의 내용 요소를 유기적으로 연계하며 학생의 발달 단계에 따라 학습 경험의 폭과 깊이를 확장할 수 있도록 수업을 설계한다.
2) 교과 내 영역 간, 교과 간 내용 연계성을 고려하여 수업을 설계하고 지도함으로써 학생들이 융합적으로 사고하고 창의적으로 문제를 해결하는 능력을 함양할 수 있도록 한다.
3) 학습 내용을 실생활 맥락 속에서 이해하고 적용하는 기회를 제공함으로써 학교에서의 학습이 학생의 삶에 21)_____이 되도록 한다.
4) 학생이 여러 교과의 고유한 탐구 방법을 익히고 자신의 학습 과정과 학습 전략을 점검하며 개선하는 기회를 제공하여 스스로 탐구하고 학습할 수 있는 자기주도 학습 능력을 함양할 수 있도록 한다.
5) 신 교과의 깊이 있는 학습에 기반이 되는 22)_____을 모든 교과를 통해 함양할 수 있도록 수업을 설계한다.

---

18) 학교 교육과정 위원회
19) 교과별 모임
20) 핵심 아이디어
21) 의미 있는 학습 경험
22) 언어·수리·디지털 기초소양

나. 학교는 학생들이 수업에 능동적으로 참여하고 학습의 즐거움을 경험할 수 있도록 교수·학습을 설계하여 운영한다.
  1) 학습 주제에서 다루는 탐구 질문에 관심과 호기심을 가지고 스스로 문제를 해결하는 23)_____을 활성화하며, 토의·토론 학습을 통해 자신의 생각을 표현하는 기회를 가질 수 있도록 한다.
  2) 실험, 실습, 관찰, 조사, 견학 등의 체험 및 탐구 활동 경험이 충분히 이루어질 수 있도록 한다.
  3) 개별 학습 활동과 함께 24)_____을 통하여 협력적으로 문제를 해결하는 경험을 충분히 갖도록 한다.

다. 교과의 특성과 학생의 능력, 적성, 진로를 고려하여 학습 활동과 방법을 다양화하고, 학교의 여건과 학생의 특성에 따라 다양한 학습 집단을 구성하여 학생 맞춤형 수업을 활성화한다.
  1) 신 학생의 선행 경험, 선행 지식, 오개념 등 학습의 출발점을 파악하고 학생의 특성을 고려하여 학습 소재, 자료, 활동을 다양화한다.
  2) 신 정보통신기술 매체를 활용하여 교수·학습 방법을 다양화하고, 학생 맞춤형 학습을 위해 지능정보기술을 활용할 수 있다.
  3) 신 다문화 가정 배경, 가족 구성, 장애 유무 등 학습자의 개인적·사회문화적 배경의 다양성을 이해하고 존중하며, 이를 수업에 반영할 때 편견과 고정 관념, 차별을 야기하지 않도록 유의한다.
  4) 변 학교는 학생 개개인의 학습 상황을 확인하여 학생의 학습 결손을 예방하도록 노력하며, 학습 결손이 발생한 경우 25)_____를 제공한다.

라. 신 교사와 학생 간, 학생과 학생 간 상호 신뢰와 협력이 가능한 유연하고 안전한 교수·학습 환경을 지원하고, 디지털 기반 학습이 가능하도록 교육공간과 환경을 조성한다.
  1) 각 교과의 특성에 맞는 다양한 학습이 이루어질 수 있도록 26)_____을 활성화하며, 고등학교는 학점 기반 교육과정 운영을 위해 유연한 학습공간을 활용한다.
  2) 학교는 교과용 도서 이외에 시·도 교육청이나 학교 등에서 개발한 다양한 교수·학습 자료를 활용할 수 있다.

23) 학생 참여형 수업
24) 소집단 협동 학습
25) 보충 학습 기회
26) 교과 교실 운영

3) 신 다양한 지능정보기술 및 도구를 활용하여 효율적인 학습을 지원할 수 있도록 27)_____ _____을 구축한다.
4) 학교는 실험 실습 및 실기 지도 과정에서 학생의 안전사고를 예방하기 위해 시설·기구, 기계, 약품, 용구 사용의 안전에 유의한다.
5) 변 특수교육 대상 학생 등 교육적 요구가 다양한 학생들을 위해 필요할 경우 의사소통 지원, 행동 지원, 28)_____ 등을 제공한다.

## 3. 평가 18초

가. 평가는 학생 개개인의 교육 목표 도달 정도를 확인하고, 학습의 부족한 부분을 보충하며, 교수·학습의 질을 개선하는 데 주안점을 둔다.
  1) 학교는 학생에게 평가 결과에 대한 적절한 정보를 제공하고 추수 지도를 실시하여 학생이 자신의 학습을 지속적으로 성찰하고 개선할 수 있도록 한다.
  2) 학교와 교사는 29)_____를 활용하여 수업의 질을 지속적으로 개선한다.

나. 학교와 교사는 성취기준에 근거하여 교수·학습과 평가 활동이 일관성 있게 이루어지도록 한다.
  1) 학습의 결과만이 아니라 결과에 이르기까지의 학습 과정을 확인하고 환류하여, 학습자의 성공적인 학습과 사고 능력 함양을 지원한다.
  2) 학교는 학생의 인지적·정의적 측면에 대한 평가가 균형 있게 이루어질 수 있도록 하며, 학생이 자신의 학습 과정과 결과를 스스로 평가할 수 있는 기회를 제공한다.
  3) 신 학교는 교과목별 성취기준과 평가기준에 따라 30)_____을 설정하여 교수·학습 및 평가 계획에 반영한다.
  4) 학생에게 배울 기회를 주지 않은 내용과 기능은 평가하지 않는다.

다. 학교는 교과목의 성격과 학습자 특성을 고려하여 적합한 평가 방법을 활용한다.
  1) 수행평가를 내실화하고 서술형과 논술형 평가의 비중을 확대한다.
  2) 정의적, 기능적 측면이나 실험·실습이 중시되는 평가에서는 교과목의 성격을 고려하여 타당하고 합리적인 기준과 척도를 마련하여 평가를 실시한다.
  3) 신 학교의 여건과 교육활동의 특성을 고려하여 다양한 지능정보기술을 활용함으로써 31)_____를 활성화한다.

27) 디지털 학습 환경
28) 보조공학 지원
29) 학생 평가 결과
30) 성취수준
31) 학생 맞춤형 평가

4) 신 개별 학생의 발달 수준 및 특성을 고려하여 평가 계획을 조정할 수 있으며, 특수학급 및 일반학급에 재학하고 있는 특수교육 대상 학생을 위해 필요한 경우 평가 방법을 조정할 수 있다.
5) 창의적 체험활동은 내용과 특성을 고려하여 평가의 주안점을 32)_____에서 결정하여 평가한다.

## 4. 모든 학생을 위한 교육기회의 제공 15초 / 20초

가. 교육 활동 전반을 통하여 남녀의 역할, 학력과 직업, 장애, 종교, 이전 거주지, 인종, 민족, 언어 등에 관한 고정 관념이나 편견을 가지지 않도록 지도한다.
나. 신 학습자의 개인적 특성이나 사회·문화적 배경에 의해 교육의 기회와 학습 경험에서 부당한 차별을 받거나 소외되지 않도록 한다.
다. 학습 부진 학생, 특정 분야에서 탁월한 재능을 보이는 학생, 특수교육 대상 학생, 귀국 학생, 다문화 가정 학생 등이 학교에서 충실한 학습 경험을 누릴 수 있도록 필요한 지원을 한다.
라. 변 특수교육 대상 학생을 위해 33)_____을 설치·운영하는 경우, 학생의 장애 특성 및 정도를 고려하여, 초·중등학교 교육과정을 조정하여 운영하거나 특수교육 교과용 도서 및 통합 교육용 교수·학습 자료를 활용할 수 있다.
마. 다문화 가정 학생을 위한 34)_____을 설치·운영하는 경우, 다문화 가정 학생의 한국어 능력을 고려하여 초·중등학교 교육과정을 조정하여 운영하거나, 한국어 교육과정 및 교수·학습 자료를 활용할 수 있다. 한국어 교육과정은 학교의 특성, 학생·교사·학부모의 요구와 필요에 따라 주당 35)____시간 내외에서 운영할 수 있다.
바. 학교가 종교 과목을 개설할 때는 종교 이외의 과목과 함께 복수로 과목을 편성하여 학생에게 36)_____의 기회를 주어야 한다. 다만, 학생의 학교 선택권이 허용되는 종립 학교의 경우 학생·학부모의 동의를 얻어 단수로 개설할 수 있다.

32) 학교
33) 특수학급
34) 특별 학급
35) 10
36) 선택

# Ⅲ. 학교급별 교육과정 편성·운영의 기준

> 이 장에서는 학교 교육과정을 편성하고 운영할 때 고려해야 할 주요 기준들을 학교급별로 제시한다.
>
> - '기본 사항'에서는 모든 학교급에 해당하는 학교 교육과정 편성·운영의 일반적인 기준을 제시한다.
> - 초·중·고 학교급별 기준에서는 '**편제와 시간(학점) 배당 기준**'과 '**교육과정 편성·운영 기준**'을 제시한다.

## 1. 기본 사항   13초 / 13추중 / 14초 / 15중 / 16중 / 19중 / 20중 / 20초 / 22초 / 23중 / 23초

가. 특수교육 교육과정은 공통 교육과정 및 선택 중심 교육과정, 37)_____으로 편성한다.

나. 공통 교육과정은 초등학교 1학년부터 중학교 3학년까지, 학점 기반 선택 중심 교육과정은 고등학교 1학년부터 3학년까지 편성·운영한다.

다. 변 기본 교육과정은 특수학교에 재학 중인 초등학교 1학년부터 고등학교 3학년까지의 학생을 대상으로 편성·운영한다.

라. 특수학교는 특수교육 대상 학생의 교육적 요구와 학교의 실정을 고려하여 공통 교육과정 및 선택 중심 교육과정을 38)_____과 병행하여 편성·운영할 수 있다.

마. 신 학교는 학교 교육과정 편성·운영 계획을 바탕으로 학년(군)별 교육과정 및 교과(군)별 교육과정을 편성할 수 있다.

바. 학년 간 상호 연계와 협력을 통해 학교 교육과정을 유연하게 편성·운영할 수 있도록 39)_____을 설정한다. 신 다만 창의적 체험활동과 일상생활 활동은 학생의 교육적 요구에 따라 생활연령과 발달 수준을 고려하여 학년군을 통합하여 운영할 수 있다.

사. 공통 교육과정의 교과는 교육 목적상의 근접성, 학문 탐구 대상 또는 방법상의 인접성, 생활양식에서의 연관성 등을 고려하여 교과(군)로 재분류한다.

아. 고등학교 교과는 보통 교과, 전문 교과, 신 40)_____로 구분하며, 학생들의 기초소양 함양과 기본 학력을 보장하기 위하여 보통 교과에 공통 과목을 개설하여 모든 학생이 이수하도록 한다.

자. 신 기본 교육과정의 교과는 특수교육 대상 학생의 자립과 사회 통합에 필요한 기초 학습, 생활 기능, 진로 및 직업 적응 등의 능력을 기르는 내용으로 구성한다.

차. 학업 부담을 적정화하고 의미 있는 학습 활동이 이루어질 수 있도록 학기당 이수 교과목 수를 조정하여 41)_____를 실시할 수 있다.

37) 기본 교육과정
38) 기본 교육과정
39) 학년군
40) 특수교육 전문 교과
41) 집중이수

카. 신 학교는 학교급 간 전환기의 학생들이 상급 학교의 생활 및 학습을 준비하는 데 필요한 교육을 지원하기 위해 42)_____을 운영할 수 있다.

타. 신 학교는 가정과 학교, 사회에서의 위험 상황을 알고 대처할 수 있도록 체험 중심의 안전교육을 관련 교과와 창의적 체험활동과 연계하여 운영한다.

파. 신 기본 교육과정의 일상생활 활동 영역과 내용은 학생의 교육적 요구를 반영하여 학교가 정한다.

하. 범교과 학습 주제는 교과와 창의적 체험활동 등 교육 활동 전반에 걸쳐 통합적으로 다루도록 하고, 지역사회 및 가정과 연계하여 지도한다.

> 안전·건강 교육, 인성 교육, 진로 교육, 민주시민 교육, 인권 교육, 다문화 교육, 통일 교육, 독도 교육, 경제·금융 교육, 환경·지속가능발전 교육

거. 학교는 필요에 따라 계기 교육을 실시할 수 있으며, 이 경우 계기 교육 지침에 따른다.

너. 학교는 필요에 따라 원격수업을 실시할 수 있으며, 이 경우 원격수업 운영 기준은 관련 법령과 지침에 따른다.

더. 신 시·도 교육청과 학교는 필요에 따라 이 교육과정에 제시되어 있는 과목 외에 새로운 과목을 개설할 수 있다. 이 경우 시·도 교육감이 정하는 지침에 따라 사전에 필요한 절차를 거쳐야 한다.

러. 신 기본 교육과정을 운영하는 특수학교는 장애 정도가 심한 학생의 교육적 요구를 반영하여 교과(군)별 50% 범위 내에서 시수를 감축하여 43)_____으로 편성할 수 있다. 이 경우 시·도 교육감이 정하는 지침에 따라 사전에 필요한 절차를 거쳐야 한다.

머. 신 시각장애 또는 청각장애 학생이 다른 장애가 함께 있는 경우 교육적 요구를 지원하는 별도의 교육 활동을 병행하거나 대체하여 편성·운영할 수 있다.

버. 일반학급 및 특수학급에 배치된 특수교육 대상 학생의 교육과정은 다음과 같이 편성·운영한다.
  1) 편제와 시간 혹은 학점 배당은 해당 학년군의 교육과정을 따른다.
  2) 신 학생의 교육적 요구에 따라 초·중등학교 교육과정을 재구성하거나, 특수교육 교육과정에 따른 교과용 도서, 통합교육용 교수·학습 자료 등을 사용할 수 있다.
  3) 특수교육 교육과정의 교과(군) 내용과 연계하거나 대체하여 운영할 수 있다. 교과 내용을 대체할 경우 생활기능 및 진로와 직업교육, 현장 실습 등으로 운영할 수 있다.
  4) 신 특수교육 대상 학생의 교육과정 운영에 관한 사항은 학생의 교육적 요구를 반영하여 44)_____에서 결정한다.

42) 진로연계교육
43) 일상생활 활동
44) 학교 교육과정 위원회

서. 신 교과와 창의적 체험활동의 내용 배열은 반드시 따라야 할 학습 순서를 의미하는 것은 아니며, 학생의 관심과 요구, 학교의 실정과 교사의 필요, 계절 및 지역의 특성 등에 따라 각 교과목의 학년군별 목표 달성을 위해 지도 내용의 순서와 비중, 교과 내 또는 교과 간 연계 지도 방법 등을 조정하여 운영할 수 있다.

어. 순회교육을 위한 교육과정 편성·운영 지침은 시·도 교육청에서 정하되, 순회교육 대상자의 배치 환경, 교육적 요구를 고려하여 교육과정을 편성·운영한다.

저. 신 45)_____은 학생의 교육적 요구에 따라 교과 또는 생활 지원이 필요한 영역을 중심으로 작성한다.

처. 신 직업, 예술, 체육 계열 분야의 전문적인 교육을 목적으로 설립된 특수학교의 교육과정은 특성화 중학교, 일반 고등학교, 특수 목적 고등학교, 특성화 고등학교와 산업수요 맞춤형 고등학교에 준하여 정하되, 학생의 교육적 요구에 따라 기본 교육과정을 편성·운영할 수 있다. 이 경우 시·도 교육감이 정하는 지침에 따라 사전에 필요한 절차를 거쳐야 한다.

---

45) 개별화교육계획

# 02 공통 교육과정 및 선택 중심 교육과정 편성·운영

`13초 / 14중 / 14초 / 21초 / 22중 / 23중`

## ② 중학교

### 가. 편제와 시간 배당 기준

1) 편제

 가) 중학교 교육과정은 교과(군)와 창의적 체험활동으로 편성한다.

 나) 교과(군)는 국어, 사회(역사 포함)/도덕, 수학, 과학/기술·가정/정보, 체육, 예술(음악/미술), 영어, 선택으로 한다.

 다) 선택 교과는 한문, 환경, 생활 외국어(생활 독일어, 생활 프랑스어, 생활 스페인어, 생활 중국어, 생활 일본어, 생활 러시아어, 생활 아랍어, 생활 베트남어), 보건, 진로와 직업 등의 과목으로 한다.

 라) 변 창의적 체험활동은 46)_____으로 한다.

2) 시간 배당 기준

| 구 분 | | 1~3학년 |
|---|---|---|
| 교과(군) | 국어 | 442 |
| | 사회(역사 포함)/도덕 | 510 |
| | 수학 | 374 |
| | 과학/기술·가정/정보 | 680 |
| | 체육 | 272 |
| | 예술(음악/미술) | 272 |
| | 영어 | 340 |
| | 선택 | 170 |
| | 소계 | 3,060 |
| 창의적 체험활동 | | 306 |
| 총 수업 시간 수 | | 3,366 |

① 1시간 수업은 45분을 원칙으로 하되, 기후 및 계절, 47)_____, 학습 내용의 성격, 학교 실정 등을 고려하여 탄력적으로 편성·운영할 수 있다.

② 교과(군)별 및 창의적 체험활동 시간 배당은 연간 34주를 기준으로 3년간의 기준 수업 시수를 나타낸 것이다.

46) 자율·자치 활동, 동아리 활동, 진로 활동
47) 학생의 발달 정도

③ 총 수업 시간 수는 3년간의 48)_____를 나타낸 것이다.

④ 변 정보는 정보 수업 시수와 49)_____ 등을 활용하여 68시간 이상 편성·운영한다.

**나. 교육과정 편성·운영 기준**

1) 학교는 교과(군)와 창의적 체험활동의 수업 시수를 학년별, 학기별로 자율적으로 편성할 수 있다.

   가) 학교는 학생이 3년간 이수해야 할 교과목을 학년별, 학기별로 편성하여 학생과 학부모에게 안내한다.

   나) 학교는 학교의 특성, 학생·교사·학부모의 요구 및 필요에 따라 자율적으로 교과(군)별 및 창의적 체험활동의 50)_____ 범위 내에서 시수를 증감하여 편성·운영할 수 있다. 단, 체육, 예술(음악/미술) 교과는 기준 수업 시수를 감축하여 편성·운영할 수 없다.

   다) 변 학교는 학생의 학업 부담을 적정화하고 의미 있는 학습 활동이 이루어질 수 있도록 학기당 이수 교과목 수를 8개 이내로 편성한다. 단, 체육, 예술(음악/미술) 교과 및 선택 과목과 학교자율시간에 편성한 과목은 이수 교과목 수 제한에서 제외하여 편성할 수 있다.

   라) 학교는 선택 과목을 개설할 경우, 2개 이상의 과목을 동시에 개설하여 학생의 선택권을 보장한다. 학교는 필요한 경우 새로운 선택 과목을 개설할 수 있으며, 이 경우 시·도 교육감이 정하는 지침에 따라 사전에 필요한 절차를 거쳐야 한다.

   마) 학교는 창의적 체험활동의 영역을 학생들의 발달 수준, 학교의 여건 등을 고려하여 자율적으로 편성·운영한다.

2) 학교는 모든 학생의 학습 기회를 보장할 수 있도록 학교 교육과정을 편성·운영한다.

   가) 전입 학생이 특정 교과목을 이수하지 못할 경우, 시·도 교육청과 학교에서는 학습 결손이 발생하지 않도록 51)_____ 등을 제공한다.

   나) 신 교과목 개설이 어려운 소규모 학교, 농산어촌학교 등에서는 학습 결손이 발생하지 않도록 온라인 활용 및 지역 내 교육자원 공유·협력을 활성화한다. 이 경우 시·도 교육감이 정하는 지침에 따른다.

   다) 학교는 특수교육 대상 학생을 위해 필요한 경우 교과(군)별 증감 시수를 활용하여 '점자', '52)_____' 또는 '수어', '53)_____'를 창의적 체험활동에 포함하여 운영한다.

48) 최소 수업 시수
49) 학교자율시간
50) 20%
51) 보충 학습 과정
52) 시각장애인 자립생활
53) 농인의 생활과 문화

라) 변 특수학교에서는 시각·청각·지체장애 학생을 위해 [별책 2]에 제시된 별도의 교육과정을 활용할 수 있다.
- 시각장애 : 체육, 미술, 점자, 시각장애인 자립생활
- 청각장애 : 국어, 수어, 농인의 생활과 문화
- 지체장애 : 체육

3) 신 학교는 지역과 연계하거나 다양하고 특색 있는 교육과정 운영을 위해 학교자율시간을 편성·운영한다.
  가) 신 학교자율시간을 활용하여 이 교육과정에 제시되어 있는 교과목 외에 새로운 선택 과목을 개설할 수 있다.
  나) 신 학교자율시간에 개설되는 과목의 내용은 지역과 학교의 여건 및 학생의 필요에 따라 학교가 결정하되, 학생의 선택권을 고려하여 다양한 과목을 개설·운영한다.
  다) 신 학교자율시간은 학교 여건에 따라 연간 34주를 기준으로 한 교과별 및 창의적 체험활동 수업 시간의 학기별 54)____의 수업 시간을 확보하여 운영한다.

4) 학교는 학생들이 자신의 적성과 미래에 대해 탐색하고 학습의 즐거움을 경험할 수 있도록 자유학기와 진로연계교육을 편성·운영한다.
  가) 중학교 과정 중 한 학기는 자유학기로 운영하되, 해당 학기의 교과 및 창의적 체험활동을 자유학기 취지에 부합하도록 편성·운영한다.
    (1) 변 자유학기에는 지역 및 학교 여건을 고려하여 자율적으로 학생 참여 중심의 주제선택 활동과 55)_____을 운영한다.
    (2) 변 자유학기에는 토의·토론 학습, 프로젝트 학습 등 학생 참여형 수업을 강화하고, 학습의 과정을 중시하는 다양한 평가 방법을 활용하되, 일제식 지필 평가는 지양한다.
  나) 신 학교는 상급 학교(학년)로 진학하기 전 학기나 학년의 일부 시간을 활용하여 학교 급 간 연계 및 진로 교육을 강화하는 진로연계교육을 편성·운영한다.
    (1) 학교는 고등학교 생활 및 학습 준비, 진로 탐색, 진학 준비 등을 위해 교과와 창의적 체험활동 시간을 활용하여 진로연계교육을 자율적으로 운영한다.
    (2) 학교는 진로연계교육의 중점을 학생의 역량 함양 및 56)_____ 향상에 중점을 두고 교과별 내용 및 학습 방법 등의 학교급 간 연계를 통해 학생의 학습과 성장을 지원한다.
    (3) 학교는 진로연계교육을 창의적 체험활동의 진로 활동 및 자유학기의 활동과 연계하여 운영한다.

---

54) 1주
55) 진로 탐색 활동
56) 자기주도적 학습 능력

5) 학교는 학생들이 삶 속에서 스포츠 문화를 지속적으로 향유하여 건전한 심신 발달과 정서 함양이 이루어질 수 있도록 학교스포츠클럽 활동을 편성·운영한다.
    가) 변 학교스포츠클럽 활동은 창의적 체험활동의 동아리 활동으로 편성하고 학년별 연간 34시간 운영하며, 매 학기 편성하도록 한다.
    나) 학교스포츠클럽 활동의 종목과 내용은 학생들의 희망을 반영하여 학교가 결정하되, 다양한 종목을 개설하여 학생들의 57)_____이 보장되도록 한다.

## 2 고등학교

### 가. 편제와 시간 배당 기준

1) 편제
    가) 고등학교 교육과정은 교과(군)와 창의적 체험활동으로 편성한다.
    나) 교과는 보통 교과와 전문 교과, 신 특수교육 전문 교과로 한다.
        (1) 보통 교과
            (가) 보통 교과의 교과(군)는 국어, 수학, 영어, 사회(58)_____ 포함), 과학, 체육, 예술, 기술·가정/정보/제2외국어/한문/교양으로 한다.
            (나) 보통 교과는 공통 과목과 선택 과목으로 구분한다. 선택 과목은 일반 선택 과목, 진로 선택 과목, 신 융합 선택 과목으로 구분한다.
        (2) 전문 교과
            (가) 전문 교과의 교과(군)는 국가직무능력표준 등을 고려하여 경영·금융, 보건·복지, 문화·예술·디자인·방송, 미용, 관광·레저, 식품·조리, 건축·토목, 기계, 재료, 화학 공업, 섬유·의류, 전기·전자, 정보·통신, 환경·안전·소방, 농림·축산, 수산·해운, 융복합·지식 재산 과목으로 한다.
            (나) 신 전문 교과의 과목은 전문 공통 과목, 전공 일반 과목, 전공 실무 과목으로 구분한다.
        (3) 신 특수교육 전문 교과
            (가) 신 특수교육 전문 교과의 교과(군)는 59)_____과 60)____ 과목으로 한다.
            (나) 신 특수교육 전문 교과는 고등학교 과정의 특수교육 대상 학생이 재학하는 학교에서 개설한다.
    다) 창의적 체험활동은 61)_____으로 한다.

---

57) 선택권
58) 역사/도덕
59) 직업·생활
60) 이료
61) 자율·자치 활동, 동아리 활동, 진로 활동

2) 학점 배당 기준

가) 일반 고등학교와 특수 목적 고등학교(산업수요 맞춤형 고등학교 제외)

| 교과(군) | 공통 과목 | 필수 이수 학점 | 자율 이수 학점 |
|---|---|---|---|
| 국어 | 공통국어1, 공통국어2 | 8 | 학생의 적성과 진로를 고려하여 편성 |
| 수학 | 공통수학1, 공통수학2 | 8 | |
| 영어 | 공통영어1, 공통영어2 | 8 | |
| 사회 (역사/도덕 포함) | 한국사1, 한국사2 | 6 | |
| | 통합사회1, 통합사회2 | 8 | |
| 과학 | 통합과학1, 통합과학2 과학탐구실험1, 과학탐구실험2 | 10 | |
| 체육 | | 10 | |
| 예술 | | 10 | |
| 기술·가정/정보/ 제2외국어/ 한문/교양 | | 16 | |
| 소계 | | 84 | 90 |
| 창의적 체험활동 | | 18(288시간) | |
| 총 이수 학점 | | 192 | |

① 1학점은 50분을 기준으로 하여 16회를 이수하는 수업량이다.
② 1시간의 수업은 50분을 원칙으로 하되, [62]_____, 학생의 발달 정도, 학습 내용의 성격, 학교 실정 등을 고려하여 탄력적으로 편성·운영할 수 있다.
③ 공통 과목의 기본 학점은 4학점이며, 1학점 범위 내에서 감하여 편성·운영할 수 있다. 단, 한국사1, 2의 기본 학점은 3학점이며 감하여 편성·운영할 수 없다.
④ 과학탐구실험1, 2의 기본 학점은 1학점이며 증감 없이 편성·운영하는 것을 원칙으로 한다. 단, 과학, 체육, 예술 계열 고등학교의 경우 학교 실정에 따라 탄력적으로 운영할 수 있다.
⑤ 필수 이수 학점 수는 해당 교과(군)의 최소 이수 학점이다. 특수 목적 고등학교의 경우 예술 교과(군)는 5학점 이상, 기술·가정/정보/제2외국어/한문/교양 교과(군)는 12학점 이상 이수하도록 한다.
⑥ 국어, 수학, 영어 교과의 이수 학점 총합은 81학점을 초과하지 않도록 하며, 교과 이수 학점이 174학점을 초과하는 경우에는 초과 이수 학점의 50%를 넘지 않도록 한다.

62) 기후 및 계절

⑦ 창의적 체험활동의 학점 수는 63)_____이며 (  )안의 숫자는 이수 학점을 시간 수로 환산한 것이다.

⑧ 총 이수 학점 수는 고등학교 졸업을 위해 3년간 이수해야 할 최소 이수 학점을 의미한다.

나) 특성화 고등학교와 산업수요 맞춤형 고등학교

| 교과(군) | | 공통 과목 | 필수 이수 학점 | 자율 이수 학점 |
|---|---|---|---|---|
| 보통 교과 | 국어 | 공통국어1, 공통국어2 | 24 | 학생의 적성과 진로를 고려하여 편성 |
| | 수학 | 공통수학1, 공통수학2 | | |
| | 영어 | 공통영어1, 공통영어2 | | |
| | 사회 (역사/도덕 포함) | 한국사1, 한국사2 | 6 | |
| | | 통합사회1, 통합사회2 | 12 | |
| | 과학 | 통합과학1, 통합과학2 | | |
| | 체육 | | 8 | |
| | 예술 | | 6 | |
| | 기술·가정/정보/제2외국어/ 한문/교양 | | 8 | |
| 소계 | | | 64 | 30 |
| 전문 교과 | 17개 교과(군) | | 80 | |
| 창의적 체험활동 | | | 18(288시간) | |
| 총 이수 학점 | | | 192 | |

① 1학점은 50분을 기준으로 하여 64)_____를 이수하는 수업량이다.

② 1시간의 수업은 50분을 원칙으로 하되, 기후 및 계절, 학생의 발달 정도, 학습 내용의 성격 등과 학교 실정 등을 고려하여 탄력적으로 편성·운영할 수 있다.

③ 공통 과목의 기본 학점은 4학점이며, 1학점 범위 내에서 감하여 편성·운영할 수 있다. 단, 한국사1, 2의 기본 학점은 3학점이며 감하여 편성·운영할 수 없다.

④ 필수 이수 학점 수는 해당 교과(군)의 65)_____이다.

⑤ 신 자연현장 실습 등 체험 위주의 교육을 전문적으로 실시하는 특성화 고등학교의 전문 교과 필수 이수 학점은 시·도 교육감이 정한다.

⑥ 창의적 체험활동의 학점 수는 최소 이수 학점이며 (  )안의 숫자는 이수 학점을 시간 수로 환산한 것이다.

63) 최소 이수 학점
64) 16회
65) 최소 이수 학점
66) 최소 이수 학점

⑦ 총 이수 학점 수는 고등학교 졸업을 위해 3년간 이수해야 할 66)_____
  을 의미한다.

3) 보통 교과

| 교과(군) | 공통 과목 | 선택 과목 | | |
|---|---|---|---|---|
| | | 일반 선택 | 진로 선택 | 융합 선택 |
| 국어 | 공통국어1<br>공통국어2 | 화법과 언어,<br>독서와 작문,<br>문학 | 주제 탐구 독서,<br>문학과 영상,<br>직무 의사소통 | 독서 토론과 글쓰기,<br>매체 의사소통,<br>언어생활 탐구 |
| 수학 | 공통수학1<br>공통수학2<br>기본수학1<br>기본수학2 | 대수, 미적분Ⅰ,<br>확률과 통계 | 기하, 미적분Ⅱ,<br>경제 수학, 인공지능 수학,<br>직무 수학 | 수학과 문화,<br>실용 통계,<br>수학과제 탐구 |
| 영어 | 공통영어1<br>공통영어2<br>기본영어1<br>기본영어2 | 영어Ⅰ, 영어Ⅱ,<br>영어 독해와 작문 | 영미 문학 읽기, 영어 발표와 토론,<br>심화 영어, 심화 영어 독해와 작문,<br>직무 영어 | 실생활 영어 회화,<br>미디어 영어,<br>세계 문화와 영어 |
| 사회<br>(역사/<br>도덕 포함) | 한국사1<br>한국사2<br>통합사회1<br>통합사회2 | 세계시민과 지리,<br>세계사,<br>사회와 문화,<br>현대사회와 윤리 | 한국지리 탐구, 도시의 미래 탐구,<br>동아시아 역사 기행,<br>정치, 법과 사회, 경제,<br>윤리와 사상, 인문학과 윤리,<br>국제 관계의 이해 | 여행지리,<br>역사로 탐구하는 현대 세계,<br>사회문제 탐구,<br>금융과 경제생활,<br>윤리문제 탐구,<br>기후변화와 지속가능한 세계 |
| 과학 | 통합과학1<br>통합과학2<br>과학탐구실험1<br>과학탐구실험2 | 물리학, 화학,<br>생명과학, 지구과학 | 역학과 에너지, 전자기와 양자,<br>물질과 에너지, 화학 반응의 세계,<br>세포와 물질대사, 생물의 유전,<br>지구시스템과학, 행성우주과학 | 과학의 역사와 문화,<br>기후변화와 환경생태,<br>융합과학 탐구 |
| 체육 | | 체육Ⅰ,<br>운동과 건강Ⅰ | 체육Ⅱ,<br>운동과 건강Ⅱ,<br>체육 탐구* | 스포츠 생활,<br>스포츠 활동과 분석* |
| 예술 | | 음악, 미술, 연극 | 음악 연주와 창작,<br>음악 감상과 비평,<br>미술 창작,<br>미술 감상과 비평 | 음악과 미디어,<br>미술과 매체 |
| 기술·가정<br>/정보 | | 기술·가정 | 로봇과 공학세계,<br>생활과학 탐구 | 창의 공학 설계,<br>지식 재산 일반,<br>생애 설계와 자립*,<br>아동발달과 부모 |
| | | 정보 | 인공지능 기초,<br>데이터 과학 | 소프트웨어와 생활 |
| 제2외국어/<br>한문 | | 독일어, 프랑스어,<br>스페인어, 중국어,<br>일본어, 러시아어,<br>아랍어, 베트남어 | 독일어 회화, 프랑스어 회화,<br>스페인어 회화, 중국어 회화,<br>일본어 회화, 러시아어 회화,<br>아랍어 회화, 베트남어 회화,<br>심화 독일어, 심화 프랑스어,<br>심화 스페인어, 심화 중국어,<br>심화 일본어, 심화 러시아어,<br>심화 아랍어, 심화 베트남어 | 독일어권 문화, 프랑스어권 문화,<br>스페인어권 문화, 중국 문화,<br>일본 문화, 러시아 문화,<br>아랍 문화, 베트남 문화 |
| | | 한문 | 심화 한문 | 언어생활과 한자 |
| 교양 | | 진로와 직업,<br>생태와 환경 | 인간과 철학, 논리와 사고,<br>인간과 심리, 교육의 이해,<br>삶과 종교, 보건 | 인간과 경제활동, 논술 |

① 선택 과목의 기본 학점은 4학점이다. 단, 체육, 예술, 교양 교과(군)의 기본 학점은 3학점이다.
② 신 선택 과목은 1학점 범위 내에서 증감하여 편성·운영할 수 있다.
③ 신 * 표시한 과목의 기본 학점은 2학점이며, 1학점 범위 내에서 감하여 편성·운영할 수 있다.
④ 체육 교과는 매 학기 이수하도록 한다. 단, 특성화 고등학교와 산업수요 맞춤형 고등학교의 경우, 현장 실습이 있는 학년에는 탄력적으로 운영할 수 있다.

| 계열 | 교과(군) | 선택 과목 ||||
|---|---|---|---|---|---|
| | | 진로 선택 ||||융합 선택|
| 과학 계열 | 수학 | 전문 수학 | 이산 수학 | 고급 기하 | 고급 대수 | |
| | | 고급 미적분 | | | | |
| | 과학 | 고급 물리학 | 고급 화학 | 고급 생명과학 | 고급 지구과학 | 물리학 실험 |
| | | | | | | 화학 실험 |
| | | 과학과제 연구 | | | | 생명과학 실험 |
| | | | | | | 지구과학 실험 |
| | 정보 | 정보과학 | | | | |
| 체육 계열 | 체육 | 스포츠 개론 | 육상 운동 | 체조 운동 | 수상 운동 | 스포츠 트레이닝 기초 |
| | | 기초 체육 전공 실기 | 심화 체육 전공 실기 | 고급 체육 전공 실기 | 스포츠 경기 체력 | 스포츠 의학 기초 |
| | | 스포츠 경기 기술 | 스포츠 경기 분석 | | | 스포츠 마케팅 기초 |
| 예술 계열 | 예술 | 음악 이론 | 음악사 | 시창·청음 | 음악 전공 실기 | 음악과 문화 |
| | | 합창·합주 | 음악 공연 실습 | | | |
| | | 미술 이론 | 드로잉 | 미술사 | 미술 전공 실기 | 미술 매체 탐구 |
| | | 조형 탐구 | | | | 미술과 사회 |
| | | 무용의 이해 | 무용과 몸 | 무용 기초 실기 | 무용 전공 실기 | 무용과 매체 |
| | | 안무 | 무용 제작 실습 | 무용 감상과 비평 | | |
| | | 문예 창작의 이해 | 문장론 | 문학 감상과 비평 | 시 창작 | 문학과 매체 |
| | | 소설 창작 | 극 창작 | | | |
| | | 연극과 몸 | 연극과 말 | 연기 | 무대미술과 기술 | 연극과 삶 |
| | | 연극 제작 실습 | 연극 감상과 비평 | 영화의 이해 | 촬영·조명 | 영화와 삶 |
| | | 편집·사운드 | 영화 제작 실습 | 영화 감상과 비평 | | |
| | | 사진의 이해 | 사진 촬영 | 사진 표현 기법 | 영상 제작의 이해 | 사진과 삶 |
| | | 사진 감상과 비평 | | | | |

① 신 특수 목적 고등학교 선택 과목은 과학, 체육, 예술 계열에 관한 과목으로 한다.
② 신 특수 목적 고등학교 선택 과목의 기본 학점 및 증감 범위는 시·도 교육감이 정한다.

4) 전문 교과

| 교과(군) | 선택 과목 | | | | 기준 학과 |
|---|---|---|---|---|---|
| | 전문 공통 | 전공 일반 | 전공 실무 | | |
| 경영·금융 | 성공적인 직업 생활<br>노동 인권과 산업 안전 보건<br>디지털과 직업 생활 | 상업 경제<br>기업과 경영<br>사무 관리<br>회계 원리<br>회계 정보 처리 시스템<br>기업 자원 통합 관리<br>세무 일반<br>유통 일반<br>무역 일반<br>무역 영어<br>금융 일반<br>보험 일반<br>마케팅과 광고<br>창업 일반<br>비즈니스 커뮤니케이션<br>전자 상거래 일반 | 총무<br>노무 관리<br>사무 행정<br>회계 실무<br>유통 관리<br>자재 관리<br>공급망 관리<br>물류 관리<br>원산지 관리<br>무역 금융 업무<br>전자 상거래 실무 | 인사<br>비서<br>예산·자금<br>세무 실무<br>구매 조달<br>공정 관리<br>품질 관리<br>수출입 관리<br>창구 사무<br>고객 관리<br>매장 판매 | 경영사무과<br>세무회계과<br>유통과<br>금융정보과<br>마케팅과 |
| 보건·복지 | | 인간 발달<br>보육 원리와 보육 교사<br>보육 과정<br>아동 생활 지도<br>아동 복지<br>보육 실습<br>영유아 교수 방법<br>생활 서비스 산업의 이해<br>복지 서비스의 기초<br>사회 복지 시설의 이해<br>공중 보건<br>인체 구조와 기능<br>간호의 기초<br>기초 간호 임상 실무<br>보건 간호<br>보건 의료 법규<br>치과 간호 임상 실무 | 영유아 건강·안전·영양 지도<br>사회 복지 시설 실무<br>요양 지원 | 영유아 놀이 지도<br>대인 복지 서비스 | 보육과<br>복지과<br>간호과 |
| 문화·예술·디자인·방송 | | 문화 콘텐츠 산업 일반<br>미디어 콘텐츠 일반<br>영상 제작 기초<br>애니메이션 기초<br>음악 콘텐츠 제작 기초<br>디자인 제도<br>디자인 일반<br>조형<br>색채 일반<br>컴퓨터 그래픽<br>공예 일반<br>공예 재료와 도구<br>방송 일반 | 영화 콘텐츠 제작<br>광고 콘텐츠 제작<br>게임 디자인<br>애니메이션 콘텐츠 제작<br>캐릭터 제작<br>VR·AR 콘텐츠 제작<br>제품 디자인<br>실내 디자인<br>편집 디자인<br>목공예<br>방송 콘텐츠 제작 | 음악 콘텐츠 제작<br>게임 기획<br>게임 프로그래밍<br>만화 콘텐츠 제작<br>스마트 문화 앱 콘텐츠 제작<br>시각 디자인<br>디지털 디자인<br>색채 디자인<br>도자기 공예<br>금속 공예<br>방송 제작 시스템 운용 | 문화콘텐츠과<br>디자인과<br>공예과<br>방송과 |
| 미용 | | 미용의 기초<br>미용 안전·보건 | 헤어 미용<br>메이크업 | 피부 미용<br>네일 미용 | 미용과 |

| | | | | |
|---|---|---|---|---|
| 관광·레저 | 관광 일반<br>관광 서비스<br>관광 영어<br>관광 일본어<br>관광 중국어<br>관광 문화와 자원<br>관광 콘텐츠 개발<br>전시·컨벤션·이벤트 일반<br>레저 서비스 일반 | 호텔 식음료 서비스 실무<br>국내 여행 서비스 실무<br>전시·컨벤션·이벤트 실무 | 호텔 객실 서비스 실무<br>국외 여행 서비스 실무<br>카지노 서비스 실무 | 관광과<br>레저산업과 |
| 식품·조리 | 식품과 영양<br>기초 조리<br>디저트 조리<br>식음료 기초<br>식품 과학<br>식품 위생<br>식품 가공 기술<br>식품 분석 | 한식 조리<br>중식 조리<br>바리스타<br>식공간 연출<br>축산 식품 가공<br>건강 기능 식품 가공<br>음료·주류 가공<br>떡 제조<br>제빵 | 양식 조리<br>일식 조리<br>바텐더<br>수산 식품 가공<br>유제품 가공<br>김치·반찬 가공<br>식품 품질 관리<br>제과 | 조리과<br>식음료과<br>식품가공과<br>제과제빵과 |
| 건축·토목 | 공업 일반<br>기초 제도<br>건축 일반<br>건축 기초 실습<br>건축 도면 해석과 제도<br>토목 일반<br>토목 도면 해석과 제도<br>건설 재료<br>역학 기초<br>토질·수리<br>측량 기초<br>드론 기초<br>스마트 시티 기초<br>건물 정보 관리 기초 | 철근 콘크리트 시공<br>건축 마감 시공<br>건축 설계<br>토목 시공<br>측량<br>공간 정보 융합 서비스<br>국토 도시 계획<br>주거 서비스 | 건축 목공 시공<br>건축 도장 시공<br>토목 설계<br>지적<br>공간 정보 구축<br>소형 무인기 운용·조종<br>교통 계획·설계 | 건축과<br>건축인테리어과<br>토목과<br>공간정보과<br>스마트시티과 |
| 기계 | 기계 제도<br>기계 기초 공작<br>전자 기계 이론<br>기계 일반<br>자동차 일반<br>기계 기초 역학<br>냉동 공조 일반<br>유체 기계<br>산업 설비<br>자동차 기관<br>자동차 섀시<br>자동차 전기·전자 제어<br>선박 이론<br>선박 구조<br>선박 건조<br>선체 도면 독도와 제도<br>항공기 일반<br>항공기 실무 기초 | 기계요소 설계<br>선반 가공<br>연삭 가공<br>측정<br>특수 가공<br>기계 소프트웨어 개발<br>건설 광산 기계 설치·정비<br>승강기 설치·정비<br>자전거 정비<br>사출 금형 제작<br>사출 금형 조립<br>프레스 금형 제작<br>프레스 금형 조립<br>냉동 공조 설계<br>보일러 설치·정비<br>피복 아크 용접<br>가스 텅스텐 아크 용접<br>보일러 장치 설치<br>자동차 전기·전자 장치 정비<br>자동차 섀시 정비<br>자동차 도장<br>자동차 튜닝<br>전장 생산<br>항공기 기체 제작 | 기계 제어 설계<br>밀링 가공<br>컴퓨터 활용 생산<br>성형 가공<br>기계 수동 조립<br>운반 하역 기계 설치·정비<br>공작 기계 설치·정비<br>오토바이 정비<br>사출 금형 설계<br>사출 금형 품질 관리<br>프레스 금형 설계<br>프레스 금형 품질 관리<br>배관 시공<br>냉동 공조 유지 보수 관리<br>판금·제관<br>이산화탄소·가스 메탈 아크 용접<br>로봇 용접 | 기계과<br>공조산업설비과<br>자동차과<br>조선과<br>항공과 |

| | | | | | |
|---|---|---|---|---|---|
| 기계 | | | 항공기 기체 정비<br>항공기 왕복 엔진 정비<br>항공기 전기·전자 장비 정비<br>항공기 정비 관리 | 냉동 공조 장치 설치<br>자동차 엔진 정비<br>자동차 차체 정비<br>자동차 정비 검사<br>선체 조립<br>선체 생산 설계<br>항공기 전기·전자 장비 제작<br>항공기 가스 터빈 엔진 정비<br>항공기 계통 정비<br>소형 무인기 정비 | |
| 재료 | | 재료 일반<br>재료 시험<br>세라믹 재료<br>세라믹 원리·공정 | 제선<br>압연<br>금속 재료 가공<br>도금<br>도자기<br>용융 세라믹 제조 | 제강<br>주조<br>금속 열처리<br>금속 재료 신뢰성 시험<br>탄소 재료 | 금속재료과<br>세라믹과 |
| 화학 공업 | | 공업 화학<br>제조 화학<br>스마트 공정 제어<br>화공 플랜트 기계<br>화공 플랜트 전기<br>바이오 기초 화학<br>에너지 공업 기초<br>에너지 화공 소재 생산 | 화학 분석<br>화학 공정 유지 운영<br>고분자 제품 제조<br>바이오 화학 제품 제조<br>에너지 설비 유틸리티 | 화학 물질 관리<br>기능성 정밀 화학 제품 제조<br>바이오 의약품 제조<br>화장품 제조<br>신재생 에너지 실무 | 화학공업과<br>바이오화학공업과<br>에너지화학공업과 |
| 섬유·의류 | | 섬유 재료<br>섬유 공정<br>염색·가공 기초<br>패션 소재<br>패션 디자인의 기초<br>의복 구성의 기초<br>편물<br>패션 마케팅 | 텍스타일 디자인<br>제포<br>패션 디자인의 실제<br>서양 의복 구성과 생산<br>한국 의복 구성과 생산<br>패션 상품 유통 관리 | 방적·방사<br>염색·가공<br>패턴 메이킹<br>니트 의류 생산<br>패션 소품 디자인과 생산<br>비주얼 머천다이징 | 섬유과<br>의류과 |
| 전기·전자 | | 전기 회로<br>전기 기기<br>전기 설비<br>자동화 설비<br>전기·전자 일반<br>전자 회로<br>전기·전자 측정<br>디지털 논리 회로<br>전자 제어 | 발전 설비 운영<br>전기 기기 설계<br>전기 기기 유지 보수<br>내선 공사<br>자동 제어 기기 제작<br>자동 제어 시스템 운영<br>전기 철도 시설물 유지 보수<br>전자 제품 생산<br>전자 제품 설치 정비<br>가전 기기 하드웨어 개발<br>산업용 전자 기기 하드웨어 개발<br>산업용 전자 기기 소프트웨어 개발<br>정보 통신 기기 소프트웨어 개발<br>전자 응용 기기 기구 개발<br>전자 부품 기구 개발<br>반도체 제조<br>반도체 재료<br>로봇 하드웨어 설계 | 송·변전 배전 설비 운영<br>전기 기기 제작<br>전기 설비 운영<br>외선 공사<br>자동 제어 시스템 유지 정비<br>전기 철도 시공<br>철도 신호 제어 시공<br>전자 부품 생산<br>가전 기기 시스템 소프트웨어 개발<br>가전 기기·기구 개발<br>산업용 전자 기기·기구 개발<br>정보 통신 기기 하드웨어 개발<br>전자 응용 기기 하드웨어 개발 | 전기과<br>전자과 |

| | | | | |
|---|---|---|---|---|
| 전기·전자 | | 로봇 소프트웨어 개발<br>로봇 유지 보수<br>의료 기기 인허가<br>LED 기술 개발<br>3D 프린터용 제품 제작 | 전자 응용 기기 소프트웨어 개발<br>반도체 개발<br>반도체 장비<br>디스플레이 생산<br>로봇 기구 개발<br>로봇 지능 개발<br>의료 기기 연구 개발<br>의료 기기 생산<br>3D 프린터 개발 | |
| 정보·통신 | 통신 일반<br>통신 시스템<br>정보 통신<br>정보 처리와 관리<br>컴퓨터 구조<br>프로그래밍<br>자료 구조<br>알고리즘 설계<br>컴퓨터 시스템 일반<br>컴퓨터 네트워크<br>인공지능 일반<br>사물 인터넷과 센서 제어 | 네트워크 구축<br>무선 통신 구축·운용<br>응용 프로그래밍 개발<br>시스템 프로그래밍<br>네트워크 프로그래밍<br>빅 데이터 분석<br>정보 보호 관리<br>사물 인터넷 서비스 기획 | 유선 통신 구축·운용<br>초고속망 서비스 관리 운용<br>응용 프로그래밍 화면 구현<br>데이터베이스 프로그래밍<br>시스템 관리 및 지원<br>인공지능 모델링<br>컴퓨터 보안 | 통신과<br>정보컴퓨터과<br>소프트웨어과 |
| 환경·안전·소방 | 인간과 환경<br>환경 화학 기초<br>환경 기술<br>환경과 생태<br>산업 안전 보건 기초<br>소방 기초<br>소방 법규<br>소방 건축<br>소방 기계<br>소방 전기 | 대기 관리<br>폐기물 관리<br>토양·지하수 관리<br>환경 생태 복원 관리<br>전기 안전 관리<br>화공 안전 관리<br>소방 시설 설계<br>소방 안전 관리 | 수질 관리<br>소음 진동 관리<br>환경 유해 관리<br>기계 안전 관리<br>건설 안전 관리<br>가스 안전 관리<br>소방 시설 공사 | 환경과<br>산업안전과<br>소방과 |
| 농림·축산 | 농업 이해<br>농업 기초 기술<br>농업 경영<br>재배<br>농산물 유통<br>농산물 거래<br>관광 농업<br>친환경 농업<br>생명 공학 기술<br>농업 정보 관리<br>농업 창업 일반<br>원예<br>생산 자재<br>조경 식물 관리<br>화훼 장식 기초<br>산림 휴양<br>산림 자원<br>임산 가공<br>조림<br>조경<br>동물 자원<br>반려동물 관리 | 수도작 재배<br>육종<br>농촌 체험 상품 개발<br>스마트 팜 운영<br>과수 재배<br>화훼 장식<br>임업 종묘<br>산림 보호<br>목재 가공<br>조경 설계<br>조경 관리<br>수의 보조<br>젖소 사육<br>가금 사육<br>말 사육<br>농업용 기계 설치·정비 | 전특작 재배<br>종자 생산<br>농촌 체험 시설 운영<br>채소 재배<br>화훼 재배<br>버섯 재배<br>산림 조성<br>임산물 생산<br>펄프·종이 제조<br>조경 시공<br>종축<br>애완동물 미용<br>돼지 사육<br>한우 사육<br>곤충 사육<br>농업 생산 환경 조성 | 농업과<br>원예과<br>산림자원과<br>조경과<br>동물자원과<br>농업기계과<br>농업토목과 |

| | | | | |
|---|---|---|---|---|
| 농림·축산 | 곤충 산업 일반<br>농업 기계<br>농업 기계 공작<br>농업 기계 운전 작업<br>농업용 전기·전자<br>농업 토목 제도·설계<br>농업 토목 시공·측량<br>농업 생산 환경 일반 | | | |
| 수산·해운 | 해양의 이해<br>수산·해운 산업 기초<br>해양 생산 일반<br>해양 오염·방제<br>전자 통신 운용<br>어선 전문<br>수산 일반<br>수산 생물<br>수산 양식 일반<br>수산 경영<br>수산물 유통<br>양식 생물 질병<br>관상 생물 기초<br>수산 해양 창업<br>활어 취급 일반<br>해양 레저 관광<br>요트 조종<br>잠수 기술<br>항해 기초<br>해사 일반<br>해사 법규<br>선박 운용<br>선화 운송<br>항만 물류 일반<br>해사 영어<br>항해사 직무<br>열기관<br>선박 보조 기계<br>선박 전기·전자<br>기관 실무 기초<br>기관 직무 일반 | 근해 어업<br>해면 양식<br>내수면 양식<br>수상 레저 기구 조종<br>산업 잠수<br>어촌 체험 시설 운영<br>선박 갑판 관리<br>선박 안전 관리<br>기관사 직무<br>선박 보조 기계 정비 | 원양 어업<br>수산 종묘 생산<br>수산 질병 관리<br>일반 잠수<br>어촌 체험 상품 개발<br>선박 통신<br>선박 운항 관리<br>선박 기기 운용<br>선박 기관 정비 | 해양생산과<br>수산양식과<br>해양레저과<br>항해과<br>기관과 |
| 융복합·지식 재산 | 스마트 공장 일반<br>스마트 공장 운용<br>스마트 공장 설계와 구축<br>발명·특허 기초<br>발명과 기업가 정신<br>발명과 디자인<br>발명과 메이커 | 스마트 설비 실무<br>특허 출원의 실제 | 특허 정보 조사·분석<br>지식 재산 관리 | 스마트공장과<br>발명특허과 |

• 전문 교과의 과목 기본 학점 및 증감 범위는 시·도 교육감이 정한다.

5) 특수교육 전문 교과

| 교과(군) | 과목 | | | |
|---|---|---|---|---|
| ㉻ 직업·생활 | 직업준비<br>정보처리<br>외식서비스<br>㊛ 67)_____ | 안정된 직업생활<br>농생명<br>직업현장실습<br>㊛ 68)_____ | 기초작업기술Ⅰ<br>사무지원<br>직업과 자립 | 기초작업기술Ⅱ<br>대인서비스<br>㊛ 69)_____ |
| 이료<br>(시각장애학교) | 해부·생리<br>전기치료<br>진단 | 병리<br>한방<br>이료실기실습 | 이료보건<br>침구 | 안마·마사지·지압<br>이료임상 |

- 특수교육 전문 교과 과목의 이수 학점은 시·도 교육감이 정한다.

### 나. 교육과정 편성·운영 기준

1) 공통 사항

가) 고등학교 교육과정의 총 이수 학점은 192학점이며 교과(군) 174학점, 창의적 체험활동 18학점(288시간)으로 편성한다.

나) 학교는 학생이 3년간 이수할 수 있는 과목을 학기별로 편성하여 학생과 학부모에게 안내한다.

다) ㊛ 학교는 학생이 자신의 진로에 적합한 과목을 이수할 수 있도록 진로·학업 설계 지도와 연계하여 70)_____에 대한 정보를 적극적으로 안내한다.

라) 과목의 이수 시기와 학점은 학교에서 자율적으로 편성·운영하되, 다음의 각호를 따른다.

(1) ㊛ 학생이 학기 단위로 과목을 이수할 수 있도록 편성·운영한다.

(2) ㊛ 공통 과목은 해당 교과(군)의 선택 과목 이수 전에 편성·운영하는 것을 원칙으로 한다.

(3) ㊛ 학생의 발달 수준 등을 고려하여 공통수학1, 2와 공통영어1, 2를 기본수학1, 2와 기본영어1, 2로 대체하여 이수하도록 편성·운영할 수 있다. 이와 관련된 구체적인 사항은 시·도 교육감이 정하는 지침에 따른다.

(4) ㊛ 선택 과목 중에서 위계성을 갖는 과목의 경우, 계열적 학습이 가능하도록 편성한다. 단, 학교의 실정 및 학생의 요구, 과목의 성격에 따라 탄력적으로 편성·운영할 수 있다.

마) ㊛ 학교는 학생의 학업 부담을 완화하고 깊이 있는 학습이 이루어질 수 있도록 학기당 이수하는 학점을 적정하게 편성한다.

67) 시각장애인 자립생활
68) 농인의 생활과 문화
69) 사회적응
70) 선택 과목

바) 학교는 학생의 필요와 학업 부담을 고려하여 교과(군) 총 이수 학점을 초과 이수하는 학점이 적정화되도록 하며, 특수 목적 고등학교는 특수 목적 고등학교 선택 과목에 한하여, 특성화 고등학교 및 산업수요 맞춤형 고등학교는 전문 교과의 과목에 한하여 초과 이수할 수 있다.

사) 학교는 일정 규모 이상의 학생이 이 교육과정에 제시된 선택 과목의 개설을 요청할 경우 해당 과목을 개설해야 한다. 이와 관련된 구체적인 사항은 시·도 교육감이 정하는 지침에 따른다.

아) 신 학교는 다양한 방식으로 학생의 선택 과목 이수 기회를 확대하기 위해 노력하되, 다음의 각호를 따른다.

  (1) 학교에서 개설하지 않은 선택 과목 이수를 희망하는 학생이 있을 경우 그 과목을 개설한 다른 학교에서의 이수를 인정한다. 이와 관련된 구체적인 사항은 시·도 교육감이 정하는 지침에 따른다.

  (2) 학교는 필요에 따라 이 교육과정에 제시되어 있는 과목 외에 새로운 과목을 개설할 수 있다. 이 경우 시·도 교육감이 정하는 지침에 따라 사전에 필요한 절차를 거쳐야 한다.

  (3) 학교는 학생의 필요에 따라 지역사회 기관에서 이루어진 학교 밖 교육을 과목 또는 창의적 체험활동으로 이수를 인정한다. 이와 관련된 구체적인 사항은 시·도 교육감이 정하는 지침에 따른다.

  (4) 학교는 필요에 따라 대학 과목 선이수제의 과목을 개설할 수 있고, 국제적으로 공인된 교육과정이나 과목을 개설할 수 있다. 이와 관련된 구체적인 사항은 시·도 교육감이 정하는 지침에 따른다.

자) 학교는 창의적 체험활동의 영역을 학생의 발달 수준, 학교의 여건 등을 고려하여 자율적으로 편성·운영하고, 학생의 진로 및 적성과 연계하여 다양한 활동이 이루어질 수 있도록 한다.

차) 신 학교는 학생이 교과 및 창의적 체험활동의 이수 기준을 충족한 경우 학점 취득을 인정한다. 이수 기준은 출석률과 학업성취율을 반영하여 설정하며, 이와 관련된 구체적인 사항은 교육부 장관이 정하는 지침에 따른다.

카) 학교는 과목별 최소 성취수준을 보장하기 위해 학교의 여건 등을 고려하여 다양한 방식으로 예방·보충 지도를 실시한다. 신 필요한 경우 특수교육 대상 학생을 위하여 별도의 71)_____을 설정할 수 있다.

타) 신 학교는 학교급 전환 시기에 학교급 간 연계 및 진로 교육을 강화하는 72)_____을 편성·운영한다.

71) 최소 성취수준
72) 진로연계교육

(1) 신 학교는 학생의 진로·학업 설계 지도를 위해 교과와 창의적 체험활동 시간을 활용하여 _____을 자율적으로 운영한다.

(2) 신 졸업을 앞둔 시기에 교과와 창의적 체험활동 시간을 활용하여 대학 생활에 대한 이해, 대학 선이수 과목, 사회생활 안내와 적응 활동 등을 운영한다.

파) 신 학교는 특수교육 대상 학생을 위해 필요시 73)_____의 과목을 개설할 수 있다. 이 경우 진로 선택 과목 또는 융합 선택 과목으로 편성한다.

하) 신 학교는 특수교육 대상 학생을 위해 필요한 경우 이 교육과정의 보통 교과, 전문 교과, 특수교육 전문 교과를 선택하여 편성·운영할 수 있다. 이와 관련된 구체적인 사항은 시·도 교육청이 정하는 지침에 따른다.

거) 학교는 특수교육 대상 학생을 위해 필요한 경우 '74)____'와 '75)____'를 창의적 체험활동에 포함하여 운영한다.

너) 신 특수학교에서는 시각·청각장애 학생을 위해 [별책 2]에 제시된 별도의 교육과정을 활용할 수 있다.
- 시각장애 : 점자, 시각장애인의 자립생활
- 청각장애 : 국어, 수어, 농인의 생활과 문화

2) 일반 고등학교(특수학교 포함)

가) 교과(군) 174학점 중 필수 이수 학점은 84학점으로 한다. 단, 필요한 경우 학교는 학생의 진로 및 발달 수준 등을 고려하여 필수 이수 학점 수를 학생별로 다르게 정할 수 있으며, 이와 관련된 구체적인 사항은 시·도 교육감이 정하는 지침에 따른다.

나) 학교는 교육과정을 보통 교과 중심으로 편성하되, 필요에 따라 전문 교과의 과목을 개설할 수 있다. 이 경우 진로 선택 과목으로 편성한다. 다만, 이료 교과를 중심으로 운영하는 경우 공통 과목 이수 학점 이외의 학점은 특수교육 전문 교과로 대체하여 자율 이수 학점으로 편성·운영할 수 있다.

다) 학교가 제2외국어 과목을 개설할 경우, 2개 이상의 과목을 동시에 개설하도록 노력해야 한다.

라) 학교가 필요에 따라 이 교육과정에 제시되어 있는 과목 외에 새로운 과목을 개설할 경우 진로 선택 과목 또는 신 76)_____으로 편성한다.

마) 변 학교는 교육과정을 특성화하기 위해 특정 교과를 중심으로 중점학교를 운영할 수 있다. 이 경우 자율 이수 학점의 30% 이상을 해당 교과(군)의 과목으로 편성하도록 권장하며, 이와 관련된 구체적인 사항은 시·도 교육감이 정하는 지침에 따른다.

73) 특수교육 전문 교과
74) 점자
75) 수어
76) 융합 선택 과목

바) 학교는 직업교육 관련 학과를 설치·운영하거나 직업 위탁 과정을 운영할 수 있다. 이 경우 특성화 고등학교와 산업수요 맞춤형 고등학교의 학점 배당 기준을 적용할 수 있으며, 이와 관련된 구체적인 사항은 시·도 교육감이 정하는 지침에 따른다.

3) 특수 목적 고등학교(산업수요 맞춤형 고등학교 제외)
   가) 교과(군) 174학점 중 필수 이수 학점은 75학점으로 하고, 자율 이수 학점 중 68학점 이상을 특수 목적 고등학교 전공 관련 선택 과목으로 편성한다.
   나) 이 교육과정에 제시되지 않은 계열의 교육과정은 유사 계열의 교육과정에 준한다. 부득이 새로운 계열을 설치하고 그에 따른 교육과정을 편성할 경우에는 시·도 교육감이 정하는 지침에 따라 사전에 필요한 절차를 거쳐야 한다.
   다) 신 학교는 필요에 따라 전문 교과의 과목을 개설할 수 있다. 이 경우 진로 선택 과목으로 편성한다.
   라) 학교가 필요에 따라 이 교육과정에 제시되어 있는 과목 외에 새로운 과목을 개설할 경우 진로 선택 과목 또는 신 77)_____으로 편성한다.

4) 특성화 고등학교와 산업수요 맞춤형 고등학교
   가) 학교는 산업수요와 직업의 변화를 고려하여 학과를 개설하고, 학과별 인력 양성 유형, 학생의 취업 역량과 경력 개발 등을 고려하여 학생이 직업기초능력 및 직무능력을 함양할 수 있도록 교육과정을 편성·운영한다.
      (1) 교과(군)의 총 이수 학점 174학점 중 보통 교과의 필수 이수 학점은 64학점, 전문 교과의 필수 이수 학점은 80학점으로 한다. 단, 필요한 경우 학교는 학생의 진로 및 발달 수준 등을 고려하여 필수 이수 학점을 학생별로 다르게 정할 수 있으며, 이와 관련된 구체적인 사항은 시·도 교육감이 정하는 지침에 따른다.
      (2) 학교는 두 개 이상의 교과(군)의 과목을 선택하여 전문 교과를 편성·운영할 수 있다.
      (3) 신 학교는 모든 교과(군)에서 요구되는 전문 공통 과목을 학교 여건과 학생 요구를 반영하여 편성·운영할 수 있다.
      (4) 전공 실무 과목은 국가직무능력표준의 성취기준에 적합하게 교수·학습이 이루어지도록 하며, 내용 영역인 능력단위 기준으로 평가한다.
   나) 학교는 학과를 운영할 때 필요한 경우 세부 전공, 부전공 또는 자격 취득 과정을 개설할 수 있다. 이와 관련된 구체적인 사항은 시·도 교육감이 정하는 지침에 따른다.
   다) 전문 교과의 기초가 되는 과목을 선택하여 이수할 경우, 이와 관련되는 보통 교과의 선택 과목 이수로 간주할 수 있다.

---

77) 융합 선택 과목

라) 내용이 유사하거나 관련되는 보통 교과의 선택 과목과 전문 교과의 과목을 교체하여 편성·운영할 수 있다. 이 경우 시·도 교육감이 정하는 지침에 따라 사전에 필요한 절차를 거쳐야 한다.
마) 학교는 산업계의 수요 등을 고려하여 전문 교과의 교과 내용에 주제나 내용 요소를 추가하여 구성할 수 있다. 단, 전공 실무 과목의 경우에는 국가직무능력표준에 기반을 두어야 하며, 학교 및 학생의 필요에 따라 내용 영역(능력단위) 중 일부를 선택하여 운영할 수 있다.
바) 다양한 직업적 체험과 현장 적응력 제고 등을 위해 학교에서 배운 지식과 기술을 경험하고 적용하는 [78)_____]을 교육과정에 포함하여 운영한다.
　(1) _____은 교육과정과 관련된 직무를 경험할 수 있도록 운영한다. 특히, 산업체를 기반으로 실시하는 _____은 학생이 참여 여부를 선택하도록 하되, 학교와 산업계가 현장 실습 프로그램을 공동으로 개발하고 현장 실습의 과정과 결과를 평가하도록 한다.
　(2) _____은 지역사회 기관들과 연계하여 다양한 형태로 운영할 수 있으며, 이와 관련된 구체적인 사항은 시·도 교육감이 정하는 지침에 따른다.
사) 학교는 실습 관련 과목을 지도할 경우 사전에 수업 내용과 관련된 산업안전보건 등에 대한 교육을 실시해야 하고, 안전 장구 착용 등 안전 조치를 취한다.
아) 창의적 체험활동은 학생의 진로 및 경력 개발, 인성 계발, 취업 역량 제고 등을 목적으로 프로그램을 운영할 수 있다.
자) 이 교육과정에 제시되지 않은 교과(군)의 교육과정은 유사한 교과(군)의 교육과정에 준한다. 부득이 새로운 교과(군)의 설치 및 그에 따른 교육과정을 편성·운영하고자 할 경우에는 시·도 교육감이 정하는 지침에 따라 사전에 필요한 절차를 거쳐야 한다.
차) 학교가 필요에 따라 이 교육과정에 제시되어 있는 과목 외에 새로운 전공 실무 과목을 개설하여 운영할 경우 국가직무능력표준에 기반을 두어야 하며, 이 경우 시·도 교육감이 정하는 지침에 따라 사전에 필요한 절차를 거쳐야 한다.
카) 산업수요 맞춤형 고등학교는 산업계의 수요와 직접 연계된 맞춤형 교육과정 운영이 가능하도록 교육과정 편성·운영의 자율권을 부여하고, 이와 관련된 구체적인 사항은 시·도 교육감이 정하는 지침에 따른다.

---

78) 현장 실습

# 03 기본 교육과정 편성·운영  13추중 / 16중 / 17중 / 17초 / 20중 / 21중 / 23초

## 1. 중학교

### 가. 편제와 시간 배당 기준

1) 편제

가) 중학교 교육과정은 교과(군)와 창의적 체험활동, 신 79)_____으로 편성한다.

나) 교과(군)는 국어, 사회, 수학, 과학, 진로와 직업, 체육, 예술(80)_____), 선택으로 한다.

다) 선택 교과는 81)_____, 생활영어, 보건 등의 과목으로 한다.

라) 창의적 체험활동은 변 자율·자치 활동, 동아리 활동, 진로 활동으로 한다.

마) 신 일상생활 활동은 의사소통, 자립생활, 신체활동, 여가활동, 생활적응 등 생활 기술을 중심으로 편성·운영한다.

2) 시간 배당 기준

| 구 분 | | 1~3학년 |
|---|---|---|
| 교과(군) | 국어 | 374 |
| | 사회 | 374 |
| | 수학 | 306 |
| | 과학 | 204 |
| | 진로와 직업 | 476 |
| | 체육 | 272 |
| | 예술(음악/미술) | 238 |
| | 선택 | 170 |
| 소계 | | 2,414 |
| 창의적 체험활동 | | 408 |
| 일상생활 활동 | | 544 |
| 총 수업 시간 수 | | 3,366 |

① 1시간 수업은 45분을 원칙으로 하되, 기후 및 계절, 학생의 발달 정도, 학습 내용의 성격, 학교 실정 등을 고려하여 탄력적으로 편성·운영할 수 있다.

② 교과(군)별, 창의적 체험활동, 일상생활 활동 시간 배당은 연간 34주를 기준으로 3년간의 기준 수업 시수를 나타낸 것이다.

③ 총 수업 시간 수는 3년간의 최소 수업 시수를 나타낸 것이다.

79) 일상생활 활동
80) 음악/미술
81) 정보통신활용

**나. 교육과정 편성·운영 기준**

1) 학교는 학생이 3년간 이수해야 할 교과목을 학년별, 학기별로 편성하여 학생과 학부모에게 안내한다.
2) 학교는 교과(군)의 이수 시기와 그에 따른 수업 시수를 자율적으로 편성·운영할 수 있다.
3) 학교는 해당 학년군 교육과정을 적용하되, 필요한 경우 82)_____으로 대체하여 운영할 수 있다.
4) 학교는 학교의 특성, 학생·교사·학부모의 요구 및 필요에 따라 자율적으로 교과(군)별, 창의적 체험활동, 일상생활 활동 간 [변] 83)_____ 범위 내에서 시수를 증감하여 편성·운영할 수 있다. 단 체육, 예술(음악/미술) 교과는 기준 수업 시수를 감축하여 편성·운영할 수 없다.
5) 학교는 학생의 학업 부담을 적정화하고 의미 있는 학습 활동이 이루어질 수 있도록 학기당 이수 교과목 수를 8개 이내로 편성한다. 단 체육, 예술(음악/미술) 교과는 이수 교과목 수 제한에서 제외하여 편성할 수 있다.
6) 학교는 필요한 경우 새로운 선택 과목을 개설할 수 있다. 이 경우 시·도 교육감이 정하는 지침에 따라 사전에 필요한 절차를 거쳐야 한다.
7) 학교는 창의적 체험활동의 영역을 학생들의 발달 수준, 학교의 여건 등을 고려하여 자율적으로 편성·운영한다.
8) 학교는 필요한 경우 학생의 장애 특성 및 교육적 요구에 따른 교육 내용을 84)_____과 [신] 85)_____으로 편성·운영할 수 있다.
9) 학교는 학생들이 자신의 적성과 미래에 대해 탐색하고 학습의 즐거움을 경험할 수 있도록 자유학기를 편성·운영한다.
   가) 중학교 과정 중 한 학기는 자유학기로 운영하되, 해당 학기의 교과 및 창의적 체험활동을 자유학기 취지에 부합하도록 편성·운영한다.
      (1) 자유학기는 지역 및 학교 여건을 고려하여 자율적으로 학생 참여 중심의 주제선택 활동과 진로 탐색 활동을 운영한다.
      (2) 자유학기에는 [변] 협동 학습, 86)_____, 프로젝트 학습 등 학생 참여형 수업을 강화하고, 학생의 학습과 성장을 중시하는 다양한 평가 방법을 활용하되, 일제식 지필 평가는 지양한다.
   나) [신] 학교는 상급 학교(학년)로 진학하기 전 학기나 학년의 일부 시간을 활용하여 학교급 간 연계 및 진로 교육을 강화하는 87)_____을 편성·운영할 수 있다.

82) 타 학년군의 교과 내용
83) 50%
84) 창의적 체험활동
85) 일상생활 활동
86) 토의토론 학습
87) 진로연계교육

10) 학교는 학생들이 삶 속에서 스포츠 문화를 지속적으로 향유하여 건전한 심신 발달과 정서 함양이 이루어질 수 있도록 88)_____을 편성·운영한다.
    가) _____은 창의적 체험활동의 동아리 활동으로 편성하고 학년별 변 연간 34시간 운영하며, 매 학기 편성하도록 한다.
    나) _____의 종목과 내용은 학생들의 희망을 반영하여 학교가 결정하되, 다양한 종목을 개설하여 학생들의 선택권이 보장되도록 한다.

## 2. 고등학교

### 가. 편제와 학점 배당 기준

1) 편제
    가) 고등학교 교육과정은 교과(군)와 창의적 체험활동, 신 일상생활 활동으로 편성한다.
    나) 교과(군)는 국어, 사회, 수학, 과학, 89)_____, 체육, 예술(음악/미술), 선택으로 한다.
    다) 선택 교과는 변 정보통신활용, 90)_____, 보건 등의 과목으로 한다.
    라) 창의적 체험활동은 변 자율·자치 활동, 동아리 활동, 진로 활동으로 한다.
    마) 신 일상생활 활동은 의사소통, 자립생활, 신체활동, 여가활동, 생활적응 등 생활 기술을 중심으로 편성·운영한다.

2) 학점 배당 기준

| 구 분 | | 1~3학년 |
|---|---|---|
| 교과(군) | 국어 | 20 |
| | 사회 | 18 |
| | 수학 | 14 |
| | 과학 | 8 |
| | 진로와 직업 | 36 |
| | 체육 | 14 |
| | 예술(음악/미술) | 14 |
| | 선택 | 10 |
| 소계 | | 134 |
| 창의적 체험활동 | | 26 |
| 일상생활 활동 | | 32 |
| 총 이수 학점 | | 192 |

88) 학교스포츠클럽 활동
89) 진로와 직업
90) 생활영어

① 1학점은 50분을 기준으로 하여 16회를 이수하는 수업량이다.
② 1시간의 수업은 91)_____을 원칙으로 하되, 기후 및 계절, 학생의 발달 정도, 학습 내용의 성격, 학교 실정 등을 고려하여 탄력적으로 편성·운영할 수 있다.
③ 교과(군)별, 창의적 체험활동, 92)_____ 학점 배당은 연간 34주를 기준으로 3년간의 기준 이수 학점을 나타낸 것이다.
④ 총 이수 학점 수는 고등학교 졸업을 위해 3년간 이수해야 할 최소 이수 학점을 의미한다.

나. 교육과정 편성·운영 기준
1) 신 고등학교 교육과정의 총 이수 학점은 192학점이며 교과(군) 134학점, 창의적 체험활동 26학점, 일상생활 활동 32학점으로 편성한다.
2) 학교는 학생이 3년간 이수할 수 있는 과목을 학년별, 학기별로 편성하여 학생과 학부모에게 안내한다.
3) 교과(군)의 이수 시기와 그에 따른 이수 학점은 학교가 자율적으로 편성·운영할 수 있다.
4) 학교는 해당 학년군 교육과정을 적용하되, 필요한 경우 타 학년군의 교과 내용으로 대체하여 운영할 수 있다.
5) 학교는 학교의 특성, 학생·교사·학부모의 요구 및 필요에 따라 자율적으로 교과(군)별, 창의적 체험활동, 일상생활 활동 간 변 50% 범위 내에서 시수를 증감하여 편성·운영할 수 있다. 단 93)_____ 교과는 기준 수업 시수를 감축하여 편성·운영할 수 없다.
6) 변 학교는 학생들이 의미 있는 학습 활동이 이루어질 수 있도록 학기당 이수하는 학점을 적정하게 편성한다.
7) 진로·직업 교육은 '진로와 직업' 교과 외에도 선택 중심 교육과정의 전문 교과와 특수교육 전문 교과 중에서 학교의 여건에 맞는 것을 선택하여 편성할 수 있다.
8) 학교는 필요한 경우 새로운 선택 과목을 개설할 수 있다. 이 경우 시·도 교육감이 정하는 지침에 따라 사전에 필요한 절차를 거쳐야 한다.
9) 학교에서 개설하지 않은 선택 과목 이수를 희망하는 학생이 있을 경우 그 과목을 개설한 다른 특수학교 및 일반학교의 이수를 인정한다. 이와 관련된 구체적인 사항은 시·도 교육감이 정하는 지침에 따른다.
10) 학교는 학생의 필요에 따라 94)_____에서 이루어진 학교 밖 교육을 과목 또는 창의적 체험 활동으로 이수를 인정한다. 이와 관련된 구체적인 사항은 시·도 교육감이 정하는 지침에 따른다.

91) 50분
92) 일상생활 활동
93) 체육, 예술(음악/미술)
94) 지역사회 기관

11) 학교는 창의적 체험활동의 영역을 학생들의 발달 수준, 학교의 여건 등을 고려하여 자율적으로 편성·운영하고, 학생의 진로 및 적성과 연계하여 다양한 활동이 이루어질 수 있도록 한다.

12) 학교는 필요한 경우 학생의 장애 특성 및 교육적 요구에 따른 교육 내용을 창의적 체험활동과 ⓢ 일상생활 활동으로 편성·운영할 수 있다.

13) ⓢ 학교는 교육과정을 특성화하기 위해 특정 교과를 중심으로 중점학교를 운영할 수 있다. 이 경우 창의적 체험활동, 일상생활 활동 학점의 50% 범위 내에서 감축하여 해당 교과(군)의 과목으로 편성하도록 권장하며, 이와 관련된 구체적인 사항은 시·도 교육감이 정하는 지침에 따라 사전에 필요한 절차를 거쳐야 한다.

14) 학교는 '진로와 직업' 교과의 교육과정 내용과 관련이 있는 현장 실습을 다양한 형태로 운영할 수 있으며, 이와 관련한 구체적인 사항은 시·도 교육감이 정하는 지침에 따른다.

15) 학년을 달리하는 학생을 대상으로 95)_____을 편성·운영하는 경우에는 교육 내용의 학년별 순서를 조정하거나 공통 주제를 중심으로 ⓑ 교육과정을 재구성하여 활용할 수 있다.

16) ⓢ 학교는 학교급 전환 시기에 학교급 간 연계 및 진로 교육을 강화하는 96)_____을 편성·운영할 수 있다.

---

95) 복식 학급
96) 진로연계교육

# Ⅳ. 학교 교육과정 지원 16초

> 이 장에서는 학교 교육과정의 충실한 설계와 운영을 위해 국가와 시·도 교육청 수준에서 이루어져야 하는 행·재정적 지원 사항들을 유형별로 제시한다.
>
> - '교육과정의 질 관리'에서는 학교 교육과정의 질 관리와 개선을 위한 지원 사항을 제시한다.
> - '학습자 맞춤교육 강화'에서는 다양한 특성을 가진 학습자들의 학습을 지원하는 데 필요한 사항을 제시한다.
> - '학교의 교육 환경 조성'에서는 변화하는 교육 환경에 대응하여 학생들의 역량과 소양을 함양하는 데 필요한 지원 사항을 제시한다.

## 1. 교육과정의 질 관리

### 가. 국가 수준의 지원

1) 이 교육과정의 질 관리를 위하여 주기적으로 학업 성취도 평가, 교육과정 편성·운영에 관한 평가, 학교와 교육 기관 평가를 실시하고 그 결과를 교육과정 개선에 활용한다.
    - 가) 교과별, 학년(군)별 학업 성취도 평가를 실시하고, 평가 결과는 학생의 학습 지원, 학력의 질 관리, 교육과정의 적절성 확보 및 개선 등에 활용한다.
    - 나) 학교의 교육과정 편성·운영과 교육청의 교육과정 지원 상황을 파악하기 위하여 학교와 교육청에 대한 평가를 주기적으로 실시한다.
    - 다) 신 교육과정에 대하여 조사, 분석 및 점검을 실시하고 그 결과를 교육과정 개선에 반영한다.
2) 교육과정 편성·운영과 지원 체제의 적절성 및 실효성을 평가하기 위한 연구를 수행한다.

### 나. 교육청 수준의 지원

1) 지역의 특수성, 교육의 실태, 학생·교원·주민의 요구와 필요 등을 반영하여 교육청 단위의 교육 중점을 설정하고, 학교 교육과정 개발을 위한 시·도 교육청 수준 교육과정 편성·운영 지침을 마련하여 안내한다.
2) 시·도의 특성과 교육적 요구를 구현하기 위하여 시·도 교육청 교육과정 위원회를 조직하여 운영한다.
    - 가) 이 위원회는 교육과정 편성·운영에 관한 조사 연구와 자문 기능을 담당한다.
    - 나) 이 위원회에는 교원, 교육 행정가, 교육학 전문가, 교과 교육 전문가, 학부모, 지역사회 인사, 산업체 전문가 등이 참여할 수 있다.
3) 학교 교육과정의 질 관리를 위해 각급 학교의 교육과정 편성·운영 실태를 정기적으로 파악하고, 교육과정 운영 지원 실태를 점검하여 효과적인 교육과정 운영과 개선에 필요한 지원을 한다.

가) 학교 교육과정 편성·운영 체제의 적절성 및 실효성을 높이기 위하여 학업 성취도 평가, 학교 교육과정 평가 등을 실시하고 그 결과를 교육과정 개선에 활용한다.

나) 교육청 수준의 학교 교육과정 지원에 대한 자체 평가와 교육과정 운영 지원 실태에 대한 점검을 실시하고 개선 방안을 마련한다.

4) 신 특수학교는 학생의 99)_____을 위하여 지역사회 내 다양한 학교 및 기관과 교류하는 기회를 제공하도록 노력한다.

## 2. 학습자 맞춤교육 강화

### 가. 국가 수준의 지원

1) 학교에서 학생의 성장과 성공적인 학습을 지원하는 평가가 원활히 이루어질 수 있도록 다양한 방안을 개발하여 학교에 제공한다.

   가) 학교가 교과 교육과정의 목표에 부합되는 평가를 실시할 수 있도록 교과별로 성취기준에 따른 평가기준을 개발·보급한다.

   나) 교과목별 평가 활동에 활용할 수 있는 다양한 평가 방법, 절차, 도구 등을 개발하여 학교에 제공한다.

   다) 특수교육 대상 학생의 교육적 요구를 고려한 100)_____에 관한 자료 등을 개발하여 학교에 제공한다.

2) 특성화 고등학교와 산업수요 맞춤형 고등학교가 기준 학과별 국가직무능력표준이나 직무분석 결과에 기초하여 학교의 특성 및 학과별 인력 양성 유형을 고려하여 교육과정을 편성·운영할 수 있도록 지원한다.

3) 신 학습 부진 학생, 느린 학습자, 다문화 가정 학생 등 다양한 특성을 가진 학생을 위해 필요한 지원 방안을 마련한다.

4) 특수교육 대상 학생에 대한 정당한 편의 제공을 위해 필요한 교수·학습 자료, 교육 평가 방법 및 도구 등의 제반 사항을 지원한다.

### 나. 교육청 수준의 지원

1) 신 지역 및 학교, 학생의 다양한 특성을 반영하여 학교 교육과정이 운영될 수 있도록 지원한다.

   가) 학교가 이 교육과정에 제시되어 있는 과목 외에 새로운 교과목을 개설·운영할 수 있도록 관련 지침을 마련한다.

   나) 신 통합운영학교 관련 규정 및 시침을 정비하고, 통합운영학교에 맞는 교육과정 운영이 이루어질 수 있도록 지원한다.

99) 통합교육
100) 평가조정

다) 신 학교 밖 교육이 지역 및 학교의 여건, 학생의 희망을 고려하여 운영될 수 있도록 우수한 학교 밖 교육 자원을 발굴·공유하고, 질 관리에 힘쓴다.
라) 개별 학교의 희망과 여건을 반영하여 필요한 경우 공동으로 교육과정을 운영할 수 있도록 지원한다.
마) 지역사회와 학교의 여건에 따라 초등학교 저학년 학생을 학교에서 돌볼 수 있는 기능을 강화하고, 이에 대해 행·재정적 지원을 한다.
바) 신 학교가 학생과 학부모의 요구에 따라 방과 후 또는 방학 중 활동을 운영할 수 있도록 행·재정적 지원을 한다.

2) 신 학생의 진로 및 발달적 특성을 고려하여 자신의 진로를 스스로 설계해 갈 수 있도록 다양한 방안을 마련하여 지원한다.
   가) 신 학교급과 학생의 발달적 특성에 맞는 진로 활동 및 학교급 간 연계 교육을 강화하는 데 필요한 지원을 한다.
   나) 신 학교급 전환 시기 진로연계교육을 위한 자료를 개발·보급하고, 각 학교급 교육과정에 대한 교사의 이해 증진 및 학교급 간 협력 관계 구축을 위한 지원을 확대한다.
   다) 중학교 자유학기 운영을 지원하기 위해 각종 자료의 개발·보급, 교원의 연수, 지역사회와의 연계가 포함된 자유학기 지원 계획을 수립하여 추진한다.
   라) 고등학교 교육과정이 학점을 기반으로 내실 있게 운영될 수 있도록 각종 자료의 개발·보급, 교원의 연수, 학교 컨설팅, 최소 성취수준 보장, 지역사회와의 연계 등 지원 계획을 수립하여 추진한다.
   마) 인문학적 소양 및 통합적 읽기 능력 함양을 위해 독서 활동을 활성화하도록 다양한 지원을 한다.

3) 신 학습자의 다양성을 존중하고 학습 소외 및 교육 격차를 방지할 수 있도록 맞춤형 교육을 지원한다.
   가) 신 지역 간, 학교 간 교육 격차를 완화할 수 있도록 농산어촌학교, 소규모학교에 대한 지원 체제를 마련한다.
   나) 신 모든 학생이 학습에서 소외되지 않도록 교육공동체가 함께 협력하여 학생 개개인의 필요와 요구에 맞는 맞춤형 교육 활동을 계획하고 실행할 수 있도록 지원한다.
   다) 전·입학, 귀국 등에 따라 공통 교육과정의 교과와 고등학교 공통 과목을 이수하지 못한 학생들이 해당 과목을 이수할 수 있도록 다양한 기회를 마련해 주고, 학생들이 공공성을 갖춘 지역사회 기관을 통해 이수한 과정을 인정해 주는 방안을 마련한다.
   라) 귀국자 및 다문화 가정 학생을 포함하는 다양한 배경의 학생들이 그들의 교육 경험의 특성과 배경에 의해 이 교육과정을 이수하는 데 어려움이 없도록 지원한다.
   마) 특정 분야에서 탁월한 재능을 보이는 학생, 학습 부진 학생, 특수교육 대상 학생들을 위한 교육 기회를 마련하고 지원한다.

바) 신 101)_____ 실행 및 개선을 위해 교사 간 협력 지원, 초·중학교 교육과정과 특수교육 교육과정을 연계할 수 있는 자료 개발 및 보급, 관련 연수나 컨설팅 등을 제공한다.

## 3. 학교의 교육 환경 조성

### 가. 국가 수준의 지원

1) 신 교육과정 자율화·분권화를 바탕으로 교육 주체들이 각각의 역할과 책임을 충실하게 수행할 수 있는 협조 체제를 구축하고 지원한다.
2) 시·도 교육청의 교육과정 지원 활동과 단위 학교의 교육과정 편성·운영 활동이 상호 유기적으로 이루어질 수 있도록 행·재정적 지원을 한다.
3) 이 교육과정이 교육 현장에 정착될 수 있도록 교육청 수준의 교원 연수와 전국 단위의 교과 연구회 활동을 적극적으로 지원한다.
4) 신 디지털 교육 환경 변화에 부합하는 미래형 교수·학습 방법과 평가체제 구축을 위해 교원의 102)_____ 역량 함양을 지원한다.
5) 학교 교육과정이 원활히 운영될 수 있도록 학교 시설 및 교원 수급 계획을 마련하여 제시한다.

### 나. 교육청 수준의 지원

1) 학교가 이 교육과정에 근거하여 학교 교육과정을 편성·운영할 수 있도록 다음의 사항을 지원한다.
    가) 학교 교육과정 편성·운영을 위해서 교육 시설, 설비, 자료 등을 정비하고 확충하는 데 필요한 행·재정적 지원을 한다.
    나) 복식 학급 운영 등 소규모 학교의 정상적인 교육과정 운영을 지원하기 위해 교원의 배치, 학생의 교육받을 기회 확충 등에 필요한 행·재정적 지원을 한다.
    다) 수준별 수업을 효율적으로 운영하도록 지원하며, 기초학력 향상과 학습 결손 보충이 가능하도록 보충 수업을 운영하는 데 필요한 행·재정적 지원을 한다.
    라) 신 학교 교육활동 전반에 걸쳐 종합적인 안전교육 계획을 수립하고 사고 예방을 위한 행·재정적 지원을 한다.
    마) 고등학교에서 학생의 과목 선택권을 보장할 수 있도록 교원 수급, 시설 확보, 유연한 학습 공간 조성, 프로그램 개발 등 필요한 행·재정적 지원을 한다.
    바) 특성화 고등학교와 산업수요 맞춤형 고등학교가 산업체와 협력하여 특성화된 교육과정과 실습 과목을 편성·운영하는 경우, 학생의 현장 실습과 전문교과 실습이 안전

101) 통합교육
102) 에듀테크 활용

하고 내실 있게 운영될 수 있도록 행·재정적 지원을 한다.
2) 학교가 새 학년도 시작에 앞서 교육과정 편성·운영에 관한 계획을 수립할 수 있도록 교육과정 편성·운영 자료를 개발·보급하고, 교원의 전보를 적기에 시행한다.
3) 교과와 창의적 체험활동 등에 필요한 교과용 도서의 개발, 인정, 보급을 위해 노력한다.
4) 학교가 지역사회의 관계 기관과 적극적으로 연계·협력해서 교과, 창의적 체험활동, 학교스포츠클럽활동, 자유학기 등을 내실 있게 운영할 수 있도록 지원하며, 관내 학교가 활용할 수 있는 우수한 지역 자원을 발굴하여 안내한다.
5) 학교 교육과정의 효과적 운영을 위하여 학생의 배정, 교원의 수급 및 순회, 학교 간 시설과 설비의 공동 활용, 자료의 공동 개발과 활용에 관하여 학교 간 및 시·도 교육(지원)청 간의 협조 체제를 구축한다.
6) 단위 학교의 교육과정 편성·운영 및 교수·학습, 평가를 지원할 수 있도록 교원 연수, 교육과정 컨설팅, 연구학교 운영 및 연구회 활동 지원 등에 대한 계획을 수립하여 시행한다.
    가) 교원의 학교 교육과정 편성·운영 능력과 교과 및 창의적 체험활동에 대한 교수·학습, 평가 역량을 제고하기 위하여 교원에 대한 연수 계획을 수립하여 시행한다.
    나) 학교 교육과정의 효율적인 편성·운영을 지원하기 위해 교육과정 컨설팅 지원단 등 지원 기구를 운영하며 교육과정 편성·운영을 위한 각종 자료를 개발하여 보급한다.
    다) 학교 교육과정 편성·운영의 개선과 수업 개선을 위해 연구학교를 운영하고 연구 교사제 및 교과별 연구회 활동 등을 적극적으로 지원한다.
7) [신] 온·오프라인 연계를 통한 효과적인 교수·학습과 평가가 이루어질 수 있도록 하며, 지능정보기술을 활용한 맞춤형 수업과 평가가 가능하도록 지원한다.
    가) 원격수업을 효과적으로 지원하기 위해 학교의 원격수업 기반 구축, 교원의 원격수업 역량 강화 등에 필요한 행·재정적 지원을 한다.
    나) [신] 수업 설계·운영과 평가에서 다양한 디지털 플랫폼과 기술 및 도구를 효율적으로 활용할 수 있도록 시설·설비와 기자재 확충을 지원한다.

특수교육 교육과정
**중등편**

# 02 기본 교육과정

01 국어
02 사회
03 수학
04 과학
05 진로와 직업
06 체육
07 음악
08 미술
09 선택 – 정보통신활용
10 선택 – 생활영어
11 선택 – 보건
12 창의적 체험활동
13 일상생활 활동

## ※ 교육과정 문서 목차 파헤치기

| 교육과정 설계의 개요 | ■ 교과 교육과정의 설계 방향에 대한 개괄적인 소개<br>■ 교과와 총론의 연계성, 교육과정 구성 요소(영역, 핵심 아이디어, 내용요소 등)간의 관계, 교과 역량 등 설명 |
|---|---|
| 1. 성격 및 목표 | ■ 성격 : 교과 교육의 필요성 및 역할 설명<br>■ 교과 학습을 통해 기르고자 하는 능력과 학습의 도달점을 총괄 목표와 세부 목표로 구분하여 제시 |
| 2. 내용 체계 및 성취기준 | ■ 내용 체계 : 학습 내용의 범위와 수준을 나타냄<br>• 영역 : 교과의 성격에 따라 기반 학문의 하위 영역이나 학습 내용을 구성하는 일차 조직자<br>• 핵심 아이디어 : 영역을 아우르면서 해당 영역의 학습을 통해 일반화할 수 있는 내용을 핵심적으로 진술한 것. 이는 해당 영역 학습의 초점을 부여하여 깊이 있는 학습을 가능하게 하는 토대가 됨.<br>• 내용 요소 : 교과에서 배워야 할 필수 학습 내용<br>  – 지식 · 이해 : 교과 및 학년별로 해당 영역에서 알고 이해해야 할 내용<br>  – 과정 · 기능 : 교과 고유의 사고 및 탐구 과정 또는 기능<br>  – 가치 · 태도 : 교과 활동을 통해 기를 수 있는 고유한 가치와 태도<br>■ 성취기준 : 영역별 내용 요소(지식 · 이해, 과정 · 기능, 가치 · 태도)를 학습한 결과 학생이 궁극적으로 할 수 있거나 할 수 있기를 기대하는 도달점<br>• 성취기준 해설 : 해당 성취기준의 설정 취지 및 의미, 학습 의도 등 설명<br>• 성취기준 적용 시 고려 사항 : 영역 고유의 성격을 고려하여 특별히 강조하거나 중요하게 다루어야 할 교수 · 학습 및 평가의 주안점, 총론의 주요 사항과 해당 영역의 학습과의 연계 등 설명<br>• 성취기준 코드 : [12진로02-05]의 '12'는 '학년군', '진로'는 '교과', '02'는 '영역' '05'는 5번째 성취기준을 의미 (학년군 2는 초등 1~2학년군, 4는 초등 3~4학년군, 6은 초등 5~6학년군, 9는 중학 1~3학년군, 12는 고등 1~3학년군) |
| 3. 교수 · 학습 및 평가 | ■ 교수 · 학습<br>• 교수 · 학습의 방향 : 교과의 목표를 달성하기 위한 교수 · 학습의 원칙과 중점 제시<br>• 교수 · 학습 방법 : 교수 · 학습의 방향에 따라 교과 수업에서 활용할 수 있는 교수 · 학습 방법이나 유의사항 제시<br>■ 평가<br>• 평가의 방향 : 교과의 목표를 달성하고 학습을 지원하기 위한 평가의 원칙과 중점 제시<br>• 평가 방법 : 평가의 방향에 따라 교과의 평가에서 활용할 수 있는 평가 방법이나 유의사항 제시 |

# 01 국어

## 01 교육과정 설계의 개요

기본 교육과정 국어과는 '¹⁾_____'을 국어과 역량으로 설정하였다. 이는 2022 개정 특수교육 교육과정 총론에서 미래 사회에 필요한 핵심역량으로 제시한 '자기관리 역량, 지식정보처리 역량, 창의적 사고 역량, 심미적 감성 역량, 협력적 소통 역량, 공동체 역량'을 국어과 특성에 맞게 재구성한 것이다. 이 중 '의사소통 역량, 자기관리 역량, 창의적 사고 역량'은 2015 개정 특수교육 기본 교육과정 국어과의 역량을 유지한 것이고, '²⁾_____'은 디지털 다매체 시대로 변화한 언어 환경을 고려하여 2015 개정 교육과정에서 설정한 '지식정보처리 역량'을 수정한 것이다. 그리고 역량의 범위를 확대하고자 '대인 관계 역량'은 '³⁾_____'으로, '심미적 감성 역량'은 '⁴⁾_____'으로 이름을 바꾸어 설정하였다. 국어과의 여섯 역량은 효과적인 의사소통, 상황에 맞는 국어 사용, 대인 관계와 언어 공동체 의식, 창의적 사고와 표현, 국어문화 향유 등의 강조점을 중심으로 국어과의 '성격과 목표'에 반영하였다.

기본 교육과정 국어과는 '성격 및 목표', '내용 체계 및 성취기준', '교수·학습 및 평가'로 구성하였다. '성격'에는 국어과 학습의 필요성을, '목표'에는 국어과 역량과의 연계성을 강조한 국어과 학습의 목표를 제시하였다. '내용 체계'에는 목표와 역량의 연계성, 성취기준과의 관련성, 특수교육 대상 학생의 언어 발달 및 언어 특성을 고려하여 영역별로 '핵심 아이디어'를 밝히고, '지식·이해', '과정·기능', '가치·태도'의 세 범주와 그에 따른 학년(군)별 '내용 요소'를 제시하였다. '성취기준'은 학생의 역량 함양을 위하여 내용 체계의 '내용 요소'를 유기적으로 결합하여 구성하였다. '성취기준'에 대한 이해와 활용을 돕고자 '성취기준 해설'을 제시하였고, 영역별로 성취기준을 지도할 때 유의할 사항과 중도중복장애 학생 지도 내용과 방법을 '성취기준 적용 시 고려 사항'에 설명하였다. '교수·학습 및 평가'에는 성취기준에 근거하여 일상생활에서 이루어지는 국어 활동의 실제를 반영하고, 국어과 영역 간 학습 내용의 연계와 융합을 활성화하여 교수·학습 및 평가 시 강조할 사항을 중심으로 교수·학습 및 평가의 방향과 방법을 나누어 제시하였다. 또한 생태전환 교육,

1) 의사소통 역량, 자기관리 역량, 공동체·대인 관계 역량, 디지털·미디어 역량, 창의적 사고 역량, 문화향유 역량
2) 디지털·미디어 역량
3) 공동체·대인 관계 역량
4) 문화향유 역량

시민성 향상 교육, 디지털 기초소양 교육 등 공동체 가치 교육을 '성취기준 해설'과 '성취기준 적용 시 고려 사항'에 포함하였다.

기본 교육과정 국어과는 '듣기·말하기', '읽기', '쓰기' 세 영역으로 구성하였다. '듣기·말하기'는 5) _____을 중심으로, '읽기'와 '쓰기'는 문자 언어, 6) _____, 매체와 매체 자료 등 다양한 방식과 유형의 언어 이해와 표현을 중심으로 구성하였다. 그리고 공통 교육과정 국어과의 '문법', '문학', '매체' 영역을 '듣기·말하기', '읽기', '쓰기' 영역에 포함하여 실제적인 맥락 내에서 다루도록 하였다.

기본 교육과정 국어과 '내용 체계'의 '핵심 아이디어'는 국어과 각 영역을 아우르면서 영역의 학습을 통해 일반화할 수 있는 내용을 핵심적으로 진술한 것으로, 내용 체계의 설계를 위한 핵심 조직자이다. '핵심 아이디어'에는 언어 주체의 역할에 주목하여 학생이 궁극적으로 이해하고 알아야 할 것, 교수·학습 과정에서 지속하여 주목하여야 할 내용을 진술하였다.

기본 교육과정 국어과 내용 체계는 국어과 영역별 핵심 아이디어를 중심으로 특수교육 대상 학생의 특성과 국어 사용 능력을 고려하여 '지식·이해', '과정·기능', '가치·태도'의 세 범주로 구성하였다. '지식·이해' 범주에서는 국어과 학습을 통해 알고 이해해야 할 내용 요소, 개념, 원리를 진술하였고, '과정·기능' 범주에서는 지식을 습득하는 데 활용되는 사고 및 탐구 과정, 교과 고유의 절차적 지식과 교과 학습 후에 할 수 있어야 하는 구체적인 수행 기능과 능력을 중심으로 진술하였다. '가치·태도' 범주에서는 국어과 학습 과정에서 길러야 할 고유한 가치와 태도를 진술하였다. 이와 같은 기본 교육과정 국어과의 구성 원리는 다음 그림과 같이 나타낼 수 있다.

[그림 2] 2022 개정 특수교육 기본 교육과정 국어과 구성 원리

---

5) 음성 언어 의사소통과 보완대체의사소통
6) 보완대체의사소통 상징과 기기

# 01 성격 및 목표

## 가. 성격

국어는 대한민국의 공용어로서 사고와 의사소통의 도구이자 문화를 창조하고 전승하는 기반이다. 학생은 음성 언어, 문자 언어, 시각 언어 등 다양한 매체가 활용되는 국어를 활용하여 자아를 인식하고 타인과 교류하며 세계를 이해한다. 또한 다양한 국어 활동으로 지식과 정보를 소통하고 사회적 관계를 형성하며 사회의 구성원으로 살아갈 수 있는 소양을 길러 나간다. 이 과정에서 자기주도적이고 행복한 삶을 영위하기 위해서는 일상생활 및 사회생활에서 요구되는 국어 사용 능력을 갖추어야 한다. 특히 과학기술의 고도화로 급격하게 변화하고 있는 의사소통 환경에 능동적으로 대처하기 위해서는 학교생활에서 다양하고 폭넓은 국어 경험을 쌓으면서 체계적인 국어 학습을 할 필요가 있다. 이를 바탕으로 학생은 다양한 수단을 사용하여 효과적이고 효율적으로 사고하고 소통하면서 자기 삶에서 직면하는 문제를 해결하고, 나아가 다른 사람과의 협력적인 관계를 유지하면서 삶의 질 향상을 추구할 수 있을 것이다.

기본 교육과정 국어과는 <sup>7)</sup>_____을 기르고, 자신의 특성에 맞는 <sup>8)</sup>_____을 학습하여 일상생활에서 <sup>9)</sup>_____을 하도록 하는 교과이다. 학생은 국어과 학습을 통해 국어과에서 추구하는 역량을 기를 수 있다. 첫째, 학생은 자신의 언어 능력과 표현 방식에 따라 상황과 목적에 맞게 표현하고, 다른 사람의 의사를 올바르게 이해할 수 있다. 둘째, 일상생활, 학습, 건강, 진로에 필요한 국어 사용 능력을 갖춰 다양한 상황과 언어 환경에 적응할 수 있다. 셋째, 의사소통 참여자를 존중하는 마음과 언어 예절을 익혀 원만한 대인 관계를 유지하고, 공동체의 언어문화에 관심을 기울일 수 있다. 넷째, 매체와 매체 자료, 보완대체의사소통 기기로 일상생활에 필요한 지식과 정보를 수용하고 표현할 수 있다. 다섯째, 음성 언어, 문자 언어, 시각 언어, 그 밖의 의사소통 수단으로 자기 생각과 의견을 창의적으로 표현할 수 있다. 여섯째, 담화와 글, 디지털 텍스트를 감상하고 창작하면서 국어문화를 향유할 수 있다. 이러한 역량들은 특수교육 대상 학생에게 필요한 핵심적인 요소이다.

국어과는 다른 교과의 학습 및 비교과 활동과 범교과적으로 연계된다. 국어과는 범교과적 내용을 담은 담화와 글을 듣기·말하기, 읽기, 쓰기의 활동 자료로 활용함으로써 학생의 <sup>10)</sup>_____에 이바지할 수 있다. 학생은 국어 지식과 이해를 바탕으로 국어 생활에 필요한 과정과 기능을 익히고 가치와 태도를 형성함으로써 국어과 목표를 달성할 수 있다. 이를 위하여 기본 교육과정 국어과는 일상생활에서 의사소통하는 데 필요한 실질적인 국어 사용 능력을 기를 수 있도록 '듣기·말하기', '읽기', '쓰기'의 세 영역으로 구분하였다.

7) 국어 사용 능력
8) 의사소통 방법
9) 자기주도적인 국어 생활
10) 사회 통합

학생은 국어과 학습으로 정확한 국어 지식을 습득하고, 의사소통에 필요한 기초 능력을 길러 다른 사람과의 상호 작용을 촉진할 수 있다. 또한 상황과 맥락에 맞는 의사소통은 다른 사람과의 관계를 형성하고 자기 효능감을 증진하며, 일상생활에서 국어 생활의 즐거움을 느끼고 성취감을 높일 수 있다. 이와 같은 학습 경험을 바탕으로 학생은 일상생활에서의 사회적 상호 작용 및 통합적 활동과 연계되어 자기주도적인 국어 생활을 할 수 있을 것이다.

### 나. 목표

학생은 국어과 학습으로 11)_____과 12)_____을 함양하여 자기주도적인 국어 생활을 한다.

(1) 상황과 목적에 맞게 자신의 의사소통 특성에 적합한 13)_____를 사용하여 의사소통한다.
(2) 변화하는 환경에 적응할 수 있도록 14)_____에 필요한 국어 사용 능력을 갖춘다.
(3) 타인의 의견과 감정, 가치관을 존중하고, 상황과 대상에 맞는 언어 예절을 지켜 원만한 대인 관계를 유지하고, 15)_____을 가진다.
(4) 매체와 매체 자료, 16)_____를 사용하여 지식과 정보를 소통하는 과정에서 창의적으로 사고하고 표현한다.
(5) 정보·재미·정서가 반영된 글, 매체 자료, 문학 작품을 감상하고 국어문화를 향유한다.

11) 국어 사용 능력
12) 의사소통 능력
13) 매체와 도구
14) 일상생활, 학습, 건강, 진로
15) 언어 공동체 의식
16) 보완대체의사소통 기기

# 02 내용 체계 및 성취기준

(1) 듣기 · 말하기

| 핵심 아이디어 | • 듣기 · 말하기는 말소리, 준언어, 비언어, 보완대체의사소통, 매체를 활용하여 의미를 수용하고 표현하는 과정이다.<br>• 말하는 이와 듣는 이는 서로의 의사소통 표현 방식과 이해 능력을 고려하여 상황 맥락에 적합한 전략을 사용하여 듣고 말한다.<br>• 말하는 이와 듣는 이는 상호 존중의 대화 예절을 지키며, 적극적으로 듣고 말한다. ||
|---|---|---|
| 범주 | 내용 요소 ||
| | 중학교 1~3학년 | 고등학교 1~3학년 |
| 지식 · 이해 | • 느낌을 나타내는 말<br>• 준언어적, 비언어적 표현<br>• 높임 표현 | • 정보를 전하는 말<br>• 생각을 나타내는 말<br>• 대화의 목적<br>• 매체를 활용한 의사소통 방법 |
| 과정 · 기능 | • 말 듣고 주요 내용 파악하기<br>• 사실과 느낌 표현하기<br>• 상황과 상대방에게 맞게 대화하기<br>• 질문과 대답으로 대화 이어 가기 | • 말 듣고 필요한 정보 파악하기<br>• 상대방의 말에 반응하며 듣기<br>• 생각 표현하기<br>• 목적에 맞게 대화하기<br>• 매체를 활용한 듣기와 말하기 |
| 가치 · 태도 | • 대화 예절 | • 공감하는 대화 |

(2) 읽기

| 핵심 아이디어 | • 읽기는 읽는 이가 가진 배경지식과 그림, 글, 매체에 제시된 정보를 통합하여 의미를 형성해가는 과정이다.<br>• 읽는 이는 자신의 읽기 목적에 맞게 다양한 그림, 글, 매체 자료를 적절한 읽기 전략을 사용하여 읽는다.<br>• 읽는 이는 다양한 그림, 글, 매체 자료에 흥미를 느끼며 즐겨 읽는다. ||
|---|---|---|
| 범주 | 내용 요소 ||
| | 중학교 1~3학년 | 고등학교 1~3학년 |
| 지식 · 이해 | • 단어의 의미 확장<br>• 문장의 의미 | • 읽기의 목적과 방법<br>• 글과 매체 |
| 과정 · 기능 | • 띄어 읽기<br>• 단어의 의미 확장하기<br>• 문장의 내용 확인하기<br>• 인물의 마음이나 생각 알기 | • 유창하게 읽기<br>• 주요 내용 파악하기<br>• 중심 생각 파악하기<br>• 경험과 관련지어 읽기 |
| 가치 · 태도 | • 자발적인 읽기 태도<br>• 읽기의 경험과 읽은 후의 느낌 공유 | • 읽기의 생활화 |

(3) 쓰기

| 범주 | 내용 요소 | |
|---|---|---|
| 핵심 아이디어 | • 쓰기는 다양한 맥락 속에서 문자 언어, 보완대체의사소통, 매체를 활용하여 자신의 감정과 생각을 표현하는 과정이다.<br>• 쓰는 이는 다양한 상황 맥락에서 자신의 쓰기 목적을 달성하기 위하여 활용할 수 있는 방법과 형태로 글을 쓴다.<br>• 쓰는 이는 다양한 쓰기 경험을 통해 흥미를 느끼며 다른 사람과 소통하는 즐거움을 느낀다. | |
| | 중학교 1~3학년 | 고등학교 1~3학년 |
| 지식·이해 | • 단어의 소리와 표기<br>• 기록의 필요성<br>• 문장의 구성 | • 문장 부호의 의미<br>• 문단의 구성<br>• 쓰기 매체의 특성 |
| 과정·기능 | • 단어 쓰기<br>• 메모하기<br>• 문장 쓰기 | • 문장 부호 사용하기<br>• 주제가 있는 짧은 글 쓰기<br>• 매체를 활용하여 쓰기 |
| 가치·태도 | • 쓰기에 대한 자신감<br>• 기록하는 습관 | • 쓰기로 소통하는 즐거움<br>• 읽는 이를 생각하며 쓰는 태도 |

## 나. 성취기준

### [중학교 1~3학년]

(1) 듣기·말하기

중학교 1~3학년 '듣기·말하기' 영역 성취기준은 공동체의 언어문화를 기반으로 타인이 전하는 말을 이해하고, 자신을 표현하며 의사소통하는 능력을 갖추는 데 중점을 두어 설정하였다. 일상의 대화에서 상대방이 전하는 내용을 이해하고 질문과 대답으로 대화를 이어 가며, 대화 맥락에 맞는 준언어적, 비언어적 표현 요소를 사용해 적절한 내용과 태도로 대화를 주고받을 수 있도록 하는 데 주안점을 둔다.

> [9국어01-01] 상대방의 이야기를 듣고 주요 내용을 파악한다.
> [9국어01-02] 사건이나 사실을 분명하게 전달한다.
> [9국어01-03] 준언어적, 비언어적 표현 요소를 활용하여 자신의 감정이나 느낌을 표현한다.
> [9국어01-04] 대화 예절을 지키며 상대방의 말에 적절한 질문과 대답으로 대화를 이어 간다.
> [9국어01-05] 인사말과 높임 표현을 사용하여 상황과 상대방에 따라 적절하게 말한다.

(가) 성취기준 해설

• [9국어01-01] 이 성취기준은 일상적인 대화 장면에서 상대방의 이야기를 듣고 주요 내용을 파악하여 적절히 활용하는 능력을 기르기 위해 설정하였다. 타인이 전달하는 내용을 듣고 말의 의도나 목적 파악하기, 지시에 따라 행동하기, 순서가 있는 지시 수행하기, 주요 단어나 내용 다시 말하기, 상대방이 하는 말과 관련된 대답이나 질문하기 등의 내용을 다룬다. 가정, 학교, 지역사회에서 접할 수 있는 대화 상황에서 상

대방의 말을 주의 깊게 듣고 말의 내용을 정확히 파악하여 적절하게 반응하게 한다.
- [9국어01-02] 이 성취기준은 사건이나 사실을 상대방이 이해할 수 있도록 정확하게 전달하는 능력을 기르기 위해 설정하였다. 육하원칙의 요소를 고려해 말하기, 가정 및 학교에서의 일과나 일이 일어난 순서에 맞게 말하기, 대상이나 장소를 중심으로 순서대로 말하기, 보거나 들은 내용 전달하기 등의 내용을 다룬다. 상대방에게 사건이나 사실을 간결하고 정확하게 전달하게 한다.
- [9국어01-03] 이 성취기준은 음성 언어와 준언어적, 비언어적 표현을 함께 사용하여 자신의 감정이나 느낌을 효과적으로 표현하는 능력을 기르기 위해 설정하였다. 상황에 맞는 느낌이나 감정 이해하기, 음성 언어와 준언어적, 비언어적 표현을 함께 사용하여 느낌이나 감정 표현하기 준언어적, 비언어적 표현의 의미와 효과 이해하기 등을 다룬다. 일상적인 경험과 대화 상황, 노래나 문학 작품 감상과 같은 다양한 장면에서 자신의 느낌이나 감정을 말이나 어조, 표정, 자세 등의 준언어적, 비언어적 표현 요소를 사용해 표현할 수 있게 한다.
- [9국어01-04] 이 성취기준은 대화 예절을 지키며 상대방의 말에 적절한 질문과 대답으로 대화를 이어 가는 의사소통 능력을 기르기 위해 설정하였다. 상대방이 한 말에 관심을 보이며 듣기, 상대방의 질문에 따라 자신이 원하는 것, 선호하는 것, 희망 사항, 경험한 일 대답하기, 들은 내용과 관련 있거나 궁금한 것 질문하기, 상대방이 관심 있는 주제로 대화를 시작하거나 이어 가기 등의 내용을 다룬다. 상대방과 대화를 이어갈 수 있도록 대화 상대자를 존중하는 마음을 가지고 대화 차례를 지키며 대화하게 한다.
- [9국어01-05] 이 성취기준은 대화 상황과 상대방에게 맞게 적절한 인사말과 높임 표현을 사용하여 대화하는 능력을 기르기 위해 설정하였다. 인사, 감사, 사과, 부탁, 위로, 격려, 자기소개, 거절 등이 필요한 상황에서 적절한 인사말 하기, 가족, 친구, 교사, 이웃과 같이 일상생활에서 자주 접하는 대화 상대에게 맞는 높임 표현 사용하기 등의 내용을 다룬다.

(나) 성취기준 적용 시 고려 사항
- 중도중복장애 학생은 일상적인 경험과 연관 지어 상황에 따라 어울리는 감성이나 느낌을 파악할 수 있도록 하며, 시각장애를 지닌 중도중복장애 학생은 시각 외에 다른 감각기관을 통해 냄새나 소리 등의 구체적인 정보를 습득하여 느낌과 연결 지을 수 있게 한다. 학교와 가정, 지역사회의 일상적인 대화 상황에서 말, 수어, 사진 등의 상징적 의사소통과 표정, 손짓, 몸짓, 발성 등의 비상징적 의사소통으로 적절히 표현할 수 있도록 지도한다.
- '듣기·말하기'는 말하기의 목적, 맥락, 청자를 고려하여 다양한 언어 형식과 의사소통 방법으로 표현하게 한다. 언어적 요소와 억양, 강세, 속도, 성량과 같은 준언어적

표현 요소를 통합하여 지도하되, 표정, 시선, 몸짓과 같은 비언어적 표현 요소도 함께 지도한다.
- 사람마다 감정과 생각이 다를 수 있음을 알고, 다양한 상황에서 자신의 감정이나 느낌을 표현하고 상대방과 공유하여 자신뿐만 아니라 타인의 감정을 파악하도록 지도한다. 상대방의 말을 경청하고, 상대방의 입장을 고려하여 상황에 맞게 대화하도록 지도함으로써 타인을 이해하고 더 나아가 공동체에 관심을 갖게 한다.
- [9국어01-03] 중도중복장애 학생의 듣기·말하기 수준에 따라 상대방에게 관심을 갖고 말하는 사람 바라보기, 기분을 그림이나 낱말로 표현하기, 표정에 어울리는 감정을 그림이나 낱말로 표현하기, 듣기 좋은 말투 선택하기, 보완대체의사소통 기기로 기분이나 감정 표현하기 등으로 성취기준을 재구성하여 적용할 수 있다.
- [9국어01-05] 중도중복장애 학생의 듣기·말하기 수준에 적합한 의사소통 수단과 방법을 활용하여 반복되는 일과나 일상생활 장면에서 상대방에게 먼저 인사하기, 필요한 물건이나 행동 요청하기, 다른 사람의 호칭 부르기, '예'나 '아니요', '좋아요'나 '싫어요'로 대답하기, 학교와 가정에서 자주 쓰는 단어를 사용하여 대답하기, 표현하고자 하는 것을 바라보거나 선택하기 등으로 성취기준을 재구성하여 적용할 수 있다.

(2) 읽기

중학교 1~3학년 '읽기' 영역 성취기준은 단어의 의미를 확장하고 문장의 주요 내용을 파악하며 자기 경험과 밀접한 생활 읽기를 통해 자발적으로 읽는 능력을 기르는 데 중점을 두어 설정하였다. 글의 의미를 잘 이해하도록 문장을 알맞게 띄어 읽기, 단어의 의미 관계 이해하기, 문장의 내용 확인하기, 다양한 읽을거리를 즐겨 읽기에 주안점을 둔다.

> [9국어02-01] 단어의 의미 관계를 이해하고 의미 관계에 알맞게 띄어 읽는다.
> [9국어02-02] 문장의 의미를 파악하여 주요 내용을 확인한다.
> [9국어02-03] 문장을 읽고 인물의 생각이나 마음을 이해한다.
> [9국어02-04] 다양한 읽을거리를 스스로 찾아 즐겨 읽는 태도를 기른다.
> [9국어02-05] 글을 읽고 글에 대한 느낌과 경험을 다른 사람과 나눈다.

(가) 성취기준 해설

- [9국어02-01] 이 성취기준은 어휘의 의미 관계를 통해 어휘의 확장된 의미를 이해함으로써 문장을 어절, 의미에 알맞게 띄어 읽고, 내용을 바르게 해석하는 능력을 기르기 위해 설정하였다. 어절 단위로 띄어 읽기, 단일어·복합어·동형어 알기, 단어의 함축적 의미 알기, 어휘의 유의어 및 반의어 알기, 어휘의 상하 관계 및 포함어 알기 등의 내용을 다룬다. 띄어 읽을 때는 어절과 어절 사이, 문장 부호 뒤, 주어부와 서술어부 사이에서 의미 단위로 띄어 읽도록 지도한다.
- [9국어02-02] 이 성취기준은 문장의 의미를 이해하여 필요한 자료나 정보를 수집하고, 문장의 주요 대상이나 내용을 파악하여 효과적으로 활용하는 능력을 기르기 위해

설정하였다. 문장에서 핵심적인 대상이나 어휘 찾기, 다양한 유형의 문장에서 대상과 상황, 방법과 같은 주요 내용 파악하기 등의 내용을 다룬다. 문장 유형을 학습하는 활동으로 그치지 않고, 문장의 유형에 따라 의미가 달라진다는 것을 알도록 다양한 유형의 문장을 제시한다.

- [9국어02-03] 이 성취기준은 여러 개의 문장으로 이루어진 짧은 글을 읽고 등장인물의 마음이나 생각을 이해하는 능력을 기르기 위해 설정하였다. 짧은 글에서 인물의 처지와 상황 짐작하기, 인물의 마음이나 생각을 나타내는 표현 찾기, 자기 경험과 연관 지어 생각하기 등의 내용을 다룬다. 다양한 매체 자료와 기호와 상징을 사용하는 보완대체의사소통 기기를 사용하여 인물의 처지나 마음을 표현할 때 '행복하다, 자랑스럽다, 신나다, 힘들다, 슬프다, 후회하다, 두렵다, 서운하다' 등과 같은 감정을 표현하는 다양한 어휘를 제시한다.

- [9국어02-04] 이 성취기준은 여러 장르의 읽을거리를 자발적으로 선택하여 읽음으로써 내용을 이해하고 공감하는 능력을 기르기 위해 설정하였다. 시, 시나리오, 희곡, 이야기 글, 영화, 드라마, 만화, 책 등을 읽거나 보고 난 후 마음에 드는 내용과 표현 찾기, 재미나 감동을 주는 부분 찾아 바꾸어 보기, 스스로 좋아하는 작품을 선택하여 읽고 좋아하는 이유나 느낌 나타내기, 인상적인 부분 찾기 등의 내용을 다룬다. 학생들의 경험이 담긴 여러 장르의 문학 작품을 읽게 하여 읽을거리에 흥미를 느껴 자발적으로 읽게 한다.

- [9국어02-05] 이 성취기준은 일상생활에서 쉽게 볼 수 있는 글과 매체 자료를 읽은 경험과 느낌을 다른 사람에게 전하고 공유하는 능력을 기르기 위해 설정하였다. 매체 광고나 안내문에서 본 단어와 문장, 영상 자막, 매체 자료 등과 같은 글을 읽은 경험과 느낌 주고받기, 서로의 감상 비교하기, 재미있게 읽은 글이나 매체 자료 소개하기 등의 내용을 다룬다. 읽기를 통해 글쓴이의 생각을 이해하고, 서로의 읽기 경험을 표현하고 공유하도록 지도한다.

(나) 성취기준 적용 시 고려 사항

- 읽을거리를 자발적으로 읽고 생활화할 수 있도록 일상의 자료들을 활용한다. 친밀하고 익숙하며 자주 접하는 사람이나 사물을 상징하는 단순한 정보를 포함하여, 정보를 안내하는 그림, 실물, 상징, 글까지 확장된 여러 가지 매체를 통해 스스로 정보를 찾아내고 필요한 정보를 요청하게 한다. 가족과 학교에서 중요한 인물을 표현한 그림이나 상징, 학교에서의 점심 식사 메뉴와 관련한 그림이나 상징, 엘리베이터와 통학 버스 등에서 그림이나 상징 찾기 등 학생이 자주 접하는 생활환경을 바탕으로 기능적인 읽기 활동을 하게 한다.

- 중도중복장애 학생의 생태학적 환경을 고려하여 학생이 일상에서 많이 접하는 가정, 학교, 지역사회에서 만나는 대상과의 사회적 상호 작용과 관계를 유지하는 데 필요하

거나 자주 사용하는 문장을 활용한다. 또한 타인과 상호 작용하는 구체적인 환경과 상황을 제시하여 대상이 누구인지, 어떤 관계를 형성하는지, 내가 도움을 요청하거나 도움을 줄 수 있는 상황에서 어떻게 반응해야 하는지 등 다양한 상황이 드러나거나 학생에 적합한 단서가 포함된 자료를 제공한다. 문장의 의미 파악하기에서는 문장의 모든 내용을 이해하지 못하더라도 주요 내용을 파악하여 '무엇이 어떠하다', '누가 무엇을 하였다'와 같은 수준에서 내용을 파악하게 한다.

- 학생의 요구와 필요에 맞는 내용을 일상생활에서 학습할 수 있도록 지역사회를 기반으로 한 교수·학습 계획을 수립한다. 그리고 학생이 실생활에서 필요한 정보를 얻도록 학생의 일상생활에서 쉽게 볼 수 있는 소재와 매체 자료를 중심으로 지도한다.
- 음성이나 문자를 통해 의미를 파악하는 것에서 더 나아가 디지털 기반의 음성, 시각, 복합 양식 등을 활용하여 새로운 정보를 습득하고 의미를 이해할 수 있도록 생활과 관련된 다양한 유형의 자료들을 활용한다. 특히 친숙한 동식물 이야기, 생명 존중, 날씨와 기후, 환경 보호 및 지구 사랑 등의 내용을 포함하여 생태 감수성을 기르게 한다.
- 학생이 문학 작품을 읽으면서 즐거움을 느낄 수 있도록 다양한 매체 자료를 활용한다. 음성 녹음, 음성출력 등의 기능을 활용하여 의성어, 의태어, 발음이나 짜임새가 비슷한 음절들이 규칙적으로 반복되는 말을 듣고, 언어유희, 재치 있는 문답, 끝말잇기 등의 활동으로 이어지도록 시나 노래, 이야기의 동영상 자료를 적극적으로 활용하여 지도한다.
- [9국어02-05] 중도중복장애 학생에게는 성취기준을 재구성하여 글이나 이야기에 대한 느낌을 표정이나 몸짓으로 표현하기, 표정 그림이나 카드로 표현하기, 생각이나 느낌을 상징으로 표현하기, 감정의 종류와 정도를 다양한 색이나 그래프로 표현하기 등의 활동을 적용할 수 있다.

(3) 쓰기

중학교 1~3학년 '쓰기' 영역 성취기준은 소리를 문자로 옮겨 바르게 표현하며, 단어와 문장으로 사실이나 생각을 쓰는 능력을 기르는 데 중점을 두어 설정하였다. 단어의 바른 표기와 문장의 구조를 이해하고, 필요한 정보를 단어나 문장으로 기록하는 등 쓰기에 자신감을 가지고, 기록하는 습관을 기르는 데 주안점을 둔다.

[9국어03-01] 사물의 이름, 존재, 상태, 동작을 나타내는 단어를 바르게 쓴다.
[9국어03-02] 기록의 필요성을 알고 일상생활에 필요한 내용과 정보를 메모한다.
[9국어03-03] 문장의 기본 구조를 알고 문장을 쓴다.
[9국어03-04] 쓰기에 자신감을 가지고 단어나 문장으로 쓰려는 태도를 기른다.

(가) 성취기준 해설
- [9국어03-01] 이 성취기준은 소리와 표기 사이의 관계를 이해하여 사물을 나타내는 단어를 표기에 맞게 쓰는 능력을 기르기 위해 설정하였다. 사물의 이름, 존재, 상태, 동작을 나타내는 단어를 비롯한 여러 단어를 점선 따라 쓰기, 보고 쓰기, 스스로 쓰기, 받아쓰기 등 다양한 방법으로 써 보고, 바른 표기법을 학습하는 내용을 다룬다. 소리와 표기가 일치하는 단어부터 소리와 표기가 일치하지 않는 단어로 점차 학습의 범위를 확장하여 바르게 쓰게 한다.
- [9국어03-02] 이 성취기준은 메모의 필요성을 알고 메모하는 습관을 기르기 위해 설정하였다. 메모가 필요한 상황을 살펴보고, 준비물 쓰기, 구매할 물건 목록 적기, 일정 정리하기와 같은 내용을 다룬다. 필요한 정보를 메모하고 활용하는 습관을 가지게 한다.
- [9국어03-03] 이 성취기준은 문장의 구성 능력을 기르기 위해 설정하였다. 주요 문장 성분의 이해를 바탕으로 주어에 맞게 서술어 쓰기, 어순에 맞게 문장 쓰기 등의 내용을 다룬다. 그림이나 사진 등으로 제시한 구체적인 상황이나 장면을 보고, 주어, 서술어, 목적어 등을 다양하게 변경하여 문장을 완성하게 한다.
- [9국어03-04] 이 성취기준은 다양한 쓰기 활동을 통해 쓰기에 자신감을 가지고 단어나 문장을 쓰는 태도를 기르기 위해 설정하였다. 쓰기 특성과 단계에 따라 기초적 쓰기, 단어 쓰기, 문장 쓰기 활동을 하며, 일상생활과 밀접한 내용을 주제로 정해서 꾸준히 쓰기 활동을 하게 한다.

(나) 성취기준 적용 시 고려 사항
- 중도중복장애 학생은 실물을 활용한 다양한 놀이와 활동을 하면서 사물과 사물을 나타내는 단어가 연관되어 있음을 자연스럽게 경험하게 한다. 그리고 글자를 대신하는 보완대체의사소통 상징을 활용한 쓰기 활동에 흥미와 관심을 갖게 한다.
- 단어와 문장 쓰기를 지도할 때는 학생의 쓰기 발달 특성을 파악해 적절한 학습 자료와 활동을 제공하여 단계적으로 수준을 높여 가며 지도한다. 받침이 없는 단어나 글자 수가 적은 단어에서 시작해 점차 그 범위를 확장해 간다. 소리 표기 학습 초기에는 일상생활에서 활용도가 낮은 단어나 글자 수가 많은 단어는 피한다.
- [9국어03-02] 쓰기 도구의 사용이 어렵거나 글로 기록하기 어려운 중도중복장애 학생은 디지털 기기를 사용하여 녹음하거나 사진을 찍는 등 다양한 방법으로 기록하는 것으로 성취기준을 재구성하여 지도할 수 있다.
- [9국어03-03] 중도중복장애 학생의 학습 수행 능력과 교육적 요구를 반영하여 그림 카드·단어 카드를 이용한 문장 만들기, 완성된 문장을 모방하여 문장 만들기 등의 활동을 반복하여 문장의 기본 구조를 익히도록 성취기준을 재구성하여 적용할 수 있다.

[고등학교 1~3학년]
(1) 듣기·말하기

고등학교 1~3학년 '듣기·말하기' 영역 성취기준은 대화 목적에 적절하게 의사소통하고, 타인이나 매체를 통해 전달되는 지식 및 정보를 파악하여 효과적으로 활용하는 능력을 기르는 데 중점을 두어 설정하였다. 일상생활에서 접할 수 있는 여러 가지 음성 정보에서 자신에게 필요한 내용을 파악하고, 현재나 가까운 미래에 접할 수 있는 다양한 대화 상황에서 목적에 적절한 내용과 태도로 대화를 하는 데 주안점을 둔다.

> [12국어01-01] 정보를 전달하는 말을 듣고 자신에게 필요한 내용을 파악한다.
> [12국어01-02] 상대방의 말에 적절히 반응하며 공감하는 대화를 한다.
> [12국어01-03] 생각을 주고받으며 대화를 나눈다.
> [12국어01-04] 대화 목적에 따라 적절한 내용과 태도로 말한다.
> [12국어01-05] 다양한 매체와 매체 자료를 활용하여 의사소통한다.

(가) 성취기준 해설

- [12국어01-01] 이 성취기준은 정보를 전달하는 말을 듣고 이해하여 자신에게 필요한 정보를 파악하고 활용하는 능력을 기르기 위해 설정하였다. 가정, 학교, 지역사회의 일상생활에서 설명하는 말이나 안내하는 말을 듣고 필요한 정보 파악하기, 육하원칙의 요소에 따라 내용 파악하기, 순서나 과정에 따라 행동하기 등의 내용을 다룬다. 상황별로 요구되는 정보가 무엇인지 확인하고, 필요한 정보를 기록하거나 기억하여 일상생활에 활용하도록 하며, 정보를 파악하지 못했을 경우 상대방에게 다시 말해 달라고 요청하게 한다.

- [12국어01-02] 이 성취기준은 상대방의 말을 경청하고, 상대방의 처지와 감정을 이해하여 공감하는 대화 능력을 기르기 위해 설정하였다. 상대방의 말에 고개를 끄덕이거나 눈 마주치기와 같이 반응하며 듣기, 표정이나 행동을 통해 정서와 처지를 이해하기, 말하는 사람의 처지가 되어 생각하기, 공감하는 말 하기, 상대방의 반응 살펴보기 등의 내용을 다룬다. 상대방의 의도와 감정을 파악하고, 공감하는 대화를 할 때 음성 언어 표현과 준언어적, 비언어적 표현을 함께 사용하게 한다.

- [12국어01-03] 이 성취기준은 자기 생각을 다른 사람과 공유하며 능동적으로 의사소통하고, 상호 존중하는 대화 능력을 기르기 위해 설정하였다. 일상적인 대화나 경험, 시나 이야기 글 감상, 공동 의사 결정을 위한 토의나 회의 장면에서 자신의 느낌, 의견 등의 생각을 적절히 표현하고, 다른 사람의 생각을 듣고 이해하는 내용 등을 다룬다. 자신과 상대방의 생각이 서로 다를 수 있음을 이해하고 상대방의 말을 경청하며 존중하는 태도로 대화하게 한다.

- [12국어01-04] 이 성취기준은 자신의 언어 능력과 표현 방식에 따라 상황과 목적에 맞게 자신을 표현하는 능력을 기르기 위해 설정하였다. 일상적인 대화뿐만 아니라

자기소개, 면접, 지역사회 기관 이용, 직장 생활 등의 말하기 상황에서 정보 전달과 습득, 요청, 설득, 친교 및 정서 표현과 같은 말하기의 목적에 따라 적합한 내용을 구성해 적절한 자세로 대화하기 등의 내용을 다룬다. 현재나 가까운 미래에 경험할 수 있는 상황을 중심으로 대화 상황과 상대방을 고려하며 자신의 의도를 분명하게 표현할 수 있게 한다.

- [12국어01-05] 이 성취기준은 매체를 활용하여 정보를 접하고, 다양한 방법으로 의사소통하는 능력을 기르기 위해 설정하였다. 컴퓨터, 인공지능 스피커 등을 활용하여 필요한 정보를 얻거나 콘텐츠 시청하기, 스마트폰으로 영상 통화와 음성 통화하기, 정보통신 기기 등으로 원격수업과 온라인 모임에 참여하기 등을 다룬다. 디지털 매체의 터치스크린, 음성검색 기능 등을 사용하여 시청각 정보를 찾아 접하고, 대화 예절을 지키며 매체를 활용한 의사소통에 참여하게 한다.

(나) 성취기준 적용 시 고려 사항

- 중도중복장애 학생은 가정, 학교에서 경험하는 여러 활동에 타인의 설명을 듣고 내용을 이해하여 적절하게 참여할 수 있게 한다. 타인과 조화를 이룰 수 있는 적합한 의사소통 수단과 방법을 활용하여 감정이나 생각을 표현할 수 있도록 지도한다.
- 음성 언어 표현에 제한이 있는 중도중복장애 학생은 태블릿 등으로 의사소통을 지원하는 다양한 애플리케이션을 사용해 의사소통에 활용할 수 있게 한다. 시각장애를 지닌 중도중복장애 학생은 시각장애인용 태블릿 컴퓨터나 다른 매체의 음성 안내를 활용해 확장된 일상생활 정보에 접근하게 한다.
- 다른 사람의 이야기를 주의 깊게 듣고 자신의 의견을 명확하게 표현하는 사회적 의사소통 활동을 강조하되, 학생의 언어 능력에 맞는 어휘와 문장 구조를 사용할 수 있도록 지도한다.
- 학생이 적합한 의사소통 방법으로 자기 생각을 적극적으로 표현하도록 지도한다. 사람에 따라 입장이나 의견이 다름을 알고, 가정, 학급, 학교, 지역사회 구성원들과 의견을 말하고 들으며 합의해 가는 과정을 경험할 수 있도록 지도한다. 더 나아가 환경 및 기후 문제와 같이 사회가 직면한 문제들에 대해 생각을 나누고, 문제 해결을 위한 실천 방안을 마련하여 자신과 공동체의 삶에 주체적으로 행동하게 한다.
- 학생이 매체의 종류와 특성, 기본적인 사용 방법을 익혀서 다양한 매체 자료를 통해 정보에 접근하고, 자신에게 필요한 내용을 파악하여 일상생활에서 활용하게 한다. 비대면 상황에서 매체를 활용하여 타인과 적절히 의사소통할 수 있도록 지도하여 변화하는 언어 환경에 대처하게 한다. 필요한 경우 학생의 의사소통 제한성을 보완해 줄 수 있는 다양한 인공지능 기술을 활용하여 지도한다.
- [12국어01-04] 중도중복장애 학생에게는 가정, 학교, 지역사회, 직장에서 자주 접할 수 있는 대화 상황 이해하기, 상대방에게 자신과 관련된 정보 전달하기, 원하는 물건

　　　　이나 행동 요청하기, 허락 구하기, 인사하기, 칭찬하기, 고마운 마음 표현하기 등으로 성취기준을 재구성하여 적용할 수 있다.
- [12국어01-05] 중도중복장애 학생에게는 컴퓨터, 태블릿 등으로 기기의 기본 조작 방법 익히기, 매체를 이용해 좋아하는 주제의 영상 찾아 시청하기, 좋아하는 음악이나 소리 책 감상하기, 나에게 적합한 애플리케이션을 활용하여 의사 표현하기, 영상 통화나 온라인 모임에서 인사 나누기 등으로 성취기준을 재구성하여 적용할 수 있다.

(2) 읽기

고등학교 1~3학년 '읽기' 영역 성취기준은 읽기의 기초적인 지식과 전략을 활용하여 글의 내용을 파악하고, 글과 매체 자료의 유형이나 목적에 따라 다양한 읽기 방법을 적용하여 읽음으로써 글에 담긴 정보를 파악하여 효과적으로 활용하는 능력을 기르는 데 중점을 두어 설정하였다. 주요 내용과 중심 내용을 파악하며 느낌과 분위기를 살려 글을 읽고, 글의 내용을 자기 경험이나 배경지식과 관련지으며, 목적에 맞게 필요한 정보를 찾아 활용하고, 일상생활에서 즐겨 읽는 태도를 기르는 데 주안점을 둔다.

> [12국어02-01] 글의 느낌과 분위기를 살려 유창하게 읽는다.
> [12국어02-02] 글의 중심 내용을 파악하고 대강의 내용을 간추린다.
> [12국어02-03] 글쓴이와 등장인물의 생각을 파악하고 경험과 관련짓는다.
> [12국어02-04] 글과 매체 자료의 유형에 따라 다양한 읽기 방법을 적용하여 읽는다.
> [12국어02-05] 일상생활에서 다양한 글과 책, 매체 자료를 즐겨 읽는다.

(가) 성취기준 해설

- [12국어02-01] 이 성취기준은 글의 내용에 대한 이해를 바탕으로 글의 분위기나 장면, 인물의 특성 등을 고려하여 효과적으로 소리 내어 읽는 능력을 기르기 위해 설정하였다. 정확한 발음과 적절한 속도로 읽기, 말의 재미를 느끼며 읽기, 음색, 어조, 속도, 억양 등 준언어적 요소들을 활용하여 글의 분위기나 장면, 인물의 특성이 잘 드러나도록 읽기 등의 내용을 다룬다. 글의 내용을 충분히 이해한 후, 이를 바탕으로 소리 내어 읽는 활동을 통해 유창성을 기르고 읽기의 재미를 느끼게 한다.
- [12국어02-02] 이 성취기준은 글을 읽고 내용을 파악하기 위한 구체적인 전략을 학습함으로써 글 전체의 내용을 효과적으로 이해하고 간추리는 능력을 기르기 위해 설정하였다. 글의 종류에 따라 대강의 내용을 간추리는 방법이 다름을 알고 적절한 전략을 활용하게 한다. 이야기 글의 경우에는 인물, 사건, 배경 파악하기, 시간의 흐름이나 사건이 일어난 순서에 따라 내용 간추리기 등의 내용을 다룬다. 그리고 설명하는 글의 경우에는 글에 반복하여 나타나는 핵심어 찾기, 문단의 중심 문장과 뒷받침 문장 파악하기, 각 문단의 중심 내용 파악하기, 대강의 내용 간추리기 등의 내용을 다룬다. 글의 중심 내용을 파악함으로써 전체적인 내용을 보다 효과적으로 이해하게 한다.

- [12국어02-03] 이 성취기준은 글이나 매체 자료에 나타난 등장인물이나 글쓴이의 생각과 의도를 파악하고, 경험과 관련지어 이해할 수 있는 능력을 기르기 위해 설정하였다. 이야기 글과 시, 일기, 편지, 수필, 기행문과 같은 생활문에서 느낌이나 감정을 나타내는 단어와 표현 알아보기, 글쓴이의 생각 파악하기, 등장인물의 감정 파악하기, 경험과 관련지어 읽기, 공감하며 읽기 등의 내용을 다룬다. 글쓴이나 등장인물의 마음을 짐작하여 글을 읽고 이를 자신의 배경지식이나 경험과 관련지어 능동적으로 읽는 태도를 갖게 한다.
- [12국어02-04] 이 성취기준은 글과 매체 자료의 유형에 따라 읽기 방법을 달리 적용해야 함을 알고, 적절한 읽기 방법을 선택하여 읽는 능력을 기르기 위해 설정하였다. 읽기 목적 확인하기, 목적에 맞는 매체 자료와 읽기 자료 선택하기, 인터넷, 사전, 신문 등에서 필요한 정보 찾기 등의 활동을 하며, 적어 두고 읽기, 필요한 정보를 찾아 읽기, 재미나 감동을 느끼며 읽기 등의 내용을 다룬다. 인터넷 게시물의 경우 문자뿐만 아니라 그림, 표, 그래프, 사진, 동영상, 댓글 등의 요소가 내용을 이해하는 데 중요한 역할을 하며, 애니메이션이나 영화와 같은 영상 매체 자료도 인물의 표정이나 몸짓, 배경이나 음악 등의 요소가 중요한 역할을 한다. 그러므로 다양한 유형의 글과 매체 자료를 접할 때, 이러한 요소들을 활용하여 적절한 읽기 방법을 적용하여 읽게 한다.
- [12국어02-05] 이 성취기준은 일상생활에서 쉽게 접할 수 있는 다양한 글, 책, 매체 자료를 읽고, 필요한 정보를 얻으며 활용하는 능력을 기르기 위해 설정하였다. 간단한 메모나 알림장, 안내문, 광고 전단, 생활 정보지, 책, 매체 자료 등 다양한 읽을거리를 읽고, 내용 파악하여 정리하기, 글의 의미 파악하기, 읽은 후 얻은 지식과 정보 활용하기 등의 내용을 다룬다. 일상생활의 다양한 읽을거리를 통해 필요한 정보를 얻고, 자발적으로 읽는 습관을 가지도록 짧은 글 읽기에서 시작하여 다양한 책과 매체 자료로 읽을거리를 확장하여 지도한다.

(나) 성취기준 적용 시 고려 사항
- 음성 언어 표현과 낭독에 어려움이 있는 중도중복장애 학생의 경우, 중요한 단어 따라 읽기, 글의 내용을 나타내는 그림 상징이나 삽화 가리키기, 상징 책을 사용하여 읽기, 음성출력 보완대체의사소통 기기를 사용하여 읽기 등의 활동에 참여하게 한다.
- 시각장애를 지닌 중도중복장애 학생이나 배경지식과 경험이 부족한 학생의 경우, 글의 제재, 주제와 관련된 다양한 자료를 제공하여 글의 내용에 대한 접근성과 이해도를 높일 수 있도록 유의하여 지도한다. 또한 점자, 확대 문자, 소리 책과 같은 자료와 다양한 보조기기를 제공하여 지도하고, 필요에 따라 조명이나 컴퓨터의 글자 크기, 공간, 배경색 및 대비 등의 시각적 화면 설정 환경을 조정해 준다.

- 학생의 요구와 필요에 맞는 내용을 일상생활에서 학습할 수 있도록 지역사회를 기반으로 한 교수·학습이 이루어지게 한다. 또한 학생이 실생활에서 필요한 정보를 얻고 읽기를 기능적인 기술로 활용할 수 있도록 학생의 일상생활 소재와 매체 자료를 중심으로 지도한다.
- 실생활에서 다양한 매체에서 제공하는 정보를 활용할 수 있도록 구체적 상황을 제시하여 지도한다. 음성검색 및 출력 기능, 도움말과 사전 기능 등을 활용할 수 있도록 하고, 관련되는 사진과 동영상 등을 활용하여 이해를 높인다. 또한 믿을 만한 정보를 판단하고 선택할 수 있는 안목과 매체의 건전한 활용을 위한 유의점 등을 함께 지도한다.
- 쉬운 글로 쓰인 문학 작품을 함께 읽는 활동을 통해 다양한 생각과 정서를 체험하고 간접 경험하게 한다. 작품 속 인물의 모습, 행동, 마음을 상상하며 자기 경험과 관련지어 읽고, 이를 통해 상대방이 처한 상황과 처지의 다양성을 인정하고, 서로의 다름을 이해하고 배려하는 민주시민으로서의 기초 소양을 기르게 한다.
- [12국어02-02] 문단 수준의 글을 읽고 내용을 파악하는 데 어려움이 있는 학생이나 중도중복장애 학생에게는 글의 내용이나 이야기의 장면을 표현한 삽화나 그림 등의 자료를 활용하여 이야기 글에서 중요한 인물이나 장면 찾기, 일이 일어난 순서대로 그림 나열하기, 설명하는 대상 찾기, 설명하는 내용에 해당하는 그림 가리키기 등을 통해 글의 내용과 그림을 관련지을 수 있도록 지도한다.

(3) 쓰기

고등학교 1~3학년 '쓰기' 영역 성취기준은 쓰기가 의사소통의 중요한 수단임을 인식하고, 문단을 구성하는 능력을 길러 글을 쓰는 데 중점을 두어 설정하였다. 읽는 이를 생각하며 자기 생각을 글로 표현하여 소통하는 경험을 통해 의사소통 능력과 공동체 의식을 함양하는 데 주안점을 둔다.

[12국어03-01] 문장 부호의 이름과 쓰임을 알고 문장에 사용한다.
[12국어03-02] 주제와 내용이 자연스럽게 연결되는 짧은 글을 쓴다.
[12국어03-03] 쓰기 매체를 활용하여 일상생활과 관련된 내용을 쓴다.
[12국어03-04] 쓰기로 소통하는 즐거움을 느끼고, 언어 예절을 지켜 글 쓰는 태도를 기른다.

(가) 성취기준 해설
- [12국어03-01] 이 성취기준은 문장 부호의 이름과 쓰임을 알아 문장을 바르고 효과적으로 표현하는 능력을 기르기 위해 설정하였다. 문장 부호 중 가장 기본이 되는 마침표, 물음표, 느낌표, 쉼표, 따옴표의 이름과 쓰임을 학습하고, 어법과 내용에 어울리는 문장 부호를 사용하는 내용을 다룬다. 문장의 종류에 알맞은 문장 부호를 사용하여 전하고자 하는 문장의 의미를 정확하게 나타내게 한다.

- [12국어03-02] 이 성취기준은 문단과 문단 구성의 특징을 알고 하나의 중심 내용을 담은 문단을 구성하며, 자기 생각을 짧은 글로 표현할 수 있는 능력을 기르기 위해 설정하였다. 중심 문장 찾기, 뒷받침 문장 찾기, 중심 문장과 뒷받침 문장으로 짧은 글쓰기 등과 같은 내용을 다룬다. 중심 문장과 뒷받침 문장으로 전하고자 하는 생각을 표현하게 한다.
- [12국어03-03] 이 성취기준은 다양한 쓰기 매체를 활용하여 자기 생각이나 느낌을 표현하는 능력을 기르기 위해 설정하였다. 쓰기 매체의 특성을 이해하고 의사소통에 적절하게 활용하는 내용을 다룬다. 특히 쓰기 매체를 활용한 표현 방법과 활용 방법을 익혀 맥락에 맞게 의사소통하게 한다.
- [12국어03-04] 이 성취기준은 쓰기 활동으로 의사소통하는 즐거움을 느끼고, 언어 예절을 지켜 글을 쓰는 태도를 기르기 위해 설정하였다. 일상생활에서 사용하는 바른 언어, 언어 예절, 쓰기 윤리 등의 내용을 다룬다. 특히 디지털 매체를 활용한 쓰기 활동에서 언어 예절을 지켜 소통하는 자세와 태도를 함양하게 한다.

(나) 성취기준 적용 시 고려 사항
- 음성을 통한 상호 작용 경험이 부족한 청각장애를 지닌 중도중복장애 학생의 경우 디지털 매체로 자신의 의도와 생각을 전달하는 경험을 통해 상대방과 의사소통하는 즐거움을 느끼고, 의사소통의 성취감과 자신감을 향상하도록 지도한다.
- 문장 부호를 지도할 때는 평서문, 의문문, 감탄문과 같은 문장 유형에 중점을 두기보다는 문장의 내용에 맞게 마침표, 물음표, 느낌표를 사용하도록 지도한다.
- 쓰기 매체를 활용하여 쓰기를 지도할 때는 대중적인 매체 중에서 학생이 사용하기 편리한 기기를 사용한다. 또한 디지털 매체를 사용하여 다른 사람과 의사소통할 때 사회적·윤리적인 책임감을 느끼고 쓰기 매체를 활용하도록 지도한다.
- [12국어03-01] 중도중복장애 학생에게는 문장 부호의 이름과 쓰임을 알고 문장에 사용하는 성취기준을 문장 부호에 따라 문장의 의미가 달라지는 것을 경험하는 것으로 재구성하여 설정할 수 있다.

# 03 교수·학습 및 평가  13추중 / 16중

## 가. 교수·학습

(가) 국어과 목표와 성취기준을 고려하여 학생이 17)_____ 을 기를 수 있도록 교수·학습을 계획하고 운용한다.

(나) 국어과 역량을 효과적으로 함양할 수 있도록 18)_____을 고려한 개념이나 지식, 사회적 상호 작용을 유도할 수 있는 19)_____를 중심으로 교수·학습을 계획하고 실행한다.

(다) 교사와 학생, 학생과 학생 간의 상호 작용을 통하여 다양한 문제 해결 과제에 적극적으로 참여하면서 협력을 경험할 수 있도록 교수·학습을 계획하고, 학생의 요구와 수준에 따라 융통성 있게 운용한다.

(라) 학년(군)별, 영역별 내용 요소 및 성취기준을 고려하여 다양한 교수·학습을 계획하고, 학급 또는 개별 학생의 수준과 특성을 고려하여 20)_____하여 운영할 수 있다.

(마) 국어 교과 내, 국어 교과와 타 교과 간, 국어 교과와 비교과 활동의 통합으로 지식과 생활의 연속성과 학습 내용의 통합을 꾀할 수 있도록 교수·학습을 계획하고 실행한다.

(바) 교수·학습 목적을 충분히 이해하고 교수·학습 활동에 흥미를 보일 수 있도록 학생 중심의 교수·학습을 계획하고, 활동이나 결과를 예측할 수 있는 21)_____를 중심으로 학습 활동을 구성하여 성취기준에 도달할 수 있도록 운용한다.

(사) 중도중복장애 학생의 의미 있는 국어 학습과 자기주도적인 의사소통 촉진을 위해 학생의 22)_____에 초점을 맞추어 교수·학습을 계획하고, 보완대체의사소통 체계, 부분 참여의 원리, 최소위험가설의 기준 등을 적용하여 운용한다.

(아) 디지털 교육 환경 및 미래 디지털 환경에서의 의사소통 맥락을 고려하여 온오프라인 수업을 적절하게 활용하고, 의사소통에 필요한 다양한 23)_____를 활용할 수 있도록 교수·학습을 계획하고 운용한다.

(자) 학생이 미래 사회에 성공적으로 적응하고 자기주도적인 국어 생활을 하며, 질 높은 삶을 살아가는 데 필요한 언어 소양과 디지털 소양을 함양할 수 있도록 교수·학습을 계획하고 운용한다.

(차) 국어 활동의 총체성과 민주시민 교육, 다문화 교육, 환경·지속가능발전 교육 등을 주제로 범교과 교수·학습을 계획하고 운용한다.

17) '의사소통 역량, 자기관리 역량, 공동체·대인 관계 역량, 디지털·미디어 역량, 창의적 사고 역량, 문화향유 역량'
18) 실생활에서의 활용성
19) 의사소통 기능과 태도
20) 타 학년(군)의 교과 내용으로 대체
21) 일상적인 일과
22) 의사소통의 의도와 기능
23) 디지털 도구

(2) 교수·학습 방법

(가) 국어과는 내용 체계와 국어 생활의 실제가 연계될 수 있도록 다른 영역이나 타 교과, 일상생활에서 듣기·말하기, 읽기, 쓰기의 학습 요소를 통합하여 지도하고, 학생의 경험을 바탕으로 한 24)_____이나 25)_____ 등을 활용한다.

(나) 의사소통을 학습하는 초기에는 26)_____으로 자신의 기본적인 욕구를 상대방에게 표현하는 데 초점을 맞추어 지도한다.

(다) 음성 언어로 의사소통하기 어려운 학생에게 듣기·말하기를 지도할 때는 표정이나 몸짓과 같은 27)_____과 함께 그림, 사진, 기호, 단어와 같은 28)_____을 활용하여 의사소통할 수 있도록 지도한다.

(라) 읽기에 어려움이 있는 학생을 지도할 때는 수업의 목표에 따라 읽기 자료를 잘 활용할 수 있도록 29)_____해 주거나 다양한 30)_____를 제공하고, 전자저작물과 교재는 31)_____을 활용하여 학생이 읽기 활동에 참여하게 함으로써 학습 목표를 성취하게 한다.

(마) 신체·운동의 제한으로 인해 쓰기에 어려움을 겪는 학생은 보완대체의사소통 기기와 컴퓨터 등 32)_____을 활용할 수 있도록 지도한다.

(바) 다양한 매체 자료를 활용하여 미디어를 통한 의사소통 범위를 확장하고, 일상생활에서 국어 교육과 문학 감상을 연계하여 지도한다.

(사) 매체와 매체 자료, 보완대체의사소통 체계를 적극적으로 활용하여 지도한다.

(아) 생활연령을 고려하여 상황과 맥락에 맞는 의사소통을 할 수 있도록 교실 내외에서 다양한 언어 경험을 제공하고, 학생의 표현에 세밀하게 반응함으로써 학생이 자신감을 가지고 의사소통할 수 있도록 33)_____를 조성하여 지도한다.

(자) 한 영역에서 학습한 내용을 다른 영역이나 타 교과, 일상생활에서 활용할 수 있도록 34)_____를 제공한다.

(차) 국어과 역량 함양을 위해 개인, 가정, 학교, 지역사회로 교육 환경을 확장해 나가고, 학생이 다양한 환경에서 적극적이고 자기주도적인 의사소통을 할 수 있도록 가정 및 지역사회와 협력한다.

(카) 중도중복장애 학생에게는 주변의 단서를 사용하거나 이해 전략을 발달시키기 위하여 35)'_____' 진행되는 활동과 공동 관심을 통해서 기능적 의사소통에 참여하도록 지도한다.

---

24) 언어 경험 중심 접근법
25) 총체적 언어 접근법
26) 표정, 몸짓
27) 비도구 체계 사용 의사소통
28) 보완대체의사소통 상징
29) 환경을 조정
30) 보조공학 기기
31) 화면 읽기 프로그램이나 화면 넘기기 기능이 있는 프로그램
32) 대체 입력방법
33) 허용적인 분위기
34) 충분한 연습기회
35) 현재 여기에서

(타) 중도중복장애 학생에게 적합한 놀이, 사물의 기능적 사용과 같은 활동 경험을 제공하여 사물, 사건, 관계에 대한 기본적인 이해와 의사소통 의도를 표현하게 한다.
(파) 새로운 국어 지식이나 개념, 문자 언어의 구조와 체계를 교수할 때는 명시적이고 체계적인 36)_____으로 시범, 안내된 지도, 반복 훈련 등을 할 수 있도록 지도한다. 또한 37)_____ 등 학생의 수준에 따라 다양한 교수 전략을 적용한다.
(하) 온오프라인 연계 수업, 원격수업 시에는 국어과의 효과적인 학습을 위해 디지털 기반의 의사소통 도구를 적극적으로 활용한다.

## 나. 평가

(1) 평가의 방향
(가) 정확하고 효과적인 국어 사용 능력을 기르고, 학생의 특성에 맞는 의사소통 방식과 공동체의 언어문화를 학습하는 데 필요한 '지식·이해', '과정·기능', '가치·태도'를 다면적이고 종합적으로 고려하여 평가 계획을 수립한다.
(나) 교육과정 내용 요소와 성취기준에 근거하여 평가하고, 학생의 개별화교육계획과 연계하여 교육과정-수업-평가를 일체화한다.
(다) 학습 과정에서 학생이 어떻게 얼마나 성장하였는가에 초점을 맞추고, 학생의 학습 과정과 실제 수행한 결과를 반영하여 평가한다. 평가 결과를 38)____하여 학생의 국어 사용 능력의 발달과 성장을 파악하고, 학생에게 39)_____로 활용한다. 평가 결과는 교수·학습의 내용과 방법의 적절성을 진단하고 개선하는 데 활용한다.
(라) 국어를 사용하는 40)_____을 바탕으로 한 평가를 지향한다. 실생활에서 개별 학생의 실제적인 국어 사용 능력을 평가할 수 있도록 하는 맞춤형 평가를 계획하고, 수집된 자료를 기초로 하여 학생의 수행을 평가한다.
(마) 학생의 수준, 관심, 흥미, 의사소통 방식 등 개인차를 고려하여 다양한 평가 상황을 설정하고, '듣기·말하기', '읽기', '쓰기'의 세 가지 영역을 유기적으로 연관 지어 통합적인 평가를 실행한다.
(바) 학생의 의사소통 방식을 존중하고, 국어 사용 능력을 표현할 수 있는 다양한 방안을 마련하여 모든 학생이 적절한 방식으로 평가에 참여하게 한다. 중도중복장애 학생을 포함하여 국어과의 내용과 성취기준을 적용하기 어려운 학생에게는 41)_____을 재구성할 수 있으며, 평가 조정과 대안 평가를 적용할 수 있다.

---

36) 직접 교수법
37) 단어 찾기 훈련, 참조적 의사소통 훈련, 다양한 디지털 미디어 활용
38) 누적
39) 피드백 근거
40) 실제 환경이나 유사한 맥락
41) 성취기준

(사) 온오프라인 연계 수업, 원격수업은 수업 운영 형태에 맞게 평가의 공정성을 확보한 평가 계획을 수립하여 평가를 실행한다.

(아) 일상생활에서 의사소통의 기회를 더 많이 확대하고 지속해서 국어 활용 능력을 확장해 갈 수 있도록 학생의 42)_____에 초점을 둔 평가 결과를 보호자와 학생에게 안내한다.

(2) 평가 방법

(가) 학생의 언어, 인지 능력, 장애 특성에 적합한 다양한 평가 방법과 평가 도구를 활용한다. 학생의 의사소통 방식과 참여 수단을 반영하여 평가 방법과 평가 도구를 결정하고, 일반적인 듣기·말하기, 읽기, 쓰기의 방법 이외에도 다양한 매체를 활용하여 학생의 수행을 평가한다.

(나) 교과 내용 및 성취기준에 대한 해석을 통해 평가 요소를 사전에 개발하고, 이를 바탕으로 학생의 학습 과정과 결과를 질적으로 평가한다.

(다) 학생의 학습 특성과 수행 수준을 고려한 맞춤형 평가를 지향하며, 학생의 변화를 반영할 수 있도록 평가기준과 준거 등을 조정하여 평가한다.

(라) 중도중복장애 학생의 평가는 43)_____과 같은 사회적·정서적 행동을 중심으로 하고, 학생의 성공적인 의사소통을 제한하거나 촉진하는 환경 등의 질적인 면을 함께 고려한다.

(마) '듣기·말하기' 영역에서는 자연스러운 대화 상황에서 대화의 당사자로서 언어적 표현과 함께 준언어적 표현, 비언어적 표현 요소를 사용한 듣기·말하기 활동에 참여하는지 평가한다.

(바) '읽기' 영역에서는 일상생활에서 볼 수 있는 다양한 문자와 매체 자료를 읽고 의미를 파악하는 활동을 통해 학생이 읽기 능력을 적절히 활용할 수 있는지 평가한다.

(사) '쓰기' 영역에서는 실생활에서 자연스러운 쓰기 관련 활동을 통해 학생이 쓰기에 대한 긍정적 태도와 적절한 쓰기 능력을 발전시키고 있는지 평가한다.

(아) 보완대체의사소통 체계 활용 능력 평가는 44)_____등으로 구분하여 평가하고, 사용하는 상징, 어휘나 문장, 기기는 학생의 수행 능력과 환경에 따라 지속해서 보완·개선한다.

(자) 온오프라인 연계 수업의 평가는 온라인 수업에서 작성한 과제물 수행 결과보다는 45)_____을 중심으로 평가한다. 원격수업 평가는 평가의 공정성과 투명성을 확보하기 위하여 학생이 제출한 과제의 수행 주체와 과정을 교사가 직접 관찰·확인한다.

42) 수행변화
43) 의사소통의 의도, 비언어적 의사소통, 시선이나 감정 표현
44) 운동 능력, 언어 능력, 상징 사용 능력 및 기기 선정 영역
45) 등교 수업 시 학생의 성취도, 태도, 참여도, 수행 역량 등

# 02 사회

## 교육과정 설계의 개요

사회과는 학생이 자신을 바르게 이해하고 사람들과 상호 작용하면서 세상을 알아가게 하는 교과이다. 사회과에서 학생은 자기 삶의 맥락에서 실존하는 주체이며 타인과 함께 살아가는 책임 있는 시민으로서 관계적 존재이자 사회적 존재이다. 이에 따라 사회과 교과 역량을 '1)_____'으로 설정하였으며 이는 총론의 인간상과 연계된다. 자아 정체성을 확립하고 진로와 삶을 개척하는 자기주도적인 사람은 '나의 삶' 영역과 '자율생활 역량'과 연계된다. 창의적이고 공동체 의식을 가진 민주시민으로서 더불어 사는 사람은 '관계의 삶' 영역과 '대인관계 역량', '시민의 삶' 영역과 '사회참여 역량'과 연계된다. 문화적 소양과 다원적 가치를 지닌 교양 있는 사람은 '시민의 삶' 영역에서 역사・문화소양을 지닌 '사회참여 역량'으로 표현된다. 사회과 교육과정은 '성격 및 목표', '내용 체계 및 성취기준', '교수・학습 및 평가'로 구성되어 있다. 사회과 '성격'에는 사회과의 개념적 정의와 추구하는 시민성, 사회과 필요성, 교과 목표와 연계한 교과 역량, 내용 선정 및 구성 원리, 교수・학습과 평가 기본 방향 등 사회과의 전반적 특징이 서술되었다. 사회과에서 추구하는 시민성은 교과 목표로 구체화하여 내용 영역 하위범주에 따라 학년군 전체를 총괄하여 기술하였다. 이는 탄력적 환경 확대법과 나선형 순환구조라는 사회과 교육과정 구성 원리와 단위 학교의 교육과정 운영의 자율성을 위한 것이다.

사회과 내용 영역은 2)_____으로 구성되었다. 이는 학생의 삶과 연계한 교육이라는 2022 개정 교육과정 중점 사항을 반영한 것이며 사회과 내용 영역을 지리, 역사, 정치, 법, 경제, 사회, 문화 등으로 나누는 분과적 구성 방식 대신 학생의 삶을 중심으로 통합한 2015 개정 특수교육 기본 교육과정 사회과 내용 영역의 틀을 유지한 것이다.

개체 발생적 고유성에 바탕을 둔 '나의 삶' 영역은 도덕과의 자율생활 관련 주제들과 함께 장애인 권리협약 및 관련법에서 강조하는 자기 결정 및 자기 옹호 등의 개념들이 자율성을 하위범주로 하여 반영되었다. '관계의 삶' 영역은 삶의 시・공간적 환경에서 사람들과 다양한 사회적 관계를 형성하며 도덕성과 사회성을 기르는 내용으로 도덕적 인성과 사회성을 하위범주로 둔다. 계통 발생적 보편성에 바탕을 둔 '시민의 삶' 영역은 사회 구성원으로서 능동적 사회 참여 기회 확대를 바탕으로 인간과 자연의 공존, 역사・문화소양, 민주시민을 하위범주로 둔다. 하위범주별로 전통적

1) 자율생활 역량, 대인관계 역량, 사회참여 역량
2) '나의 삶', '관계의 삶', '시민의 삶'

인 사회과 영역들에 참정권을 포함한 민주시민 교육, 생태전환 및 디지털 기초소양 교육을 포함하였다. '인간과 자연의 공존'은 지리와 경제를 융합하였고, '역사·문화 소양'은 역사와 문화를 그리고 정치와 법을 바탕으로 '민주시민'을 구성하였다.

사회과 내용 요소는 학생이 현재 및 미래 사회 환경에서 경험하는 구체적 사회생활이다. 생활연령에 바탕을 둔 다양한 사회생활 경험은 사회 참여 활동으로써 학습 목표이자 내용이 되어 교육과정의 범위를 이룬다. 학년(군)별로 설정된 사회적 맥락의 범위는 탄력적 환경 확대법을 적용하여 학생의 교육적 요구에 따라 고정되지 않고 유연하게 해석된다. 생활연령이 증가하면서 사회생활 경험은 확장과 반복을 연속하며 3)_____를 갖는 교육과정 계열이 된다. _____는 '지식·이해' 수준을 심화하지 않고 사회과 학습 경험을 통해 '과정·기능'과 '가치·태도' 형성 기회를 넓고 다양하게 제공하는 것이다.

사회과 학습 내용은 학생 자신의 생활 맥락에서 의미 있는 학습 경험으로 재구성되어 학생의 성장을 돕는다. 사회과에서 학생의 능동적 사회 참여를 중시하는 학습 경험의 수평적 조직은 생태학적 접근과 아동 중심의 경험주의 교육과정 특성을 반영하고, 생활연령의 변화에 기초한 나선형 순환의 계열화는 기능적 교육과정 원리에 기초한다. 기능적 교육과정 원리는 내용 범위와 계열화 모두에 적용되어 생활연령에 따른 실제적 사회 참여 활동의 선정과 조직에 관여한다. [그림 3]은 사회과 목표를 구현하는 교육과정 구조로서 사회과 내용 영역이 민주시민성을 중심으로 나선형 순환을 거듭하면서 시민으로 성장하며 삶을 영위하는 과정을 보여준다.

'성취기준'은 '과정·기능'과 '가치·태도'를 중심으로 기술되었다. 사회적 경험이 곧 학습이라는 관점에 기초하여 '지식·이해'는 활동 자체 및 활동 수행 과정에서 수반될 수 있는 것으로 본다. '교수·학습'은 학생이 경험하는 실생활 장면이 곧 교수·학습이 이루어지는 곳이자 학습 과제라는 관점을 기본으로 한다. 교과 고유의 교수·학습 모형과 기법을 학생에게 맞춤화하고 디지털 및 인공지능 테크놀로지 활용을 강조하였다. '평가'는 사회과를 통해 생활연령에 따른 다양한 사회생활 경험 여부를 기본 방향으로 사회적 타당도와 과정을 중시하는 평가를 방법론으로 제시하였다.

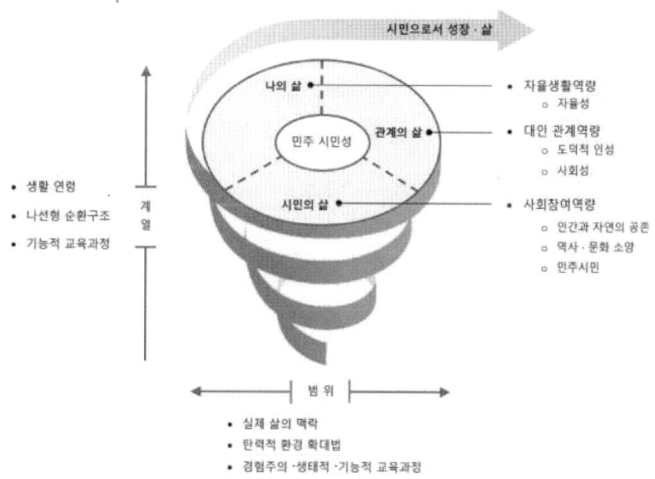

[그림 3] 2022 개정 특수교육 기본 교육과정 사회과 구조 개요

3) 나선형 순환구조

# 01 성격 및 목표 21초

인간은 사회적 존재로서 사회 집단 속에서 다른 사람들과 어울리며 살아간다. 사람들은 사회적 상호 작용을 통해 사회생활에 필요한 생활 방식과 규범을 익히고 공동 가치를 내면화하여 사회적 존재로서 정체성을 형성하는 사회화 과정을 거친다. 사회과는 학생의 사회화 과정을 지원하는 민주시민 교육의 핵심 교과이다. 사회과는 학생들이 생태학적 맥락에서 사회현상에 관심을 가지고 생활연령에 따른 사회·문화적 경험을 통해 사회에 참여하면서 민주시민의 자질을 함양하는 교과이다. 즉 사회과는 학생이 자신을 사회적 존재로서 바르게 이해하고 세상을 알아가도록 돕는 교과로서 실제적 사회 경험을 통해 사회에 참여하며 시민으로서 삶을 가꾸어 나가는 과정이다.

사회과에서 기르고자 하는 민주시민은 자율적인 삶의 태도, 도덕적 인성 및 사회성, 생태시민성, 역사·문화적 소양, 민주시민성을 갖춘 사람이다. 이를 위해 사회과는 '자율생활 역량, 대인관계 역량, 사회참여 역량'을 기르는 데 중점을 둔다. '자율생활 역량'은 자신을 바르게 이해하고 책임 있는 자기 결정력을 바탕으로 한 주체적 삶의 태도이며 독립적 개인이자 사람들과 함께 살아가는 데 필요한 기본 소양이다. '대인관계 역량'은 도덕적 인성과 사회성을 바탕으로 사람들과 상호 작용하며 사회생활을 영위하는 사회적 존재의 기본 특성이다. '사회참여 역량'은 사회현상과 문제에 관심을 갖고 시민으로서 책임과 권리를 다하는 민주시민의 소양이다. 민주시민은 자연과 공존하는 인간의 삶을 이해하고 지속가능한 환경을 위한 사회적 노력에 참여하며 다양한 역사·문화적 경험을 향유하는 삶을 추구한다. 또한 민주시민성을 갖춘 사람은 사회 구성원 모두가 공유하는 행동 양식과 가치 및 태도를 바탕으로 자신과 공동체의 발전을 위해 노력하며 능동적인 사회 참여를 실천한다.

사회과의 학습 대상이자 맥락인 사회는 학생이 현재 살아가는 삶의 시간이자 공간이며 과거와 미래의 삶과 연계된다. 학습 대상으로서의 사회는 학생이 살아가는 생태학적 체계로서 자연과 인간이 공존하며 다양한 사회현상이 일어나는 곳이다. 학생은 또한 주변의 물리적·사회적 환경과 끊임없는 상호 작용을 통해 성장한다. 실제 사람들의 삶이 이루어지는 사회적 공간은 사회과 학습이 이루어지는 장소이자 학습 자료로서 학생이 사회현상에 관심을 기울이고 생활연령에 따른 다양한 사회생활 경험을 누리는데 매개 역할을 한다.

사회과 교수·학습은 학생이 실존적 사회 구성원이자 시민으로서 살아가는 경험을 갖게 하는 데 중점을 둔다. 따라서 학생의 실생활 장면은 교수·학습 과정의 장이다. 학교는 실제 사회적 상황을 학습 내용으로 선정하고 이를 위한 학습 환경 조성과 일반화를 위한 사회 참여 기회를 제공한다. 교수·학습 과정에서 학생이 타인과 협력하고 적절한 지원을 이용하는 것은 풍부한 학습 경험을 위한 학습권이자 사회권이다. 사회과에서 학습 활동은 무언가를 배우기 위한 수단을 넘어 그 자체가 학습이다. 즉 교수·학습 과정이 학생의 사회 참여 기회이므로 장애 특성 등을 이유로 학습 활동을 제한하거나 수동적 학습자로 간주하지 않는다.

사회과를 통한 시민 권리의 향유는 학습 성과로써 평가 목표이자 방법이다. 사회과는 학생의 실제 삶과 유리된 지식 습득과 이해를 강조하지 않는다. 학생이 실제 삶의 맥락에서 주체적 삶의 태도를 길러가는 과정, 사회적 상호 작용하고 사회적 관계를 형성해가는 과정, 그리고 사회현상에 관심을 두고 시민의 책임과 권리를 경험하는 것이 평가 목표인 동시에 방법이다. 사회과에서 제공하는 학습 경험, 교수·학습 및 평가는 4)_____를 요구하며 다른 교과 및 비교과 활동과 다양한 수준 및 방식으로 연계할 수 있다.

## 나. 목표

학생은 사회과를 통해 생활연령과 교육적 요구에 맞는 다양한 사회·문화생활을 경험하고 사회에 참여하여 5)_____를 기르고 실천한다.

(1) 자신을 바르게 인식하고 6)_____과 _____를 실천하여 자율적이면서 함께 살아가는 삶의 태도를 기른다.

(2) 사회·도덕적 인성을 기르고 사회적 7)____에 맞게 사회적 상호 작용을 하며 다양한 8)_____를 형성한다.

(3) 9)_____을 소중히 여기고 경제활동 주체로서 소양을 기른다.

(4) 우리 역사와 다양한 문화에 관심을 가지고 즐기며 역사문화적 소양을 기른다.

(5) 사회현상과 문제에 관심을 가지고 사회 참여를 실천하며 10)_____을 기른다.

4) 사회적 타당도
5) 민주시민으로서 가치와 태도
6) 자기 결정과 자기 옹호
7) 맥락
8) 사회적 관계
9) 지속가능한 생태환경
10) 민주시민의 자질

# 02 내용 체계 및 성취기준 〈19중〉

## 가. 내용 체계

### (1) 나의 삶

| 핵심 아이디어 | 사람들은 자신을 바르게 이해하고 일상에서 자기 결정과 자기 옹호를 실천하며 주체적인 삶을 살아간다. | |
|---|---|---|
| 범주 | 내용 요소 | |
| | 중학교 1~3학년 | 고등학교 1~3학년 |
| 자율성 | 지식·이해 | • 자기 인식<br>• 나의 선택과 결정 | • 자아 존중<br>• 나의 권리와 자기 결정 |
| | 과정·기능 | • 나의 특성 파악하기<br>• 나의 결정 실행하기 | • 나의 가치 평가하기<br>• 상황에 맞게 주장하기 |
| | 가치·태도 | • 나를 존중하는 태도<br>• 자기 결정 실천 의지 | • 내 삶을 긍정적으로 인식하는 태도<br>• 자기 옹호 실천 의지 |

### (2) 관계의 삶

| 핵심 아이디어 | • 공감, 정직, 책임, 예절, 존중, 배려, 나눔의 태도를 생활 속에서 실천하는 것은 함께 살아가는 사람들의 모습이다.<br>• 사람들은 다양한 사회적 관계를 형성하고 사회적 맥락과 역할에 알맞게 행동한다. | |
|---|---|---|
| 범주 | 내용 요소 | |
| | 중학교 1~3학년 | 고등학교 1~3학년 |
| 도덕적 인성 | 지식·이해 | • 일상에서 나의 역할과 책임<br>• 타인에 대한 친절과 존중 | • 정직하고 성실한 생활<br>• 존중하고 배려하는 생활 |
| | 과정·기능 | • 일상에서 자신의 역할과 책임 실천하기<br>• 일상에서 타인에게 친절하기 | • 일상에서 정직, 약속, 성실의 가치를 평가하기<br>• 타인을 존중하고 배려하는 행동하기 |
| | 가치·태도 | • 성실한 태도<br>• 타인을 소중히 여기는 마음 | • 정직과 성실한 삶의 태도 내면화<br>• 생명 존중의 가치 습관화 |
| 사회성 | 지식·이해 | • 다양한 사회적 관계 유형<br>• 사회적 상황에서 타인의 행동과 감정 | • 사회적 관계유형과 역할 행동<br>• 갈등 상황에서의 다른 입장과 존중 |
| | 과정·기능 | • 다양한 사회적 관계 형태 조사하기<br>• 타인의 행동과 감정 분석하기 | • 사회적 관계유형에 따른 역할 행동하기<br>• 갈등 상황 분석하기 |
| | 가치·태도 | • 사회적 관계 형성 의지<br>• 타인의 행동과 감정에 공감하는 마음 | • 사회적 역할 행동의 실천 의지<br>• 다른 입장을 존중하는 태도 |

(3) 시민의 삶

| 핵심 아이디어 | • 사람들은 지속가능한 생태환경을 가꾸고 다양한 삶의 공간에서 경제주체로서 살아간다.<br>• 사람들은 현재 삶의 맥락을 바탕으로 역사를 이해하고 다양한 문화를 향유한다.<br>• 민주시민은 민주주의의 원리를 존중하고 일상에서 실천하며 세계시민의 자질을 기른다. | |
|---|---|---|
| 범주 | | 내용 요소 |
| | | 중학교 1~3학년 | 고등학교 1~3학년 |

| 범주 | | | 내용 요소 | |
|---|---|---|---|---|
| | | | 중학교 1~3학년 | 고등학교 1~3학년 |
| 인간과 자연의 공존 | 지식·이해 | | • 우리나라의 자연환경과 인문환경<br>• 여러 지역 사람들의 경제생활 | • 인간과 환경의 관계<br>• 다양한 경제활동 |
| | 과정·기능 | | • 우리나라 자연환경과 인문환경 특징 조사하기<br>• 지역 간 인적, 물적 교류 정보 수집하기 | • 세계 여러 나라의 환경과 생활 모습 분석하기<br>• 경제활동 모습 분석하기 |
| | 가치·태도 | | • 우리나라 환경의 소중함<br>• 나라의 경제활동에 관한 관심 | • 지속가능한 환경의 소중함<br>• 경제생활 주체로서 삶의 태도 |
| 역사· 문화 소양 | 지식·이해 | | • 우리나라의 문화 유적<br>• 다양한 문화 활동 | • 우리나라의 문화유산<br>• 다양한 사회적 관계 속에서의 문화 활동 |
| | 과정·기능 | | • 우리나라의 문화 유적 정보 수집하기<br>• 다양한 문화 활동 계획하기 | • 우리나라의 문화유산 조사하기<br>• 다양한 사람들과 문화 활동하기 |
| | 가치·태도 | | • 우리 역사를 아끼는 마음<br>• 문화 활동 참여를 즐기는 태도 | • 우리 역사에 대한 자부심<br>• 문화적 소양을 기르는 태도 |
| 민주 시민 | 지식·이해 | | • 민주적 생활 태도<br>• 영토를 지켜온 역사<br>• 우리 사회의 변화 | • 사회 규범과 인권<br>• 민주주의 원리와 시민 의식<br>• 영토 주권과 평화와 통일<br>• 세계변화와 다중 시민성 |
| | 과정·기능 | | • 일상에서 민주적 생활 모습 실천하기<br>• 나라를 지켜온 노력 조사하기<br>• 사회 변화 모습 비교하기 | • 사회 규범 준수와 인권 존중 실천하기<br>• 시민의 의무와 권리 행사하기<br>• 영토 수호, 평화와 통일을 위한 노력 조사하기<br>• 세계인이 함께 사는 모습 조사하기 |
| | 가치·태도 | | • 민주적인 생활 태도 실천 의지<br>• 영토와 평화를 소중히 여기는 마음<br>• 사회 변화에 관심 | • 사회 규범 준수 및 인권 존중 태도<br>• 민주시민 의식 실천 의지<br>• 영토 주권 의식과 평화사랑<br>• 세계시민 소양 실천 의지 |

## 나. 성취기준
**[중학교 1~3학년]**

(1) 나의 삶

중학교 1~3학년 '나의 삶' 영역 성취기준은 자신을 바르게 인식하고 수용하며 스스로 선택하고 결정하는 생활 태도를 지니기 위해 설정하였다. '나의 삶' 영역은 자신의 특성, 흥미, 감정, 행동 등을 바르게 이해하는 자기 인식과 자신이 주체적으로 선택하고 결정하는 자기 결정을 일상에서 실행하는 내용으로 구성되었다. 자신의 다양한 모습을 존중하는 태도와 자기 결정을 실천하려는 의지를 기르도록 하는 데 중점을 둔다.

> [9사회01-01] 나의 특성을 파악하고 자신을 존중하는 태도를 기른다.
> [9사회01-02] 일상에서 여러 가지를 선택하고 결정하여 자기 결정력을 기른다.

(가) 성취기준 해설

- [9사회01-01] 이 성취기준은 자신을 객관적으로 파악하고 이해함으로써 올바른 정체성을 확립하여 자아 존중을 실천하기 위해 설정하였다. 나의 성격, 강점과 약점 살펴보기, 나의 개성과 취향 발표하기, 다른 사람이 생각하는 나의 모습과 내가 생각하는 나의 모습 비교하기, 나를 존중하는 방법 실천하기 등의 내용을 다룬다. 자신의 특성을 분석하여 자신을 바르게 인식하고, 긍정적 자아 개념과 정체성을 형성하도록 한다.
- [9사회01-02] 이 성취기준은 자신과 관련 있는 여러 가지 것들에 대하여 자율적으로 판단하고 결정하는 자기 결정 태도와 능력을 기르는 데 목적이 있다. 스스로 선택하고 결정하는 것의 중요성 알아보기, 여러 가지를 비교하고 선택하는 이유 확인하기, 다양한 상황에서 의사 표현하기, 가정, 학교(예 : 개별화교육지원팀 협의회) 등의 일상에서 나의 의견에 따라 결정하기 등의 내용을 다룬다. 다른 사람에게 의존하지 않고 스스로 결정하려는 태도를 보이며 상황에 알맞은 판단 능력을 길러 자신의 선택에 대한 자신감을 높일 수 있는 경험을 제공한다.

(나) 성취기준 적용 시 고려 사항

- 장애 정도가 심한 학생은 가정 연계를 통해 관심과 흥미 등을 미리 조사하여, 학생의 특성에 맞는 몇 가지의 선택지를 그림, 사진, 동영상, 모형 및 실물 등으로 제시하고 충분한 시간을 제공하여 학생이 선택에 대한 유의미한 반응을 나타내도록 한다.
- [9사회01-02] 가정과 연계하고, 지역사회 모의수업을 통한 반복 학습과 더불어 지역사회 참조 수업을 통해 더 자연스러운 상황에서 학습하도록 하며 지역사회 중심 교수를 활용하여 가정, 학교, 지역사회 등 실제적 환경에서의 선택과 결정에 대한 일반화가 이루어지도록 한다. 활동이나 물건의 선택과 결정에서 나아가 자기 생각과 의견을 포함한 다양한 수준의 의사 결정을 경험하도록 하며 주변 사람들의 조언을 구해

결정하고 의사 표현 방식 등의 도움을 받는 '지원적 의사 결정'을 함께 지도한다. 또한 자신의 자율적인 선택에 따라 결정한 것에는 책임도 함께 따른다는 것을 구체적인 사례 및 역할 놀이 등으로 경험할 수 있도록 하고 의사 표현을 위하여 관련 교과(예 : 국어과)와 연계한다.

(2) 관계의 삶

중학교 1~3학년 '관계의 삶' 영역 성취기준은 일상에서 자신의 역할에 대한 책임을 다하고 다른 사람과 생명을 존중하는 태도를 보이며 다양한 사회적 관계 속에서 다른 사람의 상황을 이해하도록 설정하였다. '관계의 삶' 영역은 일상에서 나의 역할과 책임, 타인에 대한 친절과 존중, 다양한 사회적 관계 유형, 사회적 상황에서 타인의 행동과 감정 이해 등의 내용으로 구성되었다. 역할을 성실하게 실천하는 태도와 타인을 나와 같이 소중히 여기고 친절하게 대하는 마음의 함양, 사회적 관계 형성의 의지와 더불어 타인의 행동과 감정에 공감하는 도덕적 정서를 가지도록 한다.

> [9사회02-01] 일상에서 자신에게 주어진 역할을 성실한 태도로 실천한다.
> [9사회02-02] 주변 사람을 소중히 여기는 마음을 가지고 존중하며 친절하게 대한다.
> [9사회02-03] 주변 사람들의 사회적 상호 작용 모습을 조사하고 사회적 관계를 형성하려는 마음을 가진다.
> [9사회02-04] 사회적 상황에서 타인의 행동과 감정을 분석하고 공감한다.

(가) 성취기준 해설

- [9사회02-01] 이 성취기준은 가정과 학교 등 자신이 속한 사회의 한 구성원으로서 자신이 맡은 역할을 알고 성실한 태도로 실천하는 능력을 기르기 위해 설정하였다. 가족 구성원과 학교 구성원의 역할 목록 만들기, 역할에 책임을 다하는 행동과 그렇지 않은 행동 구분하기, 가정과 학교, 지역사회에서 나의 역할 실천하기 등의 내용을 다룬다. 역할에 따른 성실한 태도가 어떤 것인지 알고 이를 일상에서 실천하도록 하는 데 중점을 둔다.

- [9사회02-02] 이 성취기준은 생활 속에서 주변 사람을 친절하게 대하고 존중하는 태도를 보이며 이를 지속해서 실천하려는 의지를 기르기 위해 설정하였다. 대상과 상황에 알맞은 친절한 태도 확인하기, 친절한 말씨와 행동 실천하기, 사회적으로 다른 사람의 권리를 존중한 사람의 사례 조사하기, 가정과 학교, 그리고 지역사회에서 만나는 사람을 존중하고 배려하기 등의 내용을 다룬다. 다른 사람도 나와 동등하게 소중한 존재임을 알고, 일상에서 올바른 마음가짐으로 친절과 양보를 실천하도록 하는 데 중점을 둔다.

- [9사회02-03] 이 성취기준은 주변 사람들의 다양한 사회적 상호 작용 모습을 살펴보고 사회적 관계의 중요성을 바탕으로 사회적 관계 형성에 관심을 두도록 하는 데 목적이 있다. 사례를 통해 가족의 소중함 살펴보기, 여러 사회적 장면(예 : 가정, 학교,

지역사회)에서 사람들이 상호 작용하는 모습 조사하기, 사회적 상호 작용 상황에 알맞은 말과 행동 익히기, 다양한 도구(예 : 스마트폰, 컴퓨터)를 사용하여 사회적 상호 작용하기 등의 내용을 다룬다. 다양한 사회적 관계의 필요성을 이해하고 사회적 관계 형성에 대한 의지를 갖도록 하는 데 주안점을 둔다.

- [9사회02-04] 이 성취기준은 가정, 학교, 지역사회 등의 일상 속 사회적 상황에서 타인의 행동과 감정을 이해하고 공감하는 능력을 함양하기 위해 설정하였다. 다양한 감정 알아보기, 상황에 알맞은 감정과 행동 찾아보기, 다른 사람의 입장 되어보기, 다른 사람이 처한 상황에 적절한 말과 행동 표현하기 등의 내용을 다룬다. 타인을 이해하려는 마음을 갖고 이를 토대로 타인과 상호 작용하는 능력을 기르는 것에 주안점을 둔다.

(나) 성취기준 적용 시 고려 사항

- 역할 놀이, 극화 학습, 마음이론 등을 통해 자신의 역할을 수행하고, 다른 사람의 생각과 상황을 이해하며 존중하는 태도를 실천할 기회를 충분히 제공한다. 학생이 생활 전반에 걸쳐 자신의 역할을 지속적으로 실천하고 올바른 사회·도덕적 인성을 갖추기 위해 타인을 존중하고 배려하는 경험을 충분히 가질 수 있도록 지도한다.
- [9사회02-01] 인권교육의 측면에서 가족 구성원의 역할, 학교 구성원의 역할 등 일상에서의 성역할에 대한 고정 관념에 유의하고 상황이나 여건에 따라 남성과 여성의 역할이 변화될 수 있음을 이해하여 생활 속에서 실천하도록 한다. 장애 정도가 심한 학생의 경우 일상에서 의존적 역할에 한정되지 않도록 한다. [9사회01-01]과 연계하여 긍정적 자아 개념 및 자기 효능감으로 이어지도록 한다.
- [9사회02-02] 일상에서 쉽게 접할 수 있는 사례를 통해 다른 사람이 나에게 친절하게 대했을 때 나의 감정을 살펴보며 다른 사람에게 친절하게 대하는 행동의 중요성을 익힌다. 다른 사람에 대한 존중을 반려동물 및 반려식물에 대한 생명 존중으로 확장하여 사람뿐만 아니라 동물과 식물 등 모든 생명에 대한 존중으로 일반화를 유도한다.
- [9사회02-03] 주변 사람들의 모습을 통해 다양한 유형의 사회적 관계가 있음을 인식하게 하고 학교 이외의 다양한 공간에서 관계를 형성할 때 유의해야 할 사항을 확인하도록 한다. 또한 온오프라인 등 다양한 방법을 통해 사회적 관계를 형성할 때 유의해야 할 사항을 가정과 연계하여 지도한다.
- [9사회02-04] 타인의 행동과 감정에 무관심하거나 예민하게 대응하지 않고 적절한 관심을 두고 반응할 수 있도록 다양한 반응의 예를 시범을 통해 제시한다. 또한 다른 사람의 감정에 공감하여 행동하는 것에 대한 사례를 보여준다.

(3) 시민의 삶

중학교 1~3학년 '시민의 삶' 영역 성취기준은 우리나라의 자연환경과 인문환경 속에서 사람들이 어떻게 살아가는지 이해하고 우리나라 영토와 문화 유적에 대해 소중함을 느끼며 일상에서 민주적 생활 태도를 실천하기 위해 설정하였다. '시민의 삶' 영역은 우리나라의 자연환경과 인문환경, 여러 지역 사람들의 경제생활, 우리나라의 문화 유적, 다양한 문화 활동, 민주적 생활 태도, 영토를 지켜온 역사, 우리 사회의 변화 등의 내용으로 구성되었다. 우리나라 환경을 소중히 여기고 나라의 경제활동에 관심을 가지며 우리 역사를 아끼는 마음, 문화 활동 참여를 즐기는 태도, 민주적인 생활 태도, 영토와 평화를 소중히 여기는 마음을 함양하고, 사회 변화에 관심을 두도록 한다.

> [9사회03-01] 우리나라의 자연환경과 인문환경 특징을 파악하고 환경을 소중히 여긴다.
> [9사회03-02] 여러 지역 사람들의 다양한 경제활동 모습을 조사하며 나라의 경제활동에 관심을 가진다.
> [9사회03-03] 우리나라의 문화 유적을 살펴보고 우리 역사를 아끼는 마음을 가진다.
> [9사회03-04] 가족, 친구와 함께 여러 가지 문화 활동을 계획하며 참여한다.
> [9사회03-05] 일상에서 민주적 생활 태도를 기르고 실천한다.
> [9사회03-06] 우리 영토를 지켜온 노력을 조사하고 영토와 평화를 소중히 여기는 마음을 가진다.
> [9사회03-07] 우리 사회가 변화하는 모습을 조사하고 사회 변화에 관심을 가진다.

(가) 성취기준 해설

- [9사회03-01] 이 성취기준은 우리나라 사람들이 자연환경과 인문환경 속에서 어떻게 살아가고 있는지에 대한 이해를 바탕으로 환경을 소중히 여기는 마음과 이를 실천하는 태도를 기르기 위해 설정하였다. 우리나라 동서남북의 생김새와 특징 확인하기, 농촌·어촌·산지촌의 자연환경 비교하기, 다양한 지역의 자연환경과 인문환경 특징 조사하기, 도시의 환경과 생활 모습 알아보기 등의 내용을 다룬다. 여러 지역의 환경 특성을 살펴보기 위한 답사 활동 등을 통해 환경과 조화를 이루며 살아가는 사람들의 모습에 관심을 가지도록 한다.
- [9사회03-02] 이 성취기준은 여러 지역의 사람들이 서로 주고받으며 경제활동을 하는 모습을 살펴보고 경제활동의 필요성을 인식하기 위해 설정하였다. 다양한 상품의 원산지 살펴보기, 각 지역의 관광 산업 조사하기, 여러 지역 사람들이 상품과 인적 교류를 통해 상호 의존하는 이유 알아보기 등의 내용을 다룬다. 경제활동이 우리 삶과 밀접한 관련이 있음을 알고 여러 지역이 교류를 통해 상호 의존하는 이유를 설명한다.
- [9사회03-03] 이 성취기준은 우리나라 대표 문화 유적의 특징과 가치를 이해하여 우리 문화와 역사를 아끼는 마음을 함양하기 위해 설정하였다. 우리나라 대표 문화 유적 조사하기, 지역의 문화 유적 답사하기, 시대별 대표 문화 유적 살펴보기, 문화 유적을 통한 옛사람들의 생활 모습 조사하기, 문화 유적과 관련된 역사적 사건이나

인물 살펴보기 등의 내용을 다룬다. 문화 유적을 중심으로 역사의 시대적 이해에 대한 기초를 형성하고 우리 역사를 아끼는 마음을 기를 수 있도록 한다.
- [9사회03-04] 이 성취기준은 가족 및 친구와 함께 다양한 문화 활동을 하는 경험을 통하여 여가문화 활동(예 : 여행, 관람, 체험)에 적극적으로 참여하고 즐기는 태도를 갖기 위해 설정하였다. 우리 전통이 깃든 문화 활동 체험하기, 가족 및 친구와 함께할 수 있는 문화 활동 알아보기, 우리 지역의 문화 시설 조사하기, 문화 활동 체험 계획하기 등의 내용을 다룬다. 문화 활동 참여를 통해 폭넓은 사회관계 형성의 기회를 얻고 긍정적인 정서를 기르는 데 중점을 둔다.
- [9사회03-05] 이 성취기준은 민주주의의 의미와 중요성을 일상과 연관 지어 파악함으로써 민주주의 가치와 원리를 실천하는 태도를 갖추기 위해 설정하였다. 가정과 학교 속 사례에서 민주적 생활 모습 살펴보기, 민주적 의사 결정 방법 조사하기, 주체적으로 우리 학교와 지역의 문제 해결에 참여하기 등의 내용을 다룬다. 민주주의가 일상에 깊이 자리 잡고 있음을 알고 민주적 생활 태도를 실천하는 능력과 자세를 기르도록 한다.
- [9사회03-06] 이 성취기준은 우리 영토의 역사적 특성을 살펴보며 우리 영토의 소중함과 평화 통일의 중요성을 인식하기 위해 설정하였다. 독도의 모습과 역사, 독도를 지켜온 노력 알아보기, 고조선 건국 살펴보기, 우리나라 4대 대첩 조사하기, 6·25 전쟁과 평화 통일의 필요성 알아보기 등의 내용을 다룬다. 우리 영토를 지켜온 조상들의 노력을 알아보며 우리나라에 대한 애정과 평화 통일에 대한 지속적인 관심을 가지도록 한다.
- [9사회03-07] 이 성취기준은 다양한 사회 변화로 달라지는 일상의 모습을 알고, 이로 인해 나타나는 문제와 해결방안에 관심을 두도록 하는 데 목적이 있다. 사회 변화에 따른 생활 모습의 차이 비교하기, 저출산과 고령화로 인한 미래 모습 예측하기, 정보화 및 세계화의 긍정적, 부정적인 영향 알아보기, 인공지능의 발달로 편리해진 생활 모습 살펴보기 등의 내용을 다룬다. 일상 속에서 사회 변화 모습을 발견하고, 사회 변화에 적응하며 대응하려는 태도를 함양하도록 지원한다.

(나) 성취기준 적용 시 고려 사항
- 우리나라의 환경과 문화 유적 등에 대한 직접 체험이 어려운 장애 정도가 심한 학생의 경우 가상현실(VR), 증강현실(AR) 등의 실감형 콘텐츠와 기기를 사용하여 이해를 돕는다.
- [9사회03-03] 다른 지역의 문화 유적 관람 등은 [9사회03-04]와 연계한다. 오랜 시간 소장한 학생 혹은 가족의 물건 등을 소개하며 나와 가족의 과거 모습과 물건에 얽힌 이야기를 발표할 수 있다. 이를 통해 문화 유적이 갖는 가치와 의미를 실생활과 연계하여 이해한다. 또한 문화 유적 조사 활동 중 우리나라에 있는 유네스코 세계문

화유산을 살펴볼 수 있다. 이 과정에서 세계적으로 보호하는 우리 문화유산의 예술성과 기술성에 대한 자부심을 가질 수 있도록 한다.
- [9사회03-05] 디지털 공간에서도 민주시민으로서의 공동체 의식, 다른 사람에 대한 존중 등이 필요하다는 것을 알고 올바른 소통 능력과 책임감을 갖는다. 이를 위해 디지털 사회 참여의 사례를 제시하고 다양한 문제 상황(예 : 학교폭력, 일상적 혐오 표현)을 해결하는 과정을 통해 디지털 시민성을 함양하도록 지원한다.
- [9사회03-06] 우리나라 영토 수호의 역사적 사건과 관련한 문화유산을 익히기 위해 [9사회03-04]와 연계한다.
- [9사회03-07] 빠르게 변화하는 사회 속에서 형성된 문화가 가져오는 긍정적인 효과 또는 사회적 문제를 각종 자료를 활용하여 조사하거나 비교한다. 또한 다양한 사회 문제에 대한 관심을 통해 문화에 대한 편견이나 차별적 관점을 해소하고 다른 문화를 존중하는 태도를 가질 수 있도록 한다.

### [고등학교 1~3학년]

(1) 나의 삶

고등학교 1~3학년 '나의 삶' 영역 성취기준은 나의 삶을 긍정적으로 인식하고 자신에게 필요한 요구와 권리를 주장하는 자기 옹호를 실천하는 삶의 모습을 갖추기 위해 설정하였다. '나의 삶' 영역은 자아 존중과 나의 권리와 자기 결정을 생활화하는 내용으로 구성되었다. 자기 결정과 자기 옹호 능력을 바탕으로 나의 가치를 긍정적으로 인식하고 자기 삶을 발전시키는 행동을 실천할 수 있도록 하는데 주안점을 둔다.

> [12사회01-01] 자신의 소중함과 가치를 발견하여 자신을 긍정적으로 인식한다.
> [12사회01-02] 자신의 요구와 권리를 상황에 맞게 표현하며 자기 결정을 생활화한다.

(가) 성취기준 해설
- [12사회01-01] 이 성취기준은 나에 대한 이해를 바탕으로 긍정적인 자아 개념을 형성하여 자신이 소중하고 가치 있는 존재임을 인식하기 위해 설정하였다. 타인의 다양한 가치를 존중하는 표현하기, 나의 소중함과 가치를 발견하는 칭찬 일기 쓰기, 자기 발전을 위한 실천하기 등의 내용을 다룬다. 자신의 존재를 별도의 조건 없이 긍정적으로 인식하는 데 중점을 두며 이를 통해 자기 발전을 위한 다양한 노력을 실천할 수 있도록 한다.
- [12사회01-02] 이 성취기준은 요구, 신념, 권리에 대한 이해를 바탕으로 자기 생각에 따라 스스로 삶을 결정하고 권리를 주장하는 주체적인 시민을 기르기 위해 설정하였다. 나의 요구와 권리 주장하기, 권리를 지키는 표현과 태도 연습하기, 나에 대해 스스로 결정하기 등의 내용을 다룬다. 자신의 문제를 스스로 결정하는 태도를 생활화하여 자신의 권리를 옹호하도록 하는 데 중점을 둔다.

(나) 성취기준 적용 시 고려 사항
- 장애 정도가 심한 학생은 자신의 요구를 적극적으로 표현하고 권리를 주장하는 경우가 상대적으로 적으며, 표현하더라도 주변의 사람들이 학생의 의사를 정확히 파악하기 어려우므로 사전에 학생의 의사소통 목록을 체계화하여 학생과 상호 작용할 수 있도록 준비한다. 또한 학생이 삶 속에서 자신의 요구나 권리를 충분히 표현할 수 있는 제반 환경을 마련하여 연습하도록 한다.
- 학생의 자기 결정 활동이 증대될 수 있도록 교수 목표나 환경을 학생의 선호나 삶의 맥락에 어울리도록 설계하고 학생이 스스로 결정할 수 있도록 교수·학습 활동 전반에 걸쳐 선택할 기회를 지속적으로 제공한다.
- [12사회01-02] 자신의 의사를 스스로 표현하거나 선택하기가 어려운 경우 '지원적 의사 결정'을 적용하여 자신의 문제에 대해 의사를 표현하고 스스로 결정하는 경험을 반복적으로 하도록 한다. 장애를 이유로 행위능력을 제한하지 않고 필요한 의사 결정을 지원해야 한다는 관점에서(유엔 장애인권리협약 12조) 학생 또한 일상의 여러 가지 의사 결정을 위해 적절한 지원을 활용하는 것은 중요한 권리이다. 따라서 이를 포함하여 장애인을 위한 여러 가지 권리 행사를 [12사회03-05], [12사회03-06]과 연계하여 지도한다.

(2) 관계의 삶

고등학교 1~3학년 '관계의 삶' 영역 성취기준은 정직과 성실이라는 가치를 바탕으로 다른 사람과 생명을 존중하며 사람들과의 관계 속에서 기대되는 역할 행동을 실천하도록 설정하였다. '관계의 삶' 영역의 '도덕적 인성'에서는 정직하고 성실한 생활, 존중하고 배려하는 생활에 대한 내용으로 구성되었다. '사회성'에서는 사회적 관계유형과 역할 행동, 다른 입장의 인정과 존중 등의 내용을 담고 있다. 다양한 사례와 상황을 통해 내면화한 가치를 바탕으로 사회 구성원으로서 적절히 관계를 맺고, 사회적 역할에 맞는 행동을 실천하는 데 주안점을 둔다.

[12사회02-01] 정직하고 성실하게 살아가는 태도를 실천한다.
[12사회02-02] 다른 사람을 존중하고 배려하며 생명을 소중히 여긴다.
[12사회02-03] 다양한 사회적 관계유형에 따른 역할 행동을 일상에서 실천한다.
[12사회02-04] 사회적 관계에서의 갈등 상황을 분석하고 서로의 입장을 존중한다.

(가) 성취기준 해설
- [12사회02-01] 이 성취기준은 자신의 역할을 정직하고 성실하게 수행하는 것의 의미와 중요성을 알고 다양한 상황에서 올바른 행동을 선택하여 이를 실천하기 위해 설정하였다. 정직하고 성실한 삶의 모습 찾기, 모범 사례와 인물 탐구하기, 정직하고 성실한 삶의 약속 실천하기에 관한 내용을 다룬다. 삶에 필요한 모범적 가치를 익혀

습관화하는 데 중점을 둔다.
- [12사회02-02] 이 성취기준은 주변 사람들과 더불어 살아가는 데 필요한 배려와 존중, 생명을 소중히 여기는 태도를 기르기 위해 설정하였다. 생활 속 존중과 배려의 모습 찾기, 생활 속 작은 나눔 실천하기, 동물 학대 예방을 위한 생명 존중 캠페인하기 등의 내용을 다룬다. 인간과 동·식물의 생명은 그 자체로 가치가 있는 소중한 존재임을 이해하여 생명이 있는 모든 존재를 존중하고 배려하는 생활 태도를 형성하는 데 중점을 둔다.
- [12사회02-03] 이 성취기준은 삶의 맥락에서 만나는 다양한 사람들과 긍정적인 관계를 형성하고 유지하는 데 필요한 사회적 역할 행동을 생활 속에서 실천하기 위해 설정하였다. 친구, 직장, 동호회 등 다양한 사회적 관계 조사하기, 상황에 따른 적절한 역할 행동 실천하기, 다양한 사회적 역할 체험하기, 사회 관계망 서비스(SNS)나 온라인 게임 등에서 적절한 역할 행동 실천하기 등의 내용을 다룬다. 다양한 사회적 역할의 경험을 통해 기대되는 사회적 역할 행동을 일상의 다양한 맥락으로 일반화하는 데 중점을 둔다.
- [12사회02-04] 이 성취기준은 다양한 사회적 관계에서 일어날 수 있는 갈등 상황의 대처 경험을 통해 갈등을 평화롭게 해결하는 방법을 내면화하는 데 목적이 있다. 온라인 공간에서 발생할 수 있는 갈등 상황 조사하기, 갈등을 해결하는 올바른 대화하기, 서로 존중하기 위한 교실 내 규칙 토의하기 등의 내용을 다룬다. 다양한 갈등 상황에서의 대처 방법을 자유롭게 선택하고 이에 따른 결과를 검토하는 활동을 통해 타인에 대한 존중을 일상에서 실천할 수 있도록 하는 데 중점을 둔다.

(나) 성취기준 적용 시 고려 사항
- 장애 정도가 심한 학생을 위한 사회적 관계의 촉진은 의도적인 노력이 필요하다. 따라서 학생의 일과와 환경을 파악하여 관계 형성 기회를 최대화할 수 있도록 또래와의 공간이나 활동 공유하기, 학생 사이를 연결해 줄 공통 관심사 형성하기 등의 물리적·심리적 환경을 구성한다. 이를 통해 제공된 자연스러운 맥락에서 학생에게 기대되는 역할 행동을 익히도록 한다.
- [12사회02-03] 온라인 공간(예 : 사회 관계망 서비스(SNS), 온라인 게임)에서도 사회적 관계를 형성할 수 있음을 다룬다. 유해 사이트 접속이나 바람직하지 않은 사회적 관계 형성 및 상호 작용에 유의하도록 지도한다.
- [12사회02-04] 다양한 갈등 상황에서 다른 사람의 생각이나 의도 등과 같은 마음 상태를 추론하기 어려운 경우에는 사진이나 그림을 보고 표정 인식하기, 상황을 살펴보고 이에 따라 유발되는 정서 인식하기 등의 활동을 충분히 경험하여 다른 사람과의 관계 형성을 위한 기초를 형성하도록 한다.

(3) 시민의 삶

고등학교 1~3학년 '시민의 삶' 영역 성취기준은 사람들이 살아가는 다양한 삶의 터전을 알고 이곳에서 경제적 주체로서 살아가며 역사적·문화적 소양을 갖춘 민주시민으로서 성장하도록 설정하였다. '인간과 자연의 공존'에서는 인간과 환경의 관계를 알아보고 경제생활의 주체로서 살아가는 삶에 관한 내용을 다룬다. '역사·문화 소양'에서는 우리나라의 다양한 문화유산을 살펴보고 사회적 관계 속에서 문화 활동을 즐기며 참여하는 내용을 다룬다. '민주시민'에서는 사회 규범과 인권, 일상에서 실천하는 민주주의 원리와 시민 의식, 영토 주권과 평화 통일, 세계 평화와 다중 시민성의 내용을 다룬다. 변화를 긍정적으로 인식하며 환경을 보호하고 역사·문화적 소양을 갖춘 세계시민의 태도를 보이도록 하는 데 주안점을 둔다.

> [12사회03-01] 세계 곳곳의 사람들이 환경과 조화를 이루며 살아가는 모습을 파악하고 일상에서 환경친화적 생활 태도를 실천한다.
> [12사회03-02] 사람들의 다양한 경제활동 모습을 분석하며 경제생활 주체로서의 삶의 태도를 지닌다.
> [12사회03-03] 우리나라의 문화유산을 조사하고 우리 역사에 자부심을 느낀다.
> [12사회03-04] 여러 사람과 다양한 문화 활동을 하며 문화적 소양을 기른다.
> [12사회03-05] 일상에서 사회 규범을 지키며 인권 존중을 실천한다.
> [12사회03-06] 민주주의의 원리를 존중하고 실천하며 민주시민의 소양을 기른다.
> [12사회03-07] 영토 주권과 평화와 통일을 위한 우리의 노력을 조사하고 세계 평화를 소중히 여긴다.
> [12사회03-08] 세계인이 함께 살아가는 모습을 조사하고 세계시민으로서의 삶의 태도를 가진다.

(가) 성취기준 해설

- [12사회03-01] 이 성취기준은 환경에서 일어나는 다양한 문제가 나의 삶에 영향을 미친다는 것을 이해하여 지구 생태계 내에서 조화로운 삶을 살아가기 위한 역량을 갖추는 것을 목적으로 한다. 또한 세계의 다양하고 아름다운 지리의 모습을 우리 삶의 다양한 주제를 중심으로 소개하여 학생들이 자연스럽게 세계의 지리적 특성과 소중함을 이해할 수 있도록 한다. 우리나라 및 세계 여러 나라의 지리적 특징 살펴보기, 지구 곳곳의 다양한 세계 지리 탐색하기, 자연환경과 조화를 이루며 살아가는 모습 조사하기, 기후변화와 환경 위기의 사례 조사하기, 생태환경을 지키기 위한 사람들의 노력 조사하기 등의 내용을 다룬다. 과학과나 창의적 체험활동 등과 연계한 생태체험 활동, 학교 숲 체험, 천연제품 만들기, 친환경 에너지 체험 등을 다양하게 계획하여 환경친화적 생활 태도를 실천할 수 있도록 한다.
- [12사회03-02] 이 성취기준은 일상생활 속 경제활동 모습을 탐색하여 직업인으로서 생산 활동을 이해하고 소비자로서 합리적 선택과 소비 능력을 함양하여 경제생활의 주체로 사는 삶을 준비하기 위해 설정하였다. 무역을 통해 다른 나라와 사고파는 물건 조사하기, 나의 미래 경제생활 계획하기, 필요한 물건 합리적으로 선택하고 소비

하기 등의 내용을 다룬다. 일상생활에서 친숙하게 접근할 수 있는 경제활동 사례와 실습 기회를 제공하여 자신의 경제활동을 스스로 계획할 수 있도록 지원한다.

- [12사회03-03] 이 성취기준은 우리나라 각 시대를 살았던 다양한 사람들의 이야기와 그들의 삶을 엿볼 수 있는 문화유산을 중심으로 우리 역사에 관한 관심을 높이고, 우리나라에 대한 자긍심을 높이기 위해 설정하였다. 고조선부터 현대까지의 대표적 문화유산 조사하기, 아름다운 문화유산 체험하기(예 : 도자기 만들기, 탈춤 추기), 무형문화유산으로서의 음식 문화 조사하기, 증강현실(AR)로 과학 유산 살펴보기 등을 내용으로 다룬다. 시대별 흐름에 기반을 둔 연대기적 접근보다는 학생의 흥미나 우리 생활과 관련된 주제 사적 접근을 고려하여 학생들이 친숙하게 역사에 다가갈 수 있도록 하는 데 주안점을 둔다.

- [12사회03-04] 이 성취기준은 여러 사람(예 : 가족, 친구, 이웃, 종교단체, 동호회, 직장 동료)과 함께하는 다양한 문화 활동을 통해 삶의 질을 향상하며 시민으로서 필요한 문화적 소양을 기르기 위해 설정하였다. 스포츠 경기 관람하기, 국내 여행 계획 세우기, 지역의 문화 시설 조사하기, 가상현실(VR) 기기로 산악 등반 체험하기, 문화 공연 및 행사 참여하기 등의 내용을 다룬다. 실제 지역사회에서 할 수 있는 문화 활동을 조사하거나 체험하여 여러 사람과 관계를 맺으며 문화 활동에 참여하는 것이 삶의 질을 높이는 방법임을 이해하도록 한다.

- [12사회03-05] 이 성취기준은 일상의 다양한 사회 규범을 지키고 다른 사람의 인권을 존중하는 태도를 함양하여 학교 및 지역사회와 같은 공동체에서 함께 살아가도록 하는 데 목적이 있다. 내가 지켜야 할 사회 규범(예 : 관습, 종교, 도덕, 법) 알아보기, 인권의 의미와 특성 알아보기, 청소년의 인권 살펴보기, 소수자에 대한 차별이나 혐오 표현 조사하기, 인권을 지키는 법률(예 : 장애인차별금지 및 권리구제 등에 관한 법률, 발달장애인 권리보장 및 지원에 관한 법률) 조사하기 등의 내용을 다룬다. 사회 속에서 여러 사람과 함께 살아가기 위해서는 인권을 존중하는 태도를 바탕으로 사회 규범을 지키며 살아가는 것이 중요함을 이해하도록 하는 데 중점을 둔다.

- [12사회03-06] 이 성취기준은 일상생활 속에서 경험할 수 있는 다양한 민주적 가치를 탐구함으로써 시민 이식을 자연스럽게 내면화하고 이를 통해 민주시민으로서의 성장을 지원하기 위해 설정하였다. 일상 속 시민의 권리와 의무 조사하기, 투표 등 민주적 의사 결정 과정 참여하기, 다양한 미디어에서 표현의 자유 살펴보기, 미디어에 자유롭게 의사 표현하기 등을 주된 내용으로 한다. 개념을 학습하는 것에 치우치지 않도록 유의하며 일상의 다양한 사례를 통해 민주적 생활 태도를 실천하는 시민의 태도를 기르는 데 중점을 둔다. 미디어 문해력과 관련해서는 다양한 의견을 자유롭게 표현하도록 하되 이 과정에서 표현의 자유에 따른 책임을 인식하도록 하고, 각종 미디어의 내용을 비판적으로 수용하는 태도로 확장하도록 한다.

- [12사회03-07] 이 성취기준은 우리 국토를 지키기 위한 조상들의 모습과 통일을 위한 다양한 노력을 살펴보며 세계 평화의 중요성과 올바른 영토 주권 의식을 형성하기 위해 설정하였다. 외침을 막아낸 역사 조사하기, 독도의 역사와 영유권 분쟁 조사하기, 평화로운 미래를 위한 통일 관련 활동하기(예 : 남북한의 다름을 살펴보고 서로 존중하기, 북한 전통 놀이 체험하기, 남북한의 협력 사례 찾아보기, 통일 후 평화로운 세계 상상하기) 등의 내용을 다룬다. 평화로운 미래의 중요성을 인식하게 하고, 단순히 전쟁이 없는 평화가 아니라 각기 다른 사람들이 독립성을 가지고 자유롭게 어울려 사는 것의 소중함을 인식하는 데 중점을 둔다.
- [12사회03-08] 이 성취기준은 인공지능 시대, 세계인이 함께 사는 초연결 사회 등 새롭게 등장하는 다양한 가치에 공감하고 변화를 능동적으로 수용하는 자세를 기르기 위해 설정하였다. 우리는 이제 지역 주민, 국민, 세계시민이라는 다중적인 지위를 동시에 갖는 시대에 살고 있으며 이에 따른 시민의 자질, 즉 다중 시민성이 필요하다. 이를 위해 인공지능이 바꿔 가는 삶의 모습 살펴보기, 세계 평화와 인권 수호를 위한 캠페인 참여하기, 혐오와 차별에 대처하기, 세계의 빈곤 및 불평등 문제 조사하기 등의 내용을 다룬다. 전 세계적 변화와 발전 모습을 긍정적으로 인식하도록 하며 사회 문제를 해결하는 데 필요한 작은 행동에 동참하도록 하여 세계시민으로 사는 삶의 자세를 갖는데 주안점을 둔다. 또한 글로컬 시민으로서 세계화뿐만 아니라 지역의 다양한 문제에 관심을 두고 지역의 가치를 함께 강조하는 삶의 자세를 갖도록 한다.

(나) 성취기준 적용 시 고려 사항
- 환경, 문화, 독도 등의 주제와 관련한 기념일, 각종 국가 기념일(예 : 삼일절, 현충일, 제헌절, 광복절, 개천절, 한글날), 절기 등과 연계하여 지도한다. 또한 사회적 이슈나 현상을 이용한 계기수업과 시사 학습을 적극적으로 적용한다.
- 장애 정도가 심한 학생의 민주시민 역량을 함양하기 위해서는 자신이 속해 있는 지역사회에 참여하는 시간을 확대하여 소속감을 느낄 수 있도록 지원하는 것이 중요하다. 따라서 실제 학생이 살아가는 지역사회의 다양한 여가 및 문화 시설 등을 파악하고 경제적 주체로서 사회에 참여하는 데 필요한 내용을 선별하여 교육 내용을 구성한다.
- 환경을 보호하고 정치에 참여하며 다양한 사회 문제에 능동적으로 참여하기 위해 학생들이 일상에서 실천할 수 있는 행동을 중심으로 교수학습을 계획한다. 종이컵 사용하지 않기, 학생 자치회 선거 독려 캠페인에 참여하기, 독도 경비 대원에게 편지쓰기 등 실제적 활동을 통해 민주적 생활 태도를 내면화하도록 한다.
- [12사회03-01] 인간이 환경과 조화를 이루며 공존하는 삶의 중요성에 대해 이해할 수 있도록 기후변화의 위험성과 환경문제 등에 관해 다양한 사례를 제시하고, 이와 같은 기후 변화를 막기 위해 학교 및 가정에서 내가 할 수 있는 일을 찾아 실천한다.

내가 실천하는 작은 일들이 모여 지속가능한 환경을 만들 수 있고 이는 인간의 삶의 질과 관계되는 중요한 일임을 인식하는 데 중점을 두어 생태전환 교육을 시행한다. 전 지구적 기후위기를 함께 대응해 나가는 세계시민으로서의 모습을 갖추기 위해 [12사회03-08]과 연계한다.

- [12사회03-03] 역사적 상황이나 맥락, 인물의 생각 등을 다차원적으로 이해하고 역사적 상상력을 극대화할 수 있도록 옛 시대를 살았던 인물이 직접 되어보는 추체험 학습을 활용할 수 있다. 감정 이입을 통해 당시를 살았던 조상의 삶에 대해 친숙하게 느끼도록 하며 이를 통해 역사적 사실과 개념도 함께 이해하도록 한다. 문화유산과 역사 이야기를 흥미롭게 이해하도록 다양한 사진, 그림, 멀티미디어, 가상현실(VR) 등의 시청각 자료를 활용하고 지역의 유적지나 역사박물관을 직접 방문하여 학생들이 당시 생활 모습을 상상하게 한다.

- [12사회03-04] 온라인 미술관, 가상현실(VR) 박물관, 온라인 공연, 가상현실(VR)·증강현실(AR)을 활용한 체육 활동 등 비대면을 기반으로 한 다양한 문화 활동을 소개하여 공간의 제약을 넘어 많은 사람과 소통하며 문화적 소양을 기르도록 지원한다.

- [12사회03-06] 학생이 민주시민으로서 다른 사람의 상황에 공감하고 함께 연대하며 인권과 다양성을 존중하도록 실제적인 사례와 상황을 가정하여 교육한다. 민주주의와 정치 등과 관련한 지식이나 개념 이해에 초점을 두기보다는 민주시민 의식이 실현되는 구체적인 모습과 행동에 초점을 둔다. 장애 정도가 심한 학생이라도 민주시민의 다양한 행동, 선거 참여와 같은 유권자 행동을 학습하는 것은 시민의 권리에 해당하므로 학습 활동에서 제외하지 않도록 유의한다. 유권자 권리 행사를 위하여 '지원적 의사 결정'을 활용하는 예를 지도 내용으로 포함한다.

- [12사회03-08] 인권, 민주시민의 소양, 평화, 기후위기 등은 세계적인 쟁점이므로 [12사회03-01], [12사회03-05], [12사회03-06], [12사회03-07]과 연계한다.

# 03 교수·학습 및 평가  13초 / 16초 / 20초

## 가. 교수·학습

(1) 교수·학습의 방향

(가) 학생이 생활연령에 따른 다양한 사회생활을 경험할 수 있도록 11)_____을 중심으로 교수·학습을 계획한다.

(나) 교육과정 영역별 내용 요소 및 성취기준은 학교 수준 교육과정에서 지역 특수성과 학생이 살아가는 현재 및 미래의 12)_____을 고려하며 학생의 교육적 요구에 따라 유연하게 해석하여 학생의 삶과 연계한 맞춤형 교수·학습을 설계한다.

(다) 내용 요소에서 '과정·기능'과 '가치·태도'를 중심으로 진술된 성취기준에 따라 실제 사회 장면에서 구체적인 학습 활동을 계획하고 '지식·이해'는 그러한 활동을 경험하는 과정 및 결과로써 수반될 수 있도록 한다.

(라) 내용 영역 및 내용 요소는 서로 배타적이지 않고 학생의 삶의 맥락에 따라 융합되어 사회현상을 종합적으로 인식하고 경험할 수 있도록 통합적인 교수·학습을 설계한다.

(마) 성취기준은 모든 학생에게 보장하는 학습 기회 기준으로써 장애 특성을 이유로 제한하지 않고 학습 활동 참여에 필요한 지원 요구를 반영하여 교수·학습을 계획한다.

(바) 모든 학생이 자신의 교육적 요구와 학습 양식에 따라 학습 활동에 능동적으로 참여할 수 있도록 13)_____ 및 _____ 등을 활용하고 14)_____를 적용하여 교수·학습을 설계한다.

(사) 다양한 사회적 학습 경험을 위하여 온오프라인 연계 수업, 원격수업, 가정 및 지역사회 연계 학습을 계획하고 학습한 내용을 실생활에서 활용하도록 가정 및 지역사회와 협력한다.

(2) 교수·학습 방법

(가) 사회과 교수·학습 모형은 사회과 수업을 실천하는 고유한 교수·학습 과정이며 그 과정에 참여하는 자체가 목표가 되는 것이므로 학생의 특성과 학습 수준에 알맞은 지원을 반영하여 유연하게 적용한다.

• 사실이나 개념 이해를 위해 15)_____ 등을 적용하되 학생이 실생활에서의 경험과 결과를 통해 자연스럽게 학습할 수 있게 한다.

11) 실제적 활동
12) 생태학적 맥락
13) 보조공학 및 테크놀로지
14) 보편적 학습설계
15) 직접 교수, 개념학습, 탐구학습 모형

- 사회적 문제 상황 확인과 합리적 의사 결정을 위해 16)_____ 등을 적용하며 시사성 있는 주제 선정과 토의·토론 과정에 교사가 함께 참여할 수 있다.
- 사회·도덕적 인성과 민주시민의 가치와 태도를 기르기 위하여 17)_____ 등을 활용하고 학습 성과로서 학생이 실제 장면에서 구체적인 행동으로 실천할 수 있게 한다.
- 절차적 지식과 기능 학습 활동을 위하여 비교하기, 설명하기, 표현하기, 적용하기, 의사 결정하기, 자료 수집하기, 조사하기, 분석하기, 탐구하기, 체험하기, 토론하기, 토의하기, 계획하기 등을 학생 특성을 고려하여 유연하게 조직하고 교사가 학습자이자 18)_____로서 함께 참여한다.

(나) 학생들의 장애 특성, 학습 수준, 교육적 요구 등의 다양성을 사회과 교수·학습에 필요한 이질적 학습 집단 특성으로 활용하고 실생활 체험형 융합 수업과 테크놀로지를 활용한다.
- 학습 활동 특성과 학습자 요구에 따라 일대일 개별 수업, 소집단 수업, 대집단 수업 등 탄력적인 수업 집단 형태를 운영한다.
- 집단 수업은 수준별 수업보다는 19)_____으로 운영하여 학습 과정에서 상호 의존적 협력을 경험하는 협동 학습이 이루어지도록 한다.
- 학생이 학습한 내용을 실제 생활에서 경험할 수 있도록 다양한 현장 체험 학습, 주제 중심 통합 수업, 타 교과 및 비교과 연계 수업을 운영한다.
- 디지털 매체와 인공지능 테크놀로지를 이용하여 시공간적 제약 없는 직간접 체험수업, 원격수업 등 다양한 수업 형태를 전개한다.

(다) 학습 효과를 높이고 능동적 학습 과정을 위하여 내용 영역별 학습 요소에 적합한 20)_____를 적용한다.
- '나의 삶' 영역에서 21)_____ 등을 적용하고 가정과 적극적인 연계 수업을 계획한다.
- '관계의 삶' 영역에서는 온라인 공간을 포함한 다양한 실생활 장면에서 사람들과의 사회적 상호 작용 및 관계 형성을 위해 22)_____ 등의 방법을 활용한다.
- '시민의 삶' 영역에서는 실제 삶의 맥락을 중심으로 23)_____

16) 의사 결정 학습, 논쟁 문제 수업, 문제 해결 학습 모형
17) 가치 명료화, 가치 분석 모형
18) 촉진자
19) 혼합집단
20) 증거기반 특수교육 실제
21) 자기 관리 전략, 자기 존중감 향상전략, 동기유발 전략, 자기 결정 학습모형
22) 역할 놀이, 모의 학습, 극화 학습, 협동 학습, 마음이론, 초인지 접근, 행동 지원, 사회성 증진 전략, 또래 중재, 모델링
23) 웹 기반 지리 학습, 지역사회 중심 교수, 현장학습, 시사 학습, 봉사 학습, 추체험 학습

　　　　　등 학생 참여와 일반화를 높이는 학습 기법을 활용한다.
- 내용 영역 모두에서 반성적 사고, 사회과학적 탐구, 창의적·합리적 문제 해결 사고 과정을 경험하도록 수업을 계획한다.
- 장애 정도가 심한 학생을 위하여 24)_____를 적용하고 과제 분석, 촉진 전략, 점진적 안내, 촉각 지원전략, 시간지연 전략 등 다양한 수준의 체계적 교수 전략을 계획한다.

(라) 실물 자료, 멀티미디어 자료, 시사 자료, 인적 자원 등 다양한 교수·학습 자료와 자원을 적절하게 활용한다.
- 학습의 일반화를 위하여 가능하면 실생활에서 사용하고 있는 실물 자료를 활용하거나 그와 최대한 유사한 자료를 활용한다.
- 사회현상을 폭넓게 이해할 수 있도록 사진, 그림, 동영상, 신문, 누리 소통 매체 등 다양한 멀티미디어 및 시사 자료를 활용한다.
- 다양한 분야 및 지역 사람들을 학습 활동에 직접 초빙하거나 디지털 및 인공지능 테크놀로지를 활용하는 다양한 참여 방식의 수업을 계획한다.
- 가정과 연계하여 학교에서의 학습 경험이 실생활에서도 이루어져 학생의 사회적 경험과 사회 참여가 확장되도록 한다.

## 나. 평가

(1) 평가의 방향

(가) 학생이 생활연령과 교육적 요구에 적합한 다양한 사회생활 경험을 향유하였는가를 평가의 핵심 방향으로 설정한다.

(나) 학생이 삶의 실제적 장면에서 학습하고 성장하는 것을 돕기 위해 학습 과정 및 수행에 관한 '지식·이해', '과정·기능', '가치·태도'를 종합적으로 아우르는 과정을 중시하는 평가를 적용한다.

(다) 성취기준은 개별 학생의 교육적 요구에 따른 활동 특성을 고려하여 평가 준거를 개별화한다.

(라) 다양한 평가 요소와 방법을 적용한 25)_____로 학생의 교육적 요구에 맞춤화하고 26)_____를 높인다.

(마) 디지털 테크놀로지를 적용한 수업 등 디지털 교육 환경에 적합한 다양한 평가 방법을 적용한다.

(바) 백워드 방식의 평가 설계를 통해 교육과정과 교수·학습 활동을 연계하고 통합하여 평가와 일관성을 유지한다.

24) 부분 참여 원리
25) 다면적 평가
26) 사회적 타당도

(2) 평가 방법

  (가) 수행과제는 학생이 학교에서뿐만 아니라 실제 생활 장면에서 구체적인 행동으로 실천하는지를 평가하며 27)_____ 및 _____ 형식의 협력적 피드백 활동이 이루어지도록 한다.

- '지식·이해' 측면의 평가를 위해 학생이 다양한 학습 활동을 경험하는 과정에서 보이는 인지과정 및 실제 행동을 직·간접적으로 관찰하고 기록하여 평가한다.
- 과정적 지식의 평가를 위해 사회과 학습 활동을 수행하는 모습에서 구체적인 절차적 기능과 행동을 관찰하고 수행 결과물 중심의 포트폴리오를 수집하여 평가한다.
- 기능 측면의 평가는 학생이 실제 사회적 장면에서 보이는 수행 여부를 중심으로 가족, 친구, 지역사회 인사 등을 평가 자원으로 활용한다.
- '가치·태도' 측면의 평가에서는 학생이 학습 활동을 경험하는 과정에서 보이는 흥미, 학습 동기, 자신감, 신념, 참여도, 협동성, 자기조절, 책임감 등을 관찰과 면담 등의 방법으로 평가한다.

  (나) 내용 영역별 평가의 중점을 바탕으로 교육과정 성취기준에 적절한 평가 방법을 적용한다.

- '나의 삶' 영역에서는 자아 존중감, 자기 결정 및 자기 옹호 행동 실천을 평가의 중점으로 하고 28)_____ 등의 방법을 활용한다.
- '관계의 삶' 영역에서는 실제 사회생활 장면에서 사회·도덕적 태도와 행동을 보이는지를 관찰하고 학생과 사회적 관계를 이루는 상대방의 생각과 행동을 평가에 반영한다.
- '시민의 삶' 영역에서는 사회현상에 관심과 흥미를 갖는지, 시민으로서 갖는 권리를 행동으로 실천하는지, 사회·문화적 생활을 경험하는지를 학생에 대한 직접 평가와 함께 29)_____를 활용하여 평가한다.

  (다) 학생 맞춤형 학습 경험 제공의 평가를 위해 개별화한 평가 준거 성취기준을 바탕으로 학생의 장애 특성과 학습 양식을 고려한 평가 방안을 적용한다.

- 장애 정도가 심한 학생의 교육을 위해 적절한 인적·물적 지원을 받아 평가를 수행하여 반영한다.
- 평가 과정에 30)_____를 적용하여 학생의 장애 특성과 학습 양식을 고려한 다양한 대안적 평가 방안을 적용한다.
- 디지털 매체 및 인공지능 기술을 평가의 장면과 방법으로 이용한다.

---

27) 자기 평가 및 동료 평가
28) 행동 관찰, 면담, 자기 평가, 수행평가, 포트폴리오 평가
29) 가족, 친구, 지역사회 인사
30) 보편적 학습설계의 원리

(라) 교수·학습과 평가 내용의 일관성을 유지하도록 개별화된 평가 준거 성취기준을 바탕으로 지속해서 평가한다.
- 31)_____를 시행하여 학생 수행과 교수·학습 과정을 지속해서 점검하고 교수학습의 질을 개선하는 데 활용한다.
- 정기적으로 32)_____를 실행하여 33)_____와 함께 평가 준거 성취기준 달성 여부를 평가하고 교수학습 과정에 환류한다.
- 평가 결과를 바탕으로 교수·학습에 영향을 미치는 다양한 요인을 분석하고 적절한 피드백을 제공하여 학생의 전인적 성장을 돕는다.

---

31) 성적 평가
32) 총괄 평가
33) 형성평가

# 03 수학

## 교육과정 설계의 개요

2022 개정 특수교육 교육과정 총론은 학생들이 미래 사회가 요구하는 핵심역량을 함양하여 포용성과 창의성을 갖춘 주도적인 사람으로 성장하는 것과 언어·수리·디지털 기초소양을 갖추어 학교 교육 및 평생 학습에 지속할 수 있는 능력을 강조하였다. 특히 학교 교육의 전 과정을 통해 '자기관리 역량, 지식정보처리 역량, 창의적 사고 역량, 심미적 감성 역량, 협력적 소통 역량, 공동체 역량'을 기르도록 하였다. 이에 기본 교육과정 수학과에서는 총론의 핵심역량과 연계하여 [1]'_____'을 수학 교과의 역량으로 설정하고, 수학과 역량의 함양을 통해서 특수교육 대상 학생이 [2]_____을 갖추는 것을 강조하였다.

기본 교육과정 수학과는 특수교육 대상 학생이 수학을 왜 배워야 하는지, 구체적으로 무엇을 배워야 하며, 어떻게 배워야 하는지에 대한 해답을 제시하기 위해 '성격 및 목표', '내용 체계 및 성취기준', '교수·학습 및 평가'로 구성하였다. '성격 및 목표'에서는 특수교육 대상 학생이 수학을 왜 배워야 하는지에 대한 해답을 제시하기 위해 기본 교육과정 수학과의 특성을 밝히고, 궁극적으로 달성해야 하는 목표를 총괄 목표와 세부 목표로 제시하였다. '내용 체계 및 성취기준'에서는 '[3]_____'의 5개 영역에서 학생들이 배워야 하는 '내용 요소'와 '성취기준'을 제시하고, '성취기준 해설과 적용 시 고려 사항'을 기술하였다. '교수·학습 및 평가'에서는 어떻게 교수·학습 활동이나 평가 활동을 전개할 것인지에 대한 전반적인 방향과 구체적인 방법을 제시하였다.

2022 개정 기본 교육과정 수학과의 설계는 특수교육 대상 학생이 수학을 배운다는 것의 의미를 구체적으로 밝히는 것으로부터 시작하였다. 특수교육 대상 학생이 수학을 배운다는 것은 실생활에 활용할 수 있는 실용적 수학을 익힌다는 것과 구체적인 상황에서 추상적인 수학을 다룸으로써 발생하는 학생 사고력의 증진을 의미한다. 즉 수학 자체의 성격에 실용성과 추상성이 동시에 포함되어 있으므로, 학생은 실용적인 수학을 학습하면서 실생활 적응 능력을 확장해 나아갈 수 있으며, 추상적이고 논리적인 수학을 구체적 조작 활동을 바탕으로 추론하고 검증하는 학습 활동을 통해 더욱 논리적이고 합리적인 사고력을 키워나갈 수 있다.

1) 문제 해결 역량, 추론 역량, 의사소통 역량, 연결 역량, 정보처리 역량
2) 수리·디지털 기초소양
3) 수와 연산, 도형, 측정, 규칙성, 자료와 가능성

이러한 수학 학습의 의미 형성 과정에서 학생이 익혀야 하는 수학 학습의 내용은 수학적 '지식·이해', 수학적 탐구 '과정·기능', 수학적 '가치·태도'로 구성된다. 수학적 '지식·이해'는 인류가 만들어낸 수학이라는 학문 내에서 기초적이고 기본적인 개념이나 원리를 이해하고 익히는 인지적인 범주를 말한다. 수학적 탐구 '과정·기능'은 수학적 지식을 탐구하는 과정이나 수학적 이해를 위해 동반되어야 하는 수학적 기능을 경험하고 익히는 기능적인 범주를 말한다. 수학적 '가치·태도'는 수학적 '지식·이해'의 학습과 수학적 '과정·기능'의 습득과 더불어 수학 학습을 통해 형성해야 하는 수학 가치에 대한 긍정적 인식과 수학 학습에 대한 바람직한 태도의 정의적인 범주를 말한다.

이를 바탕으로 기초적이고 기본적인 수학 내용에서 시작하여 점차 생활 중심의 수학 내용으로 확장되도록 교육과정을 구성하였다. 수 이전 개념과 같은 수학 내용으로부터 시작하여 수학 학습의 토대를 다질 수 있는 수학 개념과 원리를 중심으로 내용을 조직화하여, 수학 학습 내용이 점차 실생활에 활용할 수 있는 생활 수학으로 전환되고 확장될 수 있도록 전개하였다. 이렇게 설계된 2022 개정 기본 교육과정 수학과 설계의 개요는 다음 그림과 같다.

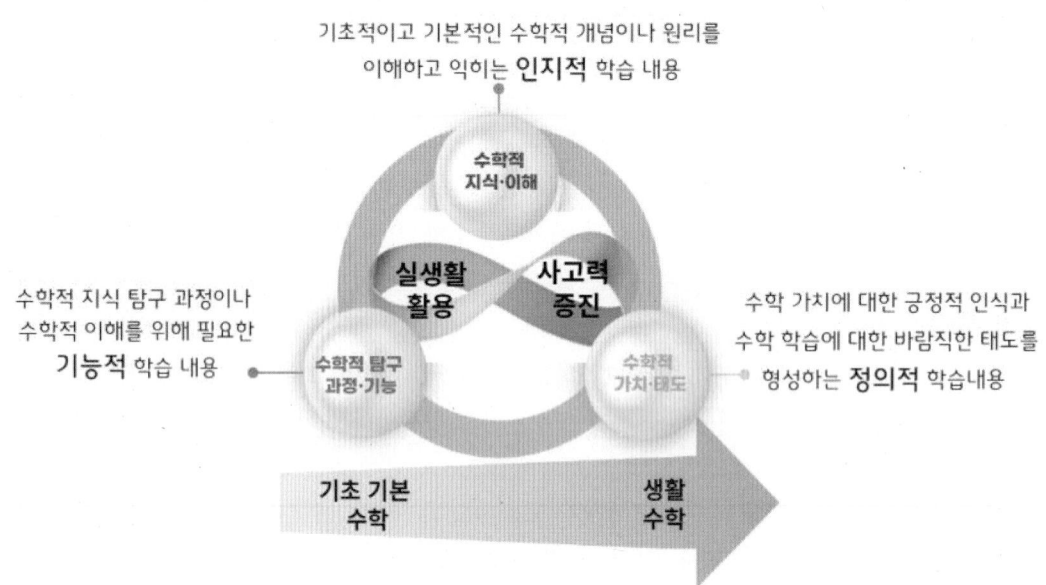

[그림 4] 2022 개정 기본 교육과정 수학과 설계의 개요

# 01 성격 및 목표 〔19초 / 21초〕

## 가. 성격

수학은 수와 기호를 통해 개념과 논리를 다루는 학문이다. 수학과는 학생이 주변 현상을 관찰하고 주변 사물을 조작하는 과정을 통해 수학적 기본 개념과 원리를 이해하도록 하는 교과이다. 특수교육 대상 학생은 기본적인 수학적 개념을 바탕으로 추론하고 수학적으로 의사소통함으로써 논리적으로 사고하는 힘을 가져야 하며, 더 나아가 일상생활 속에서 접하게 되는 여러 가지 문제를 합리적으로 해결하는 능력과 태도를 길러야 한다.

기본 교육과정 수학과는 특수교육 대상 학생이 현재와 미래의 가정, 학교, 지역사회에서의 삶과 여가, 직업생활을 영위하기 위한 역량을 기르는 데 필수적이라는 성격을 가지고 있다. 학생의 가정생활, 학교생활, 지역사회 생활, 여가생활, 직업생활 등의 다양한 생활 장면 곳곳에는 기본적인 수학적 개념이나 원리가 포함되어 있기 때문에, 실용적 성격의 수학과 학습을 통해 생활 적응 능력을 향상해야 한다.

또한 기본 교육과정 수학과는 구체적 조작 활동에서 형식적 조작 활동으로 나아가려는 다양한 학습 활동을 통해서 특수교육 대상 학생의 수학적 사고력 즉 인지능력을 적극적으로 확장하는 데에 유용한 교과이다. 추상적 성격의 수학과는 여러 가지 조작 활동을 통해 학생의 생각을 자극하고 활성화하여 논리력, 문제 해결력 등과 같은 사고력을 신장하는 데에 필수적인 교과이기 때문이다.

수학과에서 추구하는 삶은 교육과정 총론의 인간상을 반영한다. 융합적으로 사고하고 도전적인 태도를 가지고 문제를 해결하는 것은 창의와 혁신을, 수학적으로 의사소통하고 협력하여 문제를 해결하는 것은 포용과 시민성을, 스스로 문제를 이해하고 필요한 정보를 정리하고 해석하며 논리적으로 사고하여 문제를 해결하고 그 과정을 검토하는 것은 자기주도성을 반영한다.

특수교육 대상 학생은 수학과 학습을 통해 실생활 속 수학적 용어와 표현을 사용함으로써 다른 사람과 의사소통할 수 있고, 특정 기준에 따라 주위 정보를 수집·정리하고 자료를 해석할 수 있을 뿐 아니라 보다 논리적으로 사고하며 추론할 수 있다. 또한 수학적 지식을 실생활이나 다른 교과와 연결하며 생활 속 문제를 합리적으로 해결할 수 있다. 이러한 과정에서 학생은 수학의 유용성과 가치를 인식하고 즐겁게 참여하며 협력하고 도전하는 태도를 기를 수 있다.

기본 교육과정 수학과는 특수교육 대상 학생들의 다양한 수준과 특성을 반영하여 기본적이고 필수적인 내용을 바탕으로, 다양한 수준의 특수교육 대상 학생이 그들의 교육적 요구에 맞게 학습할 수 있도록 내용을 구성하였다. 수학 학습 소재와 문제 상황을 학생이 익숙한 일상생활에서 가져와 친숙하고 흥미 있게 학습하도록 하고, 민주시민 교육, 생태전환 교육 등과 연계하여 미래 사회에 대비하는 유용한 활동이 이루어지도록 하였다. 또한 기본 교육과정의 다른 교과 내용과 연계하거나 수리적 소양이나 디지털 소양 함양과 연계함으로써 수학이 학생의 자립 및 직업생활 등의 삶과 밀접하게 연결되어 있으며 살아가는 데 유용한 교과임을 느끼게 하였다.

특수교육 대상 학생이 초등학교와 중학교에서 학습하는 수학은 삶을 영위하기 위해 기본적으로 필요한 소양을 제공하며 생활 속에서 만나는 다양한 문제들을 해결하는 데에 도움을 준다. 고등학교에서 학습하는 수학은 다양한 분야의 직업생활에서 요구하는 역량을 갖추기 위한 기반을 제공하며, 자신의 직업과 관련된 일을 처리하면서 생기는 여러 가지 문제들을 보다 합리적으로 해결하도록 한다. 학생은 수학 학습을 통해 자기 관리에서부터 가정생활, 학교생활, 여가생활, 건강생활, 지역사회 생활과 나아가 직업생활에 이르기까지 삶을 영위하는 데 필요한 수학적 역량을 갖춤으로써 자아를 실현하고, 우리 사회의 한 구성원으로 성장할 수 있다.

## 나. 목표

기초적이고 기본적인 4)_____를 익히고, 수학적으로 사고하고 의사소통하며 합리적으로 문제를 해결하는 능력을 길러 일상생활을 하는 데 필요한 수학적 역량을 갖추는 것을 목표로 한다.

(1) 수학적 개념과 원리를 이해하고, 이를 활용하여 5)_____를 해결한다.
(2) 사물과 현상을 수학적으로 관찰하고, 추측하고 확인하는 과정을 통해 6)_____을 경험한다.
(3) 간단한 수학적 용어와 다양한 표현 방법으로 7)_____하고 _____하는 태도를 가진다.
(4) 실생활 상황이나 다른 교과 학습에 수학을 적용하여 8)_____을 익힌다.
(5) 자료와 정보를 바르게 처리하고 교구나 공학적 도구를 적절하게 활용한다.

---

4) 수학 개념과 원리
5) 실생활 문제
6) 추론
7) 의사소통하고 협력
8) 수학의 유용성

# 02 내용 체계 및 성취기준

## 가. 내용 체계

(1) 수와 연산

| 핵심 아이디어 | • 수 이전 개념을 다루는 활동은 수 개념 형성의 기초가 된다.<br>• 사물의 개수와 양을 나타내기 위해 만들어진 수는 생활 속에서 집합수, 순서수, 명명수로 사용된다.<br>• 기초적인 덧셈, 뺄셈, 곱셈, 나눗셈 연산의 문제 해결은 실생활 문제를 합리적으로 해결하는 데 유용하다.<br>• 실생활 장면에서 다양한 형태의 화폐 활용은 화폐의 용도와 가치를 이해하는 토대가 된다. | |
|---|---|---|
| 범주 | 내용 요소 | |
| | 중학교 1~3학년 | 고등학교 1~3학년 |
| 지식·이해 / 수의 기초 | *초등 내용 | |
| 지식·이해 / 수 | • 세 자리 수 | • 네 자리 수<br>• 생활 속의 수 |
| 지식·이해 / 수의 연산 | • 몇백의 덧셈과 뺄셈<br>• 받아올림이 있는 한 자리 수의 덧셈<br>• 곱셈의 기초 | • 큰 수의 덧셈과 뺄셈<br>• 받아내림이 있는 십몇과 한 자리 수의 뺄셈<br>• 나눗셈의 기초 |
| 지식·이해 / 화폐 | • 여러 가지 화폐 활용 | • 화폐 활용과 관리 |
| 과정·기능 | • 수 계열 파악하기<br>• 생활 속의 수를 찾아 읽고 쓰기<br>• 사칙연산 문제 해결 과정 나타내기<br>• 화폐 활용 시 다양한 의사 표현하기<br>• 수와 연산을 여가, 직업생활 및 타 교과에 적용하기<br>• 수모형, 계산 도구 활용하기 | |
| 가치·태도 | • 생활 속의 수에 대한 흥미와 관심<br>• 사칙연산에서의 성공 경험<br>• 여러 가지 화폐의 생활 속 가치<br>• 또래와 협력하는 태도 | |

(2) 도형

| 핵심 아이디어 | • 주변 사물을 관찰하여 여러 가지 모양을 찾고, 조작하는 것은 도형의 특성과 성질을 이해하는 기초가 된다.<br>• 입체 또는 평면 모양과 도형을 만들고 꾸미는 활동을 통해 도형을 생활 속에서 유용하게 활용한다.<br>• 공간에 대한 직접적 경험은 물리적 공간을 이해하고 활용하는 기초가 된다. | |
|---|---|---|
| 범주 | 내용 요소 | |
| | 중학교 1~3학년 | 고등학교 1~3학년 |
| 지식·이해 / 모양과 도형 | • 평면도형 | |
| 지식·이해 / 만들기와 꾸미기 | • 평면도형 만들기와 꾸미기 | • 생활과 도형 |
| 지식·이해 / 공간 감각 | • 쌓기나무 쌓기 | • 공간의 활용 |
| 과정·기능 | • 도형 관찰하고 구별하기<br>• 입체 모양과 똑같이 쌓기<br>• 사용된 쌓기나무 개수 세기<br>• 여러 가지 도형으로 만들기와 꾸미기<br>• 모양 보고 쌓기나무 개수 추측하기<br>• 직관적 비교로 도형 분류하기<br>• 도구를 사용하여 도형 그리기 | |
| 가치·태도 | • 도형에 대한 흥미와 관심<br>• 도형의 아름다움<br>• 공간의 효율적 활용<br>• 또래와 협력하여 만들기와 꾸미기 | |

(3) 측정

| 핵심 아이디어 | • 여러 가지 속성의 양을 비교하고, 단위를 사용하여 측정하는 활동은 실생활 및 실습 활동에 활용된다.<br>• 일상생활 속 시간의 순서와 경과를 이해하는 것은 계획적인 생활을 실천하는 토대가 된다. | |
|---|---|---|
| 범주 | 내용 요소 | |
| | 중학교 1~3학년 | 고등학교 1~3학년 |
| 지식·이해 / 양의 측정 | • 길이(m)<br>• 무게(kg) | • 생활과 측정 |
| 지식·이해 / 시간 | • 시간과 달력 | • 시간 계획하기 |
| 과정·기능 | • 측정 정보 파악하기<br>• 측정 도구 선택하고 활용하기<br>• 측정 단위(m, km, kg, 월, 년) 표현하기<br>• 측정을 자립, 진로와 직업생활, 타 교과와 연결하기<br>• 물체의 양 어림하기<br>• 시간 계획을 수립하고 생활에 활용하기<br>• 시간에 따른 생활 모습의 변화 관계 짓기 | |
| 가치·태도 | • 측정 도구 활용의 유용성<br>• 시간 계획의 유용성<br>• 측정 활동에서의 자신감 | |

(4) 규칙성

| 범주 | | 내용 요소 | |
|---|---|---|---|
| | | 중학교 1~3학년 | 고등학교 1~3학년 |
| 지식·이해 | 규칙성 | • 대응하는 규칙 | • 규칙의 활용 |
| 핵심 아이디어 | | • 생활 주변의 여러 규칙적인 현상을 경험하고 탐구하는 활동은 변화하는 현상과 대상 간의 관계를 이해하는 기초가 된다. | |
| 과정·기능 | | • 규칙에 따른 변화 찾기<br>• 한 양에 대응하는 다른 양 추측하기<br>• 규칙을 정해 배열하기<br>• 물체, 무늬, 수 배열 등에서 규칙 찾기<br>• 규칙에 대한 생각을 공유하기<br>• 규칙을 여가 및 직업생활에 적용하기<br>• 도구를 활용하여 규칙 문제 해결하기 | |
| 가치·태도 | | • 규칙 활용의 유용성<br>• 규칙 정하는 활동에의 흥미와 관심<br>• 다른 학생의 규칙에 대한 생각을 존중하는 태도 | |

*위 표의 핵심 아이디어 행은 범주 "핵심 아이디어"에 해당합니다.*

(5) 자료와 가능성

| 범주 | | 내용 요소 | |
|---|---|---|---|
| 핵심 아이디어 | | • 자료를 일정한 기준에 따라 분류하는 활동은 자료의 특징을 파악하고 집단을 비교하는 데 활용된다.<br>• 표와 그래프의 정보를 파악하는 것은 생활 속 문제를 합리적으로 해결하는 데 유용하다.<br>• 가능성을 이해하는 것은 생활 속에서 미래를 예측하고 준비하는 데 도움이 된다. | |
| | | 중학교 1~3학년 | 고등학교 1~3학년 |
| 지식·이해 | 분류하기 | • 두 가지 기준으로 분류하기 | • 여러 가지 기준으로 분류하기 |
| | 표와 그래프 | • 간단한 그래프 | • 여러 가지 그래프 |
| | 가능성 | • 놀이 속의 가능성 | • 생활 속의 가능성 |
| 과정·기능 | | • 자료의 분류 기준 파악하기<br>• 순차적으로 자료 분류하기<br>• 자료, 표, 그래프 연결하기<br>• 그래프 그리는 과정 따르기<br>• 자료를 그래프로 정리하기<br>• 그래프 정보를 활용하여 문제 해결하기<br>• 가능성 추측하기<br>• 가능성을 일상생활과 연결하기 | |
| 가치·태도 | | • 그래프의 편리함과 유용성<br>• 실생활 자료 활용에의 자신감<br>• 가능성 예측의 필요성 | |

## 나. 성취기준

### [중학교 1~3학년]

#### (1) 수와 연산

① 수

중학교 1~3학년 '수'는 100과 10의 묶음과 낱개를 통해 세 자리 수와 관련한 활동을 경험하는 데 중점을 두었다. '수'의 내용 요소는 세 자리 수이다. 100의 개념을 알고 몇백을 읽고 쓰며, 자릿값을 통해 세 자리 수의 크기를 파악하는 데 주안점을 둔다.

> [9수학01-01] 100의 개념을 알고, 몇백을 센다.
> [9수학01-02] 일, 십, 백의 자릿값을 알고, 세 자리 수를 읽고 쓴다.
> [9수학01-03] 세 자리 수의 크기를 비교한다.

(가) 성취기준 해설
- [9수학01-01], [9수학01-02], [9수학01-03] 십 모형을 활용하여 십 모형 10개가 모여 백 모형 하나가 됨을 살펴보며 100 개념을 도입한다. 세 자리 수를 읽고 쓸 때는 100과 10의 묶음과 낱개로 나타내고 위치적 기수법을 바탕으로 수를 이해하도록 한다. 세 자리 수를 반 구체물로 표현하고 서로 다른 수의 크기를 비교한다.

(나) 성취기준 적용 시 고려 사항
- 장애 정도가 심한 학생의 경우 100과 10의 묶음, 낱개의 색을 다르게 표현해서 보다 쉽게 자릿값을 구분하게 한다. 백 모형이 한 개씩 늘어날 때마다 100씩 수가 커짐을 직관적으로 확인하고 경험하는 데 중점을 둔다.

② 수의 연산

중학교 1~3학년 '수의 연산'은 받아올림(내림)이 없는 몇백의 덧셈과 뺄셈을 연산하고 받아올림이 있는 한 자리 수의 덧셈과 곱셈에 중점을 두었다. '수의 연산'의 내용 요소는 몇백의 덧셈과 뺄셈, 받아올림이 있는 한 자리 수의 덧셈과 곱셈의 기초이다. 덧셈과 뺄셈, 곱셈을 통하여 실생활 문제를 해결하는 데 주안점을 둔다.

> [9수학01-04] 실생활에서 활용되는 몇백의 덧셈과 뺄셈의 의미를 안다.
> [9수학01-05] 받아올림(내림)이 없는 몇백의 덧셈과 뺄셈을 한다.
> [9수학01-06] 받아올림(내림)이 없는 몇백의 덧셈, 뺄셈과 관련된 실생활 문제를 해결한다.
> [9수학01-07] 받아올림이 있는 한 자리 수의 덧셈을 한다.
> [9수학01-08] 실생활에서 활용되는 곱셈의 의미를 안다.
> [9수학01-09] 곱셈구구의 원리를 알고 1단부터 9단까지 나타낸다.
> [9수학01-10] 곱셈구구를 활용하여 실생활 문제를 해결한다.

(가) 성취기준 해설
- [9수학01-04] 생활 속에서 활용되는 몇백의 덧셈과 뺄셈 연산의 다양한 상황을 살펴봄으로써 이후 받아올림이 없는 (몇백)+(몇백)과 받아내림이 없는 (몇백)−(몇백)에 대한 흥미와 관심을 가지게 한다.
- [9수학01-05], [9수학01-06] 실생활과 관련된 연산 활동 장면을 제시하고 구체물과 반 구체물을 조작하여 연산 문제를 해결해 본다. 가로셈 및 세로셈을 사용하여 식을 세워보고, 계산 도구를 활용하는 경우 덧셈, 뺄셈 연산의 기능적인 측면에 중점을 두어 지도한다.
- [9수학01-07] 받아올림이 있는 (몇)+(몇)은 10의 보수 개념을 바탕으로 10개의 칸이 그려진 그림 등을 활용하여 구체물과 반 구체물을 조작하여 한 자리 수끼리의 덧셈 연산을 충분히 연습하도록 한 뒤 가로식과 세로식을 도입한다.
- [9수학01-08], [9수학01-09], [9수학01-10] 생활 속에서 곱셈이 활용되는 상황을 제시하고 곱셈에 대한 흥미와 관심을 가지는 데 중점을 둔다. 곱셈의 의미는 배의 개념과 동수누가를 통해 다룬다. 곱셈구구는 반복 학습으로 익히게 하되 노래나 놀이를 통해 학생의 흥미를 높인다. 계산 도구를 활용하는 경우 계산기를 조작하여 곱셈을 연산하게 한다.

(나) 성취기준 적용 시 고려 사항
- 장애 정도가 심한 학생의 경우 실생활 속에 곱셈이 활용되는 신발 한 켤레씩 반복해서 놓기 등과 같이 곱셈이 활용되는 친숙한 상황들을 살펴보고 유용성을 경험하는 데 초점을 둔다. 또한 교사와 함께 순서대로 계산기를 입력하는 방법을 따라 하면서 몇백의 덧셈과 뺄셈, 곱셈을 경험하게 한다.

③ 화폐

중학교 1~3학년 '화폐'는 실생활에서 지폐와 대용 화폐를 활용하는 능력을 갖추는 데 중점을 두었다. '화폐'의 내용 요소는 여러 가지 화폐 활용이다. 지폐(오만 원)의 액면가를 알고 대용 화폐(예 : 카드)의 개념과 사용 방법을 익혀 생활 속 화폐 활용에 주안점을 둔다.

[9수학01-11] 지폐(오만 원)의 액면가를 읽고 크기를 비교한다.
[9수학01-12] 지폐(오만 원)를 다른 액면가의 지폐로 교환한다.
[9수학01-13] 몇만 몇천 원짜리 상품과 교환할 수 있는 지폐를 찾는다.
[9수학01-14] 대용 화폐를 활용하여 상품을 교환한다.

(가) 성취기준 해설
- [9수학01-11], [9수학01-12], [9수학01-13] 지폐(오만 원)를 액면가가 작은 지폐로 교환하는 활동을 한다. 시장 놀이나 지역사회 현장 체험 활동을 통해 몇만 몇천 원짜리 상품 가격에 알맞은 지폐를 제시하여 상품과 지폐를 교환함으로써 화폐의 가치를

인식하는 데 중점을 둔다. 오만 원권 지폐의 액면가는 고유 명칭이나 단위로 인식하도록 한다.
- [9수학01-14] 동전과 지폐와 같은 전통적인 화폐뿐만 아니라 현대에 많이 활용되는 대용 화폐를 도입한다. 대표적으로 카드와 연결된 계좌 안에 일정 금액을 사전에 넣어두고 사용할 수 있는 현금 카드의 개념을 알아보고, 현금 카드의 사용 방법을 동영상, 사진, 또는 사용하는 순서도 등을 통해 알아본다. 그 외 상품권이나 쿠폰(예 : 바코드 및 QR코드 형태) 등 여러 가지 화폐의 종류와 사용 방법에 대해 살펴본다.

(나) 성취기준 적용 시 고려 사항
- [9수학01-11], [9수학01-12], [9수학01-13] 장애 정도가 심한 학생의 경우 오만 원권 지폐의 앞 뒷면을 크게 확대한 사진을 통해 색깔과 그림을 살펴보고, 오만 원권 지폐를 상품으로 교환하는 과정을 통해 화폐의 교환 기능과 가치를 알게 한다.
- [9수학01-14] 장애 정도가 심한 학생의 경우 대용 화폐(예 : 카드)로 전통적인 화폐를 대신하여 상품을 구입할 수 있음을 알게 하고, 실생활에서 직접 여러 가지 대용 화폐를 활용해 보는 경험을 하게 한다. 대용 화폐를 사용하는 순서를 시각화한 순서도 등을 통해 전체 순서를 단계별로 제시한 뒤 학생이 한 단계씩 따라서 활용하게 한다.

## (2) 도형

### ① 모양과 도형

중학교 1~3학년 '모양과 도형'은 여러 가지 평면도형을 관찰하고 공통점과 차이점을 찾아 분류하는 데 중점을 두었다. '모양과 도형'의 내용 요소는 평면도형이다. 도형의 특징에 대한 직관적인 경험을 통하여 사각형, 삼각형, 원을 명명하고 특성을 이해하는 데 주안점을 둔다.

> [9수학02-01] 사각형, 삼각형, 원을 탐색한다.
> [9수학02-02] 직관적 비교를 통하여 사각형, 삼각형, 원을 분류한다.
> [9수학02-03] 사각형, 삼각형, 원의 특성을 이해한다.

(가) 성취기준 해설
- [9수학02-01] 생활 주변의 사물에서 사각형, 삼각형, 원을 찾고 예시적 정의를 통하여 사각형, 삼각형, 원을 약속하고 명명한다. 사각형, 삼각형, 원의 모양을 탐색하고 특징을 비교하며 도형과 이름을 연결하게 한다. 학생에게 익숙한 구체물을 학습의 소재로 활용하여 도형이 실제 생활에 깊게 연관되어 있음을 인식하게 한다.
- [9수학02-02], [9수학02-03] 사각형, 삼각형, 원을 찾아 각 도형의 형태에 따라 분류하는 활동을 하면서 사각형, 삼각형, 원의 의미와 특징을 파악하게 한다. 더불어 사각형, 삼각형, 원의 예인 것과 예가 아닌 것을 비교하며 여러 가지 도형을 직관적으로 이해하게 한다. 도형의 종류를 명명하여 지도하는 것을 지양하고 직접적인 조작

활동을 통하여 여러 가지 도형의 형태를 구별하는 데 중점을 둔다.

(나) 성취기준 적용 시 고려 사항
- 장애 정도가 심한 학생의 경우 사각형, 삼각형, 원이 포함되어 있는 구체물끼리 직접 맞대어보거나 비교하는 활동을 통하여 각각의 특징을 이해하고, 도형의 형태를 구별하게 한다.

② 만들기와 꾸미기

중학교 1~3학년 '만들기와 꾸미기'는 여러 가지 도형을 활용하여 만들거나 꾸미는 활동을 하면서 도형에 대한 이해를 높이는 데 중점을 두었다. '만들기와 꾸미기'의 내용 요소는 평면도형 만들기와 꾸미기이다. 도형을 만들거나 도형을 소재로 활용하여 꾸미는 활동을 하면서 평면도형에 대한 감각을 기르고 여러 가지 도형의 특징을 이해하는 데 중점을 둔다.

[9수학02-04] 다양한 방법으로 사각형, 삼각형, 원을 만들거나 그린다.
[9수학02-05] 여러 가지 도형을 활용하여 모양을 만들거나 꾸민다.

(가) 성취기준 해설
- [9수학02-04] 모양자나 컴퍼스 등과 같이 도형을 그리는 도구를 활용하여 사각형, 삼각형, 원을 그리거나 다양한 방법으로 사각형, 삼각형, 원 등의 평면도형을 완성하며 평면도형에 대한 인식과 감각을 기르게 한다.
- [9수학02-05] 여러 가지 도형을 활용하여 아름다운 모양이나 형태를 만들거나 꾸미는 활동을 직접 경험하거나 컴퓨터 소프트웨어를 활용하여 도형을 만드는 활동, 친구와 함께 공동의 작품을 만드는 활동 등을 하면서 협동의 즐거움과 도형의 아름다움을 느끼게 한다.

(나) 성취기준 적용 시 고려 사항
- 장애 정도가 심한 학생의 경우 형식이나 조건에 구애받지 않고 여러 가지 방법으로 자유롭게 평면도형을 만들거나 꾸미게 한다. 만약 스스로 평면도형을 만들거나 꾸미기 어려운 경우 부분적으로 미완성된 도형을 제공하고 이를 채워 완성하게 하고, 다양한 크기나 형태의 평면도형 모양 붙임자료를 제공하여 꾸밀 수 있게 한다.

③ 공간 감각

중학교 1~3학년 '공간 감각'은 쌓기나무 쌓기를 통해 입체 공간에 대한 공간 감각을 익히는 데 중점을 두었다. '공간 감각'의 내용 요소는 쌓기나무 쌓기이다. 쌓기나무를 자유롭게 조작하면서 처음 접하는 쌓기나무에 흥미와 관심을 가지고 자유롭게 쌓기, 똑같이 쌓기, 쌓은 입체 모양 여러 방향에서 본 모양 찾기 등의 활동을 하면서 자연스럽게 공간 감각을 익히는 데 주안점을 둔다.

[9수학02-06] 쌓기나무를 이용하여 자유롭게 늘어놓거나 쌓는다.
[9수학02-07] 입체 모양을 보고 똑같이 쌓기나무로 쌓는다.
[9수학02-08] 쌓기나무로 만든 입체 모양에 사용된 쌓기나무의 개수를 센다.

(가) 성취기준 해설

- [9수학02-06] 쌓기나무를 이용하여 자유롭게 조작하면서 쌓기나무에 익숙해지게 한다. 쌓기나무를 한 줄로 늘어놓거나 높이 쌓아 보는 등 다양한 방식으로 자유롭게 조작하며 쌓기나무의 모양을 알아보고 공간에 대한 흥미와 관심을 가지게 한다.
- [9수학02-07] 쌓기나무로 만든 입체 모양을 보고, 똑같은 모양으로 쌓기나무를 쌓고 쌓기나무와 입체 모양 간의 위치, 방향 등의 관계와 같은 공간에 대한 경험을 통하여 실생활에서 접할 수 있는 공간 문제를 해결할 수 있게 한다.
- [9수학02-08] 입체 모양에 사용된 쌓기나무의 개수를 세어 보면서 생활 속 물건의 개수를 세고, 상황에 맞게 쌓고 옮기는 능력을 기르게 한다. 단순히 쌓기나무 개수를 세는 것에 그치지 말고 쌓기나무의 위치를 옮기며 다른 입체 모양을 만들면서 공간 감각을 익히게 한다.

(나) 성취기준 적용 시 고려 사항

- 장애 정도가 심한 학생의 경우 형식에 구애받지 않고 자유롭게 쌓기나무를 쌓아보게 한다. 만약 스스로 쌓기나무를 쌓기 어렵다면 교사나 지원 인력의 도움을 받아 순서대로 하나씩 쌓아 본다. 또한 학생의 장애 특성에 맞게 쌓기나무의 크기를 조정하는 등 교수·학습 자료를 수정하여 교수·학습 활동을 전개한다.

(3) 측정

① 양의 측정

중학교 1~3학년 양의 '측정'은 생활 속에서 사용되는 표준 단위를 알고 여러 가지 측정 도구를 바르게 사용하여 물체의 속성을 측정하는 양에 대한 감각 능력을 높이는 데 중점을 두었다. '양의 측정'의 내용 요소는 길이(m), 무게(kg) 이다. 실생활 관련 소재를 활용하여 표준 단위 길이(m)와 무게(kg)에 대한 관심과 이해를 높이고 측정 도구인 줄자와 저울 등의 바른 사용법을 익혀 실생활에서 활용하는 여러 가지 물건의 정확한 측정 활동을 충분히 경험하는 데 주안점을 둔다.

[9수학03-01] 길이(m)의 단위를 알고 측정 도구(줄자 등)를 사용하여 길이를 측정한다.
[9수학03-02] 무게(kg)의 단위를 알고 측정 도구(저울 등)를 사용하여 무게를 측정한다.

(가) 성취기준 해설

- [9수학03-01] 표준 단위인 cm와 m가 사용되는 여러 가지 물건과 상황을 알아보고 표준 단위 m를 알게 한다. 이후 표준 단위 m를 측정할 수 있는 줄자 등의 사용법을

익혀 주변 사물의 길이를 측정하되, 1m 구체물의 측정 활동을 충분히 실시하여 1m에 대한 감각을 익힌 후 '몇 m', '몇 m, 몇 cm' 등의 활동으로 확장하며 길이의 양감을 익히게 한다.
- [9수학03-02] 생활 속에서 무게를 나타내는 표준 단위 kg이 사용되는 다양한 물건과 상황을 탐색하여 표준 단위 kg을 알게 한다. 이후 표준 단위 kg을 측정할 수 있는 저울의 사용법을 익혀 물체의 무게를 측정하되, 1kg 구체물의 측정 활동을 충분히 실시하여 1kg에 대한 감각을 익힌 후 '몇 kg'등의 활동으로 확장하며 무게의 양감을 익히게 한다.

(나) 성취기준 적용 시 고려 사항
- [9수학03-01] 장애 정도가 심한 학생의 경우 이전 학년군에서 배운 활동을 활용하여 50cm, 10cm 등의 일정한 길이의 끈이나 스티커 등을 반복적으로 붙여 1m의 길이를 경험하게 한다. 그리고 학생의 신체활동을 통해 1m 길이를 나타내거나 비교하게 하고, 가정과 학교 등의 환경에서 1m 길이에 해당하는 물건의 크기와 위치에 대해 알아보는 등 1m에 대한 길이 감각을 경험하게 한다.
- [9수학03-02] 장애 정도가 심한 학생의 경우 먼저 일상생활 속 물건 중 무게가 1kg에 해당하는 물체를 제시한다. 이와 함께 물체를 한 손이나 양손으로 들어보게 하거나 친구에게 전달하게 하는 등 1kg에 대한 다양한 신체 경험의 기회를 제공한다. 그리고 물건 한 개의 무게가 1kg인 경우와 여러 물건의 합이 1kg인 것을 각각 들어 보고 비교하게 함으로써 물건의 수와 상관없이 일정한 무게 1kg에 대한 무게 감각을 인식하게 한다.

② 시간

중학교 1~3학년 '시간'은 시각의 변화를 통해 시간을 이해하며, 달력에 제시된 내용을 보고 알맞게 표현할 수 있는 능력을 갖추는 데 중점을 두었다. '시간'의 내용 요소는 시간과 달력이다. 1시간 동안 움직이는 분침의 이동, 활동의 시작과 끝 시각의 변화를 통해 시간을 인식하고, 달력에 표시된 구성 요소를 항목별로 이해하고 제시된 상황이 언제인지 날짜를 찾아 알맞게 표현하는 데 주안점을 둔다.

> [9수학03-03] 1시간은 60분임을 알고 시간을 '몇 분', '몇 시간'으로 나타낸다.
> [9수학03-04] 다양한 형태의 달력을 경험하고 날짜를 '몇 월', '몇 월 며칠'로 나타낸다.

(가) 성취기준 해설
- [9수학03-03] 5분, 10분, 30분 단위 일정한 시간이 정해진 놀이 활동을 통해 분 단위 시간을 경험하게 하고, 시계를 보고 1시간은 60분임을 시침과 분침의 이동을 통해 알게 한다. 생활 속 여러 가지 활동의 시작 시각과 끝 시각을 비교하여 활동한 시간을 파악하되, 시간 단위의 변화부터 분 단위의 변화 순서로 구성하고 시침과 분침의

변화를 다양한 방법으로 나타내게 한다.
- [9수학03-04] 다양한 형태의 달력을 탐색하여 구성 요소를 파악하고 달력에 표시된 내용과 날짜 읽는 방법을 익혀 일정을 파악하게 한다. 월별 달력을 관찰하여 1년은 12개월, 1개월은 30일(또는 28일, 31일)로 구성되어 있음을 알게 한다. 그리고 달력에 표시된 행사, 기념일, 공휴일 등의 날짜를 찾아 표시하게 하거나 '몇 월'이나 '몇 월 며칠' 등 다양한 방법으로 나타내게 한다.

(나) 성취기준 적용 시 고려 사항
- [9수학03-03] 장애 정도가 심한 학생의 경우 시간 단위 활동은 수업 시간, 점심시간, 쉬는 시간 등 학생에게 자연스럽고 친숙한 상황을 소재로 사용하며 시계 모형을 활용하여 시침의 변화와 함께 색, 크기, 움직임 등의 시각 단서를 충분히 제공하게 한다. 분 단위 활동은 학생의 장애 특성 등을 고려하여 1분, 2분 등의 짧은 시간으로 구성하며 반복적인 활동을 통해 시간을 경험하게 한다.
- [9수학03-04] 장애 정도가 심한 학생의 경우 달력을 친구들과 함께 만들고 꾸미는 활동을 통해 달력에 대한 이해와 생활 속 활용 가능성을 경험하게 한다. 달력과 같은 모양의 표 양식을 제공하고 알맞은 항목이나 위치에 수나 문자를 붙이거나 그려 보게 하고, 제작한 달력에서 특정 내용을 찾아 손가락으로 짚어 보거나, 동그라미로 표시하는 등 여러 가지 표현 방법을 활용하게 한다.

(4) 규칙성

중학교 1~3학년 '규칙성'은 생활 주변에서 대응 관계가 있는 것을 찾게 하고, 한 양이 변할 때 다른 양이 그에 종속하여 변화하는 대응 관계를 추측하고 확인할 수 있게 하는 데 중점을 두었다. '규칙성'의 내용 요소는 대응하는 규칙이다. 두 양 사이의 규칙적 대응 관계를 살펴보는 활동을 통해 변화를 가져오는 구성 요소가 무엇이고 어떤 관계를 맺으면서 변화하는가에 대한 규칙을 발견하게 하여 앞으로 일어날 현상을 예상할 수 있게 하는 기초를 마련하는 데 주안점을 둔다.

> [09수학04-01] 대응 관계의 의미를 알고 생활 주변에서 대응 관계가 있는 것을 찾는다.
> [09수학04-02] 두 양 사이의 대응 관계를 대응표에 나타내고, 규칙을 찾는다.
> [09수학04-03] 한 양이 변할 때 다른 양이 그에 종속하여 변화하는 대응 관계를 추측하고 확인한다.

(가) 성취기준 해설
- [09수학04-01] 사물을 직접 짝지어 보게 함으로써 대응 관계의 의미를 알게 하고, 생활 주변에서 대응 관계가 있는 것을 찾을 수 있게 한다. 컵 하나에 컵 받침 하나가 필요한 일대일대응에서 시작하여 포장지 한 장에 여러 개의 물건을 넣는 일대다 대응, 농구 경기에서 우리 편의 수와 상대편의 수를 비교하는 다대다 대응 등의 예를 활용할 수 있다. 이는 한 양과 대응하여 변화하는 다른 양의 규칙적 대응 관계를 찾

을 수 있게 하는 기초가 된다.
- [09수학04-02] 두 양 사이의 대응 관계를 그림과 수를 활용하여 대응표에 나타내게 한 후 규칙을 찾게 한다. 대응표를 활용하기 전 먼저 구체물을 통한 조작 활동 및 놀이 활동으로 한 양이 변할 때 다른 양이 종속하여 변화하는 것을 직관적으로 인식할 수 있게 한다. 다음으로 두 양 사이의 대응 관계를 간단한 그림을 통해 대응표에 나타내게 하고, 그림을 통한 대응표 활동 후에는 수를 대응표에 표시하게 한 후 대응하는 규칙을 찾게 한다. 이와 함께 주어진 규칙에 따라 하나의 양에 대응하는 다른 양을 찾아 대응표를 완성하게 한다.
- [09수학04-03] 한 양이 변할 때 다른 양이 그에 종속하여 변화하는 대응 관계를 추측하고 확인하게 한다. 하나의 양이 변화하면 그에 따라 다른 양이 변한다는 것을 이해하게 하고, 이를 통해 하나의 변화하는 양의 값을 알면 주어진 규칙에 의해 대응하는 다른 양의 값을 구할 수 있게 한다. 이러한 활동을 통해 학생은 변화를 가져오는 구성 요소를 파악하고, 미래에 앞으로 일어날 일을 예측하고 변화에 대응할 수 있는 기초를 마련할 수 있다.

(나) 성취기준 적용 시 고려 사항
- 장애 정도가 심한 학생의 경우 책상과 의자를 배열하거나 옷걸이에 옷을 거는 것과 같이 생활 주변에서 일대일 대응 관계가 있는 구체물을 짝 지어 볼 수 있는 충분한 기회를 제공한다. 이러한 경험을 통해 하나의 대상과 어떤 관계나 규칙에 의해 짝을 이루는 대상을 다양한 방법으로 찾게 한다. 다음으로 대상의 개수를 늘려 가며 조작해 봄으로써 한 양이 변할 때 다른 한 양이 종속하여 변화하는 것을 경험할 수 있게 한다.

(5) 자료와 가능성

① 분류하기

중학교 1~3학년 '분류하기'는 수집된 자료를 두 가지 기준으로 분류하되, 각각의 기준을 순차적으로 적용하여 분류하는 능력을 갖추는 데 중점을 두었다. '분류하기'의 내용 요소는 두 가지 기준으로 분류하기이다. 자료의 다양한 속성 및 특성에 따라 두 가지 기준이 있음을 알고, 먼저 한 가지 기준으로 자료를 분류한 후 다른 기준을 추가 적용하여 분류하면 자료의 특성을 구체적으로 파악하여 정리할 수 있다는 것을 경험하는 데 주안점을 둔다.

[9수학05-01] 두 가지 기준에 따라 자료를 순차적으로 분류한다.

(가) 성취기준 해설
- [9수학05-01] 같은 자료의 다양한 분류 상황을 탐색하며 자료는 각각의 기준에 따라 다양한 형태로 분류될 수 있다는 것을 알게 한다. 한 가지 기준으로 분류한 자료에 기준을 추가 제시하여 다시 분류하게 하고, 한 가지 기준으로 분류한 자료와 두 가지

기준으로 분류한 자료의 차이를 비교하게 한다. 분류 기준을 적용할 때는 크기, 색, 모양 등의 명확한 기준을 먼저 적용하고 종류, 쓰임, 용도 등으로 구성하게 한다.

(나) 성취기준 적용 시 고려 사항
- 장애 정도가 심한 학생의 경우 한 가지 기준에 따라 두 개로 분류된 자료 중 하나의 분류를 선택하여 해당 자료의 특징이나 속성을 탐색하게 한다. 그리고 자료를 변별할 수 있는 기준을 추가로 제시하여 기존에 분류된 하나의 자료를 다시 두 개로 분류하게 한다. 이때 제시되는 분류의 기준은 학생이 물체를 보고 직관적으로 쉽게 변별할 수 있는 크기, 색, 모양 위주로 구성하게 한다.

② 표와 그래프

중학교 1~3학년 '표와 그래프'는 분류된 자료를 그림그래프와 막대그래프를 통해 파악하고, 생활에 필요한 내용을 그래프에서 찾고 선택하는 능력을 높이는 데 중점을 두었다. '표와 그래프'의 내용 요소는 간단한 그래프이다. 조사한 자료를 그림으로 나타낸 그림그래프와 막대의 길이로 나타낸 막대그래프의 표현 방식을 알아보고, 여러 가지 그래프에서 필요한 내용을 찾아 정리하는 데 주안점을 둔다.

> [9수학05-02] 자료를 간단한 그래프로 나타낸다.
> [9수학05-03] 간단한 그래프를 보고 필요한 내용을 찾는다.

(가) 성취기준 해설
- [9수학05-02] 간단한 그래프의 소재는 학생들의 관심이나 선호, 요구 등을 고려하여 선정하고 간단한 그래프의 모양, 형태, 내용 등을 탐구하고 조작해 보며 그래프의 구성 요소 및 특징을 파악하게 한다. 그림그래프에 제시된 그림의 크기로 항목별 수량의 많고 적음을 직관적으로 파악하게 하고, 막대그래프에 제시된 막대의 길이로 조사한 항목별 수량과 함께 상대적 크기를 비교하게 한다.
- [9수학05-03] 여러 가지 그림그래프와 막대그래프를 보고 주제, 항목, 개수 등의 내용 정보를 파악하게 한다. 학생에게 필요한 정보가 포함된 그래프를 선택하여 세부 내용을 찾게 하되, 그림그래프는 특정 항목의 그림을 찾거나 선택하게 하고, 막대그래프는 두 개의 항목 중 더 필요한 것이나 세 개 이상의 항목 중 가장 필요한 것 등의 상대적인 비교 결과를 알게 한다.

(나) 성취기준 적용 시 고려 사항
- 장애 정도가 심한 학생의 경우 그래프에 표현하는 여러 가지 방안을 제공하여 활동에 참여하게 한다. 그림그래프의 경우 자료의 항목별 위치를 찾아 붙임 딱지를 붙이거나 동그라미 그리기 등의 활동으로 제시하고, 막대그래프의 경우 그래프 형태에 따라 막대 모양의 띠를 붙이거나 색칠하기 등의 활동으로 제시하여 다양한 그래프의 표현 방식을 경험하게 한다.

③ 가능성

중학교 1~3학년 '가능성'은 놀이 활동에서 나타나는 학생의 기대와 결과 확인을 통해 가능성을 경험하는 것에 중점을 두었다. '가능성'의 내용 요소는 놀이 속의 가능성이다. 학생들이 함께 쉽게 참여할 수 있는 여러 가지 놀이 활동을 제시하고 활동 과정 중 일어나게 될 여러 가지 경우의 수와 결과를 비교하며 가능성을 경험하는 데 주안점을 둔다.

[9수학05-04] 놀이로 가능성을 경험한다.

(가) 성취기준 해설
- [9수학05-04] 여러 가지 놀이 중 기대할 수 있는 결과의 경우의 수가 2개인 활동으로 시작하며, 어떤 결과가 일어날 것인지 추측해 보고, 일어난 결과와 비교해 보는 활동을 하며 가능성을 인식하게 한다. 이와 함께 놀이에 참여하는 학생이나 도구의 수에 따라 발생할 수 있는 경우의 수가 변할 수 있다는 것을 알게 한다. 그리고 가능성이 커지면 기대하는 일이 자주 나타나고, 가능성이 작아지면 적게 일어난다는 것을 경험하게 한다.

(나) 성취기준 적용 시 고려 사항
- 장애 정도가 심한 학생의 경우 다른 친구들과 함께 참여할 수 있고 규칙이 단순하고 명료한 형태의 놀이를 선택하여 일어날 수 있는 경우의 수는 2개로 최소화한다. 놀이 활동 중 어떤 일이 일어날 수 있는 상황에서 학생이 원하는 것을 선택하고, 일어난 결과와 비교해 보는 활동을 반복적으로 경험하게 한다. 그리고 개별 참여 및 선택이 어려운 학생의 경우 모둠별 활동으로 구성하여 가능성을 경험하게 한다.

[고등학교 1~3학년]

(1) 수와 연산

① 수

고등학교 1~3학년 '수'는 1000의 개념을 알고 네 자리 수 이상의 수를 읽고 쓰며 생활 속에서 접하는 여러 가지 수의 의미를 알고 활용하는 데 중점을 두었다. '수'의 내용 요소는 네 자리 수, 생활 속의 수이다. 몇천을 읽고 쓰며 네 자리 수의 크기를 비교하고 생활 속에서 사용되는 여러 가지 수를 경험하는 데 주안점을 둔다.

[12수학01-01] 1000의 개념을 알고, 몇천을 센다.
[12수학01-02] 일, 십, 백, 천의 자릿값을 알고, 네 자리 수를 읽고 쓴다.
[12수학01-03] 네 자리 수의 계열을 이해하고, 수의 크기를 비교한다.
[12수학01-04] 생활 속의 다양한 명명수를 읽는다.
[12수학01-05] 생활 속에서 접하는 여러 가지 수를 찾아 읽는다.
[12수학01-06] 생활 속에서 접하는 여러 가지 수의 의미를 알고 활용한다.

(가) 성취기준 해설
- [12수학01-01], [12수학01-02], [12수학01-03], [12수학01-04] 백 모형 10묶음이 모여 천 모형 하나가 됨을 살펴보고 1000의 개념을 도입한다. 천씩 묶어서 몇천을 세고, 네 자리 수를 읽고 쓴다. 네 자리 수를 그림으로 나타내어 수의 크기를 비교한다.
- [12수학01-04] 실생활에서 활용되는 우편 번호, 전화번호, 계좌 번호 등과 같은 다양한 명명수를 제시하고 각 명명수의 특징에 맞게 읽는 방법을 살펴본다.
- [12수학01-05], [12수학01-06] 분수, 소수, 음의 정수 등의 여러 가지 수를 개념적으로 접근하기보다는 생활 속에서 여러 가지 수가 상황에 따라 어떻게 활용되는지 파악하게 한다. 피자 자르기, 색 종이띠 자르기 등의 조작 활동을 통해 간단한 분수 또는 소수를 표현하여 수의 크기를 파악하게 한다. 그 외 생활 속에서 분수, 소수, 음의 정수가 적힌 상품이나 상황을 다양하게 찾아보고 경험하게 한다.

(나) 성취기준 적용 시 고려 사항
- 장애 정도가 심한 학생의 경우 천 모형 그림을 하나씩 더해서 모으는 활동을 함으로써 천 모형이 한 개씩 늘어날 때마다 그 수도 1000씩 커진다는 개념을 직관적으로 인식하게 한다.

② 수의 연산

고등학교 1~3학년 '수의 연산'은 받아올림(내림)이 없는 몇천의 덧셈과 뺄셈을 연산하고 받아내림이 있는 (십몇)-(몇)의 뺄셈과 나눗셈에 중점을 두었다. '수의 연산'의 내용 요소는 큰 수의 덧셈과 뺄셈, 받아내림이 있는 십몇과 한 자리 수의 뺄셈, 나눗셈의 기초로, '덧셈과 뺄셈, 나눗셈을 통하여 실생활 문제를 해결하는 데 주안점을 둔다.

[12수학01-07] 실생활에서 활용되는 몇천의 덧셈과 뺄셈의 의미를 안다.
[12수학01-08] 받아올림(내림)이 없는 몇천의 덧셈과 뺄셈을 한다.
[12수학01-09] 받아올림(내림)이 없는 몇천의 덧셈, 뺄셈과 관련된 실생활 문제를 해결한다.
[12수학01-10] 받아내림이 있는 (십몇)-(몇)을 한다.
[12수학01-11] 실생활에서 활용되는 나눗셈의 의미를 안다.
[12수학01-12] 나머지가 없는 나눗셈의 몫을 구한다.
[12수학01-13] 나눗셈과 관련된 실생활 문제를 해결한다.

(가) 성취기준 해설
- [12수학01-07] 생활 속에서 활용되는 몇천의 덧셈과 뺄셈의 다양한 상황을 살펴봄으로써 이후 받아올림이 없는 (몇천)+(몇천)과 받아내림이 없는 (몇천)-(몇천)에 대한 흥미와 관심을 높인다.
- [12수학01-08], [12수학01-09] 받아올림(내림)이 없는 몇천의 덧셈과 뺄셈은 실생활과 관련된 장면을 제시하고 천 모형 그림을 활용하여 더하거나 빼서 연산 문제를 해결하는 활동을 하며, 가로식과 세로식을 사용하여 계산하는 경험을 하게 한다. 계

산 도구를 활용하는 경우 계산기를 사용하여 네 자리 수의 덧셈과 뺄셈을 연산하는 기능적인 측면에 중점을 두어 지도한다.
- [12수학01-10] 받아내림이 있는 (십몇)-(몇)의 뺄셈은 10의 보수 개념을 활용하여 10개 칸이 그려진 그림 등을 활용하여 반 구체물로 연산을 연습한 뒤 연산이 익숙해지면 가로 및 세로식을 도입하여 연산 문제를 해결하게 한다.
- [12수학01-11], [12수학01-12], [12수학01-13] 생활 속의 다양한 상황에서 나눗셈이 사용되는 장면을 살펴보고 나눗셈의 의미와 필요성에 대해 인식하게 한다. 학생이 직접 물건을 똑같이 여러 명에게 나누어 주거나 여러 바구니에 똑같은 수로 나누어 넣는 활동 등을 반복한다. 이를 통해 나머지가 없는 나눗셈의 몫을 구해보는 활동을 경험한다. 또한 계산 도구를 활용하는 경우 계산기를 통해 나눗셈을 연산하는 기능적인 측면에 중점을 둔다.

(나) 성취기준 적용 시 고려 사항
- 장애 정도가 심한 학생의 경우 실생활 속에 나눗셈이 활용되는 친숙한 상황을 제시하여 함께 살펴보거나 교사의 시범을 보고 물건을 나누는 등의 활동을 한다. 이를 통해 우리 생활의 여러 장면에서 나눗셈이 활용되고 있음을 경험하고 유용성을 인식한다. 계산 도구의 경우 사용 방법이 사진 또는 그림으로 표현된 순서도에 따라 계산기를 조작하면서 몇천의 덧셈과 뺄셈을 경험해 보게 한다.

3 화폐

고등학교 1~3학년 '화폐'는 실생활의 다양한 상황에서 화폐를 활용하고 관리하는 능력에 중점을 두었다. '화폐'의 내용 요소는 화폐 활용과 관리이다. 지역사회 안에서 여가생활, 직업생활 등에 필요한 화폐를 활용하고 관리하는 데 주안점을 둔다.

> [12수학01-14] 실생활의 다양한 상황에서 필요한 화폐를 활용한다.
> [12수학01-15] 화폐를 관리하여 저축 및 소비생활을 한다.

(가) 성취기준 해설
- [12수학01-14] 여가 및 직업생활 등 생활 속 다양한 상황에서 필요한 화폐(예 : 현금, 카드)를 활용하는 경험을 제공한다. 무인 상점이나 음식점 또는 극장 등에서 많이 활용되는 무인 안내기를 사용하여 화폐를 지불하는 방법을 영상이나 시각적인 안내를 통해 순서대로 체험하고 지역사회에서 무인 안내기를 통해 여러 가지 화폐를 직접 사용하는 데 중점을 둔다. 또한 교사와 함께 인터넷 쇼핑을 체험하며 생활 속에 다양하게 화폐를 활용할 수 있음을 경험한다.
- [12수학01-15] 자신이 가진 화폐를 관리하여 일정 금액 내에서 저축과 소비를 하는 계획을 세우고 실행하게 한다. 용돈 관리장을 작성하여 들어온 용돈을 기입하고 해당 금액으로 정해진 기간 내에서 얼마를 저축하고 얼마를 소비에 사용할 것인지 결정한

다. 소비에 사용할 금액으로 어떤 상품을 구입할 것인지 우선순위를 세워 지출하고 저축은 정해진 기간 내에 얼마를 모을 것인지 계획하여 화폐를 관리하는 경험을 하게 한다.

### (나) 성취기준 적용 시 고려 사항
- 장애 정도가 심한 학생의 경우 실생활 속에서 다양한 화폐를 지불해야 하는 상황을 살펴보고 지역사회에서 카드를 제시하고 상품 가격을 계산한 뒤 카드를 다시 돌려받는 과정을 직접 경험하게 한다.

## (2) 도형
### ① 만들기와 꾸미기
고등학교 1~3학년 만들기와 꾸미기 영역은 생활 속에서 도형을 실용적으로 활용하는 능력을 갖추는 데 중점을 두었다. 만들기와 꾸미기 영역의 내용 요소는 생활과 도형이다. 이전 학년군까지 학습한 모양과 도형의 내용을 바탕으로 학교, 가정 및 여가, 직업생활 등 학생의 현재 및 미래 생활에 필요한 도형을 활용하는 능력을 기르는 데 주안점을 둔다.

> [12수학02-01] 주어진 도형으로 무늬를 꾸미거나 모양을 채운다.
> [12수학02-02] 여러 가지 도형을 활용하여 만들거나 꾸며 실생활에 활용한다.

### (가) 성취기준 해설
- [12수학02-01] 주어진 도형을 조합하거나 배열하여 여러 가지 무늬를 만들거나 모양을 채우게 한다. 실생활 속 다양한 벽지나 타일 등에 활용된 무늬나 모양을 찾게 하고, 칠교놀이, 테셀레이션 등 여러 가지 도형을 활용한 활동을 하면서 도형에 관심을 갖고 흥미 있게 참여하게 한다.
- [12수학02-02] 조건에 구애받지 않고 자유롭게 여러 가지 도형을 활용하여 만들거나 꾸미게 한다. 여러 가지 교구나 도구를 사용하여 도형을 활용한 다양한 모양을 만들거나 꾸밀 수 있다. 도형이 활용된 실생활 물건들을 찾아보거나 나만의 작품 만들기 등을 통해 도형의 아름다움과 실생활 유용성을 인식하게 한다.

### (나) 성취기준 적용 시 고려 사항
- 장애 정도가 심한 학생의 경우 또래와 협력하고 역할을 분담하여 모둠이나 학급 단위로 만들거나 꾸민다. 무늬를 만들거나 모양을 채우는 순서를 안내하거나 견본을 제공하여 참고하여 학습 활동을 할 수 있도록 지원한다.

### ② 공간 감각
고등학교 1~3학년 '공간 감각'은 생활 장면에서 공간을 효율적으로 활용하는 능력을 갖추는 데 중점을 두었다. '공간 감각'의 내용 요소는 공간의 활용이다. 초등학교~중학교 학년군의 공간 감각 학습 내용을 바탕으로 학교, 가정, 지역사회 등 다양한 생활공간을 목적에 맞게 활용하는 능력을 기르는 데 주안점을 둔다.

> [12수학02-03] 크기와 모양이 같은 물건을 늘어놓거나 쌓아 공간을 정리한다.
> [12수학02-04] 크기와 모양이 다른 물건을 늘어놓거나 쌓아 공간을 정리한다.
> [12수학02-05] 공간을 활용하는 목적에 맞게 정리한다.

(가) 성취기준 해설
- [12수학02-03] 크기와 모양이 같은 물건을 늘어놓거나 쌓아 공간을 정리하게 한다. 일상생활 속에서의 여러 가지 물건 쌓기 활동과 정리 활동을 찾아서 학생들이 스스로 공간을 구성하고 활용하게 한다.
- [12수학02-04] 크기와 모양이 다른 물건들을 늘어놓거나 쌓아 공간을 정리하게 한다. 모양과 크기가 서로 다른 물건을 한정된 공간에 정리하면서 공간을 효율적으로 활용하는 방법을 익히고 실생활에 활용할 수 있게 한다.
- [12수학02-05] 공간이라는 개념이 일상생활의 큰 축을 담당하고 있음을 알고 생활 속에서 공간을 효율적으로 활용하게 한다. 크기와 모양에 관계없이 공간을 활용하는 목적에 따라 정리하게 한다. 사용 목적에 맞게 공간을 효율적으로 정리하고 이를 실제 생활에 적용하여 공간을 활용하는 방법을 익히는 데 주안점을 둔다.

(나) 성취기준 적용 시 고려 사항
- 장애 정도가 심한 학생의 경우 일상생활에서 필수적으로 사용하는 물건들을 정리하는 활동을 통하여 자신의 물건을 효율적으로 보관하고 활용할 수 있게 한다. 사물함, 옷장 같은 큰 공간의 정리나 가방이나 책상 서랍 등 작은 공간의 정리 등을 학생의 특성에 맞게 실생활 장면에서 지도한다.

(3) 측정

1 양의 측정

고등학교 1~3학년 '양의 측정'은 생활 속에서 사용되고 있는 표준 단위를 파악하고, 다양한 측정 도구와 양적 감각을 활용하여 여러 가지 측정 문제를 해결할 수 있는 능력을 갖추는 데 중점을 두었다. '양의 측정'의 내용 요소는 생활과 측정으로, 일상생활 및 실습 활동 등에 필요한 측정 활동을 위해 다양한 계량형 측정 도구를 활용하며 생활에 필요한 측정 활동을 충분히 경험하는 데 주안점을 둔다.

> [12수학03-01] 길이의 단위를 활용하여 여러 가지 측정 활동에 참여한다.
> [12수학03-02] 들이의 단위를 활용하여 여러 가지 측정 활동에 참여한다.
> [12수학03-03] 무게의 단위를 활용하여 여러 가지 측정 활동에 참여한다.
> [12수학03-04] 생활 속 활동에 필요한 양을 어림한다.

(가) 성취기준 해설

- [12수학03-01] 길이의 표준 단위인 cm, m를 활용하여 직접 측정하기 어려운 두 장소 사이의 거리를 통해 표준 단위 km의 필요성을 알게 한다. 표준 단위 km는 척도 및 거리 측정 기기를 활용하여 간접 측정하며, 가정이나 학교를 기준으로 '몇 km' 거리에 있는 장소를 알아보고, 자주 이용하는 공공기관이나 시설 등의 거리를 측정하여 '몇 km 몇 m', '몇 m' 등으로 표현하게 한다.
- [12수학03-02] 들이를 나타내는 표준 단위 'L'와 'mL'가 사용되는 다양한 물건과 환경 상황을 탐색하여 표준 단위 'mL'를 알게 하고 비커, 실린더, 계량형 측정 도구의 사용 방법을 익히고 측정하게 한다. 똑같은 들이의 물건을 'L'와 'mL'단위로 각각 측정해 보며 표준 단위 사이의 관계를 파악하고, 다양한 용기에 들어있는 재료 및 음료수의 양을 측정하며 '몇백 mL', '몇십 mL' 등으로 표현하게 한다.
- [12수학03-03] 1kg보다 가벼운 무게를 나타내는 표준 단위 'g'이 사용되는 다양한 물건과 상황을 탐색하여 표준 단위 'g'을 알게 하고 여러 가지 계량형 저울의 사용 방법을 익히고 측정하게 한다. 똑같은 무게의 물건을 'kg'과 'g'으로 측정해 보며 표준 단위 사이의 관계를 파악하고, 여러 가지 물건의 무게 측정 활동을 통해 'g'에 대한 양적 감각을 익히며 무게의 표준 단위를 활용한 요리, 공예 등의 여러 가지 활동에 참여하게 한다.
- [12수학03-04] 어림 활동 관련 친숙한 상황이나 표현 등을 탐구하며 제시된 구체물의 길이, 무게, 들이의 양을 예측해 보고 결과를 확인하게 한다. 그리고 가정생활 및 직업 실습 활동 등에 필요한 여러 가지 물체의 양을 알아보고 같은 양의 물체를 찾거나 같은 양만큼 나타내는 활동 결과를 비교하며 어림에 대한 양적 감각을 경험을 통해 익히게 한다.

(나) 성취기준 적용 시 고려 사항

- [12수학03-01], [12수학03-02], [12수학03-03] 장애 정도가 심한 학생의 경우 학생이 쉽게 사용할 수 있는 임의 제작 측정 도구 및 디지털 기기 등을 활용하게 한다. 임의 제작 측정 도구는 표면에 눈금선과 수치를 제시하여 측정 결과를 직관적으로 읽을 수 있게 도움을 제공하고, 디지털 기기는 학생의 선택에 따른 측정 결과를 즉시 확인하여 활동에 대한 흥미와 관심을 높인다.
- [12수학03-01] 길이 활동의 경우, 길 찾기 웹사이트를 활용하여 우리 집을 출발점으로 지역사회 내 이용 시설이나 공공기관이 얼마나 멀리 떨어져 있는지 찾아보는 활동으로 진행하되, 디지털 기기의 사용 방법을 장애 특성에 맞게 최소화하여 제시하고 검색 결과는 시각적으로 확인하게 한다.
- [12수학03-02] 들이 활동의 경우, 'mL'가 표시되어 있는 여러 가지 용기에 물을 끝까지 채워 보는 활동을 통해 들이의 표준 단위 'mL'를 경험하게 한다. 그리고 'mL'와

'L'가 표시된 음료수 용기의 크기와 모양을 직관적으로 비교하게 하고, 1L의 물을 100mL, 500mL 용기에 똑같이 나누어 담는 활동을 통해 표준 단위의 차이를 경험하게 한다.
- [12수학03-03] 무게 활동의 경우, 500g, 100g 무게의 여러 가지 물건을 들어 보며 'g'에 대한 무게 감각을 경험하게 하고, 'kg' 단위의 물체와 'g' 단위의 물체를 양손으로 함께 들어 보며 'kg'과 'g'의 상대적 무게 차이를 인식하게 한다. 그리고 무게를 경험하는 활동과 함께 전자저울을 사용하여 무게를 측정함으로써 수치의 차이도 함께 확인하게 한다.

② 시간

고등학교 1~3학년 '시간'은 일상생활의 다양한 일들을 시간에 따라 계획하여 표로 나타내고, 여러 가지 생활 속 일정표를 보고 표시된 내용이나 정보를 찾아 활용할 수 있는 생활 속 시간 관리 능력을 갖추는 데 중점을 두었다. '시간'의 내용 요소는 시간 계획하기이다. 하루나 일주일의 생활 계획을 시간에 따라 세워 보는 방법을 익혀 계획표를 작성하고, 계획표에서 필요한 내용을 찾아 정리하는 활동을 충분히 경험하는 데 주안점을 둔다.

> [12수학03-05] 여러 가지 생활 내용을 일일, 주간 계획표에 나타낸다.
> [12수학03-06] 여러 가지 생활 계획표를 보고 필요한 일정을 나타낸다.

(가) 성취기준 해설
- [12수학03-05] 생활 속에서 볼 수 있는 여러 가지 일일, 주간 계획표를 보고 각각의 계획표에 나타난 공통적인 특성을 파악하여 계획표 작성 방법을 알게 한다. 하루(평일, 주말)나 일주일 동안 내가 해야 하는 일, 중요한 일 등을 알아보고 시간 순서, 우선순위에 따라 기록하게 한다. 그리고 일일, 주간 계획표를 작성하되, 내용은 개인의 일상적인 생활 내용뿐 아니라 직업생활, 환경 활동 등과 연계하여 범주를 확장한다.
- [12수학03-06] 생활 속 여러 가지 계획표의 내용을 보고 알 수 있는 사실이나 필요한 정보를 찾게 하며 계획표에서 찾은 내용을 일의 순서, 시간, 시각에 따라 정리하고, 자신의 일정표에 기록하게 한다. 그리고 계획표에 정리된 내용을 파악하여 다양하게 활용하는 활동을 통해 시간을 체계적으로 활용하는 능력을 신장시킨다.

(나) 성취기준 적용 시 고려 사항
- 장애 정도가 심한 학생의 경우 학생에게 익숙한 표와 달력 양식을 제시하고 학생이 좋아하는 활동을 삽화 또는 사진을 사용하여 표와 달력의 일정 공간 또는 숫자 옆에 나타내는 표현활동을 한다. 언어적 표현이나 신체활동이 어려운 경우, 교사 및 친구들과 함께 선택하기, 붙이기, 확인하기 활동 등으로 연계하고, 완성된 일정표와 달력을 보며 이야기 나눌 수 있게 한다.

(4) 규칙성

고등학교 1~3학년 '규칙성'은 생활 주변의 물체, 무늬, 수 등의 배열에서 규칙을 찾고, 찾은 규칙을 표현하며, 규칙을 생활 속 문제 해결에 활용하게 하는 데 중점을 두었다. '규칙성'의 내용 요소는 규칙의 활용이다. 일상생활의 다양한 장면에서 여러 가지 형태의 규칙을 찾고 표현하며, 스스로 규칙을 만들거나 규칙적인 요소를 생활 속 문제 해결에 적용하여 일상생활 속에서 규칙의 활용성을 높이는 데 주안점을 둔다.

> [12수학04-01] 생활 주변의 물체, 무늬, 수 등의 배열에서 규칙을 찾고, 찾은 규칙을 표현한다.
> [12수학04-02] 규칙적인 물체, 무늬, 수 등을 활용하여 생활 속 문제를 해결한다.
> [12수학04-03] 대응하는 규칙을 활용하여 생활 속 문제를 해결한다.

(가) 성취기준 해설

- [12수학04-01] 생활 주변의 규칙적인 물체와 무늬의 배열, 엘리베이터의 숫자나 달력의 숫자와 같은 수 배열 등에서 규칙을 찾고, 찾은 규칙을 표현하게 한다. 학생은 물체, 무늬, 수 등의 배열에서 'ABAB'와 같이 반복되는 형태의 규칙뿐만 아니라 증가하는 형태의 규칙도 찾을 수 있다. 이와 함께 찾은 규칙에 대해 표현할 기회를 부여하는 것이 필요한데, 규칙에 대한 표현은 규칙성 활동에 중요한 요소이며, 학생들은 교사가 예상한 것과는 다른 규칙을 발견하기도 하기 때문이다.
- [12수학04-02] 학생에게 규칙적인 물체, 무늬, 수 등을 생활 속 문제 해결에 활용할 수 있게 한다. 학생은 규칙을 정해 물체를 배열하거나 규칙적 무늬를 활용하여 주변 환경을 꾸밀 수 있다. 이와 함께 규칙적인 물체 배열에서 규칙을 파악하여 다음에 필요한 물건의 개수를 추측하여 준비할 수 있다. 그뿐만 아니라 스스로 만든 규칙을 통해 자신이 만든 규칙을 친구가 찾고 다음에 올 것이 무엇인지를 알아맞히게 하는 활동도 할 수 있다.
- [12수학04-03] 대응하는 규칙을 활용하여 생활 속 문제를 해결할 수 있는 기회를 부여한다. 직업생활 장면에서 포장·조립을 반복하거나 일상생활에서 일정 개수의 물건을 반복해서 나누어 주는 것처럼 무언가를 만들거나 조작하는 상황 등에서 대응 관계에 따라 필요한 물건의 개수를 추측하여 준비하게 할 수 있다. 이처럼 규칙에 따라 하나의 변화하는 양에 대응하는 다른 양의 값을 구할 수 있게 하여 생활 속의 다양한 문제를 해결하게 한다.

(나) 성취기준 적용 시 고려 사항

- 장애 정도가 심한 학생의 경우 생활 주변에서 자주 접하는 구체물과 무늬 등에서 규칙을 찾거나 규칙에 맞게 물체와 무늬 등을 배열해 보는 기회를 제공한다. 이와 함께 여가생활 장면에서 규칙적인 동작, 물체 등을 활용하는 놀이에 친구들과 함께 참여하여 활동하게 한다. 또한 직업생활 장면에서 정교하고 세밀한 소근육의 움직임이 필요

한 물건보다는 학생이 조작하기 쉬운 물건을 활용하여 대응하는 규칙에 따라 물건을 나누어주거나 만들고 조작하는 활동을 경험해 보게 한다.

### (5) 자료와 가능성

#### ① 분류하기

고등학교 1~3학년 '분류하기'는 실생활 속에서 분류된 물건들을 탐색하고 그 물건 중 내가 필요한 것을 찾아 선택하는 능력을 갖추는 데 중점을 두었다. '분류하기'의 내용 요소는 여러 가지 기준으로 분류하기이다. 일상생활 속 분류는 간단한 물건의 정리부터 의류, 서적, 음료 등 다양한 상황에서 관찰할 수 있으며 그중 물건이 정리된 곳에서 필요한 것을 찾아 선택하는 활동을 충분히 경험하는 데 주안점을 둔다.

> [12수학05-01] 여러 가지 기준에 따라 자료를 분류한다.
> [12수학05-02] 생활 속 분류된 자료를 보고 필요한 물건을 찾는다.

##### (가) 성취기준 해설

- [12수학05-01] 일상생활 속 여러 가지 물건의 특징을 보고 색과 모양, 크기와 쓰임, 색과 용도 등 두 개 이상의 기준을 함께 고려하여 분류하게 한다. 기준의 설정은 정해진 기준과 함께 학생에게 필요하거나 선호하는 기준을 자신이 정하게 하여 능동적 학습 상황으로 연계해 간다. 분류 활동은 생활 속 물건을 효율적으로 정리하고 쉽게 찾게 하여 분류의 유용성을 실생활에 활용하게 한다.
- [12수학05-02] 가정, 학교, 지역사회 영역으로 분류 상황을 확장하며 정리된 물건을 관찰하여 분류의 속성이나 특징을 파악하고 분류의 기준을 찾아보게 한다. 분류 기준을 파악하면 필요한 물건을 정확하게 찾을 수 있다는 것을 알게 하고 내가 정리한 물건의 분류 기준을 다른 사람에게 전달하여 나와 같은 방식으로 물건을 쉽게 찾을 수 있게 하여 분류의 실생활 활용성을 알게 한다.

##### (나) 성취기준 적용 시 고려 사항

- 장애 정도가 심한 학생의 경우 먼저 여러 가지 물건이 분류된 친숙한 공간이나 장소를 관찰하고, 학생에게 필요한 물건이 어디에 있는지 찾아보게 한다. 그리고 학생이 찾고자 하는 물건의 특징을 확인하고 해당 물건이 정리된 곳에서 찾게 하되, 교사가 먼저 찾는 시범을 보이거나 해당 물건이 정리된 공간에 대한 사진이나 그림 등을 제시하여 학습에 대한 자신감을 높인다.

#### ② 표와 그래프

고등학교 1~3학년 '표와 그래프'는 실생활 속에서 접하게 되는 다양한 그래프 자료를 통해 필요한 정보를 찾고 그 정보에 따라 필요한 것을 선택하는 의사 결정 능력을 갖추는 데 중점을 두었다. '표와 그래프'의 내용 요소는 여러 가지 그래프이다. 여러 가지 형태의 그래프를 통해 다양한 방식으로 정보가 전달되고 있음을 알고, 그중 필요한 정보를 찾고 선택하는 활동을 충분히 경험하는 데 주안점을 둔다.

> [12수학05-03] 여러 가지 그래프를 경험한다.
> [12수학05-04] 생활 속 그래프를 보고 필요한 정보를 찾는다.

(가) 성취기준 해설
- [12수학05-03] 여러 가지 선, 띠, 원 모양 그래프의 형태, 내용 등을 탐구하여 그래프의 유형별 특징을 파악하고 그래프에 나타난 생활 정보 관련 디자인 요소를 활용하여 이미지로 전달하는 방식을 알아보게 한다. 그리고 그래프의 내용 소재는 실제 생활에 필요하거나 친구들과 함께 이야기를 나눌 수 있는 관심과 선호, 요구 등을 고려하여 선정한다.
- [12수학05-04] 여러 가지 매체에서 접할 수 있는 여러 가지 그래프 형태를 알고 그래프에 나타나 있는 다양한 정보를 파악하게 한다. 가정 및 지역사회 활동에 필요한 정보를 그래프에서 찾되, 정보의 내용이나 범주에 따라 두 개의 그래프를 활용하게 한다. 그리고 다양하게 제시된 여러 가지 그래프의 시각화 정보를 알아보는 충분한 경험을 통해 필요한 정보를 효율적으로 찾게 한다.

(나) 성취기준 적용 시 고려 사항
- 장애 정도가 심한 학생의 경우 생활 속 정보를 그림 형태로 제시하되, 제시된 항목의 종류와 수를 최소화하고 정보의 양은 직관적인 그림의 형태와 크기를 통해 명확하게 비교 가능한 것을 제시하게 한다. 그리고 장애 특성에 따른 디지털 기기를 활용하여 학생이 선택한 그래프 속 정보의 양을 크기, 면적 등에 따라 직관적으로 파악할 수 있는 경험을 제공하게 한다.

③ 가능성

고등학교 1~3학년 '가능성'은 각종 매체를 통해 접하게 되는 다양한 가능성 정보를 듣고 활용하여 실생활 문제에 대해 합리적 결정 능력을 갖추는 데 중점을 두었다. '가능성'의 내용 요소는 생활 속의 가능성이다. 일상생활 속 각종 매체를 통해 제공되는 실생활 관련 가능성 정보를 알아보며 우리 생활에 필요한 활동이나 물건 등을 준비하는 데 주안점을 둔다.

> [12수학05-05] 생활 속에서 여러 가지 가능성을 경험한다.

(가) 성취기준 해설
- [12수학05-05] 일상생활과 밀접하게 관련 있는 내용으로 구성하며 앞으로 일어날 일에 대해 예측하는 여러 가지 생활 및 환경 정보를 각종 매체를 통해 찾게 한다. 예측된 정보 중 가능성이 높거나 낮은 경우에 따라 학생이 무엇을 선택하고 준비해

야 하는지 알아보고 이후 나타난 결과를 비교하며 생활 속 가능성 정보가 우리에게 주는 실용성을 인식하게 한다.

(나) 성취기준 적용 시 고려 사항
- 장애 정도가 심한 학생의 경우 일상생활에서 자주 발생하는 가능성 높은 정보를 미리 제공하고 어떤 상황이나 사건이 일어날 수 있는 일을 예측하여 결과를 비교하게 한다. 어떤 일이 일어날 가능성이 높은 경우에는 예측과 결과가 일치하는 경우를 자주 확인할 수 있지만 상황이나 조건에 따라 예측과 다른 결과가 나타날 수 있다는 것도 경험하게 하여 가능성의 특징을 인식하게 한다.

# 03 교수·학습 및 평가 13추초/14중/14초

## 가. 교수·학습

(1) 교수·학습의 방향

(가) 교육과정에 제시된 '목표', '내용 체계', '성취기준', '평가'와 일관성을 가지도록 교수·학습 계획을 수립한다.

(나) 핵심 아이디어를 기반으로 지식의 전이 및 일반화를 높이고, 학생들이 '지식·이해', '과정·기능', '가치·태도' 범주를 다양하게 경험하도록 교수·학습을 운영한다.

(다) 학생의 생활연령과 주도적 참여를 고려하여 다양한 실생활 활동을 적용하는 생활 수학이 구현되도록 교수·학습을 계획하여 운영한다.

(라) 교수·학습 계획을 수립하거나 교수·학습 자료를 개발할 때에는 학생 수준, 내용의 특성과 난이도, 학교 여건 등을 고려하여 교육과정을 재구성할 수 있다.

(마) 타 교과 및 범교과 학습 주제를 수학 교과와 연계하여 9)_____를 합리적으로 해결할 수 있도록 교수·학습을 구성한다.

(바) 학생의 교육적 요구 및 특성 등을 고려하여 디지털 기반 교수·학습, 원격수업 등 미래 사회 및 환경 변화에 대응하는 교수·학습을 계획한다.

(사) 장애 정도가 심한 학생의 수학적 기능 향상을 위해 10)_____ 등의 교수·학습을 계획하여 운영한다.

(2) 교수·학습 방법

(가) 수학과 수업은 학생의 능력과 수준, 학습 내용의 성격, 학습 상황 등을 고려하여 직접교수 수업모형, 개념학습 수업모형, 원리탐구 수업모형, 문제 해결 수업모형 등의 적절한 수업모형을 융통성 있게 적용한다.

(나) 수학과 수업은 학생의 인지적 발달 단계를 고려하여 동작적·영상적·상징적 표상 활용 학습, 놀이를 통한 수학 학습, 인지·초인지 전략 등의 다양한 교수·학습 이론을 적용한다.

(다) 수학과 수업은 학생의 자기주도적 학습 능력을 향상시키기 위하여 11)_____ 등의 다양한 증거 기반 실제를 적용한다.

(라) 수학과 수업은 학생의 교육적 요구 및 특성을 고려하여 컴퓨터 보조학습, 보조공학, 매체 및 도구 활용 학습 등을 적절히 선택하여 적용한다.

---

9) 생활 속의 문제
10) 구체적 조작활동, 실생활의 친숙한 소재 활용, 놀이 중심 활동
11) 자기 관리 중재법, 인지적 자기교수법, 협동 학습

(마) 학습 내용은 12)_____
그리고 _____을 유기적으로 관련지어 지도한다.

(바) 장애 정도가 심한 학생에게 보완대체의사소통 체계, 부분 참여의 원리, 촉진 전략 등을 제공하여 주체적으로 수학 학습 활동에 참여하도록 한다.

(사) '지식·이해'의 교수·학습에서는 다음 사항을 강조하여 지도한다.
- 수학의 기초적 개념이나 용어를 지도할 때에는 직접 경험을 할 수 있도록 13)_____을 학습 소재로 활용한다.
- 수학의 용어, 기호, 표, 그래프 등의 수학적 표현을 이해하기 위해 실생활에서 직접적으로 활용되고 있는 다양한 내용과 자료를 활용한다.
- 교수·학습 과정에서 다양하고 적절한 교구를 활용한 구체적인 조작 및 탐구 활동을 통해 수학의 기초적인 개념과 원리를 이해하게 한다.
- 가상현실(VR), 증강현실(AR), 혼합현실(MR), 교육용 콘텐츠 등의 디지털 자료를 활용하여 수학적 개념의 이해를 돕는다.
- 생활 주변 현상, 사회 현상, 자연 현상 등의 여러 가지 현상과 관련된 실생활 문제를 해결하면서 수학적 개념과 원리를 탐구하고, 이를 일반화하게 한다.

(아) '과정·기능'의 교수·학습에서는 다음 사항을 강조하여 지도한다.
- 수학적 지식과 기능을 활용하는 여러 가지 문제 상황을 접하게 하고, 적절한 문제 해결 방법을 계획하고 적용해 보는 다양한 학습 활동을 통해 성공적인 문제 해결 과정을 경험하게 한다.
- 학생 간 상호 작용 및 역할 부여를 통해 또래들과 협력하여 문제를 해결하는 14)_____를 제공한다.
- 관찰과 탐구 상황에서 15)_____ 등을 통해 학생 스스로 수학적 사실을 추측하고, 그 결과를 확인하는 많은 경험을 통해서 합리적이고 논리적으로 생각하는 능력을 키운다.
- 개별 학생에게 적절한 다양한 표상 양식을 활용하여 수학적 아이디어를 표현하게 하고, 다른 사람의 생각을 이해하는 과정에서 다양한 관점을 존중하고 협력하게 한다.
- 수학적 개념 간의 연관성을 파악하고 수학적 지식과 기능을 다른 교과나 실생활 상황에 적용하는 학습 활동을 통해 16)_____을 키운다.

12) 구체적 설명, 체계적 시범, 실생활 적용의 예시, 학생의 연습과 질문, 피드백 제공, 자기 점검, 그리고 평가 과정
13) 생활 주변의 사물이나 구체적인 사실
14) 협력적 문제 해결의 기회
15) 귀납, 유추
16) 융합적 사고 능력

- 17) _____ 등의 공학적 도구와 구체물, 가상 조작물, 측정 도구 등의 교구를 활용하는 다양한 학습 활동을 통해 실생활 활용 능력을 키운다.

(자) '가치·태도'의 교수·학습에서는 다음 사항을 강조하여 지도한다.
- 생활 주변 및 사회, 자연 등의 다양한 현상과 관련지어 수학을 배움으로써, 수학의 역할과 가치를 인식하고 수학의 필요성을 느낄 수 있게 한다.
- 수학에 흥미, 호기심, 자신감을 갖고 학습에 적극적으로 참여하게 하며, 끈기 있게 도전하도록 격려하여 학습동기와 의욕을 갖게 한다.
- 정답만을 강조하지 않는 허용적인 학습 분위기를 조성하고, 학생 특성에 따른 적절한 지원을 제공하여 성공적인 수학 학습을 경험함으로써 바람직한 태도를 형성하게 한다.

(차) 개인차를 고려하여 개별화된 수업을 실행할 때에는 다음 사항에 유의한다.
- 학생 개인별로 개별화교육계획을 수립하여 학생 맞춤형 수업을 실행한다.
- 18) _____에 따라 장애 정도가 심한 학생을 포함한 모든 학생이 수업에 참여할 수 있는 다양한 선택권을 제공하는 수업 계획을 수립한다.
- 학생 개개인의 선행 학습 경험, 학습 능력과 수준 등을 고려하여 교수·학습 방법, 교수·학습 자료, 교수적 지원 정도 등에서 개별화를 실행한다.

(카) 교수·학습 자료를 개발할 때에는 다음 사항에 유의한다.
- 교수·학습 자료는 학습 목표, 학습 내용, 학습 과정에 맞추어 개발하되, 학생의 흥미 및 동기, 학습 양식, 의사소통 방법 및 능력 등의 개인차를 고려한다.
- 교수·학습 자료는 다양하고 풍부한 실생활에서의 구체적인 소재로 19) _____ 등을 활용하여 학생의 경험을 확대하고, 학생이 선호하는 자료를 학습 활동에 적극 활용한다.
- 원격수업을 위한 교수·학습 자료는 학생의 교육적 요구 및 특성, 여건 등을 고려하여 개발하되, 학습 내용이 체계적으로 전달될 수 있도록 맞춤형으로 개발한다.
- 미래 사회에서 필요로 하는 수리, 디지털 소양 등을 고려하여 다양한 공학 도구 및 보조 기구와 교수·학습 자료를 활용한다.

(타) 의미 있는 발문을 하기 위해서는 교수·학습에서 다음 사항에 유의한다.
- 발문을 할 때는 학생의 인지 발달과 경험을 고려하며, 발문에 대한 학생의 반응을 의미 있게 처리한다.
- 학생의 사고를 촉진하는 다양한 발문을 통해 상호 작용이 활발한 교실 환경을 구축하고 학생의 능동적 수업 참여를 촉진한다.

---

17) 계산기, 컴퓨터, 교육용 소프트웨어, 교육용 앱
18) 보편적 학습설계의 원리
19) 실물, 동영상, 모형, 사진

(파) 원격수업에서의 교수·학습 방법을 제시할 때에는 다음 사항에 유의한다.
- 교사와 학생, 학생과 학생 간의 상호 작용이 원활하게 이루어지도록 수학 내용과 관련된 다양한 콘텐츠를 활용한다.
- 학교와 가정 간의 원활한 소통이 이루어지도록 원격수업 관련 플랫폼을 20)_____ 하여 수업 진행에 어려움이 없도록 한다.

## 나. 평가

(1) 평가의 방향

(가) 학생의 수학 학습에 필요한 유용한 정보를 수집·활용하여 학생 성장과 발달을 돕기 위한 학습 측면에서의 평가와 교사의 수업 방법을 개선하고 전문성을 신장하기 위한 교수 측면에서의 평가로 실행할 수 있다.

(나) 교육과정에 제시된 내용의 수준과 범위를 준수하고, 교육과정의 '목표'와 '내용 체계', '성취기준', '교수·학습 방법 및 평가'가 일체화되도록 구체적인 평가 방향과 기준을 제시하도록 한다.

(다) 수학과 평가 활동은 교수·학습 활동과 연계된 필수적인 수업 활동으로, 모든 학생이 평가 활동에 참여할 수 있도록 다양한 평가 방안을 계획한다.

(라) 평가 결과는 학생, 학부모, 교사에게 피드백을 제공하고 환류하여 학생의 발달 및 수학 학습 개선에 도움이 되게 한다.

(마) 다양한 학습자의 교육적 요구 및 특성, 온오프라인의 학교 공간 확대 등을 고려한 실제적인 평가가 되도록 한다.

(바) 학습 측면에서의 평가는 학생 간 비교보다는 21)_____를 점검하고, 학생 개개인의 장점과 가능성을 발견하는 데에 초점을 둔다.

(사) 교수 측면에서의 평가는 교수·학습 방법, 교수·학습 자료, 평가 방법 등의 실제 수업을 개선하고, 교사 전문성을 신장하기 위한 반성적 자료로 활용한다.

(2) 평가 방법

(가) 학생 개개인의 현재 학습 수행 수준과 인지 발달 정도를 고려하고, 교육과정에 제시된 내용 수준과 성취기준을 종합적으로 고려하여 실시한다.

(나) 수업 전개 과정에 따라 진단평가, 형성평가, 총괄평가 등을 실시하되, 학습 과정 전반에 걸친 지속적인 평가를 통해 다양한 정보를 수집한다.

(다) '지식·이해', '과정·기능', '가치·태도' 범주가 고루 반영될 수 있도록 과정과 결과 모두에 초점을 두고 종합적인 평가가 이루어지도록 한다.

20) 사전 점검
21) 학생 내 향상 정도

(라) 관찰, 체크리스트, 평정 척도, 면담, 포트폴리오, 자기 평가 등의 다양한 평가 방법을 사용한다.

(마) 생활 주변 현상이나 구체적 사실 등에서 22)_____에 대해 이해하고 적용하는 과정에 초점을 둔 과정 중심의 평가가 이루어지도록 한다.

(바) 실생활과 관련된 다양한 문제 상황에서의 실제적인 평가를 통해 23)_____으로의 전개를 위한 환류 자료로 활용되도록 한다.

(사) 평가하는 내용이나 방법에 따라 학생이 24)_____ 등의 공학적 도구와 다양한 교구를 이용할 수 있게 한다.

(아) 학생 개개인의 장애 유형이나 특성, 반응 및 표현 방식에 따라 다양한 표현 방식으로 25)_____이 이루어질 수 있는 평가 방안을 마련하여 모든 학생이 평가에 참여하게 한다.

(자) 장애 정도가 심한 학생의 경우 실제 장면에서의 '과정·기능'에 초점을 둔 26)_____를 실시하고, 필요한 경우 27)_____ 방안, 학생 특성을 반영한 평가기준 적용, 평가 방법의 조정 등을 적용한다.

(차) 교수 측면에서의 평가는 수업 설계, 수업 실행, 수업 평가 등 일련의 과정에서 여러 가지 정량적 혹은 정성적 평가를 실시하여 수업 방법의 개선에 실제적인 도움이 되게 한다.

---

22) 수학의 기초적인 개념과 원리
23) 생활수학
24) 계산기, 컴퓨터, 교육용 소프트웨어
25) 수학적 의사소통
26) 참평가
27) 대안평가

# 04 과학

## 교육과정 설계의 개요

2022 개정 특수교육 기본 교육과정 과학과는 공통 교육과정 과학과의 교과 내용을 토대로 특수교육 대상 학생을 고려하여 설계하였다. 공통 교육과정 과학과의 보편성을 추구하면서 학생의 장애 특성과 교육적 요구를 고려하여 가정, 학교, 사회 등 실생활과 연계되는 생활 및 기능 중심으로 설계하였다.

구체적으로 2022 개정 특수교육 기본 교육과정 과학과는 '성격 및 목표', '내용 체계', '성취기준', '교수·학습 및 평가'로 구성되어 있다. '성격'에서는 과학과 교육의 필요성 및 역할을 설명하고, '목표'에서는 총괄 목표와 세부 목표를 제시하였다. '내용 체계'에서는 영역별 '핵심 아이디어'와 함께 '지식·이해', '과정·기능', '가치·태도'에 대한 학년군별 내용 요소를 제시하였고, '성취기준'은 학년군에 따라 구분하고 영역별·범주별 '성취기준'과 '성취기준 해설'을 제시하였으며, 장애 정도가 심한 학생을 위한 '성취기준 적용 시 고려 사항'을 제시하였다. '교수·학습'에서는 '교수·학습 방향', '교수·학습 방법'을 제시하였다. '교수·학습 방향'에서는 과학과의 보편적 교수·학습 방향과 함께 학생의 장애 특성을 고려한 교수·학습의 방향을 제시하였고, '교수·학습 방법'은 영역별 교수·학습 방법을 별도로 제시하였다. '평가'는 '평가 방향'과 '평가 방법'으로 제시하여 평가 방향에서는 학생의 장애 특성을 고려하여 보편적 학습설계, 원격수업 상황에서의 평가 방향을 제시하였고 평가 방법에서는 장애 정도가 심한 학생을 고려한 평가 방법을 제시하였다.

2022 개정 특수교육 기본 교육과정 과학과의 영역은 1)_____이다. 이 영역은 공통 교육과정 과학과의 일관성을 유지하기 위하여 동일하게 구성하였다. 2015 개정 기본 교육과정 과학과의 영역과 비교했을 때 '에너지'는 '운동과 에너지'로 변경하였고, '우리 몸과 동물'과 '식물'이 '생명'으로 통합되었으며, '지구와 우주'는 '지구'로 변경하여 영역의 수가 5개에서 4개로 줄었다.

'핵심 아이디어'는 기본 교육과정 과학과 영역 내 내용 요소를 포괄하는 일반화된 개념이나 원리로서 지식·이해 범주의 세부 범주별로 '지식·이해', '과정·기능', '가치·태도'를 결합하여 기술하였다. '지식·이해'는 영역별로 세부 범주를 두고, 각 세분화한 범주에 따라 학년군별 계속성 및

1) '운동과 에너지', '물질', '생명', '지구'

위계성을 고려하여 내용 요소를 배치하였다. '과정·기능' 범주는 탐구 능력을 토대로 과학적 실천을 반영하여 관찰 및 문제 확인, 분류와 측정, 자료 수집과 분석 및 예상, 결론 추론, 의사소통과 협업으로 도출하였고, 각 영역의 특성, 내용 요소 등을 반영하여 초등학교와 중고등학교에 따라 구체적으로 제시하였다. '가치·태도'는 과학 가치와 태도, 참여와 실천의 요소를 근간으로 초등학교와 중·고등학교에 따라 연속성과 위계성을 고려하여 제시하였다.

기본 교육과정 과학과는 불확실한 미래 사회를 살아가야 할 민주시민으로서 '과학적 소양을 토대로 개인의 안녕을 추구하는 주체적인 사람'을 육성하고자 한다. 기본 교육과정 과학과는 교과 내용(지식·이해, 과정·기능, 가치·태도)이 융합된 핵심 아이디어를 습득하여 학생이 과학적 사고력, 과학적 탐구 역량, 과학적 문제 해결 역량, 과학적 의사소통 역량, 과학적 협동 역량, 진로·직업 역량을 갖추고, 이를 토대로 가정, 학교, 사회에서 직면하는 과학과 관련된 문제를 핵심 아이디어, 실생활과 연계, 실천의 순환적 과정을 통해 해결하며 안녕을 추구하는 주체자로 성장하는 데 초점을 둔다.

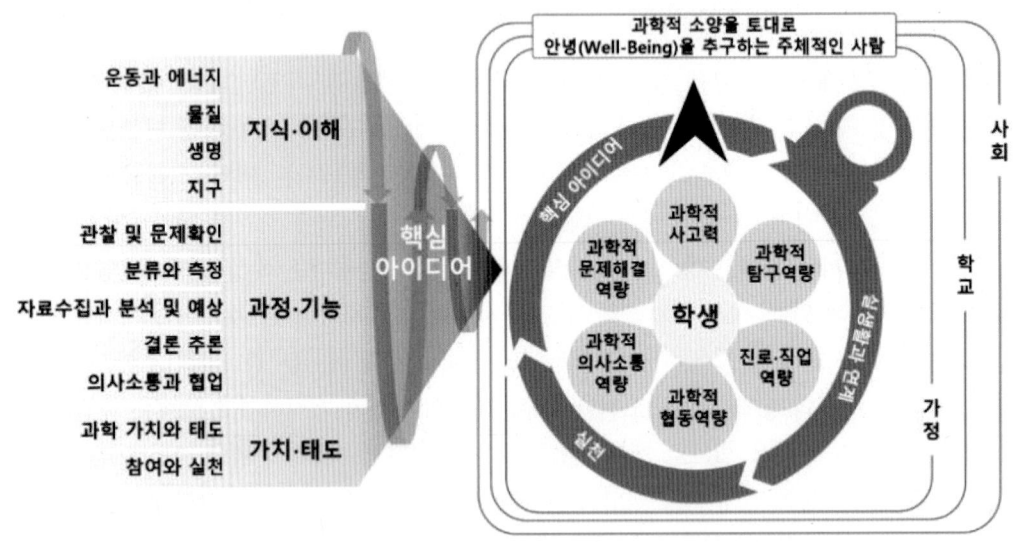

[그림 5] 2022 개정 특수교육 기본 교육과정 과학과 교육과정 설계 개요

# 01 성격 및 목표

**가. 성격**

과학과는 모든 학생이 주변의 자연현상과 일상생활에 관해 관심과 호기심을 가지고, 과학의 기본 개념을 이해하고 과학적 탐구 능력과 태도를 길러, 자연과 일상생활에서 경험하는 문제를 과학적으로 이해하고 창의적으로 해결하며, 민주시민으로서의 참여와 실천을 통해 과학적 소양을 기르기 위한 과목이다.

기본 교육과정 과학과는 장애학생이 과학적 소양을 갖추어 자연 세계와 인간 활동에서 일어나는 변화를 이해하고, 문제 해결을 위해 과학적 지식을 이용하며, 문제를 확인하고, 증거 중심 결론을 도출하는 능력을 기를 수 있도록 한다. 또한, 일상생활과 사회의 과학 관련 문제에 관심을 두고, 과학과 기술의 발달이 우리의 생활과 사회에 영향을 미침을 이해하며 이들이 상호 관련되어 있음을 인식할 수 있도록 한다.

과학과는 일상적인 자연 현상과 생활 경험을 통해서 과학의 기본적인 개념을 이해하고, 주변의 자연 현상과 일상생활의 문제를 해결하기 위해 기초 탐구과정을 통한 과학적인 탐구 방법을 활용하며, 과학적 문제 해결의 과정과 결과에 대한 자신의 의사를 표현하고, 타인의 생각을 수용하고 조정하며, 문제 해결을 위해 협동하고, 과학 기술과 사회, 우리의 생활이 상호 관련되어 있음을 인식하여 사회의 과학적 쟁점에 참여하고 실천하는 역량을 기르는 데 주안점을 둔다.

과학과의 2)_____의 4개 영역은 '지식·이해', '과정·기능', '가치·태도'의 세 차원을 학년군 간, 영역 간에 연계적으로 체계화하여 영역별 핵심 아이디어를 습득할 수 있도록 구성한다. '지식·이해'의 '운동과 에너지' 영역에서는 전기와 자석, 열, 소리와 빛, 힘과 운동 등을 다루며, '물질' 영역에서는 물체와 물질, 물질의 성질, 물질의 변화 등을 다룬다. 그리고 '생명' 영역에서는 우리 몸, 동물과 식물, 환경과 생태계 등을 다루며, '지구' 영역에서는 지구 모습과 지각 변화, 날씨와 기후, 지구와 인간 활동, 천체 등을 다룬다. '과정·기능'은 학생들에게 필요한 과학적 탐구 능력 신장을 위해 기초 탐구과정을 중심으로 관찰 및 문제 확인, 분류와 측정, 자료 수집과 비교·분석, 예상과 추론, 의사소통 및 협업 등의 탐구활동 요소를 학년군별 학생들의 수준을 고려하여 적용한다. '가치·태도'는 자연과 생명에 대한 존중과 배려심, 자연과 과학에 대한 관심과 호기심, 과학 활동에서의 적극적 참여와 협력, 생활 속 위험에 대한 인식과 대처, 생활 속 과학 및 과학 탐구의 유용성, 과학적 상상력과 창의성, 과학 공동체 활동 참여 및 문화 향유, 그리고 생활 속 위험에 대한 안전 생활 실천을 강조한다.

과학과는 장애 정도가 심한 학생을 위해 3)_____을 바탕으로 장애학생의 일상적인 생활 경험과 밀접한 관련이 있는 친근한 상황 속에서 과학적 지식을 기능 중심으로 학습하여 기능적인 과학적 문해 능력을 기르고, 4)_____ 등의 기초적인

2) '운동과 에너지, 물질, 생명, 지구'
3) 생태학적 접근
4) 관찰, 분류, 측정, 예상, 추리, 의사소통

탐구과정을 중심으로 탐구활동이 이루어지도록 하며, 과학적 지식과 탐구 방법을 일상생활과 사회생활의 문제 해결에 적용할 기회를 제공하도록 한다.

### 나. 목표

자연현상과 일상생활에 대한 흥미와 호기심을 바탕으로 과학적 탐구를 통해 [5]_____을 이해하고 기초적인 과학 지식을 습득하며, 참여와 협동을 통해 일상생활의 문제를 해결할 수 있는 [6]_____을 기른다.

(1) 자연현상과 일상생활에 대해 흥미와 호기심을 갖고 참여와 협동을 통해 주변의 현상을 탐구하며, 안전한 생활에 이바지한다.

(2) 과학의 기초적인 탐구 방법에 대한 경험과 이해를 [7]_____에 적용하고 탐구하는 능력을 기른다.

(3) 다양한 [8]_____과 _____을 과학적으로 탐구하여 과학의 기초적인 개념을 이해한다.

(4) 과학과 기술 및 사회의 상호 관계를 이해하고 이를 바탕으로 [9]_____에 참여하고 실천하는 능력을 기른다.

---

5) 주변의 현상
6) 과학적 소양
7) 일상생활의 문제
8) 자연현상과 일상생활
9) 일상생활의 문제 해결

# 02 내용 체계와 성취기준

## 가. 내용 체계

(1) 운동과 에너지

| 핵심 아이디어 | • 전하나 전류는 다양한 자기 및 전기 현상을 일으키며, 자석과 전기의 성질을 전구, 전동기 등을 통해 관찰하고 전기기구를 실생활에서 안전하게 사용한다.<br>• 물체의 따뜻하고 차가운 정도는 온도로 나타내며 온도계로 정확하게 측정할 수 있고, 열은 온도가 높은 곳에서 낮은 곳으로 이동하며 일상생활에서는 단열 등과 같은 방식으로 유용하게 활용한다.<br>• 빛과 소리는 반사, 굴절, 진동 등 파동의 특성이 있으며 그 특성을 활용한 거울과 렌즈, 악기와 방음 장치 등을 관찰하여 실생활에 활용한다.<br>• 우리 주변에 작용하는 힘에 관심을 두고, 물체 사이에 작용하는 여러 가지 힘과 이로 인해 자연과 일상생활 속 여러 운동의 속력과 방향이 변하는 사례를 관찰하여 실생활에 활용한다. ||
|---|---|---|
| 범주 | 내용 요소 ||
| | 중학교 1~3학년 | 고등학교 1~3학년 |
| 지식·이해 — 전기와 자석 | • 전기의 이용 | • 전기기구의 안전한 사용 |
| 지식·이해 — 열 | • 열의 이동 | • 단열 |
| 지식·이해 — 소리와 빛 | • 소리의 발생과 전달 | • 렌즈의 이용 |
| 지식·이해 — 힘과 운동 | • 무게 측정<br>• 여러 가지 저울 | • 중력과 마찰력 |
| 과정·기능 | • 자연과 일상생활에서 운동과 에너지 관련 문제를 인식하기<br>• 문제를 해결하기 위한 탐구 설계하기<br>• 관찰, 측정, 분류, 예상, 추리 등을 통해 자료를 수집하고 비교, 분석하기<br>• 수학적 기능과 컴퓨터, 모형을 활용하기<br>• 안내에 따라 결론을 도출하고, 자연과 일상생활의 운동과 에너지 관련 상황에 적용하기<br>• 협력적으로 소통하기 ||
| 가치·태도 | • 생활 속 과학 및 과학 탐구의 유용성<br>• 과학 상상력과 창의성<br>• 과학 공동체 활동 참여 및 문화 향유<br>• 생활 속 위험에 대한 안전 생활 실천 ||

(2) 물질

| 핵심 아이디어 | • 물체는 여러 가지 물질로 구성되며, 물질의 성질에 따라 다양한 용도로 활용된다.<br>• 물질은 고유한 특성을 가지며 물질의 상태에 따라 물리적 성질도 다르다.<br>• 물질이 연소할 때 새로운 물질이 만들어지며, 연소 과정에서 물질의 성질이 달라진다. | |
|---|---|---|
| 범주 | 내용 요소 | |
| | 중학교 1~3학년 | 고등학교 1~3학년 |
| 지식·이해 / 물체와 물질 | *초등 내용 | |
| 지식·이해 / 물질의 성질 | • 혼합물의 분리<br>• 액체의 성질<br>• 용질의 녹는 양<br>• 물의 여러 가지 상태 | • 기체의 성질<br>• 용액의 진하기<br>• 물과 얼음의 상태 변화 |
| 지식·이해 / 물질의 변화 | | • 연소와 소화 |
| 과정·기능 | • 자연과 일상생활에서 물질 관련 문제를 인식하기<br>• 용해 관련 탐구 설계하기<br>• 관찰, 측정, 분류, 예상, 추리 등을 통해 자료를 수집하고 비교, 분석하기<br>• 수학적 기능과 컴퓨터, 모형을 활용하기<br>• 물의 상태와 변화 예측하고 추론하기<br>• 안내에 따라 결론을 도출하고, 자연과 일상생활의 물질 관련 상황에 적용하기<br>• 협력적으로 소통하기 | |
| 가치·태도 | • 생활 속 과학 및 과학 탐구의 유용성<br>• 과학 상상력과 창의성<br>• 과학 공동체 활동 참여 및 문화 향유<br>• 생활 속 위험에 대한 안전 생활 실천 | |

(3) 생명

| 핵심<br>아이디어 | • 우리 몸은 다양한 기관으로 구성되어 있으며, 각 기관의 유기적인 작용으로 생명을 유지한다.<br>• 동물과 식물은 환경에 적응하여 다양한 생김새와 생활 방식으로 생장한다.<br>• 생태계의 구성 요소들은 서로 영향을 주고받으며 균형을 이룬다. | |
|---|---|---|
| 범주 | 내용 요소 | |
| | 중학교 1~3학년 | 고등학교 1~3학년 |
| 지식·이해 / 우리 몸 | • 감각기관의 구조와 기능<br>• 뼈와 근육의 생김새와 기능 | • 소화·배설, 순환·호흡 기관의 구조와 기능<br>• 인간의 탄생과 성장<br>• 인간의 유전 |
| 지식·이해 / 동물과 식물 | • 다양한 환경에 사는 동물<br>• 다양한 환경에 사는 식물<br>• 식물의 생장 조건 | • 뿌리, 줄기, 잎, 꽃의 구조와 기능<br>• 생활 속 동물과 식물의 이용 |
| 지식·이해 / 환경과 생태계 | • 생물 요소와 비생물 요소 | • 생태계 평형 |
| 과정·기능 | • 자연과 일상생활에서 생명 관련 문제를 인식하기<br>• 문제를 해결하기 위한 탐구 설계하기<br>• 생물 관찰 및 분류 하기<br>• 관찰, 측정, 분류, 예상, 추리 등을 통해 자료를 수집하고 비교, 분석하기<br>• 모형으로 설명하기<br>• 안내에 따라 결론을 도출하고, 자연과 일상생활에서 만나는 생명 관련 상황에 적용하기<br>• 협력적으로 소통하기 | |
| 가치·태도 | • 생활 속 과학 및 과학 탐구의 유용성<br>• 과학 상상력과 창의성<br>• 과학 공동체 활동 참여 및 문화 향유<br>• 생활 속 위험에 대한 안전 생활 실천 | |

(4) 지구

| 핵심 아이디어 | • 지구는 지권, 수권, 기권, 생물권 등으로 구성되며, 이들의 상호작용으로 인하여 다양한 자연 현상들이 발생한다.<br>• 지구의 기후 시스템 안에서 지권, 수권, 기권, 생물권 등은 끊임없이 활발하게 상호작용하며, 그로 인하여 다양한 기상 현상과 기후 변동이 나타난다.<br>• 인간과 지구 환경은 상호 영향을 미치며, 환경오염 및 자연재해에 대한 과학적 이해와 대처 방안의 모색은 개인과 사회의 안전에 기여한다.<br>• 태양, 달, 별과 같은 다양한 천체는 고유한 모습과 특징을 지니며, 밤하늘에서 별과 별자리 관찰을 통해 과학적 호기심과 상상력을 키운다. ||
|---|---|---|
| 범주 | 내용 요소 ||
| | 중학교 1~3학년 | 고등학교 1~3학년 |
| 지식·이해 — 지구 모습과 지각 변화 | • 바다의 모습 | • 지구의 역사<br>• 화산과 지진 |
| 지식·이해 — 날씨와 기후 | • 기후의 변화 | |
| 지식·이해 — 지구와 인간 활동 | • 자연재해 | |
| 지식·이해 — 천체 | | • 밤하늘 관찰 |
| 과정·기능 | • 자연과 일상생활에서 지구 관련 문제를 인식하기<br>• 문제를 해결하기 위한 탐구 설계하기<br>• 관찰, 측정, 분류, 예상, 추리 등을 통해 자료를 수집하고 비교, 분석하기<br>• 수학적 기능과 컴퓨터, 모형을 활용하기<br>• 안내에 따라 결론을 도출하고, 자연과 일상생활에서 만나는 지구 관련 상황에 적용하기<br>• 협력적으로 소통하기 ||
| 가치·태도 | • 생활 속 과학 및 과학 탐구의 유용성<br>• 과학 상상력과 창의성<br>• 과학 공동체 활동 참여 및 문화 향유<br>• 생활 속 위험에 대한 안전 생활 실천 ||

나. 성취기준

[중학교 1~3학년]

(1) 운동과 에너지

1 전기와 자석

중학교 1~3학년 '전기와 자석'의 성취기준은 일상생활에서 사용하는 전기기구(예 : 전등, 라디오, 온열기, 선풍기, 전기자동차)를 통해 전기 에너지가 빛 에너지, 소리 에너지, 열 에너지, 운동 에너지로 전환되어 다양한 전기기구로 사용되는 것을 이해하는 데 중점을 두어 설정하였다. 이 영역에서는 전기기구를 자세히 관찰함으로써 전기 에너지가 어떻게 사용되고 있는지 조사하고 관찰한다. 아울러 학생이 전기로 작동되는 전기기구가 우리 생활을 편리하게 함을 인식하도록 지도한다.

> [9과학01-01] 전기로 작동되는 여러 가지 전기기구를 관찰하여 에너지 변환을 이해하고, 전기기구의 편리함을 안다.

(가) 성취기준 해설
- [9과학01-01] 이 성취기준은 가정, 학교와 같이 학생이 실제로 생활하는 환경에서 이용되는 전기기구만을 대상으로 하고, 전기기구를 관찰함으로써 전기 에너지가 빛 에너지, 소리 에너지, 열 에너지, 운동 에너지 등으로 바뀌어 다양한 전기기구로 사용되는 것을 이해하는 데 중점을 두어 지도한다. 전기기구의 사용법은 다루지 않는다. 전기기구의 사용이 우리 생활을 편리하게 하는 점에 중점을 두어 지도하고, 전기기구에 대해 흥미와 호기심을 갖도록 지도한다.

(나) 성취기준 적용 시 고려 사항
- 장애 정도가 심한 학생의 경우 생활과 밀접한 전기기구만을 집중적으로 탐색할 기회를 제공하는 것이 바람직하며, 시각장애를 동반한 학생의 경우 학생이 직접 사용하는 전기기구를 반복적으로 탐색할 기회를 제공한다.

② 열

중학교 1~3학년 '열'의 성취기준은 실험을 통해 열의 이동을 이해하고 생활 주변의 열의 이동 현상에 관심을 두는 것에 중점을 두어 설정하였다. 이 영역에서는 온도가 다른 두 물체나 물질이 접촉함으로 나타나는 열의 이동 현상, 열의 얻음과 잃음에 따라 나타나는 온도의 변화를 실험으로 확인한다. 또한 다양한 일상 사례를 관찰하여 우리 생활이 열의 이동과 밀접하게 관련되어 있음을 이해하는 데 주안점을 둔다.

> [9과학01-02] 고체, 액체, 기체에서의 열의 이동을 알고, 열의 이동이 나타나는 일상생활 사례를 관찰한다.

(가) 성취기준 해설
- [9과학01-02] 이 성취기준은 다리미로 다림질하는 의복, 주전자에 가열하는 물, 냉방과 난방 등과 같은 실생활의 다양한 사례를 통하여 고체에서의 열의 이동, 액체에서의 열의 이동, 기체에서의 열의 이동을 이해한다. 학생이 열의 이동 개념을 이해하는 것이 중요하므로 전도나 대류 등의 어려운 용어를 강조하지 않도록 유의한다.

(나) 성취기준 적용 시 고려 사항
- 시각장애를 지닌 중복장애 학생의 경우 풍부한 언어적 정보를 듣고 촉각으로 온도의 변화를 느낌으로 물체에 접촉함에 따라 나타나는 온도 변화를 이해한다. 또한 열의 이동 방향을 촉각 자료로 확인한 뒤 온도의 변화와 열의 이동을 통합적으로 이해한다.

③ 소리와 빛

중학교 1~3학년 '소리와 빛'의 성취기준은 소리의 발생과 전달 과정, 반사를 익히는 데 중점을 두어 설정하였다. 이 영역에서는 구체적인 실험과 실생활에서 소리의 전달과 반사가 이용되는 예를 조사하여 소리의 성질을 인식하는 데 주안점을 둔다.

[9과학01-03] 실험을 통하여 소리의 발생과 전달 그리고 반사 현상을 관찰한다.

(가) 성취기준 해설
- [9과학01-03] 이 성취기준은 실 전화기 실험을 통해 소리가 전달됨을 인식하고, 고체, 액체, 기체의 물질 상태에 따라 소리가 전달되는 현상을 관찰한다. 소리 반사판을 이용하여 소리가 장애물을 만나면 반사되는 현상을 관찰하며, 우리 생활에서 소리가 반사되는 현상을 조사한다. 또한 소리의 전달이나 반사의 정도를 조절하여 일상생활에서 소음을 줄이는 방법을 익힌다.

(나) 성취기준 적용 시 고려 사항
- 청각장애를 동반한 학생의 경우 실감형 콘텐츠를 활용하여 소리의 전달과 반사를 시각적으로 확인하여 이해를 높이도록 한다.

④ 힘과 운동

중학교 1~3학년 '힘과 운동'의 성취기준은 무게는 지구가 물체를 끌어당기는 힘의 크기임을 인식하고 저울의 종류에 따라 물체의 무게를 올바르게 측정하는 방법을 익히는 데 중점을 두어 설정하였다. 이 영역에서는 수평 잡기의 원리를 이용한 저울을 통해 무겁다, 가볍다 등 물체의 무게에 대한 상대적 개념을 익히고, 생활에서 쓰이는 다양한 종류의 저울을 조사하여 쓰임새에 맞게 활용하는 것에 주안점을 둔다.

[9과학01-04] 수평 잡기 활동을 통해 물체의 무게를 비교하고, 여러 가지 무게 측정 방법에 흥미를 갖는다.
[9과학01-05] 무게를 정확히 측정하려면 저울이 필요함을 알고, 저울을 사용해 무게를 측정하고 비교한다.

(가) 성취기준 해설
- [9과학01-04] 이 성취기준은 수평 잡기 놀이를 통하여 수평의 원리를 인식하고 두 물체의 무게를 비교한다. 물체의 무게 측정이 필요한 생활 속 사례를 소개하여 학생에게 무게에 대한 호기심과 흥미를 유발하고 주변의 물체를 들어보고 무게를 어림잡아 보는 활동으로 무게의 개념을 익힌다.
- [9과학01-05] 이 성취기준은 물체의 무게를 정확하게 알지 못하는 경우 발생할 수 있는 불편함을 알고 무게 측정의 필요성을 인식한다. 물체의 무게를 정확하게 측정하기 위해서는 저울이 필요함을 인식하고 실생활에서 사용되는 체중계, 전자저울 등을 이용하여 쓰임새에 따라 적합한 저울을 선택하여 사용하는 데 중점을 둔다. 이때 질

량과 무게를 구분하지 않고 저울 사용법에 유의하며 무게를 측정하고 비교하는 데 주안점을 둔다.

(나) 성취기준 적용 시 고려 사항
- 시각장애를 지닌 중복장애 학생의 경우 물체의 무게를 측정할 때 음성 저울 등 보조 기구를 제공하여 활동에 참여할 수 있도록 한다.
- 장애 정도가 심한 학생의 교육적 요구에 따라 용수철저울에 추를 매달아 늘어난 길이 관찰하기, 양팔 저울을 이용하여 물체의 무게 비교하기 등의 직관적으로 확인할 수 있는 활동으로 성취기준을 재구성하여 적용할 수 있다.

(2) 물질

① 물질의 성질

중학교 1~3학년 '물질의 성질'의 성취기준은 우리 주변의 여러 가지 혼합물과 액체, 용해 현상 및 물의 상태 변화를 관찰하며 물질이 지닌 성질을 탐구하는 능력을 갖추는 데 중점을 두어 설정하였다. 이 영역에서는 우선, 일상생활에서 흔히 접할 수 있는 물질의 성질을 이용하여 혼합물을 분리하고, 액체와 관련한 여러 가지 실험을 통해 액체의 성질을 관찰한다. 또한, 용해 현상 관찰에서는 용질의 종류와 물의 온도에 따른 용질의 녹는 양을 비교하고, 마지막으로 물이 세 가지 상태로 변할 수 있음을 알고, 물의 상태 변화를 관찰하는 데 주안점을 둔다.

> [9과학02-01] 물질의 성질을 이용하여 여러 가지 혼합물을 분리한다.
> [9과학02-02] 일상생활에서 이용하는 액체의 성질을 조사한다.
> [9과학02-03] 용질의 종류와 물의 온도에 따라 물에 녹는 용질의 양이 달라짐을 비교한다.
> [9과학02-04] 우리 주변에서 물의 세 가지 상태와 상태 변화의 예를 찾는다.

(가) 성취기준 해설
- [9과학02-01] 이 성취기준은 간이 정수기를 사용하거나, 물에 뜨는 성질, 증발, 거름 장치를 이용해 액체 혼합물 분리하기, 크기, 무게, 자석에 붙는 성질에 따라 고체 혼합물 분리하기, 밀도, 끓는점, 용해도 등 물질의 성질에 따라 혼합물 분리하기 등의 내용을 다룬다. 일상생활에서 혼합물을 분리하는 방법이 이용되는 다양한 예를 찾아 일상생활에서 혼합물 분리가 자주 이용되고 있음을 이해하고, 여러 가지 혼합물을 적극적인 태도로 분리한다.
- [9과학02-02] 이 성취기준은 액체의 색과 향을 관찰하기, 경사로에 액체 흘리기, 여러 가지 모양 틀에 액체 담기, 눈금실린더로 액체의 부피 측정하기 등의 내용을 다룬다. 색, 향과 같은 겉보기 성질에 따라 생활 주변의 액체를 관찰하고, 일상생활에서 액체가 흐르는 모습, 여러 장소의 물의 모양을 살펴본다. 또한, 계량컵, 눈금실린더 등 일상생활에서 부피를 측정하는 기구를 사용하여 액체의 부피를 측정한다.

- [9과학02-03] 이 성취기준은 물의 양과 온도가 같을 때, 용질의 종류에 따라 용질의 녹는 양 비교하기, 물의 양과 용질의 종류가 같을 때, 물의 온도에 따라 용질의 녹는 양 비교하기 등의 내용을 다룬다. 이때 녹는 시간보다 녹는 양에 초점을 두어 학습하는 데 주안점을 둔다. 나아가 물에 녹는 용질의 양에 영향을 미치는 요인을 찾아, 커피 가루나 설탕 등 일상생활에서 사용하는 다양한 물질을 물에 많이 녹이는 방법을 적용한다. 여러 가지 물질을 물에 녹여 봄으로써 끈기를 기를 수 있다.
- [9과학02-04] 이 성취기준은 물이 얼 때와 녹을 때의 무게와 부피 변화 관찰하기, 물이 증발할 때와 끓을 때의 변화 관찰하기, 물 끓여 수증기 만들기, 수증기가 응결할 때의 변화 관찰하기 등의 내용을 다룬다. 물의 상태 변화를 끈기 있는 태도로 관찰하고, 일상생활에서 일어나는 물의 상태 변화의 예를 찾으며 물의 상태 변화가 일상생활에서 어떻게 이용되는지 알아본다.

(나) 성취기준 적용 시 고려 사항

- [9과학02-01] 이 성취기준은 장애 정도가 심한 학생의 경우 주위에서 혼합물의 상태로 존재하는 다양한 물질을 찾아보고, 일상생활에서 혼합물을 분리하는 다양한 사례를 직접 관찰한다. 또, 학생이 자주 마시거나 사용하는 액체를 활용하여 액체의 색과 향을 직접 관찰한다. 시각장애를 동반한 학생의 경우 색에 대한 언어적 정보, 경사로에 흐르는 액체를 직접 만져보는 촉각적 경험 등을 제공하여 액체의 성질을 다감각적으로 경험한다.
- [9과학02-02] 이 성취기준은 장애 정도가 심한 학생의 교육적 요구에 따라 여러 가지 액체의 색과 향 관찰하기, 계량컵이나 눈금실린더를 이용하여 액체의 부피 측정하기 등으로 성취기준을 재구성하여 적용할 수 있다.
- [9과학02-03] 이 성취기준은 장애 정도가 심한 학생의 경우 물의 온도와 양의 차이를 크게 두어 결과를 명확하게 관찰한다. 혹은 따뜻한 물에 용질 녹이기, 물의 양이 많은 비커에 용질 녹이기 등의 활동으로 성취기준을 재구성하여 적용할 수 있다. 시각장애를 동반한 학생의 경우 따뜻한 물과 차가운 물을 만져보거나, 물의 양이 많은 비커와 적은 비커에 손을 넣어 보는 등 촉각적 경험을 통해 용질을 물에 많이 녹이는 방법을 습득한다.
- [9과학02-04] 이 성취기준은 장애 정도가 심한 학생의 교육적 요구에 따라 아이스크림 만들기, 음료수 속 얼음이 녹는 모양 관찰하기 등으로 성취기준을 재구성하여 적용할 수 있다. 시각장애를 동반한 학생의 경우 일상생활에서 물의 세 가지 상태를 직접 만져볼 수 있도록 다양한 촉각 자료를 제공하고, 물의 세 가지 상태에 대한 차이점을 언어적 정보와 함께 제공하여 다양하게 경험하도록 한다.

(3) 생명

① 우리 몸

중학교 1~3학년 '우리 몸'의 성취기준은 초등학교 3~4학년의 우리 몸의 생김새에서 확장하여 우리 몸이 눈에 보이는 기관뿐만 아니라 보이지 않는 기관까지 다양하게 구성되어 있음을 이해하는 데 중점을 두어 설정하였다. 이 영역에서는 우리 몸을 이루는 감각기관 및 뼈와 근육을 관찰한다. 우리 몸을 이루는 각 기관은 모두 소중하며 건강하게 신체를 유지해야 함을 인식하여 생활 속에서 이를 실천하는 데 주안점을 둔다.

> [9과학03-01] 감각기관의 구조와 기능을 관찰한다.
> [9과학03-02] 우리 몸을 구성하는 뼈와 근육의 생김새와 기능을 관찰한다.

(가) 성취기준 해설

- [9과학03-01] 이 성취기준은 외부 자극을 인식하는 감각기관의 구조를 관찰하고 기능을 확인하는 활동을 수행한다. 외부로 드러나는 감각기관뿐만 아니라 기관 내부의 구조를 관찰하고, 역할을 확인하는 내용을 다룬다. 감각기관 내부의 해부학적인 명칭을 강조하기보다는 빛의 양을 조절하는 동공, 귀로 들어온 소리를 진동시키는 고막 등 작동 과정을 중심으로 활동 내용을 구성한다.
- [9과학03-02] 이 성취기준은 우리 몸을 지탱하는 뼈와 근육의 생김새와 명칭을 익히고 움직임과 기능 관찰하기, 뼈와 근육의 역할 확인하기 등의 내용을 다루며, 이를 통해 건강을 유지하는 생활 방식을 실천한다. 신체 각 기관을 이루거나 보호하는 뼈와 근육의 위치와 생김새를 인체 모형, 그림, 동영상 자료 등을 통하여 간접적으로 관찰하거나 손으로 만져 보는 활동, 뼈와 근육의 역할을 조사하는 활동 등으로 구성한다. 뼈와 근육의 신체 부위별 명칭을 머리뼈, 갈비뼈 등과 같이 다루고 움직임과 역할을 중심으로 내용을 구성하여 어려운 명칭이 사용되지 않도록 유의한다.

(나) 성취기준 적용 시 고려 사항

- 장애 정도가 심한 학생은 신체를 직접 촉진하거나 모형 조작, 그림이나 동영상 시청 등을 통한 간접 경험의 기회를 제공하되 필요에 따라 뼈·근육 모형이 그려진 티셔츠 등을 활용하여 현실감 있는 활동을 제공한다. 시각장애를 지닌 중복장애 학생의 경우 신체 촉진이나 촉각 모형을 활용하는 조작 과정에서 언어적 정보를 충분히 제공하여 개념 습득에 도움을 준다.
- 장애 정도가 심한 학생의 교육적 요구에 따라 감각기관 및 신체 내부 기관의 구조 관찰이 어려운 경우 각 기관의 명칭 따라 말하기, 감각기관의 명칭과 기능 짝 짓기 등으로 성취기준을 재구성하여 적용할 수 있다.

② 동물과 식물

중학교 1~3학년 '동물과 식물'의 성취기준은 동물과 식물이 환경의 영향을 받으며 살아가고 있다는 사실을 탐구하는 데 중점을 두어 설정하였다. 이 영역에서는 다양한 환경에 서식하는 동물과 식물의 생김새와 생활 방식 관찰하기, 실험을 통해 식물의 생장 조건 찾기 등의 내용을 다룬다. 이를 통해 동물과 식물의 생김새와 생활 방식이 서식하는 환경과 어떻게 관련되어 있는지 인식하고, 식물의 생장에 영향을 주는 환경 조건을 이해하는 데 주안점을 둔다.

> [9과학03-03] 다양한 환경에 서식하는 동물을 관찰하고, 동물의 생김새와 생활 방식이 환경과 관련되어 있음을 인식한다.
> [9과학03-04] 다양한 환경에 서식하는 식물을 관찰하고, 식물의 생김새와 생활 방식이 환경과 관련되어 있음을 인식한다.
> [9과학03-05] 식물의 생장에 환경이 중요함을 알고, 실험을 통해 식물의 생장 조건을 찾는다.

(가) 성취기준 해설

- [9과학03-03] 이 성취기준은 땅, 물, 나무 위, 사막 등과 같이 다양한 환경에 서식하는 동물의 생김새와 생활 방식 관찰하기, 서식지의 환경이 같은 동물들의 공통적인 특징 조사하기 등의 내용을 다룬다. 동물의 생김새와 생활 방식이 서식지의 환경과 관련이 있음을 탐구하는 과정에서 동물의 다양성을 이해한다.
- [9과학03-04] 이 성취기준은 들이나 산, 강이나 연못, 사막 등 다양한 환경에 서식하는 식물의 생김새와 생활 방식 관찰하기, 서식지의 환경이 같은 식물들의 공통적인 특징 조사하기 등의 내용을 다룬다. 식물의 생김새와 생활 방식이 서식지의 환경과 관련이 있음을 탐구하는 과정에서 식물의 다양성을 이해한다.
- [9과학03-05] 이 성취기준은 변인 통제 실험을 통해 환경 조건이 식물의 생장에 미치는 영향을 관찰함으로써 씨가 싹트는 데 필요한 조건, 식물이 자라는 데 필요한 조건 등을 찾는 내용을 다룬다. 실험에서 같게 할 조건, 다르게 할 조건을 구분하고 실험 결과를 예상하고 확인하는 등의 탐구과정을 통해 환경 조건이 식물의 생장에 영향을 미치고 있음을 인식하는 데 주안점을 둔다.

(나) 성취기준 적용 시 고려 사항

- 장애 정도가 심한 학생의 경우에는 가능한 다양한 환경에 서식하는 동물과 식물의 생김새와 생활 방식을 직접 탐색할 기회를 제공하는 것이 바람직하다. 그러나 직접 관찰하기 어려운 경우에는 동물도감, 식물도감, 실감형 콘텐츠 등 다양한 자료를 활용하여 실제와 유사한 경험을 제공한다.
- 인공지능, 사물 인터넷(IoT) 기술 등 스마트 기술이 접목된 식물 재배기, 스마트 팜 등을 활용하여 식물의 생장 조건을 찾는 실험을 하거나, 보조공학 기기와 앱을 통해 습도, 온도, 조도 등의 정보 확인하기, 식물의 모습을 사진으로 누적 기록하여 변화

과정 관찰하기 등의 활동으로 확장할 수 있다.
- [9과학03-05] 이 성취기준은 장애 정도가 심한 학생의 교육적 요구에 따라 가정과 학교 등 일상생활 환경에서 정해진 시간에 화분에 물 주기 등 식물의 생장 조건을 고려하여 식물을 관리하는 활동 등으로 성취기준을 재구성하여 적용할 수 있다.

③ 환경과 생태계

중학교 1~3학년 '환경과 생태계'의 성취기준은 인간이 살아가는 생태계가 생물 요소와 비생물 환경 요소로 이루어져 있음을 이해하는 데 중점을 두어 설정하였다. 이 영역에서는 생물과 비생물 요소로 이루어진 생태계를 인식하고 나아가 이들을 보호하는 방안을 생활 속에서 실천하도록 한다. 생태계를 이루는 구성요소에 관심을 가지며 인간을 포함한 생물의 생활과 비생물적 환경 요소와의 관련성을 파악하는 데 주안점을 둔다.

> [9과학03-06] 생태계를 생물 요소와 비생물 요소로 분류한다.

(가) 성취기준 해설
- [9과학03-06] 이 성취기준은 생태계를 구성하는 동물, 식물 등 다양한 생물 요소 인식하기, 생물 요소 중 생산자, 소비자와 분해자의 개념 및 역할 구분하기, 빛·온도·물 등으로 구성된 비생물 환경요소 인식하기, 생물 요소와 비생물 요소 분류하기 등의 내용을 다룬다. 수질 오염·대기 오염·토양 오염 등으로 인한 비생물 환경 요소의 급격한 변화 문제와 해결방안 탐색 등을 통해 생태계 보호에 관심을 둔다.

(나) 성취기준 적용 시 고려 사항
- 시각장애를 지닌 중복장애 학생의 경우 생물 요소와 비생물 환경 요소의 개념과 두 요소의 구분을 대신 설명하기 위해 다양한 자료를 활용한다. 생물 요소는 촉각 자료인 조작할 수 있는 모형을 제시하거나 청각 자료를 추가로 다양하게 제공하여 인식하도록 하며 빛, 물, 온도, 바람 등의 자연환경은 교실 내외부에서 직접 경험할 기회를 제공한다.
- 장애 정도가 심한 학생의 교육적 요구에 따라 생태계 구성요소 내용을 대신해 생태계를 구성하는 요소의 명칭을 말하기, 생활 속 환경오염 예방 실천 방법 익히기 등으로 성취기준을 재구성하여 적용할 수 있다.

(4) 지구

① 지구 모습과 지각 변화

중학교 1~3학년 '지구 모습과 지각 변화'의 성취기준은 바닷가 주변 지형의 모습과 특징을 파도의 작용과 연관 지어 이해하는 데 중점을 두어 설정하였다. 학생들이 바람에 의한 파도의 작용에 대해 인식하고, 파도의 작용으로 형성된 바닷가의 독특한 지형에 흥미와 관심을 두고 관찰하는 태도를 기르는 데 중점을 두어 설정하였다.

> [9과학04-01] 육지의 물과 비교하여 바닷물의 특징을 알고, 밀물과 썰물에 따른 바닷가의 모습을 관찰한다.
> [9과학04-02] 바닷물의 작용으로 만들어진 바닷가 주변 지형을 관찰한다.

(가) 성취기준 해설
- [9과학04-01] 이 성취기준은 육지의 물과 바닷물을 여러 가지 방법으로 관찰하여 서로 비교하고, 바닷물에서 바람이 세게 불 때와 약하게 불 때 파도의 모습을 시청각 자료 및 모형을 이용한 실험을 통하여 알아본다. 밀물일 때의 바닷가 모습과 썰물일 때의 바닷가 모습을 비교하여 그 현상을 관찰하되 밀물과 썰물이 생기는 원리에 관한 내용은 다루지 않는다.
- [9과학04-02] 이 성취기준은 바닷가 주변 지형의 모습을 관찰하는 활동이다. 파도에 의한 침식, 운반과 퇴적을 중심으로 한 지표의 느린 변화에 관한 내용을 다룬다. 체험 학습과 연계한 야외 관찰 활동 또는 시청각 자료를 활용하여 바닷가 주변의 특이한 지형을 관찰하며 바닷물의 어떤 작용으로 인하여 만들어진 지형인지 호기심을 가지고 탐구한다.

(나) 성취기준 적용 시 고려 사항
- 시각장애를 지닌 중복장애 학생의 경우, 바람 또는 외부의 힘에 따른 물의 출렁임을 촉각으로 느낄 수 있도록 다감각적인 경험을 언어적 정보와 함께 제시한다. 수도꼭지의 물을 약하게 혹은 세게 틀어 손으로 받는 활동, 수조에 담긴 물에 손을 넣어 움직여 보는 활동 등으로 손에 닿는 물의 힘을 느끼고, 파도치는 소리를 비교하는 활동을 통해 파도의 세기를 청각적으로 인식한다.
- [9과학04-02] 장애 정도가 심한 학생의 교육적 요구에 따라, 해당 성취기준 내용을 바탕으로 바닷가 주변 지형의 모습을 대신하여 흐르는 물 또는 파도의 작용으로 땅의 모양이 변화하는 모습을 모형 실험을 통해 시각 및 촉각을 이용하여 관찰하는 활동 등으로 성취기준을 재구성하여 적용할 수 있다.

2 날씨와 기후

중학교 1~3학년 '날씨와 기후'의 성취기준은 계절 변화에 따른 날씨의 특징을 비교하고, 기후변화에 대처하는 방법을 탐구하여 실천하는 역량을 기르는 데 중점을 두어 설정하였다. 우리나라 계절별 날씨의 특징은 학생들의 경험을 바탕으로 한 생활 중심의 학습 내용으로 다룬다. 기후변화 현상에 대하여 위기의식을 가지고 우리 삶뿐만 아니라 전 세계적으로 직접적인 영향을 미침을 인식하여 이에 대처하는 방법을 탐구하고 실천하는 태도를 기르도록 한다.

> [9과학04-03] 계절별로 달라지는 날씨의 특징을 알고, 날씨에 따른 생활 모습을 비교한다.
> [9과학04-04] 기후변화 현상의 예를 알고, 생활 속에서 대응 방법을 조사한다.

(가) 성취기준 해설
- [9과학04-03] 이 성취기준은 계절별로 달라지는 날씨의 특징을 알아보고, 계절별 자연 모습, 옷차림 등 학생들의 생활 속에서 쉽게 발견할 수 있는 내용으로 비교한다. 기후와 계절이 변하는 까닭 등은 다루지 않는다. 학생들이 계절별 날씨의 특징에 관심을 두고 생활 속에서 적절히 대처하는 능력을 기르는 데 주안점을 둔다.
- [9과학04-04] 이 성취기준은 기후변화 현상 중 지구 온난화를 중심으로 다룬다. 기후변화 현상의 사례(예 : 오존층 파괴, 해수면 상승, 폭염, 집중호우)를 알아보고, 기후변화가 생활에 어떤 영향을 미치는지 조사한다. 또한 지구의 날과 기후변화 주간, 생활 속 탄소중립, 기후변화 센터와의 체험 학습 연계 등을 활용할 수 있다. 기후변화의 예방 및 대처 방법을 탐구하여 생활 속에서 실천하는 능력을 기르는 데 주안점을 둔다.

(나) 성취기준 적용 시 고려 사항
- 장애 정도가 심한 학생의 경우 계절별 날씨와 기후변화의 현상을 인지할 수 있도록 외부에서 자연 모습을 다감각적으로 경험할 기회를 제공하는 것이 바람직하며, 계절에 따라 바뀌는 나뭇잎 만져보기, 황사와 미세 먼지 현상으로 마스크 쓰기, 꽃이나 나무 심기 등 현상에 따라 적절하게 생활 속에서 경험을 확대한다.
- [9과학04-03] 장애 정도가 심한 학생의 교육적 요구에 따라 계절별 날씨의 특징을 비교하는 내용을 대신하여 우리 생활에서 날씨에 적절하게 대처하는 방법으로 계절별 날씨에 어울리는 옷차림과 도구 고르기 등과 같이 생활 중심 활동을 익히는 것으로 성취기준을 재구성하여 적용할 수 있다.

3 지구와 인간 활동

중학교 1~3학년 '지구와 인간 활동'의 성취기준은 여러 가지 자연재해가 일상생활에 미치는 영향을 조사하고 자연재해에 따른 피해를 줄이기 위한 대처 방법을 알고 생활 속에서 이를 적용하는 능력을 기르기 위해 설정하였다.

> [9과학04-05] 자연재해의 피해 사례를 조사하고, 자연재해에 대한 생활 속 대응 방법을 실천한다.

(가) 성취기준 해설
- [9과학04-05] 이 성취기준은 기상 재해와 지질 재해 중에서 태풍, 집중호우, 홍수, 폭설, 가뭄 등 기상 재해만을 다룬다. 자연재해에 따른 피해 사례를 관련 서적 또는 인터넷 기사 검색 등을 통하여 조사하고 그 결과를 발표하는 활동을 포함한다. 또한 자연재해 피해를 줄이기 위해 일반 가정, 학교, 야외에서 주의해야 할 내용을 다룬다.

자연재해로 인한 피해를 줄이는 방법에 대하여 친구들과 협업하여 자료를 수집하고 분석한다. 생활 속에서 발생할 수 있는 자연재해의 대처 방법을 숙지하여 학생들이 안전한 생활을 할 수 있도록 하는 데 목적이 있다.

(나) 성취기준 적용 시 고려 사항
- 장애 정도가 심한 학생의 경우 일기 예보의 기상 특보 또는 기상 주의보를 보고 앞으로 다가올 자연재해를 예상하도록 하는 것에 목표를 둔다. 시각장애를 동반한 학생의 경우 자연재해 상황에 대해 언어적으로 충분히 설명하고 청각 또는 촉각 등으로 상황을 인지할 수 있도록 다양한 경험을 제공한다.
- 장애 정도가 심한 학생의 교육적 요구에 따라 학생 개인의 생활 공간에서 취할 수 있는 행동에 대한 구체적이고 반복적인 내용 등으로 성취기준을 재구성하여 적용할 수 있다.

### [고등학교 1~3학년]
(1) 운동과 에너지

① 전기와 자석

고등학교 1~3학년 '전기와 자석'의 성취기준은 전기기구를 안전하고 아껴서 사용하는 데 중점을 두어 설정하였다. 이 영역에서는 전기기구를 쓰임새에 따라 분류하고, 바르게 사용하는 방법을 익힌다. 생태전환 교육과 관련하여 전기를 만드는 데 탄소가 발생한다는 점에서 학생이 전기를 절약하는 태도를 내재화하는 데 주안점을 둔다.

[12과학01-01] 전기기구를 안전하게 사용하는 방법과 전기를 절약하는 방법을 조사하고 실천한다.

(가) 성취기준 해설
- [12과학01-01] 이 성취기준은 전기기구의 안전한 사용법은 위험한 상황과 안전한 상황을 분류하는 활동을 통해 지도하여 전기사고를 예방할 수 있도록 한다. 교사는 학생이 수업 시간에 관찰한 안전하지 않은 상황을 모방하지 않도록 강조하여 지도한다. 나아가 영상을 통해 전기사고의 위험성을 간접적으로 경험하도록 한다. 아울러 전기사고 시의 대처 방법(예 : 전류 차단 및 안전 확보, 심폐소생술)을 지도하여 전기 안전에 익숙해지도록 한다.

(나) 성취기준 적용 시 고려 사항
- 장애 정도가 심한 학생은 최대-최소 촉진법 등을 통해 학생이 일상생활에 필요한 전기기구를 독립적으로 사용하는 방법을 안전하게 익히도록 하고, 시각장애를 동반한 학생의 경우 전기기구에 점자를 붙여서 지도한다. 또한 장애 정도가 심한 학생의 교육적 요구에 따라 전기 절약과 관련된 구체적인 행동 수칙을 실천하는 성취기준으로 재구성하여 적용할 수 있다.

2 열

고등학교 1~3학년 '열'의 성취기준은 생활 장면에서 열의 이동을 막는 단열의 원리를 이해하는 것에 중점을 두어 설정하였다. 이 영역에서는 고체의 종류에 따라 열의 이동하는 속도가 다름을 알고 일상생활에서 사용하는 단열 장치를 열의 이동과 관련지어 탐구한다. 또한 효과적인 단열 방법을 조사하여 실생활의 다양한 문제를 해결하는 데 주안점을 둔다.

[12과학01-02] 열의 이동을 막는 단열의 원리를 알고, 단열을 이용하는 일상생활 사례를 관찰한다.

(가) 성취기준 해설
- [12과학01-02] 이 성취기준은 생활 주변에서 쉽게 볼 수 있는 쇠, 나무, 유리, 플라스틱 등을 이용하여 금속과 금속이 아닌 것에서 열의 이동 속도가 다름을 이해한다. 조리 도구의 손잡이, 컵 홀더, 냄비 받침, 아이스박스, 뚝배기, 아이스크림 은박 포장재 등이 금속인지 금속이 아닌지 탐색하고 안전한 생활을 누리거나 따뜻한 것을 따뜻하게, 차가운 것을 차갑게 유지하기 위해 열의 이동을 줄이는 단열이 실생활에 다양하게 활용되고 있음을 이해한다. 감기에 걸리지 않게 체온을 유지하는 방법, 수도가 동파되지 않도록 하는 방법, 방을 따뜻하게 유지하는 방법 등 다양한 문제 상황을 제시하여 효과적인 단열 방법을 생각하고 문제를 해결한다.

(나) 성취기준 적용 시 고려 사항
- 장애 정도가 심한 학생의 경우, 고체의 종류에 따라 열의 이동 속도가 다름을 신체감각으로 느끼거나 교사가 제공하는 재료를 활용하여 단열 장치를 만드는 것으로 성취기준을 재구성하여 적용할 수 있다.

3 소리와 빛

고등학교 1~3학년 '소리와 빛'의 성취기준은 볼록렌즈와 오목렌즈의 특징과 빛의 굴절을 인식하는 데 중점을 두어 설정하였다. 이 영역에서는 볼록렌즈, 오목렌즈의 특성과 이용되는 사례에 관한 내용을 다룬다. 일상생활에서 이용되는 렌즈의 예를 조사하며 빛의 굴절에 대해 인식하는 데 주안점을 둔다.

[12과학01-03] 볼록렌즈와 오목렌즈로 물체를 관찰하고, 생활에서 렌즈가 이용되는 예를 조사한다.

(가) 성취기준 해설
- [12과학01-03] 이 성취기준은 빛이 한 물질에서 다른 물질로 들어갈 때 경로가 꺾이는 빛의 굴절 현상에 대해 프리즘을 이용하여 흥미를 갖는다. 그리고 볼록렌즈와 오목렌즈에서는 빛의 굴절 현상이 일어나며 이로 인해 물체의 모습이 실제와 다르게 보인다는 사실을 인식한다. 단, 상이 생기는 원리와 물체와 렌즈 사이의 위치 관계에 따른 상의 차이는 다루지 않는다. 볼록렌즈와 오목렌즈로 물체를 관찰하고, 돋보기, 사진기의 렌즈, 안경, 현미경 등 일상생활에서 사용하는 볼록렌즈와 오목렌즈의 다양

한 쓰임새에 중점을 두어 탐구한다.

(나) 성취기준 적용 시 고려 사항
- 시각장애를 지닌 중복장애 학생의 경우 사용하고 있는 확대경과 돋보기 등을 이용하여 렌즈의 활용에 대한 이해도를 높인다.

④ 힘과 운동

고등학교 1~3학년 '힘과 운동'의 성취기준은 일상생활에서 물체에 여러 가지 힘이 작용하고 있음을 인식하는 데 중점을 두어 설정하였다. 이 영역에서는 생활 주변에서 작용하는 중력과 마찰력에 관한 현상을 관찰하고 조사한다. 학생들이 실생활에서 중력과 마찰력이 작용하여 나타나는 현상에 호기심을 갖고 이해하여 적용하는 데 주안점을 둔다.

[12과학01-04] 물체에 중력과 마찰력이 작용하여 나타나는 현상을 관찰하고 그 특성을 이해한다.

(가) 성취기준 해설
- [12과학01-04] 이 성취기준은 중력은 질량을 가진 모든 물체 사이에 작용하는 힘이라는 것과 물체의 운동을 방해하는 힘이 마찰력이라는 것을 이해하는 것이 중요하다. 빗면 마찰력 비교 실험과 낙하 실험 등 힘과 관련된 여러 가지 조작 활동을 바탕으로 중력과 마찰력이 작용하여 나타나는 현상을 탐구한다. 나아가 실생활에서 마찰력을 크게 이용하거나 작게 이용하는 경우, 중력을 이용하는 사례를 조사하여 눈에는 보이지 않으나 중력, 마찰력이 우리 생활과 밀접하게 관련되어 있음을 인식한다.

(나) 성취기준 적용 시 고려 사항
- 장애 정도가 심한 학생의 교육적 요구에 따라 동영상이나 실감형 콘텐츠를 이용하여 마찰력이 큰 경우와 작은 경우를 찾아 제시함으로써 마찰력에 관심을 두도록 한다. 또한 실생활에서 마찰력이 클수록 좋은 경우와 작을수록 좋은 경우를 찾아 활용하는 생활 중심의 활동을 익히는 내용으로 성취기준을 재구성하여 적용할 수 있다.
- 시각장애를 지닌 중복장애 학생의 경우 가상현실(VR) 체험관을 활용하여 중력을 직접 경험하도록 한다. 또한 안전에 유의하여 바닥의 거칠기와 무게를 달리한 탈 것을 직접 이용해 봄으로써 무게와 접촉면의 거칠기에 따라 마찰력의 크기가 다름을 인식하도록 한다.

(2) 물질

① 물질의 성질

고등학교 1~3학년 '물질의 성질'의 성취기준은 우리 주변의 여러 가지 기체의 성질, 용액의 진하기, 물과 얼음의 상태 변화를 관찰하며 물질이 지닌 성질을 탐구하는 능력을 갖추는 데 중점을 두어 설정하였다. 이 영역에서는 여러 가지 실험을 통해 기체의 성질을 관찰한다. 용액의 진하기에서는 여러 가지 실험을 통해 용액의 상대적인 진하기를 관찰, 비교한다. 마지막으로 물이 얼음으로, 얼음이 물로 변할 때 무게와 부피의 변화를 실험 관찰을 통해 이해하는 데 주안점을 둔다.

> [12과학02-01] 여러 가지 기체의 성질을 관찰하고, 일상생활에서 기체가 활용되는 경우를 조사한다.
> [12과학02-02] 여러 가지 용액의 상대적인 진하기를 비교한다.
> [12과학02-03] 물이 얼 때, 얼음이 녹을 때의 변화에 따른 무게와 부피를 비교한다.

(가) 성취기준 해설

- [12과학02-01] 이 성취기준은 펌프를 이용해 튜브에 바람 넣기, 코끼리 나팔과 피스톤을 당겨 놓은 주사기를 비닐관으로 연결하고 주사기의 피스톤을 밀거나 당기기, 공기가 없는 풍선과 공기를 넣은 풍선의 무게 변화 비교하기 등의 내용을 다룬다. 여러 가지 실험을 통해 기체의 성질을 관찰하고, 공기 외에도 산소와 이산화 탄소, 질소 등의 기체가 일상생활에서 다양하게 활용되는 경우를 조사한다. 여러 가지 기체의 성질을 이해하기 위한 실험에 흥미와 관심을 둔다.
- [12과학02-02] 이 성취기준은 용매에 녹이는 용질의 양을 조절하거나 용매의 양에 변화를 주며 여러 가지 용액의 진하기를 관찰한다. 용액의 상대적인 진하기를 비교하기 위해 용액의 색 관찰하기, 용액에 물체를 띄워 물체가 뜨는 정도 관찰하기, 비중계, 염도 측정기와 같은 측정 도구 이용하기 등의 내용을 다룬다. 용액의 진하기를 비교하는 실험에 적극적으로 참여하면서 용액의 농도라는 과학적 지식을 습득하고, 실생활 맥락에서 용액의 진하기를 비교한다.
- [12과학02-03] 이 성취기준은 물이 얼 때의 무게와 부피 변화 관찰하기, 얼음이 녹을 때의 무게와 부피 변화 관찰하기 등의 내용을 다룬다. 일상생활에서 물이 얼어 부피가 늘어나는 예와 얼음이 녹아 부피가 줄어드는 예를 찾아보며 관련 내용을 일상생활과 연관 지어 자연스럽게 이해하는 데 중점을 둔다.

(나) 성취기준 적용 시 고려 사항

- [12과학02-01] 장애 정도가 심한 학생의 교육적 요구에 따라 일상생활에서 기체가 활용되는 다양한 예를 직접 관찰하는 활동을 통해 기체가 우리 주변에 있음을 확인하기 등으로 성취기준을 재구성하여 적용할 수 있다. 시각장애를 동반한 학생의 경우 기체의 성질을 관찰하기 위한 여러 가지 실험 과정에서 교사가 손으로 학생의 행동을 안내하는 신체적 안내법을 활용하여 기체의 성질을 촉각적으로 경험하도록 한다.
- [12과학02-02] 장애 정도가 심한 학생의 경우 생활 주변에서 쉽게 볼 수 있는 용액을 활용해 용액의 진하기를 직접 비교할 기회를 제공하거나, 색깔이 진한 용액 만들기 활동을 통해 용액의 진하기 관찰하기 등으로 성취기준을 재구성하여 적용할 수 있다. 시각장애를 동반한 학생의 경우 색에 대한 언어적 정보를 제공하고, 물체의 뜨는 정도를 촉각적으로 관찰하도록 한다. 측정 도구를 이용할 때, 구체적인 수치에 초점을 두기보다 측정 도구를 이용하는 활동에 대한 신체적 안내법을 충실히 제공한다.

- [12과학02-03] 장애 정도가 심한 학생의 경우 일상생활에서 물이 얼 때와 얼음이 녹을 때 나타나는 현상을 직접 관찰할 다양한 기회를 제공한다. 시각장애를 지닌 중복장애 학생의 경우 물이 얼 때와 얼음이 녹을 때의 무게와 부피 변화를 관찰하도록 다양한 촉각 자료와 언어적 정보를 충분히 제공한다.

② 물질의 변화

고등학교 1~3학년 '물질의 변화'의 성취기준은 연소 실험을 통해 물질의 상태가 변화함을 확인하고, 이를 통해 연소와 소화 현상과 각 조건을 이해하는 데 중점을 두어 설정하였다. 이 영역에서는 일상생활에서 사용하는 다양한 물질을 연소시킨 뒤 물질의 상태 변화를 연소 전과 후로 비교하고, 연소와 소화의 조건을 이해하며, 안전한 생활을 위해 화재에 대한 안전 대책을 익히도록 한다. 나아가 연소와 소화에 대한 과학적 이론보다는 생활과 연계해 과학적 사실을 이해하는 데 주안점을 둔다.

> [12과학02-04] 물질이 연소하기 전과 후의 상태를 비교한다.
> [12과학02-05] 연소와 소화 조건을 알고, 소화 방법에 따른 화재 안전을 실천한다.

(가) 성취기준 해설

- [12과학02-04] 이 성취기준은 물질이 산소와 만나 빛과 열을 내면서 타는 현상인 연소 현상을 관찰하기 위해 촛불을 관찰하거나, 종이, 나뭇조각 등 여러 가지 물질을 철판 위에 놓고 가열하여 불꽃을 관찰하는 내용을 다룬다. 나아가 이러한 실험을 통해 탄 물질이 연소 전 물질보다 크기나 양이 줄어들거나, 재가 남는 등 모양이나 상태가 변화한다는 것을 인식한다. 이때 연소 시 생성되는 물질과 같은 개념은 세부적으로 다루지 않으며, 연소에 대한 과학적 원리보다는 연소 현상 자체를 관찰하는 데 중점을 둔다. 불을 사용하는 실험이므로 실험 시 안전 수칙을 잘 지킬 수 있도록 특히 유의한다.
- [12과학02-05] 이 성취기준은 연소와 소화의 조건, 화재의 원인과 예방 방법, 화재 발생 시 안전 대책, 소화기 사용 방법 등의 내용을 다룬다. 다양한 방법으로 촛불을 끄며 소화 현상을 관찰하고, 소화 방법을 연소의 조건과 관련지어 인식한다. 소화에 대한 과학적 이론보다는 생활과 연계해 과학적 사실을 알 수 있도록 하고, 학교 내 소방 설비 찾기, 소화기 사용법 등을 익혀 생활 속에서 화재를 예방하는 태도를 기른다.

(나) 성취기준 적용 시 고려 사항

- 장애 정도가 심한 학생의 교육적 요구에 따라 양초 실험 대신 음식물(예 : 고구마, 밤) 굽기 등으로 성취기준을 재구성하여 적용할 수 있다. 시각장애를 지닌 중복장애 학생의 경우 물질의 연소 현상과 연소 후 생기는 변화에 대한 언어적 정보를 세밀히 제공하여 연소 현상을 통한 물질의 변화에 대한 이해를 높인다. 나아가 학생의 잔존 능력을 활용하여 소화 및 화재를 예방할 방안을 안내한다.

(3) 생명

① 우리 몸

고등학교 1~3학년 '우리 몸' 성취기준은 우리 몸에 에너지를 공급하고 생명을 유지하는데 필요한 다양한 기관을 인식하고 기능을 파악하며, 신체 변화 및 유전 현상을 이해하는 능력을 기르기 위해 설정하였다. 이 영역에서는 소화·배설 기관과 순환·호흡 기관의 구조와 기능을 탐구하고, 인간의 탄생과 성장 과정에서 발생하는 신체 변화와 인간의 유전 현상을 관찰한다. 이를 바탕으로 우리 몸의 소중함을 깨닫는 데 주안점을 둔다.

> [12과학03-01] 소화·배설 기관의 구조와 기능을 관찰한다.
> [12과학03-02] 순환 호흡 기관의 구조와 기능을 관찰한다.
> [12과학03-03] 인간의 탄생과 성장 과정에서 나타나는 신체 변화를 구분한다.
> [12과학03-04] 인간의 유전 현상을 관찰하고 가계도를 이용하여 표현한다.

(가) 성취기준 해설

- [12과학03-01] 이 성취기준은 우리 몸의 건강 유지에 필요한 영양소의 종류 알기, 음식물과 영양소와의 관계 알기, 영양분을 흡수하기 위한 소화 기관, 노폐물을 배출하는 배설 기관의 구조 관찰 및 기능 조사하기 등의 내용을 다룬다. 그림이나 영상 또는 모형을 통한 간접 관찰을 수행하며, 에너지 공급을 위한 이 기관들이 우리 몸의 건강을 유지하는 데 중요함을 인식한다.
- [12과학03-02] 이 성취기준은 혈액이 심장에서 혈관을 통해 인체 각 부위에 영양분과 공기를 전달하고 다시 심장으로 가는 순환 기관 및 폐로 공기를 전달하는 호흡 기관의 구조를 관찰하고 기능을 조사하는 등의 내용을 다룬다. 각 기관의 구조를 나타내는 그림이나 영상 또는 모형 관찰, 호흡 기관의 작동 과정을 실험 장치를 통해 순차적으로 관찰하여 신체 기관의 기능에 관심을 둔다.
- [12과학03-03] 이 성취기준은 태아기 및 유아기·아동기·청소년기·성인기 신체의 변화 모습 구분하기, 성별에 따른 신체 변화 구분하기, 청소년기 특징적인 신체 및 심리적 변화 확인하기 등의 내용을 다룬다. 나이·성별에 따른 신체 변화를 사진이나 동영상 및 인형 등을 통해 관찰하고 비교하여 청소년기의 신체 및 심리 변화가 자연스러운 것임을 인식한다.
- [12과학03-04] 이 성취기준은 인간의 유전 현상을 이해하기 위해 가족의 닮은 곳 찾기, 인간의 여러 가지 유전 형질 조사하기, 유전 현상을 가계도로 표현하기 등의 내용을 다룬다. 특히 자신과 가족의 형질을 조사해 보며 부모의 특징이 어떻게 자신에게 전달되었는지에 대해 호기심을 가지고 탐구하는 데 주안점을 둔다.

(나) 성취기준 적용 시 고려 사항

- 장애 정도가 심한 학생의 경우 소화·배설, 순환·호흡 기관과 같이 직접 관찰이 어려운 신체 기관은 그림이나 모형 자료를 신체 해당 부위에 가까이 위치시켜 신체 내

부기관의 위치를 파악한다. 시각장애를 지닌 중복장애 학생의 경우 인체 내부 장기 모형, 폐 호흡 모형 등의 촉각 자료와 충분한 언어적 정보를 함께 제공한다.
- [12과학03-01], [12과학03-02] 장애 정도가 심한 학생의 교육적 요구에 따라 신체 기관의 구조와 기능 관찰을 대신해 학습 내용을 소화·배설, 순환·호흡 기관의 명칭 말하기, 해당 기관의 신체 위치 탐구하기 등으로 성취기준을 재구성하여 적용할 수 있다.
- [12과학03-03] 장애 정도가 심한 학생의 교육적 요구에 따라 인간의 탄생과 성장 과정에서 나타나는 신체 변화 구분을 대신해 인간의 성장 시기 구분하기, 남녀 신체 특징 구분하기 등으로 성취기준을 재구성하여 적용할 수 있다.

② 동물과 식물

고등학교 1~3학년 '동물과 식물' 성취기준은 식물의 구조와 기능을 탐구하고, 동물과 식물이 우리 생활과 긴밀한 관계를 맺고 있음을 이해하는 데 중점을 두어 설정하였다. 이 영역에서는 식물의 뿌리, 줄기, 잎, 꽃의 구조와 기능을 관찰하고 우리 생활에서 동물과 식물의 특징을 활용한 다양한 사례에 흥미와 호기심을 가지고 탐구하는 것에 주안점을 둔다.

> [12과학03-05] 식물 각 기관의 구조와 기능을 관찰한다.
> [12과학03-06] 우리 생활에서 동물과 식물의 특징을 활용한 사례를 조사한다.

(가) 성취기준 해설
- [12과학03-05] 이 성취기준은 도구 등을 활용하여 식물 각 기관(예 : 뿌리, 줄기, 잎, 꽃)의 구조 관찰하기, 실험을 통해 식물 각 기관의 기능 관찰하기 등의 내용을 다룬다. 식물의 각 기관은 서로 밀접하게 연관되어 있으며 식물의 생장을 위해 유기적으로 작용하고 있음을 인식한다.
- [12과학03-06] 이 성취기준은 우리 생활에서 동물과 식물이 가진 구조나 기능 등 특징을 활용한 사례 조사하기, 동물과 식물의 특징을 이용한 생활용품 설계하기 등의 내용을 다룬다. 이를 통해 인간이 삶을 영위하면서 다양한 분야에서 생물을 이용할 뿐만 아니라 생물을 통해 아이디어를 얻고 문제를 해결하고 있음을 인식한다. 이때 학생들이 생활 속에서 인지하고 경험할 수 있는 수준의 내용을 다루도록 유의해야 한다.

(나) 성취기준 적용 시 고려 사항
- 장애 정도가 심한 학생의 교육적 요구에 따라 적합한 보조공학 기기를 선택하고 이를 활용하여 식물 각 기관의 구조 관찰하기, 동물과 식물의 특징 관찰하기, 실험을 통해 관찰한 내용 기록하기 등의 활동에 참여한다. 시각장애를 지닌 중복장애 학생의 경우에는 자주 사용하는 보조공학 기기 버튼에 촉각 단서를 부착하는 등 기기 사용의 편의성을 높이기 위한 방안을 마련하고, 학습 내용에 대한 언어적 정보를 다양하

게 제공하여 내용 이해도를 높인다.
- [12과학03-06] 장애 정도가 심한 학생의 교육적 요구에 따라 동물과 식물의 특징을 활용하여 만든 생활용품 등을 사용하는 활동 등으로 성취기준을 재구성하여 적용할 수 있다.

③ 환경과 생태계

고등학교 1~3학년 '환경과 생태계' 성취기준은 생태계에서 생물 및 비생물 요소가 이루고 있는 조화와 균형을 이해하는 데 중점을 두고 설정하였다. 이 영역에서는 환경오염을 포함한 급격한 지구 환경의 변화로 생물 요소들의 생명이 위협받을 수 있음을 인식하고 생태계 보전에 관심을 둔다. 생태계를 구성하는 생물 요소와 비생물 환경 요소는 서로 영향을 주고받으며 생태계 평형을 이루고 있음을 이해하여 생태계 보전 역량을 기르는 데 주안점을 둔다.

> [12과학03-07] 생태계 구성요소가 서로 영향을 미침을 알고, 생태계 보전을 위해 우리가 할 수 있는 일을 조사하여 실천한다.

(가) 성취기준 해설
- [12과학03-07] 이 성취기준은 중학교 1~3학년에서 다루는 생물 요소와 비생물 환경 요소의 개념을 확장하여 먹이사슬 및 먹이그물을 이루는 생물 요소 구분하기, 비생물 요소인 빛, 물, 온도 등이 생물에 미치는 영향 확인하기, 생물 요소와 비생물 환경 요소의 상호 관계 탐구하기 등의 내용을 다룬다. 생활 주변 환경오염 사례 및 방송이나 인터넷 등을 활용한 생태계 파괴 사례 조사하기 등의 활동으로 생활 속에서 실천할 수 있는 생태계 보전 방안에 관심을 둔다.

(나) 성취기준 적용 시 고려 사항
- 세계 물의 날(3월 22일), 지구의 날(4월 22일), 세계 생물다양성의 날(5월 22일), 환경의 날(6월 5일) 등 생태환경과 관련된 기념일을 계기로 생태환경 보존을 일상생활 속에서 실천한다. 개인별 환경보호 행동 실천 목록 작성 및 구체적인 실천, 그리고 실천 경험을 공유할 기회를 제공하여 생태전환 교육으로 확장한다.
- 장애 정도가 심한 학생이 생물 요소와 비생물 환경 요소의 상호 영향 관계를 파악하기 어려운 경우 비생물 환경 요소가 생물에 미치는 영향에 관한 사례를 다양한 실험을 통해 간접적으로 경험해 봄으로써 개념을 습득할 기회를 제공한다. 시각장애를 지닌 중복장애 학생의 경우 작은 화분이나 다육식물 등을 활용한 나만의 정원 만들기 등의 활동에서 촉각 자료를 통해 개념을 인식하고, 다양한 경험과 충분한 언어적 정보를 함께 제시하여 개념을 습득한다.
- 장애 정도가 심한 학생의 교육적 요구에 따라 생태계 구성요소의 상호 영향 관계 파악을 대신해 나만의 작은 정원 제작하기, 먹이그물을 이루는 생물 확인하기, 먹이사슬 내 생물의 먹이 관계 예상하기 등으로 성취기준을 재구성하여 적용할 수 있다.

(4) 지구

① 지구 모습과 지각 변화

고등학교 1~3학년 '지구 모습과 지각 변화'의 성취기준은 여러 가지 지층과 화석을 관찰하여 지구의 과거 모습을 추리하는 능력을 기르고, 화산과 지진을 탐구하여 화산 활동과 지진이 인명 피해와 재산 피해 등 사람들에게 많은 영향을 미친다는 것을 인식하는 데 중점을 두어 설정하였다. 지층과 화석 모형 만들기 활동을 통해 지층과 화석의 생성 과정을 이해하고 과거 지구에 살았던 생명체와 환경에 대한 흥미와 호기심을 키운다. 또한 우리나라와 다른 나라에서 발생한 지진의 피해 사례를 통해 지진의 위험을 알고, 대처 능력을 기르는 것에 주안점을 둔다.

> [12과학04-01] 지층의 여러 가지 모양을 관찰한다.
> [12과학04-02] 모형을 통하여 화석 생성과정을 관찰하고, 지구의 과거 생물과 환경을 추리한다.
> [12과학04-03] 화산 활동과 지진으로 인한 지각의 변화를 관찰한다.
> [12과학04-04] 화산 활동과 지진이 우리 생활에 미치는 영향을 알고, 대처 방법을 조사하여 실천한다.

(가) 성취기준 해설

- [12과학04-01] 이 성취기준은 모형을 이용한 실험을 통하여 지층이 쌓이는 과정을 관찰한다. 또한 겹겹이 쌓인 지층의 두께나 색을 관찰하고, 지층 모형에 힘을 가해 휘어지거나 끊어지는 현상을 관찰하며 습곡과 단층의 생성 원리를 인식하되 습곡과 단층의 용어에 대해서는 다루지 않는다.
- [12과학04-02] 이 성취기준은 옛날에 살았던 생물의 몸체나 흔적이 암석이나 지층 속에 남아있는 것이라는 화석의 개념을 이해하기 쉽도록 시청각 자료를 활용하여 설명한다. 화석의 표본으로 생물의 생김새의 특징이 분명히 드러나는 것을 제시하며 공룡 박물관이나 자연사 박물관의 체험 학습과 연계하여 관심과 이해를 높일 수 있다. 화석의 모습을 관찰하여 화석화된 생물이 살아있을 때의 모습을 추리하는 활동이다.
- [12과학04-03] 이 성취기준은 화산 활동과 지진이 무엇인지 시청각 자료를 활용하여 관찰한다. 화산과 지진의 발생은 판구조론과 관련되나, 학생들에게는 어려운 개념이므로 지구 내부에서 발생하는 힘에 의해 발생한다는 정도로 설명한다.
- [12과학04-04] 이 성취기준은 화산과 지진의 피해 사례에 대한 조사는 인터넷 기사 검색 등을 활용하고 모의 지진 체험 활동을 통해 지진의 위험성을 인식하고 지진이 발생했을 때 피해를 줄일 수 있는 방법을 탐구하는 데 목적이 있다.

(나) 성취기준 적용 시 고려 사항

- 장애 정도가 심한 학생의 경우 지점토, 모래, 흙, 돌멩이를 투명한 상자에 차례로 쌓는 활동을 반복하여 종류에 따른 다양한 촉감을 직접 경험하고, 만들어진 지층 모형의 측면을 시각적으로도 관찰하는 등 감각기관을 적극적으로 이용하여 관찰한다. 또

한 지진 안전 교육 시 지체장애를 지닌 중복장애 학생의 경우 휠체어를 탄 상태에서 몸을 보호할 수 있는 안전한 장소에 대한 인지와 이동 연습을 충분히 하고, 시각장애를 동반한 학생의 경우 촉각 자극을 이용해 몸을 안전하게 보호할 수 있는 공간을 빠르게 찾아 이동하는 연습을 한다.
- [12과학04-01], [12과학04-02] 장애 정도가 심한 학생의 교육적 요구에 따라 생활 주변의 땅을 파서 흙과 돌이 쌓여 있음을 확인하는 활동 등으로 성취기준을 재구성하여 적용할 수 있다.

② 천체

고등학교 1~3학년 '천체'의 성취기준은 밤하늘에서 관찰할 수 있는 달과 별을 중심으로 살펴보며 밤하늘 관찰에 호기심 갖고 즐거움을 느끼는 데 중점을 두어 설정하였다. 모형과 다양한 시청각 자료, 스토리텔링 자료 등을 활용하여 학생들에게는 추상적인 우주에 대한 개념을 달과 별로 접근하는 것이 중점이다.

[12과학04-05] 달의 특징과 별자리의 여러 모양을 알고, 밤하늘 관찰에 호기심과 즐거움을 느낀다.

(가) 성취기준 해설
- [12과학04-05] 이 성취기준은 달은 지구의 자전으로 낮과 밤이 생기는 과정과 관련되어 있지만, 학생들에게는 어려운 개념으로 지구의 자전이라는 용어를 설명하거나 지구의 운동 원리에 집중하지 않는다. 스마트 기기를 통해 달은 둥근 공 모양이며, 달의 표면은 매끈매끈한 면과 울퉁불퉁한 면이 있다는 특징을 이해한다. 지구와 달의 모양과 표면을 중점으로 비교하여 특징을 이해하되, 세부적인 달의 위상 변화에 대한 내용은 다루지 않는다. 또한 별의 정의와 특성은 학생들에게는 어려운 개념으로 이를 탐구하는 것보다는 별과 별자리의 여러 모양을 통해 호기심을 갖고 밤하늘을 관찰하며 천체에 관심을 두는 데 주안점을 둔다. 다양한 별과 별자리, 북극성, 계절별 별자리와 관련된 스토리텔링을 포함하여 활동을 구성한다.

(나) 성취기준 적용 시 고려 사항
- 장애 정도가 심한 학생의 경우 지구와 달의 비교와 별자리 관찰에 집중하기보다는 다양한 감각 자극의 경험을 제공하여 지구와 달, 별 자체에 대하여 호기심과 즐거움을 느끼는 데 중점을 두고 환경을 구성한다. 이때 학생 개별적 특성(예 : 감각 및 신체 특성)을 고려하여 보조공학 기기나 스마트 기기를 선택하고 이를 활용하여 달, 별 등을 확대하여 관찰하고, 또한 다양하게 관찰하며, 관찰한 내용을 기록하는 등 참여를 독려한다.
- 시각장애를 동반한 학생의 경우 모형을 통한 지구와 달을 비교하는 활동 시 모형 이외에 지구와 달의 모양과 크기, 표면을 이해할 수 있는 다양한 촉각 자료를 제공하여 언어적 정보와 함께 충분히 탐색한다.

# 03 교수·학습 및 평가  14초 / 17초 / 18초 / 20중

## 가. 교수·학습

(1) 교수·학습의 방향

(가) 교수·학습은 자연현상에 관해 관심을 두고 탐구활동을 통해 과학적 기초 지식을 습득하며, 이를 바탕으로 일상생활의 문제를 해결하는 10)_____을 목적으로 한다.

(나) 학습 내용, 실험 여건, 지도 시기 및 학습자의 흥미와 탐구 능력 등 개인차를 고려하여 학생 맞춤형의 다양한 교수·학습을 계획하고 실행한다.

(다) 과학과 '지식·이해' 범주는 과학적 용어 및 사실 등의 사실적 지식, 과학적 분류 및 원리 등의 개념적 지식은 물론 과학적 기능과 방법 등의 절차적 지식에 대한 교수·학습을 계획하고 운용한다.

(라) 과학과 '과정·기능' 범주는 관찰, 분류, 측정, 예상, 추론 및 의사소통 등 기초 탐구과정을 학년군별로 적절히 세분화하여 실험에 활용할 수 있도록 교수·학습 활동을 구안한다.

(마) 과학과 '가치·태도' 범주는 과학 관련 11)_____에 적극적으로 참여하고, 문제 해결 등을 통해 과학적 대중문화를 향유하며, 위험을 인식하고 이에 대처하여 안전에 이바지할 수 있도록 교수·학습 계획을 수립한다.

(바) 과학적 지식을 개별적으로 학습하기보다 12)_____과 연계하여 통합적으로 탐구할 수 있도록 교수·학습을 계획하고 운용한다.

(사) 일상생활 연계를 통해 과학, 기술, 사회의 관계를 인식하고 이를 바탕으로 공동체 활동으로서 과학의 사회적 역할을 도모할 수 있도록 학습을 전개한다.

(아) 인간 활동과 생태계의 상호 영향 관계를 인식하고 이를 통해 13)_____과 _____ 등 생태전환 교육이 이루어질 수 있도록 교수·학습 계획을 수립한다.

(자) 과학과 영역 간은 물론 타 교과와의 연계·융합 수업과 교과 내용 재구성 등을 통해 과학적 소양을 함양할 수 있도록 교수·학습을 계획하고 실행한다.

(차) 온오프라인 연계 수업을 위해 과학 탐구활동 관련 다양한 디지털 기기 및 자료를 활용하고, 과학 전용 원격수업 환경을 구축하며, 콘텐츠 활용 중심 학습 및 과제형 실험 등을 내실 있게 운용하기 위한 교수·학습 계획을 수립한다.

10) 과학적 소양
11) 공동체 활동
12) 일상생활의 문제 상황과 연계
13) 생명 존중과 환경보호

(2) 교수·학습 방법

(가) 교수·학습 계획 수립 시 학교의 실정이나 지역의 특성, 학생의 능력, 자료의 준비 가능성 등을 고려하여 학습 내용과 지도 시기를 조정한다.

(나) 학습 내용, 실험 여건, 지도 시간 및 학생의 능력과 흥미 등 개인차를 고려하고, 학습 내용과 수업 목표에 따라 과학과 교수 모형 및 학습 방법을 적절히 활용한다.

(다) 간단하고 흥미로운 탐구활동을 통해 과학에 관심을 가지며, 실험, 토의, 조사, 프로젝트, 과제 연구, 14)_____ 등 다양한 방법을 적절히 활용한 학생 참여형 수업을 적용한다.

(라) 사고의 민감성, 상상력 등 15)_____을 계발하고 인성과 감성을 함양하기 위하여 과학 교과 내용과 관련된 기술, 공학, 예술, 수학 등 다른 교과와 통합, 연계하여 지도한다.

(마) 교사 중심의 실험보다 학생 중심의 탐구 실험이 되도록 유의하며, 이를 위해 학생 요구에 따라 프로젝트 학습 등 학생 주도적 학습 기회를 제공한다.

(바) 탐구활동을 모둠별 협동 학습이나 게임 등과 같은 모의 활동으로 진행할 경우, 적극적 참여와 상호 협력이 중요함을 익힐 수 있도록 한다.

(사) 탐구 수행의 모든 과정에서 의사소통이 원활히 이루어지도록 유의하고, 학생이 선호하는 의사소통 방식으로 자신의 의견을 명확히 표현하고 다른 사람의 의견을 존중하는 태도를 보이며, 탐구 결과를 다양한 방식으로 표현하는 기회를 제공한다.

(아) 탐구활동에서 학생의 지적 호기심과 학습 동기를 유발하도록 발문하고, 16)_____을 적극적으로 활용한다.

(자) 자연현상과 관련한 과학 용어 및 개념은 쉬운 용어로 대체하여 과학적 의미를 쉽게 이해하도록 지도한다.

(차) 흥미 유발을 위해 직접 관찰할 수 있는 생활 주변의 소재를 자료로 활용하고, 일상생활의 예를 통하여 과학적 개념을 이해할 수 있도록 한다.

(카) 구체적 조작 경험과 탐구활동을 제공하기 위해 학생이 선호하는 학습양식을 고려하여 모형이나 시청각 자료와 모의실험 자료, 소프트웨어, 컴퓨터나 스마트 기기, 인터넷 등의 최신 정보통신기술과 디지털 기기를 적절히 활용한다. 모형을 사용할 때는 17)_____을 이해하도록 지도한다.

(타) 야외 탐구활동 및 현장 학습 시에는 사전에 답사하거나 관련 자료를 조사하여 안전한 활동이 되도록 지도한다.

14) 과학관 견학
15) 과학적 창의성
16) 개방형 질문
17) 모형과 실제 자연현상 사이에 차이가 있음

(파) 탐구활동이 원활히 진행될 수 있도록 학교 수준에서 필요한 실험 기구 및 재료를 준비하고, 실험에 필요한 기자재는 수업 이전에 미리 점검한다.
(하) 실험 기구의 사용 방법과 화약 약품을 다룰 때 주의할 점과 안전 사항을 사전에 지도하여 사고가 발생하지 않도록 유의한다.
(거) 생물을 다룰 때는 18)_____를 보이도록 지도한다.
(너) '운동과 에너지' 영역은 다음과 같은 사항에 유의하여 지도한다.
여러 가지 생활 경험을 통하여 19)_____ 등을 이해하도록 지도한다.
- 에너지에 대한 물리학적 지식이나 수량적 측정보다는 과학적 사실을 관찰하고 분류하는 등의 20)_____에 중점을 두고 학습이 이루어지도록 한다.
- 속력은 수치화된 과학적 지식의 습득보다는 21)_____를 구분하여, 안전과 결부하여 지도한다.
(더) '물질' 영역은 다음과 같은 사항에 유의하여 지도한다.
- 22)_____를 활용하여 물질의 특성 및 상태 변화에 대해 지도한다.
- 물질의 특성 및 상태 변화에 대한 학생의 이해를 23)_____에서 찾아보고 적용할 수 있도록 지도한다.
- 일상생활에서 볼 수 있는 다양한 24)_____을 관찰함으로써 과학적 개념을 이해하도록 지도한다.
- 물의 다양한 상태 변화를 일상생활과 연관 지어 자연스럽게 이해할 수 있도록 하고, 얼음이나 뜨거운 물을 다룰 때는 안전에 유의하도록 지도한다.
(러) '생명' 영역은 다음과 같은 사항에 유의하여 지도한다.
- '우리 몸'은 인체 내부 모형, 사진이나 동영상 자료 등을 충분히 활용하여 25)_____이 발생하지 않도록 유의한다.
- '동물과 식물'은 학교의 실정과 지역의 특성을 고려하고, 지도 시기에 따라 주변에서 쉽게 접할 수 있는 동·식물을 선택하여 필요에 따라 사진, 동영상 자료 등을 활용한다.
- '환경과 생태계'는 26)_____ 관점에서 개인이 실천할 수 있는 작은 것부터 지역사회 연계 활동으로 확장하여 생명과 더불어 살아가는 방법을 익히도록 한다.

18) 생명을 아끼고 존중하는 태도
19) 에너지의 생성과 세기
20) 기초 탐구
21) 빠르고 느림, 빠르기가 증가하고 감소하는 사례
22) 주변의 친숙한 물체
23) 일상생활
24) 용해 현상과 용액
25) 눈에 보이지 않는 기관에 대한 오개념
26) 생태전환 교육

(머) '지구' 영역은 다음과 같은 사항에 유의하여 지도한다.
- 기상 관련 날씨의 여러 현상과 더불어 기후변화 및 장마, 태풍, 지진 등의 자연재해에 효율적으로 대처하는 방법을 지도한다.
- 지각의 변화와 관련하여 학생이 직접 관찰하기 어려운 내용은 27) _____ 를 활용하고, 지구, 달, 별자리 등 천체와 관련하여 28) _____ 등을 이용하여 천체에 대한 공간적 이해를 지도한다.

## 나. 평가

(1) 평가의 방향

(가) 성취기준을 고려하여 과학의 핵심 개념을 이해하고 적용하는 능력, 나아가 과학적 태도를 중심으로 균형 있게 평가한다.

(나) 과학적 태도는 29) _____ 등을 평가한다.

(다) 선다형, 서술형 문항뿐 아니라 탐구활동에 대한 관찰 평가, 이해 정도를 알아보는 서술형 평가, 나아가 수행평가 과제 등 다양한 유형의 평가를 하도록 계획한다.

(라) 수행평가에는 체크리스트, 관찰 보고서, 실험 보고서, 포트폴리오 등 다양한 형태의 수행형 과제를 포함하여 학습 경험에 대한 통합적 평가가 이루어지도록 평가 계획을 세운다.

(마) 평가는 설정된 성취기준에 근거하여 실시하고, 그 결과를 학습 지도 계획 수립과 지도 방법 개선, 진로 지도 등에 활용한다.

(바) 평가는 평가 계획 수립, 평가 문항과 도구 개발, 평가의 시행, 평가 결과의 처리, 평가 결과의 활용 등의 절차를 거쳐 실시한다.

(사) 평가 참여 기회 보장을 위해 성취기준을 기반으로 학생 개개인의 학습 과정과 학습 진행 정도를 세부적으로 평가할 수 있다.

(아) 디지털 학습 환경 및 원격수업에서는 학생이 디지털 기기를 활용하여 과제를 수행하는 과정을 직접 관찰하는 등의 과정 중심의 평가가 이루어지도록 한다.

(자) 보편적 학습설계 관점에서 다양한 평가 방법을 제시하고, 학생의 자기 결정 능력 증진을 위해 학생의 강점을 고려하여 평가방식을 선택하도록 한다.

(차) 평가는 학생의 제한성을 확인하기보다는 성취기준을 달성하기 위해 학생의 지원 요구를 확인하는 데 중점을 둔다.

---

27) 다양한 모형이나 시청각 자료
28) 천체 관측 소프트웨어
29) 과학에 대한 흥미와 가치 인식, 탐구활동에 대한 호기심, 과학 학습 참여의 적극성, 협동성, 과학적으로 문제를 해결하는 태도, 과학적 의사소통 능력

(2) **평가 방법**
　(가) 과학과의 대표적인 수행평가인 탐구활동에 대한 30)_____ 또는 이해 정도를 알아보는 31)_____를 위해 개별 학생에게 적절한 평가를 실시한다.
　(나) 관찰 평가 시 과학 수업이 이루어지는 32)_____에서 학생의 수행 정도를 주기적으로 관찰한다.
　(다) 분류 활동의 경우 자유 탐색 및 객관적 분류 기준에 따른 분류 활동 과정에 대해 관찰 평가한다.
　(라) 탐구활동 결과물에 대해서는 33)_____ 등을 활용하고, 동료 평가 및 자기 평가도 이루어지도록 한다.
　(마) 과제에 대한 단순한 문제 해결뿐 아니라, 관련 자료를 참고하여 다양한 방법으로 문제를 해결하는 문제 해결력을 평가한다.
　(바) 과학적 개념을 올바르게 이해하고 있는지 다양한 일상생활 속의 상황을 제시하여 평가할 수 있다.
　(사) 탐구활동 중 모둠원과의 상호 작용과 의사소통하는 과정을 관찰 평가하여 과학적 태도를 평가할 수 있다.
　(아) 탐구 능력의 평가는 언어적 수단 외에 그림이나 신체로 표현하기 등의 34)_____을 통하여 평가한다.
　(자) 평가 활동과 수업 목표 및 내용의 일치도를 높이기 위하여 평가 준거 및 평가 방법 고안 시 백워드 수업 설계를 활용할 수 있다.
　(차) 원격수업에서는 다양한 디지털 플랫폼을 활용하여 학생의 탐구활동 결과물에 대한 피드백, 활동 영상에 대한 관찰 평가 등을 제공하고, 실시간 쌍방향 화상 수업 시 학습 진도에 따른 수준별 형성평가 등 다양한 수행평가 방법과 평가 도구를 활용한다.
　(카) 장애 정도가 심한 학생을 위한 평가는 설정된 성취기준 및 35)_____에 근거하여 실시하되, 탐구활동 관련 기초 학업기술 및 세분된 단계적 수행에 대해 직접 관찰하여 평가하는 등 수행 과정을 중심으로 다양한 평가가 이루어지도록 한다.

30) 관찰 평가
31) 서술형 평가
32) 자연적 상황
33) 관찰 평가나 보고서 평가, 포트폴리오 평가
34) 비언어적 수단
35) 재구성된 성취기준

# 05 진로와 직업

## 교육과정 설계의 개요

기본 교육과정 진로와 직업은 학생이 학교를 졸업한 후 사회에서 자립, 직업, 계속교육을 영위하면서 살아가기 위해 필요한 역량을 함양하는 데 중점을 두고 설계되었다. 2022 개정 특수교육 교육과정 총론에서 제시하는 역량을 종합하여 학생이 자신의 진로와 직업을 설계하고 준비할 수 있도록 하였다.

진로와 직업과에서는 특수교육 대상 학생의 흥미, 적성, 특성 등에 기반한 교육적 요구를 반영하여 진로 방향을 설정하고, 4차 산업혁명 시대의 생태적 요구를 반영하여 다양한 직업의 세계를 능동적이고 주도적으로 탐색·체험·실습하는 직접적인 경험을 강조하였다. 진로와 직업에서의 교육적 결과를 단순히 취업으로 한정하는 것이 아닌 학생이 지역사회 안에서 1)_____ _____을 실천할 수 있도록 맞춤형 교육과정을 지향하였다. 먼저 '자립생활'은 특수교육 현장에서 학생의 장애 정도가 심해지는 경향성을 반영하여 지역사회에서 독립적으로 살아가는 데 필요한 2)_____ 등의 내용을 기능적 생활 중심으로 구성하였다. 다음으로 '직업생활'은 특수교육 대상 학생이 주로 취업 되었던 전통적인 직군이나 직종으로 직업생활을 제한하는 것이 아닌 학생의 흥미, 강점, 특성 등에 기반하여 직업을 탐색하고 3)_____ 등과 같은 직접적인 경험을 통해 직업생활을 준비하도록 하였다. 나아가 4차 산업혁명 시대에 맞추어 4)_____을 함양하고, 미래 사회 변화에 따른 새로운 직업을 탐색할 수 있도록 하였다. 마지막으로 '계속교육'은 특수교육 대상 학생의 고등교육 진학률이 높아지는 추세를 반영하여 진로와 직업과를 통해 5)_____ 등을 준비할 수 있도록 내용을 구성하였다. 이처럼 학생 맞춤형 진로·직업교육에 기반하여 지역사회 내 인적·물적 자원과 협력 체계를 활용한 지역사회로의 성공적인 전환을 실천할 수 있도록 교육과정을 설계하였다.

1) '자립생활', '직업생활', '계속교육'
2) 자기 관리, 대인 관계, 규칙, 안전
3) 체험, 현장실습
4) 디지털 기초소양
5) 고등교육 기관 진학, 평생교육, 전공과

생애 주기별 진로 발달 단계인 6)_____에 이르는 일련의 경험 과정에 기초하여 학생이 학교 교육을 마친 후 지역사회에서의 자립생활 및 직업생활로 나아갈 수 있도록 하는 7)_____의 관점에 중점을 두었다. 이러한 진로 발달 단계를 기반으로 졸업 후 자신의 진로와 직업을 준비할 수 있도록 8)_____의 6개 영역으로 교육과정을 구성하였다. '자기 인식'은 자신의 특성을 진로 및 직업과 연결하여 9)_____와 긍정적 자아 개념을 확립하도록 하였다. '직업의 세계'는 직업의 사회적·경제적 의미를 파악하고 현재와 미래의 다양한 10)_____과 관련된 정보를 수집하고 탐색하도록 하였다. '작업 기초 능력'은 작업 기초 능력을 함양하고 정확성, 지속성, 신속성 등을 향상하며, 적합한 11)____와 ____를 사용하여 작업에 참여하도록 하였다. '직업 태도'는 직업인으로서의 기본 자세를 갖추고 꾸준한 12)_____ 및 _____를 형성하며, 나아가 안전한 직업 태도를 함양하도록 하였다. '진로 설계'는 정확한 진로 정보를 수집·분석하고 13)_____을 통해 주체적으로 자신의 진로를 선택하고 계획을 수립하도록 하였다. '진로 준비'는 진로 설계한 내용의 수행을 위해 다양한 14)_____을 통해 능동적인 진로 준비 태도를 함양하도록 하였다. 진로와 직업과는 진로 발달을 고려하여 중학교와 고등학교 간 순환적 내용으로 구성하여 학습할 수 있도록 나선형 교육과정을 기반으로 설계하였다. 진로와 직업과의 내용 체계 및 성취기준은 '자기 인식', '직업의 세계', '작업 기초 능력', '직업 태도', '진로 설계', '진로 준비'의 각 영역을 아우르는 핵심 아이디어를 중심으로 학생이 궁극적으로 이해하고 알아야 할 것과 교과의 사고 및 탐구 과정, 교과 활동을 통해 기를 수 있는 고유한 가치 및 태도를 '지식·이해', '과정·기능', '가치·태도'의 세 범주로 구분하여 진술하였다. '지식·이해' 범주는 진로와 직업과를 통해 익혀야 하는 진로 및 직업 관련 기본적인 개념과 원리 등의 인지적 내용을 의미하고, '과정·기능' 범주는 진로와 직업 관련 기능을 향상시키기 위해 경험하고 익혀야 하는 과정과 기능적 범주를 의미하며, '가치·태도' 범주는 진로와 직업과를 통해 형성해야 하는 바람직한 가치와 함양해야 할 태도를 의미한다.

진로와 직업과는 기본 교육과정의 15)_____와 종적 연계성을, 선택 중심 교육과정의 전문 교과인 16)_____과 횡적 연계성을 갖는 교과이다. 기본 교육과정 초등학교 5~6학년 _____에서 '진로 인식' 영역과 진로와 직업과의 중학교, 고등학교 '내용 체계 및 성취기준'이 종적으로 연계되도록 하였다. 또한 선택 중심 교육과정의 전문 교과인 _____의 내용과 연계하거나 대체하여 운영할 수 있다.

**A**

6) 진로 인식, 진로 탐색, 진로 준비
7) 전환교육
8) '자기 인식', '직업의 세계', '작업 기초 능력', '직업 태도', '진로 설계', '진로 준비'
9) 자기 이해
10) 직업
11) 도구와 기기
12) 자기 관리 및 긍정적인 대인 관계
13) 합리적인 진로 의사 결정
14) 교내외 실습
15) 실과
16) 직업·생활

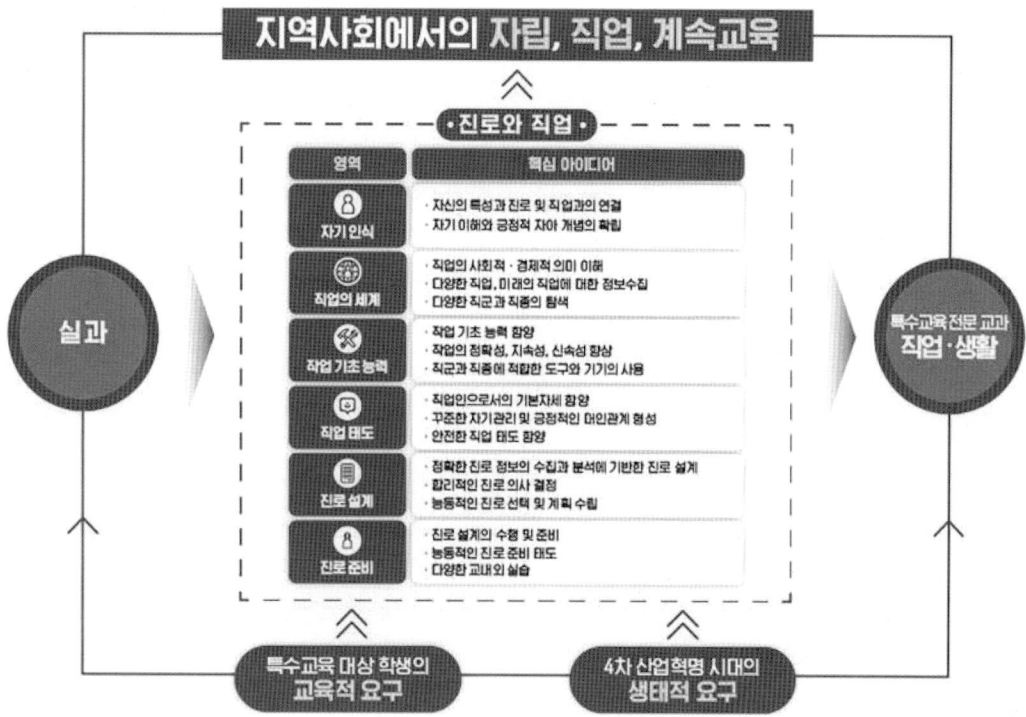

[그림 7] 진로와 직업 교육과정 설계의 구조도

# 01 성격 및 목표 15중/17중/21중

## 가. 성격

인간은 진로와 직업을 통해 자신의 삶을 살아가면서 생계유지와 자아실현을 위해 직업에 종사하게 된다. 특히 직업은 경제적인 이득뿐만 아니라 자신의 잠재력과 가능성을 발휘하는 자아실현으로 이어지기도 한다. 진로와 직업과는 학생이 고등학교를 졸업한 후 지역사회에서 독립적인 삶을 살아가기 위해 자신에 대한 객관적인 인식과 직업의 세계에 대한 폭넓은 이해를 기반으로 진로를 탐색하여 능동적으로 진로를 설계하고 준비하는 것과 관련된 역량을 기를 수 있도록 하는 교과이다.

진로와 직업과는 학생이 지역사회에서 독립적인 삶을 준비하는 17)_____으로 수직적 전환과 수평적 전환을 포함하고 있다. 먼저 수직적 전환은 기본 교육과정의 실과, 진로와 직업, 선택 중심 교육과정의 전문 교과인 직업·생활 과목 간의 위계성과 연계성을 고려한 체제적 접근을 통해 실천할 수 있도록 하였다. 다음으로 수평적 전환은 학생의 장애 유형과 장애 정도, 배치 유형 등을 고려하여 진로와 직업과를 중심으로 교육과정을 연계하거나 재구성함으로써 실천할 수 있도록 하였으며, 이를 위해 기본 교육과정의 각 교과와 연계성을 높이되 중복성을 피하도록 구성하였다. 특수교육 현장에서 학생의 장애 정도가 심해지는 경향성에 따라 진로와 직업과는 교육과정의 양적·질적 적정화를 지향하였다. 특수교육 대상 학생의 수준과 발달 단계를 고려하여 성취기준의 수를 적정화하였으며, 성취기준의 내용 측면에서는 지역사회에서의 실생활 기능이 중심이 되도록 하였다.

진로와 직업과에서는 생애 주기별 진로 발달 단계를 고려하여 18)_____의 6개 영역으로 구성하여 진로와 직업과 관련된 역량을 함양하도록 하였다. '_____' 영역은 학생의 흥미, 적성, 장·단점 등 자신의 기본 정보와 특성을 이해하고 긍정적인 자아 개념을 확립함으로써 이를 직업적 특성과 연계하여 주체적인 자기 인식을 하도록 하였다. '_____' 영역은 직업의 사회적, 경제적 측면의 의미를 이해하고 다양한 직업 세계 및 새로운 직업에 대한 정보를 탐색하도록 하였다. 특히 4차 산업혁명에 진입함에 따라 다양한 직업이 새롭게 생겨나고 없어지는 점을 고려하여 이에 대한 적응력을 높일 수 있도록 하였다. '_____' 영역은 다양한 직업에서의 작업 과정과 방법을 이해하고 도구와 기기 등을 사용하는 역량을 함양하며 체험 및 실습을 통해 올바른 작업 기초 능력을 함양하도록 하였다. '_____' 영역은 자기 관리, 대인 관계, 의사소통, 자기 결정 등과 같이 직업인으로서 책임감 있는 태도를 함양할 수 있도록 하였다. '_____' 영역은 중학교 및 고등학교 졸업 후 진학과 진로에 관련된 정보를 수집하고 합리적인 의사 결정을 하여 자신의 진로를 설계하는 데 능동적으로 참여할 수 있도록 하였다. '_____'

---

17) 포괄적 전환교육
18) '자기 인식', '직업의 세계', '작업 기초 능력', '직업 태도', '진로 설계', '진로 준비'

영역은 진로 설계한 내용을 바탕으로 자신의 진학 및 진로를 적절히 준비하여 중학교, 고등학교를 졸업한 이후의 삶으로 전환이 원활히 이루어지도록 하였다.

진로와 직업과는 학생이 장차 성인으로서 지역사회 내에서 독립적으로 생활할 수 있도록 19)_____에 기반하고 있다. 학생이 관련 역량을 함양하고 지역사회의 다양한 장소와 상황에서 이를 실천할 수 있도록 진로와 직업과에서는 교내외 활동, 현장실습 등을 통해 실제적인 경험을 하게 하였다. 이 과정에서 학생의 능동적인 참여가 필요하며 교사의 전문성, 학부모의 참여, 지역사회 관련 기관 간 협력 등이 강조된다. 이 교과에서 학생은 자신의 진로 및 직업에 대한 방향을 설정하고, 관련된 작업 기초 능력과 태도를 함양하여 주도적으로 진로를 설계하고 준비할 수 있을 것으로 기대된다.

## 나. 목표

진로와 직업과는 자신의 흥미, 적성, 능력 등에 대한 이해와 다양한 진로 및 직업 세계에 대한 폭넓은 탐색과 경험을 바탕으로 자립생활, 직업생활, 계속교육의 진로 계획을 설계하고 주체적으로 진로를 준비하는 것을 목표로 한다.

(1) 긍정적 20)_____에 기반하여 자신의 기본 정보와 직업적 특성을 파악하고, 미래 사회 변화에 따른 새로운 직업을 포함한 다양한 직업을 탐색한다.

(2) 직군과 직종별 작업 절차의 이해, 도구와 기기의 활용, 작업 기술 체험 및 실습을 통해 21)_____에 필요한 기능을 익히고, 지역사회에서 직업인으로서 갖추어야 할 독립적이고 책임감 있는 22)_____를 함양한다.

(3) 정확한 23)_____와 합리적인 24)_____을 바탕으로 자신의 진로를 설계하고, 지역사회의 다양한 기관과 교내외 25)_____ 등을 활용하여 성공적인 전환을 준비한다.

19) 기능적 생활 중심 교육
20) 자기 이해
21) 작업 수행
22) 직업 태도
23) 진로 정보
24) 의사 결정
25) 현장실습

## 02 내용 체계 및 성취기준

### 가. 내용 체계

#### (1) 자기 인식

| 핵심 아이디어 | • 미래 설계는 자신의 특성을 알고 진로 및 직업과 연결하는 과정에서 시작된다.<br>• 자기 이해와 긍정적 자아 개념의 확립은 자기주도적 진로 탐색의 기초가 된다. ||
|---|---|---|
| 범주 | 내용 요소 ||
| | 중학교 1~3학년 | 고등학교 1~3학년 |
| 지식·이해 | • 자신의 기본 정보와 특성<br>• 자신의 특성과 미래 모습 | • 자신의 직업 특성<br>• 직업 특성과 졸업 후 미래 |
| 과정·기능 | • 인적사항, 흥미, 적성 등 나를 소개하기<br>• 자신의 특성과 직업 관계 찾기<br>• 자신의 미래 모습 표현하기 | • 자신의 신체적·심리적 특성 등 파악하기<br>• 직업적 강점 강화 방안 찾기<br>• 졸업 후 삶의 모습 구상하기 |
| 가치·태도 | • 자신을 소중히 여기는 마음<br>• 자신의 미래를 그려보는 주체적인 태도 | • 자신의 미래에 대한 긍정적 태도<br>• 자기 인식을 통한 주체적인 자기개발 자세 |

#### (2) 직업의 세계

| 핵심 아이디어 | • 직업은 사회적·경제적으로 다양한 의미가 있고 사람들은 일을 통해 가치와 보람을 느낀다.<br>• 다양한 직업과 미래의 직업에 대한 정보를 수집하는 것은 직업 탐색의 기초가 된다.<br>• 직업을 선택하기 위해 다양한 직군과 직종에서 하는 일을 탐색하고 직접 체험하는 과정이 필요하다. ||
|---|---|---|
| 범주 | 내용 요소 ||
| | 중학교 1~3학년 | 고등학교 1~3학년 |
| 지식·이해 | • 직업의 의미<br>• 다양한 직업을 가진 사람들 | • 일을 통한 가치와 보람<br>• 현재와 미래의 직업 |
| 과정·기능 | • 직업의 의미 조사하기<br>• 다양한 직업에서 하는 일 조사하기<br>• 학교 및 지역사회의 직군 탐색하기 | • 일을 통한 가치와 보람 찾기<br>• 미래 변화에 따른 새로운 직업 조사하기<br>• 학교 및 지역사회의 직종 탐색하기 |
| 가치·태도 | • 일에 대한 소중한 마음<br>• 직업에 대한 관심 있는 태도 | • 직업인으로서의 긍지심<br>• 직업 변화에 대한 적응력 |

(3) 작업 기초 능력

| 핵심 아이디어 | • 작업 기초 능력을 기르는 것은 직업 생활을 유지하는 데 기초가 된다.<br>• 올바른 작업 수행은 작업의 정확성, 지속성, 신속성을 향상시켜 작업의 효율을 높인다.<br>• 직군과 직종에 적합한 도구와 기기의 효과적인 사용은 작업의 능률을 높이며 안전한 작업을 가능하게 한다. ||
|---|---|---|
| 범주 | 내용 요소 ||
| | 중학교 1~3학년 | 고등학교 1~3학년 |
| 지식 · 이해 | • 직군별 작업 과정과 방법<br>• 직군별 작업 도구 | • 직종별 작업 단계와 기술<br>• 직종별 작업 기기 |
| 과정 · 기능 | • 직군별 작업 과정의 순서 확인하기<br>• 직군별 올바른 작업 방법 체험하기<br>• 직군별 사용하는 도구 활용하기 | • 직종별 작업 단계의 절차 점검하기<br>• 직종별 올바른 작업 기술 실습하기<br>• 직종별 사용하는 기기 활용하기 |
| 가치 · 태도 | • 올바른 방법으로 도구를 사용하려는 자세<br>• 안전에 유의하는 작업 태도 | • 올바른 방법으로 기기를 사용하는 작업 습관 형성<br>• 안전하고 효율적인 작업을 위한 노력 |

(4) 직업 태도

| 핵심 아이디어 | • 바른 직업 태도는 직업인으로서의 기본적인 자세를 갖추고 자신의 역할과 책임을 수행하는 데서 출발한다.<br>• 자기 관리 및 긍정적인 대인 관계 형성은 직업을 유지하는 중요한 기술이다.<br>• 안전한 직업 태도는 작업 현장의 사고를 예방하게 하며 성공적인 직업생활을 가능하게 한다. ||
|---|---|---|
| 범주 | 내용 요소 ||
| | 중학교 1~3학년 | 고등학교 1~3학년 |
| 지식 · 이해 | • 기본적 자기 관리<br>• 대인 관계 | • 직업적 자기 관리<br>• 직장 예절 |
| 과정 · 기능 | • 기본적인 자기 관리 실천하기<br>• 간단한 지시 따르기<br>• 원만한 대인 관계 형성하기<br>• 학교 안전 규칙 지키기 | • 직업적인 자기 관리 점검하기<br>• 연속된 지시 이행하기<br>• 원만한 대인 관계 유지하기<br>• 직장 안전 규칙 준수하기 |
| 가치 · 태도 | • 근면성과 독립성<br>• 사회성과 협력<br>• 안전에 대한 인식 | • 직업적 책무성<br>• 경청과 공감<br>• 안전 의식 형성 |

(5) 진로 설계

| 핵심 아이디어 | • 진로 방향과 목표의 설계는 정확한 진로 정보의 수집과 분석을 기반으로 한다.<br>• 합리적인 진로 의사 결정은 진로 정보와 자신의 직업 특성을 연계하는 능력을 통해 이루어진다.<br>• 능동적인 진로 선택 및 계획의 수립은 행복하고 성공적인 미래 설계의 기초가 된다. ||
|---|---|---|
| 범주 | 내용 요소 ||
| | 중학교 1~3학년 | 고등학교 1~3학년 |
| 지식·이해 | • 진학 정보<br>• 진학 계획 | • 진로 정보<br>• 진로 계획 |
| 과정·기능 | • 고등학교 진학과 관련된 정보 분석하기<br>• 자신의 특성과 진학 정보를 연계하기<br>• 진학 계획하기 | • 졸업 후 진로 방향과 관련된 정보 분석하기<br>• 자신의 직업 특성과 진로 정보를 연계하기<br>• 진로 계획하기 |
| 가치·태도 | • 진학 의사 결정에 대한 책임감<br>• 진학 계획에 능동적으로 참여하는 자세 | • 다양한 정보를 종합적으로 살펴보는 태도<br>• 진로 계획을 점검하고 보완하려는 노력 |

(6) 진로 준비

| 핵심 아이디어 | • 진로 설계 이후 결정된 사항을 수행하기 위해 구체적이고 실제적으로 진로를 준비하는 과정이 필요하다.<br>• 능동적인 진로 준비 태도와 다양한 교내외 현장실습은 성공적인 전환과 진로 목표 달성에 기여한다. ||
|---|---|---|
| 범주 | 내용 요소 ||
| | 중학교 1~3학년 | 고등학교 1~3학년 |
| 지식·이해 | • 진학 준비<br>• 진로 체험 | • 전환 준비<br>• 현장실습 |
| 과정·기능 | • 선택한 고등학교 정보 수집하기<br>• 선택한 고등학교 교육과정 탐색하기<br>• 진로 체험 활동에 참여하기 | • 지역사회 전환 기관 이용 정보 조사하기<br>• 전환 서류 및 면접 준비하기<br>• 교내외 현장실습에 참여하기 |
| 가치·태도 | • 진학 준비를 위한 노력 | • 능동적인 진로 준비 태도 |

## 나. 성취기준

[중학교 1~3학년]

(1) 자기 인식

중학교 1~3학년 '자기 인식' 영역 성취기준은 자신에 대한 이해를 바탕으로 미래의 모습을 그려보며 긍정적 자아 개념과 주체적 태도를 확립하는 데 중점을 두어 설정한다. '자기 인식' 영역은 자신의 기본 정보와 특성, 미래 모습 등의 내용을 다룬다. 자기 이해를 바탕으로 자신의 진로 방향 및 직업을 연결하여 미래 삶을 주체적으로 설계하는 기반을 마련하는 데 주안점을 둔다.

> [9진로01-01] 자신의 기본 정보를 파악한다.
> [9진로01-02] 흥미, 적성, 장점과 단점, 성격 등 자신의 특성을 파악하여 자신을 소개한다.
> [9진로01-03] 자신의 장점을 부각시키는 방법을 실천하며, 나를 소중히 여기는 마음을 기른다.
> [9진로01-04] 자신의 특성과 관련 있는 진로와 직업 성향을 탐색한다.
> [9진로01-05] 삶이 변화하는 과정을 이해하고 나의 과거, 현재를 파악하여 미래 모습을 표현한다.

(가) 성취기준 해설

- [9진로01-01] 자신의 기본 정보를 파악하는 것은 자기 이해의 기초이며 사회적 관계 형성의 첫 걸음이다. 이름, 나이, 주소, 생년월일, 연락처, 소속 학교, 가족 사항 등 개인의 기본적 정보에 대한 내용을 다룬다. 자신의 인적 사항 등 기본 정보를 기록하거나 발표하는 방법으로 다른 사람에게 제시할 수 있도록 한다.

- [9진로01-02] 미래 설계는 성격, 흥미, 적성 등 개인의 심리적 특성 파악에 기반을 두어 이루어져야 한다. 내가 좋아하는 것과 싫어하는 것, 장점과 단점, 흥미, 관심, 성격, 나의 표현 방식 등의 내용으로 다른 사람에게 나를 소개해 봄으로써 자신을 이해하고 긍정적 자아 개념을 세운다. 각종 심리 검사를 실시하거나 주변의 가까운 사람이 인식하는 자신의 특성을 조사하는 등 다양한 방법과 관점으로 나의 특성을 파악하여 소개하는 데 중점을 둔다.

- [9진로01-03] 자기 이해를 바탕으로 한 자기 개발의 노력은 자아 존중과 주체적인 미래 설계의 기초가 된다. 나에게 있는 장점을 더욱 부각하고, 단점을 보완하는 방법에 대해 고민하고 실천 방법을 알아본다. 이 과정에서 단점 보다는 장점에 집중하여 나를 소중히 여기는 마음을 지니고 자아 존중감을 향상시키도록 한다.

- [9진로01-04] 앞서 파악한 자신의 특성을 기초로 하여 자신의 진로와 직업 성향을 확인하며 자신의 미래와 하고 싶은 일을 관련지어 본다. 혼자 일하기나 함께 어울려 일하기, 동적인 일이나 정적인 일, 반복적이고 계획적인 처리나 자율적 처리 등에서 선호를 파악하고 희망하는 직업과 연결하여 자신의 직업 성향을 확인한다. 이와 함께 자신의 희망 직업에서 요구하는 능력, 직무 등을 알아보며 나에게 적합한 직업은 어떠한 공통된 특성이 있는지 확인한다.

- [9진로01-05] 진로의 방향과 직업의 선택은 인생의 연속선상에서 지속적으로 이루어지는 자기 이해와 선택의 과정이다. 이러한 관점에서 삶의 모습 즉, 나의 외모, 환경, 생활 등이 변화할 수밖에 없음을 알고, 자신의 과거·현재 모습을 살펴보며 미래의 모습을 예측하도록 한다. 내가 꿈꾸는 나의 미래 모습을 표현해 보며 무엇을 준비하고 노력해야 할지 확장시킴으로써 미래에 대한 주체적인 태도와 준비하는 자세를 갖는다.

(나) 성취기준 적용 시 고려 사항
- 삶이 변화하는 과정을 인식하며 나의 삶의 모습도 변화할 수밖에 없음을 알고 준비하는 자세를 갖추도록 한다. 유년기-청소년기-성인기-노년기의 생애 주기별 외형의 변화 및 주된 환경의 변화(가정-학교-지역사회) 등에 대해 간략하게 파악할 수 있도록 제시한다. 또한 미래 삶의 모습과 방향이 '직업'에만 집중되지 않도록 다양한 삶의 모습이나 진로 방향을 제시하도록 한다. 성인 생활 지원 기관 및 가정에서의 삶, 계속 교육에의 참여 등 다양한 삶의 모습이 있음을 알도록 한다.
- 자신의 특성을 파악하기 위해 '내가 생각하는 나, 주변 사람이 생각하는 나'에 대해 조사하기, 각종 심리 검사의 실시, 교내 및 교외 체험 활동에 참여하기 등 다양한 방법을 활용하여 학생이 주도적 혹은 부분적 참여를 하면서 자신을 이해할 수 있도록 한다.
- 장애 정도가 심한 학생의 경우 자신의 기본 정보 제시 및 소개 시 그림, 사진, 스마트 기기 및 스마트폰 등 의사소통을 지원하는 다양한 애플리케이션 등의 대체 수단을 활용하여 실생활 속에서 자신에 대해 직접 표현할 수 있도록 지도한다.

(2) 직업의 세계

중학교 1~3학년 '직업의 세계' 영역 성취기준은 직업의 가치와 의미에 대한 이해를 바탕으로 직업의 세계에서 일하는 사람들에 대한 정보를 수집하고 다양한 직군을 탐색하는 데 중점을 두어 설정한다. '직업의 세계' 영역은 직업의 의미, 다양한 직업을 가진 사람들, 학교와 지역사회에서의 직군과 관련된 내용으로 구성한다. '직업의 세계' 영역은 지적장애 및 자폐성 장애인들의 직업적 흥미를 탐색하기 위하여 개발된 발달장애인용 직업흥미검사(NISE-VISIT)에서 제시한 7개의 직군(제조, 청소, 음식, 농수산업, 사무지원, 대인서비스, 예술·스포츠)에 대하여 정보를 수집하고 탐색하는 것에서부터 출발한다. 다양한 직업에 대한 정보를 수집하고 탐색하는 활동을 통해 직업의 의미와 세계를 이해하며 학교 및 지역사회 내에서 찾아볼 수 있는 직군을 탐색하고 체험하여 직업에 대한 관심을 갖는데 주안점을 둔다.

[9진로02-01] 직업의 사회적·경제적 의미를 알고 일에 대한 소중한 마음을 갖는다.
[9진로02-02] 직업의 세계에 관심을 가지고 가족, 이웃 등 주변 사람들의 직업에 대하여 탐색한다.
[9진로02-03] 학교 및 지역사회의 직군을 탐색하여 각 직군의 정보를 수집한다.
[9진로02-04] 직군 체험을 통해 자신의 직업적 흥미나 관심이 있는 직군을 찾는다.

(가) 성취기준 해설
- [9진로02-01] 사람들은 직업을 통해 자아를 실현하고 사회 구성원으로서의 역할을 수행하며, 일을 통한 수입으로 일상생활을 유지하고 경제 활동에 참여한다. 직업의 사회적·경제적 의미, 일의 소중함 등 직업의 가치와 의미를 다룬다. 직업의 다양한 의미를 이해하여 직업의 필요성을 알고, 일에 대한 소중함을 깨달아 직업인으로서 역할을 수행하는 계기를 마련할 수 있도록 한다.
- [9진로02-02] 내 주변 사람들의 직업을 살펴보는 것은 다양한 직업의 세계에 관심을 기울이는 첫걸음이다. 다양한 직업의 종류, 주변 사람들의 직업 등을 다룬다. 가족, 이웃이 종사하는 직업을 알아보고 지역사회의 다양한 직업 관련 정보를 조사하고 수집하는 활동을 통해 다양한 직업의 세계에 대한 관심을 가지도록 하는데 강조점을 둔다.
- [9진로02-03] 지적장애 및 자폐성 장애인이 현재 많이 종사하고 있거나 종사할 가능성이 높은 것으로 문헌에서 소개하고 있는 직군은 제조, 청소, 음식, 농수산업, 사무지원, 대인서비스, 예술·스포츠 등이다. 학교 및 지역사회에서의 직군 탐색, 각 직군에서 하는 일, 직군별 정보 수집, 직군별 관련 직종 등의 내용을 다룬다. 학교 및 지역사회에서 접할 수 있는 제조, 청소, 음식, 농수산업, 사무지원, 대인서비스, 예술·스포츠 등의 직군을 찾아보고 정보를 수집하여 다양한 직군에 대한 이해를 높이는 데 중점을 둔다.
- [9진로02-04] 다양한 직군을 탐색하고 체험하는 것은 자신의 직업적 흥미를 발견하는 바탕이 된다. 학교 및 지역사회에서의 직군에 대한 정보수집 및 체험 등의 내용을 다룬다. 학교 및 지역사회에서 체험할 수 있는 직군을 찾아보고 다양한 직군에 대해 직·간접적으로 경험하여 자신의 직업적 흥미를 발견하도록 지도한다.

(나) 성취기준 적용 시 고려 사항
- 가족과 이웃 등 주변 사람들의 직업에서부터 학교 및 지역사회의 다양한 직군에 대한 관심을 가질 수 있게 경험을 체계적으로 확장하며, '작업 기초 능력' 영역과 연계하여 작업 과정 및 도구 활용 등의 직접 체험을 통해 학생이 자신의 직업적 흥미를 발견할 수 있도록 한다.
- 직업 정보를 수집하는 과정에서 동영상, 직업 사전, 사진 등의 자료를 찾아보는 간접적 경험뿐 아니라 학습자의 특성과 수준을 고려하여 기관 방문, 인터뷰, 체험 등의 직접적 경험을 제공해서 다양한 직업에 대한 지식을 습득할 수 있도록 한다.
- 장애 정도가 심한 학생의 경우 일과 직업의 의미와 중요성 등 추상적인 개념을 학습하는 데 어려움을 겪으므로 다양한 상황에서 직접적 경험을 통해 이를 체득할 수 있도록 학습 자료 및 환경을 구조화하고 구체적인 자료를 제시하며 학습자의 수준, 특성에 맞게 지도한다.

(3) 작업 기초 능력

중학교 1~3학년 '작업 기초 능력' 영역 성취기준은 기본적인 작업 활동을 원활하게 수행하기 위해 요구되는 능력을 갖추는 데 중점을 두어 설정한다. 제조, 청소, 음식, 농수산업, 사무지원, 대인서비스, 예술·스포츠에 해당하는 7개의 직군별 작업 과정과 방법, 직군별 작업 도구 등의 내용을 다룬다. 직군별 작업 과정의 순서를 확인하고 올바른 작업 방법을 체험하며 직군별 사용하는 도구를 활용하여 작업을 안전하게 수행하는 태도를 기르는 데 주안점을 둔다.

[9진로03-01] 직군별 작업 과정의 순서를 익힌다.
[9진로03-02] 직군에 따라 올바른 방법으로 작업에 참여한다.
[9진로03-03] 직군에 적합한 도구를 사용하여 작업의 효율을 높인다.
[9진로03-04] 직군별 작업 과정에서 안전에 유의한다.

(가) 성취기준 해설

- [9진로03-01] 여러 가지 직군에서 작업을 수행할 때 필요한 작업 기초 능력을 기르기 위해서는 제조에서부터 청소, 음식, 농수산업, 사무지원, 대인서비스, 예술·스포츠까지 직군별 작업 과정의 순서를 확인해야 한다. 또한 직군별 작업 과정의 순서를 익힌다. 학생의 특성과 관심 등을 고려하여 직군별 작업 과정의 순서에 맞게 작업을 수행할 수 있도록 지도한다.
- [9진로03-02] 직군에 따라 올바른 방법으로 작업함으로써 작업의 정확성과 지속성, 신속성을 향상시키고 직업인으로서 바른 작업 태도를 함양해야 한다. 직군별로 올바른 작업 방법을 알고 수행하기 등의 내용을 다룬다. 직군에 따라 올바른 방법으로 작업 활동에 참여함으로써 바람직한 직업 태도를 기르도록 한다.
- [9진로03-03] 직군에 따라 사용하는 작업 도구는 다르며, 직업인으로서 이를 효율적으로 활용하여 작업을 온전히 수행할 수 있어야 한다. 직군별로 적합한 작업 도구 활용하기 등의 내용으로 이루어진다. 직군별로 적합한 작업 도구를 효과적으로 사용하여 작업의 능률을 올리고 궁극적으로 직업생활이 잘 유지될 수 있도록 가르친다.
- [9진로03-04] 직군별 작업 과정에서 주의를 집중하며 활동에 참여함으로써 사고 발생을 예방하고, 안전하게 수행하는 능력은 직업생활을 유지하는 데 있어 중요한 요소이다. 직군별 작업 과정에서 유의 사항을 알고 실천하기 등의 내용을 다룬다. 직군별로 서로 다른 작업 과정에서 각각 환경적으로 위험한 요인을 줄이고 각종 사고를 대비하여 안전에 유의하는 작업 태도를 기르도록 한다.

(나) 성취기준 적용 시 고려 사항

- 다양한 직군에서 작업 수행을 위해 필요한 과정의 순서를 익히고 적합한 도구를 사용하여 작업의 효율성을 높일 수 있도록 한다. 눈과 손의 협응 능력을 기르고 직업적 역량을 함양하는 데 주안점을 둔다.

- 작업 기초 능력을 습득할 때에는 다양한 직군을 체험하여 학생이 작업에 흥미를 느끼고 지속성을 유지할 수 있도록 학습자의 특성에 적합한 교수·학습 방법을 적용하며, 작업 활동 시 주의를 집중하여 정확성과 신속성이 향상될 수 있도록 반복하여 지도한다.
- 소근육 운동 기능 사용이 어려운 학생의 경우에는 다감각을 활용하거나 보완대체의 사소통을 활용하여 작업 과정에 부분적으로 참여할 수 있도록 재구성하며 작업에 도움이 될 수 있는 보조공학 기기를 제공한다.

(4) **직업 태도**

중학교 1~3학년 '직업 태도' 영역 성취기준은 미래 직업인으로서 학교에서부터 기본적인 자세를 갖추는 데 중점을 두어 설정한다. 용모, 복장, 위생, 금전 등 기본적인 자기 관리와 더불어 인사하기, 예절 지키기 등을 포함한 원만한 대인 관계 등의 내용을 다룬다. 시간 관리, 이동하기, 지시 이행 등을 포함하여 기본적인 자기 관리를 실천하고 원만한 대인 관계를 형성하며 안전 규칙을 지키는 데 주안점을 둔다.

> [9진로04-01] 용모, 복장, 위생, 금전 등에 대한 기본적인 자기 관리 능력을 기른다.
> [9진로04-02] 등하교, 수업, 점심, 쉬는 시간 등 시간에 대한 관리 능력을 기른다.
> [9진로04-03] 집에서 학교까지 통학 수단을 활용하여 이동한다.
> [9진로04-04] 간단한 지시에 따라 과제를 수행한다.
> [9진로04-05] 인사를 하고 예절을 지키며 원만한 대인 관계를 형성한다.
> [9진로04-06] 학교에서 요구되는 안전 규칙을 지킨다.

(가) **성취기준 해설**

- [9진로04-01] 직업생활뿐만 아니라 일상생활에서도 외출하기 전에 가정에서 씻고 준비하는 과정, 구체적으로 용모를 가꾸고 복장을 단정히 하며 위생에 유의하는 등 자기 관리가 요구된다. 적절한 옷차림하기, 몸단장하기, 금전 관리 등의 내용을 다룬다. 이 과정에서 실생활에서부터 자기 관리 능력을 길러 미래 직업인으로서 갖추어야 할 역량을 강화할 수 있도록 한다.
- [9진로04-02] 약속 시간을 지키고 일의 중요성과 시급성을 구분·진단하여 시간을 효과적으로 관리하는 것은 사회생활에서 필수적인 요소이다. 등하교 시간 지키기, 수업 시간에 학습하기, 점심 시간에 식사하기, 쉬는 시간에 화장실 이용하기 등의 내용을 다룬다. 목적에 맞는 시간 분배를 하면서 규칙적인 생활과 함께 근면성을 기르도록 한다.
- [9진로04-03] 집에서 직장으로 출퇴근하기에 앞서 집에서 학교까지 상황에 맞는 교통수단을 활용하여 스스로 등하교를 할 수 있어야 한다. 도보로 통학하기, 대중교통 이용하기 등의 내용을 다룬다. 가정과 학교 그리고 지역사회의 익숙한 곳들 사이를 반복적으로 이동하는 훈련을 하여 이동 기술을 습득하고 숙달하여 일반화 및 유지에

이르도록 한다.
- [9진로04-04] 조직에는 다양한 구성원이 있고, 그 구성원들에게 개별적인 역할과 책임, 과제가 주어진다. 따라서 개개의 구성원들이 이를 수행해야 조직이 원활하게 운영되므로 상사의 지시를 따르는 것이 중요하다. 간단한 지시 듣기, 간단한 지시 따르기 등의 내용을 다룬다. 구두와 서면 등의 간단한 지시에 따라 활동해 봄으로써 기본적인 직업 태도를 함양하도록 한다.
- [9진로04-05] 학교나 직장 등 공동체 생활을 하려면 상대방에게 인사를 하고 예절을 지키며 의사소통을 하는 등 원만한 대인 관계를 형성하고 유지할 줄 알아야 한다. 대상과 상황에 적절한 인사하기, 예절 실천하기 등의 내용을 다룬다. 역할 놀이와 모의실험 학습 등 다양한 교수·학습 방법으로 대인 관계 능력을 기르도록 한다.
- [9진로04-06] 지역사회에서 직업을 가지고 일을 수행할 때 근로 현장에서는 다양한 위험 요소가 존재하므로 사고를 예방하기 위해 학교에서부터 안전 의식 형성의 중요성이 더욱 강조된다. 진로와 직업 교육 및 교내 실습 시 안전 규칙 지키기 등의 내용을 다룬다. 학교에서 규칙을 준수하면서 장기적이고 지속적으로 안전 의식을 형성하고 기를 수 있도록 지도한다.

(나) 성취기준 적용 시 고려 사항
- 성공적인 직업 생활을 유지하기 위해 일상에서부터 바람직한 태도가 형성될 수 있도록 자기 관리와 시간 관리, 이동과 과제 수행, 대인 관계 형성 및 규칙 준수 등 실천할 수 있는 많은 기회를 제공한다.
- 직업인으로서 지녀야 할 기초·기본적인 소양을 기르기 위해 자기 관리 역량과 공동체 역량을 함양할 수 있도록 최대한 실제와 유사하게 지역사회 가상 교수와 지역사회 모의 교수 등을 활용하여 지도한다.
- 장애 정도가 심한 학생이 직업 생활을 하기 위해 필요한 태도를 배울 때에는 개별적인 요구와 특성에 적합하도록 하고, 다양한 활동을 체험할 때 오감을 활용하여 직·간접적인 경험이 쌓일 수 있도록 주안점을 둔다.

(5) 진로 설계

중학교 1~3학년 '진로 설계' 영역 성취기준은 자신의 직업적 잠재력을 파악하고 다양한 경로로 수집한 진학 정보를 연계하여 진로 목표와 관련 있는 고등학교를 선택·결정하는 능력을 갖추어 나가는 데 중점을 두어 설정한다. '진로 설계' 영역은 진학 정보, 진학 계획과 관련된 내용으로 구성한다. '진로 설계' 영역에서는 자신의 흥미·적성, 작업 기능, 전환 능력 등을 파악한 후 진로 목표에 따라 적합한 진학 계획을 수립하도록 하는 데 주안점을 둔다.

[9진로05-01] 자신의 흥미·적성, 작업 기능, 전환 능력 등의 직업적 잠재력을 파악한다.
[9진로05-02] 특수학교, 일반고, 특성화고 등에 대한 진학 정보를 수집한다.
[9진로05-03] 자신의 특성과 진학 정보를 연계하여 주요 관계자와 함께 진학 의사 결정에 참여한다.
[9진로05-04] 진학 결정에 능동적으로 참여하고 진학 계획을 점검하는 태도를 갖춘다.

(가) 성취기준 해설

- [9진로05-01] 자신의 직업적 잠재력을 파악하는 것은 미래를 설계하고 진로를 결정하는 데 중요한 기반이 된다. '자기 인식' 영역과 연계하고 사회 심리 기능, 작업 기능, 신체 능력 등을 평가하여 직업적 잠재력을 파악하는 내용을 다룬다. 발달장애인용 직업흥미검사(NISE-VISIT), 전환능력검사(NISE-TEEMH) 등 다양한 직업평가를 활용하여 자신의 직업 흥미·적성, 작업 기능, 전환 능력 등의 직업적 잠재력을 파악하도록 한다.

- [9진로05-02] 자신의 진로에 적합한 진학 계획을 수립하려면 중학교 졸업 이후에 선택할 수 있는 다양한 교육 경로를 파악하는 과정이 필요하다. 교사와 함께 진학 관련 누리집, 학교 누리집 등에서 특수학교, 일반고, 특성화고 등의 위치, 교육과정, 졸업 후 진로 등의 정보를 수집하는 내용을 다룬다. 학교를 선택할 때에는 자신이 원하는 진로 방향뿐만 아니라 집과 가까운 학교, 교통이 편리한 학교 등 주변 여건도 함께 고려하도록 한다.

- [9진로05-03] 중학교 졸업 후에는 특수학교 또는 일반고나 특성화고의 일반 학급, 특수 학급, 순회 학급에 진학할 수 있다. 고등학교를 선택할 때 고려할 사항을 알아보고 자신의 흥미, 적성, 능력 등 직업 특성과 연계하여 자신의 진로에 가장 적합한 학교를 선택하는 의사 결정에 부모, 교사 등 주요 관계자와 함께 참여하는 내용을 다룬다. 자신의 특성과 진학 정보를 종합적으로 살펴보는 태도를 갖추면서 학교의 지리적 여건, 개인의 특성 등에서 비롯되는 진로 장벽 요인을 다각도로 분석하고 해결 방안을 모색하여 진학 계획을 세우도록 한다.

- [9진로05-04] 고등학교 진학 계획은 미래를 설계하기 위한 중요한 선택이므로 능동적인 자세로 진학 결정에 참여해야 한다. 직업 체험, 직업인 면담 등 적극적인 진로 체험의 장에 학생이 참여하도록 하고 다양한 교육 경로를 탐색하여 적절한 진학 기관을 선택했는지 교사와 함께 점검하기 등 진학 결정과 진학 계획 점검에 관한 내용을 다룬다. 능동적인 자세로 진학 결정에 참여하여 미래의 행복한 삶을 위한 첫걸음을 내디딜 수 있도록 한다.

(나) 성취기준 적용 시 고려 사항

- 학생들이 진로 방향을 설정하고 진학을 결정하는 과정에 참여하는 것은 자신의 삶을 주도적으로 살아가는 데 중요한 경험이 될 것이다. 진로 및 진학을 설계하려면 '자기 인식' 영역과 연계하여 자신에 대한 충분한 이해를 바탕으로 깊이 성찰하는 자세를

갖추도록 지도하며 주변 환경의 인적·물적 자원을 활용하여 합리적으로 의사 결정을 할 수 있도록 한다.
- 특수교육 대상 학생들이 주로 진학하는 고등학교의 유형에는 일반 고등학교, 특성화 고등학교 외에도 직업, 예술, 체육 계열 분야의 전문적인 교육을 목적으로 설립된 특수학교도 있으므로 구체적인 학교의 특성을 파악하여 진학 계획을 수립하도록 한다.
- 장애 정도가 심한 학생이 평소에 자신이 좋아하는 것과 싫어하는 것을 구분하여 표현할 수 있도록 선택의 기회를 많이 제공함으로써 자신의 흥미·적성, 작업 기능, 전환 능력 등 직업적 잠재력을 자연스럽게 표현할 수 있도록 연계하여 지도한다.

### (6) 진로 준비

중학교 1~3학년 '진로 준비' 영역 성취기준은 자신이 선택한 고등학교의 정보를 수집하고 진학 후 변화되는 점을 찾아 고등학교 생활을 미리 준비하도록 하는 데 중점을 두어 설정한다. '진로 준비' 영역은 진학 준비, 진로 체험의 내용으로 구성한다. 특수학교, 일반 고등학교, 특성화 고등학교 등 자신이 선택한 고등학교에 대한 정보를 바탕으로 능동적인 자세로 진학을 준비하고 다양한 진로 체험 활동에 참여하여 원활하게 고등학교로 전환할 수 있도록 하는 데 주안점을 둔다.

> [9진로06-01] 자신이 선택한 고등학교에 대한 위치와 환경 등의 정보를 수집한다.
> [9진로06-02] 자신이 선택한 고등학교 교육과정의 변화되는 점을 알아보고 준비하는 과정에 참여한다.
> [9진로06-03] 자신이 선택한 고등학교의 현장실습 유형과 방법을 알아보는 과정에 참여한다.
> [9진로06-04] 진로 관련 교내 체험 및 지역사회 기관 탐방 등에 능동적인 자세로 참여한다.

### (가) 성취기준 해설

- [9진로06-01] 자신이 진학할 고등학교에 대해 다양한 방법으로 정보를 수집하는 것은 진학 준비의 중요한 과정이다. 위성 지도, 거리 보기 등을 활용해 자신이 진학하고 싶은 고등학교의 위치와 거리, 등하교 방법 등을 확인하고 교사나 부모 등 주요 관계자의 도움을 받아 직접 학교를 방문하여 특별실이나 편의 시설과 같은 교육 환경에 대한 정보를 수집하는 등 고등학교 생활을 준비하는 과정에 참여한다. 학교를 방문할 때에는 견학 절차에 따라 계획을 세우고 예의 바른 태도로 견학하도록 한다.
- [9진로06-02] 고등학교에 진학한 후 변화되는 점을 알아보고 미리 준비하는 것은 고등학교 생활에 성공적으로 적응하기 위해 필요한 과정이다. 교사나 부모 등 주요 관계자의 도움을 받아 자신이 선택한 고등학교의 누리집, 입학 설명회, 선배와의 만남 등의 방법으로 진로와 직업을 포함한 교과, 창의적 체험 활동 등 진학 후 교육과정의 변화되는 점을 알아보고 고등학교 생활을 미리 준비하는 활동에 참여하는 내용을 다룬다. 새로운 친구와 선생님을 만나고 새롭게 변화되는 학교생활에 흥미를 느끼고 관심을 기울일 수 있도록 한다.

- [9진로06-03] 고등학교를 졸업한 이후의 진로를 결정하거나 취·창업으로 전환하기 위한 준비를 위해 현장실습을 하는 것은 중요하다. 교내 직무체험형 현장실습, 산업체 직무체험형 현장실습, 정부 주도 취업연계형 현장실습 등 교내외 다양한 실습의 유형 중 자신이 선택한 학교에서 실시하는 현장실습을 교사나 부모 등 주요 관계자의 도움을 받아 알아보는 내용을 다룬다. 다양한 직업적 체험과 현장 적응력 제고 등을 위해 학생들이 학교에서 배운 지식과 기술을 경험하고 적용하며, 현장실습의 중요성을 인지하여 체계적으로 참여할 수 있도록 안내한다.
- [9진로06-04] 진로를 준비하려면 자신이 선택한 진로에 잘 적응하고 필요한 능력을 키울 수 있도록 도와주는 진로 체험 활동이 필요하다. '직업의 세계' 영역에서 제시한 직군과 연계한 교내 진로 체험 활동을 하거나 지역사회의 다양한 기관을 탐방하면서 진로 정보를 파악하는 등 능동적인 자세로 진로 준비에 참여하는 내용을 다룬다. 다양한 진로 체험 활동으로 자신에게 적합한 진로 방향을 확인하고 필요한 능력을 파악하여 준비할 수 있도록 한다.

(나) 성취기준 적용 시 고려 사항
- '진로 준비' 영역에서는 자신이 선택한 고등학교에 대한 진학 및 진로 활동 계획을 세웠던 '진로 설계' 영역을 기반으로 진학 계획을 실천하고 '직업의 세계' 영역과 연관하여 다양한 진로 체험 활동에 참여하며 '작업 기초 능력' 영역과 관련한 기본적인 작업들을 경험하면서 진로를 준비하도록 한다.
- 진학 준비로는 교사나 부모 등 주요 관계자의 도움을 받아 자신이 선택한 고등학교를 직접 방문하거나 관련 있는 사람과의 인터뷰, 학교 알리미나 고입정보포털 등 인터넷 검색, 선배 초청, 입학 설명회 참석, 견학, 홍보자료 활용, 진학 상담 등 다양한 방법으로 최신의 자료를 수집하도록 한다.
- 장애 정도가 심한 학생에게 자신이 선택한 고등학교의 다양한 자료들을 시각화한 그림 카드나 사진 자료를 제시하고 학생이 수시로 확인할 수 있도록 함으로써 고등학교 생활에 쉽게 접근하고 익숙해질 수 있도록 한다.

[고등학교 1~3학년]

(1) 자기 인식

고등학교 1~3학년 '자기 인식' 영역 성취기준은 진로와 직업적 측면에서 자신의 특성을 파악하고 직업적 자아상을 찾아 자신의 미래를 설계하는 데 중점을 두어 설정한다. '자기 인식' 영역은 자신의 직업 특성, 졸업 후 미래 등의 내용을 다룬다. 중학교에서 다룬 개인의 심리적 특성에서 보다 확장하여 신체·태도적 특성까지 파악하여 졸업 후 미래 설계의 기초를 다지는 데 주안점을 둔다.

> [12진로01-01] 자신의 신체적 특성을 파악한다.
> [12진로01-02] 자신의 심리·태도적 특성 등을 파악한다.
> [12진로01-03] 자신의 특성을 직업과 연결하여 강점을 찾고 꿈을 표현한다.
> [12진로01-04] 자신의 강점을 발전시키는 방법을 찾아 실천하여 자기개발에 주체적인 자세를 갖춘다.
> [12진로01-05] 졸업 후 삶의 모습을 구체적으로 구상하며 미래에 대한 긍정적 태도를 기른다.

(가) 성취기준 해설

- [12진로01-01] 개인의 신체적 특성은 진로·직업 선택에 있어 중요 요소가 되며 키, 체중, 힘의 활용 등이 해당된다. 자신의 신체적 특성과 함께 다양한 직군 및 직무에서 요구하는 신체적 능력을 이해하여 나에게 맞는 직업을 알아본다. 실제로 다양한 체력 측정 활동을 하여 자신의 신체적 특성과 활용 능력을 파악할 수 있도록 하며, '진로 설계' 영역의 직업적 특성 평가와 연계하여 지도한다.
- [12진로01-02] 개인에 대한 다양한 측면의 이해·평가는 올바른 진로 방향 설정과 직업 선택의 기초가 된다. 자신의 성격, 흥미, 적성, 태도, 사회성, 환경 적응 능력 등을 각종 검사 도구를 활용하여 파악하며, '진로 설계' 영역의 직업적 특성 평가와 연계하여 지도한다. 중학교에서 파악한 나의 특성과 비교하며 현재의 자신을 이해하고 발전시키는 기초를 마련한다.
- [12진로01-03] 신체, 심리, 태도 등 다양한 측면에서 파악한 나의 특성을 직업과 관련하여 분석하는 과정은 진로 설계의 기반이 된다. 내가 하고 싶은 직업 찾기, 나의 강점을 직업과 연결하기, 나에게 적합한 직무 찾아보기 등의 내용을 다룬다. 나의 직업적 강점을 찾는 데 집중하여 미래에 대한 긍정적 태도를 형성할 수 있도록 한다.
- [12진로01-04] 미래를 위한 주체적 자세와 긍정적 태도는 직업적 자기 개발을 계획하고 실천하는 과정에서 형성된다. 내가 그려본 미래의 모습과 지금의 나, 현재 나의 직업적 강점을 강화하기 위해 가정과 학교에서 할 수 있는 방법 등 실천적 행동과 노력을 위한 내용을 다룬다. 각종 직업 교육 프로그램 및 실습 참여, 체력 증진 등 구체적이고 실천 가능한 방법을 찾아 학생 스스로 참여하고 노력하는 데 지도 중점을 두도록 한다.
- [12진로01-05] 자기 이해와 함께 자기 개발의 실천을 기반으로 한 미래의 설계는 미래에 대한 긍정적 태도를 형성하게 한다. 졸업 후 나의 직업적 꿈과 희망, 가정생활의 형태, 여가생활 등 삶의 모습을 구체적으로 구상해 보고 이를 위한 실천 목록을 명확화하고 실제로 수행하는 과정에서 진로 결정 자기 효능감을 높인다. 의사 결정과 실천을 통한 목표 수행 등 미래를 위한 습관 및 태도의 함양, 배움의 계획·실천으로 보다 적극적이며 능동적인 진로·직업 교육이 이루어지도록 한다.

(나) 성취기준 적용 시 고려 사항
- 자신의 신체, 심리·태도적 특성 등을 종합적으로 파악할 때에는 각종 검사 도구뿐 아니라 학교의 다양한 프로그램 및 지역사회의 자원을 활용한 각종 체험 활동·실습, 교육 프로그램에 참여 등 다양한 방법을 활용하도록 한다. 이러한 과정에서 개인에 대한 이해뿐 아니라 자신의 강점을 발전시키고 단점을 보완하며 졸업 후 전환에 대비할 수 있도록 한다.
- 각종 검사 도구 활용 및 교내 체험 활동 등으로 개인의 다양한 특성 파악에 집중하며, 학생의 장애 정도와 수준을 고려하여 직접 실시, 보호자용 검사 실시, 관찰 등의 다양한 방법으로 자기를 인식할 수 있도록 한다.
- 장애 정도가 심한 학생의 경우 교사 및 보호자 관찰, 검사와 함께 실제 실습 및 수행을 기반으로 한 수행평가, 상황 평가 등을 최대한 활용하여 학생의 신체·심리·태도적 특성 등을 파악한다. 이 과정에서 전문가로서 교사의 관찰과 평가, 보호자와 긴밀한 연계, 학생의 다양한 체험 등으로 학생이 자기를 인식할 수 있도록 하며 '진로설계' 영역과 연계하여 지도하는 데 중점을 둔다.

(2) 직업의 세계

고등학교 1~3학년 '직업의 세계' 영역 성취기준은 일의 가치와 보람을 알고 새로운 직종 및 미래 직업에 대한 관심을 가지며 직종을 탐색하고 체험하는 활동을 통해 자신의 흥미를 발견하는 능력을 갖추는 데 중점을 두어 설정한다. '직업의 세계' 영역은 일의 가치와 보람, 미래 직업, 학교 및 지역사회에서의 직종과 관련된 내용으로 구성한다. '직업의 세계' 영역은 지적장애 및 자폐성 장애인들의 직업적 흥미를 탐색하고자 개발된 발달장애인용 직업흥미 검사(NISE-VISIT)에서 제시하는 21개의 직종(조립, 생산, 운송판매, 실내외청소, 세차, 세탁, 패스트푸드, 조리, 음료, 재배, 사육, 수산업, 사무보조, 사서보조, 우체국, 유아보조, 노인장애인보조, 미용, 음악, 미술, 스포츠)에 대하여 정보를 수집하고 탐색하는 것에서부터 출발한다. 일을 통한 가치와 보람을 발견하며 학교 및 지역사회의 직종 및 새로운 직종에 대한 관심을 가지고 적극적으로 탐색하는 태도를 길러 자신의 직업적 흥미를 발견하는 데 주안점을 둔다.

[12진로02-01] 직업을 통해 얻을 수 있는 기쁨과 보람을 찾는다.
[12진로02-02] 미래 사회에 적합한 새로운 직종의 정보를 수집하고 관심을 갖는 태도를 기른다.
[12진로02-03] 학교 및 지역사회의 직종을 탐색하여 각 직종에 대한 정보를 수집한다.
[12진로02-04] 직종 체험을 통해 흥미나 관심이 있는 직종을 찾는다.

(가) 성취기준 해설
- [12진로02-01] 직업은 개인, 가정, 사회적으로 가치가 있고 사람들은 자신의 일을 통해 기쁨과 보람을 찾는다. 일의 가치, 일을 통한 기쁨과 보람 등 직업을 통해 얻을 수 있는 내용을 다룬다. 직업이 주는 다양한 가치에서 보람을 느끼며 가족 및 사회

구성원으로서 직업인의 역할을 책임감 있게 수행하고 직업인으로서 긍지를 느낄 수 있도록 지도한다.

- [12진로02-02] 미래 변화에 따라 새로운 직업들은 계속 생겨나므로 새로운 직종에 대해 관심을 기울이고 적응력을 키우는 것은 취업 및 직업 유지에 매우 중요한 요소이다. 미래 직업 변화, 새로운 직종과 유망 직종 탐색 등 새로운 직업 정보를 다룬다. 새롭게 개발되는 직종에 관심을 가지고 정보를 수집 및 체험함으로써 새로운 직종에 대한 자신의 직업적 흥미를 발견하는 데 중점을 둔다.
- [12진로02-03] 문헌에서 지적장애 및 자폐성 장애인이 현재 많이 종사하고 있거나 종사할 가능성이 높은 것으로 소개하고 있는 직종은 조립, 생산, 운송판매, 실내외청소, 세차, 세탁, 패스트푸드, 조리, 음료, 재배, 사육, 수산업, 사무보조, 사서보조, 우체국, 유아보조, 노인장애인 보조, 미용, 음악, 미술, 스포츠 등이다. 학교 및 지역사회에서의 직종 탐색, 각 직종에서 하는 일 등을 다룬다. 자신의 주변에서 다양한 직종을 찾아보고 각 직종에서 하는 일에 대한 정보를 수집하는 활동이 강조된다.
- [12진로02-04] 다양한 직종에 대한 탐색과 체험을 통해 자신의 직업적 흥미를 발견하는 것은 졸업 후 자신의 원하는 직업을 선택하는 데 도움이 된다. 학교 및 지역사회에서의 직종 체험, 자신이 흥미 있는 직종에 대한 정보 수집 및 체험 등 직종 관련 체험 및 정보를 다룬다. 학교 및 지역사회에서 다양한 직종을 찾아 체험하고 직·간접 경험을 통해 자신이 흥미와 관심이 있는 직종을 발견하는 데 중점을 둔다.

(나) 성취기준 적용 시 고려 사항
- 학생이 졸업 후 가장 많이 종사하는 21개의 직종 및 최근 유망 직종, 지역사회 취업 가능 직종 등에 대한 조사, 관찰, 동영상 등의 간접 체험과 '작업 기초 능력' 영역에서의 교내 실습, '진로 준비' 영역에서의 현장실습 등과 연계하여 직접 체험을 통해 다양한 직종에 대한 정보를 수집한다.
- 학교의 여건, 지역사회의 직업적 자원, 졸업 후 취업 직종 등을 고려하여 다양한 체험의 기회를 제공하여 '진로 설계' 영역과 연계하여 장차 자신의 진로를 설계하고 흥미와 적성에 맞는 직업을 찾는 데 수집한 정보를 활용할 수 있도록 한다.
- 장애 정도가 심한 학생의 경우에는 교내·외에서의 직업 체험, 현장실습 등을 통한 구체적이고 실제적인 상황에서 학생이 수행할 수 있는 직무를 분석하여 경험의 기회를 제공하며 직업 탐색 및 체험의 과정에서 안전한 학습 환경을 조성하고 보조인력이 충분히 지원되도록 한다.

(3) 작업 기초 능력

고등학교 1~3학년 '작업 기초 능력' 영역 성취기준은 지역사회에서 직종별 작업을 원활하게 수행하는 데 필요한 능력을 갖추는 데 중점을 두어 설정한다. 조립, 생산, 운송판매, 실내외청소, 세차, 세탁, 패스트푸드, 조리, 음료, 재배, 사육, 수산업, 사무보조, 사서보조, 우체국,

유아보조, 노인장애인보조, 미용, 음악, 미술, 스포츠에 해당하는 21개의 직종별 작업 단계와 기술 및 기기 등의 내용을 다룬다. 직종별로 사용하는 기기를 활용하여 안전에 유의하는 작업 태도를 기르는 데 주안점을 둔다.

[12진로03-01] 직종에 따라 작업 단계와 절차를 확인한다.
[12진로03-02] 직종에 따라 필요한 올바른 작업 기술을 익힌다.
[12진로03-03] 직종에 적합한 기기를 활용하여 작업의 능률을 높인다.
[12진로03-04] 직종별 작업 수행 시 필요한 안전한 작업 습관을 기른다.

(가) 성취기준 해설
- [12진로03-01] 지역사회에서 여러 가지 직종을 수행하는 데 필요한 작업 기초 능력을 기르기 위해 조립에서부터 스포츠까지 직종별 작업 단계와 절차를 점검하는 것이 필요하다. 직종별 작업 수행과 기기 활용 등의 내용을 다룬다. 학생의 직업적 특성과 흥미, 관심 등을 종합적으로 고려하여 직종별 작업 단계와 절차에 따라 맞춤형으로 점검하여 실제적인 작업 수행에 도움이 될 수 있도록 한다.
- [12진로03-02] 직종에 따라 필요한 작업 기술을 습득하여 숙달함으로써 작업의 정확성과 신속성 그리고 지속성을 향상할 수 있다. 직종별로 필요한 작업 기술을 익히고 실습하기 등의 내용을 다룬다. 지역사회의 다양한 직업 현장에서 자신에게 요구되는 작업을 수행할 때 필요한 직종에 따른 구체적인 작업 기술을 익히도록 한다.
- [12진로03-03] 직종에 따라 사용하는 작업 기기는 제각기 다르며, 지역사회의 실제 직업 현장에서는 이를 상황에 맞게 적절히 활용하여 작업을 수행할 수 있어야 한다. 직종에 적합한 작업 기기를 사용하고 관리하기 등의 내용을 다룬다. 직종에 따라 적합한 작업 기기를 효율적으로 활용하여 작업의 능률과 지속성을 높일 수 있도록 한다.
- [12진로03-04] 직종별 작업 과정에서 수많은 위험 요인으로 인해 발생할 수 있는 사고를 예방하고 주의를 기울여 작업을 안전하게 수행하는 능력은 직업생활을 유지하는 데 있어 중요한 요소이다. 직종별 작업 과정에서의 유의 사항을 알고 지키기 등의 내용을 다룬다. 직종별로 서로 다른 작업 과정에서 안전에 유의하는 작업 습관을 기르도록 하여 미래 직업생활을 준비할 수 있도록 한다.

(나) 성취기준 적용 시 고려 사항
- '직업의 세계' 영역에서 탐색한 직종과 연계하여 작업 단계의 절차를 확인하고 직종에 적합한 기기를 활용할 수 있도록 하여 지역사회로의 원활한 전환을 준비하는 데 주안점을 둔다.
- 다양한 직종에서 요구되는 작업 기초 능력을 기르기 위해 지역사회의 환경을 종합적으로 고려하여 현장실습 중심의 방법으로 학습을 경험할 수 있도록 하며 자기 점검을 활용하여 자신의 작업 수행을 확인하고 부족한 부분을 보완하여 작업의 능률을 높일 수 있도록 지도한다.

- 장애 정도가 심한 학생은 개별적인 특성과 수준, 능력을 고려하여 수업 전에 작업을 재구조화·조정·세분화하여 제시하고 충분한 체험 이후 작업 참여도, 작업 수행 성취도, 참여도 등을 골고루 반영하여 평가한다.

(4) 직업 태도

고등학교 1~3학년 '직업 태도' 영역 성취기준은 직업생활을 수행하기 위해 필요한 실제적인 태도를 함양하는 데 중점을 두어 설정한다. 호칭, 역할, 책임, 급여 등에 대한 직업적인 자기 관리와 더불어 경청과 공감, 소통을 통한 직장 예절 등의 내용을 다룬다. 시간 관리, 이동하기, 지시 이행 등을 포함하여 직업적인 자기 관리를 점검하고 원만한 대인 관계를 유지하며 안전 규칙을 준수하는 데 주안점을 둔다.

> [12진로04-01] 호칭, 역할, 책임, 급여 등에 대한 직업적인 자기 관리 능력을 기른다.
> [12진로04-02] 출퇴근, 근로, 점심, 휴게시간 등 시간에 대한 관리 능력을 기른다.
> [12진로04-03] 집에서 직장까지 교통 수단을 활용하여 이동한다.
> [12진로04-04] 연속된 지시에 따라 과제를 수행한다.
> [12진로04-05] 상대와 상황에 따라 적절한 소통을 하고 직장 예절을 지켜 원만한 대인 관계를 유지한다.
> [12진로04-06] 직장에서 지켜야 할 안전 수칙을 이해하고 준수한다.

(가) 성취기준 해설

- [12진로04-01] 직업인으로서 자신에게 주어진 일에 긍지와 자부심을 가지고 사회적인 역할과 책임을 다하는 것은 타인에게 인정을 받음은 물론이고, 근무 태도 향상에 영향을 미치며 결과적으로 자아실현에 도움이 된다. 직업인의 역할과 책임, 급여 관리 등의 내용을 다룬다. 직업 의식 함양으로 직업적 책무성을 길러 올바른 직업 태도 형성과 함께 성공적인 직업 생활을 준비할 수 있도록 한다.
- [12진로04-02] 직장 생활을 성실하게 하기 위해서는 시간을 관리하는 능력이 중요하다. 출퇴근 시간을 지키기, 근로 시간에 집중하기, 점심시간에 식사하기, 휴게 시간에 개인적인 용무 보기 등의 내용을 다룬다. 이를 바탕으로 시간을 지키고 관리하는 능력을 길러 일의 우선순위를 정하고 시간을 효율적으로 활용하는 데 중점을 두어 지도한다.
- [12진로04-03] 지역사회에 통합된 구성원으로 살아가려면 가정에서 직장까지 적절한 교통수단을 활용하여 출퇴근할 수 있어야 한다. 목적지까지 길 찾기, 대중교통 환승하기 등의 내용을 다룬다. 직업인으로서 다양한 교통수단을 효율적으로 이용하여 독립적으로 출퇴근할 수 있도록 지도한다.
- [12진로04-04] 직장 생활을 성공적으로 하기 위해서는 회사에서 받은 지시를 수행하고 자신에게 주어진 업무를 완수해야 한다. 연속된 작업 지시 수용하기, 연속된 지시 이행하기 등의 내용을 다룬다. 이 과정에서 직장에 적응하는 능력을 길러 궁극적

으로 자신과 주변인이 모두 만족하는 행복한 직장 생활을 영위할 수 있도록 한다.
- [12진로04-05] 직장에서는 생각과 의견이 다양한 사람들이 함께 모여 일하기 때문에 문제 상황과 갈등이 발생할 수 있는데, 이를 줄이려면 직장 예절을 실천해야 한다. 경청과 공감하기, 나의 의견 적절하게 표현하기 등의 내용을 다룬다. 이를 바탕으로 직장에서 소통하는 능력을 길러 결속력을 형성하고 직장의 목표를 함께 달성하는 데 협력할 수 있도록 중점을 두어 지도한다.
- [12진로04-06] 사고는 대부분 부주의와 방심으로 생기기 때문에 사고를 예방하려면 직장에서 안전 수칙을 준수해야 하며, 이를 통해 여러 가지 위험으로부터 자신뿐 아니라 동료를 보호할 수 있다. 안전 수칙 준수하기, 여러 가지 유형의 사고 알아보기 등의 내용을 다룬다. 직장에서 지켜야 할 안전 수칙을 준수하여 언제 일어날지 모르는 각종 사고에 대처할 수 있는 능력을 길러야 한다.

(나) 성취기준 적용 시 고려 사항
- 직장 생활을 유지하는 데 필요한 직업적인 자기 관리 및 시간 관리를 반복하여 익힘으로써 책임감을 기르도록 하며, 주어진 지시에 따라 맡은 바를 완수하여 성취감을 얻고 직장 예절을 실천할 수 있도록 한다.
- 현장실습 사전 교육 시 노동 인권 교육, 산업 안전 보건 교육 등을 통해 학생의 인권과 안전을 보장한 실습이 이루어지도록 하며 지역사회 중심 교수 등 다양한 교수·학습 방법으로 직업 태도가 향상될 수 있도록 한다.
- 장애 정도가 심한 학생이 다양한 작업 활동에 흥미 있게 참여할 수 있도록 설계하고 필요한 경우 지원인력을 제공한다. 또한 적합하고 적절한 촉진을 통해 학습권을 충분히 보장하여 궁극적으로 삶의 질을 향상할 수 있도록 한다.

(5) 진로 설계

고등학교 1~3학년 '진로 설계' 영역 성취기준은 다양한 평가로 파악한 자신의 직업 특성과 진로 정보를 연계하여 합리적인 진로 의사 결정을 하고 선택한 진로에 맞게 적절한 계획을 세우는 데 중점을 두어 설정한다. '진로 설계' 영역은 진로 정보, 진로 계획과 관련된 내용으로 구성한다. 진로 설계는 능동적인 자세로 참여하여 행복한 삶과 더 나은 미래를 만들어 가도록 하는 데 주안점을 둔다.

> [12진로05-01] 자신의 특성, 진로, 직업 등에 대한 평가 결과를 종합하여 직업 특성을 파악한다.
> [12진로05-02] 자립생활, 직업생활, 계속교육 등 졸업 후 진로 정보를 수집한다.
> [12진로05-03] 자신의 직업 특성과 진로 정보를 연계한 진로 의사 결정에 참여한다.
> [12진로05-04] 지역사회에 적응하고 독립적으로 살아갈 수 있도록 자립생활 계획에 참여한다.
> [12진로05-05] 취·창업 정보를 활용한 진로 계획에 참여한다.
> [12진로05-06] 전공과, 대학, 평생교육 기관의 정보를 활용한 진로 계획에 참여한다.
> [12진로05-07] 진로 결정에 능동적으로 참여하고 진로 계획을 점검하는 태도를 기른다.

(가) 성취기준 해설

- [12진로05-01] 진로를 설계하려면 가장 먼저 자신을 객관적으로 파악해야 한다. '자기 인식' 영역에서 평가한 내용을 바탕으로 국립특수교육원, 커리어넷, 워크넷에서 전환능력검사, 직업 평가 등을 실시하여 직업 흥미·적성, 작업 기능, 신체 능력 등을 평가한 후 모든 자료를 종합하여 자신의 직업 특성을 정리하는 내용을 다룬다. 객관적이고 심층적인 평가 결과를 활용하여 자신의 직업 특성을 파악하는 데 중점을 둔다.
- [12진로05-02] 자신의 직업 특성과 연계하여 진로를 결정하려면 우선 졸업 이후의 다양한 진로를 탐색하고 정보를 수집하는 절차가 필요하다. 장애인고용공단, 각 지자체의 누리집, 안내 책자 등 다양한 경로로 자립생활, 직업생활, 계속교육을 할 수 있는 기관명, 위치, 하는 일 등을 수집하는 내용을 다룬다. 진로와 관련하여 신뢰할 수 있는 최신 정보를 수집하도록 한다.
- [12진로05-03] 진로는 자신의 특성과 제반 여건을 종합한 결과를 바탕으로 설계해야 한다. 자립생활, 직업생활, 계속교육을 하려면 필요한 능력이 무엇인지 확인하고 자신의 직업 관련 평가 결과와 연계하여 가장 적합한 진로 방향을 설정하는 데 참여하는 내용을 다룬다. 진로 의사 결정을 할 때 진로 장벽이나 갈등이 무엇인지 파악하여 해결함으로써 합리적인 선택을 할 수 있도록 한다.
- [12진로05-04] 고등학교를 졸업한 후 주간 보호 시설, 공동생활 가정 등 성인생활 지원 기관이나 가정에서 살아가게 될 학생들은 자립생활 기술을 익혀 독립적으로 살아갈 준비를 해야 한다. '직업 태도' 영역과 연계하고 자기 관리, 대중교통 이용, 지역사회 기관 이용 등 자립생활 기술을 어떻게 습득해야 할지 계획하는 내용을 다룬다. 개인생활, 사회생활, 여가생활 측면에서 자신의 능력을 파악하여 가장 중요하고 필요한 기술을 익히도록 계획하는 데 중점을 둔다.
- [12진로05-05] 고등학교를 졸업한 후 취·창업을 희망하는 학생들은 원하는 분야의 구체적인 정보를 바탕으로 진로 계획을 수립하고 변화에 대응하도록 한다. 취업을 희망하는 학생들은 인터넷이나 일자리 정보지 등을 이용하여 자신이 원하는 취업 관련 기관의 위치, 하는 일, 채용 정보 등의 구체적인 정보를 수집한다. 창업을 희망하는 학생들은 기업가 정신을 함양하고 맞춤형 창업 교육 프로그램에 참여하거나 창업 계획서를 작성해 본다. 실제적인 교내외 현장실습이나 체험 중심의 흥미로운 프로그램으로 학생들의 직업 특성에 맞는 취창업을 지도하도록 한다.
- [12진로05-06] 고등학교를 졸업한 후 전공과나 대학 진학 등 계속교육을 희망하는 학생들은 진학을 위한 능력을 향상할 수 있도록 구체적인 진로 계획을 세우는 것이 필요하다. 진학 기관의 입시 정보, 교육과정, 위치 등의 정보를 바탕으로 학생의 적성과 소질에 맞는 교육 기관과 프로그램을 선택하고 준비해야 할 사항을 찾아 계획하는 내용을 다룬다. 학업에 대한 중요성을 인식하고 긍정적 태도로 미래를 준비할 수 있게 진로를 계획하도록 한다.

- [12진로05-07] 고등학교를 졸업한 후의 진로 계획은 매우 구체적이고 신중하게 작성해야 한다. 다양한 정보를 종합적으로 살펴보고 자신의 특성에 맞는 진로를 능동적인 자세로 신중하게 선택하여 계획하였는지 확인하는 내용을 다룬다. 진로 계획을 수립할 때 학생의 결정을 존중하며 폭넓은 탐색 과정을 거쳐 현명하게 진로를 선택하고 진로 계획을 점검하는 습관과 태도를 기르도록 한다.

(나) 성취기준 적용 시 고려 사항
- 학생 개인별 맞춤형 진로는 '진로 인식' 영역에서의 자신에 대한 정보, '직업의 세계' 영역에서 탐색한 다양한 직업, '작업 기초 능력' 영역에서 경험한 직군 및 직종별 작업을 바탕으로 학생 개인의 내적·외적 정보를 종합하여 설계할 수 있도록 지도한다.
- 진로와 관련된 다양한 정보를 조사할 때 허위 광고나 잘못된 정보를 걸러낼 수 있는 디지털 문해력을 갖춰 자신에게 적절한 진로 정보를 선택하도록 한다.
- 삶은 직업-복지-교육-프로그램-휴식기가 동시 또는 순환적으로 이루어진다. 자신이 선택한 진로가 언제든 변화할 수 있음을 알고 자기 점검표 및 체크리스트 등을 활용한 평가를 실시함으로써 진로 계획을 수시로 점검하고 보완하는 태도를 기르도록 한다.
- 장애 정도가 심한 학생은 진로를 준비하는 과정에서 자기 관리 역량, 의사소통 역량 등을 향상 시켜 자신의 문제를 스스로 해결할 수 있는 생활 습관을 기르는 데 중점을 두어 지도한다.

⑹ 진로 준비

고등학교 1~3학년 '진로 준비' 영역 성취기준은 자립생활, 직업생활, 계속교육 중 자신이 선택한 진로를 준비하는 데 필요한 서류와 면접을 준비하고 교내외 현장실습으로 전환 기관에서의 생활 및 직무 기능을 익혀 성공적인 전환 능력을 갖추는 데 중점을 두어 설정한다. '진로 준비' 영역은 전환 준비, 현장실습과 관련된 내용으로 구성한다. 진로 준비는 진로 의사 결정에 대한 실제적인 준비 경험을 제공하여 성공적인 진로 목표 달성에 주안점을 둔다.

[12진로06-01] 자신이 선택한 지역사회 전환 기관의 이용 정보를 다양한 방법으로 조사한다.
[12진로06-02] 자신이 선택한 지역사회 전환 기관의 서류를 형식에 맞게 작성하고 면접을 준비한다.
[12진로06-03] 교내외 현장실습 등으로 지역사회 전환 기관에서 필요한 생활 기능을 익혀 진로를 준비한다.
[12진로06-04] 교내외 현장실습 등으로 지역사회 전환 기관에서 필요한 직무 기능을 익혀 능동적인 자세로 진로를 준비한다.

(가) 성취기준 해설
- [12진로06-01] 성공적인 성인기 생활을 하기 위해 자신이 선택한 지역사회 전환 기관의 이용 정보를 조사하는 것은 중요한 전환 준비 과정이다. 지역사회 전환 기관의 공고문 살펴보기, 전환을 위한 절차 조사하기 등 지역사회 전환 기관의 이용 정보를

조사하는 내용을 다룬다. 자신이 선택한 진로 기관의 정보와 이용 절차 등을 다양한 방법으로 조사하여 준비해야 할 내용이 무엇인지 파악하는 데 중점을 둔다.
- [12진로06-02] 자신이 선택한 기관으로 전환하고자 서류와 면접을 준비하는 것은 전환 준비 과정에서 필수적이다. 이력서, 주민등록등본 등 자신이 선택한 지역사회 전환 기관에서 요구하는 다양한 서류의 종류 알기, 형식에 맞게 서류 준비하기, 모의 면접하기 등 서류 작성과 면접 준비에 대한 내용을 다룬다. 현장 체험 활동으로 전환 서류 발급 장소와 방법을 익히고 스스로 서류를 작성할 수 있도록 충분한 기회를 제공하도록 한다.
- [12진로06-03] 자립생활, 직업생활, 계속교육 중 자신이 선택한 지역사회 전환 기관에서 요구하는 생활 기능을 익히는 것은 기관에 잘 적응하고 자립생활을 유지하기 위해 반드시 필요하다. 대중교통 이용하기, 금전 관리하기, 여가활동 계획하기 등을 교내외 현장실습으로 익히는 내용을 다룬다. 성인기의 독립적인 생활을 영위하는 데 필요한 기본 생활 기능을 바탕으로 각 전환 기관에서 요구되는 생활 기능을 일반화하고 유지하는 데 중점을 둔다.
- [12진로06-04] 자립생활, 직업생활, 계속교육 중 자신이 선택한 지역사회 전환 기관에서 요구하는 직무 기능을 익히는 것은 전환 후 각 기관에 잘 적응하는 데 중요한 요소이다. 자립생활, 직업생활, 계속교육 중 자신이 선택한 전환 기관의 특성에 따라 필요한 직무 기능을 분석하고 교내 직무 체험형 현장실습이나 교외 장애 맞춤 기관 직무 체험형 현장실습 등 다양한 유형의 현장실습으로 직무 기능이 숙련될 수 있도록 학습하는 내용을 다룬다. 학습 중심 현장실습으로 실질적인 직무 기능을 익혀 능동적인 자세로 진로를 준비할 수 있도록 한다.

(나) 성취기준 적용 시 고려 사항
- '진로 준비' 영역은 '진로 설계' 영역과 연계한 실제적인 활동으로 자신이 선택한 지역사회 전환 기관에서 요구하는 사항을 정확하게 파악하여 서류와 면접을 준비하고, 교내외 현장실습에서 '작업 기초 능력' 영역과 연계하여 세부적인 직무 기능을 익히며 '직업 태도' 영역과 연계하여 지역사회 기관에서 필요한 생활 기능을 익히도록 한다.
- 취·창업을 희망하는 학생은 학습 중심 현장실습으로 지역사회 전환 기관에서 필요한 기능을 직접 체험하거나 증강현실(AR), 가상현실(VR) 등 간접 체험을 실시하고 다면적인 평가를 거쳐 직무 기능을 향상하도록 한다.

# 03 교수·학습 및 평가 〈13추중 / 18중〉

## 가. 교수·학습

(1) 교수·학습의 방향

(가) 진로와 직업과는 학교(급)의 특성과 학생, 교사, 보호자 등 구성원의 요구를 종합적으로 고려하여 교육과정을 편성·운영하고 교수·학습의 방향을 설정한다.

(나) 진로와 직업과를 중심으로 기본 교육과정의 교과, 선택 중심 교육과정의 26)_____을 아우르는 통합적 접근과 각 교과(목) 간 연계를 주도할 수 있도록 계획한다.

(다) 학생의 요구, 학교의 특성, 지역사회의 특수성을 고려하여 성취기준을 재구성하여 학교 졸업 이후의 삶과 직접적으로 연관될 수 있도록 교수·학습 방향을 설정한다.

(라) 진로와 직업과의 보편성 및 특수성을 고려하여 27)_____의 6개 구성 영역이 연계성을 갖도록 하며, 기능 및 활동 중심의 교수·학습을 계획한다.

(마) 미래 사회 및 산업 구조가 변화하는 상황에서 진로와 직업 관련 28)_____을 함양할 수 있도록 하고 나아가 능동적이고 주도적으로 자신의 진로와 직업을 설계하고 준비할 수 있도록 계획한다.

(바) 진로와 직업과의 영역별 교수·학습 방향의 주안점은 다음과 같다.

- '자기 인식' 영역은 학생의 특성, 흥미, 적성 등을 표준화된 검사 도구와 비표준화된 방법을 활용하여 29)_____ 측면에서 자기를 객관적으로 인식할 수 있도록 한다.
- '직업의 세계' 영역은 학생을 중심으로 다양한 직업을 탐색할 수 있도록 하며, 미래 사회 및 산업 구조의 변화를 반영할 수 있도록 한다. 학생이 30)_____과 _____을 통해 직업의 세계를 이해하고 탐색하며 나아가 자신의 진로 설계 및 진로 준비하는 과정과 연계하도록 한다.
- '작업 기초 능력' 영역은 제시된 직군과 직종에서 다양한 교수·학습 활동과 자료에 기반한 31)_____을 학생에게 제공함으로써 교수·학습의 효율성을 높이고 생동감 있는 활동이 이루어지도록 한다.

26) 직업·생활 과목, 창의적 체험활동, 일상생활 활동
27) '자기 인식', '직업의 세계', '작업 기초 능력', '직업 태도', '진로 설계', '진로 준비'
28) 디지털 기초소양
29) 증거 기반 실제
30) 체험 활동과 경험
31) 직접적인 경험

- '직업 태도' 영역은 국가, 지역사회, 직장에서 요구되는 태도를 함양할 수 있도록 실제 학생의 32)_____을 고려하여 교수·학습을 계획하며, 상황·장소·대상에 따라 일반화될 수 있도록 한다.
- '진로 설계' 영역은 졸업 후 33)_____, _____, _____과 관련된 다양한 정보를 탐색하고 자신의 특성과 연계하여 합리적인 의사 결정을 하도록 한다.
- '진로 준비' 영역은 진로 설계한 내용을 구체화하고 실천할 수 있도록 34)_____의 다양한 자원을 활용하여 준비해 나가도록 한다.

(2) 교수·학습 방법
  (가) 고등학교에서 진로와 직업 교과를 중심으로 중점학교를 운영할 경우 35)_____ 범위 내에서 감축하여 진로와 직업과로 편성하도록 권장하며, 이와 관련된 구체적인 사항은 시·도 교육감이 정하는 지침에 따라 사전에 필요한 절차를 거쳐야 한다.
  (나) 학생이 자신의 진로를 탐색할 수 있도록 진로와 직업를 중심으로 기본 교육과정의 교과, 선택 중심 교육과정의 특수교육 전문 교과 직업·생활 과목, 창의적 체험활동, 일상생활 활동을 아우르는 체험, 실습 등을 포함한 다양한 활동으로 운영한다.
  (다) 개별화교육지원팀은 학생의 요구와 36)_____, _____, _____ 등 직업평가 도구를 활용하여 현행 수준을 객관적으로 파악하여 진로 방향을 설정하고 학교 특성, 지역사회 여건 등을 종합하여 학생에게 지도해야 할 성취기준 및 교수·학습의 우선순위를 정하여 실시한다.
  (라) 장애 정도와 특성, 발달 단계, 학습 수준, 관심, 필요, 흥미 등의 학생 특성과 학교의 여건을 고려하여 실물이나 모형, 인터넷 자료, 사진 및 동영상 자료, 멀티미디어 자료 등 다양한 학습 자료를 적용하여 작업을 수행해 봄으로써 졸업 후 학생의 독립적인 삶을 위해 실제적으로 적용이 가능한 교수·학습 활동을 제공한다.
  (마) 교수·학습 과정에서는 모델링, 역할놀이, 모의 상황 훈련, 교내 실습, 지역사회 현장실습 등 학생의 직접적인 경험에 중점을 두어 운영한다. 교수·학습의 실효성을 거둘 수 있도록 학교(급)에서는 다양한 활동과 현장 경험에 기반하여 37)_____하여 편성·운영할 수 있다.
  (바) 교내의 38)_____를 활용하여 교수·학습 과정에서 실제적인 활동과 경험을 통해 장차 학생이 개인의 진로 및 직업을 설계하

32) 생태학적 목록
33) 자립생활, 직업생활, 계속교육
34) 지역사회
35) 창의적 체험활동, 일상생활 활동 학점의 50%
36) 직업흥미검사, 전환능력검사, 적응행동검사
37) 수업 시간을 연속
38) 특별실, 직업 훈련실, 실습실, 기타 시설이나 장비

고 준비할 수 있도록 한다.

(사) 지역사회 내 진로 및 직업 관련 기관, 전환 기관, 사업체 등 관련 기관과 학교와의 연계 속에서 다양한 기구, 시설, 설비 등을 활용하여 학생이 체험, 활동, 실습을 할 수 있도록 하며, 지역사회 전문가와의 협력을 통해 현장 중심의 수업이 이루어지도록 한다.

(아) 장애 정도가 심한 학생을 위해서는 이들의 학습 특성, 장애 정도, 현행 수준을 고려하여 39)_____ 등 다양한 교수·학습 방법을 적용한다.

(자) 원격수업 환경에서도 수업 참여에 어려움이 없도록 맞춤형 원격수업을 활성화하고 원격수업이나 스마트 기기, 애플리케이션 등을 활용하여 진로와 직업 분야 디지털 기초소양을 함양할 수 있도록 한다.

## 나. 평가

(1) 평가의 방향

(가) 진로와 직업과의 목표, 내용 체계, 성취기준 및 교수·학습의 효과성과 효율성을 측정할 수 있도록 평가의 방향을 설정하며, 학생의 특성과 장애 정도 등을 고려하여 평가기준을 정해 개개인의 성취도가 평가되도록 한다.

(나) 평가의 목적을 설정하여 목적에 적합한 도구와 방법을 설정하며, 평가 후 결과를 활용할 수 있도록 계획한다.

(다) 평가는 규준 참조 검사와 준거 참조 검사를 활용하여 실시할 수 있으며, 일회적인 평가는 지양하고 평가를 40)_____ 하여 학생의 평가 결과를 목표, 교수·학습 등에 환류할 수 있도록 한다.

(라) 평가의 내용은 진로와 직업과 교육과정의 내용 체계 및 성취기준에서 제시된 교육 내용의 범위와 수준에 근거하되, 교수·학습 활동과 실습 과정 등에서 산출된 다양한 자료를 활용한다. 교육과정에 제시되어 있는 목표에 따른 성취기준에 따라 '지식·이해', '과정·기능', '가치·태도' 등을 종합적으로 평가한다.

(마) 장애 정도가 심한 학생을 위해 41)_____을 제공하여 학생의 성취도, 학습 참여 정도, 다른 학생과의 협력 정도, 만족도 등을 종합적으로 평가한다.

(바) 진로와 직업과의 영역별 평가의 주안점은 다음과 같다.

- '자기 인식' 영역은 학생의 특성, 흥미, 적성 등을 직업흥미검사와 같은 42)_____과 교사의 관찰, 기록 등 43)_____을 활용하여 평가하되, 평가 결과를 종합하여 다각적으로 자기 인식을 할 수 있도록 한다.

39) 직접교수, 과제분석적 교수, 촉진, 부분 참여
40) 누가 기록
41) 수정된 평가 방법
42) 표준화된 방법
43) 비표준화된 방법

- '직업의 세계' 영역은 직업흥미검사 결과와 연계하여 학생이 관심 있는 다양한 직업을 학교 및 지역사회에서 탐색할 수 있도록 하며 기쁨, 보람 등과 같은 44)_____도 기록하여 평가에 반영하도록 한다.
- '작업 기초 능력' 영역은 다양한 직군과 직종을 대상으로 실제 작업 현장에서의 수행평가나 학교에서의 작업 표본 평가 등을 통해 학생의 작업 능력을 현장 중심에 기반하여 평가하도록 한다.
- '직업 태도' 영역은 다양한 직업 및 지역사회에서 요구되는 태도를 45)_____을 중심으로 평가하도록 하며, 평가 결과를 누가 기록하여 대상, 장소 등의 일반화를 고려한 직업 태도를 함양하도록 한다.
- '진로 설계' 영역은 학생이 자신의 진로를 주체적으로 설계할 수 있도록 관련 자료를 체계적으로 관리하여 46)_____가 이루어지도록 하며, 교사의 점검을 통해 47)_____가 이루어지도록 한다.
- '진로 준비' 영역은 진로 설계의 내용을 구체화하여 학생이 이를 준비할 수 있도록 지역사회의 다양한 기관과 연계하여 실제로 요구되는 48)_____ 및 ___, ___ 등에 대한 준비도를 평가하고 점검하도록 한다.

(2) 평가 방법

(가) 평가 목적, 평가 시기, 평가 상황, 평가자 등을 종합적으로 고려하고 관찰, 면담, 심리검사, 지필, 실기, 수행평가, 교육과정 중심 평가, 포트폴리오 등 다양한 평가 방법을 활용하여 학생의 '지식·이해', '과정·기능', '가치·태도'를 종합적으로 평가하도록 한다.

(나) 평가는 49)_____ 등과 같이 표준화된 검사 도구와 50)_____ 등과 같은 비표준화된 검사를 종합하여 학생의 현행 수준을 객관적이고 과학적으로 파악하도록 한다.

(다) 51)_____을 중심으로 교사, 학생, 보호자, 전문가 등 주요 관계자들이 서로의 장점과 전문성을 토대로 평가에 참여하며 그 결과를 공유한다. 평가 결과는 개별화교육계획과 연계하거나 학교 차원의 관리를 통해 누가 기록하여 학생의 성장 정도를 추적할 수 있도록 하며 이를 교수·학습에 반영하도록 한다.

44) 정서적 부분
45) 실제 환경
46) 포트폴리오 평가
47) 지속적인 환류
48) 서류의 준비 및 작성, 면접
49) 직업흥미검사, 전환능력검사, 적응행동검사
50) 교사의 관찰, 면담
51) 개별화교육지원팀

(라) 실습 및 실기 평가에서는 사전 목표에 따른 평가 항목과 기준을 세분화 및 단계화하여 계획하고, 실제 작업 환경의 요소를 충분히 반영하여 52)_____ 등의 방법을 적용하여 객관적으로 평가한다. 현장 전문가나 실습 담당자를 포함하여 학생의 전반적인 역량을 평가하도록 한다.

(마) 평가 결과는 보호자와 학생이 이해하기 쉽도록 구체적으로 제공하고, 평가 결과에 따른 53)_____을 제공함으로써 학생의 학습과 성장을 도울 수 있도록 한다.

---

52) 작업 표본 평가, 상황 평가, 현장 평가
53) 지속적인 피드백

# 06 체육

## 교육과정 설계의 개요

체육은 건강, 보건, 체력 운동, 육상, 체조, 수영, 개인 및 단체 경기, 야외활동, 무용 등 신체활동의 특성을 이해하고 기능을 향상하며 실행하는 과정에서 체육의 가치를 함양하고 삶의 질을 높인다. 체육과에서 학생은 신체활동을 종합적으로 체험함으로써 그 가치를 내면화하여 실행하는 주체이다. 체육과 학습을 통하여 학생은 1)'_____'을 함양하며, 이 역량들은 체육과에서 다루는 신체활동, 즉 운동과 스포츠를 통해 달성된다. 체육과 역량은 2022 개정 특수교육 교육과정 총론에서 제시한 핵심역량인 '자기관리 역량, 지식정보처리 역량, 창의적 사고 역량, 심미적 감성 역량, 협력적 소통 역량, 공동체 역량'과 연계되어 있다. 이것은 운동과 스포츠에 포함되어 있는 다양한 신체활동이 이 여섯 가지 역량을 개발하는 데 직·간접적으로 관여하기 때문이다.

체육과 교육과정은 '성격 및 목표', '내용 체계 및 성취기준', '교수·학습 및 평가'로 구성되어 있다. '성격'에서는 체육과의 개념적 정의와 필요성, 교과 목표와 연계한 교과 역량, 체육과의 역할을 전반적으로 서술하였다. '목표'에서는 체육과의 총괄 목표와 세부 목표를 제시하였으며, 세부 목표는 체육과 내용 영역의 주요 요소를 건강 활동과 체력 운동, 기초 움직임, 그리고 스포츠로 결정한 후 각 요소에 '지식·이해', '과정·기능', '가치·태도'를 포괄하여 기술하였다.

체육과 영역은 크게 2)'____'과 '_____'로 구분할 수 있는데, 이 두 가지는 체육에서 다루는 대부분의 신체활동을 포함하고 있다. 결국 '운동'과 '스포츠'는 체육과 핵심 아이디어이자 교육과정 설계의 근간이 된다. 체육과 교과 역량을 효과적으로 내면화하고, 신체활동 문해력을 기를 수 있는 신체활동 형식으로 내용 영역을 정립하기 위하여 체육의 고유 활동인 '____'과 '_____' 영역으로 구성하였다. '____' 영역은 체력과 기능 향상, 건강 증진을 목적으로 행해지는 신체활동 형식으로 체력 운동과 건강 활동, 안전 등을 포함하며, '_____' 영역은 제도화되고 조직화된 신체활동과 다양한 환경의 상호 작용을 통해 생태적 결합을 추구하는 신체활동 형식으로 도전형 스포츠, 표현형 스포츠, 경쟁형 스포츠, 3)_____로 구성하였다. 이 중 _____는 2022 개정 교육과정 체육과 교육과정에서 새롭게 제시된 용어로 생활 주변 및 자연환경 등 다양한 환경적 맥락 속에서 이루어지는 스포츠를 의미한다.

1) 움직임 수행 역량, 건강 관리 역량, 신체활동 문화 향유 역량
2) 운동과 스포츠
3) 생태형 스포츠

체육과 내용 체계의 '핵심 아이디어'는 체육과의 두 가지 영역, 즉 '_____'과 '_____' 영역에서 설정하였다. '핵심 아이디어'는 '운동'과 '스포츠' 영역의 특성, 체육의 주요 수단인 신체활동을 실천함으로써 삶에서 얻어지는 결과와 중요성을 기초로 서술하였다.

'내용 요소'는 학생의 연령과 운동 기능에 맞춤화하여 학습의 범위와 계열을 구성하였다. '운동'의 경우 경험하기, 모방하기, 기능 익히기, 습관 기르기 단계로 확장하였으며, '스포츠'는 다양한 움직임의 경험에서부터 기초 움직임의 실행과 모방을 거쳐 게임 기능에 이르도록 구성하였다. 특히 '스포츠'는 반사운동기, 초보운동기, 기본운동기, 전문운동기로 구성되는 운동 발달 모형과 움직임 교육, 연습과 릴레이, 비조직적 게임, 간이 게임, 조직적 게임으로 구성되는 발달상의 게임 위계를 근거로 설계하였다. 체육과는 신체활동을 통하여 체육 관련 역량을 배양하고 이 과정에서 습득된 기능을 일상생활에 적용하며 여가에 활용함으로써 삶의 질을 높이는 것을 최종 목표로 한다.

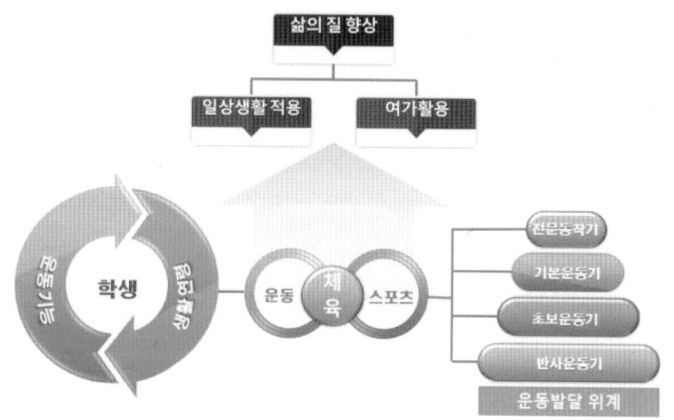

[그림 8] 2022 개정 특수교육 기본 교육과정 체육과 설계 개요

'성취기준'은 교과 학습의 결과를 의미하는데, 체육과에서는 '지식·이해'와 '과정·기능' 그리고 '과정·기능'과 '가치·태도'를 결합하여 성취기준을 진술하였다. '지식·이해'는 체육의 각 내용 영역에서 알고 이해해야 하는 요소나 개념, 학교와 일상생활에서 요구되는 방법적인 지식(예 : 체력의 의미와 유형, 기초 움직임 동작 방법, 게임 규칙과 방법, 생활 안전 수칙)이다. '과정·기능'은 체육의 신체활동 영역(예 : 건강 체력 기르기, 운동 상해 예방과 대처하기, 기초 수영 동작 익히기, 표적 도전 간이 게임하기)을 의미하며, '가치·태도'는 신체활동을 통하여 기를 수 있는 의미 있고 바람직한 요소(예 : 관심과 노력, 주의 집중, 협동, 창의성, 단결, 친화력)이다. 체육과가 타 교과와 차별성을 갖기 위해서는 '과정·기능'이 강조되고 이것이 최종 목표가 되어야 하지만 학습 상황에서 학생들은 '지식·이해'가 이루어진 후 활동을 하게 되고, '과정·기능'을 통한 실기 연습을 통하여 '가치·태도'를 기른다는 점을 적용하였다. 비록 성취기준은 두 가지 범주를 결합하여 기술하였지만 체육과를 통하여 학생들은 지(지식·이해), 덕(가치·태도), 체(과정·기능)를 갖춘 전 인격체로 성장해 나갈 수 있다. '교수·학습 및 평가'의 방향과 방법에서는 기본 교육과정을 적용하는 학생들을 위한 맞춤형 교육과정이 운영될 수 있도록 체육과의 특성을 반영하여 수업 활동을 지원하는 내용으로 기술하였다. 특히 효과적이며 다양하고 적절한 체육 지도 방법과 장애 정도가 심한 학생을 위한 체육 지도 원칙과 평가 방법을 제시하였다.

# 01 성격 및 목표

## 가. 성격

체육은 건강 생활, 체력 운동, 놀이, 게임 및 스포츠, 야외활동, 무용 등과 같은 신체활동을 통해 인간의 신체적, 정신적, 사회적 성장과 발달을 돕는다. 체육과는 신체활동의 학습을 통해 건강하고 주도적인 삶, 활동적이며 창의적인 삶, 신체활동 문화를 향유하며 사회 속에서 바람직하고 더불어 사는 삶의 자질을 길러주는 교과이다. 체육과는 체계적인 신체활동을 통하여 학생으로 하여금 움직임 욕구를 충족하고 기본 생활 능력과 체력 및 건강을 증진하도록 돕는다. 더불어 운동 기능과 스포츠 수행력을 증가시키고 운동과 스포츠를 생활화하며, 신체활동 문화를 경험하는 과정에서 사회성을 기르고 풍요로운 삶을 실현하도록 하는 토대를 제공한다. 특히 체육과는 교과의 가장 큰 특징인 4)_____을 중심으로 '지식·이해', '가치·태도'를 함양함으로써 전인 교육 실현이 가능한 이상적인 교과이며, 학생의 행동을 종합적으로 변화시키는 데 도움이 된다.

체육과의 신체적, 정신적, 사회적 가치는 학생의 전인적 성장을 도모한다. 신체적으로는 인체의 기능과 생리적 효율성을 증대하고 비만을 예방하며, 체력을 증진하고 위험한 상황에 대처하는 능력을 길러준다. 정신적으로는 집중력, 문제 해결력 및 판단력을 높이고, 스트레스와 불안을 해소하며, 감정을 공유하고 자신을 표현하는 기회를 증가시킨다. 사회적으로는 부정적 사회 행동을 감소시키고 대인 관계를 잘 형성하게 하며, 협동심과 같은 사회성을 기르는데 긍정적인 효과가 있다.

학생은 체육과 학습을 통하여 체육과에서 추구하는 역량을 기를 수 있다. 첫 번째는 '5)_____'이다. 여러 가지 체력 운동과 스포츠 활동은 기초 움직임을 바탕으로 하는데, 초등학교 시기에 실시하는 움직임 관련 기초 활동들을 반복하는 과정에서 습득된 기능은 추후 놀이와 게임, 스포츠를 수행하는 데 도움을 준다. 두 번째는 '6)_____'으로 '운동' 영역의 청결, 질병 예방, 음식과 영양, 운동 상해와 안전, 체력 운동과 관련된 활동을 통해 역량 개발이 가능하다. 세 번째는 '7)_____'으로 체력 운동과 사회의 중요한 문화 중 하나인 스포츠를 실행함으로써 여가를 선용하고 사회의 일원으로서 타인과 교류하는 과정에서 신체활동 문화를 향유할 수 있다.

인체의 근육을 사용하여 에너지를 발생시키는 신체활동은 체육과에서 교육의 본질이자, 교육의 도구로서 타 교과와 차별성을 갖는다. 전통적인 체육, 즉 체력 운동, 육상, 체조, 수영, 구기, 야외활동 등은 크게 운동과 스포츠로 분류할 수 있으며, 이 분류는 체육과 내용 체계의 두 영역과 일치하고 체육과의 역량은 두 가지 내용 영역인 '운동'과 '스포츠' 영역을 통해 달성된다.

4) 신체활동('과정·기능')
5) 움직임 수행 역량
6) 건강 관리 역량
7) 신체활동 문화 향유 역량

기본 교육과정을 적용하는 학생들에게 체육은 신체기능 저하를 예방하고 일상생활에 필요한 신체적 능력을 길러준다. 신체활동을 수행하는 과정에서 학생은 움직임의 즐거움을 알고 기능이 향상됨에 따라 성취감이 증가한다. 또 이것은 긍정적 자아 개념 형성과 사회적 유능감의 증가로 이어지고 자기주도적으로 생활할 수 있는 능력이 향상되는 효과도 가져다준다. 또한 체력 운동과 스포츠 활동은 타인과의 사회적 상호 작용 기회를 늘리므로 사회 적응 능력을 향상시킨다. 이상의 체육이 주는 가치로 인하여 학생들은 건강하고 행복한 삶을 영위할 수 있으며, 사회 구성원으로서의 역할을 충실히 수행해 나갈 수 있다.

학생들은 다양한 신체활동을 수행하는 데 필요한 운동 기술과 움직임 유형을 발달시키며, 신체활동을 학습하고 수행할 때 필요한 움직임 개념, 원리, 전술과 전략을 이해하게 된다. 또한 체력을 갖추고 이를 유지·증진하며 평생에 걸쳐 신체활동에 규칙적으로 참여하게 되고, 스포츠를 통해 자신과 타인을 존중하는 책임감 있는 행동을 할 수 있을 뿐만 아니라 건강, 유희, 도전, 자기 표현, 사회적 상호 작용의 가치를 추구할 수 있게 된다.

### 나. 목표

체육과는 운동과 스포츠를 경험하면서 사회 구성원으로 더불어 살아가는 데 필수적인 신체활동 역량을 기르는 것을 목표로 한다.

(1) 8)____, ____ 및 ____의 내용을 이해하고 건강과 체력을 증진하며, 안전을 실천하고 생애 전반에 걸쳐 생활화한다.

(2) 9)_____의 방법을 알고 기능을 익히며 활동의 즐거움을 안다.

(3) 스포츠 수행에 필요한 지식을 습득하고 게임 기능을 향상하며 10)_____과 ____에 활용함으로써 스포츠의 가치와 태도를 실천한다.

---

8) 건강, 안전 및 체력
9) 기초 움직임
10) 일상생활과 여가

# 02 내용 체계 및 성취기준

**가. 내용 체계**

(1) 운동

| 범주 | | 내용 요소 | |
|---|---|---|---|
| 핵심 아이디어 | | • 운동은 건강과 체력 향상을 위해 필수적인 신체활동으로 일상생활에서 실천함으로써 건강하고 행복한 삶의 토대가 된다. | |
| 범주 | | 중학교 1~3학년 | 고등학교 1~3학년 |
| 지식·이해 | 체력 운동 | • 체력 운동 방법 | • 체력 운동과 건강 증진 |
| | 건강 활동 | • 음식과 영양<br>• 운동 상해 원인과 응급처치 | • 건강과 생활 습관<br>• 생활 안전 수칙 |
| 과정·기능 | 체력 운동 | • 건강 체력 기르기<br>• 운동 체력 기르기 | • 체력 운동 생활화하기 |
| | 건강 활동 | • 건강한 식습관 기르기<br>• 운동 상해 예방과 대처하기 | • 건강한 생활 습관 형성하기<br>• 생활 안전 실천하기 |
| 가치·태도 | 체력 운동 | • 체력 증진 과정에서 자신감 향상 | • 스스로 자신의 건강을 관리하는 습관 |
| | 건강 활동 | • 바른 식습관을 실천하는 태도<br>• 상해 예방과 처치의 중요성 인식 | • 건강한 생활 습관 유지<br>• 생활 속 안전 수칙 준수 |

(2) 스포츠

| 핵심 아이디어 | 스포츠는 발달 움직임을 토대로 수행되는 숙련된 신체활동으로 사회적으로 제도화된 스포츠를 다양하게 실시하는 과정에서 사회 전체의 가치를 공유하고 생태계 내에서 더불어 살아 나가고 삶의 질을 높이는 데 공헌한다. ||
|---|---|---|
| 범주 || 내용 요소 ||
| || 중학교 1~3학년 | 고등학교 1~3학년 |
| 지식·이해 | 도전형 스포츠 | • 연속적인 기초 움직임 동작 방법 | • 도전형 게임 규칙과 방법 |
| | 표현형 스포츠 | • 민속 및 주제 표현 방법 | • 표현형 스포츠 구성 및 발표 방법 |
| | 경쟁형 스포츠 | • 정확하게 보내는 방법 | • 경쟁형 게임 규칙과 방법 |
| | 생태형 스포츠 | • 인라인스케이팅과 하이킹 방법 | • 자전거 타기와 캠핑 방법 |
| 과정·기능 | 도전형 스포츠 | • 빠르게 달리기와 오래달리기<br>• 기초 수영 동작 익히기 | • 달리기 간이 게임하기<br>• 수영 간이 게임하기 |
| | | • 높이 넘기<br>• 물체 높게 던지기 | • 뜀뛰기 간이 게임하기<br>• 던지기 간이 게임하기 |
| | | • 연속되는 움직임 수행하기 | • 동작 도전 간이 게임하기 |
| | | • 표적 가까이 보내기 | • 표적 도전 간이 게임하기 |
| | 표현형 스포츠 | • 민속 특징 표현하기<br>• 주제 표현하기 | • 민속 표현 발표 및 감상하기<br>• 협동 표현 발표 및 감상하기 |
| | 경쟁형 스포츠 | • 이동하며 공 주고받고 슛하기 | • 영역형 경쟁 간이 게임하기 |
| | | • 라켓으로 쳐서 네트 너머로 주고받기 | • 네트형 경쟁 간이 게임하기 |
| | | • 배트로 치기와 공 처리하기 | • 필드형 경쟁 간이 게임하기 |
| | 생태형 스포츠 | • 인라인스케이팅 | • 자전거 타기 |
| | | • 하이킹하기 | • 캠핑하기 |
| 가치·태도 | 도전형 스포츠 | • 힘들고 어려운 움직임을 참고 견디는 태도 | • 자신의 한계에 도전 |
| | 표현형 스포츠 | • 자신만의 방식으로 움직이는 창의성 | • 동료의 표현을 존중하는 태도 |
| | 경쟁형 스포츠 | • 규칙을 지키며 스포츠에 참여 | • 공동 목표를 위해 구성원과 단결 |
| | 생태형 스포츠 | • 건전한 여가에 대한 관심과 노력 | • 타인과의 친화력 |

## 나. 성취기준

**[중학교 1~3학년]**

(1) 운동

중학교 1~3학년의 '운동' 영역은 실제적인 체력 운동, 바람직한 식습관과 운동 상해 예방 능력을 갖추는 데 중점을 두어 설정하였다. 체력 운동은 건강 체력과 운동 체력 기르기, 건강 활동은 건강한 식습관 기르기, 운동 상해 예방하기로 구성된다. 학습 과정에서는 체력 운동 방법을 알고 체력을 꾸준히 증진하는 과정에서 자신감을 향상하며, 음식과 영양, 운동 상해의 원인과 응급처치 방법을 알고 바른 식습관을 실천하여 건강을 증진하는 데 주안점을 둔다.

① 체력 운동

[9체육01-01] 체력 운동 방법을 알고 건강 체력과 운동 체력을 익힌다.

(가) 성취기준 해설

- [9체육01-01] 이 성취기준은 초등학교와 달리 구체적인 동작과 기구 등을 활용하여 체력을 기르기 위해 설정하였다. 근력과 근지구력, 심폐지구력, 유연성, 신체 조성 등의 건강 체력 기르기, 순발력, 민첩성, 협응성 등의 운동 체력 기르기, 자신의 체력 수준을 파악하기 위해 체력 검사에 적극적으로 참여하기 등을 다룬다. 꾸준한 체력 운동과 평가 과정에서 학생들이 끈기를 기르고 자신감을 향상할 수 있도록 한다.

(나) 성취기준 적용 시 고려 사항

- 체력 운동 종목들은 학생들의 흥미와 효과성을 고려하여 학교뿐 아니라 가정과 지역사회에서도 활용할 수 있는 것을 선정하도록 한다.
- [9체육01-01] 장애 정도가 심한 학생의 근력 및 근지구력 운동 시 윗몸 일으키기에서는 자세별 강도가 다르므로(예 : 바닥 짚고 일어나기, 바지 잡고 당기며 일어나기 또는 교사가 손으로 당겨 주며 일어나기, 양팔을 펴서 일어나기, 가슴 앞에서 양팔을 엑스(X)자로 하여 일어나기, 양손으로 귀 잡고 일어나기, 머리 뒤에서 양손 깍지 껴 일어나기) 가능한 동작을 찾아 주고 활동을 반복하여 근력과 근지구력이 증가한 경우 다음 단계의 동작으로 점증적으로 이동하며 운동을 실시하도록 한다.

② 건강 활동

[9체육01-02] 건강한 식습관을 형성하고 바른 식습관을 실천하는 태도를 기른다.
[9체육01-03] 운동을 하는 과정에서 상해를 예방하고 대처하는 방법을 알고 실행한다.

(가) 성취기준 해설

- [9체육01-02] 이 성취기준은 건강한 식습관에 필요한 지식을 갖추고 바른 습관을

형성하도록 설정하였다. 편식을 줄이고 과식하지 않기, 가공 식품과 불량 식품 섭취 줄이기, 다양한 음식 골고루 섭취하기, 균형 잡힌 식사하기, 건강에 좋은 음식 섭취하기 등을 다룬다. 건강한 식습관을 형성하기 위해 학교와 가정이 연계하여 지도함으로써 교육 효과를 높이고, 이 과정에서 학생들이 건강한 식습관을 형성하기 위한 실천 의지를 기르는 데 중점을 둔다.
- [9체육01-03] 이 성취기준은 운동 시 발생할 수 있는 상해를 알고 이에 대처하기 위한 지식을 습득하며, 이를 실행하도록 설정하였다. 부상을 예방하기 위한 준비 운동과 활동 규칙 지키기, 운동 상해 대처하기, 심폐소생술, 자동 심장 충격기 사용법 등을 다룬다. 운동 중에 상해가 발생하지 않도록 주의를 기울이는 활동을 사진이나 동영상, 실연으로 학습하고 상해 유형별 처치 방법을 반복하여 익히는 과정에서 실제로 간단한 응급처치를 실시할 수 있는 능력과 상해 예방의 중요성을 알도록 하는 데 중점을 둔다.

(나) 성취기준 적용 시 고려 사항
- 운동 중 상해가 발생한 경우 담임 교사, 보건 교사, 부모, 그리고 주변 사람들에게 빨리 알려야 한다는 것을 집중적으로 훈련하도록 한다. 이 행동은 역할 놀이나 반복 훈련으로 습득하도록 한다.
- 체력 운동에 지속적으로 참여하여 체력을 기르고 체력 수준을 파악할 때에는 '학생건강체력평가 제도(PAPS)'나 '장애학생건강체력평가(PAPS-D)'의 검사 종목을 활용하며, 주기적으로 체력을 측정하여 체력이 증진되는지를 평가한다.
- [9체육01-02] 장애 정도가 심한 학생의 식습관 기르기에서는 점심시간을 활용하여 깨끗하게 먹기, 골고루 먹기, 과식하지 않기 등에 초점을 맞추고 습관을 형성할 수 있도록 장기적으로 지도한다.

(2) 스포츠

중학교 1~3학년의 '스포츠' 영역은 도전형, 표현형, 경쟁형, 그리고 생태형 스포츠의 초보 게임 능력을 기르는 데 중점을 두어 설정하였다. '스포츠' 영역은 빠르게 달리기와 오래달리기, 기초 수영 동작 익히기, 높이 넘기, 물체 높게 던지기, 연속되는 움직임 이어서 수행하기, 표적 가까이 보내기, 민속 특징 표현하기, 주제 표현하기, 이동하며 공 주고받기, 라켓으로 쳐서 네트 너머로 주고받기, 배트로 치기와 공 처리하기, 인라인스케이팅, 하이킹하기로 구성된다. 이 영역의 학습에서는 기초 게임의 동작 수행, 민속 표현과 주제 표현, 정확히 보내기, 그리고 생활과 자연환경형 활동 방법을 알고 활동을 실행하는 과정에서 참고 견디는 능력, 창의성, 규칙 지키기, 건전한 여가의 실천 노력을 함양하는 데 주안점을 둔다.

① 도전형 스포츠

> [9체육02-01] 빠르게 달리기, 오래달리기, 기초 수영 동작을 익히고 참고 견디는 태도를 기른다.
> [9체육02-02] 높이 넘기와 물체 높게 던지기 방법을 알고 기능을 익힌다.
> [9체육02-03] 연속되는 움직임을 이어서 수행하는 방법을 알고 기능을 익힌다.
> [9체육02-04] 표적 가까이 보내기 방법을 알고 기능을 익힌다.

(가) 성취기준 해설

- [9체육02-01] 이 성취기준은 빠르게 달리기, 오래달리기, 기초 수영 동작을 익히도록 설정하였다. 다양한 형태의 단거리와 장거리 달리기, 수영의 기초 기능을 다룬다. 흥미로운 활동으로 구성하여 학생의 참여 동기와 기능을 향상시키고, 활동 중 낙상이나 익수 등 안전사고를 예방하는 데 중점을 둔다.
- [9체육02-02] 이 성취기준은 높이 넘기와 물체 높이 던지기 기능을 익히도록 설정하였다. 제자리높이뛰기, 뛰어올라 다양한 높이의 물체 손으로 치기 등의 높이뛰기와 여러 가지 물체를 대 너머로 던지기와 높이 던지기 등을 다룬다. 도전 활동의 특성이 반영되도록 기록의 향상 정도를 학생들이 파악하면서 활동하도록 하고, 던지기에서 투사체에 맞아 다치는 안전사고가 발생하지 않도록 하는 데 중점을 둔다.
- [9체육02-03] 이 성취기준은 동작 도전의 여러 활동의 동작들을 연속으로 이어서 수행하도록 설정하였다. 마루 운동, 평균대 운동, 그리고 태권도 품새의 동작 등을 연결하여 수행하기를 다룬다. 초등학교와 달리 동작 도전의 각 활동과 자세를 정확하게 수행하는 데 중점을 둔다.
- [9체육02-04] 이 성취기준은 물체 조작 기술을 다양한 도구에 적용하여 표적 가까이 보내는 기능을 익히도록 설정하였다. 다양한 도구와 물체 조작 기술을 활용하여 표적에 가깝게 보내거나 쓰러뜨리기 등을 다룬다. 표적 도전 활동은 점수를 획득하는 간단한 게임 형태로 진행함으로써 도전 의식을 기르는 데 중점을 둔다.

(나) 성취기준 적용 시 고려 사항

- 여러 가지 도전 활동에서 안전사고가 발생하지 않도록 주의해야 하지만 안전의 문제로 참여를 제한하거나 배제함으로써 경험의 폭이 줄어들지 않도록 한다.
- [9체육02-01] 장애 정도가 심한 학생이 빠르게 달리기, 오래달리기, 기초 수영 동작 익히기 활동을 잘 수행하려면 놀이와 게임 방법에 대한 이해가 선행되어야 한다. 이를 위해 여러 차례 설명과 시범, 그리고 신체적 촉진을 통해 활동 방법을 익히도록 하고 피드백 과정에서 가능한 정확한 수행을 하면서 도전 의식을 기르도록 유도한다.
- [9체육02-03] 장애 정도가 심한 학생의 활동 동기를 부여하기 위해 매트에서 구르기(예 : 보디 볼링) 시 매트 옆에 세워 놓는 볼링핀 대신 좋아하는 강화물을 놓고 구르기를 하여 취득하게 하거나 건드리면 음악이나 불빛이 나오는 전기 장치를 사용하여 활동하는 것도 효과적이다.

- [9체육02-04] 장애 정도가 심한 학생이 표적 도전 활동을 할 때에는 특정 점수를 획득했거나 도전이 성공했을 경우 강화를 제공하여 활동 동기를 부여하도록 한다.

### ② 표현형 스포츠

[9체육02-05] 민속 특징 표현하기 방법을 이해하고 기능을 익힌다.
[9체육02-06] 주제 표현하기 기능을 익히고 창의성을 기른다.

#### (가) 성취기준 해설

- [9체육02-05] 이 성취기준은 우리나라의 민속 무용과 외국의 민속 무용을 알고 각 나라의 문화 특징에 맞게 민속 무용 동작을 표현하도록 설정하였다. 우리나라의 민속 무용으로는 소고춤, 외국의 민속 무용은 펭귄춤 등을 다룬다. 우리나라를 포함하여 외국의 고유한 민속 무용 동작을 가능한 정확히 표현하는 능력을 기르는 데 중점을 둔다.
- [9체육02-06] 이 성취기준은 다양한 대상 표현, 감정 표현, 그리고 주제 표현 능력을 기르기 위해 설정하였다. 대상 표현하기와 주제 표현하기를 다룬다. 주제 표현하기의 질보다는 표현하려고 시도하는 노력을 강조하고 이 과정에서 학생들의 창의성을 기르는 데 중점을 둔다.

#### (나) 성취기준 적용 시 고려 사항

- 주제 표현을 할 때에는 개념을 구체적으로 제시하여 추상적으로 이해하지 않도록 하며, 주제 표현의 수를 줄여 한두 가지라도 스스로 표현해 보도록 하는 데 초점을 두고 지도한다.
- 학생들의 표현 활동에 발 스티커 등의 시각적인 촉진을 사용하여 스텝 및 대형을 학습하도록 한다.
- [9체육02-05] 장애 정도가 심한 학생이 고유한 민속 무용 동작을 표현하기가 어려운 경우 동작의 정확성보다는 동작의 수를 줄여 간단하게 활동하도록 한다.

### ③ 경쟁형 스포츠

[9체육02-07] 이동하며 공 주고받기 방법을 알고 기능을 익힌다.
[9체육02-08] 라켓으로 쳐서 네트 너머로 넘기기 기능을 익히고 네트형 스포츠 활동의 규칙을 준수한다.
[9체육02-09] 배트로 치기와 공 처리하기 방법을 알고 기능을 익힌다.

#### (가) 성취기준 해설

- [9체육02-07] 이 성취기준은 축구, 농구, 플로어볼에서 이동하면서 패스, 드리블, 슛하기 기능을 익히도록 설정하였다. 축구, 농구, 플로어볼의 움직임을 이어서 수행하는 방법을 이해하고 연습함으로써 고등학교 단계의 간이 게임을 수행할 수 있는 기

초 능력을 기르는 데 중점을 둔다.
- [9체육02-08] 이 성취기준은 배드민턴 게임에 사용되는 기초 기능을 익히도록 설정하였다. 풍선을 이용하여 네트 너머로 주고받기, 교사와 네트 너머로 셔틀콕 주고받기 등을 다룬다. 라켓으로 물체를 쳐서 네트 너머로 주고받기 방법과 규칙을 알고 흥미를 가지고 활동하는 과정을 통하여 고등학교 단계의 간이 게임을 수행할 수 있는 기초 능력을 기르는 데 중점을 둔다.
- [9체육02-09] 이 성취기준은 티볼의 공격과 수비의 기본 기능을 익히도록 설정하였다. 배트로 치기, 굴러오는 공 잡기, 루로 달리기와 공 던지고 받기 등을 다룬다. 티볼의 공격과 수비의 기본 기능과 규칙을 익힘으로써 고등학교 단계의 간이 게임을 수행할 수 있는 기초 능력을 기르는 데 중점을 둔다.

(나) 성취기준 적용 시 고려 사항
- 한 손이나 양손으로 연속 농구공 튀기기가 어려운 경우 양손으로 튀기고 잡기 반복하기, 드리블과 패스를 결합하여 연습할 때 앞으로 나아가며 드리블하기가 어려운 경우 공을 잡고 5보까지 걸은 후 패스하기 등으로 동작을 수정하여 활동하도록 한다. 또 정규 플로어볼 스틱과 공을 사용하여 패스하기가 어려우면 길이가 짧은 스틱과 큰 공(예 : 직경 15cm 이상의 폼볼)을 사용하여 패스하기 등 활동을 변형하여 수행하도록 한다.
- 네트 너머로 풍선 쳐서 주고받기를 할 때 1회에 넘기지 못하는 경우 횟수에 상관없이 쳐서 넘기는 것을 허용하거나 네트 없이 풍선 주고받기로 수정하여 활동하도록 한다.
- 학생들이 티볼 공의 빠르기에 적절히 반응하기 어려운 경우 티볼 공보다 크기가 큰 폼볼을 사용하여 활동하도록 하며, 루까지의 거리는 학생들의 달리기 속도 등 기능 수준에 따라 조정하여 활동한다.
- [9체육02-08] 장애 정도가 심한 학생은 짧은 라켓이나 면적이 넓은 라켓을 이용하여 치거나 2회 이상 쳐서 넘기기 등 방법을 재구성하여 적용할 수 있다.
- [9체육02-09] 장애 정도가 심한 학생이 티볼 공을 치고 루로 달릴 때 루까지의 거리를 줄여 주도록 하고, 목표 지점(루)을 잘 인식하지 못하는 경우 짝이나 교사가 손을 잡고 함께 달리도록 한다.

4 생태형 스포츠

[9체육02-10] 인라인스케이팅 방법을 알고 기능을 익힌다.
[9체육02-11] 하이킹하기 기능을 익히고 건전한 여가를 실천하기 위해 노력한다.

(가) 성취기준 해설
- [9체육02-10] 이 성취기준은 생활환경형 활동 중 하나로 쉽게 익힐 수 있고 일상생활에서 활용 가능성이 높은 인라인스케이팅의 기능을 익히도록 설정하였다. 장비 착

용하기, 서기, 넘어지기, 일어서기, 추진하기, 코스 따라 타기, 코너 돌기, 멈추기 등을 다룬다. 학생의 기능 수준별로 난이도를 달리하여 활동하고 가정과 지역사회에서 여가로 즐길 수 있는 능력을 기르는 데 중점을 둔다.
- [9체육02-11] 이 성취기준은 장비가 거의 필요하지 않고 낮은 고도의 다양한 산이나 들에서 활동하는 하이킹을 생활체육과 평생체육으로 활용하도록 설정하였다. 학교나 지역사회의 하이킹 코스에서 걷기를 다룬다. 쉬운 코스에서 시작한 후 어려운 코스까지 도전하도록 하고 친구와 교사 그리고 가족과 함께 건전한 여가를 즐길 수 있는 능력을 기르는 데 중점을 둔다.

(나) 성취기준 적용 시 고려 사항
- 학생들이 학교에서 학습한 인라인스케이팅과 하이킹하기를 지속하려면 가정에서도 실시할 수 있어야 한다. 가족과 인라인스케이팅이나 하이킹하기를 주말이나 방학 과제로 제시하고, 활동 장면을 사진이나 영상으로 제출하도록 함으로써 교육의 효과를 높이도록 한다.
- [9체육02-10] 장애 정도가 심한 학생이라도 인라인스케이팅 활동을 할 때에는 장비 착용에서부터 정리하는 것까지 자신이 직접 해야 한다는 것을 인식하도록 지도한다.

## [고등학교 1~3학년]

(1) 운동

고등학교 1~3학년의 '운동' 영역은 체력 운동과 건강 생활 습관 형성, 생활 안전 실천 능력을 기르기 위해 설정하였다. '운동' 영역은 체력 운동 생활화하기, 건강한 생활 습관 형성하기, 생활 안전 실천하기로 구성된다. 이 영역을 학습하면서 체력 운동과 건강 증진, 건강과 생활 습관의 관계, 그리고 생활 안전 수칙을 알고, 활동을 통하여 자신의 건강을 관리하는 습관을 기르며, 생활 속 안전 수칙을 준수하는 데 주안점을 둔다.

① 체력 운동

[12체육01-01] 체력 운동을 생활화하고 스스로 자신의 건강을 관리하는 습관을 기른다.

(가) 성취기준 해설
- [12체육01-01] 이 성취기준은 평생체육에서 가장 기본이 되는 체력 운동을 학교를 졸업한 이후에도 생활화하도록 설정하였다. 학교뿐 아니라 가정과 지역사회의 다양한 장소에서 체력 운동 실시하기, 체중 유지 및 감량하기 등을 다룬다. 가정과 연계하여 체력 운동을 지속할 수 있는 여건을 마련하는 데 중점을 둔다.

(나) 성취기준 적용 시 고려 사항
- 학생들이 전환 이후에 건강한 삶을 유지하려면 체력 운동이 필수적이므로 학교에서 학습한 내용이 가정과 연계하여 실행될 수 있도록 학부모와의 소통을 강화한다.

② 건강 활동

> [12체육01-02] 건강한 생활 습관을 형성하고 유지한다.
> [12체육01-03] 안전하게 생활하는 방법을 실천하고 생활 속 안전 수칙을 준수한다.

(가) 성취기준 해설
- [12체육01-02] 이 성취기준은 위생, 식이, 수면, 운동 등으로 건강한 생활을 유지하도록 하기 위해 설정하였다. 청결, 건강한 음식 섭취, 충분한 수면, 운동, 적절한 체중 유지, 충분한 수분 섭취 등을 다룬다. 학교에서는 이에 대한 이해와 교육을 통해 건강한 생활 습관을 형성하도록 지도하고 가정과 연계하여 그 습관을 유지하는 데 중점을 둔다.
- [12체육01-03] 이 성취기준은 운동 상황뿐 아니라 일상생활에서 겪을 수 있는 여러 가지 위험 요인을 알아보고 안전사고를 예방하며 안전사고에 적절히 대처하기 위해 설정하였다. 운동 시 건강과 안전에 부정적인 영향을 줄 수 있는 자연 환경과 사회 환경을 파악하고 안전 수칙 실천하기 등을 다룬다. 운동 상황과 일상생활의 안전 실천하기 활동을 하면서 학생들의 안전 의식을 높이는 데 중점을 둔다.

(나) 성취기준 적용 시 고려 사항
- 생활 안전 실천하기는 안전사고 발생 가능성이 높은 상황이나 대처 방법을 보여 주는 영상을 사용하여 역할극이나 실제 시연을 반복함으로써 몸으로 체득하도록 지도한다. 안전사고 가능성이 있는 상황을 주의 깊게 보고 듣고 정확하게 파악하며, 적절하게 반응하는 것이 일체가 되도록 하는 데 중점을 둔다.
- [12체육01-02] 장애 정도가 심한 학생의 건강한 생활 습관 형성을 위하여 학교뿐 아니라 대학이나 센터의 체육 교실에서 활동하기, 가족과 함께 운동하기, 주말 산행하기 등 구체적인 실천이 가정에서도 이루어지도록 유도한다.

(2) 스포츠

고등학교 1~3학년의 '스포츠' 영역은 도전형, 표현형, 경쟁형, 그리고 생태형 스포츠의 간이 게임 능력을 기르기 위해 설정하였다. '스포츠' 영역은 달리기 간이 게임, 수영 간이 게임, 뜀뛰기 간이 게임, 던지기 간이 게임, 동작 도전 간이 게임, 표적 도전 간이 게임, 민속 표현과 협동 표현 발표 및 감상, 영역형 경쟁 간이 게임, 네트형 경쟁 간이 게임, 필드형 경쟁 간이 게임, 자전거 타기, 캠핑하기 등으로 구성된다. 이 영역의 학습에서는 도전형, 표현형, 경쟁형, 생태형 스포츠와 게임의 규칙과 방법, 그리고 자전거 타기와 캠핑하기의 기능과 방법을 알고 활동하는 과정에서 자신의 한계에 대한 도전, 동료 존중, 단결심, 그리고 타인과의 친화력을 기르는 데 주안점을 둔다.

## 1 도전형 스포츠

[12체육02-01] 달리기와 수영 간이 게임 기능을 익히고 자신의 한계에 도전한다.
[12체육02-02] 뜀뛰기와 던지기 간이 게임 기능을 익히고 자신의 한계에 도전한다.
[12체육02-03] 동작 도전 간이 게임 규칙과 방법을 이해하고 기능을 익힌다.
[12체육02-04] 표적 도전 간이 게임 규칙과 방법을 이해하고 기능을 익힌다.

(가) 성취기준 해설

- [12체육02-01] 이 성취기준은 육상과 수영 활동에서 기록을 단축하고 자신의 한계에 도전하는 태도를 기르도록 설정하였다. 다양한 형태의 달리기와 수영의 간이 게임을 다룬다. 도전형 간이 게임을 통하여 자신의 기록을 파악하고 자신이나 짝의 기록에 도전하는 태도를 기르는 데 중점을 둔다.
- [12체육02-02] 이 성취기준은 뜀뛰기와 던지기 간이 게임 기능을 익히도록 설정하였다. 다양한 멀리뛰기, 높이뛰기, 포환던지기, 원반던지기, 창던지기, 해머던지기의 간이 게임을 다룬다. 간이 게임 활동을 하면서 자세의 질을 높이고 기능을 익혀 자신이나 짝의 기록에 도전하는 태도를 기르는 데 중점을 둔다.
- [12체육02-03] 이 성취기준은 여러 가지 동작 도전 활동의 동작의 질을 높이고 간이 게임을 수행하도록 설정하였다. 마루 운동, 평균대, 후프와 리본 운동, 태권도 품새 등의 동작 도전 간이 게임을 다룬다. 동작 도전 간이 게임의 기능을 익히고 간단한 작품을 만들어 발표해 봄으로써 자신과 짝의 동작을 비교하고 가능한 높은 수준의 동작을 수행하도록 하는 데 중점을 둔다.
- [12체육02-04] 이 성취기준은 표적을 향해 정확히 던지고 굴리는 기능을 익히고 표적 도전 간이 게임을 수행하도록 설정하였다. 다트, 플라잉디스크, 골프, 볼링 등의 표적 도전 간이 게임을 다룬다. 여러 가지 표적 도전 활동의 도전하는 횟수가 증가하면서 표적을 맞히거나 쓰러뜨리는 확률을 높이고 자신이나 짝의 기능에 도전하는 태도를 기르는 데 중점을 둔다.

(나) 성취기준 적용 시 고려 사항

- 학생들의 기능 수준에 맞지 않는 과제를 제시하거나 많은 과제를 제시하는 것을 지양하여 활동의 수를 줄이고 짧은 시간 동안 여러 자극이 주어지지 않도록 한다.
- 장애 정도가 심한 학생이 보행이 어려운 경우, 의자나 바닥에 앉거나 바닥에 누워 공을 던지거나 굴리면서 표적 도전 게임을 실시하도록 한다.
- [12체육02-01] 장애 정도가 심한 학생이 수중 운동을 할 때에는 익사 사고 예방을 위해 구명조끼나 팔에 부이를 착용하여 활동하도록 한다.
- [12체육02-02] 장애 정도가 심한 학생 중 원시반사가 있는 경우, 반사가 촉발되는 동작이 발현되지 않도록 주의를 기울이도록 한다.

② 표현형 스포츠

> [12체육02-05] 표현형 스포츠의 발표 및 구성 방법을 알고 민속 표현 작품을 발표하고 감상한다.
> [12체육02-06] 협동 표현 작품을 발표하고 감상하며 동료의 표현을 존중하는 태도를 기른다.

(가) 성취기준 해설
- [12체육02-05] 이 성취기준은 민속 표현 활동 학습으로 익힌 우리나라와 외국 민속 무용을 발표하고 감상하는 능력을 기르도록 설정하였다. 강강술래, 패티케이크 폴카 등의 작품 공연 및 감상으로 이루어진다. 표현과 함께 협동하는 태도와 감상 능력을 강조하도록 한다.
- [12체육02-06] 이 성취기준은 친구들과 함께 특정 주제나 소재에 대한 생각과 느낌을 움직임으로 표현하고 감상하는 능력을 기르도록 설정하였다. 도구를 이용하여 감정 표현하기, 학교와 생활 속 이야기를 움직임으로 표현하기와 작품 발표하기, 방송 댄스 등을 다룬다. 발표 과정에서 다른 학생들의 표현 활동에 대한 바람직한 감상 태도와 공감 능력을 기르는 데 중점을 둔다.

(나) 성취기준 적용 시 고려 사항
- 고등학교 과정의 협동 표현 발표에서는 개별 학생의 움직임도 중요하지만 친구들과 협력하여 표현하는 방법을 학습할 수 있도록 하며, 학생들의 상상력이 최대로 발휘될 수 있도록 음향을 사용하는 것도 필요하다.
- [12체육02-05] 장애 정도가 심한 학생은 민속 표현 발표에서 어려운 동작을 쉬운 동작으로 재구성하고 가능한 적극적으로 참여할 수 있도록 유도한다.

③ 경쟁형 스포츠

> [12체육02-07] 영역형 경쟁 간이 게임 기능을 익히고 모둠 구성원의 단결력을 기른다.
> [12체육02-08] 네트형 경쟁 간이 게임의 규칙과 방법을 알고 기능을 익힌다.
> [12체육02-09] 필드형 경쟁 간이 게임의 규칙과 방법을 알고 기능을 익힌다.

(가) 성취기준 해설
- [12체육02-07] 이 성취기준은 축구, 농구, 플로어볼 등 영역형 경쟁 간이 게임 능력을 기르기 위해 설정하였다. 축구와 농구, 플로어볼 등의 다양한 간이 게임을 다룬다. 영역형 경쟁 간이 게임을 수행하면서 스포츠문화를 경험하고 즐기도록 하는 데 중점을 둔다.
- [12체육02-08] 이 성취기준은 네트형 경쟁의 배드민턴 간이 게임 능력을 기르기 위해 설정하였다. 풍선 배드민턴 게임, 3회 터치 배드민턴 게임 등을 다룬다. 네트형 경쟁 간이 게임 기능을 길러 친구나 가족과 즐기도록 하는 데 중점을 둔다.
- [12체육02-09] 이 성취기준은 정규 티볼 경기의 간이 게임 능력을 기르기 위해 설정

하였다. 투 베이스 티볼, 치고 달리기와 던지고 받기 겨루기 등을 다룬다. 티볼 간이 게임 과정에서 게임의 특성을 이해하고 적극적으로 참여하며, 구성원들과 협동하는 자세를 기르는 데 중점을 둔다.

(나) 성취기준 적용 시 고려 사항
- 경쟁형 스포츠의 간이 게임은 활동 목표를 낮추거나 상대 모둠과 기능 수준을 맞추기 위해 모둠의 인원 늘리기 등 규칙과 활동을 변형하여 게임을 즐겁게 실시하도록 한다.
- [12체육02-08] 장애 정도가 심한 학생은 배드민턴 간이 게임에서 기능이 좋은 짝이나 교사와 한 모둠이 되어 다른 모둠과 겨루어 볼 수 있다. 또한 이 학생이 포함된 모둠은 치는 횟수를 1회 더 제공하는 방식으로 규칙을 변형하여 게임을 진행하는 것도 필요하다.
- [12체육02-09] 티볼 간이 게임에서 장애 정도가 심한 학생이 티볼 공을 친 후 루까지 달리는 것이 어려운 경우, 짝이나 교사가 손을 잡고 주루를 하며, 수비 시에는 짝이나 교사가 공을 처리하고 학생이 루로 공을 던지는 방식으로 게임을 진행하도록 한다.

### 4 생태형 스포츠

> [12체육02-10] 자전거 타기 방법을 이해하고 기능을 익힌다.
> [12체육02-11] 캠핑하기의 기능을 익히고 타인과의 친화력을 기른다.

(가) 성취기준 해설
- [12체육02-10] 이 성취기준은 전환 이후 학생들이 지역사회에서 자전거 타기를 생활화할 수 있는 기능을 습득하고 안전하게 활동하도록 설정하였다. 두발자전거 타기가 주된 활동이며 안전사고 예방을 위한 브레이크 잡기 등을 다룬다. 자신의 기능에 맞는 자전거의 선택과 더불어 다양한 폭의 코스에서 자전거 타기 등을 연습하여 학교와 지역사회에서 안전하고 자신 있게 자전거를 타도록 하는 데 중점을 둔다.
- [12체육02-11] 이 성취기준은 최근 관심과 참여가 증가하고 있는 캠핑을 가족과 함께 즐기기 위한 목적으로 설정하였다. 장비 챙기기, 텐트 치기, 글램핑장 이용하기, 캠핑장 규칙 지키기, 자연환경 지키기 등을 다룬다. 학교에서 이루어지는 캠핑을 비롯하여 가족이나 타인과 함께하는 캠핑에 필요한 것들을 학습하는 과정에서 안전사고에 유의하고 즐겁게 활동하며 친화력을 기르는 데 중점을 둔다.

(나) 성취기준 적용 시 고려 사항
- 자전거 타기 활동에서는 안전사고가 발생하지 않도록 특별히 주의한다. 헬멧이나 팔꿈치와 무릎 보호대 등의 보호 장비 착용하기, 정해진 곳에서 자전거 타기, 돌발 상황

에 대처하기 위한 브레이크 잡기 및 기타 자전거 안전 수칙 지키기 등을 통해 안전을 확보하고 즐겁게 활동하도록 한다. 학교에서의 학습이 가정으로 이어져 가족과 함께 지역사회에서 자전거 타기를 실행하도록 유도한다.
- 캠핑하기에서는 캠프장 이동 시 텐트 등을 고정한 줄에 걸리지 않도록 야광줄 사용하기, 화기 사용 후 잔불 정리 철저히 하기, 텐트 설치 시 환기구 확보하기, 일산화탄소 경보기 휴대하기, 텐트 안 전열기구의 가열과 일산화탄소 중독 주의하기 등의 사전 안전 교육을 실시하고, 이 안전 수칙들을 잘 지키며 활동할 수 있도록 한다.
- [12체육02-10] 장애 정도가 심한 학생은 필요한 경우 세발자전거를 사용하여 활동하도록 한다. 자전거의 종류와 관계없이 자전거 타기에서 가장 중요한 기능은 위험 상황에서 브레이크를 잘 잡는 능력이므로 충돌이나 낙상에 의한 안전사고를 예방하려면 브레이크 잡기가 완성될 때까지 밀착 지도가 필요하다. 또한 시각중복장애 학생의 경우에는 실제 자전거를 타기 어려우므로 e-스포츠나 가상현실(VR) 기기를 활용하여 자전거를 타는 것으로 성취기준을 재구성하여 적용할 수 있다.

# 03 교수·학습 및 평가

## 가. 교수·학습

(1) 교수·학습의 방향

(가) 체육과 교수·학습은 교육과정에 제시된 목표를 달성하고 학생의 전인적 성장과 발달을 목표로 한다.

(나) 체육과 교수·학습은 교육과정에서 제시한 내용의 수준과 범위를 준수하고 교육 목표, 내용, 평가와 일관성이 있어야 한다.

(다) 체육과 '교과 교육과정 설계의 개요', '성격', '목표', '내용 요소 및 성취기준'을 바탕으로 학생의 생활 연령, 발달 정도, 흥미도 등을 고려하여 교수·학습을 계획하고 실행한다.

(라) 교육 내용은 학습자의 '지식·이해', '과정·기능', '가치·태도'의 발달을 촉진하는 학습 경험을 제공해 줄 수 있는 내용, 학습자의 흥미, 요구, 능력에 맞는 내용, 학습자의 일상생활과 관련이 되고 발달 단계에 알맞은 경험을 제공할 수 있는 내용, 지역사회의 요구와 관련된 교육 내용, 시설과 장비, 시간 할당, 그리고 지도 체계 등 광범위하고 바람직한 학습 활동을 제공해 줄 수 있는 내용 등으로 구성한다.

(마) 체육과 내용 요소를 바탕으로 학교 상황이나 교육 환경, 학생 특성 등을 고려하여 수업 계획을 수립할 때 세부 내용을 수정하는 것이 필요하지만 교육과정의 내용을 지나치게 생략하거나 일부 내용만을 편향적으로 지도하지 않도록 한다.

(바) 학생이 체육과를 통하여 풍부한 경험을 하고 학습한 내용을 일상생활에서 활용·생활화하도록 11)_____과 적극적으로 연계하고 협력한다.

(사) 온오프라인 연계 수업에서 다양한 디지털 기기와 기존에 개발된 콘텐츠나 교사가 개발한 자료를 활용한다.

(아) 교수·학습 운영을 효율적으로 하려면 사전에 학습 내용을 충분히 이해하고, 수업 내용과 교수·학습 방법을 밀접하게 연계시키며, 바람직한 교수·학습 환경을 마련하고 교수·학습 목표 달성을 위한 적절한 지도 방법을 강구하는 등 구체적 전략 수립이 뒤따라야 한다.

(자) 교수·학습은 교수·학습 환경을 구성하는 제반 요소들(예: 학급 규모, 시간, 시설, 용·기구, 학습자의 특성)을 고려하여 수업 목표 도달을 위한 효율성을 높일 수 있도록 유기적으로 계획한다.

(차) 체육활동 중에 발생할 수 있는 12)_____에 대한 사전 예방 교육과 관리를 통하여 생명을 보호하고 안전 의식을 높여 교수·학습의 효과가 극대화되도록 노력한다.

---

11) 가정
12) 안전사고

(카) 장애 정도가 심한 학생의 개별적인 특성을 고려하여 '교육과정의 취지에 맞는 범위 내에서' 적절한 13)_____을 통하여 교수·학습을 재구성하여 지도한다.

(2) 교수·학습 방법

(가) 효과적인 체육과 교수·학습 지도를 위해서는 다양하고 적절한 학습 지도 방법을 사용한다.

- 학습 유형의 차이를 조절하기 위해 지시 유형, 과제 유형, 유도 발견 학습 유형, 문제 해결 유형 등을 적용하여 수업을 운영한다.
- 장애학생을 위한 지도 접근법으로 14)_____과 _____을 적용하되, 학생들의 기능 수준과 과제 난이도에 따라 적합한 것을 활용한다.
- 수업 조직으로 1대 1 지도, 소집단 활동, 대집단 활동, 혼합 집단 활동, 협력 교수, 스테이션 교수 등을 활용할 수 있으며 학생들에게 가장 적합하다고 판단되는 유형을 선택하여 지도한다.
- 활동의 순서와 틀이 갖추어진 수업(루틴) 진행, 교수·학습 환경 구조화, 활동 대형 선택, 역동적 수업, 주의 집중 높이기, 목표와 활동 내용 제시 등 수업을 구조화하여 보다 좋은 수업을 운영하도록 한다.
- 모든 학생이 역동적으로 많은 시간 동안 과제에 참여하는 수업을 운영한다. 효율적으로 학습 시간을 사용하려면 활동 과제에 참여하지 않는 시간을 최소화하고, 15)_____으로써 체육 실제 학습 시간의 활동 참여 시간을 늘리도록 한다.
- 학생의 운동 능력을 고려하고 과제의 난이도, 기구나 규칙 등 체육 수업과 관련된 제반 요소의 16)____과 ____으로 활동이 가능하도록 한다.
- 신체적 촉진, 언어적 촉진 등의 촉진법을 효과적으로 활용하고, 학생의 기능이 발달함에 따라 촉진의 양을 점진적으로 줄여 나가도록 한다.
- 학생이 특정 과제나 동작을 수행하지 못하는 경우 17)_____을 적극 활용하여 지도한다. 위계가 있는 동작 중심의 _____과 유사 활동 중심의 _____을 사용하여 동작의 질을 높이도록 한다.
- 체육 활동의 목표를 확실하게 이해시키고 동기를 유발하기 위해 피드백을 적절히 제공한다.
- 학생들을 지도할 때 부정확한 동작만을 지나치게 교정하게 되면 학습 거부로 이어질 수도 있으므로 활동 초기에는 18)_____

13) 교수적 수정
14) 발달적 지도법과 기능적 지도법
15) 기구를 더 많이 사용하거나 대기 시간을 줄임
16) 수정과 변형
17) 과제 분석
18) 성공 가능성이 높아지도록 적절한 수준의 과제를 제공

한다.
- 학생의 작은 기능 변화에도 적극적으로 강화를 제공하여 활동에 대한 동기를 부여하도록 한다.
- 체육 학습의 전이를 촉진하려면 학생에게 의미 있는 기술들을 선택한 후 동작을 반복하여 학습함으로써 학습된 내용에 대한 파지가 이루어지도록 한다.
- 학교 환경에서 학습한 운동 기술을 가정이나 지역사회 환경에서 일반화하는 것에 어려움을 느끼는 학생들을 위해 다양한 기구, 각기 다른 환경 및 시간, 그리고 참가 인원수 등을 고려한 체육 프로그램으로 일반화를 꾀하여야 한다.
- 체육 수업의 교재·교구로 사용되는 용·기구와 시설에 대한 주기적인 안전 점검과 조치를 취하여 안전사고를 사전에 예방한다.
- 체육활동의 목표를 달성하기에 앞서 활동 시 안전과 건강상의 문제가 있는 학생에 대한 배려가 선행되어야 한다.
- 체육활동에서는 활동 전 준비 운동과 활동 후 정리 운동 철저히 하기, 과도한 연습 지양하기, 주의집중하기, 적절한 운동복과 운동화 착용하기, 경기 규칙 지키기, 위험한 장난하지 않기, 운동기구 사용법 익히기, 주변 동료와 활동거리 유지하기, 투사체 사이로 지나가지 않기, 적절한 휴식 취하기 등으로 안전사고를 철저히 예방해야 한다.
- 교육과정 적용 시점의 사회적, 기술적 특성을 반영하여 온오프 융합형 체육 수업, 스마트폰 활용 체육 수업, 가상현실(VR), 증강현실(AR), e-스포츠 등 정보통신기술 활용 체육 수업을 계획하고 실행하도록 한다.

(나) 장애 정도가 심한 학생의 체육 지도는 다음의 원칙을 적용하도록 한다.
- 흥미를 일으키는 움직임 자극 활동, 원시반사를 억제시키는 활동, 그리고 기본적인 감각(시각, 청각, 후각, 미각, 촉각, 고유수용계, 전정계 등)을 활용하는 활동을 선정하여 지도한다.
- 한 가지 감각이 지나치게 자극을 받거나 매우 짧은 시간 동안에 여러 자극이 주어질 때 발달이 부족한 중추신경계에 신경학적 과부하가 걸리기 때문에 활동 시 19)_____을 주지 않도록 주의한다.
- 기능 수준에 따라 활동의 내용을  20)____(예 : 보행이 어려운 학생들의 경우에는 눕거나 앉은 자세에서 운동)하여 지도한다.
- 목적이 있는 움직임과 환경에 대한 탐구가 가능한 움직임 유형을 제공한다. 처음에는 수동적 자극을 많이 제공하고, 가능한 빨리 대근육 운동에 활발하게 참여할 수 있도록 한다.

---

19) 과도한 자극
20) 변형

- 동작의 21)____을 통하여 기능을 숙달하도록 하며, 작은 성과에도 칭찬을 아끼지 않도록 한다.
- 운동 기술이나 동작을 과제 분석을 이용하여 가장 기초적인 요소로 나누고 그 수준에서 지도를 시작하며, 지도 시간을 짧게 그리고 자주 제공한다.
- 환경 자극(예 : 색)의 강도를 주의 깊게 관찰·기록하며, 1대 1 지도로 학습의 효과를 높이도록 한다.
- 신체적 촉진(예 : 몸을 돌려주는 동작)을 통해 모방을 촉진한다.
- 장애 정도가 심한 학생의 기능 수준을 고려하여 필요한 경우 체육 교재·교구를 직접 개발하거나 제작(예 : 에어로빅스 작품, 체육 기구, 과제 카드)하여 지도한다.

**나. 평가**

(1) 평가의 방향

(가) 평가는 교육과정의 목표, 내용, 교수·학습 과정과 연계되어야 하며, 교수·학습 활동과 분리되는 별도의 활동이 되어서는 안 된다. 따라서 수업의 목표 및 가르치는 내용과 평가하는 내용의 일관성을 유지하여야 한다.

(나) 평가는 교수·학습 계획에 상응하는 내용 및 방법의 구체성을 확보하여야 한다. 즉, 교육 내용 및 방법에 가장 적합한 평가가 이루어질 수 있도록 교수·학습 계획을 면밀히 검토하고 평가 내용과 시기, 도구 및 방법을 계획하여야 한다.

(다) 교육의 효과를 높이려면 학생의 학년 초 또는 학기 초에 평가 계획을 구체적으로 수립한다. 즉, 교수·학습 계획 단계에서 22)_____를 작성하여 활용하는 것이 바람직하다.

(라) 평가는 교육과정과의 연계성, 평가 내용의 균형성, 방법의 타당성과 신뢰성을 확보하여야 한다.

(마) 평가 방법과 도구는 학생의 독특한 교육적 요구와 수준에 적합하게 재구성해야 한다.

(바) 타당하고 합리적인 평가를 수행할 수 있도록 개인차를 고려한 평가기준을 수립하여 적용함으로써 23)_____과 연계되어야 한다.

(사) 학습의 결과뿐 아니라 학습의 과정을 동시에 평가할 수 있도록 단위 수업의 전, 중, 후에 학습자의 수행 수준에 대한 평가가 계획되고 실행되어야 한다.

(아) 평가 도구는 소영역의 수업 주제, 차시별로 특성에 맞게 개발하여 사용하도록 한다. 단, 수업 주제별 평가 도구를 찾기 어려운 경우에는 24)_____하여 사용할 수 있다.

21) 반복
22) 평가 계획표
23) 개별화교육계획
24) 교사 자신이 직접 개발한 평가 도구를 이용하거나 기존에 개발된 평가 도구를 평가기준의 특성에 맞게 수정

(자) 평가기준에 나타난 학습 요소를 타당하고 객관적으로 평가할 수 있는 평가 방법과 주제를 선정한다. 이때, 평가 도구에는 평가기준에 드러난 학습 요소를 포함하여 평가의 타당도를 높인다.

(차) 학생의 현재 수행 능력의 25)_____과 _____을 판별하여 학생에게 적절한 교육 목표를 세우고, 학습의 진행 상황을 점검하여 순환적이고 총체적인 평가 체계가 되도록 한다.

(카) 학습 상황, 학습 내용에 따라 온라인으로 평가할 경우 공정하고 합리적인 평가가 이루어질 수 있도록 하고, 기기를 이용한 평가 시 학생과 학부모에게 평가의 도구, 시간, 보조 도구 활용 방법 등을 적절히 제공한다.

(타) 평가 결과는 학생과 학부모가 이해할 수 있도록 쉽고 구체적으로 제공하며, 그 결과를 환류하여 교수·학습 방법의 개선과 학생의 성장·발달을 도울 수 있도록 한다.

## (2) 평가 방법

(가) 평가는 교육과정에 제시된 운동과 스포츠 전 영역을 대상으로 균형 있게 실시하되, 각 영역에 따라 평가 비중을 달리하여 실시할 수 있다.

(나) 각 교육과정 영역 내에서 평가 내용의 균형성을 유지하기 위해 특정 내용에 편중되어 평가하지 않도록 유의한다. 또한 단편적 기능 위주의 평가를 지양하고 학생과 학교의 상황을 고려하여 가능하면 다양한 평가 요소를 제시하며, 보다 많은 26)_____를 부여할 수 있도록 한다.

(다) 장애 정도가 심한 학생은 학생이 실제로 배운 내용이나 교육과정과 연계한 실제적 평가(예 : 과제 분석 검목표, 생태학적 일람표, 루브릭), 교사가 특정 목적이나 자신이 가르치는 내용을 학생들이 어느 정도 습득하였는지를 알아보려고 직접 개발한 27)_____를 활용하여 평가하도록 한다.

(라) 교육 목표의 성취 여부는 주로 신체활동 요소인 '과정·기능' 위주로 평가하고 수업의 주제에 따라 '지식·이해'와 '가치·태도'를 추가하여 평가한다.

(마) 평가에서 나타난 수행 능력과 실제 수행 능력은 차이가 있을 수 있으므로 평가의 방법이나 내용을 학생이 알고 이해하였는지 확인하여 정확한 평가가 이루어지도록 한다.

(바) 평가 결과의 해석을 명확히 하기 위해 학생의 특징, 강점, 진보 정도, 발달 과정을 서술식으로 기술하여 활용하는 것이 필요하다.

(사) 평가는 실제 상황에서 학생이 자신의 능력을 최대한 발휘할 수 있는 여건에서 이루어져야 하며, 28)_____ 실시하여 보다 정확한 수행 능력을 측정해 낼 수 있어야 한다.

25) 강점과 약점
26) 선택의 기회
27) 내용지향검사
28) 1회기보다는 여러 차례 실시하여

(아) 평가의 결과는 다음 교수·학습 계획 수립에 활용한다. 학습자 개개인의 평가 결과를 분석하여 학습 과제의 수준과 활동 방법을 결정하기 위한 기초 자료로 활용한다. 또한 전체 학습자에게서 발견되는 평가 결과의 특징을 분석하여 교수·학습 방법의 개선에 활용한다.

(자) 장애 정도가 심한 학생의 학습 목표 달성 여부를 평가할 때에는 29)_____을 사용하여 개별 학생의 진보 정도를 절대 평가해야 한다. 일례로, 한 가지 운동 기술을 과제 분석한 후 학생이 수행할 수 있는 하위 기술을 결정하는 방법을 사용할 수 있다. 또 학생의 진보 정도는 다른 학생과의 상대적 위치보다는 학습 지도가 이루어지기 전과 후의 30)____ 정도를 평가하는 것이 바람직하다.

(차) 평가 결과는 학부모와 학습자가 이해하기 쉽도록 구체적으로 또는 재구성하여 안내한다. 이 과정을 통해 학습자가 생활 속에서 학습 주제와 관련된 신체활동 수행 계획을 수립하고 지속적으로 실천하는 데 도움을 주도록 한다.

(카) 체육과의 평가는 학생들이 다양한 신체활동 수행으로 체력과 스포츠 기능을 향상하고, 건강과 안전에 유의하며 신체활동을 생활화하는 습관을 형성하는 데 도움을 줄 수 있는 것이어야 한다. 이를 위해 평가 결과를 31)_____하여 개인별 발달 수준, 진로 및 직업 탐색의 기초 자료로 활용해야 한다.

---

29) 비표준화 검사 방법
30) 변화
31) 누가 기록

# 07 음악

## 교육과정 설계의 개요

음악과 교육과정은 특수교육 대상 학생의 특성에 부합하는 음악과의 본질과 가치를 중심에 두면서 총론의 주요 사항을 고려하여 설계되었다. 총론의 인간상인 자기주도적인 사람, 창의적인 사람, 교양 있는 사람, 더불어 사는 사람으로 육성하기 위한 핵심역량을 바탕으로 음악 교과 목표를 설정하고, 주요 강조점을 적용하여 음악 교과 '성취기준'과 '교수·학습 및 평가'를 구성하였다.

특수교육 대상 학생의 일상생활과 생활 속 음악 활동이 중요하다는 점에서 음악 교과 목표와 내용 영역을 아래 표와 같이 설정하였다. 음악 교과는 감성, 창의성, 자기주도성을 지닌 학습자가 표현, 창작, 감상 등의 음악 활동을 하며 자신을 둘러싼 가정·학교·사회 등에서 공동체와 소통하는 것에 중점을 두었다.

모든 음악 영역이 일상생활과 연계하기 위해 이전 교육과정의 생활화 영역을 모든 음악 영역과 융합하고, 총론의 창의성 강조 및 공통 교육과정 음악과 내용의 연계를 위해 1)_____ 영역을 신설하였다. 실행적 표현을 통한 음악적 경험이 음악 활동의 근간이면서 다양한 장애 유형과 정도를 지닌 학습자들에게 가장 필요하다는 점에서 표현 영역 활동에 더 비중을 두어 내용 체계를 구성하였다. 이어서 청감각을 포함한 다양한 감각을 통해 음악적 경험을 하는 감상 영역 활동에 비중을 두고, 음악을 새롭게 만드는 창작 영역 활동을 제시하였다. 핵심 아이디어는 음악 활동 전체를 관통하는 음악 자체의 고유한 특성과 원리, 학습자를 둘러싼 배경과 맥락, 일상생활 속에서의 음악적 참여와 활용 등 세 가지로 구성하였다.

1) 창작

<표 2> 음악 교과 목표, 내용 영역, 핵심 아이디어

| 총론 | 자기관리 역량, 지식정보처리 역량, 창의적 사고 역량, 심미적 감성 역량, 협력적 소통 역량, 공동체 역량 |
|---|---|
| 음악 교과 | 학생은 '감성', '창의성', '자기주도성'을 발휘하여 음악 활동(표현/창작/감상)을 하며 일상생활 속 '공동체'에서 '소통'한다. |
| 성격 목표 (역량) | **감성** 음악의 아름다움, 정서와 즐거움 / **창의성** 음악적 새로움과 변화, 독창 / **자기주도성** 스스로 활용, 자발적 음악 참여 / **공동체** 다양한 음악 문화, 원만한 일원 / **소통** 서로 다른 음악 표현, 협력, 교류 |
| 영역 (음악활동) | **표현** 감각과 느낌을 목소리/악기/신체 등으로 표현하는 활동 / **창작** 상상과 가능성을 악기/매체/신체 등으로 탐색하여 만드는 활동 / **감상** 음악을 듣거나 다감각적으로 수용하고 반응하는 활동 |
| 핵심 아이디어 | ① 원리 음악 자체의 고유한 요소/개념/특성 / ② 맥락 학생을 둘러싼 가정/학교/사회 등 다양한 배경/맥락 / ③ 활용 일상생활 속 음악 참여/경험/활용/적용 실제 |

표현, 창작, 감상 영역별 핵심 아이디어를 포함한 내용 체계 등 음악과 교육과정의 구성은 위의 표와 같다. 영역별 핵심 아이디어는 ① 2)____, ② 3)____, ③ 4)____을 바탕으로 각 내용 영역별 특성을 살려 세 가지 진술문으로 구성하였다. '지식·이해'는 표현, 창작, 감상할 대상으로서의 소리나 음악의 범위, 영역별 주요 학습 관점, 음악의 주요 요소나 개념으로, '과정·기능'은 음악 내 신체적 및 실천적 기능과 음악 외 연계적 기능으로, '가치·태도'는 학습자 개인의 태도나 음악의 생활화와 연계되는 사회적 및 정서적 가치로 구성하였다. 이러한 '내용 체계'는 특수교육 대상 학생의 특성에 맞추어 설계하되, 통합교육을 고려하여 공통 교육과정의 내용과 유사한 맥락으로 구성하였다. 성취기준은 영역별 내용 요소 중 두 개 이상의 범주가 연결되도록 진술하였고, '교수·학습 및 평가'는 음악과의 특성을 살려 교사가 학생 맞춤형 수업으로 교육과정을 재구성하고 수업 활동을 지원할 수 있도록 하였다.

2) 원리
3) 맥락
4) 활용

〈표 3〉 음악과 교육과정 구성

| 영역명 | | 표현 | 창작 | 감상 |
|---|---|---|---|---|
| 핵심 아이디어 | 진술문① 원리 | 음악은 고유한 음악 요소와 원리에 따라 인간의 감각과 느낌을 목소리나 악기 등으로 표현하는 것이다. | 음악은 고유한 음악 요소와 원리에 따라 인간의 상상과 가능성을 탐색하여 만들어 내는 것이다. | 음악은 고유한 음악 요소와 원리에 따라 인간의 느낌, 정서, 경험, 생각 등을 청각적으로 구현한 것이다. |
| | 진술문② 맥락 | 개인적 혹은 협력적 음악 표현은 자신의 감수성이나 배경에 따라 다양한 행위 과정으로 나타난다. | 개인적 혹은 협력적 음악 만들기는 자신의 주도성이나 배경에 따라 다양한 과정과 결과물로 나타난다. | 음악적 수용과 반응은 자신의 감각, 감수성, 배경에 따라 다양하게 나타난다. |
| | 진술문③ 활용 | 학생은 생활 속에서 다양한 음악 매체와 표현 방법을 활용하여 음악을 경험하며 소통한다. | 학생은 생활 속에서 다양한 매체를 활용하여 자유롭게 음악을 구성하며 음악 문화 발전에 기여한다. | 학생은 생활 속에서 다양한 음악을 경험하며 음악의 활용과 가치를 발견하고 공감한다. |
| 내용 요소 | 지식·이해 | 노래/악기 범위, 학습 관점, 음악 요소 | 학습 관점, 음악 요소 | 음악 범위, 학습 관점, 음악 요소 |
| | 과정·기능 | 노래/연주, 신체/표현, 놀이/참여/공연하기 | 바꾸기, 만들기 | 듣기, 반응/표현/이야기하기 |
| | 가치·태도 | 음악적·정서적 태도(즐거움 등), 사회적 가치(존중, 협력 등), 음악의 생활화 | | |
| 성취 기준 | 성취 기준 | 음악과의 내용 요소에서 지식·이해, 과정·기능, 가치·태도가 유기적으로 연결될 수 있도록 2개 이상의 범주를 연결하여 진술 | | |
| | 고려 사항 | 장애 정도가 심한 학생이 성취기준에 도달할 수 있도록 수업을 계획하고 운영할 때 필요한 지침 진술 | | |
| 교수·학습 및 평가의 방향 | | 음악과의 성격, 목표, 내용 체계와 성취기준에 근거하고 학습자의 요구와 특성을 종합적으로 고려하여 교사의 창의적인 교육과정 재구성 및 실천적 음악 수업을 지원하는 사항으로 진술 | | |

# 01 성격 및 목표

**가. 성격**

음악은 소리로 인간의 다양한 감정과 생각을 표현하고 변화하는 시대상을 반영하는 기본적인 예술 형태이자 인간 활동의 산물이다. 인간은 노래를 부르고 악기를 연주하거나 음악을 듣고 새롭게 만드는 활동을 통해 즐거움이나 기쁨과 같은 다양한 감정, 아름다움을 추구하는 미적 속성, 새로운 아이디어를 만들어 내는 창의적 속성, 생활 속 다양한 경험이나 현상에 대한 느낌과 생각 등을 표현한다. 이러한 음악 표현과 활동 속에서 인간은 미적 경험과 즐거움을 얻고 음악성과 창의성을 계발하며 감각, 지각, 인지, 정서, 언어, 심신의 건강, 운동 능력 등 다양한 기본 능력을 발달시킨다. 또한 사회·문화 속에서 함께하는 음악 표현과 활동은 음악의 의미와 가치를 사회에 투영함과 동시에 다양한 사회적 역할을 수행하며 인간, 문화, 사회에 대한 통찰력과 공감력을 형성해 준다. 이로써 인간은 음악을 통해 정체성을 확립하고 생활 속에서 자아를 실현하며, 더불어 자신과 타인을 이해하여 공동체의 일원으로 소통하는 등 사회적으로 성장한다.

음악 교과의 다양한 음악 표현과 활동을 통해 개인의 음악적 및 전인적 발달을 도모할 뿐만 아니라 사회 구성원으로서 주체적이고 협력적인 역할을 수행하는 소양을 기를 수 있다. 즉 음악 교과는 학습자의 개성과 잠재력을 고려한 음악적 경험에 바탕을 두면서 학습자로 하여금 다양한 활동을 통해 음악을 아름답게 표현하고, 기초적인 지식과 기능을 익히며, 자기 생각과 음악적 느낌을 창의적으로 전달할 수 있도록 한다. 또한 다른 사람과 함께 음악 경험을 하면서 학습자가 원만한 인간관계를 형성하고 음악적 태도와 가치를 함양하며 삶의 즐거움과 행복을 찾을 수 있도록 돕는다. 나아가 예술적 및 실용적 가치를 지니는 음악 문화를 경험하도록 하여 다양한 문화 산업을 이끌고 미래 디지털 기반 사회의 발전을 도모할 수 있다. 이와 더불어 음악 교과는 음악 학습을 통한 감수성과 표현력이 인간 사회에서의 의미와 가치를 넘어 자연 환경이나 생태계의 지속가능한 발전에 공감하는 감수성으로 확장되도록 하여 더불어 살아가는 미래 삶을 대비하는 데에도 기여할 수 있다.

이러한 음악 교과의 특성을 바탕으로, 학습자는 음악 교과를 학습하면서 다음과 같은 다양한 역량을 기를 수 있다. 학습자는 소리와 다양한 음악이 주는 아름다움에 공감하며 음악적 즐거움과 정서적 안정을 느낄 수 있는 감성을 기를 수 있다. 또한 음악의 새로움과 변화를 느끼며 독창적인 방식으로 표현하거나 융통성 있게 문제 상황을 해결할 수 있는 창의성을 기를 수 있다. 그리고 일상생활 속에서 음악을 스스로 활용하고 음악 활동에 참여하며 자신의 성취 경험을 쌓을 수 있는 자기주도성을 함양할 수 있다. 이와 더불어 음악 활동을 통한 긍정적 자아상을 바탕으로 공동체 내 음악의 쓰임이나 역할을 이해하고 다양한 음악 문화를 함께 경험하며 학교나 사회에서 원만한 일원으로 성장할 수 있다. 또한 음악으로 자신을 표현하며 동시에 다른 사람을 존중하고 협력적인 음악 활동을 하면서 다른 사람과 공감하고 소통하는 역량을 함양할 수 있다.

기본 교육과정 음악과는 다양한 장애 유형과 정도를 지닌 학습자의 특성과 교육적 요구에 적합한 음악과 활동을 경험하게 함으로써, 일상생활 속에서 자신을 표현하고 음악을 즐기며 음악으로 소통하고 사회·문화적 안목과 공동체 의식을 함양하도록 하는 교과이다. 이런 점에서 음악과는 노래나 악기 연주 등의 주요 음악 활동과 더불어 신체표현이나 놀이 등 다양한 표현활동을 포괄하는 '표현' 영역, 자신의 느낌과 생각을 음악적으로 다양하고 새롭게 만들어 보는 '창작' 영역, 다양한 음악을 듣고 반응하는 '감상' 영역 등 음악 활동 중심의 세 영역으로 구성된다. 음악의 기본 지식, 기능, 태도를 총체적으로 학습하며 생활 속에서 스스로 음악을 즐기고 자유롭게 표현할 수 있는 능력을 계발하여 서로 존중하고 소통하며 일상생활에 적응하는 능력을 갖추는 데 중점을 둔다.

따라서 음악과는 자신의 느낌이나 감정을 소리나 음악으로 자유롭게 담아내도록 하여 다양한 장애 유형과 정도를 지닌 학습자들의 표현력을 높이고 음악을 통한 보완적 의사소통 역할을 수행할 수 있다. 그리고 학생의 긍정적 자아상 확립과 사회성 발달, 정서적 안정과 언어 발달, 도전적 행동의 감소, 성취감과 자존감의 제고, 참여와 협력의 유도 등 전반적인 발달과 일상생활 적응에 기여한다. 또한 다른 사람과 함께하는 음악 활동을 하면서 공동체와 조화를 이루기 위한 가치와 규율을 익힐 수 있고, 학교, 가정, 지역사회에 적극적으로 참여하고 협력하는 태도를 함양할 수 있다. 더불어 타 교과의 영역과 연계하며 통합적으로 사고하는 능력과 다양하게 표현하는 능력을 전반적으로 향상함으로써 학교생활과 일상생활에 의미 있는 역할을 한다.

## 나. 목표

5) ____, ____, ____의 다양한 음악 활동을 총체적으로 경험하고 이해하며, 이를 바탕으로 감성, 창의성, 자기주도성을 신장하여 일상생활과 공동체 안에서 음악으로 소통하는 태도를 기름으로써 감각, 지각, 인지, 정서, 사회성을 발달시킨다.

(1) 음악의 아름다움을 느끼고 음악에 대한 6) _____을 익힌다.
(2) 음악 활동을 통해 다양한 음악을 자기주도적으로 경험하며 창의적으로 표현한다.
(3) 생활 속에서 음악을 즐기며 소통하고 다양한 음악을 존중하는 태도와 습관을 지닌다.

---

5) 표현, 창작, 감상
6) 기본적인 지식

## 02 내용 체계 및 성취기준

### 가. 내용 체계

(1) 표현

| 범주 | | |
|---|---|---|
| 핵심 아이디어 | <ul><li>음악은 고유한 음악 요소와 원리에 따라 인간의 감각과 느낌을 목소리나 악기 등으로 표현하는 것이다.</li><li>개인적 혹은 협력적 음악 표현은 자신의 감수성이나 배경에 따라 다양한 행위 과정으로 나타난다.</li><li>학생은 생활 속에서 다양한 음악 매체와 표현 방법을 활용하여 음악을 경험하며 소통한다.</li></ul> | |
| 범주 | 내용 요소 | |
| | 중학교 1~3학년 | 고등학교 1~3학년 |
| 지식·이해 | <ul><li>발성과 목소리</li><li>가락악기</li><li>음악 요소(리듬/장단, 가락, 셈여림, 빠르기)</li></ul> | <ul><li>편안한 발성과 호흡</li><li>다양한 악기</li><li>음악 요소(리듬/장단, 가락, 셈여림, 빠르기)의 변화</li></ul> |
| 과정·기능 | <ul><li>노래 부르거나 악기 연주하기</li><li>신체나 악기를 활용하여 표현하기</li><li>노래나 연주하며 발표하기</li></ul> | <ul><li>노래 부르거나 악기 연주하기</li><li>역할을 나누어 표현하기</li><li>노래나 연주를 준비하여 공연하기</li></ul> |
| 가치·태도 | <ul><li>함께하는 연주의 즐거움</li><li>표현을 통한 노력과 성취감</li></ul> | <ul><li>연주의 조화로움</li><li>표현을 통한 생활 속 소통과 협력하는 태도</li></ul> |

(2) 창작

| 범주 | | |
|---|---|---|
| 핵심 아이디어 | <ul><li>음악은 고유한 음악 요소와 원리에 따라 인간의 상상과 가능성을 탐색하여 만들어 내는 것이다.</li><li>개인적 혹은 협력적 음악 만들기는 자신의 주도성이나 배경에 따라 다양한 과정과 결과물로 나타난다.</li><li>학생은 생활 속에서 다양한 매체를 활용하여 자유롭게 음악을 구성하며 음악 문화 발전에 기여한다.</li></ul> | |
| 범주 | 내용 요소 | |
| | 중학교 1~3학년 | 고등학교 1~3학년 |
| 지식·이해 | <ul><li>줄거리, 상상</li><li>음악 요소(리듬/장단, 가락, 셈여림, 빠르기)</li></ul> | <ul><li>줄거리, 상상, 의도</li><li>음악 요소(리듬/장단, 가락, 셈여림, 빠르기)의 변화</li></ul> |
| 과정·기능 | <ul><li>간단한 리듬 만들기</li><li>이야기의 일부를 음악으로 만들기</li></ul> | <ul><li>간단한 가락 만들기</li><li>역할을 나누어 음악극 만들기</li></ul> |
| 가치·태도 | <ul><li>음악의 새로움을 즐기는 태도</li></ul> | <ul><li>협동하여 음악을 완성하는 태도</li></ul> |

(3) 감상

| 핵심 아이디어 | • 음악은 고유한 음악 요소와 원리에 따라 인간의 느낌, 정서, 경험, 생각 등을 청각적으로 구현한 것이다.<br>• 음악적 수용과 반응은 자신의 감각, 감수성, 배경에 따라 다양하게 나타난다.<br>• 학생은 생활 속에서 다양한 음악을 경험하며 음악의 활용과 가치를 발견하고 공감한다. | |
|---|---|---|
| 범주 | 내용 요소 | |
| | 중학교 1~3학년 | 고등학교 1~3학년 |
| 지식·이해 | • 공동체와 사회에서 활용되는 음악<br>• 주제, 장면<br>• 음악 요소(리듬/장단, 가락, 셈여림, 빠르기) | • 여러 문화권과 매체의 음악<br>• 배경, 줄거리<br>• 음악 요소(리듬/장단, 가락, 셈여림, 빠르기)의 변화 |
| 과정·기능 | • 떠올리며 듣기<br>• 듣고 음악으로 표현하거나 이야기하기 | • 구분하며 듣기<br>• 듣고 서로 이야기하기 |
| 가치·태도 | • 생활 속 음악을 통한 참여<br>• 우리나라와 세계 음악을 즐기는 태도 | • 다양한 음악에 대한 존중과 예절<br>• 다양한 음악의 가치 인식 |

## 나. 성취기준

[중학교 1~3학년]

(1) 표현

중학교 1~3학년 표현 영역 성취기준은 음악 요소의 이해를 넓히고 노래와 악기 연주 기능을 반복하여 익히며 혼자 또는 함께하는 연주의 기쁨과 보람을 느끼면서 공동체에서 소통하도록 하는 데 중점을 두어 설정하였다. 발성과 목소리, 가락악기, 음악 요소를 이해하고 신체나 악기를 활용하여 표현하거나 노래나 연주 활동으로 발표함으로써 자기주도적 학습을 도모하도록 한다. 음악 요소의 다양성을 경험하고 표현을 통한 성취감을 경험하도록 하는 데 주안점을 둔다.

> [9음악01-01] 적절한 발성과 목소리 크기를 탐색하여 노래를 부른다.
> [9음악01-02] 장단의 구음을 익혀 부르고 악기로 연주한다.
> [9음악01-03] 악곡에서 반복되는 리듬이나 가락의 움직임을 찾아 신체나 악기를 활용하여 표현한다.
> [9음악01-04] 셈여림과 빠르기를 살려 악곡의 일부를 노래로 부르거나 악기로 연주한다.
> [9음악01-05] 친구들과 가락악기를 연주하며 음악으로 함께하는 태도를 갖는다.
> [9음악01-06] 생활 속에서 노래나 악기 연주를 발표하는 활동을 통해 노력과 성취감을 경험한다.

(가) 성취기준 해설

• [9음악01-01] 이 성취기준은 노래를 부르기 위해 적절한 발성과 목소리 크기의 필요성을 경험함으로써 음악에 대한 이해를 넓히고 표현력을 기르기 위해 설정되었다. 노랫말의 발음을 듣고 익히며 학생의 신체적 특성을 고려하여 발성하기에 편안한 자

세와 적절한 목소리 크기로 노래를 부른다. 노랫말의 의미를 생각하며 말하듯이 여러 번 발성해 보고, 선율과 함께 표현했을 때에도 노랫말을 잘 전달할 수 있도록 하는 데 중점을 둔다.

- [9음악01-02] 이 성취기준은 음악의 요소 중 장단을 이루는 요소를 익혀 연주하며 우리 음악의 재미를 경험하도록 하기 위해 설정되었다. 국악기 소리를 흉내 내는 말인 구음의 다양한 형태를 알아보고, 소고, 북, 장구 등 타악기의 구음을 익혀 말 장단이나 무릎 장단으로 연습하며 악기로 연주해 보는 등의 활동을 다룬다. 학생들의 음악적 수준에 따라 장단의 형태를 선택하여 우리 음악의 멋을 느껴 보도록 하는 데 중점을 둔다.

- [9음악01-03] 이 성취기준은 음악의 요소 중 반복되는 리듬과 가락의 움직임을 경험함으로써 악곡 구성 관련 기본 개념을 익혀 적용하는 능력을 기르기 위해 설정하였다. 악곡에서 반복되는 리듬이나 가락을 찾아 신체로 표현해 보고 해당 부분을 오스티나토로 반복하여 연주해 보는 등의 활동을 다룬다. 음악 요소가 명확하게 드러나는 곡을 제재로 선택하며, 악곡의 난이도나 학생 특성에 따라 시각 자료, 동작을 활용한 활동 등을 제시하도록 한다.

- [9음악01-04] 이 성취기준은 음악의 요소 중 다양한 셈여림과 빠르기를 경험함으로써 음악의 표현적 요소를 익히도록 하기 위해 설정하였다. 다양한 셈여림과 빠르기의 곡을 탐색하고, 여리게/세게 등의 셈여림과 느리게/보통 빠르게/빠르게 등의 빠르기가 잘 드러나는 부분을 노래로 부르거나 연주하는 활동을 다룬다. 다양한 셈여림과 빠르기를 포함한 악곡이나 활동을 제시하여 음악 활동으로 개념을 이해하도록 하는 데 중점을 둔다.

- [9음악01-05] 이 성취기준은 다양한 음색과 음역을 가진 가락악기 연주를 통해 소리의 아름다움을 느끼고 다른 사람과 함께 음악 활동을 하는 기쁨을 경험하도록 하기 위해 설정하였다. 선율 타악기, 현악기, 관악기 등의 가락악기의 음색을 탐색하고 연주법을 익혀 자신이 선택한 악기로 함께 연주해 보는 활동 등을 다룬다. 학생의 수행 능력이나 신체 특성에 따라 알맞은 악기를 선택하도록 하고, 협동하고 함께하는 태도의 측면에 중점을 둔다.

- [9음악01-06] 이 성취기준은 노래나 악기 연주 등의 개인적 음악 표현활동을 다른 사람 앞에서 발표하는 공동의 활동으로 연계함으로써 음악 표현을 통한 사회성을 기르기 위해 설정하였다. 자신이 좋아하고 즐기는 악곡과 표현활동을 선택하고 꾸준히 연습하여 대면이나 비대면 상황에서 발표해 보는 활동을 다룬다. 연주 발표를 위해서는 시간과 노력이 필요함을 깨닫고 활동 과정과 결과의 전반에서 성취감을 느끼도록 하는 데 중점을 둔다.

(나) 성취기준 적용 시 고려 사항
- 장애 정도가 심한 학생의 개별 특성 및 교육적 요구에 따라 노래와 악기 연주, 신체를 활용한 표현의 활동 범위와 수준을 선택할 수 있도록 학생 맞춤형 과제를 다양하게 제시하도록 한다. 악곡은 학습하여야 하는 음악 요소의 특성을 뚜렷하게 나타내면서도 학생들의 관심과 흥미를 유발할 수 있는 것으로 선정한다. 시각장애 학생의 경우 스마트 기기의 전자 악보 등을 제공하여 악곡의 음악적 정보를 파악할 수 있도록 한다.
- 여럿이 함께 연주하거나 다른 사람 앞에서 연주를 발표하는 것과 같이 사회성에 기반한 활동의 경우에는 학생의 장애 유형과 정도에 따라 참여 범위를 다양하게 마련하여, 학생 모두가 음악 표현활동을 하며 협동과 성취를 경험하도록 한다.
- [9음악01-01] 청각장애 학생의 경우에는 자신의 목소리의 강도와 세기의 정도를 확인할 수 있는 애플리케이션을 활용하여 적절한 크기의 목소리를 탐색하도록 한다. 장애 정도가 심해 언어 표현을 어려워하는 학생의 경우 직접 노래를 부르기보다는 발성과 목소리 크기가 음악에 미치는 영향을 경험할 수 있도록 다양한 예시를 보거나 듣고 아름다운 소리가 무엇인지 구분하는 것으로 성취기준을 재구성하여 적용할 수 있다.
- [9음악01-02] 장단의 구음을 언어로 표현하는 데 어려움이 있는 경우 국악기의 소리와 그것을 흉내 내어 표현한 다양한 구음을 관련지어 경험해 보고, 구음 기호 중 한 가지를 정하여 신체나 악기로 표현해 보는 것으로 성취기준을 재구성하여 적용할 수 있다.
- [9음악01-03], [9음악01-04] 장애 정도가 심한 학생의 교육적 요구에 따라 성취기준에 포함된 음악 요소의 종류를 나누거나 악곡의 범위를 제한적으로 조정하여 제시함으로써 학생에게 적합한 수준으로 학습하도록 성취기준을 재구성하여 적용할 수 있다.
- [9음악01-05] 장애 정도가 심한 학생의 경우 다른 사람과 동시에 악기 연주를 시작하고 마치는 연주 약속을 신체 동작이나 숫자, 소리 등으로 제시하도록 하고, 학생의 수준에 따라 듣고 따라 연주하거나 악곡을 나누어 이어 연주하는 것 등으로 성취기준을 재구성하여 적용할 수 있다.
- [9음악01-05], [9음악01-06] 친구나 다른 사람과 함께하는 음악 활동이나 다른 사람 앞에서 발표하는 공동의 활동을 통해 구성원의 역할을 다하는 등 민주시민 교육과 연계할 수 있다.

(2) **창작**

중학교 1~3학년 창작 영역 성취기준은 음악적 상상이나 이야기의 줄거리 등을 바탕으로 음악을 만들며 창의성을 기르는 데 중점을 두어 설정하였다. 음악 요소를 활용하여 간단한 리듬 만들기, 이야기의 일부를 음악극으로 만들기 등의 활동을 다룬다. 자신이 이해한 것을 활용하여 음악으로 만들며 음악의 새로움을 즐기는 태도를 기르는 데 주안점을 둔다.

> [9음악02-01] 음악 요소를 활용하여 간단한 리듬으로 이루어진 음악을 만든다.
> [9음악02-02] 줄거리를 생각하며 이야기의 일부를 음악으로 만든다.
> [9음악02-03] 자신의 상상을 담은 음악을 만들며 새로운 음악을 즐기는 태도를 갖는다.

(가) 성취기준 해설

- [9음악02-01] 이 성취기준은 음악 요소에 따른 음악의 특성을 경험하고 음악 요소를 음악 창작에 적용하는 능력을 기르기 위해 설정하였다. 리듬을 활용하여 오스티나토 만들기, 셈여림이나 빠르기에 변화를 주며 리듬 반복하기, 인공지능 음악 저작 도구를 활용한 음악 만들기 등 간단한 리듬을 중심으로 음악 만들기 활동을 다룬다. 음악 요소를 활용한 창작 활동에서 리듬을 중심으로 음악을 만들고 재미를 경험하도록 하는 데 중점을 둔다.
- [9음악02-02] 이 성취기준은 이야기의 내용과 상황적 요소를 바탕으로 음악을 만드는 능력을 기르기 위해 설정하였다. 등장인물, 배경, 사건, 이야기 등에 어울리는 소리를 신체나 물체, 악기로 표현하기, 노래 부르기, 리듬이나 가락으로 만들기, 이야기 일부를 간단한 음악극으로 만들기 등의 활동을 다룬다. 협력하여 음악을 만들며 시민성을 경험하고 이야기와 결합된 음악의 재미를 느끼도록 하는 데 중점을 둔다.
- [9음악02-03] 이 성취기준은 음악을 새롭게 만들어 가며 음악적 상상력을 기르고 음악을 즐기는 태도를 기르기 위해 설정하였다. 일상생활에서 자신이 경험하고 이해한 것, 상상의 세계와 바라는 점들을 자유롭게 떠올려 보고 이를 바탕으로 음악을 만들어 보는 활동을 다룬다. 결과물에 초점을 두기보다는 음악이 만들어지는 과정 자체를 경험하면서 음악의 새로움과 재미를 즐기도록 하는 데 중점을 둔다.

(나) 성취기준 적용 시 고려 사항

- 장애 정도가 심한 학생의 개별 특성 및 교육적 요구에 따라 발성이나 신체적 조작에 어려움이 있는 경우에는 보조공학 기기를 활용하여 보조적 수단의 도움을 받아 학생들이 창작 활동의 과정에 참여할 수 있는 기회를 제공하도록 한다.
- 청각중복장애 학생의 경우 스마트 기기, 전자악기 중 보장구 특성에 맞는 보조공학 기기를 활용하여 소리를 인식하며 체험하는 활동으로 학생의 신체적 특성을 고려한 학습 활동이 이루어질 수 있도록 한다.
- [9음악02-01] 장애 정도가 심한 학생이 눈 깜빡임, 표정, 손짓, 몸동작, 소리 등 비언어적 요소를 사용할 수 있도록 촉진하며 간단한 리듬을 제시하여 개인에게 적합한 방법으로 반응할 수 있도록 하는 것으로 성취기준을 재구성하여 적용할 수 있다.
- [9음악02-02] 의사소통에 어려움이 있는 경우에는 이야기의 일부를 들려주고 즉흥적으로 즉흥 리듬 치기, 즉흥 가락 붙이기, 악기 소리내기 등으로 음악극을 만들어

가는 과정을 이해하거나 참여하는 것으로 성취기준을 재구성하여 적용할 수 있다.
- [9음악02-03] 자기 경험과 상상을 음악적으로 표현하는 것을 인공지능 음악 저작 도구를 활용하여 교사나 또래의 도움을 받아 새로운 음악으로 만들어보고 자신이 만든 음악에 반응하도록 하는 활동으로 성취기준을 재구성하여 적용할 수 있다.

### (3) 감상

중학교 1~3학년 감상 영역 성취기준은 행사나 의식, 주제와 쓰임 등을 표현한 음악을 듣고 생활 속에서 음악의 활용성을 인식하며 음악적 경험을 풍부하게 하는 데 중점을 두어 설정하였다. 음악을 들으며 반복되는 리듬과 장단, 가락의 움직임, 셈여림과 빠르기 요소들을 체험하고 기억하기, 떠올리기, 묘사하기, 이야기하기 등의 활동으로 연결되도록 한다. 일상생활과 공동체에서 음악의 다양한 역할을 이해하며 즐기도록 하는 데 주안점을 둔다.

> [9음악03-01] 음악을 듣고 주제나 장면을 음악으로 표현하거나 이야기한다.
> [9음악03-02] 리듬, 장단, 가락, 셈여림, 빠르기 등의 다양한 음악 요소를 떠올리며 듣는다.
> [9음악03-03] 공동체의 음악을 들으며 생활 속 행사나 의식에 참여하는 태도를 갖는다.
> [9음악03-04] 사회에서 다양하게 활용되는 음악을 들으며 우리나라와 세계의 음악을 즐긴다.

#### (가) 성취기준 해설

- [9음악03-01] 이 성취기준은 음악을 듣고 다양한 주제나 장면을 이야기나 음악으로 표현하며 음악적으로 소통하는 능력을 기르기 위해 설정하였다. 음악 동화, 음악과 동작, 미술이 통합된 음악극, 표제 음악, 오페라, 판소리, 뮤지컬 등을 감상하고 주제를 목소리, 동작, 악기 등으로 표현하거나 이야기하도록 한다. 음악이 표현하는 바가 무엇인지 집중하며 듣고 표현하는 것에 중점을 둔다.
- [9음악03-02] 이 성취기준은 음악을 들으며 음악의 요소와 개념을 익히도록 하기 위해 설정하였다. 음악을 들으며 일정한 리듬이나 가락을 오스티나토로 반복하여 연주하기 활동을 다룬다. 또한 다양한 리듬, 장단, 가락, 셈여림, 빠르기에 어울리는 장면을 보며 음악을 듣게 하고 신체 동작으로 반응하기, 그림 그리기 등 음악 요소를 떠올리며 들을 수 있도록 하는 데 중점을 둔다.
- [9음악03-03] 이 성취기준은 생활 속 공동체의 음악을 경험함으로써 음악을 생활화하는 태도를 기르기 위해 설정하였다. 생일, 결혼식 등 가족 행사, 입학식, 졸업식, 학예회 등 학교 행사, 지역사회의 여러 행사나 축제, 종교 의식, 국가 의식 등에 쓰이는 음악에 관심을 기울이고 음악을 듣도록 한다. 또한 행사나 의식에 참여함으로써 직접 체험할 수 있도록 하는 데 중점을 둔다.
- [9음악03-04] 이 성취기준은 우리 사회에서 활용되는 다양한 음악을 알아보고 우리나라와 세계의 음악을 즐기는 태도를 갖추기 위해 설정하였다. 지역사회의 여러 장소나 공간에서 연주되는 음악, 지역에서 전승되는 음악, 상황에 어울리는 배경 음악,

대중매체나 기기 등으로 접하는 세계 음악 등 다양한 음악을 듣도록 한다. 이를 통해 사회에서 음악의 역할과 쓰임을 이해하며 음악의 폭을 넓혀 가는 데 중점을 둔다.

(나) 성취기준 적용 시 고려 사항
- 장애 정도가 심한 학생의 교육적 요구나 특성을 고려하여 일상적 경험이나 다양한 행사 및 의식에 참여가 제한된 학생에게 이를 보완할 수 있도록 실감형 미디어 콘텐츠를 포함한 디지털 환경을 제공한다. 소리 크기의 변화나 눈 맞춤, 시선 추적이 가능한지 관찰하고, 학생에게 적합한 소리 크기를 제공하거나 그림, 사진, 영상 자료 등을 제공하도록 한다.
- [9음악03-01], [9음악03-03] 장애 정도가 심한 학생의 손과 팔의 움직임과 관련된 장애 특성과 활동 영역 등을 고려하여 움직일 수 있는 범위 내에서 활용할 수 있는 변형된 악기나 맞춤형 악기를 제공한다. 그 밖에도 보조공학 기기를 지원하여 수업에 참여할 수 있는 환경을 제공하고 성취기준을 재구성하여 적용할 수 있다.
- [9음악03-02] 장애 정도가 심한 학생의 경우에는 운동 범위 내에서 신체를 활용하여 다양한 셈여림을 표현하게 할 수 있다. 또한 학생이 참여할 수 있는 범위 내에서 음악 요소를 조정하여 성취기준을 재구성하여 적용할 수 있다.
- [9음악03-03] 생활 속 행사나 의식에 참여할 때에는 참여 규모, 장소, 밀집도 등을 고려하여 사전에 안전 수칙을 숙지할 수 있도록 지도한다.
- [9음악03-03], [9음악03-04] 행사나 의식에 쓰이는 음악의 장면과 주제 및 이야기 등을 표현한 음악을 제시할 때에는 디지털 매체를 활용한다. 발달장애 학생과 청각장애 학생의 경우 음악과 애니메이션이 결합된 감상 자료나 멀티미디어 자료를 통해 리듬과 음높이의 변화를 다양한 감각으로 체험할 수 있도록 한다. 또한 공동체 내에서의 다양한 음악의 역할을 이해하며 민주시민 교육과 연계할 수 있다.

[고등학교 1~3학년]

(1) 표현

고등학교 1~3학년 표현 영역 성취기준은 음악적 지식에 대한 이해를 바탕으로 노래 및 악기 연주 등의 기능을 발휘하여 공동체 안에서 음악을 통한 소통과 공감 능력을 확장하는 데 중점을 두어 설정하였다. 편안한 발성과 호흡, 다양한 악기, 음악 요소의 변화를 이해하고 역할을 나누어 표현하며 노래나 연주를 공연으로 발전시킴으로써 소통하고 협력하는 태도를 기른다. 다양한 음악적 표현의 어울림을 통한 아름다움을 경험하도록 하는 데 주안점을 둔다.

[12음악01-01] 편안한 발성과 호흡으로 노래를 부른다.
[12음악01-02] 다양한 장단의 느낌을 살려 노래를 부르거나 악기로 연주한다.
[12음악01-03] 서로 다른 리듬, 같은 가락과 다른 가락을 구별하고 역할을 나누어 표현한다.
[12음악01-04] 셈여림과 빠르기에 변화를 주며 함께 노래를 부르거나 악기로 연주한다.

[12음악01-05] 다양한 악기 소리의 어울림을 느끼며 다른 사람과 조화를 이루어 연주하는 태도를 갖는다.
[12음악01-06] 생활 속에서 연주를 준비하고 공연하는 활동에 참여함으로써 소통하고 협력하는 태도를 갖는다.

(가) 성취기준 해설

- [12음악01-01] 이 성취기준은 아름다운 소리를 내기 위한 편안한 발성과 호흡법을 익혀 노래 부르기 능력을 보다 향상하기 위해 설정되었다. 노랫말의 의미를 살려 편안한 발성으로 부르며, 악곡의 프레이즈를 고려한 호흡으로 노래 부르기를 연습하는 활동 등을 다룬다. 좋은 소리를 위해 자세와 발성, 호흡이 필요함을 알되, 학생의 신체적 특성과 능력을 고려하여 연습과 시도 자체에 중점을 둔다.
- [12음악01-02] 이 성취기준은 음악 요소 중 다양한 장단을 경험함으로써 우리 전통음악의 변화와 다양성을 인식하도록 하기 위해 설정하였다. 느린 장단과 빠른 장단을 비교하여 보고, 장단에 따라 노래의 느낌이 어떻게 달라지는지 민요를 부르거나 장단의 기본 박을 악기로 연주해 보는 활동 등을 다룬다. 장단의 다양성과 변화가 뚜렷하며 친숙한 민요를 선정하여 학생들이 우리 음악의 변화가 주는 재미를 경험하도록 하는 데 중점을 둔다.
- [12음악01-03] 이 성취기준은 음악 요소 중 서로 다른 리듬, 같은 가락과 다른 가락을 경험하고 차이를 인식하도록 하기 위해 설정하였다. 마디나 악구 단위로 리듬 치기, 가락선 그리기, 동작이나 그림으로 표현하기 등으로 서로 다른 리듬과 가락을 구별하고 역할을 나누어 악기를 연주하는 활동을 다룬다. 보다 기초적인 요소로 리듬을 먼저 다루고 점차 가락으로 확장하되, 학생의 신체적, 음악적 특성을 고려하여 활동을 구성하도록 한다.
- [12음악01-04] 이 성취기준은 음악의 요소 중 셈여림과 빠르기의 변화를 경험함으로써 음악의 표현과 변화의 재미를 인식하도록 하기 위해 설정하였다. 전체적인 셈여림과 빠르기의 변화와 차이를 구별하는 데서 나아가 악곡 내의 부분적인 변화를 신체나 타악기로 표현해 보고, 이를 함께하는 노래나 악기 연주에 적용해 보는 활동을 다룬다. 용어에 대한 이해보다는 다양한 신체적, 감각적 활동을 통한 음악적인 이해에 중점을 둔다.
- [12음악01-05] 이 성취기준은 다양한 소리의 어울림을 느끼는 음악적 감성 능력과 연주 활동을 통한 사회성을 기르기 위해 설정하였다. 타악기, 관악기, 건반악기, 디지털 악기 등 악기가 서로 어우러져 나는 여러 가지 소리의 조합을 경험하고, 연주 과정에서 나와 다른 사람의 소리가 조화를 이루는지 들으며 연주하는 통합적인 활동을 다룬다. 기능이나 연주 결과의 완성도보다는 다른 사람의 소리에 관심을 기울이도록 하는 데 중점을 둔다.

- [12음악01-06] 이 성취기준은 노래나 악기 연주를 삶 속에서 생활화하며 음악으로 공동체 내에서 소통하고 협력하는 능력을 기르기 위해 설정하였다. 또래 집단이 좋아하는 음악, 대중매체 속의 음악, 음악이 필요한 상황 등 생활 속의 다양한 음악 활동을 탐색하고 연주를 연습하고 준비하여 공연에 참여해 보도록 한다. 학생들의 관심, 흥미와 재능, 수준에 따라 다양한 역할을 부여하고, 타인과 소통하며 협력하려는 태도에 중점을 둔다.

(나) 성취기준 적용 시 고려 사항
- 장애 정도가 심한 학생의 교육적 요구에 따라 음악의 다양성과 변화를 구별하고 표현하는 방법을 선택할 수 있도록 언어적 표현, 표정이나 손짓 등의 신체적 표현, 색깔이나 도형 등의 시각적 표현, 노래와 악기 연주를 활용한 표현 등으로 다양하게 제시하도록 한다. 필요한 경우 보완대체의사소통 기기나 애플리케이션을 활용하여 표현함으로써 음악 요소의 이해와 표현을 돕도록 한다.
- 다른 사람과 함께 협력하는 음악 활동에서는 학생의 흥미나 관심, 음악적 특성을 바탕으로 개별 역할을 부여하고, 연주를 위해 꾸준히 준비하여 성취의 경험을 맛볼 수 있도록 충분한 기간을 두고 프로젝트형으로 학습을 진행하도록 한다.
- 역할을 나누어 함께 연주하거나 공연하는 것과 같이 협력을 기반으로 한 활동을 수행함에 있어서는 공동체 내 인간 삶의 다양성과 음악 활동에 관해 이해하고, 책임 있는 태도를 지니며, 다른 사람의 표현을 존중하고 경청하는 마음을 갖는 등의 정의적 측면이 민주시민 교육의 관점에서 음악 학습 활동을 통해 지속적으로 강화됨으로써 자연스럽게 체득될 수 있도록 한다.
- [12음악01-01] 장애 정도가 심한 학생의 교육적 요구에 따라 구어 표현의 제약이 있는 경우 직접 노래 부르기보다는 말하기나 목소리로 반응하면서 자신에게 편안한 발성과 호흡, 자세 등이 무엇인지 경험해 보는 것으로 성취기준을 재구성하여 적용할 수 있다.
- [12음악01-02], [12음악01-03], [12음악01-04] 학생의 교육적 요구에 따라 음악 요소의 변화와 다양성을 경험하도록 하되, 장애 정도가 심한 학생의 경우 이전 학년군에서 학습한 음악 요소에 대한 이해 정도를 진단해 보고 학생에게 제시할 음악 요소의 개수나 범위를 조정하여 줌으로써 학생 개별 수준에 적합하도록 성취기준을 재구성하여 적용할 수 있다.
- [12음악01-05] 장애 정도가 심한 학생의 경우 자신이 연주하는 악기 소리를 들어 보고, 다른 사람의 연주를 들어 본 뒤 점차 여러 악기의 소리가 함께 조화를 이루며 들리는 소리를 경험하도록 과제를 분리하여 수행하는 것으로 성취기준을 재구성하여 적용할 수 있다.
- [12음악01-06] 학생이 음악 공연에 직접 참여할 때에는 공연의 목적, 장소, 규모, 환경 등을 고려하여 사전에 안전 수칙을 숙지할 수 있도록 지도한다.

(2) 창작

고등학교 1~3학년 창작 영역 성취기준은 독창적인 상상과 음악적인 의도를 담아 음악을 만들고 공동체 활동에 참여하며 자기주도성과 창의성을 기르는 데 중점을 두어 설정하였다. 음악 요소를 활용하여 간단한 가락 만들기, 역할을 나누어 음악극 만들기 등의 활동을 다룬다. 함께 음악 작품을 만들면서 성취감을 느끼고 협동하는 태도를 형성하여, 자유롭게 새로운 음악을 구성하는 능력을 확장할 수 있도록 하는 데 주안점을 둔다.

[12음악02-01] 음악 요소를 활용하여 간단한 가락으로 구성된 음악을 만든다.
[12음악02-02] 줄거리에 따라 역할을 나누어 음악극을 만든다.
[12음악02-03] 상상과 의도를 담은 음악 작품을 친구와 협동하여 완성하는 태도를 갖는다.

(가) 성취기준 해설

- [12음악02-01] 이 성취기준은 음악 요소에 관한 이해와 경험을 바탕으로 한 음악적 특성을 창의적인 음악 활동에 적용하는 능력을 기르기 위해 설정하였다. 가락을 활용하여 오스티나토 만들기, 리듬, 셈여림, 빠르기의 특징과 변화를 활용하여 가락 만들기, 인공지능 음악 저작 도구를 활용한 음악 만들기 등의 활동을 다룬다. 가락을 중심으로 음악을 만들고 음악 요소에 따른 변화의 재미와 즐거움을 경험하도록 하는 데 중점을 둔다.

- [12음악02-02] 이 성취기준은 이야기의 줄거리를 분석하고 역할을 나누어 음악극으로 만들어 봄으로써 음악을 통한 통합적 경험을 제공하기 위해 설정하였다. 음악극을 만들기 위해서 줄거리에 따라 역할 나누기, 역할 정하기, 연습하기, 발표하기 등의 활동을 다룬다. 등장인물, 사건, 배경 등 이야기의 표현을 음악적 표현과 관련짓고 각자 맡은 역할을 수행하면서 음악을 통해 함께하는 경험을 즐기도록 하는 데 중점을 둔다.

- [12음악02-03] 이 성취기준은 음악 창작의 기초로서의 상상과 의도를 정하여 작품을 완성해 보며 협동하는 태도를 기르기 위해 설정하였다. 음악 작품으로 나타내기 위한 일상의 상상, 표현하고자 하는 의도를 다양한 방법으로 떠올려 보고, 이에 따라 자신의 관심과 흥미를 바탕으로 공동체와 함께 작품으로 완성해 가는 활동을 다룬다. 음악 작품을 만드는 과정과 작품을 통해 성취감을 느끼고 협동하는 태도를 형성하는 데 중점을 둔다.

(나) 성취기준 적용 시 고려 사항

- 장애 정도가 심한 학생이 눈 깜빡임, 표정, 손짓, 몸동작, 소리 등 비언어적 요소를 사용할 수 있도록 촉진하고, 음악 요소의 변화를 들려주거나 제시하여 개인에게 적합한 방법으로 반응할 수 있도록 한다. 개별 특성 및 교육적 요구에 따라 발성이나 신체적 조작에 어려움이 있는 경우에는 보조공학 기기를 활용하여 음악을 함께 만드는

과정을 중심으로 활동을 재구성하여 제시하도록 한다.
- 역할을 나누어 친구와 협동하며 다양한 음악을 만드는 활동을 통해 민주적 의사 결정, 공감과 의사소통, 공동체 참여와 실천 등의 민주시민 교육과 연계할 수 있다.
- [12음악02-02], [12음악02-03] 음악극을 위한 역할을 나누어 음악 작품을 만들 때 의사소통에 어려움이 있는 경우에는 해설, 대사, 음악을 모두 녹음 자료로 만든 후에 교사와 또래의 도움을 받아 음악극 전개 순서에 따라 보조공학 기기 및 스마트 기기를 활용하여 반응하는 것으로 성취기준을 재구성하여 적용할 수 있다.

### (3) 감상

고등학교 1~3학년 감상 영역 성취기준은 여러 문화나 매체의 음악을 통해 음악의 다양성과 아름다움을 인식하며 생활 속에서 자기주도적으로 음악 듣는 습관을 형성하도록 하는 데 중점을 두어 설정하였다. 음악 요소에 대한 이해를 바탕으로 음악을 듣고 배경이나 줄거리를 서로 이야기하면서 다양한 음악을 존중하는 활동으로 연결되도록 한다. 음악을 감상하면서 다양한 공동체의 문화를 이해하고 공감하는 능력을 확장하는 데 주안점을 둔다.

> [12음악03-01] 음악을 듣고 배경이나 줄거리를 서로 이야기한다.
> [12음악03-02] 리듬, 장단, 가락, 셈여림, 빠르기 등과 같은 음악 요소의 변화를 구분하며 듣는다.
> [12음악03-03] 여러 문화권의 음악을 듣고 다양한 음악에 대한 존중과 예절을 갖춘다.
> [12음악03-04] 여러 매체에서 활용된 음악을 듣고 다양한 음악의 가치를 인식한다.

#### (가) 성취기준 해설

- [12음악03-01] 이 성취기준은 음악을 듣고 배경이나 줄거리를 이해하며 음악적 소통 능력을 키우기 위해 설정하였다. 이미지가 떠오르는 음악, 줄거리가 있는 음악 외에도 오페라, 뮤지컬, 판소리 등 음악을 듣고 특징적인 부분을 따라 해 보기, 흥미로운 배경이나 줄거리를 선택하여 간단하게 표현하기 등의 활동을 다룬다. 학생 수준에 따라 알맞은 그림이나 영상 자료를 제시하여 음악이 표현하는 바를 이해하며 감상하는 데 중점을 둔다.
- [12음악03-02] 이 성취기준은 서로 다른 리듬, 같은 가락과 다른 가락, 셈여림과 빠르기의 변화를 통해 음악의 흐름과 새로움을 느끼며 청각을 비롯한 다양한 감각적 능력을 신장시키기 위해 설정하였다. 소리 크기나 빠르기의 변화를 신체나 악기로 표현하기, 다양한 리듬과 장단을 듣고 따라 부르기 등의 활동을 다룬다. 음악 요소의 변화를 시각적, 청각적, 신체적으로 표현해 봄으로써 활동을 하면서 자연스럽게 이해하도록 하는 데 중점을 둔다.
- [12음악03-03] 이 성취기준은 여러 문화권의 음악을 듣고 다양한 음악을 존중하는 태도를 지니며 감상 예절을 익히도록 하기 위해 설정하였다. 여러 문화권의 음악, 세계의 다양한 대중음악이나 민속 음악 등을 듣고 친구들과 함께 이야기 나누는 활동

을 다룬다. 또한 음악 공연마다 지켜야 할 서로 다른 감상 방법과 예절이 있음을 알고 이를 지키는 습관을 형성하도록 하는 데 중점을 둔다.
- [12음악03-04] 이 성취기준은 매체에서 활용되거나 매체를 활용한 음악을 듣고 다양한 음악의 가치를 인식하도록 하기 위해 설정하였다. 국악, 서양음악, 대중음악, 세계음악 등을 소재로, 생활 속에서 다양한 매체, 디지털, 인공지능 등이 활용된 음악회나 공연을 경험해 보도록 한다. 이로써 생활 속에서 음악이 다양한 분야와 연계 융합하여 사용되며 다양한 가치를 지니고 있음을 인식하도록 하는 데 중점을 둔다.

(나) 성취기준 적용 시 고려 사항
- 장애 정도가 심한 학생의 경우 시각, 청각, 운동 감각 등의 범위를 잘 고려하여 음악 활동에 효율적으로 사용하는 감각이 무엇인지 파악하고 점차 활동 범위를 확장시킬 수 있도록 한다. 소근육 사용이 제한적인 학생의 경우 '손 위의 손 안내법' 전략을 활용하여 교사가 학생의 손을 접촉하여 활동에 참여시킬 수 있다. 음악 수업 시 보조공학 기기나 지원인력을 활용해 신체를 움직이며 운동할 기회를 제공하고, 움직임을 유발하는 동기를 제공한다.
- 다양한 문화나 매체의 음악을 듣고 공동체의 문화를 이해하고 공감하는 음악 활동을 통해 존중이나 배려 등의 가치, 문화 다양성과 관용 등의 사회적 현안과 연계한 민주시민 교육을 반영할 수 있다.
- [12음악03-01] 음악을 듣거나 관련 장면을 보는 과정에서 특수교육 대상 학생에게 나타나는 작은 행동적 요소와 반응을 관찰하여 적절한 지원을 제공한다. 장애 정도가 심한 학생에게는 음악을 듣고 이야기할 때 의사소통 판을 활용하거나 신체 조건에 맞는 여러 가지 형태의 스위치, 음성출력 보완대체의사소통 기기 등을 활용하여 참여할 수 있도록 한다.
- [12음악03-02] 셈여림과 빠르기의 변화는 리듬 청각 자극을 통해 보폭, 속도, 걷기, 균형, 자세, 몸통 조절, 이동 능력, 조작 능력 등 운동 기능과 관련지어 지도한다. 장애 정도가 심한 학생의 경우 셈여림/빠르기의 변화에 맞게 손, 팔, 다리 등을 주물러 주고, 소근육 사용이 가능하다면 쉽게 미끄러지지 않는 재질의 악기를 활용하여 악기를 손으로 만지게 하며, 악기를 한곳에 모아 보게 하는 등으로 성취기준을 재구성하여 적용할 수 있다.
- [12음악03-03], [12음악03-04] 장애 정도가 심한 학생의 경우 스위치를 눌러 음악을 듣거나 소리 나는 장난감을 활용하는 등 다양한 매체를 활용할 수 있도록 한다. 또한 음악을 들을 때 필요한 태도나 적절한 반응 등을 함께 지도한다. 다양한 상황과 관련된 음악을 통해 여러 장르의 음악을 접할 수 있도록 음악의 미적 체험을 제공하고, 매체와 관련된 음악으로 음악에 대한 다양성을 느낄 수 있도록 한다.

# 03 교수·학습 및 평가

## 가. 교수·학습

(1) 교수·학습의 방향

(가) 교수·학습 계획은 기본 교육과정 음악과의 역량을 기반으로 한 성격, 목표, 내용 체계에 근거하여 학생의 생활연령, 인지 능력, 흥미, 장애 특성 및 교육적 요구 등을 고려하여 수립한다.

(나) 교사는 학생의 학습 특성과 능력에 적합하고 학생의 자기주도성을 고려한 교수학습 방법과 자료를 활용하며 교육과정의 내용을 재구성하여 수업을 설계한다. 7)_____의 경우 학생의 신체적 특성, 흥미, 수행 능력을 고려하여 적합한 악기를 활용하되, 연주하기 적합한 8)_____를 중심으로 학생이 스스로 다양한 종류의 악기를 선택할 수 있도록 설계한다.

(다) 학생의 음악성을 포괄적이고 균형 있게 발달시킬 수 있도록 표현, 창작, 감상 영역을 연계하여 교수·학습 과정을 계획하고 운용한다.

(라) '지식·이해', '과정·기능', '가치·태도'에 제시된 내용 요소와 유사한 타 교과의 내용을 연계하여 구안할 수 있다. 또한 안전·건강, 인성, 진로, 민주시민, 인권, 다문화, 통일, 독도, 경제·금융, 환경·지속가능발전 교육 등을 가사나 주제로 다루는 음악을 표현·창작·감상하며 범교과 학습 주제를 반영할 수 있다.

(마) 학생의 디지털 학습 환경과 가정의 지원 등을 고려하며, 경우에 따라 보호자를 포함하여 학생의 디지털 활용 능력에 도움을 줄 수 있는 사전 교육을 제공한다.

(바) 학습한 내용이 실생활에 적용될 수 있도록 삶과 연계하여 구안한다.

(2) 교수·학습 방법

(가) '표현' 영역에서는 학생이 다양한 음색을 체험하고, 자신의 감각과 느낌을 목소리나 악기 등을 활용하여 자기주도적으로 표현하도록 지도한다.

- 노래 부르기와 악기 연주하기는 학습자의 흥미와 특성을 고려한다.
- 학생의 신체적 특성, 학습 특성, 수행 수준에 맞는 9)___이나 ____를 선택하여 연주할 수 있도록 지도한다.
- 교사는 10)____, ____, _____ 등을 활용하여 학생이 음악 요소를 표현할 수 있도록 지도한다.

7) 기악 교육
8) 타악기
9) 곡이나 악기
10) 손짓, 몸동작, 다양한 악보

- 가상 악기를 포함한 다양한 악기를 활용하여 학생이 감각과 느낌을 자유롭게 표현할 수 있도록 분위기를 조성한다.

(나) '창작' 영역에서는 음악의 기본 요소를 토대로 학생이 느낌과 상상을 자유롭게 표현하며 새로운 음악에 대한 흥미와 관심을 가질 수 있도록 지도한다.
- 11)____, ____, ____, ____ 등을 활용하여 즉흥적으로 표현해 보도록 지도한다.
- 음악의 요소를 사용하여 간단한 음악을 만들고, 다양한 12)____를 활용하여 표현하도록 지도한다.
- 학생들이 소리를 듣고 모방하거나 상상한 것을 창의적으로 표현하는 활동을 하면서 흥미를 느낄 수 있도록 한다.
- 학생들의 삶과 연계된 주제에 대해 창작함으로써 음악 만들기에 흥미를 느낄 수 있도록 한다.

(다) '감상' 영역에서는 음악을 듣고 아름다움을 인식하며, 자신의 느낌이나 생각을 자유롭게 표현하면서 다양한 음악을 즐기도록 지도한다.
- 악곡 전체를 감상하기보다는 13)_____을 중심으로 반복하여 감상하도록 한다.
- 교사는 학생의 관심과 특성을 고려하여 적합한 악곡을 활용한다.
- 음악을 듣고 자기 생각이나 경험을 자유롭게 떠올려 보고, 이것을 14)____, ____, ____, ____, ____ 등 다양한 방법으로 표현해 보도록 지도한다.
- 다양한 악곡 양식을 활용하여 감상 수업을 진행한다.

(라) 다수의 학생과 군중들이 밀집한 곳에서의 음악 활동은 질서를 유지하여 안전하게 이루어질 수 있도록 지도한다.

(마) 다양한 원격수업 방법 및 디지털 기기를 활용하여 수업한다.
- 온오프라인 혼합수업이나 콘텐츠 활용 수업 등 다양한 원격수업 유형에 적합한 수업 방식을 활용하거나 자료를 제작함으로써 실질적인 음악 학습을 지원하도록 한다.
- 실제 악기뿐만 아니라 디지털 기기를 활용한 15)_____도 체험할 수 있는 기회를 제공한다.
- 작곡 애플리케이션을 활용하여 창작 및 편곡의 기회를 제공한다.
- 실감형 미디어 콘텐츠를 활용하여 음악 감상 시 심미적 체험 범위가 더욱 확대될 수 있도록 지도한다.
- 실시간 쌍방향 수업, 콘텐츠 활용 수업, 메타버스나 모바일 환경을 활용한 수업 등 다양한 원격수업 환경에서 음악 감상 활동을 진행할 경우 제재곡이 학생들에게 원활하게 송출되고 있는지 유의하며 수시로 점검한다.

11) 목소리, 악기, 신체, 물체
12) 매체
13) 주제 선율
14) 연주, 신체, 언어, 그림, 영상
15) 가상악기

- 다양한 원격수업 방법을 활용하되 장애 정도가 심한 학생의 참여가 원활할 수 있도록 보호자의 도움, 학생의 디지털 환경 및 악기 활용 방안 등을 고려하여 계획한다.
(바) 장애 정도가 심한 학생의 교육적 요구 및 특성을 고려한 음악 학습이 이루어질 수 있도록 한다.
- 장애 정도가 심한 학생도 가상 공간에서 다양한 음악적 표현을 할 수 있도록 적절한 수준의 메타버스 방식 연주 활동 기회를 제공할 수 있다.
- 장애 정도가 심한 학생이 다양한 악기를 통한 합주 활동에 참여함으로써 협동심과 성취감이 향상될 수 있도록 한다.
- 장애 정도가 심한 학생을 위해 16)_____, _____, _____ 등의 교수·학습 자료를 추가적으로 제공할 수 있다.

## 나. 평가

(1) 평가의 방향
- (가) 음악과 평가는 표현·창작·감상 영역의 내용이나 영역 내에서 음악을 활용할 수 있는 능력에 중점을 두고 종합적으로 실시함으로써 음악과의 역량을 기반으로 한 목표를 구현할 수 있도록 한다.
- (나) 평가는 기본 교육과정의 범위와 수준에 근거하여 계획을 수립한다.
- (다) 평가의 범위와 수준은 학생의 개별적 특성과 수행 능력을 고려하여 선정한다. 즉 평가의 내용, 기준, 방법은 개별 학생의 특성, 음악적 능력과 수준, 흥미 등을 고려한다.
- (라) '표현', '창작', '감상' 영역을 연계하여 통합적으로 평가할 수 있다.
- (마) 학생의 음악적 성장 및 발달을 위해 음악과 성취기준 분석을 토대로 적절한 평가 내용과 방법을 선정하여 과정을 중시하는 평가가 이루어지도록 한다.
- (바) '지식·이해', '과정·기능', '가치·태도'와 관련하여 개별 학생의 유의미한 향상도를 평가하는 데 초점을 둔다.
- (사) 원격수업에 적합한 평가가 이루어질 수 있도록 필요한 사항을 종합적으로 고려하여 평가 계획을 수립한다.
- (아) 실질적으로 삶과 연계된 내용을 평가에 활용한다.

(2) 평가 방법
- (가) 음악과 평가는 교과의 성격과 활동 영역별 내용에 따라 적절하게 이루어지도록 하고, 개별 학생의 능력, 수준, 흥미 등을 고려하여 다양한 방법으로 실시한다.
- (나) 학생의 개별적인 학습 특성과 수행 능력을 고려하여 평가 방법이나 도구를 적절하게 수정하여 평가하되, 음악의 17)_____에 치중하기보다는 음악을 통한 학생의

---

16) 시청각 자료, 촉각 자료, 디지털 자료
17) 기능적인 부분

18) _____와 향상 정도를 파악하도록 한다.
(다) 평가는 학습한 내용을 중심으로 하되, 학습 과정에서 관찰되는 행동과 태도의 유의미한 변화 등도 반영한다.
(라) 성취기준 활용 시 상황에 따라 중요도가 높은 항목을 중심으로 19) ____ 및 ____ 운용함으로써 학생의 학습이나 평가 부담을 경감시킬 수 있다.
(마) 평가는 '표현', '창작', '감상' 영역을 서로 연계하여 통합적으로 평가한다.
- '표현' 영역에서는 기초 기능과 표현 능력, 태도 등을 고루 반영하여 평가한다.
- '표현' 영역에서는 실제적 수행을 통한 실음 중심의 평가를 하며, 학생의 학습 능력을 고려하여 가장 기초적인 음악의 기본 요소에 대한 이해 정도를 평가한다.
- '창작' 영역에서는 음악 요소의 활용 정도, 창의적인 표현 능력, 태도 등을 평가한다.
- '감상' 영역에서는 음악의 특징을 파악하고 분위기를 느끼며 반응하는 데 평가의 주안점을 둔다.
- '표현' 및 '감상' 영역에서는 실감형 미디어를 활용한 평가를 실시할 수 있다.
(바) 평가는 20) _____ 등 다양한 방법과 도구를 활용한다.
(사) 가정 및 지역사회에서 이루어지는 음악 활동은 가정과 연계하여 평가할 수 있다.
(아) 평가는 노래 부르기, 악기 연주하기 등의 음악 활동에 따라 적절한 시설 및 공간에서 실시할 수 있다.
(자) 과정을 중시하는 평가를 실행할 때 평가의 과정과 결과에 기반하여 학생들에게 꾸준한 환류 체계가 제공될 수 있도록 한다.
(차) 평가 결과는 교수·학습 계획과 수업 방법 개선을 위한 자료로 활용하고, 학생 개개인의 21) _____를 확인하여, 학습의 부족한 부분을 보충하며, 22) _____을 개선하는 데 주안점을 둔다.
(카) 원격수업의 특성에 맞는 적합한 평가 도구를 선택하여 평가한다. 또한 온오프라인 혼합 수업에서의 평가는 음악 교과 역량과 내용 영역이 균형 있게 반영될 수 있도록 하며, 대면 평가와 비대면 평가의 연계도 고려한다.
- 원격수업의 경우 원활한 평가를 위하여 학생의 보호자에게 협조를 의뢰할 수 있다.
- 원격 평가에서도 평가의 투명성과 신뢰성이 확보되도록 제출된 음악 과제의 수행 주체와 과정을 23) _____하여야 한다.

18) 긍정적인 정서 변화
19) 축약 및 통합
20) 실기 평가, 실음 평가, 관찰 평가, 자기 평가, 상호 평가, 구술 평가, 포트폴리오 평가
21) 교육 목표 도달 정도
22) 교수·학습의 질
23) 직접 확인

- 원격 접속 환경 등으로 인해 음악 평가에 어려움이 있을 경우 사전에 대체 방안을 수립하고 학생들에게 미리 안내한다.

(타) 장애 정도가 심한 학생의 교육적 요구 및 특성을 고려하여 적절한 평가가 이루어질 수 있도록 한다.
- 장애 정도가 심한 학생을 위한 평가는 수업 시간에 이루어지는 음악 활동의 24)_____에 중점을 두고 실시하도록 한다.
- 장애 정도가 심한 학생에게 원격 평가를 실시할 때에는 평가 도구 및 방법 등 진행 방법을 사전에 보호자에게 구체적으로 안내한다.

---

24) 참여도

# 08 미술

## 교육과정 설계의 개요

미술과 교육과정은 학생의 장애 특성에 부합하는 미술 및 미술과의 본질과 가치를 중심에 두면서 총론의 주요 사항을 고려하여 설계되었다. 2022 개정 특수교육 교육과정의 인간상인 자기주도적인 사람, 창의적인 사람, 교양 있는 사람, 더불어 사는 사람으로 육성하기 위한 핵심역량을 연계하여 미술과 목표를 설정하고, 주요 강조점인 기후·생태환경, 민주시민, 디지털과 인공지능 등의 교육 내용을 적용하여 미술과 성취기준과 교수·학습 및 평가를 구성하였다.

삶으로서의 교육과정으로 학생의 일상과 생활 속 미술 활동을 강조하여 미술과 목표와 내용 영역을 아래 표와 같이 설정하고, 핵심 아이디어를 세 가지로 도출하였다. 미술과는 심미적 감성, 창의성, 자기주도성을 지닌 학생이 1)_____, _____, _____으로 이루어진 미술 활동을 하며 자신을 둘러싼 가정·학교·사회 등에서 공동체와 시각적으로 소통하는 것을 주요 골자로 한다. 다양한 장애 유형과 정도를 지닌 학생이 미술적 경험을 기초로 시각 문화를 이해하고, 자기 생각과 느낌을 창의적으로 표현하는 활동을 중심으로 내용 체계를 구성하였다. 감상 영역의 활동은 미술에 관심을 유발하고 미술을 향유하며 다양성을 존중할 수 있도록 기본적인 수준으로 구성하였다.

---

1) '체험', '표현', '감상'

### &lt;표 4&gt; 미술과 목표, 내용 영역, 핵심 아이디어

| 총론 | 자기관리 역량, 지식정보처리 역량, 창의적 사고역량, 심미적 감성 역량, 협력적 소통 역량, 공동체 역량 |
|---|---|

⬇

| 미술과 | 인간은 '심미적 감성', '창의성', '자기주도성'을 발휘하여 미술 활동(체험/표현/감상)을 하며 일상생활 속 '공동체'에서 '시각적 소통'을 한다. |
|---|---|

⬇

| 역량 목표 | 심미적 감성 | 시각적 소통 | 자기주도성 | 창의성 | 공동체 |
|---|---|---|---|---|---|
| | 대상과 현상의 지각, 미술의 아름다움과 즐거움 | 이미지를 매개로 상호 작용, 미술 표현 교류 | 자발적 미술 참여와 성취, 활용 | 생각과 느낌을 표현하고 새로움으로 연결 | 다양한 시각 문화의 존중, 협력하는 일원 |

⬇

| 영역 활동 | 체 험 | 표 현 | 감 상 |
|---|---|---|---|
| | 감각으로 자신과 환경을 탐색하여 시각 문화를 경험하는 활동 | 자신의 생각과 느낌을 조형 원리로 자유롭고 창의적으로 표현하는 활동 | 미술을 만나고 이해하고 존중하고 반응하는 활동 |

⬇

| 핵심 아이디어 | ① 원리 | ② 맥락 | ③ 활용 |
|---|---|---|---|
| | 미술 자체의 고유한 요소/개념/특성 | 학생을 둘러싼 가정/학교/사회 등 다양한 배경/상황 | 일상생활 속 미술 참여/경험/활용/적용 실제 |

체험, 표현, 감상 영역별 핵심 아이디어를 포함한 내용 체계 등 미술과 교육과정의 구성 체계는 아래 표와 같다. 핵심 아이디어는 미술 활동 전체를 관통하는 ① 2)_____, ② 3)_____, ③ 4)_____을 바탕으로 각 내용 영역별 특성을 살려 세 가지 진술문으로 구성하였다. '지식·이해'는 각 내용 영역에서 알고 이해해야 하는 미술의 주요 요소나 개념뿐 아니라, 삶 속에서 요구되는 방법적인 지식을 포함하였다. '과정·기능'은 미술 내 신체적 및 실천적 기능과 연계적인 기능으로 구성하였다. '가치·태도'는 미술 활동을 하며 기를 수 있는 의미 있고 바람직한 가치 및 태도이다. 성취기준은 '지식·이해', '과정·기능', '가치·태도' 중 두 개 이상의 내용 요소가 연결되도록 진술하였고, '교수·학습 및 평가'는 미술과의 특성을 살려 교사들이 학생 맞춤형 수업으로 교육과정을 재구성하여 수업 활동을 지원할 수 있도록 하였다.

2) 미술 자체의 고유한 특성
3) 학습자를 둘러싼 배경과 맥락
4) 일상생활 속에서의 미술적 참여와 활용

〈표 5〉 미술과 교육과정 구성

| 영역명 | | 체 험 | 표 현 | 감 상 |
|---|---|---|---|---|
| 핵심 아이디어 | 진술문① 원리 | 체험은 감각으로 자신과 환경을 탐색하여 주변과 소통하고 아름다움을 발견하고 즐기는 것이다. | 표현은 다양한 주제와 소재를 탐색하여 구상하고 자신의 생각과 느낌을 시각적으로 나타내는 것이다. | 감상은 미술 작품에 관심을 갖고 아름다움이나 감동을 느끼며 가치를 발견하는 것이다. |
| | 진술문② 맥락 | 미술 체험은 시각 이미지에 대한 생각과 느낌을 공유하며 소통하는 과정에서 이루어진다. | 개인적 혹은 협력적 미술 표현은 자신의 주변 환경과 배경에 따라 다양한 표현 활동으로 나타난다. | 미술적 수용과 반응은 미술 작품의 특징과 자신의 감수성이나 배경에 따라 다양하게 나타난다. |
| | 진술문③ 활용 | 학생은 생활 속 시각 문화 환경에서 이미지를 활용하여 시각적으로 소통하고 참여한다. | 학생은 생활 속에서 다양한 미술 매체와 표현 방법을 자유롭게 활용하여 자기주도적이고 창의적인 표현을 한다. | 학생은 생활 속에서 다양한 미술 작품 감상을 통해 서로 다른 관점을 존중하고 공동체에 참여하며 새로운 미술 문화를 만든다. |
| 내용 요소 | 지식·이해 | 감각, 이미지, 시각 문화 | 주제, 조형 요소와 원리, 재료와 방법 | 미술가, 미술 작품, 환경 |
| | 과정·기능 | 탐색, 연결, 활용 | 경험, 표현, 활용, 구상 | 관찰, 전시, 감상 |
| | 가치·태도 | 즐거움, 참여와 소통 자기주도성, 흥미와 관심, 수용과 존중 | | |
| 성취 기준 | 성취 기준 | 미술과 내용 요소에서 지식·이해, 과정·기능, 가치·태도가 유기적으로 연결될 수 있도록 2개 이상의 범주를 연결하여 진술 | | |
| | 고려 사항 | 장애 정도가 심한 학생이 성취기준에 도달할 수 있도록 수업을 계획하고 운영할 때 필요한 지침 진술 | | |
| 교수·학습 및 평가의 방향 | | 미술과의 성격, 목표, 내용 체계와 성취기준에 근거하고 학습자의 요구와 특성을 종합적으로 고려하여 교사의 창의적인 교육과정 재구성 및 실천적 미술 수업을 지원하는 사항으로 진술 | | |

# 01 성격 및 목표 19초

## 가. 성격

미술은 문화 요소들에 대한 생각과 느낌을 5)_____로 표현하고 그 감동이나 아름다움을 즐기는 것으로 삶에 대한 반응이며, 인류의 역사와 더불어 발전되어 온 다른 시대의 인간, 타 문화의 삶을 이해하는 인간 공통의 언어이다. 미술은 창조하고 생산해 내고자 하는 인간의 욕구를 통해 자신과 주변에 관심을 갖고, 자신을 둘러싼 세계를 이해하고 소통하며, 생태환경에 기초한 현실의 삶을 풍요롭고 다양하게 하며, 지속가능한 미래 환경과 지구 공동체의 발전에 기여한다.

미술과는 학생이 삶 속에서 경험하는 아름다움을 미술 활동으로 표현하고, 소통하는 즐거움과 자유로움을 느끼며, 사회적 관계 속에서 공존하며 생활할 수 있는 능력을 길러 민주시민의 기초를 형성하는 교과이다. 디지털 전환 시대의 미술과에서는 다양한 미술 활동을 통해 여러 가지 감각을 활용하여 경험을 확대하며 생각과 느낌을 표현하고 소통함으로써 미술 문화와 더불어서 살아갈 수 있는 기초 능력을 기르고자 한다. 미술과의 내용 영역은 '체험', '표현', '감상' 영역이 상호 연계되어 통합된 구조로 이루어진다. 체험 영역에서는 다양한 감각을 통해 자신과 주변을 인식하고, 가상 공간까지 확대된 생활 속의 이미지를 통한 시각 문화를 경험하도록 한다. 표현 영역은 디지털 매체를 포함한 미술의 다양한 표현 방법과 조형 감각을 익혀 자신의 생각과 느낌을 생활 속에서 나타내어 시각적 소통의 방법과 효과를 알도록 한다. 감상 영역에서는 일상의 미술 작품을 통해 다양성을 이해하고 미술 감상을 즐기며 개인의 문제를 넘어 주변의 문제를 해결하면서 사람과 환경의 공존을 위한 가치를 함양하여 공동체 문화에 참여하도록 한다.

학생들은 미술과에 참여함으로써 감각을 활용하여 주변의 자연환경과 시각 문화 환경을 탐색하고, 다양한 대상 및 현상을 지각하면서 자신의 생각과 느낌을 이해하고 시각적 소통을 하며 즐거움과 앎을 찾아갈 수 있다. 그리고 다양한 매체와 방법을 활용하여 자신의 생각과 느낌을 창의적으로 표현하는 미술 활동 과정에서 타 교과, 타 분야와 융합하여 새로운 가능성을 발견하고 성취의 기쁨을 누릴 수 있다. 이와 더불어 다양한 삶과 문화가 반영된 미술을 생활 속에서 만나면서 수용적인 태도로 미술의 다양성을 존중하며 사회 구성원으로 주체적이고 협력적인 역할을 수행하는 소양을 기를 수 있다. 또한 변화하는 생태환경에서 인간과 자연의 조화로움을 추구하는 미술 활동을 통해 자연과 환경을 보호하고 보존하여 생명이 순환할 수 있도록 개선하는 데 참여할 수 있다.

학교 교육에서 미술과는 자신의 삶 속에서 주변 대상과 현상에 대한 감각을 깨워 시각적 문해력을 함양하고 미적 감성을 풍부하게 한다. 또한 과거와 현재 그리고 미래의 삶을 이해할 뿐만 아니라 다양한 분야와 연결하여 실생활에서 향유되며 삶의 터전에서 공동체의 일원으로, 민주시민으로 살아가는 데 의미 있는 역할을 한다.

5) 시각 이미지

## 나. 목표

체험, 표현, 감상의 다양한 미술 활동을 총체적으로 경험하고 이해하며, 이를 바탕으로 6)_____, _____, _____을 신장하여 일상생활과 공동체 안에서 미술을 즐기고 소통하는 능력과 태도를 기른다.

(1) 미술의 아름다움을 느끼고 미술에 대한 기본적인 지식을 익힌다.
(2) 미술 활동을 통해 자신의 다양한 7)____과 ____을 생활 속에서 다양한 방식으로 표현한다.
(3) 생활 속에서 미술을 즐기고 서로 소통하며 존중하는 태도와 습관을 기른다.

---

6) 심미적 감성, 창의성, 자기주도성
7) 생각과 느낌

## 02 내용 체계 및 성취기준

### 가. 내용 체계

(1) 체험

| 핵심 아이디어 | • 체험은 다양한 감각으로 자신과 환경을 탐색하여 주변과 소통하고 아름다움을 발견하며 즐기는 것이다.<br>• 미술 체험은 시각 이미지에 대한 생각과 느낌을 공유하며 소통하는 과정에서 이루어진다.<br>• 학생은 생활 속 시각 문화 환경에서 이미지를 활용하여 소통하고 협력한다. ||
|---|---|---|
| 범주 | 내용 요소 ||
| | 중학교 1~3학년 | 고등학교 1~3학년 |
| 지식·이해 | • 감각과 매체<br>• 대상과 현상<br>• 이미지의 의미<br>• 미술과 다양한 분야 | • 감각을 활용한 미적 인식<br>• 이미지와 시각 문화<br>• 지역과 시대의 미술<br>• 미술과 직업 |
| 과정·기능 | • 감각과 매체로 탐색하기<br>• 시각적 특징 찾기<br>• 생활 속 이미지로 소통하기 | • 아름다움 발견하기<br>• 생활 속 이미지 활용하기<br>• 미술 관련 직업 탐색하기 |
| 가치·태도 | • 다양성의 수용<br>• 소통하는 태도 | • 다양성의 존중<br>• 협력하는 태도 |

(2) 표현

| 핵심 아이디어 | • 표현은 다양한 주제와 소재를 탐색하여 구상하고 자신의 생각과 느낌을 시각적으로 나타내는 것이다.<br>• 개인적 혹은 협력적 미술 표현은 자신의 주변 환경과 배경에 따라 다양한 표현 활동으로 나타난다.<br>• 학생은 생활 속에서 다양한 미술 매체와 표현 방법을 자유롭게 활용하여 자기주도적이고 창의적인 표현을 한다. ||
|---|---|---|
| 범주 | 내용 요소 ||
| | 중학교 1~3학년 | 고등학교 1~3학년 |
| 지식·이해 | • 주제와 소재<br>• 조형 요소와 원리의 관계<br>• 다양한 표현 재료와 방법 | • 조형 원리의 효과<br>• 새로운 표현 재료와 방법<br>• 미술과 직업 |
| 과정·기능 | • 주제와 소재 연결하기<br>• 재료와 방법의 특징을 살려 표현하기<br>• 다양한 분야와 연계하여 표현하기 | • 주제와 소재 구상하기<br>• 조형 요소와 원리 활용하기<br>• 창의적으로 표현하기<br>• 미술 관련 직업 표현 활동하기 |
| 가치·태도 | • 즐기는 태도<br>• 흥미와 자신감<br>• 다양한 표현 수용 | • 즐기는 태도<br>• 흥미와 도전<br>• 다양한 표현 존중 |

(3) 감상

| 범주 | 핵심 아이디어 | • 감상은 미술 작품에 관심을 갖고 아름다움이나 감동을 느끼며 가치를 발견하는 것이다.<br>• 미술적 수용과 반응은 미술 작품의 특징과 자신의 감수성이나 배경에 따라 다양하게 나타난다.<br>• 학생은 생활 속에서 다양한 미술 작품 감상을 통해 서로 다른 관점을 존중하고 공동체의 미술 문화를 즐긴다. |
|---|---|---|

| 범주 | 내용 요소 | |
|---|---|---|
| | 중학교 1~3학년 | 고등학교 1~3학년 |
| 지식 · 이해 | • 미술과 미술가<br>• 공동체의 미술 문화 | • 미술 작품의 배경<br>• 미술과 환경 |
| 과정 · 기능 | • 미술 문화 활동 경험하기<br>• 미술 작품 비교하기 | • 다양한 방법으로 분석하기<br>• 환경 친화적인 미술 작품 감상하기 |
| 가치 · 태도 | • 흥미와 관심<br>• 수용하는 태도<br>• 참여하는 태도 | • 흥미와 관심<br>• 존중하는 태도<br>• 환경을 소중히 여기는 태도 |

## 나. 성취기준

**[중학교 1~3학년]**

(1) 체험

중학교 '체험' 영역 성취기준은 감각과 매체를 활용하여 대상, 현상 등을 관찰하며 시각적 특징을 찾고, 생활 속의 이미지를 활용하여 다양한 분야와 연계된 미술 활동에 참여하는 것에 중점을 두어 설정하였다. '체험' 영역은 감각과 매체로 대상과 현상을 탐색하고, 생활 속 이미지를 활용하여 자신의 생각과 느낌에 대해 타인과 소통하며 다양한 분야와 연계된 미술을 체험하는 내용을 다룬다. 생활 속에서 미술이 자신의 삶과 밀접하게 관계되었음을 이해하고 다양성을 수용하는 태도를 지니는 것에 주안점을 둔다.

> [9미술01-01] 다양한 감각과 매체를 활용하여 대상과 현상을 탐색할 수 있다.
> [9미술01-02] 대상과 현상을 관찰하고 시각적 특징을 찾는다.
> [9미술01-03] 생활 속 이미지의 의미를 알고 이미지를 활용하여 자신의 생각과 느낌에 대해 타인과 소통한다.
> [9미술01-04] 미술과 연계된 다양한 분야를 살펴보고 다양성을 수용하는 태도를 지닌다.

(가) 성취기준 해설

• [9미술01-01] 이 성취기준은 다양한 감각과 매체를 활용하여 대상과 현상의 감각적 특징을 민감하게 탐색하게 하기 위해 설정하였다. 매체 속 대상의 특징 찾기, 증강현실(AR) 속 다양한 대상 탐색하기, 시시각각 변화하는 풍경을 사진으로 찍기 등 다양한 방법으로 대상과 현상을 탐색하는 내용을 다룬다. 초등학교에서 경험한 감각적

체험과 더불어 사진, 영상, 증강현실(AR), 가상현실(VR) 기기 등 디지털 매체를 포함한 다양한 매체를 활용하여 학습자가 감각의 확장을 경험하는 것에 주안점을 둔다.
- [9미술01-02] 이 성취기준은 자신과 대상, 시시각각 변화하는 현상 등을 주의 깊게 관찰하고 시각적 특징을 예민하게 발견하게 하기 위해 설정하였다. 자신을 닮은 대상 찾기, 시간에 따라 변하는 풍경 보기, 위치 바꾸며 대상 바라보기 등과 같이 시간과 공간의 변화에 따라 달라지는 대상이나 현상의 시각적 특징을 발견하는 내용을 다룬다. 탐색의 범위를 자신으로부터 대상, 현상으로 확장해가며 새로운 시각적 특징을 찾는 것에 주안점을 둔다.
- [9미술01-03] 이 성취기준은 생활 속에서 활용되고 있는 이미지의 의미를 이해하고, 이를 활용하여 자신의 생각과 느낌을 표현하기 위해 설정하였다. 디지털 매체를 통해 적절한 그림말(이모티콘)을 선택하여 친구와 소통하기, 픽토그램을 보고 운동 종목 찾기, 안내판을 보고 적절하게 행동하기 등의 내용을 다룬다. 학생이 이미지에 담긴 정보와 의미를 이해하고 생활 속 이미지를 활용해 자신의 생각과 느낌에 대해 타인과 소통하는 것에 주안점을 둔다.
- [9미술01-04] 이 성취기준은 미술과 연계된 다양한 분야를 살펴보면서 사회 현상에 폭넓게 연결된 미술을 경험하고 다양성을 수용하는 태도를 지니도록 하기 위해 설정하였다. 음식을 예쁘게 놓아 보기, 교실에 어울리는 장식품 고르기, 영화나 연극 등을 관람하며 미술 소품 찾아보기 등의 내용을 다룬다. 다양한 분야와 연계된 미술 활동을 체험하는 과정에서 미술이 우리 삶 속의 다양한 분야와 관련 있음을 인식하고 다양성을 이해하고 받아들이는 것에 주안점을 둔다.

(나) 성취기준 적용 시 고려 사항
- 학생이 자신의 특징을 찾을 때 타인과 비교하지 않고 강점을 발견할 수 있도록 안내한다. 탐색 과정에서 스스로 자신의 강점을 찾을 수 있도록 유도하고 긍정적으로 바라볼 수 있도록 하여 자신의 특징에 자신감을 가질 수 있게 한다.
- 자신의 생각과 느낌을 정확하게 표현하기 어려운 학생의 경우에는 감정과 느낌, 생각을 표현하는 활동을 중점적으로 지도해야 한다. 따라서 국어과와 연계하여 사실과 생각, 느낌을 구분하고 이를 표현할 수 있도록 한다. 또한 구어로 표현이 힘든 학생은 얼굴 표정이 그려진 감정 카드를 활용하여 표현하기, 몸짓이나 얼굴 표정으로 표현하기 등을 하며 생활 속에서 감정, 생각, 느낌을 표현하도록 할 수 있다.
- 미술의 특성상 시각적 특징을 주로 다루게 되지만, 눈에 보이지 않아도 감각할 수 있는 특징이나 생각과 느낌이 반영된 색, 형, 이미지 등을 소리, 움직임, 역할극 등으로 자유롭게 표현하도록 할 수 있다.
- 시각중복장애 학생의 경우 색이나 이미지를 상상할 수 있도록 다양한 감각적 지원을 제공 할 수 있다. 예를 들어 봄에는 촉각으로 느껴지는 따뜻한 날씨를 노란색이나

연두색(예 : 개나리꽃의 노랑, 새싹의 연두)과 관련지을 수 있으며, 겨울에는 차가운 얼음과 눈을 만져 보면서 느낀 감각을 파란색이나 하얀색으로 연결 지어 설명할 수 있다.
- [9미술01-03] 장애 정도가 심한 학생의 경우 사물과 같은 모양의 그림 찾기, 같은 모양의 그림 문자(픽토그램) 찾기, 자신이 원하는 물건이 있는 그림 카드 고르기 등으로 성취기준을 재구성하여 적용할 수 있다.

### (2) 표현

중학교 '표현' 영역 성취기준은 자신의 생각이나 느낌을 적절한 주제와 소재로 표현할 수 있도록 다양한 표현 방법과 조형 요소의 어울림을 통한 조형 원리를 사용하는 것에 중점을 두어 설정하였다. '표현' 영역은 자신의 의도에 맞는 소재를 찾아 조형 요소와 조형 원리를 조화롭게 사용하여 주제를 표현하고, 다양한 분야와 연계된 표현 활동을 하는 내용을 다룬다. 자신의 생각이나 느낌을 다양한 주제와 소재, 표현 재료와 방법, 조형 요소와 원리, 미술을 여러 분야와 연계하고 표현하는 과정을 통해 다양성을 수용하고 즐기는 태도를 지니는 것에 주안점을 둔다.

> [9미술02-01] 자신이 표현하고 싶은 주제가 잘 드러나는 소재를 찾아 즐겁게 표현한다.
> [9미술02-02] 다양한 표현 재료와 방법의 특징을 살려 자신감 있게 작품을 제작한다.
> [9미술02-03] 조형 요소의 어울림을 통해 조형 원리에 흥미를 가지고 표현 활동을 한다.
> [9미술02-04] 미술을 다양한 분야와 연계하여 표현하고 서로 다른 표현 방법을 수용하는 태도를 지닌다.

#### (가) 성취기준 해설

- [9미술02-01] 이 성취기준은 자신이 표현하고 싶은 주제가 잘 드러나는 소재를 찾아 즐겁게 표현 활동을 하기 위해 설정하였다. 단풍잎을 이용하여 가을풍경 꾸미기, 나를 닮은 동물을 찾아 자화상 그리기, 기분을 나타내는 색을 골라 색칠하기 등의 내용을 다룬다. 주제에 어울리는 소재를 찾을 수 있도록 다양한 소재를 경험하고 즐기는 것에 주안점을 둔다.
- [9미술02-02] 이 성취기준은 여러 가지 표현 매체를 탐색하고 다양한 표현 재료와 방법의 특징을 살려 자신감 있게 작품을 제작하게 하기 위해 설정하였다. 물감으로 번지는 효과 표현하기, 털실로 질감 표현하기, 입체 재료와 도구로 입체 표현하기, 그리기 애플리케이션을 사용하여 그림말(이모티콘) 만들기, 환경 친화적인 재료를 사용하여 표현하기 등의 내용을 다룬다. 다양한 디지털 매체를 작품 제작에 적극적으로 활용할 수 있도록 하며 여러 가지 표현 재료와 매체를 충분히 경험하고 그 특징을 효과적으로 표현하는 것에 주안점을 둔다.
- [9미술02-03] 이 성취기준은 점, 선, 면, 색, 명암, 질감, 형태 등의 조형 요소 간의 관계로서 통일, 변화, 강조, 율동, 균형, 대비 등의 조형 원리를 연결하여 흥미를 가지

고 미술을 표현하도록 설정하였다. 균형감이 있는 작품을 찾아 모방하기, 색 상환표에서 대비되는 색 찾기, 강조하고 싶은 얼굴 부위를 크게 그려 자화상 그리기 등의 내용을 다룬다. 조형 요소의 어울림을 통해 조형 원리를 자연스럽게 경험하고 이해하는 것에 주안점을 둔다.
- [9미술02-04] 이 성취기준은 다양한 분야에서 사용된 미술 작품 표현을 통해 서로 다른 표현 방법을 수용하는 능력을 기르게 하고자 설정하였다. 영화 포스터 만들기, 음반 표지 꾸미기, 미래 도시 꾸미기, 뮤직비디오 만들기, 문양 만들기 등의 내용을 다룬다. 이 과정에서 미술이 다양한 분야와 연결되어 있음을 알고 융합적 사고를 통해 여러 가지 표현을 수용하는 태도를 지니는 것에 주안점을 둔다.

(나) 성취기준 적용 시 고려 사항
- 장애 정도가 심한 학생은 조형 요소와 원리 등의 지식 습득에 집중하기보다는 표현하는 과정과 기능에 중점을 두어 표현 활동 경험이 반복적으로 풍부하게 이루어질 수 있도록 한다.
- 시각중복장애 학생의 경우 표현 재료의 물성을 충분히 경험할 수 있도록 확대된 이미지와 촉각, 청각 자료 등의 다양한 자료를 제공하여 조형 요소와 원리를 이해할 수 있도록 지원하고 소리, 움직임, 역할극 등 다양한 방법으로 표현할 수 있도록 한다. 또한 다양한 재질의 재료를 풍부하게 경험하고 자신이 표현하고자 하는 주제에 적절한 소재를 찾을 수 있도록 한다.
- 학생 건강과 환경을 고려하여 표현 재료와 방법을 계획하고, 구성 성분 및 유의 사항을 파악하여 학생들의 피부와 호흡기에 해로운 재료와 용구는 사전에 제외한다. 표현 재료와 용구에 따라 환기가 잘되는 수업 환경을 유지하고 사용 후 발생하는 쓰레기 처리 등 환경에 미치는 영향을 고려하며 안전 수칙을 지켜 사용하도록 한다.
- 다양한 표현 재료와 방법으로 표현을 하는 과정에서 환경 친화적인 재료와 방법으로 활동을 하도록 하여 환경을 소중히 여기는 태도를 지니도록 한다.
- [9미술02-01] 장애 정도가 심하여 주제와 소재를 연결하기 어려운 학생은 교사가 주제에 맞는 소재를 제한된 수로 단일하게 제시하여 주제에 맞는 소재를 스스로 선택하는 활동으로 성취기준을 재구성하여 적용할 수 있다.
- [9미술02-02] 장애 정도가 심하여 다양한 표현 매체로 표현하는 활동이 어려운 학생은 자신이 선호하는 하나의 매체로 표현하기, 인공지능 애플리케이션 등을 활용하여 낙서를 변환하여 자동 그림 그리기 등으로 성취기준을 재구성하여 적용할 수 있다.

(3) 감상

중학교 '감상' 영역 성취기준은 다양한 미술가들의 작품을 감상하고 공동체의 미술 문화에 관심을 기울이며 여러 가지 방법으로 미술 작품을 비교하는 능력을 기르는 데 중점을 두어 설정하였다. '감상' 영역은 미술가들의 작품을 감상하고, 지역사회의 미술 문화 활동에 참여하며, 여러 가지 방법으로 미술 작품을 비교하는 내용을 다룬다. 이 과정에서 미술가들의 작품과 공동체의 미술 문화에 흥미와 관심을 가지고 미술의 다양성을 수용하는 태도를 지니는 것에 주안점을 둔다.

> [9미술03-01] 미술가들의 작품을 감상하고 미술 감상에 흥미와 관심을 가진다.
> [9미술03-02] 공동체의 미술 문화에 관심을 기울이고 지역사회의 미술 문화 활동에 참여할 수 있다.
> [9미술03-03] 여러 가지 방법으로 미술 작품을 비교하고 미술의 다양성을 수용하는 태도를 지닌다.

(가) 성취기준 해설

- [9미술03-01] 이 성취기준은 주변에서 접할 수 있는 다양한 미술가들의 작품을 감상하며 미술 감상에 흥미와 관심을 가지게 하기 위해 설정하였다. 학교에서 볼 수 있는 작품의 작가 알아보기, 우리 지역의 미술가 작품 감상하기, 세계 여러 나라의 미술가 작품 감상하기 등의 내용을 다룬다. 작품 선정은 학습자의 발달 수준을 고려하되, 여러 미술가들의 작품을 풍부하게 접하도록 하여 미술 감상에 흥미와 관심을 가지게 하는 것에 주안점을 둔다.
- [9미술03-02] 이 성취기준은 지역사회의 미술관, 축제, 문화 행사 등 학생들이 살아가는 지역사회의 미술 문화에 관심을 기울이고 미술 문화 활동에 참여하는 태도를 지니도록 하기 위해 설정하였다. 우리 지역의 미술관 관람하기, 지역사회 축제의 미술 작품 찾아보기, 지역사회의 미술 문화 행사 참여하기 등의 내용을 다룬다. 지역사회 미술 문화 활동에 관심을 기울이고 공동체 문화에 참여하는 것에 주안점을 둔다.
- [9미술03-03] 이 성취기준은 여러 가지 방법으로 작품을 감상하고 비교하며 미술의 다양성을 수용하는 태도를 지니도록 하기 위해 설정하였다. 단독으로 작품 감상하기, 두 개 이상의 작품을 비교하기, 작품을 보고 자신의 생각과 느낌 표현하기, 다양한 시대의 작품 비교하기, 여러 나라의 작품 비교하기 등 여러 가지 방법으로 감상하는 재미를 느끼고 다양성을 수용하는 것에 주안점을 둔다.

(나) 성취기준 적용 시 고려 사항

- 작품을 감상할 때는 학생의 장애 정도나 특성에 적합한 시각, 언어, 청각, 촉각적 부가 자료를 제공하여 미술 작품을 다감각적으로 감상할 수 있게 한다.
- 시각중복장애 학생이 다양한 미술 작품을 경험하고 이를 비교할 때 재질, 온도, 촉감, 크기, 형태의 변화 등을 고려한 다양한 촉각 자료와 입체 자료를 포함하고 이에 대한 청각적 정보가 충분히 제공되어 다양한 감각을 충분히 활용할 수 있도록 한다. 또한 음악과와 연계하여 작품에 어울리는 제재곡을 함께 듣거나 탐색하며 다양한 감각으로 예술 작품을 느끼는 활동을 할 수 있다.
- 미술 작품 감상을 위한 지역사회기관 탐방 및 체험 실습형 미술관 관람 시 다중 밀집 상황을 포함한 구체적 상황별 안전 교육이 이루어지도록 한다.

- [9미술03-01] 장애 정도가 심한 학생은 교사가 제시한 미술가의 작품과 같은 그림 찾기, 두 가지 미술가의 작품 중 좋아하는 작품 가리키기 등으로 성취기준을 재구성하여 적용할 수 있다.

### [고등학교 1~3학년]

(1) 체험

고등학교 '체험' 영역 성취기준은 생활 속 시각 문화 환경에서 아름다움을 발견하고 생활 속의 이미지를 활용하며, 미술과 관련된 직업 및 지역과 시대의 미술을 탐색하는 과정에서 다양성을 존중하고 협력하는 태도를 기르는 것에 중점을 두어 설정하였다. '체험' 영역에서는 감각을 활용하여 주변의 아름다움을 발견하고, 시각 문화 환경 속에서 이미지를 활용하며, 지역과 시대에 따른 미술 문화를 체험하고 미술과 관련된 다양한 직업을 탐색하는 내용을 다룬다. 다양한 생각과 느낌을 존중하고 협력하는 태도를 기르며 주변의 시각 문화 환경을 새롭게 바라보고 아름다움을 발견하는 것에 주안점을 둔다.

> [12미술01-01] 감각을 활용한 미적 인식을 통해 아름다움을 발견한다.
> [12미술01-02] 생활 속 시각 문화를 체험하고 이미지를 활용한다.
> [12미술01-03] 지역과 시대에 따른 미술 속 아름다움의 요소를 찾고 다양한 생각과 느낌을 존중한다.
> [12미술01-04] 미술과 관련된 다양한 직업을 탐색하고 친구와 협력하는 태도를 지닌다.

(가) 성취기준 해설

- [12미술01-01] 이 성취기준은 주변의 시각 문화 환경을 감각을 활용하여 탐색하며 미적 인식을 통해 아름다움을 발견하기 위해 설정하였다. 계절의 변화에 따른 자연의 아름다움 발견하기, 교실 속 사물의 색이나 형태의 조화로움 발견하기, 친구의 옷차림에서 어울리는 색 발견하기, 학교 조형물에서 아름다운 요소 찾아보기 등의 내용을 다룬다. 학생들이 다양한 감각을 활용하여 주도적으로 환경을 탐색하는 활동을 통해 감각을 섬세하게 일깨우고 주변 시각 문화 환경을 새롭게 바라보는 미적 인식을 가지는 것에 주안점을 둔다.
- [12미술01-02] 이 성취기준은 생활 주변 시각 문화 속에서 다양한 시각 언어와 상징으로 환경과 소통하며 이미지를 활용하는 능력을 기르기 위해 설정하였다. 학생들이 쉽게 접하는 손수 제작물(UCC), 뮤직비디오, 광고 등의 시각 문화 환경을 체험하고 디지털 기기 배경 화면의 아이콘, 메타버스의 아바타, 사회 관계망 서비스(SNS)의 그림말(이모티콘) 등의 이미지를 활용하는 내용을 다룬다. 다양한 디지털 기기의 이미지를 직접 사용하고 활용하면서 시각적 문해력을 기르고, 이를 활용하여 소통하는 능력을 기르는 것에 주안점을 둔다.
- [12미술01-03] 이 성취기준은 지역과 시대에 따른 여러 가지 미술 작품에서 아름다움을 찾고 다양한 생각과 느낌을 존중하기 위해 설정하였다. 지역과 시대에 따라 변

하는 의복, 공예품, 건축물, 조형물 등에서 조형미 찾아보기, 다양한 나라의 미술 작품 살펴보기 등의 내용을 다룬다. 이 과정에서 미술이 시대와 공간을 넘어서 모든 사람들이 향유하고 즐길 수 있는 문화유산임을 알고 다양한 생각과 느낌을 존중하는 것에 주안점을 둔다.
- [12미술01-04] 이 성취기준은 미술과 관련된 직업을 탐색하고 체험함으로써 다양한 직업에 관심을 기울이고 친구와 함께 협력하는 태도를 기르기 위해 설정하였다. 주변의 시각 문화 환경에는 화가, 삽화가, 웹툰 작가, 사진 작가, 유튜브 제작자, 디자이너, 전문 안내원(도슨트), 전시 기획자 등 많은 직업이 관련되어 있음을 알고 협업하여 미술 관련 직업 역할극 하기, 친구와 함께 손수 제작물(UCC) 제작하기 등의 내용을 다룬다. 진로와 직업과 연계하여 다양한 직업 세계를 탐색하도록 하며, 친구와 협력하는 태도를 지니는 것에 주안점을 둔다.

(나) 성취기준 적용 시 고려 사항
- 다양한 디지털 매체 활용 시 사전에 매체의 기본적인 사용 방법 및 안전 지도를 하며 디지털 문해력 교육이 함께 이루어지도록 한다. 특히 가상현실(VR)을 체험할 때는 경험한 내용이 실제가 아님을 정확하게 알려 주도록 한다. 또한 인터넷, 사회 관계망 서비스(SNS), 메타버스를 활용할 때 지켜야 할 예절 등을 함께 지도하여 기본적인 디지털 문해 교육 및 디지털 인공지능 소양 함양 교육이 함께 이루어지도록 한다.
- 시각중복장애 학생에게 가상현실 기기(VR) 등을 활용할 때는 자신의 신체 움직임이나 음성인식 등 시각 외의 다양한 감각을 활용한 조작 방법을 사용할 수 있도록 한다. 또한 스마트폰이나 스마트 기기 등의 디지털 매체를 활용할 때는 글자 크기, 배경 색깔 등을 수정하거나 진동으로 터치 패드를 감지하도록 하여 장애 특성 및 정도에 적절하게 기기를 설정하고 디지털 매체를 활용할 수 있도록 지도한다.
- 국가, 인종, 성별 등 타 문화의 고유한 가치를 존중하는 태도를 바탕으로 다양한 매체를 통해 이미지로 소통하는 방식을 이해하고 활용함으로써 나와 세계가 함께 공존할 수 있는 새로운 시각 문화 형성에 참여하도록 한다.
- [12미술01-04] 장애 정도가 심한 학생의 교육적 요구에 따라 디지털 기기에서 다양한 아이콘 눌러 보기, 애플리케이션의 이미지 눌러 보기, 다양한 직업 캐릭터 색칠하기 등으로 성취기준을 재구성하여 적용할 수 있다.

(2) **표현**

고등학교 '표현' 영역 성취기준은 다양한 발상법을 사용하여 소재와 주제를 정하고, 새롭고 다양한 표현 재료와 방법 및 조형 원리를 활용하여 작품을 제작하는 능력을 기르기 위해 설정하였다. '표현' 영역은 다양한 발상으로 창의적인 미술 표현하기, 새로운 재료와 방법으로 표현에 대한 흥미 갖기, 미술과 관련된 직업을 알아보고 그와 관련된 미술 활동하기 등의 내용을 다룬다. 자신의 생각과 느낌을 창의적으로 표현하고 도전하는 태도를 기르는 것에 주안점을 둔다.

> [12미술02-01] 다양한 발상을 통해 소재와 주제를 정하고 창의적인 미술 표현에 도전한다.
> [12미술02-02] 연상 혹은 상상을 통해 떠오른 주제를 표현하고 자신과 타인의 작품을 존중한다.
> [12미술02-03] 다양한 조형 요소와 원리를 활용하여 효과적으로 작품을 제작하고 즐기는 태도를 지닌다.
> [12미술02-04] 새로운 표현 재료와 방법, 매체 등을 활용하고 창의적인 표현에 대한 흥미를 갖는다.
> [12미술02-05] 미술과 관련된 직업을 알아보고 그와 관련된 미술 표현 활동을 한다.

(가) 성취기준 해설

- [12미술02-01] 이 성취기준은 친숙한 대상에 대해 다양한 방식의 발상을 사용하여 창의적인 작품을 만드는 경험을 하도록 설정하였다. 대상과 현상을 자세히 관찰하기, 우연의 효과 활용하기, 둘 이상의 이미지를 결합하기, 형태와 쓰임을 변형하기 등 다양한 발상의 방식으로 표현하고 싶은 소재와 주제를 이끌어 내어 창의적인 미술 표현에 도전해 보는 내용을 다룬다. 주변의 익숙한 대상이 다양한 방식의 발상을 통해 새로운 작품이 될 수 있음을 알고 다양한 발상법을 경험하는 것에 주안점을 둔다.
- [12미술02-02] 이 성취기준은 다양한 소재를 활용하여 연상하거나 상상하기 등을 통해 떠오른 주제를 표현하는 능력과 자신과 타인의 작품을 존중하는 태도를 기르기 위해 설정하였다. 사물을 보고 연상되는 그림 그리기, 미래의 내 모습 그리기, 미래의 물건 만들기, 과학 상상화 그리기 등의 내용을 다룬다. 학생들이 주제나 내용을 다양하게 연상하거나 상상하여 자유롭게 표현하는 것에 주안점을 둔다.
- [12미술02-03] 이 성취기준은 조형 요소와 조형 원리를 활용하여 효과적으로 작품을 제작하고 즐기는 태도를 지니도록 하기 위해 설정하였다. 대비되는 색을 사용하여 경고판 만들기, 움직이는 로봇이나 모빌 만들기 등의 내용을 다룬다. 자신의 생각과 느낌을 표현하기 위해 조형 원리를 효과적으로 사용하는 것에 주안점을 둔다.
- [12미술02-04] 이 성취기준은 새로운 표현 재료와 방법, 매체들을 활용하여 시각적 이미지로 나타내고 창의적인 표현에 흥미를 갖기 위해 설정하였다. 일상 속 새로운 미술 재료 찾아보기, 인공지능 애플리케이션 이용하기, 디지털 매체로 이미지 만들기 등의 내용을 다룬다. 최신의 미술 재료와 방법, 매체 등을 찾고 창의적인 표현에 흥미를 갖는 것에 주안점을 둔다.
- [12미술02-05] 이 성취기준은 미술과 관련된 다양한 직업을 찾아보고 그와 관련된 다양한 미술 표현 활동을 하기 위해 설정하였다. 사진가가 되어 사진 찍기, 웹툰 작가가 되어 4컷 만화 그리기, 도예가가 되어 생활 용품 만들기 등 미술 관련 직업에서 하는 미술 표현 활동을 경험하는 내용을 다룬다. 미술과 관련된 다양한 직업을 알고 표현 활동을 경험하는 것에 주안점을 둔다.

(나) 성취기준 적용 시 고려 사항
- 디지털 매체나 인공지능 애플리케이션 사용에 어려움이 있는 학생의 경우 사전에 사용 가능한 인적 자원과 물적 자원을 확인하고 좌석의 위치를 장애 특성에 맞게 적절하게 배치하여 디지털 매체에 쉽게 접근하게 한다. 또한 장애 특성 및 정도에 맞게 디지털 매체의 기능을 설정하고 알맞은 애플리케이션을 찾아 학생이 디지털 매체를 활용하는 경험을 할 수 있도록 한다.
- 시각중복장애 학생의 경우 사용 가능한 잔존 감각을 활용하여 재질이나 크기가 확연하게 다른 소재를 변형하거나 결합하며 다양한 발상법을 경험하고 다양한 감각으로 찾은 대상의 특징과 자신이 떠올린 감정, 느낌, 생각을 관련지어 통합적으로 작품을 표현할 수 있도록 한다.
- [12미술02-03] 자신의 생각과 느낌을 조형 요소와 원리로 표현하기 힘든 학생에게는 우연의 효과를 이용한 표현하기, 도형을 따라 그리거나 색칠하기로 등으로 성취기준을 재구성하여 적용할 수 있다.

(3) 감상

고등학교 '감상' 영역 성취기준은 다양한 배경과 환경의 미술을 살펴보고 미술 작품의 특징을 분석하며, 다양성을 존중하고 환경을 소중히 여기는 태도를 지니는 데 중점을 두어 설정하였다. '감상' 영역에서는 다양한 지역과 시대적 배경의 미술 작품을 살펴보고, 내용과 형식에 따라 미술 작품을 분석하며, 환경 친화적인 미술 작품을 감상하는 내용을 다룬다. 이 과정에서 다양성을 존중하고 미술 감상에 흥미와 관심을 가지며, 환경을 소중히 여기는 태도를 지니는 것에 주안점을 둔다.

> [12미술03-01] 여러 지역과 시대적 배경의 미술 작품을 살펴보고 다양성을 존중하는 태도를 지닌다.
> [12미술03-02] 미술 작품의 특징을 분석하고 미술 감상에 흥미와 관심을 가진다.
> [12미술03-03] 환경 친화적인 미술 작품을 감상하고 환경을 소중히 여기는 태도를 지닌다.

(가) 성취기준 해설
- [12미술03-01] 이 성취기준은 우리나라의 전통 미술과 현대 미술을 포함한 다양한 지역, 시대, 문화의 미술 작품 등을 비교 감상하면서 문화적 다양성을 존중하는 태도를 지니도록 하기 위해 설정하였다. 우리나라의 전통 미술과 현대 미술 알아보기, 여러 나라 미술 작품 특징 찾기, 작품이 만들어진 시대적 배경 알기 등의 활동을 다룬다. 작품의 특징이나 양식의 차이가 확연히 드러나는 다양한 작품을 제시하여 학생들이 미술 작품에 대한 고정 관념에서 벗어나 다양성을 인식하고 존중하는 태도를 지니는 것에 주안점을 둔다.
- [12미술03-02] 이 성취기준은 미술 작품의 내용(소재, 주제 등)과 형식(재료와 용구, 표현 방법, 조형 요소와 원리 등)을 분석하여 작품의 특징을 찾고 미술 감상에 흥미

와 관심을 가지기 위해 설정하였다. 색의 배합이나 형태의 특징을 살펴보기, 내용과 형식에 따른 특징 분석하기 등의 내용을 다룬다. 작품에 표현된 소재나 주제, 재료와 용구, 표현 방법, 조형 요소와 원리에 따라 미술 작품의 특징이 달라짐을 알고 미술 감상에 흥미를 느끼도록 하는 것에 주안점을 둔다.
- [12미술03-03] 이 성취기준은 환경 친화적인 미술 작품을 감상하며 환경의 중요성을 알고 소중히 여기는 태도를 지니도록 하기 위해 설정하였다. 자연 속에서 미술적 요소를 감상하기, 생태 미술 작품 감상하기, 재활용품을 이용한 작품 전시하기, 표현과 연계하여 생태환경 그림책이나 만화 그리기 등의 내용을 다룬다. 과학과나 사회과의 환경과 생태계, 기후변화와 환경 위기, 친환경적 소비하기 등과 연계된 생태환경 교육을 할 수 있으며, 환경 친화적인 미술 작품을 감상하고 환경의 소중함과 심미적 가치를 경험하는 것에 주안점을 둔다.

(나) 성취기준 적용 시 고려 사항
- 장애의 특성 및 정도에 상관없이 모든 학생이 자신의 역할을 수행하며 전시 및 관람 활동에 참여할 수 있도록 하여 다양성을 존중하고 함께 협력할 수 있는 민주시민 교육이 이루어지도록 한다. 또한, 미술 작품 관람 시에는 학생이 안전하게 관람할 수 있도록 전시장의 규모와 장소, 밀집도 등을 고려하여 안전 계획을 수립하고 사전에 안전 수칙을 교육한다.
- 시각중복장애 학생이 미술 작품을 촉각, 청각 등의 다양한 감각으로 분석할 때에는 작품 주변의 장애물을 사전에 살펴 안전하게 활동이 이루어질 수 있도록 한다. 촉각을 활용해 작품을 분석할 경우 교사의 설명, 이미지 해설 애플리케이션이나 음성 파일 등 청각적 정보를 활용하여 학생 스스로 미술 작품의 특징을 파악할 수 있도록 한다.

# 03 교수·학습 및 평가

## 가. 교수·학습

(1) 교수·학습의 방향

(가) 미술과 교수·학습은 일상 속에서 경험하는 8)_____를 즐기고, 미술의 다양한 표현 방법과 조형 감각을 익혀 시각적으로 소통하며, 9)_____의 다양성을 존중하는 태도와 능력을 길러 민주시민의 기초 형성을 목적으로 한다.

(나) 미술과의 성격, 탐색적 미술 활동을 통한 10)_____ 확대, 다양한 표현 방법을 통한 창의력과 소통 능력 향상, 다양성의 수용과 존중의 태도 등을 고려하여 교수·학습을 계획하고 실행한다.

(다) 삶과 연결된 주제를 중심으로 학습자의 주도적인 활동이 이루어질 수 있도록 하고, 타 교과나 타 분야 등과 연계·융합하여 교수학습을 계획하고 실행한다.

(라) 미술과의 성격, 목표, 내용 체계와 성취기준에 근거하여 개별 학습자의 요구와 특성에 맞는 교수·학습을 계획하고 운용한다.

(마) '체험', '표현', '감상'의 영역별 특성을 살려 학습 목표에 적합하게 선정하되, '지식·이해', '과정·기능', '가치·태도'의 범주가 실생활과 관련지어 서로 연계하여 통합적으로 운용될 수 있도록 교수·학습 과정을 계획하고 실행한다.

(바) 학습자의 흥미, 능력, 특성을 고려하여 학습자 맞춤형 수업 및 자기주도적 교수·학습 계획을 계획 수립한다.

(사) 디지털 환경의 변화와 미술의 변화를 고려하여 교수·학습 과정에서 다양한 디지털 매체를 활용하고 온오프라인 연계 수업이 가능한 교수·학습을 계획하고 실행한다.

(아) 장애 정도가 심한 학생의 교육적 요구 및 특성을 고려하여 미술 수업이 이루어질 수 있도록 한다.

(자) 안전·건강 교육, 인성 교육, 진로 교육, 민주시민 교육, 인권 교육, 다문화 교육, 통일 교육, 독도 교육, 경제·금융 교육, 환경·지속가능발전 교육 등을 주제로 '체험', '표현', '감상'과 연계하여 범교과 학습 주제를 반영할 수 있다.

(차) 생활 속 탄소중립을 실천하며 환경 친화적인 미술 활동을 위한 교수·학습을 계획한다.

(카) 학생의 삶을 둘러싼 다양한 실생활의 문제를 해결할 수 있도록 지역사회의 인적·물적 자원을 활용하여 직업 교육 및 여가 활용을 할 수 있도록 교수·학습을 계획하고 실행한다.

8) 미술 문화
9) 시각 문화
10) 시각 문화 경험

(2) 교수·학습 방법

  (가) 교수·학습 과정은 미술과의 성격, 목표, 내용 체계와 성취기준, 학생의 학습 특성, 학습 능력, 흥미 등을 고려하여 강의, 시범, 개별 작업 및 협동 작업, 게임, 현장 견학, 극화, 체험 학습, 연구 과제 학습, 협력 학습, 토의·토론, 온오프라인 연계 수업 등으로 이루어질 수 있다.

- 미술 교과의 내용 체계 영역별 '지식·이해', '과정·기능', '가치·태도'의 세 범주를 연계하여 교수·학습을 계획하고 실행한다.
- '체험' 영역에서는 학생을 둘러싼 11)_____으로부터 조형 요소를 탐색할 수 있도록 관찰 학습, 체험 학습, 현장 견학, 탐구 학습, 비주얼 저널 학습, 반응 중심 학습 등을 활용할 수 있다.
- '표현' 영역에서는 주제를 자유롭게 찾고, 다양한 재료와 기법, 조형 요소 등을 활용한 12)_____를 제공하기 위해 창의적 문제 해결법, 협동 학습, 연구 과제 학습, 직접 교수법 등을 활용할 수 있다.
- '감상' 영역에서는 미술 문화를 감상하고 다양성에 대한 수용과 존중의 태도를 바탕으로 미적 판단을 할 수 있도록 반응 중심 학습, 귀납적 학습, 비교 감상 학습, 협동 학습, 토의·토론 학습, 현장 견학, 현장 체험 등을 활용할 수 있다.

  (나) '체험' 영역을 지도할 때는 다음 사항을 고려한다.

- '체험' 영역은 오감을 활용하여 자신과 시각 문화 환경을 감각적으로 지각하고 주변 세계와 소통하여 교류하며 13)_____을 확장해 나갈 수 있도록 다양한 경험을 제공한다.
- 생활 속에서 오감을 활용한 14)_____을 통해 자신과 주변 시각 문화 환경에 대한 미적 감수성을 기를 수 있도록 한다.
- 시각 문화 환경 속에서 생활연령에 적합한 체험 요소를 다양하게 경험하게 하되 학생의 발달 특성을 고려하여 시각, 촉각, 청각, 후각 등 다양한 감각을 활용할 수 있도록 한다.
- 현장 체험 학습이나 견학 시에는 현장의 안전성을 점검하고 다중 밀집 상황, 재난 대피 등 구체적 상황에 맞는 안전 계획을 수립하여 사전에 안전 교육을 실시하도록 한다.

  (다) '표현' 영역을 지도할 때에는 다음 사항을 고려한다.

- '표현' 영역은 학생의 흥미와 관심을 토대로 자유롭게 구상하고 조형 요소와 원리를 활용하여 창의적으로 표현할 수 있도록 설계한다.

11) 자연이나 주변 환경에서 친근하게 접할 수 있는 대상
12) 창작의 기회
13) 미적 감수성
14) 직접적인 체험활동

- 주제표현, 표현 방법, 조형 요소와 원리가 표현 과정에서 유기적으로 통합되도록 한다.
- 학생이 생각과 느낌을 표현하는 과정 자체에서 즐거움을 느낄 수 있도록 15)_____를 조성하고 긍정적 피드백을 제공한다.
- 안전사고를 예방하기 위해 표현 재료와 용구의 사용 및 보관 방법을 충분히 지도하고, 구성 성분 및 유의 사항을 파악하여 학생들의 피부와 호흡기에 해로운 재료와 용구는 사전에 제외한다.
- 자기주도적이고 창의적인 수업이 되도록 주제에 따른 표현 방법이나 재료 등은 가능한 한 16)_____ 하여 표현 동기를 높이고, 자신의 생각이나 느낌을 자유롭게 확장해 가도록 지도한다.

(라) '감상' 영역을 지도할 때에는 다음 사항을 고려한다.
- '감상' 영역은 생활 속에서 미술을 향유하고 미술 문화에 대한 가치를 발견하여 17)_____을 존중할 수 있도록 한다.
- 학습 내용과 관련된 유명한 미술 작품, 미술가 관련 정보나 일화 등을 활용하여 감상에 대한 흥미와 관심을 가지게 하며, 다양한 온오프라인 매체를 활용하여 감상할 수 있도록 한다.
- 감상 관련 지식 습득에 치중하기보다 체험과 연계하여 작품의 아름다움을 감각적, 직관적으로 느끼도록 하며 미술 문화의 다양성을 수용하고 존중하는 태도를 지닐 수 있도록 한다.
- 학생의 미술 활동 결과물은 온오프라인을 활용한 다양한 방법으로 전시하여 학생의 성취를 장려하고 학생이 미술에 대한 흥미를 유발하도록 한다.
- 미술관, 박물관, 전시장 등에서의 관람 태도와 예절을 알고, 지역사회에서 여가를 즐기는 방법을 익혀 자신의 삶 속에서 미술을 향유할 수 있도록 한다. 또한, 미술 작품 관람 시 사람이 많은 곳에서는 안내에 따라 질서를 유지하여 안전사고가 발생하지 않도록 한다.

(마) 미술 수업에서 학습자의 주도성이 적극적으로 발현될 수 있도록 학습자의 특성과 학습 능력을 고려한 개별화, 맞춤형 교수·학습 방법을 활용할 수 있다.
- 학생 개인별로 개별화교육계획을 수립하여 학생 맞춤형 수업을 실시한다.
- 명확한 설명, 다양한 유형의 촉진, 적절한 교수 자료, 기능적·다감각적 경험 등을 고려한 체계적 교수 방법을 적용한다.
- 감각적으로 민감하거나 둔감한 학생의 경우에는 개별적인 18)_____를 사전에 확인하고 학생의 감각 수준에 적절한 방법으로 미술 활동에 참여할 수 있도록 한다.

15) 수용적인 분위기
16) 학생이 선택할 수 있도록
17) 미술의 다양성
18) 감각의 역치

- 교사는 학생이 실제 거주하는 지역 환경을 고려하여 교육과정의 내용을 재구성하고, 타 교과와의 연계를 고려하여 교수·학습 활동을 구안한다.
(바) 디지털 교육 환경에 적합한 온오프라인 연계 수업 및 교육 기술(에듀테크)에 중점을 둔 교수·학습 방법을 활용한다.
- 디지털 매체를 활용한 활동을 통해 미적 경험과 상상력, 표현의 가능성을 확장하고 디지털 소양을 기를 수 있는 교수·학습을 계획하고 실행한다.
- 상황에 맞는 다양한 교육 기술(에듀테크)을 활용한 온오프라인 연계 수업을 고려한다. 온오프라인 연계 수업 시에는 디지털 학습 환경과 가정 등에서의 지원을 고려하며 실시간 온라인 협업을 통하여 작품 및 결과물 공유, 전시, 피드백 등 학습 이력 관리를 할 수 있다. 경우에 따라 보호자를 포함하여 학생의 디지털 활용 능력에 도움을 줄 수 있는 사전 교육을 제공한다.
- 실감형 콘텐츠 활용 학습 방법, 메타버스, 인공지능 활용, 소프트웨어 활용 교육, 3D 프린터, 홀로그램, 외벽 영상 등의 첨단 기술과 다양한 스마트 기기 및 미디어 매체와 교수·학습 방법 등을 활용한 새로운 지각 경험을 통해 '체험', '표현', '감상'의 영역을 확장할 수 있으며, 미술 문화에 흥미를 가지도록 한다.
- 온라인 미술 자료와 문화 공간과 시설, 메타버스를 활용한 가상 전시 공간 전시회 열기 등을 적극적으로 활용하여 다양한 지역 및 문화의 미술 작품에 대한 [19]_____을 확장하여 미술에 대한 이해와 관심을 높일 수 있도록 한다.
- 학생 수준에 적합한 디지털 문해력 교육 및 디지털 매체의 경험을 적극적으로 제공하여 변화하는 미래 시각 문화 환경에 대응할 수 있는 능력을 기르도록 한다.
(사) 원격수업을 실시할 경우에는 학습 상황 및 학생의 장애 특성 및 정도를 고려하여 적절한 지원을 제공한다.
- 비대면 원격수업에서 학습자 간, 학습자와 교사 간 상호 작용을 촉진하고 학생의 능동적 참여를 강화하는 방안을 마련하여 교수·학습을 계획하고 실행한다.
- 원격수업의 참여도를 높이기 위해 미술 활동 관련 다양한 디지털 기기나 학습 자료 등을 제공하거나 활용하며 디지털 기기 활용에 대한 사전 교육을 포함한 원격수업 교수·학습 계획을 수립한다.
- 원격수업 전에는 학습 꾸러미 제공, 원격수업 학습 방법 안내 등을 통해 원격수업에 적절하게 준비할 수 있도록 한다.
- 원격수업 중에는 디지털 미술관, 인공지능 애플리케이션, 디지털 플랫폼, 온라인 협업 도구 등 다양한 방법을 활용하여 [20]_____를 높이도록 한다.
- 원격수업 후에는 추가적인 지원이 필요하거나 학습자가 관심을 가지는 활동 등의 내

---

19) 접근성
20) 수업 참여도

용에 대한 지속적인 후속 활동을 지원하여 미술 수업이 연속성이 있도록 한다.
(아) 장애 정도가 심한 학생의 의미 있는 미술 수업이 이루어질 수 있도록 적합한 교수·학습 방법을 고려한다.
- 다양한 학습자의 수업 참여를 증진하고자 학생별 특성을 고려하여 몸짓, 구어, 그림, 의사소통 도구, 스마트 기기, 멀티미디어 등을 활용한다.
- '체험' 영역을 지도할 때는 시청각 자료, 촉각 자료, 디지털 자료 등의 추가적인 교수·학습 자료를 준비하여 수업 참여도를 높이도록 한다.
- '표현' 영역을 지도할 때는 인공지능을 활용한 다양한 애플리케이션과 디지털 매체 등을 활용하여 자신의 표현 범위를 확장할 수 있도록 한다.
- 받침대 있는 붓, 양손 가위, 잡기 보조 도구와 같이 21)_____를 활용하고, 미술 표현에 어려움이 있을 때는 헤드포인터, 스위치, 자세 보조 도구와 같은 다양한 보조공학 기기를 활용하여 표현 활동에 참여할 수 있도록 한다.
- '감상' 영역을 지도할 때는 자신의 생각과 느낌을 표현하는 활동 시 다양한 선택의 기회를 제공하며 학생의 가장 신뢰할 만한 반응 수단을 파악하여 감상 활동에 학생의 의견이 적극 반영될 수 있는 방법을 적용한다.

(자) 지속가능한 환경을 고려한 생태전환 미술 교육이 이루어지도록 한다.
- 체험 및 감상 활동 시 자연물을 훼손하지 않고 탐색할 수 있도록 하며 생활 속 탄소중립을 실천화하고 환경 친화적인 소재로 체험과 감상을 할 수 있도록 한다.
- 표현 활동 시 환경 친화적 표현 용구와 재활용품을 사용하여 환경에 대한 소중함을 느끼고 지속가능한 환경을 고려한 미술 작품을 제작할 수 있도록 22)_____을 연계하여 지도한다.

## 나. 평가

(1) 평가의 방향
(가) 미술과 교육과정의 목표와 성취기준을 근거로 성취기준 도달 정도를 정확하게 파악할 수 있도록 평가의 목표와 내용을 설정하되, 학습자의 성취수준을 고려하여 평가 계획을 수립한다.
(나) 영역별로 '체험', '표현', '감상'의 특성을 고려한 다양한 평가 방법을 구안하여 적용한다.
(다) 학생의 미술적 성장 및 발달을 위해 미술과 성취기준 분석을 토대로 적절한 평가 내용과 방법을 선정하여 과정을 중시하는 평가가 이루어지도록 한다.
(라) 디지털 환경 및 원격수업을 고려한 평가 계획을 구안하고 실행한다.
(마) 장애 정도가 심한 학생의 경우 장애 특성 및 정도에 따라 평가 방법 조정 등을 통해 평가기준을 수립할 수 있다.

21) 수정된 미술 자료
22) 생태전환 교육

(2) 평가 방법
　(가) 평가는 성취기준을 종합적으로 고려하고 학생 개개인의 발전 과정을 점검하여 환류되는 것에 주안점을 둔다.
　　• 평가 내용 및 방법, 평가 도구의 타당성, 신뢰성 등을 고려하여 평가 계획을 수립하고, 수립한 평가 계획과 기준을 학습자에게 미리 제시하여 평가의 신뢰성을 높인다.
　　• 학습자의 '지식·이해', '과정·기능', '가치·태도'의 내용이 균형 있게 평가가 이루어지도록 계획하며 개별 학생의 유의미한 향상도를 평가하는 데 초점을 둔다.
　　• 미술과 교수·학습 방법과 평가 방법이 일관성이 있도록 유의한다.
　(나) 교수·학습 활동에 따라 '체험', '표현', '감상' 영역을 고루 평가하되, 각 영역에서는 다음과 같은 방법을 주로 활용하여 평가한다.
　　• '체험' 영역은 자신과 주변 세계의 미적 가치에 관심을 기울이고 즐기며 다양한 감각을 활용하여 23)＿＿＿＿＿＿＿＿＿＿＿＿을 평가하는 데 주안점을 둔다.
　　• '체험' 영역에서는 감각을 활용하여 탐색하는 능력, 반응, 관찰력, 시각 문화와 이미지를 활용한 소통 능력 등을 평가하기 위해 관찰 평가, 실기 평가, 발표 및 토의·토론, 연구 보고서 등을 활용하여 평가할 수 있다.
　　• '표현' 영역은 다양한 재료와 매체를 활용하여 자신의 생각과 느낌을 창의적이고 자유롭게 표현하는 과정을 중심으로 평가한다. 학생이 작품을 제작하는 과정에도 환류가 계속되도록 24)＿＿＿＿＿＿＿＿＿＿＿를 한다.
　　• '표현' 영역에서는 자신감, 미술적 요소의 활용, 창의적인 표현 능력, 태도 등을 평가하기 위해 실기 평가, 관찰법, 자기 평가 및 동료 평가, 포트폴리오 및 프로세스폴리오 평가를 활용하고, 작품 발상과 제작 과정의 성찰을 평가하기 위해 아이디어 스케치, 제작 과정 점검 체크리스트 등의 방법을 활용할 수 있다.
　　• '감상' 영역은 미술 작품의 사회·문화적 배경과 특성을 이해하고 자유롭게 반응하며 미술 문화의 다양성을 존중하는 25)＿＿＿＿＿＿＿를 중심으로 평가한다.
　　• '감상' 영역에서는 미술 작품에 대한 반응도, 미술 작품에 대한 표현력, 감상 태도 등을 평가하기 위해 관찰법, 발표 및 토의·토론법, 감상문 쓰기 등으로 평가할 수 있다.
　(다) 교수·학습과 연계하여 학생의 성장을 돕는 과정을 중시하는 평가를 시행한다.
　　• 지속적인 관찰을 통하여 미술에 대한 기초적인 지식의 이해, 미술의 활용 정도, 태도 등을 과정과 결과로 균형 있게 평가하고 교수·학습 과정에 활용한다.
　　• 성취기준에 도달하는 학습 과정을 평가할 때, '스케치 평가', '제작 또는 탐색 과정 보고서 평가', '발표', '체크리스트' 등의 방법을 활용하여 교수·학습 과정 중 평가가

23) 생각과 느낌을 소통하는 능력
24) 과정을 중시하는 평가
25) 개방적인 태도

이루어지도록 한다.
　　• 일회성 결과 중심 평가를 지양하고, 학습자가 성취기준에 도달해 가는 과정을 교사가 직접 관찰하고 기록하여 학습자에게 맞춤형 피드백을 제공할 수 있도록 한다.
　　• 평가 결과는 학습자의 개인별 성장과 성취수준을 파악하는 기초 자료로 사용하고, 학습자와 학부모 면담 등에 활용할 수 있다.
　　자기 평가 및 학생 간 상호 평가를 통해 학습자가 평가의 주체가 되도록 한다.
(라) 평가 목표, 평가 내용, 평가 상황 등을 고려하여 미술 평가에 적합한 다양한 평가 방법을 적절하게 활용한다.
　　• 평가 방법은 평가 목적과 평가 내용에 적합한 것을 선정하며, 미술적 요소의 사용 등에 타당도 및 신뢰도가 높은 평가 방법과 도구를 개발하여 활용한다.
　　• 수행평가는 평가 목표, 평가 내용, 평가 상황 등을 고려하여 관찰법, 감상문, 토의·토론법, 연구 보고서, 자기 평가 및 동료 평가, 실기 평가, 포트폴리오, 프로세스폴리오 등 다양한 평가 방법과 평가 도구를 활용한다.
　　• 실기 평가의 내용, 과제, 매체 등은 학생과 학교의 상황을 고려하여 다양하게 제시하되, 가능한 26)_____를 부여할 수 있도록 유의한다.
　　• 체계적인 교육 계획을 작성하기 위하여 학생의 동기, 행동, 기술 습득, 미적 표현, 감정 부분 등을 영역별로 진단하여 평가할 수 있다.
(마) 원격수업과 온오프라인 연계 수업의 경우 디지털 환경 및 관련된 사항을 고려하여 평가 방법을 구안하고 실행한다.
　　• 원격수업 평가에서는 다양한 디지털 플랫폼을 활용하여 학생의 결과물에 대한 관찰 평가 및 피드백을 제공하고, 평가의 공정성을 확보하기 위하여 과제의 수행 주체와 과정을 기록한 사진 및 동영상을 활용하여 교사가 직접 관찰·확인할 수 있도록 한다.
　　• 온오프라인 연계 수업의 평가에서는 원격수업에서 작성한 과제물 외에도 교실 수업 내에서 학생의 27)_____을 평가하여 기록한다. 또한 사전에 평가 내용과 방법을 보호자에게 구체적으로 안내한다.
　　• 스마트폰, 애플리케이션, 다양한 활동 결과물, 인공지능 그리기 프로그램 결과물 파일, 학습 과정의 사진 등 다양한 학습 플랫폼과 디지털 도구를 활용하여 활동 특성에 맞는 평가를 실시하도록 한다.
(바) 장애 정도가 심한 학생을 포함한 다양한 학습자들의 학습 격차 문제를 완화할 수 있는 지원 방안을 마련한다.

---

26) 선택의 기회
27) 작품 제작 활동 과정

- 장애 정도가 심한 학생의 경우 평가 시 다양한 감각을 활용하여 탐색하고 표현할 수 있도록 평가 방법을 고안하며, 미술 표현 활동이 어려운 경우 28)_____ 등으로 평가가 이루어지도록 한다.
- 장애 정도가 심한 학생 및 다양한 학습자를 위해 성취기준을 재구성하여 적용할 수 있다.

---

28) 몸짓, 표정, 발성

# 09 선택-정보통신활용

## 교육과정 설계의 개요

정보통신활용과는 기본 교육과정 선택 교과의 하나로, 특수교육 대상 학생이 정보통신 기기, 소프트웨어, 인공지능, 디지털 문화에 대한 경험과 활용을 통해 디지털 전환에 따른 사회 변화에 적응할 수 있도록 하는 과목이다. 정보통신활용과는 정보통신 기기를 사용하여 1)_____을 기르고, 디지털 문화를 경험하는 과정에서 변화하는 사회에 적응하는 역량을 함양하기 위한 교육과정이다. 또한 특수교육 현장에 적합한 내용을 선정 및 조직하여 특수교육 대상 학생과 정보 사회를 연결하는 역할을 한다. 이에 2022 개정 특수교육 기본 교육과정 정보통신활용과는 정보통신 기술의 발달을 통해 변화된 정보통신의 다양한 분야를 특수교육 대상 학생이 고르게 경험하는데 중점을 두었다. 그리고 미래교육에 필요한 2)_____을 길러줄 수 있는 과목으로 기능할 수 있도록 하였다.

2022 개정 특수교육 기본 교육과정 정보통신활용과는 '성격 및 목표', '내용 체계', '성취기준', '교수·학습 및 평가'로 구성하였다. '성격 및 목표'는 정보통신 활용에 대한 학습의 의의를 밝히고, 정보통신활용과 학습의 필요성과 목표를 제시하였다. '내용체계'는 영역별 핵심 아이디어를 설정하고, '지식·이해', '과정·기능', '가치·태도'에 따른 내용 요소를 제시하였으며, 정보통신활용과 학습을 통해 이루어야 하는 성취기준을 제시하였다. 그리고 '성취기준 해설'과 '성취기준 적용 시 고려 사항'을 추가하여 성취기준에 대한 이해를 높이고자 하였다. 정보통신활용과의 특성을 반영하고 디지털 사회에 유연하게 대처할 수 있는 능력을 기를 수 있도록 '교수·학습 방향과 방법'을 설정하고, 특수교육 대상 학생의 정보통신 활용에 대한 유의미한 평가가 이루어지도록 '평가의 방향과 방법'을 제시하였다.

2022 개정 특수교육 기본 교육과정 정보통신활용과는 '정보통신 이해와 기기의 사용', '정보통신 생활과 소프트웨어', '정보통신 윤리와 디지털 문화'의 3개 영역으로 구성하였다. 2015 개정 특수교육 기본 교육과정 정보통신활용과 교육과정에서 내용 요소 간 유사성을 지니는 영역을 통합함으로써 학습량을 적정화하고, 과목 운영의 유연성을 확대하고자 하였다. 첫째, '정보통신 이해와 기기의 사용' 영역은 정보통신 기기의 조작, 정보통신 기기 프로그램의 사용, 정보통신 발전을 이해하는

1) 컴퓨팅 사고력
2) 디지털 기초소양

과정을 통해 정보통신활용과에서 요구하는 지식과 기능, 태도를 익혀 미래의 정보통신 변화에 대처할 수 있도록 하였다. 둘째, '정보통신 생활과 소프트웨어' 영역은 시대적 변화에 적합한 일상생활 중심의 소프트웨어 교육을 실시함으로써 컴퓨팅 사고력을 향상할 수 있도록 하였다. 셋째, '정보통신 윤리와 디지털 문화' 영역은 디지털 기술의 발달에 따라 나타난 정보통신 윤리와 디지털 문화를 경험함으로써, 디지털 환경 변화에 적응하고 적절하게 대처하는 능력을 기를 수 있는 내용으로 구성하였다. 정보 사회에서 개인의 도덕성과 가치관 정립의 중요성이 높아짐에 따라 정보화의 역기능을 예방하고, 디지털 기술을 이용한 생활의 편리함을 경험할 수 있는 체계적인 교육이 이루어질 수 있도록 하였다.

정보통신활용과는 교육 현장의 요구를 반영한 난이도 조정을 통해 실생활 중심의 소재를 활용하고 미래의 삶과 연계한 교육이 이루어질 수 있도록 내용을 선정하였다. 정보통신활용과의 학습을 통해 정보통신, 소프트웨어, 디지털 문화에 대한 개념과 원리를 이해하고, 일상생활 중심의 기초적인 소프트웨어 교육을 통해 학습 부담을 경감하고자 하였다. 그리고 정보통신 윤리의 의미를 확대하여 디지털 매체의 이용자로서 개인이 지켜야 할 책임과 의무를 지키는 것뿐만 아니라, 인간과 디지털 기술의 상호 작용 속에서 고려되어야 할 윤리를 포함하였다. 또한 특수교육 대상 학생이 실천적 경험으로 정보통신 활용에 대한 사고와 수행 과정을 기를 수 있도록 하였다. 교육과정에 제시된 용어와 표현은 전문적인 용어의 사용보다는 정보통신활용과를 지도하는 교사가 보다 쉽게 이해할 수 있는 용어와 표현을 사용하고자 하였다.

특수교육 대상 학생이 정보통신의 유용성, 컴퓨터의 편리함, 개인 정보 보호의 생활화, 디지털 문화의 즐거움 등 정보통신 활용의 가치와 의미를 자연스럽게 습득하고 내면화하는 것은 중요하다. 이를 위해 다음에 초점을 두어 학생이 배운 것을 표현하고 행동에 옮기는 방법을 배울 수 있도록 하였다. 첫째, 정보통신 기기 및 프로그램 조작 능력에 중점을 두고, 익숙한 정보통신 기기를 선택하여 매체를 통해 정보를 주고받을 수 있도록 하였다. 둘째, 컴퓨팅 사고력 증진에 중점을 두고, 컴퓨터의 기본 사용법을 익히고 알고리즘 접근을 통해 생활 속의 문제를 해결할 수 있도록 하였다. 마지막으로, 디지털 문화 경험 및 정보통신 윤리에 중점을 두고, 여가, 직업, 가정, 지역사회 등 생활 속의 디지털 문화를 경험함으로써 정보통신 활용이 자신에게 유용한 도구임을 인식하고, 정보통신 윤리의 중요성을 알 수 있도록 하였다. 이러한 정보통신활용과의 학습을 통해 정보통신 활용 역량을 기르고, 디지털 사회에서 주도적으로 살아갈 수 있는 시민으로 성장할 수 있도록 하였다.

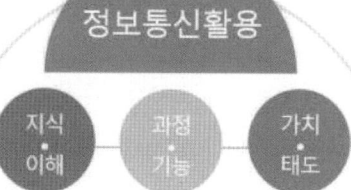

[그림 9] 2022 개정 특수교육 기본 교육과정 정보통신활용과 설계 개요

# 01 성격 및 목표

**가. 성격**

정보통신활용과는 일상에서 접하는 정보의 의미를 이해하고, 정보통신 기기의 사용법을 익혀 필요한 정보를 수집·생산하며, 문제 해결을 위해 정보통신을 활용할 수 있는 능력을 기르는 과목이다. 학생은 정보를 탐색하고 활용하는 경험을 통해 정보의 가치를 인식하고 정보를 효율적으로 관리하는 능력과 정보통신 윤리를 실천하는 태도를 기른다. 4차 산업혁명 시대에는 가상현실(VR), 사물 인터넷, 인공지능 등 첨단 정보통신 기술의 융합으로 사회 여러 분야가 시공간을 초월하여 서로 연결되고, 무인·비대면 중심의 생활이 확산되는 등 삶의 양식이 혁신적으로 변화하는 새로운 디지털 문화가 형성된다. 이러한 디지털 환경의 변화 속에서 학생의 정보에 대한 접근성과 정보통신 기기 활용의 제한은 일상을 살아가는 데 다양한 어려움을 초래할 수 있으며, 사회 전반에서 소외될 우려가 있다. 따라서 학생이 미래 사회에서 새롭게 경험하게 되는 문제에 자신감을 가지고 능동적으로 대처하며 자기주도적으로 살아가기 위해 정보통신 활용은 반드시 갖추어야 하는 기본 능력이다.

학생은 정보통신 기기를 활용하여 필요한 정보를 탐색하고 생산 및 공유하는 과정을 통해 효과적으로 정보를 처리하는 능력을 기른다. 컴퓨팅 시스템과 소프트웨어의 적용은 정보를 보다 편리하게 처리하도록 하고, 다양한 네트워크를 통해 활발하게 소통하도록 하며, 일상생활 속 문제를 효과적으로 해결하도록 한다. 나아가 디지털 문화에 대한 경험을 제공하여 개인 정보 관리의 중요성을 인식하고, 새롭게 등장하는 정보통신 기기를 적극적으로 탐색하고 활용하도록 함으로써 미래 사회에 대응하는 3)_____을 기르도록 한다. 또한 디지털 사회에서 갖추어야 하는 예절을 익히고, 건강하고 안전한 정보통신 윤리를 실천하도록 한다.

2022 개정 특수교육 기본 교육과정 정보통신활용과는 학생이 정보통신의 종류와 의미를 이해하고, 정보통신 기기의 선택과 조작을 통해 필요한 정보에 쉽게 접근할 수 있도록 한다. 디지털 사회에서 요구되는 문제 해결력과 협력적 의사소통 능력을 기르고, 디지털 문화에 주도적으로 참여할 수 있는 디지털 기초소양을 갖추도록 하는 과목이다. 또한 정보통신활용과의 영역은 '정보통신 이해와 기기의 사용', '정보통신 생활과 소프트웨어', '정보통신 윤리와 디지털 문화'로 구성된다. 정보통신활용과를 통해 학생은 정보통신의 기본적인 개념과 원리를 기반으로 생활 주변에서 발생하는 문제를 이해하고 종합적으로 해결하는 데 도움이 되는 지식과 기술을 갖추게 된다. 그리고 디지털 사회에서 요구되는 민주시민의 자질을 함양하고, 정보통신의 변화에 자기주도적으로 대처하며, 더불어 살아가는 삶을 영위하도록 한다.

---

3) 디지털 문해력

## 나. 목표

정보통신의 기초 지식과 기본 기능을 익혀 4)_____를 활용하고, 5)_____ 함양을 통해 생활 속 문제를 해결하며, 디지털 사회에 필요한 정보통신 활용 능력을 기른다.

(1) 정보통신의 의미와 가치를 알고, 정보가 수집·생산되는 과정을 경험함으로써, 6)_____의 중요성을 이해한다.

(2) 정보통신 기기와 소프트웨어의 활용을 통해 필요한 정보를 효율적으로 탐색하고 공유하며, 디지털 사회에 필요한 7)_____을 기른다.

(3) 디지털 사회에서 지켜야 할 8)_____을 함양하고, 9)_____의 탐색과 체험을 통해 일상생활에서 적극적으로 참여하는 태도를 기른다.

4) 정보
5) 컴퓨팅 사고력
6) 정보통신 활용
7) 문제 해결 능력
8) 윤리 의식
9) 디지털 문화

## 02 내용 체계 및 성취기준

### 가. 내용 체계

(1) 정보통신 이해와 기기의 사용

| 핵심 아이디어 | • 인간은 소리, 문자, 영상 등 다양한 방법으로 정보를 표현하고, 생활 속에서 정보를 전달함으로써 정보의 가치를 확인한다.<br>• 정보통신 기술은 일상생활과 밀접한 관련이 있고, 다양한 정보통신 기기의 사용은 생활을 편리하게 한다. | |
|---|---|---|
| 범주 | 내용 요소 | |
| | 중학교 1~3학년 | 고등학교 1~3학년 |
| 지식·이해 | • 정보통신의 의미<br>• 정보통신 기기의 종류와 기능 | • 변화하는 정보통신<br>• 다양한 정보통신 기기의 활용 |
| 과정·기능 | • 정보통신 종류 탐색하기<br>• 정보통신 기기 조작하기<br>• 정보통신 기기의 기본 프로그램 사용하기<br>• 정보 수집하고 교환하기 | • 정보통신 특징과 발전 과정 살펴보기<br>• 정보통신 기기 사용하고 관리하기<br>• 정보통신 기기의 응용 프로그램 사용하기<br>• 정보 생산하고 공유하기 |
| 가치·태도 | • 정보통신과 소통<br>• 정보통신 기기에 대한 관심과 흥미 | • 정보통신의 유용성<br>• 정보통신 기기의 적극적 활용 |

(2) 정보통신 생활과 소프트웨어

| 핵심 아이디어 | • 컴퓨터의 활용은 인간의 삶을 보다 유용하게 하고, 컴퓨터 네트워크인 인터넷을 통해 다양한 정보를 검색하고 활용한다.<br>• 인간은 컴퓨팅 사고를 통해 일상생활에서 나타나는 문제를 합리적으로 분석하고 해결한다.<br>• 인공지능 기술의 발전은 인간의 삶을 빠르게 변화시키고, 인공지능의 활용과 보편화는 인간의 삶을 윤택하게 한다. | |
|---|---|---|
| 범주 | 내용 요소 | |
| | 중학교 1~3학년 | 고등학교 1~3학년 |
| 지식·이해 | • 컴퓨터의 구성 및 특징<br>• 인터넷과 인공지능의 이해 | • 컴퓨팅 시스템의 이해<br>• 소프트웨어와 인공지능의 활용 |
| 과정·기능 | • 컴퓨터 장치와 기본 기능 익히기<br>• 인터넷 정보 검색하기<br>• 순차, 선택, 반복 구조 탐색하기<br>• 생활 속 인공지능 탐색하기 | • 컴퓨터 프로그램 사용하기<br>• 인터넷 정보 활용하기<br>• 실생활 문제 해결 절차 구성하기<br>• 생활 속 인공지능 경험하기 |
| 가치·태도 | • 컴퓨터의 활용과 편리함<br>• 인터넷 정보와 인공지능의 유용성 | • 문제 해결을 위한 실천적 자세<br>• 정보 활용을 통한 소통과 협력 |

(3) 정보통신 윤리와 디지털 문화

| 핵심 아이디어 | • 개인 정보를 보호하고, 디지털 윤리를 실천하여 안전한 사회를 만든다.<br>• 디지털 기술의 발달로 이루어진 디지털 문화는 인간의 삶을 풍요롭게 하여 삶의 질을 높인다. | |
|---|---|---|
| 범주 | 내용 요소 | |
| | 중학교 1~3학년 | 고등학교 1~3학년 |
| 지식·이해 | • 개인 정보 보호의 중요성<br>• 디지털 사회와 문화에 대한 이해 | • 디지털 윤리 의식의 중요성<br>• 미래 디지털 문화에 대한 전망 |
| 과정·기능 | • 디지털 예절 실천하기<br>• 개인 정보 보호하기<br>• 가정 내 디지털 생활 경험하기<br>• 디지털 환경의 여가활동 체험하기 | • 건전한 디지털 윤리 실천하기<br>• 디지털 중독 및 디지털 범죄 예방하기<br>• 지역사회 디지털 문화 경험하기<br>• 디지털 사회의 직업 체험하기 |
| 가치·태도 | • 개인 정보 보호의 생활화<br>• 디지털 문화에 대한 관심 | • 디지털 공간 속 상호 존중과 배려<br>• 디지털 문화의 가치와 즐거움 |

## 나. 성취기준

### [중학교 1~3학년]

(1) 정보통신 이해와 기기의 사용

중학교 1~3학년 '정보통신 이해와 기기의 사용' 영역의 성취기준은 정보 사회에 적응하기 위해 필요한 정보통신을 이해하고, 정보통신 기기를 적절히 사용하는 방법을 익히는 데 중점을 두어 설정하였다. 정보통신의 의미와 종류 탐색하기, 정보통신 기기 조작하기, 정보통신 기기의 기본 프로그램 사용하기, 정보 수집하고 교환하기 등의 내용을 다룬다. 학교와 가정을 포함한 다양한 환경에서 정보를 탐색하고, 실생활에서 정보통신 기기를 목적에 맞게 사용할 수 있도록 한다.

> [9정통01-01] 정보통신의 의미를 이해하고, 다양한 형태와 방법으로 제공되는 정보를 살펴본다.
> [9정통01-02] 다양한 정보통신 기기의 종류를 알고, 기본 기능을 익힌다.
> [9정통01-03] 정보통신 기기의 기본 프로그램을 익혀 실생활에서 사용한다.
> [9정통01-04] 필요한 정보를 수집하고, 타인과 정보를 주고받는다.

(가) 성취기준 해설

- [9정통01-01] 이 성취기준은 정보통신의 의미와 중요성을 이해하고, 변화하는 정보통신 사회에 관심을 기울일 수 있도록 설정하였다. 정보통신의 의미 알기, 다양한 정보 형태 살펴보기, 정보 제공 방법 알기, 정보 전달하기 등의 내용을 다룬다. 일상생활에서 문자, 그림, 소리 등의 정보가 활용되는 예를 찾아보고, 형태에 따라 제공되는 정보 전달 방법에 관심을 갖도록 한다.
- [9정통01-02] 이 성취기준은 일상생활에서 편리하게 사용하는 정보통신 기기를 살펴보고, 기본 기능을 익혀 사용할 수 있는 능력을 기르기 위해 설정하였다. 정보통신

기기의 종류 알기, 기기 선택하기, 기본 기능 익히기 등의 내용을 다룬다. 전화기, 텔레비전, 스마트 기기 등 필요와 목적에 알맞은 기기를 선택하고, 조작 버튼을 찾아 누르며, 사용 기능을 익히도록 한다.
- [9정통01-03] 이 성취기준은 정보통신 기기에 설치되어 있는 기본 프로그램의 사용법을 익혀 실생활에서 유용하게 사용하는 능력을 기르는 데 목적이 있다. 정보통신 기기의 기본 프로그램 살펴보기, 기본 프로그램 사용 방법 익히기, 기본 프로그램 사용하기 등의 내용을 다룬다. 정보통신 기기의 아이콘 익히기, 순서대로 실행하여 전화하기 또는 문자 전송하기, 인터넷 접속하기 등을 직접 체험할 수 있도록 한다.
- [9정통01-04] 이 성취기준은 필요한 자료를 능동적으로 파악하여 수집하고, 정보통신 매체를 활용하여 실생활에서 다른 사람과 정보를 주고받는 능력을 기르기 위하여 설정하였다. 필요한 정보 수집하기, 정보통신 매체를 이용하여 정보 전달하기 등의 내용을 다룬다. 정보를 음성과 몸짓, 편지 등으로 직접 전달하거나 문자나 동영상으로 전송하기 등 적절한 전달 방법을 찾아 타인과 정보를 주고받도록 한다.

(나) 성취기준 적용 시 고려 사항
- 장애 정도가 심한 학생의 경우 신체활동의 내용을 적절하게 수정 및 대체하고, 신체 특성에 적합한 보조공학 기기를 활용한다. 대체 마우스 또는 대체 키보드 시스템 등의 보조공학 기기를 사용하여 정보에 접근하고 활용하도록 함으로써 정보 격차를 줄인다.
- 시청각장애 학생이 일상생활에서 잔존 시력을 활용하여 기기를 사용할 수 있도록 스마트 기기와의 거리 또는 밝기 등을 조정하거나, 진동으로 전달되는 정보를 촉각으로 수용할 수 있도록 하는 정보통신 보조기기를 활용하도록 한다. 다양한 방법으로 정보에 접근하여 정보를 전달할 수 있도록 하고, 학습 자료는 단순화하거나 중요한 부분은 별도로 표시하여 제공한다.
- [9정통01-02] 생활 주변에서 다양한 스마트 기기를 체험하고, 스마트 기기 및 주변 장치를 바르게 사용할 수 있도록 한다. 스마트 기기 사용 시간 정하기, 휴식을 취해야 하는 시간과 이유 알기, 스마트 기기 사용 장소와 이용량에 대한 결정 등 건전한 사용을 통해 디지털 민주시민으로서의 역량을 갖추도록 한다.
- [9정통01-04] 장애 정도가 심한 학생의 경우 표정, 몸짓, 음성 등 다양한 형태로 제공되는 정보 탐색하기, 시청각 매체나 보조공학 기기를 활용하여 정보 수집하기, 보완대체의사소통 기기를 활용하여 정보 주고받기 등으로 성취기준을 재구성하여 적용할 수 있다.

(2) 정보통신 생활과 소프트웨어

중학교 1~3학년 '정보통신 생활과 소프트웨어' 영역의 성취기준은 컴퓨터 및 소프트웨어의 활용 능력을 기르고, 이로 인해 편리해진 일상을 경험하는 데 중점을 두어 설정하였다. 컴퓨터의 장치와 기본 기능 익히기, 인터넷 정보 검색하기, 순차·선택·반복 구조 탐색하기, 생활 속 인공지능 사례 탐색하기 등의 내용을 다룬다. 소프트웨어를 구성하는 컴퓨팅 사고에 대한 이해를 바탕으로 실생활의 문제를 해결할 수 있는 기초 소양을 기르도록 한다.

> [9정통02-01] 컴퓨터의 구성을 이해하고, 컴퓨터의 장치와 기본 기능을 익혀 실생활에서 사용한다.
> [9정통02-02] 인터넷 검색을 통해 목적에 따라 필요한 정보를 찾는다.
> [9정통02-03] 순차, 선택, 반복 구조를 통해 문제 해결 과정을 탐색한다.
> [9정통02-04] 인공지능에 대해 관심을 기울이고, 생활 속 인공지능의 다양한 사례를 탐색한다.

(가) 성취기준 해설

- [9정통02-01] 이 성취기준은 컴퓨터의 구성을 이해하고, 구성 장치와 주변 기기를 살펴보며, 컴퓨터의 기본 기능과 사용법을 익혀 컴퓨터를 효율적으로 사용하는 능력을 기르기 위해 설정하였다. 컴퓨터의 하드웨어와 소프트웨어 이해하기, 컴퓨터의 종류 알기, 컴퓨터 구성 장치 및 주변 기기 조작하기, 컴퓨터의 기본 기능 사용하기 등의 내용을 다룬다. 키보드와 마우스 등의 구성 장치와 프린터 등의 주변 기기를 직접 조작하고, 계산기, 그림판, 메모장 등의 컴퓨터 기본 기능을 사용함으로써 컴퓨터의 유용성과 편리성을 경험하도록 한다.
- [9정통02-02] 이 성취기준은 일상생활에서 필요한 정보를 인터넷을 통해 효과적으로 찾는 능력을 기르기 위해 설정하였다. 여러 가지 검색엔진 알기, 정보 검색을 위한 핵심어 선정하기 핵심어로 정보 검색하기 등의 내용을 다룬다. 이 외에도 이미지와 소리 등을 활용하여 상황에 적합한 검색 방법을 선택하여 적용함으로써, 디지털 환경에서 적절한 정보를 찾을 수 있는 디지털 문해력을 기르도록 한다.
- [9정통02-03] 이 성취기준은 컴퓨팅 사고의 기초인 순차, 선택, 반복 구조의 개념을 이해하고, 효과적으로 문제를 해결하기 위한 절차를 탐색하기 위해 설정하였다. 순서와 차례에 맞게 나열하기, 선택 상황 제시하기, 특정 과제 또는 상황 반복하기 등의 내용을 다룬다. 언플러그드 활동을 통해 순차, 선택, 반복 구조를 이해함으로써 문제 해결 절차를 탐색하도록 한다.
- [9정통02-04] 이 성취기준은 생활 속에서 인공지능이 적용된 사례를 찾아 삶의 편리함을 살펴보기 위해 설정하였다. 인공지능 알아보기, 활용 사례 살펴보기, 생활 속 인공지능 기기 찾기 등의 내용을 다룬다. 인공지능 스피커, 스마트 워치 등 다양한 인공지능 기기를 탐색함으로써 인공지능에 대한 관심을 높이도록 한다.

(나) 성취기준 적용 시 고려 사항

- 장애 정도가 심한 학생의 경우 컴퓨터의 기본 기능에 관심을 가질 수 있도록 탐색의 기회를 제공하고, 컴퓨터 장치를 직접 조작하는 활동을 통해 일상생활에서 컴퓨터의 기본 기능을 적절히 사용할 수 있도록 한다.
- 시청각장애 학생의 경우 점자정보단말기, 음성 증폭 기기, 컴퓨터 화면의 높이 및 각

도 조절 기기, 화면 확대 프로그램 등의 보조공학 기기 및 소프트웨어의 활용을 통해 컴퓨터의 장치와 기능을 효과적으로 사용할 수 있도록 한다.
- [9정통02-01] 장애 정도가 심한 학생의 경우 생활 주변에 있는 컴퓨터의 구성 장치 및 주변 기기 찾기, 컴퓨터 구성 장치의 조작 버튼 입력을 통한 변화 살펴보기, 컴퓨터의 기본 사용법을 순서대로 따라 하기 등의 활동을 통해 성취기준을 재구성하여 적용할 수 있다.
- [9정통02-04] 일상생활에서 삶의 편리를 위해 인공지능을 이용한 다양한 사례를 탐색하도록 한다. 상황에 따른 인공지능 활용 사례 찾기, 인공지능이 인간에게 주는 편리함 찾아보기 등 미래 사회의 구성원으로서 갖추어야 할 인공지능 이해에 대한 기초 역량을 기르도록 한다.

(3) 정보통신 윤리와 디지털 문화

중학교 1~3학년 '정보통신 윤리와 디지털 문화' 영역의 성취기준은 디지털 예절과 개인 정보 보호의 중요성을 인식하고, 디지털 기술의 발달로 인해 변화된 가정생활 및 문화를 이해하는 데 중점을 두어 설정하였다. 디지털 예절 실천하기, 개인 정보 보호하기, 가정에서 디지털 생활 경험하기, 디지털 환경의 여가활동 체험하기 등의 내용을 다룬다. 일상생활에서 디지털 예절과 개인 정보 보호를 적극적으로 실천하고, 가정에서의 디지털 생활 적응에 필요한 기능과 태도를 기르며, 디지털 기술을 활용한 여가활동에 관심을 갖도록 한다.

> [9정통03-01] 디지털 공간에서 올바른 예절을 익혀 실천한다.
> [9정통03-02] 개인 정보 보호의 중요성을 알고, 안전하게 관리하는 습관을 기른다.
> [9정통03-03] 가정생활에서 디지털 기술이 적용된 사례를 살펴보고 경험한다.
> [9정통03-04] 디지털 환경에서 여가활동을 체험하고, 즐겁게 참여한다.

(가) 성취기준 해설
- [9정통03-01] 이 성취기준은 디지털 예절의 필요성을 알고, 디지털 공간에서 올바른 태도와 예절을 실천하는 능력을 기르기 위해 설정하였다. 디지털 공간의 특징 알기, 디지털 예절 알기, 디지털 예절 실천하기 등의 내용을 다룬다. 디지털 공간에서 예절을 지키며 댓글 달기, 예의를 지키며 채팅에 참여하기 등의 실천을 통해 타인과 안전하고 즐겁게 상호 작용 하도록 한다.
- [9정통03-02] 이 성취기준은 정보 사회에서 개인 정보의 의미를 알고, 개인 정보 보호의 중요성을 인식하며, 개인 정보를 보호하고 관리하는 능력을 기르기 위해 설정하였다. 개인 정보의 종류 알기, 개인 정보 침해 사례 알기, 개인 정보 관리하기 등의 내용을 다룬다. 비밀번호 설정하기 및 주기적으로 변경하기, 타인에게 개인 정보 제공하지 않기, 생체 인식 정보 활용하기 등의 방법을 통해 개인 정보 보호를 실천하도록 한다.

- [9정통03-03] 이 성취기준은 디지털 기술이 주도하는 디지털 문화를 이해하고, 가정에서의 디지털 생활을 경험하기 위해 설정하였다. 가정에서의 디지털 문화 이해하기, 가정에서 사물 인터넷이 적용된 사례 살펴보기, 가정에서 디지털 문화 경험하기 등의 내용을 다룬다. 스마트 기기를 활용한 개인 일정 관리 및 건강 관리, 스마트 가전제품 사용 등 디지털 기술을 가정생활에 적용함으로써 편리함을 경험하고, 삶의 질을 높이도록 한다.
- [9정통03-04] 이 성취기준은 디지털 환경에서 개인의 관심과 흥미에 따라 여가활동을 선택하고 주도적으로 참여하기 위해 설정하였다. 디지털 환경의 다양한 여가활동 탐색하기, 정보통신 기기를 활용하여 여가활동 참여하기, 온라인 여가활동 체험하기 등의 내용을 다룬다. 개인의 선호와 흥미에 따라 온라인 동영상 시청, 가상현실(VR) 게임, 온라인 전시 관람, e-스포츠, 디지털 독서 등의 다양한 여가활동을 체험하고 삶의 즐거움을 느낄 수 있도록 한다.

(나) 성취기준 적용 시 고려 사항
- 장애 정도가 심한 학생의 경우 디지털 문화를 이해하고, 디지털 기술이 적용된 가정생활에서 필요한 기능을 익힐 수 있도록 교수 사례를 다양화한다. 모든 학습 과정을 한 번에 지도하기보다는 학습 수행 정도를 고려하여 작은 단위로 세분화하여 반복적으로 지도한다.
- 장애 정도가 심한 학생의 경우 장애 특성 및 정도, 강점, 개인의 선호도 등에 따라 다양한 여가활동을 직접 체험하고 일상에서 여가활동을 즐길 수 있도록 스마트 기기, 가상현실(VR) 및 증강현실(AR) 기술 등을 활용한 디지털 환경을 조성한다. 신체적 어려움으로 인해 여가활동 체험이 제한되지 않도록 적합한 보조공학 기기를 제공함으로써 여가활동에 관심을 가지고 참여하도록 한다.
- [9정통03-02] 이름, 나이, 성별 등의 일반 정보, 위치 정보, 신체 정보 등이 개인 정보에 해당됨을 이해하도록 한다. 개인 정보 침해 사례에 따른 대처 방안을 살펴봄으로써 개인 정보의 가치와 개인 정보 보호의 필요성을 인식하도록 한다. 또한 실생활에서 개인 정보 보호를 실천하여 민감한 개인 정보를 안전하게 관리하고, 디지털 사회의 민주시민으로 성장하도록 한다.
- [9정통03-03] 가정에서 디지털 기술이 적용된 스마트 가전제품과 사물 인터넷을 활용하여 전기 에너지 관리, 효율적인 의식주 관리 등 에너지 사용을 최적화하고 자원 사용을 개선하여 생태 친화적인 삶을 살도록 한다.

[고등학교 1~3학년]
(1) 정보통신 이해와 기기의 사용

고등학교 1~3학년 '정보통신 이해와 기기의 사용' 영역의 성취기준은 정보통신 기기의 활용 능력을 갖추고 유용한 정보를 선별하여 공유하는 능력을 기르도록 설정하였다. 정보통신의 특징과 발전 과정 살펴보기, 정보통신 기기 사용하고 관리하기, 정보통신 기기의 응용 프로그램 사용하기, 정보를 생산하고 공유하기 등의 내용을 다룬다. 변화하는 정보통신에 관심을 기울이고, 정보통신의 가치와 중요성을 인식하며, 정보통신 기기를 적극적으로 활용하도록 한다.

> [12정통01-01] 정보통신의 발전 과정에 따른 특징을 살펴보고, 미래의 변화에 관심을 기울인다.
> [12정통01-02] 정보통신 기기의 사용법을 익히고, 올바른 관리 방법을 실천한다.
> [12정통01-03] 정보통신 기기의 응용 프로그램을 선택하여 상황에 맞게 활용한다.
> [12정통01-04] 필요한 정보를 생산하여 목적에 맞게 활용하고, 유용한 정보를 공유한다.

(가) 성취기준 해설

- [12정통01-01] 이 성취기준은 가정, 학교, 지역사회에서 사용하는 정보통신의 발전 과정을 살펴보고, 미래의 정보통신 변화에 관심을 기울이며, 능동적으로 대처하기 위해 설정하였다. 정보통신 발전 과정 살펴보기, 발전 과정에 따른 정보통신 기기의 특징 살펴보기, 미래 사회의 정보통신 탐색하기 등의 내용을 다룬다. 소리와 몸짓, 문자, 전화, 컴퓨터 통신 기술에서부터 사물 인터넷, 인공지능 등 정보통신 발전이 가져온 삶의 변화에 관심을 갖도록 한다.
- [12정통01-02] 이 성취기준은 실생활에서 정보통신 기기의 올바른 사용 방법과 관리 방법을 익혀 편리한 생활을 영위하는 데 목적이 있다. 자신에게 필요한 정보통신 기기의 입·출력 사용법 익히기, 생활 속에서 정보통신 기기 사용하기, 정보통신 기기 올바르게 관리하기 등의 내용을 다룬다. 일상생활에서 정보통신 기기의 사용 방법을 익혀 사용함으로써 정보통신 기기의 편리한 기능에 익숙해지도록 한다.
- [12정통01-03] 이 성취기준은 자신에게 필요한 각종 응용 프로그램을 정보통신 기기에 설치하고, 상황에 맞게 활용할 수 있도록 하기 위해 설정하였다. 정보통신 기기의 응용 프로그램 탐색하기, 필요한 응용 프로그램 찾기, 응용 프로그램 설치·사용·관리하기 등의 내용을 다룬다. 학생의 관심도가 높고, 쉽게 조작이 가능한 응용 프로그램을 선택하여 다양한 경험과 정보를 얻도록 하고, 일상생활에서 유용하게 사용할 수 있도록 한다.
- [12정통01-04] 이 성취기준은 의미 있는 정보를 생산하고, 정보를 활용해 타인과 의사소통할 수 있는 역량을 기르기 위해 설정하였다. 정보 선별하기, 정보 생산하기, 목적에 맞게 정보 사용하기, 정보 공유하기 등의 내용을 다룬다. 유용한 정보를 생산하고, 사회 관계망 서비스(SNS) 등의 네트워크를 활용하여 목적에 따라 필요한 정보를 공유하는 등 디지털 문해력 향상의 기초를 다지도록 한다.

(나) 성취기준 적용 시 고려 사항

- 장애 정도가 심한 학생의 경우 학생의 특성에 따라 스마트 기기의 음성 텍스트 변환, 화면 확대, 보완대체의사소통, 배리어 프리 소통 플랫폼 등 다양한 응용 프로그램을

- 시청각장애 학생의 경우 새로운 정보를 접할 때 잔존 시력과 청력, 촉각, 미각, 후각 등 다양한 감각을 활용할 수 있도록 한다. 정보통신 기기의 기능과 사용법을 익힐 때는 사용 기술을 일반화할 수 있도록 과제를 단계적으로 제시하거나 핵심적인 내용을 반복하여 제시하고 학습 기회를 충분히 제공한다.
- [12정통01-02] 장애 정도가 심한 학생의 경우 정보통신 기기를 바르게 켜고 끄기, 사용 후 충전하기, 기기의 안전한 사용을 통해 고장 예방하기, 덮개·거치대·보관함 사용하기 등으로 성취기준을 재구성하여 적용할 수 있다.
- [12정통01-04] 정보를 선별하고 생산하기, 목적에 맞게 정보를 사용하고 공유하는 과정에서 개인의 참여를 중시하고, 자기 결정 및 표현의 자유, 권리 보호 등 민주시민으로서의 역량을 키우는 데 중점을 둔다.

### (2) 정보통신 생활과 소프트웨어

고등학교 1~3학년 '정보통신 생활과 소프트웨어' 영역의 성취기준은 컴퓨터 및 소프트웨어 활용 능력을 기반으로 문제 해결에 필요한 정보를 찾아 절차에 맞게 활용하는 능력을 기르는 데 중점을 두어 설정하였다. 컴퓨터 프로그램 사용하기, 실생활에서 인터넷 정보 활용하기, 생활 속 문제 해결 절차 구성하기, 인공지능 기기를 통해 생활의 편리함 경험하기 등의 내용을 다룬다. 실생활에서 컴퓨터, 인터넷, 인공지능 등을 적극적으로 활용함으로써 디지털 역량을 향상하는 데 주안점을 둔다.

> [12정통02-01] 컴퓨팅 시스템의 이해를 바탕으로, 상황과 목적에 적합한 컴퓨터 프로그램을 사용한다.
> [12정통02-02] 인터넷 정보를 수집하여 타인과 소통하고 협력하며 실생활에 활용한다.
> [12정통02-03] 생활 속 다양한 문제 해결 상황을 인식하고, 문제 해결 절차를 구성한다.
> [12정통02-04] 일상생활에서 인공지능 기기를 활용하여 생활의 편리함을 경험한다.

#### (가) 성취기준 해설

- [12정통02-01] 이 성취기준은 생활 속에서 컴퓨터를 효율적으로 다루고, 컴퓨터 프로그램 사용 능력을 기르기 위해 설정하였다. 컴퓨팅 시스템 이해하기, 문서 작성 프로그램 사용하기, 동영상 제작 프로그램 사용하기, 파일 관리하기 등의 내용을 다룬다. 한글 문서, 프리젠테이션 등 컴퓨터 프로그램을 사용하여 생각과 정보를 목적과 상황에 맞게 적용할 수 있도록 한다.
- [12정통02-02] 이 성취기준은 일상생활에 필요한 다양한 정보를 인터넷을 활용하여 획득하고, 유용하게 사용하도록 하기 위해 설정하였다. 목적에 맞는 유용한 정보 구분하기, 검색한 정보 활용하기, 온라인 협업 도구 사용하기 등의 내용을 다룬다. 교통 및 날씨 정보 활용하기, 온라인 협업 도구를 활용한 소통하기 등 인터넷을 통해 얻은 다양한 정보를 일상생활에서 유용하게 활용하도록 한다.

- [12정통02-03] 이 성취기준은 일상생활에서 발생하는 다양한 문제 해결 상황을 인식하고, 문제 해결을 위해 절차를 구성할 수 있는 능력을 기르기 위해 설정하였다. 생활 속 프로그래밍 찾기, 생활 속 문제 해결 절차 구성하기, 교육용 코딩 프로그램을 활용한 프로그래밍 체험하기 등의 내용을 다룬다. 교육용 코딩 프로그램의 활용을 통해 창의적 문제 해결력 및 컴퓨팅 사고력을 함양하도록 한다.
- [12정통02-04] 이 성취기준은 주변에서 볼 수 있는 인공지능 기기와 서비스를 체험하며, 이를 효과적으로 활용할 수 있는 능력을 기르기 위해 설정하였다. 인공지능 기기 및 서비스 선택하기, 인공지능 기기 및 서비스 사용법 익히기, 인공지능 윤리 알아보기 등의 내용을 다룬다. 인공지능 기반 생활환경에서 인공지능 기기 및 서비스를 효과적으로 사용할 수 있도록 하고, 인공지능의 가치와 활용에 관심을 기울이도록 한다.

(나) 성취기준 적용 시 고려 사항
- 장애 정도가 심한 학생의 경우 문자 사용을 지원하기 위해 광학 문자 인식기, 스캐너, 마이크 등을 활용하여 인터넷 정보를 수집하도록 한다. 수집한 정보를 타인과 소통하고 공유하기 위해 음성, 몸짓, 상징 등 다양한 표현 방식을 활용하도록 한다.
- [12정통02-02] 디지털 환경에서 제공되는 정보를 목적과 상황에 맞게 수집하고, 무분별한 정보 속에서 올바른 정보를 찾기 위해 비판적으로 분석하도록 한다. 디지털 환경에서 타인과 정보 공유 또는 의사 결정 과정에 참여할 때 책임감을 가지고, 협력의 가치를 이해하는 민주시민 역량을 기르도록 한다.
- [12정통02-04] 인공지능 윤리의 필요성을 이해하고, 인공지능의 문제점과 인공지능을 사용하는 사람이 지켜야 할 윤리 등을 살펴보는 과정을 통해 생활 속에서 인공지능을 책임감 있게 사용할 수 있는 인공지능 활용 소양을 기르도록 한다.

(3) 정보통신 윤리와 디지털 문화

고등학교 1~3학년 '정보통신 윤리와 디지털 문화' 영역의 성취기준은 정보 사회의 구성원으로 필요한 디지털 윤리 의식을 함양하고, 지역사회의 디지털 문화를 활용하는 능력을 기르는 데 중점을 두어 설정하였다. 건전한 디지털 윤리 실천하기, 디지털 중독 및 디지털 범죄 예방하기, 지역사회 디지털 문화 경험하기, 디지털 사회의 직업 체험하기 등의 내용을 다룬다. 디지털 윤리를 실천하여 개인과 타인의 권리를 보호하고, 지역사회의 디지털 문화를 경험하며, 디지털 기술 발달에 따른 다양한 직업을 탐색하는 과정을 통해 변화하는 사회에 유연하게 대처하는 능력을 기르도록 한다.

[12정통03-01] 디지털 윤리를 이해하고, 디지털 공간에서 타인을 존중하고 배려하는 태도를 기른다.
[12정통03-02] 디지털 중독 및 디지털 범죄 사례를 살펴보고, 예방하는 방법을 실천한다.
[12정통03-03] 지역사회의 다양한 디지털 문화를 경험하고 실생활에 활용한다.
[12정통03-04] 디지털 사회에서의 다양한 직업을 탐색하고 체험한다.

(가) 성취기준 해설

- [12정통03-01] 이 성취기준은 디지털 공간에서 지켜야 할 규범을 알고, 디지털 윤리 의식을 함양하여 타인과 상호 존중 하는 태도를 기르기 위해 설정하였다. 디지털 윤리 알기, 디지털 공간에서 윤리 실천하기, 저작권 보호하기 등의 내용을 다룬다. 디지털 공간에서 디지털 윤리의 중요성을 인식하고, 생활 속에서 디지털 윤리를 실천하도록 한다.

- [12정통03-02] 이 성취기준은 디지털 중독 및 디지털 범죄가 우리 삶에 미치는 영향을 알아보고, 이를 예방하는 방법을 실천하기 위해 설정하였다. 디지털 중독 사례 살펴보기, 디지털 범죄의 종류와 예방법 알기, 디지털 범죄 대처하기 등의 내용을 다룬다. 정보 보안 설정 강화하기, 유해 매체 차단하기 등 일상생활에서 디지털 중독 및 디지털 범죄를 예방하도록 한다.

- [12정통03-03] 이 성취기준은 지역사회의 디지털 문화에 대한 이해를 바탕으로 디지털 문화를 경험하고 실생활에 활용함으로써 지역사회에서 편리하게 살아가기 위해 설정하였다. 지역사회에서의 디지털 문화 사례 살펴보기, 디지털 문화 체험하기 등의 내용을 다룬다. 온라인 예매하기, 온라인 행정 서비스 이용하기, 무인 단말기 이용하기 등의 체험 활동을 통해 지역사회의 다양한 기관을 시공간의 제약 없이 효율적으로 활용하도록 한다.

- [12정통03-04] 이 성취기준은 정보통신 기술 발전에 따른 디지털 사회의 다양한 직업을 탐색하고, 디지털 사회의 직업을 체험하는 데 목적이 있다. 디지털 사회에서의 직업의 가치 알기, 직업의 변화 알기, 직업 모의 체험하기 등의 내용을 다룬다. 디지털 사회에서 새롭게 등장하는 다양한 직업 중 자신에게 적합한 직업을 탐색하고 체험해 봄으로써, 미래 사회의 직업에 대한 관심과 이해를 높이도록 한다.

(나) 성취기준 적용 시 고려 사항

- 장애 정도가 심한 학생의 경우 지역사회의 디지털 문화에 적극적으로 참여할 수 있도록 지역사회에서 우선적으로 요구되는 정보통신 기기를 선택하여 활용하도록 한다.
- [12정통03-01] 디지털 공간에서 자신의 의견을 표현하고, 타인과 의사소통하는 과정에서 디지털 윤리를 지키며, 디지털 사회의 시민으로 책임감을 가지고 민주적인 의사소통을 실천할 수 있는 디지털 문해력을 기르도록 한다.
- [12정통03-03] 장애 정도가 심한 학생의 경우 지역사회에서 자주 접할 수 있는 정보

통신 기기 살펴보기, 무인 단말기 활용을 위한 기초 기능 익히기 등으로 성취기준을 재구성하여 적용할 수 있다.
- [12정통03-04] 디지털 전환으로 변화된 직업의 의미와 중요성을 이해하고, 새롭게 생겨나거나 사라지는 직업의 종류를 살펴보는 과정을 통해 예비 직업인으로서 디지털 사회 적응에 필요한 기초 소양을 기르도록 한다.

# 03 교수·학습 및 평가

## 가. 교수·학습

(1) 교수·학습의 방향

(가) 정보통신활용과의 교수·학습은 정보통신 10)____와 정보통신 기기의 11)____, 12)____를 토대로 한 실생활 문제 해결, 디지털 문화의 적응을 위해 13)____을 함양하는 것을 목적으로 한다.

(나) 정보통신활용과의 교수·학습은 디지털 및 인공지능 소양 함양 교육, 민주시민 교육 포함한 범교과 학습 주제와 연계하여 교수·학습을 계획하고 실행한다.

(다) 학생의 정보 활용 능력, 학교의 정보통신 환경 및 교구 준비도, 디지털 기술의 발전 속도 등을 고려하여 학습 내용과 시기를 계획한다.

(라) 학생의 흥미와 관심에 따라 정보통신 기기를 자유롭게 선택하여 활동에 참여하도록 함으로써, 학생이 정보통신 활용의 즐거움을 느낄 수 있도록 교수·학습 방향을 설계한다.

(마) 디지털 공간에서 타인을 존중하고 배려하기 위해 정보통신 윤리를 실천하고, 디지털 기술이 적용된 가정, 지역사회의 디지털 문화를 경험하여 실생활에 적용할 수 있도록 교수·학습 방향을 설계한다.

(바) 디지털 환경에서 다양한 여가활동을 체험하고, 정보통신 기술의 발전에 따라 새롭게 나타나는 직업을 탐색하고 체험할 수 있도록 교수·학습 방향을 설계한다.

(사) 온오프라인 연계 수업을 통해 정보통신 활용에 대한 학습 효과를 극대화하고, 다양한 환경에서 학습이 이루어지도록 교수·학습 계획을 수립한다.

(아) 장애 정도가 심한 학생의 경우 능력의 제한보다 정보통신 활용에 대한 14)____ 등에 기초하여 교수·학습을 계획하고 운용한다.

(자) 장애 정도가 심한 학생이 생활 속에서 정보통신 기술이 적용된 기기를 스스로 활용할 수 있도록 교수·학습을 계획하고 운용한다.

(차) 시청각장애 학생이 15)____을 활용하여 정보통신 기기를 활용할 수 있도록 화면의 밝기 및 각도 조절, 불필요한 소음 제거 등 맞춤형 환경 제공을 통한 교수·학습을 계획하고 운용한다.

10) 이해
11) 사용
12) 컴퓨팅 사고
13) 디지털 기초소양
14) 개별 학생의 현재 요구와 선호
15) 잔존 감각

(2) 교수·학습 방법

　(가) 학생의 정보통신 활용 능력과 수준을 파악하여 교수·학습 자료의 난이도를 선정하고, 활동을 재구성하여 학생 맞춤형 수업으로 지도한다.

　(나) 효과적인 교수·학습을 위해 온라인 학습 공간, 멀티미디어북, 실감형 콘텐츠 등 디지털 활용 매체를 학습 자료로 활용한다.

　(다) 학생의 신체적 특성이나 안전상의 문제로 직접 체험하기 어려운 정보통신 교육은 16)_____ 또는 _____ 등의 기술을 이용해 실제와 유사한 환경에서 지도한다.

　(라) 수업 결손을 예방하기 위해 온오프라인을 병행하여 지도하고, 학습 내용이 특정 영역에 치우치거나 일부 내용을 배제하지 않도록 유의하여 지도한다.

　(마) 학생이 정보와 통신에 대해 전반적으로 이해하고, 정보통신 기기와 프로그램을 조작·활용할 수 있도록 17)_____와 _____을 활용한다.

　(바) 정보통신 기기의 18)_____에 초점을 두어 지도하고, 정보통신 활용에 흥미를 느끼고 자기주도적으로 학습에 참여하도록 지도한다.

　(사) 정보통신 기기의 19)_____, _____, _____ 등을 적용하여 정보통신 기기의 사용 시간을 자연스럽게 확인할 수 있도록 지도하고, 학생이 기기에 오랜 시간 노출되거나 중독되지 않도록 유의한다.

　(아) 빛에 민감한 학생의 경우 장애 특성에 적합한 20)____를 설정하여 정보통신 기기를 조작하도록 하고, 광과민성 발작을 예방할 수 있도록 교수·학습 매체를 선정하여 지도한다.

　(자) 신체·운동의 제한이 있는 학생을 위해 장애 특성에 적합한 보조공학 기기를 제공하고, 정보통신 기기에 대한 21)_____을 높이도록 지도한다.

　(차) 학생의 생활연령과 주변 환경을 고려하여 정보통신 활용 매체를 선정하고, 정보통신 지식과 기술을 실생활에 적용하여 문제를 해결할 수 있도록 지도한다.

　(카) 디지털 문화를 이해하고 실생활에서 적용할 수 있도록 모의 학습, 시뮬레이션, 현장 체험 학습, 문제 해결 학습, 프로젝트 학습 등 다양한 교수·학습 방법을 적용한다.

　(타) 장애 정도가 심한 학생의 경우 정보통신 활용 능력을 고려하여, 학생의 수준에 적합한 상징 제공, 과제 분석, 직접 교수 등 다양한 교수·학습 방법을 선택하여 적용한다.

　(파) 장애 정도가 심한 학생의 경우 교사 및 보호자의 의견을 반영하여 정보통신 활용에 대한 교육적 우선순위를 정하여 지도하고, 학습 참여도 증진을 위해 22)_____가 가능

16) 가상현실(VR) 또는 증강현실(AR)
17) 직접 교수와 모델링 기법
18) 자발적 사용
19) 알람 기능, 메모 기능, 자동 꺼짐 기능
20) 밝기
21) 접근성
22) 부분 참여

하도록 지도한다.
(하) 시청각장애 학생에게 새로운 정보나 정보통신 기기를 제시할 때는 탐색할 수 있는 충분한 시간을 제공하고, 모양이나 위치, 기능을 구체적으로 설명하여 학생의 이해도를 높이도록 지도한다.

나. 평가

(1) 평가의 방향
(가) 정보통신활용과의 평가는 학생의 장애 정도와 특성, 현재 학습 수행 수준에 적합한 평가 계획을 수립하여, 학생의 정보통신 활용 역량을 평가하도록 한다.
(나) 정보통신활용과 교육과정, 교수·학습 및 평가 계획에 근거하여 평가의 기준과 방법, 시기 등을 결정하고, 특정 시기에 평가가 집중되지 않도록 평가 계획을 수립한다.
(다) 학생의 정보통신 활용 능력을 타당하고 신뢰성 있게 평가하기 위해 영역별 평가 목표와 내용에 적합한 평가를 실시한다.
(라) 정보통신에 대한 23)____, 정보통신 활용을 위한 24)____ 및 ____, 25)_____ 및 _____ 등 종합적이고 전인적인 평가가 이루어지도록 한다.
(마) 장애 정도가 심한 학생의 경우 인지적, 신체적 특성을 고려하여 정보통신 활용에 대한 수행과 성장을 평가할 수 있도록 관련 정보를 수집하여 평가한다.
(바) 시청각장애 학생의 평가는 단순히 정보통신에 대한 지식의 정도를 평가하기보다는 26)_____을 활용하여 정보통신의 기능을 파악하고 활용하는 데 중점을 두어 평가한다.
(사) 평가 결과를 토대로 학생 특성에 적합한 학습 내용을 선정하고, 학생 지도에 적용하며, 정보통신 활용을 위한 교수·학습 방법의 선택 및 개선에 반영한다.

(2) 평가 방법
(가) 공정하고 객관적인 평가를 위해 학습 목표와 성취기준에 부합하는 평가 준거를 사전에 준비하여 평가에 적용한다.
(나) 누가 기록된 평가 정보를 활용하여 학생의 발달과 변화, 성취 정도를 살펴보고, 정보통신 활용 역량의 향상 정도를 평가하는 데 초점을 둔다.
(다) 학습 과정 중 수시 평가와 단원 평가 등 다양한 방법을 통해 정보통신에 대한 내용 이해 및 실생활 활용 능력을 평가한다.

23) 이해
24) 과정 및 태도
25) 디지털 문해력 및 디지털 기초소양 함양
26) 잔존 감각

(라) 학생의 수행 과정을 사진, 동영상, 포트폴리오 등의 방법으로 기록하여 평가하고, 수행 과정에서 나타나는 오류 등을 확인함으로써 27)_____ 개선 및 학생의 28)_____에 활용하도록 한다.
(마) 교육 정보 플랫폼을 활용하여 학생의 학습 상황을 29)_____하고 평가에 적용한다.
(바) 정보를 수집하고 활용하는 과정을 스스로 확인할 수 있도록 30)_____, _____가 이루어지도록 한다.
(사) 학습 과정에서 관찰되는 학생의 컴퓨팅 사고력 향상 정도를 평가하기 위해 관찰, 평정 척도, 교사 제작 검사 등 다양한 평가 방법을 고안한다.
(아) 장애 정도가 심한 학생의 경우 정보통신 기기에 대한 흥미와 관심, 정보통신 활용 31)____와 ____, 학습 및 활동 참여 정도 등을 고려하여 평가한다.
(자) 장애 정도가 심한 학생의 경우 '성취기준 적용 시 고려 사항'에 제시된 사항을 반영하고, 학생의 변화 정도와 학습 참여도를 중심으로 평가한다.
(차) 시청각장애 학생의 경우 32)_____, _____, _____ 사용 등의 방법을 적용하여 장애 특성 및 장애 정도를 고려한 평가가 이루어지도록 한다.

---

27) 교수·학습
28) 자기 성찰
29) 누가 기록
30) 자기 점검, 자기 평가
31) 의도와 기능
32) 자막 제공, 시간 연장, 보조공학 기기 사용

# 10 선택 - 생활영어

## 교육과정 설계의 개요

기본 교육과정 생활영어과는 특수교육 대상 학생의 현재 및 미래 삶을 영위하는 데 활용할 수 있는 지식, 기능 및 태도를 형성하는 데 기여한다. 특히 국내 다문화 인구가 계속 증가하는 상황에서 학생들이 미래 사회의 변화에 적응할 수 있도록 다양한 세계문화를 이해하고 수용하는 가운데 인성 교육을 강화하는 내용이 포함되어 있다. 또한 4차 산업 혁명시대를 맞이한 현재의 상황과 미래 사회의 대비를 위하여 디지털 시민성을 높일 수 있도록 인공지능 번역기나 스피커 등을 활용하는 교수·학습 방법 및 평가 방향 등을 제시하였다. 더불어 2022 개정 특수교육 교육과정이 강조하는 생태전환 교육을 염두하여 생태환경과 관련된 용어를 성취기준 해설 등에 포함시켜 생활영어과와 생태전환 교육이 연결되어 있음을 강조하였다.

생활영어과 교육과정은 '교육과정 설계의 개요', '성격', '목표', '내용 체계', '성취기준', '교수·학습 및 평가의 방향'으로 구성되어 있다. 생활영어과의 성격을 토대로 교과의 '목표'를 제시하였으며 그 목표를 바탕으로 '내용 체계'를 3개 영역으로 구분하여 제시하였다. 생활영어과는 교과의 특성상 언어를 다루는 도구교과에 해당되며, 언어는 기본적으로 듣기, 말하기, 읽기, 쓰기로 구성되어 있다. 이에 생활영어과는 앞서 언급한 4개의 영역으로 구성되되, 듣기와 말하기를 통합해 제시하였다. 즉 듣고 이해하여 행하거나, 듣고 이해하여 말하는 영어 사용 행위를 하나의 영역으로 통합하여 '듣기·말하기'를 하나의 영역으로 구성하고, '읽기' 그리고 '쓰기' 이렇게 3개 영역으로 구성되어 있다. '듣기·말하기', '읽기', '쓰기' 영역은 영어 지식, 기능, 태도를 전부 포함하고 있으며, 특히 3개 전체 영역에는 영어의 지식, 기능, 태도는 물론 다양한 세계 문화의 이해와 수용에 해당되는 내용을 포함시켰다. 학생들은 실생활에서 다양하게 사용되는 외래어의 유래와 관련된 문화 및 세계의 다양한 문화적 특성을 학습하게 되어, 세계시민으로서의 의식을 고취하고자 하는 목표를 이룰 수 있도록 구성되어 있다. 하지만 2022 개정 특수교육 기본 교육과정 생활영어과는 2015 개정 특수교육 기본 교육과정 생활영어과와는 달리 '문화' 영역이 별도로 포함되어 있지 않다는 특징을 가지고 있다. 2015 생활영어 교육과정에 제시된 '문화' 영역의 경우에는 내용 영역만 제시되어 있을 뿐 성취기준을 별도로 제시하지 않아 타 영역과의 차이점을 가지고 있었으나, 2022 생활영어 교육과정에는 '문화'를 별도의 영역으로 구분하지는 않되, '문화'의 내용을 3개의 모든 영역에서 포함시키고 내용을 확장하여 생활영어과를 통한 세계시민 소양을 높이고자 하였다.

전체적으로 생활영어과를 토대로 모든 학생은 삶의 주체이자 공동체의 구성원으로 살아가는 데 도움이 될 수 있도록 이에 필요한 영어 및 다문화적인 내용에 대한 '지식·이해', '과정·기능', '가치·태도'를 내용 요소로 선정·조직하였다.

생활영어과 교육과정은 중학교 1~3학년 학생의 생태학적 환경 맥락을 개인, 가정, 학교로 하여 그 시기에 적합한 보편적 경험을 반영하도록 내용을 구성하였고, 고등학교 1~3학년 학생의 환경 맥락인 지역사회와 미래의 진로와 직업인으로서 필요한 지식을 미리 준비할 수 있도록 내용을 구성하였다. 특히 미래 변화에 대응하는 역량을 갖춘 영어 활용 능력 향상을 목표로 타 교과와의 연계는 물론 디지털 소양을 높일 수 있는 내용을 구성함과 동시에 중도중복장애 학생들의 참여를 위한 수준별 맞춤형 교육이 될 수 있는 교수·학습 및 평가 방안을 마련하였다.

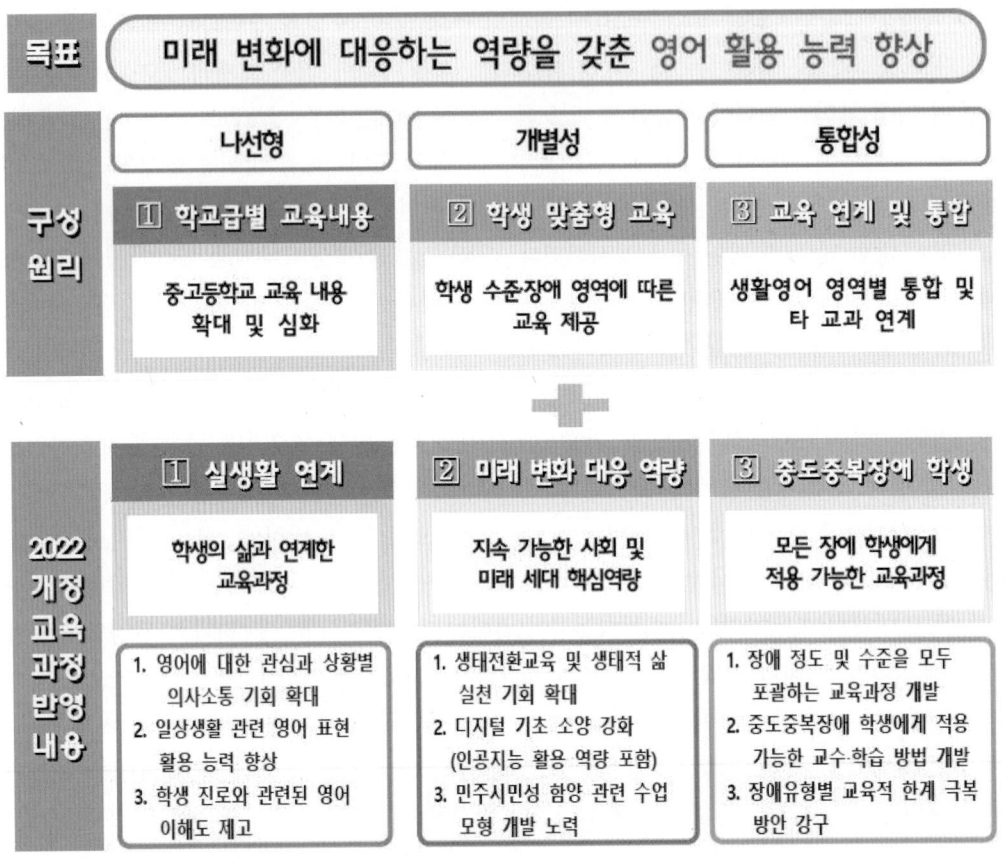

[그림 10] 2022 개정 특수교육 기본 교육과정 생활영어과 설계 개요

# 01 성격 및 목표

## 가. 성격

영어는 세계가 공인하는 공용어로서 국제적인 소통의 도구이자 문화를 창조하고 전승하는 기반이 된다. 세계인은 영어로 구성되어 있는 음성 언어, 문자 언어, 시각 언어 등 다양한 언어체계를 통하여 소통하고, 스스로 인식하고 타인과 교류하며 세계를 이해한다. 오늘날 영어는 서로 다른 모국어를 가진 사람들을 이해하고, 서로의 의사소통과 유대를 가능하게 하는 중요한 국제어의 역할을 하고 있다. 다문화 인구의 증가, 한류의 열풍 등과 더불어 한국을 찾는 다양한 언어권 사람들과의 의사소통의 효율성을 위하여 우리나라 환경도 과거와는 달리 더 많은 환경에서 영어 표기가 많아지고, 최근에는 영어 사용이 일상화 되어 가고 있다.

세계시민으로서 우리는 영어를 통해 지식과 정보를 나누고 사회적 관계를 형성하며 사회의 구성원으로 살아갈 수 있는 소양을 길러나간다. 이러한 과정에서 우리는 자기주도적이고 행복한 삶을 영위하기 위해서 일상생활 및 사회생활에서 요구되는 영어 사용 능력을 갖출 필요가 있다. 특히 일상생활에서 영어를 한글과 함께 사용하는 한·영 병기의 경우가 많아지고, 다양한 표식을 영어로만 표기하는 환경도 많아지고 있으며, 한글을 영어로 표기하는 환경 또한 급격하게 증가되면서 이러한 상황에 능동적으로 대처하기 위하여 체계적인 영어 학습에 대한 요구가 높아졌다. 이를 바탕으로 학생은 다양한 수단을 통해 효과적이고 효율적으로 사고하고 소통하면서 자신의 삶에서 직면하는 문제를 해결하고 나아가 다른 사람과의 협력적인 관계를 유지하면서 삶의 질 향상을 추구할 수 있을 것이다.

기본 교육과정 생활영어과는 일상생활에서 영어를 의미 있고, 효율적으로 사용하는 방법을 익히고, 영어를 매개로 하는 의사소통 방식을 학습하며, 공동체의 언어문화를 학습하는 교과이다. 학생은 생활영어과 학습을 통해 생활영어과에서 추구하는 다양한 역량을 기를 수 있다. 학생은 정확한 생활영어 사용 지식을 바탕으로, 상황과 목적에 맞게 자신이 뜻하는 바를 영어로 표현하고, 다른 사람의 의사 표현과 일상생활 환경에 다양하게 제시된 영어 표기의 의미를 올바르게 이해하여 의사소통하고 정보를 이해하며 활용할 수 있다. 그리고 다양한 스마트 매체를 효과적으로 사용함으로써 일상생활과 학교생활 그리고 사회생활과 직업생활에 필요한 지식과 정보를 수용하고 생산할 수 있다. 다양한 담화, 영어 표기 자료를 수용하고 분석하는 과정에서 학생은 비판적 사고 능력을 기르고, 의미 있는 결과나 아이디어를 다양한 상황에 적용하는 창의적 사고를 할 수 있다. 다양한 의사소통 참여자를 존중하면서 개방적이고 포용적인 자세로 협력적인 의사소통을 할 수 있으며, 영어권의 문화를 이해하여 영어 사용 예절은 물론 세계 다양한 문화권을 이해할 수 있는 문화 이해 활동 그리고 자신이 속한 공동체의 언어문화를 탐구하는 활동을 통해 자신의 언어생활을 성찰하고 개선하는 자세와 공동체 의식을 함양할 수 있다. 이러한 역량들은 모든 학생에게 필요한 핵심적인 요소이다. 따라서 생활영어과에서는 이를 신장하기 위해 의미 있는 목표를 설정하고 적정한 성취기준과 효과적인 교수·학습 및 평가 방법을 체계적으로 제시하였다.

학생은 생활 영어 활용 지식과 이해를 바탕으로 영어 생활에 필요한 과정과 기능을 익히고 가치와 태도를 형성함으로써 생활영어과의 목표를 달성할 수 있다. 이를 위하여 생활영어과는 1)_____, _____, _____ 그리고 _____에서 기능적으로 의사소통하는 데 필요한 실질적인 생활 영어 능력을 기를 수 있도록 생활영어과 영역을 '듣기·말하기', '읽기', '쓰기'의 3가지 영역으로 구분하고, 영역별로 '지식·이해', '과정·기능', '가치·태도' 범주를 두었다.

### 나. 목표

생활영어과 학습을 통해 학생은 일상생활 속에서 실용 가능한 2)_____을 익히고 의사소통의 맥락과 요소를 이해하여, 상황과 목적, 학생의 특성에 맞는 다양한 의사소통 과정에 협력적으로 참여하며, 다양한 문화를 이해하고 포용하는 세계인의 자세를 기른다.

(1) 일상 속 문제 해결을 위한 3)_____을 익히고, 의사소통의 맥락과 요소를 이해한다.
(2) 상황과 목적, 학생의 특성에 맞는 다양한 4)_____에 협력적으로 참여한다.
(3) 일상생활에서 자기주도적인 영어 생활을 하는 5)____와 ____을 지니며 다양한 문화를 이해하고 포용하는 태도와 습관을 지닌다.

1) 일상생활, 학교생활, 사회생활 그리고 직업생활
2) 생활영어 지식
3) 영어 지식
4) 의사소통 과정
5) 태도와 습관

# 02 내용 체계 및 성취기준

## 가. 내용 체계

(1) 듣기·말하기

| 범주 | | | 내용 요소 | |
|---|---|---|---|---|
| | | | 중학교 1~3학년 | 고등학교 1~3학년 |
| 핵심 아이디어 | | | • 일상생활에서 영어 낱말과 표현을 듣고 목적에 맞게 전달한다.<br>• 주의 깊게 듣고 의미를 파악하여 말하고, 맥락에 맞게 상대방과 대화한다.<br>• 상대방을 존중하는 듣기와 말하기 태도를 지닌다. | |
| 지식·이해 | 언어 | | • 알파벳의 이름과 소리<br>• 주변에서 사용하는 낱말과 표현<br>• 주변에서 사용하는 외래어 | • 주변에서 볼 수 있는 낱말<br>• 주변에서 볼 수 있는 어구, 문장<br>• 여러 나라의 문화와 관련된 영어표현 |
| | 맥락 | | • 자기 주변 및 생활<br>• 가정 및 학교 | • 직업생활<br>• 지역사회 |
| 과정·기능 | | | • 음성 언어 식별하기<br>• 알파벳 두문자의 의미 말하기<br>• 생활 낱말과 표현의 의미 파악하기<br>• 듣고 알맞게 반응하기<br>• 매체를 활용하여 의미를 이해하고 표현하기 | • 영어표현을 듣고 의미 파악하기<br>• 지시 및 설명을 듣고 과제 수행하기<br>• 영어표현을 듣고 말하기<br>• 주제에 맞게 대화하기<br>• 매체를 활용하여 대화하기 |
| 가치·태도 | | | • 음성 자료 및 상대방의 말을 경청하는 태도<br>• 상대방을 존중하며 말하는 태도<br>• 매체를 바르게 활용하는 태도<br>• 여러 나라의 문화를 이해하는 태도 | • 상대방의 말을 경청하는 태도<br>• 상대방을 존중하며 말하는 태도<br>• 매체를 바르게 활용하는 태도<br>• 여러 나라의 문화를 수용하고 존중하는 태도 |

(2) 읽기

| 범주 | | 내용 요소 | |
|---|---|---|---|
| 핵심 아이디어 | | • 일상생활에서 알파벳을 읽고 이해한다.<br>• 다양한 맥락에서 매체를 활용하여, 영어 낱말과 표현을 읽는다.<br>• 영어에 관심을 가지고 읽기 활동에 자신감을 갖는다. | |
| | | 중학교 1~3학년 | 고등학교 1~3학년 |
| 지식·이해 | 언어 | • 알파벳 대·소문자의 형태<br>• 주변에서 사용되는 낱말과 표현<br>• 주변에서 볼 수 있는 외래어 | • 주변에서 볼 수 있는 낱말<br>• 주변에서 볼 수 있는 어구, 문장<br>• 여러 나라의 문화와 관련된 영어표현 |
| | 맥락 | • 자기 주변 및 생활<br>• 가정 및 학교 | • 직업생활<br>• 지역사회 |
| 과정·기능 | | • 알파벳 대·소문자 식별하기<br>• 알파벳 대·소문자 읽기<br>• 낱말과 표현 읽기<br>• 낱말과 표현의 의미 파악하기<br>• 매체를 활용하여 읽고 의미 파악하기 | • 낱말, 어구, 문장 읽기<br>• 낱말, 어구, 문장의 의미 파악하기<br>• 주제별 영어정보 활용하기<br>• 매체를 활용하여 영어정보 활용하기 |
| 가치·태도 | | • 영어 표현에 대한 관심<br>• 읽기에 흥미를 가지고 바르게 읽는 태도<br>• 매체를 바르게 활용하는 태도<br>• 여러 나라의 문화를 이해하는 태도 | • 영어 읽기에 대한 자신감<br>• 매체를 바르게 활용하는 태도<br>• 여러 나라의 문화를 수용하고 존중하는 태도 |

(3) 쓰기

| 범주 | | 내용 요소 | |
|---|---|---|---|
| 핵심 아이디어 | | • 일상생활에서 알파벳과 낱말을 쓰고 이해한다.<br>• 다양한 맥락 속 영어표현을 쓰고 그 정보를 활용한다.<br>• 영어에 관심을 가지고 쓰기 활동에 자신감을 갖는다. | |
| | | 중학교 1~3학년 | 고등학교 1~3학년 |
| 지식·이해 | 언어 | • 알파벳 대·소문자의 형태<br>• 주변에서 사용하는 낱말과 표현<br>• 주변에서 볼 수 있는 외래어 | • 주변에서 볼 수 있는 낱말<br>• 주변에서 볼 수 있는 어구, 문장<br>• 여러 나라의 문화와 관련된 영어표현 |
| | 맥락 | • 자기 주변 및 생활<br>• 가정 및 학교 | • 직업생활<br>• 지역사회 |
| 과정·기능 | | • 알파벳 대·소문자 쓰기<br>• 낱말과 표현 쓰기<br>• 매체를 활용하여 쓰기 | • 낱말, 어구, 문장 쓰기<br>• 주제별 영어표현 쓰기<br>• 매체를 활용하여 쓰기 |
| 가치·태도 | | • 영어표현에 대한 관심<br>• 매체를 바르게 활용하는 태도<br>• 여러 나라의 문화를 이해하는 태도 | • 영어 쓰기에 대한 자신감<br>• 매체를 바르게 활용하는 태도<br>• 여러 나라의 문화를 수용하고 존중하는 태도 |

## 나. 성취기준

**[중학교 1~3학년]**

(1) 듣기 · 말하기

중학교 '듣기 · 말하기' 영역 성취기준은 알파벳 형태와 이름을 구분하고 일상생활에 자주 사용하는 낱말과 표현을 이해하여 활용할 수 있는 능력을 갖추는데 중점을 두어 설정하였다. '듣기 · 말하기' 영역은 알파벳 형태와 이름 알기, 주변에서 자주 사용하는 낱말과 표현 듣고 말하기, 자기 주변, 가정, 학교와 관련된 표현 이해하기 등의 내용을 다룬다. '듣기 · 말하기'는 자기 주변, 가정, 학교 맥락에서 활용하는 낱말과 표현을 듣고 이해하여 활용하는데 주안점을 둔다.

[09생영01-01] 주변의 소리를 듣고 영어를 식별한다.
[09생영01-02] 소리를 듣고 알파벳을 식별한다.
[09생영01-03] 알파벳과 낱말의 소리를 듣고 말한다.
[09생영01-04] 개인, 가정, 학교생활에서 사용하는 낱말과 표현을 듣고, 그 의미를 파악한다.
[09생영01-05] 개인, 가정, 학교생활에서 사용하는 낱말과 표현을 말한다.
[09생영01-06] 주변에서 사용하는 외래어에 관심을 가지고 듣고 말한다.
[09생영01-07] 다양한 매체를 활용하여 낱말 및 표현을 이해하고 전달한다.

(가) 성취기준 해설

- [09생영01-01] 학생이 다양한 소리 중에서 영어를 식별함으로써 영어에 대한 관심을 기르기 위해 설정하였다. 주변에서 사용하는 말소리 중 영어와 한국어를 식별하고 자기 주변, 가정, 학교에서 활용하는 알파벳, 낱말, 표현을 반복적으로 듣고 비교함으로써 영어를 식별할 수 있도록 한다.
- [09생영01-02] 알파벳의 이름을 듣고 해당 알파벳을 가리키거나 말하며 식별할 수 있는 능력을 신장시키기 위해 설정하였다. 생활 주변에서 표지판, 위치 안내판, 메뉴판 등에 제시된 알파벳의 이름을 듣고 알파벳이 나타내는 의미를 이해함으로써 실생활과 연계하여 알파벳의 이름을 식별할 수 있도록 한다.
- [09생영01-03] 각 알파벳의 음가를 듣고 알파벳의 소리에 익숙해지며 알파벳으로 구성된 낱말을 듣고 따라 말하는 능력을 향상시키기 위해 설정하였다. Push, Pull, Open, Close 등과 같이 주변에서 빈번하게 접하는 낱말을 보고 들으며 따라 말하는 과정을 통해 낱말에 익숙해질 수 있도록 한다.
- [09생영01-04] 영어의 활용 빈도가 높아짐에 따라 학생이 자신 주변, 가정, 학교에서 사용할 수 있는 낱말과 표현의 의미를 이해하고 활용할 수 있도록 설정하였다. 주변에서 보거나 들을 수 있는 영어 낱말과 표현을 다양한 방법으로 학습하고 활용함으로써 그 의미를 이해할 수 있도록 한다.
- [09생영01-05] 개인, 가정, 학교생활에서 사용하는 낱말과 표현의 의미를 이해하고

상황과 맥락에 알맞은 낱말과 표현을 듣고 말할 수 있는 능력을 신장시키기 위해 설정하였다. 사물의 이름과 묻고 답하기, 요청하고 수락하기 등과 같은 표현의 의미를 알고 말하며 적용할 수 있도록 한다.
- [09생영01-06] 주변에서 볼 수 있는 다양한 외래어에 학생이 관심을 가질 수 있도록 설정하였다. 버스, 택시 등 교통수단, 바나나, 토마토 등 과일, 스파게티, 피자 등 음식을 나타내는 외래어의 어원 및 유래를 알고 관심을 가질 수 있도록 한다.
- [09생영01-07] 4차 혁명으로 인한 온라인 및 스마트 기기 활용 교육 활성화에 따라 학생이 매체를 활용하여 영어에 대한 접근성을 높이고 상대방에게 전달하고자 하는 표현을 직접 전달하는 능력을 기르기 위해 설정하였다. 일상생활에서 다양한 매체를 활용하여 영어 낱말과 표현의 의미를 직접 확인하고 소통하는 능력을 기를 수 있도록 한다.

(나) 성취기준 적용 시 고려 사항
- 중도중복장애 학생의 특성을 고려한 보완대체의사소통 기기와 다양한 매체를 활용하여 듣기·말하기 활동에 대한 접근성을 높이고 학생이 학습 상황에서 능동적으로 반응할 수 있도록 한다. 알파벳 이름과 소리 및 낱말과 표현 익히기 활동에서는 속도 조절 및 구간 반복하여 듣고 말하기와 자신의 목소리 녹음 및 재생하며 듣고 말하기 등과 같은 활동을 함으로써 성취기준을 적용하도록 한다.
- 듣기·말하기 활동 참여가 어려운 학생의 경우 듣고 해당하는 알파벳, 낱말, 표현 선택하기, 상황 및 맥락에 적합한 알파벳, 낱말, 표현 쓰기, 대체 의사소통 기기 또는 다양한 매체를 활용하여 듣고 말하는 활동하기와 같은 방법을 활용함으로써 성취기준을 적용하도록 한다.
- 인공지능 기반의 다양한 매체를 학생 특성에 맞게 접근할 수 있도록 제공하며 학생이 올바른 사용 방법을 알고 일상생활 속에서 직접 듣기와 말하기를 활동에 활용함으로써 성취기준을 적용하도록 한다.

(2) 읽기

중학교 '읽기' 영역 성취기준은 알파벳의 대·소문자를 식별하여 읽고, 주변에서 쉽게 볼 수 있는 간단한 낱말이나 표현을 읽을 수 있는 능력을 갖추는데 중점을 두어 설정하였다. '읽기' 영역은 알파벳 대·소문자 식별과 생활 속 알파벳 표기 읽기, 주변에서 볼 수 있는 외래어 읽기, 개인, 가정, 학교 관련 낱말이나 표현 읽고 의미 파악하기, 영어표현에 관심 및 바르게 읽는 태도 갖기 등의 내용을 다룬다. 중학교 읽기에서는 생활 속에서 자주 볼 수 있는 알파벳과 낱말을 스스로 또는 매체를 활용하여 읽어 영어로 표기된 정보의 의미를 이해하는 데 주안점을 둔다.

> [09생영02-01] 주변에서 사용하는 알파벳을 보고 영어 읽기에 관심을 갖는다.
> [09생영02-02] 알파벳 대문자·소문자를 구별하여 읽고 활용한다.
> [09생영02-03] 개인, 가정, 학교생활에서 사용하는 영어 낱말 및 표현을 읽고 의미를 파악한다.
> [09생영02-04] 다양한 매체를 활용하여 낱말과 표현을 읽고 관련 정보를 이해한다.

(가) 성취기준 해설

- [09생영02-01] 학생이 알파벳으로 구성된 영어 표기를 통해 기초적인 영어 읽기에 관심을 가지고 영어 학습의 필요성을 인식할 수 있도록 하기 위해 설정하였다. 생활 속에 혼재되어 있는 다양한 언어, 문자, 기호 중 영어로 된 표기가 있음을 확인하고, 알파벳의 모양이 한글 자모와 다름을 인식하여 관심을 가지고 영어를 읽도록 한다.
- [09생영02-02] 영어의 가장 기초가 되는 알파벳 대·소문자의 구성을 알고 그 형태를 구별하여 읽기의 기초를 다지기 위해 설정하였으며, 알파벳 대·소문자 형태 구분하기, 알파벳 대·소문자 읽기 등의 내용을 다룬다. 생활 속에서 빈번하게 접하는 알파벳으로 구성된 영어 표기 및 약자를 읽고 의미를 이해하는 기초 능력을 기를 수 있도록 한다.
- [09생영02-03] 정보를 표현하고 의미를 전달하기 위한 최소 단위인 낱말과 표현을 읽어 영어로 표기된 정보를 활용할 수 있는 능력을 기르기 위해 설정하였다. 개인, 가정, 학교생활 속에서 쉽게 접할 수 있는 외래어 읽기, 낱말과 표현 읽기, 의미 파악하기 등의 내용을 다룬다. 낱말과 표현을 따라 읽기, 그림과 연결하기 등의 다양한 방식으로 읽고 의미를 파악할 수 있도록 한다.
- [09생영02-04] 영어 학습에 인공지능이 효과적으로 활용됨에 따라 학생이 다양한 매체를 활용하여 영어로 표기된 정보를 이해하는 능력을 기르기 위해 설정하였다. 인공지능 번역기와 애플리케이션 등의 매체 활용하기, 매체를 활용하여 읽고 의미 파악하기 등의 내용을 다룬다. 직접 읽기 뿐 아니라 매체를 활용한 읽기를 통하여 다양한 수준의 학생들이 읽기 활동에 흥미를 가지며 일상생활 속에서 접하는 영어 표기의 의미를 이해할 수 있도록 한다.

(나) 성취기준 적용 시 고려 사항

- 시각중복 및 청각중복장애 학생의 경우 학생의 특성을 고려하여 알파벳 및 낱말과 관련된 상징이나 픽토그램, 사진, 영상 등 비언어적인 설명과 보완대체의사소통 및 적절한 보조공학기기 등 다양한 선택적 표현 방법을 활용한다.
- 실제 생활 장면에서 알파벳과 낱말 그 자체보다는 맥락적 정보를 함께 활용하여 기능적인 사용을 연습하고, 능동적인 태도를 가지고 학습한 내용을 일상생활 속에서 활용할 수 있도록 구조화된 환경을 구성한다.
- 중도중복장애 학생의 경우는 알파벳에는 대문자와 소문자가 존재한다는 것을 알고, 알파벳이 가지는 소리를 따라 읽을 수 있도록 직접 교수를 실시한다. 특히 생활 속에

서 쉽게 발견할 수 있는 영어 약자들을 찾아 소리 내어 읽고 의미를 활용하도록 한다.

(3) 쓰기

중학교 '쓰기' 영역 성취기준은 알파벳의 대·소문자를 식별하여 쓰고, 개인, 가정, 학교생활에서 볼 수 있는 쉽고 간단한 낱말이나 표현을 다양한 형태로 쓸 수 있는 능력을 갖추는데 중점을 두어 설정하였다. '쓰기' 영역은 알파벳 대·소문자 쓰기, 주변에서 볼 수 있는 외래어 쓰기, 개인, 가정 학교생활에서 자주 사용되는 친숙한 낱말과 표현 쓰기, 영어로 쓰기에 대한 관심 가지기 등의 내용을 다룬다. 중학교 쓰기에서는 생활 속에서 자주 볼 수 있는 알파벳과 낱말을 다양한 쓰기 방법으로 스스로 또는 매체를 활용하여 쓰는데 주안점을 둔다.

[09생영03-01] 주변에서 사용하는 알파벳을 보고 영어 쓰기에 관심을 갖는다.
[09생영03-02] 알파벳 대문자·소문자를 구별하여 쓴다.
[09생영03-03] 개인, 가정, 학교생활에서 사용하는 영어 낱말과 표현을 쓴다.
[09생영03-04] 다양한 매체를 활용하여 알파벳과 영어 낱말을 쓴다.

(가) 성취기준 해설

- [09생영03-01] 주변에서 흔히 볼 수 있는 알파벳을 보며 대문자·소문자의 모양과 영어 쓰기에 대한 관심을 이끌어 내기 위해 설정하였다. 우리 주변에는 한글과 다른 문자가 있음을 확인하고, 한글과 형태가 다른 영어문자의 특징을 활용하여 쓰기에 관심을 갖게 한다. 다양한 쓰기 방법을 제시함으로써 영어 알파벳을 익히고자 하는 동기를 이끌어 내도록 한다.
- [09생영03-02] 낱말 쓰기의 기초가 되는 알파벳 대·소문자의 형태를 기억하고, 구별하여 쓸 수 있는 기초를 다지기 위해 설정하였다. 알파벳 대문자와 소문자는 명칭은 같으나 형태가 다름을 알게 하고, 다감각을 활용한 다양한 쓰기 방법으로 흥미를 잃지 않도록 하는데 중점을 둔다.
- [09생영03-03] 개인, 가정 학교생활 속에서 쉽게 접할 수 있는 영어 낱말과 표현을 쓰는데 목적이 있다. 리모컨의 on·off 등 친숙한 소재의 생활 속 낱말과 표현 쓰기, 주변에서 볼 수 있는 외래어 쓰기, 매체 활용하여 쓰기 등의 내용을 다룬다. 다양한 수준의 학생에게 따라 쓰기, 보고 쓰기, 완성하기 등 다양한 방법으로 전개하여 유의미한 쓰기 능력을 기르도록 한다.
- [09생영03-04] 인공지능 시스템이 교육 분야에 적용 및 활용되는 수요가 증가함에 따라 학생이 다양한 매체를 활용하여 영어표현을 쓰는 능력을 기르기 위해 설정하였다. 인공지능 애플리케이션 등의 매체를 활용하여 쓰기 활동에 재미를 느끼고 자기주도적으로 생활 속 영어표현 쓰기에 효과를 높이도록 한다.

(나) 성취기준 적용 시 고려 사항

- 시각중복장애 학생의 경우 잔존시력을 활용함과 동시에 다른 감각도 함께 사용할 수

있도록 지원한다. 일상생활에 필요한 기초 쓰기 기능을 습득할 수 있도록 신체적 촉진을 통한 직접 교수를 실시하며, 학생의 습득 정도에 따라 점진적 안내를 활용하여 신체적 촉진을 감소해 나가도록 하여야 한다.
- 보고 쓰기, 덧쓰기, 따라 쓰기, 알파벳 붙이기 등 다양한 쓰기 형태를 제시하여 학생의 개별 특성에 따라 선택할 수 있게 하고, 특히 개인, 가정, 학교 상황의 맥락을 이용한 기능적 쓰기로 구성하여 실생활 중심의 접근이 되도록 한다.
- 중도중복장애 학생의 경우는 알파벳이나 낱말의 형태를 익히고 제시된 모델을 보고 옮겨 쓰는 형태로 확장해 나간다. 쓰기 활동의 초기 단계에서는 신체나 다양한 재료로 알파벳 모양 만들기 등 다감각적인 방법으로 지도하고, 구두로 익힌 익숙한 낱말을 다양한 형태의 쓰기로 제시하여 소리와 문자의 관계를 자연스럽게 터득하는 기회로 삼는다. 수지 기능에 어려움이 있는 학생을 위하여 보조도구를 지원하고, 컴퓨터 등 다양한 매체를 활용하여 알파벳 및 낱말을 입력할 수 있게 지원한다.

**[고등학교 1~3학년]**

(1) 듣기·말하기

고등학교 생활영어 '듣기·말하기' 영역 성취기준은 기초적인 영어표현 능력을 향상하여 일상생활에서 간단한 의사를 표현하는 소통 능력을 갖추는 데 중점을 두어 설정하였다. '듣기·말하기' 영역은 듣고 말하는 활동에 흥미 갖기, 상대방의 표현 경청하기, 낱말, 어구, 문장으로 구성된 음성언어 정보를 듣고 이해하기, 장소와 상황에 따라 적절한 의사 표현하기, 듣고 과제 수행하기, 매체를 활용하여 영어표현을 듣고 말하기 등의 내용을 다룬다. '듣기·말하기'는 지역사회, 직업생활에서 활용하는 어휘와 표현을 듣고 이해하며 실생활에서 적극적으로 표현하고 활용하는 데 주안점을 둔다.

> [12생영01-01] 실물, 그림, 사진 등과 관련된 낱말·어구·문장을 듣고 말한다.
> [12생영01-02] 지역사회, 직업생활 관련 낱말·어구·문장을 듣고 의미를 파악한다.
> [12생영01-03] 다양한 장소·상황·주제에 따른 지시나 설명을 듣고 과제를 수행한다.
> [12생영01-04] 지역사회, 직업생활 관련 주제에 대해 말이나 대화를 한다.
> [12생영01-05] 매체를 활용하여 낱말·어구·문장을 듣고 말이나 대화를 한다.
> [12생영01-06] 여러 나라 문화와 관련 영어표현을 듣고 말한다.

(가) 성취기준 해설
- [12생영01-01] 실물, 그림, 사진 등을 통해 영어표현을 접하면서 영어에 대한 관심과 자신감을 기르기 위해 설정하였다. 학생들이 선호하는 스포츠 종목, 다양한 상황에 따른 감정, 여러 가지 취미, 직업 종류 등을 듣고 말하는 내용을 다룬다. 주제에 따라 다른 교과와 연계하여 지도하면서 학생들의 영어에 대한 접근성을 높이고, 학생들이 보다 쉽게 영어를 받아들이도록 한다.
- [12생영01-02] 지역사회, 직업생활 관련 영어를 듣고 말하며 실제 자주 사용하는 영

어표현의 의미를 파악하기 위해 설정하였다. 주변에서 볼 수 있는 건물, 자주 이용하는 장소, 직장 내 영어 관련 간단한 영어를 듣고 말하는 내용을 다룬다. 현장 체험학습, 직업실습, 역할극 등의 체험활동과 모의 상황을 통해 실제 사용 가능한 간단한 영어표현을 익히고 의미를 파악하도록 한다.

- [12생영01-03] 사회 관계망 서비스(SNS), 생활용품, 의사소통 시 영어 사용 빈도가 증가하므로 학생들에게 간단한 영어표현 능력을 기르기 위해 설정하였다. 상황에 따라 긴급어, 지시어, 금지어 등 장소에 따라 주문하기, 요청하기, 권유하기, 주제에 따라 묘사하기, 설명하기 등의 내용을 다룬다. 상황·주제·장소에 따른 영어표현을 다양한 장면에서 반복적으로 제시하면서 친숙하게 듣고 말하면서 과제를 수행하도록 한다.
- [12생영01-04] 다른 사람과 대화할 때, 경청하는 자세와 적절하게 말하는 능력을 향상시키기 위하여 설정하였다. 일정, 기분·감정어, 장소(위치), 사회 현안(기후위기, 자연 보호, 인공지능, 다문화 등), 권유하기, 격려하기, 사과하기 등의 내용을 다룬다. 직업, 지역사회 관련 다양한 상황을 제시하면서 나와 주변 환경에 관심을 갖고 사회적 상황에 따라 자연스럽게 말이나 대화하도록 한다.
- [12생영01-05] 장애 유형이나 특성으로 인해 음성언어 표현이 어려운 학생들을 위해 설정하였다. 매체 바르게 다루기, 매체를 활용하여 영어 표현하기, 매체를 활용하여 대화하기, 말이나 대화하는 바른 태도 함양하기 등의 내용을 다룬다. 보완대체의사소통 기기, 애플리케이션, 스마트폰 내 기능 등을 활용하여 자신의 생각이나 감정을 표현하고, 다른 사람과의 대화 참여에 적극적으로 참여하도록 한다.
- [12생영01-06] 우리나라에 없거나 다른 여러 나라의 문화를 수용하고 존중하는 태도를 함양하기 위해 설정하였다. 일상생활, 직업, 지역사회와 관련 있는 주제로 우리나라에 있는 유사 문화 또는 우리나라에 없는 문화의 내용을 다룬다. 주제에 적합한 역할극, 실습, 다양한 매체 활용 등의 활동이나 체험을 통해 여러 나라의 문화에 대한 흥미와 관심을 가지고 이해하도록 한다.

(나) 성취기준 적용 시 고려 사항

- 시각중복 및 청각중복장애 학생의 경우는 장애 유형 및 특성에 따라 직접 교수, 실습 및 체험, 시청각 자료, 스마트 기기 등을 적절하게 사용하도록 한다. 청각중복장애 학생은 음성자료를 시각 자료로 전환하여 제시하고 구어 또는 수어로 표현하도록 한다. 시각중복장애 학생은 다수의 자료를 촉각과 청각 중심의 자료를 제시하고 촉각과 청각을 활용하여 듣고 표현하도록 한다.
- 다양한 상황과 장소의 실생활에서 반복적인 영어 사용 경험을 제공하여 학생이 영어에 대한 친숙함을 높이고, 영어표현을 적절하게 활용할 수 있는 방법을 습득할 수 있도록 하여야 하며, 학생이 의도를 가지고 영어표현을 탐색하고 사용할 수 있는 환

- 경을 제공해야 한다.
- 중도중복장애 학생의 경우는 모방하기, 음성언어의 속도 조절하여 듣기·따라 말하기, 분절하여 듣기·따라 말하기, 구간 반복 듣기·따라 말하기, 다양한 매체를 활용하여 듣기·따라 말하기 등과 같이 학생들의 흥미와 주의집중 정도를 고려하여 자연스럽게 듣기·말하기 활동에 참여하도록 한다.
- [12생영01-04], [12생영01-05] 중도중복장애 학생의 교육적 요구에 따라 '~말이나 대화한다.'를 '~표정이나 몸짓으로 표현한다.', '~대화에 참여한다.' 등으로 성취기준을 재구성하여 적용할 수 있다.

(2) 읽기

고등학교에서 '읽기' 영역의 성취기준은 중학교 성취기준과 연계하여, 실생활에서 영어표현을 읽고 그 정보를 활용하는 능력을 갖추는 데 중점을 두어 설정하였다. 읽기 영역은 알파벳 대·소문자 읽기를 바탕으로 낱말·어구·문장 읽기, 읽고 의미 파악하기, 장소와 상황에 따른 영어표현 읽고 정보 활용하기, 매체를 사용하여 영어표현 읽고 정보 활용하기, 여러 나라의 문화와 관련된 영어표현 읽기 등의 내용을 다룬다. 읽기는 지역사회, 직업생활에서 볼 수 있는 영어표현을 읽고 상황에 맞게 적절하게 활용하는 데 주안점을 둔다.

[12생영02-01] 실물·그림·사진 등에 있는 낱말·어구·문장을 읽는다.
[12생영02-02] 여러 가지 상황에 적합한 낱말·어구·문장을 읽고 의미를 파악한다.
[12생영02-03] 지역사회, 직업생활에서의 영어표현을 읽고 정보를 활용한다.
[12생영02-04] 매체를 사용하여 영어표현을 읽고 정보를 활용한다.
[12생영02-05] 여러 나라의 문화와 관련된 영어표현을 읽는다.

(가) 성취기준 해설
- [12생영02-01] 학생들이 자주 접하는 사물, 그림, 사진 등과 관련한 간단한 낱말, 어구, 문장을 읽음으로써 자기주도적인 읽기 능력의 기초를 마련하기 위해 설정하였다. TV, 컴퓨터, 엘리베이터 등의 실물과 의류 및 스포츠, 음식점, 미디어 콘텐츠(OTT) 등의 그림과 사진 등을 읽을 수 있는 내용을 다룬다. 학생이 자주 접하는 실물·그림·사진을 활용하여 영어에 대한 친밀감을 높일 수 있도록 한다.
- [12생영02-02] 여러 상황에서 자주 사용하는 영어표현을 읽음으로써 협력적 의사소통 능력의 기초를 마련하기 위해 설정하였다. 특정한 장소에서 낱말이나 문장을 읽음으로써 비상구의 위치를 파악하거나, 제품을 설명하는 핵심 낱말이나 두문자어(예 : GMO, MSG) 및 간단한 문장을 읽고 정보를 파악할 수 있는 내용을 다룬다. 자신이 속한 장면에서 영어를 읽음으로써 궁극적으로 의사소통에 관심을 갖도록 한다.
- [12생영02-03] 자신이 읽은 정보를 활용함으로써 실생활에서의 문제 해결력을 기르기 위해 설정하였다. 지역사회에서 접할 수 있는 시설들이나 지명, 다양한 직업들 및 직업생활에서의 호칭 등과 일상생활 장면의 표현들(멈추다, 시작하다)을 다룬다. 정

보를 활용한 문제 해결을 통해 궁극적으로는 영어에 대한 성취감과 활용 능력을 높일 수 있도록 한다.
- [12생영02-04] 다양한 매체를 다루는 능력을 통해 원격수업에 참여하고, 디지털 소양을 기르기 위해 설정하였다. 스마트 기기에 내장되어 있는 읽기 및 부분 번역 기능, 인공지능 번역 애플리케이션, 스위치 및 스캐닝 활용하기 등의 내용을 다룬다. 다양한 매체 및 인공지능 기능의 활용은 온오프라인의 연계 및 영어에 대한 관심과 읽기 활동에 자신감을 갖도록 한다.
- [12생영02-05] 여러 나라와 관련된 낱말·어구·문장 읽기 활동을 통해 문화를 수용하고 존중하는 태도를 함양하기 위해 설정하였다. 영어권 국가의 기념일(예: Easter, Thanksgiving, Christmas)에 먹는 음식, 놀이, 의식 등의 내용을 다룬다. 체험 중심의 흥미로운 활동을 통해 학생이 여러 나라의 다양한 문화에 대해 흥미와 관심을 가지고 이를 이해하고 존중하는 능력을 증진하는 데 중점을 둔다.

(나) 성취기준 적용 시 고려 사항
- 지체장애 학생의 경우 신체적 움직임의 제한성을 고려하여 신체기능평가를 통해 개별화된 스위치(헤드 스위치, 풋 스위치 등)를 선정하고, 이를 통해 인공지능 기반 다양한 매체와 보완대체의사소통에 대한 접근성을 높일 수 있도록 한다.
- 청각중복장애 학생의 경우, 구어와 수어를 함께 이용하여 지도하도록 하고, 한국어에는 없는 영어의 소리 내는 방식을 정확한 혀의 위치와 입술 모양 등을 이용하여 지도한다.
- 시각중복장애 학생의 경우 적절한 조명과 좌석 배치, 학습 자료의 제시 순서 등을 고려함으로써, 학생이 환경을 예측하고 통제한다는 안정감 속에서 집중력 있게 수업에 참여할 수 있는 교수·학습 환경을 구성한다.
- 중도중복장애 학생의 경우, 영어 읽기에 대한 학생의 관심과 흥미를 높일 수 있도록 다양한 교수·학습 자료와 방법을 사용하도록 한다. 학습 자료의 신기성을 이용할 수 있도록 스위치와 스마트 기기, 인공지능 기반 애플리케이션, 촉각 자료 등을 다양하게 이용하고 더불어 직접교수, 모방학습 등 교수·학습 방법을 다양화하여 지도한다.
- [12생영02-03], [12생영02-04] 중도중복장애 학생의 경우 부분 참여의 원리를 적용하여 '~따라 읽는다.', '~읽고 활용한다.'를 '~표정이나 몸짓으로 읽기자료를 선택한다.', '~스위치를 눌러 읽기 활동에 참여한다.' 등으로 성취기준을 재구성하여 적용할 수 있다.

(3) 쓰기
고등학교 '쓰기' 영역 성취기준은 다양한 영어 쓰기 목표와 방법을 제시한 과제를 수행을 통한 생활 속 영어 쓰기 능력을 갖추는 데 중점을 두어 설정하였다. 쓰기 영역은 낱말·어구·문장 보고 쓰기, 어구·문장 완성하기, 매체를 활용하여 영어 입력하기 등의 내용으로 구성하였다. '쓰기'는 지역사회, 직업생활에서 상황에 따라 적절한 영어 쓰기 능력을 함양하고, 아울러 영어 쓰기에 대한 흥미와 자신감을 높이는 데 주안점을 둔다.

> [12생영03-01] 실물·그림·사진 등에 있는 낱말·어구·문장을 보고 쓴다.
> [12생영03-02] 실물·그림·사진 등을 보고 알맞은 낱말을 넣어 어구와 문장을 완성한다.
> [12생영03-03] 지역사회, 직업생활에 적합한 낱말·어구·문장을 쓴다.
> [12생영03-04] 매체를 활용하여 적합한 낱말·어구·문장을 입력한다.
> [12생영03-05] 여러 나라의 문화와 관련된 영어표현을 쓴다.

(가) 성취기준 해설

- [12생영03-01] 학생이 실물·그림·사진 등에 포함된 영어표현을 찾아서 보고 쓰는 능력을 기르기 위해 설정하였다. 학생에게 친숙한 지역사회, 직업 등과 관련된 영어표현을 소재로 하여 학생이 낱말·어구·문장을 보고 쓰는 내용을 다룬다. 이를 통해 생활 속 영어에 대한 친근감을 높이고, 영어 쓰기에 대한 자신감을 갖도록 한다.

- [12생영03-02] 학생에게 친숙한 지역사회, 직업생활과 관련된 어구·문장의 완성을 위해 알맞은 낱말을 쓰는 능력을 함양하기 위해 설정하였다. 낱말을 찾아서 보고 쓰기, 철자 일부만 제시된 낱말의 나머지 철자 채우기, 낱말을 넣어 어구와 문장 완성하기 등의 내용을 다룬다. 학생들이 생활 속에서 사용할 수 있는 다양한 어휘를 습득하여 쓸 수 있도록 한다.

- [12생영03-03] 지역사회, 직업생활과 관련된 낱말, 어구, 문장을 씀으로써 상황적 맥락을 파악하고 자신의 의사를 표현하는 능력을 함양하기 위하여 설정하였다. 인사하기, 도움 요청하기, 기분·감정, 인물, 일정, 스포츠, 장소, 직업, 지역사회, 여러 나라의 문화 등의 내용을 다룬다. 학생이 생활에서 자주 접할 수 있는 낱말·어구·문장을 쓰는 것에 대한 관심과 자신감을 갖도록 한다.

- [12생영03-04] 정보를 습득하거나 원격수업에 참여하기 위하여 학생이 다양한 매체에 영어를 입력하는 능력을 함양하기 위하여 설정하였다. 보완대체의사소통 기기, 스마트 기기, 인공지능 기반의 다양한 매체를 활용하여 낱말, 어구, 문장 입력하는 내용을 다룬다. 다양한 매체 활용 시 학생이 영어 입력에 대한 친숙도를 높이고, 매체를 적극적으로 활용하여 영어를 입력할 수 있도록 한다.

- [12생영03-05] 여러 나라의 문화를 수용하고 존중하는 태도를 함양하기 위해 설정하였다. 여러 나라의 문화(예: 기념일, 음식, 놀이)와 관련된 체험활동 중심의 낱말·어구·문장 쓰기, 다양한 매체로 영어 입력하기 등의 내용을 다룬다. 학생이 여러 나라의 다양한 문화에 대한 흥미와 관심을 가지고 이를 이해하는 능력을 증진하는 데 중점을 둔다.

(나) 성취기준 적용 시 고려 사항

- 지체장애 학생의 경우, 학생의 신체적 기능과 편의성을 고려한 보완대체의사소통 기기, 스마트 기기 등 다양한 매체를 활용하여 쓰기 활동에 참여하도록 한다. 또한 영어를 직접 쓰지 않더라도 철자를 말하거나 제시된 상황에 알맞은 낱말 또는 어구, 문장을 선택하여 표현할 수 있도록 다양한 방법의 교수·학습 활동을 구성하여 학생이 '쓰기' 영역에서의 성취를 기대할 수 있도록 한다.
- 시각중복장애 학생의 경우, 보완대체의사소통 기기, 컴퓨터, 스마트 기기, 점자 등 다양한 방법으로 영어를 쓰거나 입력할 수 있도록 학생의 특성에 맞는 도구를 활용하고, 이를 성취기준에 적용한다.
- 중도중복장애 학생의 경우, 영어 쓰기에 대한 학생의 흥미를 유발할 수 있도록 다양한 교구나 매체를 활용한다. 스티커, 점토 등 학생의 특성에 적합한 폭넓은 소재의 도구를 사용하여 쓰기 활동에 어려움이 있는 학생에게 쓰기에 대한 동기를 부여한다.
- 다양한 상황과 장소 및 서식, 매체를 활용한 영어 쓰기 활동을 구성하여 학생이 영어 쓰기에 대한 흥미를 가질 수 있도록 한다. 나아가 실생활에서 영어 쓰기를 해야 하는 상황에 대한 친숙함을 높이고 필요성을 인지할 수 있도록 한다.
- [12생영03-02], [12생영03-03] 중도중복장애 학생의 경우 부분 참여의 원리를 적용하여 '~을 완성한다.', '~을 쓴다.'를 '~따라 쓴다.', '~스위치를 눌러 쓰기 활동에 참여한다.' 등으로 성취기준을 재구성하여 적용할 수 있다.

# 03 교수·학습 및 평가

## 가. 교수·학습

(1) 교수·학습의 방향

(가) 생활영어과 교수·학습은 학생의 실생활에서 영어표현의 적극적인 6)____ 및 ____을 목적으로 한다.

(나) 생활영어과의 성격과 목표를 고려하고, 이를 달성하기 위해 의미 있는 경험을 실제로 수행하도록 교수·학습을 계획하고 실행한다.

(다) 학생의 인지적·정의적 특성, 학습 능력 및 태도, 흥미와 관심도 등을 고려하여 생활 속 영어를 경험할 수 있는 교육 내용과 교수·학습 방법을 선정한다.

(라) 학생의 생활환경을 고려하여 7)_____, _____, _____, _____ 등에서 사용하는 실용 영어를 학습하고 활용한다.

(마) 중도중복장애 학생들의 적극적인 수업 참여가 일어나도록 비언어적 의사소통 방법, 보완대체의사소통 기기, 정보화 기기 등을 활용하여 8)_____와 _____의 원리를 실현한다.

(바) 변화되는 스마트 환경과 학생의 스마트 기기 사용 능력 및 학생의 흥미와 관심을 고려하여 실제 삶에서 활용 가능한 생활 영어를 학습할 수 있는 교수·학습 방법 및 내용을 선정한다.

(사) 학생이 다변화되는 교육 환경에서 원활하게 학습 활동에 참여할 수 있도록 다양한 생활 영어 자료를 온라인과 교실에서 활용할 수 있는 교수·학습 방법 및 내용을 구성한다.

(아) 인공지능 음성 인식 및 다국어 번역 애플리케이션 등의 다양한 매체를 활용하여 학생이 영어 활용 환경에서 문제 해결 능력을 신장할 수 있는 기반을 다진다.

(2) 교수·학습 방법

(가) 교수·학습의 과정은 학생의 흥미와 관심, 발달과정과 경험을 고려하여 실생활에서 문제 해결이 가능한 활동으로 이루어질 수 있다.

(나) '듣기·말하기' 영역에서는 영어의 소리에 익숙해지고 일상생활에서 사용하는 간단한 표현을 익혀 9)_____에서 활용할 수 있도록 계획한다.

(다) '읽기' 영역에서는 일상생활에서 볼 수 있는 영어표현에 대한 흥미를 갖고 알파벳을 익혀서 생활 속의 10)_____을 이해하여 실제 상황에서의 문제를 해결할 수 있도록 계획한다.

6) 수용 및 활용
7) 가정생활, 학교생활, 지역사회 생활, 직업생활
8) 보편적 학습설계와 부분 참여
9) 실제 상황
10) 영어표현

(라) '쓰기' 영역에서는 한글과 다른 형태의 알파벳 인쇄체를 익혀 일상생활에서 활용하고 11)_____을 향상시킬 수 있도록 계획한다.

(마) '듣기·말하기', '읽기', '쓰기'에 대한 단일 언어영역뿐만 아니라 2개 이상의 영역을 통합하여 지도할 수 있는 방법을 모색하여 12)_____을 향상시키도록 한다.

(바) 13)____, ____, _____, _____ 등의 유용한 상황과 맥락을 활용하여 언어 기능이 통합적으로 표현되도록 지도한다.

(사) 학생의 생활 속 영어 관련 경험을 활용하여 우리나라의 문화를 이해하고 다양한 문화를 존중할 수 있는 내용 및 교수·학습 방법을 구성한다.

(아) 14)____나 ____ 등을 적절히 활용하여 학생의 흥미를 유발하는 언어 학습이 이루어질 수 있도록 한다.

(자) 언어의 형식적인 면과 정확성에 치중하기보다는 실제 생활에서의 문제 해결 능력과 자립 능력 향상에 중점을 두고 지도한다.

(차) 중도중복장애 학생의 장애 특성 및 정도를 고려하여 학습 내용의 핵심 요소를 중심으로 교수·학습 내용 및 방법을 재구성하여 지도한다.

(카) 중도중복장애 학생은 흥미와 성취감을 갖도록 보완·대체적인 교수·학습 자료를 구안하고 15)_____와 _____를 활용하여 지도한다.

(타) 인공지능 음성인식 및 번역 애플리케이션 등의 다양한 매체를 적절히 활용할 수 있는 교수·학습 방법을 계획하여 학생의 영어 활용 능력을 향상시킬 수 있도록 지도한다.

(파) 서책형 교과서와 디지털 자료를 알맞게 활용할 수 있도록 계획하여 가정과 학교에서 온오프라인 연계 수업에 효과적으로 사용할 수 있도록 한다.

## 나. 평가

(1) 평가의 방향

(가) 평가는 평가의 목적 및 시기, 평가 내용 및 방법, 성취기준 도달 여부 등의 계획을 수립하여 실시하고, 필요한 경우 16)_____을 제공하여 성취기준에 도달하도록 한다.

(나) 평가 내용은 17)_____ 등 실생활에서 의사표현 및 영어 활용 능력을 중점으로 구성하되, '지식·이해', '과정·기능', '가치·태도' 등을 포함하여 평가가 이루어지도록 한다.

---

11) 자립적 생활 능력
12) 통합적 실제 언어 능력
13) 가정, 학교, 지역사회, 직업생활
14) 놀이나 게임
15) 멀티미디어 자료와 스마트 기기
16) 개별 맞춤형 피드백
17) 가정·학교·지역사회·직업생활

(다) 영역별 평가는 단일 영역 평가 또는 2개 이상의 영역을 통합하여 유연하게 실시하고, 원격수업에서의 평가는 18)_____를 활용하여 평가할 수 있다.

(라) 평가 결과는 학생의 성취기준 도달 정도를 확인하고, 학생별 수준과 특성을 고려한 교수·학습 방법 개선 및 평가 자료로 활용한다.

(마) 학생의 장애 유형 및 특성을 고려하여 다양한 평가 방법 및 도구를 선정하고, 학습 과정 평가를 통해 수시로 19)_____를 확인하도록 평가한다.

(2) 평가 방법

(가) 평가 영역은 '듣기·말하기', '읽기', '쓰기' 등의 3개 영역으로 하되, 평가 방법은 개별 평가 또는 2개 이상의 영역을 통합하여 평가하도록 계획을 수립한다.

(나) '듣기·말하기' 평가는 학생별 수준을 반영하여 듣고 가리키기, 듣고 따라 말하기, 듣고 말하기, 질문에 답하기, 듣고 과제 수행하기, 영어로 말하기, 대화하기 등의 평가 방법을 계획하고, 학습 과정에서 수시로 성취기준 도달 과정과 여부를 확인하는 데 주안점을 둔다.

(다) '읽기' 평가는 학생별 수준을 반영하여 따라 읽기, 보고 읽기, 완성하여 읽기, 영어표현 의미 파악하기, 영어 정보 활용하기 등의 평가 방법을 계획하고, 학습 과정에서 수시로 성취기준 도달 과정과 여부를 확인하는 데 주안점을 둔다.

(라) '쓰기' 평가는 학생별 수준을 반영하여 따라 쓰기, 보고 쓰기, 낱말·어구·문장 완성하기 등의 평가 방법을 계획하고, 학습 과정에서 수시로 성취기준 도달 과정과 여부를 확인하는 데 주안점을 둔다.

(마) 20)____, ____, ____ 등의 다양한 활동을 통해 평가하되 영어 학습의 '가치·태도', '지식·이해' 및 '과정·기능'에 대한 총체적 평가가 이루어지도록 한다.

(바) '듣기·말하기', '읽기', '쓰기' 영역의 평가는 학습한 영어표현과 21)_____과의 관련성을 인식하고 현장·상황 중심의 영어 활용 능력을 평가하도록 한다.

(사) 개별 맞춤형 피드백은 평가 시기와 평가 내용에 따라 적합하게 제공하고, 필요시 원격 수업에서 평가를 실시하고 적합한 디지털 평가 도구를 평가 도구를 활용한다.

(아) 사전 진단 평가, 학습 과정을 중시하는 평가 등 수업에서 실질적으로 활용할 수 있는 다양한 평가 방법을 고안하여 평가한다.

(자) 중도중복장애 학생은 학생별 장애 특성을 반영한 평가 보완 도구를 선정하여 평가하되, 필요시 개별 맞춤형 피드백을 제공하면서 22)_____을 중시하는 평가가 이루어지도록 한다.

18) 디지털 평가 도구
19) 성취기준 도달 여부
20) 노래, 게임, 놀이
21) 실생활
22) 학습 과정

(차) 시·청각장애 학생은 잔존능력을 확인하고, 학생별 잔존능력을 반영하여 평가 도구를 <sup>23)</sup>_____하여 제시하여 평가하되, 필요시 장애 유형에 따른 다양한 매체를 통해 평가가 이루어지도록 한다.

(카) 중도중복장애 학생은 '듣기·말하기', '읽기', '쓰기' 영역의 수준을 파악하여 성취기준의 <sup>24)</sup>_____을 구성하고, 수준에 따른 피드백을 제공하면서 수시 평가가 이루어지도록 한다.

(타) 언어적 평가는 다양한 평가 도구(직접 평가, 보완대체의사소통 기기, 스마트 기기 등)를 적절하게 활용하여 실시하고, 비언어적 평가는 <sup>25)</sup>____이나 ____을 활용하여 평가가 이루어지도록 한다.

---

23) 촉각·청각·시각화
24) 하위 수준
25) 몸짓이나 행동

# 11 선택 - 보건

## 교육과정 설계의 개요

2022 개정 특수교육 교육과정은 미래 사회의 불확실성에 능동적으로 대응할 수 있는 능력, 공동체 의식의 함양과 실생활 맥락 속에서 적용하는 학습자 맞춤형 교육을 강조한다. 이에 따라 특수교육 대상 학생의 자기 관리 능력과 자기 옹호 능력을 포함한 자기 결정 능력의 중요성이 부각되고 있다. 기본 교육과정의 선택 교과로서의 보건과는 특수교육 대상 학생이 건강과 생활 안전의 주체자로서 1)_____을 실천하고, 개인과 공동체의 2)_____, _____ 및 _____을 증진할 수 있는 역량을 함양하기 위한 교육과정으로 미래 사회의 변화에 대처하기 위한 역량을 도모할 수 있다.

보건과는 3)_____과 ____를 함양함으로써 개인과 공동체의 건강 및 삶의 질을 향상하기 위한 교과로서 건강의 가치와 안전의 중요성을 이해하고, 4)_____과 5)_____을 증진하고 생활화하여 건강과 생활 안전의 주체자로서의 삶을 영위하는 것을 목표로 한다. 보건과는 실생활에서의 적용에 초점을 맞추고, 교육과정, 교수·학습, 평가의 일관성 있는 연계를 중요시한다. 2022 개정 특수교육 기본 교육과정 보건과는 개인적 건강, 관계적 건강 및 사회적 건강을 포함하여 '생활 속 건강 관리' 영역, '건강한 선택' 영역, '건강한 성' 영역, '생활 속 안전' 영역의 총 4개 영역으로 구성하였다. 이는 2015 개정 특수교육 기본 교육과정 보건과의 '일상생활과 건강' 영역, '성과 건강' 영역, '안전과 건강' 영역의 총 3개 영역 중에서 '일상생활과 건강' 영역, '안전과 건강' 영역에서 중복하여 다루었던 내용을 통합하여 '건강한 선택' 영역을 신설함으로써 학습량을 적정화하였다.

각 영역이 포함하는 내용은 다음과 같다. 첫째, '생활 속 건강 관리' 영역은 건강한 생활 습관을 생활화하고, 질병을 예방하고 관리하며, 스트레스와 정신 건강을 관리하는 능력을 함양하는 데 필요한 내용 요소를 포함한다. 둘째, '건강한 선택' 영역은 건강 정보와 건강 자원을 활용하여 흡연, 음주, 약물의 오·남용 및 디지털 기기의 과의존 등 청소년기에 노출되기 쉬운 위험 요인에 대해

1) 건강한 생활 습관
2) 신체적 건강, 정신적 건강 및 사회적 건강
3) 건강한 생활 습관과 태도
4) 건강 관리 능력
5) 건강 문제 해결 능력

올바른 선택을 할 수 있는 역량을 기르는 데 필요한 내용 요소를 포함한다. 셋째, '건강한 성' 영역은 청소년기의 신체적 변화와 심리적 변화를 이해하고, 임신·출산·피임에 대한 건강한 성 가치관을 확립하고, 부모 역할을 올바르게 인식하고, 성범죄 위험으로부터 안전한 생활을 영위하며, 성 인권을 이해하고 존중하는 태도를 생활화하는 데 필요한 내용 요소를 포함한다. 넷째, '생활 속 안전' 영역은 가정폭력, 학교폭력, 사이버 폭력 등의 위험 요인을 예방하고 적절하게 대처하여 안전한 생활을 도모하며, 생활 안전과 교통안전을 생활화하고, 사회 재난과 자연 재난 및 환경오염과 관련된 건강과 안전의 위험에 적절하게 대응하는 데 필요한 내용 요소를 포함한다.

'핵심 아이디어'는 해당 영역을 관통하는 핵심어를 중심으로 해당 영역을 아우르면서 해당 영역의 학습을 통해 일반화할 수 있는 내용을 자신과의 관계, 타인과의 관계, 사회 공동체와의 관계 및 자연과의 관계와 관련하여 핵심적으로 진술하였다. 예를 들면 '생활 속 건강 관리' 영역의 '핵심 아이디어' 중 하나는 감정, 스트레스, 신체적 건강, 정신적 건강, 사회적 건강 등의 핵심어를 중심으로 자신과의 관계에 초점을 맞추어 '감정 이해와 조절, 정신 건강 문제의 예방과 대처를 통해 신체적, 정신적, 사회적 건강의 균형을 이루고 행복한 삶을 실현한다'로 기술하였다.

2022 개정 특수교육 기본 교육과정 보건과 내용 체계의 세 가지 범주는 중학교 1~3학년과 고등학교 1~3학년으로 구분되고, 건강과 생활 안전의 주체자로서의 역량을 강화하는 데 필요한 내용을 선정하였다. '지식·이해' 범주는 건강한 생활 관리, 건강 정보와 건강 자원의 이해, 청소년기 발달 특성, 생활 안전에 관련된 지식과 정보를 이해하고 습득하는 데 초점을 두었다. '과정·기능' 범주는 건강한 생활 습관을 실천하고, 건강 정보와 건강 자원을 활용하고, 성폭력, 가정폭력, 학교폭력 및 사이버 폭력에 대처하는 방법 등 실생활에 적용하는 데 초점을 두었다. '가치·태도' 범주는 건강 감수성, 성 인지 감수성, 안전 감수성, 환경 감수성 및 생명 윤리를 내면화하고, 건강 관리와 생활 안전을 생활화하는 데 초점을 두었다.

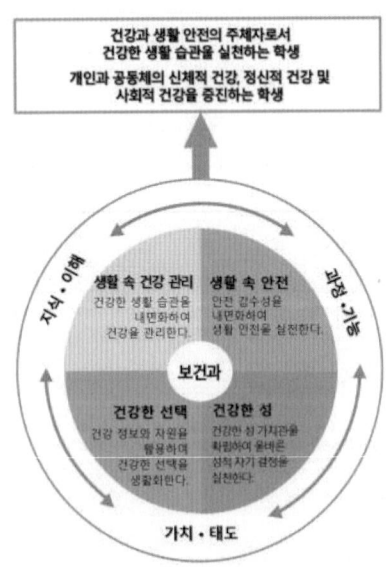

[그림 11] 2022 개정 특수교육 기본 교육과정 보건과 설계 개요

# 01 성격 및 목표

## 가. 성격

보건은 신체적 건강, 정신적 건강 및 사회적 건강을 지키고 유지하는 것을 의미한다. 보건과는 건강의 가치를 알고 신체적, 정신적 및 정서적 발달 과정을 이해하며, 건강하고 안전한 삶을 영위하기 위하여 6)_____과 _____를 함양함으로써 개인과 공동체의 건강 및 삶의 질을 향상하기 위한 교과이다.

청소년기는 아동기에서 성인기로 가는 과도기로서 신체적, 정신적 및 사회적 발달을 급격하게 경험하는 시기이며, 흡연, 음주, 폭력, 중독 등의 건강 위험 요인에 많이 노출되는 시기이다. 따라서 청소년기 학습자는 자기주도적으로 건강한 생활 습관을 형성하고, 올바른 건강 정보와 자원을 활용하여 건강한 선택을 하며, 창의적으로 실생활에서의 건강 문제를 해결할 수 있는 능력을 갖추어야 한다. 또한 성 인지 감수성과 생활 안전 감수성 등 건강 증진 역량을 향상시켜 공동체에서 타인을 포용하며 어우러져 살아가는 능력을 기르는 것이 필요하다.

학습자는 보건과를 통해 건강한 생활 습관과 개인의 건강 관리 능력이 건강한 삶의 필수 요소임을 알고, 건강 정보와 자원을 활용하여 건강 문제를 예방하고 대처하여 건강 증진 역량을 향상하고, 보건 의료 소비자로서의 바른 가치관과 태도를 습득할 수 있다. 또한 학습자는 성 가치관과 올바른 생명 윤리의 중요성을 알고, 성적 자기 결정 능력과 의사소통 능력을 증진하여 성적 위험으로부터 안전한 생활을 영위하며, 성 인권을 존중하는 태도를 생활화할 수 있다. 그리고 학습자는 안전의 주체로서 안전의 위험 요인을 알고, 자신과 공동체를 위해 건강한 선택을 하여 폭력과 중독 문제를 예방하고 대처하며, 안전에 대한 감수성을 내면화할 수 있다.

2022 개정 특수교육 기본 교육과정 보건과는 학습자의 장애 특성에 맞는 건강한 생활 습관을 생활화하여 건강 관리 능력을 기르며 건강한 선택을 통해 개인과 공동체의 건강과 안전과 삶의 질을 향상하기 위한 교과로, '생활 속 건강 관리', '건강한 선택', '건강한 성', '생활 속 안전'의 4개 영역으로 구성되어 있다.

2022 개정 기본 교육과정 보건과를 통해 학습자는 건강한 생활 습관을 습득하고 건강한 성 가치관을 확립하며, 안전 위험 요인에 대해 학습하고 건강 문제를 해결할 방법을 학습할 기회를 얻을 것이다. 이러한 학습에 기초하여 특수교육 대상 학생은 실생활에서 건강과 생활 안전의 주체자로서 건강 정보와 자원을 활용하여 자신의 건강을 주도적으로 관리할 수 있고, 성적 위험, 가정폭력, 학교폭력, 사이버 폭력, 디지털 기기의 과의존 및 중독 등으로부터 안전한 생활을 영위할 수 있을 것이다. 즉 2022 개정 기본 교육과정 보건과를 학습함으로써 학습자는 자신에게 필요한 맞춤형 건강 관련 지식과 정보를 습득할 뿐만 아니라, 실생활에서 건강한 생활 습관을 실천하고, 건강 문제를 예방하고 대처하는 보건 의료 소비자로서의 태도와 자세를 내면화하여 생활화할 수 있을 것이다.

6) 건강한 생활 습관과 태도

## 나. 목표

건강의 가치와 안전의 중요성을 이해하고, 7)_____과 8)_____을 증진하고 생활화하여 건강과 생활 안전의 주체자로서의 삶을 영위한다.

(1) 9)_____을 내면화하여 신체적, 정신적, 사회적 건강을 관리한다.
(2) 건강 정보와 자원을 활용하여 자신과 공동체를 위한 10)_____을 생활화한다.
(3) 건강한 성 가치관과 생명 윤리를 확립하여 올바른 11)_____을 실천한다.
(4) 건강 문화와 안전 감수성을 내면화하여 12)_____와 _____을 실천한다.

---

7) 건강 관리 능력
8) 건강 문제 해결 능력
9) 건강한 생활 습관
10) 건강한 선택
11) 성적 자기 결정
12) 건강 관리와 생활 안전

# 02 내용 체계 및 성취기준

## 가. 내용 체계

### (1) 생활 속 건강 관리

| 핵심 아이디어 | • 일상생활 속 건강 관리 방법 및 질병에 대한 예방과 관리 기술을 생활화하여 건강한 삶을 영위한다.<br>• 감정 이해와 조절, 정신 건강 문제의 예방과 대처를 통해 신체적, 정신적, 사회적 건강의 균형을 이루고 행복한 삶을 실현한다. ||
|---|---|---|
| 범주 | 내용 요소 ||
| | 중학교<br>1~3학년 | 고등학교<br>1~3학년 |
| 지식·이해 | • 건강한 생활 관리<br>• 질병의 예방과 관리<br>• 감정 조절과 정신 건강 관리 | • 질병과 건강한 생활<br>• 감염병의 예방과 관리<br>• 스트레스와 정신 건강 관리 |
| 과정·기능 | • 건강한 생활 관리 방법 실천하기<br>• 질병의 예방과 관리 방법 적용하기<br>• 감정을 적절하게 조절하고 표현하기 | • 질병 예방을 위한 건강 관리 계획 수립하고 실천하기<br>• 감염병 예방과 관리 방법 실천하기<br>• 스트레스 및 정신 건강 문제의 예방과 대처 방법 적용하기 |
| 가치·태도 | • 건강한 생활 관리의 습관화<br>• 질병 예방 수칙 생활화<br>• 감정 조절의 생활화 | • 질병 예방을 위한 건강 관리의 생활화<br>• 감염병 예방과 관리를 위한 협력적 태도의 내면화<br>• 스트레스 관리와 정신 건강 유지의 생활화 |

### (2) 건강한 선택

| 핵심 아이디어 | • 건강 정보와 자원을 활용하여 개인과 공동체의 건강을 유지하고 증진하며 건강 문화를 확산한다.<br>• 청소년기 올바른 선택은 건강한 발달과 건강 수명 연장에 기여한다. ||
|---|---|---|
| 범주 | 내용 요소 ||
| | 중학교<br>1~3학년 | 고등학교<br>1~3학년 |
| 지식·이해 | • 건강 정보와 자원<br>• 흡연 및 음주의 위험<br>• 약물 오·남용의 위험<br>• 스마트폰·인터넷 과의존의 위험 | • 건강 정보와 자원 및 건강 문화<br>• 흡연 및 음주의 예방과 대처 방법<br>• 약물 중독의 예방과 대처 방법<br>• 스마트폰·인터넷 중독의 예방과 대처 방법 |
| 과정·기능 | • 건강 정보와 자원 찾기<br>• 흡연 및 음주 거절 기술 적용하기<br>• 약물 안전하게 사용하기<br>• 스마트폰·인터넷 올바르게 사용하기 | • 건강 정보와 자원 활용하기<br>• 흡연 및 음주의 예방과 대처하기<br>• 약물 중독의 예방과 대처하기<br>• 스마트폰·인터넷 중독의 예방과 대처하기 |
| 가치·태도 | • 건강 정보와 자원의 탐색을 위한 능동적 태도<br>• 흡연 및 음주에 대한 비판적 태도<br>• 약물 오·남용에 대한 비판적 태도<br>• 올바른 스마트폰·인터넷 사용의 습관화 | • 건강 정보와 자원 활용을 위한 비판적 태도 형성 및 건강 문화의 내면화<br>• 흡연 및 음주의 예방과 대처의 생활화<br>• 약물 중독의 예방과 대처의 생활화<br>• 스마트폰·인터넷 중독 예방과 대처의 생활화 |

(3) 건강한 성

| 핵심 아이디어 | • 청소년기 신체 및 심리 변화를 적절하게 관리하여 성적 발달에 대한 긍정적인 태도를 기른다.<br>• 건전한 성 가치관과 생명 윤리를 확립하고 성적 자기 결정 능력을 향상하여 건강한 삶을 영위한다.<br>• 성 인권에 대한 이해와 존중을 통해 성폭력을 예방하고 대처하며 건강한 사회 구성원으로서의 자세를 지닌다. ||
|---|---|---|
| 범주 | 내용 요소 ||
| | 중학교<br>1~3학년 | 고등학교<br>1~3학년 |
| 지식·이해 | • 청소년기 신체 및 심리 변화<br>• 성폭력의 위험<br>• 성 인권 존중 | • 임신·출산·피임과 부모의 역할<br>• 성폭력과 성 상품화의 위험<br>• 성적 자기 결정권과 성 인권 존중 |
| 과정·기능 | • 청소년기 신체 및 심리 변화에 대처하기<br>• 성폭력 예방과 대처하기<br>• 성 인권 존중하기 | • 건강한 임신·출산 관리 및 피임 방법과 부모 역할 조사하기<br>• 성폭력과 성 상품화 예방과 대처하기<br>• 바람직한 성적 의사 표현 및 성 인권 존중 실천하기 |
| 가치·태도 | • 청소년기 신체 및 심리 변화에 대한 긍정적 태도의 내면화<br>• 성폭력으로부터 안전의 생활화<br>• 성 인권 존중의 생활화 | • 건전한 성 가치관과 생명 윤리 확립<br>• 성폭력과 성 상품화로부터 안전의 생활화<br>• 성적 자기 결정권과 성 인권 존중의 생활화 |

(4) 생활 속 안전

| 핵심 아이디어 | • 신변 안전을 위협하는 폭력 상황을 이해하고 이에 올바르게 대처함으로써 안전하고 건강한 생활을 유지한다.<br>• 안전사고 및 재난의 위험성을 이해하고 적절히 대응함으로써 안전한 삶을 영위한다. ||
|---|---|---|
| 범주 | 내용 요소 ||
| | 중학교<br>1~3학년 | 고등학교<br>1~3학년 |
| 지식·이해 | • 가정폭력 및 학교폭력<br>• 생활 안전과 교통안전<br>• 일상생활 속 응급처치 | • 학교폭력 및 사이버 폭력<br>• 사회 재난 및 자연 재난의 위험<br>• 환경오염과 건강 |
| 과정·기능 | • 가정폭력 및 학교폭력의 예방과 대처하기<br>• 생활 안전 및 교통사고의 예방과 안전 수칙 적용하기<br>• 일상생활 속 응급처치 적용하기 | • 학교폭력 및 사이버 폭력의 예방과 대처하기<br>• 사회 재난 및 자연 재난에 대응하기<br>• 환경오염으로부터 건강 지키기 |
| 가치·태도 | • 가정폭력 및 학교폭력에 대한 비판적 태도 내면화<br>• 생활 안전 및 교통안전의 습관화<br>• 일상생활 속 응급처치 방법의 내면화 | • 학교폭력 및 사이버 폭력의 예방과 대처의 내면화<br>• 사회 재난 및 자연 재난 상황별 대응의 생활화<br>• 환경 감수성의 내면화 |

## 나. 성취기준

**[중학교 1~3학년]**

(1) 생활 속 건강 관리

'생활 속 건강 관리' 영역의 성취기준은 건강의 의미를 이해하고 건강을 유지하기 위한 지식과 기술을 생활화하여 건강한 삶을 영위하는 데 중점을 두어 설정하였다. 건강의 의미와 올바른 생활 습관을 알고, 개인위생과 질병의 관련성을 이해하여 감염병의 예방과 관리를 위한 행동 수칙을 생활화하고 효과적인 의사소통 기술을 통해 감정을 적절하게 표현하는 방법을 다룬다. 이 영역에서는 올바른 건강 지식을 습득하고 건강 기술을 실생활에 적용하는 데 주안점을 둔다.

> [9보건01-01] 생활 습관이 건강에 미치는 영향을 이해하고 건강한 생활 관리 방법을 실천한다.
> [9보건01-02] 개인위생 관리를 생활화하여 질병을 예방한다.
> [9보건01-03] 질병의 종류와 증상을 알고 예방과 관리를 위한 생활 수칙을 실천한다.
> [9보건01-04] 감정 조절 기술을 습득하여 상황에 따라 적절하게 감정을 표현한다.

(가) 성취기준 해설

- [9보건01-01] 건강한 상태와 건강하지 않은 상태를 구별하고 신체적 건강뿐만 아니라 정신적, 사회적 건강의 가치를 인식하여 건강을 유지·증진하기 위해 설정하였다. 건강의 의미, 건강의 중요성, 식습관, 운동 습관, 수면 습관 등의 내용을 다룬다. 다양한 건강 평가 도구를 활용하여 자신의 건강 상태와 생활 습관을 점검하고 건강 평가 결과에 따라 건강한 생활 관리 역량을 기르는 데 주안점을 둔다.

- [9보건01-02] 개인적·사회적 관점에서 개인위생 관리의 중요성을 인식하고 개인위생 관리를 생활화하여 자신과 공동체의 건강을 유지·증진하기 위해 설정하였다. 손씻기, 세안하기, 목욕하기, 구강 관리하기 등 신체의 청결을 위한 기술과 대소변을 처리하는 신변 처리 기술 등의 내용을 다룬다. 개인위생 관리를 생활화하여 건강한 삶을 영위하는 데 주안점을 둔다.

- [9보건01-03] 질병의 종류와 발생 원인을 파악하고 건강 문제 발생 시 자신의 증상을 정확하게 인지하여 관리하는 능력을 기르기 위해 설정하였다. 일상생활에서 자주 발생하는 질병의 종류, 질병 발생 원인과 예방, 증상에 따른 관리 방법 등의 내용을 다룬다. 질병 예방을 위한 생활 수칙을 실천하고 질병 발생 시 올바르게 관리하는 데 주안점을 둔다.

- [9보건01-04] 청소년기 감정의 변화를 인식하고 자신과 타인의 감정을 수용하며 감정 조절 기술을 사용하여 자신의 감정을 적절하게 표현함으로써 정신 건강을 도모하기 위해 설정하였다. 감정의 이해와 표현, 감정 조절, 효과적인 의사소통 기술 등의 내용을 다룬다. 대인관계 문제 해결을 위한 의사소통의 중요성을 인식하고 효과적인 의사소통의 특성을 탐색하며 건강 문제 상황에서 문제 해결을 위한 의사소통 방법을

적용하는 데 주안점을 둔다.

(나) 성취기준 적용 시 고려 사항
- 다양한 건강 평가 도구를 사용하여 현재 건강 상태를 정확히 파악하고 평가 결과에 따라 적시에 적절한 교육적, 의료적 도움을 제공할 수 있도록 가정, 학교, 사회의 협력 체계를 구축한다.
- 지적장애 학생의 경우 현재 수행 수준을 고려한 다양한 촉진 전략과 강화, 반응 기회, 행동형성과 행동 연쇄, 일반화를 위한 전략을 계획하여 적용한다.
- 장애 정도가 심한 학생의 경우 다양한 수준과 특성을 고려하여 건강한 생활을 유지하고 증진하기 위해 필요한 기초적인 개인위생 관리 기술을 경험할 수 있도록 기회를 제공하며 다양한 환경에서 지원하여 기술을 일반화할 수 있도록 한다.
- [9보건01-01] 장애 정도가 심한 학생이 지닌 생활 습관과 관련된 섭식, 배설, 호흡, 자세 등의 개인적 특성을 고려하여 각 활동을 수행할 때 부분적 참여를 통해 자신의 건강과 생명 유지를 위한 능동적 태도를 기를 수 있도록 성취기준을 재구성하여 적용할 수 있다.
- [9보건01-02] 장애 정도가 심한 학생의 교육적 요구에 따라 깨끗한 신체 구별하기, 개인위생 관리에 필요한 용품 찾기 등으로 성취기준을 재구성할 수 있다.
- [9보건01-03] 장애 정도가 심한 학생의 교육적 요구를 고려하여 건강 문제 발생 시 비언어적 의사소통 방법 또는 보조공학 기기를 활용하여 증상 표현하기로 성취기준을 재구성하여 적용할 수 있다.

(2) 건강한 선택

'건강한 선택' 영역의 성취기준은 미디어, 또래 집단, 가정 및 지역사회 등에서 접할 수 있는 건강 위험 요인을 인식하고 건강에 유익한 선택을 실천하는 데 중점을 두어 설정하였다. 다양한 건강 정보와 자원을 탐색하고 흡연, 음주, 약물 오·남용, 스마트폰·인터넷 과의존이 건강에 미치는 영향과 위험성을 인식하여 비판적 태도 형성하기 등의 내용을 다룬다. 건강한 선택을 실천함으로써 보건 의료 소비자로서의 역할을 수행할 수 있도록 하는 데 주안점을 둔다.

[9보건02-01] 건강 정보와 자원의 종류 및 특성을 알고 보건 의료 서비스를 적절하게 이용한다.
[9보건02-02] 흡연과 음주의 위험을 인식하고 노출 상황에서 적절하게 대처한다.
[9보건02-03] 약물 오·남용의 의미를 알고 의약품을 안전하게 사용한다.
[9보건02-04] 스마트폰·인터넷 과의존이 건강에 미치는 영향을 알고 올바르게 사용한다.

(가) 성취기준 해설
- [9보건02-01] 건강 정보와 자원의 종류 및 특성을 탐색하고 보건 의료 서비스의 이용 방법을 익힘으로써 건강 정보 이해 능력 및 실생활에서의 활용 능력을 향상하기

위해 설정하였다. 건강 정보와 매체, 건강 자원의 종류와 특성, 공공 의료 기관의 종류와 역할, 보건 서비스를 제공하는 단체 및 시설의 종류와 역할, 기관별 이용 방법 등의 내용을 다룬다. 건강을 유지하고 증진하는 데 필요한 정보 접근성, 이해력을 포함한 인지적, 사회적 기술을 획득하여 건강 정보와 자원 활용의 기초를 다지는 데 주안점을 둔다.

- [9보건02-02] 청소년기 흡연과 음주가 신체적, 정신적, 사회적 건강에 미치는 영향을 인식하고 금연, 금주를 선택함으로써 스스로 건강을 유지하고 증진할 수 있는 건강 관리 능력을 기르기 위해 설정하였다. 흡연과 음주가 건강에 미치는 영향, 흡연과 음주 권유 시 거절하기, 금연과 금주 다짐하기 등의 내용을 다룬다. 청소년기에 경험할 수 있는 흡연과 음주의 유혹과 권유 및 강요 상황 발생 시 대처 능력을 기르는 데 주안점을 둔다.

- [9보건02-03] 약물 오·남용은 신체적, 정신적, 정서적으로 건강한 상태를 위협할 수 있음을 인식하고 의약품을 올바르게 사용하기 위해 설정하였다. 의약품의 안전한 사용, 약물 오·남용의 의미, 약물 오·남용의 사례 등의 내용을 다룬다. 특히 일상에서 흔하게 오·남용될 수 있는 약물의 종류를 알고 약물을 안전하게 선택하는 방법을 익히는 데 주안점을 둔다.

- [9보건02-04] 스마트폰·인터넷 과의존이 건강에 미치는 영향을 인식하고 올바른 사용 습관을 형성하기 위해 설정하였다. 스마트폰·인터넷 사용 습관 점검하기, 스마트폰·인터넷 과의존과 건강의 관계, 올바른 사용 습관 형성을 위한 목표 설정하기 등의 내용을 다룬다. 스마트폰·인터넷 과의존을 극복할 수 있는 방법을 탐색하고 가정, 지역사회 유관 기관과 연계하여 생활 속에서 올바른 사용 습관을 실천하는 데 주안점을 둔다.

(나) 성취기준 적용 시 고려 사항

- 건강의 가치와 중요성을 인식하고 건강에 유익한 선택을 할 수 있는 능력을 배양할 수 있도록 한다. 건강과 관련된 의사 결정에는 책임이 따름을 인지하게 하고, 자기 결정 능력과 자기효능감을 향상하여 올바른 선택을 할 수 있도록 성공 경험과 정서적 지지를 제공한다.

- 장애의 특성에 따라 장기적으로 사용하는 의약품이 있는 경우, 의약품을 사용해야 하는 이유와 효과를 이해하여 의약품이 오·남용되지 않고 정해진 사용법에 따라 목적에 맞게 사용될 수 있도록 한다. 또한 약물에 관한 잘못된 통념을 바로잡아 생활 속에서 안전한 의약품 보관 방법과 사용법을 실천하도록 한다.

- [9보건02-02] 장애 정도가 심한 학생의 교육적 요구를 고려하여 흡연 전과 후의 신체 모형 구분하기, 음주 전과 후의 신체 모형 구분하기 등으로 성취기준을 재구성하여 적용할 수 있다.

- [9보건02-04] 장애 정도가 심한 학생의 교육적 요구를 고려하여 스마트폰·인터넷 사용 시 바른 자세 유지하기, 스마트폰·인터넷 대체 활동 선택하기 등으로 성취기준을 재구성하여 적용할 수 있다.

(3) 건강한 성

'건강한 성' 영역의 성취기준은 올바른 성 지식 습득과 건강한 성 가치관 형성을 바탕으로 성을 긍정적으로 바라보는 태도를 내면화하는 데 중점을 두어 설정하였다. 청소년기 생리학적 성에 대한 이해를 바탕으로 성 건강을 유지하고 자신의 심리 변화에 적절히 대처하며 타인의 감정을 존중하는 방법을 다룬다. 성 인권에 대한 이해를 바탕으로 다양한 성적 위험 상황에서 자신을 보호하고 성적 자기 결정 상황에서 자신의 의사를 적절하게 표현하는 능력을 갖추도록 하는 데 주안점을 둔다.

> [9보건03-01] 청소년기 남녀의 신체 변화를 알고 건강하게 관리한다.
> [9보건03-02] 청소년기 남녀의 심리 변화를 알고 자신의 변화에 긍정적인 태도를 지닌다.
> [9보건03-03] 성폭력에 대해 인식하고 위험으로부터 안전하게 대처한다.
> [9보건03-04] 성 인권의 의미를 알고, 타인과 건강한 사회적 관계를 맺는다.

(가) 성취기준 해설

- [9보건03-01] 청소년기에 발생하는 신체 변화가 자연스러운 과정임을 알고, 올바른 생식기 관리를 통해 건강한 생활을 유지하기 위해 설정하였다. 남녀의 생리학적 변화, 생식기관 건강 관리, 성 욕구 조절 등의 내용을 다룬다. 자신의 신체 변화를 이해하고 수용하며 성 충동 및 욕구를 조절하여 성 건강을 유지하는 데 주안점을 둔다.
- [9보건03-02] 청소년기 심리 변화에 영향을 주는 신체 변화와 호르몬 등에 대해 이해하고 적절하게 대처하기 위해 설정하였다. 청소년기의 심리적 특징, 심리 변화에 대처하는 방법, 적절한 의사 표현 방법 등의 내용을 다룬다. 청소년기의 심리 변화는 성장 과정에서 발생하는 현상임을 알고 자신과 타인의 변화를 긍정적으로 인식하는 데 주안점을 둔다.
- [9보건03-03] 성희롱, 성추행, 성폭행, 디지털 성폭력 등의 위험을 인식하고 예방하며 성폭력 발생 시 즉각적으로 대처하기 위해 설정하였다. 성폭력의 종류, 성폭력 예방 교육, 성적 위험 상황 발생 시 그 상황에서 벗어나거나 도움을 요청하는 방법, 성폭력 발생 시 신고 절차, 디지털 성폭력의 유형 등의 내용을 다룬다. 실생활에서 자신과 타인을 성폭력 상황으로부터 보호하기 위한 방법을 실천하는 데 주안점을 둔다.
- [9보건03-04] 성 인권의 의미를 알고, 나와 타인의 성적 권리 및 성적 의사 표현을 존중하는 태도를 기르기 위해 설정하였다. 성적 주체, 성 인지 감수성, 대인 간 경계 존중, 성적 권리, 성적 자기 결정 상황에서 의사를 적절하게 표현하는 방법, 상대방의 성적 표현에 대한 올바른 대처 등의 내용을 다룬다. 자신과 타인이 누려야 할 성적

권리를 존중하는 태도를 생활화하여 건강한 사회적 관계를 맺는 데 주안점을 둔다.

(나) 성취기준 적용 시 고려 사항
- 시각중복장애 학생의 경우 성교육용 청소년 신체 발달 모형과 같은 촉각 자료나 음성, 소리 등 청각 자료를 활용하여 청소년기 신체 변화를 인식하도록 한다.
- 멀티미디어 교수 자료에 기반을 둔 다양한 활동 중심의 성교육 프로그램이나 동영상 콘텐츠와 같은 디지털 자료를 활용하여 올바른 성 지식을 익히고 바람직한 성 태도를 함양할 수 있도록 한다.
- [9보건03-01] 장애 정도가 심한 학생의 교육적 요구에 따라 자신의 신체 모습과 비슷한 신체 모형이나 그림 찾아 선택하기, 시각적 단서를 통해 청소년기 신체와 심리 변화 구분하기 등으로 성취기준을 재구성하여 적용할 수 있다.
- [9보건03-04] 장애 정도가 심한 학생의 교육적 요구에 따라 보편적 학습설계 기반의 다양한 보조 자료와 학습 과정을 적용하여 자신의 몸에서 지켜야 할 경계 설정하기, 의사소통 도구를 활용하여 동의 및 거부 의사를 명확하게 표현하기 등으로 성취기준을 재구성하여 적용할 수 있다.

(4) 생활 속 안전

'생활 속 안전' 영역의 성취기준은 신체적, 정신적, 정서적인 위험으로부터 자신과 타인을 보호하고 안전한 상태를 영위하기 위한 방법을 습득하는 데 중점을 두어 설정하였다. 가정폭력과 학교폭력의 위험성을 알고 일상생활에서 발생할 수 있는 안전사고의 예방과 대처법을 습득하며 생활 속 응급처치 방법 등을 다룬다. 신변 안전을 위협하는 폭력과 안전사고를 예방할 수 있도록 안전 수칙 및 응급 상황별 처치 방법을 생활화하는 데 주안점을 둔다.

> [9보건04-01] 가정폭력과 학교폭력의 유형과 위험을 알고 예방하며 적절히 대처한다.
> [9보건04-02] 안전사고의 위험 요인을 알고 사고 예방을 위한 안전 수칙을 실천한다.
> [9보건04-03] 교통사고의 위험 요인을 알고 사고 예방을 위한 안전 수칙을 실천한다.
> [9보건04-04] 일상생활 속 응급 상황의 발생 유형을 알고 응급처치 방법을 적용한다.

(가) 성취기준 해설
- [9보건04-01] 신변 안전을 위협하는 가정 및 학교폭력 상황을 인지하고 적절히 대처하는 능력을 기르기 위해 설정하였다. 가정폭력의 유형과 위험성, 가정폭력 예방법, 가정폭력 발생 시 대처법, 학교폭력의 유형과 위험성, 학교폭력 예방법, 학교폭력 발생 시 대처법 등을 다룬다. 폭력이 발생했을 때, 위험한 상황을 인지하고 도움을 받을 수 있는 대상이나 기관을 익혀 자신과 타인의 안전을 지킬 수 있는 능력을 기르는 데 주안점을 둔다.
- [9보건04-02] 일상생활에서 발생할 수 있는 사고로부터 자신과 타인을 보호하는 방법을 습득하기 위해 설정하였다. 가정 안전, 학교 안전, 지역사회 안전 등 다양한 장

소와 상황에서 발생할 수 있는 사고의 위험 요인과 사고를 예방하기 위한 안전 수칙 등을 다룬다. 특히 많은 사람이 모이는 장소에 가는 경우 참여 규모와 밀집도 등 다양한 사고의 위험 요인을 이해하고, 예방을 위한 안전 수칙과 대응 능력을 길러 안전 행동 습관을 형성하는 데 주안점을 둔다.

- [9보건04-03] 도로나 교통상황에서 벌어지는 다양한 정보를 통합하여 해석하는 능력과 경험의 부재로 인해 발생할 수 있는 사고로부터 자신과 타인을 보호하는 능력을 기르기 위해 설정하였다. 도로 안전, 교통수단 이용 안전, 신호등 및 교통안전 표지 등을 다룬다. 도로 및 교통사고의 위험 요인과 안전 수칙을 습득하여 자신과 타인의 생명을 지키고 사회적 질서를 준수하는 태도를 기르는 데 주안점을 둔다.
- [9보건04-04] 일상생활 중 안전사고는 언제라도 발생할 수 있음을 알고 안전사고 발생 시 올바르게 대처할 수 있는 능력을 키우기 위해 설정하였다. 응급 사고 유형, 응급 상황 시 도움 요청 방법, 스스로 할 수 있는 생활 응급처치 등을 다룬다. 일상생활에서 발생할 수 있는 응급 상황을 인식하고 주변 사람에게 도움을 요청하는 것과 심폐소생술과 같은 응급처치를 수행할 수 있는 능력을 기르는 데 주안점을 둔다.

(나) 성취기준 적용 시 고려 사항

- 위험 상황 파악과 대처 능력의 일반화를 위해 일상생활에서 안전을 위협하는 다양한 상황을 제시하고 역할극, 상황극, 연습, 훈련 등의 간접 경험과 체험, 실습 등의 직접 경험을 통해 상황별 대처 능력을 기를 수 있도록 지도한다.
- 안전 수칙을 습득하여 사고를 예방할 수 있도록 신체적 촉진을 통한 직접 교수를 실시하며 학생의 습득 정도에 따라 물리적 촉진, 시각적 촉진 등 점진적 안내를 활용하여 지원의 강도와 범위를 조절해 나가도록 한다.
- 공연 관람, 축제와 같이 많은 사람이 모이는 장소에 현장 체험 학습을 가는 경우 사전에 장소에 대한 안전성을 면밀하게 검토하고, 학생과 교사 등을 대상으로 안전 교육을 실시한다. 특히 참여 규모와 밀집도 등 다양한 상황을 고려하여 안전사고에 유의한다.
- [9보건04-01] 장애 정도가 심한 학생의 교육적 요구에 따라 폭력 상황 찾기, 가정 및 학교폭력 상황에서 도움 요청하기 등으로 성취기준을 재구성하여 적용할 수 있다.
- [9보건04-03] 장애 정도가 심한 학생의 특성을 고려해 도로 및 교통 환경에서 위험 요소를 직접 찾아보기, 교통안전 영상 시청 후 교통 표지판의 종류와 의미 연결하기, 실제 환경에서 교통질서 준수하기, 실물이나 사진 등의 구체물을 통해 안전 수칙 알아보기 등으로 성취기준을 재구성하여 적용할 수 있다.
- [9보건04-04] 장애 정도가 심한 학생의 교육적 요구에 따라 사진이나 그림에서 안전사고가 발생할 수 있는 장면 고르기, 구급상자의 약품을 사용하여 응급처치 시연하기 등으로 성취기준을 재구성하여 적용할 수 있다.

[고등학교 1~3학년]

(1) 생활 속 건강 관리

'생활 속 건강 관리' 영역의 성취기준은 건강의 중요성을 인식하고 일상생활에서 능동적으로 건강을 유지·증진하는 태도를 기르기 위해 설정하였다. 건강한 생활 관리와 질병의 관계를 인식하고 주요 감염병의 종류와 증상, 예방과 관리 방법을 탐색하며 청소년기 정신 건강 문제의 예방과 관리 방법 등의 내용을 다룬다. 특히 자신의 생활 습관 및 건강 상태를 평가하고 건강 문제 발생 시 주변 환경을 적극적으로 활용하여 대처하는 역량을 기르는 데 주안점을 둔다.

> [12보건01-01] 건강한 생활 관리와 질병의 관계를 인식하고 건강 관리 계획을 수립하여 실천한다.
> [12보건01-02] 주요 감염병의 종류와 증상을 이해하여 감염병을 예방하고 관리한다.
> [12보건01-03] 의료 기관의 종류와 이용 방법을 알고 증상에 맞는 의료 기관을 선택하여 이용한다.
> [12보건01-04] 정신 건강 문제의 특성을 이해하고 예방과 관리 방법을 적용한다.

(가) 성취기준 해설

- [12보건01-01] 생활 습관과 질병의 관련성을 이해하고 신체 기관별 건강 문제에 대한 예방과 관리 방법의 생활화를 위해 설정하였다. 청소년기 자주 발생하는 질병 및 생활 습관의 문제로 발생하는 질병의 종류와 원인, 예방과 관리 방법 등의 내용을 다룬다. 건강을 유지·증진하는 데 필요한 건강한 생활 습관을 형성하고 질병 예방을 위한 건강 실천 계획을 수립하여 건강 관리 역량을 기르는 데 주안점을 둔다.

- [12보건01-02] 감염병(신종 감염병 포함)의 발생 원인을 이해하고 예방과 관리를 위한 생활 수칙을 실천하여 개인적, 사회적 건강 관리 역량을 기르기 위해 설정하였다. 감염병 발생 원인과 감염 경로, 주요 감염병의 종류와 증상, 감염병 예방과 관리를 위한 생활 수칙 등의 내용을 다룬다. 감염병의 예방과 관리는 개인과 공동체의 협력적 관계 구축과 적극적인 참여를 통해 이룰 수 있음을 이해하는 데 주안점을 둔다.

- [12보건01-03] 건강 문제가 발생했을 때 증상에 맞게 적절한 의료 기관을 선택하여 건강 문제를 해결할 수 있는 역량을 기르기 위해 설정하였다. 의료 기관의 종류, 증상에 따른 의료 기관 선택, 의료 기관의 이용 방법과 절차 등의 내용을 다룬다. 의료 기관 이용 시 필요한 정보와 기술을 습득하고 다양한 의료 기관에서 일반화하는 데 주안점을 둔다.

- [12보건01-04] 청소년기에 경험할 수 있는 정신 건강 문제와 특성을 인식하고 부정적인 감정을 건강하게 수용하여 조절하기 위한 능력을 기르기 위해 설정하였다. 스트레스, 우울, 분노, 충동의 특성과 관리 방법 등의 내용을 다룬다. 정신 건강 문제 발생 시 생활 주변에서 도움받을 수 있는 자원을 탐색하고 예방과 관리 방법을 이에 적용함으로써 정신 건강을 증진하는 데 주안점을 둔다.

(나) 성취기준 적용 시 고려 사항
- 학생들이 실제 겪고 있는 건강 문제들을 통해 실생활에 적용 가능한 건강 관리 역량을 기를 수 있도록 한다. 또한 신체 기관별 기능 및 특성과 연계하여 질병의 증상 및 건강 관리 방법을 익히도록 한다.
- 자폐성장애 학생의 경우 감각 자극에 대해 과잉·과소반응을 보일 수 있으므로 학생을 둘러싼 사회적, 물리적 환경을 분석하여 학생의 스트레스를 유발하는 요인을 찾고 정서적으로 안정감을 느낄 수 있는 상태로 전환하는 방법을 연습하도록 한다.
- [12보건01-01] 장애 정도가 심한 학생의 경우 자신의 생활 습관에 해당하는 모습 선택하기 등을 통해 생활 습관을 점검하고 생활 습관과 건강의 관련성을 인식하도록 성취기준을 재구성하여 적용할 수 있다.
- [12보건01-04] 장애 정도가 심한 학생의 경우 자신의 건강 증상을 표현할 수 있도록 보완대체의사소통 기기를 활용하여 각 신체 기관과 증상 표현하기 등으로 성취기준을 재구성하여 적용할 수 있다.

(2) 건강한 선택

'건강한 선택' 영역의 성취기준은 자신과 공동체의 건강을 위협하는 건강 위험 요인에 대한 비판적 사고를 함양하고 건강 문제 상황에 주도적으로 대처하는 역량을 기르는 데 중점을 두어 설정하였다. 건강 정보와 자원을 활용하고 건강 문화를 탐색하며, 흡연, 음주, 약물 중독, 스마트폰·인터넷 중독의 예방과 대처 방법 등의 내용을 다룬다. 건강 관리 능력을 향상하여 청소년기 건강 위험 요인에 적극적으로 대처할 수 있는 능력을 기르는 데 주안점을 둔다.

> [12보건02-01] 건강한 생활 문화를 구분하고 건강 정보와 자원을 적절히 활용한다.
> [12보건02-02] 흡연과 음주의 개인적, 사회적 문제를 인식하고 올바르게 대처한다.
> [12보건02-03] 약물 중독이 건강에 미치는 영향을 이해하고 올바르게 대처한다.
> [12보건02-04] 스마트폰·인터넷 중독이 개인적, 사회적 건강에 미치는 영향을 이해하고 예방과 대처 방법을 실천한다.

(가) 성취기준 해설
- [12보건02-01] 다양한 건강 매체와 인공지능, 디지털 기기 등을 통해 수집한 정보를 활용하여 건강 문제를 해결할 수 있는 능력을 기르고, 건강 문화의 올바른 가치와 태도를 수용하여 건강한 생활을 실천하기 위해 설정하였다. 건강 정보의 이해와 건강 자원의 활용, 건강 관리를 위한 의사 결정, 건강 증진 문화와 건강 위험 문화, 건강 문화 개선 활동 등의 내용을 다룬다. 신뢰할 수 있는 건강 정보 매체를 찾고 건강에 유익한 정보와 자원을 조사하여 활용하며, 건강한 생활 문화를 영위할 수 있는 역량을 기르는 데 주안점을 둔다.
- [12보건02-02] 청소년기 흡연과 음주로 인해 발생하는 신체적, 정신적, 사회적 문제

의 심각성을 인식하고 건강한 선택을 실천하기 위해 설정하였다. 흡연의 문제점, 흡연으로 인한 질병, 음주의 문제점, 음주로 인한 질병, 흡연 및 음주의 예방과 대처 방법 등의 내용을 다룬다. 청소년기 흡연과 음주는 성장을 저해하고 질병을 유발하여 성인기 건강에 부정적인 영향을 끼친다는 사실을 인식하고 예방하는 데 주안점을 둔다.

- [12보건02-03] 약물 중독이 개인적, 사회적 건강에 미치는 영향을 인식하여 일상생활에서 접할 수 있는 약물에 대해 주의를 기울여 사용할 수 있는 역량을 기르기 위해 설정하였다. 중독성 약물의 종류와 특징, 약물 중독의 원인, 약물로 인한 신체적, 정신적, 사회적 문제점, 약물 중독 예방과 대처 방법 등의 내용을 다룬다. 중독의 본질을 인지하고 심각한 마약류 약물 외에도 카페인 등과 같은 중독 물질의 위험성과 올바른 사용법을 익히는 데 주안점을 둔다.
- [12보건02-04] 스마트폰·인터넷 중독이 야기하는 강박적 사고, 내성, 금단, 지속적 사용 욕구, 다른 활동에 대한 흥미 감소 등의 신체적, 정신적 문제를 인식하고 예방과 대처할 수 있는 능력을 기르기 위해 설정하였다. 스마트폰·인터넷 중독의 유형, 증상, 건강에 미치는 영향, 예방과 대처 방법 등의 내용을 다룬다. 청소년기 스마트폰·인터넷 중독은 주의력 결핍, 우울증, 자존감 저하 등의 원인으로 발생할 수 있으며, 근본적인 원인을 발견하고 극복할 수 있는 대안 활동을 실천함으로써 신체적, 정신적으로 건강한 상태를 유지하는 데 주안점을 둔다.

(나) 성취기준 적용 시 고려 사항
- '인터넷', '중독'과 같이 이해하기 어려운 용어는 쉬운 어휘로 변경하여 설명하고 다양한 상황을 함께 제시한다. 상황에 따라 대처하는 방법을 습득할 수 있도록 상황극을 설정하고 모의 체험을 통해 실생활에서 대처 방법을 적용할 수 있도록 지도한다.
- 스마트폰·인터넷의 과도한 사용은 신체적, 정신적 건강에 부정적인 영향을 끼칠 수 있으므로 관찰과 면담을 실시하여 학생의 현재 상태를 정확히 평가하고 적절한 대처 방법을 제시하여 실천할 수 있도록 한다.
- [12보건02-02] 장애 정도가 심한 학생의 교육적 요구를 고려하여 담배 연기, 술이 인체에 미치는 영향을 관찰하기, 흡연과 음주의 권유와 강요 상황에서 거절하는 방법 선택하기 등으로 성취기준을 재구성하여 적용할 수 있다.
- [12보건02-04] 장애 정도가 심한 학생의 교육적 요구를 고려하여 스마트폰·인터넷 중독으로 인한 문제점 찾기, 스마트폰·인터넷 대체 활동 선택하여 실천하기 등으로 성취기준을 재구성하여 적용할 수 있다.

(3) 건강한 성

'건강한 성' 영역의 성취기준은 성 인권을 존중하고 성 인지 감수성과 성적 자기 결정 능력을 향상하여 행복하고 건강한 성인기 생활을 준비하는 능력을 기르는 데 중점을 두어 설정하였다. 안전한 성적 행동, 부모의 역할, 성적 자기 결정권과 성 인권, 건강한 성 가치관과 생명 윤리 등의 내용을 다룬다. 청소년들이 올바른 성적 가치관을 확립하고 상황에 맞는 성범죄 예방 및 대처 방법을 일상생활에서 적용하여 성적 위험으로부터 자신을 보호하는 능력을 갖추는 데 주안점을 둔다.

> [12보건03-01] 임신, 출산, 피임의 과정을 이해하고, 건강한 관리 방법을 조사한다.
> [12보건03-02] 생명을 존중하는 태도를 바탕으로 바람직한 부모 역할을 찾는다.
> [12보건03-03] 성 상품화와 성폭력의 유형을 알고, 위험으로부터 안전하게 대처한다.
> [12보건03-04] 성 인권을 이해하고, 성적 의사 결정 상황에서 바르게 표현한다.

(가) 성취기준 해설

- [12보건03-01] 임신, 출산의 과정과 피임의 중요성을 이해하며 올바른 신체 관리 방법을 알고 태아의 성장 과정에 관심을 기울일 수 있도록 설정하였다. 생명의 소중함, 임신과 출산을 위한 건강 관리, 임신 중 몸의 변화, 태아의 성장 과정, 출산 전·후 신체 관리, 피임이 필요한 상황, 남녀의 피임법 등의 내용을 다룬다. 준비된 임신과 출산의 중요성과 과정을 이해하여 건강한 성 가치관을 정립하는 데 주안점을 둔다.
- [12보건03-02] 자녀의 건강한 성장을 위한 바람직한 부모의 역할이 무엇인지 살펴보고, 올바른 생명 윤리 의식을 기르기 위해 설정하였다. 부모의 의무와 책임, 자녀 성장에 따른 부모 역할 등의 내용을 다룬다. 임신을 준비하는 시기부터 부모의 역할이 수행되어야 함을 알고, 생명 존중과 생명 윤리를 바탕으로 부모가 될 준비를 하는 데 주안점을 둔다.
- [12보건03-03] 성 상품화와 성폭력의 유형을 알고 각각의 위험을 예방하며 위험 상황에 적절하게 대처하기 위해 설정하였다. 성매매, 성적 물품 판매, 성적 착취, 강간, 강제 추행, 디지털 성범죄, 불법 촬영 및 유포, 불법 촬영물을 이용한 협박이나 강요, 성적 위험 상황에 대한 예방법 및 대처법 등의 내용을 다룬다. 성폭력 및 성매매 상황을 인식하여 자신과 타인을 성적 위험으로부터 보호하고, 성적 위험 상황 발생 시 적절하게 대처하며 2차 피해와 가해로부터 안전하기 위한 방법을 익히는 데 주안점을 둔다.
- [12보건03-04] 성 인권에 대한 이해를 바탕으로 성적 자기 결정권과 성 인지 감수성을 향상하기 위해 설정하였다. 성 차이와 차별, 성 역할 고정 관념과 편견, 성차별적 행동과 언어, 자신의 성적 허용 범위 설정하기, 성적 자기 결정권 주장하기, 타인의 성적 자기 결정권 존중하기 등의 내용을 다룬다. 성적 의사 결정 상황에서 자신의 의사를 정확히 표현하고 타인의 의사를 수용하며 성 인권을 존중하는 태도를 기르는 데 주안점을 둔다.

(나) 성취기준 적용 시 고려 사항

- 성폭력 상황 발생 시 다양한 자원을 활용하여 도움을 요청하거나 피해 상황을 진술하는 등 의사를 표현하고 자신을 보호할 수 있도록 디지털 기기 활용법, 긴급 호출

서비스 이용 방법, 사회적 지원망 이용 등의 실제적인 내용으로 학습 내용을 구성할 수 있다.
- 사회적 관계나 온라인 상황에서 발생하는 성폭력 상황을 인지하고 피해자 또는 가해자가 되지 않도록 반복적으로 지도한다.
- 장애 정도가 심한 학생이 성폭력 피해 상황을 인지하지 못하거나 표현하기 어려울 경우는 구체적인 사례와 역할극 등을 통해 예방법과 대응 방법을 안내하고, 성폭력 피해 발생 초기 단계부터 필요한 대응 절차, 피해 회복, 피해 재발을 방지하기 위한 사회적 지원망을 이용할 수 있도록 한다.
- 주제에 맞는 웹툰, 디지털 동화책, 카드 뉴스, 애니메이션 등 다양한 디지털 콘텐츠를 활용하여 학생이 주도적으로 성 관련 지식과 태도를 학습할 수 있도록 한다. 이를 통해 성적 의사 결정 능력을 향상하고 건강한 관계를 맺을 수 있다.
- [12보건03-01] 장애 정도가 심한 학생의 교육적 요구에 따라 임산부 경험 교육 용품인 임신 체험 재킷과 같은 교구, 모형 등을 활용하여 임신 초기·중기·말기의 신체 변화를 구분하는 것으로 성취기준을 재구성하여 적용할 수 있다. 디지털 자료 및 가상현실(VR), 증강현실(AR), 메타버스 등 디지털 플랫폼을 활용하여 임신과 출산의 과정을 학습하는 것으로 성취기준을 재구성할 수 있다.
- [12보건03-03] 장애 정도가 심한 학생의 교육적 요구에 따라 성범죄 피해 발생 시 직접적으로 도움받을 수 있는 지원망을 안내하고 성폭력 상황에서 바로 적용할 수 있는 구체적인 도움 요청 방법 연습하기 등으로 성취기준을 재구성하여 적용할 수 있다.

(4) 생활 속 안전

'생활 속 안전' 영역의 성취기준은 신체적, 정신적 폭력과 재난 및 환경오염으로부터 위험이 없는 안전한 상태를 영위하기 위한 능력을 기르는 데 중점을 두어 설정하였다. 학교폭력 및 사이버 폭력의 예방과 폭력 발생 시 대처 방법을 알고 사회 재난과 자연 재난 발생 시 대응 방법을 습득하며 환경오염으로 발생하는 건강 문제에 능동적으로 대처하는 방법 등을 다룬다. 안전한 생활을 위협하는 다양한 상황을 알고 올바른 대처 방법을 실천하는 데 주안점을 둔다.

> [12보건04-01] 학교폭력과 사이버 폭력의 위험을 알고 예방하며 폭력 상황에 적절히 대처한다.
> [12보건04-02] 사회 재난의 위험을 알고 재난 발생 시 올바르게 대응한다.
> [12보건04-03] 자연 재난의 위험을 알고 재난 발생 시 올바르게 대응한다.
> [12보건04-04] 환경오염으로 발생하는 문제점과 건강과의 관계를 알고 적절히 대응한다.

(가) 성취기준 해설
- [12보건04-01] 학교폭력과 사이버 폭력의 위험과 유형을 알고 학교폭력과 사이버 폭력의 예방 및 위험 상황에서 자신과 타인을 보호하는 능력을 기르기 위해 설정하였다. 학교폭력의 원인 및 유형, 폭력 상황에서의 가해자, 피해자, 방관자의 의미, 사이버 폭력의 의미와 유형, 학교폭력 및 사이버 폭력의 예방법과 올바른 대처 방법 등을 다룬다. 학교폭력 및 사이버 폭력이 발생하지 않도록 예방의 중요성을 알고 실천하는 데 주안점을 둔다.
- [12보건04-02] 인명과 재산에 막대한 피해를 주는 사회 재난에 올바르게 대응하는 능력을 기르기 위해 설정하였다. 화재의 원인과 예방법, 화재 발생 시 대응 및 행동 요령, 화재 신고 요령, 소화기 사용법, 폭발 및 붕괴사고 발생 시 행동 요령 등 여러 유형의 사회 재난으로 인해 발생하는 피해와 올바른 대응 방안 등을 다룬다. 사회 재난 발생 시 안전하고 신속하게 대피하며 올바르게 대응하는 행동 요령을 기르는 데 주안점을 둔다. 특히 많은 사람이 모이는 장소에 가는 경우 참여 규모와 밀집도 등 다양한 사고의 위험 요인을 이해하고, 예방을 위한 안전 수칙과 대응 능력을 길러 안전 행동 습관을 형성하는 데 주안점을 둔다.
- [12보건04-03] 자연 재난은 그 발생을 통제할 수 없고 피해가 크며 광범위하므로 자연 재난 발생 시 대응하는 능력을 길러 피해를 최소화하기 위해 설정하였다. 황사·미세먼지, 지진, 태풍, 폭우, 폭설, 폭염 등과 같이 여러 유형의 자연 재난으로 인해 발생하는 피해와 대응 방안 등을 다룬다. 자연 재난으로 인한 인적, 물적 피해를 최소화할 수 있는 예방책과 자연 재난 발생 시 올바르게 대응하는 능력을 기르는 데 주안점을 둔다.
- [12보건04-04] 환경오염으로 발생하는 문제와 건강과의 연관성을 알아보고 환경오염으로부터 안전하고 건강한 생활을 영위하기 위한 능력을 기르기 위해 설정하였다. 환경오염으로 발생하는 위험 요소, 환경오염이 일상생활에 미치는 영향, 환경오염과 건강과의 관계 등을 다룬다. 환경오염과 건강과의 관계를 이해하고 환경오염으로 인한 문제의 해결을 위한 적극적이고 긍정적인 태도 및 예방 방법을 적용하는 데 주안점을 둔다.

(나) 성취기준 적용 시 고려 사항
- '재난', '환경' 등의 용어를 쉽게 이해할 수 있도록 자세한 설명과 다양한 상황을 제시한다.
- 안전을 위협하는 다양한 상황에 따라 대처 방법을 쉽게 습득할 수 있도록 상황극이나 역할극을 설정하고 직접 몸으로 체험함으로써 대처 능력을 기를 수 있도록 지도한다.
- 일상생활에서 발생할 수 있는 각종 사회 재난과 자연 재난에 대응하는 방법을 학습

할 때에는 과제 분석, 직접 교수, 모델링 등의 교수 방법을 적용하여 과제를 습득하고 숙련될 수 있도록 지도한다. 공연 관람, 축제와 같이 많은 사람이 모이는 장소에 현장 체험 학습을 가는 경우 사전에 장소에 대한 안전성을 면밀하게 검토하고, 학생과 교사 등을 대상으로 안전 교육을 실시한다. 특히 참여 규모와 밀집도 등 다양한 상황을 고려하여 안전사고에 유의한다.

- [12보건04-01] 장애 정도가 심한 학생의 교육적 요구에 따라 학교폭력, 사이버 폭력 상황 구분하기, 올바른 대처 방법 고르기, 도움받을 수 있는 곳이나 사람 찾기 등으로 성취기준을 재구성하여 적용할 수 있다.
- [12보건04-03] 장애 정도가 심한 학생의 특성을 고려해 다양한 자연 재난 상황 찾기, 재난 상황에서 대응 방법 고르기 또는 표현하기 등으로 성취기준을 재구성하여 적용할 수 있다.
- [12보건04-04] 장애 정도가 심한 학생의 특성을 고려해 환경오염과 관련된 사례 찾기, 환경오염으로 발생할 수 있는 문제점 또는 질병 연결하기 등으로 성취기준을 재구성하여 적용할 수 있다.

## 03 교수·학습 및 평가

**가. 교수·학습**

(1) 교수·학습의 방향

(가) 보건과 교수·학습은 학습자의 13)_____과 _____을 증진하여, 일상생활에서 건강과 생활 안전의 주체자로서 14)_____을 실천하는 것을 목적으로 한다.

(나) 건강의 가치를 알고 학습자 자신의 신체적, 정신적 및 정서적 발달 과정을 이해하는 보건과의 성격을 고려하여 교수·학습을 계획하고 실행한다.

(다) 보건과 핵심역량의 향상을 위해 타 교과와의 융합 수업 및 연계 및 교과 간 재구성을 할 수 있도록 교수·학습 활동을 구안한다.

(라) 건강한 생활 습관을 학교와 가정에서 일관성 있게 실천할 수 있도록 가정과 연계하는 교수·학습 방법을 설계한다.

(마) 학생의 장애 정도, 발달 단계 및 학습 수준을 고려하여 학생 중심의 실제적이고 적용 가능한 맞춤형 학습 활동을 제공할 수 있도록 교수·학습을 계획하고 운용한다.

(바) 15)_____은 학습자의 인지적, 정서적, 신체적 및 사회적 특성을 고려하여 교수·학습 활동을 구안한다.

(사) 시대적 특성을 반영한 다양한 성범죄 유형과 진화하는 디지털 성범죄 관련 위험 상황을 인지할 수 있도록 최근 쟁점과 사건을 활용하여 학습을 전개한다.

(아) 성 인권 및 성 인지 감수성 교육은 지식 전달보다는 16)_____에 초점을 맞추어 탐색적·성찰적 과정을 경험할 수 있도록 실제 사례 중심으로 교수·학습 활동을 구안한다.

(자) 다양한 매체를 활용하여 17)_____을 함양하고, 실생활 장면에서 건강을 위한 올바른 선택을 하도록 교수·학습을 계획하고 운용한다.

(차) 가정 및 지역사회의 다양한 건강 자원과 협력 체계를 구축하고 디지털 플랫폼을 활용하여 건강생활 기술을 적용할 수 있도록 교수·학습 방법을 설계한다.

(카) 흡연, 음주, 약물 오·남용, 사이버 중독 등의 건강 위험 행위를 금지하는 데 초점을 맞추기보다는 건강한 삶을 위한 18)_____의 실천에 초점을 맞추어 학습을 전개한다.

13) 건강 관리 능력과 건강 문제 해결 능력
14) 건강한 생활 습관
15) 성교육 프로그램
16) 인식 변화
17) 건강 정보 문해력
18) 건강 습관

(타) 폭력, 안전사고, 재난, 환경오염 등에 대한 예방과 대응 방안을 포함하여 안전을 생활화할 수 있도록 교과와 연계한 체험·실습 중심의 안전 교육을 실시한다.

(2) 교수·학습 방법

(가) 건강한 생활 습관의 교수·학습 지도를 위해서 교사가 설명을 한 후 시범을 보이고 학생들의 수행에 대해 피드백을 제공하는 직접 교수 방법을 사용한다.

(나) 학습자의 수준에 맞게 목표 행동을 단계별로 작게 나누어 과제 분석을 하여 각 단위 행동을 강화하여 목표 행동을 습득하도록 행동 연쇄법을 사용한다.

(다) 구어적 정보의 이해하기 어려워하는 학습자에게는 그림, 사진, 시각적 안내판 등을 이용한 시각적 지원을 통해 구체적인 단서를 제공하도록 한다.

(라) 건강 문제를 해결하기 위하여 상황 파악, 문제 원인 확인, 정보 수집, 해결 방법의 선택과 평가의 과정을 거쳐 문제 해결 능력이 향상되도록 활동 중심의 학습을 활용한다.

(마) 건강한 생활 습관을 내면화하기 위하여 행위 중심의 건강 관리를 강조하고, 실생활에서 실천하고 스스로 기록하고 평가할 수 있도록 자기 관리 방법을 활용한다.

(바) 의료 기관 이용을 위한 모의 실습과 현장 체험 및 119 안전 체험관 등 19)_____을 실시하여 실생활에서 건강과 안전 관련 문제 발생 시 대처할 수 있도록 지도한다.

(사) 학습자가 목표 행동을 수행할 수 있도록 시각적 촉진, 구어적 촉진, 몸짓 촉진, 모델링, 신체적 촉진 등 반응 촉진과 자극 내 촉진 및 가외자극 촉진 등을 활용한다.

(아) 장애 정도가 심한 학생의 발달 단계, 장애 정도 및 장애 특성을 고려하여 부분 참여의 원리를 적용하여 적절한 활동 내용과 학습 지도 방법을 사용한다.

(자) 성적 위험 상황, 흡연 및 음주의 위험 상황, 생활 안전의 위험 상황 등을 교수하는 데 20)_____이나 _____을 활용한다.

(차) 신체 기관별 건강 관리를 교수하기 위하여 인체 모형 등의 구체물이나 그림과 사진 등의 반 구체물을 활용한다.

(카) 가정, 지역사회의 다양한 건강 자원과 협력 체계를 구축하여 학교-가정-사회가 연계된 실제적인 교육이 이루어지도록 한다.

(타) 성폭력, 성 상품화, 음란물에 영향을 미칠 수 있는 잘못된 성 의식 및 성 문화의 원인을 비판적 시각으로 분석할 수 있도록 신문 기사, 인터넷 자료 등을 활용한다.

(파) 성 인지 감수성에 관한 교수·학습 지도를 효과적으로 하기 위해 미디어, 가상현실(VR), 메타버스 콘텐츠와 같은 디지털 기기와 플랫폼을 활용한 21)_____에 학습자가 능동적으로 참여하도록 한다.

---

19) 현장학습
20) 상황극이나 역할극
21) 간접 체험

(하) 인공지능과 스마트 기기를 기반으로 하는 사물 인터넷(IoT) 건강 관리 시스템을 활용하여 일상생활의 활동량과 생체 정보 자료 등을 모니터링할 수 있다.
(거) 흡연, 음주, 약물 등 건강 위험 행동이 인체에 미치는 영향을 직관적으로 관찰하기 위하여 22)_____ 또는 _____ 장비를 활용하여 모의 체험을 할 수 있다.
(너) 다양한 의료 기관의 이용 방법을 학습하기 위하여 증강현실(AR)에서 구현한 공공 의료 기관의 이용 방법을 연습할 수 있다.
(더) 흡연, 음주, 약물 오·남용, 사이버 중독의 예방 및 대처 방안의 교육은 캠페인 활동에 참여하기, 표어 만들기, 포스터 그리기 등의 다양한 활동으로 이루어질 수 있다.
(러) 사회 재난과 자연 재난 발생 시 대피 방법을 교수하기 위하여 온라인 학습과 오프라인 학습을 혼합하여 운영하는 온오프라인 학습 방법을 활용할 수 있다.
(머) 응급처치 방법을 교수하기 위하여 학생이 사전에 원격수업을 통해 수업 자료를 미리 학습한 후에 대면 수업 시 기능·과정·적용·분석 중심의 학습 활동을 하도록 구성할 수 있다.
(버) 공연 관람, 축제 등과 같이 많은 사람이 모이는 장소에 현장 체험 학습을 가는 경우 사전에 안전성을 면밀하게 검토한다. 또한 참여 규모와 밀집도 등 다양한 상황을 고려하여 사전에 23)_____을 실시하여 사고에 대비할 수 있다.
(서) 현장 체험이 어려운 응급처치 상황, 사회 재난 상황, 자연 재난 상황 등을 교수하기 위하여 가상현실(VR), 증강현실(AR), 혼합현실(MR) 등 실감형 콘텐츠를 활용할 수 있다.
(어) 학습 주제에 맞는 웹툰, 디지털 동화책, 카드 뉴스, 인포그래픽 영상, 애니메이션 등 다양한 디지털 자료를 활용한다.

## 나. 평가

(1) 평가의 방향

(가) 평가의 목표는 기본 교육과정에 제시된 '교육 목표', '핵심 아이디어', '성취기준' 등을 통하여 학습자가 성취할 수 있는 전반적인 영역을 평가하되, 실생활에 적용할 수 있는 기능적 요소에 중점을 두어 평가한다.
(나) 평가는 결과 중심의 평가뿐만 아니라, 과정을 중시하는 평가가 활성화하도록 계획한다.
(다) 평가는 자유학기 등 교육과정 운영을 고려한 평가를 실시하도록 계획한다.
(라) 장애 정도가 심한 학생에게 성취기준을 재구성하였을 경우는 재구성된 성취기준에 기초하여 평가를 실시하도록 계획한다.
(마) 학년이나 학기 또는 단원이 시작되는 시기에 학습자의 선수 학습 능력의 결핍 여부와 이전 학습의 성취수준을 파악하기 위한 24)_____ 계획을 수립한다.

22) 가상현실(VR) 또는 증강현실(AR)
23) 안전 교육
24) 진단평가

(바) 교수·학습이 진행되는 동안 학습자가 적절한 진전을 보이는지 평가하고, 교수·학습 방법과 수업 진행 속도를 조정하기 위한 25)_____ 계획을 수립한다.

(사) 일정 기간의 수업이 종결되었을 때 학습자가 예상된 진전을 보였는지 총괄적으로 평가하여 수업 활동의 효율성을 판단하기 위한 26)_____ 계획을 수립한다.

(아) '생활 속 건강 관리' 영역에서는 건강의 총체적 개념을 이해하고 건강 관리 계획을 수립·실천하며, 질병 예방과 대처를 위한 건강 관리 기술을 적용할 수 있는지 평가한다.

(자) '건강한 선택' 영역에서는 건강 정보와 자원의 총체적 개념을 이해하고, 건강 의사 결정 과정을 통해 건강을 위한 올바른 선택을 실천할 수 있는지 평가한다.

(차) '건강한 성' 영역에서는 청소년기의 발달 및 변화가 자연스러운 과정임을 인지하며, 실생활에서 신체 및 정서적 변화에 적절하게 대처할 수 있는지 평가한다.

(카) '건강한 성' 영역에서는 성적 위험으로부터의 예방 및 대처 방법을 일상생활에서 실제로 적용할 수 있는지 디지털 학습 도구를 활용하여 평가한다.

(타) '건강한 성' 영역에서는 성적 의사 결정 상황에서 본인의 생각과 의견을 명확하게 의사소통할 수 있는지 평가한다.

(파) '생활 속 안전' 영역에서는 실생활 및 경험 중심적 접근 방법을 통한 평가 계획을 수립한다.

(2) **평가 방법**

(가) 성적 위험 상황, 흡연 및 음주의 위험 상황, 생활 안전의 위험 상황 등을 평가하는 데 상황극이나 역할극을 활용하여 평가할 수 있다.

(나) 건강생활 습관, 감정 조절, 스트레스 관리 등 27)_____을 실생활에 적용할 수 있는지 평가한다.

(다) 학습자가 학습한 보건 교육과정을 반영하여 사전에 설정된 숙달 수준과 학습자의 수행을 비교하는 교육과정을 중심으로 한 28)_____를 활용할 수 있다.

(라) 보건과 학습 과제를 수행하는 과정이나 결과를 통하여 학습자의 지식, 기능, 또는 태도에 대한 자료를 29)_____하는 평가 방법을 활용할 수 있다.

(마) 보건과를 학습한 효과에 대한 다양한 면을 평가하기 위하여 30)_____ 또는 _____를 활용할 수 있다.

(바) 학습자의 관찰 대상 행동을 관찰한 후 사전에 준비된 범주 기록, 척도 기록, 검목표 기록 등을 사용하여 행동의 특성, 정도, 또는 유무를 판단하는 31)_____으로 평가

25) 형성 평가
26) 총괄 평가
27) 건강생활 관리 기술
28) 준거 참조 평가
29) 수집
30) 과정 포트폴리오 또는 결과 포트폴리오
31) 평정 기록

할 수 있다.
(사) 학습자의 학습 참여 행동이나 비참여 행동을 지속적으로 관찰하여 관찰 대상 행동의 빈도, 강도, 지속 시간, 지연 시간 등을 기록하는 32)_____ 방법을 활용하여 평가할 수 있다.
(아) 보건과 학습 목표와 성취기준을 과제 분석하여 각 학습자에게 적절한 맞춤형 평가를 할 수 있다.
(자) 건강한 생활 관리가 유지되고 있는지 주기적으로 평가하고 평가 결과를 33)_____ 하여 학생의 발달과 변화를 파악하며 생활 속에서 연계될 수 있는 기초 자료로 활용할 수 있다.
(차) '생활 속 건강 관리' 영역에서는 디지털 플랫폼을 통해 다양한 콘텐츠를 제공하고, 가정과의 연계를 통해 학생의 34)_____을 온라인으로 관찰하고 보호자 면담을 통해 평가할 수 있다.
(카) '건강한 선택' 영역에서는 의사소통 플랫폼과 같은 다양한 디지털 학습 도구를 활용하여 실시간 쌍방향 소통을 통해 평가할 수 있다.
(타) '건강한 성' 영역에서는 원격수업 시 학습자가 실제로 사용하는 다양한 사회 관계망 서비스(SNS)를 활용하여 디지털 성범죄 예방 및 대처 방안의 적용 과정과 결과를 평가할 수 있다.
(파) 원격수업 시 다양한 디지털 매체로 실시간 쌍방향 소통을 하고, 보조공학 기기 및 웹 기반 도구를 활용하여 평가(예 : 체크리스트, 자기 점검) 할 수 있다.
(하) 원격수업 상황에서 경계와 동의, 성 인지 감수성 등에 대한 평가 시 디지털 플랫폼에 과제를 탑재하는 방법으로 평가할 수 있다.
(거) '생활 속 안전' 영역에서는 폭력, 응급 상황, 재난과 관련된 문제를 예방하고 해결하는 35)_____을 평가한다.
(너) 보편적 학습 설계를 기반으로 영상, 해설, 문자 음성 변환 등 다양한 미디어 자료를 활용하여 36)_____를 실시할 수 있다.
(더) 평가의 결과는 계량화하기보다는 학생의 개인적 성장과 진보를 파악하여 종합적인 문장으로 진술한다.

32) 사건 기록
33) 누가 기록
34) 생활 습관
35) 문제 해결 능력
36) 대안적 평가

# 12 창의적 체험활동

## 교육과정 설계의 개요

2022 개정 특수교육 기본 교육과정 창의적 체험활동은 학생의 교육적 요구에 따라 생활연령과 발달 수준을 고려하고 학년군을 통합하여 교육과정을 편성·운영할 수 있도록 영역별 활동 내용을 개선하였다. 또한 미래 사회에 필요한 인공지능·코딩 교육과 2015년 UN이 발표한 기후·생태계 환경의 지속가능한 발전과제에 대한 인식과 공동체적 가치를 함양하는 데 중점을 두었다. 나아가 창의적 체험활동은 학생이 새로운 교육 환경에 적응을 강화할 수 있는 심리적·정서적 측면에 중점을 두었다.

창의적 체험활동 교육과정은 '성격 및 목표', '영역 및 활동', '설계 및 운영'으로 구성되었다.

첫째, '성격 및 목표'에서는 학생들의 자율적 선택과 참여를 독려하여 급변하는 신산업사회에 대응하고 사회 구성원으로서의 역량을 함양할 수 있도록 하였다. 이는 사고의 폭을 넓히고 학교 적응 및 자아 성장과 주도적인 삶의 태도를 키우는 데 긍정적 영향을 미친다. 또한 학생의 교육적 요구에 따라 필요한 기능 중심 활동에서부터 미래 사회에 필요한 디지털 기술, 공동체적 가치 함양 등을 궁극적인 목표로 삼았다. 학교급별 목표로 초등학교에서는 공동체 생활에 필요한 1)_____을 형성하고 자신의 2)_____과 _____을 탐색하고 발견하도록 하였다. 중학교에서는 자기 이해를 바탕으로 3)_____을 확립하고 4)_____를 탐색하도록 하였다. 고등학교에서는 5)_____을 확립하고 더불어 살아가는 실천 능력을 함양하며 6)_____를 설계하고 준비하도록 하였다.

둘째, '영역 및 활동' 구성은 2015 개정 교육과정의 4개 영역(자율, 동아리, 봉사, 진로)에서 2022 개정 교육과정의 3개의 영역(7)_____, _____, ____)으로 재구조화하였고 특히, 2015 개정 창의적 체험활동 교육과정에서 8)____ 수준의 봉사 활동이 2022 개정 창의적 체험활동 교육과정에서는 9)____ 수준으로 변경되었다.

1) 기본 생활 습관
2) 개성과 소질
3) 자아 정체성
4) 진로
5) 공동체 의식
6) 진로
7) 자율·자치, 동아리, 진로
8) 영역
9) 활동

<표 6> 영역 및 활동

| 영역 | 활동 | 주요 내용 |
|---|---|---|
| 자율·자치 | 자율 활동<br>10) _____ 활동 | 자신의 의견과 권리를 표현하고 삶에서 직면하는 문제를 해결·실천할 수 있는 내용 |
| 동아리 | 예술·문화·스포츠 활동<br>생활실습 활동<br>단체·봉사 활동<br>11) _____ 활동 | 개개인의 소질과 잠재력을 계발·신장하고 여가 활용과 디지털 소양 능력 및 공동체 의식을 함양할 수 있는 내용 |
| 진로 | 자기 이해 활동<br>진로 인식 및 탐색 활동<br>12) _____ 및 _____ 활동 | 자기 자신에 대한 이해를 바탕으로 흥미와 적성을 파악하여 자신의 진로를 지속해서 탐색·개발할 수 있는 내용 |

셋째, '설계 및 운영'에서는 창의적 체험활동 편성·운영의 주체가 학교임을 강조하였으며 국가와 시·도 교육청은 '지원'의 역할을 중심으로 하도록 제시하였다. 학교급별 편성·운영 중점을 제시하여 학생들의 발달 단계, 학교급별 특성을 고려한 편성·운영의 유연성을 기술하였다.

마지막으로 '평가'에서는 학교에서 창의적 체험활동을 평가하기 위한 평가 목표 설정 및 평가기준 마련, 평가의 방법과 기록, 교육과정 평가와 질 관리에 관한 내용을 제시하였다.

2022 개정 특수교육 기본 교육과정 창의적 체험활동 교육과정이 학생들의 교육적 요구와 특성을 반영한 다양한 활동 중심 교육, 현장 운용에 적합한 활동, 미래 사회에 필요한 역량을 키우는 지침서가 될 수 있도록 하였다.

10) 자치·적응
11) 정보통신기술
12) 진로 체험 및 계획

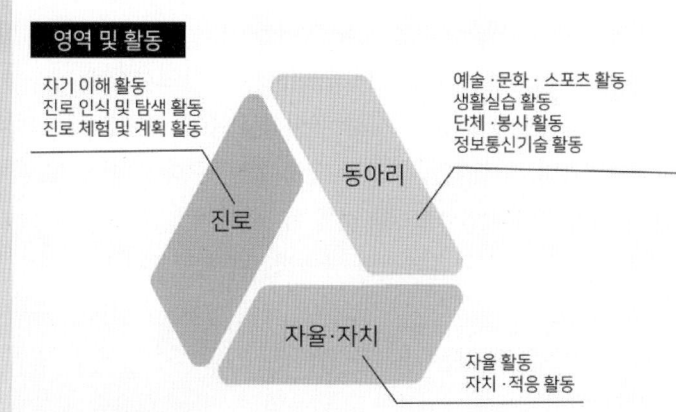

[그림 12] 2022 개정 특수교육 기본 교육과정 창의적 체험활동 설계의 개요

# 01 성격 및 목표

## 가. 성격

창의적 체험활동은 교과와 상호 보완적 관계를 가진 체험활동 중심 비교과 교육과정으로 학생들의 자율적 선택과 참여를 독려하여 급변하는 신산업사회에 대응하고 사회 구성원으로서의 역량을 함양할 수 있도록 하였다. 또한 체험활동 중심 교육은 사고의 폭을 넓히고 자발적 참여를 유도할 수 있으며, 학생들의 다양한 활동 참여는 학교 적응 및 자아 성장에 긍정적 영향을 미칠 뿐만 아니라 주도적인 태도를 기를 수 있다.

2022 개정 특수교육 기본 교육과정의 창의적 체험활동은 13)_____의 3개 영역으로 구성하였다. _____ 영역은 자신의 의견과 권리를 표현하고 삶에서 직면하는 문제를 해결하고 실천할 수 있는 내용을 담고 있으며, _____ 영역은 개개인의 소질과 자질을 계발·신장하고 여가를 효과적으로 활용할 수 있는 내용을 포함하였다. ____ 영역은 자기 자신에 대한 이해를 바탕으로 흥미와 적성을 파악하여 자신의 진로를 지속적으로 탐색·개발할 수 있는 내용으로 구성되었다.

학생의 교육적 요구에 따라 14)_____과 _____을 고려하고 학년군을 통합하여 필요한 기본 생활 습관에 대한 기능 중심 활동에서부터 미래 사회에 필요한 인공지능·코딩 교육과 기후·생태계 환경의 지속가능한 발전과제에 대한 인식과 공동체적 가치를 함양하는 데 중점을 두었다.

학교는 다음 방향에 따라 창의적 체험활동을 운영한다. 첫째, 영역별 활동 내용은 학생의 수준과 특성에 따라 선택·통합하여 편성·운영한다. 기존의 단발적인 행사중심의 활동을 지양하고 교과 교육과정과 연계하며 주제 간 통합이 가능한 학교 안팎의 학습 경험 및 원격수업 등을 지원한다. 둘째, 창의적 체험활동은 학교급별 특성을 반영하여 설계한다. 초등학교 창의적 체험활동은 기본 생활 습관을 형성하고 15)_____과 _____을 탐색하고 발견하는 데 중점을 두고, 중학교 창의적 체험활동은 자아 정체성을 확립하고 자신의 16)_____를 탐색하는 데 중점을 둔다. 고등학교 창의적 체험활동은 공동체 의식을 확립하고 더불어 살아가는 실천 능력을 함양하고 17)_____를 설계하고 준비하는 데 중점을 둔다. 셋째, 학교는 창의적 체험활동 교육과정을 설계하고 운영하는 데 자율성을 발휘하고 국가와 지역 수준에서는 지역사회와 학교의 특성을 고려하여 전문성을 갖춘 인적·물적 자원을 충분히 제공할 수 있도록 한다.

13) 자율·자치, 동아리, 진로
14) 생활연령과 발달 수준
15) 개성과 소질
16) 진로
17) 진로

## 나. 목표

창의적 체험활동은 학생들이 다양한 개별 및 단체 활동에 참여함으로써 18)____과 ____를 실천할 수 있고, 개인의 19)____과 _____을 계발·신장하는 데 목표가 있다. 또한 20)_____ 함양을 통한 사회 통합과 급변하는 미래 사회에 대처하기 위해 21)_____ 능력을 키우고, 창의적인 삶의 태도를 기르는 데 주안점을 두고 있다.

(1) 초등학교에서는 공동체 생활에 필요한 기본 생활 습관을 형성하고 자신의 개성과 소질을 탐색하고 발견한다.
(2) 중학교에서는 22)_____를 바탕으로 23)_____을 확립하고 진로를 탐색한다.
(3) 고등학교에서는 24)_____을 확립하고 더불어 살아가는 실천 능력을 함양하고 진로를 설계하고 준비한다.

---

18) 나눔과 배려
19) 소질과 잠재력
20) 공동체 의식
21) 디지털 소양
22) 자기 이해
23) 자아 정체성
24) 공동체 의식

## 02 영역 및 활동  22중 / 22초 / 20초

### 가. 영역
창의적 체험활동은 자율·자치, 동아리, 진로의 세 영역으로 구성한다.

(1) 자율·자치 영역의 활동은 25)_____ 활동과 _____ 활동으로 구성한다.

(2) 동아리 영역의 활동은 26)_____ 활동, _____ 활동, _____ 활동, _____ 활동으로 구성한다.

(3) 진로 영역의 활동은 27)_____ 활동, _____ 및 ____ 활동, _____ 및 ____ 활동으로 구성한다.

### 나. 활동
학교는 영역별 활동과 예시 활동을 토대로 학교급과 학년군 및 학생 개개인의 특성에 따른 교육적 요구를 고려하여 교과와의 연계, 영역별 활동 또는 영역 통합적인 다양한 활동을 창의적으로 편성·운영할 수 있다.

(1) 영역별 활동

〈표 7〉 영역 및 활동

| 영역 | 활동 |
|---|---|
| 자율·자치 | ____ 활동<br>_____ 활동 |
| 동아리 | _____ 활동<br>_____ 활동<br>_____ 활동<br>_____ 활동 |
| 진로 | _____ 활동<br>_____ 활동<br>_____ 활동 |

---

25) 자율 활동과 자치·적응
26) 예술·문화·스포츠 활동, 생활실습 활동, 단체·봉사 활동, 정보통신기술 활동
27) 자기 이해 활동, 진로 인식 및 탐색 활동, 진로 체험 및 계획 활동

(2) 영역별 활동 목표 및 내용
　(가) 자율·자치
　　• 자율·자치 영역은 학교생활에 적응하여 자신의 의견과 권리를 표현하며 삶에서 당면하는 문제를 해결하고 실천하는 영역으로 자율 활동과 자치·적응 활동으로 구성된다. 자율·자치 영역의 구체적 활동, 활동 목표와 활동 내용 및 예시는 다음과 같다.

〈표 8〉 자율·자치 영역의 활동 목표와 활동 내용 예시

| 활동 | 활동 목표 | 활동 내용 및 예시 |
| --- | --- | --- |
| 자율 활동 | • 개개인의 관심과 흥미에 따른 선호하는 활동을 탐색하고 체험하여 자신의 삶을 주체적으로 형성한다. | • 재능과 자신감 증진 활동<br>　예) 체력 증진 활동, 자연 활용 창의 활동, 절기 놀이, 그림책 놀이, 클레이 놀이, 목공 놀이, 샌드 아트 놀이 등<br>• 주제 선택 활동<br>　예) 절기별 전통문화 체험, 생활 금융 프로그램, 인공지능과 로봇(로봇 서빙, 청소, 위치 안내, 사물 인터넷 활용, 드론, 인터렉티브 콘텐츠) 등 |
| 자치·적응 활동 | • 민주시민으로서의 다양한 활동에 능동적으로 참여하여 공동체 의식을 함양한다.<br><br>• 학년 초 규칙을 준수하고, 타인과의 원만한 대인관계를 형성하며 기본 생활 습관을 함양한다. | • 민주적 의사 결정<br>　예) 학급 회의 운영, 학급 협동 놀이 및 프로젝트, 학급 규칙 제정 및 실천, 반대 의견 수용 및 문제 해결 활동, 리더십 활동 등<br>• 자기 옹호 활동<br>　예) 도움 요청, 자기주장과 선택 활동, 요구 및 거부 의사 표현, 자신의 강점 소개 및 대중 스피치 기술, 스트레스 해소 기술 등<br>• 건전한 신체상과 성 정체성<br>　예) 자신의 신체 변화에 대한 이해, 신체 보호 방법 실천, 남자와 여자의 신체적 특징과 성 정체성 역할극 등<br>• 입학, 학년 초기 및 학교급 전환기의 학교생활 적응<br>　예) 학교 일과 계획 및 실천, 학교 시설 위치 및 편의 시설 이용 방법 습득, 교실 물건 사용 방법 익히기, 또래 사귀기 등<br>• 기본 생활 습관 형성<br>　예) 교실 착석 익히기, 학교 복도와 계단 질서 준수, 선생님과 친구에 대한 인사 예절, 학교와 공공 장소에서 질서 지키기, 화장실 사용 예절, 스마트폰 사용 예절, 일상생활 예절 준수 등<br>• 주변 사람들과 관계 맺기<br>　예) 상대의 감정 구별하기, 상황에 적절한 행동 익히기, 상호 작용 시작 및 반응 행동 습득, 또래와 우정 쌓기, 약속 준수 활동 등<br>• 교사 및 친구를 돕는 배려와 양보 실천<br>　예) 필요한 상황에서 친구 돕기, 학교 실내외 공기 정화 및 쓰레기 줍기, 학교 동·식물 보호 활동 등 |

(나) 동아리

동아리 영역은 학생의 주도적 참여로 잠재적 능력과 재능을 계발·신장하고 변화하는 미래 사회에 대처할 수 있는 디지털 소양 능력을 키우며 더불어 살아가는 공동체 의식 함양을 추구한다. 이를 위해 동아리 영역은 예술·문화·스포츠 활동, 생활실습 활동, 단체·봉사활동, 정보통신기술 활동으로 구성된다. 동아리 영역의 구체적 활동, 활동 목표와 활동 내용 및 예시는 다음과 같다.

〈표 9〉 동아리 영역의 활동 목표와 활동 내용 예시

| 활동 | 활동 목표 | 활동 내용 및 예시 |
|---|---|---|
| 예술·문화·<br>스포츠 활동 | • 예술 활동을 통해 다양한 표현력을 키우고 이를 생활 속에서 활용하여 심미적 감성 역량을 함양한다.<br>• 세계 각국의 문화 체험을 통해 타문화에 대한 이해를 함양한다.<br>• 스포츠 활동 참여를 통해 건강한 신체 유지, 상호 협력 및 소통 역량을 함양한다. | • 미술 활동<br>예) 그리기, 만들기, 창의 미술, 명화 패러디, 캘리그라피, 협동 미술, 전통 미술, 사진 등<br>• 음악 활동<br>예) 가창, 합창, 난타 및 타악기 연주, 전자 악기 연주, 합주, 우쿨렐레, 음악 놀이, 전래 동요, 음악 감상(클래식, K-POP, 영화음악 등), 사물놀이 등<br>• 문화 체험 활동<br>예) 전통문화, 세계 문화, 다문화 등<br>• 체육 활동<br>예) 생활체육(인라인스케이트, 볼링, 탁구, 배드민턴, 게이트볼, 점핑 등), 뉴스포츠(티볼, 플라잉디스크 등), e-스포츠 댄스 등<br>• 놀이 활동<br>예) 보드게임, 공동체 놀이, 전통 놀이, 인터넷 게임 등 |
| 생활실습<br>활동 | • 개인의 관심과 적성에 기초한 가사, 생산, 공예 활동을 통해 일상생활에 필요한 기초 능력과 기술을 함양한다. | • 가사 활동<br>예) 요리 교실, 제과제빵, 정리수납, 조립하기, 바리스타 등<br>• 생산 활동<br>예) 생활원예, 텃밭 가꾸기, 반려동물 기르기 등<br>• 공예 활동<br>예) 종이공예, 흙 놀이, 토탈 공예, 스탬프 아트 등 |
| 단체·봉사<br>활동 | • 교내·외 단체 활동을 통해 더불어 살아가는 사회의 중요성을 인식하고 소속감과 연대감을 함양한다.<br>• 주어진 환경과 자원을 보호할 수 있는 나눔과 봉사를 실천할 수 있는 시민성을 함양한다. | • 교내·외 단체 활동<br>예) NGO활동(예 : 독도지킴이), 야영 활동, 동물 체험 활동, 지역사회 참여 활동, 유소년 및 청소년 단체 활동, 스카우트 활동, 국토 순례 활동 등<br>• 봉사 활동<br>예) 달리며 쓰레기 줍기(플로깅), 자연 보호 캠페인, 생태 숲 걷기, 유기견 보호 활동, 또래 상담, 위문 활동, 도시락 배달 활동 등 |
| 정보통신기술<br>활동 | • 급변하는 사회에 적응하기 위한 다양한 정보통신기술을 익히고 이를 일상생활에 실천함으로써 사회 적응 능력을 함양한다. | • 디지털 소양 교육 활동<br>예) 사이버 지킴이(예 : 사이버 폭력, 인터넷 윤리), 파워포인트, 워드프로세서, 로봇 코딩 및 제작, 블록 언어 등<br>• 정보통신기술 활용 활동<br>예) 스마트폰 및 태블릿, 증강현실(AR) 및 가상현실(VR) 체험, 3D 펜과 입체물, 무인 단말기, 인공지능, 스마트 앱(Smart App), 드론 등 |

(다) 진로

진로 영역은 학습자의 흥미와 적성을 파악할 수 있는 건강한 자기 이해 활동과 다양한 직업을 탐색하고 인식하는 진로 인식 및 탐색 활동이 포함된다. 또한 미래 사회 일원으로서 성장할 수 있도록 자신의 진로를 계획하고 준비할 수 있는 진로 체험 및 계획 활동으로 구성된다. 진로 영역의 구체적 활동, 활동 목표와 활동 내용 및 예시는 다음과 같다.

〈표 10〉 진로 영역의 활동 목표와 활동 내용 예시

| 활동 | 활동 목표 | 활동 내용 및 예시 |
|---|---|---|
| 자기 이해 활동 | • 생애 주기에 따른 나의 모습을 다양한 활동을 통해 자기 이해를 증진하고 이를 바탕으로 긍정적인 자아 정체성을 형성한다. | • 나의 이해/나의 발견과 탐색 활동<br>예) 내가 좋아하고 잘하는 일 찾기, 나의 성격과 강점 알아보기, 나의 흥미와 적성 알아보기, 생애 주기별 직업 및 흥미 찾기, 생애 주기별 나의 모습 표현 등<br>• 나의 역할 활동<br>예) 가정에서 부모님을 도울 수 있는 일 찾기, 학급에서 나의 1인 1 역할 찾기, 지역사회에서 내가 할 수 있는 흥미로운 일 조사 등 |
| 진로 인식 및 탐색 활동 | • 다양한 직업의 특성을 이해하여 자신의 진로와 관련된 긍정적인 직업 가치관을 확립한다. | • 직업 인식 및 탐색 활동<br>예) 가족과 친척의 직업 알아보기, 지역사회 사람들의 직업 조사, 관심 있는 직업 찾기, 다양한 직업군 조사, 가상현실(VR) 직업 선택 등<br>• 진학 인식 및 탐색 활동<br>예) 졸업 후 나의 모습 표현, 상급 학교 조사, 진학 사례 공유, 가상 모의 면접 실시, 지역사회 내 복지관 및 대학 내 평생교육기관 탐방 등<br>• 진로 및 여가생활 탐색 활동<br>예) 직업 관련 검사 참여, 온라인 진로 검사 참여, 지역사회 내 여가활동 유형 조사, 여가생활 경험 나누기, 여가생활 규칙 준수, 지속가능한 생태 보전 활동 참여 등 |
| 진로 체험 및 계획 활동 | • 다양한 진로 활동에 참여하여 여가 생활을 계획하고 성인 생활을 위한 직업기술을 함양한다.<br><br>• 자신의 진로와 연관된 여가와 직업을 체험하여 희망하는 진로를 설계하고 실천한다. | • 나의 미래 활동<br>예) 인공지능과 미래 다양한 직업 조사, 미래의 나의 직업 선택하여 역할극 및 발표, 미래 자신의 이력서 및 명함제작 등<br>• 직업 체험 활동<br>예) 가상현실(VR)직업 체험, 교내 직무체험 실습, 학교 기업 작업 체험, 교내 행정 보조 도우미 체험, 직장 내 여가 체험 등<br>• 직업 계획 활동<br>예) 미래 유망 직종 조사, 미래 직업을 위한 준비 기술 조사, 인공지능 로봇이 하는 일 조사, 생애 주기별(청년기, 중년기, 노년기) 가사, 직업, 여가, 지역사회 생활 청사진 구안 등 |

# 03 설계 및 운영 22초

## 가. 설계

창의적 체험활동 교육과정을 설계하는 과정에서 학교는 다음 사항에 유의하여야 한다.

(1) 시수 편성

창의적 체험활동 교육과정은 초등학교 1~2학년은 272시간, 3~4학년은 306시간, 5~6학년은 408시간으로 계획한다. 중학교는 총 408시간, 고등학교는 총 26학점으로 계획한다. 1학점은 50분을 기준으로 16회를 이수하는 수업량이다. 창의적 체험활동에 배당된 학교급별, 학년(군)별 시수를 특정 학년이나 학기에 편중하여 편성하지 않도록 한다. 초등학교 1학년은 입학 초기 적응 활동으로 입학 후 3월 중 34시간을 배정할 수 있다. 주당 평균적인 시간을 배당하거나 특정일을 선택하여 블럭 타임 운영 및 온종일 활동을 포함한 집중 운영 등 다양하고 탄력적인 방식으로 시간을 운영할 수 있다.

| 구분 | 시간(학점) 배당 기준 | 비고 |
|---|---|---|
| 초등학교 1~2학년 | 272 | ① 학년군의 창의적 체험활동 시간 배당은 연간 34주를 기준으로 한 2년간의 기준 수업시수를 나타낸 것이다.<br>② 학년(군)별 총 수업 시간 수는 최소 수업 시수를 나타낸 것이다. |
| 초등학교 3~4학년 | 306 | |
| 초등학교 5~6학년 | 408 | |
| 중학교 | 408 | ① 창의적 체험활동 시간 배당은 연간 34주를 기준으로 한 3년간의 기준 수업 시수를 나타낸 것이다.<br>② 총 수업 시간 수는 3년간의 최소 수업 시수를 나타낸 것이다. |
| 고등학교 | 26학점 | ① 창의적 체험활동 학점 배당은 연간 34주를 기준으로 한 3년간의 기준 이수 학점을 나타낸 것이다.<br>② 총 이수 학점 수는 최소 이수 학점을 나타낸 것이다. |

(2) 영역별 활동 구성

창의적 체험활동은 3개의 영역에 각각 속하거나 각 영역의 활동을 연계 통합한 활동으로 설계할 수 있다. 학교급별 특성 및 개별 학생의 특성과 요구에 따라 일부 영역과 활동을 선택하여 집중적으로 편성·운영할 수 있다.

(3) 교육과정 설계와 운영에 관한 학교의 자율성

초등학교, 중학교, 고등학교의 입학 초기 및 상급 학교(학년)로 진학하기 전 학기에는 학교급 간 연계를 위해 28)_____을 운영할 수 있다. 중학교의 자유학기에서는 자유학기 프로그램과 연계하여 창의적 체험활동의 다양한 영역과 활동을 계획하도록 한다. 교육적 필요에 따라 창의적 체험활동의 영역 간, 활동 간 그리고 교과와의 연계 및 통합이 원활하게 이루어지도록 편성·운영한다.

(4) 교과 교육과정과의 연계성

창의적 체험활동의 각 주제는 교과 교육과정(예 : 보건, 예술(음악/미술), 진로와 직업)과 연계하여 활동을 계획할 수 있다.

(5) 창의적 체험활동의 설계 주체

창의적 체험활동 설계 주체는 학교, 교사, 학생이다. 국가 및 지역 수준에서는 학교와 지역사회의 특색을 고려하여 전문성과 창의성을 갖춘 인적·물적 자원을 충분히 제공할 수 있는 기반을 조성한다. 학교, 교사와 학생이 공동으로 또는 학생이 자기주도적으로 계획을 수립하고 역할을 분담하여 실천한다.

(6) 학생들을 위한 맞춤형 설계

창의적 체험활동 계획은 29)_____, _____을 고려하여 수립하도록 한다. 특히 다양한 장애 특성과 교육적 요구를 가진 모든 장애 학생들이 창의적 체험활동에 참여할 수 있도록 설계한다.

(7) 장소와 지원

활동 장소는 30)_____ 및 _____ 등을 이용할 수 있으며, 효과적인 활동을 위해 계획적으로 지역사회의 인적·물적 자원을 활용할 수 있다. 학교는 창의적 체험활동의 운영에 필요한 인적·물적 자원의 활용 등과 관련하여 교육청의 지원을 받을 수 있다. 또한 교육적 필요시 원격수업 방식의 운영을 할 수 있다.

(8) 안전

학교는 창의적 체험활동 운영 과정에서 안전에 유의하여야 한다. 특히 현장 체험 학습을 실시하기에 앞서 반드시 장비, 전문 인력, 보험 등의 확인과 더불어 학생, 현장 체험 담당 교사 및 활동 지원 인력의 31)_____을 시행하고 관련 법령 및 안전 관련 지침에 따른다.

---

28) 진로연계교육
29) 개별 학생들의 흥미와 소질, 학교와 지역의 실정
30) 교내 시설 및 학교 밖 지역사회 시설
31) 사전 안전 교육

또한 창의적 체험활동 운영 시 교내·외 체험활동 중 발생할 수 있는 다양한 위기 상황에 대응하고 안전을 확보할 수 있도록 국가 및 교육청 수준에서는 다음의 사항을 지원한다.

(가) 학생 규모 및 다중 밀집도, 장소, 숙박시설, 이동 수단 등 활동 전반에 걸쳐 종합적인 32)_____을 수립하고 예방을 위한 행·재정적 지원을 한다.

(나) 교육 활동 중에 일어나는 안전사고 등으로 인한 학생 및 교원의 신체적·정신적 피해 등을 지원 할 수 있는 안전 대책을 마련한다.

(9) 행사 활동

의식 행사, 발표회, 체육 행사, 현장 체험 학습 등을 각 영역과 활동에 적합한 방식으로 설계한다. 행사 활동의 시수는 각 행사의 특성에 따라 관련 교과와 창의적 체험활동의 영역별 활동으로 편성한다.

## 나. 운영

학교는 다음의 유의하여 창의적 체험활동을 운영한다.

(1) 창의적 체험활동의 영역을 학생들의 발달 수준, 학교의 여건 등을 고려하여 학년(군)별로 선택적으로 운영할 수 있다.

(2) 창의적 체험활동은 33)_____, _____, _____, _____ 등 여건에 맞게 운영할 수 있다.

(3) 방학식 및 개학식 당일에 원활한 학교생활 적응을 위하여 창의적 체험활동의 자율·자치 영역을 중심으로 운영할 수 있다.

(4) 학교는 학생의 발달 단계 및 교육적 요구와 지역사회의 특성 등을 고려하여 3개의 영역을 각각 독립적으로 운영하거나 교육 효과를 극대화하기 위하여 2개 이상의 영역을 34)____하여 운영할 수 있다.

(5) 동아리 영역의 활동 조직은 학생의 흥미, 특기, 적성 등을 고려하여 미래 사회의 변화에 대응할 수 있는 다양한 부서를 개설하고 학생의 필요와 요구를 우선적으로 반영하여 개설하며 35)_____ 또는 ____ 단위로 운영할 수 있다.

(6) 학교는 교과에서 학습한 내용을 실제적인 실천과 경험으로 연계하기 위해 타 교과와 창의적 체험활동을 연계·통합할 수 있다. 이 경우, 시수를 교과와 창의적 체험활동 간에 중복하여 편성하지 않는다.

(7) 창의적 체험활동의 내용 배열은 반드시 학습의 순서를 의미하는 것이 아닌 예시적인 성격을 지니고 있으므로, 학교는 학생의 교육적 요구와 학교의 특성을 반영하여 '영역 및 활동'에 제시된 영역별 활동과 활동 내용 이외에 다양한 활동과 활동 내용을 추가하여 운영할 수 있다.

32) 안전 교육 계획
33) 정일제, 격주제, 전일제, 집중제
34) 통합
35) 학년군 또는 학생

⑻ 학교는 의식 행사, 발표회, 현장 체험 학습, 가정 체험 학습 등 각종 행사를 특정 영역에 국한 시키지 않도록 하고 각 영역이나 활동에서 다양한 운영 방식으로 편성·운영한다. 이때, 시수 배정은 학교 교육과정에 의거하여 그 특성에 따라 특정 영역이나 활동에 포함한다.

⑼ 학교는 학생·교사·학부모의 요구와 학교의 특성에 따라 36)_____ 범위 내에서 시수를 증감하여 편성·운영할 수 있다. 단 체육, 예술(음악/미술) 교과는 기준 수업 시수를 감축하여 편성·운영할 수 없다.

⑽ 진로 영역의 체험활동은 일상생활 속에서 37)_____과 ____ 활동이 지속적으로 일어날 수 있도록 체험활동 전과 체험활동 후 단계로 운영할 수 있다.

⑾ 학교는 창의적 체험활동이 실제적 체험 중심의 학습이 되도록 지역사회의 물적·인적 자원을 계획적으로 활용하며, 지역사회 전체 단위의 창의적 체험활동 프로그램을 운영할 수 있다. 또한 학교는 재능 기부 봉사자 등을 활용할 경우, 창의적 체험활동의 운영에 필요한 인적·물적 자원의 활용 및 안전 등과 관련하여 시·도 교육청의 지침을 따른다.

⑿ 학교는 학생의 다양한 학교 부적응 행동에 대한 행동 지원을 위해 필요한 인력 및 행·재정적 지원을 한다.

⒀ 범교과 학습 주제 및 자기주도적 학습 내용을 창의적 체험활동으로 편성·운영할 수 있다. 국가적 안전 재난이나 병·재해 등과 관련된 위기 상황에 따라 실시해야 하는 안전·건강 교육, 인성 교육, 진로 교육, 민주시민 교육, 인권 교육, 다문화 교육, 통일 교육, 독도 교육, 경제·금융 교육, 환경·지속가능발전 교육 등을 교과 교육과 연계하여 창의적 체험활동 시간으로 운영할 수 있다.

⒁ **초등학교 운영**
- 1~2학년은 학생의 발달 수준을 고려하여 자율·자치 영역의 활동을 중심으로 운영할 수 있다.
- 1학년 학생들의 입학 초기 적응 교육을 위하여 자율적으로 입학 초기 적응 프로그램을 운영할 수 있으며, 심리적·정서적 안정에 중점을 두어 운영한다.
- 초등학교 1학년 1학기는 유치원과, 초등학교 6학년 2학기는 중학교와 교육과정이 연계될 수 있도록 자율·자치 및 진로 영역의 활동을 중심으로 38)_____을 운영할 수 있다.
- 초등학교 진로 영역의 활동은 긍정적 자아 개념 형성, 일의 중요성 이해, 직업 세계의 탐색, 진로 기초 소양 함양 등을 위한 활동을 계획하여 운영할 수 있다. 학생들이 자신에 대해 이해하는 기회와 나에게 맞는 진로를 찾아가는 과정을 제공하는 데 중점을 두어 지도한다.

36) 교과(군)별, 창의적 체험활동, 일상생활 활동 간 50%
37) 진로 인식과 탐색
38) 진로연계교육 프로그램

- 초등학교에서는 학생들이 개성과 소질을 인식하고, 일과 직업에 대해 편견 없는 마음과 태도를 갖도록 지도한다. 학교 및 지역사회의 시설과 인적 자원 등을 활용하여 직업 세계의 이해와 탐색 및 체험의 기회를 제공한다.

(15) 중학교 운영
- 창의적 체험활동의 영역과 활동은 학교스포츠클럽 활동 및 자유학기에 이루어지는 다양한 활동들과 연계하여 운영할 수 있다.
- 학교스포츠클럽 활동은 창의적 체험활동의 동아리 영역의 활동으로 편성하고 학년별 연간 39)____시간 운영하며, 40)_____ 편성하도록 한다.
- 중학교 1학년 1학기는 초등학교와, 중학교 3학년 2학기는 고등학교와 교육과정이 연계될 수 있도록 자율·자치 및 진로 영역의 활동을 중심으로 41)_____을 운영할 수 있다.
  - 중학교 진로 영역의 활동은 학생들이 42)_____을 강화하고, 실제적인 경험을 통해 43)_____를 이해함으로써 진로 탐색 및 진학으로 연결되도록 한다. 이에 따라 학생들이 자신에 대해 이해할 수 있는 기회와 자신에게 맞는 진로를 찾아가는 과정을 제공하는 데 중점을 두어 지도한다.
  - 중학교에서는 학생의 진로와 연계된 교과 담당 교사와 진로 진학 상담 교사 등 관련 교원 간의 협력으로 학생 개인 혹은 집단 진로 상담을 실시한다. 중학교에서는 직업 진로에 대한 활동 계획을 계획하여 학생의 흥미, 소질, 능력. 필요 등에 적절한 44)_____를 부여한다.
  - 중학교 진로 영역에서는 고등학교 진학과 연계하여 학업 및 진로를 탐색할 수 있도록 지도한다.

(16) 고등학교 운영
- 창의적 체험활동 전 영역에 걸쳐 학생의 진로를 고려하여 학교 및 학생의 필요에 따라 지역사회 기관에서 이루어지는 45)_____을 창의적 체험활동으로 이수할 수 있으며, 이와 관련된 구체적인 사항은 시·도 교육감이 정하는 지침에 따른다.
- 고등학교에서는 46)_____을 기반으로 삶의 다양한 문제를 자율적이고 주체적으로 해결하고, 다양한 공동체 활동을 통해 삶을 풍요롭게 영위하며, 자신과 직업 세계에 대한 이해를 기반으로 진로를 탐색·설계하는 데에 중점을 둔다. 고등학교 1학년 1학기는 중학

39) 34
40) 매 학기
41) 진로연계교육 프로그램
42) 긍정적인 자아 개념
43) 일과 직업의 세계
44) 진로 선택의 기회
45) 학교 밖 교육
46) 자기주도성

교와, 고등학교 3학년 2학기는 대학 진학 및 취업과 연계될 수 있도록 47)_____ _____을 운영한다.

## 다. 평가

창의적 체험활동의 평가는 교육 목표에 비추어 적합하게 이루어지도록 평가 목표를 설정하여 이에 따른 평가기준을 선정하고 방법을 구체화한다. 그리고 평가 후의 결과를 기록하고 차기 교수·학습 활동에 반영한다.

(1) 학생 평가의 목표 설정

평가에서 가장 중요한 것은 무엇을 평가할 것인지 평가 목표를 분명하게 설정하는 것이다. 이를 통하여 활동의 내용과 지도 방향을 설정할 수 있고, 효과적 지도 방법을 모색하고 무엇을 어떻게 평가할지를 계획할 수 있다.

(2) 학생 평가의 평가기준

- 학교는 창의적 체험활동의 영역별로 평가기준을 마련하고 48)_____, _____, _____ 및 _____, _____ 등이 골고루 반영되도록 평가기준을 작성하여 활용한다.

(3) 학생 평가의 방법과 기록

평가를 위하여 활동 상황의 관찰(예 : 일화 기록법, 체크리스트, 평정 척도법), 질문지와 차트 등을 활용한 조사(예 : 자기 평가, 상호 평가), 학생의 작품과 기록에 대한 분석(예 : 포트폴리오, 작품 평가, 활동의 기록 분석, 작문, 소감문 분석), 표준화 검사, 교사 간 의견 교환 등의 다양한 학생 평가 방법을 활용할 수 있다.

(가) 평가는 각종 표준화된 검사 도구를 포함하는 49)_____(예 : 지능검사, 적응행동검사) 및 교사가 임의적으로 상황에 맞게 제작한 50)_____(예 : 교사의 임의적 시험, 포트폴리오, 작품) 모두를 선택·사용할 수 있으며, 규준 집단의 수행 수준에 비추어서 학생의 수준의 상대적 위치에 대한 정보를 제공하는 규준지향평가(예 : 지능검사)와 학생 개인의 특정 과제나 기술의 수행 정도를 측정하고 정보를 제공하는 준거지향평가(예 : 작품, 생활 도구 숙련 기술) 방법을 활용한다.

(나) 학기 말에는 평가 대상 학생의 활동 실적, 진보의 정도, 행동의 변화, 특기 사항 등의 평가 결과를 영역별로 학교생활기록부에 기록한다.

(다) 학생 개개인의 성장, 발달, 변화를 평가하여 그 결과를 학생의 소질과 잠재력 및 계속적 진보와 계발을 돕는 자료로 활용한다.

47) 진로연계교육 프로그램
48) 참여도, 협력도, 자발성 및 선호도, 완성도
49) 공식적 평가
50) 비공식적 평가

(라) 평가 결과는 학교급을 고려하여 상급 학교 진학 또는 취업을 위한 자료로 활용할 수 있다.

(4) **교육과정 평가와 질 관리**

창의적 체험활동 영역별 평가 관점 작성 시 해당 학년에서 편성한 학교급별 목표와 영역별 활동 목표를 고려하여 상세화하며 각 영역의 실천과 관련하여 계획, 과정, 결과 등의 전 과정을 평가하도록 유의한다. 이러한 질 관리의 목적은 교수·학습 활동에 반영하여 평가의 전반적인 질을 제고하기 위함이다.

# 13 일상생활 활동

## 교육과정 설계의 개요

특수교육 대상 학생의 궁극적인 교육 목표는 개인의 안녕과 사회 참여를 통한 삶의 질 향상에 있다. 이를 위해 특수교육 대상 학생은 발달의 각 영역에서 전반적이고 지속적인 생활 기능 중심의 교육이 필요하다. 또한 2022 개정 특수교육 교육과정에서는 학생 중심의 교육, 실생활에서의 독립성과 사회 통합을 위한 교육, 교육과정 편성·운영의 자율성을 강조하고 있다. 이러한 취지에서 학생의 독립적인 삶에 기반이 되는 생활 적응 능력을 신장하기 위해 '일상생활 활동'을 신설하였다. 일상생활 활동 교육과정은 1)＿＿＿, ＿＿＿, ＿＿＿의 원리를 기반으로 한다. ＿＿＿은 학생의 개인생활과 사회생활 등 다양한 상황에서 필요한 기능을 배우고 익힘으로써 생활 적응 능력을 향상할 수 있도록 한다는 원리이다. ＿＿＿은 생태학적 환경 속에서 필수적인 생활 기능 역량을 함양함으로써 일상생활 활동의 영역뿐만 아니라 교과, 더 나아가 실제 삶까지 확장되고 전이될 수 있어야 한다는 원리이다. ＿＿＿은 실생활 능력과 습관을 형성하기 위해 자기 관리, 지역사회 참여, 직업생활 등 다양한 부문에 걸쳐 생애 맞춤형 교육을 반복적이고 지속적으로 제공해야 한다는 원리이다. 일상생활 활동은 이러한 세 가지 구성 원리를 기반으로 학생의 특성, 교육적 요구의 우선순위, 학생의 생태학적 맥락을 중심으로 영역별 교육 활동 내용을 제시하였다.

일상생활 활동은 장애 정도가 심한 학생을 대상으로 하는 교육과정이다. 최근 특수교육 대상 학생 중 장애 정도가 심한 학생의 수가 증가하는 추세지만 교육 현장에서는 국가 수준 교육과정과 학교 현장 요구 간의 차이로 인해 학생 맞춤형 교육과정을 설계하고 운영하는 데 어려움이 있었다. 또한 학생의 요구에 따른 생활 적응 능력을 집중적이고 실제적으로 교육하는 데 제약이 있었다. 이러한 어려움을 해결하기 위하여 일상생활 활동은 특수교육 대상 학생에게 우선적으로 요구되는 생활 기능을 2)＿＿＿, ＿＿＿, ＿＿＿, ＿＿＿, ＿＿＿(시각중복, 청각중복, 지체중복)으로 구성하여 국가 수준 교육과정으로 편성한다.

일상생활 활동은 학생의 잠재 능력을 계발하여 자신과 주변 환경을 이해하고, 현재와 미래의 삶에 필요한 생활 적응 능력을 함양하며, 능동적인 사회 구성원으로서 지역사회 속에서 더불어 살아가는 태도를 기르는 것을 목표로 한다. 이를 위해 일상생활 활동은 '학생 맞춤형', '기능적 활동 중심',

1) 실제성, 통합성, 지속성
2) 의사소통, 자립생활, 신체활동, 여가활동, 생활적응

'3)_____'으로 운영하는 교육과정이다. 일상생활 활동의 운영 중점은 다음과 같다.

첫째, 일상생활 활동은 '학생 맞춤형' 교육과정이다. 특수교육 대상 학생을 위한 교육은 인간의 다양성과 생태학적 맥락에서 학생의 개별적 특성과 요구를 중심으로 이루어져야 한다. 이는 학생에게 적합한 사회 참여를 보장하고 나아가 삶의 질 향상에 기여한다. 하지만 기존의 교육과정은 학생의 생활 적응 능력을 향상하고 개별화된 교육과정을 개발하여 편성하고 운영하는 데 어려움이 있었다. 따라서 일상생활 활동은 학생의 교육적 필요, 학교(급) 실정, 지역사회 여건 등을 반영하여 일상생활 활동의 영역을 탄력적으로 운영할 수 있다. 또한 새로운 활동 영역을 개발하여 적용할 수 있으며 반복적이고 지속적인 교육을 위해 교육적 요구에 생활연령, 발달 수준을 고려하여 학년군을 통합하여 운영할 수 있다.

둘째, 일상생활 활동은 '기능적 활동 중심' 교육과정이다. 학생이 살아가는 생태학적 환경에서 삶의 주체로서 자신의 삶을 가꾸고 지역사회의 일원으로서 더불어 살아가는 데 필수적이고 기능적인 지식, 기능, 태도 함양을 목적으로 일상생활 활동 교육과정을 설계하고 운영해야 한다. 따라서 일상생활 활동의 영역별 내용 요소는 학생이 변화하는 환경에 유연하게 적응하고, 능동적인 사회 구성원으로 성장하는 토대를 제공하기 위한 역량 중심으로 구성되어 있다.

셋째, 일상생활 활동은 '모듈형' 교육과정이다. 즉, 일상생활 활동의 영역과 내용 요소는 학습 단위이자 교육과정의 한 구성 요소로서 분절성, 독립성, 상호 관련성의 성격을 동시에 가진다. 이는 반드시 따라야 하는 교육적 순서를 의미하지 않으며, 제시한 교육과정을 활용하여 학생에게 적합한 영역을 선택하거나 새로운 교육과정으로 설계하고 운영할 수 있다.

일상생활 활동은 장애 정도가 심한 학생에게 필요한 기능적 영역과 내용 요소를 맞춤형 교육과정에 담아 모듈형으로 설계하고 편성·운영하여 학생의 현재와 미래에 필요한 생활 적응 능력과 태도를 함양시킬 수 있을 것이다.

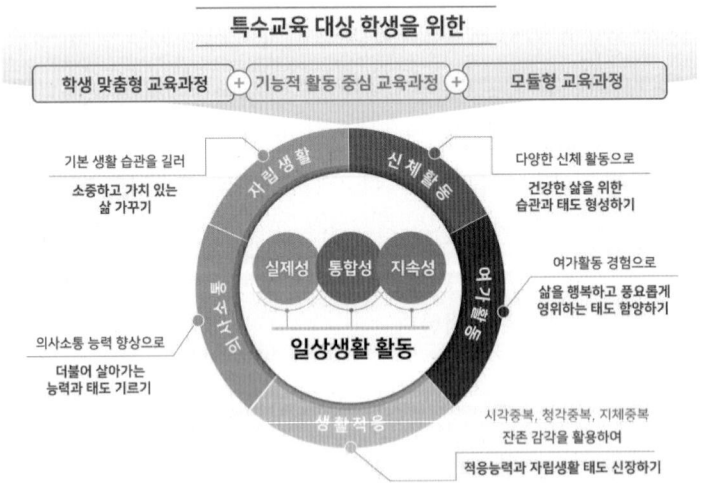

[그림 13] 일상생활 활동 교육과정의 개요

3) 모듈형

# 01 성격 및 목표

**가. 성격**

일상생활 활동은 학생의 4)_____을 신장시켜 자기주도적인 삶을 도모하는 존재로 성장하도록 학교에서 자율적으로 편성·운영하는 학생 중심의 실제적 교육과정이다. 이 교육과정은 교과, 창의적 체험활동과의 상호 보완적 관계 속에서 운영하는 교육과정이다.

〈총괄 성격〉

일상생활 활동의 총괄 성격은 다음과 같다.

첫째, 일상생활 활동은 학생이 행위 주체성을 가지고 현재와 미래생활에서 마주하는 문제를 해결하는 데 필요한 기능과 역량을 함양하도록 설계된 학생 맞춤형 교육과정이다. 일상생활 활동은 학습 경험과 실생활 간의 연계를 강조하는 5)_____을 토대로 학생에게 필요한 학습 경험과 기회를 제공하고, 학생의 6)_____를 강조한다. 아울러 이러한 과정을 통해 생활화된 적응 능력이 학생의 생애 전반에 걸쳐 지속적으로 발휘되도록 지원한다.

둘째, 일상생활 활동은 2022 개정 특수교육 교육과정 기본 교육과정의 교과, 창의적 체험활동과 상호 보완적인 관계가 있다. 학교에서는 개별 학생의 생활연령, 발달 수준, 교육적 요구를 고려하여 일상생활 활동의 하위 영역뿐만 아니라 교과, 창의적 체험활동과 유기적으로 연계하고 통합함으로써 일상생활 활동을 탄력적이고 유연하게 편성·운영할 수 있다. 이로써 학생은 학교에서 학습하고 경험한 서로 다른 지식과 활동을 연결하여 7)_____와 ____의 가능성을 높이고, 변화하는 생활 환경에서 유연하게 적응할 수 있을 것이다.

셋째, 일상생활 활동은 학교와 교사의 전문성을 토대로 교육과정 설계와 운영에 8)_____을 부여하는 교육과정이다. 일상생활 활동의 영역과 내용 요소는 학생의 생활 적응 능력을 신장시키기 위한 목적으로 선정한 실제적이고 실천적인 성격의 지식, 기능, 태도를 다루고 있다. 따라서 학교와 교사는 학생의 교육적 요구와 필요에 따라 모듈형으로 일상생활 활동의 영역을 선택하거나 새롭게 개발할 수 있으며, 각 영역의 내용 요소를 체계화할 수 있다. 아울러 9)_____과 _____적 접근으로 지식, 기능, 태도를 총체적으로 담아낼 수 있는 방향으로 일상생활 활동 교육과정을 설계하고 실행하는 데 중점을 둔다.

넷째, 일상생활 활동은 다양한 교육공동체의 참여로 만들어가는 교육과정이다. 학생은 가정, 학교, 지역사회의 지속적인 관심과 지원으로 자신이 살아가는 일상적인 삶 속에서 배우고 성장할 수 있다. 따라서 학교의 교육과정을 설계하고 실행할 때 10)____, _____, _____의 참여가 필요하다. 이러한 과정을 통해 개인의 안녕과 사회의 지속가능한 발전을 도모할 것이다.

**(1) 의사소통**

의사소통 영역은 주변 환경과 적극적으로 상호 작용할 기회를 제공하고, 기능적으로 소통하는 능력을 길러 의사소통의 즐거움을 느끼도록 하는 영역이다. 자신의 감각적·신체적·인

4) 생활 적응 능력
5) 실제성
6) 선택과 참여
7) 일반화와 전이
8) 자율성
9) 생활 기능과 주제 중심
10) 교사, 학부모, 지역사회

지적 특성에 적합한 의사소통 방법을 탐색하고, 실제적이고 기능적으로 의사소통할 수 있는 능력을 향상하며, 타인과 적절하게 소통하는 태도를 형성하도록 지원한다.

이 영역의 활동으로 학생은 11)_____와 _____를 적절한 방법으로 표현하고, 타인과의 소통으로 가정, 학교, 지역사회 등의 공동체에서 소속감을 느끼며 의미 있는 관계를 형성하고 유지할 수 있다.

### (2) 자립생활

자립생활 영역은 자신에 대한 이해와 소중함을 인식하여 신변 자립에 필요한 12)_____을 형성하고, 자신의 건강과 안전을 도모하며 삶의 주체로서 자신의 삶을 가꾸는 능력과 태도를 기르는 영역이다. 학생이 가정, 학교, 지역사회의 구성원으로서 다양한 활동에 참여하고 적응하며 현재와 미래의 삶에서 독립적인 생활이 가능하도록 지원한다.

이 영역의 활동으로 학생은 자신의 신변을 스스로 관리하는 13)_____을 익히고 건강하고 안전하게 생활하는 습관을 형성하며, 타인과의 관계 속에서 자기주도적이고 가치 있는 삶을 영위할 수 있다.

### (3) 신체활동

신체활동 영역은 감각 정보를 활용한 신체 움직임으로 14)_____과 15)_____을 신장하고, 생활 속에서 신체활동을 즐겁게 실천하는 영역이다. 다양한 신체 움직임으로 운동 능력을 향상시키고, 생활 속에서 체력 증진 활동을 수행하도록 지원한다.

이 영역의 활동으로 학생은 움직이는 활동에 즐겁게 참여하면서 개인의 건강한 신체 유지를 위한 자기 관리 역량을 신장하고 활기찬 삶을 누리는 태도를 형성할 수 있다.

### (4) 여가활동

여가활동 영역은 학생에게 여가활동의 참여 경험을 제공함으로써 16)_____을 발견하고 행복한 삶을 영위하기 위한 영역이다. 학생이 선호하는 다양한 형태의 여가활동을 구조화하여 학생이 직간접적으로 여가활동을 경험하고 좋은 삶을 누릴 수 있도록 지원한다.

이 영역의 활동으로 학생은 자신의 욕구를 긍정적인 방법으로 충족하고, 공동체 속에서 활동하는 즐거움을 경험하며, 자신이 속한 지역사회에서 즐거운 삶을 누릴 수 있다.

### (5) 생활적응(시각중복)

생활적응(시각중복) 영역은 학생이 잔존 시각과 다양한 감각을 활용하여 자신을 둘러싼 환경을 이해하고 탐색하는 활동으로 독립적인 삶에 필요한 기초 기능과 능력을 기르는 영역이

---

11) 개인의 욕구와 사회적 요구
12) 기본 생활 습관
13) 기초 기능
14) 신체 조절 능력
15) 기본 운동 능력
16) 일상의 즐거움

다. 시각 손상을 보상하는 17)_____과 18)_____을 활용하는 방법을 배워 실생활 적응에 필요한 기초 기능과 자립적인 생활 태도를 익히도록 지원한다.

이 영역의 활동으로 시각중복장애 학생은 시각 손상을 보완하고 대체할 수 있는 방법을 익히고 생활 적응에 필요한 기초 능력을 기를 수 있다.

(6) 생활적응(청각중복)

생활적응(청각중복) 영역은 학생이 19)_____과 청각 정보를 보완하거나 대체하는 20)_____를 활용하여 타인과 소통하면서 의미 있는 관계를 형성하고, 공동체에서 기대되는 규범과 역할을 실천함으로써 변화하는 환경에 적응하는 능력과 태도를 기르는 영역이다. 청력 손실을 보완하거나 대체하는 감각 정보를 이용해 자기를 표현하고 지역사회와 더불어 살아가는 능력과 태도를 신장할 수 있도록 지원한다.

이 영역의 활동으로 청각중복장애 학생은 잔존 능력을 계발하여 실생활 속에서 직면하는 문제를 해결하기 위한 기초 지식과 기능을 익히고, 타인과의 효과적인 의사소통과 상호 작용을 통해 가정, 학교, 지역사회에 적응할 수 있다.

(7) 생활적응(지체중복)

생활적응(지체중복) 영역은 학생이 일상생활에 필요한 21)_____, _____, _____에 대한 활동을 수행함으로써 사회적 요구에 자발적으로 대처하는 기본 능력을 기르기 위한 영역이다. 다양한 형태의 자세 유지와 이동, 보조기기와 보완대체의사소통 활용을 위한 기초 기술을 습득하도록 지원한다.

이 영역의 활동으로 지체중복장애 학생은 개인의 욕구를 표현하고 감정과 생각을 공유하는 데 필요한 기초 능력을 길러 성취감을 느끼고, 긍정적인 자아상을 형성할 수 있다.

## 나. 목표

〈총괄 목표〉

일상생활 활동으로 학생의 22)_____과 _____을 계발하여 자신과 주변 환경을 이해하고, 현재와 미래의 삶에 필요한 23)_____을 함양하며, 지역사회 속에서 능동적인 사회 구성원으로 더불어 살아가는 태도를 기른다.

일상생활 활동은 의사소통, 자립생활, 신체활동, 여가활동, 생활적응(시각중복, 청각중복, 지체중복) 영역으로 구성하고, 각 영역의 목표는 다음과 같다.

---

17) 다감각 활동
18) 잔존 시각
19) 잔존 청력
20) 감각 정보
21) 기초 동작, 자세 조절, 기초 의사소통 기술
22) 잔존 능력과 잠재력
23) 생활 적응 능력

(1) 의사소통
- 일상생활에 필요한 의사소통 능력을 향상하여 자신의 요구와 의사를 주도적으로 표현하고, 타인과 소통하며 더불어 살아가는 능력과 태도를 기른다.
- 의사소통하는 과정에서 말소리, 표정, 몸짓에 의미가 있음을 이해하고 의사소통을 위한 기초적인 능력을 신장한다.
- 다양한 상황에서 자신에게 적합한 의사소통 방법으로 알맞게 반응하고 자신의 의도와 요구를 효과적으로 표현함으로써 자기주도성을 기른다.
- 가정, 학교, 지역사회 속에서 적절하게 소통하고 주변 사람과 긍정적인 관계를 맺는 태도를 함양한다.

(2) 자립생활
- 신변 자립에 필요한 기초 생활 습관을 길러 자신의 건강과 안전을 도모하고, 가정, 학교, 지역사회에서 자립적인 생활 태도를 내면화하고 실천함으로써 소중하고 가치 있는 삶을 가꾼다.
- 신변 자립에 필요한 기능과 생활 습관을 형성하여 자신을 소중하게 가꾸는 능력을 기른다.
- 자신의 건강을 관리하고 안전하게 생활하기 위한 기능을 익혀 자신을 소중하게 다루는 태도를 기른다.
- 자신과 타인에 대한 이해를 토대로 스스로 결정하고 상호 작용하는 능력을 익혀 함께 살아가는 태도를 기른다.

(3) 신체활동
- 자기 신체에 대한 이해를 토대로 감각 정보를 활용하여 신체를 움직이고, 다양한 신체활동으로 기초 체력을 길러 건강한 삶을 위한 습관과 태도를 형성한다.
- 신체 부위와 움직임을 인식하고 다양한 감각 정보를 활용한 신체 움직임을 익힌다.
- 신체의 힘과 균형을 조절하여 바른 자세를 유지하고 다양한 방법으로 신체를 이동하는 능력을 기른다.
- 생활 속에서 자신에게 적합한 신체활동을 꾸준히 실천하여 체력을 증진하고 건강한 삶을 유지하는 습관을 형성한다.

(4) 여가활동
- 여가에 대한 이해와 경험으로 여가를 활용하는 방법과 기능을 익히고, 자신의 삶을 행복하고 풍요롭게 영위하는 태도를 기른다.
- 다양한 분야의 여가활동을 탐색하고 자신이 선호하는 여가활동을 즐기는 능력과 태도를 기른다.
- 공동체 여가활동에 필요한 규칙을 알고 협력적으로 참여하는 태도를 기른다.
- 지역사회의 다양한 여가활동을 경험하고 즐겁게 참여하는 태도를 함양한다.

(5) 생활적응(시각중복)
- 다양한 자극을 경험하고, 잔존 감각을 활용하여 가정, 학교, 지역사회에 능동적으로 참여하는 데 필요한 기초 적응 능력과 자립적인 생활 태도를 기른다.
- 감각 자극을 지각·변별하고, 감각 정보를 통합하여 활용함으로써 주변 환경을 탐색한다.
- 개인의 감각 능력과 특성에 적합한 의사소통 방법을 선택하고 사용하여 자신의 의사를 표현하고 능동적으로 소통하는 태도를 기른다.
- 다양한 감각으로 자기 신체를 조절하고 생활 속에서 안전하게 이동하는 기술과 태도를 함양한다.

(6) 생활적응(청각중복)
- 잔존 청력과 청각 정보를 보완하거나 대체하는 감각 정보를 활용하여 자신과 주변 환경을 이해하고, 타인과의 소통으로 가정, 학교, 지역사회에서 기대되는 규범과 역할을 실천함으로써 독립적인 삶을 살아가는 데 필요한 적응 능력과 태도를 기른다.
- 잔존 청력과 다양한 감각으로 주변 환경에 대한 정보를 파악하고 자신에게 적합한 의사소통 방법을 익혀 타인과 소통하는 능력과 태도를 기른다.
- 주변 사람에 대한 관심과 존중을 토대로 긍정적인 관계를 형성하고 개인 및 공동체로서 기대되는 규범과 역할을 실천한다.
- 가정, 학교, 지역사회에 적응하는 데 필요한 기초 기능을 익히고 타인과 협력하면서 공동체 및 지역사회 활동에 적극적으로 참여한다.

(7) 생활적응(지체중복)
- 가정, 학교, 지역사회의 구성원으로서 주체적인 삶을 영위하는 데 기초가 되는 신체 동작, 기초 운동 기능, 기초 의사소통 능력을 향상하고 신변 자립을 위한 적극적인 태도를 기른다.
- 살아가는 데 필요한 호흡, 발성, 섭식과 관련된 기초 동작 기능을 향상하여 자기 관리 능력을 기르고 건강한 삶의 태도를 함양한다.
- 바른 자세에 대한 이해를 토대로 보조기기를 활용하여 일상생활에 필요한 신체 동작을 수행하는 기초 능력을 기른다.
- 다양한 의사소통 체계를 활용하는 기초 능력을 기르고 협력적으로 소통하는 태도를 기른다.

# 02 영역 및 내용 요소

## 가. 영역의 구성과 내용 요소

일상생활 활동은 24)_____, _____, _____, _____, _____(시각중복, 청각중복, 지체중복)의 영역으로 구성한다.

(1) 의사소통 영역의 내용 요소는 '의사소통의 25)____', 26)_____의 탐색과 선택', '의사소통의 27)____'으로 구성한다.

(2) 자립생활 영역의 내용 요소는 '신변 자립', '자기 관리', '28)_____', '자기 결정과 상호 작용'으로 구성한다.

(3) 신체활동 영역의 내용 요소는 '신체 인지와 움직임', '신체 조절과 이동', '29)_____'으로 구성한다.

(4) 여가활동 영역의 내용 요소는 '개인 여가활동', '공동체 여가활동', '30)_____ 여가활동'으로 구성한다.

(5) 생활적응(시각중복) 영역의 내용 요소는 '감각 지각과 활용', '31)_____ 방법의 선택과 적용', '신체 조절과 이동'으로 구성한다.

(6) 생활적응(청각중복) 영역의 내용 요소는 '수용과 표현', '32)_____ 형성과 규범 실천', '공동체 및 지역사회 참여'로 구성한다.

(7) 생활적응(지체중복) 영역의 내용 요소는 '신체 긴장도 조절', '신체 동작 기초 기술', '의사소통 기초 기술'로 구성한다.

## 나. 영역별 내용 요소 체계

학교는 일상생활 활동의 영역과 내용 요소를 기반으로 일상생활 활동의 영역 간 또는 교과, 창의적 체험활동과 연계하여 교육 활동을 구성하여 운영할 수 있다.

24) 의사소통, 자립생활, 신체활동, 여가활동, 생활적응
25) 기초
26) 보완대체의사소통
27) 활용
28) 안전한 생활
29) 생활 속 체력 증진
30) 지역사회
31) 의사소통
32) 대인 관계

| 의사소통 | 자립생활 | 신체활동 | | 여가활동 | | 생활적응 | | | |
|---|---|---|---|---|---|---|---|---|---|
| | 신변 자립 | 신체 인지와 움직임 | 신체 조절과 이동 | 개인 여가활동 | | 감각 지각과 활용 | 수용과 표현 | 신체 건강과 조절 |
| **의사소통의 기초** | • 식생활 기초 기능 익히기<br>• 의생활 기초 기능 익히기<br>• 올바른 몸단장 습관 형성하기 | • 감각 정보를 활용해 움직이기<br>• 감각과 근육 협응하여 움직이기<br>• 신체 보호를 위해 움직이기 | | • 선호하는 여가활동 탐색하기<br>• 취미 활동 즐기기<br>• 안전하고 건전하게 여가활동 하기 | | **감각 지각과 활용**<br>• 자극 경험하기와 자극 유무 지각하기<br>• 다양한 자극 변별하기<br>• 감각 정보 조절하기<br>• 감각 단서를 기능적으로 적용하기 | **청각종목**<br>• 진출 청력으로 지각하고 변별하기<br>• 시각과 촉각으로 지각하고 변별하기<br>• 간단한 몸짓과 기초 어휘하기<br>• 보조공학 기기 활용하기 | **신체 건강과 조절**<br>• 호흡과 발성 준비하기<br>• 볼, 입술, 턱, 구강 운동하기<br>• 여러 부위의 관절 조절하기 |
| • 다양한 소리를 듣고 반응하기<br>• 상대방의 말을 듣고 반응하기<br>• 조음을 위한 호흡과 발성하기<br>• 간단한 말소리로 표현하기 | **자기 관리** | **신체 조절과 이동** | | **공동체 여가활동** | | **의사소통 방법의 선택과 적용** | **대인 관계 형성과 규범 실천** | **신체 동작 기초 기술** |
| **보완대체의사소통의 탐색과 선택** | • 개인위생 기초 기능 익히기<br>• 몸단장 기초 기능 익히기<br>• 건강한 생활 습관 기르기 | • 힘 조절하기<br>• 균형 유지하기<br>• 이동하기<br>• 바른 자세로 움직이기 | | • 함께 놀이하기<br>• 함께 여행하기<br>• 함께 친교 활동하기 | | • 신체로 의사소통하기<br>• 사물과 생성물로 의사소통하기 | • 타인의 생각과 감정 파악하기<br>• 자기 생각과 감정 표현하기<br>• 생활 속에서 규범 실천하기 | • 누운 자세와 엎드린 자세에서 운동하기<br>• 앉은 자세에서 운동하기<br>• 서기 기초 동작 수행하기<br>• 보조기기를 활용해 이동 동작 수행하기<br>• 소근육 조절하기와 사물 조작하기 |
| • 다양한 실물·상징 탐색하기<br>• 실물·상징으로 요구하기<br>• 실물·상징으로 다양한 의사 표현하기<br>• 실물·상징으로 의사소통하기 | **안전한 생활** | **생활 속 체력 증진** | | **지역사회 여가활동** | | **신체 조절과 이동** | **공동체 및 지역사회 참여** | **의사소통 기초 기술** |
| | • 생활 속 위험 인식하기<br>• 위험 상황 대처 기능 기르기<br>• 안전한 생활 습관 형성하기 | • 맨손으로 신체활동 하기<br>• 도구를 활용하여 신체활동 하기<br>• 기능 응용한 신체활동 하기<br>• 생활 속 신체활동 실천하기 | | • 실내 여가 시설 이용하기<br>• 실외 여가활동 즐기기<br>• 지역 문화 행사 즐기기 | | • 자신의 신체와 의사소통하기<br>• 이동 준비하기<br>• 안전하게 이동하기 | • 가정생활 참여하기<br>• 학교생활 참여하기<br>• 지역사회 참여하기 | • 표정과 몸짓으로 기초적인 표현하기<br>• 의사소통 도구로 기초적인 표현하기<br>• 스위치, 컴퓨터 보조기기를 이용하여 기초적인 표현하기 |
| **의사소통의 활용** | **자기 결정과 상호 작용** | | | | | | | |
| • '나'를 표현하는 의사소통하기<br>• 가정에서 의사소통하기<br>• 학교에서 의사소통하기<br>• 지역사회에서 의사소통하기 | • 자기 욕구 인식하기와 표현하기<br>• 자기 감정 인식하기와 관리하기<br>• 다른 사람의 감정과 생활을 고려하여 상호 작용하기 | | | | | | | |

# 03 설계 및 운영

## 가. 설계의 주안점

일상생활 활동은 특수교육 대상 학생의 삶을 중심으로 생활 적응 능력을 신장하기 위한 학생 맞춤형 교육과정, 기능적 활동 중심 교육과정, 모듈형 교육과정이다. 학생이 가정, 학교, 지역사회에서 독립적으로 생활하고 더불어 살아가는 데 필요한 기능과 역량을 함양할 수 있도록 학교에서는 장애 특성, 발달 단계, 교육적 요구 등을 고려하여 자율적으로 설계한다. 교육청은 학교의 일상생활 활동이 실효성을 거둘 수 있도록 일상생활 활동 운영을 위해 행·재정적 지원을 할 수 있다.

### (1) 시간 배정

일상생활 활동 교육과정은 초등학교 1~2학년 300시간, 3~4학년 306시간, 5~6학년 340시간, 중학교 544시간, 고등학교 32학점으로 계획한다. 일상생활 활동은 의사소통, 자립생활, 신체활동, 여가활동, 생활적응 등 기능적 생활 기술 관련 영역을 중심으로 편성·운영한다. 기본 교육과정을 운영하는 특수학교는 장애 정도가 심한 학생의 교육적 요구를 반영하여 33)_____ 범위 내에서 시수를 감축하여 일상생활 활동으로 편성할 수 있다. 이 경우 시·도 교육감이 정하는 지침에 따라 사전에 필요한 절차를 거쳐야 한다.

### (2) 영역의 구성

일상생활 활동의 영역은 34)_____, _____, _____, _____, _____으로 구성되어 있다. 일상생활 활동의 영역과 내용 요소는 분절성, 독립성, 상호 관련성의 성격을 동시에 가지며 반드시 따라야 하는 교육적 순서를 의미하지 않는다. 일상생활 활동의 영역과 내용 요소는 학습 단위이자 교육과정의 구성 요소로서 개별 학생이 요구하는 35)_____에 따라 다양한 교육과정 형태로 재구성할 수 있다.

### (3) 학교의 자율적 교육과정 설계와 방법

일상생활 활동은 학생의 생활 적응 능력을 향상시키기 위해 개별 학생의 특성과 요구, 학교급별 상황, 학교 실정에 따라 일상생활 활동의 영역과 내용 요소를 선택하거나, 다른 생활 기능 영역으로 대체하여 교육과정을 자율적이고 유연하게 설계·운영할 수 있다. 이를 위해 모듈형 교육과정으로 일상생활 활동 교육과정을 구현할 수 있다. 즉, 일상생활 활동은 학생의 교육적 요구에 따른 생활 적응 능력 향상을 위해 일상생활 활동의 영역 내 선택형, 영역 간 통합형, 일상생활 활동·교과·창의적 체험활동 연계형, 기타 학교 자체 개발형 등으로 교육 활동을 설계할 수 있다.

---

33) 교과(군)별 50%
34) 의사소통, 자립생활, 신체활동, 여가활동, 생활적응
35) 생활 적응 기능

첫째, '일상생활 활동의 36)_____'은 일상생활 활동 안에서 동일한 영역의 내용 요소를 선택하여 운영하는 것을 의미한다. 이때 학생의 장애 특성, 교육적 요구, 잔존 능력, 잠재력을 고려하여 교육 활동을 구성하고, 지속적이고 반복적으로 운영한다. 예를 들어 자립생활 영역의 내용 요소 중 '신변 자립'과 '안전한 생활' 활동을 선택하여 설계하고 운영할 수 있다.

둘째, '일상생활 활동의 37)_____'은 서로 다른 일상생활 활동의 영역과 내용 요소를 통합하여 운영하는 것을 의미한다. 38)_____은 생애 전반에 걸쳐 필요하며 이러한 여러 영역을 통합하여 총체적인 교육이 되어야 한다. 이를 위해 일상생활 활동의 다양한 영역에 걸쳐 다루는 기초 기술, 기능, 습관, 태도를 학생의 삶 속에서 종합적인 교육 활동으로 구성하여 운영한다. 예를 들어 신체활동 영역의 '신체 조절과 이동' 활동과 생활적응(시각중복) 영역의 '감각 지각과 활용' 활동을 통합하여 설계하고 운영할 수 있다.

셋째, '39)_____'은 일상생활 활동의 영역과 내용 요소를 관련 교과, 창의적 체험활동과 상호 보완적으로 연계하여 운영하는 것을 의미한다. 교과 교육 활동 내용에 기반이 되는 기초 기술을 지도하거나 교과 교육 활동을 보완하며, 교과 및 창의적 체험활동으로 습득한 기능을 일반화하고 내면화하도록 일상생활 활동 내용을 구성하여 운영한다. 예를 들어 여가활동 영역의 '개인 여가활동'과 관련 교과인 음악의 관련 영역과 내용 요소를 통합하여 설계하고 운영할 수 있다.

넷째, 40)'_____'은 학생의 장애 특성, 교육적 요구, 학교 실정, 지역사회 여건 등을 고려하여 학교와 교사가 직접 개발한 교육과정을 일상생활 활동의 영역과 내용 요소와 통합할 수 있다. 즉 학교는 다양한 형태의 영역과 활동을 개발하여 학생에게 적합한 모듈을 구성하여 운영할 수 있다. 예를 들어 의사소통 영역의 '의사소통의 기초' 활동과 학교에서 자체 개발한 교육과정의 영역과 내용 요소를 통합하여 설계하고 운영할 수 있다.

---

36) 영역 내 선택형
37) 영역 간 통합형
38) 생활 적응 능력
39) 일상생활 활동·교과·창의적 체험활동 연계형
40) 학교 자체 개발형

[그림 14] 일상생활 활동을 위한 모듈형 교육과정 구성의 예시

(4) 일상생활 활동의 설계 주체

일상생활 활동의 설계 주체는 [41]____, ____, ____이다. 교육과정 개발 시 학생의 생활연령, 발달 수준, 잔존 능력, 잠재력, 교육적 요구뿐만 아니라 가정, 학교, 지역사회 등의 생태학적 환경을 고려하여 일상생활 활동 교육과정을 설계한다.

---

41) 학교, 교사, 학생

## 나. 운영의 주안점

(1) 학생의 장애 특성, 발달 단계, 잔존 능력뿐만 아니라 42)_____을 중심으로 잠재력을 계발하여 의미 있는 삶을 누릴 수 있는 생활 기능에 중점을 두어 운영한다.

(2) 학생 자신과 주변 환경을 이해하고 43)_____을 신장시켜 자신의 현재와 미래의 삶을 위해 능동적이고 더불어 살아가는 태도를 함양하는 데 중점을 두어 운영한다.

(3) 학생이 살아가는 현재와 미래의 44)_____을 고려한 활동으로 구성하여 운영한다.

(4) 학생의 흥미와 동기를 토대로 활동을 구성하여 배움의 즐거움과 기쁨을 경험하도록 한다.

(5) 생활 속에서 만날 수 있는 장면과 상황으로 활동을 구성하여 실제적이고 기능적인 교육 경험을 제공한다.

(6) 45)_____, _____, _____ 학생은 감각 특성과 인지 수준에 따라 활동 내용을 확장하여 운영한다.

(7) 학생의 교육적 경험과 수행 수준에 따라 출발점을 파악하고, 생활 적응 능력이 점진적으로 향상될 수 있도록 체계적이고 다양한 전략과 방법을 활용한다.

(8) 학생의 장애 특성과 요구에 따라 46)_____ 지원, ____ 지원, _____ 지원 등으로 활동 참여를 최대화한다.

(9) 학생의 기능적 요구와 미래 역량 필요성에 따라 정보 통신 매체, 인공지능, 증강현실(AR), 가상현실(VR), 혼합현실(MR), 확장현실(XR), 사물 인터넷(IoT), 디지털 기기 등의 공학 기술을 활용한다.

## 다. 활동의 주안점과 예시

일상생활 활동의 영역별 내용 요소, 주안점, 활동 예시 및 유의 사항은 다음과 같다. 학교에서는 이를 토대로 영역, 내용 요소, 활동을 선택하거나 다른 생활 기술 중심의 영역, 내용 요소, 활동을 자율적으로 대체하여 운영할 수 있다.

42) 개인의 강점
43) 생활 적응 능력
44) 생태학적 맥락
45) 시각중복장애, 청각중복장애, 지체중복장애
46) 의사소통, 행동, 보조공학

(1) 의사소통

| 내용 요소 | 활동 | 주안점 | 활동 예시 |
|---|---|---|---|
| 의사소통의 기초 | 다양한 소리를 듣고 반응하기 | 주변 환경에서 접할 수 있는 여러 가지 소리에 반응하고, 의미 있는 소리를 변별하며 상호 작용하는 기초 능력을 기르는 데 주안점을 둔다. | 주의를 기울여 듣기, 다양한 소리를 듣고 반응하기, 말소리 듣기와 반응하기 등 |
| | 상대방의 말을 듣고 반응하기 | 여러 가지 말소리를 듣고 신체적으로 반응하고, 지시 따르기 등으로 상호 작용하는 기초 능력을 기르는 데 주안점을 둔다. | 사람 이름·사물·신체 부위 등을 나타내는 말을 듣고 반응하기, 간단한 지시에 반응하기, 명칭을 듣고 가리키기 등 |
| | 조음을 위한 호흡과 발성하기 | 감각적 자극과 반응을 토대로 말소리 산출을 위한 방법을 인식하고 능력을 향상하는 데 주안점을 둔다. | 호흡과 발성 준비하기, 호흡하기, 발성하기, 구강 운동하기, 여러 가지 소리 내기, 조음하기, 단어 모방하기 등 |
| | 간단한 말소리로 표현하기 | 상대방의 의도를 파악하고 체계적이고 일관성 있게 자기 의사를 표현하는 기초 능력을 기르는 데 주안점을 둔다. | 손짓·신체 움직임·눈맞춤 등으로 주의 끌기, 주변에 관심을 보이며 모방하기, 사람·물건을 잡아끌어 표현하기, 생활 속에서 간단한 소리와 단어로 표현하기 등 |
| 보완대체 의사소통의 탐색과 선택 | 다양한 실물·상징 탐색하기 | 보완대체의사소통에 사용할 수 있는 실물·상징을 탐색하고 경험하는 데 주안점을 둔다. | 실물·사진·상징 탐색하기, 실물·사진·상징 변별하기, 사진·상징을 보고 실물 찾기, 실물·사진·상징 연결 짓기 등 |
| | 실물·상징으로 요구하기 | 자신에게 적합한 보완대체의사소통 방법으로 실물·활동·상황에 대한 요구를 표현하는 기초 능력을 익히는 데 주안점을 둔다. | 관련 사물·상징을 만져서 요구하기, 관련 사물·상징을 가리켜 요구하기, 관련 사물·상징을 교환하여 요구하기 등 |
| | 실물·상징으로 다양한 의사 표현하기 | 자신에게 적합한 실물·상징을 활용하여 다양한 상황에서 자발적으로 의사를 표현하고 점진적으로 확장하는 데 주안점을 둔다. | 명칭 표현하기, 색상·모양·크기·위치·길이 표현하기, 장소·시간 표현하기, 상태 표현하기, 존재 표현하기, 긍정과 부정 표현하기 등 |
| | 실물·상징으로 의사소통하기 | 자신에게 적합한 실물·상징으로 지시를 따르고, 보완대체의사소통 기기를 활용하는 기초 능력을 기르는 데 주안점을 둔다. | 의사소통 판 이용하기, 시각적 일과표 이용하기, 음성출력 의사소통 기기 이용하기, 스마트 기기로 의사소통하기 등 |
| 의사소통의 활용 | '나'를 표현하는 의사소통하기 | 자신에게 효과적인 의사소통 방법으로 '나'를 표현하고 타인에게 자신의 의사를 전달하는 기초 능력을 기르는 데 주안점을 둔다. | 자기에 대한 정보 표현하기, 선호 표현하기, 생각 표현하기, 감정 표현하기, 의견 표현하기, 소유 표현하기 등 |

| | | | |
|---|---|---|---|
| 의사소통의 활용 | 가정에서 의사소통하기 | 자신에게 효과적인 의사소통 방법을 활용하여 가정생활 문제를 해결하는 기초 능력을 기르는 데 주안점을 둔다. | 가정생활 상황에서 적절하게 반응하기, 가족 구성원에 대한 정보 표현하기, 가족 구성원과 적절하게 소통하기, 가정생활 상황에서 효과적으로 소통하기 등 |
| | 학교에서 의사소통하기 | 자신에게 효과적인 의사소통 방법을 활용하여 학교생활에 적응하는 데 필요한 기초 능력을 기르는 데 주안점을 둔다. | 학교생활 상황에서 적절하게 반응하기, 학교 구성원과 적절하게 소통하기, 학교생활 상황에서 효과적으로 소통하기 등 |
| | 지역사회에서 의사소통하기 | 자신에게 효과적인 의사소통 방법을 활용하여 지역사회에서 즐겁게 상호 작용하고 사회·정서적 관계를 맺는 기초 능력과 태도를 기르는 데 주안점을 둔다. | 지역사회 상황에서 적절하게 반응하기, 지역사회 상황에서 적절하게 표현하기, 타인과 협력적으로 소통하기 등 |

### 활동 시 유의 사항

- 의사소통의 동기를 향상할 수 있는 환경과 상황을 구성하고, 자연스러운 의사소통 기회와 경험을 제공하여 지도한다.
- 학생의 생활 환경과 기능적 수준을 분석하여 상황의 맥락에 적합한 의사소통 능력을 기를 수 있도록 지도한다.
- 학생의 장애 정도, 현재 의사소통의 주된 수단, 경험, 언어적 요구 등을 고려하여 가정과 학교 등에서 가장 우선으로 요구되고 활용할 수 있는 기능과 수단을 중심으로 지도한다.
- '의사소통의 기초'에서는 말소리 변별과 모방 능력을 습득하여 말소리에 대한 긍정적인 태도를 지니게 하고, 신체적 모방이나 비언어적 표현 활동에서 언어적 모방으로 확장될 수 있도록 한다.
- '보완대체의사소통의 탐색과 선택'에서는 학생의 장애 특성과 정도에 적합한 보완대체의사소통 수단을 선택하고 적용하도록 지도하며, 반복적인 연습으로 능숙하게 사용하도록 지도한다.
- '의사소통의 활용'에서는 나, 가정, 학교, 지역사회 장면과 연계하여 의사소통 기술을 지도하고, 구조화된 상황에서 자연스러운 상황으로 일반화할 수 있도록 지속적인 연습 기회를 제공한다.

(2) 자립생활

| 내용 요소 | 활동 | 주안점 | 활동 예시 |
|---|---|---|---|
| 신변 자립 | 식생활 기초 기능 익히기 | 식생활을 위한 기초 기능을 익혀 독립적인 식생활 습관을 형성하는 데 주안점을 둔다. | 음식에 흥미 느끼기, 식사 도구 사용하기, 안전하게 먹기, 식사 예절 지키기 등 |
| | 의생활 기초 기능 익히기 | 개인생활의 토대가 되는 의생활 관련 기초 기능을 익혀 자립적인 생활 태도를 기르는 데 주안점을 둔다. | 옷 입고 벗기, 옷 상태 확인하기, 옷 정리하기, 상황과 계절에 맞는 옷 입기 등 |
| | 올바른 용변 습관 형성하기 | 올바른 용변 처리 방법을 익혀 청결하고 건강한 삶을 유지하기 위한 습관을 기르는 데 주안점을 둔다. | 대소변 의사 표현하기, 대소변 처리하기, 화장실 바르게 이용하기 등 |
| 자기 관리 | 개인위생 기초 기능 익히기 | 청결한 모습을 유지하기 위한 기초 기능을 익히고 개인위생에 필요한 생활 습관을 형성하는 데 주안점을 둔다. | 손 씻기, 세수하기, 양치질하기, 머리 감기, 손발톱 정리하기, 성별에 따른 위생용품 사용하기 등 |
| | 몸단장 기초 기능 익히기 | 자신을 가꾸고 아름답게 꾸미는 활동으로 몸단장의 필요성을 인식하고 자아 존중감을 형성하는 데 주안점을 둔다. | 몸단장을 위해 머리 손질하기, 얼굴과 손발톱 가꾸기, 계절과 상황에 알맞은 장신구 착용하기 등 |
| | 건강한 생활 습관 기르기 | 자신의 건강을 스스로 돌보고 관리할 수 있는 기초 능력을 길러 건강한 생활 습관을 형성하는 데 주안점을 둔다. | 아플 때 도움 요청하기, 올바른 식습관 형성하기, 바르게 약 복용하기, 가벼운 상처 치료하기 등 |
| 안전한 생활 | 생활 속 위험 인식하기 | 생활 속 위험 요소를 알고 안전하게 생활하는 방법을 익혀 위험으로부터 자신을 보호하는 데 주안점을 둔다. | 위험을 알리는 신호 구분하기, 위험한 물건과 상황 구분하기, 학용품 등 생활 도구를 안전하게 다루기 등 |
| | 위험 상황 대처 기술 기르기 | 위험한 상황은 시간과 장소에 관계없이 발생할 수 있음을 인식하고, 상황에 맞는 대처 능력을 기르는 데 주안점을 둔다. | 위험 상황 알리기, 타인에게 도움 요청하기, 다른 사람의 도움을 통해 위험에서 대피하기, 위험 상황에서 적절하게 대처하는 방법 익히기 등 |
| | 안전한 생활 습관 형성하기 | 안전사고의 위험성을 알고 안전 규칙을 지켜 행동함으로써 사고를 예방하는 데 주안점을 둔다. | 가정에서 안전하게 생활하기, 학교에서 안전하게 생활하기, 안전하게 교통 생활하기 등 |

| | | | |
|---|---|---|---|
| 자기 결정과 상호 작용 | 자기 욕구 인식하기와 표현하기 | 자신의 기본 욕구를 장소와 상황에 맞게 조절하고, 적절한 방법으로 표현하는 데 주안점을 둔다. | 자기 욕구 알기, 자기 욕구에 따라 선택하기, 상황에 맞게 욕구 표현하기, 자기 욕구에 따라 거절하기, 상황에 맞게 욕구 조절하기 등 |
| | 자기 감정 인식하기와 관리하기 | 자신의 감정을 장소와 상황에 맞게 조절하고, 적절한 방법으로 표현하는 데 주안점을 둔다. | 자기 감정 인식하기, 자기 감정 표현하기, 자기 감정 조절하기, 상황에 맞게 바르게 결정하기 등 |
| | 다른 사람의 감정과 상황을 고려하여 상호 작용하기 | 다른 사람의 감정과 상황을 이해하고 자신의 행동을 결정하는 협력적인 태도를 형성하는 데 주안점을 둔다. | 다른 사람의 감정과 상황 인식하기, 나와 다른 사람의 감정을 구분하기, 다른 사람의 감정과 상황을 고려하여 행동하기 등 |

### 활동 시 유의 사항

- 학생의 생활 환경을 고려하여 기초적인 일상생활 기술을 성공적으로 수행할 수 있도록 학생 개인에게 기대되는 행동을 생활 전반에 걸쳐 반복적으로 지도한다.
- '신변 자립'에서는 학생의 장애 특성에 맞는 도구나 보조공학 기기 등을 제공함으로써 학생의 흥미와 참여를 적극적으로 유도한다. 자신의 삶에 대한 소중한 인식을 강조하며 활동을 구성한다.
- '자기 관리'에서는 위생적인 생활을 실천하면서 건강한 삶을 누리고, 생활 환경과 연령 등에 맞게 자신을 가꾸면서 더 나은 삶이 주는 즐거움을 강조하여 지도한다.
- '안전한 생활'에서는 안전 수칙과 예방 행동을 생활 속에서 실천하도록 하는 것이 중요하므로 디지털 매체를 활용하거나 지역사회 시설 등의 실제 상황에서 체험하는 활동으로 구성한다.
- '자기 결정과 상호 작용'에서는 자신과 타인에 대해 소중함을 토대로 자신을 옹호하고 자신의 결정을 효과적으로 전달하도록 지도한다. 단, 자기감정과 욕구에 따른 자기 결정이 규범에 어긋나지 않도록 유의하여 지도한다.

(3) 신체활동

| 내용 요소 | 활동 | 주안점 | 활동 예시 |
|---|---|---|---|
| 신체 인지와 움직임 | 감각 정보를 활용해 움직이기 | 다양한 자극을 제공하여 움직임에 대한 동기를 유발하는 데 주안점을 둔다. | 다양한 감각 정보 이해하기, 다양한 감각 자극에 반응하기, 다양한 감각 자극에 따라 신체 움직이기 등 |
| | 감각과 근육 협응하여 움직이기 | 흥미로운 활동 속에서 전신, 눈과 손, 눈과 발 등을 조화롭게 움직이는 즐거움을 느끼는 데 주안점을 둔다. | 몸 구르기, 물건 잡기, 물건 옮기기, 물건 차기, 움직임 따라 하기 등 |
| | 사물 조작하기 | 생활 속에서 접하는 다양한 물건을 제공하여 자유롭게 탐색하고 조작하는 데 주안점을 둔다. | 다양한 물건 탐색하기, 다양한 물건 움직이기, 생활 속 물건 조작하기 등 |
| | 신체 보호를 위해 움직이기 | 외부 위험 자극으로부터 자신의 신체를 보호하는 기초 기술을 익히는 데 주안점을 둔다. | 뻗치기, 웅크리기, 버티기, 피하기 등 |
| 신체 조절과 이동 | 힘 조절하기 | 신체와 움직임에 대한 이해를 토대로 자신의 힘을 느끼고 조절하는 활동을 경험하는 데 주안점을 둔다. | 호흡 조절하기, 신체 부드럽게 움직이기, 힘주어 움직이기(밀기, 당기기 등), 지속적으로 힘주기 등 |
| | 균형 유지하기 | 다양한 상황에서 신체의 균형을 유지하는 데 주안점을 둔다. | 정지한 물체 위에서 균형 유지하기, 움직이는 물체 위에서 균형 유지하기, 다양한 자세에서 균형 유지하기 등 |
| | 이동하기 | 자신의 몸을 움직여 다른 곳으로 이동하는 능력을 기르는 데 주안점을 둔다. | 앞으로 이동하기, 옆으로 이동하기, 뒤로 이동하기, 오르고 내리기, 뜀뛰기 등 |
| | 바른 자세로 신체 움직이기 | 바른 자세로 신체를 유지하고 이동하는 태도를 기르는 데 주안점을 둔다. | 바르게 앉기, 바르게 서기, 바르게 걷기 등 |
| 생활 속 체력 증진 | 맨손으로 신체활동 하기 | 기초 체력을 증진할 수 있는 다양한 맨손 활동을 경험하는 데 주안점을 둔다. | 맨손 신체활동 탐색하기, 산책하기, 춤추기, 체조하기, 조깅 등 |
| | 도구를 활용하여 신체활동 하기 | 여러 가지 도구를 활용하여 신체활동 능력과 습관을 기르는 데 주안점을 둔다. | 신체활동을 위한 도구 탐색하기, 도구를 활용하여 뜀뛰기·던지기·당기기·달리기·돌리기 등 |
| | 기술 융합형 신체활동 하기 | 다양한 공학기술을 활용한 신체활동을 경험하는 데 주안점을 둔다. | 가상현실(VR)을 이용해 신체활동 하기, 증강현실(AR)을 활용해 신체활동 하기, 확장현실(XR)을 활용해 신체활동 하기 등 |
| | 생활 속 신체활동 실천하기 | 자신의 능력과 흥미에 맞는 적절한 신체활동을 선택하고, 실생활 속에서 실천하는 습관을 형성하는 데 주안점을 둔다. | 자신이 좋아하는 신체활동 알아보기, 자신에게 필요한 신체활동 찾기, 신체활동 계획하기, 신체활동 실천 점검하기 등 |

| 활동 시 유의 사항 |
| --- |
| • 학생이 경험하는 생활 전반에 걸쳐 신체의 움직임과 기초 체력을 기를 수 있는 경험을 규칙적으로 제공한다.<br>• 신체 움직임에 의한 안전사고를 예방하기 위해 학생의 건강 상태와 주위 환경을 점검하고 안전을 위한 보호 도구를 착용하도록 지도한다.<br>• 음악 및 애니메이션 등 다양한 매체, 인공지능, 디지털 기기 등을 적극적으로 활용하여 움직임의 즐거움을 경험하도록 한다.<br>• '신체 인지와 움직임'에서는 친숙한 사물과 도구를 활용하고 놀이를 통해 자유롭고 즐거운 신체 움직임을 경험하도록 지도한다.<br>• '신체 조절과 이동'에서는 학생의 흥미와 능력을 고려하여 점진적으로 신체활동을 구성한다.<br>• '생활 속 신체활동'에서는 자기 결정과 부분 참여의 기회를 제공하여 자신에게 적합한 신체활동을 선택하고, 가정과 연계하여 생활 속에서 실천하는 태도를 지도한다. |

(4) 여가활동

| 내용 요소 | 활동 | 주안점 | 활동 예시 |
|---|---|---|---|
| 개인 여가활동 | 선호하는 여가활동 탐색하기 | 다양한 여가활동으로 자신이 선호하는 활동을 선택하는 데 주안점을 둔다. | 자신이 좋아하는 활동 탐색하기, 여가활동의 즐거움 경험하기, 흥미에 따라 여가활동 선택하기 등 |
| | 취미 활동 즐기기 | 다양한 분야의 취미 활동을 경험하고 일상에서 좋아하는 활동을 즐기는 태도를 기르는 데 주안점을 둔다. | 예술 활동 즐기기, 스포츠 활동 즐기기, 감상과 관람 활동 즐기기 등 |
| | 안전하고 건전하게 여가활동 하기 | 여가활동을 안전하고 건전하게 즐기는 방법을 알고 실천하는 태도를 기르는 데 주안점을 둔다. | 안전한 여가활동 방법 알기, 건전한 여가활동 방법 알기, 안전하고 건전하게 여가활동 즐기기 등 |
| 공동체 여가활동 | 함께 놀이하기 | 공동체 놀이에 필요한 규칙을 지키며 즐거운 여가활동을 경험하는 데 주안점을 둔다. | 몸으로 함께 놀이하기, 도구를 이용하여 함께 놀이하기, 자연물을 이용하여 함께 놀이하기, 온라인 환경에서 함께 놀이하기 등 |
| | 함께 여행하기 | 타인과 함께 나들이와 여행을 경험하고 즐거움을 공유하는 데 주안점을 둔다. | 여행 정보 조사하기, 여행 계획하기, 함께 여행 후 소감 나누기 등 |
| | 함께 친교 활동하기 | 다양한 분야의 친교 활동에 참여하여 타인과 즐거움을 공유하고 감정을 소통하는 태도를 기르는 데 주안점을 둔다. | 다양한 사람과 친교 나누기, 다양한 장소에서 친교 나누기, 디지털 매체를 이용해 친교 나누기 등 |
| 지역사회 여가활동 | 실내 여가 시설 이용하기 | 여가활동을 위한 지역사회 내 다양한 시설을 경험하고, 선호에 맞게 이용하는 능력을 기르는 데 주안점을 둔다. | 쇼핑 시설 이용하기, 식당과 카페 이용하기, 도서관 이용하기, 문화 체육시설 이용하기, 오락 시설 이용하기 등 |
| | 실외 여가활동 즐기기 | 주변의 다양한 시설과 자연을 이용하여 육체적·정신적 즐거움을 유지하는 데 주안점을 둔다. | 놀이 시설에서 여가 즐기기, 휴양 시설에서 여가 즐기기, 도보 여행 즐기기(산책로 걷기, 등산하기), 캠핑 즐기기 등 |
| | 지역 문화 행사 즐기기 | 지역사회의 다양한 문화행사를 찾아보고 경험함으로써 지역 문화를 즐기는 태도를 기르는 데 주안점을 둔다. | 지역 문화 유적지 경험하기, 지역사회의 특산품 경험하기, 지역 문화 행사 참여하기, 지역 축제 참여하기 등 |

**활동 시 유의 사항**

- 체육대회, 학예회, 현장 체험 학습, 축제 등 학교의 다양한 행사와 여가활동 영역의 활동을 연계하여 지도한다.
- '개인 여가활동'에서는 학생에게 온오프라인 기반의 다양한 여가활동을 제공함으로써 여가활동에 흥미와 관심을 가질 수 있도록 지도한다.
- '공동체 여가활동'에서는 여럿이 참여하는 흥미로운 환경을 조성하여 자연스러운 상호 작용의 기회를 제공하도록 한다.
- '지역사회 여가활동'에서는 지역사회의 여건을 고려하고, 다양한 지역사회 자원을 활용하여 활동을 계획하고 구성한다.

(5) 생활적응(시각중복)

| 내용 요소 | 활동 | 주안점 | 활동 예시 |
|---|---|---|---|
| 감각 지각과 활용 | 자극 경험하기와 자극 유무 지각하기 | 잔존 시각, 청각, 촉각, 후각 등을 사용하여 외부자극을 경험하고 지각하는 데 주안점을 둔다. | 빛과 물체 바라보기와 추적하기, 소리 유무와 위치 알아보기, 다양한 촉감의 재료 경험하기, 다양한 냄새 경험하기 등 |
| | 다양한 자극 변별하기 | 다양한 감각 자극을 경험하여 서로 다른 자극을 변별하는 데 주안점을 둔다. | 형태와 공간 지각하기, 서로 다른 소리 구별하기, 촉각으로 크기·모양·길이·무게 변별하기, 다양한 냄새로 물건 구별하기 등 |
| | 감각 정보 조절하기 | 감각 기능으로 주변의 다양한 정보를 수집하고 통합하여 생활 환경을 파악하는 데 주안점을 둔다. | 확대 기기로 사물을 관찰하기, 저시력 기기로 정보 찾기, 소리로 물건 찾기, 소리로 공간 이동하기, 촉각과 다른 감각으로 환경과 상황 이해하기 등 |
| | 감각 단서를 기능적으로 적용하기 | 생활 환경에 따라 다양한 감각 자극을 선별하고 일과에 유기적으로 적용하는 데 주안점을 둔다. | 물건에 촉각 단서 지정하기, 잔존 시각과 미세 운동 기술 협응하기, 음성지시를 결합하여 감각을 수용하고 처리하기, 공간별로 다감각 단서 결합하기, 일과에 따라 감각 정보를 재구성하고 일반화하기 등 |
| 의사소통 방법의 선택과 적용 | 신체로 의사소통하기 | 표정, 몸짓 등 비도구적 의사소통 수단을 활용하여 감정과 생각을 적절하게 표현하고, 말하기에 관심을 가지는 데 주안점을 둔다. | 신체 움직임을 모방하기, 표정·제스처·발성 등으로 소통하기, 몸짓 상징으로 소통하기 등 |
| | 사물과 상징물로 의사소통하기 | 잔존 시각과 다양한 감각을 활용한 의사소통 보조 도구로 기분, 감정, 자신의 생각을 표현하는 데 주안점을 둔다. | 구체물을 활용하여 표현하기, 촉각 의사소통 카드로 표현하기, 확대 그림 의사소통 카드로 표현하기, 촉각 신호와 감각 단서, 음성 자극 결합하기, 묵자·점자(그림-큰 글자 카드, 사물-점자 카드)로 소통하기 등 |
| 신체 조절과 이동 | 자신의 신체와 움직임 인식하기 | 잔존 시각과 다양한 감각으로 자신의 신체와 움직임을 느끼고, 신체 움직임을 조절하는 데 주안점을 둔다. | 자신의 몸 만지기와 움직이기, 신체 부위의 기능에 따라 움식임 느껴보기, 사용할 물건과 관련 신체 부위 연결하기, 소근육과 대근육 조절하기와 사용하기 등 |
| | 이동 준비하기 | 몸과 다양한 감각 단서를 사용하여 자신의 위치와 환경을 확인하는 데 주안점을 둔다. | 자신의 몸을 기준으로 방향 알아보기, 잔존 시각으로 자신의 위치 확인하기, 청각·촉각·후각으로 자신의 위치 확인하기, 반복된 활동으로 자신의 위치 확인하기, 이동을 위한 기본적인 자세 익히기 등 |

| 신체 조절과 이동 | 안전하게 이동하기 | 목적지로 안전하게 이동하는 방법을 익히고, 목적지에 도착했음을 인식하는 데 주안점을 둔다. | 다양한 감각 단서를 활용하여 이동하기, 안내 보행 이동하기, 설치물(예: 유도 블록, 안전 바)을 이용하여 이동하기, 보행 기기 사용하기, 이동에 필요한 자기 보호법 익히기, 목적지 도착 인식하기 등 |
|---|---|---|---|

### 활동 시 유의 사항

- 신체적 촉진을 통해 다양한 활동을 직접적으로 지도하고, 점진적으로 촉진을 제거한다.
- 학생의 잔존 시각과 시기능을 고려하여 교수·학습 환경과 학습 매체의 크기, 반사, 눈부심, 대비, 밝기와 명암 등을 조절하여 제공한다.
- '감각 지각과 활용'에서는 충분한 시간을 두고 다양한 감각자극을 탐색하게 하여 외부 자극에 대한 학생의 두려움을 줄인다. 학생이 의도를 가지고 환경을 탐색할 수 있는 반응적 환경을 구성한다.
- '의사소통 방법의 선택과 적용'에서는 의사소통 동기를 향상하는 환경을 구성한다. 다양한 촉각 상징뿐만 아니라 디지털 및 인공지능 기술(예: 음성 인식, 단어 예측) 등을 활용하여 의사소통하도록 지도한다.
- '신체 조절과 이동'에서는 직접적인 신체 자극으로 바른 동작과 자세를 유지할 수 있도록 지도하며, 안전한 교수·학습 환경을 구성하여 목적에 기반한 이동 활동을 제공한다.

(6) 생활적응(청각중복)

| 내용 요소 | 활동 | 주안점 | 활동 예시 |
|---|---|---|---|
| 수용과 표현 | 잔존 청력으로 지각하고 변별하기 | 잔존 청력을 극대화하기 위한 청각 보조기기를 활용하여 청각 정보를 지각하고, 이에 반응하고 변별하는 데 주안점을 둔다. | 소리의 유무 알아보기, 소리의 강약 조절하며 듣기, 소리에 반응하기, 소리에 따라 이동하기, 소리 구별하기, 소리 나는 물건 탐색하고 다루기 등 |
| | 시각과 촉각으로 지각하고 변별하기 | 다양한 감각 자극을 경험하여 서로 다른 감각 자극을 변별하고, 시각과 촉각 보조기기로 정보를 탐색하는 데 주안점을 둔다. | 빛 신호 살펴보기, 빛 신호에 반응하기, 입 모양 살펴보기, 신호를 보고 움직이기, 기초 수어 읽기, 진동으로 소리 느끼기, 물체 두드리며 소리 느끼기 등 |
| | 간단한 몸짓과 기초 수어 익히기 | 시각에 기반한 의사소통 방법을 통해 자기 생각, 기분, 감정을 표현하는 기초 능력을 습득하는 데 주안점을 둔다. | 손 모양·몸짓·지문자·기초 수어 따라 하기, 몸짓 상징 익히기, 간단한 지문자로 익히기, 기초 수어 익히기 등 |
| | 보조공학 기기 활용하기 | 자신의 잔존 감각 특성에 적합한 보조공학 기기를 선택하고 활용하는 방법을 익히는 데 주안점을 둔다. | 다양한 청각 활용 보조공학 기기 알기, 청각 활용 보조공학 기기의 관리하기와 간단한 사용 방법 익히기, 시각 활용 보조공학 기기 알기, 시각 활용 보조공학 기기 관리하기와 간단한 사용 방법 익히기 등 |
| 대인 관계 형성과 규범 실천 | 타인의 생각과 감정 파악하기 | 잔존 청력과 다양한 감각을 활용하여 주변 사람에게 관심을 가지고 감정을 파악하는 데 주안점을 둔다. | 표정 관찰하기, 표정 변별하기, 표정으로 감정 파악하기, 소리를 듣고 감정 파악하기, 행동을 보고 감정 파악하기, 다양한 단서를 활용하여 생각 파악하기 등 |
| | 자기 생각과 감정 표현하기 | 자신의 잔존 감각 특성에 적합한 의사소통 방법을 활용하여 감정이나 생각을 표현하는 능력을 기르는 데 주안점을 둔다. | 표정·손짓·몸짓·지문자·기초 수어로 감정 표현하기, 요구하기, 명칭 표현하기, 상태 표현하기, 간단한 말로 표현하기 등 |
| | 생활 속에서 규범 실천하기 | 다양성을 존중하는 태도로 가정, 학교, 지역사회 등에서 지켜야 할 규칙과 예절을 실천하여 조화로운 삶을 살아가는 태도를 기르는 데 주안점을 둔다. | 농인과 청인의 사회 규칙 이해하기, 생명과 자연 존중하기, 생활 속 규칙을 알고 실천하기, 더불어 살아가기 위한 예절을 익히고 실천하기 등 |
| 공동체 및 지역사회 참여 | 가정생활 참여하기 | 가족 구성원의 다양한 역할을 이해하고, 감각 특성을 활용하여 가정생활에 주도적으로 참여하는 태도를 기르는 데 주안점을 둔다. | 손 모양·몸짓·지문자·기초 수어로 가족과 소통하기, 시각·촉각 단서로 가정 상황 이해하기, 시각·촉각 단서로 가정일 수행하기 등 |
| | 학교생활 참여하기 | 학교에서 학교 구성원 간의 관계를 이해하고, 자신의 감각 특성을 활용하여 학교생활 규칙과 규범을 실천하는 태도를 기르는 데 주안점을 둔다. | 손 모양·몸짓·지문자·기초 수어로 학교 구성원과 소통하기, 학교 일과에서 시각·촉각 단서로 활용하기, 학교 일과에서 시각·촉각 단서로 역할 수행하기 등 |

| 공동체 및 지역사회 참여 | 지역사회 참여하기 | 다양한 지역사회를 이해하고, 자기 감각 특성을 활용하여 지역사회 규칙에 따라 생활하는 데 주안점을 둔다. | 손 모양·몸짓·지문자·기초 수어로 타인과 소통하기, 시각·촉각 단서로 지역사회 시설 이용하기, 지역사회 속에서 역할 수행하기 등 |

### 활동 시 유의 사항

- 보조공학 기기를 활용하여 청각 정보에 대한 접근성을 확대하거나 청각적인 정보를 시각, 촉각 등의 다양한 감각 정보로 보완하거나 대체하는 데 중점을 두고 지도한다.
- '수용과 표현' 활동에서는 학생의 잔존 청력과 감각 특성, 인지적 수준 등을 고려하여 청각 기반 접근과 시각 기반 접근의 연속선 상에서 의사소통 방법을 습득하도록 지도한다. 단, 의사소통의 형태보다는 의도와 기능에 초점을 두어 지도하고, 필요한 경우 학생의 교육적 요구와 감각적 특성을 고려하여 의사소통 영역의 다른 활동과 재구성하여 지도한다.
- '대인 관계 형성과 규범 실천'에서는 가정, 학교, 지역사회 등 다양한 환경에 적응하는 데 필요한 규범과 예절을 체득하고 내면화하도록 충분한 학습 기회와 활동 중심 방법을 적용하여 지도한다.
- '공동체 및 지역사회 참여' 활동에서는 가정, 학교, 지역사회 구성원으로서 주어진 역할과 책임을 다하는 데 적합한 지원의 유형과 강도를 파악하여 지도한다.

(7) 생활적응(지체중복)

| 내용 요소 | 활동 | 주안점 | 활동 예시 |
|---|---|---|---|
| 신체 긴장도 조절 | 호흡과 발성 준비하기 | 자신의 잔존 능력을 최대한 활용하여 건강을 위한 호흡과 발성의 기초 능력을 기르는 데 주안점을 둔다. | 호흡 인식하기, 코로 호흡하기, 입으로 호흡하기, 분리 호흡하기 등 |
| | 볼, 입술, 턱, 구강 운동하기 | 감각적 자극에 반응하는 능력을 토대로 볼, 입, 턱, 구강 운동을 수행하고 말하기와 경구 섭식을 위한 기초 능력을 기르는 데 주안점을 둔다. | 볼 움직이기, 입술·혀·턱 움직이기, 입 벌리기, 빨기, 삼키기, 씹기 등 |
| | 여러 부위의 관절 조절하기 | 잔존 능력을 최대한 활용하여 자세 유지와 자세 변환의 기초가 되는 관절 부위의 근 긴장도를 조절하는 데 주안점을 둔다. | 관절 굽히고 펴기, 관절 돌리기, 허리와 몸통 움직이기 등 |
| 신체 동작 기초 기술 | 누운 자세와 엎드린 자세에서 운동하기 | 누운 자세와 엎드린 자세에서 운동을 수행하고, 구르기 동작을 익혀 이동을 위한 기초 동작을 수행하는 데 주안점을 둔다. | 바르게 누워 운동하기, 옆으로 누워 운동하기, 엎드려 누워 운동하기, 구르기, 기기 등 |
| | 앉은 자세에서 운동하기 | 잔존 능력을 최대한 활용하여 앉은 자세와 관련된 다양한 움직임 능력을 향상하는 데 주안점을 둔다. | 앉은 자세 유지하기, 바닥에 앉아 운동하기, 휠체어 및 의자에 앉아 운동하기, 흔들리는 기구에 앉아 운동하기 등 |
| | 서기 기초 동작 수행하기 | 자신의 신체 능력에 적합한 기립 보조기기로 서기에 필요한 기초 동작을 수행하는 데 주안점을 둔다. | 무릎 서기, 반 무릎 서기, 잡고 서기, 기대어 선 자세에서 기초 동작 운동하기, 선 자세로 체중 이동하기 등 |
| | 보조기기를 활용해 이동 동작 수행하기 | 자신의 신체 능력에 적합한 보조기기로 이동에 필요한 기초 동작을 수행하는 데 주안점을 둔다. | 휠체어에 앉은 자세 유지하기, 기립 훈련기 이용하여 서기 자세 유지하기, 워커를 활용하여 서기 자세 유지하기 등 |
| | 소근육 조절하기와 사물 조작하기 | 잔존 능력을 최대한 활용하여 손과 팔의 움직임을 향상하는 데 주안점을 둔다. | 물체에 손과 팔을 뻗기, 손으로 물체 만지기, 물체 당기기, 물체 넣기, 물체 돌리기, 물체 조작하기 등 |
| 의사소통 기초 기술 | 표정과 몸짓으로 기초적인 표현하기 | 학생의 능력에 적합한 표정과 몸짓으로 자신의 감정을 표현하는 기초 능력을 기르는 데 주안점을 둔다. | 표정으로 좋음과 싫음을 표현하기, 불편함을 간단한 음성이나 표정으로 표현하기, 간단한 몸짓으로 표현하기 등 |
| | 의사소통 판으로 기초적인 표현하기 | 의사소통 능력에 적합한 의사소통 판을 사용하여 자신의 의사를 표현하는 데 주안점을 둔다. | 실물 상징 만져보기, 의사소통 판으로 간단한 표현하기(부르기, 요구하기, 선택하기 등), 의사소통 판으로 수업 참여하기 등 |

| | | | |
|---|---|---|---|
| 의사소통 기초 기술 | 스위치, 컴퓨터 보조기기를 이용하여 기초적인 표현하기 | 자신에게 적합한 스위치와 선택 방법을 익히고 다양한 의사소통 기기를 활용함으로써 효과적으로 의사소통하는 데 주안점을 둔다. | 정확한 시기에 스위치 누르기, 조이스틱, 터치스크린, 시선 추적 프로그램 사용하기 등 |

### 활동 시 유의 사항

- 학생이 독립적으로 일상생활에 적응할 수 있도록 지원하되, 부분 참여를 통해 과제를 완성하도록 활동을 구성한다.
- 학생의 장애 정도와 특성에 적합한 보완대체의사소통 기기, 컴퓨터 접근을 위한 보조공학 기기, 식사 보조 도구 등을 적극적으로 활용한다.
- '신체 긴장도 조절'에서는 학생이 가진 원시반사로 인한 영향을 고려하여 지도하고 보조기기 활용을 위한 환경을 구성한다.
- '신체 동작 기초 기술'에서는 학생 스스로 자세와 동작을 수행할 수 있도록 최소한의 신체적 촉진을 제공한다. 또한 보조기기와 도구의 수정으로 학생이 동작을 수행하는 데 필요한 에너지를 최소화하고 안정감과 성취감을 느낄 수 있도록 지도한다.
- '의사소통 기초 기술'에서는 다양한 디지털 매체를 이용하여 흥미로운 의사소통 상황과 경험, 반복적인 학습 기회를 제공하여 지도한다.

# 04 평가

## 가. 평가의 방향과 방법

### (1) 평가의 방향

(가) 평가는 학생의 생활 적응 능력을 기능적이고 통합적으로 평가하는 한편, 47)_____에 적용하면서 다양한 문제를 해결할 수 있는 역량을 평가한다.

(나) 학습 과정에서 개별 학생의 48)_____에 초점을 두어 학생의 학습 과정과 실제 수행한 결과를 종합적으로 반영하여 평가한다.

(다) 영역별 활동과 내용 요소에 근거하여 개별화교육계획을 수립하고, 일상생활 활동의 49)_____을 일체화한다.

(라) 학교는 일상생활 활동의 교육 목표와 영역별 활동의 주안점을 고려하여 평가 준거와 평가 목표의 설정, 평가기준의 선정, 평가 방법의 구체화, 평가 실시와 평가 결과의 기록, 평가 결과의 활용 등을 포함하여 다면적이고 종합적인 평가 계획을 수립한다.

(마) 학생의 학습 특성과 수행 수준을 고려한 맞춤형 평가를 지향하며, 학생의 변화를 반영할 수 있도록 일상생활 활동의 영역과 활동별로 평가 관점과 평가기준을 조정하여 평가한다.

(바) 교수·학습과 평가 내용의 일관성을 유지하도록 50)_____를 바탕으로 지속적으로 평가한다.

(사) 평가의 방법과 평가에 대한 다양한 학생 반응 등을 고려하여 학생이 자신에게 적합한 방식으로 평가에 참여할 수 있도록 한다.

(아) 학생의 개별적 특성과 장애 특성에 적합한 다양한 평가 방법과 도구를 활용한다.

(자) 교수·학습 내용과 방법의 적절성을 진단하고 개선하기 위해 활용한다.

### (2) 평가의 방법과 기록

(가) 일상생활 활동을 통해 습득한 학생의 생활 적응 능력은 실제 삶과 유사한 맥락 속에서 다양한 자료를 수집하여 평가한다.

(나) 학생이 습득한 생활 적응 능력을 자연스럽게 수행할 수 있는지 평가하고, 다양한 생활 장면 속에서 51)_____를 평가한다.

(다) 사전 진단평가, 과정을 중시하는 평가 등 수업에서 실질적으로 활용할 수 있는 다양한 평가 방법을 고안하여 평가한다.

47) 실제적인 삶의 맥락
48) 의미 있는 성장과 변화
49) 교육과정-수업-평가-기록
50) 개별화된 평가준거
51) 유지 및 일반화 여부

(라) 학생이 보이는 ⁵²)_____를 민감하게 파악하기 위해 지속적으로 평가한다.

(마) 학생의 활동 수행 과정은 직접 관찰하거나 사진, 동영상 촬영 등의 방법으로 관찰하고, 일화 기록법 또는 사전에 준비된 점검표, 평정 척도법 등으로 기록하고 평가한다.

(바) 학생의 활동 성과물(예 : 동영상, 작품 평가, 활동의 기록 분석, 포트폴리오), 교사 간 의견 교환, 학생 및 학부모 면담 등 다양한 방법을 활용하여 평가한다.

(사) 학생의 몸짓, 시선, 움직임 등 다양한 반응을 주의 깊게 관찰하여 학생이 참여 과정에서 보이는 흥미, 참여 범위, 참여 정도, 참여 시간 등을 토대로 학생의 태도를 종합적으로 평가한다.

(아) 학생의 특성에 적합한 ⁵³)_____를 활용하여 평가한다.

(자) 학생의 수행 수준, 진전 정도, 행동 변화, 특기 사항 등의 평가 결과를 종합하여 학교생활기록부에 서술하여 기록한다.

(차) 온오프라인 연계 수업 등의 원격수업에 따른 평가는 쌍방향 수업 중에 학생의 학습 과정과 결과를 직접 관찰하여 평가하거나 활동 수행 영상으로 확인한 후 그 과정과 결과를 평가한다.

### 나. 평가의 주안점

(1) 의사소통 영역의 평가는 음성 언어 능력, 상징 이해 및 보완대체의사소통 기기 사용 능력을 토대로 ⁵⁴)_____에 초점을 두어 평가한다. 학생이 실제적 장면에서 의사소통에 참여하는 능력과 태도를 평가하는 데 주안점을 둔다.

(2) 자립생활 영역의 평가는 실생활 장면에서 보이는 자립 생활 능력의 반응 행동, 참여 정도, 수행 정도 등을 중심으로 ⁵⁵)_____하여 평가하고, 가정, 학교, 지역사회의 상황 속에서 자립적인 삶을 실천하고 내면화하는 태도를 질적으로 평가하는 데 주안점을 둔다.

(3) 신체활동 영역의 평가는 자연스러운 감각 경험과 여러 신체 부위의 다양하고 즐거운 움직임에 대한 경험을 토대로 학생이 자발적이고 지속적으로 신체활동에 참여하는 태도를 평가하는 데 주안점을 둔다.

(4) 여가활동 영역의 평가는 여가를 의미 있게 활용할 수 있도록 여가의 탐색과 선택의 과정, 여가를 실천하는 능력, 여가를 즐기는 태도를 평가하는 데 주안점을 둔다.

(5) 생활적응(시각중복) 영역의 평가는 학생의 잔존 시각과 시기능 등 ⁵⁶)_____을 고려하여 적절한 보조기기를 사용하여 평가하는 데 주안점을 둔다.

52) 진전 정도
53) 보조공학 기기
54) 의사소통 의도와 기능
55) 누가 기록
56) 시각 활용 특성

⑹ 생활적응(청각중복) 영역의 평가는 학생의 잔존 감각 특성을 고려하여 적절한 청각보조기기 (보청기, 인공와우)를 사용하여 평가하고, 선호하는 57)_____으로 평가가 이루어지도록 하는 데 주안점을 둔다.

⑺ 생활적응(지체중복) 영역의 평가는 안전한 환경에서 스트레칭 등으로 신체의 긴장을 이완시 킨 후 편안한 상태에서 확인하고, 비정상적 반사, 신체의 정렬, 균형 유지 등을 고려하여 평가하는 데 주안점을 둔다.

---

57) 의사소통 양식(말과 수어, 몸짓)

특수교육 교육과정
**중등편**

# 03 특수교육 공통 교육과정

01 국어(청각장애)
02 체육(시각장애)
03 체육(지체장애)
04 미술(시각장애)
05 시각장애인 자립생활(초, 중)
06 농인의 생활과 문화(초, 중)
07 점자(초, 중, 고)
08 수어(초, 중, 고)

※ 공통 교육과정은 일반 초·중등학교 공통 교육과정에 의함.
　다만, 특수학교에서는 시각·청각·지체장애 학생에게 국어, 체육, 미술에 한하여 이 교육과정을 활용할 수 있음. 또한 창의적 체험활동 시간을 활용하여 시각장애인 자립생활(초·중), 농인의 생활과 문화(초·중), 점자(초·중·고), 수어(초·중·고)를 활용할 수 있음
※ 이 교재는 공통교육과정과 중복되는 내용은 생략하고, 시각·청각·지체장애 관련 내용만 수록하였음.

# 01 국어(청각장애)

## 교육과정 설계의 개요

국어과(청각장애) 공통 교육과정은 2022 개정 교육과정 공통 교육과정 국어과의 구성 체계를 근간으로 하며, 청각장애 학생이 교육과정 안에서 성공적인 학습 결과를 성취할 수 있도록 학습자의 교육적 요구를 반영하여 개발하였다.

## 01 목표

국어 의사소통의 맥락과 요소를 이해하고 다양한 의사소통의 과정에 협력적으로 참여하면서 언어생활을 성찰하고 국어문화를 향유함으로써 미래 사회에서 요구되는 높은 수준의 국어 능력을 기른다.
(1) 말·글·수어 등의 다양한 의사소통 양식을 익히고 활용함으로써 국어 기본 능력을 갖추고 가치 있는 국어문화 생활을 영위한다.

## 02 교수·학습 및 평가

**가. 교수·학습**
  (1) 교수·학습의 방향
    (가) 학습자의 1)_____과 2)_____을 이용하여 실생활에 필요한 정보를 얻고 적용하는 것을 목적으로 교수·학습 계획을 수립하며, 학생의 흥미, 관심, 수행 수준을 고려하여 수준과 난이도 및 지원 정도를 최소 필수 학습 요소로 조직화하여 학습을 전개한다.

---

1) 잔존 청력
2) 보완적 감각기관

(나) 청각장애 학생의 3)_____를 고려하여 3~4학년 이후의 교수·학습에서 연역적 사고가 곤란한 학생을 위한 경험중심의 대안적 방법을 계획하고 운용한다.

(다) '4)_____'와 '5)_____' 교육과정의 교육 내용과 연계하여 학습이 진행되도록 하며, 범교과 학습을 위한 도구로서 국어의 가치를 이해하고 타 교과와의 통합, 비교과 활동 및 학교 밖 생활과의 통합을 통해 다양한 주제에 대해 비판적이고 창의적으로 국어 활동을 하는 데에 중점을 둔다. 또한 다양한 담화, 글과 자료, 작품 등을 주제 통합적으로 이해하여 자신의 관점과 의견을 주도적으로 생성하고 효과적으로 표현할 수 있도록 교수·학습을 운용한다.

(2) 교수·학습 방법

(가) '국어(청각장애)'를 통해 다양한 정보를 분석·평가·종합하여 대안을 제시하는 문제 해결 능력을 신장하고 학습자의 적극적인 참여와 상호 작용을 독려하기 위해서는 토의·토론 및 협동 수업을 활용할 수 있다.
- 다양한 의사소통의 표현 방법에 대해 6)_____를 지니도록 하여 청각장애 학생이 적극적으로 표현하는 태도를 갖추도록 한다.

(나) 청각장애 학생을 위해 개발된 '국어(청각장애)'의 영역별 학년(군)별 성취기준 안에서 청각장애 학생이 교육과정을 통한 최소한의 교육적 성취가 이루어지도록 한다.
- 청각장애 학생을 지도할 때는 7)_____의 활용을 고려하여 디지털 매체를 활용하되, 제시되는 자료에는 자막과 그림이 함께 제시되어 청각적 능력을 보완하도록 하며 언어적 상징 자료를 8)_____하여 직관적으로 이해할 수 있도록 하고 학생이 교수·학습 자료에 접근할 수 있도록 단순하게 수정한 내용이나 그림 자료를 제시한다.
- 청각장애 학생의 청력 손실 정도를 고려하여 제시되는 정보의 양을 조절하고 청각 보조기기를 활용하여 최대한 9)_____을 활용하도록 환경을 고려하며, 시각적, 촉각적 모델링과 역할 놀이, 모의 실습 등의 다양한 활동을 통해 인식한 정보를 보완대체의사소통 기기, 몸짓, 소리 등 자신에게 익숙한 방법으로 표현할 수 있도록 교수·학습 방법을 선택하여 적용한다.
- 청각장애 학생의 10)_____를 극복하는 방법으로 사회생활 등 학교와 가정, 지역사회에서의 실제 모습을 모의실험, 가상 체험, 직접 경험을 통해 제시함으로써 모방 학습과 관찰 학습, 온오프라인 연계 학습 등의 교수·학습 활동 방법을 선택하여 적용하며 전환교육으로 학교를 졸업하고 난 후에도 독립적으로 자기 관리를 하도록

3) 현상 중심적 사고
4) 수어
5) 농인의 생활과 문화
6) 상호 존중하는 태도
7) 잔존청력
8) 시각화
9) 잔존청력
10) 현상적 사고

생활 속에서 자연스럽게 기능을 익히고, 인터넷 자료, 사진, 동영상 자료, 멀티미디어 자료 등 다양한 시각적, 경험적인 단서가 풍부한 학습 자료를 제시하여 교수·학습 활동에 유연하게 참여할 수 있도록 지도한다.

### 나. 평가

(1) 평가 방법

(가) 청각장애 학생의 인지능력 및 잔존 청력 등의 개인적 특성에 따라 6개의 영역별로 기초적 활동을 습득하였는지를 활동 참여 정도와 태도를 관찰하여 개별 발달과 성장에 대한 평가가 이루어지도록 한다.

- 단순 지식과 기능의 평가가 아닌 과정을 중시하는 평가로, 학생의 개인차를 고려하여 적응력과 진전도를 누가적으로 평가하기 위해 다양한 방법과 평가 도구를 활용한다.
- 청각장애 학생이 받는 [11)_____]를 평가에 작성하되, 학생의 수행이 중심이 되도록 학생 위주의 평가가 이뤄지도록 유의한다.

---

11) 촉진의 정도

# 02 체육(시각장애) 18초

## 교육과정 설계의 개요

시각장애 체육과에서도 일반 학생(정안 학생)과 마찬가지로 신체활동을 통한 활동적이며 창의적인 삶, 건강하고 주도적인 삶, 신체활동 문화를 향유하며 사회 속에서 바람직하고 더불어 사는 삶의 방식을 추구한다. 따라서 시각장애 학생도 일반 학생과 동일한 내용으로 체육과 학습에 참여하여야 하며, 가능한 한 일반 학생과 동일한 신체활동에 참여할 수 있는 기회를 보장할 필요가 있다. 이를 위해서는 1)_____을 고려하여 교과 내용, 교수 방법, 환경 등을 수정하거나 조정해야 한다. 이를 통하여 시각장애 학생의 운동 기술 발달, 인지 발달, 정서 발달을 촉진할 수 있고, 더 나아가 일생을 살아가는 데 필요한 건강한 삶의 양식을 함양할 수 있다.

## 01 성격 및 목표

**가. 성격**

시각장애 학생의 신체활동 목적은 개별 학생의 조화로운 성장 및 발달과 사회성 발달을 통하여 행복한 삶을 영위하는 데 있다. 따라서 시각장애 체육과는 장애 정도와 특성에 적합한 신체활동 참여 기회를 보장하고, 이를 통하여 의미 있는 신체활동에 참여하는 데 초점을 둔다. 또한, 시각장애 체육과는 시각장애 학생의 건강한 생활 방식뿐 아니라 건강, 건강한 삶, 운동 및 스포츠 참여의 촉진을 통하여 장애학생의 생애 전반에서 건강한 삶을 영위할 수 있도록 토대를 제공한다.

**나. 목표**

체육과는 활동적이고 창의적인 삶, 건강하고 주도적인 삶, 신체활동 문화를 향유하며 사회 속에서 바람직하고 더불어 사는 삶을 영위할 수 있는 신체활동 역량을 기르는 것을 목표로 한다. 시각장애 체육과는 시각장애 학생의 장애 정도 및 특성에 적합한 신체활동에 의미 있게 참여하

1) 시각장애 정도 및 특성

고, 생애 전반에서 건강한 삶을 영위하는 데 필요한 신체활동 역량을 기르는 데 목표가 있다.
(1) 자신의 2)_____에 적합한 신체활동에 의미 있게 참여하고, 미래의 독립적인 생활을 영위하는 데 필요한 건강한 삶에 대한 가치와 태도를 실천한다.

## 02 교수·학습 및 평가

### 가. 교수·학습

(1) 교수·학습의 방향

(가) 시각장애 학생의 신체활동 참여 촉진을 위한 교수·학습

신체활동 참여는 시각장애 학생이 미래 사회에서 독립적인 생활을 영위하는 데 필수 요소이다. 시각장애 학생의 성공적이고 의미 있는 신체활동 참여는 건강한 생활을 촉진하며, 미래 사회에서 잠재 능력을 개발하고 개인의 삶의 질을 향상시킬 수 있다. 따라서 시각장애 학생은 일반 학생(정안 학생)과 3)_____를 보장받아야 한다. 시각장애 학생은 시각적 경험의 부족과 제한, 우연 학습 기회의 제한 등으로 인하여 성공적으로 신체활동에 참여하는 데 어려움이 있다. 또한, 시각장애 특성과 정도 등에 따라서 신체활동 수준 및 능력이 학습자별로 차이가 있다. 그러므로 시각장애 학생이 성공적으로 신체활동에 참여하기 위해서는 시각장애 학생의 장애 특성 및 요구에 맞게 4)_____을 수립하여야 한다. 아울러 시각장애 학생의 5)_____를 촉진하기 위해서 체육과 내용, 교수 방법, 환경 등을 수정하거나 조정하여 지도한다.

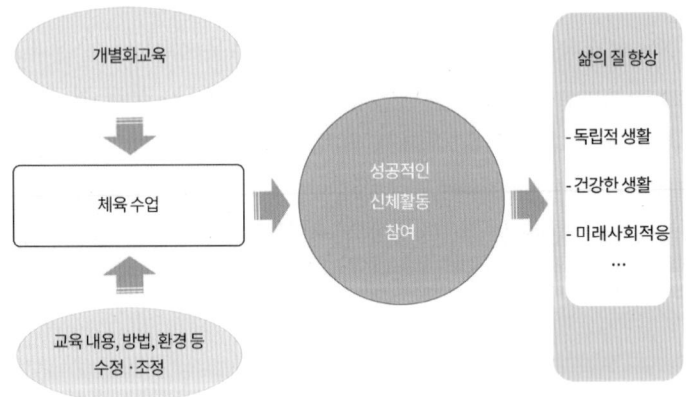

[그림 5] 시각장애 학생의 신체활동 참여 촉진을 위한 교수·학습

2) 장애 정도 및 특성
3) 동일한 신체활동에 참여할 수 있는 기회
4) 개별화된 교수·학습 계획
5) 신체활동 참여

(2) 교수·학습 방법
  (가) 교육과정의 운영
    ① 학년군 단위 교육과정의 운영
      시각장애 학생은 일반 학생(정안 학생)이 배우는 내용 영역과 영역별 성취기준을 동일하게 경험할 수 있도록 교육과정을 운영하되, 시각장애 학생의 특성을 반영한 특수한 내용을 지도하기 위하여 교육과정을 재구성할 수 있다.

  (나) 단원의 운영
    ① 학습자 수준을 고려한 교수·학습 활동의 다양화
      시각장애 학생은 시각 정도와 특성 및 운동 능력 등의 개인차가 크기 때문에 이를 고려하여 학습자 수준에 맞는 교수·학습 활동을 계획하고 운영한다. 교사는 학생의 잔존 시각, 시야, 시각 손상 시기, 신체활동 경험 정도, 선호하는 감각 유형 및 체육 관련 수행 능력 등 체육 학습에 영향을 줄 수 있는 다양한 요인들을 파악하여 6)_____을 고려한 교수·학습 활동을 조직한다.

    ② 체육 시설 및 교육 환경을 고려한 교수·학습
      시각장애 학생의 장애 정도와 특성, 선호하는 감각을 고려하여 시설과 용·기구를 그대로 사용하거나, 7)_____(색 대비를 고려한 바닥 선이나 공), 8)_____(소리 나는 공, 음향 유도 장치), 9)_____(돌출된 라인, 질감이 다른 바닥) 등을 활용할 수 있도록 시설과 용·기구의 일부를 변형하여 제공한다. 또한 필요한 경우에는 시각장애 학생을 위해 새롭게 제작된 시설과 용·기구(볼링 가이드 레일, 골볼 기구, 시각 탁구대, 쇼다운 기구) 등을 제공할 수 있도록 한다.

    ③ 차시별 수업 내용의 엄선과 위계적 조직
      시각장애로 인해 수행하기 어려운 과제가 있는 경우에는 10)_____을 마련하고, 이를 바탕으로 시각 정도와 특성, 운동 수행 능력 등을 고려하여 차시별 수업 목표와 학습 내용을 선정한다.

  (다) 수업의 운영
    ① 학습 활동의 재구성
      시각장애 학생은 시각장애 정도(전맹, 저시력)와 특성(시각적 경험의 유무, 신체활동의 경험, 원인 질환 등)에 따라 학습 활동 수행 능력의 개인차가 크다. 따라서 학생 특성과 능력을 고려하여 교수·학습 활동을 재구성할 때는 신체활동 단계에 따라 11)_____하고, 충분한 설명과 함께 교정적 피드백이나 반복적인 연습을

6) 학습자 수준
7) 시각 단서
8) 청각 단서
9) 촉각 단서
10) 대안적인 수행 방법
11) 과제를 세분화

통해 학습할 수 있도록 한다.
② 학습 기회의 형평성 제고
시각장애 학생의 경우 시각의 정도에 따라 학습 기회를 공평하게 보장하며, 시각중복장애 학생에게도 다양한 신체활동 참여를 보장하기 위해서 학생의 수준에 맞는 대안적 활동 계획을 수립하도록 한다.
③ 학습자의 효율적 관리와 안전한 수업 분위기 조성
시각장애 학생에게는 안전을 위하여 사전에 기구나 시설을 12)_____을 충분히 제공하고, 새로운 용·기구가 도입되었을 때는 기구의 위치, 형태 및 기능을 구체적으로 설명하여야 한다. 이 외에도 경기장 라인, 운동 기구, 시설 등은 바닥과 대비되는 색으로 구성하고, 운동 기구 주변에는 13)_____로 마감하여 안전사고를 예방한다. 또한, 시각장애의 정도와 원인 질환을 고려하여 체육활동으로 인한 2차 장애가 발생하지 않도록 주의를 기울여야 한다. 일례로, 14)_____이 있는 학생은 잠영, 물구나무서기, 중량 들기와 같이 안압을 높이는 운동을 금해야 한다. 15)_____가 있는 학생은 덜컹거리는 움직임, 신체적 접촉이 심한 스포츠, 다이빙과 같이 몸에 충격이 가해지는 운동을 할 때 각별한 주의를 기울여야 한다.
④ 시각장애 학생의 수업 참여 촉진을 위한 다양한 감각 활용
시각장애 학생을 위한 체육수업 운영 시 장애 정도 및 장애 특성을 고려하여 학생이 활용할 수 있는 시각, 청각, 촉각 단서를 제공하며, 학생이 잔존 감각을 최대한 활용하여 학습할 수 있도록 유도한다. 예를 들어, 시각장애 학생이 올바른 동작을 파악할 수 있도록 손으로 만져 보게 하거나 볼록한 선을 이용하여 경기장의 경계, 위치 등을 인식할 수 있도록 촉각 단서를 제공한다. 또한 청각 단서를 활용하여 공의 위치나 골대의 위치를 인식하게 하거나 배경과 대비가 뚜렷한 색의 운동기구와 같은 시각 단서를 활용하여 학생의 수업 참여를 촉진한다.
⑤ 시각장애 학생의 성공적인 수업 참여를 위한 전략 활용
시각장애 학생이 수업에 성공적으로 참여할 수 있도록 수업 접근성과 수업 참여 동기를 높일 수 있는 디지털 매체를 활용한다. 학생들이 자주 사용하는 컴퓨터 또는 휴대전화 등을 활용하여 온·오프라인 수업 등을 통해 자기주도적인 학습이 이루어질 수 있도록 한다. 또한 신체활동을 측정하는 애플리케이션을 활용하여 정량적인 신체활동량을 알아보고 분석하며, 그 결과를 교수·학습 자료로 활용한다.

12) 탐색할 수 있는 시간
13) 질감이나 색이 다른 마감재
14) 녹내장
15) 망막박리

## 나. 평가

### (1) 평가의 방향

**(가) 학습자의 수준을 고려한 맞춤형 평가**

시각장애 학생은 시각 정도(전맹, 저시력), 특성(시각적 경험의 유무, 신체활동의 경험, 원인 질환 등)으로 인하여 개인차가 매우 크다. 시각장애 학생의 개인차를 고려하여 맞춤형 평가(정규평가, 평가조정, 대안평가 등)를 실시하여야 한다.

### (2) 평가 방법

**(가) 평가 내용 선정**

① 시각장애 학생을 위한 평가 내용을 선정할 때는 다양한 감각을 활용하여 신체활동에 참여하는지, 시각장애 학생을 위하여 수정하거나 조정된 규칙을 신체활동에 적절하게 적용할 수 있는지, 신체활동 참여 과정에서 학생에게 어떠한 변화가 일어나는지 등을 포함한다.

**(나) 평가 방법 및 도구의 선정**

① 시각장애 학생을 평가하려면 학생의 시각 정도와 특성에 따른 개인차를 고려하여 평가 방법과 도구를 선정하여야 한다. 평가 방법은 학습의 결과뿐만 아니라 16)_____를 평가할 수 있도록 관찰, 면담, 자기 평가, 구술 평가, 루브릭 등 다양한 방법을 활용한다. 평가 도구는 기존의 평가 도구를 사용하거나 학생 특성에 적합하게 수정한 평가 도구를 사용할 수 있으며, 필요한 경우에는 학습 내용에 적합한 평가 도구를 개발하여 사용할 수 있다.

② 시각장애 학생은 장애 정도와 특성에 따른 평가 환경이 중요하다. 17)_____ 학생에게는 조도와 대비를 고려하고, 18)_____ 학생은 촉각, 청각 등 학생이 선호하는 감각과 매체 등을 활용할 수 있도록 평가 도구와 환경을 제공한다.

**(다) 평가 결과의 활용**

① 시각장애 학생을 평가한 결과는 교육과정을 재구성하거나 교수·학습 계획을 수립하는 데 활용하며, 개별화교육계획을 수립하고 실행하는 데 활용할 수 있다.

16) 학습 과정 전체
17) 저시력
18) 전맹

# 03 체육(지체장애)

## 01 목표

지체장애 학생의 체육도 이와 동일한 목표를 지향하며 동시에 자신과 타인의 장애 특성을 이해하고, 안전하고 즐겁게 신체활동에 참여하는 방법과 원리를 익혀 스스로 건강을 관리하고 활기찬 삶을 영위하는 것을 목표로 한다.

(1) 자신의 신체적 기능과 건강상의 특성을 이해하여 자신에게 적합한 방식의 신체활동을 익히고 생활화한다.

## 02 교수 · 학습 및 평가

가. 교수 · 학습
  (1) 교수 · 학습의 방향
    (가) 지체장애 학생의 개인차를 고려한 수준별 교수 · 학습
      신체활동에 대한 학습자 개개인의 건강상의 특징, 체력, 운동 기능, 흥미, 성별, 학습 유형 등을 고려한 다양한 수준별 교수 · 학습을 실시한다. 지체장애 학생은 근 경직, 발작, 불수의적 움직임, 보행 장애, 근육 약화, 원시 반사 등 매우 다양한 증상을 보이며, 개인별 기능에 편차가 크므로 개별 지도를 고려해야 한다. 학습자의 장애가 있는 신체 부위와 근신경계 분류에 따른 뇌 병변 장애 유형, 자세 제어, 균형 유지 능력, 운동 협응, 체력 수준과 운동 능력, 외과 수술 경험 유무와 수술의 부작용, 원시 반사 잔존 유무, 정서적 안정의 개인별 수준, 복용하는 약물과 그 약물의 효과, 지각 · 운동의 문제나 학습 능력, 언어 능력, 체육 수업 경험 여부 등을 고려하여 지도한다.

  (2) 교수 · 학습 방법
    (가) 단원의 운영
      ① 개인별 맞춤형 교수 · 학습 방법의 선정과 활용
        체육 수업에서 지체장애 학생에게 개인별 맞춤형 교수 · 학습 방법을 시행하여 장애

특성과 수준에 따라 참여 기회를 확대하면서 안전을 보장한다. 맞춤형 수업의 핵심은 제재 활동에 따라 기존의 보편적 교수·학습 방법을 학생 개개인에게 맞추어 1)____하고 2)____하는 것이다. 지체장애 학생의 수준에 따라서 수정과 변형의 방식은 다양하게 적용한다. 3)_____부터 4)_____ 등 지체장애 학생이 체육 수업에 최대한 참여하도록 창의적인 변형을 시도한다.

(나) 수업의 운영

① 통합적 교수·학습 활동

신체활동을 총체적으로 이해하고 수행하도록 교수·학습 활동을 통합하여 운영한다. 체육 교과의 학습은 신체활동에 직접 참여하는 것을 기본으로 하고, 활동 속에서 관련 가치를 통합적으로 습득하도록 활동을 재구성하여 제공한다. 지체장애 학생이 직접적인 신체활동으로 체력과 운동 기술의 발달을 추구하는 것과 동시에 5)_____(선 긋기, 읽기, 쓰기, 감상하기, 토론하기 등)을 포함한 다양한 학습 활동을 병행할 수 있도록 한다. 신체활동에 대한 기능적 측면과 더불어 다양한 영역의 가치들이 포함된 내용을 제시해 개별적인 요구를 충족할 뿐만 아니라 6)_____ 역량을 통합적으로 발달시킬 수 있어야 한다. 즉, 지체장애 학생에게 제공되는 체육 수업은 각 학생의 수준을 고려해 심동적 목표 외에 _____ 목표를 고르게 감안함으로써 전인적 발달을 도모할 수 있도록 지도한다.

② 장애 특성을 고려한 활동 운영

신체활동 참여에 필요한 동기를 부여하고, 갑작스러운 흥분, 민첩하고 빠른 동작이 필요한 운동 그리고 균형을 잃을 수 있는 움직임들은 비정상적인 움직임을 유발할 수 있으므로 주의가 필요하다. 지체장애 학생은 또래 일반학생들보다 최대 산소 섭취량이 적고, 운동 조절이 어려우며 이질적인 움직임으로 낭비되는 에너지 소비가 많으므로 피로가 빠르게 나타난다. 피로는 움직임 패턴을 악화하고 활동 참여 시간을 줄어들게 한다. 대체로 지체장애 학생은 자주 휴식을 취하도록 하고 활동과 휴식을 번갈아 가며 실시하는 것이 바람직하며, 운동의 특성과 장애 정도에 따라 휴식 시간과 빈도를 조절해 준다. 또한 지체장애 학생이 활동 중 발작을 일으키는 경우가 있는데, 발작은 환절기와 같이 일교차가 큰 경우나 학생들의 건강 상태에 따라 갑작스럽게 나타날 수 있다. 대발작이 있는 학생은 평소에도 7)_____을 착용하게 하

1) 수정
2) 변형
3) 용·기구의 변형
4) 규칙과 환경의 변형
5) 간접적인 학습 활동
6) 정의적·인지적·사회적
7) 헬멧

고, 건강 상태가 좋지 않은 경우에는 몸을 고정시키거나 쿠션이 있는 바닥에 앉혀서 낙상과 같은 2차 상해를 예방하도록 한다. 다양한 약물에 의한 부작용이 신체활동에 좋지 않은 영향을 미칠 수 있으므로 항상 학생들의 건강 상태를 세심하게 관찰한다.

## 나. 평가
(1) 평가 방법

(가) 평가 방법 및 도구의 선정

① 일반학생용 검사 도구를 지체장애 학생에게 적용하기 어려운 경우가 많으므로 실제 수업의 목표에 맞는 8)_____를 직접 제작하여 평가에 활용한다. 실제상황평가 또는 포트폴리오, 루브릭 등을 활용할 수 있다. 이러한 검사는 학습 환경과 학습자 특성, 학습 내용을 고려하여 학습자의 변화 수준, 특정 과제 목표 성취 여부 판단에 유용하다.

---

8) 비형식적 검사

# 04 미술(시각장애)

## 01 성격 및 목표

**가. 성격**

시각장애 학생은 시각 손상 시기나 기능 시각의 활용 능력, 중복장애 여부에 따라 지각 방식과 표현 방법이 다를 수 있지만 특정의 보조공학 기기 등의 학습 매체를 사용하며 활용 가능한 감각으로 미술과에 접근하고 참여할 수 있다. 특히 소통 수단으로서의 시각 이미지를 인식하며 통합된 사회의 일원으로서 시각 문화에 참여하는 것은 시각장애 학생이 사회적으로 통용되는 1)_____을 기르는 데 중요하다.

## 02 교수·학습 및 평가

**가. 교수·학습**

(1) 교수·학습의 방향

(가) 학습자의 주도성을 바탕으로 삶과 긴밀하게 연관된 주제를 다루며 다양한 학습자를 고려한 맞춤형 교수·학습이 이루어질 수 있도록 계획하고 실행한다.
- 시각장애 학생의 2)_____ 및 학습 매체 활용 능력, 시각적 경험, 중복장애 여부 및 유형을 고려하여 개인별 특성을 반영한 수업 환경을 조성한다.

(나) 시각장애 학생들에게 접근 가능한 교수·학습 방법이 영역별로 집반적으로 적용될 수 있도록 계획하고 실행한다.
- 미적 체험 영역에서는 탐색 과정은 전체에서 부분, 부분에서 전체로 충분한 시간을 두고 체계적 탐구가 이루어질 수 있도록 한다.
- 표현 영역에서는 표현 재료와 용구의 쓰임을 익힐 때 적절한 도움을 제공하여 경험하게 하며, 색의 개념을 설명할 때 학생의 3)_____과 통합하여 통상적 개념으로

1) 시각적 소통 능력
2) 기능 시각
3) 선지식

나아가게 한다.
- 감상 영역에서는 시각 이미지는 입체 및 촉각 자료나 확대 자료, 해설 자료 또는 교사의 4)_____을 제공한다.

(2) 교수・학습 방법

(가) 미술 교과 학습 환경의 변화를 고려하여 온오프라인 연계가 가능한 디지털 기반 교수・학습 방법을 활용할 수 있다.
- 시각장애 학생을 위한 보조공학 기기에는 점자정보단말기, 확대경, 확대독서기, 광학문자판독장치(OCR) 등이 있다. 이 외에 이미지 해설 앱이나 음성파일을 활용하여 학생 스스로 이미지를 파악할 수 있다.

## 나. 평가

(1) 평가의 방향

(가) 학습자의 성장과 발달을 위해 평가 결과는 다음과 같이 활용한다.
- 시각장애 학생의 5)_____과 연계하여 평가와 후속 계획에 활용한다.(2)

(2) 평가 방법

(가) 다양한 학습 격차 문제를 해결하기 위한 평가 방법을 마련한다.
- 시각중복장애 학생, 다문화 학생, 탈북 학생 등을 위해 6)_____을 재구조화하여 별도의 평가 방법과 기준을 마련한다.
- 시각장애 학생의 성취기준이 새로운 기술을 익히거나 완성도에 주안점을 둔 경우, 평가의 표기를 7)_____(예 : 스스로, 언어적, 모델링, 신체적)로 나타낼 수도 있다.

---

4) 언어적 설명
5) 개별화교육계획
6) 성취기준
7) 촉진 정도

# 05 시각장애인 자립생활(초등학교, 중학교)

## 교육과정 설계의 개요

시각장애인 자립생활 교육과정은 시각장애 학생이 다양한 생활 장면에서 시각장애로 겪는 어려움에 대처하고 자립적인 삶을 살아가는 역량을 기르기 위해 특별히 설계된 교육과정이다. 2022 개정 특수교육 교육과정의 총론에서는 자주적 생활 능력을 갖춘 민주시민을 양성하기 위해 자기 관리 역량, 지식정보처리 역량, 협력적 소통 역량, 공동체 역량 등의 함양을 강조하고 있다. 시각장애 학생은 자주적인 생활에 필요한 역량을 일반적인 학교 교육과정에서 습득하기 어려우므로, 시각장애인 자립생활 교육과정에서 가정생활, 학교생활, 지역사회 생활 전반에서 겪는 다양한 장벽과 어려움에 대처하고 해결하는 기술들을 배울 필요가 있다.

시각장애인 자립생활 교육과정에서 추구하는 자립생활 역량은 총론에서 제시한 핵심역량을 시각장애 학생의 특성과 요구를 반영하여 재구성한 것이다. 자립생활은 생활하는 공간을 독립적으로 이동하고 혼자서 일상 활동을 해 나가는 '1)_____', 타인과 관계를 형성하고 유지하며 여가를 함께 즐기는 '2)_____', 디지털 기기를 활용하여 디지털 사회를 살아가는 '3)_____' 그리고 자신의 진로 목표에 따라 진로를 준비하여 직업생활에 참여하는 '4)_____'으로 구성하였다. 시각장애 학생은 시각장애인 자립생활 교육과정으로 자주적인 생활인으로 성장하고, 비장애인과 동등하게 자신의 삶을 능동적으로 설계하고 영위할 수 있다.

시각장애인 자립생활 교육과정은 '성격, 목표, 내용 체계, 성취기준, 교수·학습 및 평가'로 구성하고 있다. '성격'에는 시각장애 학생이 현재와 미래에 자립적으로 살아가는 능력을 기를 수 있는 특별한 교육 활동의 필요성을 제시하였다. '목표'에는 시각장애 학생이 자기주도적인 삶을 준비하고 다양한 삶의 문제를 해결할 수 있도록 네 가지 측면에서 자립생활 역량을 기를 수 있는 세부 목표들을 제시하였다. '내용 체계'는 시각장애 특성과 교육에 관한 이론, 학교 현장의 교육 요구와 변화, 외국의 시각장애인 자립생활 교육과정 구성 등을 분석하여 다양한 생활 장면에 필요한 자립생활 역량을 기를 수 있는 7개 내용 영역으로 체계화하였다. 또한 학교급별에 따라 필요한 자립생활 지

1) 독립적인 생활 역량
2) 공동체 생활 역량
3) 디지털 사회 적응 역량
4) 경제 활동 참여 역량

식, 기술, 태도를 단계적으로 학습해 나가도록 초등학교, 중학교, 고등학교 과정으로 구분하였다. 교수·학습 방법 및 평가'는 2022 개정 특수교육 교육과정의 총론에 제시된 '초등학교와 중학교의 5)_____'과 '고등학교의 6)_____'로 편성·운영하는 것에 더하여 학교의 교육 여건에 따라 실과, 가정·기술, 사회, 도덕, 정보, 진로와 직업, 보건 등 초·중등 교과 수업과 연계하여 지도하고, 디지털 사회에 사용되는 각종 디지털 기기 및 소프트웨어를 교육에 활용할 것을 강조하고 있다.

시각장애인 자립생활 교육과정은 시각장애 학생이 현재와 미래에 필요한 자립생활 역량을 기르도록 7개 내용 영역으로 구성하였다. 2015 시각장애인 자립생활 교육과정에서는 5개 내용 영역으로 구성하였으나, 2022 개정 시각장애인 자립생활 교육과정에서는 여가 생활을 즐기고 직업생활을 준비할 수 있도록 '여가 활용'과 '진로 준비' 영역을 추가하여 7개 영역으로 확대하였다. 7개 내용 영역은 생활 공간에서 독립적으로 이동하는 능력을 기르는 '7)____' 영역, 일상의 활동을 스스로 수행하는 능력을 기르는 '8)_____' 영역, 타인과 원만한 관계를 형성하고 소통하는 능력을 기르는 '9)_____' 영역, 보조공학 기기를 활용해 디지털 정보와 생활에 접근하는 능력을 기르는 '10)_____' 영역, 시각 제한을 보상하기 위해 잔존 감각을 통합적으로 활용하는 능력을 기르는 '11)_____' 영역, 비장애인과 함께 건강하고 즐거운 여가 활동에 참여하는 능력을 기르는 '12)_____' 영역, 자신의 적성 직업을 탐색하고 직업을 준비하는 능력을 기르는 '13)_____' 영역으로 이루어져 있다.

시각장애인 자립생활 교육과정은 시각장애 학생이 가정, 학교, 지역사회에서 자주적인 삶을 설계하고 영위하도록 하는 데 목적이 있다는 중심 개념을 설정하였다. 이를 바탕으로 7개 내용 영역의 학습을 통해 일반화하고 성취하기를 기대하는 내용을 '핵심 아이디어'로 도출하였으며, 이들 핵심 아이디어는 앞서 밝힌 네 가지 자립생활 역량과도 밀접하게 연계되어 있다.

시각장애인 자립생활 교육과정의 내용 체계는 자립생활 역량과 핵심 아이디어를 바탕으로 '지식·이해', '과정·기능', '가치·태도' 세 가지 범주로 구체화하였다. '지식·이해' 내용 요소는 다양한 생활 장면에서 시각장애로 겪는 어려움에 대처하고 자립적인 생활에 필요한 지식과 기술을 선정하였다. '과정·기능'의 내용 요소는 잔존 감각을 이용하여 자립생활에 필요한 지식과 기술을 효율적으로 익히고 활용하는 방법과 전략을 고려하여 선정하였다. '가치·태도'의 내용 요소는 자립생활의 가치 인식, 자립생활의 바른 습관 형성, 자립생활에 대한 자신감을 기르는 데 주안점을 두어 선정하였다. 그리고 이러한 '지식·이해', '과정·기능', '가치·태도'의 내용 요소 간에 조합을 통해 교육 현장에서 학생들이 도달해야 성취기준을 명확하게 제시하였다.

   5) 창의적 체험활동
   6) 특수교육 전문 교과
   7) 보행
   8) 일상생활
   9) 대인 관계
   10) 보조공학
   11) 감각 활용
   12) 여가 활용
   13) 진로 준비

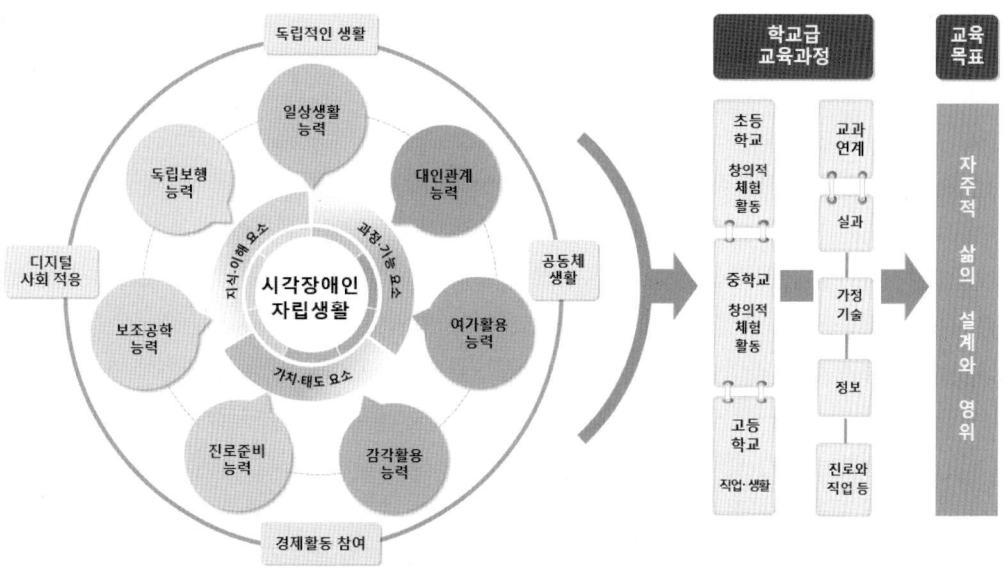

[그림 10] 시각장애인 자립생활 교육과정 설계와 원리

# 01 성격 및 목표

## 가. 성격

시각장애인 자립생활 교육과정은 시각장애 학생이 가정, 학교, 지역사회에서 자립적인 삶을 준비하고 실천하는 능력을 기르는 교육 활동이다. 시각장애인 자립생활 교육과정에서 시각장애로 개인생활과 사회생활에서 겪을 수 있는 장벽과 문제들을 이해하고, 이를 효과적으로 대처하고 해결하는 과정을 통해 자기주도적인 삶을 설계하고 영위할 수 있다.

시각장애 학생은 성장 과정에서 다른 사람의 행동을 자연스럽게 모방하여 생활에 필요한 지식과 기능을 습득하고 활용하는 데 어려움이 있다. 비장애 학생이 주로 시각을 사용하여 일상의 활동들을 수행하는 것과 달리, 시각장애 학생은 잔존 시각, 촉각, 청각, 후각 등의 모든 감각과 보조공학 기기 등을 종합적으로 활용해 일상의 활동들을 수행하는 방법을 익혀야 한다. 따라서 초·중등학교 교육과정에서 시각장애 학생이 자립생활 교육 활동의 필요성과 가치를 인식하고, 현재와 미래의 삶에서 자주적인 생활인으로 성장하는 데 필요한 다양한 측면의 생활 역량을 갖추어 나가도록 해야 한다. 또한 디지털 사회로 전환하면서 가정생활, 사회생활, 여가생활, 직업생활 등의 모든 생활 장면에서 디지털 기술과 기기의 사용이 계속 확대됨에 따라 시각장애인에게 요구되는 자립생활 역량도 더욱 다양화되고 있다. 시각장애인 역시 전자 보행 장치와 대중교통 이용 앱의 사용, 사회 관계망 서비스(SNS)를 통한 폭 넓은 사회적 관계의 형성, 디지털 가전기기의 사용 및 스마트 기기를 통한 제어, 여가 활동으로서 다양한 e-스포츠 및 게임 참여, 다양한 정보화 기기의 활용을 통한 정보 접근과 직업생활 수행 등을 요구하는 디지털 사회에서의 자립적인 삶을 준비해야 한다. 시각장애 학생이 성공적으로 디지털 사회를 준비하고 살아가려면 디지털 기술의 발전과 생활 환경의 변화 간에 관계를 파악하고, 디지털 사회의 구성원으로서 디지털 기기 활용 역량을 기르는 데 더욱 중점을 두는 것이 필요하다.

시각장애인 자립생활 교육과정은 시각장애로 가정, 학교, 지역사회에서 하는 다양한 활동에 독립적으로 참여하는 데 어려움을 겪는 학생을 대상으로 한다. 시각장애인 자립생활 교육과정의 내용 영역은 14) _____ 7개로 구성되어 있다. 시각장애인 자립생활 교육과정은 초등학교, 중학교, 고등학교 과정에서 연령에 적합한 자립생활의 지식, 기능, 태도를 익혀 나가도록 내용을 구분하고 있다. 이로써 시각장애 학생이 물리적 환경과 공간에 대한 이해를 바탕으로 자신의 생활 환경에서 안전하게 독립적으로 이동하고, 잔존 감각과 보조공학 기기를 활용해 일상생활과 여가생활을 스스로 수행하는 능력을 길러 준다. 또한 자신과 다른 사람에 관한 바른 인식을 토대로 적절한 상호 작용 기술을 사용함으로써 주변 사람들과 긍정적인 관계를 형성·유지하며, 자신에게 적합한 보조공학 기기의 사용법을 익혀 학습 활동과 직업생활에 다양한 매체로 전달되는 정보를 동등하게 이용하는 능

---

14) 보행, 일상생활, 대인 관계, 감각 활용, 보조공학, 여가 활용, 진로 준비

력을 길러 준다.

시각장애인 자립생활 교육과정으로 시각장애 학생은 자신의 살아가는 다양한 생활 영역에서 겪을 수 있는 어려움에 효과적으로 대처하고 독립적으로 문제를 해결해 나가는 능력과 자신감을 기를 수 있다. 이를 바탕으로 시각장애 학생은 학교 교육 활동에 비장애 학생과 동등하게 참여하고, 학교 졸업 이후 가정, 대학, 직장, 지역사회 생활에서 성공적인 삶을 살아가게 된다.

## 나. 목표

시각장애인 자립생활 교육과정은 다양한 생활 영역에서 시각장애가 미치는 영향을 바르게 이해하고, 삶의 문제들을 능동적이고 주도적으로 해결하는 능력과 태도를 길러 가정, 학교, 지역사회에서 15)_____을 계획하고 영위하도록 한다.

(1) 디지털 사회로 변화하는 생활 환경에서 시각장애로 겪는 문제들에 대처할 생활 지식과 기술을 익혀 자립적인 삶을 실천하는 능력을 기른다.
(2) 지역사회에서 다른 사람과 관계를 형성하고 소통하며 교류하는 사회생활과 여가생활을 영위하는 공동체 생활 능력을 기른다.
(3) 적성과 능력에 맞는 진로를 탐색하고 진로 계획을 세워 진로를 개척하고 체계적으로 준비하는 능력과 도전 정신을 기른다.
(4) 가정, 학교, 직장, 지역사회 생활에서 직면하는 다양한 문제를 스스로 해결해 나가는 경험을 통해 창의적이고 능동적인 문제 해결 능력을 기른다.
(5) 시각장애에 대한 바른 이해와 긍정적 인식을 바탕으로 삶을 자주적으로 계획하고 준비하는 태도와 자신감을 기른다.

---

15) 자립적인 삶

# 02 내용 체계 및 성취기준

## 가. 내용 체계

### (1) 보행

| 핵심 아이디어 | • 환경에서 자신의 위치는 주변 정보의 수집과 분석을 바탕으로 인식한다.<br>• 독립 보행의 어려움에 대처하기 위해 보행 장소와 상황에 적합한 보행 기술과 보행기구를 사용하는 것이 필요하다.<br>• 독립 보행 능력과 자신감은 가정, 학교, 지역사회에서 자주적인 삶을 영위하는 데 필수 요소이다. | |
|---|---|---|
| 범주 | 내용 요소 | |
| | 중학교 1~3학년 | |
| 지식·이해 | 방향정위 | • 지역 환경 개념<br>• 보행 정보 분석 |
| | 보행기초기술 | • 안내인을 통한 정보 수집과 활용 |
| | 보행보조기구 | • 적응 보행 기구 응용<br>• 흰지팡이 응용 |
| | 지역사회 이동 | • 교통 신호와 교차로 횡단<br>• 주택가 보행<br>• 기상 조건에 따른 보행 |
| 과정·기능 | | • 사례와 경험을 바탕으로 개념 이해하기<br>• 방향정위 정보 분석 절차 사용하기<br>• 원거리용 저시력 기구 사용하기<br>• 상황에 적합한 보행 기술 사용하기<br>• 교차로 유형과 구조 탐색하기<br>• 주택가에서 목적지 찾아가기<br>• 위험 상황을 인지하며 이동하기 |
| 가치·태도 | | • 안전한 독립 보행 습관 형성 |

(2) 일상생활

| 핵심 아이디어 | | • 연령에 따른 일상생활 기술은 타인에 대한 의존성을 줄이고 자립성을 높인다.<br>• 의식주 생활의 독립적인 수행 능력은 자립적인 생활에 기초가 된다.<br>• 자립적인 생활의 준비는 성인으로서 결혼과 가정생활을 영위하는 데 필수 요소이다. |
|---|---|---|
| 범주 | | 내용 요소 |
| | | 중학교 1~3학년 |
| 지식·이해 | 위생과 안전 | • 이·미용실 이용<br>• 의료 기관 이용 |
| | 의생활 | • 의복 구입과 관리<br>• 손세탁 |
| | 식생활 | • 음식 주문과 배달<br>• 간편식 조리 |
| | 가정생활 | • 집안 청소<br>• 가전제품 사용과 관리 |
| 과정·기능 | | • 이·미용실 이용 체험하기<br>• 의약 정보 서비스 이용하기<br>• 유행하는 패션 조사하기<br>• 손세탁 절차 사용하기<br>• 다양한 생활 앱 사용하기<br>• 간편식 조리 절차 익히기<br>• 가전제품의 구조와 기능 탐색하기 |
| 가치·태도 | | • 능동적 일상생활 습관 형성 |

(3) 대인 관계

| 핵심 아이디어 | | • 나와 타인에 대한 이해는 사회적 관계를 형성하는 기초가 된다.<br>• 사회적으로 수용되는 사회적 기술과 행동은 타인과 관계를 발전시킨다.<br>• 올바른 소통 기술과 타인을 존중하는 태도는 다른 사람들과 교류하는 공동체 생활에 필수 요소이다. |
|---|---|---|
| 범주 | | 내용 요소 |
| | | 중학교 1~3학년 |
| 지식·이해 | 사회적 관계인식 | • 자기 결정<br>• 호감 가는 외모 관리 |
| | 사회적 행동 | • 준언어와 비언어 표현<br>• 관심과 배려 |
| | 상호작용 기술 | • 대화 기술과 예절<br>• 타인의 관점 이해 |
| 과정·기능 | | • 합리적인 자기 결정 절차 적용하기<br>• 호감을 주는 외모와 행동 조사하기<br>• 준언어와 비언어 기술 모방하기<br>• 관심과 배려의 표현 방법 조사하기<br>• 상황극에 참여하고 토론하기<br>• 타인을 이해하는 말과 표현 조사하기 |
| 가치·태도 | | • 타인의 관점을 이해하고 존중하는 태도 |

(4) 감각 활용

| 핵심 아이디어 | | • 여러 감각기관에서 수집되는 정보는 상호 보완적 역할을 하며, 시각 정보의 제한을 보상한다.<br>• 잔존 감각을 활용한 정보의 수집과 활용은 독립적인 학습과 생활의 기초가 된다.<br>• 감각을 활용하기 위한 지역사회 환경 조성은 자립적으로 살아가는 데 필수 요소이다. |
|---|---|---|
| 범주 | | 내용 요소 |
| | | 중학교 1~3학년 |
| 지식 · 이해 | 시각기술 | • 기능 시각 이해<br>• 시각 기술 유형과 활용 |
| | 청각기술 | • 구조화된 듣기 기술<br>• 기억 전략 |
| | 촉각기술 | • 양각 자료의 탐색<br>• 감각 정보의 통합과 활용 |
| 과정 · 기능 | | • 기능 시각을 이해하고 활용하기<br>• 원거리용 저시력 기구 사용하기<br>• 시각 기술을 효율적으로 사용하기<br>• 오디오 자료로 듣기 기술 연습하기<br>• 다양한 기억 전략 사용하기<br>• 촉각으로 양각 자료 탐색하기<br>• 감각 정보를 통합적으로 이해하기 |
| 가치 · 태도 | | • 능동적 감각 활용 습관 형성 |

(5) 보조공학

| 핵심 아이디어 | | • 보조공학 기기는 학습과 생활에서 시각장애인의 접근성을 개선한다.<br>• 시각장애인을 위한 보조공학 기기 사용 능력은 다양한 장벽과 문제에 대처하고 해결하는 데 도움을 준다.<br>• 보조공학 기기를 이용한 정보화 기기 사용은 디지털 정보화 사회를 살아가는 데 필수 요소이다. |
|---|---|---|
| 범주 | | 내용 요소 |
| | | 중학교 1~3학년 |
| 지식·이해 | 촉각활용 보조공학 | • 점자정보단말기의 내장 앱 사용<br>• 점자정보단말기의 인터넷 사용<br>• 점자 라벨러 사용 |
| | 청각활용 보조공학 | • 화면 읽기 프로그램을 이용한 문서 작성<br>• 화면 읽기 프로그램을 이용한 컴퓨터의 웹 브라우저 사용<br>• 스마트 기기의 화면 읽기 프로그램 설정과 내장 앱 사용<br>• 광학문자판독기 사용 |
| | 시각활용 보조공학 | • 화면 확대 프로그램을 이용한 문서 작성<br>• 화면 확대 프로그램을 이용한 컴퓨터 웹 브라우저 사용<br>• 스마트 기기의 시각 접근성 설정과 내장 앱 사용 |
| 과정·기능 | | • 생활에 필요한 점자 라벨지 제작하기<br>• 정보화 기기의 사용자 환경 설정하기<br>• 학습과 여가 활동에 정보화 기기 사용하기<br>• 기기 사용 과정의 오류를 분석하고 대처하기 |
| 가치·태도 | | • 학습과 생활에 보조공학 활용 습관 형성 |

(6) 여가 활용

| 핵심 아이디어 | • 여가 활동은 정신적·신체적 건강과 사회 참여에 도움이 된다.<br>• 연령에 적합한 여가 활동을 수행하는 것은 또래 활동에 참여하고 친구 관계의 발전을 촉진한다.<br>• 여가 생활은 삶의 질에 영향을 미치는 중요한 부분이며, 타인과 더불어 사는 공동체 생활의 필수 요소이다. | |
|---|---|---|
| 범주 | 내용 요소 | |
| | 중학교 1~3학년 | |
| 지식·이해 | 취미 | • 취미 활동의 유형<br>• 블로그 운영 |
| | 건강 | • 스포츠 경기 관람<br>• e-스포츠와 게임 |
| | 문화예술 | • 대중문화 예술의 갈래<br>• 독서 |
| 과정·기능 | • 다양한 취미 활동 체험하기<br>• 개인 블로그를 개설하고 운영하기<br>• 스포츠 경기장 관람 체험하기<br>• 다양한 e-스포츠 종목 체험하기<br>• 대중문화 예술 갈래 체험하기<br>• 도서 플랫폼과 대체 도서 이용하기 | |
| 가치·태도 | • 여가 활동 참여의 적극성 | |

(7) 진로 준비

| 핵심 아이디어 | • 자신의 강약점과 시각장애에 대한 이해는 진로를 탐색하는 데 기초가 된다.<br>• 다양한 진로 활동과 직무 체험 과정은 자신에게 적합한 진로와 직업에 대한 이해를 높인다.<br>• 진로 계획의 수립과 실천은 진로 목표를 달성하고 진로 장벽을 극복하는 데 필수 요소이다. | |
|---|---|---|
| 범주 | 내용 요소 | |
| | 중학교 1~3학년 | |
| 지식·이해 | 진로인식 | • 직업 적성 평가<br>• 진로 동아리<br>• 시각장애인 취업 직종 |
| | 직업탐색 | • 직업군과 일의 특성<br>• 다양한 직무 체험 |
| | 진학 및 취업 | • 직업생활 규칙과 태도<br>• 작업 도구와 사무기기 |
| 과정·기능 | • 직업 평가로 적성 이해하기<br>• 진로 활동을 계획하고 실천하기<br>• 시각장애인의 취업 사례 분석하기<br>• 직업(군)마다 하는 일을 체험하고 비교하기<br>• 직장 생활의 복무 규칙 조사하기<br>• 작업 도구와 사무기기를 탐색하고 수정하기 | |
| 가치·태도 | • 진로를 탐색하는 주도성과 적극성 | |

## 나. 성취기준

**[중학교 1~3학년]**

(1) 보행

> [9시자01-01] 지역사회를 구성하는 환경 요소를 탐색하고, 방향정위에 환경 정보를 사용한다.
> [9시자01-02] 방향정위를 위한 5단계 순환 절차에 따라 보행 정보를 분석하여 활용한다.
> [9시자01-03] 안내인에게서 보행 환경의 정보를 파악하고, 독립 보행에 활용한다.
> [9시자01-04] 지역사회 환경에서 적응 보행 기구를 사용하여 안전하게 이동한다.
> [9시자01-05] 흰지팡이 응용 기술의 종류를 알고, 보행 장소에 맞게 선택하여 사용한다.
> [9시자01-06] 교통 신호 체계와 교차로의 구조를 알고, 교차로를 안전하게 건넌다.
> [9시자01-07] 주택가의 구조와 도로명 주소 체계를 활용해 목적지를 찾아간다.
> [9시자01-08] 날씨 상황에 따라 적절한 보행 방법을 선택하여 안전하게 이동한다.

(가) 성취기준 해설

- [9시자01-01] 이 성취기준은 지역사회의 환경 정보를 방향정위에 활용하는 능력을 기르게 하고자 설정하였다. 지역사회 환경을 구성하는 장소와 건물, 시설물과 설비, 거주 지역을 나타내는 촉지도 사용, 스마트폰과 망원경을 활용한 환경 정보 확인 등을 다룬다. 잔존 감각을 사용하여 지역사회를 구성하는 주요 시설과 설비를 탐색하고, 지역사회에서 목적지를 찾아가는 데 육교, 지하도, 자전거 도로 같은 환경 정보를 수집하여 활용하도록 한다.
- [9시자01-02] 이 성취기준은 보행 환경의 정보를 체계적으로 분석하여 활용하는 능력을 기르게 하고자 설정하였다. 보행 정보의 지각, 분석, 선별, 계획, 실행 등 5단계 순환 과정 등을 다룬다. 정보의 수집, 분석, 선별, 계획, 실행 5단계 순환 과정을 사례를 통해 이해하고, 5단계 순환 과정을 활용해 목적지까지 올바른 방향을 유지하며 찾아가도록 한다.
- [9시자01-03] 이 성취기준은 안내인을 통해 낯선 환경의 정보를 이해하고 독립 보행에 이들 정보를 활용하는 능력을 기르게 하고자 설정하였다. 안내인에게 주변 정보를 질문하는 방법, 잔존 감각으로 주변 정보를 탐색하는 방법, 필요한 보행 정보를 기억하는 전략 등을 다룬다. 지역사회에서 낯선 장소와 환경으로 이동할 때 안내인에게 주변 환경의 정보를 체계적으로 확인하고, 향후 독립 보행을 하여 이들 장소와 환경으로 이동할 때 그 정보를 활용하도록 한다.
- [9시자01-04] 이 성취기준은 시각중복장애 학생이 실외 환경에서 다른 사람에게 의존하지 않고 독립적으로 이동하는 능력을 기르게 하고자 설정하였다. 적응 보행 기구로 직선 보행, 기준선 보행, 건널목 횡단 등을 다룬다. 장애물이 적고 사람의 통행이 적은 인도에서 적응 보행 기구의 응용 기술을 먼저 익히고, 친숙한 실외 장소에서 적응 보행 기구를 사용하여 인도와 건널목을 안전하게 이동하도록 한다.
- [9시자01-05] 이 성취기준은 다양한 실외 환경에서 흰지팡이 응용 기술들을 적절히

선택하여 사용하는 능력을 기르게 하고자 설정하였다. 흰지팡이의 상태 점검과 수리, 촉타 후 밀기법, 촉타 후 긋기법, 삼점 촉타법 등을 다룬다. 장애물이 적은 장소에서 이점 촉타법, 촉타 후 밀기법, 촉타 후 긋기법, 삼점 촉타법의 자세와 기술을 먼저 익히고, 실외 보행 장소와 상황에 따라 적절한 흰지팡이 사용 기술을 선택하여 이동하도록 한다.

- [9시자01-06] 이 성취기준은 교통 신호 체계를 이해하고 교차로를 안전하게 건너는 능력을 기르게 하고자 설정하였다. 일자형 횡단보도, 티(T)자형 교차로, 십자형 교차로, 섬식 교차로, 원형 교차로의 구조, 횡단 방법과 유의점 등을 다룬다. 다양한 유형의 교차로를 모형 자료를 통해 이해하고, 다양한 교차로에서 교통 신호등과 차량과 행인의 움직임 그리고 음향신호기 등을 종합적으로 이용하여 안전하게 횡단하도록 한다.

- [9시자01-07] 이 성취기준은 주택가에서 목적지까지 효율적으로 이동하는 능력을 기르게 하고자 설정하였다. 주택가의 구조와 특징, 도로명과 주소 체계, 건물의 번호 체계, 주택가에서 목적지 찾기 등을 다룬다. 우리나라의 도로명과 주소 체계를 모형 자료에서 이해하고, 주택가에서 도로명과 주소 체계를 사용하여 특정 건물을 찾아가도록 한다.

- [9시자01-08] 이 성취기준은 일기 예보와 날씨 상황에 따라 적절한 보행 기술을 사용하여 안전하게 이동하는 능력을 기르게 하고자 설정하였다. 눈이 오는 날, 바람이 부는 날, 비 오는 날의 보행 방법과 유의점 등을 다룬다. 기상 조건에 따른 다양한 사고 사례를 살펴보고, 우리나라의 계절과 날씨 상황에 따른 적합한 보행 기술을 선택하여 이동하도록 한다.

(나) 성취기준 적용 시 고려 사항
- 학생의 연령, 중복장애 여부, 개념 습득 수준 등을 종합적으로 고려하여 환경 개념의 학습 범위를 결정하여 지도한다.
- 다른 사람에게 안내를 요청하는 기술은 교실에서 모의 수업으로 먼저 익힌 후, 지역사회에 나가 행인을 대상으로 실습하는 지역사회 중심 수업을 활용한다.
- 촉타 후 긋기법, 촉타 후 밀기법, 삼점 촉타법을 구분해서 사용해야 하는 보행 장소와 상황을 혼동하지 않도록 실제 환경에서 각 흰지팡이 기술의 사용 효과성을 비교하는 경험을 통해 학습하도록 한다.
- 보행에서 원거리용 저시력 기구의 사용은 잔존 시각이 있는 저시력 학생을 대상으로 하되, 감각 활용 영역과 연계하여 지도한다.
- 교차로와 주택가의 구조를 지도할 때 먼저 촉각 지도를 사용하여 학습한 후, 실제 교차로와 주택가 지역으로 나가 구조와 특징을 탐색하는 실습을 하도록 한다.
- 비나 눈이 오는 날처럼 날씨에 따라 발생할 수 있는 보행 사고의 유형을 사례를 들어

충분히 지도함으로써 다양한 안전사고를 예방한다.
- 교차로에서의 횡단 기술은 잔존 감각과 주변 정보를 종합적으로 판단하여 안전하게 건널 때까지 충분히 연습하고, 독립적으로 안전하게 횡단보도를 건널 수 있는지를 평가한다.
- 촉타 후 긋기법, 촉타후 밀기법, 삼점 촉타법을 도입하기 전에 이점 촉타법의 자세와 동작을 정확하고 능숙하게 사용하는지를 먼저 평가한다.

### (2) 일상생활

> [9시자02-01] 이·미용실 이용 방법을 알고, 외모를 단정하고 어울리게 관리한다.
> [9시자02-02] 질환에 적합한 의료 기관을 이용하고, 약물을 안전하게 복용하고 관리한다.
> [9시자02-03] 다양한 방법으로 의복을 구입하고, 의복을 기능과 기호에 따라 관리한다.
> [9시자02-04] 손세탁이 필요한 의복과 옷감을 알고, 손으로 깨끗하게 세탁한다.
> [9시자02-05] 음식점을 이용하고, 배달 음식을 주문한다.
> [9시자02-06] 간단한 조리 기구를 사용하고, 간편식을 안전하게 조리한다.
> [9시자02-07] 집안 청소 도구와 청소 방법을 조사하고, 거주 공간을 청결하게 관리한다.
> [9시자02-08] 가전제품의 종류와 기능을 탐색하고, 가전제품을 안전하게 사용하고 관리한다.

### (가) 성취기준 해설

- [9시자02-01] 이 성취기준은 외모를 관리하려고 혼자서 이·미용실을 이용하는 능력을 기르게 하고자 설정하였다. 일반적인 이·미용실의 구조와 설비, 미용 상품의 종류, 유행하는 머리 모양, 미용사에게 머리 관리 상담 등을 다룬다. 연령과 성별에 따라 유행하는 헤어스타일을 가발을 활용해 살펴보고, 정기적으로 미용실을 이용하여 외모를 단정하고 어울리게 관리하도록 한다.
- [9시자02-02] 이 성취기준은 질환에 따라 적절한 의료 기관을 이용하고 약물을 안전하게 복용하는 능력을 기르게 하고자 설정하였다. 질환에 따른 의료 기관 선택, 의료 기관 예약과 이용 절차, 의약품 정보 웹사이트와 앱, 약물 관리와 보관 방법, 약물 복용 방법과 유의점, 의약품 점자 표기 등을 다룬다. 시각장애인을 위한 의약품 점자 안내서와 점자 표기 의약품들을 조사하고, 의약품 정보 앱과 점자 라벨지, 약통을 이용하여 약물을 효율적으로 관리하고 복용하도록 한다.
- [9시자02-03] 이 성취기준은 다양한 방법으로 의류를 구입하고 관리하는 능력을 기르게 하고자 설정하였다. 의류 브랜드의 종류와 특징, 의류 매장과 온라인에서 의류 구입, 교환, 취소와 환불 방법, 촉각 의류 표시 도구, 색상, 질감, 형태, 부착물을 활용한 의복 구분 등을 다룬다. 남성복, 여성복, 신발 등 다양한 의류 브랜드와 특징을 살펴보고, 자신이 좋아하는 의류 브랜드나 필요한 의류를 스스로 구입하도록 한다.
- [9시자02-04] 이 성취기준은 손세탁이 필요한 의복을 깨끗하게 세탁하는 능력을 기르게 하고자 설정하였다. 의복 종류와 오염, 흔들어 빨기, 주물러 빨기, 비벼 빨기,

솔로 빨기 등과 같은 손빨래 방법, 손빨래용 세제와 도구 등을 다룬다. 손세탁이 필요한 의복의 옷감 종류를 사례를 통해 이해하고, 손세탁에 사용되는 세제와 도구를 사용하여 의복의 오염을 제거하도록 한다.

- [9시자02-05] 이 성취기준은 혼자서 음식점을 이용하고 배달 음식을 주문하는 능력을 기르게 하고자 설정하였다. 음식점의 종류와 이용 방법, 무인 주문 시스템 사용법, 배달 음식의 유형과 주문 방법, 스마트 기기의 배달 앱 사용 방법 등을 다룬다. 거주 지역에 있는 음식점의 유형을 조사하고, 음식점을 방문하여 이용하거나 배달 음식을 주문하여 식사하도록 한다.

- [9시자02-06] 이 성취기준은 간단한 조리 기구를 사용하여 간편식을 조리하는 능력을 기르게 하고자 설정하였다. 조리 기구와 전기 제품의 종류와 용도, 조작 장치와 사용법, 가공 식품과 밀키트의 종류, 조리 방법, 안전사고 예방과 유의 사항 등을 다룬다. 잔존 감각을 사용하여 조리 기구와 전기 제품을 조작하고, 가공 식품과 밀키트의 종류에 따라 적합한 방법으로 간단한 음식을 조리하도록 한다.

- [9시자02-07] 이 성취기준은 자신이 거주하는 집의 공간을 청결하게 관리하는 능력을 기르게 하고자 설정하였다. 다양한 청소용품과 도구, 거실, 화장실, 가구 같은 청소하는 장소와 마감재 등에 따른 청소 방법과 유의점, 쓰레기의 분리 배출 등을 다룬다. 잔존 감각을 사용하여 청소에 필요한 도구와 세척용품을 다루고, 청소하는 공간과 설비에 맞는 청소 도구와 세척 용품을 사용하여 청결하게 관리하도록 한다.

- [9시자02-08] 이 성취기준은 가전제품을 용도에 맞게 안전하게 사용하고 관리하는 능력을 기르게 하고자 설정하였다. 가전제품의 종류와 기능, 냉방기, 공기 청정기, 에어드레서, 전기 청소기 같은 가전제품 사용 방법과 유의점, 가전제품의 청소와 관리 방법, 지역 에이에스 서비스센터 예약과 이용 등을 다룬다. 다양한 가전제품의 구조와 기능을 탐색하고, 잔존 감각을 사용하여 가전제품을 안전하게 조작하고 사용하도록 한다.

(나) 성취기준 적용 시 고려 사항

- 전맹 학생의 경우, 상반신 마네킹과 가발을 이용하여 유행하는 머리 스타일의 종류와 머리 모양을 이해하도록 지도한다.
- 의약품과 관련된 교육은 '약사법'의 의약품 점자 표기 규정, '식품의약품안전처'의 의약품 점자 표시 지침 등의 자료를 함께 활용해 의약품 이용의 법적 권리까지 이해하도록 지도한다.
- 의복을 매장이나 온라인 사이트에서 구입할 때는 주변 사람이나 매장 직원에게 의복의 스타일과 특징을 정확하게 확인하고, 자신의 신체 치수에 맞는 사이즈로 구입하는 것에 유의하도록 한다.
- 의류를 구별하고 관리하는 도구나 방법은 다양하므로, 개인적 선호, 시각장애 정도

- 등을 고려하여 자신에게 적합한 방법을 사용하도록 한다.
- 디지털 사회의 진입으로 무인 단말기를 사용하여 주문하거나 결제하는 음식점, 편의점 등이 증가하는 것을 고려하여 무인 단말기 사용과 대안적인 주문과 결제 방법에 중점을 두어 지도한다.
- 음식 조리나 청소를 위한 도구와 용품을 사용하는 과정에서 발생할 수 있는 화상, 감전 등의 사고 유형과 예방법을 충분히 지도하고, 안전에 유의하며 수행하도록 한다.
- 가전제품 사용시 인공지능 스피커 사용법, 가전제품과 스마트폰 연동 기능 등 스마트 가전제품 기능의 사용방법을 지도한다.

(3) 대인 관계

> [9시자03-01] 자신이 선택의 주체임을 인식하고, 합리적인 의사 결정을 한다.
> [9시자03-02] 다양한 외모 관리 방법을 탐색하고, 호감을 주는 외모로 관리한다.
> [9시자03-03] 준언어와 비언어 표현 방법을 조사하고, 의사소통에 사용한다.
> [9시자03-04] 관심과 배려의 중요성을 이해하고, 다른 사람에게 관심을 갖고 배려를 실천한다.
> [9시자03-05] 효과적인 대화 기술과 예절을 조사하고, 다른 사람과의 대화에 활용한다.
> [9시자03-06] 개인에 따른 관점의 차이를 이해하고, 다른 사람의 생각을 존중하며 대화한다.

(가) 성취기준 해설

- [9시자03-01] 이 성취기준은 다양한 상황에서 독립적이고 합리적으로 의사 결정을 하는 능력을 기르게 하고자 설정하였다. 자기 인식, 상황 인식, 의사 결정 절차와 문제 해결 전략, 의사 결정의 근거와 표현 등을 다룬다. 자기 결정의 적절한 사례와 그렇지 않은 사례를 살펴보고, 자신의 가치 및 선호와 상황을 고려하여 합리적으로 의사 결정을 하고 다른 사람에게 표현하도록 한다.
- [9시자03-02] 이 성취기준은 주변 사람에게 호감을 주는 외모로 관리하는 능력을 기르게 하고자 설정하였다. 연령에 따라 유행하는 외모 관리, 자신에게 어울리는 머리와 의복 스타일, 소품과 액세서리 활용, 시각장애로 인한 눈 외모 관리 등을 다룬다. 자신의 패션, 헤어스타일 등 외모 관리를 평가하고, 또래들에게 긍정적인 이미지와 신뢰감을 주는 외모로 관리하도록 한다.
- [9시자03-03] 이 성취기준은 준언어와 비언어를 적절히 사용하여 자신의 의사를 표현하는 능력을 기르게 하고자 설정하였다. 준언어와 비언어를 사용하는 목적, 목소리의 크기·속도·음색·억양 같은 준언어 표현, 몸자세·손동작·눈 맞춤·얼굴 표정 같은 비언어 표현 등을 다룬다. 다양한 준언어와 비언어 표현들을 조사하고, 대화 주제와 상황에 따라 적절한 준언어적 표현과 비언어적 표현을 사용하여 자신의 감정과 의사를 명확하게 표현하도록 한다.
- [9시자03-04] 이 성취기준은 다른 사람과의 관계 속에서 관심과 배려를 주고받는

생활 태도를 기르게 하고자 설정하였다. 도움과 배려가 필요한 상황 판단, 도움과 배려를 요청하는 방법, 관심과 배려를 표현하는 방법 등을 다룬다. 시각장애인과 비장애인 간에 도움과 배려가 필요한 상황들을 조사하고, 사회적 상황에서 상호 간에 필요한 배려와 도움을 인식하고 실천하도록 한다.

- [9시자03-05] 이 성취기준은 효과적인 대화 기술과 예절을 사용하여 상호 작용하는 능력을 기르게 하고자 설정하였다. 말과 행동의 중요성, 경청하기, 공감하기, 기다리기, 칭찬하기 같은 효과적인 상호 작용 기술의 유형, 호감을 주는 말과 행동, 자신의 대화 습관 평가 등을 다룬다. 자신의 대화 습관을 성찰하고, 대화 상황에 따라 효과적인 상호 작용 기술과 표현을 적절히 선택하여 사용하도록 한다.
- [9시자03-06] 이 성취기준은 다른 사람의 생각을 존중하며 대화하는 태도를 기르게 하고자 설정하였다. 타인과의 문제 상황을 정리하는 방법, 타인의 관점을 인지하고 공감하는 방법, 타인의 관점을 존중하여 표현하는 방법 등을 다룬다. 개인마다 생각이나 의견이 다를 수 있음을 이해하고, 서로 관점이 다르더라도 타인의 관점을 이해하고 존중하며 자신의 관점을 표현하도록 한다.

(나) 성취기준 적용 시 고려 사항

- 평소 사용하는 말과 행동 습관, 머리, 의복에 대한 자기 평가, 동료 평가 등을 통해 학생이 스스로를 성찰하고, 개선이 필요한 사항을 고쳐 나가도록 한다.
- 드라마 영상을 사용하여 준언어와 비언어 사용을 지도할 때 화면 해설이 있는 드라마를 사용하고, 극중 인물의 감정 변화에 따른 다양한 감정 표현이 상대방에게 주는 느낌을 간접적으로 경험하고 토론할 기회를 제공한다.
- 학생의 대화 습관에 대하여 친구, 가족 등을 통한 다면 평가를 실시하고, 교사와 학생이 함께 수용적인 분위기에서 평가 결과를 토론하면서 학생 스스로가 문제를 인식하고 교정하도록 한다.

(4) 감각 활용

[9시자04-01] 자신의 시각 특성을 이해하고, 학습과 생활에 잔존 시각을 적극적으로 사용한다.
[9시자04-02] 시각 기술의 종류를 알고, 학습과 생활에 시각 기술을 사용한다.
[9시자04-03] 구조화된 듣기 기술을 알고, 화자의 이야기를 체계적으로 분석하며 듣는다.
[9시자04-04] 기억 전략의 유형과 방법을 알고, 화자의 말과 정보를 정확하게 기억한다.
[9시자04-05] 양각 자료의 유형에 적합한 촉각 탐색 방법을 사용하여 자료의 내용을 정확하게 파악한다.
[9시자04-06] 감각기관에 따른 정보 수용의 특징을 알고, 감각 정보를 통합하여 이해한다.

(가) 성취기준 해설

- [9시자04-01] 이 성취기준은 시각 평가로 자신의 시각 특성을 이해하고 관리하는 능력을 기르게 하고자 설정하였다. 시각 평가의 목적, 시력과 시야, 대비 감도, 조도

와 눈부심, 기능적 활동의 시각 활용 능력, 안질환과 예후 등을 다룬다. 시각 평가의 목적과 중요성을 이해하고, 시각 평가에 적극적으로 참여하여 자신의 시기능 수준을 이해하고 시기능의 변화를 확인하도록 한다.

- [9시자04-02] 이 성취기준은 시각 기술의 종류를 알고 사용하는 능력을 기르게 하고자 설정하였다. 고시, 중심 외 보기, 추시, 추적, 주사 등을 다룬다. 원거리 환경에서 고시, 중심 외 보기, 추시, 주사, 추적 기술을 사용하는 방법을 익혀 학습과 일상 활동에 필요한 시각 기술을 선택하여 효율적으로 사용하도록 한다.

- [9시자04-03] 이 성취기준은 다른 사람이 전달하는 정보를 정확하게 분석하여 이해하는 능력을 기르게 하고자 설정하였다. 구조화된 듣기의 개념, 인과 관계 분석, 시간의 경과에 따른 내용 분석, 주제와 범주에 따른 분석, 정보의 이해와 요약 등을 다룬다. 다양한 이야기와 정보를 듣고 내용을 구조적으로 분석하는 과정에서 정보를 체계적으로 이해하고, 이를 요약하여 말하도록 한다.

- [9시자04-04] 이 성취기준은 화자가 말한 중요한 정보를 정확하게 기억하는 능력을 기르게 하고자 설정하였다. 핵심 단어와 내용을 조직화하기, 내용을 상호 연결하기, 내용을 이미지화하여 기억하기, 두문자법 사용하기 등을 다룬다. 다양한 주제의 오디오 자료를 듣고, 이야기 주제에 적합한 분석 방법과 기억 전략을 사용하여 화자의 말과 정보를 정확하게 파악하고 기억하도록 한다.

- [9시자04-05] 이 성취기준은 다양한 양각 자료의 내용을 효과적으로 탐색하고 이해하는 능력을 기르게 하고자 설정하였다. 교과별 양각 자료의 유형, 단순한 양각 자료의 탐색 방법, 복잡한 양각 자료의 탐색 방법 등을 다룬다. 교과 학습에 사용하는 다양한 양각 학습 자료의 크기, 형태, 복잡성 등에 따라 적합한 촉각 탐색 기술을 선택하여 양각 자료의 내용을 정확하게 파악하도록 한다.

- [9시자04-06] 이 성취기준은 감각 정보를 통합적으로 분석하여 이해하는 능력을 기르게 하고자 설정하였다. 잔존 감각을 활용한 정보 수집, 감각 정보의 분석 방법, 감각 정보의 상호 연결, 정보의 통합적 이해 등을 다룬다. 여러 감각기관을 사용하여 다양한 정보를 수집·분석하고 통합하는 방법을 익혀 시각 정보에 대한 접근성 제한을 보상하고 정보를 정확하게 이해하도록 한다.

(나) 성취기준 적용 시 고려 사항
- 기능 시각 평가는 일과 동안에 하는 대표적인 활동이나 과제를 수행할 때 학생이 시각을 활용하는 수준과 어려움의 정도를 면담, 관찰, 시연 등으로 평가한다.
- 학생의 시야 손상 위치와 정도를 고려하여 필요한 시각 기술의 유형을 결정하고, 중심부 시야 손상이 있는 학생은 중심 외 보기 기술을 먼저 익힌 다음 추시, 추적, 주사 기술을 지도한다.
- 비장애인이 시각 정보를 중심으로 다른 감각 정보를 통합하는 것과 달리, 전맹 학생

은 시각 정보가 제한되므로 인하여 촉각 정보를 중심으로 청각 정보, 후각 정보를 연결하고 통합하도록 지도한다.
- 망원경의 배율은 원거리 시력 평가에 기초하여 선정하고, 진행성 안질환이 있는 학생은 주기적으로 평가해 배율의 변경이 필요한지를 확인한다.
- 학습 활동을 위한 음성 자료의 활용 여부와 비중은 묵자 읽기 속도, 눈의 피로도 등을 고려하여 결정하고, 음성 자료를 활용하는 방법은 보조공학 영역과 연계하여 지도한다.

(5) 보조공학

[9시자05-01] 점자정보단말기에 내장된 앱의 기능을 탐색하고 사용한다.
[9시자05-02] 점자정보단말기의 인터넷 기능을 탐색하고 사용한다.
[9시자05-03] 점자 라벨러의 구조와 기능을 탐색하고 학습과 생활에 사용한다.
[9시자05-04] 화면 읽기 프로그램을 활용해 다양한 문서 작성 프로그램을 사용한다.
[9시자05-05] 화면 읽기 프로그램을 활용해 컴퓨터의 웹 브라우저를 효과적으로 사용한다.
[9시자05-06] 화면 읽기 프로그램을 활용해 스마트 기기에 내장된 앱의 기능을 탐색하고 사용한다.
[9시자05-07] 광학문자판독기의 기능을 탐색하고 인쇄물을 텍스트 파일로 변환하여 읽는다.
[9시자05-08] 화면 확대 프로그램을 활용해 다양한 문서 작성 프로그램을 사용한다.
[9시자05-09] 화면 확대 프로그램을 활용해 컴퓨터의 웹 브라우저를 효과적으로 사용한다.
[9시자05-10] 화면 확대 프로그램을 활용해 스마트 기기에 내장된 앱의 기능을 탐색하고 사용한다.

(가) 성취기준 해설

- [9시자05-01] 이 성취기준은 점자정보단말기에 내장된 앱을 사용하는 능력을 기르게 하고자 설정하였다. 개인 관리 도구, 보조 프로그램, 유틸리티 등을 다룬다. 점자정보단말기에 내장된 앱의 구조와 기능을 익혀 일상 활동에 따라 필요한 앱을 효과적으로 사용하도록 한다.
- [9시자05-02] 이 성취기준은 점자정보단말기의 인터넷 기능을 사용하는 능력을 기르게 하고자 설정하였다. 컴퓨터 점자의 입력 방법, 인터넷 연결 방법, 웹 브라우저 사용 방법, 정보 검색, 이메일 사용법 등을 다룬다. 점자정보단말기의 인터넷 관련 기능을 익혀 인터넷을 능숙하게 사용하고 필요한 정보를 검색하여 활용하도록 한다.
- [9시자05-03] 이 성취기준은 학습과 일상생활에 점자 라벨러를 사용하는 능력을 기르게 하고자 설정하였다. 점자 라벨러의 종류와 기능, 점자 라벨러의 글자 입력 및 출력 방법, 라벨지 탈부착 방법 등을 다룬다. 점자 라벨러 사용법을 익혀 학습과 일상생활에 필요한 점자 라벨지를 출력하여 활용하도록 한다.
- [9시자05-04] 이 성취기준은 화면 읽기 프로그램을 활용해 다양한 문서 작성 프로그램을 사용하는 능력을 기르게 하고자 설정하였다. 화면 읽기 프로그램을 이용한 문서 작성, 프레젠테이션, 스프레드시트 작성과 편집 등을 다룬다. 다양한 문서 작성 프로그램을 사용하여 문서를 작성하고 자료를 관리하는 기능을 익혀 문서 작성에 활용하

도록 한다.
- [9시자05-05] 이 성취기준은 화면 읽기 프로그램을 활용해 컴퓨터의 웹 브라우저를 사용하는 능력을 기르게 하고자 설정하였다. 화면 읽기 프로그램의 웹 페이지 관련 설정, 웹 브라우저와 화면 읽기 프로그램의 기능키, 기능키를 활용한 웹 페이지 탐색, 게시물 작성 방법 등을 다룬다. 화면 읽기 프로그램을 활용해 컴퓨터로 웹상의 정보를 효과적으로 탐색하고 사용하도록 한다.
- [9시자05-06] 이 성취기준은 화면 읽기 프로그램을 활용해 스마트 기기의 인터페이스를 조작하고 내장 앱을 사용하는 능력을 기르게 하고자 설정하였다. 화면 읽기 프로그램의 환경 설정 방법, 스마트 기기 탐색을 위한 제스처와 키보드 단축키, 화면 읽기 프로그램을 활용한 전화, 문자, 설정 같은 내장 앱의 사용법, 스마트 기기 간의 연결과 연결된 스마트 기기를 활용한 정보 확인 방법 등을 다룬다. 화면 읽기 프로그램을 활용해 스마트 기기를 제어하는 방법을 익혀 스마트 기기를 효과적으로 사용하도록 한다.
- [9시자05-07] 이 성취기준은 광학문자판독기를 활용해 인쇄물을 텍스트 문서로 변환해 사용하는 능력을 기르게 하고자 설정하였다. 광학문자판독기의 개념과 사용 목적, 광학문자판독 소프트웨어와 하드웨어의 종류와 기능, 사용 절차 등을 다룬다. 인쇄물과 그림 파일을 텍스트 문서로 변환하여 읽는 방법을 익혀 학습과 일상생활에 필요한 인쇄자료에 접근하는 데 활용하도록 한다.
- [9시자05-08] 이 성취기준은 화면 확대 프로그램을 활용해 다양한 문서 작성 프로그램을 사용하는 능력을 기르게 하고자 설정하였다. 화면 확대 프로그램을 이용한 문서 작성, 프레젠테이션, 스프레드시트 작성과 편집 등을 다룬다. 화면 확대 프로그램을 활용함으로써 다양한 문서 작성 프로그램으로 문서를 작성하고 자료를 관리하는 기능을 익혀 문서 작성에 활용하도록 한다.
- [9시자05-09] 이 성취기준은 화면 확대 프로그램을 활용해 컴퓨터의 웹 브라우저를 사용하는 능력을 기르게 하고자 설정하였다. 웹 브라우저 및 일부 웹 사이트에서 제공하는 저시력인을 위한 접근성 기능 탐색, 화면 확대 프로그램을 사용한 웹 브라우저의 설정, 확대와 축소, 색상 반전을 통한 웹 페이지 탐색, 게시물 작성 등을 다룬다. 화면 확대 프로그램을 활용해 컴퓨터로 웹의 정보를 효과적으로 탐색하고 사용하도록 한다.
- [9시자05-10] 이 성취기준은 화면 확대 프로그램을 활용해 스마트 기기의 인터페이스를 조작하고 내장 앱을 사용하는 능력을 기르게 하고자 설정하였다. 스마트 기기에서 사용할 수 있는 화면 확대 프로그램의 종류와 기능, 화면 확대 프로그램의 실행, 확대 및 축소, 색상 반전, 볼드체 텍스트 설정과 터치 제스처 방법, 전화, 문자, 설정 등의 화면 확대 프로그램을 이용한 내장 앱의 사용법, 스마트 기기끼리 연결하는 방

법 및 연결된 스마트 기기를 활용해 정보를 확인하는 방법 등을 다룬다. 화면 확대 프로그램을 활용해 스마트 기기를 제어하는 방법을 익혀 스마트 기기를 효과적으로 사용하도록 한다.

(나) 성취기준 적용 시 고려 사항
- 모둠별로 보조공학 기기를 사용하여 정보를 검색하는 과제를 제시하고, 모둠별 경쟁을 유도하여 학습의 흥미와 성과를 높이는 팀 경쟁 학습 모형을 도입하여 지도한다.
- 점자정보단말기의 전자우편을 사용하기 위한 아이맵(IMAP) 등의 설정은 컴퓨터나 스마트 기기를 통해 설정하도록 지도한다.
- 학생의 연령, 손과 손가락의 운동 기능, 스마트 기기 사용 능력 등을 고려하여 제스처뿐만 아니라 음성 명령, 음성 입력 등을 병행하여 스마트 기기를 사용하도록 한다.
- 테블릿 컴퓨터, 스마트워치 등 다양한 스마트 기기에 스마트폰을 연결하여 스마트폰의 정보를 다양한 스마트 기기에서 확인하고 제어하도록 한다.

(6) 여가 활용

> [9시자06-01] 취미 활동 유형을 조사하고, 자신에게 맞는 취미를 선택한다.
> [9시자06-02] 개인 블로그를 개설하고, 일상의 기록물을 블로그에 게시한다.
> [9시자06-03] 스포츠 경기장과 방송 매체를 조사하고, 다양한 스포츠를 관람한다.
> [9시자06-04] e-스포츠의 종류와 특징을 조사하고, 다양한 이 스포츠(e-sports)를 즐긴다.
> [9시자06-05] 다양한 대중문화 예술을 체험하고, 자신이 선호하는 분야를 알아본다.
> [9시자06-06] 전자 도서 서비스 플랫폼과 대체 도서 이용 방법을 조사하고 이용한다.

(가) 성취기준 해설
- [9시자06-01] 이 성취기준은 자신의 흥미와 적성에 맞는 취미를 선택하여 즐기는 능력을 기르게 하고자 설정하였다. 다양한 취미 활동 유형과 특징, 취미 활동에 관한 정보 수집, 취미를 선택하는 기준, 취미 관련 교육을 제공하는 기관의 종류와 프로그램의 유형 등을 다룬다. 주변 사람이나 인터넷을 이용해 취미 활동 정보를 수집하고, 다양한 취미 활동을 체험하여 자신에게 맞는 취미 활동을 선택하여 배우도록 한다.
- [9시자06-02] 이 성취기준은 글, 사진, 영상을 활용해 일상을 기록하고, 개인 블로그에 게시하는 능력을 기르게 하고자 설정하였다. 일상 기록물의 종류와 매체, 사진 및 영상 촬영 및 관리 방법, 블로그의 개설과 관리, 게시물 작성과 관리 등을 다룬다. 잔존 감각과 보조공학 기기를 활용해 글, 사진, 영상 등의 일상 기록물을 생성하고, 개인 블로그에 기록물을 게시하고 관리하도록 한다.
- [9시지06-03] 이 성취기준은 스포츠 경기를 경기장과 온라인 방송을 이용하여 관람하는 능력을 기르게 하고자 설정하였다. 경기 정보 검색과 예매 방법, 경기장 구조, 관람 예절, 스포츠 중계 이용 방법, 화면 해설, 원거리용 저시력 기구 활용 등을 다룬다. 지역사회의 스포츠 경기장과 스포츠 중계 채널을 조사하고, 스포츠 경기장을 방

문하여 망원경이나 화면 해설을 이용하여 경기를 관람하도록 한다.
- [9시자06-04] 이 성취기준은 또래들이 즐기는 e-스포츠에 참여하고 즐기는 태도와 능력을 기르게 하고자 설정하였다. 개인 또는 단체형 e-스포츠의 종류, 게임 방법, 가상현실(VR) 기기와 콘텐츠, 보조공학 기기의 활용 등을 다룬다. 자신의 시각장애 정도와 접근성을 고려하여 e-스포츠를 선택하고, 보조공학 기기를 활용해 e-스포츠 경기 방법을 익혀 또래들과 e-스포츠를 즐기도록 한다.
- [9시자06-05] 이 성취기준은 다양한 대중문화 예술에 관심을 가지고 이용하는 능력을 기르게 하고자 설정하였다. 음악, 미술, 무용, 연극 같은 문화예술 공연, 축제, 박람회, 전시회 등을 다룬다. 다양한 대중문화 예술의 갈래와 특징을 조사하고 체험하여 자신이 선호하는 대중문화 예술 갈래를 파악하고 즐기도록 한다.
- [9시자06-06] 이 성취기준은 독서를 즐기려고 전자·음성 도서와 대체 도서를 이용하는 능력을 기르게 하고자 설정하였다. 유료와 무료로 운영되는 각종 전자·음성 도서 플랫폼에 가입하고 이용하는 방법, 그림과 만화에 대한 화면 해설 서비스 이용 방법, 대체 도서 제작 기관과 서비스 유형에 따른 신청 방법 등을 다룬다. 시각장애인이 접근 가능한 전자 및 음성 도서 플랫폼의 유형과 대체 도서 서비스를 조사하고, 유료와 무료로 운영되는 도서 플랫폼에 회원 가입을 하여 이용하도록 한다.

(나) 성취기준 적용 시 고려 사항
- 다양한 여가 활동을 체험하거나 수행할 때 잔존 감각과 보조공학 기기를 적극 활용하도록 하고, 자신이 선호하거나 희망하는 여가 활동에 대한 접근성을 높이기 위한 문제 해결 방법을 모색하는 데 중점을 두어 지도한다.
- 사진작가 등 시각장애인 대중매체와 관련된 직업 사례를 수업 자료로 활용하고, 사회 관계망 서비스(SNS) 운영 방법은 보조공학 영역과 연계하여 지도한다.
- e-스포츠 게임과 관련된 학습 범위는 시각장애 정도와 프로그램 접근성, 컴퓨터, 스마트 기기, 점자정보단말기의 활용 능력을 고려하여 선정하고, 보조공학 영역과 연계하여 지도한다.
- 대체 자료 제작을 신청할 때 먼저 국가대체자료공유시스템(DREAM)에 제작되어 있는지를 확인하고, 대체 자료의 제작 소요 기간 등을 고려하여 충분한 시간 여유를 두고 신청하도록 지도한다.
- 우리나라의 시각장애인을 위한 문화예술 지원 정책을 살펴보고, 다양한 문화예술 공연과 행사에 참여할 때 시각장애인에게 필요한 지원과 서비스를 요청하여 동등한 문화 향유의 권리를 누리도록 지도한다.
- 작가, 배우, 화가, 연주자 등 시각장애인 문화 예술인의 사례를 수업 자료로 활용하고, 진로 준비 영역의 진로 탐색과 연계하여 지도한다.

(7) 진로 준비

> [9시자07-01] 직업 평가에 참여하고, 평가 결과를 진로 결정에 활용한다.
> [9시자07-02] 친구들과 진로 동아리를 만들고, 진로 활동을 계획하여 실천한다.
> [9시자07-03] 시각장애인의 다양한 직업 사례를 조사하고, 성공을 위한 역량을 분석한다.
> [9시자07-04] 우리나라의 직업(군) 분류와 각 직업(군)이 하는 일의 특성을 조사한다.
> [9시자07-05] 다양한 직무 체험으로 직업 정보를 수집하고, 적성 직업을 탐색한다.
> [9시자07-06] 직장 생활에서 지켜야 할 복무 규칙과 작업 태도를 조사하고 실천한다.
> [9시자07-07] 기본 작업 도구와 사무기기의 종류와 기능을 탐색하고, 안전하게 사용한다.

(가) 성취기준 해설

- [9시자07-01] 이 성취기준은 직업 평가로 자신의 직업 성향과 적성을 객관적으로 이해하는 능력을 기르게 하고자 설정하였다. 직업 카드, MBTI 성격유형검사, 직업흥미검사 등을 다룬다. 직업 평가 결과와 자신의 평소 관심 직업(군)을 상호 비교하고 분석하는 과정에서 자신의 직업 적성과 성향을 이해하도록 한다.

- [9시자07-02] 이 성취기준은 진로 동아리 활동으로 자신의 진로를 적극적으로 탐색하는 태도를 기르게 하고자 설정하였다. 진로 동아리 구성, 진로 활동 계획 수립, 진로 정보 조사 방법 등을 다룬다. 친구들과 진로 동아리를 만들어 다양한 진로와 직업에 대한 정보를 탐색하고 공유하는 과정에서 자신의 진로를 준비하고 진로 동아리 활동을 즐기도록 한다.

- [9시자07-03] 이 성취기준은 시각장애인의 다양한 직업 사례로 진로 장벽을 이해하고 극복하는 태도와 능력을 기르게 하고자 설정하였다. 시각장애인의 취업 직종 조사, 취업 장벽의 유형 조사, 성공 사례와 성공 요인 분석, 실패 사례와 실패 요인 분석 등을 다룬다. 시각장애인의 다양한 직업 사례를 조사하고 분석하는 과정에서 시각장애가 직업 활동에 미치는 영향을 바르게 이해하고 진로를 준비해 나가도록 한다.

- [9시자07-04] 이 성취기준은 우리나라의 직업(군)과 직업(군)별 일의 특성에 대한 이해를 높이고자 설정하였다. 한국직업표준분류, 한국직업사전, 시각장애인의 주요 취업 직업(군), 직무 분석, 직업(군)별 자격증 종류, 자격증 취득 준비 방법, 시각장애인 자격시험 편의 지원 등을 다룬다. 우리나라의 표준 직업 분류에 따른 직업(군)과 수행하는 직무와 직업 자격증에 대해 조사하고 분석하는 과정에서 직업(군)에 대한 이해를 높이도록 한다.

- [9시자07-05] 이 성취기준은 직무 체험으로 적성 직업과 시각장애인의 직무 접근성에 대한 이해를 높이기 위해 설정하였다. 직무 체험 직업(군) 선정, 직무 체험 방법, 직무 체험 준비와 시각장애에 대한 고려 사항 등을 다룬다. 교내 실습장, 시각장애인복지관, 한국장애인고용공단, 사업체 등에서 다양한 직무를 체험하고, 체험 결과를 분석하고 토론하는 과정에서 자신의 직업 적성과 시각장애인의 직무 장벽을 이해하

도록 한다.
- [9시자07-06] 이 성취기준은 직장에서 복무 규칙을 준수하며 생활하는 태도를 기르게 하고자 설정하였다. 복무 규칙의 개념, 직업(군)별 복무와 작업 규칙, 시각장애로 인한 동료 관계의 문제와 대처 기술 등을 다룬다. 직장에서의 복무 규칙과 바른 생활 태도를 조사하고 토론하는 과정에서 직장 생활에서의 복무 규칙 준수와 동료 관계의 중요성을 인식하고 실천하도록 한다.
- [9시자07-07] 이 성취기준은 기본적인 작업 도구와 사무기기를 안전하게 사용하는 능력을 기르게 하고자 설정하였다. 일반적인 작업 도구와 사무기기의 종류, 직업(군)별 특수한 작업 도구, 시각장애를 고려한 작업 도구의 수정과 사용 방법 등을 다룬다. 다양한 작업 도구와 사무기기의 종류와 기능을 탐색하고, 잔존 감각을 활용해 작업 도구와 기기를 사용하는 과정에서 작업 도구와 기기를 안전하고 효과적으로 다루도록 한다.

(나) 성취기준 적용 시 고려 사항
- 직업 평가는 시각장애인 직업 평가 도구를 보유하고 평가 경험이 있는 직업 재활 기관의 직업 평가 서비스를 활용한다. 평가 도구 및 방법에 대한 접근성을 확인하여 점자 검사지, 확대 검사지, 녹음 검사지, 대면 낭독 검사 같은 적절한 평가 방식으로 조정하여 실시할 수 있다.
- 진로 동아리 활동은 창의적 체험 활동의 진로 활동과 연계하여 지도하고, 진로 동아리 활동 전에 진로 활동 계획의 적절성을 충분히 검토하는 과정을 거치도록 한다.
- 우리나라의 직업군 분류는 국가직무능력표준 직업 분류 기준을 활용하고, 직업정보 사전 등 다양한 직업 관련 자료들은 점자 자료, 확대 자료, 전자 자료 형태를 찾아보거나 대체 자료 제작을 신청하여 자료에 접근하도록 한다.
- 시각장애인 직업 사례를 조사할 때는 장애인 경제 활동 조사 보고서, 시각장애인 취업과 창업 성공 사례 기사, 직업재활기관의 시각장애인 직종 개발 사례 등을 활용하고, 시각장애인의 대표 직업이나 선호 직업이 시간에 따라 어떻게 변화되어 왔는지 비교하도록 한다.
- 다양한 직업군에 대한 직무 체험을 준비할 때 한국장애인고용공단, 시각장애인 복지관, 지역사회 사업체 등을 적극 활용한다. 또한 직무 분석으로 직무 체험 과정에서 겪을 수 있는 장벽을 미리 확인하여 대안적인 체험 방법을 모색하고, 실질적인 직무 체험이 되도록 한다.
- 직업군별로 사용하는 작업 도구와 사무기기를 직접 사용하는 경험으로 시각장애로 인한 사용 장벽을 이해하고, 이를 해결하려는 대안적인 사용 방법이나 도구의 개조 등을 모색하도록 문제 해결 학습 모형을 도입하여 지도한다.

# 03 교수·학습 및 평가

## 가. 교수·학습

(1) 교수·학습의 방향

(가) 모든 학생에게 교육과정의 자립생활 영역을 일률적으로 적용하기보다 시각장애 정도, 자립생활 수준 등을 고려하여 개인별로 필요한 영역을 선정하고, 시각장애인 자립생활의 전문성을 가진 교사 및 전문가와 함께 교수·학습 계획을 수립한다.

(나) 초등학교, 중학교, 고등학교로 학습 내용을 구분하고 있으나, 학교의 교육 여건과 학생의 자립생활 기술 수준 등을 고려하여 학교급 간에 학습 내용을 통합하거나 연계하여 지도할 수 있다.

(다) 자립생활에 필요한 지식과 기술을 학습하고 적용하는 과정에 잔존 시각, 촉각, 청각, 후각 등 모든 감각을 통합적으로 사용하도록 수업을 설계하고 학습 환경을 조성한다.

(라) 학생들의 체험 및 실습을 위한 학교 내 실습실을 확보하고, 자립생활 지식과 기술이 필요한 가정, 학교, 지역사회의 모든 장소에서 교수·학습 활동이 이루어지도록 계획한다.

(마) 디지털 사회와 생활 환경에서 사용되는 디지털 기기와 애플리케이션의 활용 지식과 기술을 적절히 다루어 디지털 사용 역량에 격차가 발생하지 않도록 한다.

(바) 교수·학습 활동은 실제 장소에서 실제 도구를 사용하는 16)_____이 되도록 계획하고, 생활에서 독립적으로 사용할 수 있도록 충분한 연습으로 숙달하고 일반화하도록 한다.

(사) 온오프라인 연계 학습, 원격수업 등의 다양한 형태의 수업을 전개하고 시각장애 학생이 참여할 수 있는 스마트 기기, 보조공학 기기, 디지털 교육 매체와 자료 등을 확보한다.

(아) 초등학교와 중학교의 17)_____ 그리고 고등학교의 18)_____ 시수에 19)_____ 교육 시수를 확보해 편성할 수 있으며, _____과 관련된 교과 수업에 통합하여 지도할 수 있다.

(2) 교수·학습 방법

(가) 자립생활 영역의 특성을 고려하여 적합한 교수 방법과 전략을 사용하여 지도한다.
- '20)____' 영역은 환경을 이해하고 공간 내 이동 기술을 습득하도록 집단 이론 지도, 일대일·소그룹 실습, 모델링, 현장 학습, 지역사회 중심 교수 등을 적용한다.

16) 실습 중심 수업
17) 창의적 체험활동
18) 특수교육 전문 교과
19) 시각장애인 자립생활
20) 보행

- '21)_____' 영역은 생활에 필요한 기술을 습득하도록 과제 분석, 행동 연쇄법, 모델링, 일대일·소그룹 실습, 일과 활용 교수 등을 적용한다.
- '22)_____' 영역은 다양한 사람들과 관계를 형성하고 유지하도록 응용 행동 분석, 문제 해결 시나리오와 상황극, 상호 교수, 또래 중재와 또래 교수, 토론 학습 등을 적용한다.
- '23)_____' 영역은 잔존 감각을 활용하는 기술을 효율적으로 습득하도록 직접 교수, 개념 학습, 현장 학습, 일과 활용 교수, 지역사회 중심 교수 등을 적용한다.
- '24)_____' 영역은 시각장애 정도와 감각 조건에 맞는 보조공학 기술을 습득하도록 과제 분석, 직접 교수, 문제 해결 학습, 프로젝트 학습 등을 적용한다.
- '25)_____' 영역은 심신의 건강과 행복한 여가 활동에 필요한 기술을 습득하도록 과제 분석, 행동 연쇄, 지역사회 연계 체험 학습, 현장 학습 등을 적용한다.
- '26)_____' 영역은 진로 목표를 설정하고 진로를 체계적으로 준비하도록 직무 분석, 직무 체험, 현장 실습 등을 적용한다.

(나) '자립생활 영역에 따라 필요한 시설과 설비를 갖추고 실습 중 안전에 유의하며 지도한다.

- '27)____' 영역은 학생의 독립 보행 능력과 보행 기술 수준 등을 고려하여 교내 시설부터 학교 인근 지역, 한적한 인도와 교차로, 주택가 지역, 상가 지역 등으로 보행 환경을 확대한다.
- '28)_____' 영역은 학생이 일상생활 기술을 직접 수행하는 과정에서 습득하도록 시각장애 정도를 고려하여 일상생활 설비와 도구를 갖춘 생활 실습실을 마련하여 실시한다.
- '29)_____' 영역은 다양한 상황극과 모의 학습을 할 수 있는 구조화된 학습 환경과 기회를 마련하고, 실제 맥락에서 대인 관계 기술을 적용하도록 지역사회의 사회적 상호 작용 공간과 또래 활동 시간을 활용한다.
- '30)_____' 영역은 시각, 청각, 촉각을 활용할 수 있는 보조 기구와 자료를 갖춘 감각 훈련실을 마련하여 감각 활용 기술과 방법을 지도하고, 학습한 감각 기술을 적용하기 위해 학교와 지역사회의 다양한 장소를 활용한다.

21) 일상생활
22) 대인 관계
23) 감각 활용
24) 보조공학
25) 여가 활용
26) 진로준비
27) 보행
28) 일상생활
29) 대인 관계
30) 감각 활용

- '31)_____' 영역은 시각장애 정도와 수행 과제에 따라 적절한 기기를 선택하여 사용하도록 다양한 정보화 기기와 보조공학 기기를 갖춘 컴퓨터 및 보조공학 실습실을 마련하여 실시할 수 있다.
- '32)_____' 영역은 학생의 연령과 흥미를 고려한 여가 활동을 직접 경험하도록 지역 문화 센터, 스포츠 시설, 장애인 복지관 등의 지역사회 시설을 적극 활용한다.
- '33)_____' 영역은 진로와 직업에 대한 실제적인 이해와 경험을 바탕으로 진로를 탐색하고 준비하도록 교내 직업 실습실을 마련하여 실시할 수 있으며, 지역사회의 직업재활 기관과 장애인 고용 사업체 등을 활용한다.

(다) 자립생활 영역과 학습 주제에 따라 타 교과와 연계하여 지도하고 관련 인사 및 전문가와 협력한다.
- 시각장애인 자립생활의 내용 영역과 관련이 있는 실과, 가정·기술, 사회, 도덕, 정보, 체육, 진로와 직업, 보건 등의 초·중등학교 교과 수업에 통합하여 지도할 수 있다.
- '보행', '일상생활', '대인 관계', '감각 활용', '보조공학', '여가 활용', '진로 준비' 영역 간에 관련성이 높은 학습 주제는 34)_____을 실시한다.
- 교수·학습 활동이 다양한 생활 장면과 교과 간에 연계하여 이루어지도록 자립생활 교육을 담당하는 교사와 전문가뿐만 아니라, 담임 교사, 교과 담당 교사, 부모 등도 교육에 참여하도록 한다.

## 나. 평가

(1) 평가의 방향

(가) 평가의 신뢰도와 타당도를 보장하기 위해 시각장애인 자립생활 영역에 대한 전문성을 가진 교사와 전문가가 함께 평가 계획을 수립하여 실시한다.

(나) 평가계획 수립 시 평가 영역 및 내용을 고려하여 학생의 '지식·이해', '과정·기능', '가치·태도'의 다양한 측면을 종합적이고 균형 있게 평가하도록 계획한다.

(다) 교수·학습 과정과 평가 과정이 분리되지 않도록 학교급에 따른 성취기준을 활용하는 35)_____를 실시하되, 개별 학생의 특성과 수준을 고려하여 성취기준을 조정한다.

(라) 자립생활 영역에 따라 지필평가, 관찰 평가, 평정 척도 평가, 수행평가, 포트폴리오 평가 등을 종합적으로 활용하되, 생활 장면에서 하는 36)_____에 중점을 둔다.

(마) 학교 졸업 이후 성인으로서 독립적인 삶을 살아가도록 학습한 지식과 기술을 능숙하게 사용할 수 있는지의 37)_____까지 평가한다.

31) 보조공학
32) 여가 활용
33) 진로 준비
34) 주제 중심의 통합 수업
35) 교육과정 중심 평가
36) 수행평가
37) 숙달 및 일반화

(바) 다양한 생활 장면에서 학생의 자립생활을 위한 지식과 기능의 활용 정도와 능력을 보다 객관적으로 평가하기 위해 담임 교사, 교과 담당 교사, 가족, 동료, 지역사회 인사 등이 협력한다.

(2) 평가 방법

(가) 자립생활에 필요한 '지식·이해', '과정·기능', '가치·태도'를 종합적으로 평가한다.
- '지식·이해' 영역은 학습 활동에서 습득한 사실과 개념의 이해 정도를 확인하기 위해 지필평가, 구두 평가를 실시한다.
- '과정·기능'은 습득한 기술과 기능을 일상 활동에서 사용하는 능력을 확인하기 위해 수행평가를 실시한다.
- '가치·태도' 영역은 시각장애에 대한 수용과 적응, 자립생활에 대한 태도와 효능감을 평가하기 위해 면접, 행동 관찰, 자기 평가, 동료 평가를 실시한다.
- (나) 자립생활 영역에 적합한 평가 방법을 사용하여 학습 목표의 도달 여부와 자립생활 능력을 평가한다.
- '38)_____' 영역은 생활 환경에서 안전하고 독립적으로 이동하는 능력에 중점을 두고, 면접, 행동 관찰, 자기 평가, 동료 평가, 현장 평가 등을 활용한다.
- '39)_____' 영역은 일상적인 활동들을 스스로 수행하고 관리하는 능력에 중점을 두고, 행동 관찰, 모의 평가, 일상생활 기술 평정 척도, 수행 평가 등을 활용한다.
- '40)_____' 영역은 다른 사람과 긍정적인 관계를 형성·유지하는 능력에 중점을 두고, 행동 관찰, 사회적 기술 평정 척도, 역할극, 자기 평가, 동료 평가 등을 활용한다.
- '41)_____' 영역은 학습과 생활에 잔존 감각을 효과적으로 활용하는 능력에 중점을 두고, 시각 활용에 대한 면접, 행동 관찰, 모의 평가, 현장 평가 등을 활용한다.
- '42)_____' 영역은 학습과 생활에 필요한 보조공학 기기를 사용하는 능력에 중점을 두고, 문제 해결 평가, 프로젝트 평가, 포트폴리오 평가 등을 활용한다.
- '43)_____' 영역은 연령에 적합한 여가 활동에 참여하는 능력에 중점을 두고, 여가 활동에 대한 행동 관찰, 자기 평가, 동료 평가, 현장 평가 등을 활용한다.
- '44)_____' 영역은 다양한 직업을 탐색하고 진로를 준비하는 능력에 중점을 두고, 진로 준비 과정에 대한 행동 관찰, 직업 적성 평가, 작업표본평가, 상황 평가, 현장 평가 등을 활용한다.

38) 보행
39) 일상생활
40) 대인 관계
41) 감각 활용
42) 보조공학
43) 여가 활용
44) 진로 준비

# 06 농인의 생활과 문화(초등학교, 중학교)

## 교육과정 설계의 개요

'농인의 생활과 문화'는 농학생들이 농인의 정체성을 탐색, 이해하는 과정에서 사회생활을 원만하고 편리하게 할 수 있는 지식·이해, 과정·기능을 습득하고 다양한 문화를 수용하는 가치·태도를 갖추어 사회 구성원이자 농인 공동체의 일원으로서 주체적인 삶을 살아가도록 하는 교육과정이다. '성격'에는 교육과정 활용의 필요성과 적용 대상을, '목표'에는 핵심역량을 활용하여 달성할 수 있는 학습의 목표를 제시하였다. 핵심역량은 삶의 주체로서 '자기관리 역량, 공동체 역량, 의사소통 역량, 심미적 감성 역량, 자립생활 역량'으로 구성된다. 이는 2022 개정 교육과정 총론에서 제시한 핵심역량에 기반하여 '농인의 생활과 문화' 교육과정의 특성에 맞게 2015 개정 '농인의 생활과 문화' 교육과정의 핵심역량인 '자기관리 역량, 자립생활 역량, 의사소통 역량, 심미적 역량'을 확장한 것이다. '자기관리 역량'은 농인 생활의 특성, 농인의 역사, 농인의 정체성에 대한 지식을 바탕으로 삶의 주체로서 시민 정신을 가지고 살아가는 능력이다. '자립생활 역량'은 자신의 삶과 미래를 스스로 설계하고 타인과 원만한 관계를 유지하면서 사회생활을 영위해 나가는 능력이다. '의사소통 역량'은 상대방과의 상호 이해를 바탕으로 다양한 의사소통 양식을 인정하며, 언어적·비언어적 방법으로 자신의 생각과 감정을 적절히 표현하고 타인과 소통할 수 있는 능력이다. '심미적 감성 역량'은 농인의 예술적 분야에 기반하여 내면의 아름다움을 표현하는 능력이다. '공동체 역량'은 농사회와 농문화의 이해를 바탕으로 자부심을 가진 농인으로서 농공동체의 일원으로 참여하며, 다양성 이해를 바탕으로 농인뿐 아니라 청인 사회 구성원들과도 협력하여 살아가는 능력을 의미한다. 이러한 핵심역량은 목표 달성에 활용되는 역량으로 자기관리 역량과 심미적 감성 역량은 자신의 정체성 탐색을 기반으로 생활을 성찰하고 개선하게 하며, 나아가 농인으로서 자부심을 가지고 사회 구성원으로서 삶을 영위하는 데 도움이 된다. '자립생활 역량'과 '의사소통 역량'은 긍정적 대인 관계 형성과 미래 설계를 바탕으로 삶의 주체자로서 자립하여 더 나은 삶을 향유하게 하며, '공동체 역량'은 다양성을 이해해 사회 참여를 도모함으로써 교육과정의 목표를 달성하는데 기여한다. '내용 체계'는 목표를 달성하고자 핵심역량을 토대로 설정한 7가지 영역별 '핵심 아이디어'와 함께 '지식·이해', '과정·기능', '가치·태도'의 3가지 범주에 해당하는 활동을 포함한 '내용 요소'로 구성하였으며, 이를 반영한 '성취기준'을 제시하였다. '교수·학습 및 평가'는 전반적 교수·학습 및 평가 시 필요한 내용을 교수·학습 및 평가의 방향과 방법으로 나누어 각각 제시하였다. '농인의 생활과 문화'의 7가지 영역은 농인의 생활을 탐색·이해·적용하여 성공적이고 행복한 삶을 영위하는 방안을 모색하는 '1)_____' 영역, 농공동체와 농사회를 탐색하고 농인의 독창적 삶을 탐구하는 '2)_____' 영역, 농인으로서 정체성 확립뿐 아니라 청인의 문화를 수용하는 이중문화 정체성을 지향하는 '3)_____' 영역, 다른 사람과 원만하게 상호 작용 할 수 있게 하는 '4)_____' 영역, 농인의 특성을 반영한 내면의 아름다움을 표현하는 '5)_____' 영역, 잔존 청력 활용과 학습 및 사회 참여를 극대화해 줄 공학 정보를 제공하는 '6)_____' 영역, 청인 중심 사회에서 농인의 삶의 질을 향상하는 지원들을 확인하고 활용하는 '7)_____' 영역으로 구성된다. '농인의 생활과 문화'의 '핵심 아이디어'는 수어를 사용하는 농인의 삶과 문화를 탐색함으로써 자신의 능력과 역할을 확인하며, 의무를 실천하고 권리를 누리는 것에 중점을 두었으며, 관련 아이디어를 '내용 요소'에 반영하였다. 특히, 청인과 동등한 사회 구성원으로서 다양한 사회 활동에 함께 참여하고 상호 존중하며 살아가기 위한 핵심 아이디어를 제공하였다. 또한 내용 체계가 학교급에 따라 확대되는 형태로 설계되었다.

이와 같은 맥락에서 '농인의 생활과 문화'는 농인으로 살아가면서 필요한 '지식·이해'를 학교급의 각 단계에 따라 습득하고, 이해한 지식에 기반하여 수행과 경험을 강조하는 '과정·기능'을 포함하며 이에 대한 '가치·태도'가 확립되도록 3가지 범주를 통해 7가지 영역별 '내용 체계'를 구성하였다. 구성된 범주들은 포괄적으로 연계되어 '성취기준'을 제시하고 있으며, 필요한 경우 '성취기준 해설'을 통해 성취기준을 적용하는 방법을 부가적으로 설명하였고 '성취기준 적용 시 고려 사항'에서는 내용 체계에서 제시된 활동이 성취기준에 적용될 때 필요한 사항들을 명시하였다.

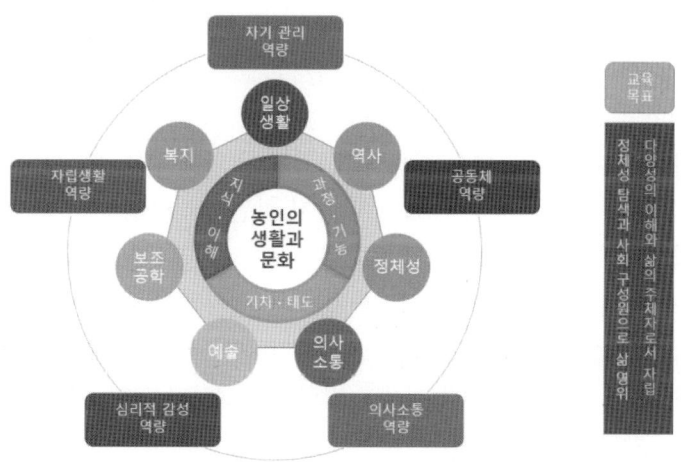

[그림 11] 2022 개정 '농인의 생활과 문화' 교육과정 개요

1) 일상생활
2) 역사
3) 정체성
4) 의사소통
5) 예술
6) 보조공학
7) 복지

# 01 성격 및 목표

## 가. 성격

'농인의 생활과 문화'는 다양한 의사소통 수단을 소개하고 그중 수어를 주요 의사소통 수단으로 사용하는 농인의 삶과 문화를 이해하는 교육과정이다. '농인의 생활과 문화' 교육과정을 통해 농학생은 농인으로 살아가면서 필요한 기본 개념과 원리를 이해하고 농인의 문화와 정체성을 탐색함으로써 삶의 방향을 스스로 결정하여 독립된 주체로 자신의 삶을 살아가는 능력을 기를 수 있다. 농인은 시각을 주로 활용하며, 수어를 주된 의사소통 수단으로 하여 살아간다. 하지만 대부분 청인 부모의 자녀로 태어나기 때문에 청각을 활용하는 의사소통 환경에서 양육되므로 가정 내에서 다양한 의사소통 수단을 경험하기 어렵다. 게다가 수어에 기반한 농인들의 삶은 병리적 관점이나 의사소통 방법의 차이만으로 설명되기 어려우며, 문화적 관점에서 청인들과 다른 공동체를 형성하고 시각 기반의 정체성이 존재하므로 농인의 생활과 문화를 습득할 기회를 제공해야 한다. 다양한 의사소통 수단 정보, 농인의 삶에 대한 이해와 경험은 농학생들뿐 아니라 현재 수어를 사용하지 않는 난청 학생에게도 필요하다. 이러한 교육이 통합교육 환경에서 구어를 주된 의사소통 수단으로 사용하는 난청 학생들에게 제공된다면 자신이 누구인지 폭넓게 생각해 보는 기회가 되며, 향후 삶의 태도와 방향을 선택하게 할 것이다.

우리나라는 단일 언어, 단일 문화 사회라는 통념이 오랜 기간 존재해 왔으나, 최근 들어 문화 다양성을 존중하는 방향으로 사회가 변화하고 있다. 이러한 변화는 농사회에도 영향을 미쳐 법률에서도 수어를 대한민국 농인의 공용어로 선포하고, 농문화를 농인의 생활 양식으로 인정하기에 이르렀다. 이에 농인이 주체적 정체성을 가지고 농문화를 생성하여 공동체를 이루어 살아감과 동시에 청인의 문화를 수용하며 함께하는 사회의 구성원으로서 성공적 삶을 살아가도록 하고자 '농인의 생활과 문화'는 일상생활, 역사, 정체성, 의사소통, 예술, 보조공학, 복지 영역을 '지식·이해', '과정·기능', '가치·태도' 세 가지 차원에서 구성한다.

'농인의 생활과 문화' 교육과정에서 8)_____은 시각 중심의 사회를 경험하고 학습하여 삶에 대한 영역을 확장하며, 9)_____은 삶을 원만하고 편리하게 할 수 있는 지식, 과정과 기능, 가치와 태도를 갖추어 농인의 자긍심을 가지고 사회 구성원으로서 권리를 향유할 수 있다. 이와 더불어 농학생을 담당하는 교사가 통합교육 환경에서 농학생 또는 청각장애 학생과 함께 수업에 참여하는 일반 학생을 대상으로 활용하는 것 또한 유익하다. 교사에게는 농학생에 대한 이해를 높여 전반적 지도 과정에서 도움을 줄 수 있으며, 일반 학생은 농학생에 대한 편견을 갖지 않을 뿐 아니라 농인의 삶을 이해하고 인정함으로써 농인을 우리 사회 내의 다른 문화 공동체로 인식하여 이를 수용하고 더불어 살아가는 태도를 갖게 하는 데 도움이 될 수 있다.

8) 수어를 사용하지 않는 난청 학생
9) 농학생

## 나. 목표

농인의 생활과 문화를 이해하여 농인으로서 10)_____을 탐색함과 동시에 다양한 문화를 수용하는 태도에 기반하여 사회 구성원과 11)_____의 일원으로 참여하는 역량을 키우며 삶의 주체자로서 미래 삶의 방향을 설계하는 능력을 기른다.

(1) 수어를 사용하는 농인에 관한 문화적 관점을 이해하고, 농인의 역사와 예술, 삶에 관한 지식을 습득하여 자신의 생활을 성찰하고 개선한다.
(2) 시각과 청각을 이용한 의사소통 방법을 익히고, 다양한 분야에서 농인의 삶을 살펴보면서 미래를 설계한다.
(3) 일상생활 전반에 지원되는 보조공학 기기와 사회 혜택을 활용하는 방법을 익혀 더 나은 삶을 향유한다.
(4) 다양한 의사소통 방법과 문화를 수용하는 태도로 타인의 생각과 행동을 배려하여 긍정적 대인 관계를 형성한다.
(5) 농인으로서 자부심을 가지고 농인의 권리와 가치를 이해하여 우리나라 사회 구성원으로서 삶을 영위한다.

---

10) 정체성
11) 농인 공동체

## 02 내용 체계 및 성취기준

### 가. 내용 체계

(1) 일상생활

| 범주 | 내용 요소 |
|---|---|
| 핵심 아이디어 | • 농인 가정은 다양한 형태로 이루어져 있다.<br>• 지역사회에서 함께 살아가는 것은 원만한 대인 관계에서 시작된다.<br>• 다양한 여가활동은 몸과 마음에 활력을 준다. |
| 범주 | 내용 요소<br>중학교 1~3학년 |
| 지식·이해 | • 농인 가족 구성원의 역할<br>• 농인의 여가·문화활동 |
| 과정·기능 | • 자기 주장과 공감 기술 익히기<br>• 여가활동 참여하기<br>• 문화활동 참여하기 |
| 가치·태도 | • 가족 구성원으로서 책임감 있는 태도<br>• 학교 구성원 간의 바람직한 관계 |

(2) 역사

| 범주 | 내용 요소 |
|---|---|
| 핵심 아이디어 | • 농인의 역사는 농학교와 농공동체의 이해를 포함한다.<br>• 농인의 훌륭한 개인 업적이 우리나라의 역사에 기여함을 안다.<br>• 농공동체 이해는 농인 역사에 대한 자부심 함양의 핵심 요소이다. |
| 범주 | 내용 요소<br>중학교 1~3학년 |
| 지식·이해 | • 우리나라 농공동체의 이해 |
| 과정·기능 | • 우리나라 농공동체 방문하기<br>• 다양한 분야의 농인 만나기 |
| 가치·태도 | • 농인에 대한 자부심 |

(3) 정체성

| 핵심 아이디어 | • 농인의 삶은 병리적 관점과 문화적 관점에 따라 달라진다.<br>• 도전은 나의 장점과 강점을 알고, 단점과 약점을 보완하는 데서 시작된다.<br>• 문화적 관점은 다른 청인 또는 농인과의 긍정적 관계에 도움이 된다. |
|---|---|
| 범주 | 내용 요소 |
|  | 중학교 1~3학년 |
| 지식・이해 | • 농인을 바라보는 병리적 관점<br>• 농인을 바라보는 문화적 관점의 심화<br>• 농인과 청인의 공통점과 차이점 이해 |
| 과정・기능 | • 나의 도전 과제 탐색하기<br>• 나의 도전 과제 해결 방법 찾기 |
| 가치・태도 | • 서로 배려하며 존중하는 농인과 청인의 태도 |

(4) 의사소통

| 핵심 아이디어 | • 시각과 청각을 통한 의사소통은 대화의 주요 전략이다.<br>• 다양한 의사소통 양식을 활용하여 효과적으로 대화한다.<br>• 학령기 독서 권장과 문자 언어 활용은 의사소통 능력 향상에 도움이 된다. |
|---|---|
| 범주 | 내용 요소 |
|  | 중학교 1~3학년 |
| 지식・이해 | • 다양한 양식의 의사소통 활용<br>• 수어의 언어적 특성<br>• 필담과 문자 대화의 특성 |
| 과정・기능 | • 여러 양식의 의사소통 방법 체험하기<br>• 수어와 문자로 대화하기<br>• 통역을 통한 의사소통 방법 체험하기 |
| 가치・태도 | • 여러 환경에서 의사소통하는 태도<br>• 수어를 대하는 올바른 자세<br>• 통역을 통한 의사소통의 태도 |

(5) 예술

| 핵심 아이디어 | • 농문학은 농인의 생각과 감정을 표현하고 수용하여 타인과 소통하는 문학 활동이다.<br>• 농예술은 감성과 느낌을 예술적 요소로 표현하고 수용하여 타인과 소통하는 행위이다. |
|---|---|
| 범주 | 내용 요소 |
|  | 중학교 1~3학년 |
| 지식·이해 | • 농문학, 농예술의 특성 이해<br>• 농예술과 청사회 예술의 문화적 차이 이해<br>• 농예술가(표현하는 이)의 관점 이해 |
| 과정·기능 | • 농문학 작품 감상하고 감상평 공유하기<br>• 농예술 공연과 작품 감상하고 감상평 공유하기 |
| 가치·태도 | • 농문학이 지니는 가치<br>• 농예술이 지니는 가치 |

(6) 보조공학

| 핵심 아이디어 | • 청각을 활용한 보조공학 기기는 농인의 잔존청력 활용을 극대화한다.<br>• 시각을 활용한 보조공학 기기는 농인의 학습과 일상생활을 원활하게 하고 사회 참여를 극대화한다. |
|---|---|
| 범주 | 내용 요소 |
|  | 중학교 1~3학년 |
| 지식·이해 | • 청각 활용 보조공학 기기의 종류와 기능<br>• 시각 활용 보조공학 기기의 종류와 서비스 |
| 과정·기능 | • 청각 활용 보조공학 기기와 기술 활용하기<br>• 시각 활용 보조공학 기기와 기술 활용하기<br>• 정보 접근과 의사소통 과정에서 보조공학 기기 활용하기 |
| 가치·태도 | • 청취 환경의 올바른 구성과 유지의 필요성<br>• 의사소통과 정보 습득을 위한 보조공학 기기의 가치 |

(7) 복지

| 핵심 아이디어 | • 자신의 의무를 이행하고 자신에게 주어진 권리를 누리는 것이 사회의 일원으로 바르게 살아가는 방법이다.<br>• 교육, 직업, 의료, 일상생활 등에서 지원되는 혜택들은 자립생활을 촉진한다. |
|---|---|
| 범주 | 내용 요소 |
|  | 중학교 1~3학년 |
| 지식·이해 | • 농인의 진학 지원<br>• 내가 할 수 있는 직업 |
| 과정·기능 | • 장애인 보조공학 기기 관련 사업 찾아보기<br>• 나의 능력과 자질 탐색하기 |
| 가치·태도 | • 장애인 의료비 사업의 필요성<br>• 장애인의 일할 권리의 가치 |

## 나. 성취기준

**[중학교 1~3학년]**

(1) 일상생활

> [9농문01-01] 농인 가족 구성원 간 역할의 특성을 이해하여 역할에 따른 책임감을 가진다.
> [9농문01-02] 자기 주장과 공감 기술을 익혀 학교 구성원 간 바람직한 관계를 맺는다.
> [9농문01-03] 농인의 여가·문화활동의 종류를 알고, 지역사회의 여가·문화활동에 참여한다.

(가) 성취기준 해설

- [9농문01-01] 이 성취기준은 농인 구성원이 최소 1명 이상 포함된 농인 가족에게 나타나는 의사소통의 어려움과 농인 가족 구성원 간 역할의 특성을 이해하고, 이를 해결할 방법을 여러 예시로 탐색함으로써 역할에 따른 책임감을 가지도록 하여 학생이 자신이 삶의 주인임을 자각하는 데 목적이 있다.

(나) 성취기준 적용 시 고려 사항

- 단순 지식을 암기하는 것보다는 농인 당사자의 삶, 농사회, 농집단 등의 사례와 자료로 전반적인 내용을 개략적으로 이해하도록 하며, 지역사회 내에서 농사회를 구성하고 있는 농단체와 연계하여 실제적으로 탐색하고 체험하는 데 중점을 둔다.

(2) 역사

> [9농문02-01] 우리나라 농공동체를 방문하고 농공동체의 모습을 이해한다.
> [9농문02-02] 다양한 분야에 기여한 우리나라 농인들을 만나 삶을 살펴보고 자부심을 갖는다.

(가) 성취기준 해설

- [9농문02-01] 이 성취기준에서 '농공동체'는 지역사회 내에 농인들이 이용하는 농아인협회, 청각장애인복지관, 농교회, 농동호회 등을 의미한다. 농공동체를 방문해 농인들을 만나고 농공동체의 모습을 이해하는 데 목적이 있다.

(나) 성취기준 적용 시 고려 사항

- 농공동체 방문 전 방문지, 방문 목적을 구체적으로 계획한 뒤 방문한다. 농인들도 만나고 농인들의 사는 이야기를 들으며 다양한 분야에 공헌한 우리나라 농인의 모습을 알아보고 농인으로서 자부심을 느끼도록 하는 데 주안점을 둔다.

(3) 정체성

> [9농문03-01] 농인이 일상생활에서 경험하는 불편과 어려움을 병리적 관점과 문화적 관점에서 이해하고, 서로 배려하는 태도를 갖는다.
> [9농문03-02] 문화적 관점을 바탕으로 나의 도전 과제를 탐색하고, 적절한 해결 방법을 찾는다.
> [9농문03-03] 농인과 청인의 공통점과 차이점을 알고, 서로 존중하는 태도를 갖는다.

(가) 성취기준 해설
- [9농문03-01] 이 성취기준은 농인이 일상생활에서 경험하는 불편을 다양한 예시로 알아보고, 이를 병리적 관점이 아닌 문화적 관점에서 인식하여, 서로 배려하는 태도를 기르게 하고자 설정하였다.
- [9농문03-03] 이 성취기준은 농인과 청인이 서로 공통점과 차이점을 인정하고 서로 존중함으로써 긍정적인 관계를 맺을 수 있는 역량을 기르게 하고자 설정하였다.

(나) 성취기준 적용 시 고려 사항
- 우리나라 농인의 삶을 살펴보는 수준으로 제한하기 보다 전세계 농인의 사례를 포함하여 포괄적으로 농인의 삶을 탐색한다. 또한 서로 다른 문화를 이해하기 위한 역할 놀이 등의 교육 방법을 통해 관계에 관해 성찰할 기회를 제공함으로써 농인과 청인이 서로 존중하고 협력하는 태도를 갖는데 주안점을 둔다.

(4) 의사소통

> [9농문04-01] 다양한 의사소통 방법을 활용하여 효과적으로 대화를 시도한다.
> [9농문04-02] 수어와 문자 언어의 특성을 알고 이를 활용하여 상대방과 올바르게 대화한다.
> [9농문04-03] 통역을 통한 의사소통 방법을 익히고 다양한 환경에서 의사소통 적응 능력을 기른다.

(가) 성취기준 해설
- [9농문04-02] 이 성취기준은 수어와 문자 언어 등 다양한 의사소통 방법의 특성을 알고 이를 활용하여 상대방과 올바르게 대화하는 방법을 익히게 하는 것에 목적이 있다.
- [9농문04-03] 이 성취기준에서 통역을 통한 의사소통 방법은 수어 통역뿐 아니라 문자 통역을 포함한다.

(나) 성취기준 적용 시 고려 사항
- 수어를 폭넓게 활용하도록 국립국어원의 한국수어사전 이용 방법을 익히게 하고, 국어 과목과의 연계를 통해 문자 언어 능력 향상을 위한 다양한 독서 활동을 권장함으로써 농학생들이 수어와 문자 언어를 잘 습득하게 돕는다. 이와 더불어 수어를 활용할 수 있는 농공동체를 안내해 주고, 의사소통의 올바른 자세와 태도를 함양하는 데 중점을 둔다.

(5) 예술

> [9농문05-01] 농문학과 농예술의 특성을 이해하고, 다양한 작품과 공연을 감상하며 감상평을 공유한다.
> [9농문05-02] 농예술과 청사회 예술의 문화적 차이를 이해하고, 고유한 가치를 인식한다.

[9농문05-03] 농예술가(표현하는 이)의 관점에 주목하여 작품과 공연을 감상하고 공감한다.
[9농문05-04] 농문학 작품과 농예술에서 표현된 감성을 이해하고, 농문학과 농예술 작품의 가치를 인식하는 태도를 가진다.

(가) 성취기준 해설
- [9농문05-03] 이 성취기준은 농예술가(표현하는 이)의 관점에서 작품을 이해함과 동시에 감상자의 경험과 생각에 따라 느낌이 다를 수 있음을 인지하고 열린 마음으로 작품을 감상하는 소양을 기르게 하는 데 목적이 있다. 농예술가(표현하는 이)의 관점 이해, 농예술 공연과 작품을 감상하고 공감하기 등을 다룬다.

(나) 성취기준 적용 시 고려 사항
- 농문학과 농예술이 청인의 문학, 예술과 어떤 문화적 차이가 있는지 이해하고, 농인의 정체성이 농작가나 농예술가의 관점에서 어떻게 표현되었는지 생각하면서 감상하도록 한다. 특히 미술, 행위 예술, 음악, 연주 등 다양한 농예술이 농인의 정체성을 어떻게 표현했는지 생각하면서 감상하는 데 중점을 둔다. 또한 농인의 삶에서 농문학과 농예술이 가지는 가치를 알고 자신의 경험과 가치관에 따라 작품을 감상하는 태도를 지니도록 지역사회에서 다양한 농문학과 농예술을 경험할 기회를 제공한다.

(6) 보조공학

[9농문06-01] 청각 활용 보조공학 기기의 종류와 기능을 알고, 이를 활용하는 최적의 청취 환경을 구성해 효과적으로 유지한다.
[9농문06-02] 시각 활용 보조공학 기술과 기기의 기능을 알아보고 효과적으로 활용한다.
[9농문06-03] 정보 접근과 의사소통 과정에서 보조공학 기기를 활용하며, 그 가치와 중요성을 안다.

(가) 성취기준 해설
- [9농문06-01] 이 성취기준은 청각 활용 보조공학 기기의 중요성을 알고 최적의 성능을 낼 수 있는 환경을 스스로 인식하여 조절·활용하는 능력을 기르게 하는 데 중점을 둔다. 청각 활용 보조공학 기기의 종류와 기능 알기, 최적의 효과를 내어 활용하는 방법 익히기 등을 다룬다.

(나) 성취기준 적용 시 고려 사항
- 청각 활용 보조공학 기기와 시각 활용 보조공학 기기의 종류와 기능을 이해한 뒤 학생 스스로 각 보조공학 기기가 최상의 성능을 낼 수 있는 환경을 구성하거나 수정·유지하면서 농인이 의사소통과 정보 접근 기회를 획득하기 위한 보조공학 기기의 역할을 인지하고 적절히 활용하는 데 중점을 둔다.

(7) 복지

> [9농문07-01] 농인의 진학 지원을 이해하고, 나의 능력과 자질을 탐색하여 적절한 진학 방법과 과정을 탐색한다.
> [9농문07-02] 장애인 보조공학 기기 관련 사업을 탐색하고 장애인 의료비 사업의 필요성을 알아본다.
> [9농문07-03] 장애인의 일할 권리의 중요성과 가치를 이해하고 내가 할 수 있는 직업을 알아본다.

(가) 성취기준 해설
- [9농문07-01] 이 성취기준은 중학교에서 고등학교로 진학할 때 필요한 지원을 이해하고 진로와 진학에 지속적으로 관심을 두게 하는 데 목적이 있다. 진학 지원의 종류와 방법 이해하기, 진학 지원을 포함한 농인의 권리를 확보하기 위한 제도와 법률 탐색하기 등을 다룬다.
- [9농문07-02] 이 성취기준은 장애인 보조공학 기기와 의료비 사업 지원의 범위를 이해하고, 서비스를 이용할 기본 능력을 갖추기 위해 지원 범위와 절차를 스스로 탐색할 수 있는 내용을 담았다.

(나) 성취기준 적용 시 고려 사항
- 중학교 복지 영역의 성취기준은 농인의 다양한 권리를 확보하기 위한 제도와 법률을 찾아보는 능력을 갖추게 하는 데 중점을 두어 설정하였다. 자신의 능력과 농인의 특성을 이해하고 진학과 진로를 준비하도록 한다.

# 03 교수·학습 및 평가

**가. 교수·학습**

(1) 교수·학습의 방향

(가) '농인의 생활과 문화' 교수·학습은 농인 문화에 흥미와 관심을 두고, 농인의 역사와 문화를 이해함으로써 자긍심을 가지는 것을 목적으로 한다.

(나) 농인의 생활 특성과 원리를 발견하고, 실생활에 적용하도록 교수·학습을 계획하고 운용한다.

(다) '농인의 생활과 문화'의 목표인 농인으로서 12)_____ 확립, 농인으로서 자긍심 고취, 수어의 언어적 특성 이해, 청각 기반 사회에서 문제 해결력 향상, 사회 통합을 위한 공동체 의식을 기르고자 다양한 교수·학습을 계획하고 운용한다.

(라) 농인으로서 개인적 문제나 농사회 문제 탐구, 가치 분석, 의사 결정 등과 같은 학습 과정에서 농학생이 가치 갈등과 문제 상황에서 타인에 대한 공감 능력, 문제나 갈등 해결력, 친사회적 행동 실천 능력 등을 신장하도록 교수·학습을 계획하고 운용한다.

(마) 농학생의 13)_____, 수어 사용 유무, 농인 사회와 유대감, 가족 구성원의 특성 등과 개인차를 고려하여 교수·학습 방법을 계획하고 운용한다.

(바) 비대면 수업을 고려하여 디지털 교육 환경에 따른 온오프라인 연계 수업이 가능하도록 농학생이 디지털 도구 활용 능력 등을 신장하도록 교수·학습을 계획하고 운용한다.

(2) 교수·학습 방법

(가) '농인의 생활과 문화' 교육과정에서 다양한 학습지도 방법을 사용한다.
- 질문, 조사, 토의·토론, 관찰과 면담, 현장 견학과 체험, 초청 강연, 역할 놀이와 시뮬레이션 게임, 사회 참여, 사료 학습 등 적절한 학습 지도 방법을 사용한다.
- '농인의 생활과 문화' 교육과정에서 학습자에게 적합한 의사소통양식을 선택하도록 지도하고 디지털 교육 환경에 따른 온오프라인 연계 수업과 디지털 도구 활용 지도로 학습자 중심의 맞춤형 수업을 하도록 한다.

(나) '농인의 생활과 문화' 교육과정에서 학습자가 실생활에 적용 및 실천할 수 있도록 한다.
- 농학생의 경험을 중심으로 학습 주제와 학습 내용을 연계하고 농학생이 학습 내용을 실생활에 적용하도록 실생활 중심의 주제를 설정하고 14)_____을 활용한다.
- '농인의 생활과 문화' 교육과정에서 농학생이 민주적 가치와 태도를 함양하도록 청사회 속에서 문제 상황, 가치 갈등 상황, 인권 침해 사례 등 다양한 상황이나 사례를 찾아 농학생이 합리적인 해결 방안을 모색하고 실천하게 체험 중심의 교수·학습 방

12) 주체적 정체성
13) 청력 손실 정도
14) 경험 중심 수업

법과 자료 등 적절한 학습 지도 방법을 사용한다.
- '농인의 생활과 문화' 교육과정에서 사회과의 통합으로 15)_____의 특성과 16)_____의 특성 모두를 이해하고 긍정적인 생활 지식과 태도가 형성되도록 유의한다.

## 나. 평가

### (1) 평가의 방향

(가) '농인의 생활과 문화'의 성취기준을 고려하여 영역별 핵심 아이디어, 범주, 내용 요소의 교수·학습 방법이 17)_____을 유지하도록 평가 계획을 수립한다.

(나) '농인의 생활과 문화'의 성취기준을 고려하여 영역별 내용 체계와 성취기준에 따라 평가 계획을 수립한다.

(다) '농인의 생활과 문화'의 성취기준을 고려하여 농학생이 사용하는 18)_____으로 평가를 실시하도록 계획한다.

(라) '농인의 생활과 문화'의 성취기준을 고려하여 농인으로 살아가면서 필요한 기본 개념과 원리, 일반화에 대한 이해 정도 등에 중점을 두어 평가를 실시하도록 계획한다.

(마) '농인의 생활과 문화'의 성취기준을 고려하여 일상생활에서 필요한 기술, 다양한 의사소통 방법을 사용하는 능력, 농역사를 이해하고 농정체성을 찾아가는 과정, 자신의 감정과 느낌을 아름답게 표현하는 능력 그리고 안정적 사회생활을 영위하기 위해 필요한 각종 복지 정책과 보조공학 관련 정보의 획득·활용 능력 등에 중점을 두어 평가를 실시하도록 계획한다.

(바) '농인의 생활과 문화'의 성취기준을 고려하여 국가, 농사회와 청사회의 요구, 개인적 요구에 비추어 바람직한 농정체성, 주체적 삶의 태도, 농과 농인에 대한 긍정적 인식을 갖는 데 중점을 두어 평가를 실시하도록 계획한다.

(사) '농인의 생활과 문화'의 성취기준을 고려하여 디지털 도구를 활용한 원격수업 시 평가 결과를 영상, 이미지, 음성 녹음, 문자 언어 등으로 기록하여 학습자 개인별로 평가 목적, 상황, 내용 등을 종합적으로 고려한 평가가 되도록 계획한다.

### (2) 평가 방법

(가) '농인의 생활과 문화'의 평가는 다양한 평가 방법을 활용한다.
- 결과적 지식 습득 유무를 확인하기 위한 지필 평가는 지양하고, 19)_____을 알고 사실과 개념 등의 이해 정도를 발표, 면담, 토론, 관찰, 체크리스트 등을 통해

15) 청사회
16) 농사회
17) 일관성
18) 주된 의사소통 방법
19) 농사회와 청사회의 특성

평가한다.
- 디지털 도구로 평가 결과를 기록하여 학습자의 성장과 발달을 파악하거나 학습자에게 피드백을 할 근거로 활용하고, 행동 관찰의 누가 기록, 교사 평가 이외에 수행평가, 자기 평가, 상호 평가 등 다양한 평가 방법을 활용한다.

(나) '농인의 생활과 문화'의 평가는 학습내용에 따라 적절한 평가방법을 활용한다.
- 각종 복지 정책과 보조공학 관련 정보 탐색과 수집 능력, 실생활 적용 능력, 문제 해결 능력 등을 평가하기 위해 면접법, 관찰, 면담, 포트폴리오 등 수행평가로 평가한다.
- 농인으로서 정체성을 바탕으로 농사회와 청사회에서 일어나는 현상을 이해하고, [20)_____]를 확인하기 위하여 역할놀이, 시뮬레이션, 개인과 집단 활동 관찰, 채점 기준표를 활용한 자기 평가와 동료 평가로 평가한다.
- 농학생의 실제 생활과 연계해 지식과 정보의 획득 과정과 학습 경험의 활용, 실천 능력을 평가하고 농학생이 실제 생활 장면에서 능력을 발휘할 수 있느냐에 중점을 둔다.

---

20) 농과 농인에 대한 긍정적 태도

# 07 점자

## 교육과정 설계의 개요

점자 교육과정은 시각장애 학생의 문자 학습과 사용을 보장하기 위해 특별히 설계된 교육과정이다. 2022 개정 특수교육 교육과정의 총론에서는 학습자를 자주적 생활 능력을 갖춘 민주시민으로 양성하기 위해 자기관리 역량, 지식정보처리 역량, 협력적 소통 역량 등의 함양을 강조하고 있으며, 이들 역량은 학습자의 원활한 언어 사용 능력을 기반으로 한다고 볼 수 있다. 시각장애 학생은 점자 교육과정으로 점자 사용 역량을 기르고 비장애인과 동등한 문자 생활을 해나감으로써 자주적 생활 능력을 갖춘 민주시민으로 성장할 수 있다.

점자 교육과정에서 추구하는 점자 사용 역량은 총론에서 제시한 핵심역량을 점자를 사용하는 시각장애 학생의 특성과 요구를 반영하여 재구성한 것이다. 점자 사용 역량은 점자로 읽고 쓰는 1)_____, 점자로 타인과 소통하고 교류하는 2)_____, 점자로 국어, 수학, 과학, 음악, 영어 등의 교과 지식을 학습하는 3)_____, 디지털 사회에 다양한 정보와 매체를 사용하는 4)_____으로 구성하였다. 이를 통해 시각장애 학생은 점자를 사용하여 동등하게 지식과 정보를 획득하고, 사회적 관계를 형성하며, 문화를 향유하는 자주적인 삶을 영위할 수 있다.

점자 교육과정은 '성격 및 목표', '내용 체계 및 성취기준', '교수·학습 및 평가'로 구성하고 있다. '성격'에는 시각장애 학생이 현재와 미래의 삶을 준비하고 비장애인과 동등한 문자 생활을 영위하기 위한 점자 학습과 사용의 필요성을 강조하고, 국어과를 보완하는 문자 언어 교육과정임을 제시하였다. '목표'에는 점자를 체계적으로 익혀 학습과 생활 전반에서 점자를 능숙하게 사용하고, 네 가지 점자 사용 역량에 도달할 수 있는 세부 목표들을 제시하였다. 내용 체계는 한국 점자 규정, 초·중등학교 교육과정, 그리고 학교 현장의 점자 교육 요구와 변화 등을 분석하고, 점자 사용 역량을 기를 수 있는 '지식·이해', '과정·기능', '가치·태도' 세 가지 범주의 내용 요소들을 추출하여 구성하였다. 또한 학교급별에 따라 필요한 점자 기호와 규정을 단계적으로 학습해 나가도록 초등학교, 중학교, 고등학교 과정으로 구분하였다. '교수·학습 및 평가'는 2022 개정 특수교육 교육

1) 문자 언어 사용 역량
2) 의사소통 역량
3) 교과 수행 역량
4) 디지털 정보 활용 역량

과정 총론에 제시된 '초·중등학교의 창의적 체험활동'으로 편성·지도하는 것에 더하여 학교의 교육 여건에 따라 국어, 수학, 과학, 음악, 영어, 일본어 등의 초·중등학교 교과 활동과 연계하여 지도하며, 디지털 점자 매체 및 기기를 적극 활용할 것을 강조하였다.

점자 교육과정의 영역은 시각장애 학생이 자주적인 학습과 생활을 위해 필요한 8개 점자 영역으로 구성되어 있다. 2015 개정 특수교육 교육과정에서는 시각장애 학생의 점자 교육을 위해 '국어 교육과정'과 '영어 교육과정' 내에 '한글 점자'와 '영어 점자' 2개 점자 영역으로 구성하였으나, 2022 개정 특수교육 교육과정에서는 보다 종합적이고 체계적인 점자 교육을 위해 '점자 교육과정'을 별도로 신설하고 8개 점자 영역으로 확대하였다. 8개 점자 영역은 점자 학습 준비를 위한 5)'_____', 국어 생활과 국어 교과 학습을 위한 6)'_____', 초·중등학교의 교과 학습을 위한 7)'_____', 8)'_____', 9)'_____', 10)'_____', 11)'_____', 그리고 시각중복장애 학생이 생활에서 자주 사용하는 낱말들을 점자로 익혀 사용하기 위한 12)'_____'로 이루어져 있다.

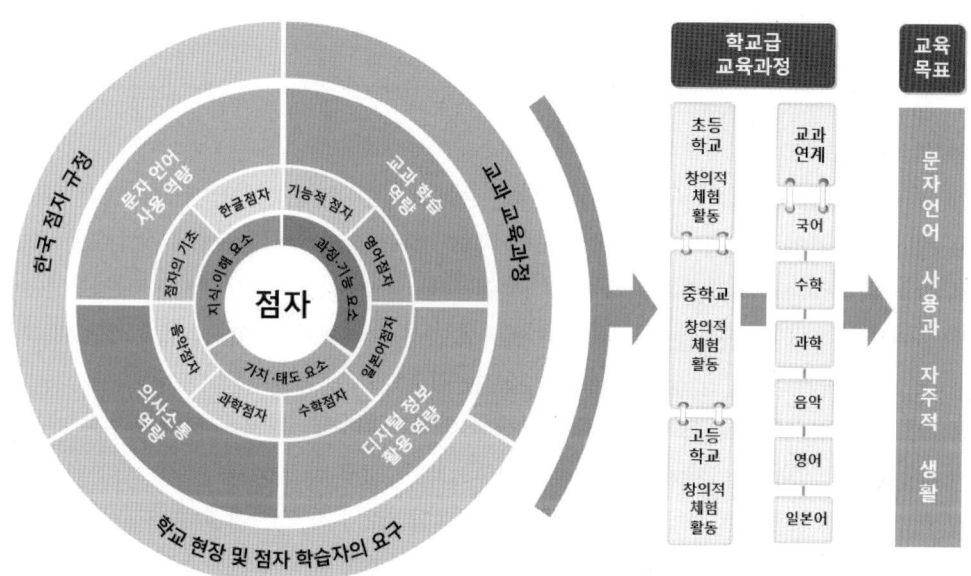

[그림 12] 점자 교육과정 설계와 원리

점자 교육과정은 현재와 미래의 다양한 생활 장면에서 시각장애 학생이 비장애인과 동등한 문자 생활을 하도록 보장하는 데 목적이 있다는 중심 개념을 설정하였다. 이를 바탕으로 8개 점자

---

5) 점자의 기초
6) 한글 점자
7) 수학 점자
8) 과학 점자
9) 음악 점자
10) 영어 점자
11) 일본어 점자
12) 기능적 점자

영역의 학습을 통해 일반화하고 성취하기를 기대하는 내용을 '핵심 아이디어'로 도출하였으며, 이들 핵심 아이디어는 앞서 밝힌 네 가지 점자 사용 역량과도 밀접하게 연계되어 있다.

점자 교육과정의 내용 체계는 점자 사용 역량과 핵심 아이디어를 바탕으로 '지식·이해', '과정·기능', '가치·태도' 세 가지 범주로 구체화하였다. '지식·이해'의 내용 요소는 '한국 점자 규정'과 점자 학습이 필요한 초·중등학교 국어, 수학, 과학, 음악, 영어, 일본어 교과 교육과정의 내용 요소를 고려하여 선정함으로써 교과 활동에 필요한 점자 기호와 규정을 단계적으로 익혀나가도록 하였다. '과정·기능'의 내용 요소는 점자를 정확하고 유창하게 읽고 쓰기 위한 효과적인 점자 학습 전략과 방법을 고려하여 선정하였다. '가치·태도'의 내용 요소는 점자 학습에 대한 흥미, 자기주도적 점자 학습 습관 형성, 점자 사용의 자신감을 기르는 데 주안점을 두어 선정하였다. 그리고 이러한 '지식·이해', '과정·기능', '가치·태도'의 내용 요소 간에 조합으로 학교 현장에서 학생들이 도달해야 성취기준을 명확하게 제시하였다.

## 01 성격 및 목표

### 가. 성격

점자 교육과정은 일반 문자(묵자)에 접근하는 데 어려움이 있는 시각장애인을 위해 개발된 촉각 기반의 문자인 점자를 시각장애 학생이 학교 교육과정에서 체계적으로 익히도록 하는 데 목적이 있다. 점자 교육과정은 시각장애 학생이 모든 교과 활동에 비장애 학생과 동등하게 참여하여 학교 교육의 목적을 달성하고, 문자 언어의 사용과 국어 생활의 권리를 보장하며, 사회의 구성원으로 자기주도적인 삶을 살아가기 위한 언어 사용 능력을 길러 준다.

학교의 안과 밖에서 이루어지는 학습은 문자를 매개로 하므로, 학생의 문자 사용 능력은 학업 성취에 커다란 영향을 미친다. 시각장애 학생은 일반 문자로 학습하는 데 어려움이 있기 때문에 점자 교육으로 학습권을 보장해 주는 것이 중요하다. 점자는 시각장애 학생이 문자를 사용하여 자기주도적인 학습 활동을 계획하고 수행하는 핵심 도구로, 국어, 사회, 수학, 과학, 체육, 음악 미술, 영어 등의 일반 교과와 마찬가지로 학교 교육과정에서 점자 교육이 반드시 다루어져야 한다. 학교에서는 시각장애 학생이 점자 사용이 필요한지를 확인하여 가능한 한 조기에 점자 교육을 제공해야 한다. 그리고 점자 교육과정으로 시각장애 학생이 점자 학습의 필요성과 가치를 바르게 인식하고 자기주도적으로 점자를 학습하고 사용하려는 태도와 습관을 형성해 나가야 한다. 이에 더하여 디지털 사회의 진입으로 학교 교육, 일상생활, 직업생활 전반에서 디지털 매체와 기기의 활용이 확대되고 있다. 디지털 사회에서 시각장애 학생이 자기주도적인 삶을 계획하고 실천하려면 문자 언어로서의 점자 학습뿐만 아니라, 전자 점자 자료, 점자정보단말기 같은 디지털 점자 매체 및 기기를 통한 정보의 습득과 활용에 대한 융합 교육도 중요하게 다룰 필요가 있다.

점자 교육과정은 일반 문자를 확대하여도 읽기와 쓰기에 어려움이 있는 시각장애 학생을 대상으로 하며, 기초적인 점자 학습이 가능한 시각중복장애 학생도 점자 교육의 대상에 포함하여야 한다. 점자의 영역은 '점자의 기초', '한글 점자', '수학 점자', '과학 점자', '음악 점자', '영어 점자', '일본어 점자' 그리고 시각중복장애 학생의 점자 지도를 위한 '기능적 점자' 등 8개로 구성되어 있다. 점자 교육과정은 초·중등학교 교육과정에 편성된 일반 교과를 학습하는 데 필요한 점자 기호와 규정을 단계적으로 익혀 나가도록 학교급별로 학습 내용을 구분하고 있다. 이로써 시각장애 학생은 초·중등학교의 교과 내용을 점자로 학습할 수 있으며, 다양한 점자 매체와 기기를 사용하여 가정, 학교, 사회생활에서 요구되는 폭넓은 지식과 정보를 능동적으로 습득하고 활용하는 능력을 갖출 수 있다. 또한 시각중복장애 학생은 일상생활에서 자주 사용하는 낱말을 점자로 학습함으로써 가정과 지역사회에서 독립적으로 생활하기 위한 13)_____ _____을 기를 수 있다.

이와 같이 점자 교육으로 시각장애 학생은 학습과 생활에 필요한 문자 언어를 능동적으로 사용할 수 있으며, 폭넓은 문자 사용의 경험과 지식을 발전시켜 나갈 수 있다. 더 나아가 시각장애 학생의 점자 사용 능력은 디지털 사회에서 발생할 수 있는 정보 격차를 해소함으로써 학교를 졸업한 뒤 취업의 가능성을 높이고, 우리 사회의 구성원으로 동등한 삶과 권리를 누릴 수 있도록 한다.

### 나. 목표

점자 교육과정은 시각장애 학생이 점자 사용 능력을 길러 초·중등학교의 교과 활동에 비장애 학생과 동등하게 참여하고, 일상생활과 사회생활에 필요한 지식과 정보를 능동적으로 습득하고 활용하도록 한다.

(1) 한글 점자 기호와 규정을 익혀 국어를 바르게 사용하고 문화를 향유한다.
(2) 수학 점자, 과학 점자, 음악 점자, 영어 점자, 일본어 점자의 기호와 규정을 익혀 비장애인과 동등하게 교과 활동에 참여한다.
(3) 일상생활에서 점자로 생각과 의견을 표현하는 능력을 길러 다른 사람과 관계를 형성하고 원활하게 소통한다.
(4) 디지털 정보화 사회에서 다양한 점자 매체와 기기를 사용하여 학교생활과 사회생활에 필요한 정보를 습득하고 활용한다.
(5) 점자 학습의 가치와 중요성을 이해하고 적극적으로 점자를 배우고 사용하려는 태도를 갖는다.

---

13) 기초적인 문해 능력

# 02 내용 체계 및 성취기준

## 가. 내용 체계

(1) 점자의 기초

| 핵심 아이디어 | • 촉지각 능력은 점자를 인지하고 변별하기 위한 기초 기능이다.<br>• 점자를 바른 자세로 읽고 쓰는 습관은 점자 사용 능력을 향상한다.<br>• 점자에 대한 흥미와 친밀감은 자기주도적 점자 학습의 동기가 된다. | |
|---|---|---|
| 범주 | | 내용 요소 |
| 지식 · 이해 | 촉지각발달 | • 여러 가지 사물과 질감<br>• 여러 가지 모양, 선, 점 |
| | 읽기 기초 | • 1~6까지 수<br>• 6점 읽기<br>• 점형 구별 |
| | 쓰기 기초 | • 점자 도구의 종류<br>• 6점 쓰기 |
| 과정 · 기능 | | • 촉각으로 지각하고 구별하기<br>• 큰 점자와 표준 점자 자료 탐색하기<br>• 기본적인 점형을 비교하고 변별하기<br>• 다양한 점자 학습 교구 사용하기<br>• 바른 자세로 읽고 쓰기 |
| 가치 · 태도 | | • 점자에 대한 호기심과 흥미<br>• 점자 읽기와 쓰기의 바른 습관 형성 |

(2) 한글 점자

| 범주 | | 핵심 아이디어 |
|---|---|---|
| 핵심 아이디어 | | • 한글 점자 기호와 규정의 이해는 국어 교과의 내용을 학습하는 데 필요하다.<br>• 한글 점자의 사용 능력은 비장애인과 동등한 문자 언어 사용과 국어 생활을 위한 필수 요소이다.<br>• 다양한 점자 매체와 도구의 사용은 학교생활과 사회생활에 필요한 정보를 습득하고 활용하는 데 도움이 된다. |

| 범주 | | 내용 요소 | |
|---|---|---|---|
| | | 초등학교<br>1~6학년 | 고등학교<br>1~3학년 |
| 지식·이해 | 정자 점자 | • 모음자<br>• 자음자 | • 옛 자음자<br>• 옛 모음자<br>• 방점 |
| | 숫자 | • 숫자 표현 | |
| | 약자와 약어 | • 약자<br>• 약어 | |
| | 부호 | • 문장 부호와 기타 부호 | |
| | 점자의 활용 | • 문장과 문단<br>• 여러 가지 종류와 형식의 글 | |
| 과정·기능 | | • 예문을 통해 점자 규정 이해하기<br>• 규정에 따라 정확하게 읽고 쓰기<br>• 점자 읽기와 쓰기 전략 사용하기<br>• 쓰기 오류를 이해하고 고쳐 쓰기<br>• 유창하게 읽기<br>• 다양한 점자 매체와 도구 사용하기<br>• 국어 교과와 연계하여 학습하기 | • 예문을 통해 점자 규정 이해하기<br>• 한글 점자와 옛 글자 점자 비교하기<br>• 규정에 따라 정확하게 읽고 쓰기<br>• 쓰기 오류를 이해하고 고쳐 쓰기<br>• 국어 교과와 연계하여 학습하기 |
| 가치·태도 | | • 한글 점자의 가치 인식과 자긍심<br>• 능동적 점자 학습 습관 형성 | • 한글 점자 사용의 효능감 |

(3) 기능적 점자

| 핵심 아이디어 | • 생활에서 사용하는 낱말을 점자로 읽고 쓰는 것은 독립적인 일과 활동에 도움이 된다.<br>• 생활에서 사용하는 낱말은 다른 사람과 의사소통을 촉진한다.<br>• 놀이 중심의 점자 활동은 점자에 대한 호기심과 흥미를 높인다. ||
|---|---|---|
| 범주 | | 내용 요소 |
| 지식·이해 | 낱말 선정 | • 친숙한 사물과 사람<br>• 숫자 |
| | 낱말 읽기 | • 점 놀이<br>• 낱말 읽기와 이해<br>• 낱말 변별 |
| | 낱말 쓰기 | • 점자 도구의 사용<br>• 낱말 쓰기와 이해 |
| | 점자 활용 | • 쉽고 간단한 어구와 문장<br>• 일과 활동 점자 사용 |
| 과정·기능 | | • 친숙하고 좋아하는 사물과 사람 표현하기<br>• 점자 낱말을 촉각으로 지각하고 변별하기<br>• 언어 경험을 통해 낱말의 의미 이해하기<br>• 적합한 점자 매체와 도구를 선택하여 반복하여 읽고 쓰기<br>• 의사소통에 사용하기<br>• 일상생활에 사용하기 |
| 가치·태도 | | • 점자에 대한 호기심과 흥미<br>• 일과 활동에 점사 사용 습관 |

(4) 수학 점자

| 핵심 아이디어 | • 수학 점자 기호와 규정의 이해는 수학 교과의 내용을 학습하는 데 필요하다.<br>• 수학 점자의 사용 능력은 수학과 관련된 진로 분야에서 필요한 수학 기초 소양을 기르는 데 도움이 된다. ||
|---|---|---|
| 범주 | 내용 요소 ||
| | 중학교 1~3학년 | 고등학교 1~3학년 |
| 지식·이해 / 수와 연산 | • 정수와 절댓값<br>• 거듭제곱<br>• 순환소수<br>• 제곱근 | |
| 지식·이해 / 변화와 관계 | • 문자의 사용<br>• 연립방정식 | |
| 지식·이해 / 도형과 측정 | • 도형<br>• 삼각비 | |
| 지식·이해 / 공통수학 | | • 복소수<br>• 순열과 조합<br>• 행렬<br>• 집합과 명제<br>• 함수와 그래프 |
| 지식·이해 / 대수 | | • 지수와 로그<br>• 삼각함수<br>• 수열 |
| 지식·이해 / 미적분 | | • 극한<br>• 미분<br>• 적분 |
| 지식·이해 / 확률과 통계 | | • 중복순열과 중복조합<br>• 확률<br>• 통계 |
| 과정·기능 | • 예문을 통해 점자 규정 이해하기<br>• 규정에 따라 정확하게 읽고 쓰기<br>• 쓰기 오류를 이해하고 고쳐 쓰기<br>• 다양한 수식과 풀이식을 점자로 표현하기<br>• 수학 교과와 연계하여 학습 하기 | • 예문을 통해 점자 규정 이해하기<br>• 규정에 따라 정확하게 읽고 쓰기<br>• 쓰기 오류를 이해하고 고쳐 쓰기<br>• 복잡한 수식과 풀이식을 점자로 표현하기<br>• 수학 교과와 연계하여 학습 하기 |
| 가치·태도 | • 능동적 점자 학습 습관 형성 | • 수학 점자 사용의 효능감 |

(5) 과학 점자

| 핵심 아이디어 | | • 과학 점자 기호와 규정의 이해는 과학 교과의 내용을 학습하는 데 필요하다.<br>• 과학 점자의 사용 능력은 과학과 관련된 진로 분야에서 필요한 과학 기초 소양을 기르는 데 도움이 된다. ||
|---|---|---|---|
| 범주 | | 내용 요소 ||
| | | 중학교 1~3학년 | 고등학교 1~3학년 |
| 지식·이해 | 통합 과학 | • 로마자 단위와 그 외의 단위<br>• 과학식의 구두점<br>• 수식<br>• 전기 회로도<br>• 유전 형질과 가계도 | • 여러 가지 수식<br>• 유전자 |
| | 화학 | • 원소<br>• 이온과 전자<br>• 분자식<br>• 화학 반응식 | • 공유 결합 화합물<br>• 전자 점식<br>• 복잡한 화학 반응식 |
| 과정·기능 | | • 예문을 통해 점자 규정 이해 하기<br>• 규정에 따라 정확하게 읽고 쓰기<br>• 쓰기 오류를 이해하고 고쳐 쓰기<br>• 다양한 수식과 도식을 점자로 표현하기<br>• 과학 교과와 연계하여 학습 하기 | • 예문을 통해 점자 규정 이해 하기<br>• 규정에 따라 정확하게 읽고 쓰기<br>• 쓰기 오류를 이해하고 고쳐 쓰기<br>• 복잡한 수식과 도식을 점자로 표현하기<br>• 과학 교과와 연계하여 학습 하기 |
| 가치·태도 | | • 능동적 점자 학습 습관 형성 | • 과학 점자 사용의 효능감 |

(6) 음악 점자

| 핵심 아이디어 | • 음악 점자 기호와 규정의 이해는 음악 교과의 내용을 학습하는 데 필요하다.<br>• 음악 점자의 사용 능력은 음악과 관련된 여가 활동과 진로 분야에서 요구하는 음악 기초 소양을 기르는 데 도움이 된다. | |
|---|---|---|
| 범주 | 내용 요소 | |
| | 중학교 1~3학년 | |
| 지식 · 이해 | 국악 | • 시김새<br>• 관악기 기호 |
| | 서양 음악 | • 선율<br>• 음정과 성부<br>• 코드 기호<br>• 성악곡(합창)<br>• 현악기 기호 |
| 과정 · 기능 | • 예문을 통해 점자 규정 이해하기<br>• 규정에 따라 정확하게 읽고 쓰기<br>• 쓰기 오류를 이해하고 고쳐 쓰기<br>• 노래를 부르며 읽기<br>• 악기를 연주하며 읽기<br>• 음악 교과와 연계하여 학습하기 | |
| 가치 · 태도 | • 능동적 점자 학습의 습관 형성<br>• 음악 점자 사용의 효능감 | |

(7) 영어 점자

| 핵심 아이디어 | | • 영어 점자 기호와 규정의 이해는 영어 교과의 내용을 학습하는 데 필요하다.<br>• 영어 점자의 사용 능력은 영어로 의사소통하고 필요한 영어 정보를 습득하고 활용하는 데 도움이 된다. |
|---|---|---|
| 범주 | | 내용 요소 |
| | | 중학교 1~3학년 |
| 지식·이해 | 알파벳점자 | |
| | 부호 | • 숫자와 단위<br>• 문장 부호와 글자체 기호<br>• 발음 기호 |
| | 약자 | • 알파벳 단어 약자<br>• 온칸 점형 약자<br>• 하위 약자<br>• 어두 약자<br>• 어미 묶음 약자 |
| | 축어와 약어 | • 축어<br>• 약어와 두문자어 |
| 과정·기능 | | • 예문을 통해 점자 규정 이해하기<br>• 규정에 따라 정확하게 읽고 쓰기<br>• 소리 내어 읽고 쓰기<br>• 쓰기 오류를 이해하고 고쳐 쓰기<br>• 유창하게 읽기<br>• 영어 교과와 연계하여 학습하기 |
| 가치·태도 | | • 능동적 점자 학습의 습관 형성<br>• 영어 점자 사용의 효능감 |

(8) 일본어 점자

| 핵심 아이디어 | • 일본어 점자 기호와 규정의 이해는 일본어 교과의 내용을 학습하는 데 필요하다.<br>• 일본어 점자의 사용 능력은 일본어로 의사소통하고 필요한 일본어 정보를 습득하고 활용하는 데 도움이 된다. | |
|---|---|---|
| 범주 | 내용 요소 | |
| | 중학교 1~3학년 | |
| 지식·이해 | 가나 점자 | • 청음<br>• 탁음<br>• 요음<br>• 단어, 구, 문장 |
| | 발음과 박 | • 장음<br>• 촉음과 발음<br>• 로마자 표기법 |
| | 부호 | • 문장 부호<br>• 숫자와 기타 부호 |
| 과정·기능 | | • 예문을 통해 점자 규정 이해하기<br>• 규정에 따라 정확하게 읽고 쓰기<br>• 소리 내어 읽고 쓰기<br>• 쓰기 오류를 이해하고 고쳐 쓰기<br>• 유창하게 읽기<br>• 다양한 점자 매체와 도구 사용하기<br>• 일본어 교과와 연계하여 학습하기 |
| 가치·태도 | | • 일본어 점자 학습의 목적과 가치 인식<br>• 능동적 점자 학습의 습관 형성<br>• 일본어 점자 사용의 효능감 |

## 나. 성취기준

**[중학교 1~3학년]**

(1) 수학 점자

> [9점자01-01] 정수와 절댓값의 점자 기호와 규정을 알고, 점자로 읽고 쓴다.
> [9점자01-02] 거듭제곱의 점자 기호와 규정을 알고, 점자로 읽고 쓴다.
> [9점자01-03] 무한소수와 순환소수를 표현하는 점자 기호와 규정을 알고, 점자로 읽고 쓴다.
> [9점자01-04] 제곱근을 표현하는 점자 기호와 규정을 알고, 점자로 읽고 쓴다.
> [9점자01-05] 문자를 사용하여 식을 표현하는 점자 기호와 규정을 알고, 점자로 읽고 쓴다.
> [9점자01-06] 연립방정식을 표현하는 점자 기호와 규정을 알고, 점자로 읽고 쓴다.
> [9점자01-07] 도형과 도형의 관계를 표현하는 점자 기호와 규정을 알고, 점자로 읽고 쓴다.
> [9점자01-08] 삼각비의 점자 기호와 규정을 알고, 점자로 읽고 쓴다.

(가) 성취기준 해설

- [9점자01-01] 이 성취기준은 정수를 점자로 읽고 쓰는 능력을 기르게 하고자 설정하였다. 음의 부호, 양의 부호, 절댓값 등의 점자 기호와 규정을 다룬다. 다양한 예문으로 정수의 점자 규정을 이해하고, 수학의 '수와 연산' 관련 단원을 학습하도록 한다.
- [9점자01-02] 이 성취기준은 거듭제곱이 포함된 식을 점자로 읽고 쓰는 능력을 기르게 하고자 설정하였다. 위 첨자 기호, 지수의 구성 등의 점자 기호와 규정을 다룬다. 다양한 예문으로 거듭제곱의 점자 규정을 이해하고, 수학의 '수와 연산' 관련 단원을 학습하도록 한다.
- [9점자01-03] 이 성취기준은 무한소수와 순환소수를 점자로 읽고 쓰는 능력을 기르게 하고자 설정하였다. 순환마디, 줄임표 등의 점자 규정을 다룬다. 다양한 예문을 통해 무한소수와 순환소수의 점자 규정을 이해하고, 수학의 '수와 연산' 관련 단원을 학습하도록 한다.
- [9점자01-04] 이 성취기준은 제곱근이 포함된 식을 점자로 읽고 쓰는 능력을 기르게 하고자 설정하였다. 근호, 제곱근의 표현 등의 점자 기호와 규정을 다룬다. 다양한 예문으로 제곱근이 포함된 식의 점자 규정을 이해하고, 수학의 '수와 연산' 관련 단원을 학습하도록 한다.
- [9점자01-05] 이 성취기준은 문자가 포함된 식을 점자로 읽고 쓰는 능력을 기르게 하고자 설정하였다. 로마자 대소문자, 그리스 알파벳 대소문자, 순서쌍, 문자가 포함된 식의 표현 등의 점자 기호와 규정을 다룬다. 다양한 예문으로 로마자의 점자 규정을 이해하고, 수학의 '변화와 관계' 관련 단원을 학습하도록 한다.
- [9점자01-06] 이 성취기준은 연립방정식을 점자로 읽고 쓰는 능력을 기르게 하고자 설정하였다. 연립 기호, 연립방정식과 연립부등식의 표현 등의 점자 기호와 규정을 다룬다. 다양한 예문으로 연립방정식의 점자 규정을 이해하고, 수학의 '변화와 관계' 관련 단원을 학습하도록 한다.

- [9점자01-07] 이 성취기준은 도형의 표현과 이를 포함한 식을 점자로 읽고 쓰는 능력을 기르게 하고자 설정하였다. 점, 선분, 직선, 반직선, 면, 각, 삼각형, 사각형, 오각형, 육각형, 사다리꼴, 평행사변형, 합동, 평행, 수직, 닮음 등의 점자 기호와 규정을 다룬다. 다양한 예문으로 도형의 점자 규정을 이해하고, 수학의 '도형과 측정' 관련 단원을 학습하도록 한다.
- [9점자01-08] 이 성취기준은 삼각비가 포함된 식을 점자로 읽고 쓰는 능력을 기르게 하고자 설정하였다. sin, cos, tan 등의 점자 기호와 규정을 다룬다. 다양한 예문으로 삼각비의 점자 규정을 이해하고, 수학의 '도형과 측정' 관련 단원을 학습하도록 한다.

(나) 성취기준 적용 시 고려 사항
- 수학 점자 기호와 규정을 익힐 때는 비교적 간단한 식을 활용하여 지도한다.
- 학습한 수학 점자 기호와 규정을 다양한 식을 표현하는 데 활용하도록 지도한다.
- 묵자와 점자의 식 표현의 차이를 정확히 알도록 지도한다. 예를 들어, 묵자의 순환마디 표현을 다루어 순환마디의 표현에서 묵자와 점자의 차이를 인지하도록 지도한다.
- 묵자와 점자의 식 표현에서 구조적인 차이가 없다면 점자는 묵자와 동일하게 표현하도록 지도한다.
- 학생의 성취수준을 평가하고, 적절한 난이도의 수학 점자 기호와 규정을 지도한다. 예를 들어, 세제곱근 이상의 거듭제곱근은 고등학교 일반 선택 과목 대수를 학습할 때 지수와 로그에서 다룬다.
- 수학 교과를 학습하는 데 필요한 수준보다 상위 수준의 점자 기호와 규정을 학습하는 것을 지양한다.
- 다양한 식을 점자로 정확하게 읽고 쓰는지를 관련 예문을 사용하여 평가하고, 혼동하여 잘못 표기한 점자 기호와 규정에 대해서는 교정적 지도를 한다.

(2) 과학 점자

[9점자02-01] 로마자 단위와 비로마자 단위의 점자 기호와 규정을 알고, 점자로 읽고 쓴다.
[9점자02-02] 과학식의 구두점의 점자 기호와 규정을 알고, 점자로 읽고 쓴다.
[9점자02-03] 수식의 섬사 기호와 규정을 일고, 짐자로 읽고 쓴다.
[9점자02-04] 전기 회로도를 표현하는 점자 기호와 규정을 알고, 점자로 읽고 쓴다.
[9점자02-05] 유전 형질과 가계도를 표현하는 점자 기호와 규정을 알고, 점자로 읽고 쓴다.
[9점자02-06] 원소를 표현하는 점자 기호와 규정을 알고, 점자로 읽고 쓴다.
[9점자02-07] 이온 및 전자를 표현하는 점자 기호와 규정을 알고, 점자로 읽고 쓴다.
[9점자02-08] 분자식을 표현하는 점자 기호와 규정을 알고, 점자로 읽고 쓴다.
[9점자02-09] 화학 반응식을 표현하는 점자 기호와 규정을 알고 점자로 읽고 쓴다.

(가) 성취기준 해설
- [9점자02-01] 이 성취기준은 과학의 여러 가지 단위를 점자로 읽고 쓰는 능력을 기르게 하고자 설정하였다. 로마자, 빗금, 위 첨자, 속력, 밀도, 비열, 퍼센트, 퍼밀, 도,

분, 초 등의 점자 기호와 규정을 다룬다. 다양한 예문으로 로마자 단위와 비로마자 단위의 점자 규정을 이해하고, 과학의 측정 단위와 관련된 단원을 학습하도록 한다.

- [9점자02-02] 이 성취기준은 운동과 에너지, 물질, 생명, 지구와 우주 등의 구두점을 점자로 읽고 쓰는 능력을 기르게 하고자 설정하였다. 위 첨자, 아래 첨자, 화살표, 괄호 등의 점자 기호와 규정을 다룬다. 다양한 예문으로 과학에서 사용하는 구두점의 점자 규정을 이해하고, 과학의 구두점과 관련된 단원을 학습하도록 한다.
- [9점자02-03] 이 성취기준은 운동과 에너지, 물질, 생명, 지구와 우주 등의 구두점을 점자로 읽고 쓰는 능력을 기르게 하고자 설정하였다. 위 첨자, 아래 첨자, 화살표, 괄호 등의 점자 기호와 규정을 다룬다. 다양한 예문으로 과학에서 사용하는 구두점의 점자 규정을 이해하고, 과학의 구두점과 관련된 단원을 학습하도록 한다.
- [9점자02-04] 이 성취기준은 전기 회로도를 점자로 표현하고 이해하는 능력을 기르게 하고자 설정하였다. 전지, 전구, 스위치, 저항, 전류계, 전압계 등 전기 기구 기호와 선 등의 점자 기호와 규정을 다룬다. 다양한 예문으로 전기 회로도를 표현하는 점자 규정을 이해하고, 과학의 전기와 관련된 단원을 학습하도록 한다.
- [9점자02-05] 이 성취기준은 유전 형질과 가계도를 점자로 표현하고 이해하는 능력을 기르게 하고자 설정하였다. 유전 형질, 가계도, 범례와 기호가 포함된 가계도 등의 점자 기호와 규정을 다룬다. 다양한 예문으로 유전 형질과 가계도를 점자로 표현하는 점자 규정을 이해하고, 과학의 유전과 관련된 단원을 학습하도록 한다.
- [9점자02-06] 이 성취기준은 원소와 관련된 표현을 점자로 읽고 쓰는 능력을 기르게 하고자 설정하였다. 원소 기호, 원자 번호, 질량수의 점자 기호와 규정을 다룬다. 다양한 예문으로 원소를 표현하는 점자 규정을 이해하고, 과학의 물질과 관련된 단원을 학습하도록 한다.
- [9점자02-07] 이 성취기준은 이온과 전자를 점자로 읽고 쓰는 능력을 기르게 하고자 설정하였다. 전하의 종류, 전자 수 등의 점자 기호와 표기 규정을 다룬다. 다양한 예문으로 이온과 전자를 표현하는 점자 규정을 이해하고, 과학의 이온과 관련된 단원을 학습하도록 한다.
- [9점자02-08] 이 성취기준은 화학의 분자식을 점자로 읽고 쓰는 능력을 기르게 하고자 설정하였다. 원소 기호, 소괄호, 대괄호, 아래 첨자, 대문자 구절표, 대문자 종료표 등의 점자 기호와 규정을 다룬다. 다양한 예문으로 분자식을 표현하는 점자 규정을 이해하고, 화학의 분자식과 관련된 단원을 학습하도록 한다.
- [9점자02-09] 이 성취기준은 화학 반응식의 반응물과 생성물을 점자로 읽고 쓰는 능력을 기르게 하고자 설정하였다. 분자식, 계수, 이온, 화살표, 침전 기호, 발생 기호 등의 점자 기호와 표기 규정을 다룬다. 다양한 예문으로 화학 반응식를 표현하는 점자 규정을 이해하고, 화학의 반응식과 관련된 단원을 학습할 수 있도록 한다.

(나) 성취기준 적용 시 고려 사항
- 과학 점자는 쉽고 간단한 수식과 도식을 이용해 점자 기호와 규정을 이해하고, 점차 해당 학년의 교과 학습에 필요한 다양하고 복잡한 수식과 도식으로 확장하여 지도한다.
- 로마자 단위와 비로마자 단위 표현에서 묵자와 점자 간의 차이를 이해하고, 혼동하여 사용하지 않도록 지도한다.
- 전기 회로도와 가계도는 양각 자료를 활용해 지도하고, 전기 전자 기호와 유전 형질의 점자 기호를 먼저 익힌 후, 이 기호를 활용한 다양한 전기 회로도와 가계도의 점자 표기법을 학습하도록 지도한다.
- 분자식에 사용되는 괄호와 과학의 수식에 사용되는 괄호 간의 점자 표기법의 차이를 비교하고, 괄호를 바르게 사용하도록 지도한다.
- 전기 회로도와 가계도에 표현되는 각 요소의 점자 기호를 알고, 이를 응용하여 점자로 표기된 전기 회로도와 가계도를 읽고 그 의미를 설명할 수 있는지 평가한다.
- 과학 점자 규정에 따라 다양한 수식과 도식을 정확하게 읽고 쓰는지를 관련 예문으로 평가하고, 혼동하여 읽거나 쓰는 점자 기호와 규정에 대해서는 교정적 지도를 한다.

(3) 음악 점자

> [9점자03-01] 시김새의 점자 기호와 규정을 알고, 점자로 읽고 쓴다.
> [9점자03-02] 관악기 기호의 점자 기호와 규정을 알고, 점자로 읽고 쓴다.
> [9점자03-03] 선율의 점자 기호와 규정을 알고, 점자로 읽고 쓴다.
> [9점자03-04] 음정과 성부의 점자 기호와 규정을 알고, 점자로 읽고 쓴다.
> [9점자03-05] 코드 기호의 점자 기호와 규정을 알고, 점자로 읽고 쓴다.
> [9점자03-06] 합창곡을 위한 성악곡 기호의 점자 기호와 규정을 알고, 점자로 읽고 쓴다.
> [9점자03-07] 현악기 기호의 점자 기호와 규정을 알고, 점자로 읽고 쓴다.

(가) 성취기준 해설
- [9점자03-01] 이 성취기준은 시김새를 나타내는 기호를 점자로 읽고 쓰는 능력을 기르게 하고자 설정하였다. 시김새 종류와 시김새 표기법, 오선보에 기보된 한국 음악 성악곡 표기법의 구성 순서, 오선보에서의 시김새 표기 등의 점자 기호와 규정을 다룬다. 다양한 예문으로 시김새의 점자 규정을 이해하고, 음악의 시김새 표현과 관련된 단원을 학습하도록 한다.
- [9점자03-02] 이 성취기준은 관악기 기호를 점자로 읽고 쓰는 능력을 기르게 하고자 설정하였다. 관악기 공통 기호와 공통 장식음, 손 기호, 손가락 번호 기호, 개폐 기호, 숨표, 쉼표, 단소와 소금을 중심으로 한 운지법 등의 점자 기호와 규정을 다룬다. 다양한 예문으로 관악기 기호의 점자 규정을 이해하고, 음악의 관악기 기호와 관련된

단원을 학습하도록 한다.
- [9점자03-03] 이 성취기준은 선율 기호를 점자로 읽고 쓰는 능력을 기르게 하고자 설정하였다. 선율을 나타내는 집합 음표와 잇단음표, 꾸밈표, 반복되는 기호를 생략하여 표기하는 방법, 선율의 반복 기호인 다카포, 달세뇨 등의 점자 기호와 규정을 다룬다. 다양한 예문으로 선율의 점자 규정을 이해하고, 음악의 선율 표현과 관련된 단원을 학습하도록 한다.
- [9점자03-04] 이 성취기준은 음정과 성부 기호를 점자로 읽고 쓰는 능력을 기르게 하고자 설정하였다. 음정 간격과 음정 기호, 성부의 마디 전체와 일부에 적용되는 성부 나눔 표, 마디 속 나눔 표 등의 점자 기호와 규정을 다룬다. 다양한 예문으로 음정과 성부의 점자 규정을 이해하고, 음악의 음정과 성부 표현과 관련된 단원을 학습하도록 한다.
- [9점자03-05] 이 성취기준은 음악의 코드 기호를 점자로 읽고 쓰는 능력을 기르게 하고자 설정하였다. 코드 전치 기호, 다양한 화음 종류와 기호, 분수 화음과 괄호 기호, 코드가 포함된 악보의 구성과 순서, 기둥표를 이용한 코드 기호 박자 표기법 등의 점자 기호와 규정을 다룬다. 다양한 예문으로 코드 기호의 점자 규정을 이해하고, 음악의 코드 기호와 관련된 단원을 학습하도록 한다.
- [9점자03-06] 이 성취기준은 합창을 위한 성악곡 기호를 점자로 읽고 쓰는 능력을 기르게 하고자 설정하였다. 합창곡의 구성과 순서, 합창 성부 기호, 파트보와 총보, 코드 기호, 선율과 가사, 전치 기호, 가사 반복 기호, 음절 기호, 숨표 기호 등의 점자 기호와 규정을 다룬다. 다양한 예문으로 성악곡 기호의 점자 규정을 이해하고, 음악의 합창곡과 관련된 단원을 학습하도록 한다.
- [9점자03-07] 이 성취기준은 현악기 중 발현악기인 우쿨렐레와 기타의 기호를 점자로 읽고 쓰는 능력을 기르게 하고자 설정하였다. 현 기호, 프렛(fret) 기호, 손가락 번호 기호, 스트로크 기호, 개방현, 코드 다이어그램 기보법, 코드 운지법, 리듬 기보 등의 점자 기호와 규정을 다룬다. 다양한 예문으로 현악기 기호의 점자 규정을 이해하고, 음악의 현악기 기호와 관련된 단원을 학습하도록 한다.

(나) 성취기준 적용 시 고려 사항
- 음악 점자 규정을 학습하기 전에 음악과 관련된 디지털 매체와 기기를 사용하여 음악적 요소의 특징을 이해하고 점자 학습에 즐거움을 갖도록 한다.
- 음악 점자 규정에 제시된 음악 용어 중 한자와 외국어가 나오면 용어를 설명하고 발음을 함께 지도한다.
- 시김새 기호는 묵자의 모양과 의미가 상호 연관이 있으므로, 묵자 기호에 대한 양각 자료와 음원 자료를 함께 사용하여 지도한다.
- 악곡의 박자에 따라 집합 음표의 개수가 결정되므로, 박자표에 따른 음표의 모음 개

수를 익히기 전에 음표의 구분과 박자에 따른 기준 박에 유의하도록 한다.
- 음악 점자는 기본적인 음악 기호와 표현으로 점자 기호와 규정을 이해하고, 점차 해당 학년의 교과 학습에 필요한 다양하고 복잡한 음악 기호와 표현으로 확장하여 지도한다.
- 복잡한 선율과 성부, 리듬 진행을 나누는 성부 나눔표를 구별하여 점자로 읽고 쓰는지를 평가하고, 교정적 지도를 한다.
- 음악 점자 규정에 따라 다양한 음악 기호와 표현을 정확하게 읽고 쓰는지를 관련 예문으로 평가하고, 혼동하여 읽거나 쓰는 점자 기호와 규정에 대해서는 교정적 지도를 한다.

(4) 영어 점자

[9점자04-01] 숫자와 단위의 점자 기호와 규정을 알고, 점자로 읽고 쓴다.
[9점자04-02] 문장 부호와 글자체 기호의 점자 기호와 규정을 알고, 점자로 읽고 쓴다.
[9점자04-03] 발음 기호의 점자 기호와 규정을 알고, 점자로 읽고 발음한다.
[9점자04-04] 알파벳 단어 약자의 기호와 규정을 알고, 점자로 읽고 쓴다.
[9점자04-05] 온칸 점형 약자의 기호와 규정을 알고, 점자로 읽고 쓴다.
[9점자04-06] 하위 약자의 기호와 규정을 알고, 점자로 읽고 쓴다.
[9점자04-07] 어두 약자의 기호와 규정을 알고, 점자로 읽고 쓴다.
[9점자04-08] 어미 묶음 약자의 기호와 규정을 알고, 점자로 읽고 쓴다.
[9점자04-09] 축어의 점자 기호와 규정을 알고, 점자로 읽고 쓴다.
[9점자04-10] 약어와 두문자어의 점자 기호와 규정을 알고, 점자로 읽고 쓴다.

(가) 성취기준 해설

- [9점자04-01] 이 성취기준은 숫자와 단위를 점자로 읽고 쓰는 능력을 기르게 하고자 설정하였다. 시각·연도·길이·분수·소수점 등의 숫자, 더하기·빼기·곱하기·나누기 등의 연산 기호, 달러·센트·유로 등의 단위의 점자 기호와 규정을 다룬다. 다양한 예문으로 숫자와 단위 기호의 점자 규정을 이해하고, 점자로 정확하고 유창하게 읽고 쓰도록 한다.
- [9점자04-02] 이 성취기준은 문장 부호와 글자체 기호를 점자로 읽고 쓰는 능력을 기르게 하고자 설정하였다. 줄표·큰따옴표·작은따옴표·소괄호·중괄호·대괄호 같은 문장 부호, 이탤릭체 기호표·단어표·구절표·종료표·굵은 글자체 기호표·단어표·구절표·종료표 같은 글자체 기호 등의 점자 기호와 규정을 다룬다. 다양한 예문으로 문장 부호의 글자체 기호의 점자 규정을 이해하고, 문장 부호와 글자체 기호를 사용하는 어구와 문장을 점자로 정확하고 유창하게 읽고 쓰도록 한다.
- [9점자04-03] 이 성취기준은 알파벳 발음 기호를 점자로 읽고 발음하는 능력을 기르게 하고자 설정하였다. 알파벳 자음자와 모음자의 발음 기호, 알파벳에 없는 발음 기호, 악센트 기호 등의 점자 기호와 규정을 다룬다. 다양한 예문으로 발음 기호의 점자

규정을 이해하고, 발음 기호를 정확하고 유창하게 읽고 발음하도록 한다.
- [9점자04-04] 이 성취기준은 알파벳 단어 약자를 읽고 쓰는 능력을 기르게 하고자 설정하였다. 알파벳 글자 하나로 단어 하나를 나타내는 'a, i, o'를 제외한 알파벳 단어 약자 23개의 점자 기호와 규정을 다룬다. 다양한 예문으로 알파벳 단어 약자의 규정을 이해하고 알파벳 단어 약자를 사용하는 단어와 문장을 정확하고 유창하게 읽고 쓰도록 한다.
- [9점자04-05] 이 성취기준은 온칸 점형 약자를 읽고 쓰는 능력을 기르게 하고자 설정하였다. 점칸의 상단과 하단 그리고 경우에 따라 중단을 포함하는 점들로 이루어진 온칸 약자, 온칸 단어 약자, 온칸 묶음 약자 등의 점자 기호와 규정을 다룬다. 다양한 예문으로 온칸 점형 약자의 규정을 이해하고, 온칸 점형 약자를 사용하는 단어와 문장을 정확하고 유창하게 읽고 쓰도록 한다.
- [9점자04-06] 이 성취기준은 하위 약자를 읽고 쓰는 능력을 기르게 하고자 설정하였다. 점칸의 상단을 제외한 중단과 하단의 점들로 이루어진 하위 단어 약자와 하위 묶음 약자 등의 점자 기호와 규정을 다룬다. 다양한 예문으로 하위 약자의 규정을 이해하고, 하위 약자를 사용하는 단어와 문장을 정확하고 유창하게 읽고 쓰도록 한다.
- [9점자04-07] 이 성취기준은 어두 약자를 읽고 쓰는 능력을 기르게 하고자 설정하였다. 단어의 첫 글자나 처음 두세 개의 글자(어두)를 사용하는 5점 어두 약자, 4-5점 어두 약자, 4-5-6점 어두 약자 등의 점자 기호와 규정을 다룬다. 다양한 예문으로 어두 약자의 규정을 이해하고, 어두 약자를 사용한 단어와 문장을 정확하고 유창하게 읽고 쓰도록 한다.
- [9점자04-08] 이 성취기준은 어미 묶음 약자를 읽고 쓰는 능력을 기르게 하고자 설정하였다. 단어의 마지막 글자를 사용하는 4-6점 어미 묶음 약자, 5-6점 어미 묶음 약자 등의 점자 기호와 규정을 다룬다. 다양한 예문으로 어미 묶음 약자의 규정을 이해하고, 어미 묶음 약자를 사용하는 단어와 문장을 정확하고 유창하게 읽고 쓰도록 한다.
- [9점자04-09] 이 성취기준은 축어를 읽고 쓰는 능력을 기르게 하고자 설정하였다. 글자 또는 약자 두 개 이상을 조합하여 단어를 나타내는 75개 축어의 점자 기호와 규정을 다룬다. 다양한 예문으로 축어의 점자 규정을 이해하고, 축어를 사용하는 문장을 정확하고 유창하게 읽고 쓰도록 한다.
- [9점자04-10] 이 성취기준은 약어와 두문자어를 읽고 쓰는 능력을 기르게 하고자 설정하였다. 한 단어 또는 여러 개의 단어를 두서너 개의 철자로 줄여서 쓰는 약어와 두문자어의 점자 기호와 규정을 다룬다. 다양한 예문으로 약어와 두문자어의 규정을 이해하고, 약어와 두문자어를 사용하는 문장을 정확하고 유창하게 읽고 쓰도록 한다.

(나) 성취기준 적용 시 고려 사항
- 점자 부호, 문장 부호, 숫자와 단위의 점자 쓰기는 원칙적으로 묵자 쓰기의 순서, 철자, 대문자 표시, 문장 부호, 띄어쓰기 등을 따르도록 지도한다.
- 점자 부호와 축어는 한 번에 모두 지도하기보다 교과 학습에 점자 부호와 축어가 나올 때마다 관련 예문으로 자연스럽게 익히도록 한다.
- 발음 기호는 통일영어점자 규정이 아닌 '국제음성학회(IPA)'에서 채택한 규정을 따르며, 영어 단어에서 철자와 발음이 다른 경우에 유의하도록 한다.
- 영어 단어의 철자를 정확하게 익히도록 약자와 축어로 점역한 자료와 정자로 점역한 자료를 함께 사용하여 학습하도록 지도한다.
- 단어의 일부를 묶음 약자로 나타낼 때 약자를 적용하는 우선순위, 약자를 사용하는 경우와 사용하지 않는 경우를 나누어서 지도한다.
- 하위 약자는 문장 부호의 점형과 중복되는 경우가 많아 혼동하여 사용하지 않도록 하고, 하위 약자가 단어 안에서 약자를 적용하는 위치에 따라 그 쓰임이 달라짐에 유의하도록 한다.
- 약어와 두문자어의 표기법과 발음을 정확히 이해하고 사용하도록 지도하고, 알파벳 단어 약자, 묶음 약자, 축어로 혼동할 수 있는 약어들에 유의하도록 한다.
- 약자, 약어, 축어의 읽기와 쓰기는 쉽고 간단한 단어, 어구, 문장에서 시작하여 점차 해당 학년의 교과 학습에 필요한 단어, 어구 문장으로 확장한다.
- 영어 사전을 검색할 때 점자정보단말기, 화면 읽기 프로그램 등 보조공학 기기와 컴퓨터를 활용하도록 지도한다.
- 약자와 축어를 사용할 때 묵자 영어의 철자를 정확히 모르는 경우가 있으므로, 축어의 철자를 정확히 알고 있는지를 평가하고 교정적 지도를 한다.
- 영어 점자 규정에 따라 영어 기호와 표현을 정확하게 읽고 쓰는지를 관련 예문으로 평가하고, 혼동하여 읽거나 쓰는 점자 기호와 규정에 대해서는 교정적 지도를 한다.

(5) 일본어 점자

[9점자05-01] 청음의 점자 기호와 규정을 알고, 점자로 읽고 쓴다.
[9점자05-02] 탁음의 점자 기호와 규정을 알고, 점자로 읽고 쓴다.
[9점자05-03] 요음의 점자 기호와 규정을 알고, 점자로 읽고 쓴다.
[9점자05-04] 가나 점자의 규정에 따라 단어와 문장을 점자로 읽고 쓴다.
[9점자05-05] 장음의 점자 기호와 규정을 알고, 점자로 읽고 쓴다.
[9점자05-06] 촉음과 ん발음의 점자 기호와 규정을 알고, 점자로 읽고 쓴다.
[9점자05-07] 로마자의 점자 기호와 규정을 알고, 점자로 읽고 쓴다.
[9점자05-08] 문장 부호의 점자 기호와 규정을 알고, 점자로 읽고 쓴다.
[9점자05-09] 숫자와 기타 부호의 점자 기호와 규정을 알고, 점자로 읽고 쓴다.

(가) 성취기준 해설

- [9점자05-01] 이 성취기준은 가나의 청음을 점자로 읽고 쓰는 능력을 기르게 하고자 설정하였다. 청음의 모음자 'あ, い, う, え, お'행과 자음자 'か, さ, た, な, は, ま, や, ら, わ'행 등의 점자 기호와 규정을 다룬다. 다양한 예문으로 청음의 점자 규정을 이해하고, 점자로 정확하고 유창하게 읽고 쓰도록 한다.
- [9점자05-02] 이 성취기준은 가나의 탁음을 점자로 읽고 쓰는 능력을 기르게 하고자 설정하였다. 청음(か, さ, た, は)의 4개 행에 탁점을 붙이는 탁음, 청음 は행에 반탁점을 붙이는 반탁음 등의 점자 기호와 규정을 다룬다. 다양한 예문으로 탁음과 반탁음의 점자 규정을 이해하고, 점자로 정확하고 유창하게 읽고 쓰도록 한다.
- [9점자05-03] 이 성취기준은 가나의 요음을 점자로 읽고 쓰는 능력을 기르게 하고자 설정하였다. 청음 'か, さ, た, な, は, ま, ら'행에 や행을 조합한 요음, 탁음 'が, ざ, だ, ば'행에 요음점을 붙이는 요탁음, 반탁음 ぱ행에 요음점을 붙이는 요반탁음 등의 점자 기호와 규정을 다룬다. 다양한 예문으로 요음의 점자 규정을 이해하고, 점자로 정확하고 유창하게 읽고 쓰도록 한다.
- [9점자05-04] 이 성취기준은 청음, 탁음, 요음이 포함된 단어와 문장을 점자로 읽고 쓰는 능력을 기르게 하고자 설정하였다. 일본어 교과서에 나오는 기본적인 단어, 어구, 문장 등을 다룬다. 청음, 탁음, 요음을 사용하는 단어와 문장을 점자 규정에 따라 정확하고 유창하게 읽고 쓰도록 한다.
- [9점자05-05] 이 성취기준은 장음을 점자로 읽고 쓰는 능력을 기르게 하고자 설정하였다. 일본어 'あ, い, え'단의 장음표, 'う, お'단의 장음표 등의 점자 기호와 규정을 다룬다. 다양한 예문으로 장음의 점자 규정을 이해하고, 장음을 사용하는 단어와 문장을 점자로 정확하고 유창하게 읽고 쓰도록 한다.
- [9점자05-06] 이 성취기준은 촉음과 ん발음을 점자로 읽고 쓰는 능력을 기르게 하고자 설정하였다. 일본어 'か, さ, た, ぱ'행의 촉음 받침자, 촉음점 등과 ん발음 뒤에 오는 4가지 형태의 ん발음 받침자, ん발음점 등의 점자 기호와 규정을 다룬다. 다양한 예문으로 촉음과 ん발음의 점자 규정을 이해하고, 단어와 문장을 정확하고 유창하게 읽고 쓰도록 한다.
- [9점자05-07] 이 성취기준은 일본어의 로마자 표기를 점자로 읽고 쓰는 능력을 기르게 하고자 설정하였다. 일본어를 읽고 쓰는 데 필요한 로마자 모음자와 자음자의 표기, 요음자 표기, 특수음 등의 점자 기호와 규정을 다룬다. 다양한 예문으로 로마자 표기의 점자 규정을 이해하고, 점자로 정확하게 읽고 쓰도록 한다.
- [9점자05-08] 이 성취기준은 문장 부호를 점자로 읽고 쓰는 능력을 기르게 하고자 설정하였다. 일본어의 마침표, 물음표, 느낌표 등의 점자 기호와 규정을 다룬다. 다양한 예문으로 문장 부호의 점자 규정을 이해하고, 문장 부호를 사용하는 문장을 정확

하고 유창하게 읽고 쓰도록 한다.
- [9점자05-09] 이 성취기준은 숫자와 단위, 기타 부호를 점자로 읽고 쓰는 능력을 기르게 하고자 설정하였다. 숫자, 단위, 문장 속의 일본어표, 대소문자 영문표 등의 점자 기호와 규정을 다룬다. 다양한 예문으로 숫자와 단위 및 기타 부호의 점자 규정을 이해하고, 숫자와 단위 및 기타 부호를 사용하는 문장을 정확하고 유창하게 읽고 쓰도록 한다.

(나) 성취기준 적용 시 고려 사항
- 가나 점자를 처음 학습하는 데 기본이 되는 청음 あ행의 모음점 배열을 익히도록 하고, 자음점이 붙는 위치에 유의하여 지도한다.
- 청음 점자를 단어로 충분히 익히고, 탁점과 반탁점, 요음점 등의 순서로 지도한다.
- 일본어 발음을 박자의 개념으로 표현할 때 요음은 점자 두 칸을 사용하더라도 한 박자의 음가로 발음하도록 지도한다.
- 가나 점자를 읽고 쓰는 데 있어 로마자와 특수음의 점자를 사용하는 목적과 이유를 이해하고 바르게 사용하도록 지도한다.
- 장음, 촉음, 발음이 들어간 단어를 읽을 때는 한 박자가 추가된 음가로 발음하도록 지도한다.
- 장음은 앞 글자에 따라 장음표가 달라지고, 촉음점과 발음점은 뒤 글자에 따라 발음이 달라지는 것에 유의하도록 한다.
- 문장 부호의 쉼표와 가운뎃점, 숫자의 소수점과 자릿점은 일본어 점자와 한글 점자 간에 점자 기호가 다르므로, 혼동하여 사용하지 않도록 지도한다.
- 일본어에서 물음표와 느낌표 등의 문장 부호를 한글보다 적게 사용하는 이유를 이해하고, 문장 부호를 적절히 사용하도록 지도한다.
- 묵자 요음은 い단에 작게 쓴 'や, ゆ, よ'를 붙여 표현하지만, 점자는 'あ, う, お'단에 요음점을 붙여 사용하는 것에 유의하도록 한다.
- 일본어 점자 규정에 따라 일본어 기호와 표현을 정확하게 읽고 쓰는지를 관련 예문으로 평가하고, 혼동하여 읽거나 쓰는 점자 기호와 규정에 대해서는 교정적 지도를 한다.

## [고등학교 1~3학년]

(1) 한글 점자

> [12점자01-01] 옛 글자의 자음자와 기본 받침의 점자 기호와 규정을 알고, 점자로 읽고 쓴다.
> [12점자01-02] 옛 글자의 모음자의 점자 기호와 규정을 알고, 점자로 읽고 쓴다.
> [12점자01-03] 옛 글자의 방점 점자의 점자 기호와 규정을 알고, 점자로 읽고 쓴다.

(가) 성취기준 해설

- [12점자01-01] 이 성취기준은 옛 글자의 자음자와 기본 받침을 점자로 읽고 쓰는 능력을 기르게 하고자 설정하였다. 옛 글자 표, 'ㅿ(반치음), ㆁ(옛이응), ㆆ(여린히읗)', ㅳ(순경음 쌍비읍)과 ㅀ(반설경음 리을) 등의 옛 자음자의 점자 기호와 규정을 다룬다. 다양한 예문을 점자로 읽고 쓰는 과정에서 옛 자음자를 점자로 정확하고 유창하게 읽고 쓰도록 한다.
- [6점자01-02] 이 성취기준은 옛 글자의 모음자를 점자로 읽고 쓰는 능력을 기르게 하고자 설정하였다. 'ㆍ, ㆎ', 'ㆉ, ㆇ, ㅙ, ㆌ, ㆊ, ㅞ', '딴 이(ㅣ)'등의 옛 모음자의 점자 기호와 규정을 다룬다. 다양한 예문을 점자로 읽고 쓰는 과정에서 옛 모음자를 점자로 정확하고 유창하게 읽고 쓰도록 한다.
- [12점자01-03] 이 성취기준은 옛 글자의 방점을 점자로 읽고 쓰는 능력을 기르게 하고자 설정하였다. 음의 높낮이를 나타내는 방점 중 거성, 상성 등의 점자 기호와 규정을 다룬다. 다양한 예문을 점자로 읽고 쓰는 과정에서 방점이 들어간 글자를 점자로 정확하고 유창하게 읽고 쓰도록 한다.

(나) 성취기준 적용 시 고려 사항

- 한글 자모음과 옛 글자 자모음 간에 점자 표기 방식을 비교하고, 옛 글자의 묵자 모양을 양각 자료로 소개하여 옛 글자 점자에 관심을 갖고 학습하도록 한다.
- 옛 글자 점자 규정에 따라 정확하게 읽고 쓰는지를 관련 예문으로 평가하고, 혼동하여 읽거나 쓰는 규정에 대해서는 교정적 지도를 한다.

(2) 수학 점자

[12점자02-01] 복소수와 관련된 점자 기호와 규정을 알고, 점자로 읽고 쓴다.
[12점자02-02] 순열과 조합의 점자 기호와 규정을 알고, 점자로 읽고 쓴다.
[12점자02-03] 행렬과 관련된 점자 기호와 규정을 알고, 점자로 읽고 쓴다.
[12점자02-04] 집합과 명제의 점자 기호와 규정을 알고, 점자로 읽고 쓴다.
[12점자02-05] 함수와 관련된 점자 기호와 규정을 알고, 점자로 읽고 쓴다.
[12점자02-06] 지수와 로그를 표현하는 점자 기호와 규정을 알고, 점자로 읽고 쓴다.
[12점자02-07] 삼각함수를 표현하는 점자 기호와 규정을 알고, 점자로 읽고 쓴다.
[12점자02-08] 수열과 관련된 점자 기호와 규정을 알고, 점자로 읽고 쓴다.
[12점자02-09] 극한과 관련된 점자 기호와 규정을 알고, 점자로 읽고 쓴다.
[12점자02-10] 미분과 관련된 점자 기호와 규정을 알고, 점자로 읽고 쓴다.
[12점자02-11] 적분과 관련된 점자 기호와 규정을 알고, 점자로 읽고 쓴다.
[12점자02-12] 중복순열과 중복조합의 점자 기호와 규정을 알고, 점자로 읽고 쓴다.
[12점자02-13] 확률과 관련된 점자 기호와 규정을 알고, 점자로 읽고 쓴다.
[12점자02-14] 통계와 관련된 점자 기호와 규정을 알고, 점자로 읽고 쓴다.

(가) 성취기준 해설

- [12점자02-01] 이 성취기준은 복소수가 포함된 식을 점자로 읽고 쓰는 능력을 기르게 하고자 설정하였다. 켤레 복소수, 허근($\omega$) 등의 점자 기호와 규정을 다룬다. 다양한 예문으로 복소수의 점자 규정을 이해하고, 공통수학1과 기본수학1의 다항식과 관련된 단원을 학습하도록 한다.
- [12점자02-02] 이 성취기준은 순열과 조합이 포함된 식을 점자로 읽고 쓰는 능력을 기르게 하고자 설정하였다. 계승, 순열, 조합 등의 점자 기호와 규정을 다룬다. 다양한 예문으로 순열과 조합의 점자 규정을 이해하고, 공통수학1과 기본수학1의 '경우의 수'와 관련된 단원을 학습하도록 한다.
- [12점자02-03] 이 성취기준은 행렬을 점자로 읽고 쓰는 능력을 기르게 하고자 설정하였다. 아래 첨자, 행렬 괄호, 개행 기호, 역행렬 등의 점자 기호와 규정을 다룬다. 다양한 예문으로 행렬의 점자 규정을 이해하고, 공통수학1과 기본수학1의 '행렬'과 관련된 단원을 학습하도록 한다.
- [12점자02-04] 이 성취기준은 집합과 명제를 점자로 읽고 쓰는 능력을 기르게 하고자 설정하였다. 집합의 표현, 원소 관련 기호, 집합의 포함관계 기호, 원소의 개수 기호, 집합의 연산 기호, 부정(~), →, ⇒, ⇔ 등의 점자 기호와 규정을 다룬다. 다양한 예문으로 집합과 명제의 점자 규정을 이해하고, 공통수학2와 기본수학2의 '집합과 명제' 관련 단원을 학습하도록 한다.
- [12점자02-05] 이 성취기준은 함수와 그래프를 점자로 읽고 쓰는 능력을 기르게 하고자 설정하였다. 대응의 표현, 함수의 표현, 합성함수, 역함수 등의 점자 기호와 규정을 다룬다. 다양한 예문으로 함수와 그래프의 점자 규정을 이해하고, 공통수학2와 기본수학2의 '함수와 그래프' 관련 단원을 학습하도록 한다.
- [12점자02-06] 이 성취기준은 지수와 로그가 포함된 식을 점자로 읽고 쓰는 능력을 기르게 하고자 설정하였다. 거듭제곱근, 지수의 확장, 로그의 표현 등의 점자 기호와 규정을 다룬다. 다양한 예문으로 지수와 로그의 점자 규정을 이해하고, 대수의 '지수함수와 로그함수' 관련 단원을 학습하도록 한다.
- [12점자02-07] 이 성취기준은 삼각함수를 점자로 읽고 쓰는 능력을 기르게 하고자 설정하였다. 호도법, $\sin x$, $\cos x$, $\tan x$ 등의 점자 기호와 규정을 다룬다. 다양한 예문으로 삼각함수의 점자 규정을 이해하고, 대수의 '삼각함수'와 관련된 단원을 학습하도록 한다.
- [12점자02-08] 이 성취기준은 수열을 점자로 읽고 쓰는 능력을 기르게 하고자 설정하였다. 항, 수열, 총합($\Sigma$) 등의 점자 규정을 다룬다. 다양한 예문을 통해 수열의 점자 규정을 이해하고, 대수의 '수열'과 관련된 단원을 학습하도록 한다.
- [12점자02-09] 이 성취기준은 극한을 점자로 읽고 쓰는 능력을 기르게 하고자 설정

하였다. 무한대, 구간, 극한 등의 점자 기호와 규정을 다룬다. 다양한 예문으로 극한의 점자 규정을 이해하고, 미적분Ⅰ의 '함수의 극한과 연속' 관련 단원을 학습하도록 한다.

- [12점자02-10] 이 성취기준은 미분이 포함된 식을 점자로 읽고 쓰는 능력을 기르게 하고자 설정하였다. 미분계수의 표현, 도함수, 증가, 감소 등의 점자 규정을 다룬다. 다양한 예문을 통해 미분의 점자 규정을 이해하고, 미적분Ⅰ의 '미분'과 관련된 단원을 학습하도록 한다.
- [12점자02-11] 이 성취기준은 적분이 포함된 식을 점자로 읽고 쓰는 능력을 기르게 하고자 설정하였다. 부정적분, 정적분 등의 점자 기호와 규정을 다룬다. 다양한 예문으로 적분의 점자 규정을 이해하고, 미적분Ⅰ의 '적분'과 관련된 단원을 학습하도록 한다.
- [12점자02-12] 이 성취기준은 중복순열과 중복조합을 점자로 읽고 쓰는 능력을 기르게 하고자 설정하였다. 중복순열, 중복조합 등의 점자 기호와 규정을 다룬다. 다양한 예문으로 중복순열과 중복조합의 점자 규정을 이해하고, 확률과 통계의 '경우의 수'와 관련된 단원을 학습하도록 한다.
- [12점자02-13] 이 성취기준은 확률과 관련된 식을 점자로 읽고 쓰는 능력을 기르게 하고자 설정하였다. 확률, 조건부확률 등의 점자 기호와 규정을 다룬다. 다양한 예문으로 확률의 점자 규정을 이해하고, 확률과 통계의 '확률'과 관련된 단원을 학습하도록 한다.
- [12점자02-14] 이 성취기준은 통계와 관련된 식을 점자로 읽고 쓰는 능력을 기르게 하고자 설정하였다. 확률변수, 평균, 분산, 표준편차, 이항분포, 정규분포 등의 점자 기호와 규정을 다룬다. 다양한 예문으로 통계의 점자 규정을 이해하고, 확률과 통계의 '통계'와 관련된 단원을 학습하도록 한다.

(나) 성취기준 적용 시 고려 사항

- 수학 점자 기호와 규정을 익힐 때는 비교적 간단한 식을 활용하여 지도한다.
- 학습한 수학 점자 기호와 규정을 다양한 식을 표현하는 데 활용하도록 지도한다.
- 집합과 관련한 기호를 지도할 때 수학과 교육과정에 제시되지 않은 기호이지만 교과서나 기타 학습 자료에 빈번하게 출현하는 기호 $\ni, \supseteq, \supset, \not\supset$ 등을 지도할 수 있다.
- 묵자와 점자의 식 표현의 차이를 정확히 알도록 지도한다. 예를 들어, 묵자의 행렬 표현을 다루어 행렬의 표현에서 묵자와 점자의 차이를 인지하도록 지도한다.
- 묵자와 점자의 식 표현에서 구조적인 차이가 없다면 점자는 묵자와 동일하게 표현하도록 지도한다.
- 학생의 성취수준을 평가하고, 적절한 난이도의 수학 점자 기호와 규정을 지도한다. 예를 들어, 중복순열과 중복조합은 일반 선택 과목 확률과 통계를 학습할 때 '경우의

수'에서 다룬다.
- 고등학교 공통과목과 일반 선택 과목을 학습할 때 필요한 수학 기호와 식의 표현을 다루고, 진로 선택 과목이나 융합 선택 과목을 학습할 때 필요한 수학 기호와 식 즉, 자연로그, 자연상수, n차 도함수, sec, csc, cot, 수열의 극한, $\hat{p}$, 벡터, 논리연산 등은 이전에 학습한 수학 점자 기호와 규정의 내용을 응용하여 해당 기호와 식을 표현하도록 지도한다.
- 다양한 식을 점자로 정확하게 읽고 쓰는지를 관련 예문을 사용하여 평가하고, 혼동하여 잘못 표기한 점자 기호와 규정에 대해서는 교정적 지도를 한다.

(3) 과학 점자

> [12점자03-01] 수식의 점자 기호와 규정을 알고, 점자로 읽고 쓴다.
> [12점자03-02] 유전자를 표현하는 점자 기호와 규정을 알고, 점자로 읽고 쓴다.
> [12점자03-03] 공유 결합 화합물을 표현하는 점자 기호와 규정을 알고, 점자로 읽고 쓴다.
> [12점자03-04] 전자 점식을 표현하는 점자 기호와 규정을 알고, 점자로 읽고 쓴다.
> [12점자03-05] 화학 반응식을 표현하는 점자 기호와 규정을 알고, 점자로 읽고 쓴다.

(가) 성취기준 해설
- [12점자03-01] 이 성취기준은 통합과학, 물리학, 지구과학 등의 수식을 점자로 읽고 쓰는 능력을 기르게 하고자 설정하였다. 문자, 분수, 괄호, 묶음 괄호, 연산 기호, 관계 기호, 수식 연결 기호, 그리스 문자 등의 점자 기호와 표기 규정을 다룬다. 다양한 예문으로 수식의 점자 규정을 이해하고, 과학의 수식과 관련된 단원을 학습 할 수 있도록 한다.
- [12점자03-02] 이 성취기준은 유전자를 점자로 읽고 쓰는 능력을 기르게 하고자 설정하였다. DNA 염기 서열, DNA 복제 등의 점자 기호와 표기 규정을 다룬다. 다양한 예문으로 유전자를 표현하는 점자 규정을 이해하고, 과학의 유전과 관련된 단원을 학습하도록 한다.
- [12점자03-03] 이 성취기준은 화학의 공유 결합의 구조식을 점자로 읽고 쓰는 능력을 기르게 하고자 설정하였다. 쇄식 화합물과 고리 화합물의 기호 표기 형식과 공간 배치 표기 형식의 여러 가지 결합선, 방향 표시, 환핵, 대문자 구절표, 대문자 종료표 등의 점자 기호와 규정을 다룬다. 다양한 예문으로 공유 결합 화합물을 표현하는 점자 규정을 이해하고, 화학의 공유 결합과 관련된 단원을 학습하도록 한다.
- [12점자03-04] 이 성취기준은 화학의 전자 점식을 점자로 읽고 쓰는 능력을 기르게 하고자 설정하였다. 전자 점식의 기호 표기 형식과 공간 배치 표기 형식의 원소 기호, 전자, 방향 표시, 대문자 구절표, 대문자 종료표의 점자 기호와 규정을 다룬다. 다양한 예문으로 전자 점식을 표현하는 점자 규정을 이해하고, 화학의 전자 점식과 관련

된 단원을 학습하도록 한다.
- [12점자03-05] 이 성취기준은 반응 조건, 물질의 상태 등을 포함한 복잡한 화학 반응식을 점자로 읽고 쓰는 능력을 기르게 하고자 설정하였다. 분자식, 계수, 이온, 화살표, 물질의 침전 기호, 기체의 발생 기호, 반응 조건, 괄호 속 로마자, 한글 설명, 대문자 구절표, 대문자 종료표 등의 점자 기호와 규정을 다룬다. 다양한 예문으로 화학 반응식을 표현하는 점자 규정을 이해하고, 화학의 반응식과 관련된 단원을 학습하도록 한다.

(나) 성취기준 적용 시 고려 사항
- 과학 점자는 쉽고 간단한 수식과 도식을 이용해 점자 기호와 규정을 이해하도록 하고, 점차 해당 학년의 교과 학습에 필요한 다양하고 복잡한 수식과 도식으로 확장하여 지도한다.
- 통합과학, 물리학, 지구과학에 나오는 여러 가지 기호와 그리스 문자가 포함된 식을 수학 점자의 수식 표기법과 연계하여 점자로 바르게 표현하도록 지도한다.
- DNA 염기 서열의 표기에서 영어 점자 규정과 연계하여 점자 표기법을 이해하고 점자로 바르게 표현하도록 지도한다.
- 공유 결합, 전자 점식, 화학 반응식 표현에서 묵자와 점자 간의 차이를 이해하고, 점자에서만 사용하는 방향별 측쇄 기호와 대문자 구절표를 바르게 사용하도록 지도한다.
- 물질의 상태와 화살표 위에 반응 조건 등이 포함된 복잡한 화학 반응식의 점자 표기법을 지도할 때 식의 핵심 요소와 설명적 요소에 따른 점자 표기의 배치 순서를 함께 설명하여 이해를 높인다.
- 복잡한 화학 반응식을 점자 규정에 맞게 순서대로 배열하여 점자로 읽고 쓸 수 있는지 평가한다.
- 공유 결합의 공간 배치 표기 형식에 나오는 여러 가지 결합선, 방향에 따른 측쇄 기호, 대문자 구절표 등을 이해하고, 점자로 표기된 공유 결합을 설명할 수 있는지 평가한다.
- 과학 점자 규정에 따라 다양한 수식과 도식을 정확하게 읽고 쓰는지를 관련 예문으로 평가하고, 혼동하여 읽거나 쓰는 점자 기호와 규정에 대해서는 교정적 지도를 한다.

# 03 교수·학습 및 평가

## 가. 교수·학습

(1) 교수·학습의 방향

(가) 점자 교수·학습 계획은 점자 학습의 계열성과 위계성을 고려하고, 점자 교육의 전문성을 가진 교사 및 전문가가 참여하여 수립한다.

(나) 학교급별 교육과정에 따라 교수·학습 계획을 수립하되, 14)_____, 시각장애 정도와 발생 시기, 15)_____, 점자 학습 속도 등의 개인차를 고려하여 교육 목표를 설정한다.

(다) 점자 사용이 교과 활동과 자립생활에 중요함을 학생이 인식하고 자기주도적인 점자 학습 태도와 습관을 형성하도록 지도한다.

(라) 디지털 점자 기기와 보조공학 기기를 이용하여 디지털 매체 활용 수업, 원격수업, 온오프라인 연계 수업 등 다양한 점자 수업 형태를 전개한다.

(마) 시각중복장애 학생은 16)_____를 고려하여 도달 가능한 점자 학습 목표를 설정하고, 일상생활에서 유용한 점자 학습 경험과 사용 기회를 제공하도록 계획한다.

(바) 학생의 점자 사용 능력이 학습과 생활에서 점자를 능숙하게 사용하는 수준에 도달할 때까지 충분히 연습하도록 계획한다.

(사) 초·중등학교의 17)_____으로 점자 교육 시수를 확보하여 편성할 수 있으며, 점자 영역과 관련된 교과 수업에 통합하여 지도할 수 있다.

(2) 교수·학습 방법

(가) 점자 영역의 학습 목적과 중점을 고려하여 지도한다.

- 점자의 기초 영역은 점자 학습에 흥미와 동기를 유발하고, 촉지각 및 촉각 변별 능력 발달, 바른 점독 자세와 습관의 형성에 중점을 두어 지도한다.
- 한글 점자 영역은 비장애 학생과 동등하게 국어를 원활하게 사용하고, 한글 점자를 정확하고 유창하게 읽고 쓰는 데 중점을 두어 지도한다.
- 수학 점자, 과학 점자, 음악 점자, 영어 점자, 일본어 점자 영역은 18)_____에 필요한 점자 기호와 규정을 익혀 교과 활동에 참여하는 데 중점을 두어 지도한다.

14) 학생의 연령
15) 중복장애 여부
16) 중복장애의 유형과 정도
17) 창의적 체험활동
18) 교과 학습

(나) 학생의 시각장애 정도와 발생 시기, 중복장애 여부와 유형을 고려하여 지도한다.
- 학생은 19)_____, 읽기 지속 시간과 눈의 피로 정도, 시력 감소의 진행과 예후 등을 종합적으로 고려하여 점자 학습 여부를 결정하고, 학생의 요구에 따라 점자와 묵자 두 가지 매체를 모두 사용하도록 지도한다.
- 지적장애가 있는 시각장애 학생은 인지 수준에 따라 음소 및 문법 중심의 점자 지도 보다 일상생활에서 자주 사용하는 낱말을 선정하여 20)_____과 21)_____으로 낱말의 의미와 기능을 알고 사용하도록 지도한다.
- 지체장애가 있는 시각장애 학생은 양팔과 손가락의 운동 기능을 확인하고, 점자 읽기와 쓰기에 필요한 운동 기능이 있는 팔과 손가락을 점자 학습에 사용하도록 지도한다.
- 시청각장애 학생은 점자 읽기와 쓰기 지도에 더하여 보완대체의사소통 방법의 하나로 22)_____(손가락 점자)를 학습하여 사용하도록 지도할 수 있다.
- 실명하기 전에 묵자를 학습한 중도 실명 학생은 손가락의 촉지각을 발달시키고, 연령에 적합한 예문으로 점자 학습에 대한 흥미와 동기를 높이는 데 중점을 두어 지도한다.

(다) 점자 학습 내용에 따라 적합한 교수 방법을 사용하여 지도한다.
- 점자를 읽고 쓸 때에 올바른 자세와 손동작은 손 위 손 안내법, 손 아래 손 안내법, 촉각 모델링 등의 촉각 교수 방법을 사용하여 지도한다.
- 한글 점자의 읽기는 소리 내어 읽기, 따라 읽기, 함께 읽기, 반복 읽기, 짝지어 읽기, 훑어 읽기, 목적 읽기 등의 읽기 전략을 사용하고, 학생의 점자 읽기 정확성과 속도가 해당 학년의 평균 수준에 도달하도록 지도한다.
- 한글 점자의 쓰기는 말하며 쓰기, 듣고 쓰기, 보고 쓰기, 반복 쓰기, 함께 쓰기 등의 쓰기 전략을 사용하고, 학생의 점자 쓰기 정확성과 속도가 해당 학년의 평균 수준에 도달하도록 지도한다.
- 점자 규정은 한글 점자, 수학 점자, 과학 점자, 음악 점자, 영어 점자, 일본어 점자의 세부 규정과 관련된 예문을 사용하여 정확하게 이해하도록 지도한다.

(라) 다양한 점자 매체와 도구를 사용하여 지도한다.
- 표준 규격의 점자를 손가락으로 지각하고 변별하는 데 어려움을 보이는 경우, 큰 점자 자료와 교구를 사용하여 지도한다.
- 학생의 연령과 실명 시기, 중복장애 여부, 점자 학습 흥미, 점자 사용 능력을 고려하여 개인별로 적합한 점자 학습 자료와 도구를 선정하여 지도한다.

19) 묵자의 읽기 속도
20) 언어 경험 접근법
21) 의미 중심 접근법
22) 점화

- 점자판, 점자 타자기, 점자정보단말기, 점자 학습 앱 등의 다양한 점자 도구를 활용해 점자 학습에 대한 흥미를 높이고, 디지털 점자 매체와 기기를 능숙하게 사용하도록 지도한다.

### 나. 평가

(1) 평가의 방향

(가) 점자 평가는 점자 규정에 대한 이해, 점자 읽기와 쓰기의 유창성, 점자 사용에 대한 긍정적 태도 등 '지식·이해', '과정·기능', '가치·태도'를 균형 있게 평가하도록 계획한다.

(나) 점자 평가는 교수·학습 과정과 평가 과정이 분리되지 않도록 학교급별에 따른 성취기준을 활용하는 교육과정 중심 평가를 계획하되, 개별 학생에게 적합한 점자 학습 목표를 설정하고 도달 여부를 평가하는 23)_____를 실시한다.

(다) 점자의 평가는 점자 학습 과정의 관찰, 점자 읽기와 쓰기의 정확성과 유창성 수준, 점자 읽기와 쓰기 관련 과제물 등 다양한 형식적·비형식적 도구들을 사용하여 종합적으로 평가하도록 계획한다.

(라) 디지털 매체 활용 수업, 원격수업, 온오프라인 연계 수업에 적합한 디지털 점자 평가 자료와 도구를 개발하여 평가하도록 계획한다.

(마) 다양한 학습 및 생활 장면에서 학생이 점자를 바르고 능동적으로 사용하는지를 신뢰성 있고 타당하게 평가하기 위해 담임 교사, 교과 담당 교사, 학부모, 점자 교육 전문가 등이 협력한다.

(2) 평가 방법

(가) 한글 점자를 학습하기 위한 점자 학습 준비가 되어 있는지를 평가한다.
- 초등학교에 입학한 학생과 시각중복장애 학생은 24)_____를 확인하기 위해 인지와 언어 발달 수준, 양팔과 손가락의 운동 기능, 촉지각 능력, 점자에 대한 흥미와 관심 정도를 종합적으로 평가한다.
- 25)_____은 실명에 대한 적응 정도, 낭뇨병, 약물 복용 등에 의한 촉지각의 이상 여부와 촉각 변별 능력 그리고 묵자의 문해 발달 수준을 종합적으로 평가한다.
- 저시력 학생은 현재 사용하는 확대 글자 크기, 읽기 속도와 지속 시간, 안질환의 진행과 예후 등을 종합적으로 고려하여 점자 학습이 필요한지를 결정한다.

(나) 한글 점자는 학습과 생활에서 정확하고 유창하게 읽고 쓸 수 있는지를 평가한다.
- 점자 읽기와 쓰기의 26)_____을 평가한다. 점자 읽기와 쓰기의 오류 유형과 원인을

23) 준거 참조 평가
24) 점자 학습의 준비 정도
25) 중도 실명 학생
26) 정확성

분석하여 교정적 지도를 한다.
- 점자 읽기와 쓰기의 27)_____를 평가한다. 학생의 읽기와 쓰기 속도가 해당 학년의 평균 수준에 도달하도록 주기적으로 읽기와 쓰기 속도를 점검한다.
- 점자 읽기의 28)_____을 평가한다. 학생의 연령에 적합한 다양한 주제의 글을 읽고 글의 내용을 얼마나 정확하게 이해하는지를 평가한다.

(다) 교과별 점자는 교과 활동에 필요한 점자 기호와 규정을 정확하게 이해하고 사용할 수 있는지를 평가한다.
- 수학, 과학, 음악, 영어, 일본어 교과와 관련된 점자 기호와 규정을 정확하게 이해하고 있는지를 평가한다.
- 수학, 과학, 음악, 영어, 일본어 교과의 내용을 점자로 능숙하게 읽고 쓰며 학습할 수 있는지를 평가한다.

(라) 시각중복장애 학생은 생활에서 자주 사용하는 낱말을 점자로 읽고 쓰며 사용할 수 있는지를 평가한다.
- 학생 개인별로 의사소통과 일상생활에 필요한 낱말을 선정하여 지도하고, 학습한 점자 낱말의 의미를 이해하고 정확하게 읽고 쓰는지를 평가한다.
- 가정, 학교, 지역사회 활동에서 학습한 점자 낱말을 능동적으로 사용할 수 있는지를 담임 교사, 교과 담당 교사, 학부모 등이 협력하여 평가한다.
- 일상생활에서 사용하는 낱말의 점자 학습과 사용 수준을 평가하여 한글 자음과 모음을 점자로 학습할 수 있는지를 결정한다.

---

27) 속도
28) 이해력

# 08 수어

## 교육과정 설계의 개요

2016년에 제정된 「한국 수화 언어법」에서는 한국 수어가 국어와 동등한 자격을 가진 농인의 고유한 언어임을 밝히며 대한민국 농인의 공용어라고 정의하고 있다. 또한 이 법률은 농인과 한국 수어 사용자가 한국 수어 사용을 이유로 모든 생활 영역에서 차별받지 않고 한국 수어로 삶을 영위하고 필요한 정보를 받을 권리가 있음을 기본 이념으로 한다. '수어'는 이러한 시대적 배경을 바탕으로 청각장애 교육 환경 변화에 적극적으로 대처하기 위해 2022년 개정 특수교육 교육과정에 신설된 교육과정이다.

'수어' 교육과정에서 추구하는 핵심역량은 총론에서 제시한 핵심역량을 수어를 사용하는 청각장애 학생의 특성과 요구를 반영하여 구성하였다. 모두 네 가지 역량으로 구성하였고, 그 내용은 수어를 통해 타인과 소통하고 교류하는 1)_____, 수어를 사용하여 교실 수업에서의 교과 학습을 통해 지식과 정보를 습득할 수 있는 2)_____, 수어의 중요성과 수어 사용에 대한 자신감과 자부심을 품고 자기 삶을 주도적으로 이끌어 나갈 수 있는 3)_____, 농문화를 감상하고 누릴 수 있는 4)_____이다.

이를 통해 '수어'는 청각장애 학생들에게 농문화를 향유할 수 있는 심미적 감성을 갖추어 수어를 통한 협력적 소통 능력을 신장하며, 교과 학습 내용에 대한 지식과 정보처리 능력을 키워 우리 사회에서 건강한 공동체의 구성원으로 살아갈 자기주도적 태도와 역량을 기르고자 하였다.

이러한 과정에서 '수어'의 고유 역량을 규명하였고, 청각장애 학생들이 그러한 능력을 갖추려면 어떠한 지식과 기능, 태도를 습득해야 하는지 교육과정에서 요구되는 학습 내용을 선정하고 조직하였다. 다만 지금까지 관습적으로 쓰인 기존의 '지식, 기능, 태도'를 '지식·이해, 과정·기능, 가치·태도'로 표현하는 과정에서 이 교육과정이 목표로 하는 지점이 더 잘 전달되도록 구성하였다. 단순한 지식 습득이 아닌, 학습자의 이해를 강조하고자 '과정·기능' 부분에 중점을 두어 구성하였다. 또한 수어와 농문화에 대한 가치뿐 아니라 습득해야 할 태도를 함께 선정하고 포함하여 내용 체계와 성취기준에 반영하였다.

1) 협력적 소통 역량
2) 지식정보처리 역량
3) 자기 관리 역량
4) 심미적 감성 역량

'수어'는 '5)_____', '6)_____', '7)_____' 세 가지 영역으로 구성하였다. 첫째, '_____' 영역은 일반적인 언어의 듣기, 말하기, 읽기, 쓰기 네 가지 기술에 해당한다. '수어 이해'는 상대방이 표현한 수어의 의미를 파악하는 것으로 읽기와 듣기에 해당하는 영역이고, '수어 표현'은 상대방의 의사소통 의도를 파악하여 설명·설득·서술·요구 등을 표현하는 것으로 말하기와 쓰기에 해당하는 영역이다.

둘째, '_____' 영역은 청각장애 특수학교 학생들에게 적용되는 교과의 핵심 내용 일부분을 수어 사용 맥락에 따라 학년(군)별로 구분하여 제시함으로써 학교 교육과정 운영에 따른 다양한 수업에 청각장애 학생들이 수어로 참여하는 능력과 태도를 기르는 영역이다.

셋째, '_____' 영역은 청각장애 학생이 학교 교육과정에서 자연스럽게 수어 문법에 대한 지식을 익혀 한국 수어를 문법적으로 정확하게 이해하고 표현하는 능력을 길러 다양한 의사소통 환경에서 의사소통을 수행하는 능력을 기르는 영역이다.

특히 '수어'의 핵심 아이디어는 지식의 한 종류인 개념이 아니며, 청각장애 학생이 수어에 대한 인식과 이해를 바탕으로 자신의 생각과 감정을 주체적으로 표현하도록 영역별·학년(군)별 내용 요소의 기저를 이루는 중심 개념으로 선정하였다. 따라서 '수어'에 통합적으로 접근해 이해할 수 있으며, 교육과정 내 다른 교과와 융·복합적 사고가 가능한 내용으로 구성하였다. 즉 핵심 아이디어는 '수어'의 세 가지 영역의 학습을 청각장애 학생들이 성취하기를 기대하는 내용이며 앞서 설명한 네 가지 '수어' 교육과정의 핵심역량과도 밀접하게 연계되는 것으로 교수·학습 과정에서 지속적으로 주목하여야 할 내용으로 구성하였다.

'수어'는 청각장애 학생 가운데 한국 수어를 일상어로 사용하거나 보조 수단으로 사용하는 학생들이 수어로 사고하고 지식을 습득하게 초등학교 과정부터 수어를 체계적이고 자연스럽게 익히도록 하는 교육과정이다. 또한 수어를 배움으로써 자신에게 주어진 다양한 삶의 문제를 해결하고 수어를 기반으로 농정체성과 가치관을 확립하도록 도움을 줄 수 있도록 내용을 구성하였다.

이와 같은 수어 교육과정의 설계의 개요를 아래 그림과 같이 나타낼 수 있다.

---

5) 수어 이해·표현
6) 교과 수어
7) 수어 문법

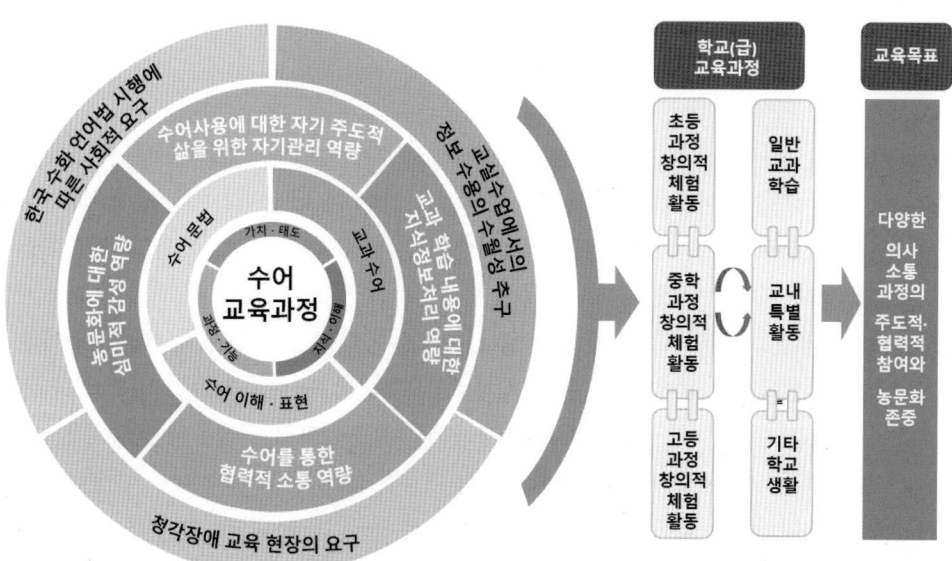

[그림 13] 수어 교육과정 설계의 개요

## 01 성격 및 목표

**가. 성격**

'수어'는 「한국 수화 언어법」(2016)에서 정의하는 바와 같이 대한민국 농문화 속에서 시각·동작 체계를 바탕으로 생겨난 고유한 형식의 언어인 한국 수화 언어(이하 '수어'라 한다)를 배우는 교육과정이다. 수어는 농인의 의사소통을 목적으로 자의성, 분절성, 생산성, 역사성, 전위성, 문화적 전달이라는 언어의 보편성과 수어로서 시각 언어적 특성을 동시에 지닌 언어이다. 수어는 청각장애 학생에게 일상어로 사용하거나 보조적으로 사용되는 꼭 필요한 의사소통 수단이다. 청각장애 학생은 수어로 사고하고 지식을 습득하도록 초등학교 과정부터 체계적으로 수어를 배워 타인과 의사소통함으로써 자신에게 주어진 다양한 삶의 문제를 해결하고 농인으로서 정체성과 가치관을 확립해야 할 것이다. 청각장애 학생은 8)_____와 9)_____를 기반으로 다양한 매체 자료를 효과적으로 사용함으로써 일상생활과 학교생활을 포함한 여러 분야의 사회생활에서 요구되는 지식과 정보를 효과적으로 처리하는 능력을 갖추어야 한다. 또한 청각장애 학생에게 농문화에 관심을 가지고 탐구하면서 자신의 언어생활을 돌아보고 개선하는 태도를 갖추게 하는 것도 필요하다.

언어는 수많은 시간 동안 그 언어를 사용하는 사람들의 사고와 경험을 자연스럽게 간직하고 있으며, 자신들만의 언어를 통해 그들의 고유한 문화를 배우고, 그 속에서 공유하게 된다. 대부분의 청각장애 학생들도 수어를 통해 그들의 문화를 배우고 서로의 경험을 공유하게 된다. 따라서 청각장애 학생에게 수어는 단순히 손짓으로 의사소통을 할 수 있는 수단이라는 의미를 넘어 학습 동기를 제공하는 심리적 기반인 정체성 확립의 수단이자 교실 수업에서 정보 수용의 수월성을 높이는 수단이라는 점에서 매우 중요하다.

'수어'는 수어 이해·표현, 교과 수어, 수어 문법 세 가지 영역으로 구성된다. 지금까지 대다수 수어 교육은 주로 어휘 중심으로 이루어져 왔다. 어휘가 언어의 기초를 이루는 중요한 요소임에는 틀림없지만, 국어에 대응한 한국 수어 어휘를 특정한 맥락 없이 독립적으로 제시한 어휘 중심의 교육 방법보다는 한국 수어 어휘의 형태적·의미적 특징과 의미 관계 등 수어 어휘에 대한 지식을 바탕으로 수어 의사소통 능력과 교과 학습, 수어 특성을 습득하도록 구성할 필요가 있다. 청각장애 학생도 수어로 삶을 영위하고 필요한 정보를 제공받을 권리가 있기에 우리 사회의 일원으로 곳곳에서 창의적이고 생산적인 역할을 감당하는 삶을 영위해야 한다. '수어'는 이러한 시대적 과제를 청각장애 학생들이 수행할 수 있도록 하는 데에 가장 기초적이면서도 중요한 역할을 담당할 것이다.

'수어'는 청각장애 학생에게 수어를 기반으로 한 농문화 중심의 사상과 정서가 반영된 수어 문화를 감상하고 누리는 심미적 감성을 갖추게 할 것이다. 또한 농인과 한국 수어 사용자인 청각

8) 수어
9) 문자언어

장애인의 언어권과 삶의 질을 향상하고자 수어를 통한 협력적 소통 능력을 키울 것이다. 그리고 수어를 기반으로 하는 공동체가 우리 사회에서 건강한 공동체로 인식되게 더불어 살아가는 태도를 갖추게 하여 민주시민으로서 사회적 의사소통에도 적극적으로 참여해 개인과 공동체의 문제를 해결하도록 할 것이다.

청각장애 학생은 '수어'를 바탕으로 수어를 정확하고 바르게 사용하는 능력을 기르고, 가치 있는 수어 활동으로 바람직한 인성을 함양하며, 창의적인 사고와 활동을 바탕으로 수어 문화를 이해할 수 있을 것이다. 청각장애 학생은 다양한 수어 담화, 수어 동영상 자료와 수어 작품 등을 분석하면서 사고력을 함양하고, 생각을 창의적으로 표현하며 다양한 의사소통 참여를 존중하고 협력적인 의사소통을 하는 삶을 영위할 것이다.

### 나. 목표

수어를 통한 의사소통의 맥락과 요소를 이해하고, 다양한 의사소통 과정에서 주도적이고 협력적인 참여 자세로 10)_____에 관심을 가지고 존중하는 태도를 기른다.

(1) 수어의 기초 지식을 이해하고 일상생활과 학교생활에서 필요한 기본적인 의사소통 능력을 함양한다.
(2) 수어로 이루어지는 학교 수업 상황에서 대화의 맥락에 맞게 수어를 사용하고 수업 상황에 적극적으로 참여함으로써 지식과 정보를 효과적으로 처리하는 능력을 키운다.
(3) 수어의 중요성과 수어 사용에 대한 자신감과 자부심을 느끼고, 농사회의 일원으로서 긍정적인 태도와 정체성을 함양한다.

---

10) 농문화

# 02 내용 체계 및 성취기준

## 가. 내용 체계

(1) 수어 이해·표현

| 핵심 아이디어 | • 수어 이해는 수어로 표현된 타인의 생각과 감정, 상황에 대한 설명을 이해하는 행위이다.<br>• 수어 표현은 수어에 대한 인식과 이해를 바탕으로 다양한 대상과 상황에서 자신의 생각과 감정을 수어로 표현하는 행위이다.<br>• 수어 화자와 수어 독자는 공동의 의미를 구성하는 과정에서 수어를 활용하여 갈등을 조정하고 합리적으로 문제를 해결한다.<br>• 수어 화자와 수어 독자는 다양한 의사소통 상황에서 주체적인 수어 사용자로서 정체성과 농인 공동체 의식을 형성한다. | |
|---|---|---|

| 범주 | | 내용 요소 | |
|---|---|---|---|
| | | 중학교 1~3학년 | 고등학교 1~3학년 |
| 지식·이해 | 수어의 기초 | • 수어 표현의 원리와 내용<br>• 수어 문법적 요소의 정확한 표현 | • 농인 공동체와 수어의 언어적 특성<br>• 수어 표현의 유창성 |
| 과정·기능 | 수어 이해 | • 수어사전에 등록되지 않은 다양한 사물의 일반적인 특징을 표현한 수어 이해하기<br>• 다양한 시각 자료에 나타난 공간과 등장인물을 표현한 수어 이해하기<br>• 시사 뉴스의 핵심 내용을 추출해 요약하기 | • 수어사전에 등록되지 않은 다양한 사물의 고유한 특징을 표현한 수어 이해하기<br>• 시사 뉴스에 대해 좋고 나쁨 등의 가치를 부여한 표현 이해하기 |
| | 수어 표현 | • 단어와 문장 수준의 비수지 표현하기<br>• 세 가지 대상을 비교하는 다양한 방법을 활용하여 수어로 표현하기<br>• 수어로 제시되는 복문의 내용을 이해하고 줄거리 표현하기 | • 다양한 주제에 대한 찬성과 반대의 이유를 유추하여 표현하기<br>• 이야기하려는 주제를 기승전결로 구성하여 표현하기 |
| | 의사소통 | • 이야기 중 핵심이 되는 내용을 구체적으로 표현 하고, 이해된 내용을 타인과 공유하기<br>• 친숙한 주제의 이야기에서 핵심을 파악하고 줄거리 표현하기<br>• 생활과 밀접한 주제의 이야기 에서 핵심을 파악하고 줄거리 표현하기 | • 다양한 이야기의 핵심을 이해하고 토론하기<br>• 육하원칙에 따라 자신의 주장을 근거를 들어가며 나타내기<br>• 상대방의 주장을 보고 자신의 생각 발표하기 |
| 가치·태도 | 수어의 정체성 | • 수어로 구성되는 세계와 자아 | • 수어의 힘에 대한 인식과 책임감 |
| | 수어 화자·독자의 태도 | • 자신의 수어 화법을 성찰 하는 수어 화자·독자 | • 사회적 소통에 참여하는 수어 화자·독자 |

(2) 교과 수어

| 핵심 아이디어 | <ul><li>교과 수어 능력을 갖추는 것은 각 교과에 필요한 개념을 이해하고 학습 능력을 향상하는 데에 중요하다.</li><li>교과 수어는 수어 능력을 기반으로 확산적 사고와 실생활에서 문제 해결 역량을 강화한다.</li><li>교과 수어는 실제적이고 통합적인 의사소통 능력을 신장한다.</li><li>교과 내용을 수어로 이해하고 표현하는 능력은 학습 기술을 촉진하며 적극적인 수업 참여와 사회 적응을 돕는다.</li></ul> ||
|---|---|---|
| 범주 || 내용 요소 ||
| || 중학교 1~3학년 | 고등학교 1~3학년 |
| 지식·이해 | 맥락과 매체 | • 사회·문화적 맥락에서 이해<br>• 그림, 사진, 동영상, 그래프<br>• 어휘망, 신문 기사, 문학 작품(연극 대본) | • 간 문화적 맥락에서 이해<br>• 그림, 사진, 동영상, 도표, 표<br>• 어휘망, 신문 기사, 문학 작품 |
| | 담화유형 | • 사건 설명, 토론, 발표, 연극, 비평 | • 시사 문제에 대한 논리적 의미 전달<br>• 사건 설명, 토론, 발표, 연극, 비평, 연설과 협상 |
| 과정·기능 | 안전·건강 | • 학교 폭력과 성폭력의 유형별 신고와 대처 방법 설명하기<br>• 약물·사이버 중독 예방법 설명하기 | • 폭력 예방 및 신체와 재산 보호 방법 설명하기<br>• 재난, 직업 안전 설명하기<br>• 응급 처치 방법 설명하기 |
| | 문화·예술 | • 문학 작품을 수어 연극으로 각색하여 공연하기 | • 청각장애 문화예술 활동을 통한 사회 참여 방법 토론 하기<br>• 시각적 문화의 가치와 역할 연설하기 |
| | 민주·시민 | • 정치, 외교, 국가관에 대해 발표하기 | • 사회 변화에 따른 인류 사회의 갈등 해결 방법 토론하기 |
| | 수리·과학 | • 문자와 식 설명하기<br>• 함수와 그래프, 기하 설명 하기<br>• 확률과 통계 해석하기<br>• 힘과 운동, 몸의 조절 능력 설명하기 | • 수와 연산 문제 해결하기<br>• 함수와 기하 문제 해결하기<br>• 지구, 생명의 시스템과 상호 작용 설명하기 |
| 가치·태도 | 수어의 필요성 | • 수어로 적극적이고 주체적인 의사소통 태도 | • 수어로 자기 보호 능력과 갈등 해결 능력 함양 |

(3) 수어 문법

| 핵심 아이디어 | | • 수어는 시각-공간적 언어로 보편적 언어가 가지는 특성과 함께 농인의 공용어로서 독자적 특성이 있다.<br>• 수어는 형식과 내용을 이루는 규칙과 원리를 바탕으로 고유한 문법 체계를 가지고 있다.<br>• 수어는 체계와 구조를 갖춘 의미 생성 자원이자 농문화를 바탕으로 구성된 규약이며, 농인 공동체의 사고와 가치를 표상하는 문화적 산물이다.<br>• 수어 사용자는 일상생활에서 다양한 수어 표현을 하고 문법 오류에 민감성을 가지며 언어 주체로서 한국 수어 발전에 참여하는 자세를 가진다. | |
|---|---|---|---|
| 범주 | | 내용 요소 | |
| | | 중학교 1~3학년 | 고등학교 1~3학년 |
| 지식·이해 | 수어 단위 | • 수어 단어의 확장 방법<br>• 수어 품사의 종류와 특성<br>• 수어 어휘의 분화와 쓰임<br>• 수어 문장의 구조와 확장<br>• 수어 담화의 주동·피동·인용 표현 | • 수어 공동체의 다변화에 따른 다문화 수어 생활<br>• 음운(수어소) 변동 |
| 과정·기능 | 수어 음운론 | • 수어소의 결합 특성을 움직임-정지(M-H)로 설명하기 | • 수어소 유형별 최소 대립쌍 정의하기 |
| | 수어 형태론 | • 순차적 합성어, 동시적 합성어, 지역어 생성 원리 탐색하기 | • 차용어 활용하기 |
| | 수어 통사론 | • 시제(과거, 현재, 미래) 표현 활용하기 | • 부정법(부정 수어, 부정 접미사) 특성 비교하기 |
| | 수어 의미론 | • 문장의 성분 분석하기 | • 관용 표현하기 |
| | 수어 화용론 | • 간접 화행(평서, 의문, 청유) 활용하기 | • 함축 표현 비교하기 |
| 가치·태도 | 수어 의식 | • 다양한 수어 실천에 대한 언어적 관용 | • 한국 수어 발전에 참여하는 자세 |

## 나. 성취기준

**[중학교 1~3학년]**

(1) 수어 이해·표현

중학교 수어 이해·표현 성취기준은 복문으로 이루어진 일상생활과 밀접한 주제의 내용을 수지와 비수지 표현을 익혀 구체적으로 표현하며, 공간을 활용하여 대상들을 비교 설명하고, 수어사전에 등록되지 않은 다양한 사물의 일반적 특징을 표현한 수어를 이해하는 데에 중점을 두어 설정하였다. 이해된 내용을 타인과 공유해 가면서 수어로 구성된 세계와 자아를 인식하고 자신의 수어 화법을 성찰하도록 지도한다.

> [9수어01-01] 수어 표현의 원리와 내용을 이해하여 친숙한 주제로 시사 뉴스의 핵심을 파악하고 줄거리를 구체적으로 표현한다.
> [9수어01-02] 수어 문법적 요소의 정확한 표현을 익혀 공간과 등장인물을 표현한 수어를 이해하고 세 가지 대상을 비교하는 방법을 활용하여 수어로 표현한다.
> [9수어01-03] 이야기 중 핵심이 되는 내용을 파악하여 구체적으로 표현하고 이해한 내용을 타인과 공유하여 수어로 구성되는 세계와 자아를 인식한다.
> [9수어01-04] 수어 표현의 원리와 내용을 이해하여 수어사전에 등록되지 않은 다양한 사물의 일반적 특징을 표현한 수어를 이해한다.
> [9수어01-05] 단어와 문장 수준의 비수지 표현을 익혀 수어로 제시되는 복문 내용의 줄거리를 표현하며 자신의 수어 화법을 성찰한다.

(가) 성취기준 해설

- [9수어01-01] 이 성취기준은 수어 표현의 원리와 내용을 이해하여 수어로 제시되는 시사 뉴스의 내용을 이해하고 핵심 내용을 추출하여 줄거리를 구체적으로 표현해 보게 하고자 설정하였다.
- [9수어01-02] 이 성취기준은 수어 문법적 요소의 정확한 표현을 익혀 공간을 활용하여 등장인물을 수어로 어떻게 표현하는지 다양한 시각 자료를 활용해 이해하도록 지도한다. 공간을 활용하여 세 가지 대상을 비교하는 다양한 방법을 익혀 수어로 표현해 보게 하고자 설정하였다.
- [9수어01-03] 이 성취기준은 다자간 의사소통 상황에서 친구들이 이야기한 내용을 이해하고 핵심을 파악하여 이를 구체적으로 표현해 보며 파악한 내용을 타인과 공유함으로써 수어로 이루어진 세계를 인식하고 자아를 찾게 하고자 설정하였다.
- [9수어01-04] 이 성취기준은 수어 표현의 원리와 내용을 이해하여 수지(수형, 수위, 수동, 수향)를 활용해 수어가 어떻게 표현되는지를 익혀 사전에 등록되지 않은 다양한 사물에 대해서 사물이 가지고 있는 특징을 파악하여 수어로 표현해 보게 하고자 설정하였다.
- [9수어01-05] 이 성취기준은 단어와 문장 수준의 비수지 표현을 익혀 수어로 제시되는 복문의 내용을 이해하여 자연스럽게 단어와 문장 수준의 비수지를 활용해 줄거리

를 표현하면서 자신의 수어 화법을 성찰해 보는 기회를 갖게 하고자 설정하였다.

(나) 성취기준 적용 시 고려 사항
- [9수어01-01] 이 성취기준 적용 시 중학교 수준에서 청각장애 학생들의 관심과 흥미를 유발할 수 있는 시사 뉴스의 주제를 선정하여 이야기를 들려주고 스스로 내용의 핵심을 파악하며 파악된 내용을 구체적으로 표현해 보도록 지도한다. 이때 청각장애 학생들의 관심이 높은 주제를 선정하여 핵심 내용이 더욱 정확하게 드러나도록 지도한다.
- [9수어01-02] 이 성취기준 적용 시 사람을 나타내는 수형의 움직임을 인식하고 수형이 수위와 수동의 변화에 따라 다양한 의미를 표현할 수 있음을 이해하도록 하여 공간을 구분한다. 구분된 공간 내에서 세 가지 대상을 비교하는 다양한 방법을 시각 자료를 활용하여 구체적으로 지도한다.
- [9수어01-03] 이 성취기준 적용 시 교사는 다양한 주제로 의사소통할 수 있는 상황을 많이 만들어 주고, 학습자는 다른 사람의 이야기에 집중하여 이야기의 핵심을 파악하고, 이를 구체적으로 표현하여 자신의 생각을 타인과 공유함으로써 수어로 이루어진 세계를 이해하고 자신의 자아와 정체성을 자연스럽게 찾아가는 과정을 밟도록 지도한다.
- [9수어01-04] 이 성취기준 적용 시 다양한 시각 자료를 활용하여 수어는 그림처럼 표현될 수 있다는 것을 알도록 하며, 수어사전에 등록되지 않은 다양한 사물의 특징을 몸으로 표현하는 방법을 시연해 보고 몸짓 표현을 수어로 바꾸어 보게 한다. 다양하게 연습해 다양한 사물의 일반적 특징을 표현한 수어를 이해하는 데까지 접근하도록 지도한다.
- [9수어01-05] 이 성취기준 적용 시 지금까지 배운 단어 수준과 문장 수준의 비수지를 좀 더 확장하도록 지도하여 수어로 제시되는 복문의 내용을 이해하고, 단어와 문장 수준의 비수지가 자연스럽게 표현되도록 한다. 자신의 수어와 다른 사람의 수어 표현을 비교해 보면서 자신의 수어 화법을 성찰하고 발전시켜 보는 기회를 갖도록 지도한다.

(2) 교과 수어

중학교 교과 수어의 성취기준은 학습자가 일상생활의 맥락에서 이해하고 익힌 수어를 사회문화적 맥락으로 확장하고, 문학 작품을 수어 연극으로 각색해 공연하는 활동 등 학습자 스스로 자기주도적인 태도로 수어를 활용하며, 스스로 자료를 수집·발표·토론하는 능력을 신장하고, 교과에서 학습된 개념을 일상생활과 접목하여 수어로 이해하고 설명하는 데에 중점을 두도록 설정하였다. 적극적인 의사소통 태도와 토론 자세, 수어에 대한 자신감과 확신을 가지도록 지도한다.

[9수어02-01] 학교 폭력과 성폭력의 유형을 사회 문화적 맥락으로 이해하고 유형별 신고와 대처 방법을 수어로 정확하게 설명한다.
[9수어02-02] 약물·사이버 중독 예방법을 다양한 매체 자료를 활용하여 수어로 자유롭게 설명한다.
[9수어02-03] 문학 작품을 수어 연극으로 각색하고 공연하여 적극적이고 주체적인 의사소통 태도를 기른다.
[9수어02-04] 정치·외교·국가관에 대해 수어를 사용하여 주체적인 의사소통 방법으로 발표하고 적극적으로 토론한다.
[9수어02-05] 일상생활에서 활용 가능한 문자와 식, 함수와 그래프, 기하를 설명하고 확률과 통계의 해석을 수어로 이해하고 설명한다.
[9수어02-06] 일상생활에서 활용되는 힘과 운동을 수어로 자유롭게 설명하여 수어에 대한 자기주도성을 확신한다.
[9수어02-07] 우리 몸의 조절 능력을 이해하고 수어로 자유롭게 설명한다.

### (가) 성취기준 해설

- [9수어02-01] 이 성취기준은 학교나 일상생활에서 발생할 수 있는 학교 폭력과 성폭력의 유형을 이해하고 위험성을 인식하여 신고와 대처 방법을 수어로 정확하게 설명할 수 있게 하고자 설정하였다.
- [9수어02-02] 이 성취기준은 일상생활에서 접할 수 있는 그림책, 만화, 뉴스, 광고, 웹툰, 애니메이션, 영화, 짧은 영상 등의 매체 자료를 활용하여 중독성 물질(술, 담배 등)과 인터넷 게임이나 스마트폰 중독에 대한 위험성과 피해를 알고 수어로 자유롭게 설명할 수 있게 하고자 설정하였다.
- [9수어02-03] 이 성취기준은 중학교 1~3학년 교육과정에 나오는 문학 작품을 수어 연극으로 각색하여 공연해 보고 자기주도적 의사소통 수단으로써 수어 사용에 대한 자신감을 가지고 적극적이고 주체적인 의사소통 태도를 기르게 하고자 설정하였다.
- [9수어02-04] 이 성취기준은 다양한 문화권에서 경험하는 정치·외교·국가관에 대해 주체적인 의사소통 방법으로 발표하고 토론하게 하고자 설정하였다.
- [9수어02-05] 이 성취기준은 문자와 식으로 구성된 사칙연산과 소인수분해, 다항식을 수어로 이해하고 표현하며, 일상생활에서 발견하여 응용할 수 있는 함수의 대응과 종속 관계를 그래프로 변환하여 시각적으로 쉽게 수어로 설명하고, 실생활 문제를 해결하는 기하와 확률, 통계의 해석을 수어로 이해하고 설명할 수 있게 하고자 설정하였다.
- [9수어02-06] 이 성취기준은 물질세계에 존재하는 여러 가지 힘 중에서 중력, 탄성력, 마찰력, 부력을 이해하고 힘이 작용하여 나타나는 원리를 과학적으로 해석하고 수어로 자유롭게 설명할 수 있게 하고자 설정하였다.
- [9수어02-07] 이 성취기준은 사람의 대사 과정과 몸의 조절 능력을 이해하고 수어로 자유롭게 설명할 수 있게 하고자 설정하였다.

(나) 성취기준 적용 시 고려 사항

- [9수어02-01] 이 성취기준 적용 시 학교나 일상생활에서 발생할 수 있는 학교 폭력과 성폭력의 유형을 영상과 구체적인 사례를 보며 이해하고 위험성을 인식하여 신고와 대처 방법을 수어로 정확하게 설명하도록 지도한다.
- [9수어02-02] 이 성취기준 적용 시 그림책, 만화, 뉴스, 광고, 웹툰, 애니메이션, 영화, 짧은 영상 등 다양한 매체 자료를 활용하여 구체적인 사례를 중심으로 청각장애 학생들이 경험할 수 있는 중독성 물질인 술, 담배 등과 인터넷 게임, 스마트폰 중독의 위험성과 피해를 수어로 자유롭게 설명하도록 지도한다.
- [9수어02-03] 이 성취기준 적용 시 중학교 1~3학년 교육과정에 나오는 문학 작품을 청각장애 학생의 삶과 관련지어 각색하여 수어 연극으로 공연해 봄으로써 수어 표현력을 높이고, 자기주도적 의사소통 수단인 수어를 자신감을 가지고 활용하도록 지도한다.
- [9수어02-04] 이 성취기준 적용 시 다양한 문화권에서 경험하는 정치·외교·국가관에 대해 모둠별로 신문 또는 인터넷에서 최신 자료를 수집하여 국제사회의 다양한 경쟁과 갈등을 유형별로 분류하여 발표하고 토론하도록 지도한다.
- [9수어02-05] 이 성취기준 적용 시 기본적인 수학적 용어를 수어로 그 개념을 익혀 이해하고 표현하도록 지도한다. 수에 대한 사칙연산과 소인수분해, 다항식을 수어로 이해하고 일상생활에서 활용되는 변화하는 양 사이의 관계를 나타내는 함수의 대응과 종속의 의미를 포함하여 그래프를 시각적으로 표현하도록 지도한다. 다양한 분야의 실생활 문제를 해결하는 기하를 수어로 설명하도록 지도한다. 수학적 용어와 관련한 수어 어휘가 없을 경우 청각장애 학생들과 충분히 토론하여 이해하고 설명하도록 지도하고 일상생활에서 사건이 일어날 가능성을 수치화한 확률과 통계를 수어로 이해하고 해석하도록 지도한다.
- [9수어02-06] 이 성취기준은 물질세계에 존재하는 여러 가지 힘 중에서 중력, 탄성력, 마찰력, 부력을 실험을 바탕으로 시각적으로 이해하고 힘이 작용하여 나타나는 그 원리를 영상 자료와 실험으로 과학적으로 해석하고 수어로 자유롭게 설명하도록 지도한다.
- [9수어02-07] 이 성취기준은 사람의 대사 과정과 몸의 조절 능력을 구체물과 영상 등을 활용하여 이해하고 수어로 자유롭게 설명하도록 지도한다.

(3) 수어 문법

중학교 문법 영역 성취기준은 수어 문법의 순차성과 동시성, 합성어, 시제 표현, 여러 가지 문장 형식과 토론 활동에서 나타나는 간접 화행 등 다양한 문법에 대한 이해와 탐구 활동으로 총체적인 수어 능력을 기르는 데 중점을 두어 설정하였다. 사회적 의사소통을 위한 수어 문법 능력을 갖추고, 수어는 자연 발생적으로 지역마다 다르게 생성되는 것을 인식함으로써 수어를 존중하고 지속적인 관심을 가지도록 지도한다.

> [9수어03-01] 수어 어휘와 문장을 표현할 때, 순차적으로 [정지-움직임-정지] 순서로 이루어지는 것과 양손을 동시에 [정지-움직임-정지] 순서로 이루어지는 동시성이 있음을 이해한다.
> [9수어03-02] 수어는 순차적 합성어와 동시적 합성어로 이루어지며, 지역적 특성에 따라 지역 수어가 생성됨을 알고 존중하는 태도를 기른다.
> [9수어03-03] 수어 담화 속에서 현재, 과거, 미래를 표현하는 수어를 활용하여 나타내 보고 경험한 일과 앞으로 일어날 수 있는 일을 표현한다.
> [9수어03-04] 여러 가지 문장 구조(평서문, 의문문, 청유문, 명령문, 감탄문)를 이해하고 주동 표현, 피동·인용 표현을 활용하여 자신의 의견을 발표한다.
> [9수어03-05] 토론 활동에서 나타나는 간접 화행을 이해하고 화자와 청자의 언어적 표현을 수용하는 태도를 기른다.

### (가) 성취기준 해설

- [9수어03-01] 이 성취기준은 수어 형태소의 순차성과 동시성을 인식하게 하고자 설정하였다. 움직임-정지(M-H, Movement-Hold model) 모델은 수어의 움직임 분절과 정지 분절이 연속적으로 결합되며, 각 분절 안에서 수어소는 동시적으로 표현됨을 설명하고 있다. 수어 표현에서 [정지-움직임-정지] 분절을 구분하며 수어 형태소의 순차성과 동시성을 이해하는 데 중점을 둔다.
- [9수어03-02] 이 성취기준은 수어의 단어 형성에는 순차적인 합성어와 동시적인 합성어가 있음을 알고, 수어는 지역 문화의 공동체에서 자연 발생적으로 형성되는 언어이기 때문에 지역마다 다른 표현이 있음을 알게 하도록 설정하였다.
- [9수어03-03] 이 성취기준은 미래, 현재, 과거를 나타내는 시제를 표현할 수 있게 하도록 설정하였다. 수어에서 시제는 발화자의 몸을 중심으로 하는 시간 축(time line)을 이용한 지시 운동으로 나타내는데 수어 화자의 몸을 중심으로 미래를 표현할 때는 몸을 앞으로 기울이고, 현재를 나타낼 때는 바르게 서며, 과거를 표현할 때는 어깨 뒤로 수어 표현을 한다.
- [9수어03-04] 이 성취기준은 수어 문장 특성을 알고, 어순에 따라 문장의 의미가 달라지는 것을 이해하며, 피동 인용 표현을 활용하고 여러 가지 문장의 형식(평서문, 의문문, 청유문, 명령문, 감탄문, 주동문, 피동문, 인용문 등)을 대화 상황에서 적절하게 표현할 수 있게 하고자 설정하였다.
- [9수어03-05] 이 성취기준은 대화 상황에서 간접 화행으로 이루어지는 타인의 발화를 이해하고 자신의 의도를 전달할 수 있게 하고자 설정하였다. 간접 화행이란 언어 표현의 의미와 화자가 전달하려는 의미가 일치하지 않는 언어 행위를 말한다. 주제 토론으로 상대방에게 자신의 의사를 전달할 때 간접적인 방식으로 의견을 내거나 청자 입장이 되어 그 의도를 파악해 보며 원활한 의사소통 능력을 기르도록 지도한다.

(나) 성취기준 적용 시 고려 사항

- [9수어03-01] 이 성취기준 적용 시 수어 표현의 공간적, 시간적 움직임 형상에 따라 [정지-움직임-정지] 구간을 혼란스러워할 수 있으므로 분절표에 따라 구분하고 비교하도록 지도한다.
- [9수어03-02] 이 성취기준 적용 시 순차적/동시적 합성어가 섞인 어휘 목록표를 따라 수어를 익히며 학습자들이 순차적 합성어와 동시적 합성어의 특성을 비교하며 설명하도록 한다. 지역적 특성을 설명하고 그에 따라 지역 수어가 생성되거나 변이형으로 나타남을 알도록 지도한다.
- [9수어03-03] 이 성취기준 적용 시 시제는 현재, 과거, 미래를 나타내는 시간 축(time line)을 이용한 지시 운동 방법 외에 시간 경과 표현(우세 손에서 비 우세 손으로 이동)이나 시간의 흐름을 상하(위에서 아래로 이동)로 표현하는 수어도 있음을 설명한다. 따라서 시제를 표현할 때 다양한 시간적 상황에서 그 쓰임이 맞는지 확인하며 지도한다.
- [9수어03-04] 이 성취기준 적용 시 여러 가지 문장 형식에서 비수지와 어순 등이 어떻게 다르게 사용되는지를 명확하게 인지하고자 교사는 다양한 담화 상황을 학습자에게 제시하며 발표해 보도록 하고 이에 대한 피드백을 제공하면서 지도한다.
- [9수어03-05] 이 성취기준 적용 시 교사는 학생들의 흥미를 유발할 수 있는 토론 주제를 선정하고, 간접 화법을 통한 메시지 전달이 화자와 청자 간에 잘 이루어지는지 스스로 점검하도록 지도한다.

[고등학교 1~3학년]

(1) 수어 이해·표현

고등학교 수어 이해·표현 성취기준은 수어의 고유한 언어적 특성, 정확한 수어 표현 방법을 알고 다양한 주제에 대한 핵심을 파악하여 기승전결로 이야기를 구성할 수 있으며, 찬성과 반대에 대한 자신의 의견을 육하원칙에 따라 주장하고, 좋고 나쁨에 대한 가치를 표현하는 데에 중점을 두도록 설정하였다. 수어가 가지는 힘에 대해 인식하고 수어 사용자로서 책임감을 느끼며 사회적 소통에 적극적으로 참여하는 능력을 기르도록 지도한다.

> [12수어01-01] 수어의 언어적 특성을 이해하여 수어사전에 등록되지 않은 다양한 사물의 고유한 특징을 표현한 수어를 이해한다.
> [12수어01-02] 수어 표현의 정확성을 익혀 수어가 가지는 힘을 인식하고 수어 사용자로서 책임감을 느낀다.
> [12수어01-03] 수어 관용 표현이 포함된 다양한 이야기의 핵심을 이해하고 기승전결로 이야기를 구성하여 자신의 생각을 발표하고 토론한다.
> [12수어01-04] 수어 표현의 정확성을 익혀 다양한 주제에 대한 찬성과 반대 이유를 육하원칙에 따라 표현하며 자신의 주장을 나타낸다.
> [12수어01-05] 시사 뉴스에 대해 좋고 나쁨 등 가치 부여 표현을 이해하여 사회적 소통에 적극적으로 참여한다.

(가) 성취기준 해설
- [12수어01-01] 이 성취기준은 농인 공동체의 제1언어인 수어의 일반적인 언어적 특성과 시각 언어로서 수어가 가지는 고유한 특성을 이해하고, 수어사전에 등록되지 않은 다양한 사물의 고유한 특성들을 파악하여 수어로 어떻게 표현하는지를 익히게 하고자 설정하였다.
- [12수어01-02] 이 성취기준은 수어의 구성요소인 수지(수형, 수위, 수동, 수향)를 정확히 사용하여 수어 표현 시 자신의 의사를 더욱 명확하게 표현해 보도록 하여 수어가 가지는 언어적 힘을 인식하고 수어 사용자로서 책임감을 느끼게 하고자 설정하였다.
- [12수어01-03] 이 성취기준은 청각장애 고등학생들이 익숙하게 사용하는 수어 관용 표현이 포함된 이야기의 핵심을 이해하고 기승전결로 이야기를 구성하여 발표하고 상대방의 주장을 보고 자신의 생각을 담아 토론해 보게 하고자 설정하였다.
- [12수어01-04] 이 성취기준은 수어의 정확한 표현 방법을 익혀 다양한 주제의 수어 이야기를 보고 결과를 유추해 보고, 찬성과 반대의 견해를 표현할 때는 타당한 근거를 가지고 자신의 주장을 표현해 보게 하고자 설정하였다.
- [12수어01-05] 이 성취기준은 다자간 의사소통에서 관심을 가지는 시사 뉴스에서 옳고 나쁨 등 자신의 가치를 부여하여 표현하고 다른 사람의 의견을 비판하거나 수용하는 판단력을 키워 사회적 소통에 적극적으로 참여하게 하고자 설정하였다.

(나) 성취기준 적용 시 고려 사항
- [12수어01-01] 이 성취기준 적용 시 교사는 농인 공동체 안에서 수어가 가지는 언어적 의미를 설명해 주어 수어 사용자의 정체성 확립에 도움을 준다. 수어가 언어로서 가지는 일반적인 특성과 시각 언어로서 독특한 특성을 설명하도록 하여 수어의 언어적 특성을 이해하게 한다. 수어사전에는 등록되어 있지 않지만 다양한 사물의 고유한 특성들이 어떻게 수어로 표현되는지 설명하여 수어로 표현되는 사물들을 이해하도록 지도한다.
- [12수어01-02] 이 성취기준 적용 시 학습자는 수어의 구성요소인 수지(수형, 수위, 수동, 수향) 중 하나라도 다르게 사용하면 전혀 의미가 다른 수어가 됨을 배운다. 수어로 의사소통하여 수어 자체가 가지고 있는 힘을 느껴 보도록 함으로써 바르게 수어를 사용해야 하는 책임감을 느끼도록 지도한다.
- [12수어01-03] 이 성취기준 적용 시 학습자의 눈높이에 맞춘 친숙한 주제를 선정해 기승전결의 이야기로 구성하여 발표하게 한다. 수어 관용 표현을 자연스럽게 구사해 가며 발표한 내용에 대해서 자신의 생각을 담아 토론해 보는 기회를 갖도록 지도한다.
- [12수어01-04] 이 성취기준 적용 시 다자간 의사소통 상황에서 다른 사람의 이야기를 주의 깊게 보고 그 내용을 찬성하거나 반대하는 이유를 육하원칙에 따라 근거를

들어가며 정확한 수어로 표현해 보도록 지도한다.
- [12수어01-05] 이 성취기준 적용 시 생활과 밀접한 주제의 시사 내용을 개인의 감정과 의견을 반영하여 표현하는 기술을 익히게 하여 사회적 소통에 적극적으로 참여하는 긍정적 의사소통 방법을 익히도록 지도한다.

(2) 교과 수어

고등학교 교과 수어의 성취기준은 학습자가 수어로 의사소통 수준을 향상하고 자신의 건강과 안전을 책임지며, 문화예술 활동에 수어를 적극적으로 활용하여 간 문화적 맥락 속에서 수어를 적극적으로 사용하는 데 중점을 두도록 설정하였다. 시사 문제에 관한 토론과 연설을 바탕으로 논리적이고 창의적인 사고력을 높이고 적극적인 의사소통으로 사회 참여의 기회를 높이며 진학과 진로에 수어를 적극적으로 활용하도록 지도한다.

> [12수어02-01] 다양한 종류의 폭력이나 사회 문제 예방법을 신문 기사를 보며 구체적으로 이해하고 자신의 신변을 보호하는 적극적인 방법을 수어로 설명한다.
> [12수어02-02] 수어를 자유롭게 사용해 재난과 직업 안전을 설명하여 진로에 활용하고, 여러 가지 상황에 대한 응급 처치 방법을 설명한다.
> [12수어02-03] 문화예술 활동을 간 문화적 맥락으로 설명하고 사회 참여 방법으로 수어를 적극적으로 활용하여 토론한다.
> [12수어02-04] 시각적 문화의 가치와 역할을 간 문화적 맥락에서 수어로 연설하며 의사소통 수준을 향상한다.
> [12수어02-05] 시사 문제에 대한 논리적 의미 전달의 개념으로 사회 변화에 따른 인류 사회의 갈등 해결 방법을 수어로 자유롭게 토론한다.
> [12수어02-06] 일상생활에서 많이 활용되는 수와 연산 문제, 함수와 기하 문제를 수어로 설명하여 문제를 해결한다.
> [12수어02-07] 일상생활 맥락에서 활용되는 지구·생명의 시스템을 이해하고 수어로 설명한다.

(가) 성취기준 해설
- [12수어02-01] 이 성취기준은 학교폭력, 성폭력, 가정 폭력, 전화 금융 사기 등 다양한 종류의 폭력이나 사회 문제의 예방법을 신문 기사나 인터넷 기사 등을 보며 구체적으로 이해하여 자신과 타인의 소중함을 인식하고, 자신과 타인의 신체와 재산을 보호하는 적극적인 방법을 수어로 설명할 수 있게 하고자 설정하였다.
- [12수어02-02] 이 성취기준은 화재와 자연재해, 산업 재해 등의 구체적인 원인과 대피, 대응 요령을 수어로 정확하게 설명하고 일상생활에서 발생 가능한 여러 가지 상황에 대한 응급 처치와 심폐 소생술, 자동 심장 충격기 사용법을 설명할 수 있게 하고자 설정하였다.
- [12수어02-03] 이 성취기준은 청각장애 학생이 지역사회의 축제, 교내외 행사와 축제 등의 문화예술 활동에 수어를 적극적으로 활용하여 수어 노래, 수어 콩트, 수어 연극 등으로 참여하고 다양한 문화적 맥락으로 수어를 사용하여 의사소통하고 토론

하게 하고자 설정하였다.
- [12수어02-04] 이 성취기준은 시각적(미술) 문화의 역사, 정치, 경제, 사회 등 간 문화적 맥락에 따른 다양성과 작품의 가치·판단을 수어로 연설하여 의사소통 수준을 향상하게 하고자 설정하였다.
- [12수어02-05] 이 성취기준은 정의로운 사회를 구현하고자 다양한 시사 문제에 관심을 가지고 논리적 의미 전달의 개념으로 접근하여 사회 변화에 따른 인류 사회의 다양한 갈등과 해결 방법을 자유롭게 토론할 수 있게 하고자 설정하였다.
- [12수어02-06] 이 성취기준은 일상생활에서 활용되는 집합과 명제, 이차 함수의 최댓값과 최솟값, 좌표 평면에 나타낸 점, 선, 원의 대수적 표현 등의 문제를 수어로 설명하고 해결하여 논리적이고 창의적인 사고력을 높이게 하고자 설정하였다.
- [12수어02-07] 이 성취기준은 지구 시스템으로 중력을 설명하고 중력이 지구 시스템과 생명 시스템에서 상호작용하는 방법을 설명하고자 설정하였다.

(나) 성취기준 적용 시 고려 사항
- [12수어02-01] 이 성취기준 적용 시 학교 폭력, 성폭력, 가정 폭력, 전화 금융 사기 등 다양한 종류의 폭력이나 사회 문제를 신문 기사나 인터넷 기사, 동영상 자료 등을 보며 구체적으로 이해하도록 지도한다. 자신과 타인의 소중함을 인식하여 자신의 신체를 적극적으로 보호하고, 전화 금융 사기 등의 금융 범죄로부터 자신의 재산을 스스로 지키는 방법을 수어로 설명하도록 지도한다.
- [12수어02-02] 이 성취기준 적용 시 화재와 자연재해, 산업 재해 등의 구체적인 원인과 대피, 대응 요령을 수어로 정확하게 설명하도록 지도한다. 일상생활에서 발생 가능한 여러 가지 응급 상황에 대한 응급 처치와 심폐 소생술, 자동 심장 충격기 사용법을 실습해 익히고 정확하게 설명하도록 지도한다.
- [12수어02-03] 이 성취기준 적용 시 지역사회의 축제, 교내외 행사와 축제 등에 적극적으로 참여하는 기회를 청각장애 학생에게 제공한다. 이러한 문화예술 활동을 다양한 문화적 맥락으로 설명하고, 자신의 생각을 명확하게 표현함으로써 타인과 적극적인 의사소통으로 사회에 참여하여 토론하도록 지도한다.
- [12수어02-04] 이 성취기준 적용 시 영상이나 사진 등을 활용하여 시각적(미술) 문화에 대해 시대별 지역, 양식, 민족, 종교 등을 고려하여 간 문화적 맥락에서 그 시대의 정치, 경제, 사회적 특성의 다양함을 이해하고 작품의 가치·판단을 수어로 연설하여 의사소통 수준을 향상하도록 지도한다.
- [12수어02-05] 이 성취기준 적용 시 정의로운 사회를 구현하기 위해 다양한 시사 문제(저출산, 고령화 현상, 다문화적 변화 등)에 관심을 가지고 이러한 변화의 원인과 이로써 발생할 수 있는 문제점을 수어로 표현하여 그 논리적 의미를 전달하도록 지도한다. 사회 변화에 따른 인류 사회의 다양한 갈등과 해결 방법을 수어로 자유롭게

- [12수어02-06] 이 성취기준 적용 시 학습자의 현재 학습 수준을 고려하여 적용하도록 한다. 집합의 연산법칙은 벤 다이어그램으로 확인하는 정도로 간단히 다룰 수 있다. 명제 또한 구체적인 상황을 이용하여 충분조건, 필요조건, 필요충분조건을 구체적인 예를 보며 의미를 이해하고 수어로 표현하도록 지도한다. 이차 함수의 최댓값과 최솟값, 좌표 평면에 나타낸 점, 선, 원의 대수적 표현 등의 문제도 일상생활에서 쉽게 접하는 구체적인 상황과 연계하여 수어로 설명할 수 있는 정도로 간단히 다루어 지도할 수 있다. 여기에서는 학습자가 문제 해결 과정을 수어로 설명하려고 노력하며, 논리적이고 창의적인 사고력을 향상하도록 지도한다.
- [12수어02-07] 이 성취기준 적용 시 지구 시스템의 에너지 흐름과 생명 시스템의 기본 단위인 세포를 이해하도록 탐구 실험, 발표, 토론, 조사 학습을 적극적으로 활용하여 지도한다. 지구 시스템으로 중력을 설명하고 중력이 지구 시스템과 생명 시스템에서 상호작용하는 방법을 수어로 자유롭게 설명하도록 지도한다.

(3) 수어 문법

고등학교 문법 영역 성취기준은 수어의 최소 대립쌍을 구분하고 차용어와 외래어를 창의적으로 표현하며 수어의 부정 표현과 고정 함축, 대화 함축의 표현 원리를 익히고, 일상적인 수어 표현과 함께 관용어, 관용구, 속담을 익힘으로써 자신의 의도를 효과적으로 전달하는 데 중점을 두어 설정하였다. 다양한 집단에서 예의를 갖추어 자신의 의견을 논리적으로 표현하며 타인의 수어 활용 방식을 존중하는 태도와 수어를 사랑하는 태도를 갖추도록 지도한다.

> [12수어03-01] 수어소(수형, 수위, 수동, 수향, 비수지)에 최소 대립쌍을 이루는 수어 단어를 찾아보며 수어소가 변하는 움직임에 민감성을 가진다.
> [12수어03-02] 수어에서 사용하는 차용어 사례를 살펴보고 다양한 외래어를 표현하며 다문화 상황에 적응하는 언어 능력을 기른다.
> [12수어03-03] 담화에서 비수지, 부정 수어, 부정 접미사에 의한 부정 표현을 탐색해 보고 특성을 비교한다.
> [12수어03-04] 여러 가지 관용어, 관용구, 속담을 익히고 수어의 다양한 변화를 이해한다.
> [12수어03-05] 고정 함축과 대화 함축 의미가 나타나는 사례를 비교해 보고 한국 수어의 발전 방안을 모색한다.

(가) 성취기준 해설

- [12수어03-01] 이 성취기준은 최소 대립쌍의 의미를 알고 최소 대립쌍을 이루는 수어 단어쌍을 학습해 수어소의 차이를 민감하게 인지하며 변별하게 하고자 설정하였다. 음성언어에서 최소 대립쌍이란 동일한 수의 분절음을 포함하지만 같은 위치에서 하나의 음성적 차이가 의미 차이를 유발하는 쌍을 의미한다. 수어에도 최소 대립쌍은 단어의 형태와 의미의 차이를 가리는 변별적 기능을 담당한다.

- [12수어03-02] 이 성취기준은 정보화·세계화에 따라 차용어와 외래어를 표현하는 능력을 기르게 하고자 설정하였다. 차용어란 체계가 다른 언어 체계(주로 외국어)의 어휘에서 빌려온 단어로서 학생들이 경험해 보았을 만한 여러 유형의 차용어를 선정하여 차용된 사례를 설명하고 나아가 새로 접하는 외래어를 활용하도록 지도한다.
- [12수어03-03] 이 성취기준은 어떤 상황에서 수어 화자가 부정하는 뜻을 표현하는 능력을 기르게 하고자 설정하였다. 부정을 나타내는 비수지, 부정 수어, 부정 접미사에 의한 부정 표현을 익히는 데에 중점을 둔다.
- [12수어03-04] 이 성취기준은 일상적인 수어 표현과 함께 원래의 뜻과는 다른 새로운 뜻으로 굳어져 쓰이는 관용 표현과 속담, 격언 등을 표현할 수 있게 하고자 설정하였다. 원래 의미와 어떻게 다른지 이야기해 봄으로써 수어의 다양한 변화와 긍정적인 기능을 아는 데에 중점을 둔다.
- [12수어03-05] 이 성취기준은 의사소통 상황에서 고정 함축과 대화 함축에 따라 새로운 의미가 발생할 수 있음을 이해하고 이를 적절히 활용하여 의사소통하게 하고자 설정하였다.

(나) 성취기준 적용 시 고려 사항

- [12수어03-01] 이 성취기준 적용 시 교사는 각 수어소(수형, 수위, 수동, 수향, 비수지)에 최소 대립쌍을 이루는 수어 단어 표현을 학습자가 정확하게 표현하는지 고려하여 지도한다.
- [12수어03-02] 이 성취기준 적용 시 한국 수어에는 한글 지문자, 한자, 미국 지문자, 외국 수어 등이 다양하게 차용되고 있다는 것을 설명하고, 차용이 발생하는 원인을 충분히 이해하도록 지도한다. 차용어를 활용하는 것은 새로운 시대적 상황에서 맞이하게 되는 새로운 단어를 수어로 표현하는 데 필요한 과정으로 이미 표준화된 외국 수어와 다를 수 있으며 의사소통을 좀 더 수월하게 하려는 것임을 알도록 지도한다.
- [12수어03-03] 이 성취기준 적용 시 부정 표현 방법의 특징을 설명하고, 실제 담화 속에서 적절한 부정 표현을 하도록 지도한다.
- [12수어03-04] 이 성취기준 적용 시 여러 가지 관용 표현을 국어의 관용 표현이 아닌 한국 수어의 관용 표현 관점에서 적용하도록 하며, 사용자의 의도를 효과적으로 전달하고, 수용자의 주목을 집중시키는 기능을 한다는 것을 알도록 지도한다.
- [12수어03-05] 이 성취기준 적용 시 고정 함축과 대화 함축의 차이를 이해하도록 다양한 예문을 활용하여 지도한다. 이때 발생된 새로운 의미가 무엇인지를 자유롭게 이야기해 보도록 한다.

# 03 교수·학습 및 평가

## 가. 교수·학습

(1) 교수·학습의 방향

(가) '수어' 교육과정에서 청각장애인의 언어와 문화를 존중하고 수어의 언어적 특성을 이해하며 이들의 언어생활 경험을 교수·학습 내용과 통합함으로써 효과적으로 학습하고 의사소통 능력을 함양하도록 한다.

(나) '수어' 교육과정에서 학습자의 11)_____과 12)_____을 고려하여 교수·학습 내용을 재구성함으로써 실제적이고 통합적인 의사소통 능력을 신장하도록 한다.

(다) '수어' 교육과정에서 실제적인 교수·학습 내용은 '수어 이해·표현', '교과 수어', '수어 문법' 세 영역을 상호 독립적으로 구분하지 않고 수어에 흥미를 갖고 대화의 즐거움을 느낄 수 있는 내용으로 세 영역을 적절히 포함하여 구성한다.

(라) '수어' 교육과정에서 교육 내용의 분량과 난이도를 청각장애 학생의 장애 정도와 학급 특성을 고려하여 성취기준을 재구성하고 필요한 경우에는 추가 제시하도록 한다.

(마) '수어' 교육과정에서 개별 활동, 소집단 활동, 프로젝트 활동 등 학습자들이 상호작용하기에 적합한 교수·학습 형태를 다양화하여 적절히 제공하고, 감염병 확산 등 위기 상황에서도 디지털 환경을 고려한 효과적인 온오프라인 연계 수업이 가능하도록 한다.

(2) 교수·학습 방법

(가) '수어' 교육과정에서 13)_____ 등을 활용하여 학습자가 이미 습득한 수어를 중심으로 교수·학습 과정에서 요구되는 교과별 학습에 필요한 다양한 어휘와 문장을 수어로 표현하고 이해함으로써 개념을 정립하도록 지도한다.

(나) '수어' 교육과정에서 영화, 슬라이드, 음악, 미술, 무용 등 구체적인 문화 산물, 협동 학습, 문제 해결 학습, 소집단 토의, 모의실험(시뮬레이션), 역할극 등 다양한 활동으로 청각장애 학생이 직간접적으로 접근하도록 지도한다.

(다) '수어' 교육과정에서 유의미한 학습 맥락 안에서 멀티미디어 자료, 구체적 조작 활동, 그림풀이(삽화) 등을 활용하여 학습 주제를 이해·적용·분석·평가·창의하도록 지도한다.

(라) '수어' 교육과정에서 학습자가 의사소통 수단으로 수어를 효과적으로 익히려면 가정에서도 보호자와 수어로 의사소통하는 것이 필요하다. 따라서 보호자가 가정에서 수어로 자녀들과 함께 의사소통할 수 있도록 보호자가 참여할 수 있는 프로그램도 포함하여

11) 수어 능력 수준
12) 국어 문해력 수준
13) 수어사전

운영하도록 지도한다.
- (마) '수어' 교육과정에서 수어를 통한 비판적 사고, 문제 해결력, 유추·은유적 사고, 확산적 사고, 논리·분석적 사고, 상상력 시각화 능력 등이 신장되도록 토의, 토론, 탐구·발견학습, 프로젝트 수업, 시나리오 수업, 역할 놀이 등의 다양한 교수·학습 방법을 적용하여 지도한다.
- (바) '수어' 교육과정에서 다양한 멀티미디어 자료, 정보통신기술 도구, 디지털 도구 등을 수업에 활용하여 디지털 기반 교육 환경에서 효과적인 온오프라인 연계 수업 방식으로 학습자 중심의 맞춤형 수업이 이루어지도록 지도한다.

## 나. 평가

(1) 평가의 방향
- (가) '수어'의 성취기준을 고려하여 학습자의 단편적인 수어 지식에 초점을 두지 않고 실제적이고 종합적인 의사소통 능력을 평가한다.
  - '수어 이해·표현' 영역은 일상생활에서 자신의 생각과 감정을 수어로 표현하고, 상대방이 표현한 수어의 내용을 분명하게 이해할 수 있는 의사소통 능력을 평가한다.
  - '교과 수어' 영역은 다양한 교과별 수업에서 맥락에 맞게 수어로 의사소통에 참여하고 학습 내용에 대한 지식과 정보를 효과적으로 활용할 수 있는 능력을 평가한다.
  - '수어 문법' 영역은 수어의 고유한 문법적 특성을 알고, 문법적으로 정확한 수어 표현을 사용하여 수어로 의사소통에 참여할 수 있는 능력을 평가한다.
- (나) '수어'의 성취기준을 고려하여 평가기준이나 방향을 학습자에게 미리 안내하여 학습자가 무엇에 초점을 맞추어 학습해야 하는지를 알고 교수·학습 과정에서 평가를 준비하도록 한다. 또한 학습자가 수행한 평가 결과를 분석하여 교수·학습 내용과 방법을 개선한다.
- (다) '수어'의 성취기준을 고려하여 평가 결과는 학습자의 14)_____을 파악하며 학습자 수준에 맞는 교수·학습을 계획하는 데 도움을 주는 자료로 활용하여 추후 수어 학습에 대한 긍정적인 환류 효과를 주도록 계획한다.
- (라) '수어'의 성취기준을 고려하여 필요하면 학습자의 수어 능력 수준과 국어 문해력 수준에 맞게 성취기준을 재구성하여 평가하고, 학습자의 흥미와 관심을 반영하여 실생활과 연계된 내용으로 성취기준을 적정화하여 평가를 계획한다.
- (마) '수어'의 성취기준을 고려하여 디지털 도구를 활용한 원격수업 시 평가 결과를 영상 또는 이미지 등으로 기록함으로 평가의 내실화와 공정성을 확보하고, 학습자 개인별로 성취기준 도달 과정을 교사가 지속적으로 점검하고 피드백을 제공할 수 있도록 평가를 계획한다. 단, 필요한 경우에는 개인 정보 보호를 위한 절차가 평가 계획에 포함되도록 한다.

---

14) 수어 사용 능력

(2) 평가 방법
　(가) 평가의 내용과 수준은 교육과정의 성취기준을 근거로 하여 영역별로 선정하고 수행평가를 중심으로 가능한 한 직접 평가 방법을 활용하여 평가한다.
　　• '수어 이해·표현' 영역은 수어의 이해와 표현 능력에 대한 정확성, 유창성, 적절성, 상호 작용성 등을 고려하여 평가한다.
　　• '교과 수어' 영역은 수어의 이해와 표현 능력뿐만 아니라 배경지식, 의사소통 전략 등을 활용할 수 있는 평가 방법을 사용하되, 수시 관찰 평가를 병행하여 평가한다.
　　• '수어 문법' 영역은 수어 문법에 대한 단순하고 지엽적인 지식보다는 수어 문법 사용의 실제성이 드러나도록 평가 과제, 평가 상황을 실생활에 맞는 의도적인 과제를 설정하여 평가한다.
　(나) 학습자의 수어 능력에 대한 평가는 최종 결과물에 대한 평가뿐만 아니라 의사소통의 과정까지도 균형 있게 평가하도록 양적 평가와 질적 평가, 형식 평가와 비형식 평가, 간접 평가와 직접 평가, 과정 평가와 결과 평가 등 다양한 평가 방법을 활용하여 평가한다.
　(다) 디지털 도구로 평가 결과를 누적 기록함으로써 학습자의 성장과 발달을 파악하거나 학습자에게 피드백하는 근거로 활용하고, 교사 평가 이외에 자기 평가, 상호 평가를 적극적으로 활용한다.
　(라) 학습자의 수준, 관심, 흥미, 적성, 진로 등 개인차를 고려하여 평가 결과를 해석하고 활용한다.
　(마) 시각으로 수용하고 손과 몸의 움직임으로 표현되는 [15]_____을 고려하여 평가 시에는 평가자에게 편안하고 우호적인 분위기에서 충분한 시간을 주어 자신의 역량을 충분히 발휘하도록 한다.
　(바) 디지털 도구를 활용하여 평가 결과를 기록함으로 원격수업은 물론 대면 수업에서도 학습자에게 피드백을 할 수 있는 근거로 활용하고, 직접 관찰하고 확인한 학습자의 수행 과정과 결과를 고려하여 평가 결과를 해석하고 활용한다.

---

15) 수어의 언어학적 특성

특수교육 교육과정
**중등편**

# 04 선택 중심 교육과정 - 특수교육 전문 교과

◎ **특수교육 전문 교과(직업·생활)**
 - 직업준비
 - 안정된 직업생활
 - 기초작업기술Ⅰ
 - 기초작업기술Ⅱ
 - 정보처리
 - 농생명
 - 사무지원
 - 대인서비스
 - 외식서비스
 - 직업현장실습
 - 직업과 자립
 - 사회적응
 - 시각장애인 자립생활(고)
 - 농인의 생활과 문화(고)

◎ **특수교육 전문 교과(이료)**
 - 해부·생리
 - 병리
 - 이료보건
 - 안마·마사지·지압
 - 전기치료
 - 한방
 - 침구
 - 이료임상
 - 진단
 - 이료실기실습

※ 선택중심 교육과정의 전문교과 세부 내용은 생략하였습니다. 이 교재에는 직업·생활과 이료의 '교육과정 설계의 개요'만 포함되어 있습니다.

# 01 직업·생활 : 교육과정 설계의 개요

선택 중심 교육과정 특수교육 전문 교과 직업·생활은 학생의 교육적 요구와 희망 직업, 미래 사회에 전개될 산업 구조와 노동 시장의 변화, 산업체의 요구 등을 고려하여 고등학교에 재학 중인 특수교육 대상 학생의 진로 준비와 직업 기능, 졸업 후 생활을 지원하는 데 목적을 둔다. 이에 개정된 교육과정에서는 기존 교육과정에서 '직업'이라는 교과명으로 11개 과목으로 편제되었던 것에서 '직업·생활'이라는 새로운 교과명을 부여하면서, 1)_____
3개 과목을 신설하여 14개 과목으로 확대하였다. 시각·청각장애가 있는 특수교육 대상 학생의 생활을 지원하고, 전체 특수교육 대상 학생의 사회 적응 기능을 강화하여 미래 직업인으로서 갖추어야 할 역량 함양에 중점을 두었다.

직업·생활 교과는 아래 그림과 같이 2)_____의 세 가지 축을 중심으로 성립되며, 특수교육 대상 학생의 필요와 요구의 우선순위에 따라 선택하여 적용할 수 있다. 진로 준비 중심의 과목은 '직업준비', '안정된 직업생활'이며 고등학교에 재학 중인 특수교육 대상 학생이 취업을 준비하고 직장과 사회에 적응하는 데 필요한 능력을 중점적으로 다룬다. 직업 기능 중심의 과목은 '기초작업기술Ⅰ', '기초작업기술Ⅱ', '정보처리', '농생명', '사무지원', '대인서비스', '외식서비스', '직업현장실습'을 포함하며, 대부분 직업 현장에서 공통적으로 수행하게 되는 기초 직무와 특정 직종에 적용되는 구체적이며 특성화된 직무를 익히는 내용을 중점적으로 다룬다. 직업 사회생활 과목은 '직업과 자립', '시각장애인 자립생활', '농인의 생활과 문화', '사회적응'이며, 시각장애나 청각장애가 있는 특수교육 대상 학생의 생활에 대한 적응과 전체 특수교육 대상 학생의 지역사회 전환을 위한 내용을 중점적으로 다룬다.

모든 과목에서는 4차 산업혁명의 도래로 불확실성이 심화되는 미래 사회에 특수교육 대상 학생이 창의적이고 주도적으로 적응하는 데 기반이 되는 언어, 수리, 디지털 등의 기초 소양을 함양하도록 하였다. 또한 일에 포함된 의미와 가치 인식을 기반으로 적성과 소질에 맞는 진로를 개척하여 지역사회, 국가, 세계와 소통하는 민주시민으로서 태도와 자질을 함양하도록 돕는 내용을 담았다.

개정된 직업·생활 교과의 두드러진 특징을 살펴보면, 3)_____가 있는 학생을 대상으로 하는 과목과 4)_____을 하기 위한 과목이 신설되었다는 점이다. 먼저 시각장애 학생 대상

---

**A**

1) '사회적응', '시각장애인 자립생활', '농인의 생활과 문화'
2) 진로 준비, 직업 기능, 직업 사회생활
3) 감각 장애
4) 전환교육

과목은 기존 '직업과 자립' 1개 과목에서 '시각장애인 자립생활'이 신설되어 2개 과목으로, 청각장애 학생 대상 과목은 '정보처리' 1개 과목에서 '농인의 생활과 문화'가 신설되어 2개 과목으로 확대되었다. 이 중 '시각장애인 자립생활'과 '농인의 생활과 문화'는 통합교육을 받는 시각·청각장애 학생의 진로와 생활 교육을 위해 편성하였고, '직업과 자립'은 시각장애 학생의 직업과 사회 적응을 돕는 전반적인 교육 내용을 담았으며, '정보처리' 과목은 청각장애 학생을 위한 내용에 중점을 두었으나 그 외의 장애를 가진 학생도 함께 활용하도록 내용을 구성하였다. 시각·청각장애 학생은 이 과목을 학습하면서 다양한 환경에서 적응하고 독립적이고 협력적으로 생활하는 데 필요한 지식, 기능, 태도에 관한 내용과 진로 준비와 직업 기능 향상에 도움을 주는 내용을 익힐 수 있게 될 것이다. 한편, 새로 신설된 '사회적응'은 고등학교 졸업 이후 지역사회에서 한 시민으로서 직업과 생활에 적응하는 데 필요한 과목으로, 고등학교를 졸업하고 순조롭게 지역사회로 전환하는 데 필요한 내용과 평생교육의 관점에서 필요한 지식과 태도를 함양하는 내용을 담았다.

한편, 직업·생활 교과에서는 각 과목에서 중점적으로 다루는 내용을 부각하는 동시에 과목 간 내용 중복을 피하려고 일부 내용을 이동 또는 삭제하였다. 이를테면 '안정된 직업생활'의 자기 개발 영역과 관련되는 자아 이해, 진로 설계와 관련한 내용은 '직업준비'에서 중점적으로 다루는 것이 적절하다고 판단해 '안정된 직업생활'에서는 삭제하였다. 현장 실습 시 겪을 수 있는 각종 안전사고와 인권 침해 등의 문제를 예방하고 이에 대응하는 내용은 '안정된 직업생활'에서 좀 더 체계적으로 다루는 것이 타당하여 이동하였다. 따라서 각 과목에서 다루지 못한 내용은 다른 과목에서 관련 내용을 발췌하여 재구성할 필요가 있다. 즉, 각 과목에서 보충해야 할 내용이 있다면 다른 과목의 내용을 교차하여 적용할 수 있으며, 이 때에 학급 사정을 고려하여 적용 내용의 범위와 수준, 적용 방법을 달리한다면 학생에게 풍부한 학습 경험을 제공할 수 있다.

[그림 14] 2022 개정 특수교육 선택 중심 교육과정 특수교육 전문 교과 직업·생활 설계 개요

# 02 이료 : 교육과정 설계의 개요

선택 중심 교육과정의 특수교육 전문 교과인 이료과는 미래 사회에서 시각장애인에게 필요한 가치와 핵심역량을 기르고자 하는 특수교육 교육과정 개정 취지와 더불어 시각장애 학생의 직업적 특성, 이료업에 대한 사회적 요구, 이료 직무 변화 모색 등을 고려하여 개발하였다. 또한 2022 개정 특수교육 교육과정 총론에서 설정한 미래 사회가 요구하는 인간상과 핵심역량을 바탕으로 교과 역량을 구체화하고 그에 따른 인간상을 설정하였다. 이료과는 자기를 표현하고 피술자와 공감하며 의사소통하는 사람, 자기 이해를 통해 적성을 파악하고 직무에 필요한 건강 관리 및 안전 규칙 준수 등에 능동적으로 대처하는 사람, 책임과 역할을 다하고 이료 문화를 향유하며 원만한 대인 관계를 유지하는 공동체 의식을 갖춘 사람, 새로운 이료 이론과 다양한 치료법을 적용하는 창의적인 사람, 다양한 디지털 기기 및 정보 매체를 활용하여 이료와 관련된 정보를 수용하고 소통할 수 있는 사람, 임상 능력 배양을 위해 이료 이론 및 실기 능력을 분석하고 종합하여 적용할 수 있는 사람을 기르고자 한다.

선택 중심 교육과정의 특수교육 전문 교과인 이료과는 직업에 대한 전문성을 가지고 사회 구성원으로서 안정된 직업생활을 영위하는 '1)_____' 양성을 위해 이료과의 인간상 및 역량과 연계하여 총괄 목표와 세부 목표를 설정하였다. 그리고 목표와 역량의 연계성, 성취기준과의 관련성, 시각장애 학생의 특성과 이료과의 위계 등을 고려하여 내용 체계를 구성하였다. 성취기준은 내용 체계의 영역별 '지식·이해', '과정·기능', '가치·태도'의 세 가지 범주에서 두 가지 이상이 포함되도록 서로 관련 있는 내용 요소 2~3개를 연계하여 설정하였다. 교수·학습 및 평가는 성취기준에 근거하여 직업 현장에서 이루어지는 이료 활동의 실제를 반영하고, 이료과 영역 간 학습 내용의 연계와 융합을 활성화하여 현장에 필요한 실무 능력의 강화에 초점을 두었다. 또한 미래 사회에서 요구되는 디지털 미디어, 공동체 문화 향유, 문제 해결을 위한 창의적 사고 교육 등을 포함하였다.

선택 중심 교육과정의 특수교육 전문 교과인 이료과는 기초 의학 과목인 해부·생리, 병리, 이료보건, 기초 의학 응용 과목인 안마·마사지·지압, 전기치료, 한방, 침구, 임상과 실기 실습을 연계한 과목인 이료임상, 진단, 이료실기실습으로 구성되어 있다. 해부·생리는 해부학과 생리학을 통합하여 인체를 연구하고 임상에 활용할 수 있는 기초 능력을 기르는 과목이다. 병리는 인체의 해부학적 이상 상태와 생리적 기능 변화에 대한 관찰을 통해 질병의 원인과 병태를 파악하는 과목이다. 이료

---

1) 공동체와 함께하는 이료 전문인

보건은 보건학의 이론, 보건 통계 및 보건 법규 등을 학습함으로써 이료 업무에 필요한 지식, 기능, 태도 등을 함양하는 과목이다. 안마·마사지·지압은 기본 수기와 그 응용 수기들의 시술 방법 및 치료 효과를 학습하고 시행 방법을 익힘으로써 인체의 질병 및 건강 상태를 회복시키는 데 필요한 지식과 기술을 연마하는 과목이다. 전기치료는 전기, 광선, 온열 등의 물리적 자극을 통해 치료하는 데 필요한 전반적인 지식을 습득하여 이를 임상에 활용할 수 있는 능력을 기르는 과목이다. 한방은 이료술에 필요한 한의학의 기본 이론과 기술을 임상에 활용할 수 있는 능력을 기르는 과목이다. 침구는 서양 의학의 과학적 지식과 동양 의학의 자극요법을 유기적인 입장에서 파악하고, 관련 지식과 기술을 습득함으로써 임상에 활용할 수 있는 능력과 태도를 기르는 과목이다. 이료임상은 동서 의학의 종합적 관점에서 인체에 발생한 각종 질병이나 증후군의 증상과 시술법 등을 이해하고 습득하여 이를 임상에 종합적으로 활용할 수 있는 능력을 기르는 과목이다. 진단은 관찰과 검사를 통해 질병의 유무를 파악하고 치료 계획을 세우는 등 질병의 예후를 관찰하는 능력을 기르는 과목이다. 이료실기실습은 안마·마사지·지압의 수기요법과 침구 및 전기치료의 자극요법 등을 습득하여 임상에 효과적으로 적용할 수 있는 역량을 기르는 과목이다. 이와 같은 이료과는 그 내용과 수준에 따라 10개의 교과목을 고등학교 전 학년에 걸쳐 모두 이수할 수 있도록 편성·운영하되, 의학의 기초가 되는 해부·생리, 병리, 이료보건 과목을 먼저 학습한 후, 이료의 이론적 바탕이 되는 안마·마사지·지압, 전기치료, 한방, 침구 과목을 학습하도록 한다. 또한 이료실기실습의 기술 연마를 위해 안마·마사지·지압 등의 수기요법에 관한 실기, 전기치료에 관한 실기, 침구에 관한 실기 및 임상 실습을 고등학교 전 학년에 걸쳐 단계적으로 균형 있게 학습하도록 하고, 마지막에 이료임상과 진단 과목을 학습하여 임상 능력을 극대화할 수 있도록 교육과정을 편성·운영한다. 선택 중심 교육과정의 특수교육 전문 교과인 이료과의 과목별 핵심 아이디어는 이료과 각 영역을 아우르는 핵심어를 중심으로 '지식·이해', '과정·기능', '가치·태도' 학습을 통해 학생이 궁극적으로 이해하고 알아야 할 것, 교과의 사고 및 탐구 과정, 교과 활동을 통해서 기를 수 있는 고유한 가치 및 태도를 진술하였다. 과목별 내용 체계는 시각장애 학생의 특성과 이료 직무에 필요한 다양한 요소를 고려하여 각 영역의 '지식·이해', '과정·기능', '가치·태도'로 구분하여 진술하였다. '지식·이해' 범주는 이료과 학습을 통해 알고 이해해야 할 내용 요소, 개념, 원리를 명사 종결 형태로 진술하였고, '과정·기능' 범주는 지식을 습득하는 데 활용되는 사고 및 탐구 과정, 교과 고유의 절차적 지식과 교과 학습 후에 갖추어야 하는 구체적인 수행 기능 및 능력을 중심으로 진술하였다. '가치·태도' 범주는 이료과 학습 과정에서 길러야 할 고유한 가치와 태도를 진술하였다.

<표 9> 2022 개정 특수교육 선택 중심 교육과정 특수교육 전문 교과 이료 설계 개요

| 공동체와 함께하는 이료 전문인 | | | | | |
|---|---|---|---|---|---|
| 자기를 표현하고 피술자와 공감하며 의사소통하는 사람 | 직무에 필요한 건강 관리 및 안전 규칙 준수 등에 능동적으로 대처하는 사람 | 책임과 역할을 다하고 이료 문화를 향유하는 공동체 의식을 갖춘 사람 | 새로운 이료 이론과 다양한 치료법을 적용하는 창의적인 사람 | 디지털 기기 및 정보 매체를 활용하여 정보를 수용하고 소통하는 사람 | 임상 능력 배양을 위해 이료 이론 및 실기 능력을 분석하고 종합하여 적용하는 사람 |
| 의사소통 역량 | 자기 관리 역량 | 공동체 및 문화 향유 역량 | 창의적 사고 역량 | 디지털 정보처리 역량 | 통합적 사고 역량 |

| 기초 의학 과목 | 기초 의학 응용 과목 | 임상과 실기 실습을 연계한 과목 |
|---|---|---|
| 해부·생리, 병리, 이료보건 | 안마·마사지·지압, 전기치료, 한방, 침구 | 이료임상, 진단, 이료실기실습 |

특수교육 교육과정
**중등편**

# PART 03
# 기출문제 완전 분석

1. 특수교육 교육과정 총론
2. 기본교육과정
3. 특수교육 공통교육과정
4. 선택 중심 교육과정

# 01 특수교육 교육과정 총론

### I. 교육과정 구성의 방향  22년 초등A-2

## 01

(가)는 특수학교 독서 교육 교사 학습 공동체 협의회에 참여한 교사들의 대화 내용의 일부이고, (나)는 지수의 행동 관찰 기록이다. 물음에 답하시오.

(가) 대화 내용

> 김 교사: 우리 반 학생들의 생활지도를 위해서 저는 그림책을 활용해 볼 계획이에요. 학생들 수준과 상황에 맞는 그림책을 선정하고 교육과정을 재구성하려고 해요.
> 박 교사: 독서 활동을 통해서 생활지도를 교과 지도와 연계 하는 것은 좋은 시도예요. 그림책을 교과 지도에 활용하면 ㉠<u>학생들이 글을 재미있게 읽으면서 문학이 주는 즐거움을 경험할 수 있어요.</u>
> 김 교사: 그런데 우리 반 지수가 요즘 놀이실에서 친구들을 자주 괴롭혀서 어떻게 생활지도를 해야 할지 고민이에요.
> 이 교사: 그러면 현재 지수의 행동이 어느 정도 수준인지를 알아보기 위해 놀이 상황에서 관찰해 보세요.
> 김 교사: 아, 그럼 관찰 결과를 보고 지수를 어떻게 지도할지 구체적인 계획을 세우는 게 좋겠네요.
> … (하략) …

1) 2015 개정 특수교육 교육과정에서 제시하는 핵심역량 중 ㉠은 무엇인지 쓰시오.

## 02  22년 중등A-24

(가)는 일반교사가 특수교육 연수를 받으며 기록한 내용의 일부이고, (나)는 일반교사와 특수교사가 나눈 대화의 일부이다. 괄호 안의 ㉡에 해당하는 용어를 쓰시오.

(가) 기록내용

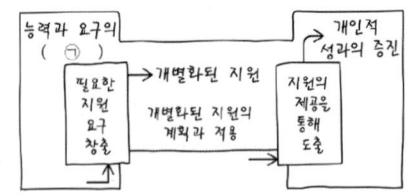

(나) 대화

> 특수교사: 미국 중도장애인협회에서도 개인의 결함보다는 통합 환경에서 성공할 수 있도록 도와주는 생활 영역에서의 지원을 강조해요. 생활 영역 중에서 ( ㉡ )은/는 2015 개정 특수교육 교육과정에서 중점적으로 기르고자 하는 핵심 역량의 하나인 ( ㉡ ) 역량과도 일맥상통하는 것 같아요. 자아정체성과 자신감을 가지고 자신의 삶과 진로에 필요한 기초 능력과 자질을 갖추어 갈 수 있는 것이지요.

## 03 〈18년 초등B-1〉

다음은 2015 개정 특수교육 교육과정에 대해 교사들이 나눈 대화이다. 물음에 답하시오.

> 김 교사 : 2015 개정 특수교육 교육과정에서는 핵심역량이 새롭게 제시되었다면서요?
> 정 교사 : 네, 그렇습니다. 총론에서는 핵심역량 6가지를 제시하고 있고, 교과에서는 <u>교과의 성격에 맞는 핵심역량</u>을 제시하고 있습니다.
> 김 교사 : 그러면, 교육과정 구성에서 중점을 두고 있는 내용은 무엇인가요?
> 박 교사 : 여러 가지 내용이 있습니다. 그중 하나를 말씀드리면, ( ⓒ )을/를 중심으로 학습 내용을 구조화하고, 학습량을 적정화하여 학습의 질을 개선하도록 한다는 내용이 있습니다.
> 김 교사 : 그렇군요. 평가 내용에는 어떤 것이 있나요?
> 박 교사 : 학교와 교사가 성취기준에 근거하여 학교에서 중요하게 지도한 내용과 기능을 평가하며, 교수학습과 평가 활동이 일관성 있게 이루어질 수 있도록 해야 한다는 내용이 있습니다. 이와 관련해서 먼저, 학교는 학생의 장애 특성 및 정도에 따른 평가 조정 방안을 마련하여 평가하여야 합니다. <u>그 외에도 3가지 내용</u>이 더 있습니다.

1) ⓒ에 들어갈 내용을 2015 개정 특수교육 교육과정 중 '교육과정 구성의 중점'에 근거하여 쓰시오.

〈2022 개정 기출 변형〉

**3-1.** ⓒ에 들어갈 내용을 2022 개정 특수교육 교육과정 중 '교육과정 구성의 중점'에 근거하여 쓰시오.

> 박 교사 : 여러 가지 내용이 있습니다. 그중 하나를 말씀드리면, ( ⓒ )을/를 활성화하고, 문제 해결 및 사고의 과정을 중시하는 평가를 통해 학습의 질을 개선한다는 내용이 있습니다.

## 04 〈215년 초등A-1〉

다음은 '2011 개정 특수교육 교육과정(교육과학기술부 고시 제2012-32호)' 총론에 포함된 내용이다. 물음에 답하시오.

1) 다음은 '2011 개정 특수교육 교육과정' 중 기본교육과정의 초등학교 교육 목표이다. 괄호에 들어갈 말을 쓰시오.

> 초등학교의 교육은 학생의 학습과 일상생활에 필요한 기초 능력 배양과 기본 생활 습관 형성, (           )의 함양에 중점을 둔다.

〈2022 개정 및 중등 기출 변형〉

**4-1.** 다음은 '2022 개정 특수교육 교육과정' 중 기본교육과정의 중학교 교육 목표이다. 괄호에 들어갈 말을 쓰시오.

> 중학교 교육은 초등학교 교육의 성과를 바탕으로, 학생의 일상생활과 학습에 필요한 기본 능력을 기르고 (        ) 및 민주 시민의 자질을 함양하는 데에 중점을 둔다.

## 05 〔13년 초등A-2〕

다음은 '2011 개정 특수교육 교육과정' 총론과 관련된 내용이다. 물음에 답하시오.

1) 다음 문장의 ㉠과 ㉡에 들어갈 말을 쓰시오.

> 초등학교의 교육은 학생의 학습과 일상생활에 필요한 ( ㉠ ) 배양과 ( ㉡ )을 형성하는 데 중점을 둔다.

- ㉠:

- ㉡:

**2022 개정 및 중등 기출 변형**

**5-1.** 다음은 '2022 개정 특수교육 교육과정' 총론과 관련된 내용이다. 물음에 답하시오.

> 고등학교 교육은 중학교 교육의 성과를 바탕으로, 학생의 적성과 소질에 맞게 진로를 개척하며 세계와 소통하는 (          )으로서의 자질을 함양하는 데에 중점을 둔다.

## Ⅱ. 학교 교육과정 설계와 운영  〔23년 중등A-6〕

## 06

(가)는 특수학교 중학교 과정에 재학 중인 학생 A의 학급 교육과정 편성표이고, (나)는 교육실습생과 특수 교사가 교육과정 편성에 대해 나눈 대화의 일부이다. 〈작성 방법〉에 따라 서술하시오.

(가) 학생 A의 학급 교육과정 편성표

| 구분 | | 기준 시수 | 편성 시수 | 학기별 배정 시수 | | | | | |
|---|---|---|---|---|---|---|---|---|---|
| | | | | 1학년 | | 2학년 | | 3학년 | |
| | | | | 1학기 | 2학기 | 1학기 | 2학기 | 1학기 | 2학기 |
| 교과<br>(군) | 국어 | 442 | 238 | 34 | 34 | 51 | 51 | 34 | 34 |
| | 사회 | 442 | 238 | 34 | 34 | 34 | 34 | 51 | 51 |
| 창의적<br>체험활동 | | 408 | 816 | 136 | 136 | 136 | 136 | 136 | 136 |

(나) 교육과정 편성에 관한 대화

> 교육실습생 : 교육과정 편성표를 보니, 국어와 사회 교과는 기준 시수 대비 약 46%가 감축되어 있습니다. 학급 교육과정을 상황에 따라 자율적으로 편성할 수 있나요?
>
> 특수 교사 : 교육과정 편성의 근거는 특수교육 교육과정 총론에서 찾아볼 수 있습니다. 교육과정 운영과 결정의 주체인 학교장은 ( ㉡ )의 자문을 받아 그 내용을 교육과정 운영과 의사 결정에 반영하게 됩니다. 실습 과제로 학급의 국어, 사회 교과 교육과정을 재구성해서 제출해 주세요.

─〈작성 방법〉─
○ (나)의 괄호 안의 ㉡에 해당하는 명칭을 쓸 것

## 07  23년 초등A-1

다음은 특수학교 교육과정 협의회에서 초임 교사와 부장 교사가 나눈 대화 내용의 일부이다. 물음에 답하시오.

> 초임 교사 : 학교는 필요에 따라 교과(군)별 30% 범위 내에서 시수를 증감할 수 있는데 모든 교과에 적용이 가능한가요?
> 부장 교사 : 2015 개정 특수교육 교육과정 중 '기본 교육과정 편성 운영의 기준'에 따르면 기준 수업 시수를 감축할 수 없는 교과(군)도 있습니다.
> … (중략) …
> 초임 교사 : 우리 반에 중도 중복장애학생이 포함되어 있어 특정 교과의 시수를 50%로 감축하여 창의적 체험활동으로 운영하려고 합니다. 무엇부터 해야 할까요?
> 부장 교사 : 수업 시수를 감축하기 위해서는 특정 교과와 관련된 여러 사항을 고려하여 교육과정을 재구성하여 운영하는 것이 필요합니다.
> 초임 교사 : 네, 그러면 특정 교과 시수를 새 학기부터 감축하여 운영하려고 하는데 어떤 절차를 거쳐야할까요?
> 부장 교사 : 시수 감축은 두 위원회를 거쳐야 하는데 먼저, 학교 나름의 특색 있는 실천 방안을 검토하는 ⓒ <u>위원회</u>를 거치고, 그 다음에 학교운영위원회의 심의를 거쳐 최종적으로 학교장이 결정합니다.
> … (중략) …
> 초임 교사 : 최근 우리 반 학생 한 명에게 코로나 19와 건강상의 문제로 3주가량 등교가 어려울 것 같다고 연락을 받았습니다. 학생의 수업 결손을 예방하기 위해서 원격수업을 준비하려고 하는데 어떤 점을 고려해야 할까요?
> 부장 교사 : 원격수업은 2015 개정 특수교육 교육과정의 '학교 교육과정 편성 운영의 기준' 중 '교수 학습'에 따라 ㉢ <u>실시간 쌍방향 수업, 콘텐츠 활용 수업, 과제 중심 수업 등 다양한 수업 유형을 운영할 수 있습니다.</u>

2) ⓒ에 해당하는 위원회의 명칭을 쓰시오.

3) ㉢을 실행하고자 할 때, 고려해야 할 사항을 특수교육 교육과정[교육부 고시 제2022-3호] (2022. 1. 17., 일부개정)에 근거하여 2가지 쓰시오.

---

**2022 개정 기출 변형**

**7-1.** ㉢을 실행하고자 할 때, 활용할 수 있는 사항을 2022 개정 특수교육 교육과정에 근거하여 1가지 쓰시오.

> 부장 교사 : 2022 개정 특수교육 교육과정의 '학교 교육과정 설계와 운영' 중 '교수 학습'에 따라 ㉢ <u>교수·학습 방법을 다양화하고, 학생 맞춤형 학습을 위해 지능정보기술을 활용할 수 있습니다.</u>

## 08 〈22년 초등A-1〉

다음은 김 교사가 작성한 교육실습생 연수 결과 보고서의 일부이다. 물음에 답하시오.

> Ⅰ. 연수 개요
> ▫ 연수 주제 : 2015 개정 특수교육 교육과정의 이해와 적용
> ○ 연수 대상 : 교육실습생 5명
> … (중략) …
>
> Ⅵ. 질의 내용
> … (중략) …
>
> Q2 교실에서 성공적인 행동과 학습을 촉진하기 위해 행동 기능을 분석하여 개별적인 지원을 하거나 의사소통을 지원하는 것 외에 ⓒ학생들의 수업 참여도를 높이기 위해 필요한 지원 방안에는 무엇이 있는지 궁금합니다.
>
> Q3 ⓔ「장애인 등에 대한 특수교육법」에 제시된 특수교육 관련서비스는 학생에게 필요한 영역을 중심으로 개별화교육계획에 따라 지원할 수 있는 것으로 알고 있습니다. 우리 반 민수에게 제공되는 특수교육 관련서비스 지원 내용이 궁금합니다.

2) ⓒ과 ⓔ의 내용 중 공통되는 지원을 2015 개정 특수교육 교육과정 '학교 교육과정 편성·운영' 중 '교수·학습'에 근거하여 쓰시오.

---

### 2022 개정 기출 변형

**8-1.** ⓒ과 ⓔ의 내용 중 공통되는 지원을 2022 개정 특수교육 교육과정 '학교 교육과정 설계와 운영' 중 '교수·학습'에 근거하여 쓰시오.

> Q2 교실에서 성공적인 행동과 학습을 촉진하기 위해 행동 기능을 분석하여 개별적인 지원을 하거나 의사소통을 지원하는 것 외에 ⓒ특수교육 대상 학생 등 교육적 요구가 다양한 학생들을 위한 방안에는 무엇이 있는지 궁금합니다.
>
> Q3 ⓔ「장애인 등에 대한 특수교육법」에 제시된 특수교육 관련서비스는 학생에게 필요한 영역을 중심으로 개별화교육계획에 따라 지원할 수 있는 것으로 알고 있습니다. 우리 반 민수에게 제공되는 특수교육 관련서비스 지원 내용이 궁금합니다.

---

## 09 〈21년 초등A-1〉

○○교육지원청 특수교육지원센터 학부모 자유게시판의 글이다. 2015 개정 특수교육 교육과정에 근거하여 물음에 답하시오.

> Q1 안녕하세요? 우리 아이는 시각장애를 가진 남자아이입니다. 2021학년도에 시각장애 특수학교에 입학하게 되었습니다. 시각장애 특수학교에서는 일반 초등학교와 똑같은 교과를 배운다고 하던데, ㉠시각장애 학생을 위한 교육과정이나 별도의 교육 내용이 있는지 궁금합니다.
>
> Q2 2021학년도에 처음으로 학교 교육과정 위원회 위원으로 위촉된 △△학교 학부모입니다. 학교 교육 협력자로서 궁금한 것이 많아요. ㉡학교 교육과정을 편성·운영할 때 학생 실태, 지역사회의 실정, 학교 교육 시설·설비 등 교육 여건과 환경 이외에 무엇을 더 반영해야 하나요?

2) ㉡에 해당하는 내용을 2가지 쓰시오.

- ① :
- ② :

## 10 20년 중등B-7

다음은 STEAM 교육을 적용한 기본교육과정 과학과 교수·학습 지도안의 일부이다. 〈작성 방법〉에 따라 서술하시오.

| 교수·학습 방향 | • 학생의 융합적 사고를 기를 수 있도록 ( ㉠ ) 연계성을 고려하여 지도한다. | | | |
|---|---|---|---|---|
| 영역 | 우리 몸 | 단원 | 밥상 | 제재 | 밥상에 담긴 영양 |
| 학습 목표 | 필수 영양소가 포함된 음식을 알고 다양한 도구를 사용하여 조리할 수 있다. | | 차시 | 2~3/6 |
| 단계 | 교수·학습 활동 | STEAM 요소 | 자료 | |
| 문제 상황 제시 | • 송년 모임을 위한 음식을 준비하기<br>- 좋아하는 음식 말하기<br>- 바람직한 식습관 알기 | S | PPT자료 | |
| 창의적 설계 | • 활동 1 : 다양한 스마트기기를 활용하여 음식 영양소 조사하기<br>- 스마트폰, 태블릿 PC로 영양소 조사하기 | ST | 스마트폰, 태블릿 PC | |
| | • 활동 2 : ( ㉡ )<br>… (중략) … | SM | 과일, 채소, 바구니, 자 | |
| | • 활동 3 : 다양한 조리 도구를 사용하여 조리하기<br>- 조리 도구 사용법 알기<br>- 다양한 도구로 조리하기 | SE | 도마, 칼, 믹서기, 거품기, 에어프라이어 | |
| 감성적 체험 | • 접시에 음식을 담고 꾸미기<br>• 친구의 작품 감상하기 | SA | 접시, 초콜릿, 과일, 슈가 파우더 | |

─〈작성 방법〉─

○ 괄호 안의 ㉠에 해당하는 내용을 쓸 것. [단, 2015 개정 특수교육 교육과정(교육부 고시 제2018-163호) 총론에 근거할 것.]

---

**2022 개정 기출 변형**

**10-1.** 괄호 안의 ㉠에 해당하는 내용을 쓸 것. [단, 2022 개정 특수교육 교육과정 총론에 근거할 것.]

| 교수·학습 방향 | • ( ㉠ ) 연계성을 고려하여 수업을 설계하고 지도함으로써 학생들이 융합적으로 사고하고 창의적으로 문제를 해결하는 능력을 함양할 수 있도록 지도한다. |
|---|---|

## 11 〔20년 초등A-1〕

(가)는 2015 개정 특수교육 교육과정 중 기본교육과정을 적용하는 ○○학교 요람의 일부이고, (나)는 2015 개정 특수교육 교육과정 중 공통교육과정을 적용하는 △△학교의 김 교사가 작성한 교무수첩 내용의 일부이다. 물음에 답하시오.

(가) ○○학교 요람

- 교 훈 : 사랑, 인내
- 학생수 : ○○○명 / 학 급 수 : ○○개
- 교육 활동 1 : 오감 놀이의 날
  - 운영 내용 : 감각통합 활동
  - 운영 방법 : 매주 1회
- 교육 활동 2 : 스스로 하기, 소통하기
  - 운영 내용 : 신변자립, 의사소통 기술 향상 활동 등 교과 관련 생활기능 영역
  - 운영 방법 : 매주 2회
- ※ 교육 활동 1, 2는 교과(군)별 50% 범위 내에서 시수 감축을 통해 편성
- ※ 창의적 체험활동 내용 : 자치·적응 활동, 예술·스포츠 활동, 자연환경 보호 활동

(나) △△학교 김 교사가 작성한 교무수첩 내용

1. 전달 사항
   - 학교 교육활동 평가 결과 보고회 : 12월 6일(금) 15시
   - 학교 교육과정 편성·운영 협의회 : 12월 20일(금) 15시
2. 2020학년도 학년군별 교육과정 편성 시 고려 사항
   [3~4학년]
   - 다문화 가정 학생을 한 특별 학급 설치·운영 : 주당 10시간 내외 ( ㉣ ) 교육과정 운영
   - 교과(군)별 20% 범위 내에서 시수 증감 조정(안) 마련
   [5~6학년]
   - 범교과 학습 주제 : 인성 교육, 인권 교육, 민주 시민 교육

3) 2015 개정 특수교육 교육과정의 '학교 교육과정 편성·운영' 중 '모든 학생을 위한 교육기회의 제공'에 근거하여 (나)의 ㉣에 들어갈 말을 쓰시오.

## 12 〔19년 중등A-2〕

다음은 ○○특수학교에서 2019년 학교 교육과정 편성·운영 방안 논의를 위해 작성한 회의 자료의 일부이다. 괄호 안의 ㉠, ㉡에 해당하는 내용을 순서대로 1가지 쓰시오. (단, '2015 개정 특수교육 교육과정'에 근거하여 쓸 것.)

〈회의 자료〉

○ 안건 : 2019년 학교 교육과정 편성·운영 방안 논의
1. 기본 사항
2. 효과적인 교수학습 환경 설계를 위한 중점 사항

※ 참고 자료 : '2015 개정 특수교육 교육과정' 중 Ⅳ. 학교 교육과정 편성·운영

1. 기본 사항
   - 학교는 동학년 모임, ( ㉠ ), 자체 연수 등을 통해서 교사들의 교육 활동 개선이 이루어지도록 한다.
   - 학교는 학교 교육과정 편성·운영의 적절성과 효과성 등을 자체 평가하여 문제점과 개선점을 추출하고, 다음 학년도의 교육과정 편성·운영에 그 결과를 반영한다.
2. 교수·학습 : 학교는 효과적인 교수·학습 환경 설계를 위해 다음과 같은 사항에 중점을 둔다.
   ① 학교는 학습 결손을 보충할 수 있도록 특별 보충 수업을 운영할 수 있으며, 이에 대한 제반 운영 사항은 학교가 자율적으로 결정한다.
   ② 각 교과의 특성에 맞는 다양한 학습이 이루어질 수 있도록 ( ㉡ ) 운영을 활성화한다.

**2022 개정 기출 변형**

**12-1.** 괄호 안의 ㉠, ㉡에 해당하는 내용을 순서대로 1가지씩 쓰시오. (단, '2022 개정 특수교육 교육과정'에 근거하여 쓸 것.)

※ **참고 자료** : '2015 개정 특수교육 교육과정' 중 Ⅳ. 학교 교육과정 설계와 운영
1. 기본 사항
   - 학교는 학습 공동체 문화를 조성하고 동학년 모임, ( ㉠ ), 자체 연수 등을 통해서 교사들의 교육 활동 개선이 이루어지도록 한다.
   - 학교는 학교 교육과정 편성·운영의 적절성과 효과성 등을 자체 평가하여 문제점과 개선점을 추출하고, 다음 학년도의 교육과정 편성·운영에 그 결과를 반영한다.
2. 교수·학습 : 학교는 효과적인 교수학습 환경 설계를 위해 다음과 같은 사항에 중점을 둔다.
   ① 학교는 학생 개개인의 학습 상황을 확인하여 학생의 학습 결손을 예방하도록 노력하며, 학습 결손이 발생한 경우 보충학습 기회를 제공한다.
   ② 각 교과의 특성에 맞는 다양한 학습이 이루어질 수 있도록 ( ㉡ ) 운영을 활성화한다.

## 13  18년 초등B-1

다음은 2015 개정 특수교육 교육과정에 대해 교사들이 나눈 대화이다. 물음에 답하시오.

김 교사 : 2015 개정 특수교육 교육과정에서는 핵심역량이 새롭게 제시되었다면서요?
정 교사 : 네, 그렇습니다. 총론에서는 핵심역량 6가지를 제시하고 있고, 교과에서는 교과의 성격에 맞는 핵심역량을 제시하고 있습니다.
김 교사 : 그러면, 교육과정 구성에서 중점을 두고 있는 내용은 무엇인가요?
박 교사 : 여러 가지 내용이 있습니다. 그중 하나를 말씀드리면, ( ㉡ )을/를 중심으로 학습 내용을 구조화하고, 학습량을 적정화하여 학습의 질을 개선하도록 한다는 내용이 있습니다.
김 교사 : 그렇군요. 평가 내용에는 어떤 것이 있나요?
박 교사 : 학교와 교사가 성취기준에 근거하여 학교에서 중요하게 지도한 내용과 기능을 평가하며, 교수·학습과 평가 활동이 일관성 있게 이루어질 수 있도록 해야 한다는 내용이 있습니다. 이와 관련해서 먼저, 학교는 학생의 장애 특성 및 정도에 따른 평가 조정 방안을 마련하여 평가하여야 합니다. ㉢ <u>그 외에도 3가지 내용이 더 있습니다.</u>

1) 밑줄 친 ㉢에 해당하는 내용 중 2가지를 2015 개정 특수교육 교육과정 '학교 교육과정 편성·운영'의 '평가'에 근거하여 쓰시오.

**13-1.** 밑줄 친 ㉢에 해당하는 내용 중 2가지를 2022 개정 특수교육 교육과정 '학교 교육과정 설계와 운영'의 '평가'에 근거하여 쓰시오.

> 박 교사 : 학교와 교사가 성취기준에 근거하여 학교에서 중요하게 지도한 내용과 기능을 평가하며, 교수·학습과 평가 활동이 일관성 있게 이루어질 수 있도록 해야 한다는 내용이 있습니다. 이와 관련해서 먼저, 학습의 결과만이 아니라 결과에 이르기까지의 학습 과정을 확인하고 환류하여, 학습자의 성공적인 학습과 사고 능력 함양을 지원합니다. ㉢ 그 외에도 3가지 내용이 더 있습니다.

## 14

기본교육과정을 운영하는 특수학교의 초등학교 과정 교사를 대상으로 실시한 2015 개정 특수교육 교육과정 연수 중에 나온 질의 내용이다. 물음에 답하시오.

> **Q1** 교육과정을 편성할 때, 해당 학년군의 교과 교육과정을 이수하기 어려운 학생의 경우 교과 내용을 어떻게 선정하여 지도하면 되나요? 그리고 1학년과 2학년을 복식 학급으로 편성하여 운영하려고 하는데 학년이 서로 다른 학생을 대상으로 수업을 할 경우에 교육 내용이나 교재는 어떻게 구성해야 하나요?
>
> **Q2** 창의적 체험활동의 '안전한 생활'과 다른 4개 영역의 수업 시수 배당 방법을 비교할 때, '안전한 생활'은 어떻게 수업 시수를 배당해야 하나요? 그리고 '안전한 생활'을 창의적 체험활동 시간에 독립적으로 운영하는 방법 외에 다르게 운영할 수 있는 방법은 무엇인가요?
>
> **Q3** 교육과정의 편성과 운영을 위해 교원, 교육과정 전문가, 학부모 등이 참여하는 ㉤ '학교 교육과정 위원회'의 역할은 무엇인가요?

1) 2015 개정 특수교육 교육과정의 '학교 교육과정 편성·운영'에 근거하여 ㉤의 역할을 쓰시오.

## 15 16년 초등A-2

다음은 '2011 개정 특수교육 교육과정(교육과학기술부 고시 제2012-32호)' 총론에 제시된 내용이다. 물음에 답하시오.

1) 다음은 '2011 개정 특수교육 교육과정'의 '교육과정 편성과 운영의 공통 사항'이다. ( ) 안에 들어갈 말을 각각 쓰시오.

> 기본교육과정 및 공통교육과정에서는 학생의 능력과 적성, ( ① )을/를 고려하여 교육 내용과 방법을 다양화한다. 특히 국어, 사회, 수학, 과학, 영어 교과에서는 ( ② )을/를 권장한다.

- ① :
- ② :

**2022 개정 기출 변형**

**15-1.** 다음은 '2022 개정 특수교육 교육과정'의 '학교 교육과정 설계와 운영'이다. ( ) 안에 들어갈 말을 각각 쓰시오.

> ( ① )를 고려하여 학습 활동과 방법을 다양화하고, 학교의 여건과 학생의 특성에 따라 다양한 학습 집단을 구성하여 ( ② )을 활성화한다.

- ① :
- ② :

## 16 15년 초등A-1

다음은 '2011 개정 특수교육 교육과정(교육과학기술부 고시 제2012-32호)' 총론에 포함된 내용이다. 물음에 답하시오.

1) 다음은 '2011 개정 특수교육 교육과정'의 편성과 운영의 공통 사항이다. 괄호에 들어갈 말을 쓰시오.

> 다문화 학생을 위한 특별 학급을 설치·운영하는 경우 다문화 학생의 한국어 능력을 고려하여 초·중등학교 교육과정의 ( ㉠ )을/를 조정·운영하거나, 관련 교수·학습 자료를 활용할 수 있다. ( ㉠ )은/는 학교의 특성, 학생·교사·학부모의 요구 및 필요에 따라 주당 ( ㉡ ) 시간 내외에서 운영할 수 있다.

- ㉠ :
- ㉡ :

## 17 〔13년 초등B-7〕

'2012. 7. 9. 고시' 초·중등학교 교육과정에 대한 내용이다. 물음에 답하시오.

> ㉠ 교과용 도서 이외의 교수·학습 자료는 교육과학기술부의 심의를 거쳐 교육청이나 학교에서 개발한 것 등을 사용할 수 있다.
> ㉡ 창의적 체험활동에 배당된 시간 수는 학생의 요구와 학교의 실정에 기초하여 융통성 있게 배정하여 운영할 수 있다.
> ㉢ 공통교육과정에서는 학생의 능력과 적성, 진로를 고려하여 교육 내용과 방법을 다양화한다. 특히 수학, 과학, 영어, 실과, 체육 교과에서는 수준별 수업을 권장한다.
> ㉣ 교육과정의 합리적 편성과 효율적 운영을 위하여 교원, 교육과정(교과 교육) 전문가, 학부모 등이 참여하는 학교 교육과정 위원회를 구성하여 운영하며, 이 위원회는 학교장의 교육과정 운영 및 의사 결정에 관한 자문의 역할을 담당한다.
> ㉤ 다문화 학생을 위한 특별 학급을 설치·운영하는 경우 다문화 학생의 한국어 능력을 고려하여 이 교육과정을 조정·운영하거나, 한국어 교육과정 및 교수·학습 자료를 활용할 수 있다. 한국어 교육과정은 학교의 특성, 학생·교사·학부모의 요구 및 필요에 따라 주당 10시간 내외에서 운영할 수 있다.
> ㉥ 각 교과의 특성에 맞는 다양한 학습이 이루어질 수 있도록 ( A ) 운영을 활성화한다.

1) ㉠~㉤ 중 '2012. 7. 9. 고시' 초·중등학교 교육과정 내용과 일치하지 <u>않는</u> 것을 2개 찾아 기호를 쓰고, 틀린 부분을 바르게 수정하시오.

  •
  •

2) ㉥의 A에 들어갈 알맞은 말을 쓰시오.
  • A :

## 18 〔13년 추시초등A-1〕

다음은 특수학교 교육과정 운영과 관련하여, 학기 초에 열린 회의 내용 중 일부이다. 2012년 부분 개정 특수교육 교육과정 총론에 제시된 내용에 근거하여 물음에 답하시오.

> 교 장 : 오늘 여러 선생님과 학부모님, 그리고 장학사님을 모시고, 우리 학교 교육과정의 합리적 편성과 효율적 운영을 위한 ㉠학교 교육과정 위원회를 개최하고자 합니다. 좋은 의견 있으시면 말씀해 주십시오.
> 장학사 : 기본교육과정에 의거한 "초등학교 교육은 학생의 학습과 일상생활에 필요한 기초 능력의 배양, 기본 생활 습관의 형성, ( ㉡ )에 중점"을 두도록 목표가 설정되어 있지요. 이러한 중점 사항에 따라 교육과정이 운영되면 좋을 것 같습니다.
> 학부모 : 저는 무엇보다 기본 생활 습관의 형성을 위한 생활 기능 중심의 수업이 이루어지면 좋겠어요. 교과서 내용이 우리 아이에게는 너무 어렵다는 생각이 들어요.
> 부장교사 : 교과의 내용 배열이 반드시 학습의 순서를 의미하는 건 아닙니다. ㉢<u>필요한 경우 교과목의 학년별 목표에 대한 지도 내용의 순서와 비중, 방법 등을 조정하여 운영할 수도 있어요.</u>

1) ㉠의 역할에 대해 쓰시오.
  • 역할 :

2) ㉡에 들어갈 알맞은 내용을 쓰시오.
  • 내용 :

**2022 개정 기출 변형**

**18-1.** ⓒ에 들어갈 알맞은 내용을 쓰시오.

> 장학사 : 기본교육과정에 의거한 "중학교 교육은 초등학교 교육의 성과를 바탕으로, 학생의 일상생활과 학습에 필요한 기본 능력을 기르고, ( ⓒ ) 및 민주시민의 자질을 함양하는 데 중점"을 두도록 목표가 설정되어 있지요. 이러한 중점 사항에 따라 교육과정이 운영되면 좋을 것 같습니다.

3) ⓒ과 같이 할 수 있는 경우를 2가지만 쓰시오.
- 
- 

**2022 개정 기출 변형**

**18-2.** ⓒ과 같이 지원할 수 있는 방안을 2가지만 쓰시오.

> 부장교사 : ⓒ학습 격차를 줄이도록 노력해야 합니다.

## 19  13년 추시 중등A-1

다음은 2012년 부분 개정 특수교육 교육과정 중 기본교육과정에 근거하여 학교 교육과정을 편성·운영할 때 고려할 사항이다. 물음에 답하시오.

> ○ 교육과정의 합리적 편성과 효율적 운영을 위하여 교원, 교육과정(교과 교육) 전문가, 학부모 등이 참여하는 ( ㉠ )을(를) 구성하여 운영한다.
> ○ <u>학교의 특성, 학생, 교사, 학부모의 요구 및 필요에 따라 학교가 자율적으로 교과(군)별 이수 단위를 20% 범위 내에서 증감하여 운영할 수 있다.</u>
> ○ 중도·중복장애 학생이 포함된 학급을 운영하는 특수학교는 해당 학급 학생의 교육과정을 다음과 같이 편성·운영할 수 있다. 단, 기본교육과정을 운영하는 경우에만 해당된다.
> - 교과(군)별 50% 범위 내에서 시수를 감축하여 창의적 체험활동으로 편성할 수 있다. 감축을 할 경우 해당 교과는 학생의 수행 수준에 따라 ( ㉢ )하여 운영한다.
> - 교과의 내용을 대신하여 관련 ( ㉣ )을(를) 편성·운영할 수 있으며, 그 영역과 내용은 학생의 장애 특성 및 정도를 반영하여 학교가 정한다.

1) ㉠에 들어갈 말을 쓰고, 그 역할을 쓰시오.
- ㉠ :
- 역할 :

## 20  13년 초등A-2

다음은 '2011 개정 특수교육 교육과정' 총론과 관련된 내용이다. 물음에 답하시오.

3) 다음 문장의 ㉠과 ㉡에 들어갈 말을 쓰시오.

> 각 교과 활동에서는 ( ㉠ )가 이루어지도록 하고, 발표·토의 활동과 실험, 관찰, 조사, 실측, 수집, 노작, 견학 등의 ( ㉡ )이 충분히 이루어지도록 유의한다.

- ㉠:
- ㉡:

### 2022 개정 기출 변형

**20-1.** 다음 문장의 ㉠에 들어갈 말을 쓰시오.

> 실험, 실습, 관찰, 조사, 견학 등의 ( ㉠ )이 충분히 이루어질 수 있도록 한다.

---

### Ⅲ. 학교급별 교육과정 편성·운영의 기준

## 21  23년 중등A-6

(가)는 특수학교 중학교 과정에 재학 중인 학생 A의 학급 교육과정 편성표이고, (나)는 교육실습생과 특수 교사가 교육과정 편성에 대해 나눈 대화의 일부이다. 〈작성 방법〉에 따라 서술하시오.

(가) 학생 A의 학급 교육과정 편성표

| 구분 | | 기준 시수 | 편성 시수 | 학기별 배정 시수 | | | | | |
|---|---|---|---|---|---|---|---|---|---|
| | | | | 1학년 | | 2학년 | | 3학년 | |
| | | | | 1학기 | 2학기 | 1학기 | 2학기 | 1학기 | 2학기 |
| 교과 (군) | 국어 | 442 | 238 | 34 | 34 | 51 | 51 | 34 | 34 |
| | 사회 | 442 | 238 | 34 | 34 | 34 | 34 | 51 | 51 |
| 창의적 체험활동 | | 408 | 816 | 136 | 136 | 136 | 136 | 136 | 136 |

(나) 교육과정 편성에 관한 대화

> 교육실습생: 교육과정 편성표를 보니, 국어와 사회 교과는 기준 시수 대비 약 46%가 감축되어 있습니다. 학급 교육과정을 상황에 따라 자율적으로 편성할 수 있나요?
>
> 특수 교사: ㉠ 교육과정 편성의 근거는 특수교육 교육과정 총론에서 찾아볼 수 있습니다. 교육과정 운영과 결정의 주체인 학교장은 ( ㉡ )의 자문을 받아 그 내용을 교육과정 운영과 의사 결정에 반영하게 됩니다. 실습 과제로 학급의 국어, 사회 교과 교육과정을 재구성해서 제출해 주세요.
>
> … (중략) …
>
> 특수 교사: 국어와 사회 교과의 내용을 어떻게 재구성했나요?
>
> 교육실습생: 국어와 사회 교과는 해당 교과의 내용 중 쉬운 수준의 내용을 중심으로 재구성하였습니다. 그리고 교육 내용을 보호자에게 제공하고, 보호자가 스스로 결정하게 하면 될 것 같습니다. ┃㉢
>
> 특수 교사: ㉣ 잘못 이해하고 있군요.

─ 〈작성 방법〉 ─
○ (가)에 제시된 정보를 활용하여 (나)의 밑줄 친 ㉠을 서술할 것. [단, 2015 개정 특수교육 교육과정 총론(교육부 고시 제 2022-3호)에 근거할 것.]
○ (나)의 밑줄 친 ㉣과 같이 말한 이유 2가지를 ㉢을 활용하여 서술할 것. [단, 2015 개정 특수교육 교육과정 총론(교육부 고시 제2022-3호)에 근거할 것.]

## 22  23년 중등A-10

(가)는 시각장애 학생의 시력이고, (나)는 과학 교사가 학생에게 제공한 피드백의 일부이다. (다)는 교사와 학부모가 나눈 대화의 일부이다. 〈작성 방법〉에 따라 서술하시오.

(다) 교사와 학부모의 대화

> 과학 교사 : 지난 과학 수업에 대한 피드백을 점자로 제공하였으니, 학생과 함께 확인해 주세요.
> 학 부 모 : 네. 그런데 학생 B가 시력이 더 나빠졌어요. 그래서 걷다가 자주 다치고, 점자정보단말기 사용도 서툰데 점자 이외에 다른 영역을 더 지도해 주실 수 있나요?
> 과학 교사 : 네. 우리 학교에서는 시각장애 학생의 재활을 위하여 확대중핵교육과정(Expanded Core Curriculum)을 바탕으로 보행, 일상생활, 대인관계, 기능시각, 보조공학 영역으로 구성된 ( ㉤ )을/를 창의적 체험활동에 편성하고 있습니다. 청각장애 특수학교에서 '농인의 생활과 문화'를 창의적 체험활동에 편성하여 운영하는 것과 같습니다.
> 학 부 모 : 걱정이 많았는데 다행이네요. 감사합니다.

○ (다)의 괄호 안의 ㉤에 해당하는 명칭을 쓸 것. [단, 2015 개정 특수교육 교육과정 총론(교육부 고시 제2022-3호)에 근거할 것.]

## 23  23년 초등A-1

다음은 특수학교 교육과정 협의회에서 초임 교사와 부장 교사가 나눈 대화 내용의 일부이다. 물음에 답하시오.

> 초임 교사 : 학교는 필요에 따라 교과(군)별 30% 범위 내에서 시수를 증감할 수 있는데 모든 교과에 적용이 가능한가요?
> 부장 교사 : 2015 개정 특수교육 교육과정 중 '기본 교육과정 편성 운영의 기준'에 따르면 ㉠ 기준 수업 시수를 감축할 수 없는 교과(군)도 있습니다.
> … (중략) …
> 초임 교사 : 우리 반에 중도 중복장애학생이 포함되어 있어 특정 교과의 시수를 50%로 감축하여 창의적 체험활동으로 운영하려고 합니다. 무엇부터 해야 할까요?
> 부장 교사 : 수업 시수를 감축하기 위해서는 특정 교과와 관련된 ㉡ 여러 사항을 고려하여 교육과정을 재구성하여 운영하는 것이 필요합니다.

1) ㉠에 해당하는 2개 교과(군)을 쓰시오.

2) 특수교육 교육과정 [교육부 고시 제2022-3호] (2022. 1. 17.,일부개정)의 '초 중등학교 교육과정 편성 운영의 기준'에 근거하여 ㉡에 해당하는 것을 1가지 쓰시오.

## 24 22년 중등A-5

다음은 ○○시 교육청 누리집 질의응답 게시판의 글이다. 〈작성 방법〉에 따라 서술하시오.

---
**질의 응답 게시판**

**Q1** 특수교육 교육과정을 보니 초등학교와 중학교는 시간 배당 기준, 고등학교는 단위 배당 기준이라고 표기하고 있습니다. 고등학교 교육과정에서 말하는 1단위는 어떤 의미인가요?

**A1** 2015 개정 특수교육 교육과정에서는 1단위를 다음과 같이 제시하고 있습니다.

( ㉠ ). 단, 1회는 학교가 자율적으로 운영할 수 있다.

**Q3** 시각장애학교에 근무하는 교사입니다. 고등학교에서 학생별로 교과(군) 필수 이수 단위를 서로 다르게 정하려면 어떻게 해야 하나요?

**A3** 선택 중심 교육과정을 운영하는 특수학교에서는 학생의 ( ㉡ )와/과 발달 수준을 고려하여 교과(군) 필수 이수 단위를 학생별로 다르게 정할 수 있습니다. 이 경우 ( ㉢ )에 따라야 합니다.

---

〈작성 방법〉
- ※ 2015 개정 특수교육 교육과정(교육부 고시 제2020-249호)에 근거하여 쓸 것.
- ○ 괄호 안의 ㉠에 해당하는 내용을 서술할 것.
- ○ 괄호 안의 ㉡, ㉢에 해당하는 말을 기호와 함께 각각 쓸 것.

## 25 22년 초등A-1

다음은 김 교사가 작성한 교육실습생 연수 결과 보고서의 일부이다. 물음에 답하시오.

---
Ⅰ. 연수 개요
- ☐ 연수 주제 : 2015 개정 특수교육 교육과정의 이해와 적용
- ○ 연수 대상 : 교육실습생 5명
  … (중략) …

Ⅵ. 질의 내용

**Q4** ㉤ 5학년 경수 부모님이 통합교육을 희망하여 경수가 일반학교 특수학급으로 전학한다고 들었습니다. 이런 경우 교육과정 편제와 시간 배당은 어떻게 되는지 궁금합니다.

---

3) ㉤의 경우, 교육과정 편제와 시간 배당은 어떤 교육과정을 따르는지 2015 개정 특수교육 교육과정 '초 중등학교 교육과정 편성 운영의 기준' 중 '기본 사항'에 근거하여 쓰시오.

# 26  21년 중등A-12

(가)는 ○○특수학교에서 중학교과정 교육과정을 편성하기 위해 두 교사가 나눈 대화의 일부이고, (나)는 중학교과정 교육과정 편성표의 일부이다. (다)는 학교스포츠클럽 활동 시수를 정리한 것이다. 〈작성 방법〉에 따라 서술하시오.

## (가) 대화

김 교사: 중학교 1학년은 1개 학기를 자유학기로 운영합니다. 자유학기제의 특성을 살려 학생 참여도가 높은 수업으로 운영되었으면 좋겠어요.

송 교사: 네. 킬패트릭(W. Kilpatrick)이 체계화한 교수·학습 방법을 적용해 보면 좋겠어요. 주제나 제재 중심으로 계획 및 수행 활동을 통해 결과물을 완성하고 이를 발표 및 성찰하게 합니다. 이 방법을 적용하면 학생들은 학습에 더욱 적극적으로 참여하게 됩니다. ㉠

… (중략) …

김 교사: 학생들이 건강한 심신과 정서 함양을 위해 운영하는 '학교스포츠클럽 활동' 종목을 결정할 때에는 ㉡ 학생들의 선택권을 보장해 주어야 합니다. 그런데 시수확보는 어떻게 하면 좋을까요?

송 교사: 1학년은 창의적 체험활동 시수를 순증하여 확보하고, 2학년과 3학년은 ㉢ 다른 방식으로 시수를 확보해야겠어요.

## (나) 중학교과정 교육과정 편성표

| 구분 | | 기준 시수 | 본교 시수 | 1학년 | 2학년 | | 3학년 | |
|---|---|---|---|---|---|---|---|---|
| | | | | | 1학기 | 2학기 | 1학기 | 2학기 |
| 교과 (군) | 체육 | 340 | 386 | | 68 | 68 | 57 | 57 |
| | 진로와 직업 | 612 | 684 | | 114 | 114 | 108 | 108 |

… (중략) …

## (다) 학교스포츠클럽 활동 시수

| 구분 | | 1학년 | 2학년 | | 3학년 | |
|---|---|---|---|---|---|---|
| | | | 1학기 | 2학기 | 1학기 | 2학기 |
| 학교 스포츠 클럽 | 창의적 체험활동 활용 | | 17 | 17 | – | – |
| | 체육 교과 활용 | | – | – | 11 | 11 |
| | 진로와 직업 교과 활용 | | – | – | 6 | 6 |

―〈작성 방법〉―

○ (가)의 ㉠과 같이 운영되는 교수·학습 방법의 명칭을 쓸 것.

○ (가)의 밑줄 친 ㉡을 위해 학교에서 취할 수 있는 방법을 제시할 것. [단, 2015 개정 특수교육 교육과정(교육부 고시 제2020-226호) 중 총론에 근거할 것.]

○ 2학년과 3학년에서 ㉢과 같이 '학교스포츠클럽 활동' 시수를 확보한 방법을 (나)와 (다)에 근거하여 각각 서술할 것. [단, 2015 개정 특수교육 교육과정(교육부 고시 제2020-226호) 중 총론에 근거할 것.]

## 27 〈21년 초등A-1〉

○○교육지원청 특수교육지원센터 학부모 자유게시판의 글이다. 2015 개정 특수교육 교육과정에 근거하여 물음에 답하시오.

> Q1 안녕하세요? 우리 아이는 시각장애를 가진 남자아이입니다. 2021학년도에 시각장애 특수학교에 입학하게 되었습니다. 시각장애 특수학교에서는 일반 초등학교와 똑같은 교과를 배운다고 하던데, ㉠ 시각장애 학생을 위한 교육과정이나 별도의 교육 내용이 있는지 궁금합니다.
>
> Q2 2021학년도에 처음으로 학교 교육과정 위원회 위원으로 위촉된 △△학교 학부모입니다. 학교 교육 협력자로서 궁금한 것이 많아요. ㉡ 학교 교육과정을 편성·운영할 때 학생 실태, 지역사회의 실정, 학교 교육 시설·설비 등 교육 여건과 환경 이외에 무엇을 더 반영해야 하나요?

1) ㉠에 대한 답변으로 ① 공통교육과정의 교과 중에서 시각장애 학생의 특성을 반영한 내용이 포함된 3개 교과를 쓰고, ② 시각장애 학생의 학습과 자립생활 역량 강화를 목적으로 개발한 '시각장애인 자립생활' 운영 시수 확보 방법을 쓰며, ③ '시각장애인 자립생활'의 편제 영역을 쓰시오.

- ① :

- ② :

- ③ :

## 28 〈20년 초등A-1〉

(가)는 2015 개정 특수교육 교육과정 중 기본교육과정을 적용하는 ○○학교 요람의 일부이고, (나)는 2015 개정 특수교육 교육과정 중 공통교육과정을 적용하는 △△학교의 김 교사가 작성한 교무수첩 내용의 일부이다. 물음에 답하시오.

(가) ○○학교 요람

> - 교 훈 : 사랑, 인내
> - 학생수 : ○○○명 / 학급수 : ○○개
> - 교육 활동 1 : 오감 놀이의 날
>   - 운영 내용 : 감각통합 활동
>   - 운영 방법 : 매주 1회
> - 교육 활동 2 : 스스로 하기, 소통하기
>   - 운영 내용 : 신변자립, 의사소통 기술 향상 활동 등 ㉠ 교과 관련 생활기능 영역
>   - 운영 방법 : 매주 2회
> ※ 교육 활동 1, 2는 ㉡ 교과(군)별 50% 범위 내에서 시수 감축을 통해 편성
> ※ 창의적 체험활동 내용 : ㉢ 자치·적응 활동, 예술·스포츠 활동, 자연환경 보호 활동

(나) △△학교 김 교사가 작성한 교무수첩 내용

> 1. 전달 사항
>    - 학교 교육활동 평가 결과 보고회 : 12월 6일(금) 15시
>    - 학교 교육과정 편성·운영 협의회 : 12월 20일(금) 15시
> 2. 2020학년도 학년군별 교육과정 편성 시 고려 사항
>    [3~4학년]
>    - 다문화 가정 학생을 한 특별 학급 설치·운영 : 주당 10시간 내외 ( ㉣ ) 교육과정 운영
>    - 교과(군)별 20% 범위 내에서 시수 증감 조정(안) 마련
>    [5~6학년]
>    - ㉤ 범교과 학습 주제 : 인성 교육, 인권 교육, 민주 시민 교육

1) 2015 개정 특수교육 교육과정의 '초·중등학교 교육과정 편성·운영의 기준' 중 '기본 사항'에 근거하여, ① 교과 내용을 대신하여 (가)의 ㉠을 편성·운영할 때 반영할 점을 쓰고, ② (가)의 ㉡과 같이 교육과정을 편성·운영할 수 있는 이유를 쓰시오.

- ①:

- ②:

2) 2015 개정 특수교육 교육과정의 '초·중등학교 교육과정 편성·운영의 기준' 중 '기본 사항'에 근거하여 (나)의 ㉢을 지도하는 방법을 쓰시오.

## 29  20년 중등A-6

다음은 지적장애 특수학교에서 교육실습생을 대상으로 실시한 학교 교육과정 편성·운영 연수 장면의 일부이다. 〈작성 방법〉에 따라 서술하시오.

> 김교감 : 우리 학교는 학교 여건에 맞게 고등학교 1학년과 2학년을 혼합하여 ㉠ 복식 학급으로 운영하고 있습니다. 교육실습생 여러분들은 이러한 경우에 교육과정을 어떻게 편성·운영하는지 살펴보면 좋겠어요.
> 
> 실습담당교사 : 그리고 학기마다 모든 교과를 이수하는 대신 학년(군) 내에서 교과목별로 이수 학기 수를 줄여 수업할 수 있어요. ㉡ 우리 학교에서도 학생들의 학습 부담을 줄이고, 의미 있는 학습 활동을 장려하기 위해 학기당 이수 교과목 수를 조정하여 운영합니다. 혹시 다른 질문이 있나요?
> 
> 교육실습생 : 선생님, 학교 요람을 보니 '진로와 직업' 중점 학교인데, 모든 교과에서 시수를 50% 감축하여 '진로와 직업' 교과로 편성하는 거죠?
> 
> 실습담당교사 : ㉢ 아니요. 중점 학교의 교육과정 편성·운영 기준을 잘 보면 그렇지 않아요.

─── 〈작성 방법〉 ───
○ 밑줄 친 ㉠의 경우에 활용할 수 있는 교육과정 편성·운영 기준을 2가지 서술할 것. [단, 2015 개정 특수교육 교육과정 총론(교육부 고시 제2018-163호)에 근거할 것]

○ 밑줄 친 ㉡의 편성·운영 방법에 해당하는 용어를 쓸 것.

○ 밑줄 친 ㉢과 같이 말한 이유를 1가지 서술할 것. [단, 2015 개정 특수교육 교육과정 총론(교육부 고시 제2018-163호)에 근거할 것]

## 30 〔20년 중등A-12〕

(가)는 특수교육지원센터 홈페이지 게시판에 있는 질의응답 내용의 일부이고, (나)는 학생 L의 건강관리 지원 계획의 일부이다. 〈작성 방법〉에 따라 서술하시오.

### (가) 질의응답 내용

| | |
|---|---|
| Q1 | 저희 아이는 소아 천식을 앓고 있어요. 만약 건강장애로 선정된다면 집에서 공부할 수 있는 방법이 있나요? |
| A1 | 네, 원격수업이나 ⊙ 순회교육을 받을 수 있습니다. |
| Q2 | 건강장애 학생의 부모입니다. 향후 건강장애 선정을 취소할 수 있나요? |
| A2 | ⓒ 건강장애 특수교육대상자 선정 취소 사유에 해당하는 경우, 학부모가 건강장애 선정 취소를 신청할 수 있습니다. |
| Q3 | 학생 L은 ( ⓒ )을/를 앓고 있어요. ⓓ 혈당 검사, 인슐린주사, 식이요법을 통해 매일 꾸준히 관리해야 해요. 학교에서 어떤 지원을 받을 수 있을까요? |

### (나) 건강관리 지원 계획
○ 응급 상황 대처 계획

| 구분 | 나타날 수 있는 증상 | 처치 |
|---|---|---|
| 경증 저혈당 | 발한, 허기, 창백, 두통, 현기증 | • 즉시 신체 활동 금지<br>• 즉시 혈당 측정<br>• ( ⓔ )<br>• 휴식 취하기<br>• 보건교사 연락<br>• 보호자 연락 |

―〈작성 방법〉―
○ (가)의 밑줄 친 ⊙을 위한 교육과정의 편성·운영에 관한 사항을 결정하는 주체를 쓸 것.
 [단, 2015 개정 특수교육 교육과정 총론(교육부 고시 제2018-163호)에 근거할 것]

## 31 〔19년 중등B-9〕

다음은 ○○특수학교와 △△특수학교 고등학교 과정의 기본교육과정 창의적 체험활동 현황을 파악한 자료의 일부이다. 〈작성 방법〉에 따라 서술하시오.

| | ○○특수학교 | △△특수학교 |
|---|---|---|
| 목표 | • 건전하고 다양한 단체 활동에 자발적으로 참여하여 나눔과 배려를 실천함으로써 개인의 소질과 잠재력을 계발·신장하고 공동체 의식을 함양하여 ( ⊙ )을/를 위한 태도를 기른다. | |
| 시수 편성 방법 | • ⓒ 정일제로 동아리 활동을 운영함. | • ⓒ 동아리 활동 수업을 매달 첫째 주와 셋째 주에 2시간씩 운영함. |
| ⓔ 운영 방법 | • 봉사 활동(자연환경 보호 활동) 시간에 '환경·지속 가능발전 교육' 주제를 통합적으로 다룸.<br>• 진로 활동(진로계획 및 체험활동) 시간에 '진로 교육' 주제를 통합하여 운영함. | • 자율 활동(자치·적응 활동) 시간에 '안전·건강 교육, 민주 시민 교육' 주제를 통합적으로 다룸.<br>• 동아리 활동(학술·문화 활동) 시간에 '다문화 교육' 주제를 통합하여 운영함. |
| | ※ 범교과 학습 주제는 ( ⓜ )와/과 창의적 체험활동 등 교육 활동 전반에 걸쳐 통합적으로 다루도록 하고, 지역사회 및 가정과 연계하여 지도한다. (근거 : '2015 개정 특수교육 교육과정' 총론 | |

―〈작성 방법〉―
○ 괄호 안의 ⓜ을 활용하여 범교과 학습 주제를 다룰 수 있는 방안의 예를 1가지 서술할 것. (단, 범교과 학습 주제의 예는 밑줄 친 ⓔ에서 제시된 것을 제외할 것.)

## 32  17년 초등A-6

기본교육과정을 운영하는 특수학교의 초등학교 과정 교사를 대상으로 실시한 2015 개정 특수교육 교육과정 연수 중에 나온 질의 내용이다. 물음에 답하시오.

> **Q1** 교육과정을 편성할 때, ㉠해당 학년군의 교과 교육과정을 이수하기 어려운 학생의 경우 교과 내용을 어떻게 선정하여 지도하면 되나요? 그리고 1학년과 2학년을 복식 학급으로 편성하여 운영하려고 하는데 ㉡학년이 서로 다른 학생을 대상으로 수업을 할 경우에 교육 내용이나 교재는 어떻게 구성해야 하나요?

1) 2015 개정 특수교육 교육과정 중 기본교육과정 '교육과정 편성·운영 기준'에 근거하여 ㉠과 ㉡에 알맞은 답을 각각 쓰시오.

- ㉠:

- ㉡:

## 33  17년 중등A-1

다음은 「2015 개정 교육과정에 따른 특수교육 교육과정(교육부 고시 제2015-81호)」의 기본교육과정 편성·운영 기준에 대한 질의응답 내용이다. ㉠, ㉡에 들어갈 내용을 순서대로 쓰시오.

> **Q** 2015 개정 교육과정에 따른 특수교육 교육과정에서는 기본교육과정을 적용하는 장애학생의 특성 및 요구를 고려하여 수준별 교육과정으로 활용할 수 있다고 들었습니다. 2011 특수교육 교육과정과 비교하여 달라진 내용이 무엇입니까?
> 
> **A** 2011 특수교육 교육과정과 달리 2015 개정 교육과정에 따른 특수교육 교육과정에서는 학교가 해당 학년군 교육과정을 적용하기 어려운 경우 ( ㉠ )하여 운영할 수 있도록 하였습니다. 그리고 필요한 경우 창의적 체험활동을 통하여 장애 특성 및 요구에 따른 교육 내용을 편성·운영할 수 있도록 했습니다.
> 
> **Q** 교육과정 유형에 따른 교과(군)별 수업 시수에는 변화가 있나요?
> 
> **A** 학교는 학교의 특성, 학생·교사·학부모의 요구 및 필요에 따라 자율적으로 교과(군)별 ( ㉡ ) 범위 내에서 시수를 증감하여 편성·운영할 수 있도록 하였습니다.
> … (하략) …

- ㉠:

- ㉡:

## 34 〈17년 중등A-12〉

(가)는 고등학생 N의 특성이고, (나)는 특수교사가 N을 위해 작성한 지도 계획이다. (나)의 ㉠에 들어갈 말을 쓰시오. ㉡에서 사용할 '일견단어(sight words) 교수법'이 무엇인지 설명하고, 이 교수법이 '메뉴판에서 음식명 읽고 선택하기' 활동에 적합한 이유를 1가지 제시하시오. 그리고 ㉢에 들어갈 용어를 쓰시오.

(가) 학생 N의 특성

- 패스트푸드점에 가서 음식을 사 먹고 싶어함.
- 시각적 단서는 구분할 수 있으나 글자는 읽지 못함.

(나) 지도 계획

- 국어와 사회 수업 시간을 활용하여 N에게 '패스트푸드점 이용하기' 기술을 가르치고자 함.

  > 교과의 내용을 대신하여 ( ㉠ ) 및 진로와 직업 교육, 현장 실습 등으로 편성·운영할 수 있음.

- 주변의 패스트푸드점 여러 곳을 선정하고, 일반사례분석을 통해 다음과 같이 공통적으로 필요한 기술을 지도 내용으로 결정하여 지역사회 모의교수를 실시할 것임.

  > 메뉴판에서 음식명 읽고 선택하기 → 음식 주문하기 → 음식값 계산하기 → 잔돈 받기 → 영수증 확인하기 → 음식 먹기

  ㉡ '메뉴판에서 음식명 읽고 선택하기'를 위해서 메뉴명과 사진을 붙인 메뉴판을 만들어 일견단어 교수법을 활용할 예정임.

- 이후 지역사회 중심교수를 실시하고 중재의 효과와 만족도에 대하여 N의 또래와 부모에게 간단한 평정척도 형식의 질문지에 답하게 하여 ( ㉢ )을/를 평가할 것임.

─〈작성 방법〉─

- ㉠에 들어갈 답안 작성 시 2015 개정 교육과정에 따른 특수교육 교육과정(교육부 고시 제2015-81호)의 초·중등학교 교육과정 편성·운영 기준(일반학급 및 특수학급에 배치된 특수교육 대상 학생의 교육과정 편성·운영방법)에 근거할 것.

## 35 〈16년 중등B-1〉

다음은 ○○특수학교에서 교육실습을 하고 있는 예비 교사와 부장 교사의 대화 내용이다. 〈작성 방법〉에 따라 순서대로 서술하시오.

예비 교사: 특수교육과 일반교육의 교육과정은 그 체제와 내용면에서 많은 관련이 있는 것으로 알고 있어요.

부장 교사: 2009 개정 교육과정에 따른 특수교육 교육과정(교육과학기술부 고시 제2012-32호)은 유치원 교육과정, 기본교육과정, 공통교육과정, 선택 교육과정으로 구성되어 있어요. 특히, ㉠ 기본교육과정은 공통교육과정 및 선택 교육과정과는 다른 성격을 가지고 있습니다.

예비 교사: 그렇군요.

부장 교사: 우리 학교의 학생들은 장애의 정도가 매우 다양해요. 그래서 장애 특성 및 정도에 따라 자율적이고 창의적으로 교육과정을 편성·운영하고 있어요.

예비 교사: 네. 그럼, 기본교육과정을 적용하고 있는 우리 학교에서 중점적으로 하고 있는 교육과정 지원에는 어떤 것들이 있나요?

부장 교사: 현행 교육과정에 근거해서 ㉡ 교과(군)별 수업 시수를 자율적으로 증감하여 운영하고 있으며, 중도·중복장애 교육과정도 함께 운영하고 있어요. 그리고 고등학교 과정에서는 ㉢ '진로와 직업' 교과 중점 학교로 운영하고 있어요.

… (하략) …

─〈작성 방법〉─

- 밑줄 친 ㉠의 특징을 「2009 개정 교육과정에 따른 특수교육 교육과정(교육과학기술부 고시 제2012-32호)」에 근거하여 기술할 것.
- 밑줄 친 ㉡과 ㉢에서 공통적으로 제시하고 있는 편성의 제한 사항을 기술할 것.
- 밑줄 친 ㉢에서 시수에 관한 편성 방법을 기술할 것.

## 36 15년 중등B-1(논술)

2009 개정 교육과정에 따른 특수교육 교육과정(교육과학기술부 고시 제2012-32호)에는 ㉠ 중도·중복장애 학생이 있는 일반학교의 특수학급과 ㉡ 기본교육과정을 적용하는 중도·중복장애 학생이 포함된 학습을 운영하는 특수학교의 중도·중복장애 학생을 위한 교육과정 편성·운영에 대한 내용이 별도로 제시되어 있다. 제시된 내용에 근거하여 밑줄 친 ㉠, ㉡의 교육과정 편성·운영에 대한 공통점과 차이점을 기술하시오.

## 37 14년 초등A-1

다음은 1학년 영수의 교육과 관련하여 일반학급 박 교사가 특수교육지원센터에 근무하는 김 교사와 상담한 내용이다. 물음에 답하시오.

> 박 교사 : 영수는 진단·평가를 통하여 특수교육대상자로 선정된 지체장애 학생인데, 정신지체까지 동반한 중도·중복장애 학생입니다. 영수 어머니는 집이 우리 학교와 가까워서 영수를 입학시켰는데, 제가 한 학기 동안 지도해 보니 많이 힘드네요. 아무래도 특수학급이 없다 보니 그런 것 같아요.
> 김 교사 : 네, 선생님. 고민이 많으시겠어요. 우선 ㉠특수교육 지원센터에 영수의 ㉡순회교육을 신청해 보시는 건 어떤가요?
> 박 교사 : 그런 방법이 있군요. 영수는 보행에도 어려움이 있는데, 순회교육을 통해 지원을 받을 수 있나요?
> 김 교사 : 네, 물론입니다. 그 밖에도 다양한 특수교육 관련 서비스를 지원받을 수 있어요.
> 박 교사 : 좋은 정보 감사합니다. 그런데 보행훈련은 어떤 시간에 하게 되나요?
> 김 교사 : 교과 시간에 병행해서 제공하거나 ㉢창의적 체험활동 시간에 제공할 수도 있습니다. 그 밖에도 영수같은 학생이 재학 중인 학교의 학급은 ( ㉣ )을(를) 고려하여 교과의 내용을 대신하여 관련 생활 기능 영역을 편성·운영할 수 있어요. 그리고 그 영역과 내용은 학생의 장애 특성 및 정도를 반영하여 ( ㉤ )이(가) 정하면 됩니다.

1) 다음은 ㉡의 운영과 관련된 설명이다. 2012 개정 특수교육 교육과정 총론 중 '교육과정 편성과 운영의 공통사항'과 현행 「장애인 등에 대한 특수교육법 시행령」에 근거하여 A와 B에 알맞은 내용을 쓰시오.

- 순회교육을 위한 교육과정은 ( A )의 편제를 고려하여 학생의 장애 특성과 정도에 알맞게 편성·운영한다.
- 순회교육의 수업일수는 매 학년도 150일을 기준으로 하여 각급학교의 장이 정하되, 순회교육을 받는 특수교육대상자의 상태와 ( B )상 필요한 경우에는 지도·감독기관이 승인을 받아 30일 범위에서 줄일 수 있다.

- A :
- B :

> **2022 개정 기출 변형**
>
> **37-1.** 다음은 ⓒ의 운영과 관련된 설명이다. 2022 개정 특수교육 교육과정 총론 중 '학교급별 교육과정 편성·운영의 기준'에 근거하여 A에 알맞은 내용을 쓰시오.
>
> - 순회교육을 위한 교육과정은 ( A )을/를 고려하여 학생의 장애 특성과 정도에 알맞게 편성·운영한다.

2) 다음은 ⓒ의 운영과 관련된 설명이다. 이를 영수가 재학 중인 학교에 적용할 경우, 2012 개정 특수교육 교육과정 총론에 근거하여 ①~④ 가운데 틀린 내용 2가지를 찾아 번호를 쓰고, 그 이유를 각각 쓰시오.

> ① 창의적 체험활동의 수업시수는 학교의 특성, 학생·교사·학부모의 요구 및 필요에 따라 학교가 자율적으로 20% 범위 내에서 증감하여 운영할 수 있다.
> ② 창의적 체험활동에 배당된 시간 수는 학생의 요구와 학교의 실정에 기초하여 융통성 있게 배정하여 운영할 수 있다.
> ③ 해당 학급 학생의 교육과정은 교과(군)별 50% 내에서 시수를 감축하여 창의적 체험활동으로 편성할 수 있다.
> ④ 창의적 체험활동에 대한 평가는 창의적 체험활동의 내용과 특성을 감안하여 평가의 주안점을 학교에서 작성·활용한다.

- 번호와 이유 :
- 번호와 이유 :

3) ㉣과 ㉤에 알맞은 말을 2012 개정 특수교육 교육과정 총론 중 '교육과정 편성과 운영의 공통사항'에 근거하여 쓰시오.

- ㉣ :
- ㉤ :

> **2022 개정 기출 변형**
>
> **37-2.** ㉣과 ㉤에 알맞은 말을 2022 개정 특수교육 교육과정 총론 중 '학교급별 교육과정 편성·운영의 기준'에 근거하여 쓰시오.
>
> 김 교사 : 특수교육 교육과정의 교과(군) 내용과 연계하거나 대체하여 운영할 수 있다. 교과 내용을 대체할 경우 ( ㉣ )으로 운영할 수 있습니다. 특수교육 대상 학생의 교육과정 운영에 관한 사항은 학생의 교육적 요구를 반영하여 ( ㉤ )에서 결정하면 됩니다.

## 38  14년 중등A-1(서술)

다음의 (가)는 국가수준 공통교육과정 중학교 시간 배당 기준이고, (나)는 공통교육과정을 운영하는 ○○특수학교의 중학교 과정 시간 배당을 제시한 것이다. 학교 교육과정을 편성할 때 (가)와 비교하여 (나)와 같이 시간 배당을 변경하여 편성할 수 있는 이유 3가지를 2009 개정 교육과정에 따른 특수교육 교육과정(교육과학기술부 고시 제2012-32호)에 근거하여 〈조건〉에 맞게 쓰시오.

| 구분 | | (가) 국가수준 공통 교육과정 중학교 시간 배당 기준 | (나) ○○특수학교 중학교 과정 시간 배당 |
|---|---|---|---|
| 교과 (군) | 국어 | 442 | 476 |
| | 사회(역사 포함)/도덕 | 510 | 442 |
| | 체육 | 272 | 272 |
| | 예술 (음악/미술) | 272 | 272 |
| 창의적 체험활동 | | 306 | 340 |
| 총 수업시간 수 | | 3,366 | 3,366 |

─〈조건〉─
제시된 교과(군) 및 창의적 체험활동과 관련지어 답할 것.

## 39  13년 추시 중등A-1

다음은 2012년 부분 개정 특수교육 교육과정 중 기본교육과정에 근거하여 학교 교육과정을 편성·운영할 때 고려할 사항이다. 물음에 답하시오.

○ 교육과정의 합리적 편성과 효율적 운영을 위하여 교원, 교육과정(교과 교육) 전문가, 학부모 등이 참여하는 ( ㉠ )을(를) 구성하여 운영한다.
○ ㉡학교의 특성, 학생, 교사, 학부모의 요구 및 필요에 따라 학교가 자율적으로 교과(군)별 이수 단위를 20% 범위 내에서 증감하여 운영할 수 있다.
○ 중도·중복장애 학생이 포함된 학급을 운영하는 특수학교는 해당 학급 학생의 교육과정을 다음과 같이 편성·운영할 수 있다. 단, 기본교육과정을 운영하는 경우에만 해당된다.
  ─ 교과(군)별 50% 범위 내에서 시수를 감축하여 창의적 체험활동으로 편성할 수 있다. 감축을 할 경우 해당 교과는 학생의 수행 수준에 따라 ( ㉢ )하여 운영한다.
  ─ 교과의 내용을 대신하여 관련 ( ㉣ )을(를) 편성·운영할 수 있으며, 그 영역과 내용은 학생의 장애 특성 및 정도를 반영하여 학교가 정한다.

2) ㉡과 같이 학교 교육과정을 편성·운영할 때, 기준 수업 시수를 감축하여 편성할 수 없는 교과목을 2가지 쓰시오.

  •
  •

3) ㉢과 ㉣에 들어갈 말을 쓰시오.

  • ㉢ :
  • ㉣ :

> 2022 개정 기출 변형

**39-1.** ㉢과 ㉣에 들어갈 말을 쓰시오.

> ○ 기본 교육과정을 운영하는 특수학교는 ( ㉢ )를 반영하여 교과(군)별 50% 범위 내에서 시수를 감축하여 ( ㉣ )으로 편성할 수 있다. 이 경우 시·도 교육감이 정하는 지침에 따라 사전에 필요한 절차를 거쳐야 한다.

## 40

(가)는 동수의 정보이고, (나)는 정신지체학교 홍 교사와 특수교육지원센터 박 교사가 동수에 대해 상담한 내용의 일부이다. 물음에 답하시오.

**(가) 동수의 정보**

> ○ 정신지체와 저시력을 가진 고등학교 1학년 중복장애 학생임.
> ○ 혼자 보행하는 것이 어려워 어머니의 도움을 받아 걸어서 등하교를 함.

**(나) 상담 내용**

> 홍 교사 : 동수는 망막색소변성으로 점차 시력을 잃어가고 있습니다. 동수를 관찰해 보니, 혼자 보행할 때 자주 넘어지고 여기저기 부딪혀서 다치네요. 그래서 ㉠ <u>보행훈련</u>이 필요해요. 확대 교과서로 공부하는 것도 어려워해서, 장기적으로는 점자교육도 해야 할 것 같습니다. 그러려면 동수가 정신지체학교보다 시각장애학교에서 공부하는 것이 더 효과적일 거라고 생각되는데, 그 절차나 방법을 알고 싶습니다.
>
> 박 교사 : 그렇군요. 동수의 경우처럼, 필요한 교육지원 내용을 추가·변경하거나 동수를 재배치할 필요가 있을 경우, 교장 선생님이 ( ㉡ )의 검토를 거쳐서 ( ㉢ )에게 동수의 진단·평가 및 재배치를 요구할 수 있습니다.
>
> 홍 교사 : 그런데 동수 어머니께서는 인근의 다른 시·도에 있는 시각장애학교에서 받아 주지 않으면 어떻게 하나 걱정하시더라고요. 그리고 동수가 시각장애학교로 전학할 경우, 이용할 수 있는 통학 지원 방법이 있는지도 알고 싶어 하세요.
>
> 박 교사 : 그것은 염려하지 않아도 됩니다. ㉣ <u>'대통령령으로 정하는 특별한 사유'</u>가 없는 한 배치 요구에 응해야 합니다. 그리고 ( ㉢ )은(는) 교장 선생님이 동수의 통학을 원활하게 지원할 수 있도록 ( ㉤ )을(를) 학교에 제공하거나 통학 지원이 필요한 동수 및 보호자에게 ( ㉥ )을(를) 지급해야 합니다.

1) 학교 교육과정을 편성·운영할 때, ㉠을 제공할 수 있는 방법을 2012년 부분 개정 특수교육 교육과정에 근거하여 쓰시오.

• 방법 :

---

**2022 개정 기출 변형**

**40-1.** ㉠에 들어갈 내용을 2022년 개정 특수교육 교육과정에 근거하여 쓰시오.

○ 개별화교육계획은 학생의 교육적 요구에 따라 ( ㉠ )을 중심으로 작성한다.

---

## 41  13년 초등A-2

다음은 '2011 개정 특수교육 교육과정' 총론과 관련된 내용이다. 물음에 답하시오.

1) 교육과정 구성의 방침에서 '학년군'을 설정한 이유를 쓰시오.

2) 교육과정 편성·운영의 중점에서 '보충 학습 과정'을 실시하는 이유를 쓰시오.

---

## 42  13년 중등1(1차)

'2011 개정 특수교육 교육과정' 중 기본교육과정의 편성과 운영에 관한 사항으로 중학교 과정에 대한 설명으로 옳은 것은?

① 선택 과목은 학생 개개인의 특성에 따른 교육적 요구를 고려하여 학교장이 선정하며 교과(군)별 수업 시수의 20% 범위 내에서 증감하여 편성·운영할 수 있다.

② 학교에서 개설하지 않은 선택 과목 이수를 희망하는 학생이 있을 경우 그 과목을 개설한 다른 학교에서의 이수를 인정하도록 한다.

③ 사회, 체육, 예술, 진로와 직업 등 교과를 중심으로 중점 학교를 운영할 수 있으며, 이 경우 학교 교육과정의 50% 이상을 관련 교과목으로 편성할 수 있다.

④ 학년군 및 교과(군)별 시간 배당은 연간 34주를 기준으로 한 3년간의 최소 수업 시수를 나타낸 것이고, 학년군별 총 수업 수업시간 수는 기준 수업 시수를 나타낸 것이다.

⑤ 학년을 달리하는 학생을 병합하여 복식 학급을 편성·운영하는 경우에는 교육 내용의 학년별 순서를 조정하거나 공통 주제를 중심으로 교재를 재구성하여 활용할 수 있다.

## 43

'2010 개정 특수교육 기본교육과정'에 제시된 중학교 교육과정의 편제와 편성·운영에 대한 내용으로 옳은 것만을 〈보기〉에서 있는 대로 고른 것은?

―〈보기〉―
ㄱ. 교과는 필요에 따라 통합 교육과정으로 편성·운영할 수 있다.
ㄴ. 교과(군)는 국어, 사회, 수학, 과학, 진로와 직업, 체육, 예술(음악/미술)로 한다.
ㄷ. 창의적 체험활동은 자율 활동, 동아리 활동, 봉사 활동, 진로 활동으로 한다.
ㄹ. 진로와 직업은 진로와 직업 교과 외에도 선택 교육과정의 전문교과 중에서 학교의 여건에 맞는 것을 선택적으로 편성할 수 있다.
ㅁ. 학교의 특성, 학생·교사·학부모의 요구 및 필요에 따라 학교가 자율적으로 교과(군)별 수업 시수를 20% 범위 내에서 증감하여 운영할 수 있다.

① ㄱ, ㅁ
② ㄱ, ㄴ, ㄹ
③ ㄱ, ㄷ, ㄹ
④ ㄱ, ㄴ, ㄷ, ㅁ
⑤ ㄴ, ㄷ, ㄹ, ㅁ

## V. 학교 교육과정 지원

## 44

다음은 '2011 개정 특수교육 교육과정(교육과학기술부 고시 제2012-32호)' 총론에 제시된 내용이다. 물음에 답하시오.

1) 다음은 '2011 개정 특수교육 교육과정'의 '교육청 수준 지원 사항'이다. ( ) 안에 들어갈 말을 쓰시오.

> 학교가 지역사회의 유관기관과 적극적으로 연계·협력해서 교과, 창의적 체험활동을 내실 있게 운영할 수 있도록 지원하며, 관내 학교가 활용 가능한 (        )을/를 작성하여 제공하는 등 구체적인 지원 방안을 마련한다.

## Ⅵ. 기타

### 45

다음은 2010 개정 특수교육 교육과정 편성·운영의 공통 사항 중 초등학교 일반학급에 배치된 특수교육대상자를 위한 교육과정 편성·운영과 순회교육에 관한 내용이다. 옳은 내용을 모두 고른 것은?

〈보기〉
ㄱ. 일반학급에 배치된 특수교육대상자의 교육과정은 해당 장애영역 특수학교의 편제를 적용하여 특수교육 교육과정으로 편성·운영한다.
ㄴ. 일반학급에 배치된 특수교육대상자의 교육과정 시간 배당은 해당 학년의 교육과정을 따르되, 특수교육 교육과정을 고려하여 학교 교육과정에서 정한다.
ㄷ. 일반학급에 배치된 특수교육대상자의 순회교육을 위한 교육과정의 편성·운영에 관한 사항은 해당 학교장이 정한다.
ㄹ. 일반학급에 배치된 특수교육대상자의 순회교육을 위한 교육과정은 해당 학교 교육과정의 편제를 고려하여 학생의 장애 특성과 정도에 알맞게 편성·운영한다.
ㅁ. 일반학급에 배치된 특수교육대상자를 위한 순회교육에서의 평가활동은 학생의 장애 특성과 장애 정도에 따라 결정된 목표의 성취 정도를 평가한다.

① ㄱ, ㄷ
② ㄱ, ㄹ
③ ㄴ, ㄷ, ㄹ
④ ㄴ, ㄹ, ㅁ
⑤ ㄱ, ㄴ, ㄷ, ㅁ

### 46

'2008 개정 특수학교 기본교육과정'의 학교 교육과정 편성·운영에 관한 내용으로 옳지 <u>않은</u> 것은?

① 효율적인 운영을 위하여 지역사회의 인력과 시설을 계획적으로 활용한다.
② 학습자 중심, 실생활 기능 중심의 교육을 실천하고 학교의 자율성을 확대한다.
③ 연간 수업 시간 수는 계절, 학생 실태, 교과 특성, 학교 교육 여건 등에 알맞게 월별, 주별로 배정하여 편성한다.
④ 각 교과 활동에서는 발표·토의와 직접 체험 활동을 통하여 학습을 조장하고, 학습의 개별화가 이루어지도록 한다.
⑤ 주당 3시간 이상의 수업 시간 수가 배당된 교과는 주당 1시간 이내에서 감축하여 재량활동과 특별활동 수업으로 운영할 수 있다.

## 02 기본교육과정

### 1 국어

**성격** `13년 중등5(1차)`

**01**

'2011 개정 특수교육 교육과정' 중 기본교육과정에 따른 국어과 교육과정의 '성격' 및 '교수·학습 방법'에 대한 설명으로 옳은 것만을 〈보기〉에서 있는 대로 고른 것은?

―〈보기〉―
ㄱ. '문학' 학습은 문학 작품을 찾아 읽고 해석하며, 문학 작품을 통하여 인간의 삶을 총체적으로 이해하고, 문학적 상상력이 향상되도록 이루어져야 한다.
ㄴ. '문법' 학습은 언어 현상의 규칙을 찾아내는 탐구 활동을 강조하기보다는 학습한 지식을 국어 사용의 실제적 일상 생활 장면에 적용하는 활동을 중심으로 이루어져야 한다.
ㄷ. 국어 활동을 통해 중학교에서는 말과 글에 흥미를 가지고 필요한 정보를 얻거나 정서 표현을 위하여 글을 읽고 쓰도록 하고, 고등학교에서는 의사소통을 통한 지시 따르기 및 자기 주장, 상황 설명 능력을 기르는 데 중점을 둔다.
ㄹ. 학년군별 언어의 수준과 범위는 학년군 교육과정의 기초적인 내용 수준이므로, 개별 학생의 발달 수준에 따라 중심수준을 설정하고 이를 가능적인 내용으로 변형하여 적용할 수 있다.
ㅁ. 학생의 개인차를 해소하기 위한 교수·학습 방안은 학교의 실정, 학생의 요구 등을 고려하여 계획하되, 교과 시간이나 창의적 체험활동 시간을 활용하도록 한다.

① ㄱ, ㅁ
② ㄴ, ㅁ
③ ㄷ, ㄹ
④ ㄱ, ㄷ, ㄹ
⑤ ㄴ, ㄷ, ㄹ, ㅁ

**3. 교수·학습 및 평가** `16년 중등A-10`

**02**

(가)는 학생 A에 대한 정보이고, (나)는 국어과 교수·학습 방법 및 평가 계획이다. 〈작성 방법〉에 따라 순서대로 쓰시오.

(가) 학생 A의 정보

- 중도 정신지체와 경도 난청을 가진 중도·중복장애 중학생임.
- 기본교육과정 초등학교 1~2학년군의 학업 수행 수준임.
- 음성언어로 의사소통을 하기가 어렵고, 자발적인 발화가 거의 나타나지 않음.

(나) 국어과 교수·학습 방법 및 평가 계획

| 관련 영역 | | 적용 |
|---|---|---|
| 교수·학습 방법 | 교수·학습 계획 | 음성언어를 사용하는 데 어려움이 있는 중도·중복장애 학생이므로 ㉠ 보완·대체의사소통체계를 활용함. |
| | 교수·학습 운용 | 일반적인 교과학습과 동시에 언어경험접근법과 ㉡ 환경중심 언어중재 등을 상황에 맞게 활용하여 지도함. |
| | | ㉢ |
| 평가 계획 | | ㉣ |

─〈작성 방법〉─
○ (가)를 참조하여, 빈칸 ㉢과 ㉣에 해당하는 내용을 「2009 개정 교육과정에 따른 특수교육 교육과정(교육과학기술부 고시 제2011-501호)」 중 기본교육과정 국어과 '교수·학습 방법'과 '평가'에서의 중도·중복장애 학생을 명시한 사항에 근거하여 서술할 것.

**교수·학습 및 평가** 13년 추시중등B-1

## 03

(가)는 A특수학교(중학교)에 재학 중인 민수의 특성이고, (나)는 김 교사가 2011 특수교육 교육과정 중 기본교육과정 국어과 교수·학습 방법과 평가에 근거하여 수립한 지도 계획의 일부이다. 물음에 답하시오.

(가) 민수의 특성

○ 뇌성마비(경직형 사지마비)와 정신지체를 가지고 있음.
○ 구어 사용이 어려움.
○ 쓰기 활동을 할 때 신체 경직으로 손이나 팔다리를 사용할 수 없음.

(나) 교수·학습 방법과 평가 계획

㉠ 해당 학년군별 교육과정을 적용하기 어렵기 때문에 민수의 언어 능력에 따라 타 학년군의 교육과정 내용을 참고하여 운용함.
㉡ 문법 지도에서는 초기 읽기지도를 할 때 음운 인식훈련을 통하여 학습한 문자가 일반화될 수 있는지에 중점을 두어 지도함.
㉢ 국어 교과의 평가는 민수의 언어 능력에 따라 언어의 형태와 내용, 사용을 통합적으로 평가함.
㉣ 민수의 경우 음성으로 의사소통하기 어렵기 때문에 듣기 능력으로 대체하여 평가함.

1) 2011 특수교육 교육과정 중 기본교육과정 국어과 교수·학습 방법과 평가에 근거하여 ㉠~㉣ 중 적절하지 않은 2가지를 찾아 그 기호를 쓰고, 바르게 고쳐 쓰시오.

• 기호와 수정 내용 :
• 기호와 수정 내용 :

2) 2011 특수교육 교육과정 중 기본교육과정 국어과 교수·학습 방법에 근거하여 ①과 ②에 들어갈 말을 쓰시오.

음성으로 의사소통하기 어렵거나 소근육기능 장애로 쓰기에 어려움이 있는 중도·중복장애 학생을 위하여 ( ① )을(를) 활용하거나 ( ② )을(를) 활용한 교수·학습을 전개한다.

• ① :
• ② :

**2022 개정 기출 변형**

**3-1.** 2022 특수교육 교육과정 중 기본교육과정 국어과 교수·학습에 근거하여 ①과 ②에 들어갈 말을 쓰시오.

중도중복장애 학생의 의미 있는 국어 학습과 자기주도적인 의사소통 촉진을 위해 학생의 ( ① )에 초점을 맞추어 교수·학습을 계획하고, ( ② ), 부분 참여의 원리, 최소위험가설의 기준 등을 적용하여 운용한다.

### 국어 전 영역 〈09년 중등3(1차)〉

**04**

기본교육과정 국어과에 관한 내용이다. 적절한 것을 〈보기〉에서 고른 것은?

─────── 〈보기〉 ───────
ㄱ. 말하기 영역 평가는 상황에 맞는 대화, 말하는 태도 등에 중점을 둔다.
ㄴ. 발달지체학생에게는 언어사용 기능에 중점을 두어 교과 내용을 구성한다.
ㄷ. 교육내용은 듣기, 말하기, 읽기, 쓰기, 국어지식, 문학 영역으로 구성되어 있다.
ㄹ. 학습내용의 심화에 대한 계획은 학습내용의 구체화, 학습 방법 제시, 학습내용 습득을 고려하여 수립한다.
ㅁ. 국어과 교육은 언어발달 자체를 촉진시키는 한편 다양한 언어사용 기능이 통합적으로 신장될 수 있게 지도한다.
ㅂ. 다양한 단원별 특성에 따라 학습형태를 선택하되, 단원 지도 초기에는 학생의 요구와 특성을 반영하여 가능한 개별지도 학습형태로 시작한다.

① ㄱ, ㄴ, ㅁ
② ㄱ, ㄷ, ㅂ
③ ㄴ, ㄷ, ㅁ
④ ㄴ, ㄹ, ㅁ
⑤ ㄷ, ㄹ, ㅂ

## 2 사회

### 성격 〈21년 초등A-4〉

**01**

(가)는 사회과 수업 설계 노트의 일부이고, (나)는 상황 간 중다기초선설계 그래프이다. 물음에 답하시오.

(가) 수업 설계 노트

○ 기본교육과정 사회과 분석
 • 내용 영역 : 시민의 삶
 • 내용 요소 : 생활 속의 질서와 규칙, 생활 속의 규범
 • 내용 조직 : ㉠ 나선형 계열구조
○ 은수의 특성
 • 3어절 수준의 말과 글을 이해함
 • 말이나 글보다는 그림이나 사진 자료의 이해도가 높음.     [A]
 • 통학버스 승하차 시, 급식실, 화장실에서 차례를 지키지 않음.
○ 목표
 • 순서를 기다려 차례를 지킬 수 있다.
○ 교수·학습 방법
 • '사회 상황 이야기'

| 문제 상황 |
|---|
| 은수는 수업을 마치고 통학버스를 타러 달려간다. 학생들이 통학버스를 타려고 줄을 서서 기다리고 있을 때 맨 앞으로 끼어든다. [B] |

○ 평가 방법
 • 자기평가
  ─ 교사에 의해 설정된 준거와 비교하기
  ─ ( ㉡ )와/과 비교하기
  ─ 다른 학생들의 수준과 비교하기
 • 교사 관찰 : ㉢ 상황 간 중다기초선설계
 • 부모 면접

(나) 상황 간 중다기초선설계 그래프

| - 생략 - |

1) 2015 개정 특수교육 기본교육과정 사회과의 내용 요소를 ㉠과 같이 조직한 이유를 쓰시오.

성격  10년 초등22(1차)

## 02

2008년 개정 특수학교 기본교육과정 사회과와 국민공통기본 교육과정 사회과의 공통적인 성격을 〈보기〉에서 모두 고른 것은?

─〈보기〉─
ㄱ. 바른 일상생활 습관을 기르는 데 초점을 둔다.
ㄴ. 사회 현상에 대한 올바른 인식을 형성하는 데 강조점을 둔다.
ㄷ. 민주 사회 구성원에게 요청되는 태도를 함양하는 데 중점을 둔다.
ㄹ. 비판적 사고력, 창의력, 판단 및 의사결정력을 신장하는 데 주안점을 둔다.

① ㄱ, ㄴ      ② ㄴ, ㄷ
③ ㄷ, ㄹ      ④ ㄱ, ㄴ, ㄷ
⑤ ㄴ, ㄷ, ㄹ

평가  19년 중등B-2

## 03

다음은 ○○특수학교 참관 실습생을 위해 담당 교사가 중도·중복장애 교육을 주제로 작성한 교육 자료의 일부이다. 〈작성 방법〉에 따라 서술하시오.

─〈교육 자료〉─
2. 긍정적 기대
○ 2015 개정 특수교육 기본 교육과정 사회과에서 자신의 삶을 자율적으로 관리하는 자율생활역량을 강조함.
  - '나의 삶' 영역 중학교 내용 요소에는 다양한 상황에서 합리적인 선택 방법을 알고 스스로 결정하는 '자기 결정'이 있음.
  - '나의 삶' 영역 고등학교 내용 요소에는 자신의 요구, 신념, 권리가 소중함을 알고 이를 지켜나가는 생활을 실천하는 '( ㉢ )'이/가 포함됨.

─〈작성 방법〉─
○ 괄호 안의 ㉢에 해당하는 내용을 쓸 것.

평가 13년 초등 B-1

## 04

특수학교 최 교사는 중도 뇌성마비 학생 민수가 있는 학급에서 '2010 개정 특수교육 교육과정' 기본교육과정 사회과 '우리나라의 풍습' 단원을 지도하고자 한다. (가)는 교수·학습 과정안이고, (나)는 본시 평가 계획이다. 물음에 답하시오.

(가) 교수·학습 과정안

| 단계 | 교수·학습 활동 | 자료 및 유의점 |
|---|---|---|
| 학습목표 | 민속놀이의 의미를 알고, 규칙을 지켜 민속놀이를 할 수 있다. | |
| 도입 | ○ 영상 자료를 활용하여 다양한 민속놀이 알아보기<br>○ 민속놀이 경험 이야기하기 | ○ DVD |
| 전개 | ○ 널뛰기, 씨름, 강강술래 등 민속놀이 알기<br>○ 줄다리기에 담긴 의미 알기<br>○ 탈춤을 통한 서민들의 생활 모습 알기 | ○ 민속놀이 단원은 ( ㉠ )와(과) 관련지어 지도하는 것이 효과적임. |
| | ○ ㉡ 모둠별로 책상을 붙이고 둘러 앉아서 민속놀이 도구 만들기<br>○ 놀이 방법을 알고 규칙을 지키며 윷놀이하기 | ○ ㉢ 양손을 사용하여 활동하도록 지도함. |

(나) 본시 평가 계획

○ ㉣ 학생들이 자기의 활동 참여도(😊,😐,☹)를 기록지에 표시하도록 함.
○ ㉤ 학생들이 놀이 규칙을 잘 지킨 3명의 친구를 선정하여 칭찬 스티커를 주도록 함.

1) (나)의 ㉣, ㉤과 같은 평가 방법의 명칭을 쓰고, 평가 계획이 적절한 이유를 사회과 '5. 평가'의 내용에 근거하여 쓰시오.

평가 20년 초등A-3

## 05

(가)는 정서·행동장애 학생 성우의 사회과 수업 참여 방안에 대해 특수교사와 일반교사가 나눈 대화의 일부이고, (나)는 '아동·청소년 행동평가 척도(Child Behavior Checklist : CBCL 6-18)' 문제행동증후군 하위 척도와 설명이다. 물음에 답하시오.

(가) 대화 내용

일반교사 : 성우는 교실에서 자주 화를 내고 주변 친구를 귀찮게 합니다. 제가 잘못된 행동을 지적해도 자꾸 남의 탓으로 돌려요. 그리고 교사가 어떤 일을 시 [A] 켰을 때 무시하거나 거부하기도 합니다. 이 모든 문제행동이 7개월 넘게 지속되고 있어요.
성우가 품행장애인지 궁금합니다.
특수교사 : 제 생각에는 ㉠ 품행장애가 아닙니다. 관찰된 행동만으로 판단하는 것은 어렵지만, '아동·청소년 행동 평가척도(CBCL 6-18)' 검사 결과를 참고하면 좋겠어요.
… (중략) …
일반교사 : 성우는 성적도 낮은 편이라 모둠 활동을 할 때 환영받지 못하는 경우가 많아서 사회과 수업에 협동 학습을 적용하려고 해요. 그런데 협동 학습에서도 ㉡ 능력이 뛰어난 학생이 모둠 활동에 지나치게 개입하여 주도하려는 현상이 나타날 수 있어요.
특수교사 : 맞습니다. 교사는 그러한 현상을 방지하기 위해서 ㉢ 과제 부여 방법이나 ㉣ 보상 제공 방법을 면밀하게 고려해 보아야 하지요.
일반교사 : 그렇군요. 집단 활동에서 성우의 학습 수행을 평가할 수 있는 방법은 무엇인가요?
특수교사 : 관찰이나 면접을 활용하여 성우의 ㉤ 공감 능력, 친사회적 행동 실천 능력의 변화를 평가하면 좋을 것 같습니다.
… (하략) …

(나) 'CBCL 6-18' 문제행동증후군 하위 척도와 설명

― 생략 ―

3) 2015 개정 사회과 교육과정 '교수·학습 및 평가의 방향'의 '평가의 원칙'에 근거하여 (가)의 ㉢이 해당되는 평가 영역을 쓰시오.

평가  16년 초등A-6

## 06

다음은 자폐성장애 학생을 지도하기 위해 작성한 '2011 개정 특수교육 교육과정' 중 기본교육과정 사회과 1~2학년군 '마음을 나누는 친구' 단원의 교수·학습 과정안의 일부이다. 물음에 답하시오.

| 단원 | 마음을 나누는 친구 | 제재 | 친구의 표정을 보고 마음 알기 |
|---|---|---|---|
| 단계 | 교수·학습 활동 | 자료(㉣) 및 유의 사항(㉤) | |
| 전개 | 〈활동 1〉<br>• 같은 얼굴표정 그림카드끼리 짝짓기<br>• 같은 얼굴표정 상징카드끼리 짝짓기<br><br>〈활동 2〉<br>• 같은 얼굴표정 그림카드와 상징카드를 짝짓기<br>• 학습지 풀기<br><br>〈활동 3〉<br>… (생략) … | ㉣ 얼굴표정 그림카드<br>얼굴표정 상징카드<br><br>㉣ ㉠ 바구니 2개, 학습지 4장<br>㉤ ( ㉡ )<br>㉣ 〈학습 활동 순서〉<br>책상에 앉기<br>학습지 준비하기<br>연필 준비하기<br>학습지 완성하기 [A] | |
| 전개 | | ㉤ | ㉢ 학생이 학습 활동 순서에 따라 학습지를 완성할 수 있도록 시각적 단서를 제공한다. |
| 정리 및 평가 | • 학습 내용 정리하기<br>• 형성평가 : 실제 학교생활에서 친구의 얼굴을 보며 친구의 마음을 표정으로 표현하기 | ㉤ | ㉣ 학생의 일상생활 및 학교생활 등 실제 생활 장면과 연계하는 다양한 평가 방법을 활용한다. |

4) '2011 개정 특수교육 교육과정' 중 기본교육과정 사회과 '평가 목표와 내용'에 근거하여 ㉣에 해당하는 평가 영역 2가지를 쓰시오.

• ① :
• ② :

평가 〈11년 초등24(1차)〉

## 06

다음은 2008년 개정 특수학교 기본교육과정에 근거한 사회과 지도 계획이다. 지도 계획에 따라 평가하고자 할 때, Gresham(1998)의 제안을 근거로 사회적 타당도가 가장 높은 방법은?

| 단원 | 생활 속의 예절 |
|---|---|
| 단원 목표 | 생활 속에서 주위 사람에 대한 바른 예절을 알고 지킨다. |
| 학습 과제 및 활동 | 〈예의 바른 행동하기〉<br>• 여러 사람이 어울려 살면서 생활 속에서 지켜야 할 예절에 대해 알아본다.<br>• 대화를 할 때와 전화를 걸거나 받을 때의 예절에 대해 알아본다.<br><br>인사할 때 / 물건을 주고받을 때 / 대화할 때 |
| 평가 | • 생활 속에서 지켜야 할 예절을 알고 지키는가?<br>• 대화와 전화예절을 알고 지키는가? |

① 사회적 상호작용 및 대인관계 기술을 측정하는 표준화된 사회성 기술 검사를 실시하여 평가한다.
② 수업시간에 배운 대로 어른들을 대하는 태도나 대화예절을 지키고 있는지 자기보고서를 작성하게 하여 평가한다.
③ '인사하기', '물건 주고받기', '대화하기' 등의 역할 놀이를 하게 하여 예의 바른 행동을 할 수 있는지 관찰하여 평가한다.
④ 수업시간이나 쉬는 시간, 놀이 활동 시간에 어른을 대하는 태도나 친구들과의 대화예절이 적절한지 관찰하여 평가한다.
⑤ 학교 및 가정생활에서 어른들을 대하는 태도나 대화예절이 적절한지 교장 선생님, 부모님, 또래 친구에게 의견을 물어 평가한다.

# 3 수학

성격 〈21년 초등A-4〉

## 01

다음은 2015 개정 특수교육 기본 교육과정 수학과 3~4학년군 '비교하기' 단원의 지도를 위해 최 교사가 작성한 수업 계획안의 일부이다. 물음에 답하시오.

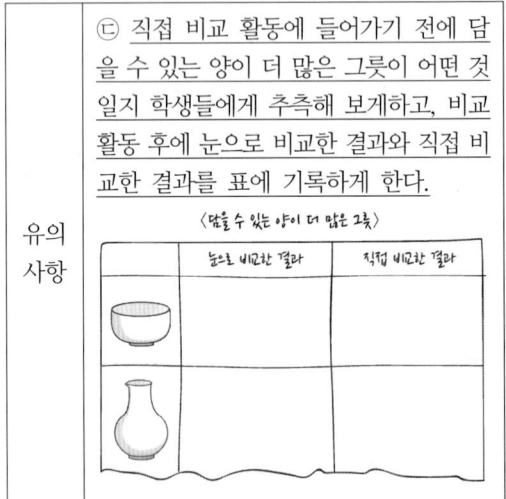

3) 최 교사가 ⓒ을 통해 중점적으로 함양하고자 하는 수학 교과의 핵심역량을 쓰시오.

## 02

(가)는 중복장애 학생 경수의 특성이고, (나)는 특수교사가 작성한 2015 개정 기본교육과정 수학과 5~6학년 수와 연산 영역 교수·학습 과정안의 일부이다. 물음에 답하시오.

(가) 경수의 특성

- 경직형 사지 마비로 미세소근육 사용이 매우 어려움.
- 의도하는 대로 정확하게 응시하거나 일관된 신체 동작으로 반응하기 어려움.
- 발성 수준의 발화만 가능하고, 현재 인공와우를 착용하고 있음.
- 받아올림이 없는 두 자리 수 + 한 자리 수의 덧셈을 할 수 있음.
- 범주 개념이 형성되어 있음.
- 주의 집중 시간이 짧고, 시각적 피로도가 높음.

(나) 교수·학습 과정안

| 단계 | 교수·학습 활동 | 자료(자) 및 유의점(유) |
|---|---|---|
| 도입 | ○ 필요한 의자의 수를 구하는 상황 제시 | |
| 새로운 문제 상황 제시 | ○ 교실에 22명의 학생이 있고, 학생 12명이 더 오면 의자는 모두 몇 개가 필요할까요?<br>- 필요한 의자의 개수 어림해 보기<br>- 학생들의 인지적 갈등 유도하기 | 자 그래픽 조직자 |
| 수학적 원리의 필요성 인식 | ○ 22+12를 계산하는 방법 생각하기<br>- 모든 의자의 수 세기, 22 다음부터 12를 이어 세기 등<br>○ 좀 더 효율적인 방법의 필요성 인식하기 | 자 구체물 |
| 수학적 원리가 내재된 조작 활동 | ○ 수모형으로 22+12 나타내기<br>- 십모형과 일모형으로 나타내기<br>22 + 12 = 34 | 자 수모형<br>유 학생들이 ㉠ 숫자를 쓸 때, 자리에 따라 숫자가 나타내는 값이 달라지므로 정확한 자리에 쓰게 한다. |
| 수학적 원리의 형식화 | ○ 22+12의 계산 방법을 식으로 제시하기<br>○ 22+12를 세로식으로 계산하기<br>$\begin{array}{r}22\\+12\end{array}$ → $\begin{array}{r}22\\+1\\\hline 2\end{array}$ → $\begin{array}{r}22\\+12\\\hline 34\end{array}$ | 유 ㉡ 순서에 따라 더하는 숫자를 진하게 다른 색으로 표시한다. |
| 익히기와 적용하기 | ○ 덧셈 계산 원리를 다양한 문제에 적용하여 풀기<br>- 같은 계산식 유형의 문제 풀기<br>- 문장제 문제 풀기<br>- 문제 조건을 바꾸어 새로운 문제 만들어 보기<br>- 실생활 문제 상황에 적용해 보기 [A] | 유 경수의 보완·대체의사소통(AAC) 도구에 수 계열 어휘를 추가한다.<br>유 ㉢ 경수의 AAC디스플레이 형태를 선형 스캐닝에서 행렬 스캐닝으로 변경한다. |
| 정리 및 평가 | ○ 학습 내용 정리 및 차시 예고하기 | |

2) (나)의 [A]에서 중점이 되는 교과 역량을 2015 개정 수학과 교육과정에 근거하여 쓰시오.

내용 - 수와 연산  12년 중등6(1차)

## 03

'2008년 개정 특수학교 기본교육과정'에 따른 수학과의 내용과 교수·학습 방법에 대한 설명으로 옳은 것만을 〈보기〉에서 있는 대로 고른 것은?

─〈보기〉─

ㄱ. 수 개념을 지도할 때 양을 의미하는 기수 개념뿐만 아니라 순서를 의미하는 서수 개념도 지도한다.
ㄴ. 수를 지도할 때 숫자를 강조하지 말고 구체물을 이용한 놀이 활동을 통해 '1에서 5까지의 수'에 대한 집합 개념이 형성되도록 지도한 후, 수 '0'의 개념을 지도한다.
ㄷ. 뺄셈을 지도할 때 계산 과정이 단순한 '받아내림이 없는 (두 자리 수)−(두 자리수) 계산하기'는 '받아내림이 있는 (두 자리 수)−(한 자리 수) 계산하기'보다 먼저 지도한다.
ㄹ. 수 개념을 지도하기 전에 수 이전 개념에 속하는 변별하기, 분류하기, 짝짓기, 순서짓기를 지도하며, 계산식을 지도하기 전에 구체물을 이용한 '수 가르기와 모으기'를 지도한다.
ㅁ. 연산을 지도할 때 수식에 얽매이지 말고 구체물과 반구체물을 이용하여 '받아올림이 있는 (두 자리수)+(두 자리 수) 계산하기'를 지도한 후, 한 자리 수의 동수누가를 이용해서 기초적인 곱셈을 지도한다.

① ㄷ, ㅁ   ② ㄱ, ㄴ, ㅁ
③ ㄱ, ㄷ, ㄹ   ④ ㄴ, ㄹ, ㅁ
⑤ ㄱ, ㄴ, ㄷ, ㄹ

내용  11년 중등4(1차)

## 04

'2008년 개정 특수학교 기본교육과정'에 제시된 수학과 측정 영역의 지도 순서로 옳은 것만을 〈보기〉에서 모두 고른 것은?

─〈보기〉─

ㄱ. 보편적 단위 사용의 필요성을 알 수 있도록, 「무게의 보편적 단위(g, kg 등) 알기」를 지도하기 전에 「임의 단위를 사용하여 무게 재어 보기」를 지도한다.
ㄴ. 높이는 1차원적 비교가 가능하고 넓이는 2차원적 비교가 가능하기 때문에, 「'넓다'와 '좁다'로 나타내기」를 지도하기 전에 「'높다'와 '낮다'로 나타내기」를 지도한다.
ㄷ. 피아제(Piaget)의 보존 개념에 따르면 길이 보존 개념이 무게 보존 개념보다 빨리 발달하므로 「무거운 것과 가벼운 것 알기」를 지도하기 전에 「긴 것과 짧은 것 알기」를 지도한다.
ㄹ. 도구를 사용한 간접 비교 이전에 직접 비교 경험을 할 수 있도록, 「자를 사용하여 구체물의 길이 재기」를 지도하기 전에 구체물을 이용하여 「'길다'와 '짧다'로 나타내기」를 지도한다.

① ㄱ, ㄹ   ② ㄱ, ㄴ, ㄷ
③ ㄱ, ㄴ, ㄹ   ④ ㄴ, ㄷ, ㄹ
⑤ ㄱ, ㄴ, ㄷ, ㄹ

교수·학습 및 평가  14년 중등A-2

## 05

(가)는 중증 뇌성마비 학생 진수의 특성이고, (나)는 수학과 '공 모양 알아보기' 단원을 지도하기 위한 교수·학습 과정안이다. 물음에 답하시오.

| 단계 | 교수·학습 활동 | |
|---|---|---|
| | 교사 활동 | 학생 활동 |
| 전개 | ○공 모양 물건과 둥근 기둥 모양 물건 보여주기 | ○공 모양과 둥근 기둥 모양의 물건을 분류한다. |
| | ○여러 가지 공 모양의 공통된 성질을 명확하게 설명하기 | ○설명을 듣고 공 모양의 성질을 말한다. |
| | ○공 모양의 공통된 성질을 활용하여 공 모양의 개념 정의하기 | |
| | ○다양한 공 모양 제시하기 | ○공 모양의 결정적 속성과 비결정적 속성을 조사한다. |
| | ○ⓒ 교실에 있는 공 모양 물건을 찾아오게 하기 | ○찾아온 물건이 왜 공 모양인지 그 이유를 설명한다. |

4) 다음은 2011개정 특수교육 기본 교육과정 수학과 '교수·학습 방법'의 '교수·학습 계획'에 관한 내용이다. ⓒ활동과 관련하여 A에 알맞은 말을 쓰시오.

> 수학과 교수·학습 계획은 유의미한 수학 학습 경험을 통하여 학생이 ( A )와(과) 문제 해결 능력이 향상되도록 유의하여 지도한다.

2022 개정 기출 변형

**5-1.** 다음은 2022개정 특수교육 기본 교육과정 수학과 '교수·학습 방법'의 '교수·학습 방향'에 관한 내용이다. ⓒ활동과 관련하여 A에 알맞은 말을 쓰시오.

> 학생의 생활연령과 주도적 참여를 고려하여 다양한 실생활 활동을 적용하는 ( A )이 구현되도록 교수·학습을 계획하여 운영한다.

## 교수·학습 및 평가 `14년 중등A-2`

## 06

다음은 2009 개정 교육과정에 따른 특수교육 교육과정(교육과학기술부 고시 제2011-501호) 중 기본교육과정의 수학과 교수·학습 운용에 관한 내용의 일부이다. 괄호 안의 ㉠과 ㉡에 해당하는 말을 각각 쓰시오.

> 1) 교육과정에 제시된 성취 기준을 고려하여 교수·학습을 전개하도록 한다.
> … (중략) …
> 2) 학생의 ( ㉠ )을/를 고려한 교수·학습을 효율적으로 운용하기 위해서는 다음 사항에 유의한다.
>   (1) 수업 전개 중 학습 과제에 대한 학생의 반응(습득, 숙달, 전이)에 따른 적절한 시범, 연습, ( ㉡ )을/를 제공하여 학습 목표에 도달할 수 있도록 한다.
>   (2) 학생이 공통적인 학습 과제 이외에 자신에게 적합한 과제를 스스로 선택할 수 있도록 ( ㉠ )을/를 고려한 학습 경험을 제공한다.
>   (3) 학생이 학습 목표를 효과적으로 달성할 수 있도록 ( ㉠ )을/를 고려한 1:1 수업, 짝활동, 소집단 활동, 협동학습 등을 구성하여 교수·학습을 전개하도록 한다.

## 6-1 `2022 개정 기출 변형`

1) 괄호 안에 해당하는 말을 각각 쓰시오.

> (차) ( ㉠ )를 고려하여 개별화된 수업을 실행할 때에는 다음 사항에 유의한다.
> ① 학생 개인별로 개별화교육계획을 수립하여 학생 맞춤형 수업을 실행한다.
> ② ( ㉡ )에 따라 장애 정도가 심한 학생을 포함한 모든 학생이 수업에 참여할 수 있는 다양한 선택권을 제공하는 수업 계획을 수립한다.
> ③ 학생 개개인의 ( ㉢ ), 학습 능력과 수준 등을 고려하여 교수·학습 방법, 교수·학습 자료, 교수적 지원 정도 등에서 개별화를 실행한다.

교수·학습 및 평가  13년 추시초드B-1

## 07

다음은 2학년 학생을 가르치는 통합학급 교사와 특수교사 간 수학 교과 협의회 대화 내용의 일부이다. 물음에 답하시오.

> 통합학급 교사 : 진호가 많이 달라졌어요. 얼마 전에는 두 자리 수의 범위에서 덧셈 문제를 많이 틀려서 힘들어 하더니 요즘은 곧잘 하네요. 연습을 많이 시킨 보람이 있는 것 같아요. 그런데 어제는 낱말의 뜻을 모르는 것도 아니고 풀이 시간도 충분했는데, 한 자리 수끼리의 덧셈으로 이루어진 문장제 문제를 풀 때 틀린 답을 말하는 거예요.
> 특수교사 : 어떤 문제였는데요?
> 통합학급 교사 : ㉠"연못에 오리 4마리와 거위 3마리가 있습니다. 오리 2마리가 연못으로 들어왔습니다. 오리가 모두 몇 마리인지 알아보세요."였는데, 답을 9마리라고 하더라고요.
> 특수교사 : 그래요. 진호가 연산에 비해 문장제를 어려워해요. 수식으로 제시되면 계산을 잘 하는데, 사례가 들어간 문장제 문제로 바뀌면 오답이 많아요.
> 통합학급 교사 : 그래서 문제를 이해시키기 위해서 ㉡CSA순서를 생각해서 오리와 거위 모형을 가지고 함께 풀이를 했더니 수식을 만들어 내더라고요.
> 특수교사 : 좋은 방법이네요. 그것 외에도 ㉢문장제 문제 유형을 알고도 식을 활용하여 풀이하는 방법도 있어요. 앞으로 진호에게는 기초적인 연산도 중요하지만 ㉣수학적 문제해결력에도 초점을 맞추어 가르쳐야 할 것 같아요.

4) 다음은 2011 특수교육 교육과정 중 공통교육과정 수학과 '교수·학습 방법'에 따라 ㉣을 지도할 때의 유의점이다. ( )에 들어갈 알맞은 말을 쓰시오.

> ○ 문제해결은 전 영역에서 지속적으로 지도한다.
> ○ 학생 스스로 문제 상황을 탐색하고 ( ① )와(과) 사고방법을 토대로 해결 방법을 적절히 활용하여 문제를 해결하게 한다.
> ○ 문제 해결의 결과뿐 아니라 문제 해결 방법과 과정, ( ② )도 중시한다.
> ○ 생활 주변 현상, 사회 현상, 자연 현상 등의 여러 가지 현상에서 파악된 문제를 해결하면서 수학적 개념, 원리, 법칙을 탐구하고, 이를 일반화하게 한다.

• ① :

• ② :

2022 개정 기출 변형

### 7-1

4) 다음은 2022 특수교육 교육과정 중 기본교육과정 수학과 '교수·학습 방법'에 따라 '가치·태도'의 교수·학습에서 지도할 때의 강조점이다. ( )에 들어갈 알맞은 말을 쓰시오.

> ○ 생활 주변 및 사회, 자연 등의 다양한 현상과 관련지어 수학을 배움으로써, ( ① )를 인식하고 수학의 필요성을 느낄 수 있게 한다.
> ○ 수학에 흥미, 호기심, 자신감을 갖고 학습에 적극적으로 참여하게 하며, 끈기 있게 도전하도록 격려하여 학습동기와 의욕을 갖게 한다.
> ○ ( ② )를 조성하고, 학생 특성에 따른 적절한 지원을 제공하여 성공적인 수학 학습을 경험함으로써 바람직한 태도를 형성하게 한다.

# 4 과학

교수·학습 20년 중등B-7

## 01

다음은 STEAM 교육을 적용한 기본교육과정 과학과 교수·학습 지도안의 일부이다. 〈작성 방법〉에 따라 서술하시오.

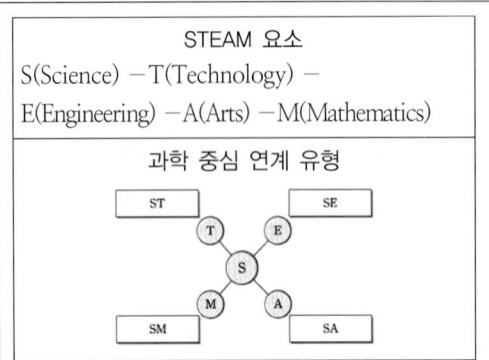

STEAM 요소
S(Science) — T(Technology) —
E(Engineering) — A(Arts) — M(Mathematics)
과학 중심 연계 유형

| 교수·학습 방향 | 학생의 융합적 사고를 기를 수 있도록 ( ㉠ ) 연계성을 고려하여 지도한다. | | | |
|---|---|---|---|---|
| 영역 | 우리 몸 | 단원 | 밥상 | 제재 | 밥상에 담긴 영양 |
| 학습 목표 | 필수 영양소가 포함된 음식을 알고 다양한 도구를 사용하여 조리할 수 있다. | | 차시 | 2~3/6 |
| 단계 | 교수·학습 활동 | STEAM 요소 | 자료 | |
| 문제 상황 제시 | • 송년 모임을 위한 음식을 준비하기<br> —좋아하는 음식 말하기<br> —바람직한 식습관 알기 | S | PPT자료 | |
| 창의적 설계 | • 활동 1: 다양한 스마트기기를 활용하여 음식 영양소 조사하기<br> —스마트폰, 태블릿 PC로 영양소 조사하기 | ST | 스마트폰, 태블릿 PC | |
| | • 활동 2: ( ㉡ )<br>…(중략)… | SM | 과일, 채소, 바구니, 자 | |
| | • 활동 3: 다양한 조리 도구를 사용하여 조리하기<br> —조리 도구 사용법 알기<br> —다양한 도구로 조리하기 | SE | 도마, 칼, 믹서기, 거품기, 에어프라이어 | |
| 감성적 체험 | • 접시에 음식을 담고 꾸미기<br>• 친구의 작품 감상하기 | SA | 접시, 초콜릿, 과일, 슈가파우더 | |
| 평가 방법 및 유의 사항 | • 학생의 활동 관찰 및 포트폴리오를 활용하여 과학적 지식, ( ㉢ ), 과학적 태도 등을 종합적으로 평가한다.<br>• 평가 결과는 학생 간 비교보다는 학생 내 향상 정도를 보여 주고 의사소통의 목적으로 활용한다. | | | |

─〈작성 방법〉─

○ 괄호 안의 ㉡에 해당하는 교수·학습 활동의 예를 1가지 서술할 것. (단, 교수·학습 지도안의 STEAM 요소와 자료에 근거할 것.)

○ 괄호 안의 ㉢에 해당하는 내용을 쓸 것. [단, 2015 개정 특수교육 교육과정(교육부 고시 제2018-163호) 기본 교육과정 과학과 교수·학습 및 평가에 근거할 것.]

> 2022 개정 기출 변형

### 1-1

- 평가 활동과 수업 목표 및 내용의 일치도를 높이기 위하여 평가 준거 및 평가 방법 고안 시 ( ⓒ )를 활용할 수 있다.

괄호 안의 ⓒ에 해당하는 내용을 쓸 것. [단, 2022 개정 특수교육 교육과정 기본 교육과정 과학과 교수·학습 및 평가에 근거할 것.]

---

교수·학습 〈 18년 초등A-4 〉

## 02

(가)는 자폐성장애 학생 지호의 특성이고, (나)는 최 교사가 2015 개정 특수교육 교육과정 중 기본 교육과정 과학과 3~4학년 '지구와 우주' 영역을 주제로 작성한 교수·학습 과정안의 일부이다. 물음에 답하시오.

(가)

- 모방이 가능함.
- 낮과 밤을 구분할 수 있음.
- 동적 시각 자료에 대한 주의 집중이 양호함.

(나)

| 영역 | 일반화된 지식 | |
|---|---|---|
| 지구와 우주 | 지구와 달의 운동은 생활에 영향을 준다. | |
| 단계 | 활동 | 자료 및 유의점 |
| 탐색 및 문제 파악 | • ㉠ 실험실에서 지켜야 할 일반적인 규칙 상기하기<br>• 낮과 밤의 모습 살펴보기<br>• 낮과 밤이 생기는 까닭 예측하기 | ㉡ 실험실 수업 규칙 영상 |
| 가설 설정 | • 가설 수립하기<br>수립한 가설<br>( ㉢ ) | 다양한 의견을 수렴하고 교사 안내로 가설 수립 |
| 실험 설계 | • 실험 과정 미리 안내하기<br>• 실험 설계하기<br>　－같게 할 조건과 다르게 할 조건 알아보기 | 모형 실험 영상, 지구의, 손전등 |
| 실험 | • 지구의를 돌리며 모형 실험 하기 | |
| 가설 검증 | • 실험 결과에 따라 가설 검증하기<br>• ㉣ 지구 자전 놀이로 알게 된 내용 정리하기 | 대형 지구의, 손전등 |
| 적용 | ( ㉤ ) | 가설 검증 결과와 연결 지을 수 있도록 지도 |

3) (나)의 실험에서 모형을 활용할 때, 오개념 형성을 방지하기 위해 고려할 점을 2015 개정 특수교육 교육과정 중 기본교육과정 과학과 '교수·학습' 중 유의 사항에 근거하여 쓰시오.

## 교수·학습  17년 초등B-4

## 03

(가)는 지적장애 학생 윤후의 특성이고, (나)는 경험학습 수업 모형을 적용하여 계획한 2011 개정 특수교육 교육과정 중 기본교육과정 과학과 3~4학년 '식물이 사는 곳' 교수·학습 과정안이다. 물음에 답하시오.

(가)

○ 윤후
- 그림을 변별할 수 있음.
- 구어로 의사소통하는 데 어려움이 있음.
- 손으로 구체물을 조작하는 것을 좋아함.

(나)

| 단원 | 7. 식물의 생활 | 소단원 | 2) 식물이 사는 곳 |
|---|---|---|---|
| 제재 | 땅과 물에 사는 식물 | 차시 | 6~8/14 |
| 장소 | 학교 주변에 있는 산, 들, 강가 | | |
| 교수·학습 자료 | 사진기, 필기도구, 돋보기, 수첩, 식물도감, 채점기준표(루브릭) | | |
| 학습 목표 | ○ 식물의 모습을 여러 가지 방법으로 살펴볼 수 있다.<br>○ 식물의 모습을 비교하여 공통점과 차이점을 찾을 수 있다.<br>○ 식물을 사는 곳에 따라 분류할 수 있다. | | |

| 단계 | 교수·학습 활동<br>(○: 교사 활동,<br>• : 학생 활동) | 자료(㉧) 및 유의점(㉤) |
|---|---|---|
| 도입 | ○ 학습 목표와 학습 활동 안내하기<br>○ ⓒ 채점기준표(루브릭) 안내하기 | ㉤ ( ㉢ ) |
| 전개<br>자유<br>탐색 | ○ 자유롭게 탐색하게 하기<br>• 식물에 대해 자유롭게 이야기 나누기<br>• 식물의 모습을 여러 가지 방법으로 살펴보기 | ㉧ 사진기, 필기도구, 돋보기, 수첩 |
| 탐색<br>결과<br>발표 | ○ 탐색 경험 발표하게 하기<br>• 숲·들·강가에 사는 식물을 살펴본 내용 발표하기<br>• 친구들의 발표 내용 듣기 | ㉧ ㉣ 식물 그림 카드를 제공한다. |
| ㉠<br>교사<br>인도에<br>따른<br>탐색 | ○ 교사의 인도에 따라 탐색하기 하기<br>• 여러 가지 식물의 모습을 자세히 살펴보고 공통점과 차이점 찾기<br>• 여러 가지 식물을 사는 곳에 따라 분류하기 | ㉧ 식물도감, 돋보기 |
| 정리 및 평가 | ○ 학습 결과 정리하게 하기<br>• 친구들과 학습 결과를 공유하고 발표하기 | ㉧ 채점 기준표(루브릭) |

1) (가)의 윤후가 (나)의 '자유탐색' 단계에서 손으로 여러 가지 식물을 만져보는 활동을 통해 습득할 수 있는 기초탐구기능이 무엇인지 쓰시오.

3) (나)의 ① ㉡을 했을 때 학생 측면에서의 이점을 1가지 쓰고, ② 2011 개정 특수교육 교육과정 중 기본교육과정 과학과 '실험·실습 계획과 운용'에 근거하여 ㉢에 들어갈 유의점을 1가지를 쓰시오.

• ①:

• ②:

## 04

'2008 개정 특수학교 기본교육과정' 과학과 지도에 대한 설명으로 가장 적절하지 않은 것은?

① 과학적 지식과 개념은 분류, 실험 등에 중점을 두는 내용중심 접근방법으로 지도한다.
② 학습자료는 생활 주변의 소재를 활용하여 지역사회의 다양한 환경에서 일반화가 이루어지도록 한다.
③ 다양한 방법으로 과학지식, 탐구능력, 과학적 태도를 균형 있게 평가하며, 그 결과를 개별화교육계획에 반영한다.
④ 지속적인 관찰이 요구되는 활동을 지도하기 위해 학기 초에 자료 준비, 관찰자, 관찰내용 등에 대한 세부계획을 세운다.
⑤ 지역, 계절 등에 따라 자료 준비 및 탐구활동이 어려운 경우에는 지도 내용이나 시기를 교육과정 범위 내에서 조절한다.

## 05

특수학교 손 교사는 자폐성장애 학생 성주가 있는 학급에서 과학과 '식물의 세계' 단원을 지도하고자 한다. (가)는 성주의 행동 특성이고, (나)는 교수·학습 과정안이다. 물음에 답하시오.

(가) 성주의 행동 특성

- 과학 시간을 매우 좋아하나 한 가지 활동이 끝날 때마다 불안해하며 교사에게 "끝났어요?"라는 말로 계속 확인하기 때문에 학습 활동에 집중하기가 어려움.
- 성주가 "끝났어요?"라고 말할 때마다 교사는 남아 있는 학습 활동과 끝나는 시각을 거듭 말해 주지만, 성주가 반복해서 말하는 행동은 수업 후반부로 갈수록 증가함.

(나) 교수·학습 과정안

| 단원명 | 식물의 세계 | 제재 | 채소와 과일의 차이 알기 |
|---|---|---|---|
| 학습 목표 | • 채소와 과일의 차이점을 설명한다.<br>• ㉠ _____<br>• 주변에서 보는 채소와 과일에 호기심을 갖는다. | | |
| 단계 | 교수·학습 활동 | | |
| 도입 | (생략) | | |
| 전개 | 활동 1. 채소밭과 과수원<br>• 채소밭과 과수원 그림에 다양한 식물의 열매 사진을 붙여 채소밭과 과수원 꾸미기 | | |

| 전개 | 활동 2. 맛있는 식물 게임<br>• 돌림판을 돌려 화살표가 가리키는 식물의 모형 자료를 채소 상자나 과일 상자에 담기 |
| --- | --- |
| | 활동 3. 나의 식물 사전<br>• 두 개의 작은 사진첩에 다양한 채소와 과일 사진을 꽂아 채소 사전과 과일 사전 만들기 |
| 정리 | (생략) |
| 평가 | • ⓒ 기본 개념의 이해 : 채소와 과일의 차이점을 말할 수 있는가? |

1) 2011 특수교육 기본교육과정 과학과 '평가'의 '나. 평가 목표와 내용'에 근거하여 이 수업에서 ⓒ 이외에 평가해야 하는 영역을 2가지 쓰시오.

**2022 개정 기출 변형**

**5-1**
2022 특수교육 기본교육과정 과학과 '평가'의 '(1) 평가의 방향'에 근거하여 이 수업에서 ⓒ 이외에 평가해야 하는 영역을 1가지 쓰시오.

# 5  진로와 직업

**성격**  21년 중등B-1

## 01

(가)는 ○○특수학교 초임 교사가 메모한 자료이고, (나)는 초임 교사와 수석 교사가 나눈 대화의 일부이다. (가)와 (나)의 ㉠에 공통으로 들어갈 영역명을 쓰고, (나)의 ㉡을 근거로 밑줄 친 ㉢에 해당하는 핵심역량을 쓰시오. [단, 2015 개정 특수교육 교육과정(교육부 고시 제2020-226호) 중 기본교육과정에 근거할 것.]

(가) 메모

○ 성취기준
- [12진로02-05] 지역 사회에서 접할 수 있는 제조업 직종을 탐색하고 체험한다.
- [12진로02-06] 지역 사회에서 접할 수 있는 서비스업 직종을 탐색하고 체험한다.

| 학교<br>(급) | 교과 | 영역 | 핵심<br>개념 | 내용<br>요소 | 제재 |
| --- | --- | --- | --- | --- | --- |
| 고등<br>학교 | 진로와<br>직업 | ㉠ | 직업<br>탐색 | 제조업 직종<br>탐색과 체험 | 공예·조립 |
| | | | | | 포장·운반 |
| | | | | 서비스업 직종<br>탐색과 체험 | 청소·세탁·세차 |
| | | | | | 조리 |
| | | | | | 사무지원 |
| | | | | | 대인서비스 |

(나) 대화

초임 교사 : 선생님, 최근 감염병 확산으로 지역사회 시설 이용이 어려워서 교내에서 직업체험을 할 수 있는 내용 요소를 분석해 보았어요.

수석 교사 : 메모를 보니 ( ㉠ ) 영역의 내용 체계를 정리하셨군요. 성취기준과 내용 분석을 통해 교내 실습이 가능한 내용 요소를 잘 정리하셨네요. 성취기준 코드에서 '12'는 학년군, '진로'는 교과, '02'는 영역을 의미하니 ( ㉠ )은/는 진로와 직업 교과의 2번째 영역임을 알 수 있어요.

… (중략) …

초임 교사 : 저는 학생들의 직업 생활 능력을 향상시키기 위해서는 다양한 직업 체험 활동이 필요하다고 생각해요.

수석 교사 : 좋은 생각이에요. 또한 진로와 직업 교과에서는 일상생활뿐만 아니라 직업 생활에서 자신의 생각을 정확하게 표현할 수 있는 역량을 길러 주는 것도 중요합니다. 국어 교과와의 교과 간 통합을 통해 교육과정을 재구성한다면 ㉢ 국어, 진로와 직업 교과에서 공통적으로 추구하는 핵심역량을 기를 수 있을 것입니다. ㉡

---

성격 17년 중등A-14

## 02

다음은 지적장애 특수학교 고등학교 과정에 다니는 자녀를 둔 학부모가 교육청 질의응답 게시판에 올린 글이다. 전환교육의 개념과 「2015 개정 특수교육 교육과정(교육부 고시 제2015-81호)」의 기본 교육과정에 비추어 학부모의 글에서 틀린 내용을 3가지 찾아 바르게 고쳐 서술하시오. [4점]

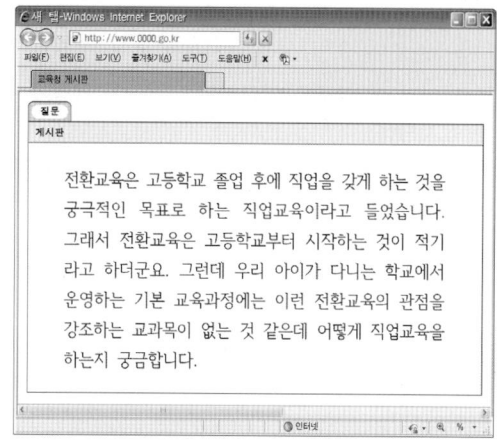

## 03

다음은 2009 개정 교육과정에 따른 특수교육 교육과정(교육과학기술부고시 제2011-501호) 중 기본교육과정 '진로와 직업' 교과의 성격에 대한 내용이다. 괄호 안의 ㉠, ㉡에 들어갈 말을 순서대로 쓰시오.

> '진로와 직업' 교과는 학생의 생애주기별 진로 발달 단계인 진로 인식, 진로 탐색, 진로 준비 등에 이르는 일련의 경험과정에 기초하여 학생이 학교교육을 마친 후 지역 사회생활 및 직업 생활로 나아갈 수 있도록 연결하는 ( ㉠ )의 관점에서 실시된다.
> 그리고 '진로와 직업' 교과는 '직업 생활', '직업 탐색', '직업 준비', '진로 지도'의 4개 영역으로 구분되며, 이 4개 영역은 중학교 1~3학년, 고등학교 1~3학년의 2개 학년군으로 구성되어 있다. 그리고 기본교육과정의 실과 교과와 연계되고, 선택 교육과정 ( ㉡ )와/과 관련성을 가진다.

## 04

기본교육과정 직업교과의 특징으로 옳은 것을 〈보기〉에서 고른 것은?

― 〈보기〉 ―
ㄱ. 경쟁고용을 위한 준비 과정을 강조한다.
ㄴ. 직업교과 중심으로 개별화전환계획을 강조한다.
ㄷ. 작업과 일에 대한 기본적인 기능과 태도를 중시한다.
ㄹ. 다른 교과의 지식과 기능을 서로 연결하는 통합성을 강조한다.
ㅁ. 학습지도계획에 교실뿐만 아니라 지역사회 내 다양한 환경을 반영한다.

① ㄱ, ㄴ, ㄹ  ② ㄱ, ㄴ, ㅁ
③ ㄱ, ㄷ, ㄹ  ④ ㄴ, ㄷ, ㅁ
⑤ ㄷ, ㄹ, ㅁ

**내용** `10년 중등7(1차)`

## 05

'2008 개정 특수학교 기본교육과정' 직업교과의 구성과 운영에 관한 설명으로 적절한 것을 〈보기〉에서 모두 고른 것은?

─〈보기〉─

ㄱ. 직업준비 영역은 교내 및 현장 실습을 위주로 단순한 기능의 습득보다는 전이도가 높은 내용을 지도한다.
ㄴ. 졸업 후 개인이 도달하고자 하는 성과에 초점을 맞추어 직업교육에 대한 계획을 세우고 교육내용과 방법을 결정한다.
ㄷ. 직업교과에는 정신지체나 정서·행동장애 학생들이 졸업 후 많이 종사하는 직종을 고려하여 조립·포장·운반 과목을 포함하고 있다.
ㄹ. 학습지도의 과정에서 직업교과 영역과 단원의 내용을 중심으로 학생의 현재 성취 수준을 평가하고 직업에 대한 관심을 분석한다.
ㅁ. 교과 내용을 중심으로 모의상황을 설정하고 역할놀이를 함으로써 다양한 직업상황을 판단하고 경험하는 교수·학습방법을 활용한다.

① ㄴ, ㄹ
② ㄱ, ㄷ, ㅁ
③ ㄴ, ㄹ, ㅁ
④ ㄱ, ㄴ, ㄹ, ㅁ
⑤ ㄴ, ㄷ, ㄹ, ㅁ

**교수·학습** `11년 중등38(1차)`

## 06

장애학생의 전환교육 및 전환계획과 관련된 내용 중 옳은 것만을 〈보기〉에서 모두 고른 것은?

─〈보기〉─

ㄱ. 전환계획 수립 시 장애학생이 원하는 진로와 성인기 전환 영역을 고려하여 학생과 학생의 현재 및 미래 환경에 대한 포괄적인 전환평가가 선행되어야 한다.
ㄴ. 장애학생의 전환교육과 관련하여 「장애인 등에 대한 특수교육법」에서는 관련 기관과의 협력을 통해 직업재활훈련 및 자립생활훈련을 실시하는 지원고용을 강조하고 있다.
ㄷ. 개별화전환계획은 개별화교육계획의 한 과정으로, 성공적인 성인기 전환을 준비하기 위하여 학령 초기에는 학업기술에 집중하고 청소년기부터 체계적으로 전환교육을 실시하는 것이 중요하다.
ㄹ. 장애학생의 전환교육과 관련하여 '2008년 개정 특수학교 기본 교육과정' 직업교과의 직업기능 영역에서는 사회생활과 작업을 통하여 일과 직업에 대한 이해, 감각 및 신체적 기능 향상, 기초 학습 기능 향상 등에 중점을 두고 있다.
ㅁ. 중등교육 이후의 전환을 효과적으로 준비하기 위하여 개인중심계획(person-centered planning)을 통해 장애학생의 적극적인 참여를 유도하고 학생과 가족, 전문가가 서로 협력하여 장애학생의 교육적 요구를 파악하는 것이 중요하다.

① ㄱ, ㄹ
② ㄱ, ㅁ
③ ㄴ, ㄷ
④ ㄱ, ㄹ, ㅁ
⑤ ㄴ, ㄷ, ㄹ

## 07

교수·학습 12년 중등2(1차)

'2008년 개정 특수학교 기본교육과정' 직업과의 교수·학습 방법에 대한 내용으로 옳은 것만을 〈보기〉에서 있는 대로 고른 것은?

─── 〈보기〉 ───
ㄱ. 학생의 수준과 특성에 따라 직업 준비, 직업 생활, 직업 기능 순으로 내용을 정하여 편성·운영한다.
ㄴ. 학생의 특성이나 지역사회의 환경에 따라 현실적으로 취업과 연계되는 활동 과정을 편성하여 운영한다.
ㄷ. '직업 기능'은 안전에 유의하며 교내 및 현장 실습을 위주로 지도하되, 단순한 기능의 습득보다 전이도가 높은 내용을 포괄성 있게 지도한다.
ㄹ. '직업 생활'은 사회 생활과 작업을 통하여 일과 직업에 대한 이해, 감각 및 신체적 기능 향상, 기초 학습 기능 향상, 도구의 활용, 직업 탐색, 직업 생활의 규율과 태도 함양 등에 중점을 둔다.

① ㄱ, ㄴ  ② ㄱ, ㄹ
③ ㄴ, ㄷ  ④ ㄱ, ㄷ, ㄹ
⑤ ㄴ, ㄷ, ㄹ

## 08

평가 18년 중등A-13

(가)는 지적장애 특수학교 고등학교 과정의 진로와 직업 수업 운영을 위한 김 교사와 최 교사의 대화이고, (나)는 진로와 직업 수업 계획의 일부이다. 〈작성 방법〉에 따라 서술하시오.

(가) 진로와 직업 수업 운영을 위한 두 교사의 대화

김 교사: 맞춤형 직업 체험 활동을 진행하기 위해서는 먼저 학생 개개인을 대상으로 직업 흥미와 적성 등을 분석해야 하고, 분석을 위한 평가 방법으로는 심리검사 및 ( ㉠ ), 상황평가, 현장평가 등이 있습니다.

최 교사: 그렇군요. 저도 우리 학생들에게 ㉡ 실제 작업에 쓰이고 있는 재료, 도구, 기계, 공정을 작업 과제로 추출하고, 그 과제에 대한 작업 공정 중 핵심적인 목록을 평가도구로 하여 작업 결과를 질적, 양적으로 평가하고 있습니다. 이때 평가실에서 실제 직무나 모의 직무를 평가한답니다.

(나) 진로와 직업 수업 계획

| 영역 | 진로 준비 |
|---|---|
| 단원 | 지역사회 대인 서비스 |
| 제재 | 카페에서 대인 서비스하기 |
| 주요 학습 활동 | 1차시 | ○ 카페에서의 대인 서비스에 필요한 문장 학습하기<br>〈학습할 문장〉<br>• **안**녕하세요?<br>• **무**엇을 주문하시겠습니까?<br>• **여**기 주문하신 ○○입니다.<br>• **고**맙습니다.<br>위의 4가지 문장을 연습하기 위해 ㉢ '안무여고'라고 알려주고 암기하게 함. |

| 주요 학습 활동 | 2~3 차시 | ○ 카페에서 대인 서비스를 위한 ㉣<u>역할극하기</u><br>카페에서 주고받고 서빙하는 상황 설정하기 ⇩ ( ㉤ ) ⇩ 작성한 대본 연습하기 ⇩ 카페에서 주문받고 서빙하는 장면 실연하기 ⇩ 카페에서 대인 서비스 역할극에 대해 평가하기 |

─〈작성 방법〉─

○「2015 개정 특수교육 교육과정(교육부 고시 제2015-81호)」중 기본교육과정 진로와 직업 '교수・학습 및 평가'와 밑줄 친 ㉣의 내용에 근거하여 ㉠에 들어갈 평가의 명칭을 쓸 것.

평가 13년 추시중등A-7

## 09

(가)는 김 교사가 A 특수학교 중학생 경아에 대해 진로 상담을 한 내용이고, (나)는 경아를 지도하기 위해 작성한 차시별 지도계획안의 일부이다. 물음에 답하시오.

(가) 경아의 진로 상담 내용

○ 김 교사는 경아 부모님과의 진로 상담을 통해, 경아가 ㉠ 고등학교를 졸업하고 취업하기를 원하는 것을 알게 됨.
○ 김 교사는 경아 부모님께 고등학교 졸업 후 성공적으로 취업한 영수의 사례를 소개함.

〈영수의 사례〉
㉡ <u>영수의 직업담당 교사는 인근 복지관의 직원과 협력하여 영수가 개별적으로 지역사회 사업체에 배치되도록 지도하였음. 배치 후에도 계속적인 훈련과 지원을 하여 현재까지 고용 상태를 유지하고 있음.</u>

○ 김 교사는 향후 경아의 진로 지도 계획을 수립하기 위하여, 올해의 진로와 직업교과의 성과를 ㉢ <u>2011 특수교육 교육과정 중 기본교육과정</u>에 근거하여 평가할 계획임.

3) ㉢에 근거하여, 아래의 ①과 ②에 들어갈 말을 쓰시오.

〈진로와 직업교과의 평가〉
'진로와 직업' 교과가 여러 분야의 지식과 기술을 통합하고 ( ① )단계를 고려한 ( ② )의 교과 특성을 반영하여 적절한 방법으로 평가가 실시되어야 한다.

• ① :

• ② :

> 2022 개정 기출 변형

**9-1**

2022 특수교육 교육과정 중 기본교육과정에 근거하여, 아래의 ①과 ②에 들어갈 말을 쓰시오.

〈진로와 직업교과의 평가〉
○ 평가 결과는 학생의 진로 결정 계획 수립을 위한 자료로 제공하며, 평가 결과를 토대로 직업에 대한 흥미와 적성을 파악하여 ( ① )을 설정한다.
○ 종합된 평가 결과는 학부모와 교사, 관련 기관과 공유하고 학교 및 가정, 관련 기관이 협력하여 ( ② )를 증진시키도록 한다.

## 6 미술

성격  19년 초등 B-5

## 01

다음은 시각장애 특수학교 김 교사와 미술관 담당자가 주고받은 휴대전화 문자 대화의 일부이다. 물음에 답하시오.

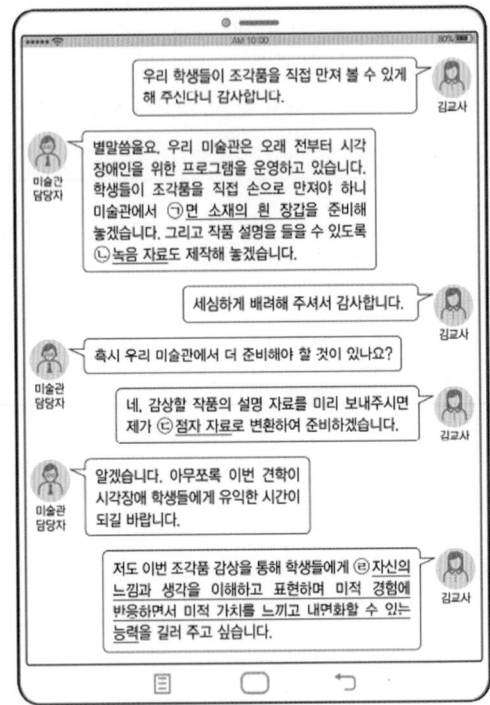

1) ㄹ에 해당하는 미술과의 교과 역량을 2015 개정 미술과 교육과정에 근거하여 쓰시오.

## 7. 창의적 체험활동

**성격 및 목표** `19년 중등A-9`

### 01

다음은 ○○특수학교와 △△특수학교 고등학교 과정의 기본교육과정 창의적 체험활동 현황을 파악한 자료의 일부이다. 〈작성 방법〉에 따라 서술하시오.

| | ○○특수학교 | △△특수학교 |
|---|---|---|
| 목표 | • 건전하고 다양한 단체 활동에 자발적으로 참여하여 나눔과 배려를 실천함으로써 개인의 소질과 잠재력을 계발·신장하고 공동체 의식을 함양하여 ( ㉠ )을/를 위한 태도를 기른다. | |
| 시수 편성 방법 | • ㉡<u>전일제로 동아리 활동을 운영함.</u> | • ㉢<u>동아리 활동 수업을 매달 첫째 주와 셋째 주에 2시간씩 운영함.</u> |
| ㉣ 운영 방법 | • 봉사 활동(자연환경 보호활동) 시간에 '환경·지속가능발전 교육' 주제를 통합적으로 다룸.<br>• 진로 활동(진로계획 및 체험 활동) 시간에 '진로 교육' 주제를 통합하여 운영함. | • 자율 활동(자치·적응 활동) 시간에 '안전·건강 교육, 민주 시민 교육' 주제를 통합적으로 다룸.<br>• 동아리 활동(학술·문화 활동) 시간에 '다문화 교육' 주제를 통합하여 운영함. |
| | ※ 범교과 학습 주제는 ( ㉤ )와/과 창의적 체험활동 등 교육 활동 전반에 걸쳐 통합적으로 다루도록 하고, 지역사회 및 가정과 연계하여 지도한다.(근거: '2015 개정 특수교육 교육과정' 총론) | |

─── 〈작성 방법〉 ───
○ 괄호 안의 ㉠에 해당하는 내용을 쓸 것. (단, '2015 개정 특수교육 교육과정' 창의적 체험활동 '2. 목표'에 근거할 것.)
○ 창의적 체험활동 시수 편성 방법 중 밑줄 친 ㉡을 서술하고, 밑줄 친 ㉢에 해당하는 시수 편성 방법의 명칭을 쓸 것.

---

**2022 개정 기출 변형**

### 1-1

| 목표 | • 공동체 의식 함양을 통한 사회 통합과 급변하는 미래 사회에 대처하기 위해 디지털 소양 능력을 키우고, ( ㉠ )를 기르는 데 주안점을 두고 있다. |
|---|---|

○ 괄호 안의 ㉠에 해당하는 내용을 쓸 것. (단, '2022 개정 특수교육 교육과정' 창의적 체험활동 '2. 목표'에 근거할 것.)

영역 및 활동 22년 중등A-5

## 02

다음은 ○○시교육청 누리집 질의 응답 게시판의 글이다. 〈작성 방법〉에 따라 서술하시오.

---
**질의 응답 게시판**

**Q2** 코로나19로 인해 외부 기관에서 봉사활동 하는 것이 어렵습니다. 지적장애학교에 다니는 학생이 할 수 있는 창의적 체험활동의 봉사활동에는 어떤 것이 있나요?

**A2** 지적장애학교에 다니는 학생은 창의적 체험활동의 봉사활동으로 지역사회 봉사활동, 자연환경 보호 활동, 캠페인 활동 이외에 교내 및 ( ⓛ ) 봉사활동을 할 수 있습니다.

---

─〈작성 방법〉─

※ 2015 개정 특수교육 교육과정(교육부 고시 제2020-249호)에 근거하여 쓸 것.
  ○ 괄호 안의 ⓛ에 해당하는 말을 쓸 것.

---

**2022 개정기출 변형**

**2-1**

**Q2** 지적장애학교에 다니는 학생이 할 수 있는 창의적 체험활동의 동아리활동에는 어떤 것이 있나요?

**A2** 지적장애학교에 다니는 학생은 예술문화 스포츠 활동, 생활실습 활동, ( ⓛ ), 정보통신기술 활동을 할 수 있습니다.

※ 2022 개정 특수교육 교육과정에 근거하여 쓸 것.
  ○ 괄호 안의 ⓛ에 해당하는 말을 쓸 것.

---

영역 및 활동, 3. 설계 및 운영 22년 초등A-1

## 03

다음은 김 교사가 작성한 교육실습생 연수 결과 보고서의 일부이다. 물음에 답하시오.

---
Ⅰ. 연수 개요
□ 연수 주제 : 2015 개정 특수교육 교육과정의 이해와 적용
○ 연수 대상 : 교육실습생 5명
            … (중략) …

Ⅵ. 질의 내용
**Q1** ㉠ 1학년 학생들이 학교에 적응을 잘 할 수 있도록 입학 직후인 3~4월 2개월 동안 창의적 체험활동 시간을 적응 활동 중심으로 운영할 수 있는지 궁금합니다. 그리고 5~6 학년 학생들이 창의적 체험활동 시간에 ⓛ 안전 및 공공질서 확립, 장애 편견 극복을 목적으로 봉사활동을 실시 한다고 설명해 주셨는데 구체적으로 어떻게 활동을 하고 있는지 궁금합니다.

---

1) ① 2015 개정 특수교육 교육과정 중 기본 교육과정에 근거하여 ㉠에 해당하는 창의적 체험활동의 시수 편성 방법이 무엇인지 쓰고, ② 창의적 체험활동에서 ⓛ에 해당하는 활동을 쓰시오.

## 영역 및 활동 `20년 초등A-1`

## 04

(가)는 2015 개정 특수교육 교육과정 중 기본교육과정을 적용하는 ○○학교 요람의 일부이고, (나)는 2015 개정 특수교육 교육과정 중 공통교육과정을 적용하는 △△학교의 김 교사가 작성한 교무수첩 내용의 일부이다. 물음에 답하시오.

(가) ○○학교 요람

- 교훈 : 사랑, 인내
- 학생수 : ○○○명 / 학급수 : ○○개
- 교육 활동 1 : 오감 놀이의 날
  - 운영 내용 : 감각통합 활동
  - 운영 방법 : 매주 1회
- 교육 활동 2 : 스스로 하기, 소통하기
  - 운영 내용 : 신변자립, 의사소통 기술 향상 활동 등 ㉠교과 관련 생활기능 영역
  - 운영 방법 : 매주 2회

※ 교육 활동 1, 2는 ㉡교과(군)별 50% 범위 내에서 시수 감축을 통해 편성

※ 창의적 체험활동 내용 : ㉢자치·적응 활동, 예술·스포츠 활동, 자연환경 보호 활동

(나) △△학교 김 교사가 작성한 교무수첩 내용

1. 전달 사항
   - 학교 교육활동 평가 결과 보고회 : 12월 6일(금) 15시
   - 학교 교육과정 편성·운영 협의회 : 12월 20일(금) 15시
2. 2020학년도 학년군별 교육과정 편성 시 고려 사항

[3~4학년]
- 다문화 가정 학생을 한 특별 학급 설치·운영 : 주당 10시간 내외 ( ㉣ ) 교육과정 운영
- 교과(군)별 20% 범위 내에서 시수 증감 조정(안) 마련

[5~6학년]
- ㉤ 범교과 학습 주제 : 인성 교육, 인권 교육, 민주 시민 교육

2) 2015 개정 특수교육 교육과정 중 기본교육과정에 근거하여 (가)의 ㉢이 해당되는 '창의적 체험활동'의 영역을 쓰시오.

# 03 특수교육 공통교육과정

## 1  국어

**성격** `13년 추시초등A-6`

### 01

다음은 4학년 유미를 위한 점자지도에 대해 두 교사가 나눈 대화 내용이다. 물음에 답하시오.

> 김 교사 : 하나의 점형이 여러 가지로 읽히는 경우가 많아서 유미가 조금 힘들어하고 있어요. 좋은 지도 방법이 없을까요?
> 이 교사 : 여러 가지 방법이 있어요. 그 중 ㉠ 점자 카드를 이용하는 것이 있는데, 동일 점형이 포함된 여러 장의 낱말 카드를 반복해서 읽어 보게 하세요.
> 김 교사 : 또한 유미는 읽을 때와는 달리 점자판으로 점자를 쓸 때, 점형의 좌우를 바꾸어 쓰는 것에 오류를 범해요. 어떻게 하면 이 문제를 해결할 수 있을까요?
> 이 교사 : 방향 및 위치 개념의 형성에 대한 지도가 조금 더 필요할 것 같아요. 이와 더불어 ( ㉡ )와(과) ㉢ 점자정보단말기를 한번 이용해 보세요. 점자정보단말기는 읽고 쓸 때의 점형이 같아서 학생들이 사용할 때 혼란을 덜 느낄 수 있어요. 그리고 대부분의 ( ㉡ )은(는) 종이 위에 점자를 쓰면서 바로 읽을 수 있고, 빠르게 쓸 수 있어서 점자지도에 매우 유용합니다. … (중략) … 그리고 체계적인 점자지도를 위해서는 ㉣ 2011 특수교육 교육과정에 제시된 교수·학습 내용을 참고하세요.

1) ㉣에 대한 다음의 설명 ①~④에서 알맞지 않은 것 1가지를 찾아 번호를 쓰고, 이를 바르게 수정하시오.

> 2011 특수교육 교육과정 중 점자지도와 관련한 사항은 공통교육과정 국어 교과에 포함되어 있다. ① 국어 교과는 국어 활동(듣기·말하기, 읽기, 쓰기), 국어(문법), 문학에 대한 기본적인 지식을 갖추고 비판적이고 창의적인 국어 능력을 기르며, 국어 생활을 능동적으로 수행하는 태도를 기르는 데 중점을 둔다. 시각장애 학생을 위한 국어 교과의 내용에는 일반 교육과정의 영역에 '묵자'와 '점자'의 학습 내용이 추가된다. ② 묵자 사용 학습자를 위하여 묵자를 효율적으로 사용하는 데 필요한 학습 내용이 읽기와 쓰기 영역에 추가되었고, ③ 점자 사용 학습자를 위하여 점자 학습의 내용이 듣기, 읽기, 쓰기 영역에 추가되었다. ④ 이를 위해 별도의 점자 익히기 교과서와 교사용 지도서를 제작하여 현장에 보급하고 있다

• 번호와 수정 내용 :

## 교수·학습 및 평가  21년 중등A-5

## 02

(가)는 시각장애학교 교육 실습생이 국어과 수업을 위해 작성한 수업 계획의 일부이고, (나)는 교육 실습생이 수업을 위해 준비한 학습 자료의 일부이다. 〈작성 방법〉에 따라 서술하시오.

(가) 수업 계획

○ 학습 주제 : '내가 그린 히말라야시다 그림(지은이-성석제)'을 읽고 이야기하기
○ 성취기준
  [9국05-01] 문학은 심미적 체험을 바탕으로 한 다양한 소통 활동임을 알고 문학 활동을 한다.
○ 단원 : 세상을 보는 눈
○ 학습 목표
  1. 소설 속에 등장하는 서술자의 특성을 파악하여 표로 만들 수 있다.
  2. 등장인물의 심리 변화를 파악하여 설명할 수 있다.
○ 학습 활동
  • 활동 1 : 두 서술자의 상황을 표로 정리하기(모둠 활동)
    －유의점 : 중도 실명한 ㉠점자 사용 학습자에게 점자 교육하기
  • 활동 2 : 등장인물의 심리 변화를 정리하기
    －유의점 : 공간과 색채 관련 어휘를 구체적으로 설명하기
○ 평가 : 지필평가
  • 유의점 : ㉡지필평가 시 지문의 양 조절, 녹음 자료의 제공 및 시력 정도별 적정 시간 제공 등을 종합적으로 고려하여 평가하기

(나) 학습 자료

| 묵자 | 3학년 9반 |
|---|---|
| 점자 | (제시된 점형 이미지) |

(제시된 점형은 읽기 기준이며, ●은 볼록 튀어나온 점임.)

---

〈작성 방법〉

○ 밑줄 친 (가)의 ㉠을 위하여 점자 학습 내용이 추가된 국어과 내용 영역 3가지를 쓰고, (가)의 밑줄 친 ㉡처럼 하는 이유를 서술할 것. [단, 2015 개정 특수교육 교육과정(교육부 고시 제 2020-226호) 중 공통교육과정 국어과 '교수·학습 및 평가의 방향'에 근거할 것.]

## 2-1
**2022 개정 기출 변형**

○ 2022 개정 특수교육 교육과정 중 공통교육과정 ㉠ 국어과 내용 영역 6가지를 쓰고, ㉡ '국어(청각장애)'에서 서·논술형 평가를 활용할 때는 선택형 지필평가의 한계를 보완하는 방안을 쓰시오.

교수·학습 및 평가 18년 초등B-3

## 03

(가)는 2015 개정 국어과 교육과정에 따라 청각장애 학생 연지가 포함된 통합학급 수업을 위해 일반 교사가 작성한 교수·학습 과정안의 일부이고, (나)는 일반 교사와 특수 교사가 협의한 내용의 일부이다. 물음에 답하시오.

(가)

| 단원 | 재미있게 ㄱㄴㄷ | | 학년반 | 1-3 |
|---|---|---|---|---|
| 학습 목표 | • 자음자 소리를 말하고 읽을 수 있다.<br>• 자음 음소를 대치하여 말하고 읽을 수 있다.<br>• 자음 변화에 따라 의미가 변하는 낱말을 구별할 수 있다.<br>• 수어의 최소대립쌍을 이용하여 수어소를 대치할 수 있다.(연지의 추가 학습 목표) | | | |

| 단계 | 교수·학습 활동 | |
|---|---|---|
| | 모든 학생 | 연지 |
| 전개 | 〈활동 1〉<br>• 자음자 소리의 차이 알아보기<br>• 자음자를 소리 내어 읽기 | |
| | 〈활동 2〉<br>• ㉠ 자음 음소 대치에 따라 낱말의 의미 구별하기<br>— 낱말 카드의 예<br>[사과] | 〈추가 활동〉<br>• 수어소 변화에 따른 수어의 의미 구별하기<br>— ㉡ 수어 그림 자료의 예 |
| 정리 | • 연지를 위해 듣기, 말하기, 말 읽기를 활용하여 평가하기 | • 연지를 위해 ( ㉢ )와/과 ( ㉣ )을/를 활용하여 평가하기 |

1) (가)의 〈추가 활동〉을 평가하고자 할 때 사용할 수 있는 ㉢과 ㉣을 2015 개정 특수교육 교육과정 중 공통교육과정 국어과 '내용 체계'에 제시된 기능에 근거하여 쓰시오.

교수·학습 및 평가 17년 초등A-4

## 04

(가)는 시각장애 특수학교에 다니는 학생들의 특성이고, (나)는 2011 개정 특수교육 교육과정(교육과학기술부 고시 제2012-32호) 중 공통교육과정 국어과 5~6학년 '견문과 감상을 나타내어요' 단원 지도 계획이다. 물음에 답하시오.

(가)

○ 혜미(단순 시각장애)
 — 원인 : 망막박리
 — 현재 시각 정도 : 맹
 — 점자를 읽기 수단으로 사용함.
○ 수지(단순 시각장애)
 — 원인 : 안구진탕(안진)
 — 현재 시각 정도 : 시력
 — 묵자 읽기 속도가 느리고, 시기능(시효율)이 낮음.
○ 민수(단순 시각장애)
 — 원인 : 망막색소변성
 — 현재 시각 정도 : 양안 중심시력 0.2 시야는 주시에서 10도(터널 시야)
 — 묵자 읽기 속도가 느림.

(나)

| 차시 | 주요 학습 내용 및 활동 | 유의 사항 |
|---|---|---|
| 1~2 | ○단원 도입<br>○견문과 감상이 드러나는 글의 특성 알기 | ○㉠ 점역된 읽기 자료를 제공한다.<br>○㉡ 독서 보조판 (typoscope)을 제공한다.<br>○안전한 현장체험 학습을 위해 개별 학생의 특성을 고려한 ㉢ 보행교육을 실시한다.<br>○㉣ 시각장애로 인하여 습득하기 어려운 어휘 (예 바다, 산, 구름, 푸르다, 검다, 붉다 등) 학습에 유의하여 지도한다. |
| 3~4 | ○견문과 감상이 드러나는 글 읽기<br>○견문과 감상이 드러나는 글 쓰는 방법 알기 | |
| 5~7 | ○견문과 감상이 드러나는 글 쓰기<br>○문장 성분의 호응 관계에 주의하며 고쳐 쓰기 | |
| 8~9 | ○현장체험학습을 통해 우리 지역의 자랑거리 조사하기<br>○우리 지역의 자랑거리가 잘 드러나게 여행 안내서 만들기 | |

1) (나)의 ㉣을 지도할 때 고려하여야 할 사항을 2011 개정 특수교육 교육과정(교육과학기술부 고시 제2012-32호) 중 공통교육과정 국어과 '교수·학습 운용'에 근거하여 2가지 쓰시오.

- ① :
- ② :

## 교수·학습 및 평가 13년 중등10(1차)

## 05

'2011 개정 특수교육 교육과정' 중 공통교육과정에 따른 국어과 교육과정에서 시각장애 학생을 위한 '교수·학습 운용' 및 '평가 운용'과 관련한 고려 사항으로 옳은 것만을 〈보기〉에서 있는 대로 고른 것은?

〈보기〉

ㄱ. 지필 평가 이외에 학생의 장애 특성에 따라 대필과 대독 평가 등의 대체 평가 방법을 활용한다.

ㄴ. 저시력 학습자별 요구를 반영하여 점자와 묵자를 병행하여 사용하는 것보다 한 가지 문자 매체를 강조하여 지도하도록 한다.

ㄷ. 그림을 통하여 과제가 제시된 경우에 그림에 대한 상황이나 장면을 설명하여 주되, 문제의 요지나 맥락에서 벗어나지 않도록 한다.

ㄹ. 시각장애 학생의 읽기 속도를 감안하여 지필 평가 시 지문의 양 조절, 녹음 자료의 제공 및 시력 정도별 적정 시간 제공 등을 종합적으로 고려하여 평가한다.

ㅁ. 시각장애로 인하여 습득하기 어려운 색채나 공간 등의 어휘는 구체적으로 설명하여 주되, 실물이나 모형 등의 대체적인 경험을 제공하거나 학습자의 경험들을 통합시켜 형성하도록 한다.

① ㄱ, ㄴ
② ㄷ, ㅁ
③ ㄴ, ㄹ, ㅁ
④ ㄱ, ㄴ, ㄷ, ㄹ
⑤ ㄱ, ㄷ, ㄹ, ㅁ

## 교수·학습 및 평가 09년 초등22(1차)

### 06

2008년 개정 특수학교 국민공통기본교육과정에 근거할 때, 청각장애 학생의 국어과 지도에 대한 설명으로 바르지 <u>않은</u> 것은?

① 국민공통기본교육과정의 내용체계 사용이 가능하다.
② 학생 개개인에게 적합한 다양한 의사소통 양식을 활용하여 지도한다.
③ 말하기 영역이나 말하기와 관련된 내용은 수화하기를 포함시켜 평가한다.
④ 학년별 내용 중 청각장애 학생을 위한 듣기는 '듣기·수화 읽기·글 읽기' 영역으로 되어 있다.
⑤ 목표에 '청각장애로 인한 언어수용 및 표현의 어려움을 극복하고 원만한 국어 생활을 영위한다.'가 추가되어 있다.

## 교수·학습 및 평가 16년 중등A-13

### 07

(가)는 일반학교에 재학 중인 저시력 학생들의 정보이고, (나)는 그에 따른 교육 계획이다. 〈작성 방법〉에 따라 순서대로 서술하시오.

(가) 학생 정보

| 학생 | 안질환 | 유형 |
|---|---|---|
| 이영수 | 시신경 위축 | 단순 시각장애 |
| 박근화 | 망막색소변성 | 단순 시각장애 |
| 정동기 | 당뇨망막병증 | 단순 시각장애 |
| 김영철 | 추체 이영양증 | 단순 시각장애 |
| 김창운 | 미숙아망막병증 | 시각중복장애 (경도 정신지체) |
| 김영진 | 선천성 녹내장 | 단순 시각장애 |

(나) 교육 계획

| | | |
|---|---|---|
| 교육적 조치 | | - 교실 바닥과 다른 색의 책상 제공<br>- 학생에게 굵은 선이 그어진 공책 제공<br>- 휴식 시간을 자주 제공<br>- 독서대 제공<br>- 교실의 제일 앞줄에 자리 제공<br>- 일반 교과서의 150% 크기인 확대교과서 제공<br>- 판서 내용을 볼 수 있게 망원경 제공<br>- 보행 훈련 제공 |
| 국어과 지도 계획 | 교육과정 수정 | - 읽기와 쓰기 영역에 묵자를 효율적으로 사용하는 데 필요한 학습 내용을 추가함. |
| | 교수 학습 운영 | - 학생의 시력 변화와 요구에 기초하여 한 가지 문자 매체만을 강조하기보다는 필요에 따라 ㉠ 묵자와 점자를 병행하여 사용하게 함. |

| 국어과 지도 계획 | 평가 방법 | - 자료를 확대하거나 (비)광학기구를 활용하여 실시함.<br>- 지문의 양을 조절하고, 시력 정도에 따라 적정 평가 시간을 제공함.<br>* 김창운(시각중복장애)<br>- 단편적인 지식보다 활동에 초점을 두고 영역별 성취도를 종합적으로 평가함.<br>- (　　ⓒ　　) |
|---|---|---|

― 〈작성 방법〉 ―

○ ⓒ에 들어갈 내용을 「2009 개정 교육과정에 따른 특수교육 교육과정(교육과학기술부 고시 제2012-32호)」 국어과 평가 운용에 근거하여 쓸 것.

교수·학습 및 평가 ◀15년 초등B-7

## 08

(가)는 통합학급 박 교사가 2학년 청각장애학생 소망이의 국어 수업 계획을 위해 특수학급 김 교사에게 자문을 구하는 대화이다. (나)는 '2009 개정 교육과정' 국어과(듣기·말하기) 교수·학습 과정안의 일부이다. 물음에 답하시오.

(가) 대화 내용

박 교사: 다음 주에 있을 국어과 수업 중에 '낱말 알아맞히기' 활동이 있어요. 소망이는 ㉠자신이 궁금한 점을 질문하거나 질문에 대답도 잘 하고, 지시 따르기를 잘 할 수도 있으니까 활동에 참여하는 데 별 어려움은 없겠지요?

김 교사: 소망이는 의사소통 수단으로 구어를 주로 사용하지만, 독화에 의존하는 경향이 있으니 ㉡'말추적법(speech tracking)'이라는 의사소통 보충 전략을 미리 가르쳐 주시면, 소망이가 수업에 참여하는 데 도움이 될 것 같아요. 저도 소망이가 알아듣기 어려워하는 말소리를 중심으로 ㉢청지각 훈련을 해주도록 할게요.

박 교사: 네, 알겠어요. 그런데 국어 수업에 대한 형성평가를 할 때 소망이는 어떻게 해야 할까요?

김 교사: 소망이가 청각중복장애학생이 아니라서 특별히 유의할 사항은 없어요. 소망이가 의사소통 전략을 활용하는 정도에 따라서 형성평가 방법을 계획하시면 될 것 같아요.

(나) 교수·학습 과정안

| 단원 | 알고 싶어요 | 제재 | 낱말 알아맞히기 |
|---|---|---|---|
| 학습 목표 | 설명하는 말을 듣고 낱말을 알아맞힐 수 있다. | | |
| 학습 단계 | 교수·학습 활동 | | 유의 사항 |
| 도입 | 〈생략〉 | | |
| 전개 | 〈활동 1〉 설명하는 말을 들을 때 주의할 점 알아보기<br>〈중략〉<br>〈활동 2〉 '사람 찾기 놀이'<br>• 짝을 지어 '사람 찾기 놀이'하기<br>- 그림에서 설명하고 싶은 사람의 특징을 친구에게 설명하기<br>- 친구가 설명하는 사람이 누구인지 말하기<br>- 설명하는 사람과 듣는 사람의 역할을 바꾸기<br>〈활동 3〉 '낱말 알아맞히기' | | - 소망이를 고려하여 ㉣판서 시 유의해야 함.<br><br>- 소망이가 짝 활동을 할 때 의사소통 전략을 활용할 수 있도록 함. |

1) 다음은 '2011 개정 특수교육 교육과정(교육과학기술부 고시 제2012-32호)' 중 공통교육과정에 따른 국어과의 평가 운용 시 청각중복장애학생을 위해 유의해야 할 사항이다. 괄호에 들어갈 말을 쓰시오.

> • 청각중복장애학생의 평가는 학습 특성과 수준을 고려하여 (　　) 중심의 언어 활용 능력에 대한 서술식 평가를 할 수 있다.
> • 청각중복장애학생의 평가는 동영상 자료, 그림, 사진 등의 보조 자료 등을 활용할 수 있다.

2022 개정 기출 변형

8-1

○ 다음은 '2022 개정 특수교육 교육과정' 중 공통교육과정에 따른 국어과의 평가 운용 시 유의해야 할 사항이다. 괄호에 들어갈 말을 쓰시오.

> 단순 지식과 기능의 평가가 아닌 (　　)로, 학생의 개인차를 고려하여 적응력과 진전도를 누가적으로 평가하기 위해 다양한 방법과 평가 도구를 활용한다.

교수·학습 및 평가 `14년 초등 A-5`

## 09

(가)는 청각장애 학생 영희의 특성이고, (나)는 국어(언어)과 '여러 가지 방법으로 말해요' 단원의 지도 내용이다. 물음에 답하시오.

**(가) 영희의 특성**

- 어렸을 때 고열로 인하여 달팽이관이 손상되었으며, 만성 중이염으로 중이에도 손상을 입었음.
- 현재 기도 청력 손실 정도는 양쪽 귀 모두 85dB이며, 기도 청력 손실 정도가 골도 청력 손실 정도보다 높게 나타남.

**(나) 지도 내용**

| 차시 | 지도 내용 |
|---|---|
| 1 | ○ 모음 지문자 따라 하며 익히기(ㅏ, ㅑ, ㅓ, ……) |
| 2 | ○ 자음 지문자 따라 하며 익히기(ㄱ, ㄴ, ㄷ, ……) |
| 3 | ○ 사물의 이름을 말하고, 지문자로 쓰기 (학교, 연필, ㉠ 기차 등) |
| 4 | ○ 지숫자 따라 하며 익히기(1, 2, 3, ……) |
| 지도 시 유의점 | ○ 개별 학생의 수준을 고려하여 말하기(말·수화하기), 듣기(수화 읽기·말 읽기), 읽기, 쓰기를 유기적으로 지도하고 평가한다. |

1) 영희의 수화하기와 수화 읽기·말 읽기를 평가할 때, 무엇에 중점을 두어 평가해야 하는지를 쓰시오. (2012 개정 특수교육 공통교육과정 국어과 '6. 평가'에 제시된 유의사항에 근거할 것)

• 수화하기 :

• 수화 읽기·말 읽기 :

`2022 개정 기출 변형`

### 9-1

○ 청각장애 학생의 인지능력 및 잔존 청력 등의 개인적 특성에 따라 6개의 영역별로 기초적 활동을 습득하였는지를 알아보는 방법을 쓰시오. (2022 개정 특수교육 공통교육과정 국어과 평가에 제시된 내용에 근거할 것.)

교수·학습 및 평가 〈13년 추시초등 A-5〉

## 10

(가)는 영지의 특성이며, (나)는 영지의 지원에 관한 특수학급 교사와 통합학급 교사 간 협의 결과이다. 물음에 답하시오.

(가) 영지의 특성

- 진전형 뇌성마비로 인해 상지에 불수의 운동이 나타남.
- 교정 시력 : 왼쪽 0.1, 오른쪽 FC/50cm
- 인지 수준은 보통이나 조음 명료도가 낮음.
- 학습 매체 평가 결과, 묵자를 주요 학습 수단으로 사용하고 있음.
- 동 학년 수준의 학업 수행 능력을 보임.

(나) 협의록

- 날짜 : 3월 10일
- 장소 : 통합학급 5학년 4반 교실
- 협의 주제 : ㉠보조공학기기 지원 평가 방식의 수정
- 협의 결과 :
  1. 인쇄 자료 읽기를 위해 필요한 보조공학기기를 제공하기로 함.
  2. 컴퓨터에 자료를 입력할 때 키보드를 활용하나, 오타가 많아서 보조공학기기를 제공하기로 함.
  3. ㉡학생 평가 방식의 수정에 관한 협의는 2주 후 실시하기로 함.

1) 영지의 읽기 속도를 감안한 지필 평가를 하고자 한다. ㉡과 관련하여 고려해야 할 사항 3가지를 쓰시오. (2011 특수교육 교육과정 중 공통교육과정 국어과의 평가 운용 내용에 근거하여 작성할 것)

## 2 체육

교수·학습 및 평가 〈18년 초등A-6〉

## 01

(가)는 특수교육 관련 사이트의 질의·응답 게시에 올라온 글의 일부이고, (나)는 시각장애인용 축구장을 설명하기 위해 시각장애 학교 교사가 학생에게 제공한 입체복사 자료이다. 물음에 답하시오.

(가)

Q : 안녕하세요? 저는 초등학교 교사입니다. 우리 반에는 ㉠광각의 시력을 가진 단순 시각장애 학생이 1명 있습니다. 다음 주부터 체육과 실기 수업으로 ㉡축구형 게임 단원의 '공을 차 목표물 맞히기'를 진행하려고 하는데, 시각장애 학생의 실기 수업을 어떻게 진행해야 할지 막막합니다. 조언 부탁합니다.

A : 안녕하세요? 저는 시각장애 학교 교사입니다. 일반적으로 단순 시각장애 학생이라면 일반 학생과 비슷한 환경 속에서 성과를 낼 수 있습니다. 다만, 학생의 시각인 요구에 맞게 약간의 조정이 필요합니다. 우선 방울이 들어 있는 특수공을 사용하거나 이것이 여의치 않을 경우에는 축구 연습용 주머니에 공을 넣어 사용하시고, 소음을 최소화할 수 있는 실내에서 수업을 진행하는 것이 좋겠습니다. 그리고 ㉢가이드를 목표물 뒤에 배치하는 것도 필요합니다.

··· (하략) ···

(나)

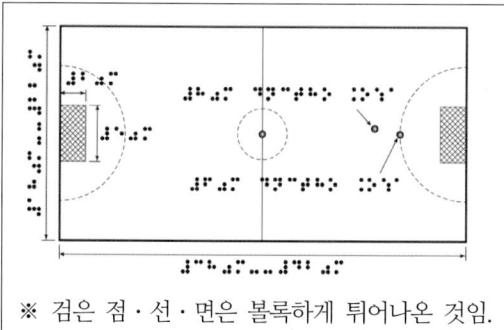

※ 검은 점·선·면은 볼록하게 튀어나온 것임.

1) (가)의 밑줄 친 ⓒ에서 남녀 혼합을 구성하여 경쟁을 할 경우, 지도상의 유의점을 2015 개정 특수교육 교육과정 공통 교육과정 체육과 '교수·학습 방법 유의 사항'에 근거하여 쓰시오.

# 04 선택 중심 교육과정

### 선택 교과, 선택 중심 교육과정 〈22년 중등A-8〉

## 01

(가)는 지적장애학교 특수 교사가 학부모와 상담한 내용의 일부이고, (나)는 교육과정을 편성하기 위한 교사 협의회 회의록의 일부이다. 〈작성 방법〉에 따라 서술하시오.

**(가) 상담 내용**

> 특수 교사 : 내년도 고등학교 교육과정을 편성하기 위해 선택 과목 요구 조사를 실시하고 있습니다. 어머니께서는 어떤 과목이 학생에게 필요하다고 생각하시나요?
> 학 부 모 : 우리 아이가 휴대 전화로 인터넷 영상도 즐겨 찾아 보고, 좋아하는 연예인 기사에 댓글 다는 것도 좋아해요. 그래서 ㉠ 인터넷에서 정보를 검색하고, 문제해결을 위한 정보 수집과 분석을 할 수 있으며, 개인정보를 보호하는 것 등을 익힐 수 있는 과목이면 좋겠어요.
> 특수 교사 : 기본 교육과정의 고등학교 선택 교과 중 ( ㉡ ) 교과가 개설되면 좋겠군요.

**(나) 교사 협의회 회의록**

> 일 시 : 2021년 ○○월 ○○일 15:00~17:00
> … (중략) …
> 홍 교사 : 학생들의 진로・직업 교육을 위한 의견을 묻고자 합니다. 진로・직업 교육을 위한 전문 교과Ⅲ 과목을 추천해 주시기 바랍니다.
> 최 교사 : 현재 운영 중인 '농생명' 과목 대신 지역의 특성과 학생들의 요구를 고려하여 2022학년도 신입생부터 다른 과목으로 변경할 것을 제안합니다.
> 이 교사 : ㉢ 사무 장비 사용, 우편물 관리, 문서 관리, 도서 관리, 사무실 관리, 고객 응대 업무를 배울 수 있는 ( ㉣ ) 과목 선호도가 높으니 검토해 볼 필요가 있다고 생각합니다.
> 홍 교사 : 학부모의 호응도 큰 것 같아요.
> 최 교사 : 맞아요. 마침 인근 도서관에서 내년에 졸업할 우리 학교 학생 중 1명을 고용하고, ㉤ 직무지도원 1명이 그 학생을 전담하여 전반적인 훈련과 직업 적응을 지원하기로 했습니다.

───〈작성 방법〉───

○ (가)의 밑줄 친 ㉠을 읽고 괄호 안의 ㉡에 해당하는 교과명을 기호와 함께 쓸 것. [단, 2015 개정 특수교육 교육과정(교육부 고시 제2020-249호)에 근거할 것.]
○ (나)의 밑줄 친 ㉢을 읽고 괄호 안의 ㉣에 해당하는 과목명을 기호와 함께 쓸 것. [단, 2015 개정 특수교육 교육과정(교육부 고시 제2020-249호)에 근거할 것.]

### 선택 교과, 선택 중심 교육과정 `20년 중등 A-2`

## 02

다음은 시각장애 특수학교의 학부모 연수에서 있었던 질의응답 내용의 일부이다. 2015 개정 특수교육 교육과정 중 선택 중심 교육과정(교육부 고시 제2018-163호)에 근거하여 괄호 안의 ㉠, ㉡에 해당하는 내용을 순서대로 쓰시오.

> 학부모 : 선생님, 우리 아이는 고등학교 1학년에 다니고 있는 시각중복장애 학생이에요. 학교를 졸업한 후 직업생활을 위해 배울 수 있는 과목이 있나요?
> 특수 교사 : 네, 2015 개정 특수교육 교육과정 중 선택 중심 교육과정 전문교과 Ⅲ인 직업 교과에는 ( ㉠ ) 과목이 있습니다. 이 과목은 시각중복장애 학생이 고등학교를 졸업한 이후에 독립적인 성인이자 직업인으로 살아가기 위해 필요한 지식, 기술, 태도 등을 습득하는 데 목표를 두고 있습니다.
> 학부모 : 아, 그렇군요. ( ㉠ ) 과목에서는 구체적으로 어떤 내용을 배우나요?
> 특수교사 : ( ㉠ ) 과목의 내용 영역은 '감각 경험과 발달, 인지와 언어, 의사소통 기술, ( ㉡ ), 지역사회 참여 및 여가활동, 직업 기초 기술'로 구성되어 있습니다.

특수교육 교육과정
**중등편**

# PART 04
# 암기-인출 반복 점검하기

1. 특수교육 교육과정 총론
2. 기본교육과정
3. 특수교육 공통교육과정
4. 선택 중심 교육과정

*나의 노력으로 나를 자유롭게 하라*

---

※ 'PART 4. 암기-인출 반복 점검하기'의 빈칸 크기는 답이 되는 문장의 길이와 다릅니다. 다른 종이나 노트에 답을 적거나 소리내어 인출하면서 공부하는 것을 추천합니다.

※ 교육과정은 우선순위를 정하여 전체 공부량의 비율을 정해두고 공부하는 방법 추천합니다. (예 : 교육과정은 하루 공부량의 20%, 1시간씩만 공부)

|  | 시작한 날짜 |  | 끝난 날짜 |  |
|---|---|---|---|---|
| 1회독 | 월 | 일 | 월 | 일 |
| 2회독 | 월 | 일 | 월 | 일 |
| 3회독 | 월 | 일 | 월 | 일 |
| 4회독 | 월 | 일 | 월 | 일 |
| 5회독 | 월 | 일 | 월 | 일 |

회독이란, '반복적으로 읽으면서 암기하는 것'으로 '아는 부분은 쳐내고, 모르는 부분은 표시해두고 다시 암기하면서 점점 범위를 줄여나가는 공부법'입니다.

특수교육 교육과정
**중등편**

# 01 특수교육 교육과정 총론

**I. 교육과정 구성의 방향**
   1. 교육과정 구성의 중점
   2. 추구하는 인간상과 핵심역량
   3. 학교급별 교육 목표

**II. 학교 교육과정 설계와 운영**
   1. 설계의 원칙
   2. 교수·원칙
   3. 평가
   4. 모든 학생을 위한 교육기회의 제공

**III. 학교급별 교육과정 편성·운영의 기준**
   1. 기본 사항
   2. 공통 교육과정 및 선택 중심 교육과정 편성·운영
   3. 기본 교육과정 편성·운영

**IV. 학교 교육과정 지원**
   1. 교육과정의 질 관리
   2. 학습자 및 맞춤교육 강화
   3. 학교의 교육 환경 조성

# 01 특수교육 교육과정 총론

## 교육과정의 성격

이 교육과정 기준의 성격은 다음과 같다.

① 국가 수준의 공통성을 바탕으로 지역, 학교, 개인 수준의 (　　　)을 추구할 수 있도록 학교 교육과정의 기준과 내용에 관한 기본사항을 제시한다.
② 학교 교육과정이 학생을 중심에 두고 주도성과 자율성, 창의성의 신장 등 (　　　)을 지원할 수 있도록 교육과정의 기준과 내용을 제시한다.
③ 학교의 전반적인 교육 체제를 교육과정 중심으로 운영할 수 있도록 (　　　)을 제시한다.
④ 학교 교육과정이 추구하는 교육 목적의 실현을 위해 (　　　)이 함께 협력적으로 참여하는 데 필요한 사항을 제시한다.
⑤ (　　　)을 국가와 시·도 교육청, 학교 수준에서 관리하고 개선하기 위해 기반으로 삼아야 할 교육과정의 기준과 내용을 제시한다.

① 다양성
② 학습자 성장
③ 교육과정의 기준과 내용
④ 학교와 시·도 교육청, 지역사회, 학생·학부모·교원
⑤ 학교 교육의 질적 수준

# I. 교육과정 구성의 방향

## 1. 교육과정 구성의 중점

우리나라 초·중등학교 교육과정은 사회 변화와 시대적 요구를 반영하여 지속적으로 개정되고 발전해 왔다. 우리 사회는 새로운 변화와 도전에 직면해 있으며, 이에 대응하기 위해 교육과정을 개정할 필요성이 제기되었다. 교육과정의 변화를 요청하는 주요 배경은 다음과 같다.

⑥ 인공지능 기술 발전에 따른 디지털 전환, 감염병 대유행 및 기후·생태환경 변화, 인구 구조 변화 등에 의해 (    )이 증가하고 있다.
⑦ 사회의 복잡성과 다양성이 확대되고 사회적 문제를 해결하기 위한 협력의 필요성이 증가함에 따라 (    )을 함양하는 것이 더욱 중요해지고 있다.
⑧ 학생 개개인의 특성과 진로에 맞는 학습을 지원해 주는 (    )에 대한 요구가 증가하고 있다.
⑨ 교육과정 의사 결정 과정에 다양한 교육 주체들의 참여를 확대하고 (    )를 활성화해야 한다는 요구가 높아지고 있다.

이에 그동안의 교육과정 발전 방향을 계승하면서 미래 사회를 살아갈 학생들이 주도적으로 삶을 이끌어가는 능력을 함양할 수 있도록 교육과정을 구성한다.

이 교육과정은 우리나라 교육과정이 추구해 온 교육 이념과 인간상을 바탕으로, 미래 사회가 요구하는 핵심역량을 함양하여 포용성과 창의성을 갖춘 주도적인 사람으로 성장하게 하는 데 중점을 둔다.

⑥ 사회의 불확실성
⑦ 상호 존중과 공동체 의식
⑧ 맞춤형 교육
⑨ 교육과정 자율화 및 분권화

이를 위한 교육과정 구성의 중점은 다음과 같다.

① 디지털 전환, 기후·생태환경 변화 등에 따른 미래 사회의 불확실성에 능동적으로 대응할 수 있는 능력과 (      )을 함양한다.
② 학생 개개인의 인격적 성장을 지원하고, 사회 구성원 모두의 행복을 위해 (      )을 함양한다.
③ 모든 학생이 학습의 기초인 (      )을 갖출 수 있도록 하여 학교 교육과 평생 학습에서 학습을 지속할 수 있게 한다.
④ 학생들이 자신의 진로와 학습을 주도적으로 설계하고, 적절한 시기에 학습할 수 있도록 (      )를 구축한다.
⑤ 교과 교육에서 깊이 있는 학습을 통해 역량을 함양할 수 있도록 (      ) 등을 강화한다.
⑥ 다양한 학생 참여형 수업을 활성화하고, (      )를 통해 학습의 질을 개선한다.
⑦ 교육과정 자율화·분권화를 기반으로 학교, 교사, 학부모, 시·도 교육청, 교육부 등 교육 주체들 간의 협조 체제를 구축하여 (      )이 이루어질 수 있도록 한다.

## 2. 추구하는 인간상과 핵심역량

우리나라의 교육은 홍익인간의 이념 아래 모든 국민으로 하여금 인격을 도야하고, 자주적 생활 능력과 민주시민으로서 필요한 자질을 갖추어 인간다운 삶을 영위하고, 민주 국가의 발전과 인류 공영의 이상을 실현할 수 있도록 함을 목적으로 한다.
이러한 교육 이념과 교육 목적을 바탕으로, 이 교육과정이 추구하는 인간상은 다음과 같다.

⑧ 전인적 성장을 바탕으로 자아정체성을 확립하고 자신의 진로와 삶을 (          )
⑨ 폭넓은 기초 능력을 바탕으로 진취적 발상과 도전을 통해 (          )
⑩ 문화적 소양과 다원적 가치에 대한 이해를 바탕으로 (          )
⑪ 공동체 의식을 바탕으로 다양성을 이해하고 서로 존중하며 세계와 소통하는 민주시민으로서 (          )

---

① 자신의 삶과 학습을 스스로 이끌어가는 주도성
② 서로 존중하고 배려하며 협력하는 공동체 의식
③ 언어·수리·디지털 기초소양
④ 학습자 맞춤형 교육과정 체제
⑤ 교과 간 연계와 통합, 학생의 삶과 연계된 학습, 학습에 대한 성찰
⑥ 문제 해결 및 사고의 과정을 중시하는 평가
⑦ 학습자의 특성과 학교 여건에 적합한 학습
⑧ 스스로 개척하는 자기주도적인 사람
⑨ 새로운 가치를 창출하는 창의적인 사람
⑩ 인류 문화를 향유하고 발전시키는 교양 있는 사람
⑪ 배려와 나눔, 협력을 실천하는 더불어 사는 사람

이 교육과정이 추구하는 인간상을 구현하기 위해 교과 교육과 창의적 체험활동을 포함한 학교 교육 전 과정을 통해 중점적으로 기르고자 하는 핵심역량은 다음과 같다.

① 자아정체성과 자신감을 가지고 자신의 삶과 진로를 스스로 설계하며 이에 필요한 기초 능력과 자질을 갖추어 (          )
② 문제를 합리적으로 해결하기 위하여 다양한 영역의 지식과 정보를 깊이 있게 이해하고 (          )
③ 폭넓은 기초 지식을 바탕으로 다양한 전문 분야의 지식, 기술, 경험을 융합적으로 활용하여 (          )
④ 인간에 대한 공감적 이해와 문화적 감수성을 바탕으로 (          )
⑤ 다른 사람의 관점을 존중하고 경청하는 가운데 자신의 생각과 감정을 효과적으로 표현하며 상호협력적인 관계에서 (          )
⑥ 지역·국가·세계 공동체의 구성원에게 요구되는 개방적·포용적 가치와 태도로 지속 가능한 인류 공동체 발전에 (          )

## 3. 학교급별 교육 목표

**나. 중학교 교육 목표**

⑦ 중학교 교육은 초등학교 교육의 성과를 바탕으로, 학생의 일상생활과 학습에 필요한 기본 능력을 기르고, (          )을 함양하는 데 중점을 둔다.
⑧ 심신의 조화로운 발달을 바탕으로 (          )을 기르고, 다양한 지식과 경험을 통해 책임감을 가지고 적극적으로 삶의 방향과 진로를 탐색한다.
⑨ 학습과 생활에 필요한 기본 능력 및 문제 해결력을 바탕으로, (          )을 기른다.
⑩ 자신을 둘러싼 세계에서 경험한 내용을 토대로 우리나라와 세계의 다양한 문화를 (          )를 기른다.
⑪ 공동체 의식을 바탕으로 타인을 존중하고 서로 소통하는 (          )를 기른다.

---

**A**
① 자기주도적으로 살아갈 수 있는 자기관리 역량
② 비판적으로 탐구하며 활용할 수 있는 지식정보처리 역량
③ 새로운 것을 창출하는 창의적 사고 역량
④ 삶의 의미와 가치를 성찰하고 향유하는 심미적 감성 역량
⑤ 공동의 목적을 구현하는 협력적 소통 역량
⑥ 적극적이고 책임감 있게 참여하는 공동체 역량
⑦ 바른 인성 및 민주시민의 자질
⑧ 자아존중감
⑨ 도전정신과 창의적 사고력
⑩ 이해하고 공감하는 태도
⑪ 민주시민의 자질과 태도

**다. 고등학교 교육 목표**

① 고등학교 교육은 중학교 교육의 성과를 바탕으로, 학생의 적성과 소질에 맞게 진로를 개척하며 세계와 소통하는 (　　　)을 함양하는 데 중점을 둔다.
② 성숙한 자아의식과 인간의 존엄성에 대한 존중을 바탕으로 일의 가치를 이해하고, 자신의 진로에 맞는 지식과 기능을 익히며 (　　　)을 기른다.
③ 다양한 분야의 지식과 경험을 융합하여 창의적으로 문제를 해결하고, (　　　)을 기른다.
④ 다양한 문화에 대한 이해를 바탕으로 자신의 삶을 성찰하고 (　　　)에 기여할 수 있는 자질과 태도를 기른다.
⑤ 국가 공동체에 대한 책임감을 바탕으로 배려와 나눔을 실천하며 (　　　)를 기른다.

# II. 학교 교육과정 설계와 운영

## 1. 설계의 원칙

가. 학교는 이 교육과정을 바탕으로 학교 교육과정을 자율적으로 설계·운영하며, 학생의 특성과 학교 여건에 적합한 학습 경험을 제공한다.
⑥ 학습자의 발달 수준에 적합한 폭넓고 균형 있는 교육과정을 통해 다양한 영역의 세계를 탐색해 보는 기회를 제공하고, (　　　)이 가능하도록 학교 교육과정을 설계하여 운영한다.
⑦ 학생 실태와 요구, 교원 조직과 (　　　), 학부모 의견 및 지역사회 실정 등 학교의 교육 여건과 환경을 종합적으로 고려하여 학습자에게 적합한 학습 경험을 제공한다.
⑧ 학교는 (　　　)에 따라 학교의 특성을 고려하여 다양한 교육 활동을 설계하여 운영할 수 있다.
⑨ 학교 교육 기간을 포함한 (　　　)과 자기주도 학습 능력을 갖출 수 있도록 지원하며 학습 격차를 줄이도록 노력한다.
⑩ 학생들의 자발적인 참여를 원칙으로 하여 학교와 시·도 교육청은 학생과 학부모의 요구에 따라 (　　　)을 운영·지원할 수 있다.
⑪ 학교는 학교 교육과정의 효율적인 설계와 운영을 위하여 (　　　)을 계획적으로 활용한다.
⑫ 학교는 가정 및 지역과 연계하여 학생이 (　　　)을 가지고 학습할 수 있도록 지도한다.

**A**
① 민주시민으로서의 자질
② 평생 학습의 기본 능력
③ 새로운 상황에 능동적으로 대처하는 능력
④ 새로운 문화 창출
⑤ 세계와 소통하는 민주시민으로서의 자질과 태도
⑥ 학습자의 전인적인 성장·발달
⑦ 교육 시설·설비 등 학교 실태
⑧ 학생의 필요와 요구
⑨ 평생 학습에 필요한 기초소양
⑩ 방과 후 활동 또는 방학 중 활동
⑪ 지역사회의 인적, 물적 자원
⑫ 건전한 생활 태도와 행동 양식

나. 학교 교육과정은 모든 교원이 전문성을 발휘하여 참여하는 민주적인 절차와 과정을 거쳐 설계·운영하며, 지속적인 개선을 위해 노력한다.
① 교육과정의 합리적 설계와 효율적 운영을 위해 교원, 교육 전문가, 학부모 등이 참여하는 학교 교육과정 위원회를 구성·운영하며, 이 위원회는 (          ) 역할을 담당한다. 단, 특성화 고등학교와 산업수요 맞춤형 고등학교의 경우에는 산업계 전문가가 참여할 수 있고, 통합교육이 이루어지는 학교의 경우에는 특수교사가 참여할 것을 권장한다.
② 학교는 학습 공동체 문화를 조성하고 (          ) 등을 통해서 교사들의 교육 활동 개선이 이루어지도록 한다.
③ 학교는 학교 교육과정 설계·운영의 적절성과 효과성 등을 자체 평가하여 문제점과 개선점을 추출하고, (          )에 그 결과를 반영한다.

## 2. 교수·학습

가. 학교는 학생들이 깊이 있는 학습을 통해 핵심역량을 함양할 수 있도록 교수·학습을 설계하여 운영한다.
④ 단편적 지식의 암기를 지양하고 (          )를 중심으로 지식·이해, 과정·기능, 가치·태도의 내용 요소를 유기적으로 연계하며 학생의 발달 단계에 따라 학습 경험의 폭과 깊이를 확장할 수 있도록 수업을 설계한다.
⑤ (          )을 고려하여 수업을 설계하고 지도함으로써 학생들이 융합적으로 사고하고 창의적으로 문제를 해결하는 능력을 함양할 수 있도록 한다.
⑥ 학습 내용을 실생활 맥락 속에서 이해하고 적용하는 기회를 제공함으로써 학교에서의 학습이 (          )이 되도록 한다.
⑦ 학생이 여러 교과의 고유한 탐구 방법을 익히고 자신의 학습 과정과 학습 전략을 점검하며 개선하는 기회를 제공하여 스스로 탐구하고 학습할 수 있는 (          )을 함양할 수 있도록 한다.
⑧ 교과의 깊이 있는 학습에 기반이 되는 언어·수리·디지털 기초소양을 (          )할 수 있도록 수업을 설계한다.

나. 학교는 학생들이 수업에 능동적으로 참여하고 학습의 즐거움을 경험할 수 있도록 교수·학습을 설계하여 운영한다.
⑨ 학습 주제에서 다루는 탐구 질문에 관심과 호기심을 가지고 스스로 문제를 해결하는 학생 참여형 수업을 활성화하며, 토의·토론 학습을 통해 (          )를 가질 수 있도록 한다.
⑩ 실험, 실습, 관찰, 조사, 견학 등의 (          )이 충분히 이루어질 수 있도록 한다.
⑪ 개별 학습 활동과 함께 (          )을 통하여 협력적으로 문제를 해결하는 경험을 충분히 갖도록 한다.

---

① 학교장의 교육과정 운영 및 의사 결정에 관한 자문
② 동학년 모임, 교과별 모임, 현장 연구, 자체 연수
③ 다음 학년도의 교육과정 설계·운영
④ 각 교과목의 핵심 아이디어
⑤ 교과 내 영역 간, 교과 간 내용 연계성
⑥ 학생의 삶에 의미 있는 학습 경험
⑦ 자기주도 학습 능력
⑧ 모든 교과를 통해 함양
⑨ 자신의 생각을 표현하는 기회
⑩ 체험 및 탐구 활동 경험
⑪ 소집단 협동 학습 활동

다. 교과의 특성과 학생의 능력, 적성, 진로를 고려하여 학습 활동과 방법을 다양화하고, 학교의 여건과 학생의 특성에 따라 다양한 학습 집단을 구성하여 학생 맞춤형 수업을 활성화한다.

① 학생의 선행 경험, 선행 지식, 오개념 등 학습의 출발점을 파악하고 학생의 특성을 고려하여 (          )한다.
② 정보통신기술 매체를 활용하여 교수·학습 방법을 다양화하고, 학생 맞춤형 학습을 위해 (          )할 수 있다.
③ 다문화 가정 배경, 가족 구성, 장애 유무 등 학습자의 개인적·사회문화적 배경의 다양성을 이해하고 존중하며, 이를 수업에 반영할 때 (          )하지 않도록 유의한다.
④ 학교는 학생 개개인의 학습 상황을 확인하여 학생의 학습 결손을 예방하도록 노력하며, 학습 결손이 발생한 경우 (          )를 제공한다.

라. 교사와 학생 간, 학생과 학생 간 상호 신뢰와 협력이 가능한 유연하고 안전한 교수·학습 환경을 지원하고, 디지털 기반 학습이 가능하도록 교육공간과 환경을 조성한다.

⑤ (          )이 이루어질 수 있도록 교과 교실 운영을 활성화하며, 고등학교는 학점 기반 교육과정 운영을 위해 유연한 학습공간을 활용한다.
⑥ 학교는 교과용 도서 이외에 (          )를 활용할 수 있다.
⑦ 다양한 지능정보기술 및 도구를 활용하여 효율적인 학습을 지원할 수 있도록 (          )을 구축한다.
⑧ 학교는 실험 실습 및 실기 지도 과정에서 학생의 안전사고를 예방하기 위해 (          )에 유의한다.
⑨ 특수교육 대상 학생 등 교육적 요구가 다양한 학생들을 위해 필요할 경우 (          ) 등을 제공한다.

## 3. 평가

가. 평가는 학생 개개인의 교육 목표 도달 정도를 확인하고, 학습의 부족한 부분을 보충하며, 교수·학습의 질을 개선하는 데 주안점을 둔다.

⑩ 학교는 학생에게 평가 결과에 대한 적절한 정보를 제공하고 (          )하여 학생이 자신의 학습을 지속적으로 성찰하고 개선할 수 있도록 한다.
⑪ 학교와 교사는 학생 평가 결과를 활용하여 (          )한다.

**A**
① 학습 소재, 자료, 활동을 다양화
② 지능정보기술을 활용
③ 편견과 고정 관념, 차별을 야기
④ 보충 학습 기회
⑤ 각 교과의 특성에 맞는 다양한 학습
⑥ 시·도 교육청이나 학교 등에서 개발한 다양한 교수·학습 자료
⑦ 디지털 학습 환경
⑧ 시설·기구, 기계, 약품, 용구 사용의 안전
⑨ 의사소통 지원, 행동 지원, 보조공학 지원
⑩ 추수 지도를 실시
⑪ 수업의 질을 지속적으로 개선

나. 학교와 교사는 성취기준에 근거하여 교수·학습과 평가 활동이 일관성 있게 이루어지도록 한다.
① 학습의 결과만이 아니라 (        )을 확인하고 환류하여, 학습자의 성공적인 학습과 사고 능력 함양을 지원한다.
② 학교는 학생의 인지적·정의적 측면에 대한 평가가 균형 있게 이루어질 수 있도록 하며, 학생이 자신의 (        )를 제공한다.
③ 학교는 (        )에 따라 성취수준을 설정하여 교수·학습 및 평가 계획에 반영한다.
④ 학생에게 (        )은 평가하지 않는다.

다. 학교는 교과목의 성격과 학습자 특성을 고려하여 적합한 평가 방법을 활용한다.
⑤ 수행평가를 내실화하고 (        )의 비중을 확대한다.
⑥ 정의적, 기능적 측면이나 실험·실습이 중시되는 평가에서는 교과목의 성격을 고려하여 (        )를 마련하여 평가를 실시한다.
⑦ 학교의 여건과 교육활동의 특성을 고려하여 (        )을 활용함으로써 학생 맞춤형 평가를 활성화한다.
⑧ 개별 학생의 발달 수준 및 특성을 고려하여 평가 계획을 조정할 수 있으며, (        )을 위해 필요한 경우 평가 방법을 조정할 수 있다.
⑨ 창의적 체험활동은 내용과 특성을 고려하여 (        )을 학교에서 결정하여 평가한다.

## 4. 모든 학생을 위한 교육기회의 제공
⑩ 교육 활동 전반을 통하여 남녀의 역할, 학력과 직업, 장애, 종교, 이전 거주지, 인종, 민족, 언어 등에 관한 (        )을 가지지 않도록 지도한다.
⑪ 학습자의 개인적 특성이나 사회·문화적 배경에 의해 (        )을 받거나 소외되지 않도록 한다.
⑫ 학습 부진 학생, 특정 분야에서 탁월한 재능을 보이는 학생, 특수교육 대상 학생, 귀국 학생, 다문화 가정 학생 등이 학교에서 (        )을 누릴 수 있도록 필요한 지원을 한다.
⑬ 특수교육 대상 학생을 위해 특수학급을 설치·운영하는 경우, 학생의 장애 특성 및 정도를 고려하여, (        )하거나 특수교육 교과용 도서 및 통합교육용 교수·학습 자료를 활용할 수 있다.
⑭ 다문화 가정 학생을 위한 특별 학급을 설치·운영하는 경우, 다문화 가정 학생의 한국어 능력을 고려하여 (        )하거나, 한국어 교육과정 및 교수·학습 자료를 활용할 수 있다. 한국어 교육과정은 학교의 특성, 학생·교사·학부모의 요구와 필요에 따라 (        )에서 운영할 수 있다.
⑮ 학교가 종교 과목을 개설할 때는 (        )하여 학생에게 선택의 기회를 주어야 한다. 다만, 학생의 학교 선택권이 허용되는 종립 학교의 경우 학생·학부모의 동의를 얻어 단수로 개설할 수 있다.

① 결과에 이르기까지의 학습 과정
② 학습 과정과 결과를 스스로 평가할 수 있는 기회
③ 교과별 성취기준과 평가기준
④ 배울 기회를 주지 않은 내용과 기능
⑤ 서술형과 논술형 평가
⑥ 타당하고 합리적인 기준과 척도
⑦ 다양한 지능정보기술
⑧ 특수학급 및 일반학급에 재학하고 있는 특수교육 대상 학생
⑨ 평가의 주안점
⑩ 고정 관념이나 편견
⑪ 교육의 기회와 학습 경험에서 부당한 차별
⑫ 충실한 학습 경험
⑬ 초·중등학교 교육과정을 조정하여 운영
⑭ 초·중등학교 교육과정을 조정하여 운영, 주당 10시간 내외
⑮ 종교 이외의 과목과 함께 복수로 과목을 편성

# Ⅲ. 학교급별 교육과정 편성·운영의 기준

## 1. 기본 사항

① 특수교육 교육과정은 (     )으로 편성한다.
② 공통 교육과정은 (     )까지, 학점 기반 선택 중심 교육과정은 (     ) 편성·운영한다.
③ 기본 교육과정은 특수학교에 재학 중인 (     )까지의 학생을 대상으로 편성·운영한다.
④ 특수학교는 특수교육 대상 학생의 교육적 요구와 학교의 실정을 고려하여 공통 교육과정 및 선택 중심 교육과정을 (     )하여 편성·운영할 수 있다.
⑤ 학교는 학교 교육과정 편성·운영 계획을 바탕으로 (     )을 편성할 수 있다.
⑥ 학년 간 상호 연계와 협력을 통해 (     )할 수 있도록 학년군을 설정한다. 다만 창의적 체험활동과 일상생활 활동은 학생의 교육적 요구에 따라 생활연령과 발달 수준을 고려하여 (     )학년군을 통합하여 운영할 수 있다.
⑦ 공통 교육과정의 교과는 (     ) 등을 고려하여 교과(군)로 재분류한다.
⑧ 고등학교 교과는 (     )로 구분하며, 학생들의 기초소양 함양과 기본 학력을 보장하기 위하여 보통 교과에 공통 과목을 개설하여 모든 학생이 이수하도록 한다.
⑨ 기본 교육과정의 교과는 (     )에 필요한 기초 학습, 생활 기능, 진로 및 직업 적응 등의 능력을 기르는 내용으로 구성한다.
⑩ (     )이 이루어질 수 있도록 학기당 이수 교과목 수를 조정하여 집중이수를 실시할 수 있다.
⑪ 학교는 (     )들이 상급 학교의 생활 및 학습을 준비하는 데 필요한 교육을 지원하기 위해 진로연계교육을 운영할 수 있다.
⑫ 학교는 가정과 학교, 사회에서의 위험 상황을 알고 대처할 수 있도록 (     )을 관련 교과와 창의적 체험활동과 연계하여 운영한다.
⑬ 기본 교육과정의 (     )은 학생의 교육적 요구를 반영하여 학교가 정한다.

---

① 공통 교육과정 및 선택 중심 교육과정, 기본 교육과정
② 초등학교 1학년부터 중학교 3학년 / 고등학교 1학년부터 3학년까지
③ 초등학교 1학년부터 고등학교 3학년
④ 기본 교육과정과 병행
⑤ 학년(군)별 교육과정 및 교과(군)별 교육과정
⑥ 학교 교육과정을 유연하게 편성·운영
⑦ 교육 목적상의 근접성, 학문 탐구 대상 또는 방법상의 인접성, 생활양식에서의 연관성
⑧ 보통 교과, 전문 교과, 특수교육 전문 교과
⑨ 특수교육 대상 학생의 자립과 사회 통합
⑩ 학업 부담을 적정화하고 의미 있는 학습 활동
⑪ 학교급 간 전환기의 학생
⑫ 체험 중심의 안전교육
⑬ 일상생활 활동 영역과 내용

① 범교과 학습 주제는 교과와 창의적 체험활동 등 교육 활동 전반에 걸쳐 통합적으로 다루도록 하고, (           )과 연계하여 지도한다.

> 안전·건강 교육, 인성 교육, 진로 교육, 민주시민 교육, 인권 교육, 다문화 교육, 통일 교육, 독도 교육, 경제·금융 교육, 환경·지속가능발전 교육

② 학교는 필요에 따라 계기 교육을 실시할 수 있으며, 이 경우 (          )에 따른다.
③ 학교는 필요에 따라 (         )을 실시할 수 있으며, 이 경우 원격수업 운영 기준은 관련 법령과 지침에 따른다.
④ 시·도 교육청과 학교는 필요에 따라 이 교육과정에 제시되어 있는 과목 외에 새로운 과목을 개설할 수 있다. 이 경우 (           )에 따라 사전에 필요한 절차를 거쳐야 한다.
⑤ 기본 교육과정을 운영하는 특수학교는 장애 정도가 심한 학생의 교육적 요구를 반영하여 교과(군)별 (         )하여 일상생활 활동으로 편성할 수 있다. 이 경우 시·도 교육감이 정하는 지침에 따라 사전에 필요한 절차를 거쳐야 한다.
⑥ 시각장애 또는 청각장애 학생이 다른 장애가 함께 있는 경우 교육적 요구를 지원하는 (          ) 하여 편성·운영할 수 있다.

버. 일반학급 및 특수학급에 배치된 특수교육 대상 학생의 교육과정은 다음과 같이 편성·운영한다.
⑦ 편제와 시간 혹은 학점 배당은 (          )을 따른다.
⑧ 학생의 교육적 요구에 따라 (         )하거나, 특수교육 교육과정에 따른 교과용 도서, 통합교육용 교수·학습 자료 등을 사용할 수 있다.
⑨ 특수교육 교육과정의 교과(군) 내용과 연계하거나 대체하여 운영할 수 있다. 교과 내용을 대체할 경우 (         ) 등으로 운영할 수 있다.
⑩ 특수교육 대상 학생의 교육과정 운영에 관한 사항은 학생의 교육적 요구를 반영하여 (          )에서 결정한다.
⑪ 교과와 창의적 체험활동의 내용 배열은 반드시 따라야 할 학습 순서를 의미하는 것은 아니며, 학생의 관심과 요구, 학교의 실정과 교사의 필요, 계절 및 지역의 특성 등에 따라 각 교과목의 (         )학년군별 목표 달성을 위해 지도 내용의 순서와 비중, (          ) 등을 조정하여 운영할 수 있다.
⑫ 순회교육을 위한 교육과정 편성·운영 지침은 시·도 교육청에서 정하되, (           )를 고려하여 교육과정을 편성·운영한다.
⑬ 개별화교육계획은 학생의 교육적 요구에 따라 (           )을 중심으로 작성한다.
⑭ 직업, 예술, 체육 계열 분야의 전문적인 교육을 목적으로 설립된 특수학교의 교육과정은 특성화 중학교, 일반 고등학교, 특수 목적 고등학교, 특성화 고등학교와 산업수요 맞춤형 고등학교에 준하여 정하되, 학생의 교육적 요구에 따라 (          )을 편성·운영할 수 있다. 이 경우 시·도 교육감이 정하는 지침에 따라 사전에 필요한 절차를 거쳐야 한다.

**A**
① 지역사회 및 가정
② 계기 교육 지침
③ 원격수업
④ 시·도 교육감이 정하는 지침
⑤ 50% 범위 내에서 시수를 감축
⑥ 별도의 교육 활동을 병행하거나 대체
⑦ 해당 학년군의 교육과정
⑧ 초·중등학교 교육과정을 재구성
⑨ 생활기능 및 진로와 직업교육, 현장 실습
⑩ 학교 교육과정 위원회
⑪ 교과 내 또는 교과 간 연계 지도 방법
⑫ 순회교육 대상자의 배치 환경, 교육적 요구
⑬ 교과 또는 생활 지원이 필요한 영역
⑭ 기본 교육과정

## 2. 공통 교육과정 및 선택 중심 교육과정 편성 · 운영

### ② 중학교

### 가. 편제와 시간 배당 기준

1) 편제

　가) 중학교 교육과정은 교과(군)와 창의적 체험활동으로 편성한다.

　나) 교과(군)는 국어, 사회(역사 포함)/도덕, 수학, 과학/기술 · 가정/정보, 체육, 예술(음악/미술), 영어, 선택으로 한다.

　다) 선택 교과는 한문, 환경, 생활 외국어(생활 독일어, 생활 프랑스어, 생활 스페인어, 생활 중국어, 생활 일본어, 생활 러시아어, 생활 아랍어, 생활 베트남어), 보건, 진로와 직업 등의 과목으로 한다.

　라) 창의적 체험활동은 자율 · 자치 활동, 동아리 활동, 진로 활동으로 한다.

2) 시간 배당 기준

| 구 분 | | 1~3학년 |
|---|---|---|
| 교과(군) | 국어 | 442 |
| | 사회(역사 포함)/도덕 | 510 |
| | 수학 | 374 |
| | 과학/기술 · 가정/정보 | 680 |
| | 체육 | 272 |
| | 예술(음악/미술) | 272 |
| | 영어 | 340 |
| | 선택 | 170 |
| | 소계 | 3,060 |
| 창의적 체험활동 | | 306 |
| 총 수업 시간 수 | | 3,366 |

① 1시간 수업은 45분을 원칙으로 하되, (　　) 등을 고려하여 탄력적으로 편성 · 운영할 수 있다.

② 교과(군)별 및 창의적 체험활동 시간 배당은 (　　)를 나타낸 것이다.

③ 총 수업 시간 수는 (　　)를 나타낸 것이다.

④ 정보는 (　　) 등을 활용하여 68시간 이상 편성 · 운영한다.

---

① 기후 및 계절, 학생의 발달 정도, 학습 내용의 성격, 학교 실정
② 연간 34주를 기준으로 3년간의 기준 수업 시수
③ 3년간의 최소 수업 시수
④ 정보 수업 시수와 학교자율시간

나. 교육과정 편성·운영 기준

1) 학교는 교과(군)와 창의적 체험활동의 수업 시수를 학년별, 학기별로 자율적으로 편성할 수 있다.

① 학교는 학생이 3년간 이수해야 할 교과목을 (      )하여 학생과 학부모에게 안내한다.

② 학교는 학교의 특성, 학생·교사·학부모의 요구 및 필요에 따라 자율적으로 (      ) 내에서 시수를 증감하여 편성·운영할 수 있다. 단, (      )체육, 예술(음악/미술) 교과는 기준 수업 시수를 감축하여 편성·운영할 수 없다.

③ 학교는 학생의 (      )이 이루어질 수 있도록 학기당 이수 교과목 수를 8개 이내로 편성한다. 단, 체육, 예술(음악/미술) 교과 및 선택 과목과 학교자율시간에 편성한 과목은 이수 교과목 수 제한에서 제외하여 편성할 수 있다.

④ 학교는 선택 과목을 개설할 경우, (      )하여 학생의 선택권을 보장한다. 학교는 필요한 경우 새로운 선택 과목을 개설할 수 있으며, 이 경우 시·도 교육감이 정하는 지침에 따라 사전에 필요한 절차를 거쳐야 한다.

⑤ 학교는 창의적 체험활동의 영역을 (      ) 등을 고려하여 자율적으로 편성·운영한다.

2) 학교는 모든 학생의 학습 기회를 보장할 수 있도록 학교 교육과정을 편성·운영한다.

⑥ (      )경우, 시·도 교육청과 학교에서는 학습 결손이 발생하지 않도록 보충 학습 과정 등을 제공한다.

⑦ 교과목 개설이 어려운 소규모 학교, 농산어촌학교 등에서는 학습 결손이 발생하지 않도록 (      )한다. 이 경우 시·도 교육감이 정하는 지침에 따른다.

⑧ 학교는 특수교육 대상 학생을 위해 필요한 경우 교과(군)별 증감 시수를 활용하여 (      )를 창의적 체험활동에 포함하여 운영한다.

⑨ 특수학교에서는 시각·청각·지체장애 학생을 위해 [별책 2]에 제시된 별도의 교육과정을 활용할 수 있다.
- 시각장애 : (      )
- 청각장애 : (      )
- 지체장애 : (      )

① 학년별, 학기별로 편성
② 교과(군)별 및 창의적 체험활동의 20% 범위
③ 학업 부담을 적정화하고 의미 있는 학습 활동
④ 2개 이상의 과목을 동시에 개설
⑤ 학생들의 발달 수준, 학교의 여건
⑥ 전입 학생이 특정 교과목을 이수하지 못할
⑦ 온라인 활용 및 지역 내 교육자원 공유·협력을 활성화
⑧ '점자', '시각장애인 자립생활' 또는 '수어', '농인의 생활과 문화'
⑨ 체육, 미술, 점자, 시각장애인 자립생활 / 국어, 수어, 농인의 생활과 문화 / 체육

3) 학교는 지역과 연계하거나 다양하고 특색 있는 교육과정 운영을 위해 학교자율시간을 편성·운영한다.
   ① 학교자율시간을 활용하여 이 교육과정에 제시되어 있는 교과목 외에 (     )을 개설할 수 있다.
   ② 학교자율시간에 개설되는 과목의 내용은 지역과 학교의 여건 및 학생의 필요에 따라 학교가 결정하되, (     )을 고려하여 다양한 과목을 개설·운영한다.
   ③ 학교자율시간은 학교 여건에 따라 연간 34주를 기준으로 한 교과별 및 창의적 체험활동 수업 시간의 (     )을 확보하여 운영한다.

4) 학교는 학생들이 자신의 적성과 미래에 대해 탐색하고 학습의 즐거움을 경험할 수 있도록 자유학기와 진로연계교육을 편성·운영한다.
   가) 중학교 과정 중 한 학기는 자유학기로 운영하되, 해당 학기의 교과 및 창의적 체험활동을 자유학기 취지에 부합하도록 편성·운영한다.
      ④ 자유학기에는 지역 및 학교 여건을 고려하여 자율적으로 (     )을 운영한다.
      ⑤ 자유학기에는 토의·토론 학습, 프로젝트 학습 등 학생 참여형 수업을 강화하고, (     )을 활용하되, 일제식 지필 평가는 지양한다.
   나) 학교는 상급 학교(학년)로 진학하기 전 학기나 학년의 일부 시간을 활용하여 학교급 간 연계 및 진로 교육을 강화하는 진로연계교육을 편성·운영한다.
      ⑥ 학교는 (     ) 등을 위해 교과와 창의적 체험활동 시간을 활용하여 진로연계교육을 자율적으로 운영한다.
      ⑦ 학교는 진로연계교육의 중점을 (     )에 중점을 두고 교과별 내용 및 학습 방법 등의 학교급 간 연계를 통해 학생의 학습과 성장을 지원한다.
      ⑧ 학교는 진로연계교육을 (     )과 연계하여 운영한다.

5) 학교는 학생들이 삶 속에서 스포츠 문화를 지속적으로 향유하여 건전한 심신 발달과 정서 함양이 이루어질 수 있도록 학교스포츠클럽 활동을 편성·운영한다.
   ⑨ 학교스포츠클럽 활동은 (     )으로 편성하고 학년별 연간 34시간 운영하며, 매 학기 편성하도록 한다.
   ⑩ 학교스포츠클럽 활동의 종목과 내용은 (     )하여 학교가 결정하되, 다양한 종목을 개설하여 학생들의 선택권이 보장되도록 한다.

① 새로운 선택 과목
② 학생의 선택권
③ 학기별 1주의 수업 시간
④ 학생 참여 중심의 주제선택 활동과 진로 탐색 활동
⑤ 학습의 과정을 중시하는 다양한 평가 방법
⑥ 고등학교 생활 및 학습 준비, 진로 탐색, 진학 준비
⑦ 학생의 역량 함양 및 자기주도적 학습 능력 향상
⑧ 창의적 체험활동의 진로 활동 및 자유학기의 활동
⑨ 창의적 체험활동의 동아리 활동
⑩ 학생들의 희망을 반영

3 고등학교

가. 편제와 시간 배당 기준

1) 편제

가) 고등학교 교육과정은 교과(군)와 창의적 체험활동으로 편성한다.

나) 교과는 보통 교과와 전문 교과, 특수교육 전문 교과로 한다.

(1) 보통 교과

① 보통 교과의 교과(군)는 국어, 수학, 영어, 사회((       )), 과학, 체육, 예술, 기술·가정/정보/제2외국어/한문/교양으로 한다.

② 보통 교과는 (       )으로 구분한다. 선택 과목은 (       )으로 구분한다.

(2) 전문 교과

③ 전문 교과의 교과(군)는 (       ) 등을 고려하여 경영·금융, 보건·복지, 문화·예술·디자인·방송, 미용, 관광·레저, 식품·조리, 건축·토목, 기계, 재료, 화학 공업, 섬유·의류, 전기·전자, 정보·통신, 환경·안전·소방, 농림·축산, 수산·해운, 융복합·지식 재산 과목으로 한다.

④ 전문 교과의 과목은 (       )으로 구분한다.

(3) 특수교육 전문 교과

⑤ 특수교육 전문 교과의 교과(군)는 (       )으로 한다.

⑥ 특수교육 전문 교과는 (       )이 재학하는 학교에서 개설한다.

다) 창의적 체험활동은 자율·자치 활동, 동아리 활동, 진로 활동으로 한다.

① 역사/도덕 포함
② 공통 과목과 선택 과목 / 일반 선택 과목, 진로 선택 과목, 융합 선택 과목
③ 국가직무능력표준
④ 전문 공통 과목, 전공 일반 과목, 전공 실무 과목
⑤ 직업·생활과 이료 과목
⑥ 고등학교 과정의 특수교육 대상 학생

2) 학점 배당 기준
　가) 일반 고등학교와 특수 목적 고등학교(산업수요 맞춤형 고등학교 제외)

〈표 생략〉

① 1학점은 50분을 기준으로 하여 (　　)를 이수하는 수업량이다.
② 1시간의 수업은 50분을 원칙으로 하되, (　　) 등을 고려하여 탄력적으로 편성·운영할 수 있다.
③ 공통 과목의 기본 학점은 4학점이며, 1학점 범위 내에서 감하여 편성·운영할 수 있다. 단, 한국사1, 2의 기본 학점은 3학점이며 감하여 편성·운영할 수 없다.
④ 과학탐구실험1, 2의 기본 학점은 1학점이며 증감 없이 편성·운영하는 것을 원칙으로 한다. 단, 과학, 체육, 예술 계열 고등학교의 경우 학교 실정에 따라 탄력적으로 운영할 수 있다.
⑤ 필수 이수 학점 수는 해당 교과(군)의 (　　)이다. 특수 목적 고등학교의 경우 예술 교과(군)는 5학점 이상, 기술·가정/정보/제2외국어/한문/교양 교과(군)는 12학점 이상 이수하도록 한다.
⑥ 국어, 수학, 영어 교과의 이수 학점 총합은 81학점을 초과하지 않도록 하며, 교과 이수 학점이 174학점을 초과하는 경우에는 초과 이수 학점의 50%를 넘지 않도록 한다.
⑦ 창의적 체험활동의 학점 수는 (　　)이며 (　)안의 숫자는 이수 학점을 시간 수로 환산한 것이다.
⑧ 총 이수 학점 수는 고등학교 졸업을 위해 3년간 이수해야 할 (　　)을 의미한다.

　나) 특성화 고등학교와 산업수요 맞춤형 고등학교

〈표 생략〉

① 1학점은 50분을 기준으로 하여 (　　)를 이수하는 수업량이다.
② 1시간의 수업은 50분을 원칙으로 하되, (　　) 등을 고려하여 탄력적으로 편성·운영할 수 있다.
③ 공통 과목의 기본 학점은 4학점이며, 1학점 범위 내에서 감하여 편성·운영할 수 있다. 단, 한국사1, 2의 기본 학점은 3학점이며 감하여 편성·운영할 수 없다.
④ 필수 이수 학점 수는 해당 교과(군)의 (　　)이다.
⑤ 자연현장 실습 등 체험 위주의 교육을 전문적으로 실시하는 특성화 고등학교의 전문 교과 필수 이수 학점은 시·도 교육감이 정한다.
⑥ 창의적 체험활동의 학점 수는 (　　)이며 (　)안의 숫자는 이수 학점을 시간 수로 환산한 것이다.
⑦ 총 이수 학점 수는 고등학교 졸업을 위해 3년간 이수해야 할 (　　)을 의미한다.

① 16회
② 기후 및 계절, 학생의 발달 정도, 학습 내용의 성격, 학교 실정
⑤ 최소 이수 학점
⑦ 최소 이수 학점
⑧ 최소 이수 학점

3) 보통 교과

〈표 생략〉

① 선택 과목의 기본 학점은 4학점이다. 단, 체육, 예술, 교양 교과(군)의 기본 학점은 3학점이다.
② 선택 과목은 1학점 범위 내에서 증감하여 편성·운영할 수 있다.
③ * 표시한 과목의 기본 학점은 2학점이며, 1학점 범위 내에서 감하여 편성·운영할 수 있다.
④ 체육 교과는 매 학기 이수하도록 한다. 단, 특성화 고등학교와 산업수요 맞춤형 고등학교의 경우, 현장 실습이 있는 학년에는 탄력적으로 운영할 수 있다.

〈표 생략〉

① 특수 목적 고등학교 선택 과목은 과학, 체육, 예술 계열에 관한 과목으로 한다.
② 특수 목적 고등학교 선택 과목의 기본 학점 및 증감 범위는 시·도 교육감이 정한다.

4) 전문 교과

〈표 생략〉

• 전문 교과의 과목 기본 학점 및 증감 범위는 시·도 교육감이 정한다.

5) 특수교육 전문 교과

| 교과(군) | 과목 | | | |
|---|---|---|---|---|
| ❶ ( ) | 직업준비<br>정보처리<br>외식서비스<br>시각장애인 자립생활 | 안정된 직업생활<br>농생명<br>직업현장실습<br>농인의 생활과 문화 | 기초작업기술Ⅰ<br>사무지원<br>직업과 자립 | 기초작업기술Ⅱ<br>대인서비스<br>사회적응 |
| ❷ ( )<br>(시각장애학교) | 해부·생리<br>전기치료<br>진단 | 병리<br>한방<br>이료실기실습 | 이료보건<br>침구 | 안마·마사지·지압<br>이료임상 |

• 특수교육 전문 교과 과목의 이수 학점은 시·도 교육감이 정한다.

❶ 직업·생활
❷ 이료

**나. 교육과정 편성·운영 기준**

1) 공통 사항

   가) 고등학교 교육과정의 총 이수 학점은 192학점이며 교과(군) 174학점, 창의적 체험활동 18학점(288시간)으로 편성한다.

   나) 학교는 학생이 3년간 이수할 수 있는 과목을 학기별로 편성하여 학생과 학부모에게 안내한다.

   다) 학교는 학생이 자신의 진로에 적합한 과목을 이수할 수 있도록 진로·학업 설계 지도와 연계하여 선택 과목에 대한 정보를 적극적으로 안내한다.

   라) 과목의 이수 시기와 학점은 학교에서 자율적으로 편성·운영하되, 다음의 각호를 따른다.

   (1) 학생이 학기 단위로 과목을 이수할 수 있도록 편성·운영한다.

   (2) 공통 과목은 해당 교과(군)의 선택 과목 이수 전에 편성·운영하는 것을 원칙으로 한다.

   (3) 학생의 발달 수준 등을 고려하여 공통수학1, 2와 공통영어1, 2를 기본수학1, 2와 기본영어1, 2로 대체하여 이수하도록 편성·운영할 수 있다. 이와 관련된 구체적인 사항은 시·도 교육감이 정하는 지침에 따른다.

   (4) 선택 과목 중에서 위계성을 갖는 과목의 경우, ❶ (        )이 가능하도록 편성한다. 단, 학교의 실정 및 학생의 요구, 과목의 성격에 따라 탄력적으로 편성·운영할 수 있다.

   마) 학교는 학생의 학업 부담을 완화하고 깊이 있는 학습이 이루어질 수 있도록 학기당 이수하는 학점을 적정하게 편성한다.

   바) 학교는 학생의 필요와 학업 부담을 고려하여 교과(군) 총 이수 학점을 초과 이수하는 학점이 적정화되도록 하며, 특수 목적 고등학교는 특수 목적 고등학교 선택 과목에 한하여, 특성화 고등학교 및 산업수요 맞춤형 고등학교는 전문 교과의 과목에 한하여 초과 이수할 수 있다.

   사) 학교는 일정 규모 이상의 학생이 이 교육과정에 제시된 선택 과목의 개설을 요청할 경우 해당 과목을 개설해야 한다. 이와 관련된 구체적인 사항은 시·도 교육감이 정하는 지침에 따른다.

   아) 학교는 다양한 방식으로 학생의 선택 과목 이수 기회를 확대하기 위해 노력하되, 다음의 각호를 따른다.

   (1) 학교에서 개설하지 않은 선택 과목 이수를 희망하는 학생이 있을 경우 ❷ (        )에서의 이수를 인정한다. 이와 관련된 구체적인 사항은 시·도 교육감이 정하는 지침에 따른다.

❶ 계열적 학습
❷ 그 과목을 개설한 다른 학교

(2) 학교는 필요에 따라 이 교육과정에 제시되어 있는 과목 외에 새로운 과목을 개설할 수 있다. 이 경우 시·도 교육감이 정하는 지침에 따라 사전에 필요한 절차를 거쳐야 한다.

(3) 학교는 학생의 필요에 따라 ❸ (       )을 과목 또는 창의적 체험활동으로 이수를 인정한다. 이와 관련된 구체적인 사항은 시·도 교육감이 정하는 지침에 따른다.

(4) 학교는 필요에 따라 ❹ (       )의 과목을 개설할 수 있고, 국제적으로 공인된 교육과정이나 과목을 개설할 수 있다. 이와 관련된 구체적인 사항은 시·도 교육감이 정하는 지침에 따른다.

---

❸ 지역사회 기관에서 이루어진 학교 밖 교육
❹ 대학 과목 선이수제

자) 학교는 창의적 체험활동의 영역을 학생의 발달 수준, 학교의 여건 등을 고려하여 자율적으로 편성·운영하고, 학생의 진로 및 적성과 연계하여 다양한 활동이 이루어질 수 있도록 한다.

차) 학교는 학생이 교과 및 창의적 체험활동의 이수 기준을 충족한 경우 학점 취득을 인정한다. 이수 기준은 출석률과 학업성취율을 반영하여 설정하며, 이와 관련된 구체적인 사항은 교육부 장관이 정하는 지침에 따른다.

카) 학교는 과목별 최소 성취수준을 보장하기 위해 학교의 여건 등을 고려하여 다양한 방식으로 예방·보충 지도를 실시한다. 필요한 경우 특수교육 대상 학생을 위하여 ❶ (        )을 설정할 수 있다.

타) 학교는 학교급 전환 시기에 학교급 간 연계 및 진로 교육을 강화하는 ❷ (        )을 편성·운영한다.

　(1) 학교는 학생의 진로·학업 설계 지도를 위해 교과와 창의적 체험활동 시간을 활용하여 ❸ (        )을 자율적으로 운영한다.

　(2) 졸업을 앞둔 시기에 교과와 창의적 체험활동 시간을 활용하여 ❹ (        )등을 운영한다.

파) 학교는 특수교육 대상 학생을 위해 필요시 ❺ (        ) 의 과목을 개설할 수 있다. 이 경우 진로 선택 과목 또는 융합 선택 과목으로 편성한다.

하) 학교는 특수교육 대상 학생을 위해 필요한 경우 이 교육과정의 보통 교과, 전문 교과, 특수교육 전문 교과를 선택하여 편성·운영할 수 있다. 이와 관련된 구체적인 사항은 시·도 교육청이 정하는 지침에 따른다.

거) 학교는 특수교육 대상 학생을 위해 필요한 경우 '점자'와 '수어'를 창의적 체험활동에 포함하여 운영한다.

너) 특수학교에서는 시각·청각장애 학생을 위해 [별책 2]에 제시된 별도의 교육과정을 활용할 수 있다.
- 시각장애 : ❻ (        )
- 청각장애 : ❼ (        )

❶ 별도의 최소 성취수준
❷ 진로연계교육
❸ 진로연계교육
❹ 대학 생활에 대한 이해, 대학 선이수 과목, 사회생활 안내와 적응 활동
❺ 특수교육 전문 교과
❻ 점자, 시각장애인의 자립생활
❼ 국어, 수어, 농인의 생활과 문화

2) 일반 고등학교(특수학교 포함)

　가) 교과(군) 174학점 중 필수 이수 학점은 84학점으로 한다. 단, 필요한 경우 학교는 학생의 진로 및 발달 수준 등을 고려하여 필수 이수 학점 수를 학생별로 다르게 정할 수 있으며, 이와 관련된 구체적인 사항은 시·도 교육감이 정하는 지침에 따른다.

　나) 학교는 교육과정을 보통 교과 중심으로 편성하되, 필요에 따라 전문 교과의 과목을 개설할 수 있다. 이 경우 진로 선택 과목으로 편성한다. 다만, 이료 교과를 중심으로 운영하는 경우 공통 과목 이수 학점 이외의 학점은 ❶ (　　　)로 대체하여 자율 이수 학점으로 편성·운영할 수 있다.

　다) 학교가 제2외국어 과목을 개설할 경우, 2개 이상의 과목을 동시에 개설하도록 노력해야 한다.

　라) 학교가 필요에 따라 이 교육과정에 제시되어 있는 과목 외에 새로운 과목을 개설할 경우 ❷ (　　　)으로 편성한다.

　마) 학교는 교육과정을 특성화하기 위해 ❸ (　　　)를 중심으로 중점학교를 운영할 수 있다. 이 경우 자율 이수 학점의 30% 이상을 해당 교과(군)의 과목으로 편성하도록 권장하며, 이와 관련된 구체적인 사항은 시·도 교육감이 정하는 지침에 따른다.

　바) 학교는 직업교육 관련 학과를 설치·운영하거나 직업 위탁 과정을 운영할 수 있다. 이 경우 특성화 고등학교와 산업수요 맞춤형 고등학교의 학점 배당 기준을 적용할 수 있으며, 이와 관련된 구체적인 사항은 시·도 교육감이 정하는 지침에 따른다.

3) 특수 목적 고등학교(산업수요 맞춤형 고등학교 제외)

　가) 교과(군) 174학점 중 필수 이수 학점은 75학점으로 하고, 자율 이수 학점 중 68학점 이상을 특수 목적 고등학교 전공 관련 선택 과목으로 편성한다.

　나) 이 교육과정에 제시되지 않은 계열의 교육과정은 유사 계열의 교육과정에 준한다. 부득이 새로운 계열을 설치하고 그에 따른 교육과정을 편성할 경우에는 시·도 교육감이 정하는 지침에 따라 사전에 필요한 절차를 거쳐야 한다.

　다) 학교는 필요에 따라 전문 교과의 과목을 개설할 수 있다. 이 경우 ❹ (　　　)으로 편성한다.

　라) 학교가 필요에 따라 이 교육과정에 제시되어 있는 과목 외에 새로운 과목을 개설할 경우 ❺ (　　　)으로 편성한다.

❶ 특수교육 전문 교과
❷ 진로 선택 과목 또는 융합 선택 과목
❸ 특정 교과
❹ 진로 선택 과목
❺ 진로 선택 과목 또는 융합 선택 과목

4) 특성화 고등학교와 산업수요 맞춤형 고등학교
　가) 학교는 산업수요와 직업의 변화를 고려하여 학과를 개설하고, 학과별 인력 양성 유형, 학생의 취업 역량과 경력 개발 등을 고려하여 학생이 직업기초능력 및 직무능력을 함양할 수 있도록 교육과정을 편성·운영한다.
　　(1) 교과(군)의 총 이수 학점 174학점 중 보통 교과의 필수 이수 학점은 64학점, 전문 교과의 필수 이수 학점은 80학점으로 한다. 단, 필요한 경우 학교는 학생의 진로 및 발달 수준 등을 고려하여 필수 이수 학점을 학생별로 다르게 정할 수 있으며, 이와 관련된 구체적인 사항은 시·도 교육감이 정하는 지침에 따른다.
　　(2) 학교는 두 개 이상의 교과(군)의 과목을 선택하여 전문 교과를 편성·운영할 수 있다.
　　(3) 학교는 모든 교과(군)에서 요구되는 전문 공통 과목을 학교 여건과 학생 요구를 반영하여 편성·운영할 수 있다.
　　(4) 전공 실무 과목은 ❶(　　　)의 성취기준에 적합하게 교수·학습이 이루어지도록 하며, 내용 영역인 ❷(　　　) 기준으로 평가한다.
　나) 학교는 학과를 운영할 때 필요한 경우 세부 전공, 부전공 또는 자격 취득 과정을 개설할 수 있다. 이와 관련된 구체적인 사항은 시·도 교육감이 정하는 지침에 따른다.
　다) 전문 교과의 기초가 되는 과목을 선택하여 이수할 경우, 이와 관련되는 보통 교과의 선택 과목 이수로 간주할 수 있다.
　라) 내용이 유사하거나 관련되는 보통 교과의 선택 과목과 전문 교과의 과목을 교체하여 편성·운영할 수 있다. 이 경우 시·도 교육감이 정하는 지침에 따라 사전에 필요한 절차를 거쳐야 한다.
　마) 학교는 산업계의 수요 등을 고려하여 전문 교과의 교과 내용에 주제나 내용 요소를 추가하여 구성할 수 있다. 단, 전공 실무 과목의 경우에는 국가직무능력표준에 기반을 두어야 하며, 학교 및 학생의 필요에 따라 내용 영역(능력단위) 중 일부를 선택하여 운영할 수 있다.
　바) 다양한 직업적 체험과 현장 적응력 제고 등을 위해 학교에서 배운 지식과 기술을 경험하고 적용하는 ❸(　　　)을 교육과정에 포함하여 운영한다.
　　(1) ❸(　　　)은 교육과정과 관련된 직무를 경험할 수 있도록 운영한다. 특히, 산업체를 기반으로 실시하는 현장 실습은 학생이 참여 여부를 선택하도록 하되, 학교와 산업계가 현장 실습 프로그램을 공동으로 개발하고 현장 실습의 과정과 결과를 평가하도록 한다.
　　(2) ❸(　　　)은 지역사회 기관들과 연계하여 다양한 형태로 운영할 수 있으며, 이와 관련된 구체적인 사항은 시·도 교육감이 정하는 지침에 따른다.

❶ 국가직무능력표준
❷ 능력단위
❸ 현장 실습

사) 학교는 실습 관련 과목을 지도할 경우 사전에 수업 내용과 관련된 산업안전보건 등에 대한 교육을 실시해야 하고, 안전 장구 착용 등 안전 조치를 취한다.

아) ❶ (          )은 학생의 진로 및 경력 개발, 인성 계발, 취업 역량 제고 등을 목적으로 프로그램을 운영할 수 있다.

자) 이 교육과정에 제시되지 않은 교과(군)의 교육과정은 ❷ (          )에 준한다. 부득이 새로운 교과(군)의 설치 및 그에 따른 교육과정을 편성·운영하고자 할 경우에는 시·도 교육감이 정하는 지침에 따라 사전에 필요한 절차를 거쳐야 한다.

차) 학교가 필요에 따라 이 교육과정에 제시되어 있는 과목 외에 새로운 전공 실무 과목을 개설하여 운영할 경우 ❸ (          )에 기반을 두어야 하며, 이 경우 시·도 교육감이 정하는 지침에 따라 사전에 필요한 절차를 거쳐야 한다.

카) 산업수요 맞춤형 고등학교는 산업계의 수요와 직접 연계된 맞춤형 교육과정 운영이 가능하도록 교육과정 편성·운영의 자율권을 부여하고, 이와 관련된 구체적인 사항은 시·도 교육감이 정하는 지침에 따른다.

---

❶ 창의적 체험활동
❷ 유사한 교과(군)의 교육과정
❸ 국가직무능력표준

## 3. 기본 교육과정 편성·운영

2 중학교

가. 편제와 시간 배당 기준

1) 편제

가) 중학교 교육과정은 교과(군)와 창의적 체험활동, 일상생활 활동으로 편성한다.
나) 교과(군)는 ❶ (       )으로 한다.
다) 선택 교과는 ❷ (       ) 등의 과목으로 한다.
라) 창의적 체험활동은 ❸ (       )으로 한다.
마) 일상생활 활동은 ❹ (       )을 중심으로 편성·운영한다.

2) 시간 배당 기준

| 구 분 | | 1~3학년 |
|---|---|---|
| 교과(군) | 국어 | 374 |
| | 사회 | 374 |
| | 수학 | 306 |
| | 과학 | 204 |
| | 진로와 직업 | 476 |
| | 체육 | 272 |
| | 예술(음악/미술) | 238 |
| | 선택 | 170 |
| 소계 | | 2,414 |
| 창의적 체험활동 | | 408 |
| 일상생활 활동 | | 544 |
| 총 수업 시간 수 | | 3,366 |

① 1시간 수업은 45분을 원칙으로 하되, 기후 및 계절, 학생의 발달 정도, 학습 내용의 성격, 학교 실정 등을 고려하여 탄력적으로 편성·운영할 수 있다.
② 교과(군)별, 창의적 체험활동, 일상생활 활동 시간 배당은 연간 34주를 기준으로 3년간의 ❺ (       )를 나타낸 것이다.
③ 총 수업 시간 수는 3년간의 ❻ (       )를 나타낸 것이다.

❶ 국어, 사회, 수학, 과학, 진로와 직업, 체육, 예술(음악/미술), 선택
❷ 정보통신활용, 생활영어, 보건
❸ 자율·자치 활동, 동아리 활동, 진로 활동
❹ 의사소통, 자립생활, 신체활동, 여가활동, 생활적응 등 생활 기술
❺ 기준 수업 시수
❻ 최소 수업 시수

## 나. 교육과정 편성·운영 기준

① 학교는 학생이 ( )을 학년별, 학기별로 편성하여 학생과 학부모에게 안내한다.
② 학교는 ( )를 자율적으로 편성·운영할 수 있다.
③ 학교는 해당 학년군 교육과정을 적용하되, 필요한 경우 ( )으로 대체하여 운영할 수 있다.
④ 학교는 학교의 특성, 학생·교사·학부모의 요구 및 필요에 따라 자율적으로 ( ) 내에서 시수를 증감하여 편성·운영할 수 있다. 단 체육, 예술(음악/미술) 교과는 기준 수업 시수를 감축하여 편성·운영할 수 없다.
⑤ 학교는 학생의 학업 부담을 적정화하고 의미 있는 학습 활동이 이루어질 수 있도록 학기당 이수 교과목 수를 8개 이내로 편성한다. 단 ( )는 이수 교과목 수 제한에서 제외하여 편성할 수 있다.
⑥ 학교는 필요한 경우 ( )을 개설할 수 있다. 이 경우 시·도 교육감이 정하는 지침에 따라 사전에 필요한 절차를 거쳐야 한다.
⑦ 학교는 창의적 체험활동의 영역을 ( ) 등을 고려하여 자율적으로 편성·운영한다.
⑧ 학교는 필요한 경우 학생의 장애 특성 및 교육적 요구에 따른 교육 내용을 ( )으로 편성·운영할 수 있다.
⑨ 학교는 학생들이 자신의 적성과 미래에 대해 탐색하고 학습의 즐거움을 경험할 수 있도록 ( )를 편성·운영한다.
　가) 중학교 과정 중 한 학기는 자유학기로 운영하되, 해당 학기의 교과 및 창의적 체험활동을 ( )취지에 부합하도록 편성·운영한다.
　　(1) ( )는 지역 및 학교 여건을 고려하여 자율적으로 학생 참여 중심의 주제선택 활동과 진로 탐색 활동을 운영한다.
　　(2) ( )에는 협동 학습, 토의·토론 학습, 프로젝트 학습 등 학생 참여형 수업을 강화하고, 학생의 학습과 성장을 중시하는 다양한 평가 방법을 활용하되, 일제식 지필 평가는 지양한다.
　나) 학교는 상급 학교(학년)로 진학하기 전 학기나 학년의 일부 시간을 활용하여 학교급 간 연계 및 진로 교육을 강화하는 진로연계교육을 편성·운영할 수 있다.
　　⑩ 학교는 학생들이 삶 속에서 스포츠 문화를 지속적으로 향유하여 건전한 심신 발달과 정서 함양이 이루어질 수 있도록 ( )을 편성·운영한다.
　　　가) ( )은 창의적 체험활동의 동아리 활동으로 편성하고 학년별 연간 34시간 운영하며, 매 학기 편성하도록 한다.
　　　나) ( )의 종목과 내용은 학생들의 희망을 반영하여 학교가 결정하되, 다양한 종목을 개설하여 학생들의 선택권이 보장되도록 한다.

---

① 3년간 이수해야 할 교과목
② 교과(군)의 이수 시기와 그에 따른 수업 시수
③ 타 학년군의 교과 내용
④ 교과(군)별, 창의적 체험활동, 일상생활 활동 간 50% 범위
⑤ 체육, 예술(음악/미술) 교과
⑥ 새로운 선택 과목
⑦ 학생들의 발달 수준, 학교의 여건
⑧ 창의적 체험활동과 일상생활 활동
⑨ 자유학기
⑩ 학교스포츠클럽 활동

③ **고등학교**

**가. 편제와 학점 배당 기준**

1) 편제

가) 고등학교 교육과정은 ❶ (          )으로 편성한다.

나) 교과(군)는 ❷ (          )으로 한다.

다) 선택 교과는 ❸ (          ) 등의 과목으로 한다.

라) 창의적 체험활동은 ❹ (          )으로 한다.

마) 일상생활 활동은 ❺ (          )을 중심으로 편성·운영한다.

2) 학점 배당 기준

| 구 분 | | 1~3학년 |
|---|---|---|
| 교과<br>(군) | 국어 | 20 |
| | 사회 | 18 |
| | 수학 | 14 |
| | 과학 | 8 |
| | 진로와 직업 | 36 |
| | 체육 | 14 |
| | 예술(음악/미술) | 14 |
| | 선택 | 10 |
| 소계 | | 134 |
| 창의적 체험활동 | | 26 |
| 일상생활 활동 | | 32 |
| 총 이수 학점 | | 192 |

① 1학점은 50분을 기준으로 하여 16회를 이수하는 수업량이다.

② 1시간의 수업은 50분을 원칙으로 하되, 기후 및 계절, 학생의 발달 정도, 학습 내용의 성격, 학교 실정 등을 고려하여 탄력적으로 편성·운영할 수 있다.

③ 교과(군)별, 창의적 체험활동, 일상생활 활동 학점 배당은 연간 34주를 기준으로 3년간의 ❻(          )을 나타낸 것이다.

④ 총 이수 학점 수는 고등학교 졸업을 위해 3년간 이수해야 할 ❼(          )을 의미한다.

❶ 교과(군)와 창의적 체험활동, 일상생활 활동
❷ 국어, 사회, 수학, 과학, 진로와 직업, 체육, 예술(음악/미술), 선택
❸ 정보통신활용, 생활영어, 보건
❹ 자율·자치 활동, 동아리 활동, 진로 활동
❺ 의사소통, 자립생활, 신체활동, 여가활동, 생활적응 등 생활 기술
❻ 기준 이수 학점
❼ 최소 이수 학점

## 나. 교육과정 편성·운영 기준

① 고등학교 교육과정의 총 이수 학점은 192학점이며 교과(군) 134학점, (　　) 26학점, (　　) 32학점으로 편성한다.
② 학교는 학생이 3년간 이수할 수 있는 과목을 (　　)로 편성하여 학생과 학부모에게 안내한다.
③ 교과(군)의 이수 시기와 그에 따른 (　　)은 학교가 자율적으로 편성·운영할 수 있다.
④ 학교는 해당 학년군 교육과정을 적용하되, 필요한 경우 (　　)으로 대체하여 운영할 수 있다.
⑤ 학교는 학교의 특성, 학생·교사·학부모의 요구 및 필요에 따라 자율적으로 (　　) 내에서 시수를 증감하여 편성·운영할 수 있다. 단 체육, 예술(음악/미술) 교과는 기준 수업 시수를 감축하여 편성·운영할 수 없다.
⑥ 학교는 학생들이 (　　)이 이루어질 수 있도록 학기당 이수하는 학점을 적정하게 편성한다.
⑦ 진로·직업 교육은 '진로와 직업' 교과 외에도 (　　)와 (　　) 중에서 학교의 여건에 맞는 것을 선택하여 편성할 수 있다.
⑧ 학교는 필요한 경우 새로운 선택 과목을 개설할 수 있다. 이 경우 (　　)에 따라 사전에 필요한 절차를 거쳐야 한다.
⑨ 학교에서 개설하지 않은 선택 과목 이수를 희망하는 학생이 있을 경우 그 과목을 개설한 (　　)를 인정한다. 이와 관련된 구체적인 사항은 시·도 교육감이 정하는 지침에 따른다.
⑩ 학교는 학생의 필요에 따라 (　　)을 과목 또는 창의적 체험 활동으로 이수를 인정한다. 이와 관련된 구체적인 사항은 시·도 교육감이 정하는 지침에 따른다.
⑪ 학교는 창의적 체험활동의 영역을 (　　) 등을 고려하여 자율적으로 편성·운영하고, 학생의 진로 및 적성과 연계하여 다양한 활동이 이루어질 수 있도록 한다.
⑫ 학교는 필요한 경우 학생의 장애 특성 및 교육적 요구에 따른 교육 내용을 (　　)으로 편성·운영할 수 있다.
⑬ 학교는 교육과정을 특성화하기 위해 특정 교과를 중심으로 중점학교를 운영할 수 있다. 이 경우 (　　) 내에서 감축하여 해당 교과(군)의 과목으로 편성하도록 권장하며, 이와 관련된 구체적인 사항은 시·도 교육감이 정하는 지침에 따라 사전에 필요한 절차를 거쳐야 한다.
⑭ 학교는 '진로와 직업' 교과의 교육과정 내용과 관련이 있는 (　　)을 다양한 형태로 운영할 수 있으며, 이와 관련한 구체적인 사항은 시·도 교육감이 정하는 지침에 따른다.
⑮ 학년을 달리하는 학생을 대상으로 복식 학급을 편성·운영하는 경우에는 (　　)하여 활용할 수 있다.
⑯ 학교는 학교급 전환 시기에 학교급 간 연계 및 진로 교육을 강화하는 (　　)을 편성·운영할 수 있다.

① 창의적 체험활동 / 일상생활 활동
② 학년별, 학기별
③ 이수 학점
④ 타 학년군의 교과 내용
⑤ 교과(군)별, 창의적 체험활동, 일상생활 활동 간 50% 범위
⑥ 의미 있는 학습 활동
⑦ 선택 중심 교육과정의 전문 교과 / 특수교육 전문 교과
⑧ 시·도 교육감이 정하는 지침
⑨ 다른 특수학교 및 일반학교의 이수
⑩ 지역사회 기관에서 이루어진 학교 밖 교육
⑪ 학생들의 발달 수준, 학교의 여건
⑫ 창의적 체험활동과 일상생활 활동
⑬ 창의적 체험활동, 일상생활 활동 학점의 50% 범위
⑭ 현장 실습
⑮ 교육 내용의 학년별 순서를 조정하거나 공통 주제를 중심으로 교육과정을 재구성
⑯ 진로연계교육

특수의 정석

특수교육 교육과정
**중등편**

# 02 기본 교육과정

01 국어
02 사회
03 수학
04 과학
05 진로와 직업
06 체육
07 음악
08 미술
09 선택 – 정보통신활용
10 선택 – 생활영어
11 선택 – 보건
12 창의적 체험활동
13 일상생활 활동

# 01 국어

## 교육과정 설계의 개요

① 기본 교육과정 국어과 역량 6가지를 쓰시오.
② 국어과의 여섯 역량은 (　　　), (　　　), (　　　), (　　　), (　　　) 등의 강조점을 중심으로 국어과의 '성격과 목표'에 반영하였다.
③ '내용 체계'에는 목표와 역량의 연계성, 성취기준과의 관련성, 특수교육 대상 학생의 언어 발달 및 언어 특성을 고려하여 영역별로 '(　　　)'를 밝히고, (　　　)의 세 범주와 그에 따른 학년(군)별 '내용 요소'를 제시하였다.
④ 기본 교육과정 국어과 영역 3가지를 쓰시오.
⑤ '듣기·말하기'는 (　　　)을 중심으로 구성하였다.
⑥ '읽기'와 '쓰기'는 문자 언어, 보완대체의사소통 상징과 기기, 매체와 매체 자료 등 (　　　)을 중심으로 구성하였다.

① 의사소통 역량, 자기관리 역량, 공동체·대인 관계 역량, 디지털·미디어 역량, 창의적 사고 역량, 문화향유 역량
② 효과적인 의사소통 / 상황에 맞는 국어 사용 / 대인 관계와 언어 공동체 의식 / 창의적 사고와 표현 / 국어문화 향유
③ 핵심 아이디어 / '지식·이해', '과정·기능', '가치·태도'
④ '듣기·말하기', '읽기', '쓰기'
⑤ 음성 언어 의사소통과 보완대체의사소통
⑥ 다양한 방식과 유형의 언어 이해와 표현

# 01 성격 및 목표

## 1) 성격
① 국어과는 (        )을 기르고, (        )을 학습하여 일상생활에서 (        )을 하도록 하는 교과이다.
② 국어과는 다른 교과의 학습 및 비교과 활동과 (        )으로 연계된다.
③ 학생은 국어 (        )를 바탕으로 국어 생활에 필요한 (        )을 익히고 (        )를 형성함으로써 국어과 목표를 달성할 수 있다.
④ 학생은 국어과 학습으로 (        )하고, 의사소통에 필요한 기초 능력을 길러 다른 사람과의 (        )을 촉진할 수 있다.
⑤ 상황과 맥락에 맞는 의사소통은 (        )를 형성하고 (        )을 증진하며, 일상생활에서 국어 생활의 즐거움을 느끼고 성취감을 높일 수 있다.

## 2) 목표
⑥ 상황과 목적에 맞게 자신의 의사소통 특성에 적합한 (        )를 사용하여 의사소통한다.
⑦ 변화하는 환경에 적응할 수 있도록 (        ), (        ), (        ), (        )에 필요한 국어 사용 능력을 갖춘다.
⑧ 타인의 의견과 감정, 가치관을 존중하고, 상황과 대상에 맞는 언어 예절을 지켜 (        )를 유지하고, (        )을 가진다.
⑨ (        ), (        )를 사용하여 지식과 정보를 소통하는 과정에서 창의적으로 사고하고 표현한다.
⑩ (        ), (        ), (        )을 감상하고 국어문화를 향유한다.

① 국어 사용 능력 / 자신의 특성에 맞는 의사소통 방법 / 자기주도적인 국어 생활
② 범교과적
③ 지식과 이해 / 과정과 기능 / 가치와 태도
④ 정확한 국어 지식을 습득 / 상호작용
⑤ 다른 사람과의 관계 / 자기 효능감
⑥ 매체와 도구
⑦ 일상생활 / 학습 / 건강 / 진로
⑧ 원만한 대인 관계 / 언어 공동체 의식
⑨ 매체와 매체 자료 / 보완대체의사소통 기기
⑩ 정보·재미·정서가 반영된 글 / 매체 자료 / 문학 작품

# 02 교수·학습 및 평가

**1) 교수·학습**

(1) 교수·학습의 방향

① 국어과 목표와 성취기준을 고려하여 학생이 (     )을 기를 수 있도록 교수·학습을 계획하고 운용한다.

② 국어과 역량을 효과적으로 함양할 수 있도록 하기 위하여 (     ), (     )를 중심으로 교수·학습을 계획하고 실행한다.

③ 교사와 학생, 학생과 학생 간의 상호작용을 통하여 (     )에 적극적으로 참여하면서 협력을 경험할 수 있도록 교수·학습을 계획하고, (     )에 따라 융통성 있게 운용한다.

④ 학년(군)별, 영역별 내용 요소 및 성취기준을 고려하여 다양한 교수·학습을 계획하고, 학급 또는 개별 학생의 수준과 특성을 고려하여 (     )으로 대체하여 운영할 수 있다.

⑤ 국어 교과 내, 국어 교과와 타 교과 간, 국어 교과와 비교과 활동의 통합으로 (     )과 (     )을 꾀할 수 있도록 교수·학습을 계획하고 실행한다.

⑥ 교수·학습 목적을 충분히 이해하고 교수·학습 활동에 흥미를 보일 수 있도록 학생 중심의 교수·학습을 계획하고, (     )를 중심으로 학습 활동을 구성하여 성취기준에 도달할 수 있도록 운용한다.

⑦ 중도중복장애 학생의 의미 있는 국어 학습과 자기주도적인 의사소통 촉진을 위해 학생의 의사소통 의도와 기능에 초점을 맞추어 교수·학습을 계획하고, (     )을 적용하여 운용한다.

⑧ (     )을 고려하여 온오프라인 수업을 적절하게 활용하고, (     )를 활용할 수 있도록 교수·학습을 계획하고 운용한다.

⑨ 학생이 미래 사회에 성공적으로 적응하고 (     )을 하며, 질 높은 삶을 살아가는 데 필요한 (     )과 (     )을 함양할 수 있도록 교수·학습을 계획하고 운용한다.

⑩ (     )과 (     ), (     ), (     ) 등을 주제로 범교과 교수·학습을 계획하고 운용한다.

---

**A**

① 의사소통 역량, 자기관리 역량, 공동체·대인 관계 역량, 디지털·미디어 역량, 창의적 사고 역량, 문화향유 역량
② 실생활에서의 활용성을 고려한 개념이나 지식 / 사회적 상호 작용을 유도할 수 있는 의사소통 기능과 태도
③ 다양한 문제 해결 과제 / 학생의 요구와 수준
④ 타 학년(군)의 교과 내용
⑤ 지식과 생활의 연속성과 학습 내용의 통합
⑥ 활동이나 결과를 예측할 수 있는 일상적인 일과
⑦ 보완대체의사소통 체계, 부분 참여의 원리, 최소위험가설의 기준 등
⑧ 디지털 교육 환경 및 미래 디지털 환경에서의 의사소통 맥락 / 의사소통에 필요한 다양한 디지털 도구
⑨ 자기주도적인 국어 생활 / 언어 소양 / 디지털 소양
⑩ 국어 활동의 총체성 / 민주시민 교육 / 다문화 교육 / 환경·지속가능발전 교육

(2) 교수·학습 방법
   ① 국어과는 내용 체계와 국어 생활의 실제가 연계될 수 있도록 다른 영역이나 타 교과, 일상생활에서 (　　　)를 통합하여 지도하고, 학생의 경험을 바탕으로 한 (　　　)이나 (　　　) 등을 활용한다.
   ② 의사소통을 학습하는 초기에는 (　　　) 초점을 맞추어 지도한다.
   ③ 음성 언어로 의사소통하기 어려운 학생에게 듣기·말하기를 지도할 때는 (　　　)과 함께 (　　　)을 활용하여 의사소통할 수 있도록 지도한다.
   ④ 읽기에 어려움이 있는 학생을 지도할 때는 수업의 목표에 따라 (　　　)해 주거나 (　　　)하고, 전자저작물과 교재는 (　　　)이나 (　　　)을 활용하여 학생이 읽기 활동에 참여하게 함으로써 학습 목표를 성취하게 한다.
   ⑤ 신체·운동의 제한으로 인해 쓰기에 어려움을 겪는 학생은 (　　　)을 활용할 수 있도록 지도한다.
   ⑥ 다양한 매체 자료를 활용하여 (　　　)를 확장하고, 일상생활에서 국어 교육과 (　　　)을 연계하여 지도한다.
   ⑦ (　　　), (　　　)를 적극적으로 활용하여 지도한다.
   ⑧ (　　　)을 고려하여 상황과 맥락에 맞는 의사소통을 할 수 있도록 교실 내외에서 다양한 언어 경험을 제공하고, (　　　)함으로써 학생이 자신감을 가지고 의사소통할 수 있도록 허용적인 분위기를 조성하여 지도한다.
   ⑨ 한 영역에서 학습한 내용을 다른 영역이나 타 교과, 일상생활에서 활용할 수 있도록 (　　　)를 제공한다.
   ⑩ 국어과 역량 함양을 위해 (　　　)해 나가고, 학생이 (　　　)을 할 수 있도록 가정 및 지역사회와 협력한다.
   ⑪ 중도중복장애 학생에게는 (　　　)하거나 이해 전략을 발달시키기 위하여 (　　　)과 (　　　)을 통해서 기능적 의사소통에 참여하도록 지도한다.
   ⑫ 중도중복장애 학생에게 (　　　), (　　　)을 제공하여 사물, 사건, 관계에 대한 기본적인 이해와 의사소통 의도를 표현하게 한다.
   ⑬ 새로운 국어 지식이나 개념, 문자 언어의 구조와 체계를 교수할 때는 (　　　)을 할 수 있도록 지도한다. 또한 (　　　), (　　　), (　　　) 등 학생의 수준에 따라 다양한 교수 전략을 적용한다.
   ⑭ 온오프라인 연계 수업, 원격수업 시에는 국어과의 효과적인 학습을 위해 (　　　)를 적극적으로 활용한다.

---

① 듣기·말하기, 읽기, 쓰기의 학습 요소 / 언어 경험 중심 접근법 / 총체적 언어 접근법
② 표정, 몸짓으로 자신의 기본적인 욕구를 상대방에게 표현하는 데
③ 표정이나 몸짓과 같은 비구어 체계 사용 의사소통 / 그림, 사진, 기호, 단어와 같은 보완대체의사소통 상징
④ 읽기 자료를 잘 활용할 수 있도록 환경을 조정 / 다양한 보조공학 기기를 제공 / 화면 읽기 프로그램 / 화면 넘기기 기능이 있는 프로그램
⑤ 보완대체의사소통 기기와 컴퓨터 등 대체 입력 방법    ⑥ 미디어를 통한 의사소통 범위 / 문학 감상
⑦ 매체와 매체 자료 / 보완대체의사소통 체계    ⑧ 생활연령 / 학생의 표현에 세밀하게 반응
⑨ 충분한 연습 기회
⑩ 개인, 가정, 학교, 지역사회로 교육 환경을 확장 / 다양한 환경에서 적극적이고 자기주도적인 의사소통
⑪ 주변의 단서를 사용 / '현재 여기에서' 진행되는 활동 / 공동 관심
⑫ 적합한 놀이 / 사물의 기능적 사용과 같은 활동 경험
⑬ 명시적이고 체계적인 직접 교수법으로 시범, 안내된 지도, 반복 훈련 등 / 단어 찾기 훈련 / 다양한 디지털 미디어 활용
⑭ 디지털 기반의 의사소통 도구

## 2) 평가

### (1) 평가의 방향

① 정확하고 효과적인 국어 사용 능력을 기르고, 학생의 특성에 맞는 의사소통 방식과 공동체의 언어문화를 학습하는 데 필요한 (　　　)를 다면적이고 종합적으로 고려하여 평가 계획을 수립한다.

② 교육과정 (　　　)와 (　　　)에 근거하여 평가하고, 학생의 (　　　)과 연계하여 교육과정-수업-평가를 일체화한다.

③ 학습 과정에서 (　　　)에 초점을 맞추고, 학생의 학습 과정과 실제 수행한 결과를 반영하여 평가한다. 평가 결과를 누적하여 (　　　)을 파악하고, 학생에게 (　　　)로 활용한다. 평가 결과는 (　　　)하는 데 활용한다.

④ 국어를 사용하는 실제 환경이나 유사한 맥락을 바탕으로 한 평가를 지향한다. 실생활에서 개별 학생의 (　　　)을 평가할 수 있도록 하는 맞춤형 평가를 계획하고, 수집된 자료를 기초로 하여 학생의 수행을 평가한다.

⑤ (　　　)를 고려하여 다양한 평가 상황을 설정하고, '듣기·말하기', '읽기', '쓰기'의 세 가지 영역을 유기적으로 연관 지어 통합적인 평가를 실행한다.

⑥ 학생의 의사소통 방식을 존중하고, 국어 사용 능력을 표현할 수 있는 다양한 방안을 마련하여 모든 학생이 적절한 방식으로 평가에 참여하게 한다. 중도중복장애 학생을 포함하여 국어과의 내용과 성취기준을 적용하기 어려운 학생에게는 (　　　)할 수 있다.

⑦ 온오프라인 연계 수업, 원격수업은 수업 운영 형태에 맞게 (　　　)을 확보한 평가 계획을 수립하여 평가를 실행한다.

⑧ (　　　)해 갈 수 있도록 학생의 수행 변화에 초점을 둔 평가 결과를 보호자와 학생에게 안내한다.

---

① 지식·이해, 과정·기능, 가치·태도
② 내용 요소 / 성취기준 / 개별화교육계획
③ 학생이 어떻게 얼마나 성장하였는가 / 학생의 국어 사용 능력의 발달과 성장 / 피드백 근거 / 교수·학습의 내용과 방법의 적절성을 진단하고 개선
④ 실제적인 국어 사용 능력
⑤ 학생의 수준, 관심, 흥미, 의사소통 방식 등 개인차
⑥ 성취기준을 재구성할 수 있으며, 평가 조정과 대안 평가를 적용
⑦ 평가의 공정성
⑧ 일상생활에서 의사소통의 기회를 더 많이 확대하고 지속해서 국어 활용 능력을 확장

(2) 평가 방법
① 학생의 언어, 인지 능력, 장애 특성에 적합한 다양한 평가 방법과 평가 도구를 활용한다. (　　　)을 반영하여 평가 방법과 평가 도구를 결정하고, 일반적인 듣기·말하기, 읽기, 쓰기의 방법 이외에도 (　　　)를 활용하여 학생의 수행을 평가한다.
② 교과 내용 및 성취기준에 대한 해석을 통해 (　　　)하고, 이를 바탕으로 학생의 학습 과정과 결과를 질적으로 평가한다.
③ 학생의 학습 특성과 수행 수준을 고려한 맞춤형 평가를 지향하며, 학생의 변화를 반영할 수 있도록 (　　　) 등을 조정하여 평가한다.
④ 중도중복장애 학생의 평가는 (　　　)을 중심으로 하고, 학생의 성공적인 의사소통을 제한하거나 촉진하는 환경 등의 질적인 면을 함께 고려한다.
⑤ '듣기·말하기' 영역에서는 자연스러운 대화 상황에서 대화의 당사자로서 (　　　)를 사용한 듣기·말하기 활동에 참여하는지 평가한다.
⑥ '읽기' 영역에서는 (　　　)를 읽고 의미를 파악하는 활동을 통해 학생이 읽기 능력을 적절히 활용할 수 있는지 평가한다.
⑦ '쓰기' 영역에서는 실생활에서 (　　　)을 통해 학생이 쓰기에 대한 긍정적 태도와 적절한 쓰기 능력을 발전시키고 있는지 평가한다.
⑧ 보완대체의사소통 체계 활용 능력 평가는 (　　　) 등으로 구분하여 평가하고, 사용하는 상징, 어휘나 문장, 기기는 (　　　)학생의 수행 능력과 환경에 따라 지속해서 보완·개선한다.
⑨ 온오프라인 연계 수업의 평가는 온라인 수업에서 작성한 과제물 수행 결과보다는 등교 수업 시 (　　　) 등을 중심으로 평가한다. 원격수업 평가는 평가의 공정성과 투명성을 확보하기 위하여 (　　　)을 교사가 직접 관찰·확인한다.

① 학생의 의사소통 방식과 참여 수단 / 다양한 매체
② 평가 요소를 사전에 개발
③ 평가기준과 준거
④ 의사소통의 의도, 비언어적 의사소통, 시선이나 감정 표현과 같은 사회적·정서적 행동
⑤ 언어적 표현과 함께 준언어적 표현, 비언어적 표현 요소
⑥ 일상생활에서 볼 수 있는 다양한 문자와 매체 자료
⑦ 자연스러운 쓰기 관련 활동
⑧ 운동 능력, 언어 능력, 상징 사용 능력 및 기기 선정 영역
⑨ 학생의 성취도, 태도, 참여도, 수행 역량 / 학생이 제출한 과제의 수행 주체와 과정

# 02 사회

## 교육과정 설계의 개요

① 사회과 교과 역량 3가지를 쓰시오.
② 사회과 내용 영역 3가지를 쓰시오.
③ 사회과 내용 요소에서 학년(군)별로 설정된 사회적 맥락의 범위는 (     )을 적용하여 학생의 교육적 요구에 따라 고정되지 않고 유연하게 해석된다.
④ 사회과 내용 요소는 (     )이 증가하면서 사회생활 경험이 확장과 반복을 연속하며 (     )를 갖는 교육과정 계열이 된다.
⑤ 사회과에서 학생의 능동적 사회 참여를 중시하는 학습 경험의 수평적 조직은 (     )과 아동 중심의 (     ) 특성을 반영하고, 생활연령의 변화에 기초한 나선형 순환의 계열화는 (     ) 에 기초한다.
⑥ 사회과 교육과정의 구조는 사회과 내용 영역이 (     )을 중심으로 나선형 순환을 거듭하면서 시민으로 성장하며 삶을 영위하는 과정을 보여준다.

① 자율생활 역량, 대인관계 역량, 사회참여 역량
② 나의 삶, 관계의 삶, 시민의 삶
③ 탄력적 환경 확대법
④ 생활연령 / 나선형 순환구조
⑤ 생태학적 접근 / 경험주의 교육과정 / 기능적 교육과정 원리
⑥ 민주시민성

# 01 성격 및 목표

## 1) 성격

① 사회과는 학생의 (　　) 과정을 지원하는 (　　)의 핵심 교과이다.

② 사회과는 학생들이 생태학적 맥락에서 사회현상에 관심을 가지고 생활연령에 따른 사회·문화적 경험을 통해 사회에 참여하면서 (　　)을 함양하는 교과이다.

③ 사회과는 학생이 자신을 (　　)로서 바르게 이해하고 세상을 알아가도록 돕는 교과로서 실제적 사회 경험을 통해 사회에 참여하며 (　　)을 가꾸어 나가는 과정이다.

④ 사회과에서 기르고자 하는 민주시민은 (　　), (　　), (　　), (　　), (　　)을 갖춘 사람이다.

⑤ 학교는 실제 사회적 상황을 학습 내용으로 선정하고 이를 위한 (　　)과 (　　)를 제공한다.

⑥ 사회과에서 제공하는 학습 경험, 교수·학습 및 평가는 (　　)를 요구하며 다른 교과 및 비교과 활동과 다양한 수준 및 방식으로 연계할 수 있다.

## 2) 목표

⑦ 학생은 사회과를 통해 (　　)과 교육적 요구에 맞는 (　　)을 경험하고 사회에 참여하여 민주시민으로서 가치와 태도를 기르고 실천한다.

⑧ 자신을 바르게 인식하고 (　　)과 (　　)를 실천하여 자율적이면서 함께 살아가는 삶의 태도를 기른다.

⑨ 사회·도덕적 인성을 기르고 사회적 맥락에 맞게 (　　)을 하며 다양한 (　　)를 형성한다.

⑩ (　　)을 소중히 여기고 (　　)로서 소양을 기른다.

⑪ 우리 역사와 다양한 문화에 관심을 가지고 즐기며 (　　)을 기른다.

⑫ (　　)에 관심을 가지고 (　　)를 실천하며 민주시민의 자질을 기른다.

---

**A**

① 사회화 / 민주시민 교육
② 민주시민의 자질
③ 사회적 존재 / 시민으로서 삶
④ 자율적인 삶의 태도 / 도덕적 인성 및 사회성 / 생태시민성 / 역사·문화적 소양 / 민주시민성
⑤ 학습 환경 조성 / 일반화를 위한 사회 참여 기회
⑥ 사회적 타당도
⑦ 생활연령 / 다양한 사회·문화생활
⑧ 자기 결정 / 자기 옹호
⑨ 사회적 상호 작용 / 사회적 관계
⑩ 지속가능한 생태환경 / 경제활동 주체
⑪ 역사·문화적 소양
⑫ 사회현상과 문제 / 사회 참여

# 02 교수·학습 및 평가

1) 교수·학습

(1) 교수·학습의 방향

① 학생이 (    )에 따른 다양한 사회생활을 경험할 수 있도록 (    )을 중심으로 교수·학습을 계획한다.

② 교육과정 영역별 내용 요소 및 성취기준은 학교 수준 교육과정에서 (    )과 학생이 살아가는 (    )을 고려하며 학생의 교육적 요구에 따라 유연하게 해석하여 학생의 삶과 연계한 맞춤형 교수·학습을 설계한다.

③ 내용 요소에서 (    )과 (    )를 중심으로 진술된 성취기준에 따라 실제 사회 장면에서 구체적인 학습 활동을 계획하고 (    )는 그러한 활동을 경험하는 과정 및 결과로써 수반될 수 있도록 한다.

④ 내용 영역 및 내용 요소는 서로 배타적이지 않고 (    )에 따라 융합되어 사회현상을 종합적으로 인식하고 경험할 수 있도록 통합적인 교수·학습을 설계한다.

⑤ 성취기준은 (    )으로써 장애 특성을 이유로 제한하지 않고 학습 활동 참여에 필요한 지원 요구를 반영하여 교수·학습을 계획한다.

⑥ 모든 학생이 자신의 교육적 요구와 학습 양식에 따라 학습 활동에 능동적으로 참여할 수 있도록 보조공학 및 테크놀로지 등을 활용하고 (    )를 적용하여 교수·학습을 설계한다.

⑦ 다양한 사회적 학습 경험을 위하여 (    ), (    ), (    )을 계획하고 학습한 내용을 실생활에서 활용하도록 가정 및 지역사회와 협력한다.

① 생활연령 / 실제적 활동
② 지역 특수성 / 현재 및 미래의 생태학적 맥락
③ '과정·기능' / '가치·태도' / '지식·이해'
④ 학생의 삶의 맥락
⑤ 모든 학생에게 보장하는 학습 기회 기준
⑥ 보편적 학습설계의 원리
⑦ 온오프라인 연계 수업 / 원격수업 / 가정 및 지역사회 연계 학습

(2) 교수·학습 방법

(가) 사회과 교수·학습 모형은 사회과 수업을 실천하는 고유한 교수·학습 과정이며 그 과정에 참여하는 자체가 목표가 되는 것이므로 학생의 특성과 학습 수준에 알맞은 지원을 반영하여 유연하게 적용한다.

① 사실이나 개념 이해를 위해 직접 교수, 개념학습, 탐구학습 모형 등을 적용하되 학생이 (     )를 통해 자연스럽게 학습할 수 있게 한다.

② 사회적 문제 상황 확인과 합리적 의사 결정을 위해 의사 결정 학습, 논쟁 문제 수업, 문제 해결 학습 모형 등을 적용하며 (     )과 (     )에 교사가 함께 참여할 수 있다.

③ 사회·도덕적 인성과 민주시민의 가치와 태도를 기르기 위하여 가치 명료화, 가치 분석 모형 등을 활용하고 학습 성과로서 학생이 (     )으로 실천할 수 있게 한다.

④ 절차적 지식과 기능 학습 활동을 위하여 비교하기, 설명하기, 표현하기, 적용하기, 의사 결정하기, 자료 수집하기, 조사하기, 분석하기, 탐구하기, 체험하기, 토론하기, 토의하기, 계획하기 등을 학생 특성을 고려하여 유연하게 조직하고 교사가 (     )로서 함께 참여한다.

(나) 학생들의 장애 특성, 학습 수준, 교육적 요구 등의 다양성을 사회과 교수·학습에 필요한 이질적 학습 집단 특성으로 활용하고 실생활 체험형 융합 수업과 테크놀로지를 활용한다.

⑤ 학습 활동 특성과 학습자 요구에 따라 (     )를 운영한다.

⑥ 집단 수업은 수준별 수업보다는 (     )으로 운영하여 학습 과정에서 (     )을 경험하는 협동 학습이 이루어지도록 한다.

⑦ 학생이 학습한 내용을 실제 생활에서 경험할 수 있도록 (     ), (     ), (     )을 운영한다.

⑧ 디지털 매체와 인공지능 테크놀로지를 이용하여 (     ), (     ) 등 다양한 수업 형태를 전개한다.

① 실생활에서의 경험과 결과
② 시사성 있는 주제 선정 / 토의·토론 과정
③ 실제 장면에서 구체적인 행동
④ 학습자이자 촉진자
⑤ 일대일 개별 수업, 소집단 수업, 대집단 수업 등 탄력적인 수업 집단 형태
⑥ 혼합집단 / 상호 의존적 협력
⑦ 다양한 현장 체험 학습 / 주제 중심 통합 수업 / 타 교과 및 비교과 연계 수업
⑧ 시·공간적 제약 없는 직간접 체험수업 / 원격수업

(다) 학습 효과를 높이고 능동적 학습 과정을 위하여 내용 영역별 학습 요소에 적합한 증거기반 특수교육 실제를 적용한다.
　① '나의 삶' 영역에서 (　　), (　　), (　　), (　　) 등을 적용하고 가정과 적극적인 연계 수업을 계획한다.
　② '관계의 삶' 영역에서는 온라인 공간을 포함한 다양한 실생활 장면에서 사람들과의 (　　)을 위해 역할 놀이, 모의 학습, 극화 학습, 협동 학습, 마음이론, 초인지 접근, 행동 지원, 사회성 증진 전략, 또래 중재, 모델링 등의 방법을 활용한다.
　③ '시민의 삶' 영역에서는 실제 삶의 맥락을 중심으로 웹 기반 지리 학습, 지역사회 중심 교수, 현장학습, 시사 학습, 봉사 학습, 추체험 학습 등 (　　)와 (　　)을 활용한다.
　④ 내용 영역 모두에서 (　　), (　　), (　　)을 경험하도록 수업을 계획한다.
　⑤ 장애 정도가 심한 학생을 위하여 (　　)를 적용하고 과제 분석, 촉진 전략, 점진적 안내, 촉각 지원전략, 시간지연 전략 등 다양한 수준의 체계적 교수 전략을 계획한다.

(라) 실물 자료, 멀티미디어 자료, 시사 자료, 인적 자원 등 다양한 교수·학습 자료와 자원을 적절하게 활용한다.
　⑥ 학습의 일반화를 위하여 가능하면 (　　)를 활용하거나 (　　)를 활용한다.
　⑦ 사회현상을 폭넓게 이해할 수 있도록 (　　)를 활용한다.
　⑧ (　　)하거나 디지털 및 인공지능 테크놀로지를 활용하는 다양한 참여 방식의 수업을 계획한다.
　⑨ (　　)하여 학교에서의 학습 경험이 실생활에서도 이루어져 학생의 사회적 경험과 사회 참여가 확장되도록 한다.

A
① 자기 관리 전략 / 자기 존중감 향상전략 / 동기유발 전략 / 자기 결정 학습모형
② 사회적 상호 작용 및 관계 형성
③ 학생 참여 / 일반화를 높이는 학습 기법
④ 반성적 사고 / 사회과학적 탐구 / 창의적·합리적 문제 해결 사고 과정
⑤ 부분 참여 원리
⑥ 실생활에서 사용하고 있는 실물 자료 / 그와 최대한 유사한 자료
⑦ 사진, 그림, 동영상, 신문, 누리 소통 매체 등 다양한 멀티미디어 및 시사 자료
⑧ 다양한 분야 및 지역 사람들을 학습 활동에 직접 초빙
⑨ 가정과 연계

## 2) 평가

### (1) 평가의 방향

① 학생이 (　　　)를 평가의 핵심 방향으로 설정한다.

② 학생이 삶의 실제적 장면에서 학습하고 성장하는 것을 돕기 위해 학습 과정 및 수행에 관한 (　　　)를 종합적으로 아우르는 (　　　)를 적용한다.

③ 성취기준은 (　　　)을 고려하여 평가 준거를 개별화한다.

④ 다양한 평가 요소와 방법을 적용한 다면적 평가로 (　　　)하고 (　　　)를 높인다.

⑤ 디지털 테크놀로지를 적용한 수업 등 (　　　)에 적합한 다양한 평가 방법을 적용한다.

⑥ (　　　)를 통해 교육과정과 교수·학습 활동을 연계하고 통합하여 평가와 일관성을 유지한다.

### (2) 평가 방법

(가) 수행과제는 학생이 학교에서뿐만 아니라 실제 생활 장면에서 구체적인 행동으로 실천하는지를 평가하며 자기 평가 및 동료 평가 형식의 협력적 피드백 활동이 이루어지도록 한다.

⑦ '지식·이해' 측면의 평가를 위해 학생이 다양한 학습 활동을 경험하는 과정에서 보이는 (　　　)을 직·간접적으로 관찰하고 기록하여 평가한다.

⑧ 과정적 지식의 평가를 위해 사회과 학습 활동을 수행하는 모습에서 (　　　)을 관찰하고 (　　　)를 수집하여 평가한다.

⑨ 기능 측면의 평가는 학생이 실제 사회적 장면에서 보이는 수행 여부를 중심으로 (　　　)을 평가 자원으로 활용한다.

⑩ '가치·태도' 측면의 평가에서는 학생이 학습 활동을 경험하는 과정에서 보이는 흥미, 학습 동기, 자신감, 신념, 참여도, 협동성, 자기조절, 책임감 등을 (　　　) 등의 방법으로 평가한다.

---

① 생활연령과 교육적 요구에 적합한 다양한 사회생활 경험을 향유하였는가
② '지식·이해', '과정·기능', '가치·태도' / 과정을 중시하는 평가
③ 개별 학생의 교육적 요구에 따른 활동 특성
④ 학생의 교육적 요구에 맞춤화 / 사회적 타당도
⑤ 디지털 교육 환경
⑥ 백워드 방식의 평가 설계
⑦ 인지과정 및 실제 행동
⑧ 구체적인 절차적 기능과 행동 / 수행 결과물 중심의 포트폴리오
⑨ 가족, 친구, 지역사회 인사 등
⑩ 관찰과 면담

(나) 내용 영역별 평가의 중점을 바탕으로 교육과정 성취기준에 적절한 평가 방법을 적용한다.
　① '나의 삶' 영역에서는 (　　)을 평가의 중점으로 하고 행동 관찰, 면담, 자기 평가, 수행평가, 포트폴리오 평가 등의 방법을 활용한다.
　② '관계의 삶' 영역에서는 실제 사회생활 장면에서 (　　)을 보이는지를 관찰하고 학생과 (　　)을 평가에 반영한다.
　③ '시민의 삶' 영역에서는 (　　), (　　), (　　)를 학생에 대한 직접 평가와 함께 가족, 친구, 지역사회 인사를 활용하여 평가한다.

(다) 학생 맞춤형 학습 경험 제공의 평가를 위해 개별화한 평가 준거 성취기준을 바탕으로 학생의 장애 특성과 학습 양식을 고려한 평가 방안을 적용한다.
　④ 장애 정도가 심한 학생의 교육을 위해 (　　)을 받아 평가를 수행하여 반영한다.
　⑤ 평가 과정에 (　　)를 적용하여 학생의 장애 특성과 학습 양식을 고려한 다양한 대안적 평가 방안을 적용한다.
　⑥ (　　) 및 (　　)을 평가의 장면과 방법으로 이용한다.

(라) 교수·학습과 평가 내용의 일관성을 유지하도록 개별화된 평가 준거 성취기준을 바탕으로 지속해서 평가한다.
　⑦ 성적 평가를 시행하여 (　　)을 지속해서 점검하고 (　　)을 개선하는 데 활용한다.
　⑧ 정기적으로 총괄 평가를 실행하여 형성평가와 함께 (　　)를 평가하고 (　　)에 환류한다.
　⑨ 평가 결과를 바탕으로 교수·학습에 영향을 미치는 다양한 요인을 분석하고 적절한 피드백을 제공하여 학생의 (　　)을 돕는다.

① 자아 존중감, 자기 결정 및 자기 옹호 행동 실천
② 사회·도덕적 태도와 행동 / 사회적 관계를 이루는 상대방의 생각과 행동
③ 사회현상에 관심과 흥미를 갖는지 / 시민으로서 갖는 권리를 행동으로 실천하는지 / 사회·문화적 생활을 경험하는지
④ 적절한 인적·물적 지원
⑤ 보편적 학습설계의 원리
⑥ 디지털 매체 / 인공지능 기술
⑦ 학생 수행과 교수·학습 과정 / 교수·학습의 질
⑧ 평가 준거 성취기준 달성 여부 / 교수·학습 과정
⑨ 전인적 성장

# 03 수학

## 교육과정 설계의 개요

① 수학 교과의 역량 5가지를 쓰시오.
② 수학과 역량의 함양을 통해서 특수교육 대상 학생이 (        )을 갖추는 것을 강조하였다.
③ 수학과 내용 영역 5가지를 쓰시오.
④ 특수교육 대상 학생이 수학을 배운다는 것은 실생활에 활용할 수 있는 (        )을 익힌다는 것과 구체적인 상황에서 (        )을 다룸으로써 발생하는 학생 사고력의 증진을 의미한다.
⑤ 수학 학습의 내용은 수학적 (        ), 수학적 탐구 (        ), 수학적 (        )로 구성된다.
⑥ 수학적 (        )는 인류가 만들어낸 수학이라는 학문 내에서 기초적이고 기본적인 개념이나 원리를 이해하고 익히는 (        )를 말한다.
⑦ 수학적 탐구 (        )은 수학적 지식을 탐구하는 과정이나 수학적 이해를 위해 동반되어야 하는 수학적 기능을 경험하고 익히는 (        )를 말한다.
⑧ 수학적 (        )는 수학적 (        )의 학습과 수학적 (        )의 습득과 더불어 수학 학습을 통해 형성해야 하는 수학 가치에 대한 긍정적 인식과 수학 학습에 대한 바람직한 태도의 (        )를 말한다.
⑨ 기초적이고 기본적인 수학 내용에서 시작하여 점차 (        ) 내용으로 확장되도록 교육과정을 구성하였다.

① '문제 해결 역량, 추론 역량, 의사소통 역량, 연결 역량, 정보처리 역량'
② 수리·디지털 기초소양
③ 수와 연산, 도형, 측정, 규칙성, 자료와 가능성
④ 실용적 수학 / 추상적인 수학
⑤ '지식·이해' '과정·기능' '가치·태도'
⑥ '지식·이해' / 인지적인 범주
⑦ '과정·기능' / 기능적인 범주
⑧ '가치·태도' / '지식·이해' / '과정·기능' / 정의적인 범주
⑨ 생활 중심의 수학

# 01 성격 및 목표

## 1) 성격
① 기본 교육과정 수학과는 구체적 조작 활동에서 (　　　)으로 나아가려는 다양한 학습 활동을 통해서 특수교육 대상 학생의 수학적 사고력 즉 인지능력을 적극적으로 확장하는 데에 유용한 교과이다.

② 특수교육 대상 학생은 수학과 학습을 통해 실생활 속 (　　　)을 사용함으로써 다른 사람과 의사소통할 수 있다.

## 2) 목표
③ 기초적이고 기본적인 (　　　)를 익히고, 수학적으로 사고하고 의사소통하며 합리적으로 (　　　)을 길러 일상생활을 하는 데 필요한 수학적 역량을 갖추는 것을 목표로 한다.

④ 수학적 (　　　)를 이해하고, 이를 활용하여 (　　　)를 해결한다.

⑤ 사물과 현상을 수학적으로 (　　　) 과정을 통해 추론을 경험한다.

⑥ (　　　)와 (　　　)으로 의사소통하고 협력하는 태도를 가진다.

⑦ (　　　)이나 (　　　)에 수학을 적용하여 수학의 유용성을 익힌다.

⑧ 자료와 정보를 바르게 처리하고 (　　　)를 적절하게 활용한다.

① 형식적 조작 활동
② 수학적 용어와 표현
③ 수학 개념과 원리 / 문제를 해결하는 능력
④ 개념과 원리 / 실생활 문제
⑤ 관찰하고, 추측하고 확인하는
⑥ 간단한 수학적 용어 / 다양한 표현 방법
⑦ 실생활 상황 / 다른 교과 학습
⑧ 교구나 공학적 도구

# 02 교수·학습 및 평가

1) 교수·학습
   (1) 교수·학습의 방향
   ① 교육과정에 제시된 (      )와 일관성을 가지도록 교수·학습 계획을 수립한다.
   ② 핵심 아이디어를 기반으로 (      )를 높이고, 학생들이 (      )범주를 다양하게 경험하도록 교수·학습을 운영한다.
   ③ 학생의 생활연령과 주도적 참여를 고려하여 (      )이 구현되도록 교수·학습을 계획하여 운영한다.
   ④ 교수·학습 계획을 수립하거나 교수·학습 자료를 개발할 때에는 (      )을 고려하여 교육과정을 재구성할 수 있다.
   ⑤ (      )를 수학 교과와 연계하여 생활 속의 문제를 합리적으로 해결할 수 있도록 교수·학습을 구성한다.
   ⑥ (      ) 등을 고려하여 디지털 기반 교수·학습, 원격수업 등 미래 사회 및 환경 변화에 대응하는 교수·학습을 계획한다.
   ⑦ 장애 정도가 심한 학생의 수학적 기능 향상을 위해 (      )등의 교수·학습을 계획하여 운영한다.

   (2) 교수·학습 방법
   ⑧ 수학과 수업은 (      ) 등을 고려하여 직접교수 수업모형, 개념학습 수업모형, 원리탐구 수업모형, 문제 해결 수업모형 등의 적절한 수업모형을 융통성 있게 적용한다.
   ⑨ 수학과 수업은 학생의 인지적 발달 단계를 고려하여 (      ) 등의 다양한 교수·학습 이론을 적용한다.
   ⑩ 수학과 수업은 학생의 (      )을 향상시키기 위하여 자기 관리 중재법, 인지적 자기교수법, 협동 학습 등의 다양한 증거 기반 실제를 적용한다.
   ⑪ 수학과 수업은 학생의 교육적 요구 및 특성을 고려하여 (      ) 등을 적절히 선택하여 적용한다.
   ⑫ 학습 내용은 (      ) 과정을 유기적으로 관련시어 지도한다.
   ⑬ 장애 정도가 심한 학생에게 (      ) 등을 제공하여 주체적으로 수학 학습 활동에 참여하도록 한다.

---

Ⓐ
① '목표', '내용 체계', '성취기준', '평가'  ② 지식의 전이 및 일반화 / '지식·이해', '과정·기능', '가치·태도'
③ 다양한 실생활 활동을 적용하는 생활 수학  ④ 학생 수준, 내용의 특성과 난이도, 학교 여건 등
⑤ 타 교과 및 범교과 학습 주제  ⑥ 학생의 교육적 요구 및 특성
⑦ 구체적 조작활동, 실생활의 친숙한 소재 활용, 놀이 중심 활동
⑧ 학생의 능력과 수준, 학습 내용의 성격, 학습 상황
⑨ 동작적·영상적·상징적 표상 활용 학습, 놀이를 통한 수학 학습, 인지·초인지 전략
⑩ 자기주도적 학습 능력
⑪ 컴퓨터 보조학습, 보조공학, 매체 및 도구 활용 학습
⑫ 구체적 설명, 체계적 시범, 실생활 적용의 예시, 학생의 연습과 질문, 피드백 제공, 자기 점검, 그리고 평가
⑬ 보완대체의사소통 체계, 부분 참여의 원리, 촉진 전략

(가) '지식·이해'의 교수·학습에서는 다음 사항을 강조하여 지도한다.
　① 수학의 기초적 개념이나 용어를 지도할 때에는 직접 경험을 할 수 있도록 (　　)을 학습 소재로 활용한다.
　② 수학의 용어, 기호, 표, 그래프 등의 수학적 표현을 이해하기 위해 (　　)를 활용한다.
　③ 교수·학습 과정에서 다양하고 적절한 교구를 활용한 (　　)을 통해 수학의 기초적인 개념과 원리를 이해하게 한다.
　④ (　　) 등의 디지털 자료를 활용하여 수학적 개념의 이해를 돕는다.
　⑤ (　　)과 관련된 실생활 문제를 해결하면서 수학적 개념과 원리를 탐구하고, 이를 일반화하게 한다.

(나) '과정·기능'의 교수·학습에서는 다음 사항을 강조하여 지도한다.
　⑥ 수학적 지식과 기능을 활용하는 (　　)을 접하게 하고, (　　)을 계획하고 적용해 보는 다양한 학습 활동을 통해 성공적인 문제 해결 과정을 경험하게 한다.
　⑦ (　　)를 통해 또래들과 협력하여 문제를 해결하는 협력적 문제 해결의 기회를 제공한다.
　⑧ 관찰과 탐구 상황에서 (　　) 등을 통해 학생 스스로 수학적 사실을 추측하고, 그 결과를 확인하는 많은 경험을 통해서 합리적이고 논리적으로 생각하는 능력을 키운다.
　⑨ 개별 학생에게 적절한 다양한 표상 양식을 활용하여 수학적 아이디어를 표현하게 하고, (　　)에서 다양한 관점을 존중하고 협력하게 한다.
　⑩ 수학적 개념 간의 연관성을 파악하고 수학적 지식과 기능을 (　　)에 적용하는 학습 활동을 통해 융합적 사고 능력을 키운다.
　⑪ (　　) 등의 교구를 활용하는 다양한 학습 활동을 통해 실생활 활용 능력을 키운다.

① 생활 주변의 사물이나 구체적인 사실
② 실생활에서 직접적으로 활용되고 있는 다양한 내용과 자료
③ 구체적인 조작 및 탐구 활동
④ 가상현실(VR), 증강현실(AR), 혼합현실(MR), 교육용 콘텐츠
⑤ 생활 주변 현상, 사회 현상, 자연 현상 등의 여러 가지 현상
⑥ 여러 가지 문제 상황 / 적절한 문제 해결 방법
⑦ 학생 간 상호 작용 및 역할 부여
⑧ 귀납, 유추
⑨ 다른 사람의 생각을 이해하는 과정
⑩ 다른 교과나 실생활 상황
⑪ 계산기, 컴퓨터, 교육용 소프트웨어, 교육용 앱 등의 공학적 도구와 구체물, 가상 조작물, 측정 도구

(다) '가치·태도'의 교수·학습에서는 다음 사항을 강조하여 지도한다.
　① 생활 주변 및 사회, 자연 등의 다양한 현상과 관련지어 수학을 배움으로써, (　　　)를 인식하고 (　　　)을 느낄 수 있게 한다.
　② 수학에 흥미, 호기심, 자신감을 갖고 학습에 적극적으로 참여하게 하며, 끈기 있게 도전하도록 격려하여 (　　　)을 갖게 한다.
　③ (　　　) 분위기를 조성하고, 학생 특성에 따른 적절한 지원을 제공하여 성공적인 수학 학습을 경험함으로써 바람직한 태도를 형성하게 한다.

(라) 개인차를 고려하여 개별화된 수업을 실행할 때에는 다음 사항에 유의한다.
　④ 학생 개인별로 (　　　)을 수립하여 학생 맞춤형 수업을 실행한다.
　⑤ (　　　)에 따라 장애 정도가 심한 학생을 포함한 모든 학생이 수업에 참여할 수 있는 다양한 선택권을 제공하는 수업 계획을 수립한다.
　⑥ (　　　) 등을 고려하여 교수·학습 방법, 교수·학습 자료, 교수적 지원 정도 등에서 개별화를 실행한다.

(마) 교수·학습 자료를 개발할 때에는 다음 사항에 유의한다.
　⑦ 교수·학습 자료는 학습 목표, 학습 내용, 학습 과정에 맞추어 개발하되, (　　　) 등의 개인차를 고려한다.
　⑧ 교수·학습 자료는 다양하고 풍부한 실생활에서의 구체적인 소재로 실물, 동영상, 모형, 사진 등을 활용하여 학생의 경험을 확대하고, (　　　)를 학습 활동에 적극 활용한다.
　⑨ 원격수업을 위한 교수·학습 자료는 (　　　) 등을 고려하여 개발하되, 학습 내용이 체계적으로 전달될 수 있도록 (　　　)으로 개발한다.
　⑩ 미래 사회에서 필요로 하는 수리, 디지털 소양 등을 고려하여 (　　　)와 교수·학습 자료를 활용한다.

(바) 의미 있는 발문을 하기 위해서는 교수·학습에서 다음 사항에 유의한다.
　⑪ 발문을 할 때는 (　　　)을 고려하며, 발문에 대한 학생의 반응을 의미 있게 처리한다.
　⑫ 학생의 사고를 촉진하는 다양한 발문을 통해 (　　　)을 구축하고 학생의 (　　　)를 촉진한다.

(사) 원격수업에서의 교수·학습 방법을 제시할 때에는 다음 사항에 유의한다.
　⑬ 교사와 학생, 학생과 학생 간의 상호작용이 원활하게 이루어지도록 (　　　)를 활용한다.
　⑭ 학교와 가정 간의 원활한 소통이 이루어지도록 (　　　)하여 수업 진행에 어려움이 없도록 한다.

---

**A**
① 수학의 역할과 가치 / 수학의 필요성　　② 학습동기와 의욕
③ 정답만을 강조하지 않는 허용적인 학습　　④ 개별화교육계획
⑤ 보편적 학습설계의 원리　　⑥ 학생 개개인의 선행 학습 경험, 학습 능력과 수준
⑦ 학생의 흥미 및 동기, 학습 양식, 의사소통 방법 및 능력　　⑧ 학생이 선호하는 자료
⑨ 학생의 교육적 요구 및 특성, 여건 / 맞춤형　　⑩ 다양한 공학 도구 및 보조 기구
⑪ 학생의 인지 발달과 경험　　⑫ 상호 작용이 활발한 교실 환경 / 능동적 수업 참여
⑬ 수학 내용과 관련된 다양한 콘텐츠　　⑭ 원격수업 관련 플랫폼을 사전 점검

## 2) 평가

### (1) 평가의 방향

① 학생의 수학 학습에 필요한 유용한 정보를 수집·활용하여 (　　) 측면에서의 평가와 (　　) 측면에서의 평가로 실행할 수 있다.

② 교육과정에 제시된 내용의 수준과 범위를 준수하고, 교육과정의 (　　)가 일체화되도록 구체적인 평가 방향과 기준을 제시하도록 한다.

③ 수학과 평가 활동은 (　　)으로, 모든 학생이 평가 활동에 참여할 수 있도록 다양한 평가 방안을 계획한다.

④ 평가 결과는 (　　)하여 학생의 발달 및 수학 학습 개선에 도움이 되게 한다.

⑤ 다양한 학습자의 (　　), (　　) 등을 고려한 실제적인 평가가 되도록 한다.

⑥ 학습 측면에서의 평가는 (　　)를 점검하고, 학생 개개인의 장점과 가능성을 발견하는 데에 초점을 둔다.

⑦ 교수 측면에서의 평가는 교수·학습 방법, 교수·학습 자료, 평가 방법 등의 (　　)을 개선하고, 교사 전문성을 신장하기 위한 (　　)로 활용한다.

---

Ⓐ
① 학생 성장과 발달을 돕기 위한 학습 / 교사의 수업 방법을 개선하고 전문성을 신장하기 위한 교수
② '목표'와 '내용 체계', '성취기준', '교수·학습 방법 및 평가'
③ 교수·학습 활동과 연계된 필수적인 수업 활동
④ 학생, 학부모, 교사에게 피드백을 제공하고 환류
⑤ 교육적 요구 및 특성 / 온오프라인의 학교 공간 확대
⑥ 학생 간 비교보다는 학생 내 향상 정도
⑦ 실제 수업 / 반성적 자료

(2) 평가 방법
　① 학생 개개인의 (　　)를 고려하고, 교육과정에 제시된 (　　)을 종합적으로 고려하여 실시한다.
　② 수업 전개 과정에 따라 (　　) 등을 실시하되, (　　)를 통해 다양한 정보를 수집한다.
　③ '지식·이해', '과정·기능', '가치·태도' 범주가 고루 반영될 수 있도록 (　　)에 초점을 두고 종합적인 평가가 이루어지도록 한다.
　④ (　　) 등의 다양한 평가 방법을 사용한다.
　⑤ 생활 주변 현상이나 구체적 사실 등에서 수학의 기초적인 개념과 원리에 대해 이해하고 적용하는 과정에 초점을 둔 (　　)가 이루어지도록 한다.
　⑥ 실생활과 관련된 다양한 문제 상황에서의 실제적인 평가를 통해 (　　)를 위한 환류 자료로 활용되도록 한다.
　⑦ 평가하는 내용이나 방법에 따라 학생이 (　　)를 이용할 수 있게 한다.
　⑧ 학생 개개인의 장애 유형이나 특성, 반응 및 표현 방식에 따라 (　　)이 이루어질 수 있는 평가 방안을 마련하여 모든 학생이 평가에 참여하게 한다.
　⑨ 장애 정도가 심한 학생의 경우 (　　)를 실시하고, 필요한 경우 (　　) 등을 적용한다.
　⑩ 교수 측면에서의 평가는 수업 설계, 수업 실행, 수업 평가 등 일련의 과정에서 여러 가지 (　　)를 실시하여 수업 방법의 개선에 실제적인 도움이 되게 한다.

① 현재 학습 수행 수준과 인지 발달 정도 / 내용 수준과 성취기준
② 진단평가, 형성평가, 총괄평가 / 학습 과정 전반에 걸친 지속적인 평가
③ 과정과 결과 모두
④ 관찰, 체크리스트, 평정 척도, 면담, 포트폴리오, 자기 평가
⑤ 과정 중심의 평가
⑥ 생활 수학으로의 전개
⑦ 계산기, 컴퓨터, 교육용 소프트웨어 등의 공학적 도구와 다양한 교구
⑧ 다양한 표현 방식으로 수학적 의사소통
⑨ 실제 장면에서의 '과정·기능'에 초점을 둔 참평가 / 대안평가 방안, 학생 특성을 반영한 평가기준 적용, 평가 방법의 조정
⑩ 정량적 혹은 정성적 평가

# 04 과학

## 교육과정 설계의 개요

① 2022 개정 특수교육 기본 교육과정 과학과의 영역 4가지를 쓰시오.
② 과학과는 불확실한 미래 사회를 살아가야 할 민주시민으로서 '(    )'을 육성하고자 한다.
③ 과학과는 교과 내용이 융합된 핵심 아이디어를 습득하여 학생이 (    )을 갖추도록 한다.
④ 가정, 학교, 사회에서 직면하는 과학과 관련된 문제를 (    )을 통해 해결하며 안녕을 추구하는 주체자로 성장하는 데 초점을 둔다.

① 운동과 에너지, 물질, 생명, 지구
② 과학적 소양을 토대로 개인의 안녕을 추구하는 주체적인 사람
③ 과학적 사고력, 과학적 탐구 역량, 과학적 문제 해결 역량, 과학적 의사소통 역량, 과학적 협동 역량, 진로·직업 역량
④ 핵심 아이디어, 실생활과 연계, 실천의 순환적 과정

# 01 성격 및 목표

**1) 성격**

⑤ 과학과는 4개 영역을 (        )의 세 차원으로 학년군 간, 영역 간에 연계적으로 체계화하여 영역별 핵심 아이디어를 습득할 수 있도록 구성한다.

⑥ (        )의 (        ) 영역에서는 전기와 자석, 열, 소리와 빛, 힘과 운동 등을 다루며, (        ) 영역에서는 물체와 물질, 물질의 성질, 물질의 변화 등을 다룬다. 그리고 (        ) 영역에서는 우리 몸, 동물과 식물, 환경과 생태계 등을 다루며, (        ) 영역에서는 지구 모습과 지각 변화, 날씨와 기후, 지구와 인간 활동, 천체 등을 다룬다.

⑦ (        )은 학생들에게 필요한 과학적 탐구 능력 신장을 위해 기초 탐구과정을 중심으로 (        ) 등의 탐구활동 요소를 학년군별 학생들의 수준을 고려하여 적용한다.

⑧ (        )는 자연과 생명에 대한 존중과 배려심, 자연과 과학에 대한 관심과 호기심, 과학 활동에서의 적극적 참여와 협력, 생활 속 위험에 대한 인식과 대처, 생활 속 과학 및 과학 탐구의 유용성, 과학적 상상력과 창의성, 과학 공동체 활동 참여 및 문화 향유, 그리고 생활 속 위험에 대한 안전 생활 실천을 강조한다.

⑨ 과학과는 장애 정도가 심한 학생을 위해 (        )을 바탕으로 장애학생의 일상적인 생활 경험과 밀접한 관련이 있는 친근한 상황 속에서 과학적 지식을 기능 중심으로 학습하여 기능적인 과학적 문해 능력을 기르고, (        ) 등의 기초적인 탐구과정을 중심으로 탐구활동이 이루어지도록 하며, 과학적 지식과 탐구 방법을 일상생활과 사회생활의 문제 해결에 적용할 기회를 제공하도록 한다.

⑤ '지식·이해', '과정·기능', '가치·태도'
⑥ '지식·이해' / '운동과 에너지' / '물질' / '생명' / '지구'
⑦ '과정·기능' / 관찰 및 문제 확인, 분류와 측정, 자료 수집과 비교·분석, 예상과 추론, 의사소통 및 협업
⑧ '가치·태도'
⑨ 생태학적 접근 / 관찰, 분류, 측정, 예상, 추리, 의사소통

### 2) 목표

① 자연현상과 일상생활에 대한 흥미와 호기심을 바탕으로 (       )를 통해 주변의 현상을 이해하고 (       )을 습득하며, 참여와 협동을 통해 (       )를 해결할 수 있는 (       )을 기른다.
② 자연현상과 일상생활에 대해 흥미와 호기심을 갖고 참여와 협동을 통해 주변의 현상을 탐구하며, (       )에 이바지한다.
③ 과학의 (       )에 대한 경험과 이해를 일상생활의 문제에 적용하고 탐구하는 능력을 기른다.
④ 다양한 자연현상과 일상생활을 과학적으로 탐구하여 과학의 (       )을 이해한다.
⑤ 과학과 기술 및 사회의 상호 관계를 이해하고 이를 바탕으로 (       )에 참여하고 실천하는 능력을 기른다.

## 03 교수·학습 및 평가

### 1) 교수·학습

(1) 교수·학습의 방향

⑥ 교수·학습은 자연현상에 관해 관심을 두고 탐구활동을 통해 (       )을 습득하며, 이를 바탕으로 (       )하는 (       )을 목적으로 한다.
⑦ (       ) 등 개인차를 고려하여 학생 맞춤형의 다양한 교수·학습을 계획하고 실행한다.
⑧ 과학과 '지식·이해' 범주는 (       ) 등의 개념적 지식은 물론 과학적 기능과 방법 등의 (       )에 대한 교수·학습을 계획하고 운용한다.
⑨ 과학과 '과정·기능' 범주는 (       ) 등 기초 탐구과정을 학년군별로 적절히 세분화하여 실험에 활용할 수 있도록 교수·학습 활동을 구안한다.
⑩ 과학과 '가치·태도' 범주는 (       )에 적극적으로 참여하고, 문제 해결 등을 통해 (       )를 향유하며, 위험을 인식하고 이에 대처하여 (       )에 이바지할 수 있도록 교수·학습 계획을 수립한다.
⑪ 과학적 지식을 개별적으로 학습하기보다 (       )할 수 있도록 교수·학습을 계획하고 운용한다.

**A**
① 과학적 탐구 / 기초적인 과학 지식 / 일상생활의 문제 / 과학적 소양
② 안전한 생활
③ 기초적인 탐구 방법
④ 기초적인 개념
⑤ 일상생활의 문제 해결
⑥ 과학적 기초 지식 / 일상생활의 문제를 해결 / 과학적 소양
⑦ 학습 내용, 실험 여건, 지도 시기 및 학습자의 흥미와 탐구 능력
⑧ 과학적 용어 및 사실 등의 사실적 지식, 과학적 분류 및 원리 / 절차적 지식
⑨ 관찰, 분류, 측정, 예상, 추론 및 의사소통
⑩ 과학 관련 공동체 활동 / 과학적 대중문화 / 안전
⑪ 일상생활의 문제 상황과 연계하여 통합적으로 탐구

① 일상생활 연계를 통해 (      )를 인식하고 이를 바탕으로 공동체 활동으로서 과학의 사회적 역할을 도모할 수 있도록 학습을 전개한다.
② (      )를 인식하고 이를 통해 생명 존중과 환경보호 등 생태전환 교육이 이루어질 수 있도록 교수·학습 계획을 수립한다.
③ 과학과 영역 간은 물론 (      ) 등을 통해 과학적 소양을 함양할 수 있도록 교수·학습을 계획하고 실행한다.
④ 온오프라인 연계 수업을 위해 과학 탐구활동 관련 다양한 디지털 기기 및 자료를 활용하고, 과학 전용 원격수업 환경을 구축하며, (      ) 등을 내실 있게 운용하기 위한 교수·학습 계획을 수립한다.

(2) 교수·학습 방법
⑤ 교수·학습 계획 수립 시 (      ) 등을 고려하여 학습 내용과 지도 시기를 조정한다.
⑥ (      ) 등 개인차를 고려하고, 학습 내용과 수업 목표에 따라 과학과 교수 모형 및 학습 방법을 적절히 활용한다.
⑦ 간단하고 흥미로운 탐구활동을 통해 과학에 관심을 가지며, (      ) 등 다양한 방법을 적절히 활용한 학생 참여형 수업을 적용한다.
⑧ 사고의 민감성, 상상력 등 과학적 창의성을 계발하고 인성과 감성을 함양하기 위하여 (      )하여 지도한다.
⑨ (      )이 되도록 유의하며, 이를 위해 학생 요구에 따라 (      )를 제공한다.
⑩ 탐구활동을 모둠별 협동 학습이나 게임 등과 같은 모의 활동으로 진행할 경우, (      )이 중요함을 익힐 수 있도록 한다.

① 과학, 기술, 사회의 관계
② 인간 활동과 생태계의 상호 영향 관계
③ 타 교과와의 연계·융합 수업과 교과 내용 재구성
④ 콘텐츠 활용 중심 학습 및 과제형 실험
⑤ 학교의 실정이나 지역의 특성, 학생의 능력, 자료의 준비 가능성
⑥ 학습 내용, 실험 여건, 지도 시간 및 학생의 능력과 흥미
⑦ 실험, 토의, 조사, 프로젝트, 과제 연구, 과학관 견학
⑧ 과학 교과 내용과 관련된 기술, 공학, 예술, 수학 등 다른 교과와 통합, 연계
⑨ 교사 중심의 실험보다 학생 중심의 탐구 실험 / 프로젝트 학습 등 학생 주도적 학습 기회
⑩ 적극적 참여와 상호 협력

① 탐구 수행의 모든 과정에서 (　　) 유의하고, 학생이 선호하는 의사소통 방식으로 자신의 의견을 명확히 표현하고 다른 사람의 의견을 존중하는 태도를 보이며, 탐구 결과를 (　　) 기회를 제공한다.
② 탐구활동에서 학생의 (　　)하도록 발문하고, 개방형 질문을 적극적으로 활용한다.
③ 자연현상과 관련한 과학 용어 및 개념은 (　　)하여 과학적 의미를 쉽게 이해하도록 지도한다.
④ 흥미 유발을 위해 (　　)를 자료로 활용하고, 일상생활의 예를 통하여 과학적 개념을 이해할 수 있도록 한다.
⑤ 구체적 조작 경험과 탐구활동을 제공하기 위해 (　　)을 고려하여 모형이나 시청각 자료와 모의실험 자료, 소프트웨어, 컴퓨터나 스마트 기기, 인터넷 등의 최신 정보통신 기술과 디지털 기기를 적절히 활용한다. 모형을 사용할 때는 (　　)을 이해하도록 지도한다.
⑥ 야외 탐구활동 및 현장 학습 시에는 (　　)하여 안전한 활동이 되도록 지도한다.
⑦ 탐구활동이 원활히 진행될 수 있도록 학교 수준에서 필요한 실험 기구 및 재료를 준비하고, 실험에 필요한 기자재는 (　　)에 미리 점검한다.
⑧ 실험 기구의 사용 방법과 화약 약품을 다룰 때 주의할 점과 안전 사항을 (　　)하여 사고가 발생하지 않도록 유의한다.
⑨ 생물을 다룰 때는 (　　) 태도를 보이도록 지도한다.

① 의사소통이 원활히 이루어지도록 / 다양한 방식으로 표현하는
② 지적 호기심과 학습 동기를 유발
③ 쉬운 용어로 대체
④ 직접 관찰할 수 있는 생활 주변의 소재
⑤ 학생이 선호하는 학습양식 / 모형과 실제 자연현상 사이에 차이가 있음
⑥ 사전에 답사하거나 관련 자료를 조사
⑦ 수업 이전
⑧ 사전에 지도
⑨ 생명을 아끼고 존중하는

(너) '운동과 에너지' 영역은 다음과 같은 사항에 유의하여 지도한다.
　① (　　　)을 통하여 에너지의 생성과 세기 등을 이해하도록 지도한다.
　② 에너지에 대한 물리학적 지식이나 수량적 측정보다는 (　　)에 중점을 두고 학습이 이루어지도록 한다.
　③ 속력은 수치화된 과학적 지식의 습득보다는 (　　　)를 구분하여, 안전과 결부하여 지도한다.

(더) '물질' 영역은 다음과 같은 사항에 유의하여 지도한다.
　④ (　　)를 활용하여 물질의 특성 및 상태 변화에 대해 지도한다.
　⑤ 물질의 특성 및 상태 변화에 대한 학생의 이해를 (　　)할 수 있도록 지도한다.
　⑥ (　　)을 관찰함으로써 과학적 개념을 이해하도록 지도한다.
　⑦ 물의 다양한 상태 변화를 (　　) 이해할 수 있도록 하고, 얼음이나 뜨거운 물을 다룰 때는 (　　)에 유의하도록 지도한다.

(러) '생명' 영역은 다음과 같은 사항에 유의하여 지도한다.
　⑧ '우리 몸'은 인체 내부 모형, 사진이나 동영상 자료 등을 충분히 활용하여 (　　)에 대한 오개념이 발생하지 않도록 유의한다.
　⑨ '동물과 식물'은 학교의 실정과 지역의 특성을 고려하고, (　　)을 선택하여 필요에 따라 사진, 동영상 자료 등을 활용한다.
　⑩ '환경과 생태계'는 생태전환 교육 관점에서 (　　)하여 생명과 더불어 살아가는 방법을 익히도록 한다.

(머) '지구' 영역은 다음과 같은 사항에 유의하여 지도한다.
　⑪ 기상 관련 날씨의 여러 현상과 더불어 (　　)에 효율적으로 대처하는 방법을 지도한다.
　⑫ 지각의 변화와 관련하여 학생이 직접 관찰하기 어려운 내용은 (　　)를 활용하고, 지구, 달, 별자리 등 천체와 관련하여 (　　) 등을 이용하여 천체에 대한 공간적 이해를 지도한다.

---

① 여러 가지 생활 경험
② 과학적 사실을 관찰하고 분류하는 등의 기초 탐구
③ 빠르고 느림, 빠르기가 증가하고 감소하는 사례
④ 주변의 친숙한 물체
⑤ 일상생활에서 찾아보고 적용
⑥ 일상생활에서 볼 수 있는 다양한 용해 현상과 용액
⑦ 일상생활과 연관 지어 자연스럽게 / 안전
⑧ 눈에 보이지 않는 기관
⑨ 지도 시기에 따라 주변에서 쉽게 접할 수 있는 동·식물
⑩ 개인이 실천할 수 있는 작은 것부터 지역사회 연계 활동으로 확장
⑪ 기후변화 및 장마, 태풍, 지진 등의 자연재해
⑫ 다양한 모형이나 시청각 자료 / 천체 관측 소프트웨어

## 2) 평가

### (1) 평가의 방향

① 성취기준을 고려하여 (        ), 나아가 (        )를 중심으로 균형 있게 평가한다.
② 과학적 태도는 (        ), (        ), (        ), (        ), (        ), (        ) 등을 평가한다.
③ 선다형, 서술형 문항뿐 아니라 (        ), (        ), 나아가 (        ) 등 다양한 유형의 평가를 하도록 계획한다.
④ 수행평가에는 체크리스트, 관찰 보고서, 실험 보고서, 포트폴리오 등 다양한 형태의 수행형 과제를 포함하여 (        )가 이루어지도록 평가 계획을 세운다.
⑤ 평가는 설정된 성취기준에 근거하여 실시하고, 그 결과를 (        )과 (        ), (        ) 등에 활용한다.
⑥ 평가는 (        ), (        ), (        ), (        ), (        ) 등의 절차를 거쳐 실시한다.
⑦ (        )을 위해 성취기준을 기반으로 학생 개개인의 학습 과정과 학습 진행 정도를 세부적으로 평가할 수 있다.
⑧ 디지털 학습 환경 및 원격수업에서는 (        )하는 등의 과정 중심의 평가가 이루어지도록 한다.
⑨ 보편적 학습설계 관점에서 다양한 평가 방법을 제시하고, 학생의 자기 결정 능력 증진을 위해 (        )하도록 한다.
⑩ 평가는 학생의 제한성을 확인하기보다는 성취기준을 달성하기 위해 (        )하는 데 중점을 둔다.

---

**A**
① 과학의 핵심 개념을 이해하고 적용하는 능력 / 과학적 태도
② 과학에 대한 흥미와 가치 인식 / 탐구활동에 대한 호기심 / 과학 학습 참여의 적극성 / 협동성 / 과학적으로 문제를 해결하는 태도 / 과학적 의사소통 능력
③ 탐구활동에 대한 관찰 평가 / 이해 정도를 알아보는 서술형 평가 / 수행평가 과제
④ 학습 경험에 대한 통합적 평가
⑤ 학습 지도 계획 수립 / 지도 방법 개선 / 진로 지도
⑥ 평가 계획 수립 / 평가 문항과 도구 개발 / 평가의 시행 / 평가 결과의 처리 / 평가 결과의 활용
⑦ 평가 참여 기회 보장
⑧ 학생이 디지털 기기를 활용하여 과제를 수행하는 과정을 직접 관찰
⑨ 학생의 강점을 고려하여 평가방식을 선택
⑩ 학생의 지원 요구를 확인

(2) 평가 방법
   ① 과학과의 대표적인 수행평가인 (       ) 또는 (       )를 위해 개별 학생에게 적절한 평가를 실시한다.
   ② 관찰 평가 시 과학 수업이 이루어지는 자연적 상황에서 (       )를 주기적으로 관찰한다.
   ③ 분류 활동의 경우 (       )에 대해 관찰 평가한다.
   ④ 탐구활동 결과물에 대해서는 (       ) 등을 활용하고, 동료 평가 및 자기 평가도 이루어지도록 한다.
   ⑤ 과제에 대한 단순한 문제 해결뿐 아니라, (       )을 평가한다.
   ⑥ 과학적 개념을 올바르게 이해하고 있는지 (       )을 제시하여 평가할 수 있다.
   ⑦ 탐구활동 중 (       )을 관찰 평가하여 과학적 태도를 평가할 수 있다.
   ⑧ 탐구 능력의 평가는 언어적 수단 외에 (       )을 통하여 평가한다.
   ⑨ 평가 활동과 수업 목표 및 내용의 일치도를 높이기 위하여 평가 준거 및 평가 방법 고안 시 (       )를 활용할 수 있다.
   ⑩ 원격수업에서는 다양한 디지털 플랫폼을 활용하여 (       ), (       ) 등을 제공하고, 실시간 쌍방향 화상 수업 시 (       ) 등 다양한 수행평가 방법과 평가 도구를 활용한다.
   ⑪ 장애 정도가 심한 학생을 위한 평가는 설정된 성취기준 및 재구성된 성취기준에 근거하여 실시하되, (       )에 대해 직접 관찰하여 평가하는 등 수행 과정을 중심으로 다양한 평가가 이루어지도록 한다.

① 탐구활동에 대한 관찰 평가 / 이해 정도를 알아보는 서술형 평가
② 학생의 수행 정도
③ 자유 탐색 및 객관적 분류 기준에 따른 분류 활동 과정
④ 관찰 평가나 보고서 평가, 포트폴리오 평가
⑤ 관련 자료를 참고하여 다양한 방법으로 문제를 해결하는 문제 해결력
⑥ 다양한 일상생활 속의 상황
⑦ 모둠원과의 상호작용과 의사소통하는 과정
⑧ 그림이나 신체로 표현하기 등의 비언어적 수단
⑨ 백워드 수업 설계
⑩ 학생의 탐구활동 결과물에 대한 피드백 / 활동 영상에 대한 관찰 평가 / 학습 진도에 따른 수준별 형성평가
⑪ 탐구활동 관련 기초 학업기술 및 세분된 단계적 수행

# 05 진로와 직업

## 교육과정 설계의 개요

① 학생이 지역사회 안에서 (　　　)을 실천할 수 있도록 맞춤형 교육과정을 지향하였다
② (　　　)은 특수교육 현장에서 학생의 장애 정도가 심해지는 경향성을 반영하여 지역사회에서 독립적으로 살아가는 데 필요한 자기 관리, 대인 관계, 규칙, 안전 등의 내용을 (　　　) 중심으로 구성하였다.
③ (　　　)은 특수교육 대상 학생이 주로 취업 되었던 전통적인 직군이나 직종으로 직업생활을 제한하는 것이 아닌 학생의 흥미, 강점, 특성 등에 기반하여 직업을 탐색하고 체험, 현장실습 등과 같은 직접적인 경험을 통해 직업생활을 준비하도록 하였다.
④ (　　　)은 특수교육 대상 학생의 고등교육 진학률이 높아지는 추세를 반영하여 진로와 직업과를 통해 고등교육 기관 진학, 평생교육, 전공과 등을 준비할 수 있도록 내용을 구성하였다.
⑤ 생애 주기별 진로 발달 단계인 (　　　)에 이르는 일련의 경험 과정에 기초하여 학생이 학교 교육을 마친 후 지역사회에서의 자립생활 및 직업생활로 나아갈 수 있도록 하는 (　　　)의 관점에 중점을 두었다.
⑥ 진로 발달 단계를 기반으로 졸업 후 자신의 진로와 직업을 준비할 수 있도록 (　　　)의 6개 영역으로 교육과정을 구성하였다.
⑦ (　　　)은 자신의 특성을 진로 및 직업과 연결하여 자기 이해와 긍정적 자아 개념을 확립하도록 하였다. '직업의 세계'는 직업의 사회적 · 경제적 의미를 파악하고 현재와 미래의 다양한 직업과 관련된 정보를 수집하고 탐색하도록 하였다.
⑧ (　　　)은 작업 기초 능력을 함양하고 정확성, 지속성, 신속성 등을 향상하며, 적합한 도구와 기기를 사용하여 작업에 참여하도록 하였다.

① 자립생활, 직업생활, 계속교육
② 자립생활 / 기능적 생활
③ 직업생활
④ 계속교육
⑤ 진로 인식, 진로 탐색, 진로 준비 / 전환교육
⑥ 자기 인식, 직업의 세계, 작업 기초 능력, 직업 태도, 진로 설계, 진로 준비
⑦ 자기 인식
⑧ 작업 기초 능력

⑨ (     )는 직업인으로서의 기본 자세를 갖추고 꾸준한 자기 관리 및 긍정적인 대인 관계를 형성하며, 나아가 안전한 직업 태도를 함양하도록 하였다.
⑩ (     )는 정확한 진로 정보를 수집·분석하고 합리적인 진로 의사 결정을 통해 주체적으로 자신의 진로를 선택하고 계획을 수립하도록 하였다.
⑪ (     )는 진로 설계한 내용의 수행을 위해 다양한 교내외 실습을 통해 능동적인 진로 준비 태도를 함양하도록 하였다.
⑫ 진로와 직업과는 진로 발달을 고려하여 중학교와 고등학교 간 순환적 내용으로 구성하여 학습할 수 있도록 (     )을 기반으로 설계하였다.
⑬ 기본 교육과정 (     )과 진로와 직업과의 중학교, 고등학교 '내용 체계 및 성취기준'이 종적으로 연계되도록 하였다. 또한 (     )의 내용과 연계하거나 대체하여 운영할 수 있다.

---

⑨ 직업 태도
⑩ 진로 설계
⑪ 진로 준비
⑫ 나선형 교육과정
⑬ 초등학교 5~6학년 실과에서 '진로 인식' 영역 / 선택 중심 교육과정의 전문 교과인 직업·생활

# 01 성격 및 목표

## 1) 성격

① 진로와 직업과는 학생이 (　　) 위해 자신에 대한 객관적인 인식과 직업의 세계에 대한 폭넓은 이해를 기반으로 진로를 탐색하여 능동적으로 진로를 설계하고 준비하는 것과 관련된 역량을 기를 수 있도록 하는 교과이다.

② 진로와 직업과는 학생이 지역사회에서 독립적인 삶을 준비하는 (　　)으로 (　　)과 (　　)을 포함하고 있다.

③ (　　)은 기본 교육과정의 실과, 진로와 직업, 선택 중심 교육과정의 전문 교과인 직업·생활 과목 간의 위계성과 연계성을 고려한 체제적 접근을 통해 실천할 수 있도록 하였다.

④ (　　)은 학생의 장애 유형과 장애 정도, 배치 유형 등을 고려하여 진로와 직업과를 중심으로 교육과정을 연계하거나 재구성함으로써 실천할 수 있도록 하였다.

⑤ 진로와 직업과는 학생이 장차 성인으로서 지역사회 내에서 독립적으로 생활할 수 있도록 (　　)에 기반하고 있다.

## 2) 목표

⑥ 진로와 직업과는 자신의 흥미, 적성, 능력 등에 대한 이해와 다양한 진로 및 직업 세계에 대한 폭넓은 탐색과 경험을 바탕으로 (　　)의 진로 계획을 설계하고 주체적으로 진로를 준비하는 것을 목표로 한다.

⑦ (　　)에 기반하여 자신의 기본 정보와 직업적 특성을 파악하고, 미래 사회 변화에 따른 새로운 직업을 포함한 다양한 직업을 탐색한다.

⑧ (　　)을 통해 작업 수행에 필요한 기능을 익히고, 지역사회에서 직업인으로서 갖추어야 할 독립적이고 책임감 있는 직업 태도를 함양한다.

⑨ 정확한 진로 정보와 합리적인 의사 결정을 바탕으로 (　　)하고, (　　) 등을 활용하여 성공적인 전환을 준비한다.

---

**A**
① 고등학교를 졸업한 후 지역사회에서 독립적인 삶을 살아가기
② 포괄적 전환교육 / 수직적 전환 / 수평적 전환
③ 수직적 전환
④ 수평적 전환
⑤ 기능적 생활 중심 교육
⑥ 자립생활, 직업생활, 계속교육
⑦ 긍정적 자기 이해
⑧ 직군과 직종별 작업 절차의 이해, 도구와 기기의 활용, 작업 기술 체험 및 실습
⑨ 자신의 진로를 설계 / 지역사회의 다양한 기관과 교내외 현장실습

# 02 교수·학습 및 평가

**1) 교수·학습**

(1) 교수·학습의 방향

① 진로와 직업과는 (　　　)를 종합적으로 고려하여 교육과정을 편성·운영하고 교수·학습의 방향을 설정한다.

② 진로와 직업과를 중심으로 (　　　) 접근과 각 교과(목) 간 연계를 주도할 수 있도록 계획한다.

③ 학생의 요구, 학교의 특성, 지역사회의 특수성을 고려하여 성취기준을 재구성하여 (　　　)과 직접적으로 연관될 수 있도록 교수·학습 방향을 설정한다.

④ 진로와 직업과의 보편성 및 특수성을 고려하여 (　　　)의 6개 구성 영역이 연계성을 갖도록 하며, (　　　) 중심의 교수·학습을 계획한다.

⑤ 미래 사회 및 산업 구조가 변화하는 상황에서 진로와 직업 관련 (　　　)을 함양할 수 있도록 하고 나아가 능동적이고 주도적으로 자신의 진로와 직업을 설계하고 준비할 수 있도록 계획한다.

⑥ '자기 인식' 영역은 학생의 특성, 흥미, 적성 등을 (　　　)을 활용하여 증거 기반 실제 측면에서 자기를 객관적으로 인식할 수 있도록 한다.

⑦ '직업의 세계' 영역은 학생을 중심으로 다양한 직업을 탐색할 수 있도록 하며, (　　　)를 반영할 수 있도록 한다. 학생이 (　　　)을 통해 직업의 세계를 이해하고 탐색하며 나아가 자신의 (　　　)과 연계하도록 한다.

⑧ '작업 기초 능력' 영역은 (　　　)을 학생에게 제공함으로써 교수·학습의 효율성을 높이고 생동감 있는 활동이 이루어지도록 한다.

⑨ '직업 태도' 영역은 국가, 지역사회, 직장에서 요구되는 태도를 함양할 수 있도록 실제 학생의 (　　　)을 고려하여 교수·학습을 계획하며, (　　　)될 수 있도록 한다.

⑩ '진로 설계' 영역은 졸업 후 (　　　)과 관련된 다양한 정보를 탐색하고 자신의 특성과 연계하여 합리적인 의사 결정을 하도록 한다.

⑪ '진로 준비' 영역은 진로 설계한 내용을 구체화하고 실천할 수 있도록 (　　　)을 활용하여 준비해 나가도록 한다.

---

① 학교(급)의 특성과 학생, 교사, 보호자 등 구성원의 요구
② 기본 교육과정의 교과, 선택 중심 교육과정의 직업·생활 과목, 창의적 체험활동, 일상생활 활동을 아우르는 통합적
③ 학교 졸업 이후의 삶
④ '자기 인식', '직업의 세계', '작업 기초 능력', '직업 태도', '진로 설계', '진로 준비' / 기능 및 활동
⑤ 디지털 기초소양
⑥ 표준화된 검사 도구와 비표준화된 방법
⑦ 미래 사회 및 산업 구조의 변화 / 체험 활동과 경험 / 진로 설계 및 진로 준비하는 과정
⑧ 제시된 직군과 직종에서 다양한 교수·학습 활동과 자료에 기반한 직접적인 경험
⑨ 생태학적 목록 / 상황·장소·대상에 따라 일반화
⑩ 자립생활, 직업생활, 계속교육
⑪ 지역사회의 다양한 자원

(2) 교수·학습 방법
① 고등학교에서 진로와 직업 교과를 중심으로 중점학교를 운영할 경우 (　　)하도록 권장하며, 이와 관련된 구체적인 사항은 시·도 교육감이 정하는 지침에 따라 사전에 필요한 절차를 거쳐야 한다.
② 학생이 자신의 진로를 탐색할 수 있도록 (　　)을 아우르는 체험, 실습 등을 포함한 다양한 활동으로 운영한다.
③ 개별화교육지원팀은 (　　)를 활용하여 현행 수준을 객관적으로 파악하여 진로 방향을 설정하고 학교 특성, 지역사회 여건 등을 종합하여 (　　)의 우선순위를 정하여 실시한다.
④ 장애 정도와 특성, 발달 단계, 학습 수준, 관심, 필요, 흥미 등의 학생 특성과 학교의 여건을 고려하여 실물이나 모형, 인터넷 자료, 사진 및 동영상 자료, 멀티미디어 자료 등 다양한 학습 자료를 적용하여 작업을 수행해 봄으로써 (　　)을 제공한다.
⑤ 교수·학습 과정에서는 모델링, 역할놀이, 모의 상황 훈련, 교내 실습, 지역사회 현장실습 등 학생의 직접적인 경험에 중점을 두어 운영한다. 교수·학습의 실효성을 거둘 수 있도록 (　　)하여 편성·운영할 수 있다.
⑥ (　　)를 활용하여 교수·학습 과정에서 실제적인 활동과 경험을 통해 장차 학생이 개인의 진로 및 직업을 설계하고 준비할 수 있도록 한다.
⑦ 지역사회 내 진로 및 직업 관련 기관, 전환 기관, 사업체 등 관련 기관과 학교와의 연계 속에서 다양한 기구, 시설, 설비 등을 활용하여 학생이 체험, 활동, 실습을 할 수 있도록 하며, (　　)을 통해 현장 중심의 수업이 이루어지도록 한다.
⑧ 장애 정도가 심한 학생을 위해서는 이들의 학습 특성, 장애 정도, 현행 수준을 고려하여 (　　) 등 다양한 교수·학습 방법을 적용한다.
⑨ 원격수업 환경에서도 수업 참여에 어려움이 없도록 (　　)을 활성화하고 (　　) 등을 활용하여 진로와 직업 분야 디지털 기초소양을 함양할 수 있도록 한다.

① 창의적 체험활동, 일상생활 활동 학점의 50% 범위 내에서 감축하여 진로와 직업과로 편성
② 진로와 직업을 중심으로 기본 교육과정의 교과, 선택 중심 교육과정의 특수교육 전문 교과 직업·생활 과목, 창의적 체험활동, 일상생활 활동
③ 학생의 요구와 직업흥미검사, 전환능력검사, 적응행동검사 등 직업평가 도구 / 학생에게 지도해야 할 성취기준 및 교수·학습
④ 졸업 후 학생의 독립적인 삶을 위해 실제적으로 적용이 가능한 교수·학습 활동
⑤ 학교(급)에서는 다양한 활동과 현장 경험에 기반하여 수업 시간을 연속
⑥ 교내의 특별실, 직업 훈련실, 실습실, 기타 시설이나 장비
⑦ 지역사회 전문가와의 협력
⑧ 직접교수, 과제분석적 교수, 촉진, 부분 참여
⑨ 맞춤형 원격수업 / 원격수업이나 스마트 기기, 애플리케이션

## 2) 평가

### (1) 평가의 방향

① 진로와 직업과의 목표, 내용 체계, 성취기준 및 교수·학습의 (　　　)을 측정할 수 있도록 평가의 방향을 설정하며, 학생의 특성과 장애 정도 등을 고려하여 평가기준을 정해 (　　　)가 평가되도록 한다.

② 평가의 목적을 설정하여 목적에 적합한 (　　　)을 설정하며, 평가 후 결과를 활용할 수 있도록 계획한다.

③ 평가는 규준 참조 검사와 준거 참조 검사를 활용하여 실시할 수 있으며, 일회적인 평가는 지양하고 (　　　)하여 학생의 평가 결과를 (　　　)할 수 있도록 한다.

④ 평가의 내용은 진로와 직업과 교육과정의 내용 체계 및 성취기준에서 제시된 교육 내용의 범위와 수준에 근거하되, (　　　)를 활용한다. 교육과정에 제시되어 있는 목표에 따른 성취기준에 따라 (　　　) 등을 종합적으로 평가한다.

⑤ 장애 정도가 심한 학생을 위해 (　　　)을 제공하여 학생의 성취도, 학습 참여 정도, 다른 학생과의 협력 정도, 만족도 등을 종합적으로 평가한다.

⑥ '자기 인식' 영역은 학생의 특성, 흥미, 적성 등을 (　　　)와 같은 표준화된 방법과 (　　　) 비표준화된 방법을 활용하여 평가하되, 평가 결과를 종합하여 다각적으로 자기 인식을 할 수 있도록 한다.

⑦ '직업의 세계' 영역은 직업흥미검사 결과와 연계하여 학생이 관심 있는 다양한 직업을 학교 및 지역사회에서 탐색할 수 있도록 하며 (　　　)도 기록하여 평가에 반영하도록 한다.

⑧ '작업 기초 능력' 영역은 다양한 직군과 직종을 대상으로 실제 작업 현장에서의 수행평가나 학교에서의 (　　　) 등을 통해 학생의 작업 능력을 현장 중심에 기반하여 평가하도록 한다.

⑨ '직업 태도' 영역은 다양한 직업 및 지역사회에서 요구되는 태도를 실제 환경을 중심으로 평가하도록 하며, 평가 결과를 누가 기록하여 (　　　)를 고려한 직업 태도를 함양하도록 한다.

⑩ '진로 설계' 영역은 학생이 자신의 진로를 주체적으로 설계할 수 있도록 관련 자료를 체계적으로 관리하여 (　　　)가 이루어지도록 하며, 교사의 점검을 통해 (　　　)가 이루어지도록 한다.

⑪ '진로 준비' 영역은 진로 설계의 내용을 구체화하여 학생이 이를 준비할 수 있도록 지역사회의 다양한 기관과 연계하여 (　　　)를 평가하고 점검하도록 한다.

① 효과성과 효율성 / 개개인의 성취도　　② 도구와 방법
③ 평가를 누가 기록 / 목표, 교수·학습 등에 환류
④ 교수·학습 활동과 실습 과정 등에서 산출된 다양한 자료 / '지식·이해', '과정·기능', '가치·태도'
⑤ 수정된 평가 방법　　⑥ 직업흥미검사 / 교사의 관찰, 기록 등
⑦ 기쁨, 보람 등과 같은 정서적 부분　　⑧ 작업 표본 평가
⑨ 대상, 장소 등의 일반화　　⑩ 포트폴리오 평가 / 지속적인 환류
⑪ 실제로 요구되는 서류의 준비 및 작성, 면접 등에 대한 준비도

(2) 평가 방법
① ( ) 등을 종합적으로 고려하고 관찰, 면담, 심리 검사, 지필, 실기, 수행평가, 교육과정 중심 평가, 포트폴리오 등 다양한 평가 방법을 활용하여 학생의 '지식·이해', '과정·기능', '가치·태도'를 종합적으로 평가하도록 한다.
② 평가는 직업흥미검사, 전환능력검사, 적응행동검사 등과 같이 ( )와 교사의 관찰, 면담 등과 같은 ( )를 종합하여 학생의 현행 수준을 객관적이고 과학적으로 파악하도록 한다.
③ 개별화교육지원팀을 중심으로 교사, 학생, 보호자, 전문가 등 주요 관계자들이 서로의 장점과 전문성을 토대로 평가에 참여하며 그 결과를 공유한다. 평가 결과는 ( )할 수 있도록 하며 이를 교수·학습에 반영하도록 한다.
④ 실습 및 실기 평가에서는 사전 목표에 따른 평가 항목과 기준을 ( )하여 계획하고, 실제 작업 환경의 요소를 충분히 반영하여 ( ) 등의 방법을 적용하여 객관적으로 평가한다. ( )를 포함하여 학생의 전반적인 역량을 평가하도록 한다.
⑤ 평가 결과는 ( )하고, 평가 결과에 따른 지속적인 피드백을 제공함으로써 학생의 학습과 성장을 도울 수 있도록 한다.

---

① 평가 목적, 평가 시기, 평가 상황, 평가자
② 표준화된 검사 도구 / 비표준화된 검사
③ 개별화교육계획과 연계하거나 학교 차원의 관리를 통해 누가 기록하여 학생의 성장 정도를 추적
④ 세분화 및 단계화 / 작업 표본 평가, 상황 평가, 현장 평가 / 현장 전문가나 실습 담당자
⑤ 보호자와 학생이 이해하기 쉽도록 구체적으로 제공

# 05 체육

## 교육과정 설계의 개요

① 체육과 영역은 크게 (　　　)로 구분할 수 있는데, 이 두 가지는 체육에서 다루는 대부분의 신체활동을 포함하고 있다.

② (　　　) 영역은 체력과 기능 향상, 건강 증진을 목적으로 행해지는 신체활동 형식으로 (　　　) 등을 포함한다.

③ (　　　) 영역은 제도화되고 조직화된 신체활동과 다양한 환경의 상호 작용을 통해 생태적 결합을 추구하는 신체활동 형식으로 (　　　)로 구성하였다.

④ (　　　)는 2022 개정 교육과정 체육과 교육과정에서 새롭게 제시된 용어로 생활 주변 및 자연환경 등 다양한 환경적 맥락 속에서 이루어지는 스포츠를 의미한다.

⑤ '내용 요소'는 학생의 연령과 운동 기능에 맞춤화하여 학습의 범위와 계열을 구성하였다. '운동'의 경우 (　　　) 단계로 확장하였으며, '스포츠'는 (　　　)에 이르도록 구성하였다.

⑥ '스포츠'는 반사운동기, 초보운동기, 기본운동기, 전문운동기로 구성되는 운동 발달 모형과 (　　　)으로 구성되는 발달상의 게임 위계를 근거로 설계하였다.

⑦ 체육과는 신체활동을 통하여 체육 관련 역량을 배양하고 이 과정에서 습득된 기능을 일상생활에 적용하며 (　　　)함으로써 삶의 질을 높이는 것을 최종 목표로 한다.

① '운동'과 '스포츠'
② '운동' / 체력 운동과 건강 활동, 안전
③ '스포츠' / 도전형 스포츠, 표현형 스포츠, 경쟁형 스포츠, 생태형 스포츠
④ 생태형 스포츠
⑤ 경험하기, 모방하기, 기능 익히기, 습관 기르기 / 다양한 움직임의 경험에서부터 기초 움직임의 실행과 모방을 거쳐 게임 기능
⑥ 움직임 교육, 연습과 릴레이, 비조직적 게임, 간이 게임, 조직적 게임
⑦ 여가에 활용

# 01 성격 및 목표

## 1) 성격
① 체육과에서 추구하는 역량 3가지를 쓰시오.
② 신체활동을 수행하는 과정에서 학생은 움직임의 즐거움을 알고 기능이 향상됨에 따라 성취감이 증가한다. 또 이것은 (    )의 증가로 이어지고 자기주도적으로 생활할 수 있는 능력이 향상되는 효과도 가져다준다.
③ 체력 운동과 스포츠 활동은 타인과의 사회적 상호 작용 기회를 늘리므로 (    )을 향상시킨다.

## 2) 목표
④ 체육과는 (    )를 경험하면서 사회 구성원으로 더불어 살아가는 데 (    )을 기르는 것을 목표로 한다.
⑤ 건강, 안전 및 체력의 내용을 이해하고 (    )을 증진하며, (    )을 실천하고 생애 전반에 걸쳐 (    )한다.
⑥ 기초 움직임의 방법을 알고 기능을 익히며 (    )을 안다.
⑦ 스포츠 수행에 필요한 지식을 습득하고 (    )을 향상하며 (    )에 활용함으로써 스포츠의 가치와 태도를 실천한다.

---

① 움직임 수행 역량, 건강 관리 역량, 신체활동 문화 향유 역량
② 긍정적 자아 개념 형성과 사회적 유능감
③ 사회 적응 능력
④ 운동과 스포츠 / 필수적인 신체활동 역량
⑤ 건강과 체력 / 안전 / 생활화
⑥ 활동의 즐거움
⑦ 게임 기능 / 일상생활과 여가

# 03 교수·학습 및 평가

**1) 교수·학습**

　(1) 교수·학습의 방향

　　① 체육과 교수·학습은 교육과정에 제시된 목표를 달성하고 학생의 (　　　)을 목표로 한다.

　　② 체육과 교수·학습은 교육과정에서 제시한 내용의 수준과 범위를 준수하고 (　　　)와 일관성이 있어야 한다.

　　③ 체육과 '교과 교육과정 설계의 개요', '성격', '목표', '내용 요소 및 성취기준'을 바탕으로 학생의 (　　　) 등을 고려하여 교수·학습을 계획하고 실행한다.

　　④ 교육 내용은 학습자의 (　　　)의 발달을 촉진하는 학습 경험을 제공해 줄 수 있는 내용, 학습자의 흥미, 요구, 능력에 맞는 내용, 학습자의 일상생활과 관련이 되고 발달 단계에 알맞은 경험을 제공할 수 있는 내용, 지역사회의 요구와 관련된 교육 내용, 시설과 장비, 시간 할당, 그리고 지도 체계 등 광범위하고 바람직한 학습 활동을 제공해 줄 수 있는 내용 등으로 구성한다.

　　⑤ 체육과 내용 요소를 바탕으로 학교 상황이나 교육 환경, 학생 특성 등을 고려하여 수업 계획을 수립할 때 세부 내용을 수정하는 것이 필요하지만 (　　　)하지 않도록 한다.

　　⑥ 학생이 체육과를 통하여 풍부한 경험을 하고 학습한 내용을 일상생활에서 활용·생활화 하도록 (　　　)하고 협력한다.

　　⑦ 온오프라인 연계 수업에서 다양한 디지털 기기와 (　　　)나 (　　　)를 활용한다.

　　⑧ 교수·학습 운영을 효율적으로 하려면 (　　　)하고, (　　　), (　　　)하고 (　　　)하는 등 구체적 전략 수립이 뒤따라야 한다.

　　⑨ 교수·학습은 교수·학습 환경을 구성하는 제반 요소들(예 :　　　)을 고려하여 수업 목표 도달을 위한 효율성을 높일 수 있도록 유기적으로 계획한다.

　　⑩ (　　　)를 통하여 생명을 보호하고 안전 의식을 높여 교수·학습의 효과가 극대화되도록 노력한다.

　　⑪ 장애 정도가 심한 학생의 개별적인 특성을 고려하여 '(　　　)에서' 적절한 교수적 수정을 통하여 교수·학습을 재구성하여 지도한다.

---

① 전인적 성장과 발달　　　　　　　　　　② 교육 목표, 내용, 평가
③ 생활 연령, 발달 정도, 흥미도　　　　　　④ '지식·이해', '과정·기능', '가치·태도'
⑤ 교육과정의 내용을 지나치게 생략하거나 일부 내용만을 편향적으로 지도
⑥ 가정과 적극적으로 연계　　　　　　　　⑦ 기존에 개발된 콘텐츠 / 교사가 개발한 자료
⑧ 사전에 학습 내용을 충분히 이해 / 수업 내용과 교수·학습 방법을 밀접하게 연계시키며 / 바람직한 교수·학습 환경을 마련 / 교수·학습 목표 달성을 위한 적절한 지도 방법을 강구　　⑨ 예 : 학급 규모, 시간, 시설, 용·기구, 학습자의 특성
⑩ 체육활동 중에 발생할 수 있는 안전사고에 대한 사전 예방 교육과 관리
⑪ 교육과정의 취지에 맞는 범위 내

(2) 교수·학습 방법
　(가) 효과적인 체육과 교수·학습 지도를 위해서는 다양하고 적절한 학습 지도 방법을 사용한다.
　　① 학습 유형의 차이를 조절하기 위해 (　　) 등을 적용하여 수업을 운영한다.
　　② 장애학생을 위한 지도 접근법으로 (　　)을 적용하되, 학생들의 기능 수준과 과제 난이도에 따라 적합한 것을 활용한다.
　　③ 수업 조직으로 (　　) 등을 활용할 수 있으며 학생들에게 가장 적합하다고 판단되는 유형을 선택하여 지도한다.
　　④ (　　), (　　), (　　), (　　), (　　), (　　) 등 수업을 구조화하여 보다 좋은 수업을 운영하도록 한다.
　　⑤ 모든 학생이 역동적으로 많은 시간 동안 과제에 참여하는 수업을 운영한다. 효율적으로 학습 시간을 사용하려면 (　　)을 최소화하고, (　　)을 늘리도록 한다.
　　⑥ 학생의 운동 능력을 고려하고 과제의 난이도, 기구나 규칙 등 (　　)으로 활동이 가능하도록 한다.
　　⑦ 신체적 촉진, 언어적 촉진 등의 촉진법을 효과적으로 활용하고, 학생의 (　　) 한다.
　　⑧ 학생이 특정 과제나 동작을 수행하지 못하는 경우 (　　)하여 지도한다. (　　)과 (　　)을 사용하여 동작의 질을 높이도록 한다.
　　⑨ 체육 활동의 목표를 확실하게 이해시키고 동기를 유발하기 위해 (　　)한다.
　　⑩ 학생들을 지도할 때 부정확한 동작만을 지나치게 교정하게 되면 학습 거부로 이어질 수도 있으므로 활동 초기에는 (　　)를 제공한다.
　　⑪ (　　)하여 활동에 대한 동기를 부여하도록 한다.
　　⑫ 체육 학습의 전이를 촉진하려면 (　　)한 후 (　　)함으로써 학습된 내용에 대한 파지가 이루어지도록 한다.
　　⑬ 학교 환경에서 학습한 운동 기술을 가정이나 지역사회 환경에서 일반화하는 것에 어려움을 느끼는 학생들을 위해 (　　) 등을 고려한 체육 프로그램으로 일반화를 꾀하여야 한다.

**A**
① 지시 유형, 과제 유형, 유도 발견 학습 유형, 문제 해결 유형
② 발달적 지도법과 기능적 지도법
③ 1대 1 지도, 소집단 활동, 대집단 활동, 혼합 집단 활동, 협력 교수, 스테이션 교수
④ 활동의 순서와 틀이 갖추어진 수업(루틴) 진행 / 교수·학습 환경 구조화 / 활동 대형 선택 / 역동적 수업 / 주의 집중 높이기 / 목표와 활동 내용 제시
⑤ 활동 과제에 참여하지 않는 시간 / 체육 실제 학습 시간의 활동 참여 시간
⑥ 체육 수업과 관련된 제반 요소의 수정과 변형
⑦ 기능이 발달함에 따라 촉진의 양을 점진적으로 줄여 나가도록
⑧ 과제 분석을 적극 활용 / 위계가 있는 동작 중심의 과제 분석 / 유사 활동 중심의 과제 분석
⑨ 피드백을 적절히 제공
⑩ 성공 가능성이 높아지도록 적절한 수준의 과제
⑪ 학생의 작은 기능 변화에도 적극적으로 강화를 제공
⑫ 학생에게 의미 있는 기술들을 선택 / 동작을 반복하여 학습
⑬ 다양한 기구, 각기 다른 환경 및 시간, 그리고 참가 인원수

① 체육 수업의 교재·교구로 사용되는 용·기구와 시설에 대한 (　　)를 취하여 안전사고를 사전에 예방한다.
② 체육활동의 목표를 달성하기에 앞서 활동 시 (　　)가 선행되어야 한다.
③ 체육활동에서는 (　　), (　　), (　　), (　　), (　　), (　　), (　　), (　　), (　　), (　　) 등으로 안전사고를 철저히 예방해야 한다.
④ 교육과정 적용 시점의 사회적, 기술적 특성을 반영하여 (　　) 등 정보통신기술 활용 체육 수업을 계획하고 실행하도록 한다.

(나) 장애 정도가 심한 학생의 체육 지도는 다음의 원칙을 적용하도록 한다.
⑤ (　　), (　　), (　　)을 활용하는 활동을 선정하여 지도한다.
⑥ 한 가지 감각이 지나치게 자극을 받거나 매우 짧은 시간 동안에 여러 자극이 주어질 때 발달이 부족한 중추신경계에 신경학적 과부하가 걸리기 때문에 활동 시 (　　)을 주지 않도록 주의한다.
⑦ 기능 수준에 따라 (　　)하여 지도한다.
⑧ 목적이 있는 움직임과 환경에 대한 탐구가 가능한 움직임 유형을 제공한다. (　　) 할 수 있도록 한다.
⑨ (　　)을 통하여 기능을 숙달하도록 하며, 작은 성과에도 칭찬을 아끼지 않도록 한다.
⑩ 운동 기술이나 동작을 (　　)을 이용하여 가장 기초적인 요소로 나누고 그 수준에서 지도를 시작하며, 지도 시간을 짧게 그리고 자주 제공한다.
⑪ (　　)하며, 1대 1 지도로 학습의 효과를 높이도록 한다.
⑫ (　　)을 통해 모방을 촉진한다.
⑬ 장애 정도가 심한 학생의 기능 수준을 고려하여 필요한 경우 (　　)하여 지도한다.

---

① 주기적인 안전 점검과 조치
② 안전과 건강상의 문제가 있는 학생에 대한 배려
③ 활동 전 준비 운동과 활동 후 정리 운동 철저히 하기 / 과도한 연습 지양하기 / 주의집중하기 / 적절한 운동복과 운동화 착용하기 / 경기 규칙 지키기 / 위험한 장난하지 않기 / 운동기구 사용법 익히기 / 주변 동료와 활동거리 유지하기 / 투사체 사이로 지나가지 않기 / 적절한 휴식 취하기
④ 온오프 융합형 체육 수업, 스마트폰 활용 체육 수업, 가상현실(VR), 증강현실(AR), e-스포츠
⑤ 흥미를 일으키는 움직임 자극 활동 / 원시반사를 억제시키는 활동 / 그리고 기본적인 감각(시각, 청각, 후각, 미각, 촉각, 고유수용계, 전정계 등)
⑥ 과도한 자극
⑦ 활동의 내용을 변형(예 : 보행이 어려운 학생들의 경우에는 눕거나 앉은 자세에서 운동)
⑧ 처음에는 수동적 자극을 많이 제공하고, 가능한 빨리 대근육 운동에 활발하게 참여
⑨ 동작의 반복
⑩ 과제 분석
⑪ 환경 자극(예 : 색)의 강도를 주의 깊게 관찰·기록
⑫ 신체적 촉진(예 : 몸을 돌려주는 동작)
⑬ 체육 교재·교구를 직접 개발하거나 제작(예 : 에어로빅스 작품, 체육 기구, 과제 카드)

## 2) 평가

### (1) 평가의 방향

① 평가는 교육과정의 목표, 내용, 교수·학습 과정과 연계되어야 하며, 교수·학습 활동과 분리되는 별도의 활동이 되어서는 안 된다. 따라서 (        )을 유지하여야 한다.

② 평가는 교수·학습 계획에 상응하는 (        )을 확보하여야 한다. 즉, 교육 내용 및 방법에 가장 적합한 평가가 이루어질 수 있도록 교수·학습 계획을 면밀히 검토하고 평가 내용과 시기, 도구 및 방법을 계획하여야 한다.

③ 교육의 효과를 높이려면 (        )을 구체적으로 수립한다. 즉, 교수·학습 계획 단계에서 (        )를 작성하여 활용하는 것이 바람직하다.

④ 평가는 (        ), (        ), (        )을 확보하여야 한다.

⑤ 평가 방법과 도구는 (        )에 적합하게 재구성해야 한다.

⑥ 타당하고 합리적인 평가를 수행할 수 있도록 (        )을 수립하여 적용함으로써 개별화교육계획과 연계되어야 한다.

⑦ 학습의 결과뿐 아니라 학습의 과정을 동시에 평가할 수 있도록 (        )에 대한 평가가 계획되고 실행되어야 한다.

⑧ 평가 도구는 소영역의 수업 주제, 차시별로 특성에 맞게 개발하여 사용하도록 한다. 단, 수업 주제별 평가 도구를 찾기 어려운 경우에는 (        )를 이용하거나 (        )하여 사용할 수 있다.

⑨ 평가기준에 나타난 학습 요소를 타당하고 객관적으로 평가할 수 있는 평가 방법과 주제를 선정한다. 이때, 평가 도구에는 (        )를 포함하여 평가의 타당도를 높인다.

⑩ (        )하여 학생에게 적절한 교육 목표를 세우고, 학습의 진행 상황을 점검하여 순환적이고 총체적인 평가 체계가 되도록 한다.

⑪ 학습 상황, 학습 내용에 따라 온라인으로 평가할 경우 공정하고 합리적인 평가가 이루어질 수 있도록 하고, 기기를 이용한 평가 시 (        ) 등을 적절히 제공한다.

⑫ 평가 결과는 (        )하며, 그 결과를 환류하여 교수·학습 방법의 개선과 학생의 성장·발달을 도울 수 있도록 한다.

---

① 수업의 목표 및 가르치는 내용과 평가하는 내용의 일관성
② 내용 및 방법의 구체성
③ 학생의 학년 초 또는 학기 초에 평가 계획 / 평가 계획표
④ 교육과정과의 연계성 / 평가 내용의 균형성 / 방법의 타당성과 신뢰성
⑤ 학생의 독특한 교육적 요구와 수준
⑥ 개인차를 고려한 평가기준
⑦ 단위 수업의 전, 중, 후에 학습자의 수행 수준
⑧ 교사 자신이 직접 개발한 평가 도구 / 기존에 개발된 평가 도구를 평가기준의 특성에 맞게 수정
⑨ 평가기준에 드러난 학습 요소
⑩ 학생의 현재 수행 능력의 강점과 약점을 판별
⑪ 학생과 학부모에게 평가의 도구, 시간, 보조 도구 활용 방법
⑫ 학생과 학부모가 이해할 수 있도록 쉽고 구체적으로 제공

(2) 평가 방법
　① 평가는 (　　　)을 대상으로 균형 있게 실시하되, 각 영역에 따라 (　　　)을 달리하여 실시할 수 있다.
　② 각 교육과정 영역 내에서 평가 내용의 균형성을 유지하기 위해 (　　　)하지 않도록 유의한다. 또한 단편적 기능 위주의 평가를 지양하고 (　　　)하며, (　　　)할 수 있도록 한다.
　③ 장애 정도가 심한 학생은 (　　　)이나 (　　　), (　　　)하여 평가하도록 한다.
　④ 교육 목표의 성취 여부는 주로 신체활동 요소인 (　　　) 위주로 평가하고 수업의 주제에 따라 (　　　)를 추가하여 평가한다.
　⑤ 평가에서 나타난 수행 능력과 실제 수행 능력은 차이가 있을 수 있으므로 (　　　)하여 정확한 평가가 이루어지도록 한다.
　⑥ 평가 결과의 해석을 명확히 하기 위해 (　　　)하여 활용하는 것이 필요하다.
　⑦ 평가는 실제 상황에서 학생이 자신의 능력을 최대한 발휘할 수 있는 여건에서 이루어져야 하며, (　　　)하여 보다 정확한 수행 능력을 측정해 낼 수 있어야 한다.
　⑧ 평가의 결과는 다음 교수·학습 계획 수립에 활용한다. 학습자 개개인의 평가 결과를 분석하여 (　　　)로 활용한다. 또한 전체 학습자에게서 발견되는 평가 결과의 특징을 분석하여 교수·학습 방법의 개선에 활용한다.
　⑨ 장애 정도가 심한 학생의 학습 목표 달성 여부를 평가할 때에는 비표준화 검사 방법을 사용하여 (　　　)해야 한다. 일례로, 한 가지 운동 기술을 과제 분석한 후 학생이 수행할 수 있는 하위 기술을 결정하는 방법을 사용할 수 있다. 또 학생의 진보 정도는 다른 학생과의 상대적 위치보다는 (　　　)를 평가하는 것이 바람직하다.
　⑩ 평가 결과는 학부모와 학습자가 이해하기 쉽도록 구체적으로 또는 재구성하여 안내한다. 이 과정을 통해 (　　　)하는 데 도움을 주도록 한다.
　⑪ 체육과의 평가는 학생들이 다양한 신체활동 수행으로 (　　　)하고, 건강과 안전에 유의하며 (　　　)하는 데 도움을 줄 수 있는 것이어야 한다. 이를 위해 평가 결과를 누가 기록하여 (　　　)로 활용해야 한다.

---

① 교육과정에 제시된 운동과 스포츠 전 영역 / 평가 비중
② 특정 내용에 편중되어 평가 / 학생과 학교의 상황을 고려하여 가능하면 다양한 평가 요소를 제시 / 보다 많은 선택의 기회를 부여
③ 학생이 실제로 배운 내용 / 교육과정과 연계한 실제적 평가(예 : 과제 분석 검목표, 생태학적 일람표, 루브릭) / 교사가 특정 목적이나 자신이 가르치는 내용을 학생들이 어느 정도 습득하였는지를 알아보려고 직접 개발한 내용지향검사를 활용
④ '과정·기능' / '지식·이해'와 '가치·태도'
⑤ 평가의 방법이나 내용을 학생이 알고 이해하였는지 확인
⑥ 학생의 특징, 강점, 진보 정도, 발달 과정을 서술식으로 기술
⑦ 1회기보다는 여러 차례 실시
⑧ 학습 과제의 수준과 활동 방법을 결정하기 위한 기초 자료
⑨ 개별 학생의 진보 정도를 절대 평가 / 학습 지도가 이루어지기 전과 후의 변화 정도
⑩ 학습자가 생활 속에서 학습 주제와 관련된 신체활동 수행 계획을 수립하고 지속적으로 실천
⑪ 체력과 스포츠 기능을 향상 / 신체활동을 생활화하는 습관을 형성 / 개인별 발달 수준, 진로 및 직업 탐색의 기초 자료

# 07 음악

## 교육과정 설계의 개요

① 총론의 인간상인 자기주도적인 사람, 창의적인 사람, 교양 있는 사람, 더불어 사는 사람으로 육성하기 위한 핵심역량을 바탕으로 음악 교과 목표를 설정하고, 주요 강조점을 적용하여 음악 교과 '성취기준'과 '교수·학습 및 평가'를 구성하였다.
② 음악 교과는 (　　)가 표현, 창작, 감상 등의 음악 활동을 하며 자신을 둘러싼 가정·학교·사회 등에서 (　　)에 중점을 두었다.
③ 모든 음악 영역이 일상생활과 연계하기 위해 이전 교육과정의 (　　)하고, 총론의 창의성 강조 및 공통 교육과정 음악과 내용의 연계를 위해 (　　)하였다.
④ (　　)이 음악 활동의 근간이면서 다양한 장애 유형과 정도를 지닌 학습자들에게 가장 필요하다는 점에서 (　　) 활동에 더 비중을 두어 내용 체계를 구성하였다.
⑤ 청감각을 포함한 다양한 감각을 통해 음악적 경험을 하는 감상 영역 활동에 비중을 두고, 음악을 새롭게 만드는 (　　)을 제시하였다.
⑥ 핵심 아이디어는 음악 활동 전체를 관통하는 (　　) 등 세 가지로 구성하였다.
⑦ '지식·이해'는 표현, 창작, 감상할 대상으로서의 (　　), 영역별 주요 학습 관점, 음악의 주요 요소나 개념으로
⑧ '과정·기능'은 음악 내 (　　)과 음악 외 (　　)으로,
⑨ '가치·태도'는 학습자 개인의 태도나 (　　)와 연계되는 사회적 및 정서적 가치로 구성하였다.

② 감성, 창의성, 자기주도성을 지닌 학습자 / 공동체와 소통하는 것
③ 생활화 영역을 모든 음악 영역과 융합 / 창작 영역을 신설
④ 실행적 표현을 통한 음악적 경험 / 표현 영역
⑤ 창작 영역 활동
⑥ 음악 자체의 고유한 특성과 원리, 학습자를 둘러싼 배경과 맥락, 일상생활 속에서의 음악적 참여와 활용
⑦ 소리나 음악의 범위
⑧ 신체적 및 실천적 기능 / 연계적 기능
⑨ 음악의 생활화

# 01 성격 및 목표

## 1) 성격

① 기본 교육과정 음악과는 다양한 장애 유형과 정도를 지닌 학습자의 특성과 교육적 요구에 적합한 음악과 활동을 경험하게 함으로써, (　　　)하도록 하는 교과이다.

② 음악과는 노래나 악기 연주 등의 주요 음악 활동과 더불어 신체표현이나 놀이 등 다양한 표현활동을 포괄하는 (　　), 자신의 느낌과 생각을 음악적으로 다양하고 새롭게 만들어 보는 (　　), 다양한 음악을 듣고 반응하는 (　　) 등 음악 활동 중심의 세 영역으로 구성된다.

③ 음악의 기본 지식, 기능, 태도를 총체적으로 학습하며 생활 속에서 스스로 음악을 즐기고 자유롭게 표현할 수 있는 능력을 계발하여 (　　)을 갖추는 데 중점을 둔다.

④ 따라서 음악과는 자신의 느낌이나 감정을 소리나 음악으로 자유롭게 담아내도록 하여 다양한 장애 유형과 정도를 지닌 학습자들의 (　　)을 높이고 (　　)을 수행할 수 있다.

⑤ 그리고 학생의 긍정적 자아상 확립과 사회성 발달, 정서적 안정과 언어 발달, 도전적 행동의 감소, 성취감과 자존감의 제고, 참여와 협력의 유도 등 (　　)에 기여한다.

⑥ 또한 다른 사람과 함께하는 음악 활동을 하면서 공동체와 조화를 이루기 위한 가치와 규율을 익힐 수 있고, (　　)를 함양할 수 있다.

⑦ 더불어 타 교과의 영역과 연계하며 (　　)을 전반적으로 향상함으로써 학교생활과 일상생활에 의미 있는 역할을 한다.

## 2) 목표

⑧ 표현, 창작, 감상의 다양한 음악 활동을 총체적으로 경험하고 이해하며, 이를 바탕으로 (　　)을 신장하여 일상생활과 공동체 안에서 (　　)를 기름으로써 감각, 지각, 인지, 정서, 사회성을 발달시킨다.

⑨ 음악의 (　　)을 느끼고 음악에 대한 (　　)을 익힌다.

⑩ 음악 활동을 통해 다양한 음악을 (　　)하며 (　　)한다.

⑪ 생활 속에서 (　　)하고 (　　)을 지닌다.

---

① 일상생활 속에서 자신을 표현하고 음악을 즐기며 음악으로 소통하고 사회·문화적 안목과 공동체 의식을 함양
② '표현' 영역 / '창작' 영역 / '감상' 영역
③ 서로 존중하고 소통하며 일상생활에 적응하는 능력
④ 표현력 / 음악을 통한 보완적 의사소통 역할
⑤ 전반적인 발달과 일상생활 적응
⑥ 학교, 가정, 지역사회에 적극적으로 참여하고 협력하는 태도
⑦ 통합적으로 사고하는 능력과 다양하게 표현하는 능력
⑧ 감성, 창의성, 자기주도성 / 음악으로 소통하는 태도
⑨ 아름다움 / 기본적인 지식
⑩ 자기주도적으로 경험 / 창의적으로 표현
⑪ 음악을 즐기며 소통 / 다양한 음악을 존중하는 태도와 습관

# 02 교수·학습 및 평가

1) 교수·학습

   (1) 교수·학습의 방향

   ① 교수·학습 계획은 기본 교육과정 음악과의 역량을 기반으로 한 성격, 목표, 내용 체계에 근거하여 (        ) 등을 고려하여 수립한다.

   ② 교사는 학생의 학습 특성과 능력에 적합하고 학생의 자기주도성을 고려한 교수·학습 방법과 자료를 활용하며 교육과정의 내용을 재구성하여 수업을 설계한다. 기악 교육의 경우 학생의 (        )을 고려하여 적합한 악기를 활용하되, 연주하기 적합한 (        )를 중심으로 학생이 스스로 다양한 종류의 악기를 선택할 수 있도록 설계한다.

   ③ 학생의 음악성을 포괄적이고 균형 있게 발달시킬 수 있도록 (        )하여 교수·학습 과정을 계획하고 운용한다.

   ④ '지식·이해', '과정·기능', '가치·태도'에 제시된 내용 요소와 유사한 타 교과의 내용을 연계하여 구안할 수 있다. 또한 (        ) 등을 가사나 주제로 다루는 음악을 표현·창작·감상하며 범교과 학습 주제를 반영할 수 있다.

   ⑤ 학생의 디지털 학습 환경과 가정의 지원 등을 고려하며, 경우에 따라 보호자를 포함하여 학생의 (        )에 도움을 줄 수 있는 사전 교육을 제공한다.

   ⑥ 학습한 내용이 실생활에 적용될 수 있도록 (        )하여 구안한다.

---

① 학생의 생활연령, 인지 능력, 흥미, 장애 특성 및 교육적 요구
② 신체적 특성, 흥미, 수행 능력 / 타악기
③ 표현, 창작, 감상 영역을 연계
④ 안전·건강, 인성, 진로, 민주시민, 인권, 다문화, 통일, 독도, 경제·금융, 환경·지속가능발전 교육
⑤ 디지털 활용 능력
⑥ 삶과 연계

(2) 교수·학습 방법
　① '표현' 영역에서는 학생이 다양한 음색을 체험하고, 자신의 감각과 느낌을 목소리나 악기 등을 활용하여 자기주도적으로 표현하도록 지도한다.
　　－(　　　)는 학습자의 흥미와 특성을 고려한다.
　　－학생의 (　　　)에 맞는 곡이나 악기를 선택하여 연주할 수 있도록 지도한다.
　　－교사는 (　　　) 등을 활용하여 학생이 음악 요소를 표현할 수 있도록 지도한다.
　　－가상 악기를 포함한 다양한 악기를 활용하여 학생이 감각과 느낌을 자유롭게 표현할 수 있도록 분위기를 조성한다.
　② '창작' 영역에서는 음악의 기본 요소를 토대로 학생이 (　　　)하며 새로운 음악에 대한 흥미와 관심을 가질 수 있도록 지도한다.
　　－목소리, 악기, 신체, 물체 등을 활용하여 (　　　)해 보도록 지도한다.
　　－음악의 요소를 사용하여 간단한 음악을 만들고, 다양한 매체를 활용하여 표현하도록 지도한다.
　　－학생들이 소리를 듣고 (　　　)하는 활동을 하면서 흥미를 느낄 수 있도록 한다.
　　－학생들의 삶과 연계된 주제에 대해 창작함으로써 음악 만들기에 흥미를 느낄 수 있도록 한다.
　③ '감상' 영역에서는 음악을 듣고 아름다움을 인식하며, 자신의 느낌이나 생각을 자유롭게 표현하면서 다양한 음악을 즐기도록 지도한다.
　　－악곡 전체를 감상하기보다는 (　　　)하도록 한다.
　　－교사는 학생의 관심과 특성을 고려하여 적합한 악곡을 활용한다.
　　－음악을 듣고 자기 생각이나 경험을 자유롭게 떠올려 보고, 이것을 (　　　) 등 다양한 방법으로 표현해 보도록 지도한다.
　　－다양한 악곡 양식을 활용하여 감상 수업을 진행한다.
　④ 다수의 학생과 군중들이 밀집한 곳에서의 음악 활동은 질서를 유지하여 안전하게 이루어질 수 있도록 지도한다.
　⑤ 다양한 원격수업 방법 및 디지털 기기를 활용하여 수업한다.
　　－(　　　) 등 다양한 원격수업 유형에 적합한 수업 방식을 활용하거나 (　　　)으로써 실질적인 음악 학습을 지원하도록 한다.
　　－실제 악기뿐만 아니라 (　　　)도 체험할 수 있는 기회를 제공한다.
　　－작곡 애플리케이션을 활용하여 (　　　)한다.
　　－실감형 미디어 콘텐츠를 활용하여 음악 감상 시 심미적 체험 범위가 더욱 확대될 수 있도록 지도한다.
　　－실시간 쌍방향 수업, 콘텐츠 활용 수업, 메타버스나 모바일 환경을 활용한 수업 등 다양한 원격수업 환경에서 음악 감상 활동을 진행할 경우 제재곡이 학생들에게 원활하

게 송출되고 있는지 유의하며 수시로 점검한다.
　　－다양한 원격수업 방법을 활용하되 장애 정도가 심한 학생의 참여가 원활할 수 있도록 (　　) 등을 고려하여 계획한다.
⑥ 장애 정도가 심한 학생의 교육적 요구 및 특성을 고려한 음악 학습이 이루어질 수 있도록 한다.
　　－장애 정도가 심한 학생도 가상 공간에서 다양한 음악적 표현을 할 수 있도록 적절한 수준의 (　　)를 제공할 수 있다.
　　－장애 정도가 심한 학생이 다양한 악기를 통한 합주 활동에 참여함으로써 (　　) 향상될 수 있도록 한다.
　　－장애 정도가 심한 학생을 위해 시청각 자료, 촉각 자료, 디지털 자료 등의 교수·학습 자료를 추가적으로 제공할 수 있다.

① 노래 부르기와 악기 연주하기 / 신체적 특성, 학습 특성, 수행 수준 / 손짓, 몸동작, 다양한 악보
② 느낌과 상상을 자유롭게 표현 / 즉흥적으로 표현 / 모방하거나 상상한 것을 창의적으로 표현
③ 주제 선율을 중심으로 반복하여 감상 / 연주, 신체, 언어, 그림, 영상
④ 온오프라인 혼합수업이나 콘텐츠 활용 수업 / 자료를 제작함
⑤ 디지털 기기를 활용한 가상악기 / 창작 및 편곡의 기회를 제공 / 보호자의 도움, 학생의 디지털 환경 및 악기 활용 방안
⑥ 메타버스 방식 연주 활동 기회 / 협동심과 성취감이 향상

## 2) 평가

### (1) 평가의 방향

① 음악과 평가는 표현·창작·감상 영역의 내용이나 영역 내에서 (　　　)에 중점을 두고 종합적으로 실시함으로써 음악과의 역량을 기반으로 한 목표를 구현할 수 있도록 한다.

② 평가는 (　　　)에 근거하여 계획을 수립한다.

③ 평가의 범위와 수준은 학생의 개별적 특성과 수행 능력을 고려하여 선정한다. 즉 평가의 내용, 기준, 방법은 (　　　) 등을 고려한다.

④ '표현', '창작', '감상' 영역을 연계하여 (　　　)할 수 있다.

⑤ 학생의 음악적 성장 및 발달을 위해 음악과 성취기준 분석을 토대로 적절한 평가 내용과 방법을 선정하여 (　　　)가 이루어지도록 한다.

⑥ '지식·이해', '과정·기능', '가치·태도'와 관련하여 (　　　)를 평가하는 데 초점을 둔다.

⑦ 실질적으로 (　　　)을 평가에 활용한다.

---

① 음악을 활용할 수 있는 능력
② 본 교육과정의 범위와 수준
③ 개별 학생의 특성, 음악적 능력과 수준, 흥미
④ 통합적으로 평가
⑤ 과정을 중시하는 평가
⑥ 개별 학생의 유의미한 향상도
⑦ 삶과 연계된 내용

(2) 평가 방법
① 음악과 평가는 교과의 성격과 활동 영역별 내용에 따라 적절하게 이루어지도록 하고, (　　) 등을 고려하여 다양한 방법으로 실시한다.
② 학생의 개별적인 학습 특성과 수행 능력을 고려하여 평가 방법이나 도구를 적절하게 수정하여 평가하되, 음악의 기능적인 부분에 치중하기보다는 (　　)를 파악하도록 한다.
③ 평가는 학습한 내용을 중심으로 하되, (　　) 등도 반영한다.
④ 성취기준 활용 시 상황에 따라 중요도가 높은 항목을 중심으로 (　　)함으로써 학생의 학습이나 평가 부담을 경감시킬 수 있다.
⑤ 평가는 '표현', '창작', '감상' 영역을 서로 연계하여 통합적으로 평가한다.
　- '표현' 영역에서는 기초 기능과 표현 능력, 태도 등을 고루 반영하여 평가한다.
　- '표현' 영역에서는 (　　)를 하며, 학생의 학습 능력을 고려하여 가장 기초적인 음악의 기본 요소에 대한 이해 정도를 평가한다.
　- '창작' 영역에서는 (　　) 등을 평가한다.
　- '감상' 영역에서는 음악의 특징을 파악하고 분위기를 느끼며 반응하는 데 평가의 주안점을 둔다.
　- '표현' 및 '감상' 영역에서는 (　　)를 실시할 수 있다.
⑥ 평가는 (　　) 등 다양한 방법과 도구를 활용한다.
⑦ 가정 및 지역사회에서 이루어지는 음악 활동은 (　　)하여 평가할 수 있다.
⑧ 평가는 노래 부르기, 악기 연주하기 등의 음악 활동에 따라 (　　)에서 실시할 수 있다.
⑨ 과정을 중시하는 평가를 실행할 때 평가의 과정과 결과에 기반하여 학생들에게 (　　)가 제공될 수 있도록 한다.
⑩ 평가 결과는 (　　)을 위한 자료로 활용하고, 학생 개개인의 교육 목표 도달 정도를 확인하여, 학습의 부족한 부분을 보충하며, (　　)하는 데 주안점을 둔다.
⑪ 원격수업의 특성에 맞는 적합한 평가 도구를 선택하여 평가한다. 또한 온오프라인 혼합 수업에서의 평가는 음악 교과 역량과 내용 영역이 균형 있게 반영될 수 있도록 하며, (　　)도 고려한다.
　- 원격수업의 경우 원활한 평가를 위하여 학생의 보호자에게 협조를 의뢰할 수 있다.
　- 격 평가에서도 평가의 투명성과 신뢰성이 확보되도록 제출된 음악 과제의 (　　)하여야 한다.
　- 원격 접속 환경 등으로 인해 음악 평가에 어려움이 있을 경우 사전에 대체 방안을 수립하고 학생들에게 미리 안내한다.
⑫ 장애 정도가 심한 학생의 교육적 요구 및 특성을 고려하여 적절한 평가가 이루어질 수 있도록 한다.

- 장애 정도가 심한 학생을 위한 평가는 (　　　)에 중점을 두고 실시하도록 한다.
- 장애 정도가 심한 학생에게 원격 평가를 실시할 때에는 평가 도구 및 방법 등 진행 방법을 (　　　)한다.

① 개별 학생의 능력, 수준, 흥미
② 음악을 통한 학생의 긍정적인 정서 변화와 향상 정도
③ 학습 과정에서 관찰되는 행동과 태도의 유의미한 변화
④ 축약 및 통합 운용
⑤ 실제적 수행을 통한 실음 중심의 평가 / 음악 요소의 활용 정도, 창의적인 표현 능력, 태도 / 실감형 미디어를 활용한 평가
⑥ 실기 평가, 실음 평가, 관찰 평가, 자기 평가, 상호 평가, 구술 평가, 포트폴리오 평가
⑦ 가정과 연계
⑧ 적절한 시설 및 공간
⑨ 꾸준한 환류 체계
⑩ 교수·학습 계획과 수업 방법 개선 / 교수·학습의 질을 개선
⑪ 대면 평가와 비대면 평가의 연계 / 수행 주체와 과정을 직접 확인
⑫ 수업 시간에 이루어지는 음악 활동의 참여도 / 사전에 보호자에게 구체적으로 안내

# 08 미술

## 교육과정 설계의 개요

① 미술과는 심미적 감성, 창의성, 자기주도성을 지닌 학생이 (　　　)으로 이루어진 미술 활동을 하며 자신을 둘러싼 (　　　)하는 것을 주요 골자로 한다.
② 다양한 장애 유형과 정도를 지닌 학생이 미술적 경험을 기초로 (　　　)하고, (　　　)을 중심으로 내용 체계를 구성하였다.
③ 감상 영역의 활동은 (　　　)할 수 있도록 기본적인 수준으로 구성하였다.
④ 핵심 아이디어는 미술 활동 전체를 관통하는 ① (　　　), ② (　　　), ③ (　　　)을 바탕으로 각 내용 영역별 특성을 살려 세 가지 진술문으로 구성하였다.
⑤ '지식·이해'는 각 내용 영역에서 알고 이해해야 하는 미술의 주요 요소나 개념뿐 아니라, (　　　)을 포함하였다.
⑥ '과정·기능'은 (　　　)으로 구성하였다.
⑦ '가치·태도'는 (　　　)이다.
⑧ 성취기준은 '지식·이해', '과정·기능', '가치·태도' 중 두 개 이상의 내용 요소가 연결되도록 진술하였고, '교수·학습 및 평가'는 미술과의 특성을 살려 교사들이 학생 맞춤형 수업으로 교육과정을 재구성하여 수업 활동을 지원할 수 있도록 하였다.

① '체험', '표현', '감상' / 가정·학교·사회 등에서 공동체와 시각적으로 소통
② 시각 문화를 이해 / 자기 생각과 느낌을 창의적으로 표현하는 활동
③ 미술에 관심을 유발하고 미술을 향유하며 다양성을 존중
④ 미술 자체의 고유한 특성 / 학습자를 둘러싼 배경과 맥락 / 일상생활 속에서의 미술적 참여와 활용
⑤ 삶 속에서 요구되는 방법적인 지식
⑥ 미술 내 신체적 및 실천적 기능과 연계적인 기능
⑦ 미술 활동을 하며 기를 수 있는 의미 있고 바람직한 가치 및 태도

# 01 성격 및 목표

### 1) 성격

① 미술과는 학생이 (　　　)을 미술 활동으로 표현하고, (　　　)을 느끼며, (　　　)할 수 있는 능력을 길러 민주시민의 기초를 형성하는 교과이다.

② 디지털 전환 시대의 미술과에서는 다양한 미술 활동을 통해 (　　　)하여 경험을 확대하며 생각과 느낌을 표현하고 소통함으로써 미술 문화와 더불어서 살아갈 수 있는 기초 능력을 기르고자 한다.

③ 학생들은 미술과에 참여함으로써 감각을 활용하여 (　　　)하고, (　　　)하면서 자신의 생각과 느낌을 이해하고 (　　　)을 하며 즐거움과 앎을 찾아갈 수 있다.

④ 그리고 다양한 매체와 방법을 활용하여 자신의 생각과 느낌을 창의적으로 표현하는 미술 활동 과정에서 (　　　)하여 새로운 가능성을 발견하고 성취의 기쁨을 누릴 수 있다.

⑤ 이와 더불어 다양한 삶과 문화가 반영된 미술을 생활 속에서 만나면서 (　　　)하며 사회 구성원으로 주체적이고 협력적인 역할을 수행하는 소양을 기를 수 있다.

⑥ 또한 변화하는 생태환경에서 인간과 자연의 조화로움을 추구하는 미술 활동을 통해 자연과 환경을 보호하고 보존하여 생명이 순환할 수 있도록 개선하는 데 참여할 수 있다.

⑦ 학교 교육에서 미술과는 자신의 삶 속에서 주변 대상과 현상에 대한 감각을 깨워 (　　　)하고 (　　　)을 풍부하게 한다.

⑧ 또한 과거와 현재 그리고 미래의 삶을 이해할 뿐만 아니라 다양한 분야와 연결하여 실생활에서 향유되며 삶의 터전에서 공동체의 일원으로, (　　　)을 한다.

① 삶 속에서 경험하는 아름다움 / 소통하는 즐거움과 자유로움 / 사회적 관계 속에서 공존하며 생활
② 여러 가지 감각을 활용 / 다양한 대상 및 현상을 지각 / 시각적 소통
③ 주변의 자연환경과 시각 문화 환경을 탐색 /
④ 타 교과, 타 분야와 융합
⑤ 수용적인 태도로 미술의 다양성을 존중 /
⑥ 미술 내 신체적 및 실천적 기능과 연계적인 기능
⑦ 시각적 문해력을 함양 / 미적 감성
⑧ 민주시민으로 살아가는 데 의미 있는 역할

## 2) 목표

① ( )을 총체적으로 경험하고 이해하며, 이를 바탕으로 ( )을 신장하여 일상생활과 공동체 안에서 ( )하는 능력과 태도를 기른다.

② ( )을 느끼고 미술에 대한 ( )을 익힌다.

③ 미술 활동을 통해 자신의 다양한 생각과 느낌을 ( )한다.

④ 생활 속에서 ( )와 습관을 기른다.

---

① 체험, 표현, 감상의 다양한 미술 활동 / 심미적 감성, 창의성, 자기주도성 / 미술을 즐기고 소통
② 미술의 아름다움 / 기본적인 지식
③ 생활 속에서 다양한 방식으로 표현
④ 미술을 즐기고 서로 소통하며 존중하는 태도와 습관

# 02 교수·학습 및 평가

### 1) 교수·학습

(1) 교수·학습의 방향

① 미술과 교수·학습은 일상 속에서 경험하는 (　　)를 즐기고, 미술의 다양한 표현 방법과 조형 감각을 익혀 (　　)하며, (　　)을 길러 민주시민의 기초 형성을 목적으로 한다.

② 미술과의 성격, 탐색적 미술 활동을 통한 (　　) 확대, 다양한 표현 방법을 통한 (　　) 향상, (　　) 등을 고려하여 교수·학습을 계획하고 실행한다.

③ (　　)를 중심으로 학습자의 주도적인 활동이 이루어질 수 있도록 하고, (　　)하여 교수·학습을 계획하고 실행한다.

④ 미술과의 성격, 목표, 내용 체계와 성취기준에 근거하여 (　　)에 맞는 교수·학습을 계획하고 운용한다.

⑤ '체험', '표현', '감상'의 영역별 특성을 살려 학습 목표에 적합하게 선정하되, '지식·이해', '과정·기능', '가치·태도'의 범주가 (　　)될 수 있도록 교수·학습 과정을 계획하고 실행한다.

⑥ 학습자의 흥미, 능력, 특성을 고려하여 (　　) 및 (　　)을 계획 수립한다.

⑦ 디지털 환경의 변화와 미술의 변화를 고려하여 교수·학습 과정에서 다양한 디지털 매체를 활용하고 (　　)이 가능한 교수·학습을 계획하고 실행한다.

⑧ 장애 정도가 심한 학생의 교육적 요구 및 특성을 고려하여 미술 수업이 이루어질 수 있도록 한다.

⑨ 안전·건강 교육, 인성 교육, 진로 교육, 민주시민 교육, 인권 교육, 다문화 교육, 통일 교육, 독도 교육, 경제·금융 교육, 환경·지속가능발전 교육 등을 주제로 '체험', '표현', '감상'과 연계하여 범교과 학습 주제를 반영할 수 있다.

⑩ 생활 속 탄소중립을 실천하며 (　　)을 위한 교수·학습을 계획한다.

⑪ 학생의 삶을 둘러싼 다양한 실생활의 문제를 해결할 수 있도록 지역사회의 인적·물적 자원을 활용하여 (　　)을 할 수 있도록 교수·학습을 계획하고 실행한다.

① 미술 문화 / 시각적으로 소통 / 시각 문화의 다양성을 존중하는 태도와 능력
② 시각 문화 경험 / 창의력과 소통 능력 / 다양성의 수용과 존중의 태도
③ 삶과 연결된 주제 / 타 교과나 타 분야 등과 연계·융합
④ 개별 학습자의 요구와 특성
⑤ 실생활과 관련지어 서로 연계하여 통합적으로 운용
⑥ 학습자 맞춤형 수업 / 자기주도적 교수·학습 계획
⑦ 온오프라인 연계 수업
⑩ 환경 친화적인 미술 활동
⑪ 직업 교육 및 여가 활용

(2) 교수·학습 방법
① 교수·학습 과정은 미술과의 성격, 목표, 내용 체계와 성취기준, 학생의 학습 특성, 학습 능력, 흥미 등을 고려하여 (        ) 등으로 이루어질 수 있다.
- 미술 교과의 내용 체계 영역별 '지식·이해', '과정·기능', '가치·태도'의 세 범주를 연계하여 교수·학습을 계획하고 실행한다.
- '체험' 영역에서는 학생을 둘러싼 자연이나 주변 환경에서 (        )으로부터 조형 요소를 탐색할 수 있도록 관찰 학습, 체험 학습, 현장 견학, 탐구 학습, 비주얼 저널 학습, 반응 중심 학습 등을 활용할 수 있다.
- '표현' 영역에서는 주제를 자유롭게 찾고, 다양한 재료와 기법, 조형 요소 등을 활용한 (        )를 제공하기 위해 창의적 문제 해결법, 협동 학습, 연구 과제 학습, 직접 교수법 등을 활용할 수 있다.
- '감상' 영역에서는 미술 문화를 감상하고 다양성에 대한 수용과 존중의 태도를 바탕으로 (        )을 할 수 있도록 반응 중심 학습, 귀납적 학습, 비교 감상 학습, 협동 학습, 토의·토론 학습, 현장 견학, 현장 체험 등을 활용할 수 있다.

② '체험' 영역을 지도할 때는 다음 사항을 고려한다.
- '체험' 영역은 오감을 활용하여 (        )하며 (        )해 나갈 수 있도록 다양한 경험을 제공한다.
- 생활 속에서 오감을 활용한 (        )을 통해 자신과 주변 시각 문화 환경에 대한 미적 감수성을 기를 수 있도록 한다.
- 시각 문화 환경 속에서 (        )하게 하되 학생의 발달 특성을 고려하여 시각, 촉각, 청각, 후각 등 다양한 감각을 활용할 수 있도록 한다.
- 현장 체험 학습이나 견학 시에는 현장의 안전성을 점검하고 다중 밀집 상황, 재난 대피 등 구체적 상황에 맞는 안전 계획을 수립하여 사전에 안전 교육을 실시하도록 한다.

---

① 강의, 시범, 개별 작업 및 협동 작업, 게임, 현장 견학, 극화, 체험 학습, 연구 과제 학습, 협력 학습, 토의·토론, 온오프라인 연계 수업 / 친근하게 접할 수 있는 대상 / 창작의 기회 / 미적 판단
② 자신과 시각 문화 환경을 감각적으로 지각하고 주변 세계와 소통하여 교류 / 미적 감수성을 확장 / 직접적인 체험 활동 / 생활연령에 적합한 체험 요소를 다양하게 경험

③ '표현' 영역을 지도할 때에는 다음 사항을 고려한다.
　─ '표현' 영역은 학생의 흥미와 관심을 토대로 자유롭게 구상하고 (　　　)할 수 있도록 설계한다.
　─ (　　　)가 표현 과정에서 유기적으로 통합되도록 한다.
　─ 학생이 생각과 느낌을 표현하는 과정 자체에서 즐거움을 느낄 수 있도록 (　　　)한다.
　─ 안전사고를 예방하기 위해 표현 재료와 용구의 사용 및 보관 방법을 충분히 지도하고, 구성 성분 및 유의 사항을 파악하여 학생들의 피부와 호흡기에 해로운 재료와 용구는 사전에 제외한다.
　─ 자기주도적이고 창의적인 수업이 되도록 (　　　)할 수 있도록 하여 표현 동기를 높이고, 자신의 생각이나 느낌을 자유롭게 확장해 가도록 지도한다.
④ '감상' 영역을 지도할 때에는 다음 사항을 고려한다.
　─ '감상' 영역은 생활 속에서 미술을 향유하고 미술 문화에 대한 가치를 발견하여 (　　　)할 수 있도록 한다.
　─ 학습 내용과 관련된 유명한 미술 작품, 미술가 관련 정보나 일화 등을 활용하여 감상에 대한 흥미와 관심을 가지게 하며, 다양한 온오프라인 매체를 활용하여 감상할 수 있도록 한다.
　─ 감상 관련 지식 습득에 치중하기보다 (　　　)하여 작품의 아름다움을 감각적, 직관적으로 느끼도록 하며 미술 문화의 다양성을 수용하고 존중하는 태도를 지닐 수 있도록 한다.
　─ 학생의 미술 활동 결과물은 (　　　)하여 학생의 성취를 장려하고 학생이 미술에 대한 흥미를 유발하도록 한다.
　─ 미술관, 박물관, 전시장 등에서의 (　　　)을 알고, 지역사회에서 여가를 즐기는 방법을 익혀 자신의 삶 속에서 미술을 향유할 수 있도록 한다. 또한, 미술 작품 관람 시 사람이 많은 곳에서는 안내에 따라 질서를 유지하여 안전사고가 발생하지 않도록 한다.

③ 조형 요소와 원리를 활용하여 창의적으로 표현 / 주제표현, 표현 방법, 조형 요소와 원리 / 수용적인 분위기를 조성하고 긍정적 피드백을 제공 / 주제에 따른 표현 방법이나 재료 등은 가능한 한 학생이 선택
④ 미술의 다양성을 존중 / 체험과 연계 / 온오프라인을 활용한 다양한 방법으로 전시 / 관람 태도와 예절

⑤ 미술 수업에서 학습자의 주도성이 적극적으로 발현될 수 있도록 학습자의 특성과 학습 능력을 고려한 개별화, 맞춤형 교수·학습 방법을 활용할 수 있다.
  - 학생 개인별로 (       )하여 학생 맞춤형 수업을 실시한다.
  - (       ) 등을 고려한 체계적 교수 방법을 적용한다.
  - 감각적으로 민감하거나 둔감한 학생의 경우에는 (       )하고 학생의 (       )할 수 있도록 한다.
  - 교사는 학생이 (       )을 고려하여 교육과정의 내용을 재구성하고, 타 교과와의 연계를 고려하여 교수·학습 활동을 구안한다.

⑥ 디지털 교육 환경에 적합한 온오프라인 연계 수업 및 교육 기술(에듀테크)에 중점을 둔 교수·학습 방법을 활용한다.
  - 디지털 매체를 활용한 활동을 통해 (       )의 가능성을 확장하고 (       )을 기를 수 있는 교수·학습을 계획하고 실행한다.
  - 상황에 맞는 다양한 교육 기술(에듀테크)을 활용한 온오프라인 연계 수업을 고려한다. 온오프라인 연계 수업 시에는 디지털 학습 환경과 가정 등에서의 지원을 고려하며 실시간 온라인 협업을 통하여 (       ) 등 학습 이력 관리를 할 수 있다. 경우에 따라 보호자를 포함하여 학생의 디지털 활용 능력에 도움을 줄 수 있는 사전 교육을 제공한다.
  - 실감형 콘텐츠 활용 학습 방법, 메타버스, 인공지능 활용, 소프트웨어 활용 교육, 3D 프린터, 홀로그램, 외벽 영상 등의 첨단 기술과 다양한 스마트 기기 및 미디어 매체와 교수·학습 방법 등을 활용한 새로운 지각 경험을 통해 '체험', '표현', '감상'의 영역을 확장할 수 있으며, 미술 문화에 흥미를 가지도록 한다.
  - 온라인 미술 자료와 문화 공간과 시설, 메타버스를 활용한 가상 전시 공간 전시회 열기 등을 적극적으로 활용하여 다양한 지역 및 문화의 미술 작품에 대한 접근성을 확장하여 미술에 대한 이해와 관심을 높일 수 있도록 한다.
  - 학생 수준에 적합한 디지털 문해력 교육 및 디지털 매체의 경험을 적극적으로 제공하여 변화하는 (       )에 대응할 수 있는 능력을 기르도록 한다.

⑤ 개별화교육계획을 수립 / 명확한 설명, 다양한 유형의 촉진, 적절한 교수 자료, 기능적·다감각적 경험 / 개별적인 감각의 역치를 사전에 확인 / 감각 수준에 적절한 방법으로 미술 활동에 참여 / 실제 거주하는 지역 환경
⑥ 미적 경험과 상상력, 표현 / 디지털 소양 / 작품 및 결과물 공유, 전시, 피드백 / 미래 시각 문화 환경

⑦ 원격수업을 실시할 경우에는 학습 상황 및 학생의 장애 특성 및 정도를 고려하여 적절한 지원을 제공한다.
- 비대면 원격수업에서 학습자 간, 학습자와 교사 간 상호 작용을 촉진하고 학생의 능동적 참여를 강화하는 방안을 마련하여 교수·학습을 계획하고 실행한다.
- 원격수업의 참여도를 높이기 위해 미술 활동 관련 다양한 디지털 기기나 학습 자료 등을 제공하거나 활용하며 디지털 기기 활용에 대한 사전 교육을 포함한 원격수업 교수·학습 계획을 수립한다.
- 원격수업 전에는 (　　　) 등을 통해 원격수업에 적절하게 준비할 수 있도록 한다.
- 원격수업 중에는 (　　　) 등 다양한 방법을 활용하여 수업 참여도를 높이도록 한다.
- 원격수업 후에는 추가적인 지원이 필요하거나 학습자가 관심을 가지는 활동 등의 내용에 대한 지속적인 후속 활동을 지원하여 (　　　).

⑧ 장애 정도가 심한 학생의 의미 있는 미술 수업이 이루어질 수 있도록 적합한 교수·학습 방법을 고려한다.
- 다양한 학습자의 수업 참여를 증진하고자 학생별 특성을 고려하여 (　　　) 등을 활용한다.
- '체험' 영역을 지도할 때는 시청각 자료, 촉각 자료, 디지털 자료 등의 추가적인 교수·학습 자료를 준비하여 수업 참여도를 높이도록 한다.
- '표현' 영역을 지도할 때는 인공지능을 활용한 다양한 애플리케이션과 디지털 매체 등을 활용하여 자신의 표현 범위를 확장할 수 있도록 한다.
- 받침대 있는 붓, 양손 가위, 잡기 보조 도구와 같이 (　　　)를 활용하고, 미술 표현에 어려움이 있을 때는 헤드포인터, 스위치, 자세 보조 도구와 같은 다양한 (　　　)를 활용하여 표현 활동에 참여할 수 있도록 한다.
- '감상' 영역을 지도할 때는 자신의 생각과 느낌을 표현하는 활동 시 (　　　)를 제공하며 학생의 가장 신뢰할 만한 반응 수단을 파악하여 감상 활동에 학생의 의견이 적극 반영될 수 있는 방법을 적용한다.

⑨ 지속가능한 환경을 고려한 (　　　)이 이루어지도록 한다.
- 체험 및 감상 활동 시 자연물을 훼손하지 않고 탐색할 수 있도록 하며 생활 속 탄소중립을 실천화하고 환경 친화적인 소재로 체험과 감상을 할 수 있도록 한다.
- 표현 활동 시 환경 친화적 표현 용구와 재활용품을 사용하여 환경에 대한 소중함을 느끼고 (　　　)을 고려한 미술 작품을 제작할 수 있도록 생태전환 교육을 연계하여 지도한다.

---

⑦ 학습 꾸러미 제공, 원격수업 학습 방법 안내 / 디지털 미술관, 인공지능 애플리케이션, 디지털 플랫폼, 온라인 협업 도구 / 미술 수업이 연속성이 있도록 한다
⑧ 몸짓, 구어, 그림, 의사소통 도구, 스마트 기기, 멀티미디어 / 수정된 미술 자료 / 보조공학 기기 / 다양한 선택의 기회
⑨ 생태전환 미술 교육 / 지속가능한 환경

## 2) 평가

### (1) 평가의 방향

① 미술과 교육과정의 목표와 성취기준을 근거로 (　　)를 정확하게 파악할 수 있도록 평가의 목표와 내용을 설정하되, 학습자의 성취수준을 고려하여 평가 계획을 수립한다.

② 영역별로 (　　)의 특성을 고려한 다양한 평가 방법을 구안하여 적용한다.

③ 학생의 미술적 성장 및 발달을 위해 미술과 성취기준 분석을 토대로 적절한 평가 내용과 방법을 선정하여 (　　)가 이루어지도록 한다.

④ (　　)을 고려한 평가 계획을 구안하고 실행한다.

⑤ 장애 정도가 심한 학생의 경우 장애 특성 및 정도에 따라 (　　) 등을 통해 평가기준을 수립할 수 있다.

① 성취기준 도달 정도
② '체험', '표현', '감상'
③ 과정을 중시하는 평가
④ 디지털 환경 및 원격수업
⑤ 평가 방법 조정

(2) 평가방법
   ① 평가는 성취기준을 종합적으로 고려하고 학생 개개인의 발전 과정을 점검하여 환류되는 것에 주안점을 둔다.
      - (          ) 등을 고려하여 평가 계획을 수립하고, 수립한 평가 계획과 기준을 학습자에게 미리 제시하여 평가의 신뢰성을 높인다.
      - 학습자의 '지식·이해', '과정·기능', '가치·태도'의 내용이 균형 있게 평가가 이루어지도록 계획하며 (          )하는 데 초점을 둔다.
      - 미술과 교수·학습 방법과 평가 방법이 일관성이 있도록 유의한다.
   ② 교수·학습 활동에 따라 '체험', '표현', '감상' 영역을 고루 평가하되, 각 영역에서는 다음과 같은 방법을 주로 활용하여 평가한다.
      - '체험' 영역은 자신과 주변 세계의 미적 가치에 관심을 기울이고 즐기며 (          )을 평가하는 데 주안점을 둔다.
      - '체험' 영역에서는 감각을 활용하여 탐색하는 능력, 반응, 관찰력, 시각 문화와 이미지를 활용한 소통 능력 등을 평가하기 위해 (          ) 등을 활용하여 평가할 수 있다.
      - '표현' 영역은 다양한 재료와 매체를 활용하여 (          )을 중심으로 평가한다. 학생이 작품을 제작하는 과정에도 환류가 계속되도록 과정을 중시하는 평가를 한다.
      - '표현' 영역에서는 자신감, 미술적 요소의 활용, 창의적인 표현 능력, 태도 등을 평가하기 위해 (          )를 활용하고, 작품 발상과 제작 과정의 성찰을 평가하기 위해 아이디어 스케치, 제작 과정 점검 체크리스트 등의 방법을 활용할 수 있다.
      - '감상' 영역은 미술 작품의 사회·문화적 배경과 특성을 이해하고 자유롭게 반응하며 (          )를 중심으로 평가한다.
      - '감상' 영역에서는 미술 작품에 대한 반응도, 미술 작품에 대한 표현력, 감상 태도 등을 평가하기 위해 관찰법, 발표 및 토의·토론법, 감상문 쓰기 등으로 평가할 수 있다.

---

① 평가 내용 및 방법, 평가 도구의 타당성, 신뢰성 / 개별 학생의 유의미한 향상도를 평가
② 다양한 감각을 활용하여 생각과 느낌을 소통하는 능력 / 관찰 평가, 실기 평가, 발표 및 토의·토론, 연구 보고서 / 자신의 생각과 느낌을 창의적이고 자유롭게 표현하는 과정 / 실기 평가, 관찰법, 자기 평가 및 동료 평가, 포트폴리오 및 프로세스폴리오 평가 / 미술 문화의 다양성을 존중하는 개방적인 태도

③ 교수·학습과 연계하여 학생의 성장을 돕는 과정을 중시하는 평가를 시행한다.
  - 지속적인 관찰을 통하여 미술에 대한 (      ) 등을 과정과 결과로 균형 있게 평가하고 교수·학습 과정에 활용한다.
  - 성취기준에 도달하는 학습 과정을 평가할 때, (      ) 등의 방법을 활용하여 교수·학습 과정 중 평가가 이루어지도록 한다.
  - 일회성 결과 중심 평가를 지양하고, 학습자가 성취기준에 도달해 가는 과정을 (      )하여 학습자에게 맞춤형 피드백을 제공할 수 있도록 한다.
  - 평가 결과는 (      )로 사용하고, 학습자와 학부모 면담 등에 활용할 수 있다.
  - 자기 평가 및 학생 간 상호 평가를 통해 학습자가 평가의 주체가 되도록 한다.

④ 평가 목표, 평가 내용, 평가 상황 등을 고려하여 미술 평가에 적합한 다양한 평가 방법을 적절하게 활용한다.
  - 평가 방법은 평가 목적과 평가 내용에 적합한 것을 선정하며, 미술적 요소의 사용 등에 (      )를 개발하여 활용한다.
  - 수행평가는 평가 목표, 평가 내용, 평가 상황 등을 고려하여 관찰법, 감상문, 토의·토론법, 연구 보고서, 자기 평가 및 동료 평가, 실기 평가, 포트폴리오, 프로세스폴리오 등 다양한 평가 방법과 평가 도구를 활용한다.
  - 실기 평가의 내용, 과제, 매체 등은 학생과 학교의 상황을 고려하여 다양하게 제시하되, (      )할 수 있도록 유의한다.
  - 체계적인 교육 계획을 작성하기 위하여 학생의 동기, 행동, 기술 습득, 미적 표현, 감정 부분 등을 영역별로 진단하여 평가할 수 있다.

---

Ⓐ ③ 기초적인 지식의 이해, 미술의 활용 정도, 태도 / '스케치 평가', '제작 또는 탐색 과정 보고서 평가', '발표', '체크리스트' / 교사가 직접 관찰하고 기록 / 학습자의 개인별 성장과 성취수준을 파악하는 기초 자료
④ 타당도 및 신뢰도가 높은 평가 방법과 도구 / 가능한 선택의 기회를 부여

⑤ 원격수업과 온오프라인 연계 수업의 경우 디지털 환경 및 관련된 사항을 고려하여 평가 방법을 구안하고 실행한다.
  - 원격수업 평가에서는 다양한 디지털 플랫폼을 활용하여 (        )을 제공하고, 평가의 공정성을 확보하기 위하여 과제의 수행 주체와 과정을 기록한 사진 및 동영상을 활용하여 (        )할 수 있도록 한다.
  - 온오프라인 연계 수업의 평가에서는 (        )하여 기록한다. 또한 사전에 평가 내용과 방법을 보호자에게 구체적으로 안내한다.
  - 스마트폰, 애플리케이션, 다양한 활동 결과물, 인공지능 그리기 프로그램 결과물 파일, 학습 과정의 사진 등 다양한 학습 플랫폼과 디지털 도구를 활용하여 활동 특성에 맞는 평가를 실시하도록 한다.

⑥ 장애 정도가 심한 학생을 포함한 다양한 학습자들의 학습 격차 문제를 완화할 수 있는 지원 방안을 마련한다.
  - 장애 정도가 심한 학생의 경우 평가 시 다양한 감각을 활용하여 탐색하고 표현할 수 있도록 평가 방법을 고안하며, 미술 표현 활동이 어려운 경우 (        )
  - 장애 정도가 심한 학생 및 다양한 학습자를 위해 (        )하여 적용할 수 있다.

---

⑤ 학생의 결과물에 대한 관찰 평가 및 피드백 / 교사가 직접 관찰·확인 / 원격수업에서 작성한 과제물 외에도 교실 수업 내에서 학생의 작품 제작 활동 과정을 평가 /
⑥ 몸짓, 표정, 발성 등으로 평가가 이루어지도록 한다. / 성취기준을 재구성

# 09 선택 - 정보통신활용

## 교육과정 설계의 개요

① 정보통신활용과는 일상에서 접하는 (　　)하고, 정보통신 기기의 사용법을 익혀 (　　)하며, 문제 해결을 위해 (　　)을 기르는 과목이다.
② 학생은 정보를 탐색하고 활용하는 경험을 통해 정보의 가치를 인식하고 (　　)를 기른다.
③ 2022 개정 특수교육 기본 교육과정 정보통신활용과는 학생이 (　　)하고, 정보통신 기기의 선택과 조작을 통해 필요한 정보에 쉽게 접근할 수 있도록 한다.
④ 디지털 사회에서 요구되는 (　　)을 기르고, 디지털 문화에 주도적으로 참여할 수 있는 (　　)을 갖추도록 하는 과목이다.
⑤ 정보통신활용과의 영역은 (　　)로 구성된다.
⑥ 정보통신활용과를 통해 학생은 정보통신의 (　　)를 기반으로 생활 주변에서 발생하는 문제를 이해하고 종합적으로 해결하는 데 도움이 되는 지식과 기술을 갖추게 된다. 그리고 디지털 사회에서 요구되는 (　　)하고, 정보통신의 변화에 (　　)하며, (　　)을 영위하도록 한다.

① 정보의 의미 이해 / 필요한 정보를 수집·생산 / 정보통신을 활용할 수 있는 능력
② 정보를 효율적으로 관리하는 능력 / 정보통신 윤리를 실천하는 태도
③ 정보통신의 종류와 의미 이해
④ 문제 해결력과 협력적 의사소통 능력 / 디지털 기초소양
⑤ '정보통신 이해와 기기의 사용', '정보통신 생활과 소프트웨어', '정보통신 윤리와 디지털 문화'
⑥ 기본적인 개념과 원리 / 민주시민의 자질 / 자기주도적으로 대처 / 더불어 살아가는 삶

## 01 목표

① 정보통신의 기초 지식과 기본 기능을 익혀 (　　)하고, (　　)을 통해 생활 속 문제를 해결하며, 디지털 사회에 필요한 (　　)을 기른다.
② 정보통신의 의미와 가치를 알고, (　　)을 경험함으로써, 정보통신 활용의 중요성을 이해한다.
③ (　　)을 통해 필요한 정보를 효율적으로 탐색하고 공유하며, 디지털 사회에 필요한 (　　)을 기른다.
④ (　　)을 함양하고, (　　)을 통해 일상생활에서 적극적으로 참여하는 태도를 기른다.

① 정보를 활용 / 컴퓨팅 사고력 함양 / 정보 통신 능력
② 정보가 수집·생산되는 과정
③ 정보통신 기기와 소프트웨어의 활용 / 문제 해결 능력
④ 디지털 사회에서 지켜야 할 윤리 의식 / 디지털 문화의 탐색과 체험

# 02 교수·학습 및 평가

**1) 교수·학습**

① 정보통신활용과의 교수·학습은 (    )를 토대로 한 실생활 문제 해결, 디지털 문화의 적응을 위해 (    )하는 것을 목적으로 한다.

② 정보통신활용과의 교수·학습은 (    ) 교육, (    )와 연계하여 교수·학습을 계획하고 실행한다.

③ (    ) 등을 고려하여 학습 내용과 시기를 계획한다.

④ 학생의 흥미와 관심에 따라 정보통신 기기를 (    )하도록 함으로써, 학생이 정보통신 활용의 즐거움을 느낄 수 있도록 교수·학습 방향을 설계한다.

⑤ 디지털 공간에서 타인을 존중하고 배려하기 위해 (    )하고, 디지털 기술이 적용된 (    )하여 실생활에 적용할 수 있도록 교수·학습 방향을 설계한다.

⑥ 디지털 환경에서 (    )하고, 정보통신 기술의 발전에 따라 (    )할 수 있도록 교수·학습 방향을 설계한다.

⑦ (    )을 통해 정보통신 활용에 대한 학습 효과를 극대화하고, 다양한 환경에서 학습이 이루어지도록 교수·학습 계획을 수립한다.

⑧ 장애 정도가 심한 학생의 경우 능력의 제한보다 (    )에 기초하여 교수·학습을 계획하고 운용한다.

⑨ 장애 정도가 심한 학생이 (    )할 수 있도록 교수·학습을 계획하고 운용한다.

⑩ 시청각장애 학생이 (    )할 수 있도록 화면의 밝기 및 각도 조절, 불필요한 소음 제거 등 맞춤형 환경 제공을 통한 교수·학습을 계획하고 운용한다.

① 정보통신 이해와 정보통신 기기의 사용, 컴퓨팅 사고 / 디지털 기초소양을 함양
② 디지털 및 인공지능 소양 함양 / 민주시민 교육 포함한 범교과 학습 주제
③ 학생의 정보 활용 능력, 학교의 정보통신 환경 및 교구 준비도, 디지털 기술의 발전 속도
④ 자유롭게 선택하여 활동에 참여
⑤ 정보통신 윤리를 실천 / 가정, 지역사회의 디지털 문화를 경험
⑥ 다양한 여가활동을 체험 / 새롭게 나타나는 직업을 탐색하고 체험
⑦ 온오프라인 연계 수업
⑧ 정보통신 활용에 대한 개별 학생의 현재 요구와 선호 등
⑨ 생활 속에서 정보통신 기술이 적용된 기기를 스스로 활용
⑩ 잔존 감각을 활용하여 정보통신 기기를 활용

## 2) 교수·학습 방법

① 학생의 정보통신 활용 능력과 수준을 파악하여 (         ) 학생 맞춤형 수업으로 지도한다.

② 효과적인 교수·학습을 위해 온라인 학습 공간, 멀티미디어북, 실감형 콘텐츠 등 (         ) 한다.

③ 학생의 신체적 특성이나 안전상의 문제로 직접 체험하기 어려운 정보통신 교육은 (         ) 한다.

④ 수업 결손을 예방하기 위해 (         )하고, (         )하여 지도한다.

⑤ 학생이 정보와 통신에 대해 전반적으로 이해하고, 정보통신 기기와 프로그램을 조작·활용할 수 있도록 (         )을 활용한다.

⑥ (         )에 초점을 두어 지도하고, 정보통신 활용에 흥미를 느끼고 (         )하도록 지도한다.

⑦ 정보통신 기기의 알람 기능, 메모 기능, 자동 꺼짐 기능 등을 적용하여 (         ) 지도하고, 학생이 기기에 오랜 시간 노출되거나 중독되지 않도록 유의한다.

① 교수·학습 자료의 난이도를 선정하고, 활동을 재구성하여
② 디지털 활용 매체를 학습 자료로 활용
③ 가상현실(VR) 또는 증강현실(AR) 등의 기술을 이용해 실제와 유사한 환경에서 지도
④ 온오프라인을 병행하여 지도 / 학습 내용이 특정 영역에 치우치거나 일부 내용을 배제하지 않도록 유의
⑤ 직접 교수와 모델링 기법
⑥ 정보통신 기기의 자발적 사용 / 자기주도적으로 학습에 참여
⑦ 정보통신 기기의 사용 시간을 자연스럽게 확인할 수 있도록

⑧ 빛에 민감한 학생의 경우 (        )하여 지도한다.
⑨ 신체·운동의 제한이 있는 학생을 위해 (        ) 지도한다.
⑩ 학생의 생활연령과 주변 환경을 고려하여 (        )하고, 정보통신 지식과 기술을 (        ) 할 수 있도록 지도한다.
⑪ 디지털 문화를 이해하고 실생활에서 적용할 수 있도록 (        ) 등 다양한 교수·학습 방법을 적용한다.
⑫ 장애 정도가 심한 학생의 경우 (        ) 등 다양한 교수·학습 방법을 선택하여 적용한다.
⑬ 장애 정도가 심한 학생의 경우 교사 및 보호자의 의견을 반영하여 정보통신 활용에 대한 (        )를 정하여 지도하고, 학습 참여도 증진을 위해 (        )하도록 지도한다.
⑭ 시청각장애 학생에게 새로운 정보나 정보통신 기기를 제시할 때는 (        )을 제공하고, 모양이나 위치, 기능을 구체적으로 설명하여 (        )를 높이도록 지도한다.

---

Ⓐ
⑧ 장애 특성에 적합한 밝기를 설정하여 정보통신 기기를 조작하도록 하고, 광과민성 발작을 예방할 수 있도록 교수·학습 매체를 선정
⑨ 장애 특성에 적합한 보조공학 기기를 제공하고, 정보통신 기기에 대한 접근성을 높이도록
⑩ 정보통신 활용 매체를 선정 / 실생활에 적용하여 문제를 해결
⑪ 모의 학습, 시뮬레이션, 현장 체험 학습, 문제 해결 학습, 프로젝트 학습
⑫ 정보통신 활용 능력을 고려하여, 학생의 수준에 적합한 상징 제공, 과제 분석, 직접 교수
⑬ 교육적 우선순위 / 부분 참여가 가능
⑭ 탐색할 수 있는 충분한 시간 / 학생의 이해도

## 2) 평가

(1) 평가의 방향

① 정보통신활용과의 평가는 학생의 장애 정도와 특성, 현재 학습 수행 수준에 적합한 평가 계획을 수립하여, 학생의 (　　　)을 평가하도록 한다.

② 정보통신활용과 교육과정, 교수·학습 및 평가 계획에 근거하여 (　　　) 등을 결정하고, (　　　)되지 않도록 평가 계획을 수립한다.

③ 학생의 정보통신 활용 능력을 타당하고 신뢰성 있게 평가하기 위해 (　　　)를 실시한다.

④ (　　　) 등 종합적이고 전인적인 평가가 이루어지도록 한다.

⑤ 장애 정도가 심한 학생의 경우 인지적, 신체적 특성을 고려하여 정보통신 활용에 대한 (　　　)을 평가할 수 있도록 관련 정보를 수집하여 평가한다.

⑥ 시청각장애 학생의 평가는 단순히 정보통신에 대한 지식의 정도를 평가하기보다는 (　　　)하는 데 중점을 두어 평가한다.

⑦ 평가 결과를 토대로 학생 특성에 적합한 학습 내용을 선정하고, 학생 지도에 적용하며, 정보통신 활용을 위한 (　　　)에 반영한다.

① 정보통신 활용 역량
② 평가의 기준과 방법, 시기 / 특정 시기에 평가가 집중
③ 영역별 평가 목표와 내용에 적합한 평가
④ 정보통신에 대한 이해, 정보통신 활용을 위한 과정 및 태도, 디지털 문해력 및 디지털 기초소양 함양
⑤ 수행과 성장
⑥ 잔존 감각을 활용하여 정보통신의 기능을 파악하고 활용
⑦ 교수·학습 방법의 선택 및 개선

(2) 평가 방법
① 공정하고 객관적인 평가를 위해 (          )를 사전에 준비하여 평가에 적용한다.
② 누가 기록된 평가 정보를 활용하여 (          )를 살펴보고, 정보통신 활용 역량의 향상 정도를 평가하는 데 초점을 둔다.
③ 학습 과정 중 수시 평가와 단원 평가 등 다양한 방법을 통해 정보통신에 대한 내용 이해 및 (        )을 평가한다.
④ 학생의 수행 과정을 사진, 동영상, 포트폴리오 등의 방법으로 기록하여 평가하고, 수행 과정에서 나타나는 오류 등을 확인함으로써 (          )에 활용하도록 한다.
⑤ 교육 정보 플랫폼을 활용하여(        )하고 평가에 적용한다.
⑥ 정보를 수집하고 활용하는 과정을 스스로 확인할 수 있도록 (          ).
⑦ 학습 과정에서 관찰되는 학생의 컴퓨팅 사고력 향상 정도를 평가하기 위해 (          ) 등 다양한 평가 방법을 고안한다.
⑧ 장애 정도가 심한 학생의 경우 (        ) 등을 고려하여 평가한다.
⑨ 장애 정도가 심한 학생의 경우 '성취기준 적용 시 고려 사항'에 제시된 사항을 반영하고, (          )를 중심으로 평가한다.
⑩ 시청각장애 학생의 경우 (        ) 등의 방법을 적용하여 장애 특성 및 장애 정도를 고려한 평가가 이루어지도록 한다.

A
① 학습 목표와 성취기준에 부합하는 평가 준거
② 학생의 발달과 변화, 성취 정도
③ 실생활 활용 능력
④ 교수・학습 개선 및 학생의 자기 성찰
⑤ 학생의 학습 상황을 누가 기록
⑥ 자기 점검, 자기 평가가 이루어지도록 한다.
⑦ 관찰, 평정 척도, 교사 제작 검사
⑧ 정보통신 기기에 대한 흥미와 관심, 정보통신 활용 의도와 기능, 학습 및 활동 참여 정도
⑨ 학생의 변화 정도와 학습 참여도
⑩ 자막 제공, 시간 연장, 보조공학 기기 사용

# 10 선택 - 생활영어

## 교육과정 설계의 개요

① 생활영어과는 교과의 특성상 언어를 다루는 (    )에 해당되며, 언어는 기본적으로 (    )로 구성되어 있다.
② 듣고 이해하여 행하거나, 듣고 이해하여 말하는 영어 사용 행위를 하나의 영역으로 통합하여 (    ) 이렇게 3개 영역으로 구성되어 있다.
③ '듣기·말하기', '읽기', '쓰기' 영역은 영어 지식, 기능, 태도를 전부 포함하고 있으며, 특히 3개 전체 영역에는 영어의 지식, 기능, 태도는 물론 (    )에 해당되는 내용을 포함시켰다.
④ 학생들은 (    )의 유래와 관련된 문화 및 세계의 다양한 문화적 특성을 학습하게 되어, 세계시민으로서의 의식을 고취하고자 하는 목표를 이룰 수 있도록 구성되어 있다.
⑤ 하지만 2022 개정 특수교육 기본 교육과정 생활영어과는 2015 개정 특수교육 기본 교육과정 생활영어과와는 달리 (    )는 특징을 가지고 있다.
⑥ 2015 생활영어 교육과정에 제시된 '문화' 영역의 경우에는 내용 영역만 제시되어 있을 뿐 성취기준을 별도로 제시하지 않아 타 영역과의 차이점을 가지고 있었으나, 2022 생활영어 교육과정에는 (    )하여 생활영어과를 통한 세계시민 소양을 높이고자 하였다.
⑦ 생활영어과 교육과정은 중학교 1~3학년 학생의 생태학적 환경 맥락을 (    )'로 하여 그 시기에 적합한 보편적 경험을 반영하도록 내용을 구성하였고, 고등학교 1~3학년 학생의 환경 맥락인 지역사회와 (    )을 미리 준비할 수 있도록 내용을 구성하였다.
⑧ 특히 (    )을 목표로 타 교과와의 연계는 물론 디지털 소양을 높일 수 있는 내용을 구성함과 동시에 중도중복장애 학생들의 참여를 위한 수준별 맞춤형 교육이 될 수 있는 교수·학습 및 평가 방안을 마련하였다.

① 도구교과 / 듣기, 말하기, 읽기, 쓰기
② '듣기·말하기'를 하나의 영역으로 구성하고, '읽기' 그리고 '쓰기'
③ 다양한 세계 문화의 이해와 수용
④ 실생활에서 다양하게 사용되는 외래어 /
⑤ '문화' 영역이 별도로 포함되어 있지 않다
⑥ '문화'를 별도의 영역으로 구분하지는 않되, '문화'의 내용을 3개의 모든 영역에서 포함시키고 내용을 확장
⑦ 개인, 가정, 학교 / 미래의 진로와 직업인으로서 필요한 지식
⑧ 미래 변화에 대응하는 역량을 갖춘 영어 활용 능력 향상

# 01 성격 및 목표

### 1) 성격
① 기본 교육과정 생활영어과는 (　　　)을 익히고, (　　　)하며, (　　　)를 학습하는 교과이다.
② 학생은 (　　　)을 바탕으로, 상황과 목적에 맞게 자신이 뜻하는 바를 영어로 표현하고, 다른 사람의 의사 표현과 일상생활 환경에 다양하게 제시된 (　　　)의 의미를 올바르게 이해하여 의사소통하고 정보를 이해하며 활용할 수 있다.
③ 그리고 다양한 스마트 매체를 효과적으로 사용함으로써 (　　　)에 필요한 지식과 정보를 수용하고 생산할 수 있다.
④ (　　　)를 수용하고 분석하는 과정에서 학생은 비판적 사고 능력을 기르고, 의미 있는 결과나 아이디어를 다양한 상황에 적용하는 창의적 사고를 할 수 있다.
⑤ 다양한 의사소통 참여자를 존중하면서 개방적이고 포용적인 자세로 협력적인 의사소통을 할 수 있으며, 영어권의 문화를 이해하여 영어 사용 예절은 물론 세계 다양한 문화권을 이해할 수 있는 문화 이해 활동 그리고 자신이 속한 공동체의 언어문화를 탐구하는 활동을 통해 (　　　)을 함양할 수 있다.
⑥ 학생은 (　　　)를 바탕으로 (　　　)함으로써 생활영어과의 목표를 달성할 수 있다.
⑦ 이를 위하여 생활영어과는 (　　　)을 기를 수 있도록 생활영어과 영역을 '듣기·말하기', '읽기', '쓰기'의 3가지 영역으로 구분하고, 영역별로 '지식·이해', '과정·기능', '가치·태도' 범주를 두었다.

① 일상생활에서 영어를 의미 있고, 효율적으로 사용하는 방법 / 영어를 매개로 하는 의사소통 방식을 학습 / 공동체의 언어문화
② 정확한 생활영어 사용 지식 / 영어 표기
③ 일상생활과 학교생활 그리고 사회생활과 직업생활
④ 다양한 담화, 영어 표기 자료
⑤ 자신의 언어생활을 성찰하고 개선하는 자세와 공동체 의식
⑥ 생활 영어 활용 지식과 이해 / 영어 생활에 필요한 과정과 기능을 익히고 가치와 태도를 형성
⑦ 일상생활, 학교생활, 사회생활 그리고 직업생활에서 기능적으로 의사소통하는 데 필요한 실질적인 생활 영어 능력

2) 목표

① 생활영어과 학습을 통해 학생은 일상생활 속에서 (      )을 익히고 (      )를 이해하여, (      )를 기른다.
② (      )을 익히고, (      )를 이해한다.
③ (      )에 협력적으로 참여한다.
④ 일상생활에서 (      )을 지니며 (      )을 지닌다.

---

Ⓐ
① 실용 가능한 생활영어 지식 / 의사소통의 맥락과 요소 / 상황과 목적, 학생의 특성에 맞는 다양한 의사소통 과정에 협력적으로 참여 / 다양한 문화를 이해하고 포용하는 세계인의 자세
② 일상 속 문제 해결을 위한 영어 지식 / 의사소통의 맥락과 요소
③ 상황과 목적, 학생의 특성에 맞는 다양한 의사소통 과정
④ 자기주도적인 영어 생활을 하는 태도와 습관 / 다양한 문화를 이해하고 포용하는 태도와 습관

# 03 교수·학습 및 평가

1) 교수·학습
   (1) 교수·학습의 방향
      ① 생활영어과 교수·학습은 (       )을 목적으로 한다.
      ② 생활영어과의 성격과 목표를 고려하고, 이를 달성하기 위해 (      )하도록 교수·학습을 계획하고 실행한다.
      ③ 학생의 인지적·정의적 특성, 학습 능력 및 태도, 흥미와 관심도 등을 고려하여 (      ) 할 수 있는 교육 내용과 교수·학습 방법을 선정한다.
      ④ 학생의 생활환경을 고려하여 (       )를 학습하고 활용한다.
      ⑤ 중도중복장애 학생들의 적극적인 수업 참여가 일어나도록 (       )를 실현한다.
      ⑥ 변화되는 스마트 환경과 학생의 스마트 기기 사용 능력 및 학생의 흥미와 관심을 고려하여 (       )를 학습할 수 있는 교수·학습 방법 및 내용을 선정한다.
      ⑦ 학생이 다변화되는 교육 환경에서 원활하게 학습 활동에 참여할 수 있도록 다양한 생활 영어 자료를 (       )을 구성한다.
      ⑧ 인공지능 음성 인식 및 다국어 번역 애플리케이션 등의 다양한 매체를 활용하여 학생이 영어 활용 환경에서 (       )할 수 있는 기반을 다진다.

① 학생의 실생활에서 영어표현의 적극적인 수용 및 활용
② 의미 있는 경험을 실제로 수행
③ 생활 속 영어를 경험
④ 가정생활, 학교생활, 지역사회 생활, 직업생활 등에서 사용하는 실용 영어
⑤ 비언어적 의사소통 방법, 보완대체의사소통 기기, 정보화 기기 등을 활용하여 보편적 학습설계와 부분 참여의 원리
⑥ 실제 삶에서 활용 가능한 생활 영어
⑦ 온라인과 교실에서 활용할 수 있는 교수·학습 방법 및 내용
⑧ 문제 해결 능력을 신장

(2) 교수·학습 방법
① 교수·학습의 과정은 학생의 흥미와 관심, 발달과정과 경험을 고려하여 (　　　)으로 이루어질 수 있다.
② '듣기·말하기' 영역에서는 (　　　) 실제 상황에서 활용할 수 있도록 계획한다.
③ '읽기' 영역에서는 일상생활에서 볼 수 있는 영어표현에 대한 흥미를 갖고 알파벳을 익혀서 (　　　)할 수 있도록 계획한다.
④ '쓰기' 영역에서는 한글과 다른 형태의 알파벳 인쇄체를 익혀 (　　　)시킬 수 있도록 계획한다.
⑤ '듣기·말하기', '읽기', '쓰기'에 대한 단일 언어영역뿐만 아니라 2개 이상의 영역을 통합하여 지도할 수 있는 방법을 모색하여 (　　　)시키도록 한다.
⑥ 가정, 학교, 지역사회, 직업생활 등의 유용한 상황과 맥락을 활용하여 (　　　)되도록 지도한다.
⑦ 학생의 생활 속 영어 관련 경험을 활용하여 (　　　)을 구성한다.
⑧ 놀이나 게임 등을 적절히 활용하여 (　　　)이 이루어질 수 있도록 한다.
⑨ 언어의 형식적인 면과 정확성에 치중하기보다는 (　　　)에 중점을 두고 지도한다.
⑩ 중도중복장애 학생의 장애 특성 및 정도를 고려하여 (　　　)하여 지도한다.
⑪ 중도중복장애 학생은 흥미와 성취감을 갖도록 (　　　)하여 지도한다.
⑫ (　　　) 등의 다양한 매체를 적절히 활용할 수 있는 교수·학습 방법을 계획하여 학생의 영어 활용 능력을 향상시킬 수 있도록 지도한다.
⑬ 서책형 교과서와 디지털 자료를 알맞게 활용할 수 있도록 계획하여 가정과 학교에서 (　　　)에 효과적으로 사용할 수 있도록 한다.

A
① 실생활에서 문제 해결이 가능한 활동
② 영어의 소리에 익숙해지고 일상생활에서 사용하는 간단한 표현을 익혀
③ 생활 속의 영어표현을 이해하여 실제 상황에서의 문제를 해결
④ 일상생활에서 활용하고 자립적 생활 능력을 향상
⑤ 통합적 실제 언어 능력을 향상
⑥ 언어 기능이 통합적으로 표현
⑦ 우리나라의 문화를 이해하고 다양한 문화를 존중할 수 있는 내용 및 교수·학습 방법
⑧ 학생의 흥미를 유발하는 언어 학습
⑨ 실제 생활에서의 문제 해결 능력과 자립 능력 향상
⑩ 학습 내용의 핵심 요소를 중심으로 교수·학습 내용 및 방법을 재구성
⑪ 보완·대체적인 교수·학습 자료를 구안하고 멀티미디어 자료와 스마트 기기를 활용
⑫ 인공지능 음성인식 및 번역 애플리케이션
⑬ 온오프라인 연계 수업

## 2) 평가

(1) 평가의 방향

① 평가는 평가의 목적 및 시기, 평가 내용 및 방법, 성취기준 도달 여부 등의 계획을 수립하여 실시하고, 필요한 경우 (    )을 제공하여 성취기준에 도달하도록 한다.

② 평가 내용은 (    )을 중점으로 구성하되, '지식·이해', '과정·기능', '가치·태도' 등을 포함하여 평가가 이루어지도록 한다.

③ 영역별 평가는 (    )하고, 원격수업에서의 평가는 디지털 평가 도구를 활용하여 평가할 수 있다.

④ 평가 결과는 학생의 (    )하고, 학생별 수준과 특성을 고려한 (    )로 활용한다.

⑤ 학생의 장애 유형 및 특성을 고려하여 (    )를 통해 수시로 성취기준 도달 여부를 확인하도록 평가한다.

---

① 개별 맞춤형 피드백
② 가정·학교·지역사회·직업생활 등 실생활에서 의사표현 및 영어 활용 능력
③ 단일 영역 평가 또는 2개 이상의 영역을 통합하여 유연하게 실시
④ 성취기준 도달 정도를 확인 / 교수·학습 방법 개선 및 평가 자료
⑤ 다양한 평가 방법 및 도구를 선정 / 학습 과정 평가

(2) 평가 방법
　① 평가 영역은 '듣기·말하기', '읽기', '쓰기' 등의 3개 영역으로 하되, 평가 방법은 (　　) 하여 평가하도록 계획을 수립한다.
　② '듣기·말하기' 평가는 학생별 수준을 반영하여 (　　　) 등의 평가 방법을 계획하고, 학습 과정에서 수시로 성취기준 도달 과정과 여부를 확인하는 데 주안점을 둔다.
　③ '읽기' 평가는 학생별 수준을 반영하여 (　　　) 등의 평가 방법을 계획하고, 학습 과정에서 수시로 성취기준 도달 과정과 여부를 확인하는 데 주안점을 둔다.
　④ '쓰기' 평가는 학생별 수준을 반영하여 (　　　) 등의 평가 방법을 계획하고, 학습 과정에서 수시로 성취기준 도달 과정과 여부를 확인하는 데 주안점을 둔다.
　⑤ 노래, 게임, 놀이 등의 다양한 활동을 통해 평가하되 영어 학습의 (　　　)가 이루어지도록 한다.
　⑥ '듣기·말하기', '읽기', '쓰기' 영역의 평가는 (　　　)을 인식하고 현장·상황 중심의 영어 활용 능력을 평가하도록 한다.
　⑦ 개별 맞춤형 피드백은 (　　　)하고, 필요시 원격수업에서 평가를 실시하고 적합한 디지털 평가 도구를 평가 도구를 활용한다.
　⑧ 사전 진단 평가, 학습 과정을 중시하는 평가 등 (　　　)을 고안하여 평가한다.
　⑨ 중도중복장애 학생은 학생별 장애 특성을 반영한 평가 보완 도구를 선정하여 평가하되, (　　　)가 이루어지도록 한다.
　⑩ 시·청각장애 학생은 잔존능력을 확인하고, (　　　)하여 제시하여 평가하되, 필요시 장애 유형에 따른 다양한 매체를 통해 평가가 이루어지도록 한다.
　⑪ 중도중복장애 학생은 '듣기·말하기', '읽기', '쓰기' 영역의 수준을 파악하여 성취기준의 하위 수준을 구성하고, (　　　)을 제공하면서 수시 평가가 이루어지도록 한다.
　⑫ 언어적 평가는 다양한 평가 도구((　　　) 등)를 적절하게 활용하여 실시하고, 비언어적 평가는 (　　　)을 활용하여 평가가 이루어지도록 한다.

① 개별 평가 또는 2개 이상의 영역을 통합
② 듣고 가리키기, 듣고 따라 말하기, 듣고 말하기, 질문에 답하기, 듣고 과제 수행하기, 영어로 말하기, 대화하기
③ 따라 읽기, 보고 읽기, 완성하여 읽기, 영어표현 의미 파악하기, 영어 정보 활용하기
④ 따라 쓰기, 보고 쓰기, 낱말·어구·문장 완성하기
⑤ '가치·태도', '지식·이해' 및 '과정·기능'에 대한 총체적 평가
⑥ 학습한 영어표현과 실생활과의 관련성
⑦ 평가 시기와 평가 내용에 따라 적합하게 제공
⑧ 수업에서 실질적으로 활용할 수 있는 다양한 평가 방법
⑨ 필요시 개별 맞춤형 피드백을 제공하면서 학습 과정을 중시하는 평가
⑩ 학생별 잔존능력을 반영하여 평가 도구를 촉각·청각·시각화
⑪ 수준에 따른 피드백
⑫ 직접 평가, 보완대체의사소통 기기, 스마트 기기 / 몸짓이나 행동

# 11 선택 - 보건

## 교육과정 설계의 개요

① 보건과는 (          )하기 위한 교과로서 건강의 가치와 안전의 중요성을 이해하고, 건강 관리 능력과 건강 문제 해결 능력을 증진하고 생활화하여 (          )을 목표로 한다.
② 보건과는 (          )에 초점을 맞추고, 교육과정, 교수·학습, 평가의 일관성 있는 연계를 중요시한다.
③ 2022 개정 특수교육 기본 교육과정 보건과는 개인적 건강, 관계적 건강 및 사회적 건강을 포함하여 (          ) 영역의 총 4개 영역으로 구성하였다.
④ 이는 2015 개정 특수교육 기본 교육과정 보건과의 '일상생활과 건강' 영역, '성과 건강' 영역, '안전과 건강' 영역의 총 3개 영역 중에서 '일상생활과 건강' 영역, '안전과 건강' 영역에서 중복하여 다루었던 내용을 통합하여 (          ) 영역을 신설함으로써 학습량을 적정화하였다.
⑤ 각 영역이 포함하는 내용은 다음과 같다. 첫째, '생활 속 건강 관리' 영역은 (          )을 생활화하고, 질병을 예방하고 관리하며, (          )을 관리하는 능력을 함양하는 데 필요한 내용 요소를 포함한다.
⑥ 둘째, '건강한 선택' 영역은 건강 정보와 건강 자원을 활용하여 (          ) 등 청소년기에 노출되기 쉬운 위험 요인에 대해 올바른 선택을 할 수 있는 역량을 기르는 데 필요한 내용 요소를 포함한다.
⑦ 셋째, '건강한 성' 영역은 (          )를 이해하고, (          )을 확립하고, 부모 역할을 올바르게 인식하고, (          )를 생활화하는 데 필요한 내용 요소를 포함한다.
⑧ 넷째, '생활 속 안전' 영역은 (          ) 등의 위험 요인을 예방하고 적절하게 대처하여 안전한 생활을 도모하며, (          )을 생활화하고, (          )과 관련된 건강과 안전의 위험에 적절하게 대응하는 데 필요한 내용 요소를 포함한다.

① 건강한 생활 습관과 태도를 함양함으로써 개인과 공동체의 건강 및 삶의 질을 향상 / 건강과 생활 안전의 주체자로서의 삶을 영위하는 것
② 실생활에서의 적용
③ '생활 속 건강 관리' 영역, '건강한 선택' 영역, '건강한 성' 영역, '생활 속 안전'
④ '건강한 선택'
⑤ 건강한 생활 습관 / 질병 / 스트레스와 정신 건강
⑥ 흡연, 음주, 약물의 오·남용 및 디지털 기기의 과의존
⑦ 청소년기의 신체적 변화와 심리적 변화 / 임신·출산·피임에 대한 건강한 성 가치관 / 부모 역할 / 성범죄 위험으로부터 안전한 생활 / 성 인권을 이해하고 존중하는 태도
⑧ 가정폭력, 학교폭력, 사이버 폭력 / 생활 안전과 교통안전 / 사회 재난과 자연 재난 및 환경오염

⑨ 2022 개정 특수교육 기본 교육과정 보건과 내용 체계의 세 가지 범주는 중학교 1~3학년과 고등학교 1~3학년으로 구분되고, (        )로서의 역량을 강화하는 데 필요한 내용을 선정하였다.

⑩ '지식·이해' 범주는 건강한 생활 관리, 건강 정보와 건강 자원의 이해, 청소년기 발달 특성, 생활 안전에 관련된 (        )하는 데 초점을 두었다.

⑪ '과정·기능' 범주는 건강한 생활 습관을 실천하고, 건강 정보와 건강 자원을 활용하고, 성폭력, 가정폭력, 학교폭력 및 사이버 폭력에 대처하는 방법 등 (        )하는 데 초점을 두었다.

⑫ '가치·태도' 범주는 건강 감수성, 성 인지 감수성, 안전 감수성, 환경 감수성 및 생명 윤리를 내면화하고, (        )하는 데 초점을 두었다.

⑨ 건강과 생활 안전의 주체자
⑩ 지식과 정보를 이해하고 습득
⑪ 실생활에 적용
⑫ 건강 관리와 생활 안전을 생활화

# 01 성격 및 목표

**1) 성격**

① 2022 개정 특수교육 기본 교육과정 보건과는 학습자의 장애 특성에 맞는 건강한 생활 습관을 생활화하여 건강 관리 능력을 기르며 건강한 선택을 통해 개인과 공동체의 건강과 안전과 삶의 질을 향상하기 위한 교과로, (　　　)의 4개 영역으로 구성되어 있다.

② 2022 개정 기본 교육과정 보건과를 통해 학습자는 (　　　)하며, (　　　)을 학습할 기회를 얻을 것이다.

③ 이러한 학습에 기초하여 특수교육 대상 학생은 실생활에서 (　　　)로서 건강 정보와 자원을 활용하여 (　　　)할 수 있고, (　　　) 등으로부터 안전한 생활을 영위할 수 있을 것이다.

④ 즉 2022 개정 기본 교육과정 보건과를 학습함으로써 학습자는 자신에게 필요한 맞춤형 건강 관련 지식과 정보를 습득할 뿐만 아니라, 실생활에서 (　　　)하고, (　　　)로서의 태도와 자세를 내면화하여 생활화할 수 있을 것이다.

**2) 목표**

⑤ (　　　)을 이해하고, (　　　)을 증진하고 생활화하여 (　　　)로서의 삶을 영위한다.
⑥ 건강한 생활 습관을 내면화하여 (　　　)한다.
⑦ 건강 정보와 자원을 활용하여 (　　　)한다.
⑧ 건강한 성 가치관과 생명 윤리를 확립하여 (　　　)한다.
⑨ 건강 문화와 안전 감수성을 내면화하여 (　　　)을 실천한다.

---

① '생활 속 건강 관리', '건강한 선택', '건강한 성', '생활 속 안전'
② 건강한 생활 습관을 습득 / 건강한 성 가치관을 확립 / 안전 위험 요인에 대해 학습하고 건강 문제를 해결할 방법
③ 건강과 생활 안전의 주체자 / 자신의 건강을 주도적으로 관리 / 성적 위험, 가정폭력, 학교폭력, 사이버 폭력, 디지털 기기의 과의존 및 중독
④ 건강한 생활 습관을 실천 / 건강 문제를 예방하고 대처하는 보건 의료 소비자
⑤ 건강의 가치와 안전의 중요성 / 건강 관리 능력과 건강 문제 해결 능력 / 건강과 생활 안전의 주체자
⑥ 신체적, 정신적, 사회적 건강을 관리
⑦ 자신과 공동체를 위한 건강한 선택을 생활화
⑧ 올바른 성적 자기 결정을 실천
⑨ 건강 관리와 생활 안전을 실천

# 12 창의적 체험활동

> 교육과정 설계의 개요

① 2022 개정 특수교육 기본 교육과정 창의적 체험활동은 학생의 교육적 요구에 따라 (　　)하여 교육과정을 편성·운영할 수 있도록 영역별 활동 내용을 개선하였다.
② 또한 미래 사회에 필요한 (　　)과 2015년 UN이 발표한 (　　)에 대한 인식과 공동체적 가치를 함양하는 데 중점을 두었다.
③ '성격 및 목표'에서는 학생들의 (　　)를 독려하여 급변하는 신산업사회에 대응하고 사회 구성원으로서의 역량을 함양할 수 있도록 하였다. 이는 사고의 폭을 넓히고 학교 적응 및 자아 성장과 주도적인 삶의 태도를 키우는 데 긍정적 영향을 미친다. 또한 학생의 교육적 요구에 따라 필요한 (　　)에서부터 미래 사회에 필요한 (　　) 등을 궁극적인 목표로 삼았다.
④ 학교급별 목표로 초등학교에서는 (　　)을 형성하고 (　　)을 탐색하고 발견하도록 하였다.
⑤ 중학교에서는 (　　)를 바탕으로 (　　)하도록 하였다.
⑥ 고등학교에서는 (　　)하고 (　　)하며 (　　)하도록 하였다.
⑦ '영역 및 활동' 구성은 2015 개정 교육과정의 4개 영역(자율, 동아리, 봉사, 진로)에서 2022 개정 교육과정의 3개의 영역(　　)으로 재구조화하였고
⑧ 특히, 2015 개정 창의적 체험활동 교육과정에서 영역 수준의 봉사 활동이 2022 개정 창의적 체험활동 교육과정에서는 (　　)으로 변경되었다.

① 생활연령과 발달 수준을 고려하고 학년군을 통합
② 인공지능·코딩 교육 / 기후·생태계 환경의 지속가능한 발전과제
③ 자율적 선택과 참여 / 기능 중심 활동 / 디지털 기술, 공동체적 가치 함양
④ 공동체 생활에 필요한 기본 생활 습관 / 자신의 개성과 소질
⑤ 자기 이해 / 자아 정체성을 확립하고 진로를 탐색
⑥ 공동체 의식을 확립 / 더불어 살아가는 실천 능력을 함양 / 진로를 설계하고 준비
⑦ 자율·자치, 동아리, 진로
⑧ 활동 수준

# 01 성격 및 목표

### 1) 성격

① 창의적 체험활동은 (　　　)으로 학생들의 (　　　)를 독려하여 급변하는 신산업사회에 대응하고 사회 구성원으로서의 역량을 함양할 수 있도록 하였다.

② 체험활동 중심 교육은 (　　　)할 수 있으며, 학생들의 다양한 활동 참여는 학교 적응 및 자아 성장에 긍정적 영향을 미칠 뿐만 아니라 (　　　)를 기를 수 있다.

③ 2022 개정 특수교육 기본 교육과정의 창의적 체험활동은 (　　　)의 3개 영역으로 구성하였다. (　　　)영역은 자신의 의견과 권리를 표현하고 삶에서 직면하는 문제를 해결하고 실천할 수 있는 내용을 담고 있으며, (　　　)영역은 개개인의 소질과 자질을 계발·신장하고 여가를 효과적으로 활용할 수 있는 내용을 포함하였다. (　　　)영역은 자기 자신에 대한 이해를 바탕으로 흥미와 적성을 파악하여 자신의 진로를 지속적으로 탐색·개발할 수 있는 내용으로 구성되었다.

④ 학생의 교육적 요구에 따라 생활연령과 발달 수준을 고려하고 학년군을 통합하여 필요한 (　　　)에서부터 미래 사회에 필요한 인공지능·코딩 교육과 기후·생태계 환경의 지속가능한 발전과제에 대한 인식과 공동체적 가치를 함양하는 데 중점을 두었다

⑤ 학교는 다음 방향에 따라 창의적 체험활동을 운영한다. 첫째, 영역별 활동 내용은 학생의 수준과 특성에 따라 선택·통합하여 편성·운영한다. 기존의 단발적인 행사중심의 활동을 지양하고 (　　　)과 연계하며 (　　　) 등을 지원한다.

⑥ 둘째, 창의적 체험활동은 학교급별 특성을 반영하여 설계한다. 초등학교 창의적 체험활동은 기본 생활 습관을 형성하고 개성과 소질을 탐색하고 발견하는 데 중점을 두고, 중학교 창의적 체험활동은 (　　　)하고 (　　　)하는 데 중점을 둔다. 고등학교 창의적 체험활동은 (　　　)을 확립하고 (　　　)을 함양하고 (　　　)하는 데 중점을 둔다.

⑦ 셋째, 학교는 창의적 체험활동 교육과정을 설계하고 운영하는 데 자율성을 발휘하고 국가와 지역 수준에서는 지역사회와 학교의 특성을 고려하여 전문성을 갖춘 (　　　)을 충분히 제공할 수 있도록 한다.

① 교과와 상호 보완적 관계를 가진 체험활동 중심 비교과 교육과정 / 자율적 선택과 참여
② 사고의 폭을 넓히고 자발적 참여를 유도 / 주도적인 태도
③ 자율·자치, 동아리, 진로 / 자율·자치 / 동아리 / 진로
④ 기본 생활 습관에 대한 기능 중심 활동
⑤ 교과 교육과정 / 주제 간 통합이 가능한 학교 안팎의 학습 경험 및 원격수업
⑥ 자아 정체성을 확립 / 자신의 진로를 탐색 / 공동체 의식 / 더불어 살아가는 실천 능력 / 진로를 설계하고 준비
⑦ 인적·물적 자원

## 2) 목표
① 창의적 체험활동은 학생들이 다양한 (          )에 참여함으로써 (          )를 실천할 수 있고, 개인의 소질과 잠재력을 계발·신장하는 데 목표가 있다. 또한 (          )을 통한 사회 통합과 급변하는 미래 사회에 대처하기 위해 디지털 소양 능력을 키우고, 창의적인 삶의 태도를 기르는 데 주안점을 두고 있다.
② 중학교에서는 자기 이해를 바탕으로 (          )하고 진로를 탐색한다.
③ 고등학교에서는 (          )하고 (          )을 함양하고 진로를 설계하고 준비한다.

## 02 설계 및 운영

### 1) 설계
(1) 시수 편성
④ 창의적 체험활동 교육과정은 초등학교 1~2학년은 272시간, 3~4학년은 306시간, 5~6학년은 408시간으로 계획한다. 중학교는 총 408시간, 고등학교는 총 26학점으로 계획한다. 1학점은 50분을 기준으로 16회를 이수하는 수업량이다. 창의적 체험활동에 배당된 학교급별, 학년(군)별 시수를 (          )하지 않도록 한다. 초등학교 1학년은 입학 초기 적응 활동으로 입학 후 3월 중 34시간을 배정할 수 있다. 주당 평균적인 시간을 배당하거나 특정일을 선택하여 (          ) 등 다양하고 탄력적인 방식으로 시간을 운영할 수 있다.

(2) 영역별 활동 구성
⑤ 창의적 체험활동은 3개의 영역에 각각 속하거나 각 영역의 활동을 연계 통합한 활동으로 설계할 수 있다. 학교급별 특성 및 개별 학생의 특성과 요구에 따라 (          )으로 편성·운영할 수 있다.

(3) 교육과정 설계와 운영에 관한 학교의 자율성
⑥ 초등학교, 중학교, 고등학교의 입학 초기 및 상급 학교(학년)로 진학하기 전 학기에는 학교급 간 연계를 위해 (          )을 운영할 수 있다. 중학교의 자유학기에서는 (          )하여 창의적 체험활동의 다양한 영역과 활동을 계획하도록 한다. 교육적 필요에 따라 창의적 체험활동의 영역 간, 활동 간 그리고 교과와의 연계 및 통합이 원활하게 이루어지도록 편성·운영한다.

(4) 교과 교육과정과의 연계성
⑦ 창의적 체험활동의 각 주제는 (          )하여 활동을 계획할 수 있다.

① 개별 및 단체 활동 / 나눔과 배려 / 공동체 의식 함양
② 자아 정체성을 확립
③ 공동체 의식을 확립 / 더불어 살아가는 실천 능력
④ 특정 학년이나 학기에 편중하여 편성 / 블록 타임 운영 및 온종일 활동을 포함한 집중 운영
⑤ 일부 영역과 활동을 선택하여 집중적
⑥ 진로연계교육 / 자유학기 프로그램과 연계
⑦ 교과 교육과정(예 : 보건, 예술(음악/미술), 진로와 직업)과 연계

(5) 창의적 체험활동의 설계 주체
① 창의적 체험활동 설계 주체는 (        )이다. 국가 및 지역 수준에서는 학교와 지역사회의 특색을 고려하여 (        )을 충분히 제공할 수 있는 기반을 조성한다. 학교, 교사와 학생이 공동으로 또는 학생이 자기주도적으로 계획을 수립하고 역할을 분담하여 실천한다.

(6) 학생들을 위한 맞춤형 설계
② 창의적 체험활동 계획은 (        )을 고려하여 수립하도록 한다. 특히 다양한 장애 특성과 교육적 요구를 가진 모든 장애 학생들이 창의적 체험활동에 참여할 수 있도록 설계한다.

(7) 장소와 지원
③ 활동 장소는 교내 시설 및 학교 밖 지역사회 시설 등을 이용할 수 있으며, 효과적인 활동을 위해 계획적으로 (        )을 활용할 수 있다. 학교는 창의적 체험활동의 운영에 필요한 인적·물적 자원의 활용 등과 관련하여 (        )을 받을 수 있다. 또한 교육적 필요시 원격수업 방식의 운영을 할 수 있다.

(8) 안전
④ 학교는 창의적 체험활동 운영 과정에서 안전에 유의하여야 한다. 특히 (        )에 앞서 반드시 장비, 전문 인력, 보험 등의 확인과 더불어 학생, 현장 체험 담당 교사 및 활동 지원 인력의 사전 안전 교육을 시행하고 관련 법령 및 안전 관련 지침에 따른다.
⑤ 창의적 체험활동 운영 시 교내·외 체험활동 중 발생할 수 있는 (        )하고 안전을 확보할 수 있도록 국가 및 교육청 수준에서는 다음의 사항을 지원한다. 학생 규모 및 다중 밀집도, 장소, 숙박시설, 이동 수단 등 활동 전반에 걸쳐 (        )을 수립하고 예방을 위한 행·재정적 지원을 한다.
⑥ 교육 활동 중에 일어나는 안전사고 등으로 인한 (        ) 등을 지원 할 수 있는 안전 대책을 마련한다.

(9) 행사 활동
⑦ 의식 행사, 발표회, 체육 행사, 현장 체험 학습 등을 각 영역과 활동에 적합한 방식으로 설계한다. 행사 활동의 시수는 각 행사의 특성에 따라 (        )으로 편성한다.

---

① 학교, 교사, 학생 / 전문성과 창의성을 갖춘 인적·물적 자원
② 개별 학생들의 흥미와 소질, 학교와 지역의 실정
③ 지역사회의 인적·물적 자원 / 교육청의 지원
④ 현장 체험 학습을 실시하기
⑤ 다양한 위기 상황에 대응 / 종합적인 안전 교육 계획
⑥ 학생 및 교원의 신체적·정신적 피해
⑦ 관련 교과와 창의적 체험활동의 영역별 활동

## 2) 운영

① 창의적 체험활동의 영역을 학생들의 발달 수준, 학교의 여건 등을 고려하여 학년(군)별로 (　　　)으로 운영할 수 있다.

② 창의적 체험활동은 (　　　) 등 여건에 맞게 운영할 수 있다.

③ 방학식 및 개학식 당일에 원활한 학교생활 적응을 위하여 창의적 체험활동의 (　　　)을 중심으로 운영할 수 있다.

④ 학교는 학생의 발달 단계 및 교육적 요구와 지역사회의 특성 등을 고려하여 3개의 영역을 (　　　)하거나 교육 효과를 극대화하기 위하여 (　　　)을 통합하여 운영할 수 있다.

⑤ 동아리 영역의 활동 조직은 학생의 흥미, 특기, 적성 등을 고려하여 미래 사회의 변화에 대응할 수 있는 다양한 부서를 개설하고 (　　　)를 우선적으로 반영하여 개설하며 학년군 또는 학생 단위로 운영할 수 있다.

⑥ 학교는 교과에서 학습한 내용을 실제적인 실천과 경험으로 연계하기 위해 (　　　)할 수 있다. 이 경우, 시수를 교과와 창의적 체험활동 간에 중복하여 편성하지 않는다.

⑦ 창의적 체험활동의 내용 배열은 반드시 학습의 순서를 의미하는 것이 아닌 (　　　)을 지니고 있으므로, 학교는 학생의 교육적 요구와 학교의 특성을 반영하여 '영역 및 활동'에 제시된 영역별 활동과 활동 내용 이외에 다양한 활동과 활동 내용을 추가하여 운영할 수 있다.

⑧ 학교는 의식 행사, 발표회, 현장 체험 학습, 가정 체험 학습 등 각종 행사를 특정 영역에 국한 시키지 않도록 하고 각 영역이나 활동에서 다양한 운영 방식으로 편성·운영한다. 이때, 시수 배정은 (　　　)에 의거하여 그 특성에 따라 특정 영역이나 활동에 포함한다.

⑨ 학교는 학생·교사·학부모의 요구와 학교의 특성에 따라 (　　　) 내에서 시수를 증감하여 편성·운영할 수 있다. 단 체육, 예술(음악/미술) 교과는 기준 수업 시수를 감축하여 편성·운영할 수 없다.

⑩ 진로 영역의 체험활동은 일상생활 속에서 진로 인식과 탐색 활동이 지속적으로 일어날 수 있도록 (　　　)로 운영할 수 있다.

⑪ 학교는 창의적 체험활동이 (　　　)이 되도록 지역사회의 물적·인적 자원을 계획적으로 활용하며, 지역사회 전체 단위의 창의적 체험활동 프로그램을 운영할 수 있다. 또한 학교는 재능 기부 봉사자 등을 활용할 경우, 창의적 체험활동의 운영에 필요한 인적·물적 자원의 활용 및 안전 등과 관련하여 시·도 교육청의 지침을 따른다.

---

① 선택적
② 정일제, 격주제, 전일제, 집중제
③ 자율·자치 영역
④ 각각 독립적으로 운영 / 2개 이상의 영역
⑤ 학생의 필요와 요구
⑥ 타 교과와 창의적 체험활동을 연계·통합
⑦ 예시적인 성격
⑧ 학교 교육과정
⑨ 교과(군)별, 창의적 체험활동, 일상생활 활동 간 50% 범위
⑩ 체험활동 전과 체험활동 후 단계
⑪ 실제적 체험 중심의 학습

① 학교는 학생의 다양한 학교 부적응 행동에 대한 (        )을 위해 필요한 인력 및 행·재정적 지원을 한다.
② (        )을 창의적 체험활동으로 편성·운영할 수 있다. 국가적 안전 재난이나 병·재해 등과 관련된 위기 상황에 따라 실시해야 하는 안전·건강 교육, 인성 교육, 진로 교육, 민주시민 교육, 인권 교육, 다문화 교육, 통일 교육, 독도 교육, 경제·금융 교육, 환경·지속가능발전 교육 등을 교과 교육과 연계하여 창의적 체험활동 시간으로 운영할 수 있다.

(1) 중학교 운영
③ 창의적 체험활동의 영역과 활동은 (        )에 이루어지는 다양한 활동들과 연계하여 운영할 수 있다.
④ 학교스포츠클럽 활동은 창의적 체험활동의 (        )의 활동으로 편성하고 학년별 (        ) 운영하며, (        ) 편성하도록 한다.
⑤ 중학교 1학년 1학기는 초등학교와, 중학교 3학년 2학기는 고등학교와 교육과정이 연계될 수 있도록 (        )의 활동을 중심으로 (        )을 운영할 수 있다.
⑥ 중학교 진로 영역의 활동은 학생들이 (        )하고, 실제적인 경험을 통해 일과 직업의 세계를 이해함으로써 진로 탐색 및 진학으로 연결되도록 한다. 이에 따라 학생들이 자신에 대해 이해할 수 있는 기회와 자신에게 맞는 진로를 찾아가는 과정을 제공하는 데 중점을 두어 지도한다.
⑦ 중학교에서는 학생의 진로와 연계된 교과 담당 교사와 진로 진학 상담 교사 등 관련 교원 간의 협력으로 (        )을 실시한다. 중학교에서는 직업 진로에 대한 활동 계획을 계획하여 학생의 흥미, 소질, 능력. 필요 등에 적절한 진로 선택의 기회를 부여한다.
⑧ 중학교 진로 영역에서는 (        )하여 학업 및 진로를 탐색할 수 있도록 지도한다.

(2) 고등학교 운영
⑨ 창의적 체험활동 전 영역에 걸쳐 학생의 진로를 고려하여 학교 및 학생의 필요에 따라 지역사회 기관에서 이루어지는 (        )을 창의적 체험활동으로 이수할 수 있으며, 이와 관련된 구체적인 사항은 시·도 교육감이 정하는 지침에 따른다.
⑩ 고등학교에서는 자기주도성을 기반으로 삶의 다양한 문제를 자율적이고 주체적으로 해결하고, 다양한 공동체 활동을 통해 삶을 풍요롭게 영위하며, 자신과 직업 세계에 대한 이해를 기반으로 진로를 탐색·설계하는 데에 중점을 둔다. 고등학교 1학년 1학기는 중학교와, 고등학교 3학년 2학기는 대학 진학 및 취업과 연계될 수 있도록 (        )을 운영한다.

① 행동 지원
② 범교과 학습 주제 및 자기주도적 학습 내용
③ 학교스포츠클럽 활동 및 자유학기
④ 동아리 영역 / 연간 34시간 / 매 학기
⑤ 자율·자치 및 진로 영역 / 진로연계교육 프로그램
⑥ 긍정적인 자아 개념을 강화
⑦ 학생 개인 혹은 집단 진로 상담
⑧ 고등학교 진학과 연계
⑨ 학교 밖 교육
⑩ 진로연계교육 프로그램

## 3) 평가

### (1) 학생 평가의 목표 설정
① 평가에서 가장 중요한 것은 무엇을 평가할 것인지 (　　　)를 분명하게 설정하는 것이다. 이를 통하여 활동의 내용과 지도 방향을 설정할 수 있고, 효과적 지도 방법을 모색하고 무엇을 어떻게 평가할지를 계획할 수 있다.

### (2) 학생 평가의 평가기준
② 학교는 창의적 체험활동의 영역별로 평가기준을 마련하고 (　　　) 등이 골고루 반영되도록 평가기준을 작성하여 활용한다.

### (3) 학생 평가의 방법과 기록
③ 평가를 위하여 (　　　)(예 : 일화 기록법, 체크리스트, 평정 척도법), 질문지와 차트 등을 활용한 조사(예 : 자기 평가, 상호 평가), 학생의 작품과 기록에 대한 분석(예 : 포트폴리오, 작품 평가, 활동의 기록 분석, 작문, 소감문 분석), 표준화 검사, 교사 간 의견 교환 등의 다양한 학생 평가 방법을 활용할 수 있다.

④ 평가는 각종 표준화된 검사 도구를 포함하는 (　　　)(예 : 지능검사, 적응행동검사) 및 교사가 임의적으로 상황에 맞게 제작한 (　　　)(예 : 교사의 임의적 시험, 포트폴리오, 작품) 모두를 선택·사용할 수 있으며, 규준 집단의 수행 수준에 비추어서 학생의 수준의 상대적 위치에 대한 정보를 제공하는 (　　　)(예 : 지능검사)와 학생 개인의 특정 과제나 기술의 수행 정도를 측정하고 정보를 제공하는 (　　　)(예 : 작품, 생활 도구 숙련 기술) 방법을 활용한다.

⑤ 학기 말에는 평가 대상 학생의 (　　　) 등의 평가 결과를 영역별로 학교생활기록부에 기록한다.

⑥ 학생 개개인의 성장, 발달, 변화를 평가하여 그 결과를 (　　　)로 활용한다.

⑦ 평가 결과는 학교급을 고려하여 (　　　)로 활용할 수 있다.

### (4) 교육과정 평가와 질 관리
⑧ 창의적 체험활동 영역별 평가 관점 작성 시 해당 학년에서 편성한 학교급별 목표와 영역별 활동 목표를 고려하여 상세화하며 각 영역의 실천과 관련하여 계획, 과정, 결과 등의 전 과정을 평가하도록 유의한다. 이러한 질 관리의 목적은 (　　　)하기 위함이다.

① 평가 목표
② 참여도, 협력도, 자발성 및 선호도, 완성도
③ 활동 상황의 관찰
④ 공식적 평가 / 비공식적 평가 / 규준지향평가 / 준거지향평가
⑤ 활동 실적, 진보의 정도, 행동의 변화, 특기 사항
⑥ 학생의 소질과 잠재력 및 계속적 진보와 계발을 돕는 자료
⑦ 상급 학교 진학 또는 취업을 위한 자료
⑧ 교수·학습 활동에 반영하여 평가의 전반적인 질을 제고

# 13 일상생활 활동

## 교육과정 설계의 개요

① 학생의 독립적인 삶에 기반이 되는 (        )을 신장하기 위해 '일상생활 활동'을 신설하였다.
② 일상생활 활동 교육과정은 (        ), (        ), (        )의 원리를 기반으로 한다. (        )은 학생의 개인생활과 사회생활 등 다양한 상황에서 필요한 기능을 배우고 익힘으로써 생활 적응 능력을 향상할 수 있도록 한다는 원리이다. (        )은 생태학적 환경 속에서 필수적인 생활 기능 역량을 함양함으로써 일상생활 활동의 영역뿐만 아니라 교과, 더 나아가 실제 삶까지 확장되고 전이될 수 있어야 한다는 원리이다. (        )은 실생활 능력과 습관을 형성하기 위해 자기 관리, 지역사회 참여, 직업생활 등 다양한 부문에 걸쳐 생애 맞춤형 교육을 반복적이고 지속적으로 제공해야 한다는 원리이다.
③ 일상생활 활동은 (        )을 대상으로 하는 교육과정이다.
④ 일상생활 활동은 특수교육 대상 학생에게 우선적으로 요구되는 생활 기능을 (        )으로 구성하여 국가 수준 교육과정으로 편성한다.
⑤ 일상생활 활동은 (        ), (        ), (        )으로 운영하는 교육과정이다.
⑥ 일상생활 활동은 (        ) 교육과정이다. 특수교육 대상 학생을 위한 교육은 인간의 다양성과 생태학적 맥락에서 학생의 개별적 특성과 요구를 중심으로 이루어져야 한다.
⑦ 일상생활 활동은 (        ) 교육과정이다. 학생이 살아가는 생태학적 환경에서 삶의 주체로서 자신의 삶을 가꾸고 지역사회의 일원으로서 더불어 살아가는 데 필수적이고 기능적인 지식, 기능, 태도 함양을 목적으로 일상생활 활동 교육과정을 설계하고 운영해야 한다.
⑧ 일상생활 활동은 (        ) 교육과정이다. 즉, 일상생활 활동의 영역과 내용 요소는 학습 단위이자 교육과정의 한 구성 요소로서 분절성, 독립성, 상호 관련성의 성격을 동시에 가진다.

① 생활 적응 능력
② 실제성 / 통합성 / 지속성 / 실제성 / 통합성 / 지속성
③ 장애 정도가 심한 학생
④ 의사소통, 자립생활, 신체활동, 여가활동, 생활적응(시각중복, 청각중복, 지체중복)
⑤ '학생 맞춤형' / '기능적 활동 중심' / '모듈형'
⑥ '학생 맞춤형'
⑦ '기능적 활동 중심'
⑧ '모듈형'

# 01 성격 및 목표

## 1) 성격
⑨ 일상생활 활동은 학생의 생활 적응 능력을 신장시켜 자기주도적인 삶을 도모하는 존재로 성장하도록 학교에서 자율적으로 편성·운영하는 학생 중심의 실제적 교육과정이다. 이 교육과정은 (　　　) 속에서 운영하는 교육과정이다.

## 2) 목표
⑩ 일상생활 활동으로 학생의 잔존 능력과 잠재력을 계발하여 자신과 주변 환경을 이해하고, 현재와 미래의 삶에 필요한 (　　　)을 함양하며, 지역사회 속에서 능동적인 사회 구성원으로 더불어 살아가는 태도를 기른다.

---

⑨ 교과, 창의적 체험활동과의 상호 보완적 관계
⑩ 생활 적응 능력

## 02 설계 및 운영

**1) 설계의 주안점**

(1) 시간 배정

① 일상생활 활동 교육과정은 초등학교 1~2학년 300시간, 3~4학년 306시간, 5~6학년 340시간, 중학교 544시간, 고등학교 32학점으로 계획한다. 일상생활 활동은 의사소통, 자립생활, 신체활동, 여가활동, 생활적응 등 (    ) 영역을 중심으로 편성·운영한다.

② 기본 교육과정을 운영하는 특수학교는 (    )의 교육적 요구를 반영하여 (    )내에서 시수를 감축하여 일상생활 활동으로 편성할 수 있다. 이 경우 시·도 교육감이 정하는 지침에 따라 사전에 필요한 절차를 거쳐야 한다.

(2) 영역의 구성

③ 일상생활 활동의 영역은 의사소통, 자립생활, 신체활동, 여가활동, 생활적응으로 구성되어 있다. 일상생활 활동의 영역과 내용 요소는 (    )의 성격을 동시에 가지며 반드시 따라야 하는 교육적 순서를 의미하지 않는다. 일상생활 활동의 영역과 내용 요소는 학습 단위이자 교육과정의 구성 요소로서 (    )에 따라 다양한 교육과정 형태로 재구성할 수 있다.

(3) 학교의 자율적 교육과정 설계와 방법 (모듈형 교육과정)

④ (    )은 일상생활 활동 안에서 동일한 영역의 내용 요소를 선택하여 운영하는 것을 의미한다.

⑤ (    )은 서로 다른 일상생활 활동의 영역과 내용 요소를 통합하여 운영하는 것을 의미한다.

⑥ (    )은 일상생활 활동의 영역과 내용 요소를 관련 교과, 창의적 체험활동과 상호 보완적으로 연계하여 운영하는 것을 의미한다.

⑦ (    )은 학생의 장애 특성, 교육적 요구, 학교 실정, 지역사회 여건 등을 고려하여 학교와 교사가 직접 개발한 교육과정을 일상생활 활동의 영역과 내용 요소와 통합할 수 있다.

(4) 일상생활 활동의 설계 주체

⑧ 일상생활 활동의 설계 주체는 (    )이다. 교육과정 개발 시 학생의 생활연령, 발달 수준, 잔존 능력, 잠재력, 교육적 요구뿐만 아니라 가정, 학교, 지역사회 등의 생태학적 환경을 고려하여 일상생활 활동 교육과정을 설계한다.

---

① 기능적 생활 기술 관련
② 장애 정도가 심한 학생 / 교과(군)별 50% 범위
③ 분절성, 독립성, 상호 관련성 / 개별 학생이 요구하는 생활 적응 기능
④ '일상생활 활동의 영역 내 선택형'
⑤ '일상생활 활동의 영역 간 통합형'
⑥ '일상생활 활동·교과·창의적 체험활동 연계형'
⑦ '학교 자체 개발형'
⑧ 학교, 교사, 학생

## 2) 운영의 주안점

① 학생의 장애 특성, 발달 단계, 잔존 능력뿐만 아니라 개인의 강점을 중심으로 잠재력을 계발하여 의미 있는 삶을 누릴 수 있는 (　　　)에 중점을 두어 운영한다.
② 학생 자신과 주변 환경을 이해하고 (　　　)을 신장시켜 자신의 현재와 미래의 삶을 위해 능동적이고 더불어 살아가는 태도를 함양하는 데 중점을 두어 운영한다.
③ 학생이 살아가는 현재와 미래의 (　　　)을 고려한 활동으로 구성하여 운영한다.
④ 학생의 흥미와 동기를 토대로 활동을 구성하여 (　　　)을 경험하도록 한다.
⑤ 생활 속에서 만날 수 있는 장면과 상황으로 활동을 구성하여 (　　　)을 제공한다.
⑥ 시각중복장애, 청각중복장애, 지체중복장애 학생은 (　　　)에 따라 활동 내용을 확장하여 운영한다.
⑦ 학생의 교육적 경험과 수행 수준에 따라 출발점을 파악하고, (　　　)이 점진적으로 향상될 수 있도록 체계적이고 다양한 전략과 방법을 활용한다.
⑧ 학생의 장애 특성과 요구에 따라 (　　　) 등으로 활동 참여를 최대화한다.
⑨ 학생의 (　　　)에 따라 정보 통신 매체, 인공지능, 증강현실(AR), 가상현실(VR), 혼합현실(MR), 확장현실(XR), 사물 인터넷(IoT), 디지털 기기 등의 공학 기술을 활용한다.

# 03  평가

## 1) 평가의 방향과 방법

### (1) 평가의 방향

⑩ 평가는 학생의 (　　　)을 기능적이고 통합적으로 평가하는 한편, 실제적인 삶의 맥락에 적용하면서 다양한 문제를 해결할 수 있는 역량을 평가한다.
⑪ 학습 과정에서 개별 학생의 (　　　)에 초점을 두어 학생의 학습 과정과 실제 수행한 결과를 종합적으로 반영하여 평가한다.
⑫ 영역별 활동과 내용 요소에 근거하여 (　　　)을 수립하고, 일상생활 활동의 (　　　)을 일체화한다.
⑬ 학교는 일상생활 활동의 (　　　)의 주안점을 고려하여 평가 준거와 평가 목표의 설정, 평가기준의 선정, 평가 방법의 구체화, 평가 실시와 평가 결과의 기록, 평가 결과의 활용 등을 포함하여 다면적이고 종합적인 평가 계획을 수립한다.

① 생활 기능
② 생활 적응 능력
③ 생태학적 맥락
④ 배움의 즐거움과 기쁨
⑤ 실제적이고 기능적인 교육 경험
⑥ 감각 특성과 인지 수준
⑦ 생활 적응 능력
⑧ 의사소통 지원, 행동 지원, 보조공학 지원
⑨ 기능적 요구와 미래 역량 필요성
⑩ 생활 적응 능력
⑪ 의미 있는 성장과 변화
⑫ 개별화교육계획 / 교육과정-수업-평가-기록
⑬ 교육 목표와 영역별 활동

① 학생의 학습 특성과 수행 수준을 고려한 (        )를 지향하며, 학생의 변화를 반영할 수 있도록 일상생활 활동의 영역과 활동별로 평가 관점과 평가기준을 조정하여 평가한다.
② 교수·학습과 평가 내용의 (        )을 유지하도록 개별화된 평가준거를 바탕으로 지속적으로 평가한다.
③ 평가의 방법과 평가에 대한 (        ) 등을 고려하여 학생이 자신에게 적합한 방식으로 평가에 참여할 수 있도록 한다.
④ 학생의 개별적 특성과 장애 특성에 적합한 다양한 (        )를 활용한다.
⑤ 교수·학습 내용과 방법의 (        )을 진단하고 개선하기 위해 활용한다.

(2) **평가의 방법과 기록**
⑥ 일상생활 활동을 통해 습득한 학생의 (        )은 실제 삶과 유사한 맥락 속에서 다양한 자료를 수집하여 평가한다.
⑦ 학생이 습득한 (        )을 자연스럽게 수행할 수 있는지 평가하고, 다양한 생활 장면 속에서 (        )를 평가한다.
⑧ (        ), (        ) 등 수업에서 실질적으로 활용할 수 있는 다양한 평가 방법을 고안하여 평가한다.
⑨ (        )를 민감하게 파악하기 위해 지속적으로 평가한다.
⑩ 학생의 활동 수행 과정은 직접 관찰하거나 (        ) 등의 방법으로 관찰하고, 일화 기록법 또는 사전에 준비된 점검표, 평정 척도법 등으로 기록하고 평가한다.
⑪ (        )(예: 동영상, 작품 평가, 활동의 기록 분석, 포트폴리오), 교사 간 의견 교환, 학생 및 학부모 면담 등 다양한 방법을 활용하여 평가한다.

① 맞춤형 평가
② 일관성
③ 다양한 학생 반응
④ 평가 방법과 도구
⑤ 적절성
⑥ 생활 적응 능력
⑦ 생활 적응 능력 / 유지 및 일반화 여부
⑧ 사전 진단평가 / 과정을 중시하는 평가
⑨ 학생이 보이는 진전 정도
⑩ 사진, 동영상 촬영
⑪ 학생의 활동 성과물

① ( )을 주의 깊게 관찰하여 학생이 참여 과정에서 보이는 흥미, 참여 범위, 참여 정도, 참여 시간 등을 토대로 학생의 태도를 종합적으로 평가한다.
② 학생의 특성에 적합한 ( )를 활용하여 평가한다.
③ 학생의 수행 수준, 진전 정도, 행동 변화, 특기 사항 등의 평가 결과를 종합하여 ( )에 서술하여 기록한다.
④ 온오프라인 연계 수업 등의 원격수업에 따른 평가는 쌍방향 수업 중에 학생의 학습 과정과 결과를 직접 관찰하여 평가하거나 ( )으로 확인한 후 그 과정과 결과를 평가한다.

## 2) 평가의 주안점

⑤ 의사소통 영역의 평가는 음성 언어 능력, 상징 이해 및 보완대체의사소통 기기 사용 능력을 토대로 ( )에 초점을 두어 평가한다. 학생이 실제적 장면에서 의사소통에 참여하는 능력과 태도를 평가하는 데 주안점을 둔다.
⑥ 자립생활 영역의 평가는 실생활 장면에서 보이는 자립 생활 능력의 반응 행동, 참여 정도, 수행 정도 등을 중심으로 누가 기록하여 평가하고, 가정, 학교, 지역사회의 상황 속에서 ( )를 질적으로 평가하는 데 주안점을 둔다.
⑦ 신체활동 영역의 평가는 자연스러운 감각 경험과 여러 신체 부위의 다양하고 즐거운 움직임에 대한 경험을 토대로 ( )를 평가하는 데 주안점을 둔다.
⑧ 여가활동 영역의 평가는 여가를 의미 있게 활용할 수 있도록 ( ), ( ), ( )를 평가하는 데 주안점을 둔다.
⑨ 생활적응(시각중복) 영역의 평가는 학생의 ( )을 고려하여 적절한 보조기기를 사용하여 평가하는 데 주안점을 둔다.
⑩ 생활적응(청각중복) 영역의 평가는 학생의 ( )을 고려하여 적절한 청각보조기기(보청기, 인공와우)를 사용하여 평가하고, 선호하는 의사소통 양식(말과 수어, 몸짓)으로 평가가 이루어지도록 하는 데 주안점을 둔다.
⑪ 생활적응(지체중복) 영역의 평가는 안전한 환경에서 스트레칭 등으로 신체의 긴장을 이완시킨 후 편안한 상태에서 확인하고, ( ) 등을 고려하여 평가하는 데 주안점을 둔다.

---

① 학생의 몸짓, 시선, 움직임 등 다양한 반응
② 보조공학 기기
③ 학교생활기록부
④ 활동 수행 영상
⑤ 의사소통 의도와 기능
⑥ 자립적인 삶을 실천하고 내면화하는 태도
⑦ 학생이 자발적이고 지속적으로 신체활동에 참여하는 태도
⑧ 여가의 탐색과 선택의 과정 / 여가를 실천하는 능력 / 여가를 즐기는 태도
⑨ 잔존 시각과 시기능 등 시각 활용 특성
⑩ 잔존 감각 특성
⑪ 비정상적 반사, 신체의 정렬, 균형 유지

특수교육 교육과정
**중등편**

# 03 특수교육 공통 교육과정

01 국어(청각장애)
02 체육(시각장애)
03 체육(지체장애)
04 미술(시각장애)
05 시각장애인 자립생활(초, 중)
06 농인의 생활과 문화(초, 중)
07 점자(초, 중, 고)
08 수어(초, 중, 고)

*특수교육 공통교육과정을 공통교육과정(일반 교육과정)과 비교하여 중복되는 내용은 생략하고, 시각·청각·지체장애 관련 내용만 수록하였습니다.

# 01 국어(청각장애)

## 교육과정 설계의 개요

① 국어과(청각장애) 교육과정에서는 (　　　)을 청각장애 학생의 특수성을 고려하여 국어과(청각장애) 역량으로 설정하였다.
② 국어과(청각장애) 공통 교육과정의 영역은 (　　　)의 여섯 영역으로 설정하였다.
③ (　　　)는 음성 언어 의사소통을 중심으로, (　　　)는 문자 언어 의사소통을 중심으로, (　　　)은 언어에 대한 이해와 탐구를 중심으로, (　　　)은 문학에 대한 이해와 수용·창작을 중심으로 하여 내용을 구성해 온 전통적 영역이다.
④ (　　　)는 신설한 영역으로, 청각장애 학생의 수어를 비롯하여 기존 영역에 부분적으로 반영해 온 (　　　) 관련 내용 요소를 수정·보완하되, 디지털 매체를 기반으로 하는 새로운 의사소통 환경에서 중요하게 부각되고 있는 내용 요소를 교육 내용에 포함하였다.
⑤ 국어과(청각장애) 공통 교육과정의 '내용 체계'는 (　　　)의 세 범주로 구분하여 설정하였다.
⑥ 듣기·말하기, 읽기, 쓰기, 매체 영역의 경우, (　　　)는 (　　　)등을 포함하는 의사소통의 맥락과 유형, (　　　)은 의사소통의 과정과 전략, (　　　)는 흥미, 효능감 등과 같은 정의적 요소를 중심으로 내용 요소를 구성하였다.
⑦ 문법 영역의 경우, (　　　)는 언어의 본질, 맥락, 규범 등, (　　　)은 국어 및 수어의 분석, 활용, 성찰, 비판 등 탐구 활동 관련 요소, (　　　)는 국어 및 수어에 대한 호기심, 민감성 등과 같은 정의적 요소를 중심으로 내용 요소를 구성하였다.

① 비판적·창의적 사고 역량, 디지털·미디어 역량, 의사소통 역량, 공동체·대인 관계 역량, 문화 향유 역량, 자기 성찰·계발 역량
② 듣기·말하기, 읽기, 쓰기, 문법, 문학, 매체
③ 듣기·말하기 / 읽기, 쓰기 / 문법 / 문학 /
④ 매체 / 매체
⑤ 지식·이해, 과정·기능, 가치·태도
⑥ '지식·이해' / 수어·지문자 / '과정·기능' / '가치·태도'
⑦ '지식·이해' / '과정·기능' / '가치·태도'

⑧ 문학 영역의 경우, (　　)는 수어 영상 자료를 포함하는 문학의 갈래와 맥락, (　　)은 문학 작품의 이해, 해석, 감상, 비평 등 문학 활동 관련 요소, (　　)는 농인 문화의 존중과 문학에 대한 흥미와 타자 이해, 가치 내면화 등과 같은 정의적 요소를 중심으로 내용 요소를 구성하였다.

## 01 성격 및 목표

**1) 성격**

⑨ 청각장애 학생은 보편적인 앎의 내용과 특수한 삶의 방식을 함께 고려하며 (　　)등 다양한 의사소통 방식을 함께 다룸으로써 배움의 행복과 가치를 느낄 수 있는 기회를 제공하고, 국어 공동체 문화에 주도적으로 참여할 수 있게 한다.

---

⑧ '지식・이해' / '과정・기능' / '가치・태도'
⑨ 지문자 및 수어

2) 목표
① (　　) 등의 다양한 의사소통 양식을 익히고 활용함으로써 국어 기본 능력을 갖추고 가치 있는 국어문화 생활을 영위한다.

## 02 교수·학습 및 평가

1) 교수·학습
  (1) 교수·학습의 방향
    ② (　　)을 이용하여 실생활에 필요한 정보를 얻고 적용하는 것을 목적으로 교수·학습 계획을 수립하며, 학생의 흥미, 관심, 수행 수준을 고려하여 수준과 난이도 및 지원 정도를 최소 필수 학습 요소로 조직화하여 학습을 전개한다.
    ③ 청각장애 학생의 현상 중심적 사고를 고려하여 3~4학년 이후의 교수·학습에서 연역적 사고가 곤란한 학생을 위한 (　　)을 계획하고 운용한다.
    ④ (　　)과 연계하여 학습이 진행되도록 하며, 범교과 학습을 위한 도구로서 국어의 가치를 이해하고 타 교과와의 통합, 비교과 활동 및 학교 밖 생활과의 통합을 통해 다양한 주제에 대해 비판적이고 창의적으로 국어 활동을 하는 데에 중점을 둔다. 또한 다양한 담화, 글과 자료, 작품 등을 (　　)으로 이해하여 (　　)하고 효과적으로 표현할 수 있도록 교수·학습을 운용한다.

  (2) 교수·학습 방법
    ⑤ (　　)를 지니도록 하여 청각장애 학생이 적극적으로 표현하는 태도를 갖추도록 한다.
    ⑥ 청각장애 학생을 지도할 때는 (　　)을 고려하여 디지털 매체를 활용하되, 제시되는 자료에는 (　　)이 함께 제시되어 청각적 능력을 보완하도록 하며 언어적 상징 자료를 시각화하여 직관적으로 이해할 수 있도록 하고 학생이 교수·학습 자료에 접근할 수 있도록 (　　)를 제시한다.
    ⑦ 청각장애 학생의 청력 손실 정도를 고려하여 (　　)하여 최대한 잔존청력을 활용하도록 환경을 고려하며, 시각적, 촉각적 모델링과 역할 놀이, 모의 실습 등의 다양한 활동을 통해 인식한 정보를 (　　)으로 표현할 수 있도록 교수·학습 방법을 선택하여 적용한다.
    ⑧ 청각장애 학생의 현상적 사고를 극복하는 방법으로 (　　)을 통해 제시함으로써 모방 학습과 관찰 학습, 온오프라인 연계 학습 등의 교수·학습 활동 방법을 선택하여 적용하며 전환교육으로 학교를 졸업하고 난 후에도 독립적으로 자기 관리를 하도록 (　　)을 익히고, 인터넷 자료, 사진, 동영상 자료, 멀티미디어 자료 등 다양한 시각적, 경험적인 단서가 풍부한 학습 자료를 제시하여 교수·학습 활동에 유연하게 참여할 수 있도록 지도한다.

Ⓐ
① 말·글·수어
② 학습자의 잔존 청력과 보완적 감각기관
③ 경험중심의 대안적 방법
④ '수어'와 '농인의 생활과 문화' 교육과정의 교육 내용 / 주제 통합적 / 자신의 관점과 의견을 주도적으로 생성
⑤ 다양한 의사소통의 표현 방법에 대해 상호 존중하는 태도
⑥ 잔존청력의 활용 / 자막과 그림 / 단순하게 수정한 내용이나 그림 자료
⑦ 제시되는 정보의 양을 조절하고 청각 보조기기를 활용 / 보완대체의사소통 기기, 몸짓, 소리 등 자신에게 익숙한 방법
⑧ 사회생활 등 학교와 가정, 지역사회에서의 실제 모습을 모의실험, 가상 체험, 직접 경험 / 생활 속에서 자연스럽게 기능

## 2) 평가

### (1) 평가의 방향

① '국어(청각장애)'의 성취기준을 고려하여 평가하되, (　　)을 평가할 수 있도록 한다. 또한 인지적 영역 외에도 정의적 영역의 평가가 균형을 이루도록 하여 '국어(청각장애)'의 학습에 대한 흥미, 동기, 자신감, 효능감 등의 정의적 영역을 체계적으로 점검하고 지원할 수 있도록 평가를 계획하고 운용한다.

### (2) 평가 방법

② 청각장애 학생의 인지능력 및 잔존 청력 등의 개인적 특성에 따라 6개의 영역별로 기초적 활동을 습득하였는지를 (　　)를 관찰하여 (　　)에 대한 평가가 이루어지도록 한다.

③ 단순 지식과 기능의 평가가 아닌 과정을 중시하는 평가로, (　　)하기 위해 다양한 방법과 평가 도구를 활용한다.

④ 청각장애 학생이 받는 (　　)를 평가에 작성하되, 학생의 수행이 중심이 되도록 (　　)가 이뤄지도록 유의한다.

① 실제 언어생활 맥락에서 학습한 내용을 적용할 수 있는 역량
② 활동 참여 정도와 태도 / 개별 발달과 성장
③ 학생의 개인차를 고려하여 적응력과 진전도를 누가적으로 평가
④ 촉진의 정도 / 학생 위주의 평가

# 02 체육(시각장애)

## 교육과정 설계의 개요

① 시각장애 체육과에서도 일반 학생(정안 학생)과 마찬가지로 신체활동을 통한 활동적이며 창의적인 삶, 건강하고 주도적인 삶, 신체활동 문화를 향유하며 (      )을 추구한다.
② 시각장애 학생도 (      )하여야 하며, 가능한 한 (      )할 수 있는 기회를 보장할 필요가 있다. 이를 위해서는 시각장애 정도 및 특성을 고려하여 교과 내용, 교수 방법, 환경 등을 수정하거나 조정해야 한다. 이를 통하여 시각장애 학생의 운동 기술 발달, 인지 발달, 정서 발달을 촉진할 수 있고, 더 나아가 일생을 살아가는 데 필요한 건강한 삶의 양식을 함양할 수 있다.

## 01 성격 및 목표

### 1) 성격
③ 시각장애 학생의 신체활동 목적은 개별 학생의 조화로운 성장 및 발달과 사회성 발달을 통하여 (      )을 영위하는 데 있다.
④ 시각장애 체육과는 (      )를 보장하고, 이를 통하여 의미 있는 신체활동에 참여하는 데 초점을 둔다.
⑤ 시각장애 체육과는 시각장애 학생의 건강한 생활 방식뿐 아니라 (      )을 통하여 장애학생의 생애 전반에서 건강한 삶을 영위할 수 있도록 토대를 제공한다.

### 2) 목표
⑥ 시각장애 체육과는 시각장애 학생의 장애 정도 및 특성에 적합한 신체활동에 의미 있게 참여하고, 생애 전반에서 건강한 삶을 영위하는 데 필요한 (      )을 기르는 데 목표가 있다.
⑦ 자신의 장애 정도 및 특성에 적합한 신체활동에 의미 있게 참여하고, 미래의 독립적인 생활을 영위하는 데 필요한 (      )를 실천한다.

---

① 사회 속에서 바람직하고 더불어 사는 삶의 방식
② 일반 학생과 동일한 내용으로 체육과 학습에 참여 / 일반 학생과 동일한 신체활동에 참여
③ 행복한 삶                                    ④ 장애 정도와 특성에 적합한 신체활동 참여 기회
⑤ 건강, 건강한 삶, 운동 및 스포츠 참여의 촉진    ⑥ 신체활동 역량
⑦ 건강한 삶에 대한 가치와 태도

# 03 교수·학습 및 평가

1) 교수·학습
   (1) 교수·학습의 방향
      (사) 시각장애 학생의 신체활동 참여 촉진을 위한 교수·학습
         ① 신체활동 참여는 시각장애 학생이 미래 사회에서 독립적인 생활을 영위하는 데 필수 요소이다. 시각장애 학생의 성공적이고 의미 있는 신체활동 참여는 건강한 생활을 촉진하며, 미래 사회에서 잠재 능력을 개발하고 개인의 삶의 질을 향상시킬 수 있다. 따라서 시각장애 학생은 일반 학생(정안 학생)과 동일한 신체활동에 참여할 수 있는 기회를 보장받아야 한다. 시각장애 학생은 시각적 경험의 부족과 제한, 우연 학습 기회의 제한 등으로 인하여 성공적으로 신체활동에 참여하는 데 어려움이 있다. 또한, 시각장애 특성과 정도 등에 따라서 신체활동 수준 및 능력이 학습자별로 차이가 있다. 그러므로 시각장애 학생이 성공적으로 신체활동에 참여하기 위해서는 시각장애 학생의 장애 특성 및 요구에 맞게 (　　　)을 수립하여야 한다. 아울러 시각장애 학생의 신체활동 참여를 촉진하기 위해서 (　　　)하여 지도한다.

   (2) 교수·학습 방법
      (나) 단원의 운영
         ② 학습자 수준을 고려한 교수·학습 활동의 다양화
            시각장애 학생은 시각 정도와 특성 및 운동 능력 등의 개인차가 크기 때문에 이를 고려하여 학습자 수준에 맞는 교수·학습 활동을 계획하고 운영한다. 교사는 학생의 (　　　) 등 체육 학습에 영향을 줄 수 있는 다양한 요인들을 파악하여 학습자 수준을 고려한 교수·학습 활동을 조직한다.
         ③ 체육 시설 및 교육 환경을 고려한 교수·학습
            시각장애 학생의 장애 정도와 특성, 선호하는 감각을 고려하여 시설과 용·기구를 그대로 사용하거나, 시각 단서(　　　), 청각 단서(　　　), 촉각 단서(　　　) 등을 활용할 수 있도록 시설과 용·기구의 일부를 변형하여 제공한다. 또한 필요한 경우에는 시각장애 학생을 위해 새롭게 제작된 시설과 용·기구(　　　) 등을 제공할 수 있도록 한다.
         ④ 차시별 수업 내용의 엄선과 위계적 조직
            시각장애로 인해 수행하기 어려운 과제가 있는 경우에는 (　　　)을 마련하고, 이를 바탕으로 시각 정도와 특성, 운동 수행 능력 등을 고려하여 차시별 수업 목표와 학습 내용을 선정한다.

---

A
① 개별화된 교수·학습 계획 / 체육과 내용, 교수 방법, 환경 등을 수정하거나 조정
② 잔존 시각, 시야, 시각 손상 시기, 신체활동 경험 정도, 선호하는 감각 유형 및 체육 관련 수행 능력
③ (색 대비를 고려한 바닥 선이나 공) / (소리 나는 공, 음향 유도 장치) / (돌출된 라인, 질감이 다른 바닥) / (볼링 가이드 레일, 골볼 기구, 시각 탁구대, 쇼다운 기구)
④ 대안적인 수행 방법

(다) 수업의 운영
① 학습 활동의 재구성
특히, 시각장애 학생은 시각장애 정도(전맹, 저시력)와 특성(시각적 경험의 유무, 신체활동의 경험, 원인 질환 등)에 따라 학습 활동 수행 능력의 개인차가 크다. 따라서 학생 특성과 능력을 고려하여 교수·학습 활동을 재구성할 때는 (        )하고, (        )을 통해 학습할 수 있도록 한다.

② 학습 기회의 형평성 제고
특히, 시각장애 학생의 경우 시각의 정도에 따라 학습 기회를 공평하게 보장하며, 시각중복장애 학생에게도 다양한 신체활동 참여를 보장하기 위해서 (        )을 수립하도록 한다.

③ 학습자의 효율적 관리와 안전한 수업 분위기 조성
시각장애 학생에게는 안전을 위하여 (        )하고, 새로운 용·기구가 도입되었을 때는 (        )하여야 한다. 이 외에도 경기장 라인, 운동 기구, 시설 등은 바닥과 대비되는 색으로 구성하고, 운동 기구 주변에는 (        )하여 안전사고를 예방한다. 또한, 시각장애의 정도와 원인 질환을 고려하여 체육활동으로 인한 2차 장애가 발생하지 않도록 주의를 기울여야 한다. 일례로, 녹내장이 있는 학생은 (        )을 금해야 한다. 망막박리가 있는 학생은 (        )을 할 때 각별한 주의를 기울여야 한다.

④ 시각장애 학생의 수업 참여 촉진을 위한 다양한 감각 활용
시각장애 학생을 위한 체육수업 운영 시 장애 정도 및 장애 특성을 고려하여 학생이 활용할 수 있는 시각, 청각, 촉각 단서를 제공하며, 학생이 잔존 감각을 최대한 활용하여 학습할 수 있도록 유도한다. 예를 들어, 시각장애 학생이 올바른 동작을 파악할 수 있도록 (        ) 하거나 (        )를 제공한다. 또한 (        )하게 하거나 (        )를 활용하여 학생의 수업 참여를 촉진한다.

⑤ 시각장애 학생의 성공적인 수업 참여를 위한 전략 활용
시각장애 학생이 수업에 성공적으로 참여할 수 있도록 (        )를 활용한다. 학생들이 자주 사용하는 컴퓨터 또는 휴대전화 등을 활용하여 온오프라인 수업 등을 통해 자기주도적인 학습이 이루어질 수 있도록 한다. 또한 신체활동을 측정하는 애플리케이션을 활용하여 정량적인 신체활동량을 알아보고 분석하며, 그 결과를 교수·학습 자료로 활용한다.

① 신체활동 단계에 따라 과제를 세분화 / 충분한 설명과 함께 교정적 피드백이나 반복적인 연습
② 학생의 수준에 맞는 대안적 활동 계획
③ 사전에 기구나 시설을 탐색할 수 있는 시간을 충분히 제공 / 기구의 위치, 형태 및 기능을 구체적으로 설명 / 질감이나 색이 다른 바닥재로 마감 / 잠영, 물구나무서기, 중량 들기와 같이 안압을 높이는 운동 / 덜컹거리는 움직임, 신체적 접촉이 심한 스포츠, 다이빙과 같이 몸에 충격이 가해지는 운동
④ 손으로 만져 보게 / 볼록한 선을 이용하여 경기장의 경계, 위치 등을 인식할 수 있도록 촉각 단서 / 청각 단서를 활용하여 공의 위치나 골대의 위치를 인식 / 배경과 대비가 뚜렷한 색의 운동기구와 같은 시각 단서
⑤ 수업 접근성과 수업 참여 동기를 높일 수 있는 디지털 매체

## 2) 평가

### (1) 평가의 방향

#### (다) 학습자의 수준을 고려한 맞춤형 평가

① 시각장애 학생은 시각 정도(전맹, 저시력), 특성(시각적 경험의 유무, 신체활동의 경험, 원인 질환 등)으로 인하여 개인차가 매우 크다. 시각장애 학생의 개인차를 고려하여 (　　　)를 실시하여야 한다.

### (2) 평가 방법

#### (가) 평가 내용 선정

② 시각장애 학생을 위한 평가 내용을 선정할 때는 (　　　)하는지, (　　　)할 수 있는지, (　　　) 등을 포함한다.

#### (다) 평가 방법 및 도구의 선정

③ 시각장애 학생을 평가하려면 학생의 시각 정도와 특성에 따른 개인차를 고려하여 평가 방법과 도구를 선정하여야 한다. 평가 방법은 학습의 결과뿐만 아니라 학습 과정 전체를 평가할 수 있도록 (　　　) 등 다양한 방법을 활용한다. 평가 도구는 기존의 평가 도구를 사용하거나 학생 특성에 적합하게 수정한 평가 도구를 사용할 수 있으며, 필요한 경우에는 학습 내용에 적합한 평가 도구를 개발하여 사용할 수 있다.

④ 시각장애 학생은 장애 정도와 특성에 따른 평가 환경이 중요하다. 저시력 학생에게는 (　　　)하고, 전맹 학생은 (　　　)할 수 있도록 평가 도구와 환경을 제공한다.

#### (라) 평가 결과의 활용

⑤ 시각장애 학생을 평가한 결과는 교육과정을 재구성하거나 교수·학습 계획을 수립하는 데 활용하며, (　　　)하는 데 활용할 수 있다.

① 맞춤형 평가(정규평가, 평가조정, 대안평가 등)
② 다양한 감각을 활용하여 신체활동에 참여 / 시각장애 학생을 위하여 수정하거나 조정된 규칙을 신체활동에 적절하게 적용 / 신체활동 참여 과정에서 학생에게 어떠한 변화가 일어나는지
③ 관찰, 면담, 자기 평가, 구술 평가, 루브릭
④ 조도와 대비를 고려 / 촉각, 청각 등 학생이 선호하는 감각과 매체 등을 활용
⑤ 개별화교육계획을 수립하고 실행

# 03 체육(지체장애)

## 01 목표

① 지체장애 학생의 체육도 이와 동일한 목표를 지향하며 동시에 자신과 타인의 장애 특성을 이해하고, 안전하고 즐겁게 신체활동에 참여하는 방법과 원리를 익혀 (        )을 목표로 한다.
② 자신의 신체적 기능과 건강상의 특성을 이해하여 (        )을 익히고 생활화한다.

## 02 교수·학습 및 평가

1) 교수·학습
  (1) 교수·학습의 방향
    ③ 신체활동에 대한 학습자 개개인의 건강상의 특징, 체력, 운동 기능, 흥미, 성별, 학습 유형 등을 고려한 다양한 수준별 교수·학습을 실시한다. 지체장애 학생은 근 경직, 발작, 불수의적 움직임, 보행 장애, 근육 약화, 원시 반사 등 매우 다양한 증상을 보이며, 개인별 기능에 편차가 크므로 (        )를 고려해야 한다. 학습자의 장애가 있는 신체 부위와 근신경계 분류에 따른 뇌 병변 장애 유형, 자세 제어, 균형 유지 능력, 운동 협응, 체력 수준과 운동 능력, 외과 수술 경험 유무와 수술의 부작용, 원시 반사 잔존 유무, 정서적 안정의 개인별 수준, 복용하는 약물과 그 약물의 효과, 지각·운동의 문제나 학습 능력, 언어 능력, 체육 수업 경험 여부 등을 고려하여 지도한다.

  (2) 교수·학습 방법
    ④ 개인별 맞춤형 교수·학습 방법의 선정과 활용
      체육 수업에서 지체장애 학생에게 개인별 맞춤형 교수·학습 방법을 시행하여 장애 특성과 수준에 따라 참여 기회를 확대하면서 안전을 보장한다. 맞춤형 수업의 핵심은 (        )하는 것이다. 지체장애 학생의 수준에 따라서 수정과 변형의 방식은 다양하게

---

Ⓐ
① 스스로 건강을 관리하고 활기찬 삶을 영위하는 것
② 자신에게 적합한 방식의 신체활동
③ 개별 지도
④ 제재 활동에 따라 기존의 보편적 교수·학습 방법을 학생 개개인에게 맞추어 수정하고 변형

적용한다. 용·기구의 변형부터 규칙과 환경의 변형 등 지체장애 학생이 체육 수업에 최대한 참여하도록 창의적인 변형을 시도한다.

⑤ 통합적 교수·학습 활동

신체활동을 총체적으로 이해하고 수행하도록 교수·학습 활동을 통합하여 운영한다. 체육 교과의 학습은 신체활동에 직접 참여하는 것을 기본으로 하고, 활동 속에서 관련 가치를 통합적으로 습득하도록 활동을 재구성하여 제공한다. 지체장애 학생이 직접적인 신체활동으로 (        )하는 것과 동시에 간접적인 학습 활동(        )을 포함한 다양한 학습 활동을 병행할 수 있도록 한다. 신체활동에 대한 기능적 측면과 더불어 다양한 영역의 가치들이 포함된 내용을 제시해 개별적인 요구를 충족할 뿐만 아니라 정의적·인지적·사회적 역량을 통합적으로 발달시킬 수 있어야 한다. 즉, 지체장애 학생에게 제공되는 체육 수업은 각 학생의 수준을 고려해 심동적 목표 외에 (        )를 고르게 감안함으로써 전인적 발달을 도모할 수 있도록 지도한다.

⑥ 장애 특성을 고려한 활동 운영

신체활동 참여에 필요한 동기를 부여하고, 갑작스러운 흥분, 민첩하고 빠른 동작이 필요한 운동 그리고 균형을 잃을 수 있는 움직임들은 비정상적인 움직임을 유발할 수 있으므로 주의가 필요하다. 지체장애 학생은 또래 일반학생들보다 최대 산소 섭취량이 적고, 운동 조절이 어려우며 이질적인 움직임으로 낭비되는 에너지 소비가 많으므로 피로가 빠르게 나타난다. 피로는 움직임 패턴을 악화하고 활동 참여 시간을 줄어들게 한다. 대체로 지체장애 학생은 (        ) 하고 활동과 휴식을 번갈아 가며 실시하는 것이 바람직하며, 운동의 특성과 장애 정도에 따라 휴식 시간과 빈도를 조절해 준다. 또한 지체장애 학생이 활동 중 발작을 일으키는 경우가 있는데, 발작은 환절기와 같이 일교차가 큰 경우나 학생들의 건강 상태에 따라 갑작스럽게 나타날 수 있다. 대발작이 있는 학생은 (        )하고, 건강 상태가 좋지 않은 경우에는 (        )하도록 한다. 다양한 약물에 의한 부작용이 신체활동에 좋지 않은 영향을 미칠 수 있으므로 항상 학생들의 건강 상태를 세심하게 관찰한다.

## 2) 평가

### (1) 평가의 방향

#### (다) 평가 방법 및 도구의 선정

⑦ 일반학생용 검사 도구를 지체장애 학생에게 적용하기 어려운 경우가 많으므로 (        )에 활용한다. 실제상황평가 또는 포트폴리오, 루브릭 등을 활용할 수 있다. 이러한 검사는 학습 환경과 학습자 특성, 학습 내용을 고려하여 학습자의 변화 수준, 특정 과제 목표 성취 여부 판단에 유용하다.

⑤ 체력과 운동 기술의 발달을 추구 / 선 긋기, 읽기, 쓰기, 감상하기, 토론하기 등 / 정의적·인지적·사회적 목표
⑥ 자주 휴식을 취하도록 / 평소에도 헬멧을 착용하게 / 몸을 고정시키거나 쿠션이 있는 바닥에 앉혀서 낙상과 같은 2차 상해를 예방
⑦ 실제 수업의 목표에 맞는 비형식적인 검사를 직접 제작하여 평가

 **04 미술(시각장애)**

## 01 성격

① 시각장애 학생은 시각 손상 시기나 기능 시각의 활용 능력, 중복장애 여부에 따라 지각 방식과 표현 방법이 다를 수 있지만 (　　)를 사용하며 (　　)으로 미술과에 접근하고 참여할 수 있다. 특히 소통 수단으로서의 시각 이미지를 인식하며 통합된 사회의 일원으로서 시각 문화에 참여하는 것은 시각장애 학생이 사회적으로 통용되는 (　　)을 기르는 데 중요하다.

## 02 교수·학습 및 평가

1) 교수·학습

　(1) 교수·학습의 방향

　　② 시각장애 학생의 (　　)을 고려하여 개인별 특성을 반영한 수업 환경을 조성한다.
　　③ 미적 체험 영역에서는 탐색 과정은 (　　)을 두고 체계적 탐구가 이루어질 수 있도록 한다.
　　④ 표현 영역에서는 표현 재료와 용구의 쓰임을 익힐 때 (　　)을 제공하여 경험하게 하며, 색의 개념을 설명할 때 (　　)하여 통상적 개념으로 나아가게 한다.
　　⑤ 감상 영역에서는 시각 이미지는 (　　)을 제공한다.

　(2) 교수·학습 방법

　　⑥ 시각장애 학생을 위한 보조공학 기기에는 점자정보단말기, 확대경, 확대독서기, 광학문자판독장치(OCR) 등이 있다. 이 외에 (　　)을 활용하여 학생 스스로 이미지를 파악할 수 있다.

① 특정의 보조공학 기기 등의 학습 매체 / 활용 가능한 감각 / 시각적 소통 능력
② 기능 시각 및 학습 매체 활용 능력, 시각적 경험, 중복장애 여부 및 유형
③ 전체에서 부분, 부분에서 전체로 충분한 시간
④ 적절한 도움 / 학생의 선지식과 통합
⑤ 입체 및 촉각 자료나 확대 자료, 해설 자료 또는 교사의 언어적 설명
⑥ 이미지 해설 앱이나 음성파일

## 2) 평가

### (1) 평가의 방향
⑦ 시각장애 학생의 (　　　)과 연계하여 평가와 후속 계획에 활용한다.

### (2) 평가 방법
⑧ 시각중복장애 학생, 다문화 학생, 탈북 학생 등을 위해 (　　　)을 마련한다.
⑨ 시각장애 학생의 성취기준이 새로운 기술을 익히거나 완성도에 주안점을 둔 경우, 평가의 표기를 (　　　)로 나타낼 수도 있다.

---

⑦ 개별화교육계획
⑧ 성취기준을 재구조화하여 별도의 평가 방법과 기준
⑨ 촉진 정도(예 : 스스로, 언어적, 모델링, 신체적)

# 05 시각장애인 자립생활(초등학교, 중학교)

## 교육과정 설계의 개요

① 시각장애인 자립생활 교육과정은 시각장애 학생이 다양한 생활 장면에서 시각장애로 겪는 어려움에 대처하고 (　　　)을 기르기 위해 특별히 설계된 교육과정이다.
② 시각장애 학생은 자주적인 생활에 필요한 역량을 일반적인 학교 교육과정에서 습득하기 어려우므로, 시각장애인 자립생활 교육과정에서 (　　　)하는 기술들을 배울 필요가 있다.
③ 자립생활은 생활하는 공간을 독립적으로 이동하고 혼자서 일상 활동을 해 나가는 (　　　), 타인과 관계를 형성하고 유지하며 여가를 함께 즐기는 (　　　), 디지털 기기를 활용하여 디지털 사회를 살아가는 (　　　) 그리고 자신의 진로 목표에 따라 진로를 준비하여 직업생활에 참여하는 (　　　)으로 구성하였다.

# 01 성격 및 목표

### 1) 성격
④ 시각장애인 자립생활 교육과정의 내용 영역은 (　　　) 7개로 구성되어 있다.

### 2) 목표
⑤ 시각장애인 자립생활 교육과정은 다양한 생활 영역에서 시각장애가 미치는 영향을 바르게 이해하고, 삶의 문제들을 능동적이고 주도적으로 해결하는 능력과 태도를 길러 (　　　)을 계획하고 영위하도록 한다.

① 자립적인 삶을 살아가는 역량
② 가정생활, 학교생활, 지역사회 생활 전반에서 겪는 다양한 장벽과 어려움에 대처하고 해결
③ '독립적인 생활 역량' / '공동체 생활 역량' / '디지털 사회 적응 역량' / '경제 활동 참여 역량'
④ '보행', '일상생활', '대인 관계', '감각 활용', '보조공학', '여가 활용', '진로 준비'
⑤ 가정, 학교, 지역사회에서 자립적인 삶

## 02 교수·학습 및 평가

**1) 교수·학습**

⑥ 모든 학생에게 교육과정의 자립생활 영역을 일률적으로 적용하기보다 (      )을 선정하고, 시각장애인 자립생활의 전문성을 가진 교사 및 전문가와 함께 교수·학습 계획을 수립한다.

⑦ 초등학교와 중학교의 (      ) 그리고 고등학교의 (      )에 시각장애인 자립생활 교육 시수를 확보해 편성할 수 있으며, 시각장애인 자립생활과 관련된 교과 수업에 통합하여 지도할 수 있다.

⑥ 시각장애 정도, 자립생활 수준 등을 고려하여 개인별로 필요한 영역
⑦ 창의적 체험활동 / 특수교육 전문 교과 시수

# 06 농인의 생활과 문화(초등학교, 중학교)

## 교육과정 설계의 개요

① 핵심역량은 삶의 주체로서 (           )으로 구성된다.
② '농인의 생활과 문화'의 7가지 영역은 (           ) 영역으로 구성된다.

## 01 성격 및 목표

### 1) 성격
③ '농인의 생활과 문화'는 다양한 의사소통 수단을 소개하고 그중 수어를 주요 의사소통 수단으로 사용하는 (           )를 이해하는 교육과정이다.

### 2) 목표
④ 농인의 생활과 문화를 이해하여 농인으로서 (           )을 탐색함과 동시에 (           )에 기반하여 (           )하는 역량을 키우며 삶의 주체자로서 미래 삶의 방향을 설계하는 능력을 기른다.

① '자기관리 역량, 공동체 역량, 의사소통 역량, 심미적 감성 역량, 자립생활 역량'
② '일상생활' / '역사' / '정체성' / '의사소통' / '예술' / '보조공학' / '복지'
③ 농인의 삶과 문화
④ 정체성 / 다양한 문화를 수용하는 태도 / 사회 구성원과 농인 공동체의 일원으로 참여

# 02 교수·학습 및 평가

## 1) 교수·학습

⑤ '농인의 생활과 문화' 교수·학습은 (　　　)을 두고, (　　　)함으로써 자긍심을 가지는 것을 목적으로 한다.

⑥ '농인의 생활과 문화'의 목표인 농인으로서 (　　　), (　　　), (　　　), (　　　), (　　　)을 기르고자 다양한 교수·학습을 계획하고 운용한다.

⑦ '농인의 생활과 문화' 교육과정에서 사회과의 통합으로 (　　　)과 (　　　) 모두를 이해하고 긍정적인 생활 지식과 태도가 형성되도록 유의한다.

## 2) 평가

⑧ '농인의 생활과 문화'의 성취기준을 고려하여 (　　　), (　　　), (　　　), (　　　) 그리고 (　　　)과 (　　　) 등에 중점을 두어 평가를 실시하도록 계획한다.

⑤ 농인 문화에 흥미와 관심 / 농인의 역사와 문화를 이해
⑥ 주체적 정체성 확립 / 농인으로서 자긍심 고취 / 수어의 언어적 특성 이해 / 청각 기반 사회에서 문제 해결력 향상 / 사회 통합을 위한 공동체 의식
⑦ 청사회의 특성 / 농사회의 특성
⑧ 일상생활에서 필요한 기술 / 다양한 의사소통 방법을 사용하는 능력 / 농역사를 이해하고 농정체성을 찾아가는 과정 / 자신의 감정과 느낌을 아름답게 표현하는 능력 / 안정적 사회생활을 영위하기 위해 필요한 각종 복지 정책 / 보조공학 관련 정보의 획득·활용 능력

# 07 점자

## 교육과정 설계의 개요

① 점자 교육과정은 현재와 미래의 다양한 생활 장면에서 (　　)을 하도록 보장하는 데 목적이 있다.

## 01 성격 및 목표

### 1) 성격

② 점자 교육과정은 (　　)을 대상으로 하며, (　　)도 점자 교육의 대상에 포함하여야 한다.

③ 점자의 영역은 (　　) 그리고 시각중복장애 학생의 점자 지도를 위한(　　) 등 8개로 구성되어 있다.

④ 시각중복장애 학생은 (　　)을 점자로 학습함으로써 가정과 지역사회에서 독립적으로 생활하기 위한 기초적인 문해 능력을 기를 수 있다.

### 2) 목표

⑤ 점자 교육과정은 시각장애 학생이 점자 사용 능력을 길러 (　　)에 비장애 학생과 동등하게 참여하고, (　　)를 능동적으로 습득하고 활용하도록 한다.

---

Ⓐ
① 시각장애 학생이 비장애인과 동등한 문자 생활
② 일반 문자를 확대하여도 읽기와 쓰기에 어려움이 있는 시각장애 학생 / 기초적인 점자 학습이 가능한 시각중복장애 학생
③ '점자의 기초', '한글 점자', '수학 점자', '과학 점자', '음악 점자', '영어 점자', '일본어 점자' / '기능적 점자'
④ 일상생활에서 자주 사용하는 낱말
⑤ 초·중등학교의 교과 활동 / 일상생활과 사회생활에 필요한 지식과 정보

# 02 교수·학습 및 평가

⑥ 시각중복장애 학생은 중복장애의 유형과 정도를 고려하여 (　　)를 설정하고, (　　)를 제공하도록 계획한다.

⑦ (　　)으로 점자 교육 시수를 확보하여 편성할 수 있으며, 점자 영역과 관련된 (　　)에 통합하여 지도할 수 있다.

⑧ 학생은 (　　) 등을 종합적으로 고려하여 점자 학습 여부를 결정하고, 학생의 요구에 따라 (　　) 두 가지 매체를 모두 사용하도록 지도한다.

⑨ 지적장애가 있는 시각장애 학생은 인지 수준에 따라 음소 및 문법 중심의 점자 지도보다 (　　)을 선정하여 (　　)으로 낱말의 의미와 기능을 알고 사용하도록 지도한다.

⑩ 지체장애가 있는 시각장애 학생은 (　　)을 확인하고, 점자 읽기와 쓰기에 필요한 운동 기능이 있는 팔과 손가락을 점자 학습에 사용하도록 지도한다.

⑪ 시청각장애 학생은 점자 읽기와 쓰기 지도에 더하여 보완대체의사소통 방법의 하나로 (　　)를 학습하여 사용하도록 지도할 수 있다.

⑫ 실명하기 전에 묵자를 학습한 중도 실명 학생은 손가락의 촉지각을 발달시키고, (　　)으로 점자 학습에 대한 흥미와 동기를 높이는 데 중점을 두어 지도한다.

⑬ 점자를 읽고 쓸 때에 (　　) 등의 촉각 교수 방법을 사용하여 지도한다.

⑥ 도달 가능한 점자 학습 목표 / 일상생활에서 유용한 점자 학습 경험과 사용 기회
⑦ 초·중등학교의 창의적 체험활동 / 교과 수업
⑧ 묵자의 읽기 속도, 읽기 지속 시간과 눈의 피로 정도, 시력 감소의 진행과 예후 / 점자와 묵자
⑨ 일상생활에서 자주 사용하는 낱말 / 언어 경험 접근법과 의미 중심 접근법
⑩ 양팔과 손가락의 운동 기능
⑪ 점화(손가락 점자)
⑫ 연령에 적합한 예문
⑬ 올바른 자세와 손동작은 손 위 손 안내법, 손 아래 손 안내법, 촉각 모델링

# 08 수어

## 교육과정 설계의 개요

① '수어'교육과정의 4가지 역량은 (　　　)이다.
② '수어'는 (　　　) 세 가지 영역으로 구성하였다.

## 01 성격 및 목표

### 1) 성격
③ 수어는 농인의 의사소통을 목적으로 (　　　)이라는 언어의 보편성과 수어로서 (　　　)을 동시에 지닌 언어이다.

### 2) 목표
④ 수어를 통한 의사소통의 맥락과 요소를 이해하고, 다양한 의사소통 과정에서 주도적이고 협력적인 참여 자세로 (　　　)하는 태도를 기른다.

① 협력적 소통 역량, 지식정보처리 역량, 자기 관리 역량, 심미적 감성 역량
② '수어 이해·표현', '교과 수어', '수어 문법'
③ 자의성, 분절성, 생산성, 역사성, 전위성, 문화적 전달 / 시각 언어적 특성
④ 농문화에 관심을 가지고 존중

# 02. 교수·학습 및 평가

1) 교수·학습
   ⑤ '수어' 교육과정에서 (　　　) 등을 활용하여 학습자가 이미 습득한 수어를 중심으로 교수·학습 과정에서 요구되는 교과별 학습에 필요한 다양한 어휘와 문장을 수어로 표현하고 이해함으로써 개념을 정립하도록 지도한다.

2) 평가
   ⑥ (　　　)을 고려하여 평가 시에는 평가자에게 편안하고 우호적인 분위기에서 충분한 시간을 주어 자신의 역량을 충분히 발휘하도록 한다.

⑤ 수어사전
⑥ 시각으로 수용하고 손과 몸의 움직임으로 표현되는 수어의 언어학적 특성

특수의 정석

특수교육 교육과정
**중등편**

# 04 선택 중심 교육과정 - 특수교육 전문 교과

**01** 특수교육 전문 교과(직업·생활)
**02** 특수교육 전문 교과(이료)

# 01 특수교육 전문 교과(직업·생활)

> ## 교육과정 설계의 개요

① 선택 중심 교육과정 특수교육 전문 교과 직업·생활은 학생의 교육적 요구와 희망 직업, 미래 사회에 전개될 산업 구조와 노동 시장의 변화, 산업체의 요구 등을 고려하여 고등학교에 재학 중인 특수교육 대상 학생의 (       )을 지원하는 데 목적을 둔다.

② 이에 개정된 교육과정에서는 기존 교육과정에서 '직업'이라는 교과명으로 11개 과목으로 편제되었던 것에서 (       )이라는 새로운 교과명을 부여하면서, (       ) 3개 과목을 신설하여 14개 과목으로 확대하였다.

③ 직업·생활 교과는 아래 그림과 같이 (       )의 세 가지 축을 중심으로 성립되며, 특수교육 대상 학생의 필요와 요구의 우선순위에 따라 선택하여 적용할 수 있다.

④ (       ) 중심의 과목은 (       )이며 고등학교에 재학 중인 특수교육 대상 학생이 취업을 준비하고 직장과 사회에 적응하는 데 필요한 능력을 중점적으로 다룬다.

⑤ (       ) 중심의 과목은 (       )을 포함하며, 대부분 직업 현장에서 공통적으로 수행하게 되는 기초 직무와 특정 직종에 적용되는 구체적이며 특성화된 직무를 익히는 내용을 중점적으로 다룬다.

⑥ (       ) 과목은 (       )이며, 시각장애나 청각장애가 있는 특수교육 대상 학생의 생활에 대한 적응과 전체 특수교육 대상 학생의 지역사회 전환을 위한 내용을 중점적으로 다룬다.

⑦ 개정된 직업·생활 교과의 두드러진 특징을 살펴보면, (       )과 (       )이 신설되었다는 점이다. 먼저 시각장애 학생 대상 과목은 기존 '직업과 자립' 1개 과목에서 '시각장애인 자립생활'이 신설되어 2개 과목으로, 청각장애 학생 대상 과목은 '정보처리' 1개 과목에서 '농인의 생활과 문화'가 신설되어 2개 과목으로 확대되었다.

① 진로 준비와 직업 기능, 졸업 후 생활
② '직업·생활' / '사회적응', '시각장애인 자립생활', '농인의 생활과 문화'
③ 진로 준비, 직업 기능, 직업 사회생활
④ 진로 준비 / '직업준비', '안정된 직업생활'
⑤ 직업 기능 / '기초작업기술Ⅰ', '기초작업기술Ⅱ', '정보처리', '농생명', '사무지원', '대인서비스', '외식서비스', '직업현장실습'
⑥ 직업 사회생활 / '직업과 자립', '시각장애인 자립생활', '농인의 생활과 문화', '사회적응'
⑦ 감각 장애가 있는 학생을 대상으로 하는 과목 / 전환교육을 하기 위한 과목

⑧ 새로 신설된 (　　　)은 고등학교 졸업 이후 지역사회에서 한 시민으로서 직업과 생활에 적응하는 데 필요한 과목으로, 고등학교를 졸업하고 순조롭게 지역사회로 전환하는 데 필요한 내용과 평생교육의 관점에서 필요한 지식과 태도를 함양하는 내용을 담았다.

⑨ 따라서 각 과목에서 다루지 못한 내용은 다른 과목에서 관련 내용을 발췌하여 재구성할 필요가 있다. 즉, 각 과목에서 보충해야 할 내용이 있다면 (　　　)하여 적용할 수 있으며, 이 때에 학급 사정을 고려하여 (　　　)을 달리한다면 학생에게 풍부한 학습 경험을 제공할 수 있다.

⑧ '사회적응'
⑨ 다른 과목의 내용을 교차 / 적용 내용의 범위와 수준, 적용 방법

## 02 특수교육 전문 교과(이료)

### 교육과정 설계의 개요

| ① ( ) |||||
|---|---|---|---|---|
| ↑ |||||
| 자기를 표현하고 피술자와 공감하며 의사소통하는 사람 | 직무에 필요한 건강 관리 및 안전 규칙 준수 등에 능동적으로 대처하는 사람 | 책임과 역할을 다하고 이료 문화를 향유하는 공동체 의식을 갖춘 사람 | 새로운 이료 이론과 다양한 치료법을 적용하는 창의적인 사람 | 디지털 기기 및 정보 매체를 활용하여 정보를 수용하고 소통하는 사람 | 임상 능력 배양을 위해 이료 이론 및 실기 능력을 분석하고 종합하여 적용하는 사람 |

| 자기를 표현하고 피술자와 공감하며 의사소통하는 사람 | 직무에 필요한 건강 관리 및 안전 규칙 준수 등에 능동적으로 대처하는 사람 | 책임과 역할을 다하고 이료 문화를 향유하는 공동체 의식을 갖춘 사람 | 새로운 이료 이론과 다양한 치료법을 적용하는 창의적인 사람 | 디지털 기기 및 정보 매체를 활용하여 정보를 수용하고 소통하는 사람 | 임상 능력 배양을 위해 이료 이론 및 실기 능력을 분석하고 종합하여 적용하는 사람 |
|---|---|---|---|---|---|
| 의사소통 역량 | 자기 관리 역량 | 공동체 및 문화 향유 역량 | 창의적 사고 역량 | 디지털 정보처리 역량 | 통합적 사고 역량 |

| 기초 의학 과목 | 기초 의학 응용 과목 | 임상과 실기 실습을 연계한 과목 |
|---|---|---|
| ② ( ) | ③ ( ) | ④ ( ) |

① 공동체와 함께하는 이료 전문인
② 해부 · 생리, 병리, 이료보건
③ 안마 · 마사지 · 지압, 전기치료, 한방, 침구
④ 이료임상, 진단, 이료실기실습

[참고 문헌]
1. 교육부, 특수교육 교육과정(교육부 고시 제2022-34호)
2. 국립특수교육원, 2022 개정 특수교육 교육과정 총론 시안 개발 연구
3. 교육부, 2015 특수교육 교육과정 총론 해설서
4. 교육부, 2015 개정 특수교육 교육과정 길라잡이
5. 국립특수교육원, 2015 특수교육 교육과정 해설자료

특수교육 교육과정
**중등편**

# 부록.
# 기출문제 답안 및 해설

1. 특수교육 교육과정 총론
2. 기본교육과정
3. 특수교육 공통교육과정
4. 선택 중심 교육과정

# 01 특수교육 교육과정 총론

01 심미적 감성 역량

02 자기관리 역량

03 교과의 핵심 개념
   ◆ 3-1. 다양한 학생 참여형 수업

04 바른 인성
   ◆ 4-1. 바른 인성

05 • ㉠ : 기초 능력
   • ㉡ : 기본 생활 습관
   ◆ 5-1. 민주시민

06 학교 교육과정 위원회

07 2) 학교 교육과정 위원회
   3) 학교의 여건과 교과의 특성

> ▶ [교육부 고시 제2022-3호] (2022. 1. 17., 일부개정) : 2022.1.17.에 일부개정된 교육과정은 2015 개정 교육과정이다. 2022개정 교육과정은 2022.12.에 개정되어 [제2022-34호]이다.
> ▶ '학교의 여건과 교과의 특성에 따라 실시간 쌍방향 수업, 콘텐츠 활용 중심 수업, 과제 중심 수업 등 다양한 유형의 원격수업을 운영할 수 있다.' : 2015개정의 문장으로, 2022개정에서는 삭제되었다.

   ◆ 17-1. 정보통신기술 매체

> 2) 정보통신기술 매체를 활용하여 교수학습 방법을 다양화하고, 학생 맞춤형 학습을 위해 지능정보기술을 활용할 수 있다.

08  보조공학기기

> ▶ 2015 개정 : 학교는 학생의 수업 참여도를 높이기 위하여 필요한 경우 긍정적 행동지원, 보조공학 기기 및 의사소통 지원 방안을 마련한다.
> ▶ 2022 개정 : 특수교육 대상 학생 등 교육적 요구가 다양한 학생들을 위해 필요할 경우 의사소통 지원, 행동 지원, 보조공학 지원 등을 제공한다.

◆ 8-1. 보조공학 지원

09  2) ① 학부모의 요구
   ② 교원의 조직

* 2022 개정 특수교육 교육과정에서 변경된 내용

| 2015 개정 (구) | 2022 개정 (신) |
|---|---|
| 학교 교육과정을 편성·운영할 때에는 교원의 조직, 학생의 실태, 학부모의 요구, 지역사회의 실정 및 교육 시설·설비 등 교육 여건과 환경을 충분히 반영하도록 노력한다. | 학생 실태와 요구, 교원 조직과 교육 시설·설비 등 학교 실태, 학부모 의견 및 지역사회 실정 등 학교의 교육 여건과 환경을 종합적으로 고려하여 학습자에게 적합한 학습 경험을 제공한다. |

10  ㉠ 교과 내, 교과 간 내용
◆ 10-1. 교과 내 영역 간, 교과 간 내용

11  한국어

12  • ㉠ : 교과별 모임 or 현장 연구
   • ㉡ : 교과 교실제
◆ 12-1. ㉠ : 교과별 모임 or 현장 연구 / ㉡ : 교과 교실 운영

13  ① 학생에게 배울 기회를 주지 않은 내용과 기능은 평가하지 않도록 한다.
   ② 학습의 결과뿐만 아니라 학습의 과정을 평가하여 모든 학생이 교육 목표에 성공적으로 도달할 수 있도록 한다.
   ③ 학교는 학생의 인지적 능력과 정의적 능력에 대한 평가가 균형 있게 이루어질 수 있도록 한다.
◆ 13-1.
   ① 학교는 학생의 인지적·정의적 측면에 대한 평가가 균형 있게 이루어질 수 있도록 하며, 학생이 자신의 학습 과정과 결과를 스스로 평가할 수 있는 기회를 제공한다.

② 학교는 교과목별 성취기준과 평가기준에 따라 성취수준을 설정하여 교수·학습 및 평가 계획에 반영한다.
③ 학생에게 배울 기회를 주지 않은 내용과 기능은 평가하지 않는다.

| 2015 개정 (구) | 2022 개정 (신) |
|---|---|
| 나. 학교와 교사는 성취기준에 근거하여 학교에서 중요하게 지도한 내용과 기능을 평가하며 교수·학습과 평가 활동이 일관성 있게 이루어지도록 한다.<br>1) 학교는 학생의 장애 특성 및 정도에 따른 평가 조정 방안을 마련하여 학생을 평가하여야 한다.<br>2) 학생에게 배울 기회를 주지 않은 내용과 기능은 평가하지 않도록 한다.<br>3) 학습의 결과뿐만 아니라 학습의 과정을 평가하여 모든 학생이 교육 목표에 성공적으로 도달할 수 있도록 한다.<br>4) 학교는 학생의 인지적 능력과 정의적 능력에 대한 평가가 균형 있게 이루어질 수 있도록 한다. | 나. 학교와 교사는 성취기준에 근거하여 교수·학습과 평가 활동이 일관성 있게 이루어지도록 한다.<br>1) 학습의 결과만이 아니라 결과에 이르기까지의 학습 과정을 확인하고 환류하여, 학습자의 성공적인 학습과 사고 능력 함양을 지원한다.<br>2) 학교는 학생의 인지적·정의적 측면에 대한 평가가 균형 있게 이루어질 수 있도록 하며, 학생이 자신의 학습 과정과 결과를 스스로 평가할 수 있는 기회를 제공한다.<br>3) 학교는 교과목별 성취기준과 평가기준에 따라 성취수준을 설정하여 교수·학습 및 평가 계획에 반영한다.<br>4) 학생에게 배울 기회를 주지 않은 내용과 기능은 평가하지 않는다. |

**14** 이 위원회는 학교장의 교육과정 운영 및 의사 결정에 관한 자문의 역할을 담당한다.

**15** • ① : 진로
 • ② : 수준별 수업

| *2015 개정, 2022 개정 특수교육 교육과정에서는 아래 내용과 같이 변동됨. | | |
|---|---|---|
| 2011 개정 (구) | 2015 개정 (구) | 2022 개정 (신) |
| (15) 각 교과목별 학습 목표를 모든 학생이 성취하도록 지도하고, 능력에 알맞은 성취가 가능하도록 다양한 학습의 기회와 방법을 제공하며, 이를 위한 계획적인 배려와 지도를 하여 학습 결손이 누적되거나 학습 의욕이 저하되지 않도록 노력한다.<br>(16) 기본교육과정 및 공통교육과정에서는 학생의 능력과 적성, 진로를 고려하여 교육 내용과 방법을 다양화한다. 특히 국어, 사회, 수학, 과학, 영어 교과에서는 수준별 수업을 권장한다. | 2) 학생의 능력, 적성, 진로를 고려하여 교육 내용과 방법을 다양화하고, 학교의 여건과 학생의 특성에 따라 다양한 학습 집단을 구성하여 학생 맞춤형 수업을 하도록 한다. | 다. 교과의 특성과 학생의 능력, 적성, 진로를 고려하여 학습 활동과 방법을 다양화하고, 학교의 여건과 학생의 특성에 따라 다양한 학습 집단을 구성하여 학생 맞춤형 수업을 활성화한다. |

◆ 15-1. • ① : 교과의 특성과 학생의 능력, 적성, 진로 / • ② : 학생 맞춤형 수업

**16** • ㉠ : 한국어 교육과정
 • ㉡ : 10

**17** 1) • ㉠, 교과용 도서 이외의 교수·학습 자료는 교육청이나 학교에서 개발한 것 등을 사용할 수 있다.
 • ㉢, 공통교육과정에서는 학생의 능력과 적성, 진로를 고려하여 교육 내용과 방법을 다양화 한다. 특히, 국어, 사회, 수학, 과학, 영어 교과에서는 수준별 수업을 권장한다.

2) • A : 교과 교실제 (2022ver. 교과 교실 운영)

* 2015개정, 2022개정 특수교육 교육과정에서는 아래 내용과 같이 변동됨.

| 2011 개정 (구) | 2015 개정 (구) | 2022 (신) |
| --- | --- | --- |
| (32) 교과용 도서 이외의 교수·학습 자료는 교육청이나 학교에서 개발한 것 등을 사용할 수 있다. | 5) 학교는 교과용 도서 이외에 교육청이나 학교에서 개발한 다양한 교수·학습 자료를 활용할 수 있다. | 2) 학교는 교사용 도서 이외에 시·도 교육청이나 학교 등에서 개발한 다양한 교수·학습 자료를 활용할 수 있다. |
| (15) 각 교과목별 학습 목표를 모든 학생이 성취하도록 지도하고, 능력에 알맞은 성취가 가능하도록 다양한 학습의 기회와 방법을 제공하며, 이를 위한 계획적인 배려와 지도를 하여 학습 결손이 누적되거나 학습 의욕이 저하되지 않도록 노력한다.<br>(16) 기본교육과정 및 공통교육과정에서는 학생의 능력과 적성, 진로를 고려하여 교육 내용과 방법을 다양화한다. 특히, 국어, 사회, 수학, 과학, 영어 교과에서는 수준별 수업을 권장한다. | 2) 학생의 능력, 적성, 진로를 고려하여 교육 내용과 방법을 다양화하고, 학교의 여건과 학생의 특성에 따라 다양한 학습 집단을 구성하여 학생 맞춤형 수업을 하도록 한다. | 다. 교과의 특성과 학생의 능력, 적성, 진로를 고려하여 학습 활동과 방법을 다양화하고, 학교의 여건과 학생의 특성에 따라 다양한 학습 집단을 구성하여 학생 맞춤형 수업을 활성화한다. |

**18** 1) 학교장의 교육과정 운영 및 의사결정에 관한 자문 역할
2) 바른 인성

◆ 18-1. 바른 인성
3) 지역의 특수성, 계절 및 학교의 실정과 학생의 요구, 교사의 필요 중 2가지

* 2022 개정 특수교육 교육과정에서는 삭제됨.

| 2015 개정 (구) | 2022 개정 (신) |
| --- | --- |
| 바. 교과와 창의적 체험활동의 내용 배열은 반드시 학습의 순서를 의미하는 것은 아니므로, 지역의 특수성, 계절 및 학교의 실정과 학생의 요구, 교사의 필요에 따라 각 교과목의 학년군별 목표 달성을 위한 지도 내용의 순서와 비중, 방법 등을 조정하여 운영할 수 있다. | 〈삭제〉 |

◆ **18-2.** 학교 교육 기간을 포함한 평생 학습에 필요한 기초소양과 자기주도 학습 능력을 갖출 수 있도록 지원

> 4) 학교 교육 기간을 포함한 평생 학습에 필요한 기초소양과 자기주도 학습 능력을 갖출 수 있도록 지원하며 학습 격차를 줄이도록 노력한다.

**19** 학교 교육과정 위원회, 학교장의 교육과정 운영 및 의사 결정에 관한 자문의 역할

**20**
- ㉠ : 학습의 개별화
- ㉡ : 직접 체험 활동

◆ **20-1.** 체험 및 탐구 활동 경험

> \* 2015 개정 특수교육 교육과정에서는 아래 내용과 같이 변동됨.
>
> | 2011 개정 (구) | 2015 개정 (구) | 2022 개정 (신) |
> | --- | --- | --- |
> | 각 교과 활동에서는 학습의 개별화가 이루어지도록 하고, 발표·토의 활동과 실험, 관찰, 조사, 실측, 수집, 노작, 견학 등의 직접 체험 활동이 충분히 이루어지도록 유의한다. | 실험, 관찰, 조사, 실측, 수집, 노작, 견학 등의 직접 체험 활동이 충분히 이루어지도록 한다. | 실험, 실습, 관찰, 조사, 견학 등의 체험 및 탐구 활동 경험이 충분히 이루어질 수 있도록 한다. |

**21**
- ㉠ 교과(군)별 50% 범위 내에서 시수를 감축하여 창의적체험활동으로 편성할 수 있다. (2022ver. 교과(군)별 50% 범위 내에서 시수를 감축하여 일상생활활동으로 편성할 수 있다.)
- ㉣과 같이 말한 이유
  - 감축할 경우 해당 교과는 쉬운 수준의 내용 중심이 아니라 학생의 수행 수준에 따라 교육과정을 재구성해야 하기 때문이다.
  - 교육 내용은 보호자가 스스로 결정하게 하는 것이 아니라 그 영역과 내용은 학생의 장애 특성 및 정도를 반영하여 학교가 정한다.

> \* 2022 개정 특수교육 교육과정에서 변경된 내용
>
> | 2015 개정 (구) | 2022 개정 (신) |
> | --- | --- |
> | 하. 중도·중복장애 학생이 포함된 학급을 운영하는 특수학교는 해당 학급 학생의 교육과정을 다음과 같이 편성·운영할 수 있다.<br>1) 교과(군)별 50% 범위 내에서 시수를 감축하여 창의적 체험활동으로 편성할 수 있다. 감축을 할 경우 해당 교과는 학생의 수행 수준에 따라 교육과정을 재구성하여 운영한다.<br>2) 교과의 내용을 대신하여 관련 생활기능 영역으로 편성·운영할 수 있으며, 그 영역과 내용은 학생의 장애 특성 및 정도를 반영하여 학교가 정한다. | 러. 기본 교육과정을 운영하는 특수학교는 장애 정도가 심한 학생의 교육적 요구를 반영하여 교과(군)별 50% 범위 내에서 시수를 감축하여 일상생활활동으로 편성할 수 있다. 이 경우 시·도 교육감이 정하는 지침에 따라 사전에 필요한 절차를 거쳐야 한다. |

## 22
ⓢ 시각장애인 자립생활

*2022 개정 특수교육 교육과정에서 변경된 내용*

| 2015 개정 (구) | 2022 개정 (신) |
| --- | --- |
| 학교는 필요한 경우 교과(군)별 증감 시수를 활용하여 '시각장애인 자립생활' 또는 '농인의 생활과 문화' 등을 창의적 체험활동에 포함하여 편성·운영할 수 있다. | 학교는 특수교육 대상 학생을 위해 필요한 경우 교과(군)별 증감 시수를 활용하여 '점자', '시각장애인 자립생활' 또는 '수어', '농인의 생활과 문화'를 창의적 체험활동에 포함하여 운영한다. |

## 23
1) 체육, 예술(음악/미술)

*2022 개정 특수교육 교육과정에서 변경된 내용*

| 2015 개정 (구) | 2022 개정 (신) |
| --- | --- |
| 학교는 학교의 특성, 학생·교사·학부모의 요구 및 필요에 따라 교과(군)별 30% 범위 내에서 시수를 증감하여 편성·운영할 수 있다. 단, 체육, 예술(음악/미술) 교과는 기준 수업 시수를 감축하여 편성·운영할 수 없다. | 학교는 학교의 특성, 학생·교사·학부모의 요구 및 필요에 따라 자율적으로 교과(군)별, 창의적 체험활동, 일상생활 활동 간 50% 범위 내에서 시수를 증감하여 편성·운영할 수 있다. 단 체육, 예술(음악/미술) 교과는 기준 수업 시수를 감축하여 편성·운영할 수 없다. |

2) 학생의 수행수준에 따라 교육과정을 재구성하여 운영한다.

*2022 개정 특수교육 교육과정에서 변경된 내용*

| 2015 개정 (구) | 2022 개정 (신) |
| --- | --- |
| 하. 중도·중복장애 학생이 포함된 학급을 운영하는 특수학교는 해당 학급 학생의 교육과정을 다음과 같이 편성·운영할 수 있다.<br>1) 교과(군)별 50% 범위 내에서 시수를 감축하여 창의적 체험활동으로 편성할 수 있다. 감축을 할 경우 해당 교과는 <u>학생의 수행 수준에 따라 교육과정을 재구성하여 운영한다.</u><br>2) 교과의 내용을 대신하여 관련 생활기능 영역으로 편성·운영할 수 있으며, 그 영역과 내용은 학생의 장애 특성 및 정도를 반영하여 학교가 정한다. | 러. 기본 교육과정을 운영하는 특수학교는 장애 정도가 심한 학생의 교육적 요구를 반영하여 교과(군)별 50% 범위 내에서 시수를 감축하여 일상생활 활동으로 편성할 수 있다. 이 경우 시·도 교육감이 정하는 지침에 따라 사전에 필요한 절차를 거쳐야 한다. |

## 24
- ㉠ : 1단위는 50분을 기준으로 하여 17회를 이수하는 수업량

  (2022 ver. 1학점은 50분을 기준으로 하여 16회를 이수하는 수업량)

*2022 개정 특수교육 교육과정에서 변경된 내용*

| 2015 개정 (구) | 2022 개정 (신) |
| --- | --- |
| 1단위는 50분을 기준으로 하여 <u>17회</u>를 이수하는 수업량(단위 → 학점, 교육부 고시 제2019-212호에 일부 개정됨.) | 1학점은 50분을 기준으로 하여 <u>16회</u>를 이수하는 수업량 |

- ⓒ : 진로
- ⓔ : 시·도교육청이 정하는 지침 (2022 ver. 시·도 교육감이 정하는 지침)

| *2022 개정 특수교육 교육과정에서 변경된 내용 | |
|---|---|
| 2015 개정 (구) | 2022 개정 (신) |
| 교과(군)의 총 이수 학점 174학점 중 필수 이수 학점은 94학점으로 한다. 단, 필요한 경우 학교는 학생의 진로 및 발달 수준 등을 고려하여 필수 이수 학점을 학생별로 다르게 정할 수 있으며, 이 경우 시·도 교육청이 정하는 지침에 따른다. | 교과(군) 174학점 중 필수 이수 학점은 84학점으로 한다. 단, 필요한 경우 학교는 학생의 진로 및 발달 수준 등을 고려하여 필수 이수 학점 수를 학생별로 다르게 정할 수 있으며, 이와 관련된 구체적인 사항은 시·도 교육감이 정하는 지침에 따른다. |

**25**
- 편제와 시간배당은 해당 학년(군)의 교육과정에 따른다.

**26**
- ㉠과 같이 운영되는 교수·학습 방법의 명칭 : 프로젝트 학습
- ㉡을 위해 학교에서 취할 수 있는 방법 : 학생들의 희망을 반영하여 학교가 정하되, 다양한 종목을 개설함으로써 학생들의 선택권이 보장되도록 한다.
- ㉢ 시수 확보 방법 : 2학년은 68시간 범위 내에서 기존 창의적 체험활동 시간을 활용하여 확보하였다. 3학년은 교과(군)별 시수의 20% 범위 내에서 감축하여 확보하였다.

| *2022 개정 특수교육 교육과정에서 변경된 내용 | |
|---|---|
| 2015 개정 (구) | 2022 개정 (신) |
| 학교는 학생들의 심신을 건강하게 발달시키고 정서를 함양하기 위해 '학교 스포츠클럽 활동'을 편성·운영한다.<br>가) 학교스포츠클럽 활동은 창의적 체험활동의 동아리 활동으로 편성한다.<br>나) 학교스포츠클럽 활동은 학년별 연간 34~68시간 (총 136시간) 운영하며, 매 학기 편성하도록 한다. 학교 여건에 따라 연간 68시간 운영하는 학년에서는 34시간 범위 내에서 학교스포츠클럽 활동을 체육으로 대체할 수 있다.<br>다) 학교스포츠클럽 활동의 시간은 교과(군)별 시수의 20% 범위 내에서 감축하거나, 창의적 체험활동 시수를 순증하여 확보한다. 다만, 여건이 어려운 학교의 경우 68시간 범위 내에서 기존 창의적 체험활동 시간을 활용하여 확보할 수 있다.<br>라) 학교스포츠클럽 활동의 종목과 내용은 학생들의 희망을 반영하여 학교가 정하되, 다양한 종목을 개설함으로써 학생들의 선택권이 보장되도록 한다. | 학교는 학생들이 삶 속에서 스포츠 문화를 지속적으로 향유하여 건전한 심신 발달과 정서 함양이 이루어질 수 있도록 학교스포츠클럽 활동을 편성·운영한다.<br>가) 학교스포츠클럽 활동은 창의적 체험활동의 동아리 활동으로 편성하고 학년별 연간 34시간 운영하며, 매 학기 편성하도록 한다.<br>나) 학교스포츠클럽 활동의 종목과 내용은 학생들의 희망을 반영하여 학교가 결정하되, 다양한 종목을 개설하여 학생들의 선택권이 보장되도록 한다.<br><br>*시수 확보 내용이 삭제됨. |

**27** 1) ① 국어, 체육, 영어 (2022 ver. 체육, 미술, 점자, 시각장애인 자립생활)
② 교과(군)별 증감 시수를 활용하여 창의적 체험활동에 포함하여 편성·운영할 수 있다.
③ 창의적 체험활동

* 2022 개정 특수교육 교육과정에서 변경된 내용

| 2015 개정 (구) | 2022 개정 (신) |
| --- | --- |
| 5) 학교는 필요한 경우 교과(군)별 증감 시수를 활용하여 '시각장애인 자립생활' 또는 '농인의 생활과 문화' 등을 창의적 체험활동에 포함하여 편성·운영할 수 있다.<br>6) 특수학교에서는 국어, 체육, 영어에 한하여 [별책 2]의 시각·청각·지체장애 학생을 위한 별도의 교육과정을 활용할 수 있다. | 라) 학교는 특수교육 대상 학생을 위해 필요한 경우 교과(군)별 증감 시수를 활용하여 '점자', '시각장애인 자립생활' 또는 '수어', '농인의 생활과 문화'를 창의적 체험활동에 포함하여 운영한다.<br>마) 특수학교에서는 시각·청각·지체장애 학생을 위해 [별책 2]에 제시된 별도의 교육과정을 활용할 수 있다.<br>• 시각장애 : 체육, 미술, 점자, 시각장애인 자립생활<br>• 청각장애 : 국어, 수어, 농인의 생활과 문화<br>• 지체장애 : 체육 |

**28** 1) ① 영역과 내용은 학생의 장애 특성 및 정도를 반영하여 학교가 정한다.
② 중도·중복장애 학생이 포함된 학급을 운영하는 특수학교이기 때문이다.

* 2022 개정 특수교육 교육과정에서 변경된 내용

| 2015 개정 (구) | 2022 개정 (신) |
| --- | --- |
| 하. 중도·중복장애 학생이 포함된 학급을 운영하는 특수학교는 해당 학급 학생의 교육과정을 다음과 같이 편성·운영할 수 있다.<br>1) 교과(군)별 50% 범위 내에서 시수를 감축하여 창의적 체험활동으로 편성할 수 있다. 감축을 할 경우 해당 교과는 학생의 수행 수준에 따라 교육과정을 재구성하여 운영한다.<br>2) 교과의 내용을 대신하여 관련 생활기능 영역으로 편성·운영할 수 있으며, 그 영역과 내용은 학생의 장애 특성 및 정도를 반영하여 학교가 정한다. | 러. 기본 교육과정을 운영하는 특수학교는 장애 정도가 심한 학생의 교육적 요구를 반영하여 교과(군)별 50% 범위 내에서 시수를 감축하여 일상생활 활동으로 편성할 수 있다. 이 경우 시·도 교육감이 정하는 지침에 따라 사전에 필요한 절차를 거쳐야 한다. |

2) 범교과 학습 주제는 교과와 창의적 체험활동 등 교육 활동 전반에 걸쳐 통합적으로 다루도록 하고, 지역사회 및 가정과 연계하여 지도한다.

**29** ㉠ 교육내용의 학년별 순서를 조정하거나 공통주제를 중심으로 교재를 재구성하여 활용
㉡ 집중이수
㉢ 체육, 예술(음악/미술)교과는 기준 수업 시수를 감축하여 편성할 수 없다.

## 30  ㉠ 시·도교육청

| *2022 개정 특수교육 교육과정에서 변경된 내용 ||
| --- | --- |
| 2015 개정 (구) | 2022 개정 (신) |
| 순회교육을 위한 교육과정의 편성·운영에 관한 사항은 시·도교육청에서 정하며, 해당 학교 교육과정의 편제를 고려하여 학생의 장애 특성 및 정도에 알맞게 편성·운영한다. | 순회교육을 위한 교육과정 편성·운영 지침은 시·도 교육청에서 정하되, 순회교육 대상자의 배치 환경, 교육적 요구를 고려하여 교육과정을 편성·운영한다. |

## 31
- ㉤을 활용하여 범교과 학습 주제를 다룰 수 있는 방안의 예 : 사회 시간에 '인권교육'을 주제로 통합하여 지도한다.

> *범교과 학습 주제
> – 범교과 학습 주제는 ㉤ 교과와 창의적 체험활동 등 교육 활동 전반에 걸쳐 통합적으로 다루도록 하고, 지역사회 및 가정과 연계하여 지도한다.
>
>   안전·건강 교육, 인성 교육, 진로 교육, 민주 시민 교육, 인권 교육, 다문화 교육, 통일 교육, 독도 교육, 경제·금융 교육, 환경·지속가능발전 교육
>
> *단, 범교과 학습 주제의 예는 밑줄 친 ㉣에서 제시된 것을 제외할 것.
>   → 환경·지속가능발전 교육, 진로 교육, 안전·건강 교육, 민주 시민 교육, 다문화 교육 제외한 나머지 주제들이 답이 될 수 있음.

## 32
- ㉠ : 타 학년군의 교과 내용으로 대체하여 운영할 수 있다.
- ㉡ : 교육 내용의 학년별 순서를 조정하거나 공통 주제를 중심으로 교재를 재구성하여 활용할 수 있다.

## 33
- ㉠ : 타 학년군의 교과 내용으로 대체
- ㉡ : 30% (2022 ver. 50%)

| *2022 개정 특수교육 교육과정에서 변경된 내용 ||
| --- | --- |
| 2015 개정 (구) | 2022 개정 (신) |
| 학교는 학교의 특성, 학생·교사·학부모의 요구 및 필요에 따라 교과(군)별 30% 범위 내에서 시수를 증감하여 편성·운영할 수 있다. 단, 체육, 예술(음악/미술) 교과는 기준 수업 시수를 감축하여 편성·운영할 수 없다. | 학교는 학교의 특성, 학생교사학부모의 요구 및 필요에 따라 자율적으로 교과(군)별, 창의적 체험활동, 일상생활 활동 간 50% 범위 내에서 시수를 증감하여 편성·운영할 수 있다. 단 체육, 예술(음악/미술) 교과는 기준 수업 시수를 감축하여 편성·운영할 수 없다. |

## 34 생활 기능

**\* 2022 개정 특수교육 교육과정에서 변경된 내용**

| 2015 개정 (구) | 2022 개정 (신) |
|---|---|
| 일반학급 및 특수학급에 배치된 특수교육 대상 학생의 교육과정은 다음과 같이 편성·운영한다.<br>1) 편제와 시간 배당은 해당 학년군의 교육과정을 따른다.<br>2) 교과의 내용을 대신하여 생활기능 및 진로와 직업교육, 현장 실습 등으로 편성·운영할 수 있다. 그 영역과 내용은 학생의 장애 특성 및 정도를 반영하여 학교가 정한다. | 일반학급 및 특수학급에 배치된 특수교육 대상 학생의 교육과정은 다음과 같이 편성·운영한다.<br>1) 편제와 시간 혹은 학점 배당은 해당 학년군의 교육과정을 따른다.<br>2) 학생의 교육적 요구에 따라 초·중등학교 교육과정을 재구성하거나, 특수교육 교육과정에 따른 교과용 도서, 통합교육용 교수·학습 자료 등을 사용할 수 있다.<br>3) 특수교육 교육과정의 교과(군) 내용과 연계하거나 대체하여 운영할 수 있다. 교과 내용을 대체할 경우 생활기능 및 진로와 직업교육, 현장 실습 등으로 운영할 수 있다.<br>4) 특수교육 대상 학생의 교육과정 운영에 관한 사항은 학생의 교육적 요구를 반영하여 학교 교육과정 위원회에서 결정한다. |

## 35

- 기본교육과정은 공통교육과정 및 선택 중심 교육과정을 적용하기 어려운 초등학교 1학년부터 고등학교 3학년까지의 학생을 대상으로 편성·운영한다.
  (2022 ver. 기본 교육과정은 특수학교에 재학 중인 초등학교 1학년부터 고등학교 3학년까지의 학생을 대상으로 편성·운영한다.)
- 체육, 예술(음악/미술) 교과는 기준 수업 시수를 감축하여 편성·운영할 수 없다.
- 체육, 예술, 진로와 직업 등 교과를 중심으로 중점 학교를 운영할 수 있으며, 이 경우 교과(군)별 50% 범위 내에서 시수를 감축하여 해당 교과로 편성할 수 있다.
  (2022 ver. 교육과정을 특성화하기 위해 특정 교과를 중심으로 중점학교를 운영할 수 있으며, 이 경우 창의적 체험활동, 일상생활 활동 학점의 50% 범위 내에서 감축하여 해당 교과(군)의 과목으로 편성하도록 권장한다.)

**\* 2022 개정 특수교육 교육과정에서 변경된 내용**

| 2015 개정 (구) | 2022 개정 (신) |
|---|---|
| 기본 교육과정은 공통 교육과정 및 선택 중심 교육과정을 적용하기 어려운 초등학교 1학년부터 고등학교 3학년까지의 학생을 대상으로 편성·운영한다. | 기본 교육과정은 특수학교에 재학 중인 초등학교 1학년부터 고등학교 3학년까지의 학생을 대상으로 편성·운영한다. |
| 학교는 학교의 특성, 학생·교사·학부모의 요구 및 필요에 따라 교과(군)별 30% 범위 내에서 시수를 증감하여 편성·운영할 수 있다. 단, 체육, 예술(음악/미술) 교과는 기준 수업 시수를 감축하여 편성·운영할 수 없다. | 학교는 학교의 특성, 학생·교사·학부모의 요구 및 필요에 따라 자율적으로 교과(군)별, 창의적 체험활동, 일상생활 활동 간 50% 범위 내에서 시수를 증감하여 편성·운영할 수 있다. 단 체육, 예술(음악/미술) 교과는 기준 수업 시수를 감축하여 편성·운영할 수 없다. |

| | |
|---|---|
| 체육, 예술, 진로와 직업 등 교과를 중심으로 중점 학교를 운영할 수 있으며, 이 경우 교과(군)별 기준 이수 학점의 50% 범위 내에서 감축하여 해당 교과로 편성할 수 있다. 단, 체육, 예술(음악/미술) 교과는 기준 이수 학점을 감축하여 편성할 수 없다. | 학교는 교육과정을 특성화하기 위해 특정 교과를 중심으로 중점학교를 운영할 수 있다. 이 경우 창의적 체험활동, 일상생활 활동 학점의 50% 범위 내에서 감축하여 해당 교과(군)의 과목으로 편성하도록 권장하며, 이와 관련된 구체적인 사항은 시·도 교육감이 정하는 지침에 따라 사전에 필요한 절차를 거쳐야 한다. |

**36** 중도·중복장애 학생을 위한 교육과정 편성·운영에 관한 공통점과 차이점
- 공통점
  교과의 내용을 대신하여 관련 생활 기능 영역을 편성·운영할 수 있으며 그 영역과 내용은 학생의 장애 특성 및 정도를 반영하여 학교가 정한다.
- 차이점
  － 일반학교의 특수학급은 편제와 시간 배당은 해당 학년군의 교육과정을 따른다.
  － 중도·중복장애 학생이 포함된 학급을 운영하는 특수학교는 교과(군)별 50% 범위 내에서 시수를 감축하여 창의적 체험활동으로 편성할 수 있다. 감축을 할 경우 해당 교과는 학생의 수행 수준에 따라 교육과정을 재구성하여 운영한다.

※ 2015 개정, 2022 개정 특수교육 교육과정에서는 아래 내용과 같이 변동됨.

| 2011 개정 (구) | 2015 개정 (구) | 2022 개정 (신) |
|---|---|---|
| 중도·중복장애학생이 포함된 학급을 운영하는 특수학교는 해당 학급 학생의 교육과정을 다음과 같이 편성·운영할 수 있다. 단, 기본 교육과정을 운영하는 경우에만 해당된다.<br>(가) 교과(군)별 50% 범위 내에서 시수를 감축하여 창의적 체험활동으로 편성할 수 있다. 감축을 할 경우 해당 교과는 학생의 수행 수준에 따라 교육과정을 재구성하여 운영한다.<br>(나) 교과의 내용을 대신하여 관련 생활기능 영역을 편성·운영할 수 있으며, 그 영역과 내용은 학생의 장애 특성 및 정도를 반영하여 학교가 정한다. | 중도·중복장애 학생이 포함된 학급을 운영하는 특수학교는 해당 학급 학생의 교육과정을 다음과 같이 편성·운영할 수 있다.<br>1) 교과(군)별 50% 범위 내에서 시수를 감축하여 창의적 체험활동으로 편성할 수 있다. 감축을 할 경우 해당 교과는 학생의 수행 수준에 따라 교육과정을 재구성하여 운영한다.<br>2) 교과의 내용을 대신하여 관련 생활기능 영역으로 편성·운영할 수 있으며, 그 영역과 내용은 학생의 장애 특성 및 정도를 반영하여 학교가 정한다. | 기본 교육과정을 운영하는 특수학교는 장애 정도가 심한 학생의 교육적 요구를 반영하여 교과(군)별 50% 범위 내에서 시수를 감축하여 일상생활 활동으로 편성할 수 있다. 이 경우 시·도 교육감이 정하는 지침에 따라 사전에 필요한 절차를 거쳐야 한다. |

| 일반학급 및 특수학급에 배치된 특수교육대상자의 교육과정은 다음과 같이 편성·운영한다.<br>(가) 편제와 시간 배당은 해당 학년의 교육과정을 따르되, 이 교육과정을 고려하여 조정·운영할 수 있다.<br>(나) 학생의 장애 정도와 능력을 고려하여 특수교육 교과용 도서 및 관련 교수·학습 자료를 활용할 수 있다.<br>(다) 중도·중복장애학생이 있는 학교의 학급은 해당 학생의 수행 수준을 고려하여 교과의 내용을 대신하여 관련 생활기능 영역을 편성·운영할 수 있으며, 그 영역과 내용은 학생의 장애 특성 및 정도를 반영하여 학교가 정한다. | 일반학급 및 특수학급에 배치된 특수교육 대상 학생의 교육과정은 다음과 같이 편성·운영한다.<br>1) 편제와 시간 배당은 해당 학년군의 교육과정을 따른다.<br>2) 교과의 내용을 대신하여 생활기능 및 진로와 직업 교육, 현장 실습 등으로 편성·운영할 수 있다. 그 영역과 내용은 학생의 장애 특성 및 정도를 반영하여 학교가 정한다. | 일반학급 및 특수학급에 배치된 특수교육 대상 학생의 교육과정은 다음과 같이 편성·운영한다.<br>1) 편제와 시간 혹은 학점 배당은 해당 학년군의 교육과정을 따른다.<br>2) 학생의 교육적 요구에 따라 초·중등학교 교육과정을 재구성하거나, 특수교육 교육과정에 따른 교과용 도서, 통합교육용 교수·학습 자료 등을 사용할 수 있다.<br>3) 특수교육 교육과정의 교과(군) 내용과 연계하거나 대체하여 운영할 수 있다. 교과 내용을 대체할 경우 생활기능 및 진로와 직업 교육, 현장 실습 등으로 운영할 수 있다.<br>4) 특수교육 대상 학생의 교육과정 운영에 관한 사항은 학생의 교육적 요구를 반영하여 학교 교육과정 위원회에서 결정한다. |
|---|---|---|

→ 따라서 당시 기출에서는 공통점이었던 '교과의 내용을 대신하여 관련 생활 기능 영역을 편성·운영' 내용이 조금 달라지며 공통점이라고 하기에는 모호해졌음.

**37** 1) • A : 해당 학교
  • B : 교육과정 운영
  + 37-1. 순회교육 대상자의 배치 환경, 교육적 요구를 고려

**∗ 2022 개정 특수교육 교육과정에서 변경된 내용**

| 2015 개정 (구) | 2022 개정 (신) |
|---|---|
| 순회교육을 위한 교육과정의 편성·운영에 관한 사항은 시·도교육청에서 정하며, 해당 학교 교육과정의 편제를 고려하여 학생의 장애 특성 및 정도에 알맞게 편성·운영한다. | 순회교육을 위한 교육과정 편성·운영 지침은 시·도 교육청에서 정하되, 순회교육 대상자의 배치 환경, 교육적 요구를 고려하여 교육과정을 편성·운영한다. |

「장애인 등에 대한 특수교육법 시행령」 제 20조 순회교육의 운영 등
순회교육의 수업일수는 매 학년도 150일을 기준으로 하여 각급학교의 장이 정하되, 순회교육을 받는 특수교육 대상자의 상태와 교육과정의 운영상 필요한 경우에는 지도·감독기관의 승인을 받아 30일의 범위에서 줄일 수 있다.

2) • ①, 창의적 체험활동의 수업 시수는 최소 수업 시수이기 때문에 시수를 증감하여 운영할 수 없다.
  (2022 ver. 답이 아님, 2022 개정에서는 교과(군)별 및 창의적 체험활동의 20% 범위

- ③, 영수는 일반학급에 배치된 특수교육대상자의 교육과정이므로, 편제와 시간 배당은 해당 학년군의 교육과정을 따르며 교과의 내용을 대신하여 생활기능 및 진로와 직업 교육, 현장 실습 등으로 편성·운영할 수 있다. 그 영역과 내용은 학생의 장애 특성 및 정도를 반영하여 학교가 정한다.

  (2022 ver. 영수는 일반학급에 배치된 특수교육대상자의 교육과정이므로, 편제와 시간 배당은 해당 학년군의 교육과정을 따르며, 교과 내용을 대체할 경우 생활기능 및 진로와 직업교육, 현장 실습으로 운영할 수 있다.)

- ②와 ④는 2012 개정 특수교육 교육과정 총론에 근거하여 옳은 내용임.

* 2022 개정 특수교육 교육과정에서 변경된 내용

| 2015 개정 (구) | 2022 개정 (신) |
|---|---|
| 학교는 학교의 특성, 학생·교사·학부모의 요구 및 필요에 따라 교과(군)별 20% 범위 내에서 시수를 증감하여 편성·운영할 수 있다. 단, 체육, 예술 (음악/미술) 교과는 기준 수업 시수를 감축하여 편성·운영할 수 없다. | 학교는 학교의 특성, 학생·교사·학부모의 요구 및 필요에 따라 자율적으로 교과(군)별 및 창의적 체험활동의 20% 범위 내에서 시수를 증감하여 편성·운영할 수 있다. 단, 체육, 예술(음악/미술) 교과는 기준 수업 시수를 감축하여 편성·운영할 수 없다. |
| 일반학급 및 특수학급에 배치된 특수교육 대상 학생의 교육과정은 다음과 같이 편성·운영한다.<br>1) 편제와 시간 배당은 해당 학년군의 교육과정을 따른다.<br>2) 교과의 내용을 대신하여 생활기능 및 진로와 직업교육, 현장 실습 등으로 편성·운영할 수 있다. 그 영역과 내용은 학생의 장애 특성 및 정도를 반영하여 학교가 정한다. | 일반학급 및 특수학급에 배치된 특수교육 대상 학생의 교육과정은 다음과 같이 편성·운영한다.<br>1) 편제와 시간 혹은 학점 배당은 해당 학년군의 교육과정을 따른다.<br>2) 학생의 교육적 요구에 따라 초·중등학교 교육과정을 재구성하거나, 특수교육 교육과정에 따른 교과용 도서, 통합교육용 교수·학습 자료 등을 사용할 수 있다.<br>3) 특수교육 교육과정의 교과(군) 내용과 연계하거나 대체하여 운영할 수 있다. 교과 내용을 대체할 경우 생활기능 및 진로와 직업교육, 현장 실습 등으로 운영할 수 있다.<br>4) 특수교육 대상 학생의 교육과정 운영에 관한 사항은 학생의 교육적 요구를 반영하여 학교 교육과정 위원회에서 결정한다. |

3) - ㉣ : 해당 학생의 수행수준
   - ㉤ : 학교

✚ 37-2. ㉣ 생활기능 및 진로와 직업교육, 현장 실습 등 / ㉤ 학교 교육과정 위원회

* 2015 개정, 2022 개정 특수교육 교육과정에서는 아래 내용과 같이 변동됨.

| 2011 개정 (구) | 2015 개정 (구) | 2022 개정 (신) |
| --- | --- | --- |
| 일반학급 및 특수학급에 배치된 특수교육대상자의 교육과정은 다음과 같이 편성·운영한다.<br>(가) 편제와 시간 배당은 해당 학년의 교육과정을 따르되, 이 교육과정을 고려하여 조정·운영할 수 있다.<br>(나) 학생의 장애 정도와 능력을 고려하여 특수교육 교과용 도서 및 관련 교수·학습 자료를 활용할 수 있다.<br>(다) 중도·중복장애학생이 있는 학교의 학급은 해당 학생의 수행 수준을 고려하여 교과의 내용을 대신하여 관련 생활기능 영역을 편성·운영할 수 있으며, 그 영역과 내용은 학생의 장애 특성 및 정도를 반영하여 학교가 정한다. | 일반학급 및 특수학급에 배치된 특수교육 대상 학생의 교육과정은 다음과 같이 편성·운영한다.<br>1) 편제와 시간 배당은 해당 학년군의 교육과정을 따른다.<br>2) 교과의 내용을 대신하여 생활기능 및 진로와 직업 교육, 현장 실습 등으로 편성·운영할 수 있다. 그 영역과 내용은 학생의 장애 특성 및 정도를 반영하여 학교가 정한다. | 일반학급 및 특수학급에 배치된 특수교육 대상 학생의 교육과정은 다음과 같이 편성·운영한다.<br>1) 편제와 시간 혹은 학점 배당은 해당 학년군의 교육과정을 따른다.<br>2) 학생의 교육적 요구에 따라 초·중등학교 교육과정을 재구성하거나, 특수교육 교육과정에 따른 교과용 도서, 통합교육용 교수·학습 자료 등을 사용할 수 있다.<br>3) 특수교육 교육과정의 교과(군) 내용과 연계하거나 대체하여 운영할 수 있다. 교과 내용을 대체할 경우 생활기능 및 진로와 직업교육, 현장 실습 등으로 운영할 수 있다.<br>4) 특수교육 대상 학생의 교육과정 운영에 관한 사항은 학생의 교육적 요구를 반영하여 학교 교육과정 위원회에서 결정한다. |

**38** 시간 배당을 변경하여 편성할 수 있는 이유는 첫째, 교과(군)별 수업 시수를 20% 범위 내에서 증감하여 운영할 수 있다. 둘째, 체육, 예술(음악/미술)은 기준 수업 시수를 감축하여 편성·운영할 수 없다. 셋째, 창의적 체험활동과, 총 수업시수는 최소 수업 시수에 해당한다.

**39** 2) 체육, 예술(음악/미술)
3) • ㉢ : 교육과정을 재구성
   • ㉣ : 생활 기능 영역

✦ **39-1.** ㉢ 장애 정도가 심한 학생의 교육적 요구 / ㉣ 일상생활 활동

| * 2022 개정 특수교육 교육과정에서 변경된 내용 | |
| --- | --- |
| 2015 개정 (구) | 2022 개정 (신) |
| 중도·중복장애 학생이 포함된 학급을 운영하는 특수학교는 해당 학급 학생의 교육과정을 다음과 같이 편성·운영할 수 있다.<br>1) 교과(군)별 50% 범위 내에서 시수를 감축하여 창의적 체험활동으로 편성할 수 있다. 감축을 할 경우 해당 교과는 학생의 수행 수준에 따라 교육과정을 재구성하여 운영한다.<br>2) 교과의 내용을 대신하여 관련 생활기능 영역으로 편성·운영할 수 있으며, 그 영역과 내용은 학생의 장애 특성 및 정도를 반영하여 학교가 정한다. | 기본 교육과정을 운영하는 특수학교는 장애 정도가 심한 학생의 교육적 요구를 반영하여 교과(군)별 50% 범위 내에서 시수를 감축하여 일상생활 활동으로 편성할 수 있다. 이 경우 시·도 교육감이 정하는 지침에 따라 사전에 필요한 절차를 거쳐야 한다. |

**40** 특수교육 관련 서비스는 개별화 교육계획에 따라 지원할 수 있다.

◆ **40-1.** 교과 또는 생활 지원이 필요한 영역

| *2015 개정 특수교육 교육과정에서는 아래 내용과 같이 변동됨. | | |
|---|---|---|
| 2011 개정 (구) | 2015 개정 (구) | 2022 개정 (신) |
| 치료지원 및 보행훈련, 심리·행동적응훈련 등 특정한 장애유형의 특수교육대상자에게 필요한 활동은 개별화교육계획에 따라 교과 시간에 병행 지원하거나, 창의적 체험활동 시간을 활용해 제공할 수 있다. | 특수교육 관련 서비스는 개별화교육계획에 따라 지원할 수 있다. | 개별화교육계획은 학생의 교육적 요구에 따라 교과 또는 생활 지원이 필요한 영역을 중심으로 작성한다. |

**41**  1) 학년 간 상호 연계와 협력을 통해 학교 교육과정을 유연하게 편성·운영할 수 있도록 학년군을 설정한다.
2) 전입 학생이 특정 교과목을 이수하지 못할 경우, 교육청과 학교에서는 '보충 학습 과정' 등을 통해 학습 결손이 발생하지 않도록 한다.
(2022 ver. 전입 학생이 특정 교과를 이수하지 못할 경우, 시·도 교육청과 학교에서는 보충 학습 과정 등을 통해 학습 결손이 발생하지 않도록 한다.)

**42**  ⑤

**43**  ④

| *2015 개정, 2022 개정 특수교육 교육과정에서는 아래 내용과 같이 변동됨. | | |
|---|---|---|
| 2011 개정 (구) | 2015 개정 (구) | 2022 개정 (신) |
| 학교의 특성, 학생·교사·학부모의 요구 및 필요에 따라 학교가 자율적으로 교과(군)별 수업 시수를 20% 범위 내에서 증감하여 운영할 수 있다. | 학교는 학교의 특성, 학생·교사·학부모의 요구 및 필요에 따라 교과(군)별 30% 범위 내에서 시수를 증감하여 편성·운영할 수 있다. 단, 체육, 예술(음악/미술) 교과는 기준 수업 시수를 감축하여 편성·운영할 수 없다. | 학교는 학교의 특성, 학생·교사·학부모의 요구 및 필요에 따라 자율적으로 교과(군), 창의적 체험활동, 일상생활 활동 간 50% 범위 내에서 시수를 증감하여 편성·운영할 수 있다. 단 체육, 예술(음악/미술) 교과는 기준 수업 시수를 감축하여 편성·운영할 수 없다. |

**44**  지역 자원 목록
(2022 ver. 지역 자원)

*2022 개정 특수교육 교육과정에서 변경된 내용

| 2015 개정 (구) | 2022 개정 (신) |
|---|---|
| 학교가 지역사회의 유관 기관과 적극적으로 연계·협력해서 교과, 창의적 체험활동을 내실 있게 운영할 수 있도록 지원하며, 관내 학교가 활용할 수 있는 '지역 자원 목록'을 작성하여 제공하는 등 구체적인 지원 방안을 마련한다. | 학교가 지역사회의 관계 기관과 적극적으로 연계·협력해서 교과, 창의적 체험활동, 학교스포츠클럽활동, 자유학기 등을 내실 있게 운영할 수 있도록 지원하며, 관내 학교가 활용할 수 있는 우수한 지역 자원을 발굴하여 안내한다. |

**45** ④

**46** ⑤

# 02 기본교육과정

## 01 국어

**01** ①

> *2011년 개정 특수교육교육과정 원문
> ▶ 중학교 목표 : 대화 상황에 적절하고 분명하게 의사소통을 하고, 글의 주요 내용을 파악하며, 자신의 생각이 드러나도록 문단을 구성하여 글을 쓴다.
> ▶ 고등학교 목표 : 이야기의 상황과 맥락을 이해하며, 그 내용에 대하여 자신의 의견을 말하고, 필요한 정보를 얻거나 친교나 정서 표현을 위하여 글을 읽고 쓴다.
> ▶ 개인차를 해소하기 위한 방안은 학교의 실정, 학생의 요구 등을 고려하여 계획하되, 교과 시간이나 창의적 체험활동 시간을 활용하도록 한다.
> ▶ 학년군별 언어의 수준과 범위는 학년군 교육과정의 중심적인 내용 수준이므로 개별 학생의 발달 수준에 따라 기초 수준 또는 기능적인 내용으로 변형하여 적용할 수 있다.

*2015 개정, 2022 개정 특수교육 교육과정에서는 아래 내용과 같이 변동됨.

| 2011 개정 (구) | 2015 개정 (구) | 2022 개정 (신) |
|---|---|---|
| 내용 영역 : 듣기, 말하기, 읽기, 쓰기, 문법, 문학 | 내용 영역 : 듣기·말하기, 읽기, 쓰기 | 내용 영역 : 듣기·말하기, 읽기, 쓰기 |

**02** ㉢은 음성 언어로 표현할 수 없는 학생에게는 보완·대체 의사소통 방법을 활용하여 표현할 수 있는 기회를 제공한다. ㉣은 음성으로 의사소통하기 어려운 중도·중복장애 학생의 경우에는 의사소통 의도나 기능으로 대체하여 평가한다.

(2022 ver. ㉢ 적합한 놀이, 사물의 기능적 사용과 같은 활동 경험을 제공하여 사물, 사건, 관계에 대한 기본적인 이해와 의사소통 의도를 표현하게 한다. / 주변의 단서를 사용하거나 이해 전략을 발달시키기 위하여 '현재 여기에서' 진행되는 활동과 공동 관심을 통해서 기능적 의사소통에 참여하도록 지도한다. ㉣ 국어과의 내용과 성취기준을 적용하기 어려운 학생에게는 성취기준을 재구성할 수 있으며, 평가 조정과 대안 평가를 적용할 수 있다.

\* 2015 개정, 2022 개정 특수교육 교육과정에서는 아래 내용과 같이 변동됨.

| 2011 개정 (구) | 2015 개정 (구) | 2022 개정 (신) |
| --- | --- | --- |
| • 교수학습 방법<br>– 자발적인 언어 학습이 어려운 자폐성장애 및 중도·중복장애 학생을 위해서는 놀이중심 언어중재, 환경중심 언어중재, 감각통합중심 교수법, 언어경험접근법 등을 활용할 수 있다.<br>– 음성으로 의사소통하기 어렵거나 소근육기능장애로 쓰기에 어려움이 있는 중도·중복장애 학생을 위하여 보완·대체의사소통(AAC) 방법을 활용하거나 보조공학 기기를 활용한 교수·학습을 전개한다.<br>• 평가<br>– 음성으로 의사소통하기 어려운 중도·중복장애 학생의 경우에는 의사소통 의도나 기능으로 대체하여 평가한다. | • 교수·학습<br>– 중도·중복장애 학생에게는 다감각적 접근을 통해 사회적 상호작용을 촉진하고, 보완·대체 의사소통 체계를 적용하여 수업에 효율적으로 참여할 수 있는 교수·학습 방법을 구상한다.<br>– 중도·중복장애 학생을 위해서는 생활연령 및 경험을 바탕으로 하여 자연스러운 환경에서 학생 중심의 상호작용에 초점을 맞추어 지도하되, 놀이 중심 언어중재, 사회적 상호작용 지도 전략, 환경 중심 언어중재, 강화된 환경 중심 언어중재, 지역사회 중심 교수, 생태학적 접근, 감각운동 중심 교수법, 그림 교환 의사소통 방법, 스크립트 중재 방법 등의 교수 전략을 활용한다. 필요에 따라서는 보완·대체 의사소통 체계를 활용하여 의사표현을 할 수 있도록 지도한다.<br>– 중도·중복장애 학생이 사용하는 비상징적 의사소통 체계나 보완·대체 의사소통 체계에 대한 바른 이해 교육을 실시하여 또래 학생과 교사가 허용적인 태도로 수용하고, 민감하고 적극적인 대화 상대자로서 역할을 할 수 있도록 지도한다.<br>• 평가<br>– 중도·중복장애 학생의 경우에는 학생의 표현 수단과 참여 수단을 반영한 학습 목표의 달성여부를 평가하되, 학생의 개별화교육계획과 관련된 학습 목표나 기술을 과제 분석하여 학생이 달성할 수 있는 하위 기술을 선정하여 평가한다. | • 교수·학습<br>– 중도중복장애 학생의 의미 있는 국어 학습과 자기주도적인 의사소통 촉진을 위해 학생의 의사소통 의도와 기능에 초점을 맞추어 교수·학습을 계획하고, 보완대체의사소통 체계, 부분 참여의 원리, 최소위험가설의 기준 등을 적용하여 운용한다.<br>– 중도중복장애 학생에게는 주변의 단서를 사용하거나 이해 전략을 발달시키기 위하여 '현재 여기에서' 진행되는 활동과 공동 관심을 통해서 기능적 의사소통에 참여하도록 지도한다.<br>– 중도중복장애 학생에게 적합한 놀이, 사물의 기능적 사용과 같은 활동 경험을 제공하여 사물, 사건, 관계에 대한 기본적인 이해와 의사소통 의도를 표현하게 한다.<br>• 평가<br>– 중도중복장애 학생을 포함하여 국어과의 내용과 성취기준을 적용하기 어려운 학생에게는 성취기준을 재구성할 수 있으며, 평가 조정과 대안 평가를 적용할 수 있다.<br>– 중도중복장애 학생의 평가는 의사소통의 의도, 비언어적 의사소통, 시선이나 감정 표현과 같은 사회적·정서적 행동을 중심으로 하고, 학생의 성공적인 의사소통을 제한하거나 촉진하는 환경 등의 질적인 면을 함께 고려한다. |

**03** 1) • ⓒ, 국어 교과의 평가는 민수의 언어 능력에 따라 언어의 형태와 내용, 사용을 구분하여 평가함
 • ⓓ, 민수의 경우 음성으로 의사소통하기 어렵기 때문에 의사소통 의도나 기능으로 대체하여 평가함

2) ① : 보완·대체 의사소통
 ② : 보조공학기기

◆ 3-1. ① : 의사소통 의도와 기능
　　　 ② : 보완대체의사소통 체계

04　①

# 02 사회

**01** 생활연령 발달에 따라 탄력적으로 확장되는 삶의 시간과 공간적 맥락에서 반복적으로 경험하고 일반화할 수 있도록 한다.
(2022 ver. 사회과 내용 요소는 생활연령이 증가하면서 사회생활 경험은 확장과 반복을 연속하며 나선형 순환구조를 갖는 교육과정 계열이 된다.)

**02** ②

**03** 자기옹호

**04**
- ㉣ : 자기 평가
- ㉤ : 동료 평가
- 이유 : 지필 평가 외에 면접, 체크리스트, 토론, 관찰, 활동 보고서, 포트폴리오 등을 통한 다양한 방식의 평가가 이루어질 수 있도록 한다.
(2022 ver. 관찰, 체크리스트, 평정 척도, 면담, 포트폴리오, 자기 평가 등의 다양한 평가 방법을 사용한다.)

**05** 가치·태도

**06** ① 기본적 사회 기술 영역, ② 실천 영역

| 2011 개정 내용 | 2015 개정 내용 | 2022 개정 내용 |
| --- | --- | --- |
| 1) **기본적 사회 기술 영역의 평가는** <u>일상생활 및 학교생활에 필요한 기본 생활 습관 형성 여부에 초점을 둔다.</u><br>2) 지식 영역의 평가는 사회 현상에 대한 관심과 사회적 현상의 설명, 지리적 현상 및 인간 생활과의 관계, 역사적 사실에 대한 지식의 습득 여부에 초점을 둔다.<br>3) 탐구능력 영역의 평가는 사회적 현상의 문제 해결에 필요한 정보에 대한 이해, 정보의 수집 및 자료 활용 능력에 초점을 둔다. | 학생이 사회과 교육을 통해 얻은 지식, 기능, 가치 태도의 측면을 실제 일상생활에서 실천할 수 있는지에 중점을 두고 이를 평가하기 위한 방법을 마련한다.<br>① 지식 측면의 평가에서는 사회과 탐구 과정을 거쳐서 획득된 사실 및 개념을 확인하기 위하여 지필 평가나 구두 평가를 실시한다.<br>② 기능 측면의 평가에서는 사회 현상의 해석 및 적용이나 가치 문제의 명료화를 평가하기 위하여 수행평가 등을 실시한다. | 학생이 사회과 교육을 통해 얻은 지식, 기능, 가치 태도의 측면을 실제 일상생활에서 실천할 수 있는지에 중점을 두고 이를 평가하기 위한 방법을 마련한다.<br>① 지식 측면의 평가에서는 사회과 탐구 과정을 거쳐서 획득된 사실 및 개념을 확인하기 위하여 지필 평가나 구두 평가를 실시한다.<br>② 기능 측면의 평가에서는 사회 현상의 해석 및 적용이나 가치 문제의 명료화를 평가하기 위하여 수행평가 등을 실시한다. |

| | | |
|---|---|---|
| 4) 의사결정 영역의 평가는 사회문제 해결 능력과 의사결정 능력, 그리고 가치 분석 및 합리적 가치 평가 능력에 초점을 둔다.<br>5) 가치 및 태도 영역의 평가는 민주적 시민성과 관련된 가치와 태도, 그리고 능동적인 사회 참여 능력 형성 여부에 초점을 둔다.<br>6) **실천 영역의 평가**는 학습한 지식과 기술 및 태도 등이 <u>실제 생활 장면에서 실현되는지의 여부</u>에 초점을 둔다. | ③ 가치·태도 측면의 평가에서는 지식과 기능이 실제로 실천되는 과정에서 학생이 갖는 의식, 신념, 태도 등을 관찰, 면담, 주위 사람들의 보고 등 다양한 방법으로 평가한다.<br>④ 가정·지역사회와 연계하여 자연스러운 환경적 맥락 속에서 가족, 친구, 교사, 지역사회 인사 등의 다양한 평가 자원을 활용하여 평가를 실시한다. | ③ 가치·태도 측면의 평가에서는 지식과 기능이 실제로 실천되는 과정에서 학생이 갖는 의식, 신념, 태도 등을 관찰, 면담, 주위 사람들의 보고 등 다양한 방법으로 평가한다.<br>④ 가정·지역사회와 연계하여 자연스러운 환경적 맥락 속에서 가족, 친구, 교사, 지역사회 인사 등의 다양한 평가 자원을 활용하여 평가를 실시한다. |

**07** ⑤

# 03 수학

**01** 추론 역량

| *2022 개정 특수교육 교육과정에서 변경된 내용 | |
|---|---|
| 2015 개정 (구) | 2022 개정 (신) |
| 문제해결, 추론, 창의융합, 의사소통, 정보처리, 태도 및 실천 | 문제 해결 역량, 추론 역량, 의사소통 역량, 연결 역량, 정보처리 역량 |

**02** 문제해결 역량

**03** ⑤

**04** ⑤

**05** 생활 수학 능력
  ✧ 5-1. 생활 수학

**06** ㉠ 개인차, ㉡ 피드백
  ✧ 6-1. ㉠ 개인차, ㉡ 보편적 학습설계의 원리, ㉢ 선행 학습 경험

**07** ① 수학적 지식, ② 문제를 만들어 보는 활동
  ✧ 7-1. ① 수학의 역할과 가치, ② 정답만을 강조하지 않는 허용적인 학습 분위기

# 04 과학

01 ⓛ 자를 활용하여 다양한 과일과 채소의 길이를 비교하여 비슷한 길이의 과일과 채소를 바구니에 담는다.
ⓒ 과학적 탐구 기능

✤ 1-1. ⓒ 백워드 수업 설계

02 모형과 실제 자연 현상 사이의 차이점을 명확히 설명한다.

03 1) 관찰
3) • ① : 학생이 학습목표나 과제의 기대수준을 알 수 있어 동기가 유발된다.
• ② : 생물을 다룰 때는 생명을 존중하는 태도를 가지도록 하고, 부득이하게 생명을 손상시킬 경우에는 사후 처리에 유의하여 올바른 생명관을 갖도록 한다.

04 ①

05 1) • 과학의 탐구 능력
• 과학적 태도
✤ 5-1. 과학적 태도

(1) 평가의 방향
(가) 성취기준을 고려하여 과학의 핵심 개념을 이해하고 적용하는 능력, 나아가 과학적 태도를 중심으로 균형 있게 평가한다.

# 05 진로와 직업

**01**
- ㉠ : 직업의 세계
- ㉢ : 자기관리 역량, 의사소통 역량, 창의적 사고 역량, 심미적 감성 역량(4가지)

> *2015 개정 국어, 진로와 직업 교과별 핵심 역량
> - 국어 : <u>의사소통</u>, <u>자기관리</u>, 대인관계, <u>창의적 사고</u>, 지식정보처리, <u>심미적 감성</u>
> - 진로와 직업 : <u>자기관리</u>, 지식정보처리, <u>창의적 사고</u>, <u>심미적 감성</u>, <u>의사소통</u>, 공동체 및 진로·직업
>
> *2022 개정 국어, 진로와 직업 교과별 핵심 역량
> - 국어 : 의사소통 역량, 자기관리 역량, 공동체·대인 관계 역량, 디지털·미디어 역량, 창의적 사고 역량, 문화향유 역량
> - 진로와 직업 : 2022 개정 특수교육 교육과정 총론에서 제시하는 역량을 종합하여 학생이 자신의 진로와 직업을 설계하고 준비할 수 있도록 하였다.

**02**
1. 전환교육의 궁극적인 목표는 고등학교 졸업 후 직업을 갖는 것뿐만 아니라 지역사회에서 독립적으로 생활할 수 있게 하는 것을 의미한다.
2. 전환교육은 기본교육과정 실과와 연계되어, 중학교 고등학교 진로와 직업 교과와 연계된다.
3. 기본교육과정 중학교, 고등학교 진로와 직업 교과는 전환교육의 관점을 강조하는 교과이다.

**03**
- ㉠ 전환교육
- ㉡ 전문교과 중 직업교과 (2022 ver. 전문교과 중 직업·생활)

> *2022 개정 교육과정 내용
> 진로와 직업과는 기본 교육과정의 실과와 종적 연계성을, 선택 중심 교육과정의 전문 교과인 직업·생활과 횡적 연계성을 갖는 교과이다. 기본 교육과정 초등학교 5~6학년 실과에서 '진로 인식' 영역과 진로와 직업과의 중학교, 고등학교 '내용 체계 및 성취기준'이 종적으로 연계되도록 하였다. 또한 선택 중심 교육과정의 전문 교과인 직업·생활의 내용과 연계하거나 대체하여 운영할 수 있다.

**04** ⑤

**05** ③

**06** ②

**07** ⑤

**08** 작업표본평가

**09** ① 진로발달
② 실습중심

❖ 9-1. ① 진로 방향, ② 직업 교육의 효과

# 06 미술

## 01 시각적 소통 능력

* 2022 개정 특수교육 교육과정에서 변경된 내용

| 2015 개정 (구) | 2022 개정 (신) |
|---|---|
| 미적 감수성, 시각적 소통 능력, 창의융합 능력 | 심미적 감성, 시각적 소통, 자기주도성, 창의성, 공동체 |

# 07 창의적 체험활동

01  1) 성공적인 사회 통합

| *2022 개정 특수교육 교육과정에서 변경된 내용 | |
|---|---|
| 2015 개정 (구) | 2022 개정 (신) |
| 목표: 건전하고 다양한 단체 활동에 자발적으로 참여하여 나눔과 배려를 실천함으로써 개인의 소질과 잠재력을 계발·신장하고 공동체 의식을 함양하여 성공적인 사회 통합을 위한 태도를 기른다. | 목표: 창의적 체험활동은 학생들이 다양한 개별 및 단체 활동에 참여함으로써 나눔과 배려를 실천할 수 있고, 개인의 소질과 잠재력을 계발·신장하는 데 목표가 있다. 또한 공동체 의식 함양을 통한 사회 통합과 급변하는 미래 사회에 대처하기 위해 디지털 소양 능력을 키우고, 창의적인 삶의 태도를 기르는 데 주안점을 두고 있다. |

2) • 1학기 또는 1년 동안 매주 동일한 요일, 동일한 시간에 편성
   • 격주제

| | 시수 편성 방법 | 특징(또는 예시) |
|---|---|---|
| 정일제 | • 1학기 또는 1년 동안 매주 동일한 요일, 동일한 시간에 편성 | • 매주 고정 시간표를 활용하는 경우에 적합하며, 운영의 안정성을 보장함 |
| 격주제 | • 1학기 또는 1년 동안 격주로 편성 | • 동아리 및 실기 실습 관련 교육과 같이 주당 2시간 이상의 활동이 요구되는 경우에 적합하며, 운영의 안정성을 보장함 |
| 전일제 | • 하루 동안 교과 활동 없이 창의적 체험활동 시수로만 편성 | • 주로 행사와 관련된 발표회, 체육대회, 일일형 현장체험학습 등에 활용될 수 있음 |
| 집중제 | • 전일제의 연장선에서 2일 이상을 교과 활동 없이 창의적 체험활동 시수로만 편성 | • 숙박형 현장체험학습에 해당하며, 등하교형과 캠프형 중에서 선택하여 편성할 수 있음 |
| | • 특정 월, 분기, 기간 등에 집중적으로 시간을 편성하되, 해당 기간 동안 교과와 창의적 체험활동을 함께 편성 가능 | • 1학년 입학 직후 3~4월의 2개월 간 창의적 체험활동을 자율 활동 영역 중 적응 활동 중심으로 편성하는 경우, 또는 5월에 가족의 달 행사를 중점적으로 편성하기 위하여 행사 활동 중심으로 편성하는 경우 등 |

✦ 1-1. 창의적인 삶의 태도

02  ⓒ : 가족
✦ 2-1. 단체·봉사 활동

*2022 개정 특수교육 교육과정에서 변경된 내용

| 2015 개정 (구) | | 2022 개정 (신) | |
| --- | --- | --- | --- |
| 영역 | 활동 | 영역 | 활동 |
| 자율 활동 | 자치·적응 활동 | 자율·자치 | 자율 활동 |
| | 창의 주제 활동 | | 자치·적응 활동 |
| 동아리 활동 | 예술 스포츠 활동 | 동아리 | 예술·문화스포츠 활동 |
| | 학술 문화 활동 | | 생활실습 활동 |
| | 실습 노작 활동 | | 단체·봉사 활동 |
| | 청소년 단체 활동 | | 정보통신기술 활동 |
| 봉사 활동 | 교내 및 가족 봉사활동 | 진로 | 자기 이해 활동 |
| | 지역 사회 봉사 활동 | | 진로 인식 및 탐색 활동 |
| | 자연환경 보호 활동 | | 진로 체험 및 계획 활동 |
| | 캠페인 활동 | | |
| 진로 활동 | 자기 이해 활동 | | |
| | 진로 인식 및 탐색 활동 | | |
| | 진로 계획 및 체험 활동 | | |

**03**
- ① : 집중제
- ② : 캠페인 활동

(2022 ver. 단체·봉사 활동)

**04**
- ㉢ : 자율활동

# 03 특수교육 공통교육과정

## 01 국어

**01**
- ③, 점자 사용 학습자를 위하여 점자 학습의 내용이 문법, 읽기, 쓰기 영역에 추가되었다. (2022 ver. 2022 개정 교육과정에서는 시각장애 학생의 문자 학습과 사용을 보장하기 위해 점자 교육과정이 특별히 설계되었다.)

＊2022 개정 특수교육 교육과정에서 변경된 내용

| 2015 개정 (구) | 2022 개정 (신) |
| --- | --- |
| ◦ 공통교육과정 과목 구성<br>• 국어<br>• 체육<br>• 영어 | ◦ 공통교육과정 과목 구성<br>• 국어(청각장애)<br>• 체육(시각장애 / 지체장애)<br>• 미술(시각장애)<br>• 시각장애인 자립생활(초, 중)<br>• 농인의 생활과 문화(초, 중)<br>• 점자(초, 중, 고)<br>• 수어(초, 중, 고) |

**02**
- ㉠ 읽기, 쓰기, 문법
- ㉡ 시각장애 학생의 읽기 속도를 감안하기 때문이다.
- ✚ 2-1. ㉠ 듣기·말하기, 읽기, 쓰기, 문법, 문학, 매체
  - ㉡ 학습자가 가지고 있는 지식이나 의견을 자신의 언어로 직접 표현하게 한다.

> ＊2022 개정 교육과정 내용
> '국어(청각장애)'에서 서·논술형 평가를 활용할 때는 선택형 지필평가의 한계를 보완하여 학습자가 가지고 있는 지식이나 의견을 자신의 언어로 직접 표현하게 함으로써 '국어'의 성취기준에서 요구하는 학습 내용에 대해 보다 심층적이고 종합적인 사고 능력을 평가하는 데에 초점을 둔다.

**03**
- ㉢ : 말·수어하기
- ㉣ : 말·수어 읽기

**04**
- ① : 실물이나 모형 등의 대체적인 경험을 제공
- ② : 학습자의 경험들을 통합하여 형성

(2022 ver. 공통교육과정 국어과 내용에서 시각장애 관련 내용이 삭제되었다. 유사한 내용은 공통교육과정 '점자' 교과를 확인해야 한다.)

**05** ⑤

**06** ④

**07** 시각중복장애학생의 평가는 누가 기록에 의한 수시 평가를 기본으로 하며, 수업 시간이나 생활 장면에서 이루어지는 언어활동을 관찰, 기록하여 문장으로 진술한다.
(특수교육 교육과정 제2012-32호)

**08** (마) 청각중복장애학생의 평가는 학습 특성과 수준을 고려하여 **일상생활 기능** 중심의 언어 활용 능력에 대한 서술식 평가를 할 수 있다.
(바) 청각중복장애학생의 평가는 동영상 자료, 그림, 사진 등의 보조 자료 등을 활용할 수 있다.
(특수교육 교육과정 제2012-32호)

❖ **8-1.** 과정을 중시하는 평가

**09**
- 수화하기 : 의욕과 태도, 표현의 정확성과 효과, 내용의 적절성 등에 중점을 두어 평가한다.
- 수화 읽기·말 읽기 : 수화 읽기·말 읽기를 한 내용의 기억, 종합 및 요약하는 능력에 중점을 두어 평가한다.

(특수교육 교육과정 제2012-32호)

❖ **9-1.** 활동 참여 정도와 태도를 관찰하여 개별 발달과 성장에 대한 평가가 이루어지도록 한다.

**10** 지필 평가 시 지문의 양 조절, 녹음 자료의 제공 및 시력 정도별 적정 시간 제공 등을 종합적으로 고려하여 평가한다(2015 개정).

## 02 체육

01 성별, 체력 및 운동 기능의 차이, 장애로 인해 불이익을 받거나 참여에 제한이 이루어지지 않도록 주의한다.
(2022 ver. 체력, 운동 기능, 신체 특성, 문화적 차이로 인해 과제 참여가 제한되지 않도록 해야 한다.)

# 04 선택 중심 교육과정

01    ⓒ : 정보통신활용
       ⓔ : 사무지원

02    ㉠ : 직업과 자립
       ⓒ : 일상생활 기술

## 2024 특수교사 임용의 정석 특수교육 교육과정 [중등편]

편저자 | 박해인, 박연지
발행일 | 2023.4.3.

펴낸곳 | 도서출판 모듀
펴낸이 | 박해인
책임편집 | 박연지
이메일 | yeonjaaaa@naver.com
팩 스 | 0508-915-2851

• — 본 책은 저작자의 지적 재산으로서 무단 전재와 복제를 금합니다.

ISBN | 979-11-982056-1-2(13370)

정가 36,000원